中世の預言とその影響——ヨアキム主義の研究

Marjorie Reeves

The Influence of Prophecy in the Later Middle Ages

マージョリ・リーヴス

中世の預言とその影響

ヨアキム主義の研究

大橋喜之［訳］

八坂書房

Marjorie Reeves
The Influence of Prophecy in the Later Middle Ages.
A Study in Joachimism

Oxford at the Clarendon Press, 1969

The Japanese translation of additional part (pp. 641-656) :

Marjorie Reeves
Sessant'anni di pellegrinaggio con l'Abate Gioacchino da Fiore

is published by generous courtecy of
Centro Internazionale di Studi Gioachimiti, San Giovanni in Fiore.

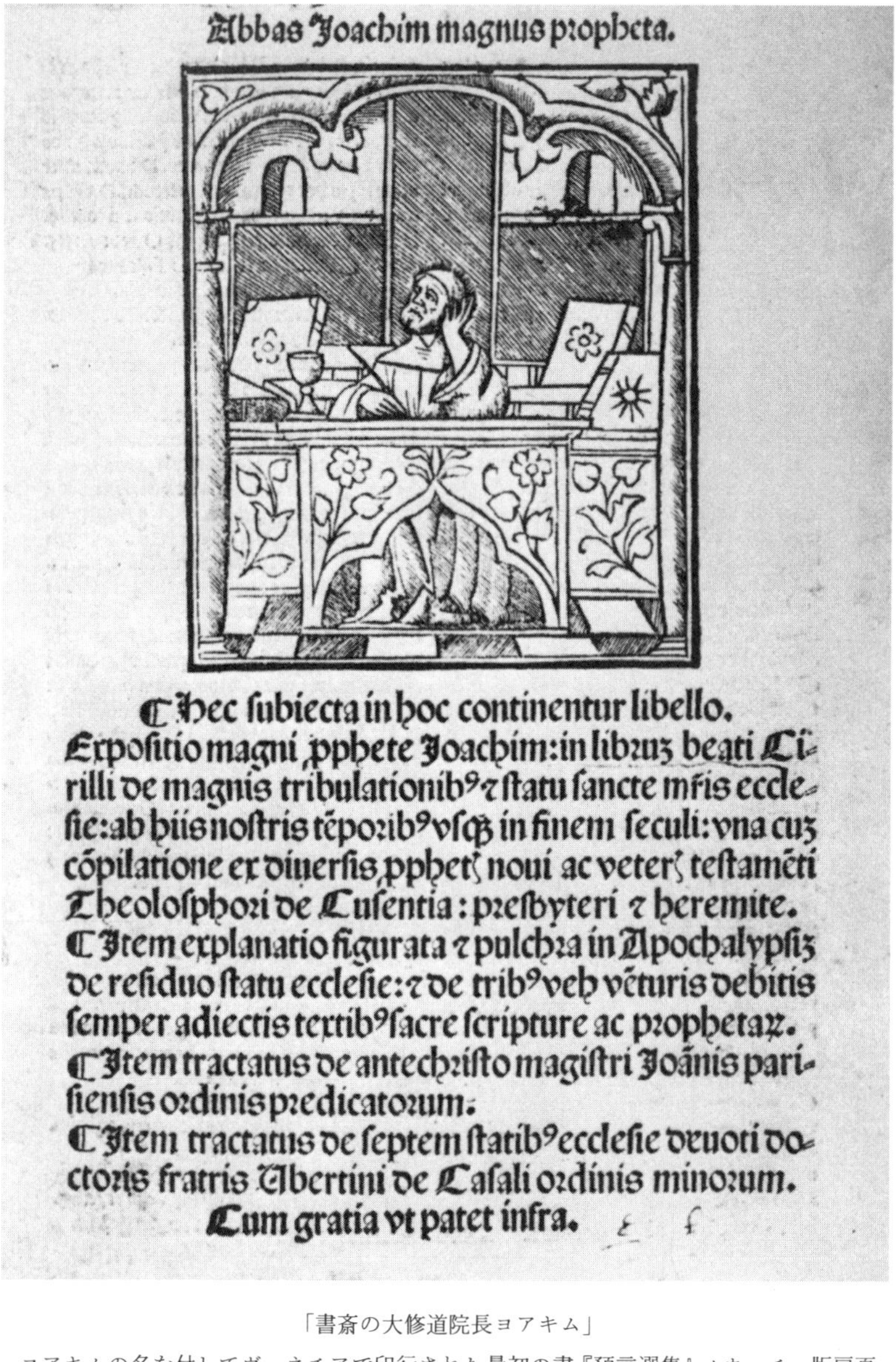

Abbas Joachim magnus propheta.

¶ Hec subiecta in hoc continentur libello.
Expositio magni pphete Joachim: in libruz beati Ci-
rilli de magnis tribulationibꝰ ⁊ statu sancte mris eccle-
sie: ab hiis nostris tẽporibꝰ vsqꝫ in finem seculi: vna cuz
cõpilatione ex diuersis pphetꝫ noui ac veterꝫ testamẽti
Theolosphori de Cusentia: presbyteri ⁊ heremite.
¶ Item explanatio figurata ⁊ pulchra in Apochalypsiz
de residuo statu ecclesie: ⁊ de tribꝰ veh vẽturis debitis
semper adiectis textibꝰ sacre scripture ac prophetaꝝ.
¶ Item tractatus de antechristo magistri Joãnis pari-
siensis ordinis predicatorum.
¶ Item tractatus de septem statibꝰ ecclesie deuoti do-
ctoris fratris Ubertini de Casali ordinis minorum.
Cum gratia vt patet infra.

「書斎の大修道院長ヨアキム」
ヨアキムの名を付してヴェネチアで印行された最初の書『預言選集』メウッチォ版扉頁
（ix頁ならびに第Ⅰ部第9章124頁参照）

凡例

○本書はMarjorie Reeves, *The Influence of Prophecy in the Later Middle Ages. A Study in Joachimism*, Oxford : Clarendon Press, 1969の全訳である。訳出の底本にはこの初版本を用いた。なお同書については一九九三年に若干の改訂を施したリプリント版がUniversity of Notre Dame Pressから刊行されている。訳註に「一九九三年改訂版」とあるのは、この版を指す。

○原書の註は脚注形式で設けられているが、本訳書ではこれを後註形式に改めた。

○原註に用いられている略号は、原則として原著のものをそのまま踏襲した。これらについては巻末の文献一覧に先立って掲げた引用略号一覧を参看されたい。

○原註には夥しい書内引証指示が付されているが、これらの頁数、註番号はいずれも本訳書での該当箇所に改め、【I-2 n.27】(=第I部第2章註27)、【I-2 p.24】(=第I部第2章24頁)のように略記した。

○註には原註のほかに、引用テクストの再掲、若干の訳註をも組み入れて通し番号とした。訳註については、註本文において＊および〔 〕の記号を用いるなどして、原註との区別を明確するよう心がけた。本来ならば註番号を別立てにすべきところではあるが、煩瑣を避けるための措置として御海容いただければ幸いである。

○引用テクストについては、十九世紀以降の論考を除き、註に原文を掲げ、おおむね略号をもって引証箇所を示した。ただし原註と重複する場合、記載を省いたものもある。なお初期刊本テクストの引用には、しばしば著者により句読点、固有名詞の頭文字の大文字化という配慮がなされているが、原則として著者の引用形式のまま再掲している。

○引用中の固有名詞表記についてはテクストを重視し、必ずしも統一を図っていない。

○引用テクストは原文のみで、英訳は一切施されていない。なにぶん多義的な預言でもあるので、意を汲んだつもりでも、邦訳にあたり別の含意が遺漏脱落することになっていることもあり得るかと思う。この点、疑義については原文に遡ってみられることをお願いし、あらかじめ御寛恕を乞う次第である。

○巻頭の参考図版(v頁のものを除く)ならびに巻末に付した著者自伝「フィオレの大修道院長ヨアキムとともに歩んだ六十年の巡礼」は原著にはなく、日本語版刊行にあたり新たに付したものである。

参考図版

A (1-18): フィオレのヨアキム『形象の書』
B (1-3): フィオレのヨアキム『旧約と新約聖書の符合の書』
C (1-8): コセンツァのテレスフォルス『小著《リベッルス》』(第Ⅲ部第3章参照)
D (1-4): ヨハン・リヒテンベルガー『予言の書』(第Ⅲ部第5章参照)
E (1-15): 『教皇預言集《ヴァティチーナ》』1589年ヴェネチア版

(出典等についてはix頁の「補説」参照)

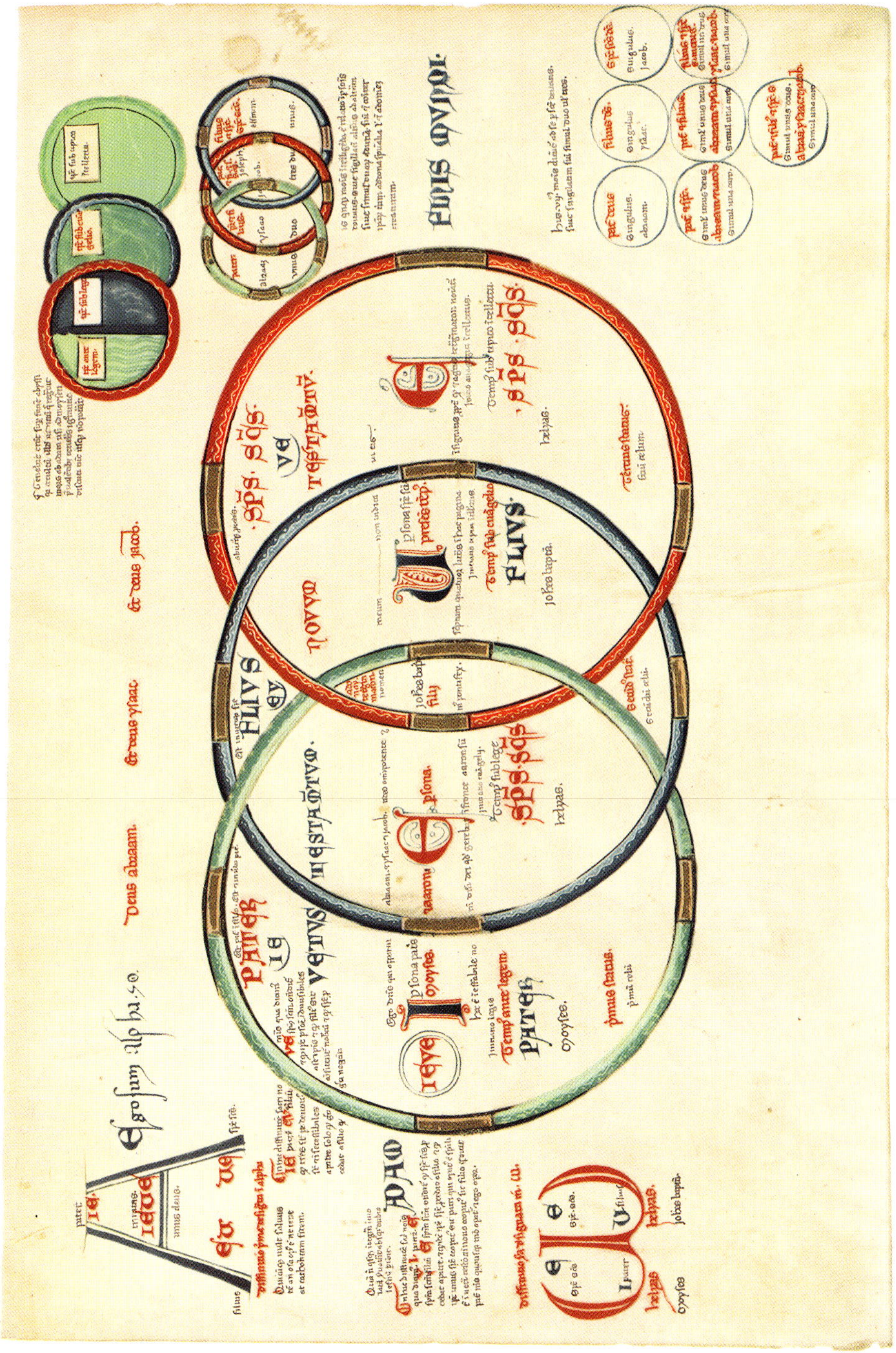

［図**A-1**］三一の円環（『形象の書』）
三つの円環は左から右へ、父（PATER, 緑）、御子（FILIUS, 青）、聖霊（SP̄S SC̄S, 赤）の歴史の三〈時代《スタートゥス》〉をあらわし、その重なりのそれぞれに神聖四文字IEUEが配されている。その左側にはアルファとオメガの解釈。

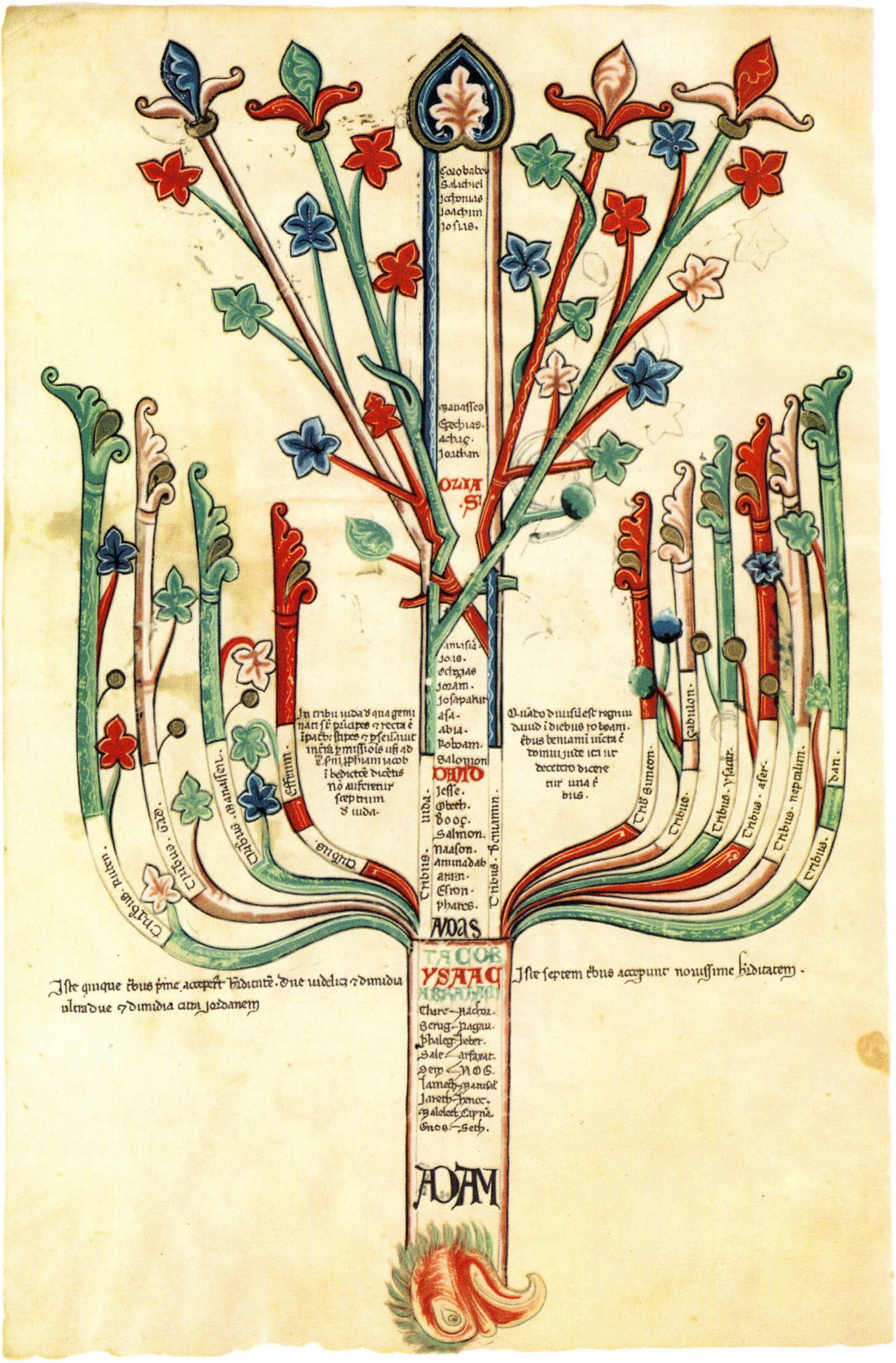

［図A-2］生命の木＝鷲〔イスラエルの十二族〕(『形象の書』)
中央の幹＝胴はアダムにはじまる系統樹。左の枝＝翼には最初に約束の地に着いた五族、そして右の枝＝翼に残りの七族の名が録されている。

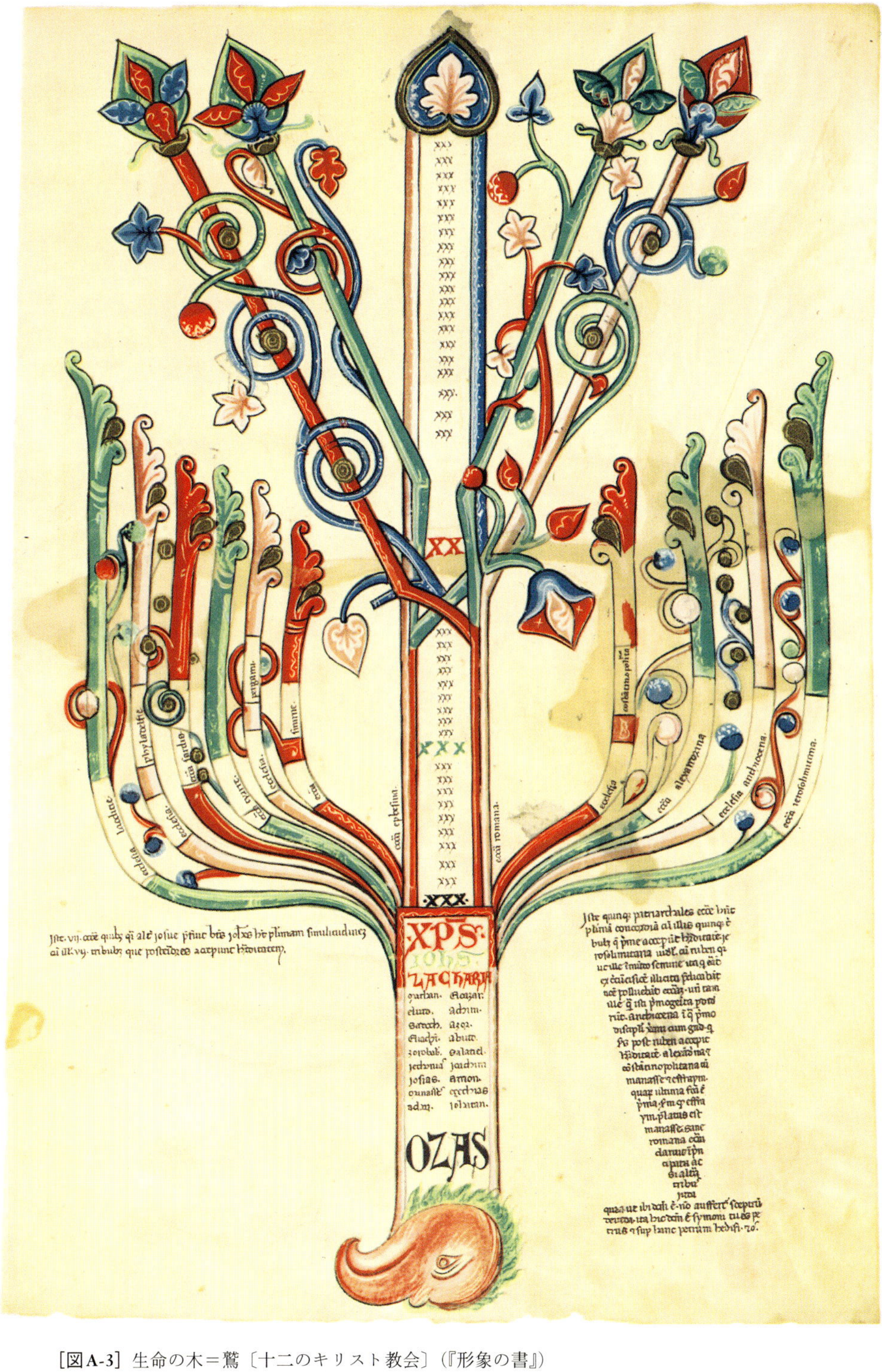

［図A-3］ 生命の木＝鷲〔十二のキリスト教会〕（『形象の書』）
前図と符合するように、中央はウジヤにはじまる系統樹。右の枝＝翼のペテロの五つの教会は〈御子の時代〉をあらわし、左の枝＝翼のヨハネの七教会は〈聖霊の時代〉をあらわす。

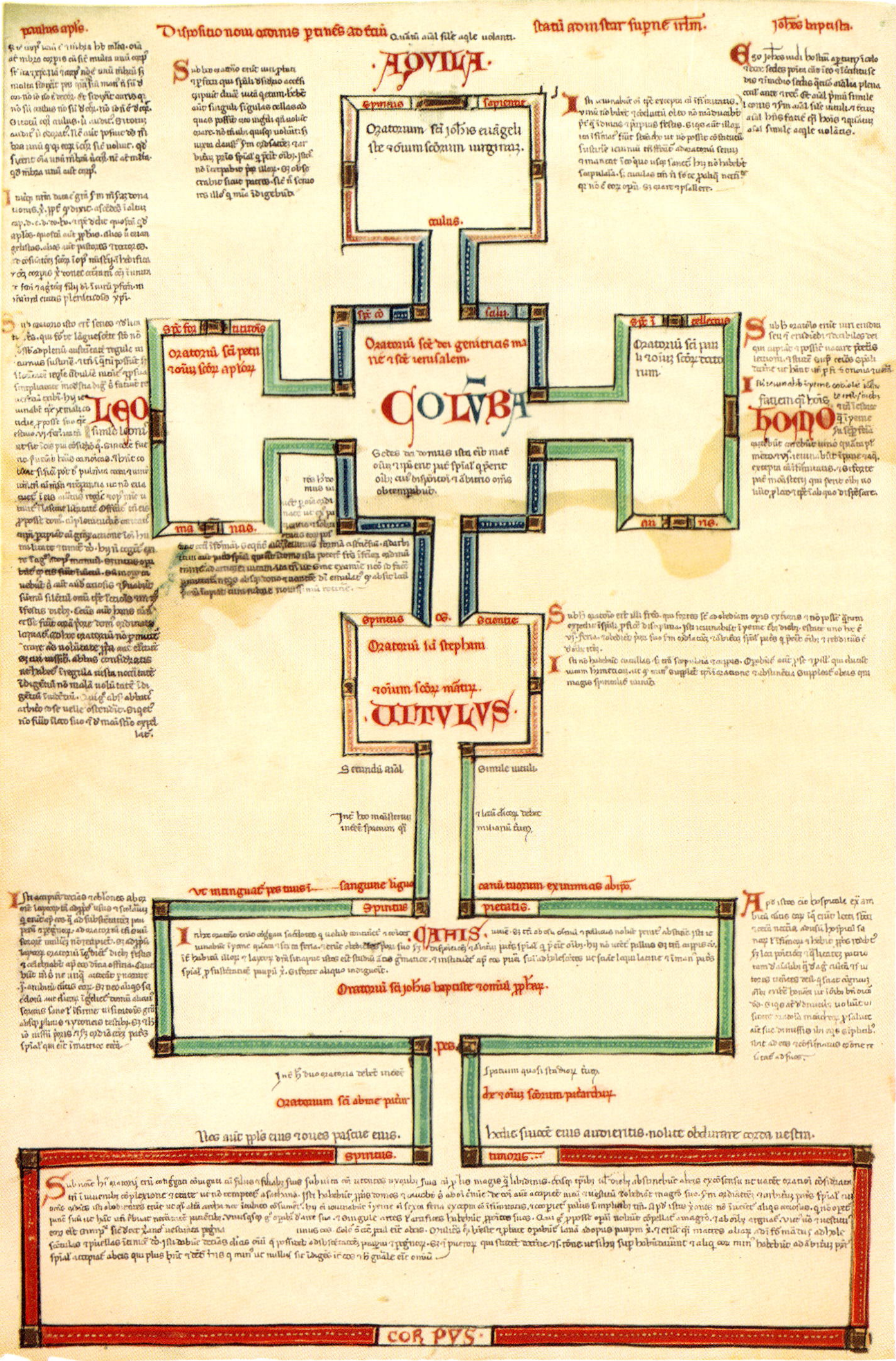

［図A-4］新たなる修道秩序（『形象の書』）
〈聖霊の時代〉に実現されることとなる新たなる社会秩序。〈鳩〉と記された中央の房室を中心に黙示録の〈四聖獣〉の名を配した四つの祈禱所。ここまでが修道士たちの場所。基台上部はその他の聖職者たちの祈禱所。その下が平信徒たちの祈禱所。

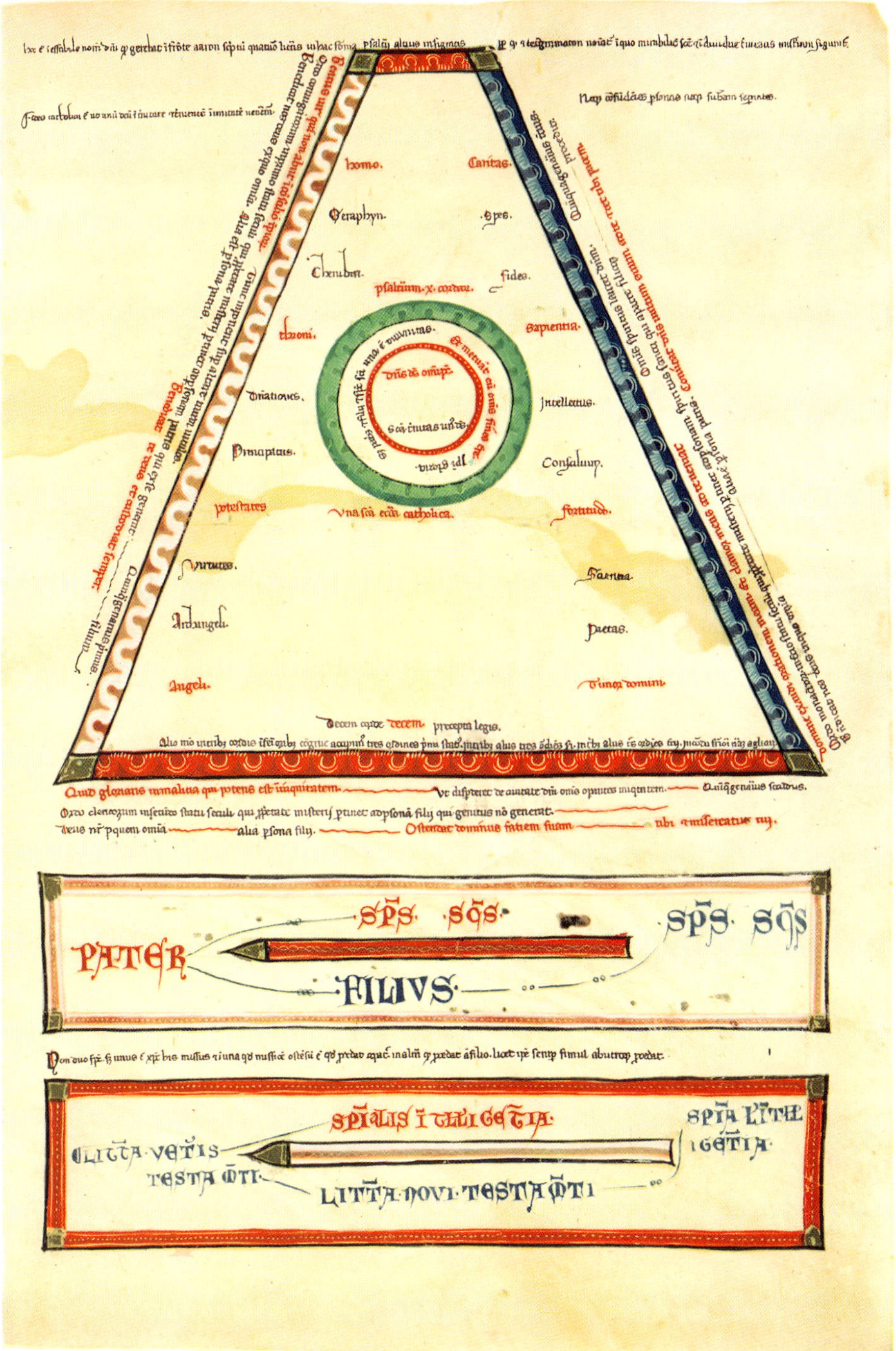

［図A-5］十玄琴《プサルテリウム》（『形象の書』）

輪郭をなす三角形（上頂が欠けている）は神の三位を、中央の円孔は一体を象徴するとされる。左の稜線に沿って九天使の名が配され、最上位に人がある。右の稜線に沿っては聖霊の七つの賜と三つの神学的枢要徳が配されている。その配色を図A-1と比較してみるのも興味深い。

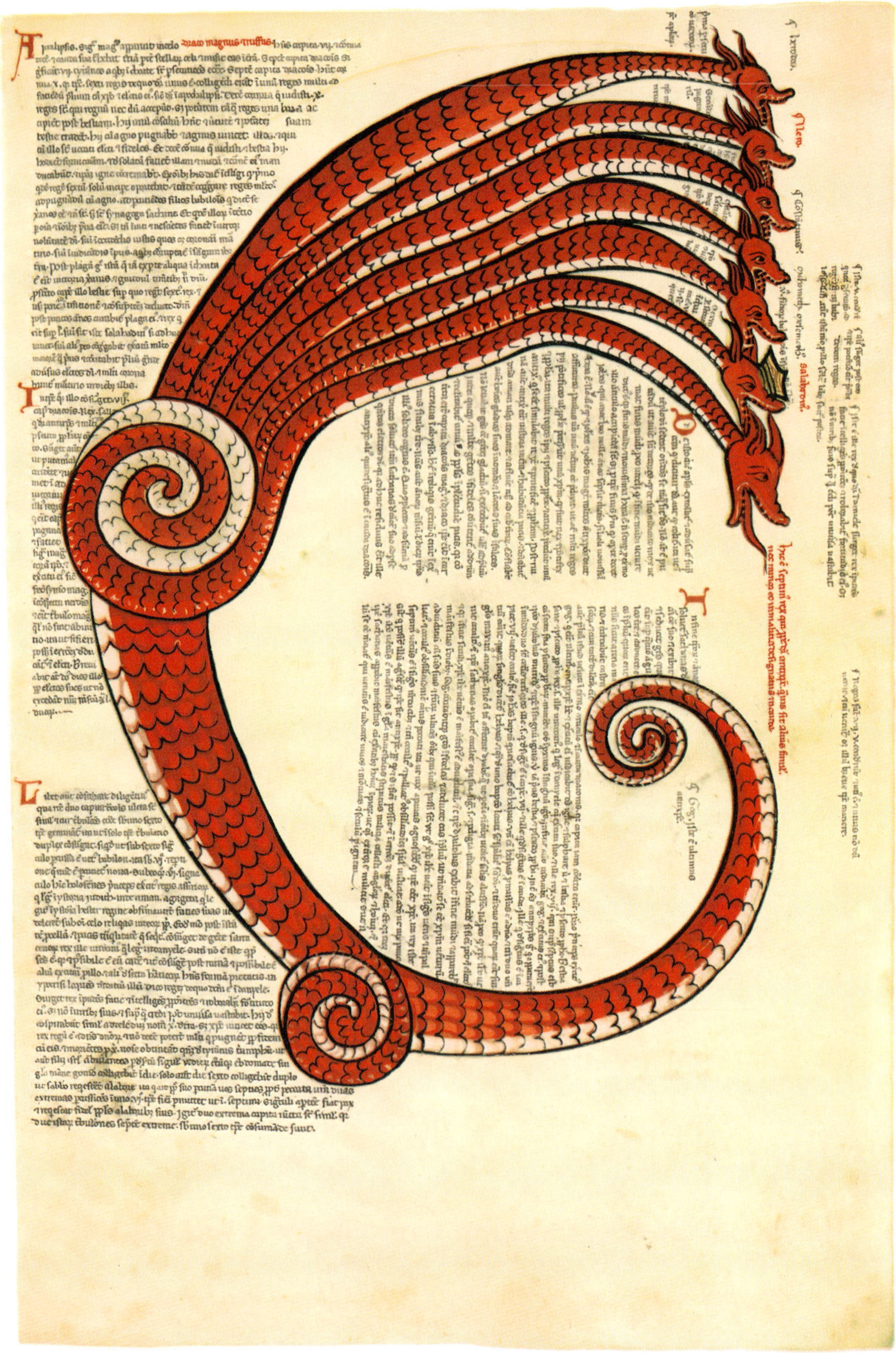

［図A-6］赤い大龍（『形象の書』）
教会を迫害してきたヘロデからサラディンに到る六王の名を付会された黙示録の龍。無名の七番目の頭は〈聖霊の時代〉のはじまりに先だって来たるアンチキリストと説かれる。とぐろを巻く尾は第三の時代の終わりに到来するアンチキリストであるゴグ。

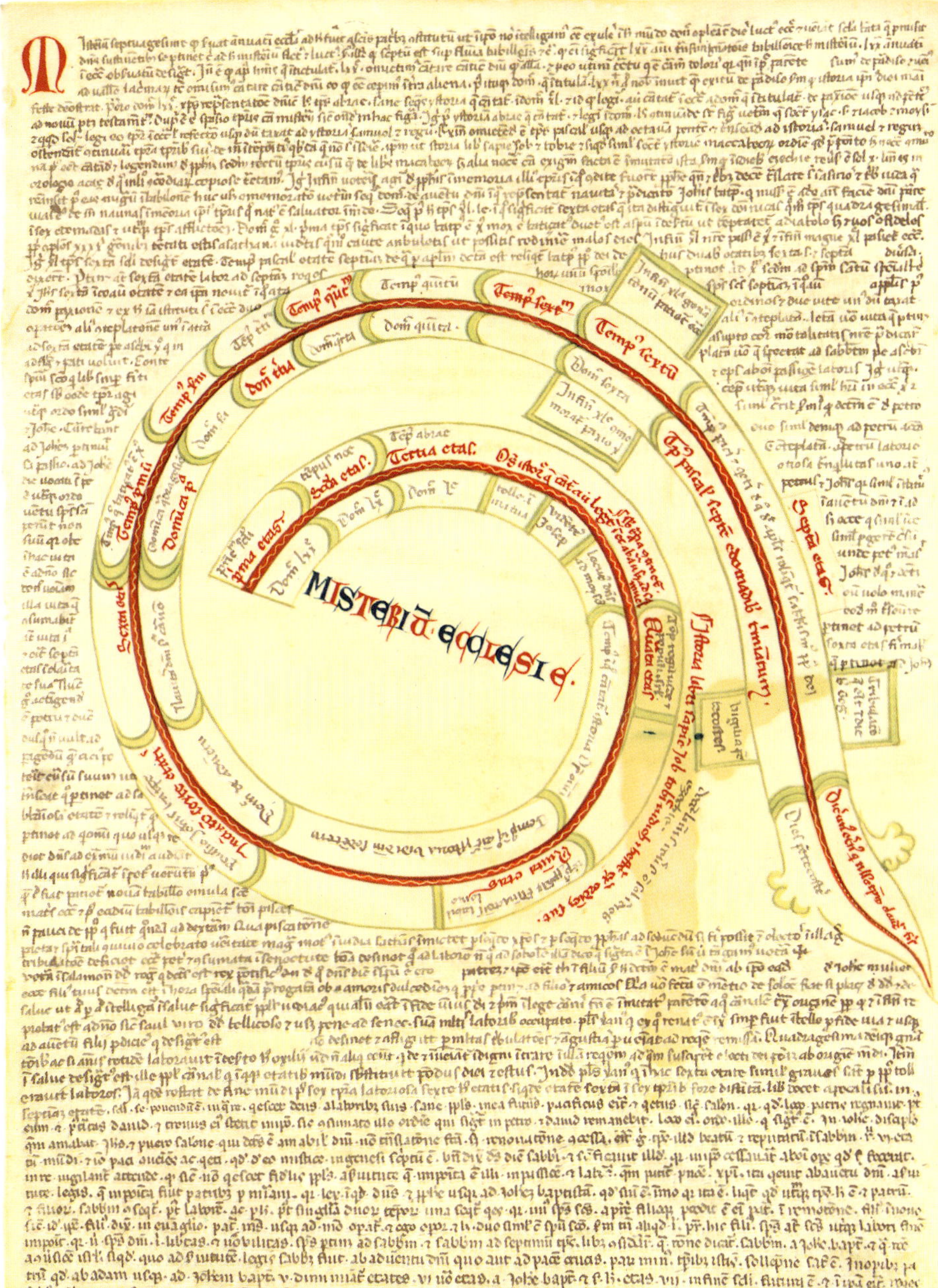

［図A-7］教会の神秘（『形象の書』）

螺旋は教会の典礼暦をあらわし、それが全救済史の要約となっている。歴史の第七の最後の時代に相当する〈聖霊の時代〉は復活祭によって、つづく天国の永遠は螺旋の右終端の聖霊降臨祭によって予表されている。つまり典礼とは過去の賦活であるとともに未来の神秘の約束にしてその実現としてある。

［図A-8］片側に枝を出す二本の木の符合（『形象の書』）
左の幹はアブラハム、イサク、ヤコブ、ヨゼフ、エフライムという旧約の系譜。右はそれぞれに対応するように、族長たちの秩序、異邦の民、ラテンの民、修道秩序、シトー会へと展開している。

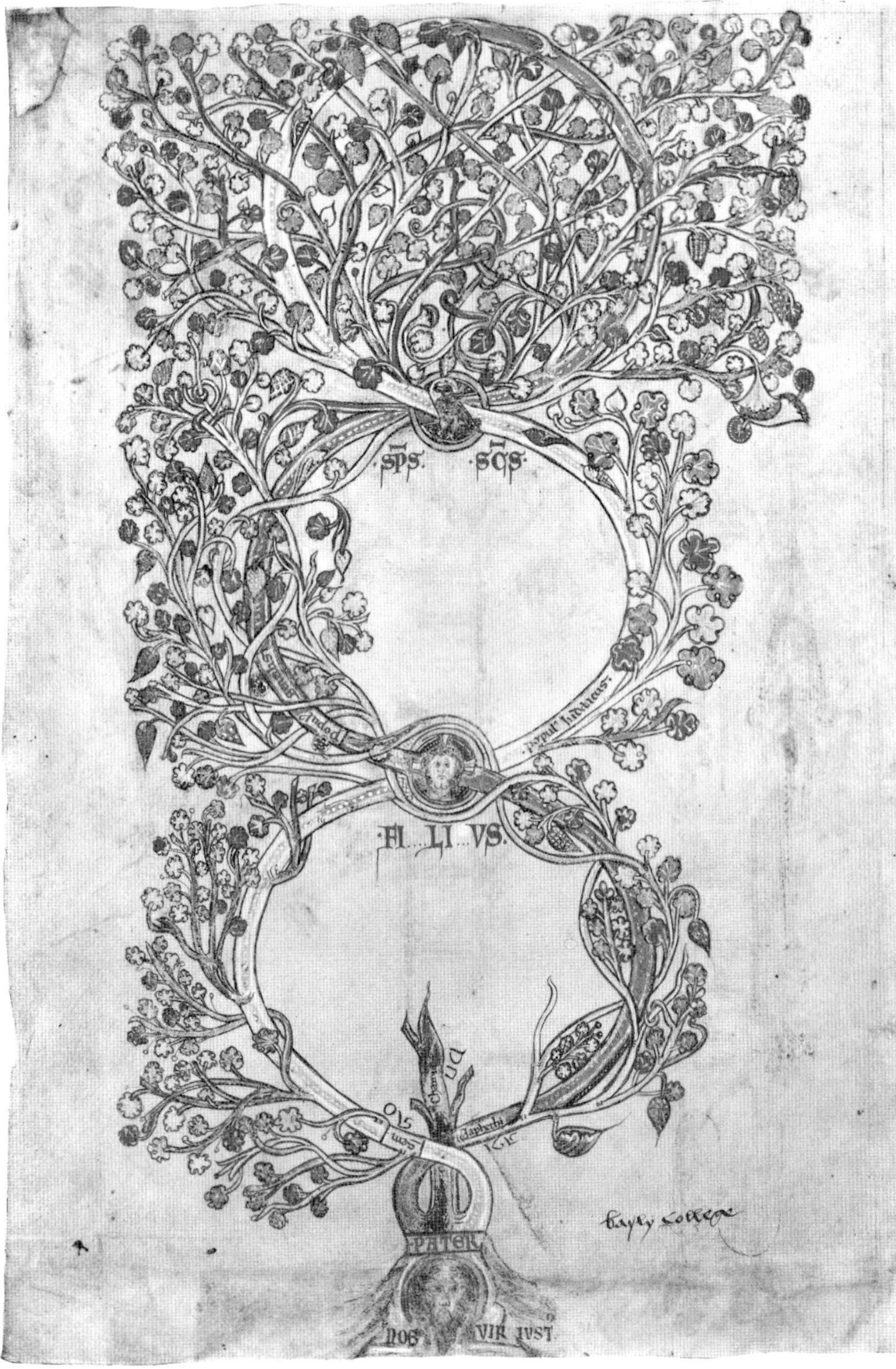

［図A-9］三位一体の木からなる円環（『形象の書』）
先の系統樹と歴史の三時代の両図を併せたような表現。父はノア、そこからセム、ハム、ヤペテが出でる（これらの名にヘブル文字が付されているのが興味を引く）。御子からはユダヤの民と異邦の民がつづき、聖霊の環はその内側まで枝葉が繁茂している。

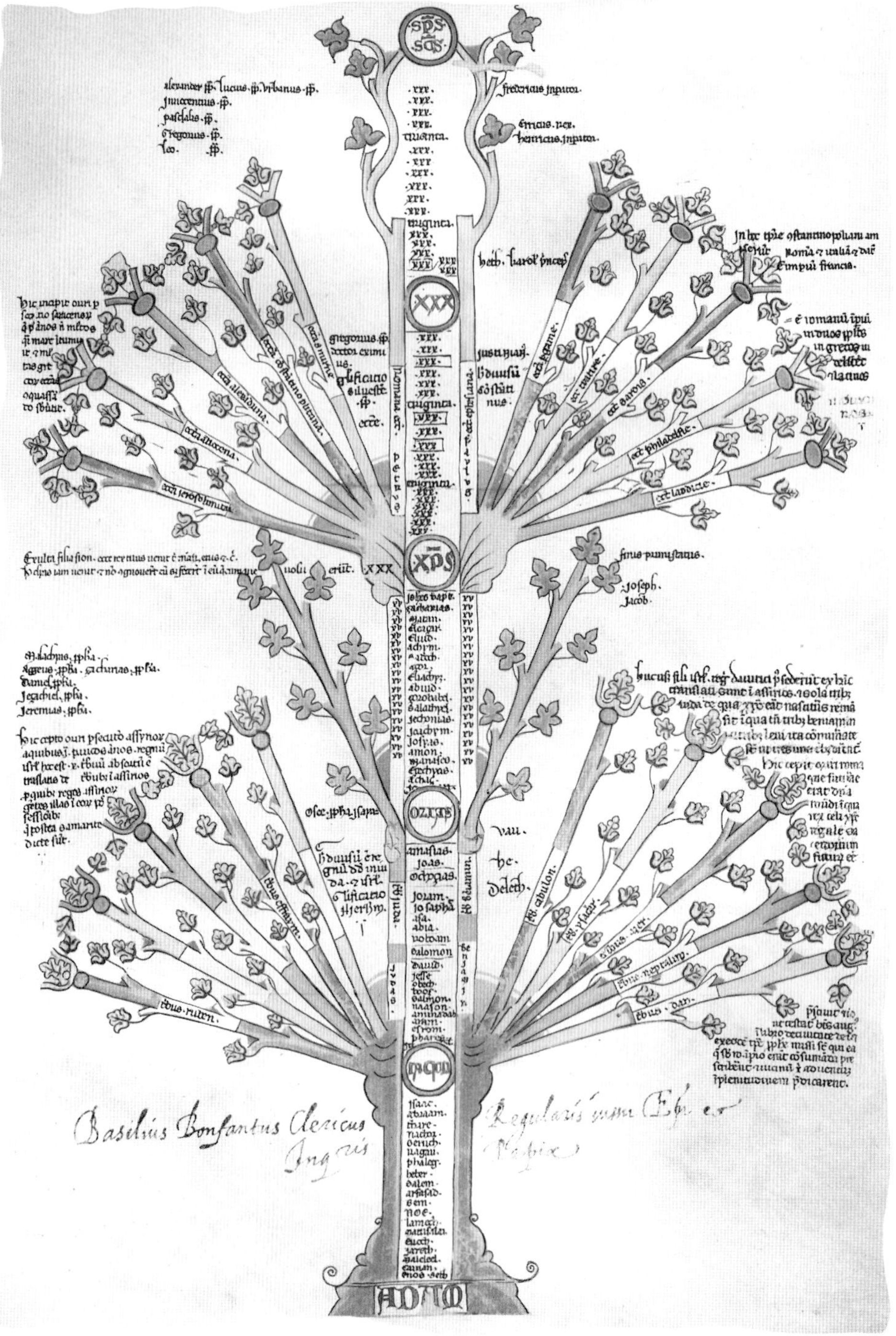

［図 **A-10**］生命の木〔聖霊に極まる系統樹〕（『形象の書』）
アダムを根としてキリストを中心に、聖霊を頂点とする系統樹。中央のキリスト（XP̄S）の右端に見える〈第一時代《スタートゥス》の終わり〉という文字が注意を引く。

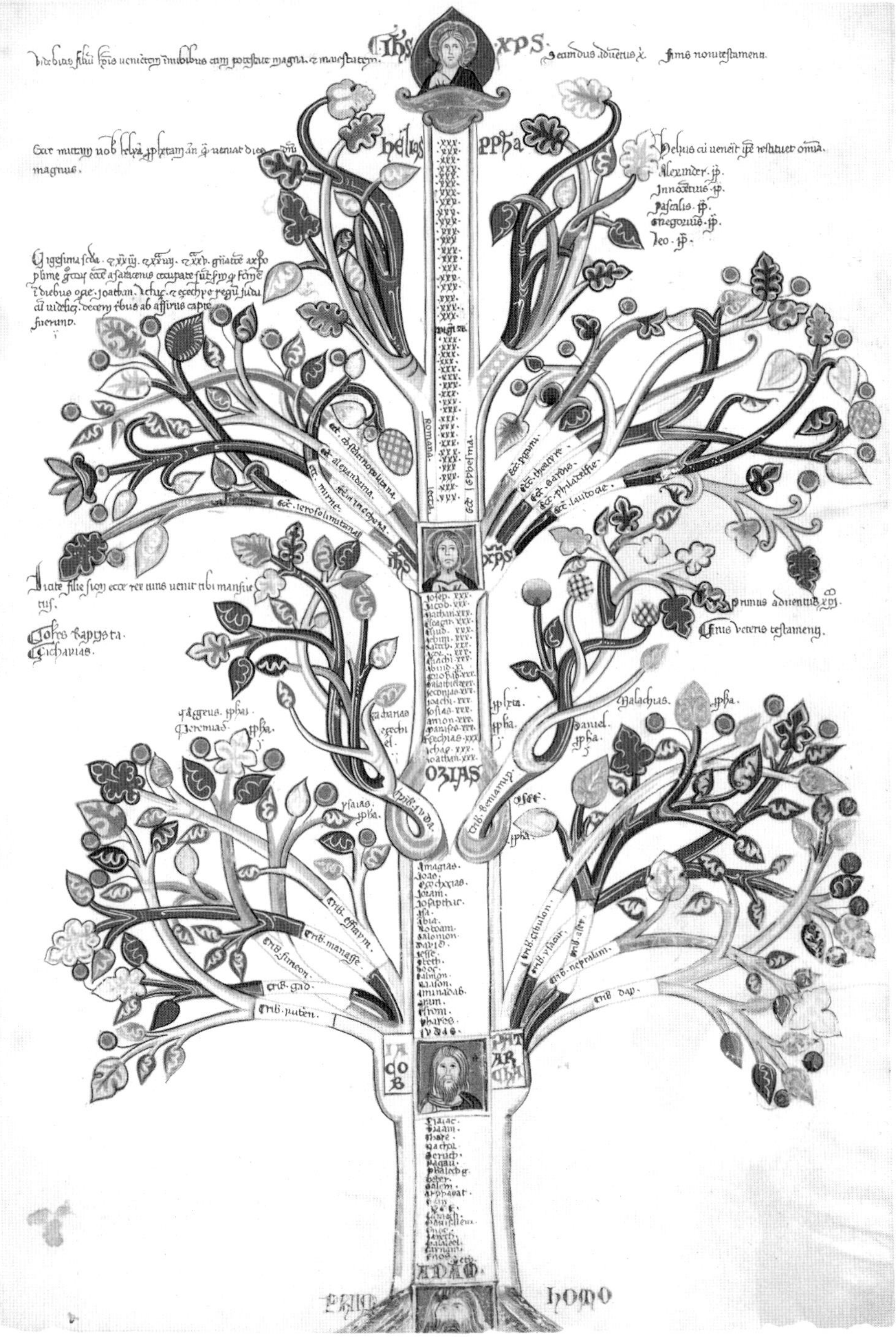

［図A-11］生命の木〔キリストの第二の降臨に極まる系統樹〕（『形象の書』）
アダムを根として繁茂する救済史の系統樹。ヤコブを経てイエスまでが旧約の父の時代。そこから頂上の第二のキリストの降臨までが新約の御子の時代と最後の聖霊の時代。下部のイスラエル十二族をあらわす枝が上部のキリスト教会をあらわす十二の枝と符合している。

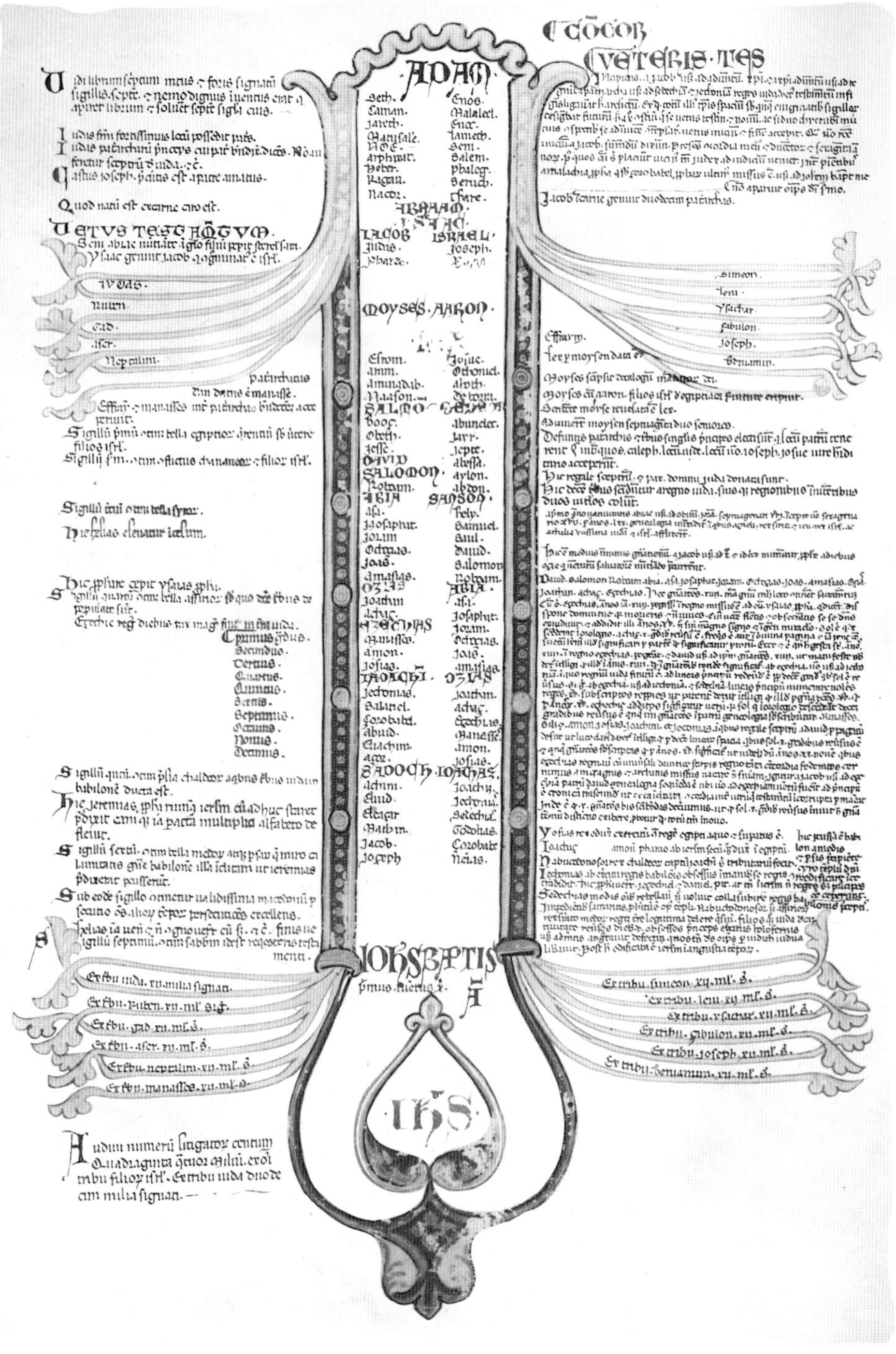

［図A-12］旧約と新約聖書の符合〔旧約〕（『形象の書』）
ここまでに見た図とは逆に、上から下へとアダムから洗礼者ヨハネまでの系譜。そして一番下にイエスが誕生する。モーゼの下に判読しにくいが〈律法〉の文字があるのは、新約をあらわした次図の〈恩寵〉の文字と対応している。

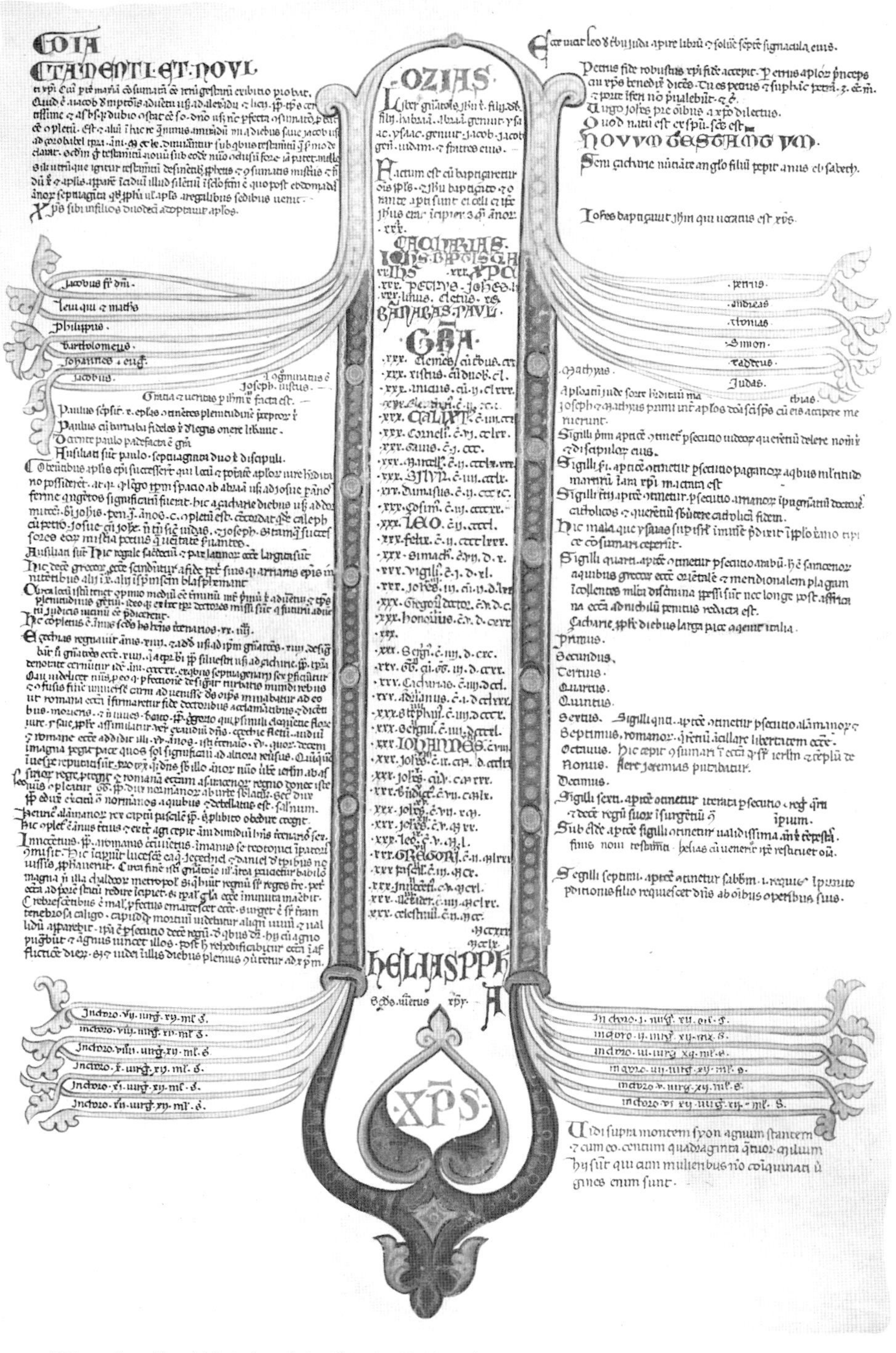

［図A-13］旧約と新約聖書の符合〔新約〕（『形象の書』）
前図に符合する新約の図。上のウジヤから順に預言者エリヤまでの系統が旧約をあらわした前図と符合している。そして一番下にキリストの文字、エリヤとともにこれは第二のキリストの降臨をあらわすものとなっている。前図ともどこかキリスト・イエスを受胎した身体形象のようにもみえる。

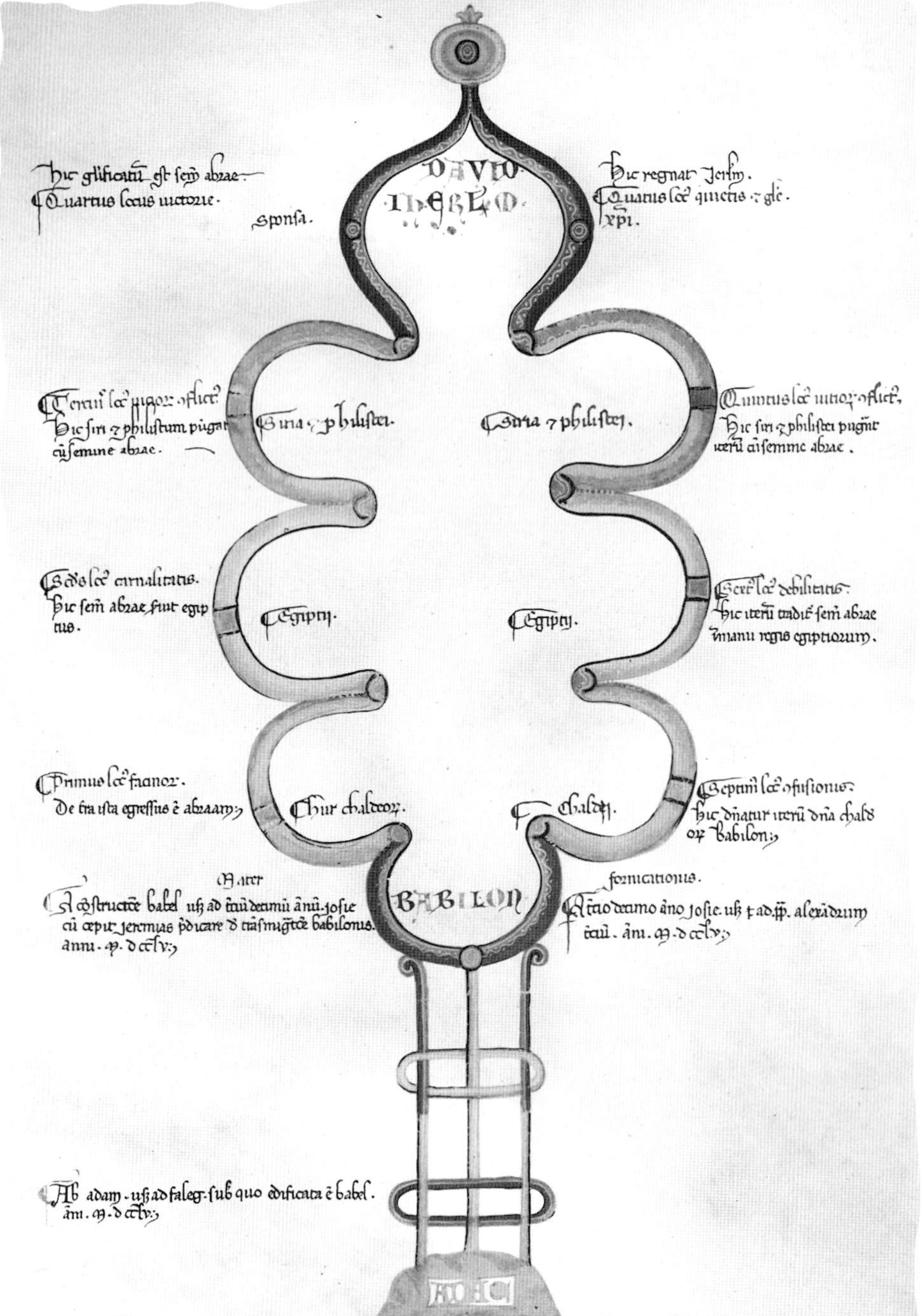

［図A-14］バビロン－ローマの対比〔バビロン〕（『形象の書』）
アダムを礎に支えられた波打つ環。最下の〈バビロン〉から時計回りに〈エルサレムのダヴィデ〉に到り、ふたたび〈バビロン〉に下る。つまり旧約の歴史。七つの試練と一つの栄光。しかしそれが栄光からの頽落として、また循環として描かれているところに、異教的悲観（たとえば循環を悲観的とする本書の著者に倣って）を観ることもできるか。

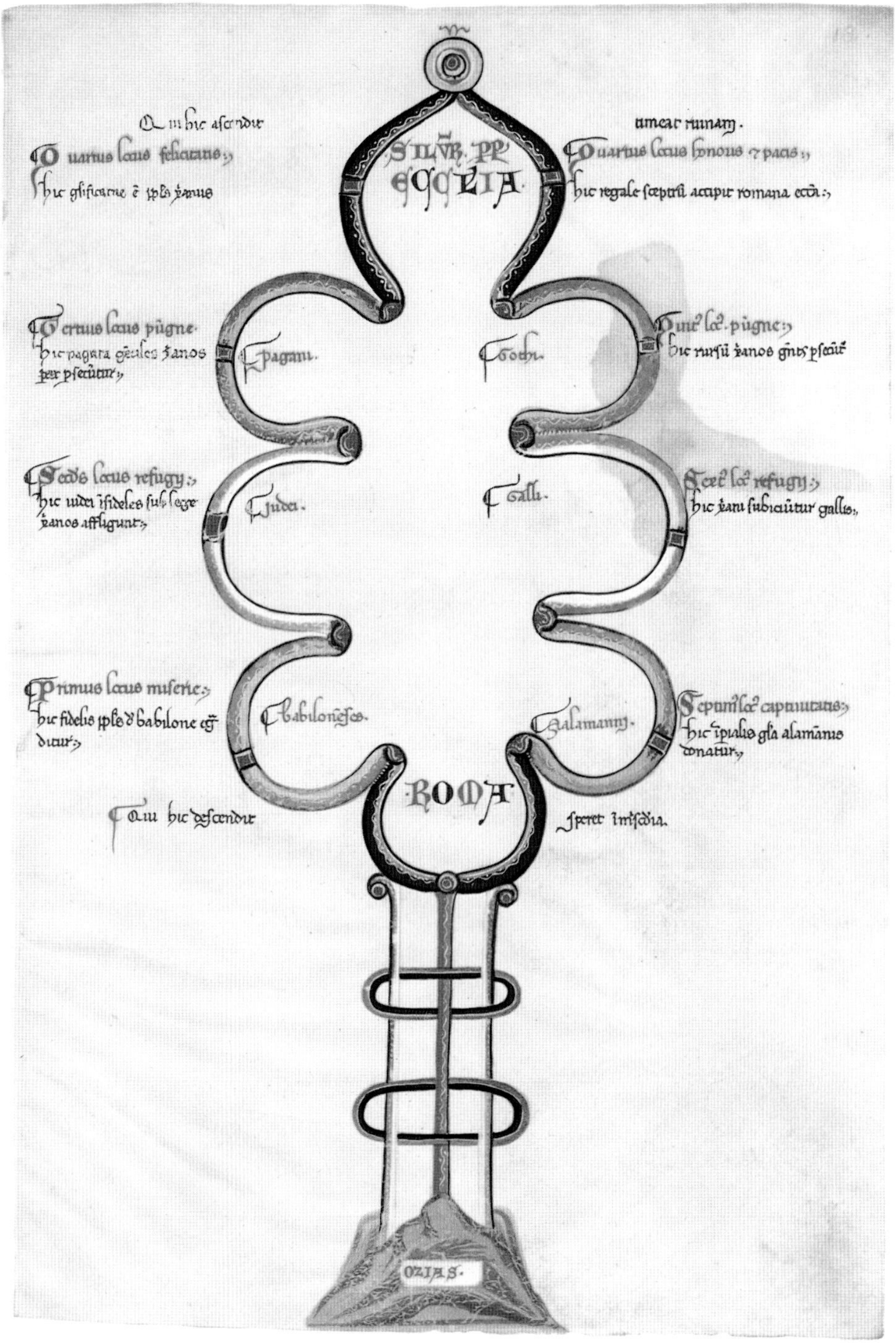

［図A-15］バビロン - ローマの対比〔ローマ〕(『形象の書』)
ウジヤを礎に支えられた波打つ環。前図同様最下の〈ローマ〉から時計回りに最上部〈教皇シルヴェステル〉に到り、右側をふたたび〈ローマ〉に下る。異教のローマに興り、皇帝コンスタンティヌスとともに頂点に達した教皇シルヴェステルの教会も、ゴート、ガリア、アレマンノとの経緯によりふたたびローマ捕囚を忍ばねばならない。

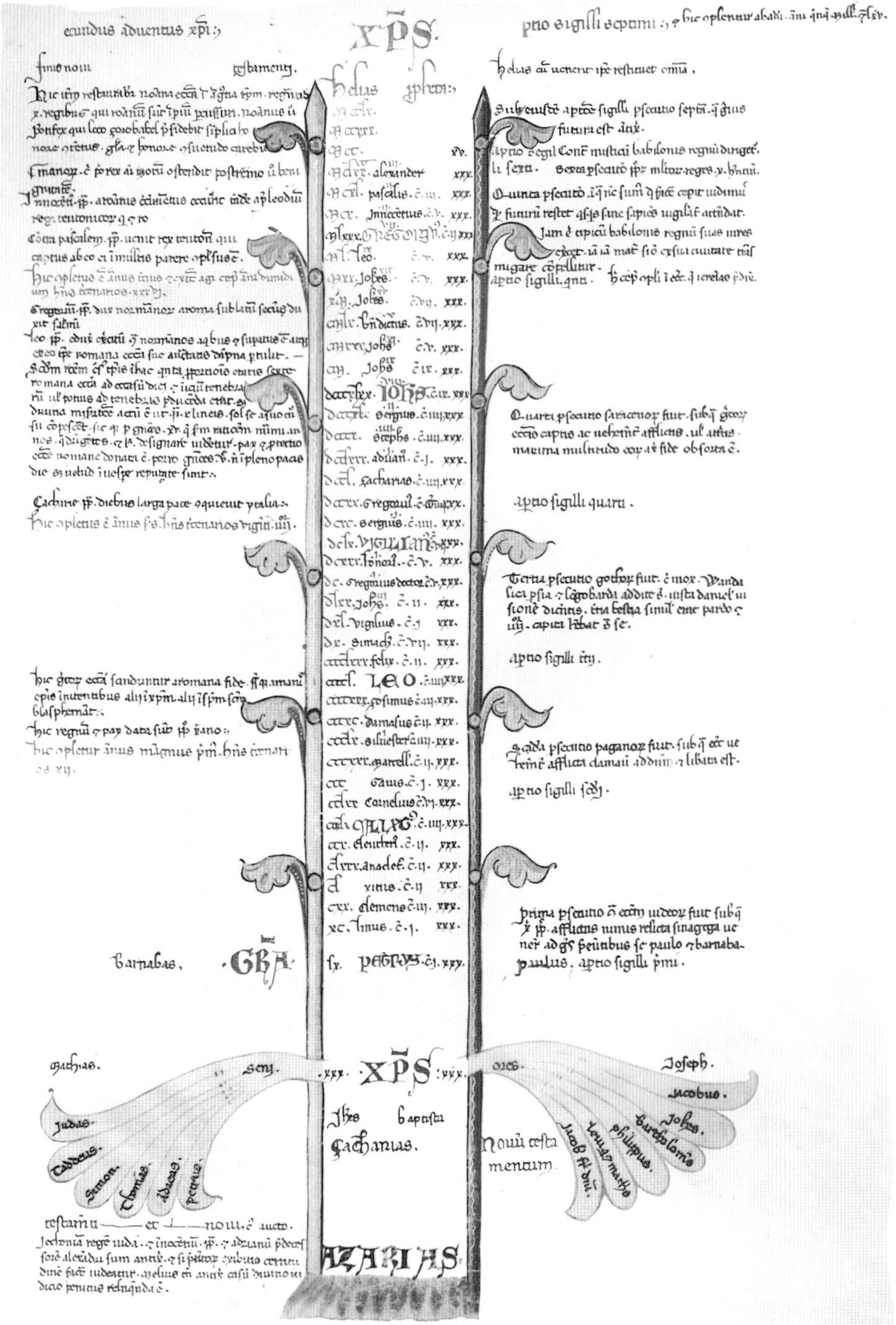

［図 A-16］より古形を保った符合の図〔新約〕（『形象の書』）
教皇系譜の最新の教皇として名指されたアレクサンデル三世に1170という年期があること、その傍ら、第六の時代がはじまるばかりか同時に第六の封印が解かれていることが目を引く。封印の開示はアンチキリストたちの迫害と同置されている。あと二世代を残すのみで1260年と録された年に、そしてキリスト再臨という頂点に到達する。

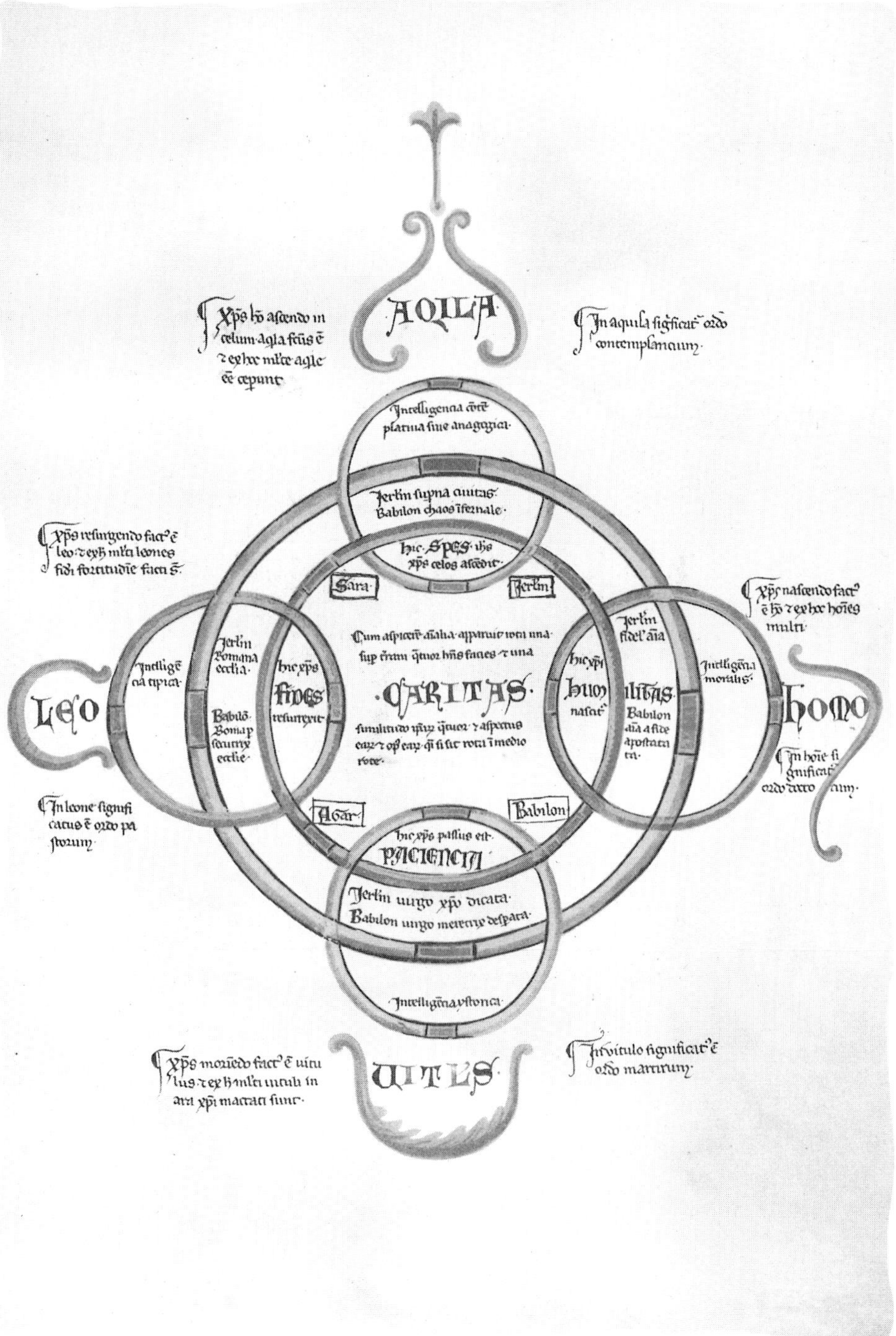

［図A-17］エゼキエルの輪（『形象の書』）
エゼキエルが幻視した神の玉座を載せる山車の様式化された表現。四つの車輪を御す四智天使が黙示録の四聖獣の名をもって呼ばれている。四つの車輪は中央の〈慈愛〉を取り巻く二つの輪に絡まっており、三つの時代の円環の水平垂直方向への二重展開のようにも見える。と同時に、エルサレムとバビロンの善悪の対比解釈が註されている。

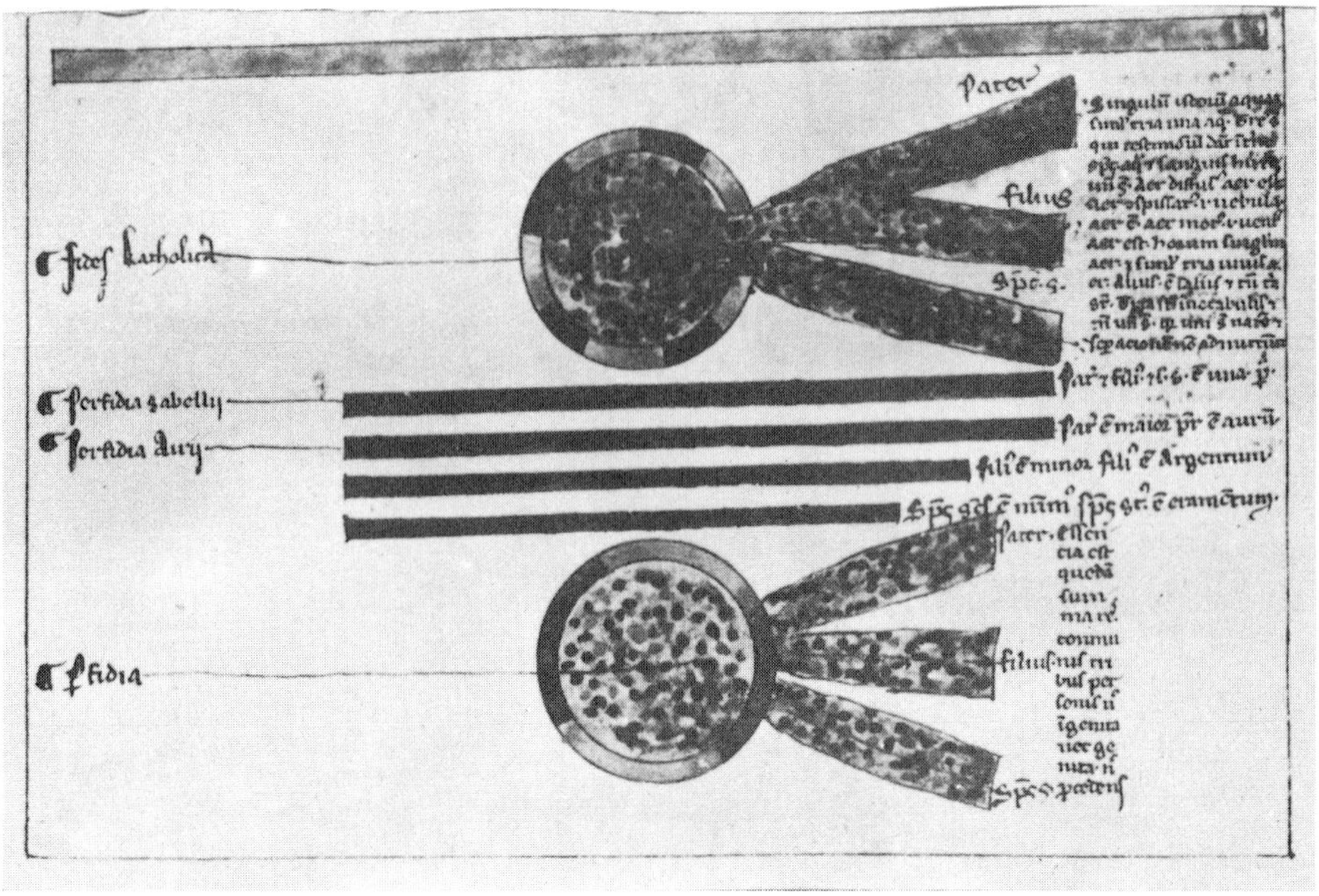

［図A-18］三位一体論諸異端の図式化（『形象の書』）
ロンバルドゥスの三一論を論駁した注記を載せた特筆すべき写本。一番上が正統信仰における三一論（fides Catholica）、二番目の直線がサベリウス異端（perfidia Sabelly）、三番目の三本の直線がアリウス派異端（perfidia Airij）、四番目が名を伏したロンバルドゥス説批判となっている（p[er]fidia＝ペテロ《ピエトロ》の不忠）。唯一なる神と三位格が円の外周によって分断されている。

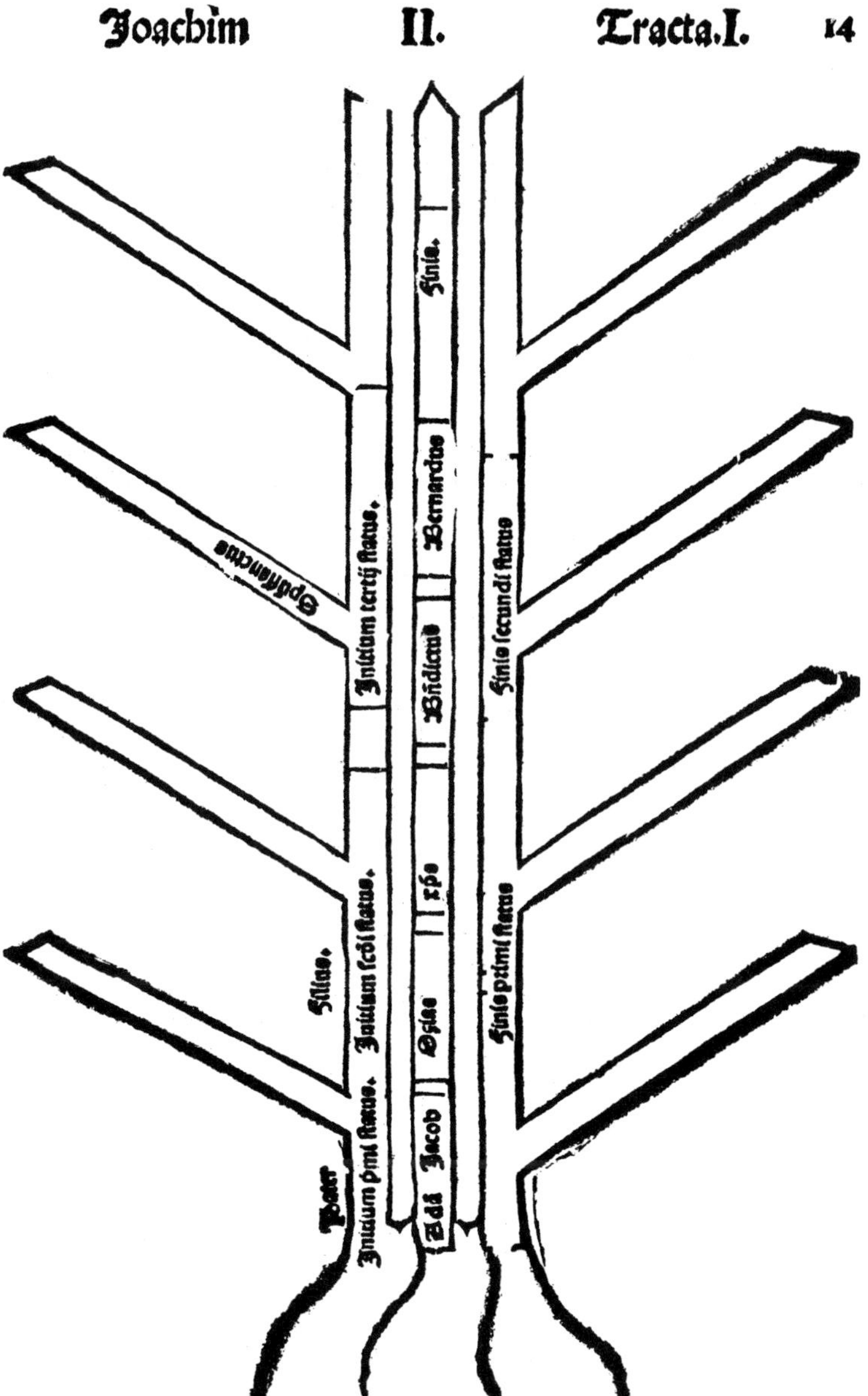

［図**B-1**］歴史の符合の木（『新約と旧約聖書の符合の書』）
中央の幹は、下からアダム、ヤコブ、ウジヤ、キリスト、ベネディクトゥス、ベルナルドゥス、終わり。ベルナルドゥスの名の左側の第三〈時代《スタートゥス》〉のはじまり、という文字が目を引く。そこから出る枝にのみ〈聖霊〉の文字が見える。

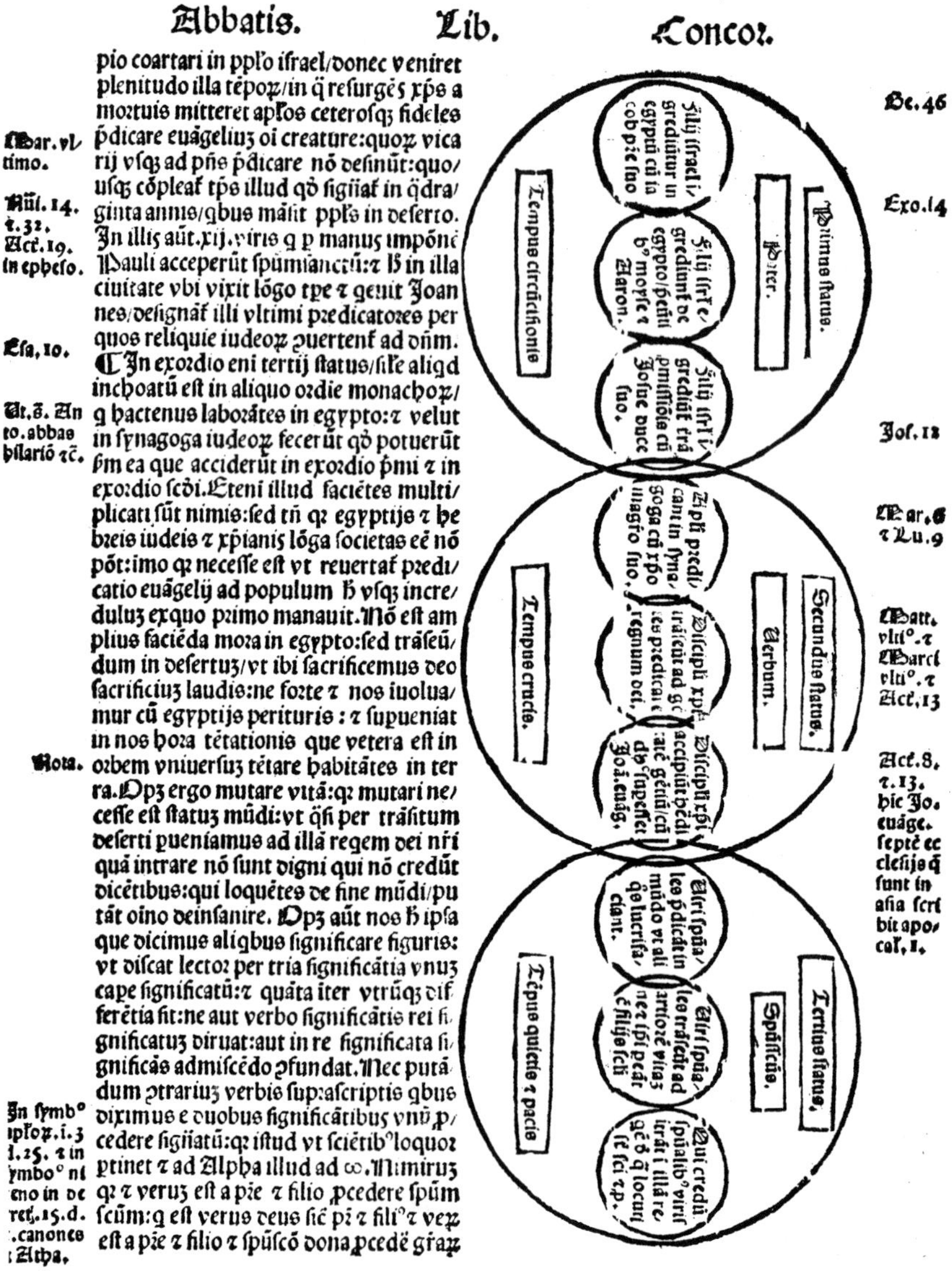

［図B-2］三つの〈時代《スタートゥス》〉（『新約と旧約聖書の符合の書』）

第一の時代＝割礼の時代、第二の時代＝十字架の時代、第三の時代＝静穏と平和の時代。聖霊の時代という文字はあらわれていない。

Abbatis Lib. Concor.

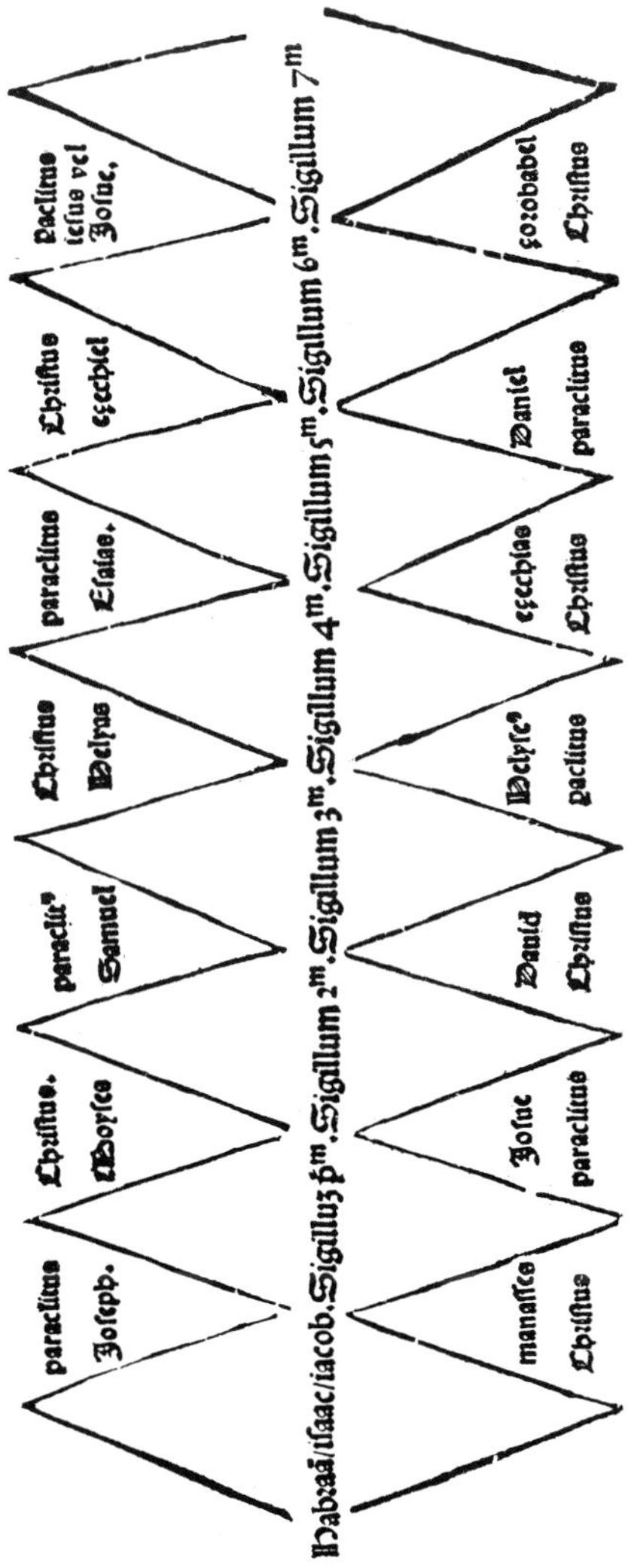

Capitulum 3m.

Habraã genuit isaac. Isaac genuit iacob. De Jacob orti sũt viri iusti/patriarche ꝛ pphete:ex qbꝰ inter ceteros claros clari fuerũt viri isti:quoꝝ ꝛ noia ꝛ opera apud deuz ꝛ hoies nota sunt. Joseph ꝛ Manasses:Moyses ꝛ Josue:Samuel ꝛ Dauid:Helyas ꝛ Helyseus:Esaias ꝛ Ezechias:Ezechiel ꝛ Daniel:Jesus vel Josue filius Josedech ꝛ Zorobabel. Si aũt viroꝝ istorum:quoꝝ noia tam distincte ꝛ puide scripta sunt gesta pensamus inuenimus in primis tribus fundamentum fidei nr̃e principalr̃ cõtineri. Jn sequẽtibus aũt qui bini ꝛ bini scripti sunt designari vicissim filius ꝛ spũssanctus: ita vt in vna distinctione prescribat spiritussanctus:in altera filiꝰ: vsqꝫ ad septimi numeri equalem ꝛ cõgruam pfectionẽ:ne alter altero/maior aut minor/prior aut posterior putaret:cum sũma sit equalitas iter eos/eadem gloria coeterna maiestas. Cur aũt a principio tres viri equalis meriti:deinde vo bini ꝛ bini per singula sex tempoꝝ data sunt:ecce in subiecta pagina rõnem reddemus. Manenti habrae in cõualle mãbre/que est iter loca montuosa:maxime aũt respectu sodome ꝛ gomorre ciuitatũ/ad quas se dixit dñs descẽsurum/apparuere tres viri : qꝛ tres sunt psone trinitatis:que manent in culmine maiestatis. Et tñ in eodem culmine manẽtes in corde humilium requiescunt:scriptura attestãte/que dicit. Oñi excelsus dñs ꝛ humilia respicit. Porro ad sodomã ꝛ gomorraꝫ que iacebãt deorsum/duo tm̃modo missi sunt:qꝛ solus filius ꝛ spũssanctus alter qdẽ in forma serui quã pro nobis assumpsit:alter in specie colũbe ab vno deo patre missi sunt: siue ad saluãdos electos suos qui sunt in mũdo/siue ad ꝯdemnãdos reprobos/qui nolunt recipere verba vite. Hac pro causa in exordio illius tẽporis qꝺ ptinet ad designãdum pncipiuꝫ/premissi sunt tres viri magni/qui essent patres alioꝝ/ꝛ q̃si patriarcharuz

Gene.21. ꝛ.25. Matth.1 Gen̄.49.
Gene.48. Exo.leui. nũi.deut. ꝛ Josue. pmi reg.1 ꝛ.16. tertij reg. 17.ꝛ.19. quarti Regum.20. pmi Esd. 3.
Gen̄.18.
Aleph.
psal.137.
Gene.19. Ad phi.2 Mat.3.ꝛ Marci.1. ꝛ Luc.3. ꝛ Joã.1.

［図B-3］七つ封印の図（『新約と旧約聖書の符合の書』）
頁下から横向きに右（つまり頁上）へと、アブラハム、イサク、ヤコブの三人にはじまる歴史が七つ封印として説かれる。それは聖霊（Paraclitus）とキリスト（Christus）の相関を交互に上下に配した旧約聖書の人物の名であらわされ、その幾何学図式が横倒しに頁に収められることで生命の木ともなっている。

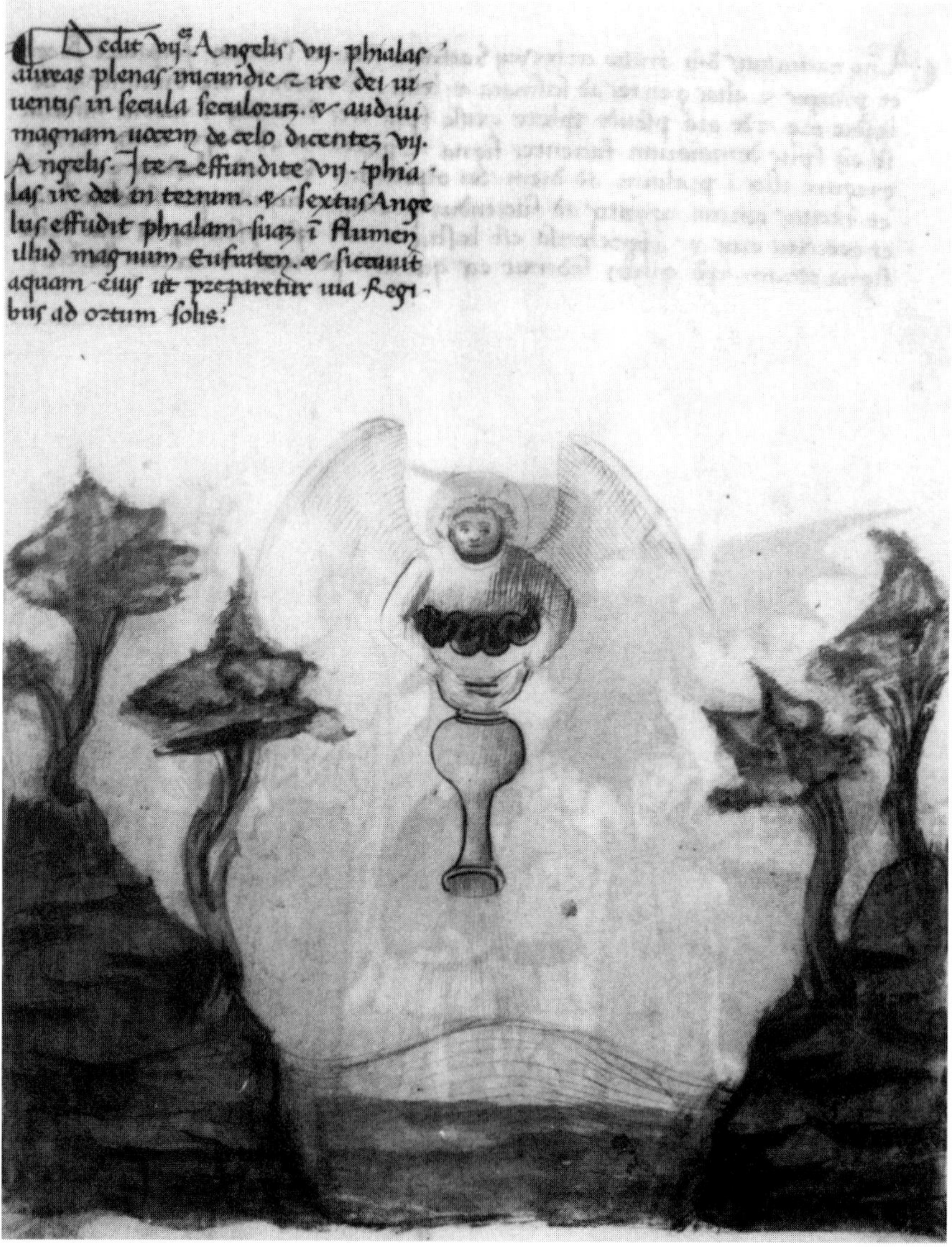

［図C-1］神の怒りを壺から地に注ぐ第七の天使（テレスフォルス『小著《リベッルス》』）

［図C-2］ 贋教皇から戴冠するフリードリヒ三世（テレスフォルス『小著《リベッルス》』）

［図C-3］茨の冠を戴くフランス王シャルル（第二のシャルル・マーニュ）
（テレスフォルス『小著《リベッルス》』）

［図C-4］最初の天使的教皇（テレスフォルス『小著《リベッルス》』）

［図C-5］第二の天使的教皇（テレスフォルス『小著《リベッルス》』）

［図C-6］第三の天使的教皇（テレスフォルス『小著《リベッルス》』）

[図C-7] 灼熱の硫黄の泉から出るアンチキリスト（テレスフォルス『小著《リベッルス》』）
教皇冠を被った人物の水鏡に映じた姿のように見える。

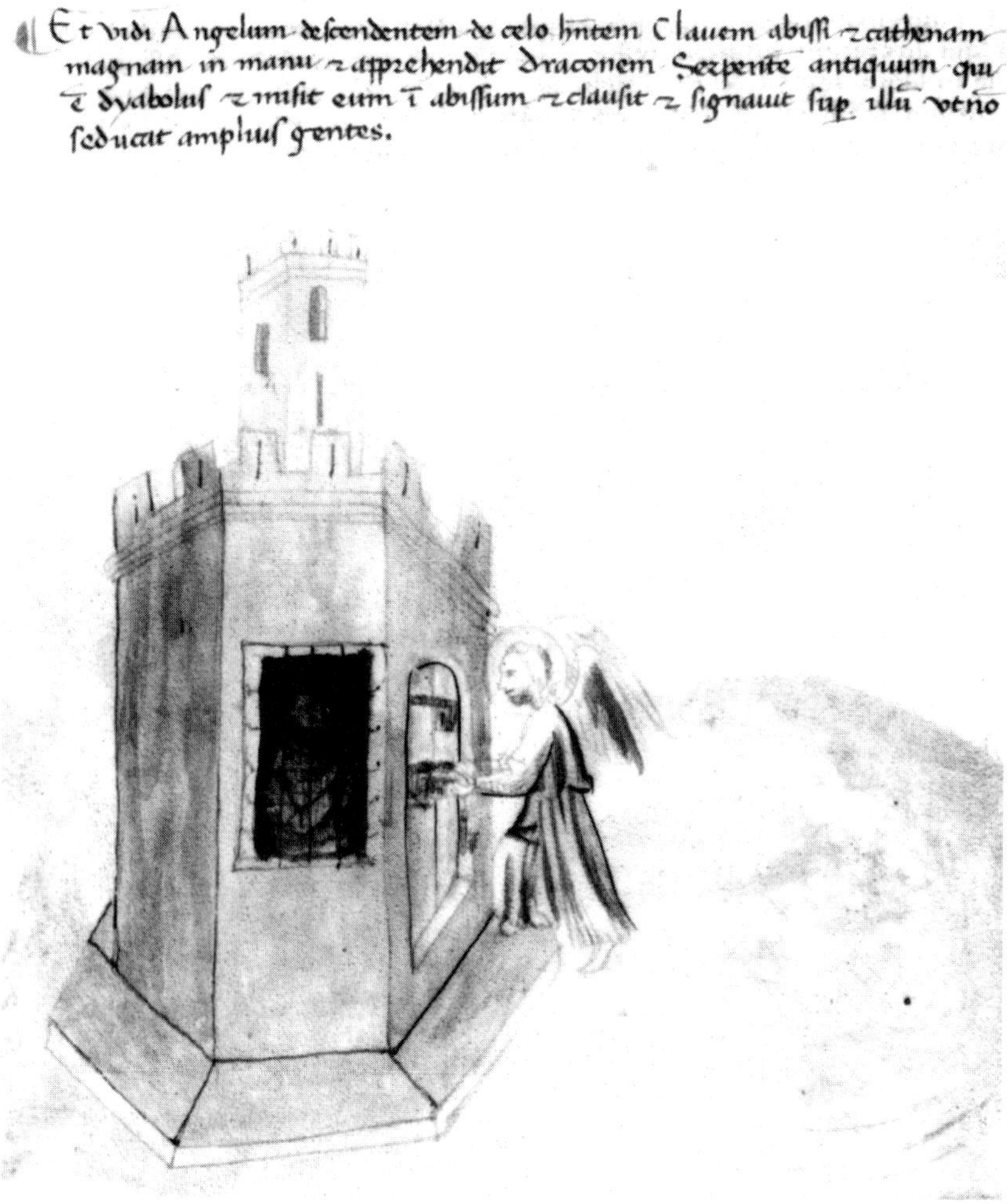
Et vidi Angelum descendentem de celo hntem Clauem abissi ⁊ cathenam
magnam in manu ⁊ apprehendit draconem Serpente antiquum qui
ē dyabolus ⁊ misit eum ī abissum ⁊ clausit ⁊ signauit sup illu vt no
seducat amplius gentes.

［図C-8］天使により最終的に獄に鎖されるいとも古き龍蛇悪魔（テレスフォルス『小著《リベッルス》』）

¶ Qui sta Brigida cucullata.

OVade sancta brigida nel libro dele sue reuelatõe dice. La chiesia de dio sera ꝯculcata sotto laquila grande. laquale nutrica il fuoco nel pecto. impero che dio e possente ꝑuocare li alti alemani ꝯtra la chiesia iquali piu se ꝯfidono dela humana potẽtia che de dio. ⁊ ꝑ giusto iudicio sera ꝯculcata la nauicula petri dali incorsi de li inimici: ⁊ il clero sera turbato: ⁊ cosi e necessario che Pietro succicto fugga aciochè non patischi il squalore dela publica seruitu: ⁊ cosi vegga epsa chiesia occidentale che nõ sia a se vn baston de canna gallicana ne laquale se ꝯfida a qual baston se appoggia forte cũ le mani se le fuora. Et p q̃sto e da intẽdere che li alemani scorpionisti sarãno liga cũ il re d̃ Frãcia: sotto ilquale la chiesia portara la croce de lamẽtatõe. Et ap̃sso il fiume Rheno ⁊ in le terre de la luna apresso lo mare occidentale se vederãno mali inauditi sotto il nouello: pche fulminara la sentẽtia a li anathematizati e ꝯtra i saturnini. Et quãdo entrara la ꝓpria casa alhora i Romani cespitarãno in la fede. laq̃l cosa oime ñ e ꝯdita in li di antiq: ⁊ serãno tẽpi piculosi ĩ la chiesia d̃ san pietro. ⁊ in breue spacio de tẽpo nascirãno noui mali ĩfra i cardinali.

［図D-1］聖女ブリギッタ（リヒテンベルガー『予言の書』）
ブリギッタの『啓示の書』からの引用のはじめに挿入された聖女の図（蔑ろにされた聖女ブリギッタ、という詞書がある）。本文は鷲の預言、手を刺すガリアの葦の杖の解釈となっている。

SE da ad intendere che dapoi le guerre intestine cominciate
fra i reuerendissimi signori treueresi τ colognesi vegneran li
orsi siluestri τ lupi amazzadori. τ la secularita litrinulara sot-
to Maximiliano o vero franciosi. τ quella tribulatiõe sera
assimigliata a quella di Machabei. nella quale il summo sacerdotio era
sta occupato da Jecone Menelao Lisiniaco τ Archimo. Et finite furo
no epse tribulatione qñ nasci xpo in carne principe dela pace. τ Octauia-
no receui la monarchia del populo romano. Et il summo sacerdotio vaco
gia per la morte de Macha. cosi sotto questo Maximiliano oime vaca-
ra la sedia romana per vno anno e mezo come se troua nel quinto τ sexto
capitulo del libro de Cirillo. in nelqual tempo sera gran tribulatione. τ re
surgera vno nouo ordine τ noua reformatione nella chiesia. τ molti pseu-
do pontifici seranno in ytalia auante la reformatione. Unde la Sybilla
erethea degna prophetissa sentẽdo lo aduenimento del pullo dapoi la ma
dre aquila. τ i pseudi pontifici che seranno al suo tempo dice dapoi queste

［図D-2］教皇杖を奪いあう贋教皇たち（リヒテンベルガー『予言の書』）
トレヴィーリとケルンの戦いを象徴して熊と狼が教皇杖を嚙み、それを贋教皇たちが奪いあっている。キュリロスの書第五、第六章、エリトリアの巫言を混じたマクシミリアンに待望する預言解釈の挿絵。

⁊ he sono facte misticamente in questo regno fusseno decte palesamente a ogni huomo. i carnali ⁊ superbi non solamente non lintenderano ma le di spresiarano ⁊ hauerano in deriso.

¶ Qui sta il re de Francia cū il giglio armato.

'Capitulo decioseptimo.'

B Rigida de Suetia disse in la sua reuelatione. Uscira fuora il giglio del campo occidentale ⁊ sera crescente in mille miglia in la terra virginale. recuperara le cose perse. ⁊ irrigara cū il suo odore le cose venenose. ⁊ sera piu forte del cedro. O giouene in la terra del giglio attende. Quella che la noua testa piglia quando e inueterata sa. Dipinge la tauola del cor tuo laquale insino qui e rasa. corrige la tua consciētia studia se tu sei del bon gallo o vero catiuo. impero che nello ātiche dicto prophetico cosi se troua del bon gallo. Il giglio se acompagnara ala aquila grande. ⁊ muouerassi dal occidente in oriente contra il leone. ⁊ il leone mancara de aiuto ⁊ sera ingannato dal giglio. ⁊ il giglio rēdera odore in la alamagna. ⁊ la sua vltima laudē volara sotto laquila.

［図D-3］百合の旗幟を握るフランス王（リヒテンベルガー『予言の書』）
ブリギッタの『啓示の書』から。西の野に咲く百合つまりフランス王が、そのシードルよりも強い香りで東の獅子の毒を征するであろう、そしてその香りをアレマンノにまでもたらすであろう。

Qui sta meza laquila dala dextra ⁊ dala sinistra il giglio.

Capitulo decimooctauo.

De le laude del giglio cosi si dice. O Francia terra nobile la
qual produce tal fiore: elquale cũ il solo odore sara inuerdi/
re lalboro seccho gia p molti anni ⁊ infiãmara laquila orië/
tale de amore de charita volando in alto cuz doe ale resplẽ
dente nei mõti dela christianita. que'lo e giglio odorifero dalquale le ape
di fideli succhiaranno il melle dela affectõe ⁊ del desiderio. ⁊ i rebelli suc/
chiarão il veneno dela lamentatione nel campo verginale ⁊ il giglio sta/
rà illeso. ⁊ le fanciulle de scorpione dela natione alemana sarãno le girlan/
de ale feste de esso giglio vnde piangerãno. O giouene in la terra del gig/
lio guarda se non dice guai ala terra il re de laquila e putto. Conciosiaco
sa che tu sie quello che porto il campo azuro cuz tre gigli doro. ⁊ che te in
segnono. Il primo giglio predice te essere successore ⁊ ministro delo altar/
re ⁊ vicario de xpo tenendo la man sinistra in le epistole dele vniuerse na
tione. El secondo giglio predica te ⁊ i toi essere colonna dela christianita
in la parte occidẽtale da questa pietra marmorea laquale e stato rotta sen/
za mani. El tercio giglio predica te essere aduocato dela sposa de christo

［図D-4］鷲と百合の旗幟（リヒテンベルガー『予言の書』）
百合の讃歌。その香りは枯れた樹木をも甦らせ、東の鷲を慈愛の炎に燃え上がらせるだろう。そしてアレマンノの蠍の娘たちも百合の香りにむせび泣くだろう。それに三つの百合つまり三人のフランス王についての預言がつづく。

STELLAS CONGREGABIT, vt luceant in firmamento Cœli.

VATICINIVM PRIMVM.

VATICINIO PRIMO.

Congregherà le Stelle, acciò lucano nel firmamento del Cielo.

[図E-1]「天空を輝かすため星々は集まるだろう」(『教皇預言集《ヴァティチーナ》』I、1589年ヴェネチア版)
15枚からなる教皇預言集のうち「禿頭よ登れ(あるいは、カルヴァリオの苦難来たる) Ascende Calve」にはじまる預言からなる第2集巻頭。小熊に金貨を与える教皇は通常ニコラウス三世(その俗名オルシーニは熊の意)に準えられ、聖職売買《シモニア》と閥族主義の象徴とみなされてきた。

Vox Vulpina perdet Principatum.

VATICINIVM
IIII.

VATICINIO
IIII.

La voce Vulpina rouinerà il Principato.

［図E-2］「雌狐の声が支配を失わせるだろう」（『教皇預言集《ヴァティチーナ》』IIII）
跪いて祈る姿に描かれる教皇だが、ここでは諦念をあらわすように両手を広げている。樹にかかった三日月からあらわれた手が教皇を祝福している。一方、背後の一匹の狼は槍を銜え、それで教皇の冠を突き落とそうとしている。異本ではこれは5番目に置かれ、天使的教皇と噂されたケレスティヌス五世と説かれることの多い図。

Fraudulenter intraſti, potenter regnaſti, gemens morieris.

VATICINIVM
VI.

VATICINIO
VI.

Fraudolentemente ſei intrato, potentemente hai regnato, gemendo morirai.

［図E-3］「汝、欺瞞により入り、居丈高に治め、苦悶の内に死ぬだろう」（『教皇預言集《ヴァティチーナ》』VI）
前図から順に算えるならこの図はボニファキウス八世に付会される。教皇が右手の三叉で鷲を刺すところ、雄鶏は飛びあがる一方、烏は左手を啄んでいる。雄鶏をフランス、烏をコロンナ家、鷲を帝国とみることもできる。背後に坐す修道士はフランシスコ会のヤコポーネ・ダ・トーディとも解かれる。

Flores rubei aquam odoriferam distillabunt.
VATICINIVM
XIIII.
VATICINIO
XIIII.
I fiori rossi distilleranno acqua odorifera.

［図E-4］「紅の花は香る水を滴らせるだろう」（『教皇預言集《ヴァティチーナ》』XIIII）
教皇を襲う兵士の剣をはたして中空の神の手はとどめているのか、それともかえって狙いを定めているのか。順序からするとこれはアヴィニョン最後の教皇グレゴリウス十一世に準えられる。詞書は血の雨を暗示したものか、この教皇のローマ帰還とその死の後、たちまち後継教皇選任をめぐり教会大分裂がはじまることになる。

［図E-5］「汝は恐ろしい、いったい誰が汝に抗し得ようか」（『教皇預言集《ヴァティチーナ》』XV）
15枚綴りの最後。龍の姿で星辰をひきずりおろす恐ろしいアンチキリストは順番からするとウルバヌス六世在位時の教会大分裂と解釈されるだろうか。三日月の中に5つ、その下に3つ、龍の尾に巻かれて堕ちる5つの星。対立教皇クレメンス七世を選任した枢機卿は13人だったという。残念ながら星辰の数との付会は容易ではない。

[a]Occiſio, filij Balael ſectabuntur.
a al. Incipit principium malorum, Hypocriſis abundabit.

VATICINIVM
XVI.

VATICINIO
XVI.

[a]*La occiſione, i figliuoli di Balael ſeguiranno.*
a al. Incomincia il principio de' mali, la Hipocriſia abonderà.

[図E-6]「殺害、バラエルの息子たちがそれにつづくだろう」(『教皇預言集《ヴァティチーナ》』XVI)
所謂教皇預言集第1集(「悪辣なる世代Genus nequam」にはじまる預言)巻頭が龍の姿の後に接続されている。この預言は「牝熊が小熊たちを養いursa catulos pascens」とつづくものゆえ図E-1の反復とも見紛う図となっている。つまり元来オルシーニ家のニコラウス三世を暗示して描かれたものゆえ、E-5につづくボニファキウス九世として解釈するのはなかなか困難である。

a Elatio b panpertatis, obedientia, caſtitas, Gaſtrimargiæ, & Hypocritarum deſtructio.
a al. legitur ſolummodo uox Elatio pro titulo, & nil aliud.
b al. paupertas.

VATICINIVM XX.

VATICINIO XX.

a *Elatione* b *della pouertà, obedientia, caſtità, deſtruttione della cupidigia ſfrenata di mangiare, & de gl' Hipocriti.*
a al. ſi legge in alcuni libri ſolamente la uoce Elatione, per titolo, & niente altro. *b* al. pouertà.

［図E-7］「清貧、服従、貞潔の隆盛、貪食と偽善の破壊」（『教皇預言集《ヴァティチーナ》』XX）
鎌と薔薇を手にした教皇。横倒しになったBと切断された片足は謎である。本来第1集5番目つまりケレスティヌス五世を指して描かれた図。この図は対立教皇ヨハネス二十三世とも説かれるが、プロテスタント運動の中でルターの預言として解釈され、格別普及することになる図像形象。

a Potestas, cœnobia ad locum Pastorum redibunt.
a al. habent aliqui pro Titulo. Sanguis, et nil aliud.

VATICINIVM
XXIII:

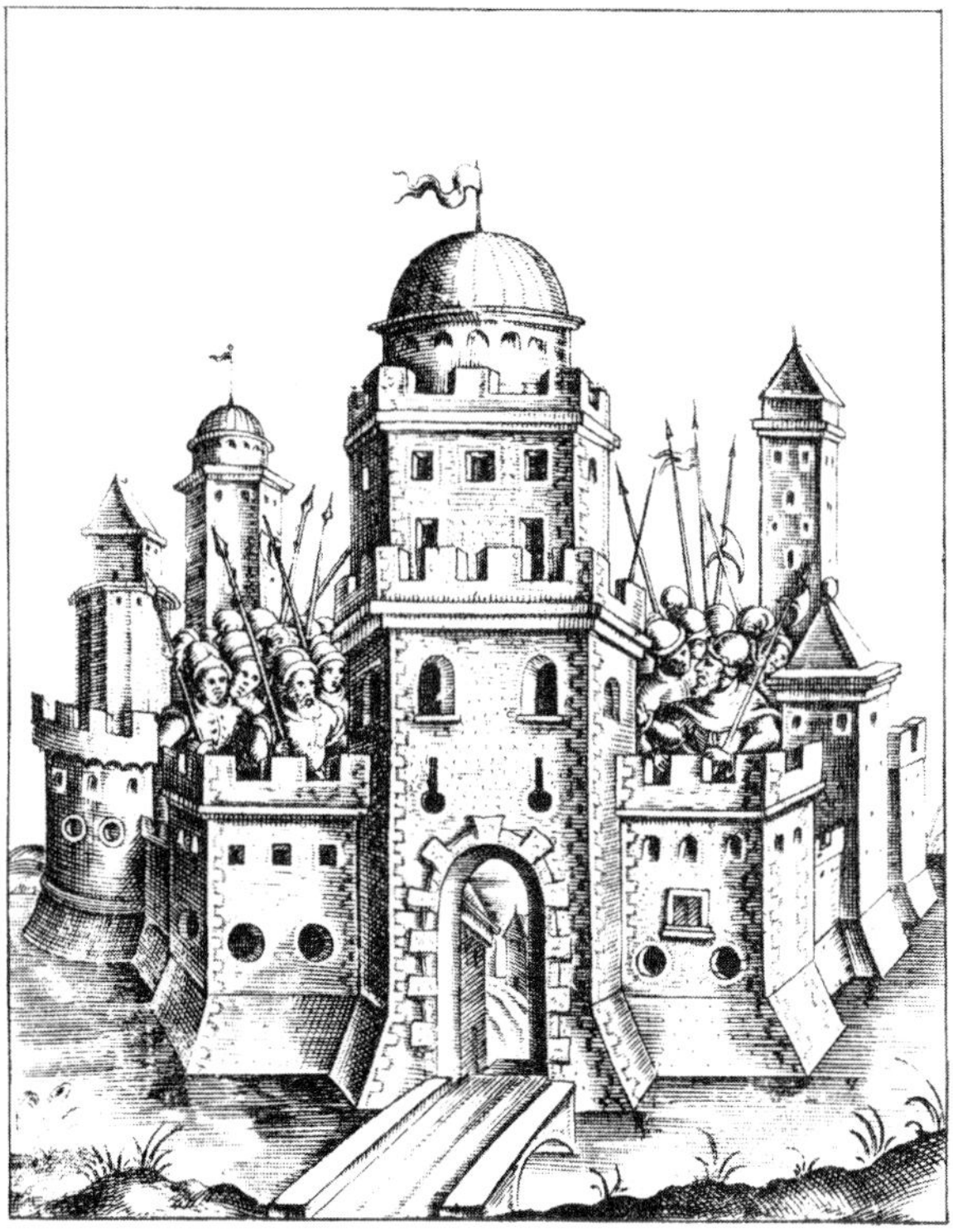

VATICINIO
XXIII.

a *La Podestà, i Monasterij ritorneranno al luogo de i Pastori.*
a Hanno alcuni. Il sangue. & non altro per Titolo.

［図E-8］「威信、修道院の数々は司牧の場所に戻るであろう」（『教皇預言集《ヴァティチーナ》』XXIII）
写本（Vat. Ross 374）では23番目は教皇立像とその前を横切る狼の図であり、この図はかえって21番目に配された城塞の図に似る。本来アヴィニョンに教皇庁を移した8番目のクレメンス五世に充てられていたとすると、その後のローマの荒廃を暗示していたのかもしれない。順序を追ってニコラウス五世として、この教皇の名を冠されたヴァチカンの塔を思いみるのも一興か。

a Poteſtas vnitas erit.
a al. Poteſtas, & unitas imminuetur.

VATICINIVM
XXV.

VATICINIO
XXV.

a *La Podeſtà ſarà vnità.*
a al. La Podeſtà, & vnità ſarà ſminuita.

［図E-9］「権威は一つに結ばれるであろう」（『教皇預言集《ヴァティチーナ》』XXV）
上記写本で22番目に配された教会の図に近い。空にある数々の手は神の警告かそれとも祝福か。25番目としてピウス二世を充てるにしても、22番目としてエウゲニウス四世を充てるにしても、預言の文言との関係はつけがたい。

Bona [a] oratio [b] theſaurum pauperibus [c] erogabit.
a al.Operatio. *b* al.theſaurum. *c* al.erogabitur.

VATICINIVM
XXVI.

VATICINIO
XXVI.

La buona [a] *oratione il theſoro a poueri* [b] *diſpenſarà.*
a al.operatione. *b* al.ſarà diſpenſato.

[図E-10]「善き説教は宝を貧しき者たちに分かち与えるだろう」(『教皇預言集《ヴァティチーナ》』XXVI)
岩上に坐して金貨を撒く裸の男と脇侍。清貧の暗示だろうか。上記写本では24番目の図に近い。この写本にはカリストゥス三世との後代の付会が記されているが、いずれにしてもこのボルジア家の高祖と関連づけられるような史実をみることはできない。

a Bona intentio, charitas abundabit.
a al. habent tantum. Bona intentio.

VATICINIVM
XXVII.

VATICINIO
XXVII.

Buona intentione, la charità abondarà.
a al. alcuni hanno ſolamente. La buona intentione.

［図E-11］「善意、慈愛が満ち溢れるだろう」（『教皇預言集《ヴァティチーナ》』XXVII）
羊の群れに教皇冠を譲る教皇。ここに図像は一転して静穏なものとなるとともに前記写本とともふたたび序列が符合する。いずれにしても順を追ってこの図をシクストゥス四世と結びつけるしるしは希薄で、教皇預言集ではここから4人の天使的教皇が描かれている。

[a] Præhonoratio concordia erit.
a al. habent tantum. Prohonoratio. alij. Præuaricatio.

VATICINIVM
XXVIII.

VATICINIO
XXVIII.

[a] *L'honore anticipato ſarà concordia.*
a Alcuni hanno ſolo. Prohonoratione. altri. Preuaricatione.

[図E-12]「称賛とともに和するであろう」(『教皇預言集《ヴァティチーナ》』XXVIII)
天使によって教皇冠を授けられる教皇。しかし順を追って28番目にインノケンティウス八世を算えるなら、歴史の現実は天使的どころか現世の貪欲と華美に耽るルネサンスであった。それは果たして栄光であったのか教会の汚辱であったのだろうか。

a Bona occaſio , [a]viuentium ſacra ceſſabunt.
a al. pro titulo eſt tantum, bona occiſio, vel occaſio.

VATICINIVM
XXIX.

VATICINIO
XXIX.

a *Buona occaſione, le coſe ſacre de' viuenti ceſſaranno.*
a al. per titolo in alcuni è ſolamente , Bona occiſione (ò) occaſione.

［図E-13］「善き機運、生きる者たちにとって聖なるものごとは消え果るだろう（異文：善き者の殺害により、生あるものたちにとって生なるものは尽き果てる）」（『教皇預言集《ヴァティチーナ》』XXIX）
座位の教皇を荘厳するふたりの天使。教皇は両手で聖書をしっかりと捧持している。しかし現実にインノケンティウス八世を後継したのは悪名高きアレクサンデル六世、ロドリーゴ・ボルジアだった。

a Reuerentia, & deuotio augmentabitur.
a al. pto titulo. Bona uita.

VATICINIVM
XXX.

VATICINIO
XXX.
a *La Riuerenza, e deuotio s'aumentarà.*
a al. per titolo. Buona vita.

［図E-14］「敬意、敬神がいやますであろう」（『教皇預言集《ヴァティチーナ》』XXX）
ついに教皇はその冠を不思議な獣の頭上へと下す。この動物は再臨したキリストと註釈される。キリストの代理人としての教皇はいまここにその冠を主に還す、と。しかし1503年9月22日教皇となったピウス三世は、なにをするいとまもなくその年10月18日に亡くなった。

Rota à Pio Quarto (ut aiunt) in Solis, et Lunæ imaginibus incipiens, et futura de Pontificibus prædicens.
SPQR
Ruota che da Pio Quarto (come dicono) nelle imagini del Sole, et della Luna incomincia, et predice i succeſsi dè futuri Pontefici.

［図E-15］「太陽と月のしるしにあらわされるピウス四世にはじまる未来の教皇譜」
（『教皇預言集《ヴァティチーナ》』1589年ヴェネチア版）

図版補説

p.v : *De Magnis Tribulationibus et Statu Sanctae Matris Ecclesiae,* Venezia 1516.

図版下には収載書目が以下のように列挙されている。

Expositio magni prophete Joachim : in librum beati Cirilli de magnis tribulationibus et statu sancte matris ecclesie : ab hiis nostris temporibus usque in finem seculi : una cum compilatione ex diversis prophetis novi ac veteris testamenti

Theolosphori de Cusentia : presbyteri et heremite.

Item explanatio figurata et pulchra in Apochalypsim de residuo statu ecclesie : et de tribus veh venturis debitis semper adiectis textibus sacre scripture ac prophetarum.

Item tractatus de antechristo magistri Joannis parisiensis ordinis predicatorum.

Item tractatus de septem statibus ecclesie devoti doctoris fratris Ubertini de Casali ordinis minorum.

大預言者ヨアキムによるキュリロスの大いなる試練および現在よりこの世の終わりに到る聖母なる教会の時代についての書註解、古今の預言者たちによる証言を付す

コセンツァのテオロスフォルス

残された教会の時代に関する黙示録の明快なる註釈

ドメニコ会士マギステル・パリのヨハネスによるアンチキリスト論

造詣深き小さき兄弟会士ウベルティーノ・ダ・カサレによる教会の七つの時代論

A 1-7, 10-17 : MS Reggio Emilia, Seminario Vescovile.

A 8, 9 : MS Oxford, Corpus Christi College, 255A.

A 18 : MS Dresda, Sächs. Landesbibl., A 121.

B : Abbatis Joachim *liber concordie novi ac veteris,* Venezia 1519.

C 1-8 : Telesforo da Cosenza, *Libellus,* MS Vat., Reg. Lat. 580.

D : *Pronosticatione di J. Lichtenberger in vulgare … insino al anno MCCCCCLXVIJ,* Modena 1492, 4°.

E : *Vaticinia Siue Prophetiae Abbatis Ioachimi, & Anselmi episcopi Marsicani …,* Venezia 1589, 4°.

中世の預言とその影響

目次

序

人というものは通常、過去を失うことができても、どうしても未来を無視して過ごすことはできないもののようである。そこで歴史のあらゆる時期に共通する主題は、未来へ向かっての態度の持し方ということになる。こうした態度はそれぞれの時代の予測方式を人が何と呼ぶかに左右されるものである。これがいろいろ交替するのは、人というものを決定づける諸要素に関する前提に起因している。希望あるいは懼れを抱くことによって、決意と行動のための動機の数々が溢れ出る。それゆえ予言を検討することは、あるひとつの時代を理解する一助ともなるなんらかの意味をもっている。今日、多くの決定は科学的方法によって導き出された一連の規範から展開される予言の類を基になされる。ただし未来について、これがどれほど適切な道を指し示すものであるか、いまだ答えはでていない。本書では、未来へ向かっての態度をこれとはまったく違った諸前提をもとに検討してみた。中世の預言という観念にあっては、神の摂理は歴史のうちにその意思をあらわにする、ということが前提とされている。そうした一連の〈兆し〉は歴史のうちに埋め込まれた意味として、これらの〈兆し〉を識りそれを同世代に預言すべく選ばれた人々を照明する賜としてあらわれる。こうした諸前提こそが、予言を支配する律則である。このような未来に対する態度には決定論的なところもあるとはいえ、けっして機械論的なものではない。神の摂理とは人をその遣いとしてはたらかせるもの、と信じられていたのであり、預言とは歴史のうちなる神の目的を成就するため、しばしば人々に呼びかけるものであった。アンチキリストの出現と最後の審判の日、未来に確定されているのはこれら二つだけだった。これらを別にすると、未来の社会のかたちや運命といったものはすべて、人の想像力に任されていた。人々は知的に統御された未来の構想によりも、詩的な夢想に耽った。こうした思惟様式はフィオレのヨアキムの預言のことばに途方もない衝撃を受けて、後期中世に広く普及をはじめた。彼の三つの〈時代《スタートゥス》〉という教説のもつ律動と期待は、歴史に対する想像力をいやがうえにも喚起した。この思想潮流はルネサンス期に到るまでけっして弛緩することはなかった。十六世紀にかたちづくられた未来観は当然これとは異なったものであったが、社会指導者たち、教会人たち、学者たちのこころのうちには旧来の諸前提も並存していた。預言が未来に対する心構えとしてもてはやされることがなくなったのは、やっと十七世紀になってのことである。

ようやくここに、ロンドンのウェストフィールド・カレッジに積年の感謝の気持ちをあらわすことができることをこころから嬉しく思う。わたしはその研究員として、三十年以上も前にこの主題にとりかかったのだった。それを続けてこられたのは、オクスフォードのセイント・ヒュー・カレッジでわたしの主査であったグイヤー女史の励ましのおかげだった。また長い年月にわたる先学諸氏の学恩にも感謝する。ベアトリス・ヒルシュ＝ライヒ教授にはその死まで、常にその識見と洞察に蒙を啓かれた。現代ヨアキム主義研究の先駆者にして〈モヌメンタ・ゲルマニアエ・ヒストリカ〉主幹ヘルベルト・グルントマン教授はこの書の基礎を与えてくださったばかりか、要所要所、それも特に写本群に関して寛大にご助力くださった。また写本に関する問い合わせにいつも快くお答えくださったマリー・テレーズ・ドーヴェルニー博士とジャンヌ・ビニャミ＝オディーユ博士に。ハーヴァードのモートン・ブルームフィールド教授との共同研究は、ヨアキム主義にかかわる諸問題の持続的な討議の端緒となった。彼の批評眼と資料に関する広範な知識を裨益し得たことに感謝する。オクスフォードではベリル・スモーリー女史から貴重な聖書解釈文書を指示していただき、リチャード・ハント博士からはボドレー図書館のヨアキム主義的文書に注意を喚起していただいた。参照文献を寛容に提供していただいた方々については、註に謝意を込めて録させていただいた。最終段階でアーネスト・ジェイコブ教授は本書第一部を批評検討してくださった。またリチャード・サザン教授は最初の二部にわたり、推敲のために貴重な時間を割いてくださった。本書を完成するにあたり、研究のための貴重な時間を与えてくださったリーヴァーヒューム基金理事会とセイント・アン・カレッジ校長および同僚たちに謝意を表します。厄介なタイプ起こしを丹念にしてくれたわが姉妹キャスリン・リーヴスにも。校正段階でわたしの愚かな頁の差し違えを仔細に見つけだしてくれた姉妹ジョーン・シェパードにも。そして最後に、長い間この書と生活を共にしてくれた親友アレグザンドラ・フェアバーンに感謝を。

M・E・R

オクスフォード
一九六八年五月

第Ⅰ部　大修道院長ヨアキムの声望

第1章　ヨアキムと同時代人たち

フィオレのヨアキムはしばしば無関心に見過ごされてきた。生前（一一三五頃—一二〇二）[1]、彼を求めてやってきた人、また彼に出会った人には強い影響を与えているのだが。彼はシトー会から逃亡者として告発されたにもかかわらず、四人の教皇に厚遇されている。死後、彼は誰からも預言者であったと言われた。毀誉褒貶どちらの意味でも。彼の人としての聖性は、彼の三位一体に関する見解が一二一五年に断罪された時にも、歿後一二五五年の永遠の福音という「とんでもない醜聞」に際しても、護り通された。この時、教皇によって招請されたアナーニの評議会ではヨアキムの〈基本教義〉のすべてが断罪されるべく検討されたのだった。ボナヴェントゥラは彼を無知で〈単純〉に過ぎるとして却下し、トマス・アクィナスは彼の預言の数々を時に真であり時に偽である類の〈推論〉に過ぎないと言い放つ。とはいえダンテは彼を〈天国〉に置き、ボナヴェントゥラの口から「預言の霊を授けられた者」と言わせている。『聖人伝《アクタ・サンクトールム》』に〈福者《ベアトゥス》〉の地位を得ると同時に、ペルピニャンのグイドやルクセンブルクのベルナルドの『異端総覧《カタログス・ハエレティコールム》』にも載せられている。十六世紀にはエンリケの『シトー会聖者伝《ファシクルス・サンクトールム・オルディニス・チステルチェンシス》』のような著作に名指されるばかりか、マティアス・フラキウス・イリリクスの『真実の証言便覧《カタログス・テスティウム・ヴェリターティス》』やらその他のプロテスタント文選にも挙げられている。十七世紀はじめになっても彼の声望について論議が絶えない。それどころか今日にあってすら。

ヨアキムがどのような人であったかについては、彼に出会った人々の回想からいろいろと引証してみることができる。これらを別にすると彼の人生はほとんどなにも分かっていない。彼は突然カラブリアに現われ、劇的なことがらを告げ、ふたたび消え去る。最初の面談録は一一八四年、教皇ルキウス三世が居していたヴェローリでのこと。当時ヨアキムはコラッツォのシトー会の修道院長だった。しかし彼は一一八二―八三年以降シトー会分枝のカサマーリ修道院に居住していた。修道院長たる彼と教皇の会話を録したのは、カサマーリで出会ったルカ・ディ・コセンツァだった[2]。そのヨアキム回想録のはじめに、ルカは彼に神から授けられた〈叡智《サピエンツァ》〉と〈知性《インテリゲンチア》〉[3]を強調している。そしてすぐに続ける。「さて、主の教皇とその枢機卿会議を前に、彼は聖書の知性を明かすとともに両聖書の符合を説いた。そしてそれを著す許可を得るとともに著作に着手した」[4]。このようにルカの心中では、この教皇訪問はヨアキムの霊的知性の賜と、また旧約と新約聖書の符合を通して聖書を解釈する彼に〈授けられた〉特殊な手法と緊密に結びついている。この会見でヨアキムは、彼の生涯の仕事となる聖書註解を介した霊的知性のあゆみに就くべく許可を得た。ルカの短い言及は、パドヴァのアントニアーナ図書館写本 MS.322 から明らかになったヴェローリでの会見についての記述とよく一致している。これこそヨアキムの真正著作を載せる十三世紀の写本であり、この記述はそのうちの小論『一一八四年にローマで見つかった逸名預言の註解』(一四九葉裏)にある。これは一人称で書かれており、ローマで枢機卿マッテオ・ダ・アンゲルスの所蔵文書のうちに見つかった預言に対するヨアキムの註釈書である。この註釈はヴェローリで教皇ルキウス三世を前に講じられたものであったと特記されており、どうやらこれはヨアキムの霊性を験すために招かれてなされたものだったようである。この論考はトンデッリによって偽書として却下されたが[5]、これが真正著作と目されるものを集成したこのアントニアーナ図書館写本に載るものであるという事実を別にしても、そこにはヨアキムの思索と文体の特徴がよくあらわれている[6]。これはヨアキム的思弁の早い時期の表現であり、そうしたものとして格別啓明的である。わたしたちはここに、シトー会修道院の管理者としての日々の仕事に拘束された才知溢れる修道士が、その経歴を棄てようとしているところを目のあたりにしている。彼の心はすでに新たな一歩を踏み出している。歴史全体の意味について、すべての時代を貫く三位一体の神秘のはたらきについての思惟と瞑想へ。こうした瞑想はたちまち彼をシトー会の外へと連れ出し、より険しい観照の山へと登攀させ、遂にはフィオレのサン・ジョヴァンニに自らの会派を設けさせることになるものであった。しかし一一八四年、彼はいまだその基本となる方法と権威の確立に努めていた。彼は自らの企図を教皇に披瀝した。歴史の意味を二つの聖書の大いなる符合の考察によって解明したい、と。彼の方法は先に見た預言テクストをその場で解釈してみせることで実証された。それは特にローマにふりかかるべき災いを予言する謎に満ちた巫言であった。とはいえヨアキムは巫言そのものの解釈からではなく、旧約の時代にユダヤ人が蒙った七つの試練と、新約の教会の蒙る七つの試練の符合を説くことからはじめる。[7] ここにすでに、われわれはヨアキムが『符合の書』の巻頭に置くことになる彼の歴史の基礎類型《パターン》に出あう。これは七つの封印の書に触発されたもので、[8] 二重になった七という主題はヨアキムの各種類型《パターン》の変奏《ヴァリエーション》に通底するものである。[9] これは二の類型《パターン》で、そこでは全歴史がそれぞれ第一と第二のキリスト降臨の時に向かって並行する怒濤の奔流をなしている。[10] そこにはいまだ、歴史における三一の類型《パターン》を示唆するようなものはみられない。新約の時代を閉じるアンチキリストの試練も、ただひとつ重要な詳細を除いては聖霊の時代における歴史の聖化を暗示するところはない。つまり終末を前にしてのユダヤ人の改宗。[11] ヨアキムは巫言のテクストそのものについて格別の関心を示してはおらず、この小論考で最も重要なのは、預言とは別に彼自身の歴史解釈を明瞭なことばで説いているところにある。すでにしてこの最初の会見において、ヨアキムが預言を解釈することのできる者として声望が高かったこと、新約と旧約の符合によって歴史を註釈するという企図が教皇によって承認されたこと、また教皇から彼の二大著作となる『符合の書』と『黙示録註解《エクスポジチオ》』の著述をはじめるよう委嘱されたこと、をみてとることができる。[12] ヨアキムについて早い時期に言及している年代記作者のひとりオーセールのロベルトゥスによれば、ヨアキムは一一八六年ヴェローナに教皇ウルバヌス三世をも訪ねていることになる。しかしこの訪問に関しては信頼できる報告がなにも伝わっていない。[13]

第二の面談の記録は一一九〇—九一年冬、リチャード獅子心王がメッシーナでヨアキムと接見したという有名な一事である。当時のイングランドとシチリアとの文化的な絆についてはジェーミスン女史が力説したところであり、[14] リチャードは到着以前すでにこの高名な大修道院長と面会する意向であったかどうか、と想像してみたくなる。ロジャー・ホウデンは、預言の霊をもつといわれるコラッツォの大修道院長ヨアキムの声望を聞きとめた王が、預言者の賢いことばを聞きたいと彼に遣いをやったのだった、と伝えている。ヨアキムは聖書について語り、聖ヨハネの幻視《ヴィジョン》について註解を著したという。[15] いまやヨアキムは預言の霊を授けられた者ととりざたされていたが、これは彼の聖書研究それも特に黙示録研究と緊密に結びついたものだった。

大修道院長は「聖職者たち在俗者たち」からなる熱心なイングランドの廷臣たちに囲まれて立ち、[16] 聖ヨハネの七つの頭をもつ龍に関する幻視《ヴィジョン》について説いた。「支配は七つ。その統治のうちすでに五つは過ぎ去り、ひとつは現在あり、もうひとつはいまだ到来していない」。[17] すでに失墜した五つの頭をヨアキムはヘロデ、ネロ、コンスタンティウス、マホメット、メルセムートゥスと説明する。そして「現在するもの」をサラディンと名指し、ヨアキムはその滅亡を預言する。そして王に向かって言う。「かくのごとく主はすべてをあなたのために留めおきたまい、ここに敵に対するあなたの勝利を授けたまい……」。[18]「いまだ来たらぬもの」についてヨアキムはこれこそがアンチキリストであるという彼の信条を告げる。そしてそれはすでに十五歳になっているが、いまのところまだその力を発揮するにいたってはいない、と言う。こうした予測にみな讃嘆を惜しまないが、王はヨアキムにどこでアンチキリストは生まれどこを領することになるかと問う。ヨアキムはアンチキリストがすでに「ローマの町に《イン・ウルベ・ロマーナ》」生まれており、彼は使徒の外見をもつことになるだろうと答える。それに王が答える。「アンチキリストがローマに生まれ、その使徒の座を占めるというなら、それは現教皇クレメンスのことに違いない」[19] と（「このように彼が言ったのはこの教皇を彼が嫌っていたからである」[20] とは年代記作者の付記である）。ヨアキムの明らかに非正統的なアンチキリスト観は、王に流布したアンチキリスト論を思い起こさせる。「アンチキリストというのはバビロンに生まれるのだと思われておるが云々」[21]。そして皆の熱烈な議論となり、ヨアキムの見解が論駁される。「数々の聖職者たちについていろいろ聖書にも造詣深きことがしるされておることからしてもそれはおかしい」[22]。議論は果てしなく続く。「とはいえ今もって判断は下されていない」[23] とホウデンは彼の最初の面談録に記している。あるいは〈ベネディクトゥス〉版《ヴァージョン》もまた。そして数年後、彼はこれを改訂してアンチキリストに関する記事をいろいろと挿入している。こうしてヨアキムの見解は、この歴史の中心問題の議論にひきつづき火の粉を投じつづけることになる。龍の七頭にあたる僭主たち、サラセン人という鞭、アンチキリストの到来。

このメッシーナでの会見に関する二つの報せの真正性についてはいろいろと議論されてきた。[24] 疑惑は二つの報せの間にある不一致をめぐるものであったが、ステントン女史がロジャー・ホウデンはリチャードに付き添って十字軍に加わっていたこと、二つの異文《ヴァージョン》どちらも彼の手になるものであることを論証してからは、この問題は解決したと言えるだろう。[25]

それよりも根本的な批判として、ここでヨアキムの口から語られている見解は彼のものではない、というものがある。F・ルッソの言うところによれば、この逸話はすべてヨアキムの論敵たちのつくりばなしである。なぜなら、アンチキリストは〈すでにローマの町に生まれ使徒の座に登りある〉[26]「という発言はまったくヨアキムの精神に反するものであるから」[27]。わたしたちはここで一気に、ヨアキムの立場に関する議論で必ず悩まされることになる難題に飛びこむ。彼の見解は本当に異端的であったのか、それともこの危険な発言は彼に反目する者たち、特にシトー会士たちの姦策によって捏造されたものであったのか。十三世紀以降現在に到るまで、歴史家たちは彼が正統であったか異端であったかを見定めようとすることに急で、どうやら彼が実際に考えたところを識ろうと努めてはこなかったようにみえる。はなしを先に進めるためには、このメッシーナで説かれた解釈が『黙示録註解《エクスポジチオ》』に確認できるかどうか、と単純に問うてみること以外にない。これはロジャー・ホウデンが特に名を挙げている著作であるとともに、疑いもなくヨアキムの真正著作である。そこで龍の頭はまさしくメッシーナで挙げられたのと同じ名で呼ばれている。ただ五番目が皇帝ハインリヒ四世と名指されているのを除いて。ここで注意はメッシーナで五番目の頭に名指された〈メルセムートゥス〉という珍しい名に集中する。ルッソはこれがヨアキムの真正著作には見当たらぬ名であると主張しているが[28]、この主張は正確でない。『註解《エクスポジチオ》』で二度ヨアキムは〈メセルムートゥス〉あるいは「マウリ、俗にメセルムーティと呼ばれる」[29]と語り、龍の第五の頭の試練の時に宛てている[30]。ここで第五の頭の名には明らかに不一致が認められるが、七つの頭の特定において異同《ヴァリエーション》に混乱させられる必要はない。なんといっても変綴《ヴァージョン》はヨアキムにあってはよくある習慣で、『註解《エクスポジチオ》』の記述もまた彼が〈メセルムートゥス〉の流言を拾ったものであり、メッシーナでの迫害論議の詳細を伝える彼の弟子はそこに真正の繋がりを証しており、実のところ、ヨアキムはこの機会にこの風説を耳にしたのであったのかもしれない。メセルムートゥスに関する決定的な証しは『形象の書《リーベル・フィグラールム》』の龍の図の五番目の頭に〈メセルモトゥス〉とある事実に認められる[31]。これはメッシーナ会見の真正性に関する強力な論拠である。この符合もルッソにとっては、後の偽作をもとにメッシーナの逸話《エピソード》が偽であることが証される、として逆の意味で用いられたのではあったが、面談の〈ベネディクトゥス〉ヴァージョンがその会見の一、二年以内に書かれたものであることが証明された今となっては、その論議も覆らざるを得ない[32]。

それはさて、アンチキリストはすでにローマに生まれているというヨアキムのかなり驚くべき発言に戻ると、これは昨今の歴史家の幾人かをもリチャード王同様に惑わせたようであるが、『註解《エクスポジチオ》』——そしてその他の真正著作群——を注意深く読むなら極めて明瞭に得心のいくところである。教会を謂うとき常にヨアキムはエルサレムという語を用い、これにローマが併用される時にはこれは常に現世の王国、より正確を期すならローマ〈帝国《インペリウム》〉を意味している(33)。彼のローマとバビロンの等置という類型《パターン》は、『形象の書』のバビロン‐ローマ対の図において際立ったものとなっている(34)。それゆえ、ヨアキムがアンチキリストはローマに生まれたと言うとき、彼は周知の伝説を彼独特のことば使いに翻案しているに過ぎない。アンチキリストが聖ペテロの座を簒奪するであろうという預言に関しては、ヨアキムはたしかにアンチキリストのあらわれのひとつとして贋教皇を予期しているとはいえ、すくなくともローマ教会がバビロンの肉の教会と同一視されるようなことはない(35)。

こうしてわれわれは、ロジャー・ホウデンの二つの報知を真正の面談録と認めることができるだろう。にもかかわらず、特筆すべき相違がこの二つの異文《ヴァージョン》の間には存する。〈ベネディクトゥス〉版によると、ホウデンはリチャード王のサラセン人に対する勝利の預言に彼自身言質を与えているが、後の〈ホウデン〉ヴァージョンでは、エルサレム奪回は「いまだ」果たされていないと曖昧な表現をとっている。この改竄は十字軍が所期の目的を果たせなかったことの帰結に違いない。いずれにしてもこの預言については手短に触れられるだけで、ヨアキムの言辞は黙示録註解と来たるべきことがらの経綸に集中している。文字通りの預言によりも、彼は聖書解釈に傾注している。この時期、彼はいまだ近い将来に耐えねばならぬ試練に拘泥しており、その後来たるべき聖霊の時代についての思索はさほど見られない。しかし対談の文脈《コンテクスト》は、後に来たる静穏なる安息《サバト》であるより、キリスト教徒の試練と厳しい闘いであったに違いない。十字軍にとって関心の焦点は当然ここにあり、またすでに観たように、リチャードとその廷臣たちはこの大修道院長の解釈を熱烈に受け取り、彼のことばをたちまち教皇クレメンス三世に当て嵌めると、一気にアンチキリストはいつどこにあらわれるのかという議論に突入する。ヨアキムの歴史解釈は一般的な理解にとってはあまりに高邁にして難解であったにしても、たしかにそれは同時代人たちにとって無関係なものではなかった。この逸話はヨーロッパの政治舞台の真中にいるヨアキムの姿を露わにしてくれる。預言の解釈は大きく彼のこころを占めていた——サラセン人の脅威と信仰に忠実なる十字軍の無信仰者に対する闘い。ヨアキムがスペインやモーリタニアのキリスト教徒の置かれた状況について情報を集めていたことが知られている。『註解《エクスポジチオ》』[36]の言及からは、一一九五年彼がふたたびメッシーナにいたことが分かる。ここで彼はアレクサンドリアから逃亡してきた男から聞いた噂話をぞっとするような恐怖感をまじえて報じてみせる。「その大いなるサラセン人のもとへパタレノスが使者を遣わし、平和共存を訴えたという話をお聞き及びかと言った」[37]と。資料からは同時代のできごとにヨアキムが関心を寄せていた様が窺える。両聖書の内的符合に関する彼の瞑想は、過ぎ去った歴史に関するものではなく、〈現在に到る〉[38]連続したできごと《ドラマ》にかかわるものだった。かえって同時代のできごとが聖書の符合を照らし出している。聖書の研究はヨアキムが立っていると信じる闘にかかる膨大なできごとにしるしを与えてくれるものであった。

　次の出会いは、同時代の政治的誤謬も聖書の預言に照らすなら、すでに預言者が弾劾しているところであることを彼にはっきりと覚らせるものとなる。グルントマンは最近、断章からなる『大修道院長ヨアキム伝』を逸名の弟子の著作として公刊した。これには、ハインリヒ六世が一一九一年王国を宣言するため南イタリアに来た時にヨアキムが起こした旋風について驚くべき記載がある。[39]ヨアキムはその所業を「残虐で野蛮なこころに発するもの」[40]と告発する一方で、このできごとはエゼキエルがツロ(タンクレドの王国を暗示して)に告げた運命との符合を満たすものであったと言明する。「主なる神はこう言われる。見よ、わたしは王の王なるバビロンの王ネブカデレザルに、馬、戦車、騎兵、および多くの軍勢をひいて、北からツロに攻めこさせる」(エゼ二六:七)。これは「旧なる玄義が新たなる玄義を預言する」[41]ものであったのだ、と。ハインリヒ六世はバビロンのネブカデレザルのごとく、新たなツロに来てそれを攻略したのだった。じつにヨアキムが未来について告げるところは激越である。——彼が辞した後(皇帝の退却の後?)——ハインリヒの廷臣は録している。「その嘲りにはどれほどの不幸が隠されていたことか」[42]と。ハインリヒはネブカデレザルの役割を引き受けたが、後にはこの大修道院長を、彼の会派を、彼の会士たちを讃えてもいる。われわれは、彼が受けた特典から、また幾つかの伝記的逸話《エピソード》から、後にヨアキムが皇帝の権威と、特に后妃コンスタンスと親密な関係にあったことを知っている。[43]だが依然として、ローマ〈帝国〉が新バビロンであるという彼の同時代解釈には幾許かの疑問が残る。[44]

これらの会見のいずれをみても、ヨアキムはできごとを聖書との符合において観る自らの解釈をもって、彼の同時代状況と劇的に対決している。とはいえ、そこにはこの符合について、また彼が神を讃美して祈るうち〈内的讃美〉[45]として彼に「授けられた」大いなる幻視の神秘体験について、彼が長く観想したことを示唆するところはほとんどない。もうひとつヨアキムについて同時代人が伝える面談録がある。これはコゲシャルのラルフの『イングランド年代記』に載るものである。[46] ロールズ・シリーズ（RS）からこの著作を公刊したジョーゼフ・スティーヴンソンは、イングランドからこれほど離れた場所でのできごとの異様に長い叙述の挿入は、シトー会の連繋関係によるものであろうと推理している。[47] ラルフの知見の一部、つまりパーシニー大修道院長アダムがヨアキムとローマで会見したという情報がシトー会資料に由来するものであることは事実である。しかしこの面談は明らかにヨアキムがシトー会から離れた後であり、ラルフはヨアキムを「シトー会士なれどもシトー会にはまったく所属せず」[48]と記している。それにまた、ラルフの叙述にみられるこの同時代の預言者に対する直截な関心は、どうみてもたちまちにして終わった彼のシトー会との曖昧な関係を引きずるもののようにはみえない。

ラルフの記述は一気にヨアキムの神的叡智の賜に集中する——「以前はほとんど無学であったという」[49]——そしてそこから溢れる黙示録解釈に。ここからすると、『註解《エクスポジチオ》』あるいはその初期の草稿《ヴァージョン》はすでに知られていたものと思われる。このコゲシャルの歴史家は、旧約と新約のあいだの符合というヨアキムの方法について、七つの封印とその並行開示という類型《パターン》によって明快にその解釈を与えてくれる。彼は、ヨアキムが現時点を五番目の封印の試練の時に置く、と報じている。「われわれの時代を脅かすものはサラディンであり、彼の後継者はエルサレムの地を侵し、母なるシオンとエルサレムの数多くの民は移住を余儀なくされ……この第五の試練と旧約の第五の試練は、そこでエルサレムの壁が破壊されたところからしても適合しないという訳ではない……そして民はバビロンのネブカデレザルに捕えられたのだった。そしてまた主の受肉の一一九九年には第六の幻視と第六の封印が解かれ、黙示録の権威に証される幻視によってアンチキリストのすべての試練が終わり、それは死に滅びることとなる、と言う」[50]。

この記述が一一九九年以前の資料から採られたものであることは明らかであろう。

これにアダム・ド・パーシニーとヨアキムの会見談が続く。当然ながら、先の記述もまたアダムに由来するものではないのか、と問うてみることもできるだろう。最良の写本を見ることができれば、会見の記述は同じ手跡による後の欄外付記になっていたのではないか、と。先に記したように、アダムは面談録を、いかにしてヨアキムが未来のできごとを予言できるのかと問うところからはじめている。「預言によってか、憶測によってか、それとも啓示によってか」[51]と。ヨアキムはそれに答えて、「預言によってでも、憶測によってでも、感得した啓示によってでもなく」[52]、「神によって、と彼は語りはじめる。かつて預言者に預言の霊が授けられたように、わたしには知性の霊が与えられ、神にあって霊はすべての聖書の玄義を明瞭に知るように、聖なる預言者たちは神にあってかつて霊が発出したところを知ったのである」[53]。そこでアダムとヨアキムはアンチキリストの議論に入る。ここで語られることはメッシーナの会見録にじつによく似ているが、それに加えてヨアキムはアンチキリストがすでにローマで成長していると言う時、彼は神秘のバビロンをローマと同一視していることを強調してみせる。そしてそこで彼は驚くべき預言をなしている。「インノケンティウス三世は後継者をもたぬであろう、と彼は予言した」[54]。最期に、アンチキリストの統治はこれから何年続くだろうかとの問いに、ヨアキムは死が訪れるまでにはと答え、彼はそれを自分の目で見ることになるだろうと言った。この答えにアダムは付言している。「その折、彼は六十歳ほどにみえた」[55]と。

通常、この会話は一一九五—九六年に交わされたものとみなされている[56]。とはいえ、実のところコゲシャルの記述にはインノケンティウス三世の名が挙げられており、この年代特定には明らかな困難が生じる。これを後の加筆と想定することも可能ではあるが、ヨアキムの最期の答えの切迫した意味内容からしても、彼がアダムにこの予言をすることができたのはインノケンティウス三世の教皇選任直後、一一九八年のことであったと思われる。この会話そのものには全体にわたって齟齬はなく、その名は真正の鍵となる。それゆえ、もしわれわれがコゲシャルの記述の総体を——それが唯一の資料によるものであれ二つの資料からなったものであれ——一一九八年のヨアキムの心理をあらわしたものとして観るならば、われわれはそこに、彼が一二〇〇年という年に焦点を絞るとともにその後につづくであろう事態を熱烈に待望していたこと、を観てとることができる。彼の生涯最期の二年間、この激しい興奮も変容していく[57]。コゲシャルの記述はまた、一二〇〇年以前にすでにいかにイングランドにヨアキムの考えが浸透していたかを証明してくれるものとして、たいへん興味深い。だがしかし、ラルフの解説はそれが不完全にしか理解されていなかったことを暗示している。彼は大修道院長の考えのうち、アンチキリストの死については正確に第六の封印の終わりに置いている。だが、死者の復活と第七の封印を、「すなわち聖なる永遠の讃美」[58]として、それに直接後続するものとしている。こうして第七の封印の安息《サバト》の時代は明らかに歴史の〈外〉に置かれることとなる。これは、ヨアキムに特徴的な、歴史の〈内〉なる安息《サバト》の時代あるいは第三の〈時《スター》代《トゥス》〉という観点をあらわしたものではない。じつにこれらのシトー会士たちはヨアキムの展望と方法をかなりよく理解しているように見えるが、彼の第三の〈時代《スタートゥス》〉に賭けた信条の真の本質をつかみ損なっている。同時代人たちが彼の新約と旧約の符合という〈二〉の類型《パターン》を把握しているにもかかわらず、〈三〉の類型《パターン》を捉えていないのは驚きである。彼の死後、ヨアキム主義者たちの影響の最初の段階がこの通りであったことについては、引き続きみることになるだろう。彼の教説の中に仕掛けられた三つの〈時代《スタートゥス》〉という爆弾が爆発するまでには、ほぼ五十年という時を要することになる。

とはいえ、同時代のシトー会士たちが皆ヨアキムの主題とするところに胸襟を啓いていた訳では決してない。ここにひとつ実に激烈な攻撃文書がある。これは疑いもなくヨアキムがシトー会の権威を離脱したことに端を発したもので、聖ベルナールの友であったオーセールのジョフロワは、ルクレール師が見いだしたある説教断片[59]において猛攻を加えている。これが独特な攻撃となっているのは、いまだヨアキムの教説に異端の嫌疑は感取されておらず、大修道院長の見解が危険であると確信しつつもジョフロワの言辞が、彼の祖先をユダヤ人と想定することに集中している点である。ヨアキムが改宗ユダヤ人であったと言明している文書は他に残ってはいないが、ジョフロワの告発は注意を喚起するものである。なんといってもヨアキムの著作群には明瞭にユダヤ思想が認められるのだから。ヒルシュ＝ライヒ女史はヨアキムとユダヤ主義の関係を通覧しているが、彼がユダヤ人家系のものであったという説には明確に反対している[60]。しかしいまひとつはっきりしない点がある。沢山のヨアキム攻撃文書が残っているにもかかわらず、この同時代のシトー会士ひとりだけがなぜこんなことを言ったのか。

彼はユダヤ人の出自である。いまだすべて棄てたようにはみえぬユダヤ信仰のうちで何年も教育された。それについてはわれわれとて確かに見知るところである。それに限らず、彼がそれを今まで隠しとおしてきたにせよ、あなた方とて彼の見解にそれを認めることができよう。それはその野蛮な名の威厳に照らしても著しい。彼はヨアキムというのだ。今日そんな名をわれわれの周囲で聞いたこともない。洗礼にあたっても以前のユダヤ信仰紛々たる名に固執したという訳である。十分われわれの習慣を採り入れ、シトー会の修道士となることを欲し、範を尽し、大修道院長にまでなった。たしかにかつては、しかし今となっては……（次頁欠）(61)。

註

（1）ヨアキムの誕生年はアダム・ド・パーシニーが本人との面談録に記したところを基にしている。アダムはヨアキムについて「彼は六十歳ほどに見えた」と記している。この会見は通常一一九五年から九六年のこと、すくなくとも一一九八年以前のことであったとされ、ここからヨアキムの誕生年がヤコブス・グラエクスによって著された伝記【I-9 p.139】参照）で一一四五年ごろと概算されている。この問題に関する最近の議論は、以下を参照。Grundmann, *NF*, pp.35-7; Russo, *Gioacchino*, p.9; Crocco, *Gioacchino*, p.18. 現存するヨアキムの伝記資料については、Baraut, *AST* XXVI; Grundmann, *DA* XVI を参照。後者にはヨアキムに関する最新の知見からの再構成がみられる。

（2）*AS*, p.93.

（3）Ibid.

（4）*AS*, p.93: «tunc, coram Domino Papa et Consistorio eius, cepit revelare intelligentiam Scripturarum, et utriusque Testamenti concordiam : a quo et licentiam scribendi obtinuit, et scribere coepit».

（5）Tondelli, *Lib. Fig.* I, p.119.

（6）その真正性はグルントマンによって支持されている（Grundmann, *NF*, p.46）。ヨアキムが註釈する預言は「ローマはローマ人を驚愕させた」«Excitabatur Roma contra Romanum» にはじまるもの。何行かの割愛を別にすると、これはHolder-Eggerによって *Sibilla Samia* (*NA* xv.177) の表題のもと刊行された預言と同一である。ホルダー＝エッガーはこれを十三世紀中頃の擬ヨアキム文書群のひとつ『エリトレアの巫言 *Sibyl Erithrea*』と同類のものとみなしている。もしその通りなら、当然ながらグルントマンの支持は覆されることになる。しかし意味深くもホルダー＝エッガーは、そこには十三世紀の歴史に関する暗示が見当たらない、と言っている。実際それはいろいろな時代に応用できる巫言の類であり、こうした巫言の流行をみた十二世紀の作品のひとつであると考えてはならない理由はないようにみえる。

（7） MS. Ant. 322, f.150r:「イスラエルに対する最初の試練はエジプトによるものだった。第二はマディアン〔創世25:2「ミデアン」〕の裔。第三は他の諸国。第四はアッシリア。第五はカルデア。第六はメドラ〔?.〕とアッシリア。アンチオキアによって分断されたギリシャが第七。……教会の試練の第一はユダヤ。第二は異教徒。アリウス派が第三。これはゴート、ヴァンダル、ゲルマン、ロンゴバルド……第四の試練はアッシリアを継いだサラセン人。……教皇ザカリアスの時代イタリアには長く平和がつづき、みことばはここに満ちた」«Fuit autem contra israel prima persecutio egyptiorum. Secunda madianitarum. Tercia aliarum nationum. Quarta assiriorum. Quinta chaldorum. Sexta medorum et persarum. Grecorum sub antiocho subsecuta est septima... Prior ergo ecclesie persecutio fuit iudeorum. Secunda paganorum. Arrianorum tercia. Hec est Gothica. Wandalica. Alemanica. Lombarda... Porro Quarta persecutio sarracenorum loco assiriorum successit... A tempore ergo Zacharie papa cuius diebus larga pace conquievit ytalia verba haec cepere comleri». この後ヨアキムは巫言に移り、それを第五以降の試練と解釈する。これらの試練の符合は、正確にヨアキムの著作に認められる継起と類同である(Reeves, Hirsch-Reich, *RTAM* xxi. 216-22参照)。パドヴァ写本の数々の細部がヨアキムの解釈と一致をみせている。たとえば、教皇ザカリアスについて(*Lib.Conc.*, f.41r ; *Lib.Fig.* II, tav.X〔*【図A-16】参照〕では正確に同じことばが用いられている)。またパドヴァ写本の註釈ではヨアキムの好みのテクスト「文字は殺し、霊は生かす」«Litera enim occidit, spiritus autem vivificat»が引かれている(【I-2 n.14】参照)。

（8） 黙示5:1.

（9） Reeves, Hirsch-Reich, *RTAM* xxi. 216-22.

（10） ヨアキムの〈二〉および〈三〉の類型《パターン》については【I-2 p.24】を参照。また*MARS* ii. 74-7.

（11） ヨアキムのユダヤ人観については、B. Hirsch-Reich, *Judentum im Mittelalter, Miscellanea Mediaevalia*, iv. 228-63を参照。ユダヤ人の最終改宗は中世にあっては一般的な主題だが、ヨアキムにとってはひとつ特別な意味がある。フィオレに保存される資料によると、ヨアキムが親しい三人の弟子たちを呼び、復活祭後に感得したヴィジョンについて彼は切迫した試練を語るのみで、結局〈革新renovatio〉についてはなにも述べなかったという。*AS*, p.106; Baraut, *AST* xxvi. 216;【I-2 n.30】参照。

（12） ルキウス三世による委嘱はヨアキムの遺言書(【I-3 p.38】参照)およびクレメンス三世の書簡に証されている。どちらも『符合の書』巻頭に印刷された。バローによって公刊されたヨアキムの生涯に関する資料は、特にヴェローリでの会見について語っている(*AST* xxvi. 215-16)。しかし興味深いのは、この古い『伝記』が教皇ルキウスの認可を『十玄琴《プサルテリウム》』としている点にある。この伝記はルカ・ディ・コセンツァの伝えるところとかなり異なっており、幾つか疑問が湧く。いずれにしてもルカは最初の伝記作者であり、彼の見解に従うこととする。

（13） 近年の研究者たちはヨアキムのヴェローナ訪問を事実と認めている。そしてウルバヌス三世から得た認可についてヨアキムの遺言書やクレメンス三世の書簡に示唆されているというが、ヨアキムがヴェローナへ赴き教皇ウルバヌスと会見したというはなしの最も古い典拠が一二一二年以前に書かれたオーセールのロベルトゥスの文書(*MGHS* xxvi. 248-9)にまでしか遡れない、という点に留意すべきである。

（14） E. Jamison, (i) *The Sicilian-Norman Kingdom in the Mind of Anglo-Norman Contemporaries, Proceedings of the British Academy* (London, 1938), pp.237-85; (ii) *Alliance of England and Sicily in the Second Half of the Twelfth Century,*

Journal of the Warburg and Courtauld Institutes, vi (1943), pp.20-32.

(15) Roger Howden, *Cronica,* RS, iii. 75.

(16) この報告は以下の二つのヴァージョンから採ったもの。*Benedict of Peterborough, Gesta Henrici II et Richardi I,* RS, ii. 151-5 ; Roger Howden, *Cronica,* RS. iii, 75-9.

(17) «Reges septem sunt, quinque ceciderunt, et unus est, et unus nondum venit». 〔＊ヨアキムの『黙示録註解』では、ヘロデ、ネロ、「アーリア人の」コンスタンティウス、マホメットもしくはペルシャ王コスロエまでの四頭が名指されている。Cfr. *Expos.,* f.196 : «Horum primus fuit Herodes … secundus Nero … tertius Constantius arrianus … quartus Mahomet vel potius Cosroe rex persarum … quintus is qui primus in partibus occidus cepit fatigare ecclesiam pro investitura ecclesiarum … sextus autem rex, de quo dicitur, et unus est et ille est rex undecimus in Daniele in cujus tempore aperienda est ad liquidum revelatio ista et percutienda nova Babylon … Post cujus percussionem occidetur septimum caput bestie, et dabitur tranquillitas ecclesie Christi».〕

(18) «Haec omnia reservavit Dominus et per te fieri permittet, Qui dabit tibi de inimiciis tuis victoriam…».

(19) «Si Antichristus in Roma natus est et ibi sedem apostolicam possidebit, scio quod ipse est ille Clemens qui modo papa est».

(20) «Haec autem dicebat quia papam illum odio habebat».

(21) «Putabam quod Antichristus nasceretur in Babylonia, etc.».

(22) «plures tamen et fere omnes viri ecclesiastici in scripturis Divinis plurimum eruditi nitebantur probare in contrarium».

(23) «tamen adhuc sub judice est».

(24) いろいろある中で注目すべきは、Buonaiuti, *Gioacchino da Fiore,* pp.156-68 ; Russo, *Misc. Franc.,* xli. 329-31.

(25) D. Stenton, *Roger of Hoveden and Benedict, EHR* lxviii (1953), pp.574-82. またR. Southern, *Western Views of Islam in the Middle Ages,* Cambridge, Mass., 1962, p.40, n.8も参照。

(26) «iam natus est in civitate romana et in sede apostolica sublimabitur».

(27) Russo, *Misc. Franc.,* xli, p.329 (Howden, loc. cit., p.78を引用).

(28) Russo, loc. cit., p.331.

(29) «Mauri qui vulgo dicuntur Meselmuti».

(30) *Expos.,* ff.116v, 134v.

(31) *Lib. Fig.* II, tav.XIV. 〔＊【図A-6】参照。〕

(32) このイングランド史の真正性の最近の支持者として以下を挙げておこう。Jamison, loc. cit. (i), pp.263ss. ; J. de Ghellinck, *L'Essor de la littérature latine au XIIe siècle* (Brussels, Paris, 1946), i, 200 ; Grundmann, *NF,* pp.48ss. ; *DA* xvi. 499-500.

(33) Cfr. Reeves, Hirsch-Reich, *Studies, ad indicem.*

(34) *Lib. Fig.* II, tavv.XVI, XVII. 〔＊【図A-14, 15】参照。〕

(35) *Expos.,* ff.166v-168r. 黙示録13:11の「そして地から上る獣を見た」«Et vidi aliam bestiam ascendentem de terra» を解説した部分。特にf.168r :「この地から上る獣は高位聖職者の衣装を纏い、魔術師シモンにも似た、地のすべての普遍教皇であった」«Ita bestia que ascendet de terra habitura sit quendam magnum prelatum, que sit similis Symonis Magi, et quasi universalis pontifex in toto orbe terrarum» を参照。

(36) *Expos.,* f.134r.

(37) «dixit se audisse a quodam magno Sarraceno misisse Patharenos Legatos suos ad illos, postulantes ab eis communionem et pacem».〔＊F・トッコはこの1節を引いて「パタレノス」をロンバルディアの異端「パタリア派」と説いている。Cfr. F. Tocco, *L'eresia nel Medioevo,* Firenze 1884, pp.301, 366.〕

(38) «usque ad presens». *Expos.,* f.9v. そこではこのことばが一度ならず用いられている。

(39) この資料がどのように保存されてきたかについては【I-9 p.139】

参照。このテクストはBaraut, *AST* xxvi. 220-5; Grundmann, *DA* xvi. 535-9に公刊されている。Papebroch (*AS*, p.108) はこの資料の一部をヤコブス・グラエクスJacobus Graecus の『年代記 *Cronologia*』から採っている。

(40) «feroces barbarorum animi».

(41) «sub misterio veterum de prophetatione novorum».

(42) «Quanta mala latent sub cuculla illa!»

(43) 后妃コンスタンスとの有名な会見については、ルカ・ディ・コセンツァがものがたっている (*AS*, p.94)：「聖金曜日、わたしたちがパレルモのサント・スピリト修道院に居た時、彼は皇后コンスタンスの告解を聴聞するようにと王宮に招かれた。彼が赴くと、皇后は教会で玉座に坐って待っていた。彼も招かれてまた特別に設えられた椅子に坐った。しかし皇后が告解したいと彼に告げた時、その要請のことがら上、威厳をもって彼女を遮り、応えて、ここでわたしがキリストの代わりを勤め、あなたが悔悛したマグダレーナである以上、玉座から降り、跪いて慎ましく告解なさい、さもなければわたしはあなたの告解を聞き届けることができません、と言った。皇后は玉座を降り、跪いて、唖然としている会席者たちの視線をよそに、この大修道院長の使徒的権威に感謝を捧げ、彼女の罪業を告解したのだった」«Sexta feria in Parasceve sedebam cum eo in claustro Sancti Spiritus de Panormo et ecce vocatus ad Palatium fuit ad Imperatricem Constantiam, quae illi confiteri volebat. Ivit et invenit eam intra ecclesiam in sella consueta sedentem ; iussus (autem) sedere, in sellula pro ipso posita sedit ; sed cum Imperatrix aperuit ei propositum confitendi, eam qua debuit auctoritate fraenavit, et respondit dicens Quia ego nunc locum Christi, tu vero poenitentis Magdalenae tenes, descende, sede in terra, et ita fideliter confitere : aliter enim non debeo te audire. Descendit et sedit Imperatrix in terra et humiliter confessa est peccata sua, mirantibus omnibus cum ipsa, quae retulit auctoritatem Apostolicam in Abbate fuisse». ホーエンシュタウフェン家からサン・ジョヴァンニ・イン・フィオレが受けた特典については以下を参照。W. Holtzmann, *Papst-Kaiser- und Normannenurkunden aus Unteritalien*, ii : S. Giovanni di Fiore, *QFIAB* xxxvi (1956), pp.5 ss. ; *AS*, p.108.

(44) 特に*Expos.*, ff.173v-174r参照。

(45) «interna cantilena». *Psalt.*, f.228v.

(46) Ralph of Coggeshall, *Chronicon Anglicanum*, ed. J. Stevenson, RS, pp.67-79.

(47) Ibid., p.xi.

(48) «ordinis Cisterciensis, sed Cisterciensibus minime subiectus». Ibid., p.67.

(49) «cum fere esset prius illiteratus».

(50) «dicit agi temporibus nostris a Saladino et eius successoribus qui terram Hierosolymitanam invaserunt et matrem Syon a civitate sua Hierusalem transmigrare compulerunt... Hanc autem persecutionem quintam quintae persecutioni Veteris Testamenti non incongrue assignare videtur, in quo muri Hierusalem eversi sunt... et populus in Babylonem a Nabuchodonosor captivus addictus fuit. Dicit etiam quod anno Dominicae Incarnationis MCXCIX incipiet Sexta visio et sexti sigilli apertio, sub qua visione probat auctoritate Apocalypsis quod complebitur omnis Antichristi persecutio et eiusdem mors et perditio». *Chronicon Anglicanum*, RS, p.68.

(51) «an ex prophetia, an conjectura, seu revelatione?»

(52) «se neque prophetiam, neque conjecturam, neque revelationem de his habere».

(53) «Sed Deus, inquit, Qui olim dedit prophetis spiritum prophetiae, mihi dedit spiritum intelligentiae, ut in Dei spiritu omnia mysteria sacrae Scripturae clarissime intelligam, sicut sancti prophetae intellexerunt qui eam olim in Dei spiritu ediderunt».

(54) «Praedixit quoque Innocentium Tertium successorem non habiturum».

(55) «videbatur autem fere sexagenarius».

(56) この面談は、ヨアキムがフィオレ会の認可を得ようとローマに滞在した折のものと考えられている。この認可は一一九六年八月二十五日、ケレスティヌス三世によって与えられた（Grundmann, *DA* xvi. 481, 504参照）。とはいえ、二つのできごとを結びつける必然性はなにもない。最近の二つの論考（Ghellinck, op.cit.〔ref.【本章 n.32】〕, i. 190 ; H. de Lubac, *Exégèse médiévale : Les Quartes Sens de l'Écriture*, Paris, 1961, p.483）によると、一一九五年アダム・ド・パーシニーはヨアキムの教義を検討する任にあったことになるが、これの唯一の典拠はPapebroch, *AS*, pp.138-140で、彼はBibl. S. Victoris, Parisの写本から引いている。ラルフの記述は一一九五―九六年の間のものとみなされるが、これも単に「この嵐 *Haec tempestate*」という曖昧なことばにはじまるもので、これはその前項のサラセン人のスペイン侵攻を指して言われたものである。こうして観ると、この報告はインノケンティウス三世の教皇選出〔一一九八年〕以降に記されたものであり、この年代記の中に配された場所が必然的にヨアキムの預言の文脈背景にふさわしいサラセン人の脅威の歳月を示している訳ではないということになる。アダムが『十玄琴《プサルテリウム》』について記しているという事実は、ヨアキムの影響を映し出しているのかもしれない（*PL* ccxi. col.723参照）。

（57）〔＊すでに巻頭に記されてある（【本章 n.1】参照）が、ヨアキムは一二〇二年まで生きた。〕

（58）«id est sanctorum aeterna glorificatio».

（59）*Studia Anselmiana*, xxxi (Rome, 1953), J. Leclercq, *Analecta Monastica*, 2nd ser., pp.200-1.

（60）B. Hirsch-Reich, *Joachim v. Fiore u. das Judentum*（ref.【本章 n.11】）, pp.239-43.

（61）«Ex iudaeis orta persona est, in iudaismo, quem necdum satis evomuisse videtur, annis pluribus educata, quae sicut per eos qui certius cognoverunt tandem nobis innotuit, licet non solus ipse sed etiam sui pares suos potissimum a vobis et suas hactenus quam studiose poterant absconderint aquas. Nec mediocrem confert ei auctoritatem ipsum barbarum nomen : dicitur enim Ioachim. Quod de nullo diebus nostris meminimus nos audisse, ut in baptismo retinuerit nomen quod in iudaismo prius habuerat. Multorum etiam habitus noster ei conciliat animos, et quod cisterciensis ordinis cum voluerit monachum sese exhibet et abbatem esse. Nam et olim quidem exstitit, sed ab annis iam...». Op. cit., p.201.

第2章　ヨアキムの歴史観

ヨアキムは自らを、直接与えられた啓示によって未来を予言する者という意味において、預言者と呼ぶことは決してなかった。著作のなかで詳細に説かれる彼の霊的知性の教説のすべては、自身の神秘体験について語るところ同様に、アダム・ド・パーシニーとの対話ではっきりなされた否定を裏づけている。〈霊的知性〉[1]あるいは〈知性あるもの《インテリゲンチア》〉。彼が授けられたと信じていたものは実際、至高なるものからの賜であったが、それは真剣に〈ことば〉の現実存在へのあらわれ（キリストの受肉）と闘い苦悩する者にのみ注がれるものであった。両聖書は霊的知解の枠組みとして不可欠であるとともに、それに到達するための近道などはない。聖書の〈文字〉にたいする長い研鑽、瞑想、祈禱とともに自ら修養を積んだ者たちにだけ、その書物は啓かれ、秘密はあかされ、まったき照明が与えられる。数々の象徴のもと、ヨアキムは二つの聖書の揺るぎない意味をあらわしてみせる。彼の思弁にかたちを与えるもの、それが両聖書である。それは〈霊的知性《スピリトゥアーリス・インテレクトゥス》〉[2]という〈櫃《アルカ》〉をみまもるふたりの智天使《ケルビム》。それらは二本の炎の柱のような脚、黙示録の天使（黙示一〇：一）。そしてその頭にかかる虹は「両者から発する霊的知性」[3]。それらはまたその脚を据える大地と海である[4]。それらはそのあいだで聖餅を焼く二枚の鉄の板である（ザレパテの寡婦がエリヤのために焼いたパンに予表されていた）[5]。そしてそれらはそのうえに火が降るカルメル山上のエリヤの祭壇の土と水である[6]。〈霊的知性〉には〈文字〉と思惟に課される種々のかたちの修養を放棄しては到達され得ない。その準備は骨の折れる作業、砂漠を渡る巡礼行である。エリヤのごとくわれわれも旧約の祭壇を建て、聖霊の火が降るのを待機せねばならない[7]。

建てるのはわれわれとエリヤの土の祭壇である、土を下に配し、上に水を置く（水は上天に鎮まる）。そして天からわれらに火が来たり土と水を舐めつくすのを待ちうけ、霊的知性がその土の表面に土のことばを書き土が語り尽くすのを待つ。それにもかかわらずしるされた福音の教えは水を舐め揺らす。ネヘミアの司祭が祭壇に粗なる水を捧げるとそれが（精妙なる）火に変じたごとく、カナではガリラヤの水壺が葡萄酒に転じた。であるとするなら、ここに置かれた肉はまったく消え果てるまで消尽される。そしてすべての肉ある知性もつもの（知性体）は空なる（肉を空にされた）霊となる。われわれのこのはたらきは、先に祭壇に全能の神の賜として証されたところにしたがって組み上げられ、溶かされ（基礎づけられ、鋳られ）、建てられた（像立された）水の新しい証言（契約）。他なるものは他なるもののうちに、旋回は旋回のうちに符合して存するのが見える。不可視なる霊の炎のその霊はあたかも第三天へと向かうかのよう。元ありし部分を空とすることが成就の到来であるゆえに[8]。

『符合の書』

〈文字〉の研鑽こそが基本である。それはまた障壁を差し挟むものでもあるのだが。この〈霊的知性〉は〈文字の胎の中に〉[9]あるいは〈文字のこころ（索縄）のうちに〉[10]埋められている。「つまりキリストを殺し碑の中に埋め、霊的知性を殺しそれを文字の下に隠し……」[11]。ただ蘇ったキリスト、ユダ族の獅子だけが石を割り、障害を引き裂くことができる。あるいはまた別の形象をもって、誰もその書物を開くことはできない。「文字とともにここまで歩み来たり、霊的知性とともに蘇る」[12]。研鑽によって準備し、照明体験を観想する者たちに解放は与えられる。「教えに励むことを通過し、細心に開放されてあるがままにとどまる」[13]。こうしてヨアキムは、研鑽を積むことなくしての啓示によってでも、啓示のない研鑽によってでもなく、知解せよと語る。「文字は殺し、霊は生かす」[14]（彼が頻繁に引くように）のではあるけれども、文字と霊はお互い不可分に結びあっている。

この関係性は明確に三一関係である。ヨアキムのことば、〈霊的知性〉は両聖書から発出する、とはまさに聖霊が子と父とから発出するのに等しい。この関係性は、両聖書がかかわる歴史に浸透している。旧約聖書において、ヤコブに到るまでの高祖たちは父なる神を呼ぶ単一の系譜をなしているが、それ以降、父と審き主（あるいは王）の二重線が父からの子と聖霊の発出として進捗する。

一から二つの系譜が広がるところには懈怠も不合理もない。一であるのはヤコブまで。そしてそこで一から二となる。これ（二）とそれ（一）は十分に結びついて統一されている。ここで一は父なる神の神秘を崇めるべく父のうちに発出した。ここに繫がるのがユダ族の神秘の御子である。それはじつにヨセフとモーゼの神秘の聖霊である。この一致の証は新約聖書にみることができる。ルカは明快にマタイ同様キリストの誕生を語るはじめに、肉においては処女から、アブラハムにはじまりマリアの夫ヨセフにつづく系譜に生まれた、と記している。ルカはまた、霊においては……その大いなる父によって掟に従う父（法的な父）を言おうとしている……つまりマタイの編んだ新約聖書においては肉における御子が指し示されている。そしてルカこそが聖霊の賜により真実を記している。そこに旧約の系譜にあるユダやダヴィデの息子が御子に繫がるのであり、審く者としては聖霊に係るのである。[15]

（『符合の書』）

このように聖マタイと聖ルカの二つの系譜は、旧約聖書の二つの血筋のように、父に発する息子と聖霊の神秘のうちに表されている。聖史の中心的枠組みに由来するこの血族系譜の三一構造は『符合の書』において図式化されることになる。[16]
また同様に、ひきつづき歴史の三〈時代《スタートゥス》〉を特徴づける有名な三つの秩序《オルド》も、三一関係にある歴史構造から浮上してくる。第一〈時代《スタートゥス》〉の〈婚姻秩序《オルド・コニウガトールム》〉はアダムにはじまる。〈聖職者秩序《オルド・クレリコールム》〉は第二の〈時代《スタートゥス》〉のはじまったウジヤの時代のイザヤをその象徴とする。〈修道士秩序《オルド・モナコールム》（修道会）〉は聖霊をあらわし、それは二重の発出をもたねばならない。ヨアキムはこれを、〈第一の発端〉あるいは父からの発出としてのエリシャと、聖ベネディクトゥスに観る。彼は正確に四十二世代目であり、〈第二の発端〉をあらわしている。

つまり第一秩序のはじまりはアダムにあり、第二はユダ族の王ウジヤに、第三は部分的に預言者エリシャに、部分的に浄福なるベネディクトゥスにはじまる。それはなぜか。聖霊は父と子から発出する。また父のみが子を発出したのであってみれば、聖職者秩序と修道士秩序がそれに同じくはじまり、また同様に両者とも完全に成就する（消尽する）と観ることができよう。御子は唯一にしてただ父から出でたのであり、それは第三時代の聖霊へと及ぶ。第二が御子から伸びているように。つまり父は唯一にして御子と聖霊を発出し、唯一なるあるいは父に等しき御子が発し、二が唯一なる父から発する。まさにここから第一の時代は父に帰され、第二は唯一の御子に、第三は御子と聖霊に帰される。(17)

（『符合の書』）

こうして第三〈時代《スタートゥス》〉は第二同様、第一に淵源する。子と聖霊が父につづくように。この類型《パターン》もまた『符合の書』に図式化されている。(18)

『符合の書』のこれら巻頭に近い頁からは、歴史の意味に関するヨアキムの考えの基本的枠組みが浮かび上がってくる。それは二の類型《パターン》と三の類型《パターン》。二つの聖書があり、この両者が明らかに二の類型《パターン》を与える。「一方は生まれたものならず、他方は生まれた」(19)二つの位格《ペルソナ》に統率される二つの大いなる時代。それらはそれぞれ第一と第二のキリスト降臨によって極まる。ここに神の経綸は神によって選ばれた二つの大いなる民――ユダヤ人と異邦人たち(20)――の歴史、そしてその二つの時代の間の符合として感得されている。しかしそこに聖霊の発出が加わるとき、二の類型《パターン》は三の類型《パターン》となり得る。ヨアキムはこうした歴史の二つの観点を二つの〈規定《ディフィニチオーネス》〉(21)と呼び、三の類型《パターン》をアルファ［A］に、二の類型《パターン》をオメガ［ω］に比定している。「Aのうちに描き出される第一の規定は三角の要素である。ωに描き出される第二の規定は中央の枝（点）から二重に発している。両者とも普遍《カトリック》なる信仰の充溢へと繋がるものであると知るがよい」(22)（『符合の書』）。ヨアキムの探求方法は符合にあり、その二つの類型《パターン》は彼に二重の符合のしるしを与える。三の類型《パターン》からは三つの重複した時代が示される。アダムからキリストまで、ウジヤから〈現在〉まで、聖ベネディクトゥスから〈この世の終わり〉(23)まで。もうひとつの類型《パターン》によるなら、そこには二つの時代だけが示される。アダムからキリストまで、そしてウジヤから〈この世の終わり〉まで。これを説明する一節で、ヨアキムはこの二重構造が三位一体の神秘から導出されることを明確にしている。

まさにここに述べたことは至聖なる三位一体の神秘である。それが二重であると言われるのは符合に起因しており、三と言われるのは選ばれた秩序のこと、二とは信仰に召命された民のことである。その第一の配当は、アダムにはじまりキリストに焉み、ウジヤにはじまりいまこの時に焉み、聖ベネディクトゥスの時にはじまりこの世の終わりに焉む、と言われるところ。第二の配当はアダムにはじまり……キリストに焉み、ユダ族の王ウジヤにはじまりこの世の終わりに焉む。[24]
(『符合の書』)

この二重の思考法を把握することがヨアキムの考えを理解するための基本である。二つの位格《ペルソナ》と第三の位格が交錯することによって、二と三という二重の符合がかたちづくられる。これはこの議論の全体を概括した次の一節に明瞭に観てとることのできるものである。

符合の二重性により論ずるところは変じ、定まる。われわれにとっての真実とは、われはアルファにしてオメガなり、と語られ示されたところである。まさにこの位格の同等性のごとく、はじめに三つの秩序が選ばれ、特に三つの時期がたてられた。そして父の権威と御子の誕生により二つの民が選ばれ、唯一の神への信仰により二つの契約が遣わされた。すなわちユダヤ人たちと異邦人たちである。そして、父と御子から発出した聖霊のしらせは古き契約にも新しき契約にも注ぎ込まれ、霊的な人の教えとして留められている。そのどちらもが成就されてあることは、使徒が、霊の領するところに自由がある、と言うとおりである。ここに原因が明かされ、両者の符合の理拠がしるされている。では第一の規定からはじめることにしよう。それはアダムとウジヤに端を発し、キリストまで、そしてわれわれの時まで続く。そしてまた別の規定がこの世の終わりまで続く。[25]
(『符合の書』)

こうしてヨアキムは、時に父と子の二重の関係のうちに、また時に父、子と聖霊の三重の関係のうちに、神格の本性を反映するものとして彼の歴史解釈を見出したのだった。彼の過去の解釈と未来への待望は、細密な探求と長い考察を通じて到達されたものであった。こうした歴史研究は決して霊的な感得と分かつことのできないものである。三一なる神の神秘へと歩み寄ろうとするヨアキムの霊的な切望が、彼の聖書と歴史の研究の眼目となっていたことを理解しておかねばならない。幻視《ヴィジョン》のうちに霊的知解が〈与えられ〉た時のことは、後にまさに神学的、歴史的なことばをもって語られている。ヨアキムの神秘体験と彼の歴史研究は融合し、そこから彼の著作に固有な性質が付与される。そこでは霊的な高揚と、地上のできごとに関する具体的な枠組みが一挙に与えられる。

この霊的知解が照明体験によって与えられたものであることは、ヨアキムが自ら著した自伝的な諸節から窺い知られる。彼は自らの霊的発展にとって決定的な瞬間としてそうした体験を二つ録している。ひとつは復活祭、もうひとつは聖霊降臨祭。後の伝記のひとつが、これら二つの体験に先立つ彼の若い頃の霊的体験について語っている。これについてはヨアキム自身の著作には証拠が見つからないのだが、その後の二つの体験は時期的に明らかに彼の研究の真っ直中に位置するものであり、最初の神秘の感得がこれらより早い時期の体験に由来するものであったとしても不思議はない。これが彼のこころのうちで三位一体の第一位格《ペルソナ》と結びつけられるものであったとすると――その伝記はここでタボル山の幻視《ヴィジョン》を示唆している――復活祭と聖霊降臨祭の啓示は、当然ながら三位一体の連鎖継起とみなされるものとなる。

彼の若い頃の体験については三つの伝記が残されている。そのうち二つは、ヨアキムが青年だった頃に聖地巡礼に赴いた、とものがたっている[26]。その一方の伝えるところ。彼が荒地で喉を渇かして横になっていると、夢のうちに油の川から飲むようにと誘われ、目覚めてみると彼は聖書の意味するところのすべてが理解できるようになっていた。もう一つでは、幻視《ヴィジョン》はタボル山上であらわれ、聖書が開かれ、それを詳論することとして彼の従うべき指針が感得されたという。三つ目は後に最も人口に膾炙することになった伝説で、サンブチーナの修道院に入ってまもなく、ヨアキムは庭を歩いているうちに天使の手から聖書の意味を明かした驚くべき企図（あるいは奇跡的な図案）を受け取った、というもの[27]。これら三つの伝記が強調している点は同一である。それ以前には聖書の知解に届かなかった者が霊的な照明の賜によってたちまち聖書の意味を受け取った、と。この瞬時の知解というのは、ヨアキムが自らものがたる霊的な努力、あるいは彼が常用した〈霊的知性〉に向かっての巡礼の比喩と一致するものではない。しかしこうした伝説が長く伝えられるにはそれなりの意味があるに違いない。こうした初期体験を想定せずには、『黙示録註解《エクスポジチオ》』に録された復活祭の体験の時にはすでに着手されていたヨアキムの聖書の研究に特有な方途《アプローチ》へといかにして彼が導かれたのか、説明することが困難なのである。

この体験について録しつつ、ヨアキムはすでに彼の黙示録註解の「著作にとりかかっていた」、という事実を強調している。彼は「主の日に御霊に感じた」(28)の一節に到り、次のように書いている。

> 先の書のこの章のこの場所に到ったとき、大いなる困難を感じ、常の忍耐を越えて、わたしは扉石にぶつかったように憔悴してたちどまり、知性は懊悩した。そこに神の威光がその閉じたところを開きたまい、その他の場所には触れることもなく、次々と先へと進ませたまうた。じつにこの困難こそが最も大いなる師であった。ここに書は開かれ、七つの封印は解かれ、それはそれを喜ぶようにわたしにも他の者にも啓かれた。ここに、わたしは遠く忘却していたところに努めることになる。実際長く迷いつづけてきたところだったが、この復活祭はわたしにとっても復活の日となり、朝課の時刻夢に興奮し、すこしばかり書物を瞑想する要があった。わたしはこうして神の賜を恃み、大胆にも著述に励むこととなった。いよいよ寡黙となり、書くことに憶することもなく……それはほとんどなにも理解なしに、それればかりか大いなる秘蹟を知ることもないうちに、こころのうちから迸るがごとくに筆は動いた。冒険に駆り立てられるごとく、数々の困難に脅かされつつ。こうしてなにごとかを捉えた上述の夜、静謐なる更深（と思われる）、死んだと思われていたわれらがユダ族の獅子は蘇り(29)、たちまちわたしの心眼に知性を介してこの書が完全に明晰に感受され、旧約と新約聖書の符合が啓示された……。
>
> （『黙示録註釈』）

これはじつに潑剌たる内面の記録である。ここにはヨアキムが心的な障害、〈霊的知性〉を埋めた大きな石と闘う姿が認められる。彼はそれから気を逸らそうとするのだが、復活祭深夜、目覚めるとふたたびこころの懊悩へと戻る。そして、そこに大いなる開放の瞬間がやってくるのだ。復活の時刻、この石は彼のこころから転がり去り、光が溢れ出す。まさに霊が文字から解放されたかのように。これは蘇るキリストの力と明瞭に関係し、旧約と新約聖書の符合に明瞭に関連した体験である。全歴史の主だけが歴史のうちなる意味を完全に明かすことができる。ヨアキムはこの時、彼の二大著作――『黙示録註解《エクスポジチオ》』と『新約と旧約の符合の書《コンコルディア》』――の著述を同時に進めている最中であった。(30) とはいえこの照明体験は黙示録註解本文にしかあらわれない。これはたしかに『符合の書』にもかかわるものであり、ヴェネチア版『符合の書』印行本では、遺言書のおわりに上に引いた一節の最後の五行が引用されている。「わたし、ヨアキムは静謐なる更深に……」(31)

三位一体の二位格《ペルソナ》、二つの聖書の符合、二の類型《パターン》をあらわす〈規定ω〉――これらすべてが復活祭の幻視《ヴィジョン》で了解されている。そしてこの複雑な観念のすべての解釈を、ヨアキムの最初の二つの主要著作に認めることができる。とはいえ、二つの聖書の文字から溢れ出る聖霊にしても、はじめの二つに発する第三の〈時代〉という歴史過程においても、三位一体の第三の位格《ペルソナ》はすでにヨアキムの解釈のうちにみられるものである。三の類型《パターン》、〈規定A〉はすでに『符合の書』でも『註解《エクスポジチオ》』でも詳説されている。しかし三位一体の本性理解のための格闘は困難を極め、やっと聖霊降臨祭の照明の時になって達成される。これは第三の主要著作『十玄琴《プサルテリウム・デチェム・コルダールム》』の序文に録されたところ。一一八二年から一一八四年の間のしばらくの期間、ヨアキムはカサマーリのシトー会修道院に留まり、そこでルカ・ディ・コセンツァは彼の秘書にして親しい友となった。その折、ヨアキムが最初の二著作に手を加えつつ、『十玄琴《プサルテリウム》』にも着手することになった、とはルカが教えてくれるところである。一方、ヨアキムは、彼が精神的な抑鬱を逃れることとなった時期について自ら語っている。

その頃、神のことばにわたし自身懊悩し、読書の折々、真実の知識に到達できますようにと嘆願したものだった。そして性急に読解に熱をあげればあげるほど、その翼（羽筆）は鷲のごとくに、いよいよわたしから遠ざかった。しかし新たな熱誠(32)をもって、神に導かれるまま神の書の詩篇を愛することとなり、静かに詠ううちにそれは明らかとなりはじめた。それまでは黙読しながら思索を進めていたのだったのだが……しかしここに……思惟と切望のうちに上なる国に住み居るごとく、内なる人からすくなからざる平穏なる幻視《ヴィジョン》が注がれ、それはひきつづき数多く起こった……ところが教会の家族の要請により修道院の運営の責務を負うこととなり……それがこころの呻吟するところと衝突することとなり……わたしを叫ばせた。ああ、わたしは長く滞在し過ぎたのではないか。わたしはケダルの住人たちと住み[33]、わたしの魂はここに宿りを得たのだったが……数年の後、カサマーリの修道院に居た時……聖霊の賜が使徒たちに遣わされた厳粛なる日……その日わたしも自ら、聖霊を讃えて詩篇をいくつか唱えた……この日にあたりわたしにも幾許かの賜を授けたまえと……祈禱所《オラトリオ》に入り、聖なる祭壇を前に全能の神に祈るうち、わたしの内で三位一体への信仰になにやら戸惑いのようなものが起こった。一々の位格《ペルソナ》が唯一の神であり、唯一の神が一々の位格《ペルソナ》であることの知解あるいは信仰が困難なものと化したのだった。このようなことが起こり、動転するほど恐れ慄いて聖霊に祈りを捧げた……どうか三位一体の神秘をわたしに示したまえ、と……こう言いつつわたしは定められた数の詩篇をうたいはじめた。するとたちまちこころのうちに十弦の琴(詩篇)のかたちがあらわれ、そのうちに聖なる三位一体の神秘があからさまにあらわされたのだった。そこですぐさま叫ばない訳にはいかなかった。いったいわれわれの神ほど偉大な神があろうか、と[34]。

(『十玄琴』)

ヨアキムはこうしてかれの主要三著となる著作群の第一作『十玄琴《プサルテリウム》』にとりかかった。彼の主著は三位一体を象徴するように三つに分けられることになる。彼がそれを完成するには二年を要した。そしておそらくそれ以降も、彼の三つの主著は加筆や改訂が加えられつづける。『十玄琴《プサルテリウム》』の序言において、これら三つの著作は、三位一体の意味を明かすものとして彼の心中ではあきらかに連繫させられており、その有機的関連について一瞥を与えている。

最初に着手した符合についての書と黙示録註解の後(いったいいかなる理由によるものかわたしには分からないが)いかなる神の摂理か、ここに聖霊に発した第三の論考が第一の著作として生まれることになった。これは被造物のうちには存しないところを論じるものであるが、その一々の位格《ペルソナ》に献じられるところであり、二つ(の位格)の王国とその経綸には属さぬ[35]ところゆえ、その神秘が別に分かれて輝きを発するとしても不都合はないだろう[36]。

そしてまた、ヨアキムが一二〇〇年教皇に宛てた遺言書で、これら三主要著作はひとつに纏められている。そこにも、それぞれの著作が三位一体の一位格《ペルソナ》と固有の結びつきをもっていることを、観てとることができる。こうして、両聖書の符合に焦点を当てた『符合の書』は、実質的に旧約聖書の研究に集中する。もちろん新約の予表として。『註解《エクスポジチオ》』は当然ながら、黙示録の蘇るキリストを中心に、新約聖書の年代あるいは第二〈時代《スタートゥス》〉の解釈に深くかかわっている。『十玄《プサルテリ》琴《ウム》』は歴史的符合に関してよりも、第三〈時代《スタートゥス》〉に属する〈霊的知性〉について述べたものである。すでにヨアキム自身語っているように、どの位格《ペルソナ》も他の位格《ペルソナ》から分かつことのできないものであってみれば、それぞれの著作は他の二つの著作の性格を分かちもつのである。なんといっても、第三の考察は先の二つに発出するのであってみれば。このようにヨアキムの三位一体を成す諸位格《ペルソナ》の関係についての観念は、彼の著作の相互関係のうちに反映されているのである。

この三位一体の継起という礎をめぐるようにして、その他の小著作群がある。幾つかの小著作についてはその真正性が証明されていないが、『聖ベネディクトゥス伝および彼の教えによる神への勧め』(37)は真正であり、おそらく彼の初期著作とみなされるものである。これは聖ベネディクトゥスの生涯とその会則を旧約と新約聖書の歴史的符合を通して説いたものである。ここでヨアキムはすでに、第一たるベネディクト会とそれにつづくシトー会という発展を、歴史の秩序類型《パターン》における重要な部分として観ている。ここで重要なのは主に二の類型《パターン》であるが、すでにこの論考に三の類型《パターン》への移行をかたちづくることになる数観念の萌芽がみられる、という点は注目に値する。十二という数は旧約と新約聖書の符合から明白に与えられる数だが、ヨアキムはこの完全数を五と七という不等な数に分けることでより深い象徴主義を見出し、ここに外的な文字の意味から内的で霊的な意味への移行の表現を認めることになる。第三〈時代《スタートゥス》〉という約束は五と七の理解に発する。(38)この象徴主義が『聖ベネディクトゥス伝』で完璧に展開されるとともに、それは三位一体と格別の関連づけをされるに到る。

十二という数はそれ自体完璧である、とはそれが五と七からなっているからである。その一方はからだの機能にあり、他方は魂の力能にある。からだの感覚は五つあり、聖霊の賜は七つであるのだから……それゆえ十二族は五と七に分かれたのであり、教会もまた同じである……最後に七族がそれぞれの土地に居を定め、最後に使徒によって七つの教会がアジアに設けられた。それゆえ、五が先立ち、それに七がつづかねばならない。神々しき三位一体の名に天の、地の、地獄のすべてが膝を屈めるように。(39)

（『聖ベネディクトゥス伝』）

この著作の到るところに歴史の三〈時代《スタートゥス》〉が直接導入されており、聖霊降臨祭の体験以降完璧にその理論的意味を把握することになる前から、ヨアキムが歴史における三位一体の知解をもとに著作していた、とわれわれは推論することができる。

また『註解《エクスポジチオ》』を別に、黙示録に関する小論考が二つある。そのひとつを主著とは別著作であると言うべきだろうか、それともその『序論《イントロドゥクトリウス》』(40)の全体と呼ぶべきだろうか。それはパヴィア、パリおよび大英博物館所蔵の初期写本群においては独立して収められており、十三世紀には独立で回覧されていたのは確かなようである。(41)写本の検討からすると、これは『黙示録叙説《エンキリディオン・イン・アポカリプシム》』(42)と呼ばれるべきである。この表題はフックによって公刊された二つ目の小論考に与えられているものではあるが。この二つ目の小論考は、フックによると初期のものということになる。他にも二つの小論考、『ユダヤ人駁論』(43)と『信仰箇条について』(44)が最近公刊されているが、パドヴァのアントニアーナ写本322にはまだ他に短い説教、書簡、その他幾つか未公刊のものがある。最後に、長編だが未刊の『四福音書討議《トラクタートゥス》』(45)があり、その傍らに『形象の書《リーベル・フィグラールム》』(46)を添えることができるだろう。おそらく両者ともヨアキムの最晩年の思惟をあらわしたものであるから。『四福音書討議』は一時期偽書ではないかと疑われたことがある。その表題がヨアキムの遺言書に録されていないことを理由にして。しかしボナイウーティは彼が刊行した版の序文でこの疑いを晴らし、いまやわれわれはそれがおそらくヨアキムの後期著作にして最も激越な文書であると認めることができる。『形象の書』は大論争を引き起こした。これをヨアキムの真正著作のうちに置く理由については別に述べた。(47)ここで〈真正性〉という言葉は二つの異なった意味をもち得る。その原型がヨアキム自身によって構想され描かれた、という意味あるいは、『形象の書』という観念《イデア》はヨアキムのものであったにしても制作にあたったのは彼に近い弟子たちであった、という意味で。わたしたちはヨアキムが図像を用いて教えを説いたことを知っている。[48] そしてまた彼は複雑に絡み合った類型《パターン》や神秘的な関係について、形象として表現する習慣をもっていた。彼の主要観念をこうした一組の〈形象《フィグーラエ》〉と一纏めにするという試みほど自然なものはないだろう。その幾つかは直接、主要三著作のひとつに結びついているとはいえ、『形象の書』をそうした主要著作のテクストに沿った一連の図像化として一冊の書に纏めたもの、とみなすことはできない。いろいろな図像の前後参照や相互関係もまた、そのような単純な説明を受け容れぬほど錯雑している。主要三著作が内的に連繋しているように、『形象の書』の一々の図像もすべて有機的連関をもっており、じつに精妙に二と三の類型《パターン》の混交を表現している。この〈諸形象〉の集成《コレクション》は、大いに視覚的想像力に訴える世俗化の方策であり、こうした意味でヨアキムの観念はじつに広く普及することとなるだろう。

註

(1) «spiritualis intellectus».

(2) «Spiritualis Intellectus». *Lib. Conc.*, f.18r.

(3) «spiritualis intellectus qui ex utroque procedit».

(4) *Expos.*, f.137v-138r.

(5) *Lib. Conc.*, f.100v ; 列王上17:13-15.

(6) *Lib. Conc.*, ff.102v-103r ; 列王上18:30-38.

(7) 〔＊B・マッギン『フィオーレのヨアキム』(宮本陽子訳、平凡社、一九九七年)、p.163参照。〕

(8) «Construendum est nobis cum Helya altare de terra ipsa : terra collocanda inferius : ut aqua desuper locari queat : expectantibus nobis ignem de celo, que consumat terram et aquam, expectantibus spiritualem intellectum, quia terrenam illam superficiem littere que de terra est et de terra loquitur evacuando consumat : et nihilominus evangelicam doctrinam designatam hic in aqua lambendo commutet : secundum quod aqua illa crassa quam posuit in altari Neemias sacerdos, conversa est in ignem aut sicut in Cana Galilee aqua hydriarum commutata est in vinum. Et hoc quare? ut caro que interposita est consumpta usquequaque deficiat : ut omnis carnalis intelligentia a facie spiritus inanescat. Opus inquam nos in hoc opere altare testamenti prioris pro dono omnipotentis Dei ordinate componere, fundentes et statuentes desuper aquam testamenti novi : ut aluid inter aluid, ac si rota infra rotam inesse per concordiam

videatur. Invisibilem autem spiritum ignem suum spiritualem, veluti de tertio celo dirigere : ut veniente quod perfectum est evacuetur quod est ex parte». *Lib. Conc.*, f.7r.

（9） «in ventre littere».

（10） «in corde littere».

（11） «Occiderunt ergo Christum et sepellierunt in monumento : occiderunt et spiritualem intellectum velantes eum sub littera…». *Expos.*, f.95r.

（12） «quousque veniret ille qui passurus erat cum littera et resurrecturus cum spirituali intellectu». *Expos.*, f.110v.

（13） «transibit itaque labor doctrine et remanebit diligendi libertas». *Expos.*, f.86r.

（14） IIコリ3:6;『符合の書』と『註解《エクスポジチオ》』に三十七度引かれている。

（15） «Ne quis extimet otiosum vel absurdum quod ita duas lineas istas ostendimus ex una procedere. Una enim fuit usque ad Jacob : et exinde ex una due, que et ipse unitate maxima connexe sunt : intelligat in illa una que precessit in patribus venerari oportere mysterium Dei Patris. In illa que propagata est per Iudam mysterium Filii : in ea vero que per Joseph et Moysen mysterium Spiritus Sancti. Super quo evidentissima similitudo potest videri de testamento novo : cum constet Luce clarius quam Mattheus qui loqui exorsus est de nativitate Christi, qua natus est de virgine secundum carnem : secutus est lineam generationum, incipiens ab Habraam et perducens illam usque ad Joseph virum Marie. Lucas autem qui locutus est de spirituali … illos magis patres scribere voluit qui dicebantur patres secundum legem : … Ut ergo in novo testamento linea quam texuit Mattheus pertinet ad carnem Filii : quam vero prosecutus est Lucas ad gratiam Spiritus Sancti. Ita et in veteri linea que propagata est per filios Iude et David pertinet secundum significatum ad Filium : que autem per iudices ad Spiritum Sanctum». *Lib. Conc.*, f.16v.

（16） 紙面の都合からであろう、印行本の図式は混乱を来たしている。また幾つかの写本にも混乱は認められる。配列に問題があるにしても、Bibl. Ant., MS.328, ff.14v, 20v-21rにおいてはその観念は明白に読み取れる。最も明快で美しいのはBibl. Laur., MS. Conv. Soppr. 358, ff.10v, 11r, 15v, 16vである。またBibl. Laur., MS. Plut. VIII, dextr. X, ff.16r-v, 24v-25r, 27rも参照。この図式の総説はReeves, Hirsch-Reich, *Studies*, pp.31-38を参照。

（17） «Igitur primus ordo initiatus est ab Adam : secundus ab Ozia rege Iuda : tertius secundum aliquid ab Helyseo propheta : secundum aliquid a beato Benedicto. Quare sic? Quia Spiritus Sanctus a Patre Filioque procedit. Si enim a solo Patre procederet sicut Filius, oportunum esse videretur ut ordo clericorum et monachorum similiter inciperent : et simul ambo consumationem acciperent. Si autem a solo Filio sicut Filius a solo Patre, ita videtur pertinere tantummodo tertius status ad Spiritum Sanctum : quomodo secundus ad Filium. Quia vero unus est Pater a quo procedunt Filius et Spiritus Sanctus : unus scilicet qui a Patre simul procedit et Filio : duo qui procedunt ab uno Patre : recte primus status ascribitur Patri : secundus soli Filio : tertius communis Filio et Spiritui Sancto». *Lib. Conc.*, f.9v.

（18） *Lib. Conc.*, ff.11r-v, 24v（しかし印行版ではこの観念は完全に失われている）。この観念を表わすにもまた十分な紙面が必要とされるためであろう、幾つかの写本にしか明確に表されていない。たとえばConv. Soppr. 358, ff.10v, 11r, 21v-22r ; Plut. VIII, dextr. X, ff.16r-v, 21v-22r（これは特徴のある図式となっている), 34r。また以下も参照。MSS. Rome, Vat., Lat. 4861, ff.25r, 38r ; Borghese 190, f.37r-v ; Urb. Lat. 8, ff.30v-31r; Bibl. Cors. 41, F.2, f.12v ; Padova, Bibl. Anton., 328, f.26r ; Paris, Bibl. Nat., Lat. 15254, ff.249v-250r ; 16280, ff.46v-47v.

（19） «una ingenita, alia genita».

（20） «Populus Judaicus, Populus Gentilis». *Lib. Conc.*, f.19r ; *Expos.*, f.37v.

（21） «diffinitiones».〔＊あるいはdiffusiones, 発出、溢出と採るとより解し易いか。〕

(22) «Prima diffinitio designatur in A quod est elementum triangulatum. Secunda designatur in ω in quo virgula de medio duarum procedit. Utrumque ergo sciri oportuit : quia utrumque plenarie pertinet ad catholicam fidem». *Lib. Conc.*, f.10r.〔＊アルファとオメガの解釈については【図A-1】も参照。〕

(23) «consummatio seculi».

(24) «Propter illa que dicta sunt superius de sacro mysterio Trinitatis, duplicem esse diximus causam concordie secundum quod tres esse diximus ordines electorum, et duos populos vocatos ad fidem. Diximus etiam quod in prima assignatione concordie incipiendum ab Adam et desinendum in Christo : incipiendum est ab Ocia, et desinendum in temporibus istis : incipiendum a temporibus St. Benedicti et desinendum in consummatione seculi. In secunda assignatione incipiendum est ab Adam … et desinendum in Christo : incipiendum ab Ocia rege Iuda, et desinendum in consummatione seculi». *Lib. Conc.*, f.13v.

(25) «Ex duplici causa concordiarum questio mota est, et decisa, ostendente nobis veritate que ait : Ego sum Alpha et Omega : quod et propter equalitatem personarum tres ordines electi sunt a principio tribus temporibus specialiter deputati : et propter auctoritatem Patris et nativitatem Filii duo populi electi sunt ad fidem unius Dei sub duobus testamentis : Judaicus videlicet et Gentilis : et propter notitiam Spiritus Sancti, qui a Patre Filioque procedit, aliqui processerunt ex eis tam in veteri testamento quam in novo, manentes sub doctrina spiritualium virorum, in quibus et illa perfectio inventa est de qua dicit Apostolus : Ubi spiritus domini, ibi libertas. Iam igitur ostensa causa et assignata ratione de utraque concordia. Primo quidem de prima diffinitione agere incipiemus, inchoantes ab Adam et ab Ozia et pervenientes usque ad Christum : et usque ad hec tempora nostra : deinde secundum aliam diffinitionem usque ad consummationem seculi». *Lib. Conc.*, f.19r.

(26) ヨアキムが青年期に巡礼をなしたということについて、最良の証はヨアキム自身の但書き付記によるもので（*Quat. Evang.*, p.93 :「わたしはエルサレムを見た」«… sicut ipsi videmus Hierosolomis»）、またルカ・ディ・コセンツァはヨアキムがシリアでのエピソードをルカにものがたったことを伝えている（*AS*, p.93）。

(27) これらのいずれも、フィオレに蔵される資料に正確に読み取れるものはない。しかしヤコブス・グラエクス Jacobus Graecus はこの資料を用いてヨアキムがタボル山で神秘体験をしたと仄めかしている。パペブロック Papebroch はこれら三つの伝記にグレゴリオ・デ・ラウデ Gregorio de Laude のヨアキム伝を加えている（*AS*, p.97-9）。これらの伝記については【I-7 p.95 ; I-9 pp.130-31】を参照。ヨアキムによせられた礼拝讃仰 *Oremus* にはタボル山への言及が含まれている。「神よ、あなたの栄光はタボル山で三人の使徒にあらわされ、またそこで福者ヨアキムは聖書の真実を啓示され……」«Deus, qui gloriam tuam tribus Apostolis in monte Thabor manifestasti et in eodem loco beato Joachim veritatem Scripturarum revelasti…»（Crocco, *Gioacchino*, p.29 n.24 に引かれている）。

(28) «Fui in spiritu dominica die»，黙示 1:10.

(29) «Et enim cum decursis precedentibus libri huius capitulis, pervenirem ad locum istum, tantam fateor difficultatem et quasi preter solitum perpessus sum angustias intellectus : ut sentiens oppositum mihi lapidem ab ostio monumenti, hebetatus subsisterem : et dans honorem Deo qui pro velle suo claudit et aperit, relicto loco ipso intacto, ad sequentia pertransirem, servans difficultatem eandem universali magistro : ut ipse qui aperuit librum et soluit septem signacula eius, cum sibi esset placitum, mihi vel aliis aperiret. Cumque me occupatum in multis hoc ipsum oblivio procul duceret : factum est verso anni circulo diem adesse paschalem mihique circa horam matutinam excitato a somno, aliquid in libro isto meditanti occurrere : pro quo confisus de dono Dei audacior factus sum ad scribendum, quinimmo in silendo et non scribendo timidior … Et enim cum non nulla iam capere, et maiora adhuc sacramenta

nescirem, quasi quedam pugna gerebatur in mente mea, his quidem quod patebant suadentibus ausum, ceteris autem difficultatem minantibus. Cum ergo in supra scripta nocte simile aliquid contigisset, circa medium (ut opinor) noctis silentium et horam qua leo noster de tribu Iuda resurrexisse extimatur a mortuis, subito mihi medianti aliquid, quadam mentis oculis intelligentie claritate percepta de plenitudine libri huius et tota veteris ac novi testamenti concordia revelatio facta est …». *Expos.*, f.39r-v.

(30) フィオレに所蔵される資料においては、ヨアキムの体験の順序は混迷をきわめている。(a)聖霊降臨祭の幻視をカサマーリで得ることによって『十玄琴《プサルテリウム》』の著作にとりかかる。(b)ヴェローリの教皇ルキウス三世訪問。(c)復活祭の幻視を三日後に三人の弟子たちに語る、『註解《エクスポジチオ》』にある会話（Baraut, *AST* xxvi. 215-16）。しかしヨアキム自身『十玄琴』序言で『符合の書』と『註解』に着手したのは『十玄琴』以前のことであったと言っている（【本章 p.30】に引用した一節を参照）。またルカ・ディ・コセンツァも一一八三年カサマーリで最初にヨアキムに会った時、彼は『符合の書』と『註解』を同時に口述しつつ加筆訂正を加えており、そこに滞在した一年半のうちに『十玄琴』にも着手した、と記している（*AS*, p.93）。それにとどまらず、ヨアキムの思惟の発展の内的明証から、復活祭の体験（そして『符合の書』と『註解』の着手）は聖霊降臨祭の体験（と『十玄琴』の著作）に先立つものであったことが指摘できる。

(31) «Ego Joachim circa medium, ut opinor, noctis silentium …». この最初のことばEgo Joachimは『符合の書』にこの引用をヨアキム本人が挿入したもののようにも見えるが、すくなくともわたしが披見し得た写本においてはどこにもそれが見られないので、この印行本のヴェネチアの刊行者によって挿入されたものと結論せざるを得ない。

(32) 〔＊トロンカレッリは「修練士《ノヴィツィオ》」と解している。Cfr. *Gioacchino da Fiore, Il salterio a dieci corde,* Roma, 2004, tr. it. F. Troncarelli.〕

(33) 〔＊詩篇120:5「（わざわいなるかな）わたしは……ケダルの天幕のなかに住んでいる」。〕

(34) «Eram aliquando ego ipse anxius ad verba Dei et querebam per exercitium lectionis ad veritatis notitiam pervenire. Cumque ad eam per legendi studium properare flagrarem, assumens sibi pennas velut Aquile, longius quam erat recedebat a me. Cum autem positus in fervore novissimo, cepi Dei causa diligere psalmodiam multa mihi in scriptura divina, psallenti sub silentio reserrari ceperunt, que antea legendo vestigarene quiveram … Sed cum mihi qui … cogitatione et aviditate illius superne civitatis habitator effectus fruebar secundum interiorem hominem non modica visione pacis, accidere illud quod sibi multi … queruntur ut rursum ecclesie cura rei familiaris cogeret implicari negociis monasterii … compulsus sum iterum cum cordis gemitu … exclamare : Heu mihi quia incolatus meus prolongatus est : habitavi cum habitantibus cedar : multum incola fuit anima mea. … Accidit post annos aliquot, cum essem apud Cenobium Casemaris, … diem adesse solennem in quo dona Sancti Spiritus super sanctos apostolos effusa sunt … statui apud me die illo dicere mihi aliquot psalmos ad honorem Sancti Spiritus … sperans donari mihi aliquid in die ipso … Intera cum ingrederer oratorium et adorarem omnipotentem Deum coram sancto altari, accidit in me velut hesitatio quedam de fide Trinitatis, ac si difficile esset intellectu vel fide etiam omnes personas unum Deum, et unum Deum omnes personas. Quod cum accideret oravi valde, et conterrius vehementer compulsus sum invocare Spiritum Sanctum … ut ipse mihi dignaretur ostendere sacrum mysterium Trinitatis … Hec dicens, cepi psallere ut ad propositum numerum pervenirem. Nec mora occurrit animo modo forma psalterii decachordi, et in ipsa tam lucidum et apertum sacre mysterium Trinitatis, ut protinus compellerer clamare Quis Deus magnus sicut Deus noster?» *Psalt.*, f.227r-v.

(35) 〔＊「三つの位格に属さぬもの〈はなにもない〉ゆえ」、とすべきか。〕

(36) «Et quamvis post opus concordie quod incepimus primo, et expositionem Apocalipsis, que (ignorante me omnimodis exitum rei) nescio qua Dei providentia ex eodem primo opere nascendo, processit Spiritui Sancto, qui et donat quod exhibemus hoc tertium opusculum, dedicare decreverim, quia tamen nihil est in rebus creatis quod sic attribuatur uni persone, ut alienum sit a regno et operatione duarum, non inconvenienter in hoc ipso mysterium Trutilat rinitatis*». *Psalt.*, f.227v. 〔*「三位一体 trinitatis」を「別々に輝く trutilat rinitatis」と「別々に」することで眩暈することば遊びになっている。〕

(37) *De Vita Sancti Benedicti et de officio divino secundum eius doctrinam*, ed. Baraut, *AST* xxiv.

(38) 五/七の象徴主義の詳細な解説は、Reeves, *MARS* ii, 77-9; Reeves, Hirsch-Reich, *Studies*, pp.13-19 参照。

(39) «Est enim perfectissimus duodenarius numerus, propter quinarium et septenarium, quorum alter ad exercitia corporum, aliter ad virtutes pertinet animorum; quia et sensus corporis quinque sunt, et septem dona sancti Spiritus ... inde quod tribus duodecim in quinque et septem divise sunt, similiter et ecclesie totidem ... Novissime septem tribus sedibus suis locate sunt, novissime septem ecclesie que in Asya ab apostolis fundate sunt. Oportet ergo precedere quinarium, ut septenarius oportune sequatur, ut in nomine Trinitatis deifice omne genu flectatur, celestium, terrestrium et infernorum». *Vita S. Benedicti*, pp.53-4

(40) *Liber Introductorius.*

(41) MSS. Pavia, Bibl. Univ., Aldini 370; Paris, Bibl. Nat., Lat. 2142, ff.103r-135r; Brit. Mus., Harley 3049, ff.137r-140v(これは文章の途中からはじまる部分抄録。書き出しは『註解《エクスポジチオ》』印行本のf.12r八行目に相当する。あきらかに前半は散逸したものとみなされる)。増補部分が興味深い。その一部はトンデッリ(*Lib. Fig.* I, pp.121-2, 137-45, 本文抄録つき)およびASCL xii. 3-4で論及されている。彼が論じるようにこれが初期異文《ヴァージョン》であるかどうかは検討に値する。その起句《インチピット》は印行本と同じである:«Quam propensioribus studiis a viris catholicis». 結句《エクスプリチット》は異なっている:«... et consummatis ad integrum muris Jerusalem apparebit in oculis reproborum quasi sponsa circumamicta varietate et ornata monilibus suis et regnabit ex hoc nunc, magis autem ex tunc et usque in secula seculorum. Amen». この著作を『エンキリディオン(叙説) *Enchiridion*』と呼ぶ理由は、これがアナーニの評議会(一二五五)で三度その名で呼ばれていることによる(*ALKG* i, 104-5, 122, 133)。

(42) Huck, *Joachim v. Floris*, pp.287-305, これはMSS. Paris, Bibl. Nat., Lat. 2142, ff.96r-103v およびVatican, Reg. Lat. 132, ff.49r-58v に拠ったもの。他にBrit. Mus., MS. Harley 3969, ff.216r-224r にも収録されていることが発見された(最初の部分欠損)。パリの写本でもヴァチカンの写本でも、これは前註の『エンキリディオン(叙説)』に直接先だって配されており、フックはこれら二つを混同したもの。しかしこの小論考は十分に区別されるものである。Incipit: «Apocalipsis liber ultimus est librorum omnium»; Explicit: «et tunc revelabitur gloria civitatis superne ad quam nos perducat dominus, etc.». トンデッリ(*ASCL* xii, 3-4)参照。またグルントマンは縮約版『註解《エクスポジチオ》』をも区別している。これは『新黙示録 *Apocalipsis Nova*』の表題で以下の写本に載っている。MSS. Dresden, A.121; Vatican, Lat. 4860. 巻末の【付録A】を参照。

(43) *Adversus Judaeos*, ed. A.Frugoni, Roma, 1957.

(44) *De Articulis Fidei*, ed. E. Buonaiuti, Roma, 1936.

(45) *Tractatus super Quatuor Evangelia*, ed. E. Buonaiuti, Roma, 1930.

(46) *Liber Figurarum*, ed. L.Tondelli, M.Reeves, B.Hirsch-Reich, Torino, 1953.

(47) Reeves, B.Hirsh-Reich, *Studies*, pp.75-98.

(48) Huck, *Joachim v. Floris*, p.290:「信仰の討究のため、久しい以前より図像に向かった」«... que ut fidem inquirentibus facerem, iam dudum in figuras converti».

第3章　一二一五年の断罪

ヨアキムは三人の教皇に著作活動を奨励された。彼はコラッツォの大修道院長の務めを離れることを許され、また彼を逃亡者と指弾するシトー会側の試みからも護られ、彼がサン・ジョヴァンニ・イン・フィオレに設けた新しい会派には特権が与えられた。[1] そしてケレスティヌス三世は殊のほかヨアキムと親しかった。おそらくそのせいであろう、ヨアキムの符合の表において[2]ケレスティヌスは一二〇〇年に教会の第四十世代をはじめる教皇として録される、という小さな奇妙な錯誤が起こっている。じつのところこの教皇は一一九八年に没しているのだが。これはおそらくヨアキムか弟子による後の書き込みと思われるものだが、インノケンティウス三世への反撥あるいはケレスティヌスの名を入れようとの気持ちを、二人の教皇に対するヨアキムの態度の相違を表わすものであったかもしれない。しかし彼のいわゆる遺言書からは、ヨアキムの教皇庁に対する態度の変化を読み取ることができる。[3] これは彼の生涯の最後にあたって書かれたものではなく、一二〇〇年つまりインノケンティウス三世が教皇位についたばかりの時期に書かれたものである。おそらく彼の最後の未刊の著作、『四福音書討議』に着手する前に。この書簡にはどこか執拗な感じがある。ヨアキムは彼の著作群を教皇庁の検閲に任せる意志があることを強調している。しかし人生の短かさが彼からその機会を奪った。クレメンス三世の書簡から、すでに一一八八年以来、ヨアキムが著作を完成するように、「できる限り速やかに」[4] 彼自身手ずから教皇に献呈にくるようにと督促されていたことが分かる。しかし彼はいまだ、主要三著作に加筆し、相互参照を加えることに手間どっていた。[5] いまや彼は自著を直接手渡すことができない、という恐慌に陥ったのだった。そこで彼は厳粛きわまりないことばで、「同輩なる修道院長たち、上長たちまた修道士たち」にこの務めを委ねるとともに、教皇にヨアキムの確たる献身と服従を表してくれるよう懇願しているのである。書簡はほとんど痛々しいまでの教皇庁に対する従順の誓いで終わっている。

全身全霊をかけて信じております。死にあたり不遜な教説はあらため、棄てるべきは棄て、不遜は撤回します。冥界へと連れ行かれることなく、その逆へと高められることを心より信じております。……この世の終わるまで決して信仰を裏切ることはありません。私儀、修道院長ヨアキム拝。主の受肉の一二〇〇年。書面通りに告白いたします。(6)

（『符合の書』、序文に先立つ遺言書）

なぜ彼はかくも何度も自らの従順を繰り返すとともに、すべての著作の付託にこだわったのだろうか。はたして彼は時代の風向きの変化に気づいていたのだろうか、彼自らが嵐に巻き込まれる予兆のようなものを見ていたのだろうか。嵐が到来したのは彼の歿後のことだった。一二一五年のラテラノ公会議で、ペトルス・ロンバルドゥスの三位一体論に対するヨアキムの論駁書、『三位の単一性と本質について』(7)での攻撃が異端として断罪された。ヨアキムがペトルス・ロンバルドゥスとサンブチーナで出会い、論議しあったという出所不明の伝承すら伝わっている。(8) これは不可能だが、ヨアキムがロンバルドゥスの考えに強い衝撃を受け、その三位一体論に反撥したことには間違いはない。通常、ヨアキムの著作には論争的なところはない。しかしこの命題論集《センテンツィア》の師《マギステル》に対して彼が投げつけたに違いない激しい論駁が、断罪され現在に伝わらないとはいえ、彼の諸著の章句に強く残響している。そして驚くべきは、じつにその独創性にある。(9) 失われた著作ではおそらく真と偽の説を註するため〈図像〉が用いられていたものと思われる。ドレスデンにある『形象の書』写本に見られるような一連の〈形象〉。

われわれに再構成可能な限りにおいて、ペトルス・ロンバルドゥスに対するヨアキムの攻撃の焦点は、ロンバルドゥスの「生まず、生まれず、発出せぬ至高なるもの」(10)との前提を、どこか三位一体の三つの位格《ペルソナ》とは別のものと観るところにある。ヨアキムはこれをペトルス《ペテロ》の〈不忠《ペルフィディア》〉に準え、ペトルス・ロンバルドゥスが〈四位一体《クアテルニタス》〉を信じる者であると告発する。この点に関するヨアキムの観点と彼の〈形象〉解釈の証拠は到るところに見出される。特にヨアキムの〈形象〉

の研究からは、三位一体の〈不可分なる本性〉に対する彼の熱烈な確信がはっきり見て取れる。これを彼はじつに多様な図像群《イメージ》を用いて説明している。いったいロンバルドゥスをサベリウスやアリウスといった大異端と並べてみせるまでの深い敵意を、なぜヨアキムはこの命題論集の師《マギステル》に対して抱いたのだろうか。ヨアキムの思想形成期が一一六〇年のロンバルドゥスの死につづく時期、いまだ彼の見解の是非をめぐって激しい論争の繰り広げられる渦中にあったことを忘れてはならない。ロンバルドゥスの論理的討論に反対する立場——偉大な神秘家サン・ヴィクトールのリカルドゥスのような——からの激しい衝突、それればかりか一一七九年の第三ラテラノ公会議で、教皇アレクサンデル三世は『命題論集《センテンティアエ》』を異端と断罪しようとまでしている。[11] ペトルス・ロンバルドゥスの忠実な弟子たちは師の擁護に全力を傾け、断罪宣告に到ることを防いだのだった。こうした激動の時期、ヨアキムの攻撃は驚くべきものとも常軌を逸したものとも見えなかったであろう。それどころか、彼の反論の激しさはかえって、すでに観たようなこの大修道院長の思惟を特徴づける三位一体論と歴史の知解の特殊な綜合に由来するものである。彼にとって、歴史から離れ去り、歴史のうちに入り込むことのできない「生まぬ……至高なるもの」というような抽象は、じつに憎むべきものであった。三位一体の本質はその歴史的解釈から離れて考え得るものではない。神という領域、神という球体の一性は〈三‐は‐一〉という語彙をもってより他には表わし得ないものであり、人の領域、人という境位においては歴史のうちなる三〈時代《スタートゥス》〉の綜合として目的地へと向かって発展していくものである。三であることと一であること（三性と統一綜合）は、ヨアキムの観点にあっては同等な重要さにある。だが、ロンバルドゥスの教説においては一性あるいは統一綜合はあらゆる差異化を超越したものとしてある。ヨアキムが、ロンバルドゥスの形而上学的観念を概念区分として誤解した、ということに疑いはない。それを実体と捉え、なにか彼には耐えられない〈第四の〉ものと取り違えたのだった。しかし彼の方法は論理的討議に反対するものであり、すでに見たように、彼は三位一体の神秘は〈肉なる知性〉[12]である哲学的方法によってではなく、深い霊的体験を通してのみ知解されると信じていたのである。

すでに生前からヨアキムの見解は誤解されてきた。仮想の四位一体を攻撃することは、それが三神論に陥った論議から成されている、との印象を与えがちなものである。ヨアキムは、自分では断固として否定したにもかかわらず、彼は「一性を引き裂く」ことを試みるものと告発された、と伝えている。[13] 三〈時代《スタートゥス》〉は後々大修道院長にとっていよいよ重要なものとなっていくが、これについてはしばしば、ヨアキムが三位格《ペルソナ》を強調するギリシャ式の三位一体に関する思惟方式《アプローチ》に深く影響を受けたもの、とみなされてきた。[14] 最近の『形象の書』の研究はこれに反し、ヨアキムが三位格《ペルソナ》の一性というラテン方式《アプローチ》の影響をも等しく受けていること、を明かしている。とはいえ彼は、三位格《ペルソナ》のはたらきから分離した実在を暗示するような方法によって一性をあらわすことは決してない。それゆえ彼は、〈一‐の内なる‐三〉というよりは〈三‐は‐一〉とも言うべき彼の観念をさまざまな象徴や〈形象〉の数々を用いて探る、という刃先を渡るような困難な途を歩むこととなる。

ヨアキムの死後もひきつづき彼に降りかかり、一二一五年の攻撃にまで発展することになる誤解にも、特に驚くべきところはない。もはやロンバルドゥスの見解を断罪しようと考えたアレクサンデル三世の時代ではなく、いまや、自身パリの神学校で修練を積んだインノケンティウス三世が、命題論集の師を権威として認定したのだった。偉大なるカラブリアの人（ヨアキム）の強固な反論は当時よく知られていたものに違いなく、こうして第四ラテラノ公会議でペトルス・ロンバルドゥスを論駁した著作は公式断罪されることとなった。その教令のうちには、ロンバルドゥスに反論するヨアキムの議論が、ほぼ間違いなく、今日失われた『小著《リベッルス》』から直接抄録されている。[15] 公会議でこの論考は断罪され、ヨアキムが論駁したロンバルドゥスの中心命題が裁可されたのだった。しかしその断罪も、ヨアキムその人に異端の汚名を着せぬよう、彼の世評を守るべく慎重な言辞が選ばれた。

> いずれにせよ、ヨアキムの命題あるいは教説に関して先述した部分を擁護し肯定することは、公然と異端を告白するがごとき虚偽である。しかしこれによって、ヨアキム自身が創設したフロレンセ修道会に対してなにごとか制限を加えるものではない。この会派は会則に基づき設けられたものであり、救霊に尽くしており、なによりヨアキムの全著作を教皇庁の認可判断および矯正に委ねるためわれわれの下に送り届けている。そして書簡にて本人は自署のうえ、ローマ教会の信仰を堅持する者にして衷心より主に仕える者であることを告白している。[16]

この醜聞《スキャンダル》から彼の名を守ろうとする意図は、一二二〇年ホノリウス三世がカラブリア中に、ヨアキムは異端ならずして「公教信仰に篤き人なることを証す」[17]、と公宣する必要を感じたことに簡明にあらわれている。

それにもかかわらず、ひきつづく世代の神学者たちにとって、この断罪はヨアキムを自らの神学教義において誤った者という明確な範疇に置くものだった。たとえばこれは、ボナヴェントゥラにもトマス・アクィナスにもはっきりと影響を与えている。この裁決は彼の声望に重石のようにのしかかり、異端目録《カタログ》のうちには彼のための場所すら設けられる。これはまさに今日に到るまで、はたしてヨアキムは三位一体説において誤ったのかどうか、と論議の的でありつづけている。そしてまた下される判断はほとんどいつも冷静にして公正無私なものであるとは言いがたい。フルニエは一九〇九年、彼を三神論として告発している[18]。この見地はオッタヴィアーノ[19]によって引き継がれた。一方、ヨアキムに正統信仰からの逸脱をみることを決して欲しないフォベルティ[20]のような現今の擁護者にも事欠かない。

こうしたヨアキムの正統信仰の肯定はヨアキムの後継者たちの採った擁護策のひとつで、ヨアキムはペトルス・ロンバルドゥスと正確に同じことを教えた、と主張する者すらいた。わたしたちは、この断罪によってヨアキムの弟子たちが渦中に投じられることとなった混乱、それに対するまた別の身の処しかたを、フィオレに残るある幻視《ヴィジョン》の記録や十四世紀のある『黙示録註解《エクスポジチオ》』写本のうちに[21]、あざやかに捉えることができる。これは一二一五年、コセンツァの大司教が彼の筆写生をコラッツォに遣わし、『註解《エクスポジチオ》』を書写させることになった一件に関連して、この筆写生が断罪の報せにいかに惑乱し、いかにして二つの幻視《ヴィジョン》を感得したかをめぐるものである。幻視の一つはヨアキムにかかわるもの(「指に輪を嵌め、手に杖を持った老人」)[22]、もう一つはペトルス・ロンバルドゥスにかかわるもの(「筋骨隆々、毛深く、指には木片を、掌には堅い枝をもった真っ暗闇のように黒いもの」)[23]。そして彼はヨアキムへの信頼をあらたにしたという。この短文はおそらく(オッタヴィアーノが考えるように)同時代のものではないが[24]、それにもかかわらず、ヨアキム後継者の幾人かの内心と師の名声を擁護する気持ちを、きわめてうまくあらわしている[25]。大修道院長への信頼が再確認されるとともに、ロンバルドゥスは邪悪なものとして表現される。この幻視《ヴィジョン》において、彼は、教会の主要な学者たちはロンバルドゥス支持の立場をとるであろう、と預言する。しかしそこにはヨアキム後継者に特徴的な待望の表現が次のようなことばで注記されている。「だが、その著作（つまりヨアキムの著作）にはさらに自らのはたらき（著作）に対する断罪の悲痛を最大の悦びに転じる人のことが明かされているのだということを知りたまえ」[26]と。ここにはすでに、後のいろいろなヨアキム主義集団に看取されることになる、ある構えの兆しが認められる。つまり、彼らはおそらく公的な譴責あるいは試練を一時的に耐え忍ばねばならないだろうが、遂には彼らが守護する真の正統信仰が証されることになる、と[27]。

これとはまた別系統の擁護の示唆も数々ある。擬ヨアキム主義的論考『エレミヤ書註解』[28]には、ヨアキムに対する不正な断罪について言及したものとして十六世紀、フィオレで認められることとなった謎の一節がある[29]。もちろん、ヨアキム主義者たちはこの書がヨアキム自身の手になる〈預言〉であると信じたのだったが、おそらくこれは一二四〇年代初期の著作とみなされるものである。つまりこれは、一二一五年の事件のしばらく後に著されたものではあったが、この間におそらくまさにフィオレでかたちを成していった伝承と身構えを底に秘めている。十六世紀になってもその精神的な意味がフィオレに生きつづけることとなる一節とは次のようなものである[30]。

> 霊性、それは教会の時に先立っては偶像の異端説に置かれたゆえ、すべてを礼讃し虚しき祭司たちを戴き、それを健全なる教えとして信仰したものであった。……そしてそれが滅び、ダニエル書に証されたごとく、知者（預言者）たちの名は地に堕ちた。そして後、祭司長カヤパにじつに真実は入り込み、ある人が断罪され、その知者（預言者）は民のために死ぬことになる。過ちにすべての人が滅びることのないようにと。まさにゼデキヤがエレミヤに抗して立ち、書物を断罪し、知者（預言者）が彫琢した一たる三位を引き裂くように。われわれが満ちることになるのか、ひきつづく試練に秩序（修道会）は消滅することになるのか、神のみの知りたまうところ、われわれの知るところではない[31]。

十六世紀にヨアキム伝を著したグレゴリオ・デ・ラウデは自注を加えつつ引用をつづける。

「ヘロデたるケレスティヌスの後の教皇によって（あるいは、ヘロデとして祭司長が将来の天にしるされ）、その者により（デ・ラウデ注：インノケンティウス三世のことである）、星辰は滅びる（デ・ラウデ注：すなわち、以下に証される通り、この書の著者が一二〇二年生きたまま天に挙げられることとなり、その著書の明晰なる意味と真実は失われることとなる）。霊的知性は悲嘆のうちに消える。そして妬みにより引き渡され、裏切られ、知解は焉む。ここに教会のパリサイ派たちつまりシトー会の大修道院長、上長、宗教者たちが糾合して公会議にて、キリストを羨望した（デ・ラウデ注：つまり大修道院長ヨアキム、シトー会に新たな改革をもたらすとともに、遍く知れわたるその厳修を目指し、フロレンセ会と名づけた）」。彼の教えの真実はまったく第六の天使の記したところにあった。それはもうひとりの天使の手にする書に啓かれてある真実をあらわしたものに他ならない。……そして「呪われた者（破門された者）たちが汝の魂に不平を漏らす」。彼に「神の名において、また自ら預言してはならぬ」と諭す、つまり彼に〈掟〉を勧告し譴責したシトー会士たちの不当な逸脱を。しかしそれにつづけて、「若者は剣にかかり、息子たち娘たちは飢え、その他の者たちもそれを免れぬ」、若者たちとは上長たちのこと、息子たちとは修道士たち、娘たちとは修道院あるいはその服従のことであり……「呪われた者（破門された者）たちを悪に誘い」とはシトー会の主要なる上長たちを、ということ……。[32]

『弁明の書』

このように『エレミヤ書註解』に埋めこまれ、フィオレにあっては十七世紀に到るまで伝承されたところとは、ロンバルドゥス論駁の断罪が不正なる陰謀として企まれたものであった、というものだった。そこでシトー会指導者たちは、「ケレスティヌスを後継した教皇」つまりインノケンティウス三世と共謀する仇敵である。上に引いた一節はそれを公然とあらわしているとはいえ、『エレミヤ書註解』にはそれとは別に、断罪に関連して隠された言辞を認めることもできる。[33]すでに別の機会に論じたところだが、[34]『エレミヤ書註解』にはシトー会に対する二重の態度が認められる。一方でその〈パリサイ派〉的陰謀を告発しつつ、他方ではそれを真の信仰の貯蔵庫にしてそこから第三〈時代《スタートゥス》〉を担う修道会秩序のひとつがあらわれ出でる根と観ている。こうした態度は、どうみてもカラブリアでヨアキムの周辺にいた弟子たちのものである。それにまた、この集団にとってヨアキムの声望を守ることと、教皇とシトー会指導者たちの〈共謀〉に叛旗を掲げることとはほぼ同じことであった。とはいえ、そこではヨアキムのロンバルドゥス論駁という故意の偽作あるいは捏造が行なわれたという告発がなされた訳ではなかった。こうした告発をみるのは、十七世紀にふたたびもち上がった論争においてのことである。そして実に、シトー会が攻撃した文書を自ら作成したのだったという見解は、二十世紀のフォベルティによる擁護論にまで引き継がれた。しかし十三世紀の告発はもっと漠然としたものである。どうやらヨアキムの名声は致命的な一撃を被ったようにすらみえる。そしてここに霊的知性の〈星〉は一旦消え去る。ホノリウス三世とグレゴリウス九世の教皇在位時、修道会を去ろうと画策していた修道士たちがいた、という証拠すらある。(35) とはいえ、師を追想するフィオレの修道会の全般的な忠心を疑うことはできない。それは修道会がその創設者を記念する晩禱の交誦《アンティフォナ》の一風変わった一節にも認められる。「異端の過誤から遠く隔たり」(36)と。

註

(1) 三人の教皇とは、ルキウス三世〔在位一一八一―八五〕、ウルバヌス三世〔同一一八五―八七〕、クレメンス三世〔同一一八七―九一〕。ヨアキムの遺言書および『符合の書』と『註解《エクスポジチオ》』の序として付されたクレメンス三世への書簡を参照。シトー会側がこの逃亡者に対してとった措置については、J. Canivez, *Statuta Capitulorum Generalium Ordinis Cisterciensis*, i. 154を参照。フィオレの新会派はケレスティヌス三世〔同一一九一―九八〕の一一九六年八月二十五日の教書 *Cum in nostra* によって公認された。これについては、Jaffé-Lowenfeld, *Regesta Pontificum Romanorum*, ii. 626 ; *AS*, p.125を参照。それ以降、インノケンティウス三世（一二〇四年一月二十一日）、ホノリウス三世（一二一六年十二月二日および一二二〇年十二月二十七日）によって会派への特典の確認がなされている。

(2) *Lib. Fig.* II, p.18, tav. IV.〔*【図A-13】参照。〕

(3) 一二〇〇年の遺言書（『符合の書』と『註解《エクスポジチオ》』の印行本の巻頭に付された。またCrocco, *Gioacchino*, pp.67-8にも採録されている）の真正性は、そこに言及されている一一八八年六月八日付のクレメンス三世への書簡（これもまたヴェネチア版巻頭に印行された）の真正性とともに疑問に付されている。Cfr. E. Antichkof, *Joachim de Flore et le*

milieu courtois, Roma, 1931, pp.18 ss., 249 ss. ; Buonaiuti, *Gioacchino da Fiore*, pp.173 ss. ボナイウーティは——前者よりもより真剣に——ヨアキムを実際に隠然たる批判者とみなそうとした教皇庁とヨアキムとの間に観られる関係に疑いを呈している。彼の論点は、(1)これらの書簡はヨアキムの著作にみられる性格を遥かに超えて公式な体裁をとっていること。(2)これらの書簡が『符合の書』と『註解』への着手をルキウス三世とウルバヌス三世の時に置いていること。これは『註解』に観られる一一九五年のメッシーナ訪問の記述と折り合わず、この時期まだ『註解』は半分（f.134r）しか著されていなかったことになる。(3)これらの書簡では、問題のペトルス・ロンバルドゥスに反論した『小著 *libellus* 』および激越な『四福音書討議』への言及が省かれており、これがあきらかにこれらの書簡が偽作された目的、つまりヨアキムの正統信仰とともに彼の教皇庁への従順を確証しようとしたものであることを明かしている。こうしたボナイウーティのヨアキムと教皇庁との関係に対する全般的論拠は以下の諸論考で否定され、二書簡の真正性が擁護された。Grundmann, *DDJ* xiv. 225 n.24 ; Foberti, *Gioacchino* I, pp. 44 ss.; Tondelli, *Lib. Fig.* I, pp.124-5 ; Crocco, *Gioacchino*, pp.66-8. ボナイウーティに対する個別の反論を繰り返すことはせず、その概要を注すなら、(1)『註解《エクスポジチオ》』には明らかに、ヨアキムが二人の教皇の指示と認可によってこれを著したと考えていたことの内証が認められる（ff.2r, 224v）。(2)この前後参照は、ヨアキムがこれら主要二著作をひとつずつ仕上げたのではなく、両方一緒に著述していたことを証している。どちらも加筆されており、完成の時期を特定することは困難である。(3)問題の『小著《リベッルス》』を別にして、一二〇〇年以前に著されたと考えられる他の幾つかの小著もまた省かれている。『四福音書討議』はすくなくとも部分的には一二〇〇年以降の著作である。いずれにしても、遺言書に録されたかが「真作」と「擬作」の区別に一致するなどと推論することはできない。『十玄琴《プサルテリウム》』の三位一体説は一二一五年に断罪されたものと同一であり、失われた『小著《リベッルス》』もこれに準じるものであったと考えられる。ヨアキムの遺言書に関する決定的な外的確証は、彼がすべての著作を教皇庁の判断に委ねたと特に言及することで、ヨアキムの声望を擁護した一二一五年の断罪である。これは彼自身、書簡の中でローマ教会の信仰に就く者であることを確と証したところであった（【本章 n.15】参照）。

（4）«quam citius se opportunitas dederit».

（5）主要三著作を通じて彼の思惟の発展を概観することはできるにしても、それらの間に秩序だった構成はほとんどなく、最初の二著にみられる相互参照の数々はヨアキムの改訂、補筆、付加の跡をしるしている。

（6）«Credens ad integrum que ipsa credit : et tam in moribus quam in doctrina suscipiens correctionem, abiiciens quos ipsa abiicit, suscipiens quos suscipit ipsa. Credens firmiter non posse portas inferi prevalere adversus eam : ... non deficere fidem eius usque ad consummationem seculi. Hoc scriptum feci ego Joachim abbas et propria manu roboravi anno domini incarnationis 1200. Et sic me tenere confiteor sicut in eo continetur». In ed. *Lib. Conc.*

（7）*De Unitate et Essentia Trinitatis.*

（8）この伝説総体の検討とその却下に関しては、Crocco, *Gioacchino*, p.22 n.15を参照。

（9）Reeves, Hirsch-Reich, *Studies*, pp.212-23参照。〔＊ロンバルドゥス論駁の形象については【図A-18】も参照。〕

（10）«summa res non generans, nec genita, nec procedens».

（11）F. Pelster, *Eine ungedruckte Einleitung zu einer zweiten Auflage des Eulogium, Historisches Jahrbuch*, liv (1954), p.228.

（12）«carnalis intellectus». E・ジェイコブは「ここに形而上学者と自然《アーティ》学者《スト》の根本的衝突がある」と注してくれた。この一節はヒルシュ＝ライヒの研究に多くを負っている。

(13) *Expos.*, f.38r：「ここにわたしが三位一体の神秘について説くところを、一性を引き裂くものと採るような悪しき誤解をなすことは不可能である」«Non enim deesse possunt qui cogitent mala in cordibus suis, arbitrantes nos unitatem scindere, quia Trinitatem in misteriis predicamus».

(14) ヨアキムの思惟におけるギリシャの影響を強調した主要論考として次のものがある。Renan, *Revue des Deux Mondes,* lxiv (1866), pp.94-112; F. Tocco, *L'eresia nel medio evo,* Firenze, 1884, pp.387ss.; E. Gebhart, *L'Italie mystique,* Paris, 1908, pp.63, 78; P. Fournier, *Études sur Joachim de Flore et ses doctrines,* Paris, 1909, pp.4 ss, 14, 16. しかし、Buonaiuti, *Gioacchino da Fiore,* pp.136ss.はこれに果敢な議論を挑んでいる。また、ヨアキムの典拠に関する重要な研究としてBloomfield, *Traditio* xiii. 271-88がある。Crocco, *Sophia* xxiii. 192-6 ; *Gioacchino,* pp.107-11をも参照。

(15) Mansi, *Sacrorum Conciliorum ... Collectio*, xx. 981-3.

(16) «Si quis igitur sententiam sive doctrinam praefati Joachimi in hac parte defendere vel approbare praesumpserit : tanquam haereticus ab omnibus confutetur. In nullo tamen per hoc Florensi monasterio, cuius ipse Joachim extitit institutor, volumus derogari : quoniam ibi et regularis institutio est et observantia salutaris, maxime cum idem Joachim omnia scripta sua nobis assignari mandaverit, apostolicae sedes iudicio approbanda, seu etiam corrigenda : dictans epistolam cui propria manu subscripsit, in qua firmiter confitetur se illam fidem tenere, quam Romana tenet ecclesia, quae cunctorum fidelium, disponente Domino, mater est et magistra». Mansi, xxii. 986.

(17) «eum VIRUM CATHOLICUM reputamus». *AS,* p.104. また以下をも参照。Crocco, *Gioacchino,* p.62; Foberti, *Gioacchino* II, p.8; MS. Firenze Bibl. Laur., Ashburnham 415, f.25vには、ヨアキムを預言者として引く者たちがこの断罪によっていかに困惑したかの一事例がみられる。

(18) Fournier, op.cit., pp.15-16.

(19) Ottaviano, *Lib. contra Lombardum,* pp.54-63.

(20) Foberti, *Gioacchino* I, pp.81 ss.; *Gioacchino* II, pp.39 ss., 63 ss.

(21) Napoli, Bibl. Naz., MS. Brancacciana I, F.2, f.288r-v, そしてこれはf.331vにも反復されている ; Roma, Bibl. Casanatense, MS.1411, f.191r, このテクストはオッタヴィアーノによって公刊され、論じられている。Ottaviano, *Sophia* iii, 476-82（これはまた*Siculorum Gymnasium, rassegna semestrale della Facoltà di Lettere e Filosofia dell'Università di Catania,* 1949, pp.291-3に再録されている）.

(22) «quidam senex habens in digito annulum et baculum in manu».

(23) «quandam umbram omni nigredine nigriorem, que lacertos habens pilosos et digitos ligneos ac virgam ferream in manu».

(24) Russo, *ASCL* xx. 68-73の指摘を参照。

(25) この点についてはReeves, *Sophia* xix. 355ss.で論じた。

(26) «Set scias quod opus illud adhuc revelabitur tali viro, per quem dolor eorum qui de ipsius operis dampnacione fuere turbati in magnum gaudium convertetur».

(27) 【II-2 p.192】参照。

(28) *Super Hieremiam.*

(29) この一節の全体については、Reeves, *Sophia* xix. 358ss.を参照。

(30) MS. Brancacciana, f.305r. Cfr. *Super Hier.,* f.23r. これはフィオレ・ヴァージョンと僅かな異同が認められるばかりである。

(31) «Spiritualiter, quia idolum doctrine heretice est posita ante templum ecclesie, quam adorant omnes et tenent vani ceterique magistri in sanam doctrinam et fidelem: ... ut eam extinguant et nomen doctoris, cui revelabitur sententia Danielis, evertant : futurum est enim ut Caiphas summus Pontifex veritatem insinuet, ut unus damnetur, idest moriatur doctor pro populo, ut non tota gens pereat in errore. Sic Sedechias contra Hyeremiam insurgit: damnat librum, scindit Trinitatem ab unitate scalpello sententiam scribe Doctoris.

Nescio, autem, Deus scit, utrum in nobis complenda sint, vel in secuturo ordine consummanda».

(32)　«Designat Herodes summum pontificem post Celestinum futurum, quicunque sit ille [De Laude: his est Innocentius III], a quo, quia stella disparuit (De Laude: id est, quia auctore libri anno Domini, ut infra probabitur, 1202 e vivis sublato, claritas, sensus et veritas scripturae suae disparuit), spiritualis intelligentia extinguetur in dolo: et per invidiam tradetur et perimere cogitabit. Quia autem congregaverunt pontifices ecclesiarum pharisei, scilicet abbates, priores, religiosi Cistercienses, concilium forsitan generale, invidentes Christo [De Laude: i.e. Sacerdoti Abbati Joachimi, ex eo quod novam reformationem induxerat in Cisterciensem Ordinem, tunc mira observantia celeberrimum, Florensem nuncupatam], totum ad illum doctorem veritatis referendum est quod sextus describit angelus: immo sub quo in manu alterius angeli liber demonstratur veritatis apertus … Sequitur : 'Ad viros anathot qui querunt animam tuam'. A quibusdam Cisterciensium egredietur iniquitas hec : ut doctor ille 'non prophetet in nomine domini et in eorum manibus'. i.e. operibus et consiliis 'moriatur', scilicet reprobetur. Sed quod inde sequitur 'Iuvenes eorum morientur gladio, filii eorum et filie in fame, et relique non erunt ex eis', iuvenes sunt priores, filii monaci, filie monasteria vel obedientie eorum … 'Inducam enim malum super viros anathot', scilicet super prelatos maiores Cisterciensium …». *Apologetica*, pp.293-4.〔*【I-9 n.83】参照。〕

(33)　【II-2 pp.191-94】参照。また Reeves, *Sophia* xix. 360-1をも参照。

(34)　Ibid., pp.363-7.

(35)　Pressutti, *Regesta Honorii* III, ii. 133（一二二三年五月十二日の教令）; 189（一二二四年一月二日の教令）。ここではカラブリアのシトー会士たちに対し公式の指示文書なしにフロレンセ会士を受けいれることが禁じられている。この禁令はグレゴリウス九世によって一二三四年に更新されている。これについてはPotthast, *Regesta Pontif. Romanorum*, n.9459を参照。

(36)　交誦の全文は次の通り。「浄福なるヨアキム、預言の霊を授けられ、知性に飾られ、異端の過誤から遠く隔たり、未来を現在に呼び出す」«Beatus Joachim, spiritu dotatus prophetico, decoratus intelligentia ; errore procul haeretico, dixit futura ut praesentia» *AS*, p.90. ヨアキムのインノケンティウス三世に対する態度はおそらく以下の三点から知ることができるだろう。(a)符合の図においてインノケンティウス三世ではなく慎重にケレスティヌス三世が繰り返しあらわれる点（【本章p.38】参照）。(b)トンデッリによって公刊された十三世紀の預言のある部分。その書き出しは、「教皇ケレスティヌスの後、尊大なる教皇が領し……」«Post Celestinum regnabit papa superbus …»（【I-5 n.38】参照）。(c)『災厄について *De Oneribus*』の一節。ここでもまた一二〇〇年という重大な時がインノケンティウスよりもケレスティヌスと結びつけて語られていること。「第三（の時代）は一二〇〇年教皇ケレスティヌスのもとにはじまる」«tercius [status] splendebit anno M.CC quasi sub celestino papa». f.43.

第4章　ヨアキム的観念の初期形態

一二六三年、アルルでの会議でヨアキムの教義が断罪された時、その影響を軽減するため、彼の著作について「われわれの手許にある大多数は現在にあっても一切無謬であり、世の隅、暗がりに（デニフレによれば、われわれの周縁に）隠れ住む信者たち、異論の余地なき識者たちにとっても、かつての光輝はそのままに、他の聖なる写本の数々が決して混同されることのないように」[1]と銘記している。ところが、この声明は歴史家たちによって誤読されてきた。これは一二四〇年頃まで、ヨアキムの著作群もその声望も埋もれたままにあり、カラブリアの弟子たちの小集団によってやっと守られるに留まっていたのだ、と受け取られてきた。それゆえ、一二四〇年代初頭こそがヨアキム主義運動の出発点であるのだと。なぜなら、フランシスコ会士サリンベーネ[2]によるなら、この時期、フロレンセ会のある大修道院長がピサの小さき兄弟会の修道院へ身を寄せたが、その折彼はヨアキムの著作を携行し、これがフランシスコ会にヨアキムが知られる先駆けとなった、と伝えられているから。そしてたちまち、最初の擬ヨアキム文書である『エレミヤ書註解』があらわれ、しばらくするとフランシスコ会内にヨアキム主義者の影響が蓄積されはじめる、と。こうした観方は、ヨアキム生前の著しい声望をばかりか、その死後もフィオレの会派は枝分かれして拡張していったという事実を考慮していない。ヨアキムの名声は彼が亡くなる前にすでにアルプスを越えて北へと広まっていた。十三世紀初頭のホノリウス三世とグレゴリウス九世の厚遇は会派の声望を高め、一二五〇年以前にその連携はイングランドにまで及んでいた。もちろんその中心は主として南イタリアに集中していたとはいえ。[3]カラブリアにおいても、ヨアキム主義者の影響に関して、おそらく三つの緊密に連関した集団を考えてみる必要がある。まず、フロレンセ会そのもの、そしてヨアキムを崇めつづける親和的なシトー会派、そして一二二一年以降カラブリアに新たに出現しはじめるフランシスコ会派。また南イタリアを越えてヨアキムの見解に対する興味が広まっていたことを示す証拠がかなり収集できるに違いない。そのうちの幾つかは、この観点から論じた『スペクルム』誌の論考で十分に述べたところである。[4] それを伝えることになったのは、カラブリアを訪問して戻った弟子たちであったことだろう。そしてまた、こうした観念の拡大に最も効力を発揮したのが、〈形象〉であったに違いない。『形象の書』およびその周辺の図像集成《コレクション》の最近の諸研究から、単一形象の模写あるいは少数の形象を集めたものがかなり出回っていたに違いないということが分かる。[5]

　ヨアキムの直弟子たちおよび彼らが広めた伝承主題については、最近のナポリでの発見が啓明的であった。それはまさにサン・ジョヴァンニ・イン・フィオレに由来する重要な文書集成《コレクション》で、十六世紀後期に収集されたものを好古家カミッロ・トゥティーニが十七世紀に一本に纏め、それをブランカッチァーナ図書館に遺贈したのだった。[6] これによって、われわれは十七世紀のヤコブス・グラエクスやグレゴリオ・デ・ラウデ（あるいはラウロ）によるヨアキム伝、またパペブロックによって『聖人伝《アクタ・サンクトールム》』に公にされた文書集成《コレクション》を越えて、それ以前にさかのぼることが可能となる。その精査から、フィオレの弟子たちが守っていたヨアキム伝承ばかりか、ヨアキムの最初期の伝記のすくなくとも断片が見つかっている。[7] ヨアキムの書記にして親しい友であったルカ・ディ・コセンツァは、彼の最初期の弟子としてポンツァのラニエル（ライネリウス）とシトー会大修道院長コラッツォのヨハンネスの名を挙げているが、同時代の『伝記』断片にはあと三人、ペレグリヌス、ボナティウス、ヤコブスの名が録されている。そしてグラエクスの伝記には、また別にシトー会大修道院長、パレルモのアレクサンデル・デ・サンクトゥス・スピリトゥスとアクィタニアのヨハネスの名がある。ルカとラニエル以外は、皆名だけで、なにも分かっていない。[8] しかし彼らの活動と見解について、わたしたちはその跡をみつけることができる。彼らが一二一五年の断罪に抗して築き上げた擁護の基本線についてはすでに観たところである。その後、ヨアキム後継者たちの未来にシトー会が果たすことになる特殊な役割についてもみることになるだろうが、その端緒は明らかにこれら最初の弟子たちにさかのぼるものだった。ヨアキムに擬せられた大著作のどれもヨアキム主義者第二世代になるまで現われない。とはいえ、その幾つかは修道士ラニエルの語るところを引いている。[9] しかし問題の特殊な巫言は明らかに一二五〇年以降のものであり、ひょっとすると彼の預言的なことばが伝承されていたのかもしれない。第一世代の弟子たちが大著作を著さなかったにしても、彼らがヨアキムの〈諸形象〉について短い文書を付した小選集《アンソロジー》のようなものをつくっていた、そればかりか彼らがこれら〈諸形象〉にあえて改変を施した、という証拠もある。(10) またすくなくとも、擬ヨアキム小文書、最初の選集に付された『諸形象につづく書簡』はこの小集団によるものである。(11) そしてついにわたしたちは、ヨアキムの弟子たちが自ら外国にまで運んだ託宣のようなものの余韻を聞き届けることになる。それは一二一七年、マインツ近郊のエールバッハの修道院を訪れたカラブリアの大修道院長ヨハネスについての興味深い記載。修道院長ゲベノンとの対話でヨハネスはアンチキリストの誕生は近いと語り、「われわれの孤立した偉大な名が枢機卿《カルディナーレ》をそれと名指すとともにそのしるしを証してみせた」(12)と付言している。この会話に刺激され、ゲベノンはこの主題に関して聖女ヒルデガルトの預言を検討して、彼女の著作に『ペンタクロンあるいは未来の時の鏡、あるいは第五の時について』(13)と題した序文を寄せたのだが、そこにはヨアキムへの言及が含まれている。(14) どうやらカラブリアの「孤立した偉大な名」とはヨアキムその人のことであるのに間違いはなさそうだ。そして大修道院長ヨハネスとは、ヨアキムの弟子アクィタニアのヨハネスのことかもしれない。

帰還した十字軍、旅のシトー会士、それともヨアキムの弟子たち。伝承を伝えたのが誰であったにせよ、大修道院長ヨアキムの声望が北イタリアに広がり、一二〇〇年を迎えた頃にはアルプスを越えていたことに疑いはない。ヨアキムに言及した最も早いイタリアの年代記は、皇帝ハインリヒ六世と〈教皇庁（神の国）と帝国（地上の国）〉の運命に関する彼の預言のことばが、すでに彼の死後すぐに流布していたことを明かしている。クレモナの司教シカルドゥスは一二〇一年から一二一五年に記された彼の年代記に次のように録している。

一一九七年。この頃霊によりて預言するというアプリアの大修道院長ヨアキムという者があり、皇帝ハインリヒの死とシチリア王国の荒廃およびローマ帝国の衰微を預言した。そこに言われたことは真実であった。なぜならシチリア王国はすでに長く混乱をきわめ、帝国は分裂したのだから。(15)

フランスではオーセールのロベルトゥスが一二一五年より以前に、一一八六年のヨアキムについて記している。これは全文引用するに値する。

> この当時カラブリアから、ヴェローナ滞在を引き延ばしていた教皇ウルバヌスのもとへヨアキムという名の大修道院長が来た。この人ははじめは多くを語らなかったが、神から知性の賜を授かり、いまや聖書のいかなる難解さにも流暢な解釈をほどこすのだった。そこで彼はこれまで隠されてきた黙示録の神秘を、預言の霊によってじつに明快に語った。彼が書き終えた論考に明瞭に読み取れるごとくに。すなわち、旧約聖書にはアダムよりキリストまでこの世の五つの時期《エターティス》に経過したできごとが記されている。そして黙示録はキリストにはじまり現下につづく第六の時期をあらわしている。この第六の時期はまた六つの小時期《エタトゥラ》に分けられ、その各々がこの書に記された区分に符合している、と。そしてまた、いまや第五の小時期の終わりにあたり、第六の小時期が近づいている、と言うのだった。その時にあたり試練は数知れず様々にあらわれることになる。第六の封印が開き、バビロンは鳴動して滅び、書物の第六の区分に記されてあるところが証される。じつにその書物には、この世の終わりについて驚くべき数々の予兆がしるされてあるが、あと二世代つまり六十年のうちに時は満ち、アンチキリストが到来するであろう。このように語られるのを聞いたわれわれは皆、知り得ぬことについて論議抗弁することは差し控え、われわれの時代の不確かな予兆に関する判断は後の者たちに任せることとしたのだった。[16]

オーセールのロベルトゥスの報告はコゲシャルのラルフのものとはまったく独立の報告なのだが、二人は同じ二つの点を強調していることに気づかされる。それ以前には無知であった者に対する突然の神的知解という賜、そして彼の黙示録解釈。ラルフ同様、この著者も、世界の全史たる七つの時期のうちキリストにはじまる第六の時期は、また六つの下位区分である小時期《エタトゥアーレ》に分けられる、というヨアキムの歴史類型《パターン》のひとつを明快に要約してみせる。彼はまた、ヨアキムが第五の〈小時期《エタトゥラ》〉の終わりに立ち、第六の〈小時期〉が近づくにつれ試練はいよいよ激しくなり、ついにアンチキリストと世界の終わりが到来する、それまでに二世代つまり六十年を要するであろうと予期していたことを報じている。ここですでにヨアキムは、多くの人が一二六〇年と解釈した年を預言する者と目されている。そしてまたオーセールのロベルトゥスが、ヨアキムの見解を報じる人々に特徴的な手段として、この異論の余地あることがらに慎重な但書きを加えていることに注目しない訳にはいかない。ここにヨアキムについて三つのことが知られることになる。彼の霊的知性の賜について、彼の歴史類型《パターン》を介した聖書解釈の特殊な方法について、そして危機到来の預言。[17] ロベルトゥスの用いる〈小時期《エタトゥラ》〉ということばは、彼の知見がヨアキムの『黙示録註解《エクスポジチオ》』からもたらされたものではなく、おそらくフックが公刊した初期論考に拠ったのであろうことを示唆している。[18] アンチキリストの後の〈革新《レノヴァチオ》〉への待望はこの論考にあっても明瞭だが、ヨアキムの第三〈時代《スタートゥス》〉に対する待望はいまだ十分に捉えられてはいないようにみえる。オーセールのロベルトゥスは一一九〇年の記載で、ふたたびヨアキムについてそのメッシーナでの会見を報じている。彼がこの知見をどこから仕入れたものかは分からないが、アンチキリストとエルサレムの運命にかかわる論議がたちまち流布する類の火急の話題であったことは確かなようである。

そのすこし後、また別のフランス人聖職者オーヴェルニュのグリエルムス（ギヨーム、一二四九年没）が自著『徳について』[19]で〈知性の賜《ドーヌム・インテレクトゥス》〉について説くためヨアキムを引き合いに出している。

> この賜つまり知性の賜とは、そこにおいて明晰判明となる霊的預言にも相当するものであるが、大修道院長ヨアキムが自身それについて言うところを幾分なりとも信じるならば、彼に授けられたのは霊的預言ならずして霊的知性であったということになる。これこそが彼の著書、黙示録についておよび二つの聖書の符合について著されたところに観られる驚くべき知性の賜である。[20]

ここからは、ヨアキムが〈知性の賜《ドーヌム・インテレクトゥス》〉を授けられた人であるというだけでなく、彼自身、預言の霊が自らに宿ったのではないと言明したことが、彼の声望に付随して伝えられた様子を覗うことができる。そして、彼の主要二著作『註《エクス》解《ポジチオ》』と『符合の書』があたかもよく知られたものとして引かれていることが。

そしてここに、ヨアキムの諸観念の当初の伝播にあたり、〈形象〉が果たした重要さを証す貴重な三つの手稿がある。パリにセヴィリアのイシドルスの著作を収めた十二世紀の書写になる一写本があり、それにはヨアキム後継者による補足が付されている。こちらは十三世紀最初の十年のもの、おそらく北方での書写になるものである。[21] これはまず、直接『形象の書』[22]から採られたヨアキムの符合の図表を丁寧に写した一枚の大判フォリオにはじまる。それに論考『七つの封印について』がつづく。これについては別に論じたが、『形象の書』に緊密に関連した真正小著作である。[23] そして二つの小著作、『諸形象につづく書簡』と『普遍なるキリスト信仰について』が残りの頁を埋めている。後者はおそらく真正著作であるが、[24] 前者はすでに観たように[25]弟子の手になる著作である。著作の目的は『形象の書』の三つの異なった形象の要素を組み合わせて一つにつくりなされた三つの図像の説明にある。[26] このパリ写本の書写生が『書簡』を加えておきながら、なぜそれに関する形象を採らなかったのか、その理由は分からない。ただここに、大修道院長歿後すぐに出回ったヨアキム主義者による最初期の小テクストを目の当たりにしているのだ、ということは厳然たる事実である。

およそ同じ頃、イングランドにも符合の図表が出回っていたようにみえる。その資料は十五世紀の写本ではあるけれども、これはたしかに失われた写本にさかのぼるものである。[27] これの主部はピエトロ・ド・ブロワの著作と書簡を収めているが、巻末近く、筆者生はその著者を離れ、当時信じられていた話題、遠隔の地で教会に叛くため異教徒異端の群れが糾合しつつあるという議論に夢中になっていく。そしてここに、筆者生が未来を望見している日付けが見つかる。「……いずれにせよ、今や復活より一二〇八年を閲し、この二〇八年の間に悪魔は解かれ、サラセン人や異端者のために神秘の不当をはたらきはじめたというのは確かなことである」[28]、と。最後の試練に関する預言者たちの解説の後、彼は予告もなしに大修道院長ヨアキムの見解の説明に移る。ここでも、コゲシャルのラルフやオーセールのロベルトゥス同様、力点は旧約と新約の間の符合、そして七つの試練の二重の継起にある。ヨアキムの〈図表《タブラ》〉とその〈左《シニストラ》〉と〈右 側《デクストラ・パルテス》〉という言及は、筆者生がヨアキムの〈形象〉の一つを眼前にしていたことを証している。そしてまた、そこにあらわれるテクストからは、疑いの余地なくこれが『形象の書』の一対の符合の図表であったことが分かる。[29] ヨアキム主義的なこの論考が書かれたのはおそらく一二一三年のこと。そしてそれはほぼ確かにイングランドでのことだった。この叙述がコゲシャルのラルフのものとよく似ていることから、二つを関連づける試みもなされている。[30] しかしこの書写生はラルフを超えて一歩を踏み出している。ラルフは、一一九九年の第六の封印の開示の時をヨアキムにとって決定的な歴史的瞬間としている。一方、われらが書写生はそれを、一二六〇年とされる第七の封印の時、アンチキリストの頂点に待つ。パリとエルフルトの写本、おそらく一方はフランスで書写され、他方はイングランドに由来するものと思われるが、この二つの事例のうちにわれわれはヨアキムの聖書解釈および符合の類型《パターン》に対する持続的な関心を認めることができる。その関心の焦点は、ホウデンやコゲシャルのラルフ同様、預言的未来、それも特にアンチキリストの到来にあることは明らかである。しかしいまだ誰も、第七の封印をアンチキリストを超えて安息の時代のしるしとして観てはいないし、それが第三〈時代《スタートゥス》〉において三の類型《パターン》を成就するように歴史の内に起こる、とする者もない。

しかしここに、ヨアキム主義者の第一世代を三ではなく二の類型《パターン》として概括しようとする試みから逸脱する、驚くべき例外がある。ヒルシュ＝ライヒは『形象の書』を用いた初期の書写生の第三の事例を見出した。しかしこれはヨアキムの歴史解釈に関するものではなく、かえって彼の三位一体論に魅了されたものであった。[31] 一二〇八年から一二一〇年の間、シトー会士ロシュフォールのヴェルナーは三位一体の説教で聖名IEUEを用いている。[32] 彼はこの神聖四文字《テトラグラマトン》をIE、EU、UEの三つの組み合せとして、正三角形の各頂点に配すとともに、聖名の全体をその中心に置いた。ヒルシュ＝ライヒは、ヴェルナーが典拠としたのは他でもない、ヨアキムからであったと論じるとともに、おそらくそれは『形象の書』の琴（プサルテリウム）の図からであったと特定した。[33] こうしてわれわれは、このフランス人神学者が神性の一体と三性を扱ったヨアキムの形象について、この見解が一二一五年に断罪される数年前に考えをめぐらしていたことをも見出すのである。[34]

註

(1) «qui a majoribus nostris usque ad haec tempora remanserunt intacti, ut pote latitantes apud quosdam religiosos in angulis et antris [o a nostris], doctoribus indiscussi, a quibus si ruminati fuissent, nullatenus inter sacros alios et sanctorum codices mixti remansissent». Mansi, *Sacrorum Conciliorum … Collectio*, xxiii, col.1003 ; cfr. Denifle, *ALKG*, i, 90 n.4.

(2) Salimbene, p.236.

(3) フィオレの修道会の成長およびその連繋と領地がイングランドにまで及んでいたことについては以下を参照。F. Caraffa, *Il monastero florense di S. Maria della Gloria presso Anagni, con una introduzione sui monaci florensi e i loro monasteri*, Roma, 1940 ; Russo, *Gioacchino*, Part II.

(4) Bloomfield, Reeves, *Speculum* xxix. 772-93.

(5) Reeves, Hirsch-Reich, *MARS* iii. 170-99.

(6) この写本については【I-3 n.21】を参照。

(7) これはBaraut, *AST* xxvi. 195-232およびGrundmann, *DA* xvi. 437-546で検討され公刊されている。

(8) ヨアキムの弟子たちについては、Grundmann, *ZKG* xlviii. 160-5 ; 特にポンツァのラニエルについては、*DA* xvi. 440-65を参照。

(9) 【I-5 n.65】参照。

(10) 【本章 pp. 54-55】参照。初期の選集に関する記載は、Paris, Bibl. Nat., MS. 11864の末尾にみられる。この選集の完全版ヴァージョンはMSS. Vat. Lat. 3822およびParis, Bibl. Nat., Lat. 3595に見出された。〈樹〉の形象はVat., Lat. 3822 (ff.4v, 7r, 本来は見開きになっていたもの)に、またParis, Lat.3595 (ff.29v-31r)にみられるが、後者はかなり粗野に改変されたもので、*Lib. Fig.* IIのすばらしい二つの樹、tavv.I, IIとtavv.III, IV〔*【図A,10-13】参照〕を混じたもの。これらの写本についてはReeves, Hirsch-Reich, *MARS* iii. 177-82, 198 (Addendum)を参照。

(11) *Epistola subsequentium figurarum*, これはTondelli, *Lib. Fig*, I, pp.41-3に収められた。MSS. : Roma, Vat., Lat. 3822 (ff.3v-4r) ; Paris, Bibl. Nat., Lat.11864 (ff.151v-152v) ; Lat. 3595 (ff. 28v-29r). トンデッリはその真正性について論じている(pp.37-8)が、Reeves, Hirsch-Reich, *MARS* iii. 180-2はその偽作的特徴を挙げて論じたものである。

(12) «solitarius … magni nominis in partibus nostris Cardinali cuidam id aperuit, signoque manifesto comprobavit». 〔*この一節はGrundmann, *ZKG* xlviii, p.163では «solitarius, inquit, magni nominis in partibus nostris cardinali aperuit signoque manifesto comprobavit ; cardinalis autem mihi tamquam amico precordiali hec eadem intimavit» となっている。素朴に読むなら「われわれの枢機卿たちのうちから一人の偉大な名が明かされ、そのしるしも証された。この枢機卿はわたしの親しい友であったのでそのことを彼に知らせた」というくらいだろうか。著者はこの〈カルディナーレ〉という語を〈カラブリアの人〉と読解しようと努めているのかもしれない。いずれにしてもテクストを難解にするquidam idはどこから付加されたものだろう？〕

(13) *Pentacron seu Speculum Futurorum Temporum sive de Quinque Temporibus.*

(14) J. B. Pitra, *Analecta Sacra*, Paris, 1882, pp.483-8にはゲベノンの『ペンタクロン』の一部が載せられている。B. Hauréau, *Histoire littéraire de la France*, xxx (1888), pp.616-19には写本の幾つかが挙げられている。そこに挙げられるもの以外に、次の写本がある。MSS. Cambridge, Corpus Christi College, 404 ; British Museum, Arundel 337 ; Tours, Bibl. Munic., 520. これらに関しては、Grundmann, *ZKG* xlviii. 164-5 ; Bloomfield, Reeves, *Speculum* xxix. 789-90を参照。

(15) «1197. His temporibus quidam extitit Ioachim Appulus abbas, qui spiritum habuit prophetandi, et prophetavit de morte imperatoris Henrici et

futura desolatione Siculi regni et defectu Romani imperii. Quod manifestissime declaratum est. Nam regnum Sicilie multo tempore est perturbatum et imperium per scisma divisum». *MGHS*, xxxi. 175.

(16) «Per hos dies venit ex Calabria partibus ad Urbanum papam Verone morantem quidam abbas nomine Joachim, de quo ferebant, quia, cum prius non plurimum didicisset, divinitus acceperit intelligentie donum, adeo ut facunde diserteque enodaret difficultates quaslibet scripturarum. Hic itaque dicebat, quedam Apocalypsis mysteria hactenus latuisse, sed modo per eum clarescere in spiritu prophetiae, sicut ex opusculo quod conscripsit legentibus liquet. Dicit enim, quia, sicut scripturae veteris Testamenti quinque etatum seculi ab Adamo usque ad Christum decursarum hystoriam continent, sic liber Apocalypsis etatis sexte a Christo inchoate cursum exponit, ipsamque etatem sextam in sex etatulas dispertitam earumque singulas singulis huius libri periodis satis congrue designatas. Dicit quoque, haec revelata fuisse in fine etatulae quintae, atque in proximo succedere sextam, in qua tribulationes varias multiplicesque pressuras perhibet emersuras, sicut in apertione sigilli sexti et in sexta libri perioda, ubi de ruina Babylonis agitur, patenter ostenditur. Id vero in libello eius pre ceteris notabile ac suspectum habetur, quod mundi diffinit terminum, et infra duas generationes, quae iuxta ipsum annos faciunt 60, arbitratur implendum quicquid de Antichristo legitur eventurum. Dicat quisque quid senserit, nos tutius iudicamus non discutere quam arguere quod nescimus et rei nobis incerte presagium iudicio relinquere posterorum». *MGHS* xxvi. 248-9.

(17) サン・ヴィクトールのゴドフロワはその著『小世界 *Microcosmus*』lib.II, cap.103 (ed. P. Delhaye, Lille, 1951, pp.114-15) でヨアキムの異端を告発して次のように書いている。「この著者が書くように、もしも時の内にキリストと教会の統治は終わり、正統信仰および恩寵の数々が教会から遠ざけられ、信徒たちは天の光に包まれ……それでもまだ確たる王国を待望する、などと聖霊が未来を予見するというのであればそれは異端である」«Siquidem Spiritus Sanctus, huius autor scripture, previdens futuros hereticos qui dicerent Christum ad tempus regnaturum et ecclesiam desituram in tempore et fidem catholicam et cetera dona gratie que sunt in ecclesia in exterminium itura, fideles suos, quos velud luminaria in celo posuit ... firma anchora spei eiusdem regni solidari voluit». この著作は一一八五年ごろ (Delhaye) あるいは一一九〇―九二年 (Lubac, op.cit.【ref. I-1 n.56】, pp. 483-4) のものと考えられている。時の終わりよりも前にキリストの統治が過ぎ去るという見解をヨアキムに帰すことは、三の類型《パターン》が極限にまで推し進められる場合にのみ可能となるだろう。しかし第一世代の弟子たちは二の類型《パターン》をのみ把握していたことは、数々の証言が示唆するところである。そこからして、いまだヨアキムの主要著作が完成していない一一八五―九二年にすでに、こうした具体的な非難が彼に向けられたというのは、ほとんど信じ難いことである。

(18) 【I-2 n.42】参照。Huck, *Joachim v. Floris*, p.290 参照。この初期論考では、第六の時期が六つの小時期 etatuale に区分されている。おそらく、この黙示録についての初期論考はコゲシャルのラルフにも知られていたものと考えられる (【I-1 n.46】参照)。

(19) Gulielimus Alvernus, *Opera Omnia, De Virtutibus*, Venetii, 1591, p.147. ド・ルバックは、オーセールのロベルトゥス同様、グリエルムスも判断を保留している、とみなしている。「この〈驚くべき mirabitur〉ということばはどういう意味にとるべきだろう。〈幾分なりとも信じる云々 crediderunt nonnulli, etc.〉ということばを単なる留保と採るべきであろうか」(op.cit., p.484)。

(20) «Debes etiam scire, quia istud donum, scilicet donum intellectus, tantae claritatis est et acuminis in quibusdam, ut valde assimiletur spiritui Prophetiae, qualem crediderunt nonnulli fuisse in Abbate Joachim et ipsemet de seipso dixisse dicitur, quia non erat ei datus spiritus Prophetiae, sed spiritus

intelligentiae. Si quis autem inspexerit libros eius, quos scripsit super Apocalypsim et super concordiam duorum Testamentorum, mirabitur donum intellectus in eo».

(21) Paris, Bibl. Nat., MS. Lat. 11864, ff.151v-152v. ; cfr. *Lib. Fig.* II, p.34.

(22) *Lib. Fig* II, tavv. IX, X. 〔＊tav. X のみながら【図 A-16】参照。〕

(23) Reeves, Hirsch-Reich, *RTAM* xxi. 226-39.

(24) *Universis Christi fidelibus*, ed. Bignami-Odier, *MAH* liv. 220-3. 彼女はこれを偽書と考えている。Tondelli, *Lib. Fig.* I, p.41 もまた。しかし Grundmann, *NF*, p.25 はこれを真作とみなしており、わたしも後者に就くものである。

(25) 【本章 n.11】参照。

(26) Cfr. Reeves, Hirsch-Reich, *MARS* iii. 180-1.

(27) Erfurt, Stadtbücherei, MS. Amplonian F.71. この写本の詳細については Bloomfield, Reeves, *Speculum* xxix. 777-80 を参照。

(28) «... cumque iam a resurrectione transierunt M.CC. anni et xiii hodie credendum est quod istis ducentis et xiii annis solutus sathanas cepit operari per sarracenos et hereticos misterium iniquitatis». loc.cit., p.777.

(29) *Speculum* xxix. 778. この写本への注意を喚起してくださったのはR・サザンであった。

(30) コゲシャルのラルフはイングランドのシトー会を論じた *Distinctiones Monasticae et Morales*（一二二五年頃）の著者でもある。これにも微かにヨアキムの影響の痕跡が認められる。ただしこの論考の著者については異論の余地がある。この点については *Speculum* xxix. 776 参照。

(31) Bloomfield, Reeves, *Speculum* xxix. 781-3.

(32) Migne, *PL* ccv, col.713.

(33) *Lib. Fig.* II, tav. XIII. 〔＊【図 A-5】参照。〕

(34) 神聖四文字《テトラグラマトン》のこれに類した使用は『アマウリクス主義論駁 *Tractatus contra Amaurianos*』にもみられるところであり（cfr. *Speculum* xxix. 782 n.45）、この論考の著者がヴェルナーであった可能性を示唆している。もしそうだとすると、彼のヨアキムに寄せる関心は、よく似た教説がアマルリクスに追随する者たちによって誤用されていたことを識ったせいであったかもしれない。ヨアキム後継者たちとアマルリクスに追随する者たちの関係という未解決の問題については、*Speculum* xxix. 783 を参照。

第5章　十三世紀中葉のヨアキム主義

ヨアキム以後の第二世代——彼の計算によるなら決定的な世代——に到ると、大修道院長への二重の声望がくっきり際立ってくる。その一方で彼はペトルス・ロンバルドゥスを攻撃したために断罪された者という汚名を着せられた。十三世紀前半のボドレー写本に逸名のラテン詩が見つかる。これはイングランドの正統信仰に発する反応を伝える啓明的な断片である。[1]この詩はおおむね六歩格《ヘクサメトリー》に調えられた一二一五年の断罪宣告の一節で、おそらく一二二〇年代から三〇年代に書かれたものと思われる。この断罪を早々に録した年代記作者のひとりがイングランド人であったことも興味をひかれるところではある。それはウェンドーヴァーのロジャーで、一二三〇年代に一一七九年のこととして、ヨアキムの三位一体観について語っているが、これはじつに珍しい見解で、かなり穿ったところをみせている。[2]彼は、ペトルス・ロンバルドゥスが四位一体に陥ったというヨアキムの告発を失われた『小著《リベッルス》』から要約し、彼の独自の視点をなすにあたり鍵となるヨアキムの命題の一つを引用する。そして一二一五年の公会議で表明された見解を提示する。「ここでヨアキムがいうのは一性そのものではないことが分かる。それはかえって集合的類比的とも言うべきものである。多数の人を一つの民と称し、多数の信徒を一つの教会《エクレシア》と称するがごとくに」[3]と。しかしここで思いがけず、このロンバルドゥスの見解にかかわる問題は、ヨアキムに厳しくあたったインノケンティウス三世以前の幾代かの教皇時代を通して未決の難題として放置されてきたものだという事実が注記される。「教皇アレクサンデル三世の時代から教皇インノケンティウスに到るまでの長い期間、その間にローマ教皇の座には、ルキウス、ウルバヌス、グレゴリウス、クレメンスそしてケレスティヌスが教皇位に就き、それをインノケンティウス三世が後継した。いままで未決のまま論争のつづいたところが、ここに裁定された……大修道院長ヨアキムの小著、ペトルスを論駁して先に告発されたところの論考がここに断罪された……」[4]。ロジャーは、ペトルス・ロンバルドゥスよりもヨアキムが断罪されることになる蓋然性があった訳ではない、という事態に気づいていたようにみえる。この断罪に関する二つ目の知見は、有名なボローニャの法律学者ヨハネス・デ・デオが一二四二年以前に書きとめたもので、明確にヨアキムの立場に配慮したものである[5]。

その一方で、ヨアキムの聖書解釈者としての声望もまた広まるが、ここに幾つかイングランドの注目すべき断片的な知見がある。フランシスコ会士アダム・マーシュが「大修道院長ヨアキムの各種註解からの僅かなる部分」[6]を、リンカーン司教ロバート・グロステストに送り、お返しいただく前にその〈小著《リベッルス》〉を「居室にて(独りで)」読まれよと示唆したことはよく知られている。アダムはそれを「山(アルプス)の向こうからやってきた修道士から」[7]手に入れたと言っている。この記述――「各種註解からの」――は、先に喚起したような選集《アンソロジー》のひとつを思わせるものであるとともに、それは〈小著《リベッルス》〉と呼ばれ得るほどにも小さいものであった。アダムは、「神の霊的な知性を獲得したもの……と信じるに値しよう」[8]とヨアキムに対する讃辞を惜しまず、また来たるべき恐ろしき日について大修道院長が伝えるところについて、ぜひとも論じてみたいと書き送っている。ただそのための判断はグロステストの意見をまつ、と慎重を期して。サリンベーネは彼を偉大なヨアキム後継者ユーグ・ド・ディーニュ(ディーニュのフーゴー)の友として記しているとはいえ、アダム自身がヨアキム後継者であったという証拠はなにもない。当時のタタール人の脅威がこうした危機の預言すべての直接的背景をなしていた、と観る方があたっているに違いない[9]。この書簡には日付けがないものの、グロステストは一二五三年に亡くなっているので、それが一二五五年の〈永遠の福音〉事件以前に書かれたものであることに間違いはない。グロステストの返書が残っていたなら、と惜しまれるところである。

大修道院長ヨアキムに対するロジャー・ベイコンの関心もこれに類した憂慮に発している。彼は『大著作《オープス・マイウス》』で、タタール族はカフカスという関門をすでに越え、アンチキリストを擁してキリスト教世界に襲いかかってくるのではないか、という彼の世代にあって様々に語られてきた問題を論じている。彼はこの噂に加えて、フランス王によって派遣され、関門を越えタタール人たちが蟠居する山を偵察したフランシスコ会士たちの証言を引いている。もしも関門がすでに破られたとするなら、教会は警戒のためにも預言の数々を精査することが緊要である、と彼は論じて次のように結語する。「これはわたしが口にすべきことではなく、教会が聖書および聖なる預言の数々に質ね明かすべきところである、と考えるものである。シビュラの預言、マーリンの、アクィラの、セストニスの[11]、ヨアキムその他数々の預言を、また歴史や哲学の諸著に加えて天文学的考察によって、アンチキリストの時に関する疑いを十分に晴らし最大限に明かすべきところである」[12]。こうして、ヨアキムは来たるべきことどもに関する検討課題として、精読されるべき文書一覧《リスト》にその場を見出すことになる。

そしてまた他の二つの節。これらにはヨアキムの名はないが、ベイコンに対するヨアキム主義的待望のより大きな影響をあらわにしている。教皇に宛てられた『第三著作《オプス・テルツィウム》』（一二六七／八）には次の一節がある[13]。

四十年前、預言に限らぬ数々の幻視《ヴィジョン》がもたらされた。ある教皇はその在位にあたり、義しき聖職者と神の教会とを愚弄と詐称の司法官たちから浄化したまい、騒々しい諍いもなしに最後の審判をくだしたまうであろうと。まさにこの善にして真にして義なる教皇の時、ギリシャ人たちはローマ教会に帰依し服し、タタール族の多くの者たちが改宗し、サラセン人たちは滅びるであろう。そして一頭の羊と一人の牧者が預言のことばをその耳に響かせるだろう、と。このように啓示されたところを見たある人は、なんと偉大なる時代をまのあたりにすることよ、と語るのである。そしてその年のうちに、ある人が神の思召しのまま教皇に挙げられ、そして時は貴殿のものとなったのです。神が貴殿の長寿を守りたまうことを祈念して[14]。

そして『哲学修養要諦《コンペンディウム》』[15]（一二七二）でふたたび彼は、アンチキリストの試練の後、「ある浄福なる教皇が修学および教会のあらゆる腐敗を排し……世界を革新し、人々は充溢へともたらされ、イスラエルの残りの者たちも信仰へと改宗することとなるであろう」[16]という待望を繰り返し語っている。ところで、第三〈時代《スタートゥス》〉の象徴となっていく〈天使的教皇〉の観念を明確にかたちづくったのはヨアキムではなかった。ヨアキムは天使的教皇が第三〈時代《スタートゥス》〉を間近にしてあらわれると言っただけである[17]。十三世紀も終わりに近づくと、この姿がヨアキム主義的待望の核心と化すことについては後述するが、わたしたちの知る限り、それを最初に完全なかたちで述べたのがベイコンであったということになる。彼はその出所をヨアキムに索めてはいない。実際、ベイコンは『要諦《コンペンディウム》』に挙げられた預言的文書一覧からヨアキムの名を慎重に省いた訳だが、この期待が四十年ほど前に預言されたものであったことを録している。後期ヨアキム主義を特徴づける最も著しいしるしは、アンチキリストの試練の後の〈革新《レノヴァチオ》〉、ギリシャ教会のローマ教会への帰順、そしてタタール族とユダヤ人の改宗にある。じつにロジャー・ベイコンはここで、ヨアキム主義的な期待の幾つかを感得しているようにすら見える。(18)とはいえ、これら二著作がベイコンの後期著作であることに留意せねばならない。わたしたちはすでに一二六〇年以降にいる。この時期、三の類型《パターン》はすでによく知られ、フランシスコ会聖霊派は第三〈時代《スタートゥス》〉待望に関する彼らの所見《ヴァージョン》を広めていた。

一二五〇年代を間近にひかえた時代に戻るなら、注意はいよいよ差し迫った災厄の日付けへと集中していく。アンチキリストの到来を言い募るのはなにも新奇なことではなかったが、一二五〇—六〇年の十年間の、それも特に一二六〇年に対する期待と懼れの著しい凝集をヨアキムと離して考えることは難しい。来たるべきことどもに関する算定の不確かさを慎重に強調するとともに一二六〇〈年〉については自身なにも言わなかった大修道院長にとって、これは皮肉な事態であった。とはいえ、彼は一二六〇という〈数〉については指摘している。(19)それればかりか、一二〇〇年以降の二世代こそが決定的であると言明しているのであり、これは不安と興奮を呼ぶとともにしばしば引用されるところとなった。彼は次の世代に向かって警戒を呼びかけている。

> はっきり言おう、その時はまさに近づいている。その日その時は神ご自身が新たとなされる。これを符合によりて観るならば、平和が諸悪にその場を譲るのは主の受肉の一二〇〇年。それにつづく歳月についてはわたしの知るところではない。(20)
>
> （『符合の書』）

そしてまた、彼の諸観念の〈形象〉への翻案は来たるべきことどもの序列《プログラム》を、ヨアキムが意図したところよりもずっと明確に〈画定〉することになる。一世代が三十年単位で測られた図表をつくりあげるのに、はっきりとした終わりの年が現われない方がかえって難しい。ヨアキムの符合の図表の一対[21]では、最後の二世代が空白になっているとは言うものの、一二六〇年という年は明瞭に録されている。この図表がしばらくの間にわたって回覧されたものであったことについてはすでに観た。そこには、この重大な年が図像として視覚化されて明かされていたのである。

待望の高まりについてのまた別のしるしが短い預言詩に認められる。それに初めて出会うのはマシュー・パリスの『付《アディタ》記《メンタ》』、この写本は一二五六年以前のものである[22]。

またこの恐ろしい騒ぎにあたり、しばしばアンチキリストの到来を告げる詩節に詠われた。

聖母のご出産の後、千と二百と
五十年が過ぎ去りたる歳月、まさにその時
アンチキリストは悪魔の胎から生まれよう[23]。

その文脈はヨアキムを引くロジャー・ベイコンと類同である——一二四二年の日付けの下に記されるタタール族の猛威——が、ここでこの詩節はヨアキムに帰されてはおらず、実際、特にヨアキムを暗示するようなところはない。しかしこれはすぐさま擬ヨアキム主義的論考『諸形象につづく書簡』[24]に採られ、後々執拗にヨアキムに帰されつづけることとなる。この詩節の初期形態《ヴァージョン》では、災厄は一二五〇年のこととされており、これが書かれたのがそれ以前であったことを示している。

この短い詩節はまた当然ながら十三世紀中頃イングランドにも流布し、この時期の写本の幾つかに採られている。しかしそこでは災厄の年は一二六〇年に変じている。書冊にこの詩節が書きこまれたのはその年以前のことであった、と仮説してみることができるだろう。ギルバート修道院に伝えられた聖書の巻末見返し白紙にはこの預言が記されているが、それははっきりとヨアキムに帰されている[25]。

ヨアキムの預言

聖母のご出産の後、千と二百と
六十年が満ちたる歳月、まさにその時
アンチキリストは悪魔の胎から生まれよう[26]。

それはふたたび別の聖書の巻末に、これまたヨアキムの名とともに一二六〇年のこととして現われる。そして三冊目はベリー・セイント・エドマンズ修道院の写本[27]。またヨーロッパの他の地域でも、この詩節を載せた十三世紀の写本が、パリ、ローマ、レッジョ、パドヴァ、シュトラスブルクで確認されている[28]。これはまた一二五〇年以前、ブレーメンのアレクサンデルによって引かれ、その余韻はシュターデのアルベルトゥスにまで響いている[29]。そして年記を変じつつ、その後も二世紀にわたり引用はつづく[30]。

また別の短い預言が大英博物館蔵のイングランド写本に見つかっている[31]。その表題は「大著作符合の書のヨアキムの預言」[32]、それは次のようなものである。

受肉の一二五〇年、貴族や領主たちそして数多くのキリスト教徒また権力者たちが異教徒たちを前に滅び、多くが死滅し多くが捕らわれるだろう。同五四年、ギリシャ人たちがコンスタンチノポリスを奪回し、ラテン人たちは追い出され侮辱されるだろう。同五七年、一人はリヨンにもう一人はローマに、二人の教皇が立つだろう。リヨンの方が義にして公正であり、もう一方は不義にして不当、お互いに破門しあうこととなろう。同六〇年、日々教会と聖職者は卑しめられ虐待されることだろう。コンスタンチヌス帝がローマ教会の教皇シルヴェステルに教会の宿りを寄進してより後、嘗めたことのないほどに。同六五年、全ギリシャがローマ教会に服従するだろう。その時、新たにアンチキリストたちの説教が聞こえることだろう[33]。

当然ながら、この一節は『符合の書』に由来するものではない。しかしすでに誰かがそこに、贋作の預言を挿入していた、ということが大事である。その要点は、前のものと同様、アンチキリスト到来の告知。そこには一つ、ギリシャ教会のローマ教会への帰順という、ヨアキムその人の待望が反映されているが、それが霊的幸福の時代への期待と結びつけられている訳ではない。いずれにしても、教会再統一についての言及は――通常その年は一三五〇年に改変されている――大英博物館、オクスフォード、ケンブリッジ、パリ、フィレンツェの写本に広く見られるところである。[34]

三つ目の初期ヨアキム主義者による預言がトンデッリによって検討され、一二六〇―六四年のものとされている。[35] 彼はそれをパドヴァとレッジョ・エミリアの写本に見出した。これは北・中部イタリアに関する言及を数多く含む、ヴェネト圏のものである。その書き出しは、「その日、強暴なる龍があらわれるだろう」。[36] ここにたちまちヨアキムの龍の形象が喚起される。実際にこの預言は『形象の書』からの引用を含んでいるのだが、それは龍の図に添えられたテクストからというよりも、かえって符合の図表からのものである。[37] いずれにしてもそれは龍の象徴《シンボル》の流布を証している。この預言の最後に、先に見たアンチキリストに関する小詩節が僅かにかたちを変えて付されているが、その年はいまだ一二五〇年である。その後、この年を一三六〇年に変えた全文が、パリの写本に見つかる。[38]

それにまた小さな証拠の数々が、ヨアキムの預言に対する北イタリアにおける関心を証している。こうした関心はすでにヨアキムの同時代人、クレモナのシカルドゥスやボローニャのヨハネス・デ・デオによるヨアキムに関する初期の知見に観られるところである。[39] 後者はヨアキムの情報源として、あるマントヴァの年代記作者にも、[40] レッジョの公証人アルベルト・ミリオーリにも用いられている。ミリオーリはすくなくとも龍の図と『形象の書』のテクストを識っており、自著『時代の書』《リーベル・デ・テムポリブス》[41] にそれを再現してみせている。彼が用いた『形象の書』が、現在レッジョに保管される書冊であったと考えるのは自然であるが、彼の龍の図はそれとは随分違っており、かえってヴァチカン写本 MSS. Lat. 4860 や 3822 によく似ている。[42] ミリオーリはまた、メトディウス、シビュラ、ミカエル・スコトゥス、マーリンの名のもとに普及していたヨアキム主義的巫言の幾つかをも引いている。[43] パルマ生まれのフランシスコ会士サリンベーネは、ミリオーリが彼の

『書』を著している時期の幾分かをレッジョに過ごしており、その書の編纂になんらかのかたちで関係したことは明らかである。どちらがどちらの著作を援用したかを正確に突き止めることはできないが、サリンベーネが告白するヨアキム主義者への共感は、ミリオーリをこうした方向へと導いたものであったかもしれない。ヨアキム主義者たちの資料として彼らが手にし得た書冊は、レッジョ、パドヴァ、パヴィアに保存される初期の重要写本の数々であったと思われるが[44]、サリンベーネもミリオーリもレッジョの『形象の書』とは異なった龍の図を載せるテクストを用いていることに注意を払っておかねばならない。同じ地域のもう一人のフランシスコ会士パヴィアのトマスについては以下に引くことになるが、彼もまた龍の図について彼が目にしたところを記している。一二三三年のパルマは、〈アレルヤ運動の年〉であった。これについてサリンベーネは感動的に伝えている[45]。トンデッリはこれをヨアキム主義的運動であったと論じるが[46]、このような自然発生的な感情の激発がヨアキム主義的待望の表現と容易に結びつくとは承服しがたい。より確かなヨアキム主義の噴出が一二六〇年にパルマに生じている。ゲラルド・セガレッリが起こした使徒派《アポストリチ》運動のことである[47]。その後、一二六六年にはピアチェンツァで擬ヨアキム文書『エレミヤ書註解』から預言のことばが引かれているのに出会う[48]。またパルマには一二八二年、預言者アスデンテがあらわれ、ヨアキム、マーリン、メトディウス、シビュラ、イザヤ、ホセア、ダニエル、黙示録、そしてミカエル・スコトゥスの書によって未来を予言した[49]。

　こうして預言を広めることに忙しい者たちに対する鋭い非難は、アウクスブルクのダヴィトの次のようなことばからも知られる。

> ……こうした各種の予言《ヴァティチーナ》はまったくうんざりするほど、アンチキリストの到来、切迫した審判のしるしの数々、信仰の破壊、教会の試練、諸王国の崩壊、その他この世の圧迫等々に溢れており、まさにそこに貴くも敬虔なる人があらわれると信じられている。これはヨアキムその他の予言《ヴァティチーナ》に記され、そこから様々な解釈をとりだしたものであり、真に権威あるものとして数々の宗教者たちがそれに専心してきたところである[50]。

これにもう一人のフランシスコ会士パヴィアのトマスの見解を併せてみることができるだろう。彼はサリンベーネも知りまた讃えた人物であったが、こうした蠱惑的な想念の誘惑に負けてはいない。一二六〇年以前に書かれた文書で、彼は差し迫ったことどもに関する激論について報じ、アンチキリストについてかなり詳しくヨアキムを引用している。彼の冷静で超然とした態度はその結語によくあらわれている。

ヨアキムは聖書のことばの符合関連において、アンチキリストの時を推定している。わたしはそれが神の霊のことばであったかどうかは知らないが、キリストの生誕あるいは受難から四十二世代にあたりアンチキリストを置き、各個の世代を三十年とするなら、キリストの生誕あるいは受難から一二六〇年という年が算定される。その時アンチキリストは到来し、そこに記されたことのすべては満たされる、と。それが真となるか偽となるか、ここにはっきりと引いておく。その不合理と虚偽の数々はいずれ明かされるであろうと付言しておこう。そこに知られることからさらに別のことが知られるとか、これは人の霊によって書かれたものであり神の霊によるものではないとかここに言明するのではなく、またそれを蔑することばを付け加えようとも思わない。(51)

こうして予言の数々の流布とそれらに対する論議をみるうち、われわれは問題の一二六〇年に到達する。中世ヨーロッパを席巻した民衆運動はつねに謎に満ちたものとして残りつづけるだろうし、こうした情念の大きな波の原因や経過を正確に跡づけることもできないだろう。あちこちに預言者があらわれ、「アンチキリストは来た」と叫ぶこととなった十三世紀前半。そこには不安な予兆や期待があったことに疑いはない。(52)カフカスの難関が破られ、異教徒たちがなだれ込んでくるという噂はひきもきらない。この危難を構成する要素が数多くあることに疑いはないが、一二六〇年頃に起こった鞭《フラ》打ち派《ジェランティ》の運動にヨアキム主義が関連していなかったとは考えにくい。また、サリンベーネがヨアキムの第三〈時代《スタートゥス》〉のはじまりを、「その鞭打ちがなされる（それが策定される）のは一二六〇年のことである」(53)と特記していることにも注意すべきであろう。ヨアキムがこの〈数〉に到達したのは事実であり、その暗示を受け、一連の聖書計算から他の者たちもまたこの〈年〉に逢着したのだった。しかしわれわれの知る限り、誰も一二六〇年という年を明示していない。たしかに一二六〇年という年は風聞として存し、これはヨアキム主義的な者たちの年であった。それが風説としてあったことは、符合の図表の流布から、[54]また先に見た素朴な小詩節があちこちで引かれていることからしても明らかである。これらは注意を一点に収斂させ、大きく噴出することとなった。

鞭打ち派の運動は、かなりの同時代人たち、またほぼ同時代の年代記作者たちによって記録されている。[55]それはペルージアに発し、そこからイタリア中に広まり、ついにはアルプスを越えてプロヴァンスやゲルマンその他の地にまで及んだものとみなされている。ほとんどの記録に漏れることなく録された点を挙げるなら、それが自然発生的なものであったこと、そして強調されているのは、教皇も教会組織も正規説教師たちも関心を寄せなかったこと、民衆に起源するものであったこと、ただしすべての階層を含んでいた。悔悛の宗教的行為――行列、鞭打ち、教会での祈禱――に加え、この運動はしばしば社会的な和解調停やら改革やらをも巻き込んでいった。サリンベーネとミリオーリを除いて、誰もこれを特にヨアキム主義と結びつけてはいない。実際、その性格の幾つかはこの関連に反するもののようにも見うけられる。その信心は、三位一体の第三の位格《ペルソナ》によりも、聖母と人性とキリストの受難に集まっており、待望されているのは聖霊の時代ではなく、神の怒りと審判であるようにみえる。同時代の年代記作者たちにとって、一二六〇年の鞭打ち派運動は原因のよくわからない不可解で困ったものだった。とはいえこれが、この年を指し示したヨアキムの算定から誘導されたものであったと考えるのには、結局のところ理がありそうである。特にヨアキム主義における一般的関心が、キリストの第二の降誕に極まる二の類型《パターン》に集中していた、ということを思い出してみるならば。しかしはっきりといずれかのヨアキム主義的預言が用いられたという確証はないし、鞭打ち派が聖霊の第三〈時代《スタートゥス》〉に向かって歩み出したということを暗示するものはなにもない。この逸話《エピソード》の全体が寄せ集めの朧げな機運《ムード》といったものを示しているのではあるが、いろいろと種を蒔かれたヨアキム主義的観念の中でも、なによりヨアキム主義的計算に煽られたものであった。あるいは、差し迫ったことどもの預言として大修道院長が喚起したところにまでそれを求めてもよいかもしれない。[56]

一二六〇年という大いなる年に到るまでのヨアキムの声望の広がりを跡づけるにはまた、その傍流として彼の観念により密接にかかわる弟子たちの一団の活動を認めることができる。この点については次章で詳細に検討することになろうが、ここで一つだけ、彼らのヨアキム主義の中心的様相を観ておくことにしたい。つまり、擬ヨアキム主義文書の作成について。そのうちの幾つかはたちまちかなりの普及をみたものであり、後のヨアキムの声望に大きく寄与することになる。小著『諸形象につづく書簡』を除いて、十三世紀中頃まで擬ヨアキム主義文書は出現しない。そうしたものの中で一つ孤立してあるのが、いわゆる『ロンバルドゥス論駁の書』で、これは一二三四年のグレゴリウス九世の教令発布後に書かれたものに違いないのだが、著作時期や作者を示唆するしるしがなにもない。[57] オッタヴィアーノの論が説得力をもって語るところによれば、これはヨアキムの三位一体論に特徴的な議論と語彙をもって書かれており、彼に近い弟子の著作ということになる。他の擬ヨアキム主義文書群とは違って、これは純然たる神学的論争書であり、一切政治的預言を含んでいないばかりか、第三〈時代《スタートゥス》〉の〈観想教会《エクレシア・コンテンプランティウム》〉に関する示唆もない。著者は学者で、白熱した神学問題に没頭しており、そこには預言をしようという底意はない。この『書』はフィオレの修道会のヨアキム主義神学に、その出処を求めることができそうである。

ヨアキムの名とともに送り出された最も早い預言的著作は『エレミヤ書註解』であった。これは三〈時代《スタートゥス》〉の観念を再論した最初の擬ヨアキム文書として、ヨアキム主義の新たな地平を開くものである。それが書かれた時期を確定するには、一二四八年という年記のもとにこれについて触れているサリンベーネの証言が欠かせない。[58] ブレーメンのアレクサンデルは彼の『黙示録註解』[59]に相当詳しくこれを引いているが、それはヴェネチア版印行本とは異なった古い異文《ヴァージョン》である。これがいつ、どのような経緯でドイツに届いたかには問題が残るが、[60] アレクサンデルの著作は、彼が用いた『エレミヤ書註解』が遅くとも一二四八年には存在したこと、そしておそらく一二四三年にはすでに書かれていたということを証してくれる。一二五〇年にはシュターデのアルベルトゥスがそれを引用するとともに、それに関するアレクサンデルの一節をも引いている。[61] 両者ともアンチキリストの詩節を引用しており、おそらくこれはすでに『エレミヤ書註解』に付加されていたものであろう。

その次にあらわれる擬ヨアキム主義著作は、『エリトレアの巫言』で、一二五二—五四年のものである。[62] これはシビュラの巫言に対するヨアキムの註釈と称されるもので、フリードリヒ二世の死のすぐ後に書かれたもの。また別の『預言《デ・》された災厄《オネリブス》について』と題された著作はホーエンシュタウフェン家寄りではあるが、用いられる語彙はじつによく似ている。おそらく同時期に著されたものであろう。[63]これと同類のものとして『シビュラとマーリン註解』や『三つの時代《スタートゥス》』があるが、どちらも皇帝ハインリヒ六世に宛てられた三つの短い預言である。[64]これらは容赦ない反ホーエンシュタウフェン路線に従ったものであり、どれもラニエルあるいはヨアキムに帰される預言を用いている。[65]およそ十年後、ホーエンシュタウフェン家の最終的な運命を反映して『イザヤ書註解』があらわれるが、これはおそらくカラブリアで著されたものである。[66]そこには僅かながら図像形象が集められており、そのうちにはよく見られる龍の図もある。[67]また十三世紀末に普及した他の著作として、擬ヨアキム主義的註解書『キュリロスの巫言』がある。[68]この巫言そのものは、天使がカルメル会士キュリロス（キリル）に伝え、それをヨアキムに送ったものとされる。通常はフランシスコ会聖霊派による作と考えられ、一二八〇―一二九〇年頃のものとされている。[69]

　これは十四世紀後半に、コセンツァのテレスフォルスと自称する不詳の人物の著作『小著《リベッルス》』によって広く知れ渡ることになる。

　十四世紀初頭はヨアキム主義的著作の第二の噴出期であった。この時期の擬ヨアキム主義的著作のうちでも最も重要なものが、十五の預言を組み合わせた『教皇預言集《ヴァティチーナ》』で――後に制作される別の十五預言のひと組みとともに――以降二世紀にわたり、最も流布するヨアキム文書となる。[70]これと同類型のものに『フロレの書』と『ホロスコープの書』およびこれらの註釈書がある。[71]これらの関心の焦点は、〈帝国《インペリウム》〉の崩壊によりも、教皇庁の未来にある。どれも謎に満ちた文体で、グルントマンはフランシスコ会聖霊派の首魁修道士アンジェロ・クラレーノの周辺で著されたものとみなしている。[72]

　もう一つ、中世後期にヨアキムの著作として執拗に引用されるものがある。ヒルシュ＝ライヒは、この『文字の種子について』がほぼ確かにバンベルクのある修道士によって一二〇四―五年に著されたものであることを明らかにした。[73]これはロジャー・ベイコンによって一二六七年以前に引かれているが、[74]これを最初にヨアキム文書の一つに加えたのは、おそらくヴィルヌーヴのアルノオである。彼はこれをヨアキムに帰すとともに、一二九〇年頃にその註解を書いている。これにはヨアキム主義的な歴史哲学を識別することができないが、『種子について』はそれぞれの世紀をヘブル文字に当てはめることによって歴史類型《パターン》を見出そうとする試みであり、それをヨアキム主義的規範に適合させることは容易だったろう。この手段により、未来は聖地奪回と〈教会革新《レノヴァチオ・エクレシアエ》〉をも含めて告知されることになった。この世の終わりは一四〇〇年と予言され、この著作は十四世紀の読者たちの格別の注目を引くこととなる。

註

（1） Oxford, MS. Bodley 40. これについては *Speculum* xxix. 784-5 に書写翻刻して論じた。

（2） Roger of Wendover, *Flores Historiarum*, RS, i. 121-3. とはいえ彼もまた、詩の作者同様、一二一五年の断罪宣告から失われた『小著 *libellus*』を引いているだけである。

（3） «quod saepe dictus Joachim huiusmodi unitatem non veram et propriam, sed quasi collectivam et similitudinariam esse fateatur, quemadmodum multi homines dicuntur unus populus, et multi fideles una ecclesia».

（4） «Stetit autem haec indeterminata altercatio a diebus Alexandri papae usque in tempora Innocentii papae per annos multos, sedentibus inter eos in cathedra Romana, Lucio, Urbano, Gregorio, Clementio et Celestino pontificibus Romanis, quibus succedens Innocentius tertius ... libellum abbatis Joachim, quem contra Petrum et articulum ediderat praedictum, his verbis damnavit ... ». *Flores*, RS, i. 122.

（5） *Chronica Romana, MGHS* xxxi. 323.

（6） «paucas particulas de variis expositionibus Abbatis Joachimi». *Monumenta Franciscana*, ed. J.S.Brewer, RS, Letter XLIII, pp.146-7.; cfr. P. G. Cantini, *Adam de Marsico, O.F.M. auctor spiritualis, Antonianum* xxiii (1948), pp.468-74.

（7） «per quendam fratrem venientem de partibus transmontanis».

（8） «non immerito creditur divinitus spiritum intellectus ... assecutus».

（9） Salimbene, pp.232-3. サリンベーネはユーグの友として四人の名前を挙げているが、〈最大のヨアキム後継者たち maximi Iohachite〉という表現はユーグとジョヴァンニ・ダ・パルマにだけ充てている。その後サリンベーネは三人の名を挙げるが、その内にはロバート・グロステストとアダム・マーシュも含まれている。

（10） Roger Bacon, *Opus Majus*, ed. J. Bridges, London, 1900, i, pp.268-9.

（11） 〔＊マッギンは、アクィラは二世紀のヘブル語聖書訳者、セストニウス（あるいはセスティオン）はキリスト教史を著した三世紀のセクストゥス・ユリウス・アフリカヌスのことかも知れぬ、と推測している。Cfr. B. McGinn, *Visions of the End,* New York, 1979.〕

(12) «Nolo hic ponere os meum in coelum sed scio quod si ecclesia vellet revolvere textum sacrum et prophetias sacras, atque prophetias Sibyllae, et Merlin et Aquilae, et Sestonis, Joachim et multorum aliorum, insuper historias et libros philosophorum, atque juberet considerari vias astronomiae, inveniretur sufficiens suspicio vel magis certitudo de tempore Antichristi».

(13) Roger Bacon, *Opus Tertium,* ed. J.S. Brewer, RS, *Opera Inedita,* p.86.

(14) «Sed prophetatum est a quadraginta annis, et multorum visiones habitae sunt, quod unus Papa erit his temporibus qui purgabit jus canonicum et ecclesiam Dei a cavillationibus et fraudibus juristarum et fiet justitia universaliter sine strepitu litis, Et propter istius Papae bonitatem, veritatem et iustitiam accidet, quod Graeci revertentur ad obedientiam Romane Ecclesiae et quod pro majori parte convertentur Tartari ad fidem, et Saraceni destruentur ; et fiet unum ovile et unus pastor, sicut in auribus prophetae sonuit istud verbum. Et unus qui vidit haec per revelationem dixit, et dicit quod ipse videbit haec magnifica fieri temporibus suis. Et certe infra annum unum possent fieri si Deo placuerit et summo Pontifici, et infra minus ; unde temporibus vestris possunt fieri. Et Deus conservat vitam vestram ut haec per vos fiant».

(15) *Compendium studii philosophiae,* in R. Bacon, op.cit.（ref.【本章 n.13】）, p.402.

(16) «unus beatissimus papa qui omnes corruptiones tollet de studio et ecclesia … et renovetur mundus et intret plenitudo gentium et reliquiae Israel ad fidem convertantur».

(17) 【IV-1 pp.502-03】参照。

(18) «Et unus qui vidit haec per revelationem dixit, et dicit quod ipse videbit haec magnifica fieri temporibus suis» とベイコンは言う（本文中引用文参照）。この〈ある人〉はおそらくフランシスコ会聖霊派《スピリトゥアーリ》のことであろう。しかしベイコンの観点について、S. C. Easton, *Roger Bacon and his Search for a Universal Science : A Reconsideration of the Life and Work in the Light of his own Stated Purposes,* Oxford, 1952, pp.134-43 はベイコンをヨアキム主義者と観ることに性急にすぎる。

(19) Reeves, Hirsch-Reich, *MARS* iii. 190 n.1.

(20) «Tempus autem quando hec erunt dico manifeste quia prope est : diem autem et horam Dominus ipse novit. Quantum tamen secundum coaptationem concordie extimare queo, si pax conceditur ab his malis usque ad annum millesimum ducentesimum incarnationis dominice : exinde ne subito ista fiant suspecta mihi sunt omnimodis et tempora et momenta». *Lib. Conc.,* f.41v.

(21) *Lib. Fig.* II, tavv.III, IV.〔＊【図 A-12, 13】参照。〕

(22) M. Paris, *Chronica Majora,* RS, vi. 80.

(23) «His quoque temporibus propter terribiles rumores hujusmodi celebriter hi versus Antichristi adventum nuntiantes recitabantur :

Cum fuerint anni transacti mille ducenti
Et quinquaginta post partum Virginis almae,
Tunc Antichristus nascetur daemone plenus.»

(24) *Epistola subsequentium figurarum*（ref.【I-4 n.11】）; Roma, Vat., MS. Lat.3822, f.3r ; cfr. Tondelli, *Lib. Fig.* I, pp.42-4 ; Bignami-Odier, *MAH* liv. 224-26.

(25) Cambridge, St. John's College, MS.239 (Ni), 巻末見返し。

(26) «Prophetia Joachim :

Cum fuerint anni completi mille ducenti
Et decies seni post partum virginis alme,
Tunc Antichristus nascetur demone plenus.»

(27) MSS. Brit. Mus., Harley 1280, f.427r ; Royal 10 B.XII, f.43r. また以下の写本にも見つかる。MSS. Oxford, Oriel College, 76, f.147r ; Lambeth, 477, f.26r; Exeter, Cathedral Library, 3514, f.6. どれも一二六〇年になっている。

(28) MSS. Roma, Vat., Lat, 3820, f.37r ; 3822, f.14v ; Bibl. Vitt. Eman., 14 S. Pant. 31.8, f.57r ; Paris, Bibl. Nat., Lat. 3319, f.38v ; Padova, Bibl. Ant., Scaf.V, No.90. misc. 2a, f.44r ; Reggio Emilia, Bibl. Mun., Tutti D.2, f.131v ; Strasbourg, Universitäts-Landes Bibl., Lat.71, f.158r.

(29) *MGHS* xvi. 341.

(30) MSS. Brit. Mus., Kings 8.D. II, f.70v (1300) ; Cambridge Univ. Libr., Gg.IV.25, f.67v (1560) ; Paris, Bibl. Nat., Lat.14726, ff.77r (1360) ; Roma, Vat., Reg. Lat. 580, f.53v (1375) ; Chig. A.VII.220, f.51v (1375) ; Nuremberg, Städtbibl., Cent.IV.32, f.46r ; Hague, Bibl. Reg., 71. E. 44, p.188 (1360). また以下をも参照。P. Langtoft, *Chronicle,* RS, ii.449, Appendix ; H. Corner, *Chronica Novella,* ed. J. Eccard, *Corpus Historicum Medii Aevi ...* , Leipzig, 1723, coll.742-3 (1360) ; *Super. Hier.,* Venetii, 1525, f.62r (1310). そしてまた、(a) Henry of Harclay, *Quaestio* (第二の降臨について), ed. Pelster, *Die Quaestio Heinrichs über die zweite Ankunft Christi und die Erwartung des baldigen Weltendes zu Anfang des XIV. Jahrhunderts, Arch. ital, per la storia d.pietà,* i (1950), p.74 ; 「これは俗詩にして……百（十の十倍）にはあらず、多くに六の十倍とあるところ……」«Hoc est quod dicunt versus vulgate ... unde non debet esse decies deni, ut multi dicunt, sed decies seni ...» ; (b) John Quidort, *Tractatus de Antichristo,* Venetii, 1516, f.47r. これについてはF. Saxl, *Journal of the Warburg and Courtauld Institutes,* v (1942), p.85を参照。

(31) MSS. Brit. Mus., Royal 8 C. IV, f.66r.

(32) *Prophecie Joachim in maiori libro de concordanciis.*

(33) «Anno Incarnacionis MCCL corruent nobiles et principes et multi Christiani et potentes in conspectu paganorum [et] morientur quasi pro nichillo et multi eorum captivabuntur. Item. LIIII recuperabunt Greci Constantinopolim et turpiter eicientur Latini. Item. LVII erunt duo pape, unus Lugduni et alter Rome. Lugdunensis erit iustus et equus. Alter vero iniustus et iniquus et mutuo sese excommunicabunt. Item LX anno erunt cotidie ecclesia et clerus in tanta vilitate et conculcacione in quanta non fuerunt a tempore Constantini qui donavit ecclesiam residente Silvestro in Romana ecclesia. Item. LXV rediet [redibit] tota Grecia ad obbedienciam Romane ecclesie. Tunc audientur nova de predicatoribus antichristi».

(34) MSS. Brit. Mus., Royal & Kings 8. C. IV, f.66r ; Cotton, Vesp. E. VII, f.70v ; Oxford, Bod. Lib., Digby 218, f.107r ; Digby 176, f.38r ; Ashmole 393, f.80v ; Ashmole 192, p.102 ; Cambridge, Corpus Christi College, 138, f.138r (fragment) ; Corpus Christi College, 404, f.100r ; Univ. Lib., Ii. vi. 25, f.107v ; Firenze, Bibl. Ricc., 688, f.cxiii.v. またヨアキムの『大著符合の書 *grant livre de Concordances*』からの他の預言（仏語）に関連して、Paris, Bibl. Nat., MS. Lat., 16397, f.123rを参照。【I-8 n.82】も参照。

(35) Tondelli, *Studi e Documenti,* iv. 3-9, text pp.5-6.

(36) «In die illa elevabitur Draco repletus furore».

(37) *Lib. Fig.* II, tavv.III, IV, cfr. Tondelli, *Lib. Fig.* I, p.219 n.3, 彼はそこで、このテクストは部分的に龍の図から採られている、と述べている。

(38) Paris, Bibl. Nat., MS. Lat. 14726, ff.76r-77r. またFirenze, Bibl. Laur., MS. Plut. XVIII, sin.vの末尾も参照。そこには「ケレスティヌスの後 post celestinum」にはじまる節のみが認められる（サンタ・クローチェ修道院に由来する十四世紀の写本）。この預言を載せた他の諸写本については、Grundmann, *NF,* p.24 n.1 参照。

(39) 【I-4 n.15 ; 本章 n.5】参照。

(40) *Chronica Pontificum et Imperatorum Mantuana, MGHS* xxiv. 218.

(41) *Liber de Temporibus,* Modena, Bibl. Estense, MS.M.I.7 (lat. II. H.5), f.121r. これは次の論考に再録されている。A. Cerlini, *Fra Salimbene e le cronache attribuite ad Alberto Milioli, Archivio Muratoriano,* i, fasc. 8 (1910), pp.383-409. Tondelli, *Lib. Fig.* I, p.21 は、ミリオーリがこれをサリンベーネから採ったのではないことに注意を喚起している。彼の龍のテクスト末尾はSalimbene, *Cronica,* pp.440-1のものとは異なっている、と。また、

O. Holder-Egger, *MGHS* xxxi. 663 ; xxxii, Pt. II, p. 440 n. 1 をも参照。

(42) Roma, Vat., MSS. 4860, f. 201r ; 3822, f. 5r. これは *Lib. Fig.* II, tav. XXVIb に図版収録されている。

(43) A. Milioli, *Liber de Temporibus, MGHS* xxxi. 560.

(44) 【I-8 nn. 19, 20】参照。

(45) Salimbene, pp. 414 ss.

(46) Tondelli, *Lib. Fig.* I, pp. 192-6.

(47) 【II-7 p. 310】参照。

(48) *Annales Placentini, MGHS* xviii. 516 :「ヨアキムの書に次のような一節がある。〈ここに神の至聖所は衰微しはじめる。あたかも頭が四肢の消耗に腫れものを発するかのように。神の権能はフランク人を退け、教会に反したゲルマン人を呼び戻す。そして神の権能を託された人の偉大（尊大）は、親しい義なる判断を脇へ遠ざけ、敵意をもって踏みにじる。その日はまさに迫り来たり、領主たちに不和が起こり、教会の帝国が滅びるのみならず、フランク人の王国も打ち負かされるだろう。教会全般にとって、ガリアの力も葦の杖ほどの足しにもならず、かえって掌を傷つけるばかり。フランク人たちに続いて将来エジプト人たちも衝突し、教会の母なる王国も熊の歯に嚙み砕かれ、この惨劇に息も吐けずして、神が高みより焉らせたまうまで邪悪はつづくことだろう〉」 «In libro enim Joachim talia inveniuntur : 'Quia necesse est a sanctuario Dei cedes incipiat, a quo velud a capite ad membra languencia vulnus livoris emanat. Potens enim est Deus Franchos repelere et Alamanos contra ecclesiam revocare ; et que magis de humana quam divina potentia confidit, iusto iudicio amicorum destituta subsidiis, sub incursibus hostium conculcetur. Futurum enim est prorsus ex proximo, ut orta discordia inter principes, non tantum ab imperio ecclesia corruat, sed etiam a Francorum regno diffidat. Videat itaque generalis ecclesia, si non fiet ei baculus arundineus potentia Galicanna. Cui siquidem si quis nititur, perforat manum eius. Vicinum namque est, quatinus posterus Francos Egiptios in futura congressione collidet, ut per quos regnum mater ecclesia de ursi dentibus contendit erruere, versa vice nequeat in stragem forcium respirare, donec Dominus ex alto prospiciat, ut perfecte malicie finem ponat'». この引用はヴェネチア版『エレミヤ書註解』には見出せない。おそらく f. 60v (cap. 50 の註解）の異文《ヴァージョン》でもあろうか。

(49) Milioli, op. cit., p. 560.

(50) « … et ideo multifariis vaticiniis iam usque ad fastidium repleti sumus de Antichristi adventu, de signis appropinquantis iudicii, de destructione Religionum, de persecutione Ecclesiae, de regni defectione et variis mundi pressuris et aliis pluribus, quibus etiam viri graves et devoti plusquam oportuit creduli extiterunt, de scriptis Joachim et aliorum vaticinantium varias interpretationes extrahentes, quae etsi vera essent et authentica, tamen Religiosi plurima invenirent, in quibus fructuosius occuparentur.». In Bondatti, *Gioachinismo e Francescanesimo,* p. 52 n. 5.

(51) «Joachim vero quibusdam verborum et concordantiarum connexionibus antichristi tempus determinare praesumit, nescio suo an divino Spiritu motus, XLII generationes a Christi nativitate vel passione usque ad antichristum ponens et pro singulas generationes XXX annos computans, mille ducentos sexaginta annos ponit vel a nativitate Christi vel a passione ; et tunc oportet, ait, venire antichristum et impleri omnia quae de ipso scripta sunt. Utrum autem verum vel falsum dixerit, cito apparebit. Hoc assero quod scripta eius plures stultos et mendaces ostenderunt, vel quia aliter intellexerunt ea quam intelligenda fuerint, vel quia scripta illa humano spiritu non divino sunt edita, cuius sententiae nec assertorem me facio nec contemptorem me assero». *AFH* xvi. 26-7.

(52) 先に論じた小詩節（【本章 nn. 23-26】）に加え、A. Messini, *Misc. Franc.* xxxvii, 40-2 をも参照。

（53） Salimbene, p.466 :「大修道院長ヨアキムの教え、世界を三つの時代に分ける説の……聖霊が宗教者たちの内にはたらく第三の時代がはじまる年……この時代は一二六〇年という鞭打ちの（風雲逆巻く）時にはじまる……」«Et eodem anno debebat inchoari doctrina Joachim abbatis, qui dividit mundum in triplicem statum ... In tertio statu operabitur Spiritus Sanctus in religiosis ... Quem statum inchoatum dicunt in illa verberatione que facta est MCCLX ... ». また Milioli, loc. cit., pp.524-5をも参照。

（54） Tondelli, *Lib. Fig.* I, p.202 および向かいの Fig.5 は、彼の示唆する通り、*Lib. Fig.* II, tav.IV から再現されたものである。〔＊図中 HELIASPPhA の文字の右肩あたりに mcclx の数字が見える。〕

（55） 最重要な資料を列挙する。*Annales S. Iustinae Patavini, MGHS* xix. 179 ; *Annales Foroiulienses,* ibid., p.196 ; *Annales capituli Cracoviensis,* ibid., p.601; *Annales Ianuensis, MGHS* xviii. 241-2 ; Heinrich v. Heimburg, *Annales, MGHS* xvii. 714 ; Hermannus Altahensis, *Annales,* ibid., p.402 ; *Chronicon Rythmicum Austriacum, MGHS* xxv. 363 ; *Continuatio Mellicensis, MGHS* ix. 509 ; *Continuatio Zwetlensis,* iii, ibid., p.656 ; *Continuatio Sancrucensis,* ii, ibid., p.645 ; Pulkova of Radevin, *Chronicon,* ed. G. Dobner, *Monumenta Historica Boemiae,* Prague, 1774, iii. 232.

（56） F. Ermini, *Il 'Dies Irae', Biblioteca dell'Archivum Romanicum',* ii, Geneva, 1928, pp.62 ss. この論では〈怒りの日〉の作者がフランシスコ会士チェラーノのトマスとされ、その詩が一二六〇年と鞭打ち派のヨアキム主義的待望と結びつけられている。とはいえ「ダヴィデとシビュラの証言 Teste David cum Sibylla」という詩行より他ヨアキム主義の具体的な影響を指摘し得てはいない。あるいはこれは一二五〇年以降〈エリトレアの巫言〉として広まったヨアキム主義的巫言詩と関連づけてみることができるかもしれない。【本章 n.62】参照。

（57） Ed. Ottaviano, *Liber contra Lombardum,* p.81. ここに述べた詳細はこの刊本に付されたオッタヴィアーノの序文に拠っている。

（58） Salimbene, p.237. ただしサリンベーネは後からの加筆を行なっているので、この言及そのものが『エレミヤ書註解』が一二四八年には回覧されていたという確証にはならない。

（59） Alexander Minorita, *Expositio in Apocalypsim,* ed. A. Wachtel, *MGHS,* Weimar, 1955. この書については以下の論考を参照。J. P. Gilson, *Friar Alexander and his Historical Interpretation of the Apocalypse, Collectanea Franciscana,* ii, ed. C. Kingsford *et alii,* Manchester, 1922, pp.20-30 ; Grundmann, *ZB* xlv. 289-334 ; A. Wachtel, *Die weltgeschichtliche Apocalypse-Auslegung des Minoriten Alexander v. Bremen, Franziskanische Studien,* xxiv (1937), pp. 201-59, 305-63.

（60） これについては、Bloomfield, Reeves, *Speculum* xxix. 790-1で論じた。

（61） Albert of Stade, *Annales Stadenses, MGHS* xvi. 372 :「ここに大修道院長ヨアキムの預言を編んだものがあるそうで、それによると、フランクは圧伏され、教皇庁は略奪されアレマンノ（ドイツ）の帝国が優位を誇る（『エレミヤ書註解』四六章）、とか言うらしい。これについて修道士アレクサンデルはその『黙示録註解』で、この預言につづけて、しかし教皇庁はそれに懲罰を宣し、和平がもたらされる、と述べている。」«His auditis rumoribus, prophetiam abbatis Joachim quidam reduxerunt ad memoriam, qui dixit : Superabitur Francus, capietur pontifex summus, praevalebit imperans Alemannus. [*Super Hieremiam,* cap.46]. Sed frater Alexander in expos. apok. eandem prophetiam tangens subicit sic : Sed ecclesia orat ut quod dictum est in ultionem transeat in salutem». 彼の言及は Wachtel 版 p.509 に符合している。しかしアレクサンデルはこの一節を「その預言書によると quaedam prophetia」として引いており、ヨアキムからではない。それゆえ、アルベルトゥスは『エレミヤ書註解』を知っていたということになる。この著作には後の加筆が認められるので執筆年代はあくまで仮定である。後半（三四章以降）に一二五二—五四年頃書かれたマーリンの預言やエリトレアの巫言からの引用がある。

Super Hier., ff.58v, 61r, 62r参照。

（62） *Vaticinium Sibillae Erithreae* : inc.'Exquiritis me o illustrissima turba danarum,' cfr. Holder-Egger, *NA*, xv. 150.〔＊この年代特定は一九九三年改訂版において「フリードリヒ二世の死も間近」の「一二四九年あるいはそれ以前」に改められた。【付録AII-4】の脚註参照。〕

（63） *De Oneribus Prophetarum* ; 現存写本については【付録AII-5】を参照。わたしは大英博物館蔵の写本ヴァージョンを検討したが、そこにはHolder-Eggerの公刊したものとは異なる部分も含まれていた。〔＊この「同時期」もまた改訂版で「一二五五—五六年」に改められた。前註参照。〕

（64） *Expositio super Sibillis et Merlino* ; *De tribus statibus* ; 現存写本については【付録AII-6】を参照。Russo, *Bibliografia*, p.53は前者と*Vaticinium Sibillae Erithreae*とを混同している。三つの小品は以下の通り。(a)黙示録の一節の註解 : inc.'Quia semper in stipendariis propriis' (b)シチリア王国に関する預言 : inc.'Cum ad me ruine miseriam' (c)エジプトの災厄に関する預言的解釈、修道士ラニエルに帰属されている : inc.'Decem plagas quibus affligetur egyptus'. これらについては、【付録B-14, 15, 16】を参照。

（65） 擬ラニエル文書は擬ヨアキム文書同様、意図的な論議によって構成されているが、この一群の戯作には興味深い外観がある。『災厄について *De Oneribus*』においてラニエルの預言として採られているものはどれも第三のフリードリヒ待望にかかわるものである（B. M., f.39v [NA, 173], B. M., f.39v [NA,省略], B. M., f.40r [NA, 省略], B. M., f.40v [NA, 182]）。そこには明らかに、ラニエルの名のもとに書かれたシビュラとマーリンの預言の解釈が認められる。これは擬ヨアキム主義文書『シビュラとマーリン註解 *Expositio super Sibillis et Merlino*』が何度もラニエルの註解を参照しているのによく似た形式だが、多くの場合異なった逆の意味が与えられている。シチリア王国の運命にかかわる巫言はラニエルのものとよく似た預言への言及にはじまっているが、エジプトの十の災厄に関する短い巫言は彼の名のもとに書かれている。そしてまた、後の『イザヤ書註解 *Super Esaiam*』も彼に帰されている。

（66） 現存写本については【付録AII-8】参照。W. Friedrich, *Kritische Untersuchung der dem Abt Joachim v. Floris zugeschriebenen Kommentare zu Jesajas u. Jeremias, Zeitschrift f. wissenschaftliche Theologie*, Jena, 1859, p.495によると、これはマンフレドゥスとシャルル・ダンジューの決戦直前のものとされる。著作の見地については、Reeves, *Sophia*, xix. 363 ss.; Reeves, Hirsch-Reich, *MARS* iii. 194 ss.を参照。

（67） ヴェネチア版刊行者によれば、これは『前置き *Praemissiones*』（【付録AII-9】参照）と称されていたもののようである。Reeves, Hirsch-Reich, *MARS* iii, 172, 183 ss.を参照。

（68） *Oraculum Cyrilli*. 現存写本については【付録AII-10】および【文献一覧14】を参照。

（69） Bignami-Odier, *Roquetaillade*, pp.54 ss. はこの著作について論じているが、F. Ehrleがこれの著作時期を一二八〇年に、B. Zimmermanが一二八七年頃としたことには触れていない。最も古い写本《ヴァージョン》はRoma, Vat., MS. Borghese 205のヴィルヌーヴのアルノオの著作を集め、一三〇二年に制作されたものである。

（70） *Vaticinia de Summis Pontificibus* ; Russo, *Bibliografia*, pp.41-8には夥しい写本の数々、また印行本各版が挙げられているが、それでも完全ではない。【IV-5 pp.570-82】参照。

（71） *Liber de Flore* ; *Liber Horoscopus*.

（72） 【II-5 p.244】参照。

（73） *De Semine Scripturarum* ; B. Hirsch-Reich, *Alexander v. Roes Stellung zu den Prophetien, Mitteilungen des Instituts f. Österreichische Geschichtsforschung*, lxvii (1959), p.306.

（74） R. Bacon, *Opus Majus*, ed J. Bridges（ref.【本章n.10】）, p.269 ; *Opus Tertium*, ed. J. Brewer（ref.【本章n.13】）, p.95.

第6章　永遠の福音という醜聞《スキャンダル》

十三世紀中期の二つの事件は、あらゆる方面にわたりヨアキムの声望の未来を決定づけるものとなった。その一つは一二五四—五五年、パリに吹き荒れた〈永遠の福音〉というとんでもない醜聞《スキャンダル》。もう一つは世界の崩壊をみることもなく過ぎ去った一二六〇年。後者は単に、予言の過ちを証すだけのことだった。後にあるイングランドの年代記作者が、「彼は計算を誤ったのだった」とそれを要約してみせたように。[1] サリンベーネも同じ様な調子で、「あなたもまたヨアキムの後継者だったのではないか」と問われて、その幻滅を語っている。「それに答えてわたしは言ったものだ。あなたの言うとおりだ。しかしフリードリヒが死に……一二六〇年が過ぎ去ると、そのような教えは完全に放棄し、この目で見ることより他はなにも信じないことにしたのだ」[2]と。こうしたことばにもかかわらず、彼はひきつづき折にふれヨアキム主義への関心を漏らしており、予言に対する確信は年の間違いくらいの僅かな打撃に破れるものではなかった。[3] 予言された年を変更することによってヨアキム後継者たちがたちまち活力を取り戻す事例は、すでにいろいろと見てきたところである。[4] われわれはそれを、擬ヨアキム主義文書にあらわれる新たな算定法において、いよいよはっきりと見ることになる。つまり、出発点をキリスト生誕の年でなく、受難の年に置くことによって、ヨアキムの一二六〇年は一二九〇年と化すのである。[5]

〈永遠の福音〉事件はより深刻なものであった。ここでヨアキムの三の類型《パターン》の含意がはじめて、それも最も過激なかたちで炸裂する。第三〈時代《スタートゥス》〉の到来は間近に迫っているという激烈な信念から、かえって感傷的に戦闘的な大学人たちの渦中へと斬り込み、憐れにも平衡を失ったフランシスコ会士ゲラルド・ボルゴ・サン・ドンニーノについては後述することになる。ここではまず、ヨアキムの〈聖霊の時代〉がパリではじめて公宣された、ということの重大さに留意せねばならない。そしてそれはじつに劇的に、この説をかえってヨアキム自身が苦労して拒絶したようなものへと、たちまち危険な論理的帰結にまでもたらすことになった。ゲラルドが伝えようとしたことの中核は、第三〈時代《スタートゥス》〉の到来とともに、旧約と新約聖書は完全に廃棄され、すべての権威はヨアキムの著作群に含まれる聖霊の〈永遠の福音〉へと完璧に移行する、というものであった。こうして、第三〈時代《スタートゥス》〉を待望するうちにも二つの契約を捧持しつづけたヨアキム、二つの聖書はこの世の終わりまで保たれるとしたヨアキムが、第三にして最後の契約のうちに先在する制度と権威のすべてを転覆するような体系《システム》の預言者と化したのである。大修道院長の二つの聖書の符合にアンチキリストに関する真実を探ろうとしていた人々は、どうやらこうしたヨアキム主義の危険な可能性に感づいてはいなかった。それがいまや――三の類型《パターン》の宣言とともに――剥き出しで投げ出されたのだった。

パリ大学内の一事件(6)は当然ながら、在俗教授《マギステル》たちの托鉢修道士たちへの反感に煽られ、おそるべく誇張されて噴出した。托鉢修道士たちに対する教皇の後ろ盾が引金となって、教会政治における対抗勢力からの猛反撃を呼ぶことになるのだが、それはここでとりあげようとするところではない。ゲラルドが編纂して回覧された文書は失われたと考えられていたが、最近、ドレスデンの重要な写本にそれの大部分が保存されていると報じられた(7)。それはヨアキムの主要三著作にゲラルドの『序説《リーベル・イントロドゥクトリウス》』を付したもののことであった。もちろん、ゲラルドがその三著作を永遠の福音の第一、第二、第三の書と名指したことなど決してなかった、とデニフレは論じているのではあるが。これは教皇によってゲラルドとヨアキムの著作を審問するためにアナーニに召集された評議会の報告書から引き出されたものだった(8)。デニフレはまた、托鉢修道会攻撃にまわった在俗教授団の首魁ギヨーム・ド・サンタムールの説教や他の著作から、実際のところ一二五四年のパリではゲラルドの『序説』を付された『符合の書』が広まったに過ぎない、と推理している。しかし、ドレスデンの写本がゲラルドの著作を合体したものであるとすると、彼は主要三著作（その全体であろうが抄録であろうが）を一緒に合わせ、自らの評註を付して、自らの企図を成就したことになる。

ヨアキム著作の写本群がフィオレからアナーニの評議会へと届けられ、それらおよびゲラルドの『序説』から断罪報告書に載せられることとなる長尺の抄録がつくられた(9)。特にゲラルドに帰される言辞を別にすると、これらはみなヨアキムの真正著作からの丹念で整然たる抄録である。その結果は、一二五五年十月二十三日の教皇アレクサンデル四世によるゲラルドの『序説』断罪となってあらわれた[10]。ここでヨアキム自身の著作群が咎められることはなかったとはいえ、そこから導かれたゲラルドの結論の背景を成すものとして眺められることになってしまうと、その断罪は避けがたかった。一二六三年のアルル会議で、ヨアキム主義者たちが説いた三〈時代《スタートゥス》〉という「有害なる教説」のすべてが、その基礎たるヨアキムの諸著作とともに断罪された[11]。これは、もちろん管区会議での断罪に過ぎなかったが、ヨアキムの教義に対する攻撃としては、一二一五年の条件つきでの断罪よりもずっと深刻なものだった。一二一五年に断罪されたヨアキムの三位一体論は彼の歴史哲学の基礎であったが、それだけを採りあげるなら、特殊用語上の異端とでも呼び得るものに過ぎなかった。しかしヨアキムの歴史哲学はここに実現され、危険な伝染力をともなう破壊的な思考と行動を煽るものと化すのだった。警戒すべき行動に基礎を与えるのは、つねに易らず〈信条〉である。

　世評はこの事件に大きく動いた。パリ大学在俗教授《マギステル》たちは断罪された書物から独自の誤謬一覧をつくって回覧した。そうしたものの最初期の写しとして知られるのが、マシュー・パリスの『付記《アディタメンタ》』[12]であるが、どこから彼がこの記録を採ったのかは分かっていない。ギョーム・ド・サンタムールは説教や著作でこうした有害な托鉢修道士たちを激しく論難した――それは彼が攻撃したヨアキム主義者たちと同様に、危機感を煽るものだった[13]。実際、彼はヨアキムを、と言うべきか擬ヨアキム文書『エレミヤ書註解』から、自論のために特に焦燥を煽るような句節を選んで引いている。「われわれはこの世の最後の時に居る……われわれはまさにこの世の終わりに直面しているのである。新たな時の危難、アンチキリストの到来に先立つ災厄は切迫している……このようにヨアキムのエレミヤ書註解に記されている。一二〇〇年以降のあらゆる時に危難が認められ……」[14]。ギョームは、托鉢修道士たちに差し迫ったことどもの予兆のひとつをなす贋預言者の姿をみていた。彼の説教や論考『現下の危難について《デ・ペリクリス・ノヴィッシミ・テンポリス》』で、彼は托鉢修道士たちおよび彼らの著作を告発している。それも特に、その一部を実見したという「永遠の福音と称する小冊」に含まれる有害な教説に関して[15]。

　こうした憤激のうちにあって、ヨアキムの占める奇妙な立場が際立っている。ギョームは、断罪すべき書がヨアキムに由来するものであることを知っており[16]、彼の激しい憤りのうちには、大修道院長の書物断罪に対する教皇庁の逡巡が生ぬるいものであるとの告発も含まれているようにみえる。[17] それにもかかわらず、彼はヨアキムその人を直接攻撃することはなく、すでに見たように彼自身のヨアキム引用はじつに周到ですらある。托鉢修道会に敵対する者たちの標的は、できる限りこの醜聞をフランシスコ会に向けることにあり、実際、彼らはこの冒瀆的な書をフランシスコ会総長ジョヴァンニ・ダ・パルマの手になったものだと論うことで、この総長に辞任を迫ることとなる。[18] 教皇庁に対するギョームの詮索は意味深長である。彼は、教皇が托鉢修道士たちを庇護することに腐心していたことばかりか、ローマには数多くのヨアキム支持者がいたことをも示唆しているのだから。これは一二五五年の断罪が、ゲラルドの『序説《リーベル・イントロドゥクトリウス》』にだけ向けられたという配慮、ヨアキムの教説を呵責なく断罪したのが地方会議にとどまったという事実を説明づけるものかもしれない。インノケンティウス三世を例外として、教皇たちがヨアキムに対して示した厚意、そしてまたその会派に与えられた一貫した厚遇は驚くべきものであるとともに、そこには説明に窮するものがある。

　このパリの騒動は、〈永遠の福音〉に触れた二つの詩編にも反映されている。ジャン・ド・マンは『薔薇物語』にこう書いた。

悪魔の書
永遠の福音、
聖霊が支配すると、
その表題に謂う……[19]

一二五九年から一二六三年の間にリュトブフは、アンチキリスト到来のしるしとして何度かこの事件に触れている。[20]

イエス・キリストの福音は
そのことばを

義しく書きとめたものならず。
虚しき思いを書き連ね
儚い偽りを書きとどめたばかり、
幻滅である。
人々が欲し
受け取らんと望みし小冊が
ここにあらわれた。
(『偽善者について』)

そしてここに新たにあらわれる
新たな信仰の泉が
新たな神と新たな福音が……
(『コンスタンチノープルの嘆き』)

……わたしの認めぬ(わたしに不一致をもたらす)書
(『パリの様子』)

過激な一派はこころ引き裂き、
われわれはその時以降わからなくなった。
われわれの則がたしかに秤るを得るものか、
教会の聖職者たちが
皆こうした具合に嘘をつくのかどうか。
(『則について』)

どちらの詩人もヨアキムの名を挙げている訳ではないが、前者は某イェハンについて触れている。同時代のサン・ドニ

の『年代記』では、問題の書ははっきりとイェハン・デ・パルム(ジョヴァンニ・ダ・パルマ)に帰されている。(21)

この教皇アレクサンデルはこれらの偽りの書を譴責し断罪した……他の諸著に謂われるところによると、そこに含まれるさまざまな過ちにもまして、イエス・キリストの福音と新約聖書の教えは人が完徳に到るまでつづかねばならず、一二六〇年には廃絶され、一二六〇年にはイェハン(ヨハネ)の教えがはじまらねばならない、とやら言うものがある。この書を著者は永遠の福音と称し、救い保たれるところのすべての完徳をこの書に帰している。またこの書には、新約の秘蹟の数々は廃され、一二六〇年には無効とされる、とも言う。……この書の著者は……過激な一派のイェハン・デ・パルムという名のもので、この書は公衆の面前で焚書とされた。

ここに観るようにヨアキムとのかかわりは、托鉢修道会士たちに対する敵意の前に、ほとんど姿を消している。とはいえこの邪な書物の要約からは、ヨアキムの三の類型《パターン》のもつ転覆的な可能性が十全に把握されていたことが明らかに看取される。

ただ、アナーニの評議会およびアルル会議での公式断罪は、この教説がどこから抽き出されたか、その典拠についていささか疑問の余地を残すものであるが、いずれにしてもこの時以降、ヨアキムの盛名の一側面が確定されることとなった。彼はいまや、ペトルス・ロンバルドゥス論駁という断罪された論考の著者であるばかりか、〈永遠の福音〉という教説の生みの親であった。後代の中世年代記作者たちにあって、これら二つのヨアキム断罪はじつにしばしば録されることになる――時には一方、また時に他方が、稀に両方一緒に。(22) 前者の場合、表現は通常冷静な事実報告となっており、おおむね彼の諸著作は彼自身によって教皇庁の検討に委ねられたこと、彼の聖性が汚された訳ではなかったこと、が付言されている。それはヨハネス・デ・デオのものから写されたマントヴァの年代記に、以下のようにみられる通りである。

その頃カラブリアに預言する霊をもつ大修道院長ヨアキムがあり、エレミヤ書や黙示録に関し、また尊い預言についていろいろの書を著した。そして三位一体に関する書を著すと、ローマ（教皇庁）の検討に委ねた。こうして宜しからざると思われたところも断罪されることはなかったのだが、この書はインノケンティウス三世により公会議にて断罪されることとなった。[23]

第二の断罪はより情念を掻きたてるものであったとみえ、〈有害な《ベスティフェル》〉、〈忌まわしき《デテスタービリス》〉、〈邪な《ディアボリクス》〉等々、恐ろしい形容詞がもち出されている。それでも留意しておくべきは、通常年代記作者たちが、そのどこが異端的であるかについて公正な観念をもっていることである。それは次の『レモヴィチェス大年代記』にも覗いみることができる。

一二五四年。……パリに『永遠の福音』という書物があらわれる。このような邪ごとを書いた者はきっと譫妄性気鬱に違いないと皆が囁きあった。……それによれば、間近に迫った一二六〇年を境に新約聖書は失効し、永遠の福音の教えつまり未来を後継する別の福音を聖霊の福音と称し、その福音が守られる時にあたっては神の御子の時のものはなにも保たれぬと。その他にも深刻な過ちあるいは悪しきことがらが数々語られてあった。それゆえまさに断罪はこの忌まわしき書物にふさわしきことであり……焚書とされた。[24]

最も興味深い反応は我慢ということをしらないサリンベーネのもの。彼は、ゲラルドがヨアキムの教説をめちゃくちゃにしたのだ、と言って憚らない。「また別の数々の過ちを載せた書、大修道院長ヨアキムの教説として大修道院長が決して書かなかったこと、つまりキリストの福音と新約聖書の教えは一二六〇年にその継続を終え、無に帰すと……」。[25]

ヨアキムの断罪は学者たちに是認され、異端審問官たちは異端便覧《ハンドブック》に公式に編入した。ボナヴェントゥラが〈永遠の福音〉を公然と批判することはなかったというのは注目すべき点だが、ペトルス・ロンバルドゥスの『命題論集』の註解においてヨアキムの三位一体論に対する彼の明確な見解を表明している。[26] 彼はまず、ロンバルドゥスの教義に対するヨアキムの異論の数々を述べ、そこで慎重にそれらを論破すべく反論していく。

わたしはこう結論する。ヨアキムは正しく論じておらず、理拠を逸しており、そこではものごとが一貫して解されておらず、自然的事物として捉えられるべきものごとの第一の様相を、その神的本性として捉える第二の様相において語っている。更にまた不十分さにおいて逸れており、意味を成していない。彼が複数性を指摘するところは、なんらかの他の属性を言っているのであって、他の本体について言っているのではない。ペトルスは個である。人は個ではない。それゆえペトルスと人とは二である。ある属性をもつことともたぬこととは識別にあたり十分ではない。

ここからしてそれが正しくないと言われるのは、事物において本質は事物の基体（代示）であるとともに意味されるもの（直示的意味）であり、位格《ペルソナ》の個別を支える（代示する）ものではない。ところが、神は意味されるもの（直示的意味）であるが、基体（代示）としては複数性としてあるからである。これはヨアキムのマギステル論難において省みられておらぬところであり、ここで尊敬すべきマギステルは単純な存在について言っているのではない。それゆえ、かの論考がラテラノ公会議で断罪され、マギステルの見解が承認されたのは義しき神の判断であった。(27)

ヨアキム主義に対するボナヴェントゥラの態度は、後述することになるように、(28)曖昧さを残している。彼が自らの修道会から〈永遠の福音〉の醜聞の汚名を完璧に雪ごうとしていることに疑いはない。しかし彼の著作の幾つかの句節には、彼が公然と批判せぬに越したことはないと考えた教説に対する秘された攻撃が垣間見えるようにも思われる。(29)彼のロンバルドゥス註解も、ヨアキムの見解に対する否定を表明する妥協的な機会とはならず、先に見たように、かえってそれがヨアキムの教義に対する正しい判断となってはいない、と反論する機会を捉えている。また、それとは別に、ボナヴェントゥラ自身がヨアキム主義的観念の幾つかの影響を受けていると考えていたこと、しかし彼自らの修道会に深く浸透したそうした霊的待望にとどまりつづけることはできないと考えていたことにも疑いはない。

トマス・アクィナスもまたヨアキムの三位一体論の批判者であった。彼は、三位一体論における〈本質の一性《ウナ・エッセンチア》〉というペトルス・ロンバルドゥスの観念に対するヨアキムの批判を慎重に抉り出し、かえってヨアキムの理解を検討しつつその立場を論駁する。「……先のマギステルのことばを彼は十分理解していない。異端教説を検討しつつ、信仰は精妙なれども教義は粗雑にして、と先にマギステル・ペトルスが言ったことばを」(30)。しかしアクィナスはおそらくヨアキムの三〈時《スター》代《トゥス》〉説に、そして彼の同時代人たちがそこから抽き出そうと試みた極端な諸帰結に、より大きな危険を見ていた。ヨアキム主義的待望に対して、彼が三度別々に攻撃を加えていることは注目すべきであろう。一度は〈永遠の福音〉説を断罪して、無遠慮に「ヨアキム自身の教説」と論っている。

そこでこのキリストの福音は、永遠のとやらいう福音に転じ、アンチキリストの時代がはじまると言う。ここに言う福音はヨアキムの著した書物の序説にあるもので、教会によって断罪された。このヨアキム自身の教説によれば、キリストの福音は転じ……先述した教説のアンチキリストの遣いとは、パリの人々の解釈によれば、現下のアンチキリストのしるしである。しかし他にもいろいろ譴責されるべきことを含むヨアキムの教説あるいはその序説に説かれるアンチキリストは偽りである(31)。

第二の機会には「新約はこの世の終わりまでつづくかどうか」という表題のもと、彼は——かなり詳細に——三〈時《スター》代《トゥス》〉を論駁している。

結論して、この世の〈時代《スタートゥス》〉は二様に変じ得ると言おう。第一に契約（律法）の違いによって。ここにおいて、他に新しい契約の時代を後継するものはない。新たな契約が古き契約（律法）を後継するのは、まさに不完全を完全なものとするがためである。新約の時代の完成として別の生の時代を描くことなど不可能である。……第二に、人の時代は人が契約を成就してあるかそれともいまだそれに達せぬかによってさまざまである。……かくしてこの新約の時代は、聖霊の賜がいかに完璧に宿るかあるいはいまだ完璧に到らぬかに従い、所と時と人によってさまざまに相違する。未来の他の時代において、今までに獲得されたこともないほどに聖霊の賜が完璧に宿ることになるなどと期待されてはならない。……そして第三に、旧き契約（律法）は父のみによるものでなく御子によるものでもあった、と言っておこう。……同様に新しき契約はキリストのみによるものでなく聖霊によるものでもある。……それゆえ、これらより他の契約を、聖霊の、と言われるような契約を待望してはならない。[32]

そして最後に、千年王国説について論じつつ、彼は旧約と新約の符合によって未来を予言することに対する懐疑を表明する。

エジプトにおける偉大な事跡に試練の預言的な意味を読み取ることが恣意的であるとは思わぬが、いかに巧みに正確にその個々のできごとを個別に較べあわせようとも、そこに霊的預言を認めてはならない。それは時に真となり、時に過つ類の人のこころからする当て推量である。大修道院長ヨアキムの語るところもこれに類したものであり、時に予言として的中し、時にあてにならない未来にたいする当て推量である。[33]

アクィナスは正統信仰を脅かすようなヨアキム主義的思惟のすべてを明瞭に見とっており、一切の曖昧さを廃してそれを論駁している。

ヨアキムをその三位一体的歴史観によって異端一覧《カタログ》に載せた最初の人物は、カルメル会士で後にマヨルカ司教となるペルピニャンのグイドだった。その『異端大全』[34]は一三四二年頃に著されている。彼が大修道院長ヨアキムとその弟子ペトルス・ヨアニス・オリヴィの過ちに捧げた紙幅とその攻撃の激烈さは、これらの見解に彼が見通していた深甚な危険性を明らかにしている。マヨルカはフラティチェッリのいろいろな徒党の逃避先であり、グイドはヨアキム主義者たちの諸観念がこうした狂信的な者たちに及ぼした蠱惑を熟知していたに違いない。彼が攻撃してみせるのはもはやヨアキムの三位一体に関する思弁的誤謬ではなく、かえって三つの〈時代《スタートゥス》〉という中心教義、そしてそこに発する〈待望〉という致命的な毒であった。グイドが激しく攻撃を集中させるのは以下の諸点である。(i)第三〈時代《スタートゥス》〉の生はキリストや使徒たちの生よりも完璧なものであろう。(ii)第三〈時代《スタートゥス》〉は完全に霊に生きるのであって肉身においてではない。(iii)聖職者の階級秩序《オルド》は〈この世の終わり〉までつづかず、第三〈時代《スタートゥス》〉には滅びるであろう。第三〈時代《スタートゥス》〉の秩序はそれ以上を望むこととなろう。(iv)第三〈時代《スタートゥス》〉のみが〈自由の律法《レクス・リベルターティス》〉に属し、その帰結として、〈霊的知性《スピリトゥアーリス・インテレクトゥス》〉によれば、キリストの福音も使徒たちの宣教も完璧に自由なる福音ではなかった。(v)ローマ教会は〈肉身の娼婦《カルナーリス・メレトリクス》〉であり、第三の〈時代《スタートゥス》〉に破壊されることになる悪魔のシナゴーグである。第二の〈時代《スタートゥス》〉にユダヤ人のシナゴーグが破壊されたように。〈霊的教会《エクレシア・スピリトゥアーリス》〉がこの世の終わりまで支配することとなるだろう。これらが繰り返し槍玉に挙げられ、これに類したものはみな異端、不健全、冒瀆的な主張であると烙印を押された。最後の見解は明らかにオリヴィから抽き出されたものであり、ヨアキムの言辞を遙かに踏み出すものである。その他もヨアキムの見解のもじり《パロディー》であるばかりか、第三〈時代《スタートゥス》〉の生に関するヨアキムの展望がいかに誇張され得るものであるかをあからさまに示している。ヨアキム主義者たちの観念は、かくも容易に、霊的な経綸においてキリストも使徒たちをも背景へと降格させるために用いられる。そしてグイドがこの点に彼の攻撃の矛先を集中したのはじつに正しかった。危険で過激な集団がその妄想を汲んだ典拠を彼が知っていたことに疑いはなく、彼はその根絶に乗り出したのだった。

グイドの同時代人ニコラス・アイメリックもまたアラゴンの異端審問総長として同じ問題と闘ったことに疑いはないが、彼は一二一五年のヨアキムのペトルス・ロンバルドゥス論駁書に対する公式断罪を繰り返す以上のことをしていない[35]。彼はかえってヴィルヌーヴのアルノオやペトルス・ヨアニス・オリヴィの過ち、そしてヨアキム的ベギン派やベガード派そしてまた〈贋-使徒派《アポストリチ》〉の過ちに多くの頁を費やしている[36]。その前の世紀のもう一人のドメニコ会異端審問官ベルナール・ギイもまた、ベギン派やベガード派の過ちの数々を詳論しているが、その源泉をオリヴィの諸著作よりも先に遡ることをしてはいない[37]。ただペルピニャンのグイドだけが、こうした狂信的で転覆的な集団を触発したその真の源泉に遡り、それを跡づけるとともに、そこからヨアキムの観念の総体を組織的に論難したのだった。

また時に、反感とともにヨアキムは誤った預言者として年代記に姿をあらわす。一二六〇年という重大な年が過ぎた後に書かれたオーセールのロベルトゥスの慎重な見解からの引用もいくつか認められる[38]。誤った預言者に対する厭わしさを露わに表現したものとして、十五世紀イングランドの年代記作者ジョン・キャップグレイヴの記述がある。

一一五二年。この時期、カラブリアの大修道院長ヨアキムは黙示録についていろいろと著したが、またいろいろと誤った。そのうちでも第一に挙げるべきは聖三位一体に関連しており、彼の説は教会によって断罪教令の劈頭で誤謬として裁かれた。また四巻からなる命題論集を編んだマギステル、ルンバードのペールス（ペトルス・ロンバルドゥス）、後のパリ司教に対してもこの大修道院長ヨアキムはいろいろ論った。またこの大修道院長は『文字の種子について』という別の書を著し、委曲を尽して最後の日に起こるべきことを熱烈に語った。しかし彼はその日の算定にあたって計算を誤ったのだった。[39]

註

（1） John Capgrave, *Chronicle of England*, RS, p.138.

（2） «Et tu similiter Joachita fuisti? Cui dixi : Verum dicitis. Sed postquam mortuus est Fridericus ... et annus millesimus ducentesimus sexagesimus est elapsus, dimisi totaliter istam doctrinam et dispono non credere nisi que videro». Salimbene, pp.302-3.

（3） Ibid., p.456. ずっと後になって旧い仲間で、〈永遠の福音〉の汚名を着せられたゲラルド・ダ・ボルゴ・サン・ドンニーノに出会った時の生き生きとした情景。「親しい調子を込めてわたしは彼に言ったものだ。ヨアキムについて論じようか、と。それを受けて彼は言った。いや、論じるのではなく想いを寄せるのならば。ただどこか密やかな場所で。そして僧房の裏の葡萄園に坐ると、わたしは言った。アンチキリストのことだが、いつどこに生まれるのだろうね？」«Dixi igitur sibi cum esset michi familiaris : Volumus disputare de Ioachim? Tunc dixit michi : Non disputemus sed conferamus et eamus ad locum secretum. Duxi igitur eum post dormitorium, et sedimus sub vite et dixi sibi : De Antichristo quero, quando nascetur et ubi?» そして彼らのこころを奪って離さぬことがらについて長い会話に没頭するのだった。

（4） 【I-5 p.65】参照。

(5) たとえば、『諸形象につづく書簡 *Epistola subsequentium figurarum*』Vat., MS. Lat. 3822, ed. Tondelli, *Lib. Fig.* I, p.43.

(6) 〈永遠の福音〉研究の出発点となったのは、H. Denifle, *ALKG*, i, 49-142である。デニフレの初期研究に対する異見が、F. Tocco, *ASI*, xvii (1886), pp.243-61に見られる。それ以降の文献については、Bloomfield, Reeves, *Speculum* xxix. 772 n.2を参照。

(7) B. Töpfer, *Eine Handschrift des Evangelium aeternum des Gerardino von Borgo San Donnino, Zeitschrift für Geschichtswissenschaft*, vii (1960), pp.156-63.【II-4 pp.235 ss.】参照。

(8) Denifle, *ALKG*, i, 63 ss., 199. ゲラルドの評註をもとにヨアキムの象徴論に隠された危険性についてなされた評議会の指摘（*ALKG*, i, 126）は、*Lib. Conc.*, f.7rからの引用に評註を付されたもの。

(9) Ed. Denifle, *ALKG*, i. 99-142.

(10) この一件と教皇による措置については、E. Faral, *Les Responsiones de Guillaume de St. Amour, Archives d'Histoire Doctrinale et Littéraire du Moyen Âge*, 25/26 (1950/51), pp.363, 377を参照。もちろんアナーニの報告書から、〈永遠の福音〉がヨアキムの諸著作から成るものであったことは明らかであり、教皇アレクサンデルの書簡には次のように録されている。「永遠の福音なる小冊あるいは大修道院長ヨアキムの書物に付されたる序と称する……」«Libellum quendam qui in Evangelium Eternum seu quosdam libros abbatis Ioachim Introductorius dicebatur ... ». もちろん教皇の断罪は慎重に『序説 *libellus introductorius* 』に対してなされている。それゆえ、デニフレは次のように言うこともできた。「ヨアキムの著作はあらかじめ異論なしとされていた。公教会はこれを（ペトルス・ロンバルドゥスに対する著作は除いて）断罪することはなかった」（p.89）と。

(11) Mansi, *Sacrorum Conciliorum* ... *Collectio*, col.xxiii.1001-4（校訂テクストはDenifle, *ALKG*, i, 90を参照のこと）. デニフレはまたこの会議が一二六〇年でなく、新任のアルル大司教フロレンティウスが出席していることから、一二六三年に催されたものであったことを確証した。フロレンティウスはアナーニの評議会の評議員の一人で、教皇アレクサンデルよりもヨアキム主義断罪の強硬派だった。それゆえ、彼は早速行動に出たという訳である。しかしアルルでも攻撃されたのは、『符合の書』その他の著作に含まれるヨアキムの〈教義〉であったということに注目しておこう。ここでも〈ヨアキム主義者〉との記載はあるものの、大修道院長その人は名指されていない。ヨアキムその人を巻き込むことに対する逡巡は、おそらく彼の記憶とその会派を尊重してのことでもあったのだろう。

(12) M. Paris, *Chronica Majora*, ed. H. R. Luard, RS, vi, *Additamenta*, pp.335-9. こうした抜粋集については以下を参照。Denifle, *ALKG*, i, 70 ss.; Benz, *ZKG* li (1932), pp.415-55.

(13) William of St. Amour, *Duo Sermones*, ed. O. Gratius, *Fasciculus Rerum Expetendarum* ... , Cologne, 1535, ii, 43 ss. ; *De periculis novissimi temporis*, ed. E. Brown, Appendix to Gratius's *Fasciculus*, London, 1690（*Scriptum Scholae Parisiensis, de periculis Ecclesiae compositum An. 1389*の表題の下）, pp.18-41. また同書にはギヨーム・ド・サンタムールの説教二編がpp.43-54に収められている。Denifle, *ALKG*, i, 68-9, 86はギヨームの著作を幾つか引いている。そのうちには未刊のものも含まれている。またFaral, loc. cit.（ref.【本章n.10】）, pp.337-94をも参照。*De periculis* その他の論考はまた、Matthias of Janov, *Regulae Veteris et Novi Testamenti*, iii, *Tractatus de Antichristo*, ed. V. Kybal, Innsbruck, 1911, pp.243-332にも組み込まれている。

(14) «Nos sumus in ultima aetate huius mundi. ... Verisimile ergo quod nos sumus prope finem mundi, periculis novissimorum temporum propinquiores sumus, quae futura sint ante adventum Antichristi. ... Item Joachim super Jeremiam : Omne tempus a 1200 ultra aestimo periculosum». William of St.Amour, *De Periculis*, cap.viii, ed. Brown, p.27. これは正確な引用ではな

い。Cfr. *Super Hier.*, f.1r ; *Lib. Conc.*, f.41v.

(15) Denifle, *ALKG*, i, 68 n.2 :「ここに新たなる危難つまり永遠の福音と称する小冊がある。われわれは……その書の半分に満たない部分を見たのみであるが、その書にはいたるところ聖書のことばが引かれていると聞く」«De istis novis periculis jam habemus sc. librum illum qui dicitur evangelium sempiternum, et nos ... vidimus nonnisi mediam partem illius libri, et audivi, ubicunque liber ille sit, tantum et plus contineat quam tota biblia».

(16) 彼はその源泉をヨアキムの時代にまで遡って見ようとしている。Cfr. *De Periculis*, ed. Brown, p.27 :「現世のキリストの福音に手を加え、完璧にしてより善く尊い別の福音、キリストの福音を無効とする聖霊の福音あるいは永遠の福音とやら称するものを誰某がつくり成して五十五年が経つ」«iam transacti sunt 55 anni quod aliqui laborabant ad mutandum Evangelium Christi in aliud Evangelium quod dicunt forte perfectius et melius et dignius quod appellant Evangelium Sancti Spiritus sive Evangelium Eternum quo adveniente evacuabitur Evangelium Christi».

(17) Faral, loc.cit. (ref.【本章 n.10】), p.346. ギヨームに対する告発:「彼は説教に言った……〈ヨアキムの書は数多くの異端教説を含んでいるにもかかわらず、ローマ教皇庁にはそれを弁護するような支持者が数々いるのでそれを断罪することができないのだ〉と」«Dixit in sermone ... quod 'liber Joachim, qui continet multas hereses, non potest con-dempnari Romae, quia sunt ibi plures defensores qui defendunt eum'» に対して、ギヨームはかなり調子を落として次のように答えている:「わたしたちが、ヨアキムの書と称されるものの過ちについて説いたところは、パリに伝えられた写本に載せられていたところであって、聖職者も民衆もなぜ教皇庁はその過誤を譴責せぬのかとわれわれに問うので、すでにその過誤の幾つかは断罪されており、まさに彼の書物の膨大さによりその他はいまだ精査されていない、教皇庁には成さねばならぬことが多々あり、またこの書についてもひょっとして誰か擁護する者がいたのかもしれない、とわたしは答えたのだった」«cum ego et quidam alii praedicassemus contra errores repertos in libris qui dicuntur esse Joachim, qui fuerunt positi Parisius ad exemplar, et diceret nobis tam clerus quam populus quare non procurabimus illos errores per Sedem apostolicam reprobari, ideo dixi quia jam aliqui de illis erroribus erant dampnati, ut intellexeram, reliqui vero non poterant ita cito inspici, ad dampnandam, tum propter magnitudinem et multitudinem illorum librorum, tum etiam propter multiplicem curiae occupationem et forte quia libri habebant aliquos defensores».

(18) ジョヴァンニ・ダ・パルマについては【II-4 pp.234-35】参照。しかし同時代のサンスのリカルドゥスはこの書の著者をドメニコ会に帰している:「そこには信仰に反することがらがいろいろ含まれていると称されるこの福音の書を編纂したのは説教修道会士たちである。その写しをみるに、どの章にも信仰に反することがらを指摘できる」«Predicatores vero quendam librum evangeliorum compilaverunt, in quo aliqua dicebantur contineri, que contra fidem esse videbantur. Clerici vero nescio qua arte procuraverunt, ut copiam ipsius libri haberent, ex quo omnia capitula fidei contraria decerpserunt ...». *MGHS* xxv. 328.

(19) «Uns livres de par le deable / C'est l'Evangile pardurable, / Que li Sainz Esperiz menistre, / Si come il apareist au titre ...». Jean de Meung, *Roman de la Rose*, ll.11801-4, Société des Anciens Textes François, iii, Paris, 1921, p.216, p.217-19.

(20) Ed. E. Faral, J. Bastin, *Œuvres complètes de Rutebeuf*, Paris, 1959. 引用はそれぞれ、*Du Pharisien*, ll.104-12, p.254 : «Ne croient pas le droit escrit / De l'Evangile Jesu cristo / Ne ses paroles ; / En leu de vois dient frivoles / Et mençonges vanies et voles, / Por decevoir / La gent et por apercevoir / S'a piece voudront recevoir / Celui qui vient.» ; *La Complainte de Constantinople*, ll.43-5, p.426 : «Et fera nueve remanance / A cels qui font nueve creance / Novel Dieu et nueve Evangile ...» ; *Les Ordres de Paris*, l.72, p.325 : «... Un livres dont je me

descorde.»; *Des Règles,* ll.84-8, p.272 : «Jacobins rompirent la corde, / Ne fu lors bien nostre creance / Et nostre loi en grant balance, / Quant les prelaz de sainte Yglise / Desmentirent toz en tel guise?» 引証頁数はこの版に従う。また、*Le Dit de Sainte Église,* p.280, l.40 の「五番目の福音 cinquième esvangelitre」は〈永遠の福音〉を暗示したものかもしれない。

(21) «Ycelui pape, qui nommés estoit Alexandre, réprouva et dampna ii faux livres … Li autres livres affermoit, entre les autres erreurs qui y estoit contenues, que l'Evangile Jhesu-Christ et la doctrine du Nouvel Testament ne parmena onques homme à perfection, et que elle devoit estre mise au néent et condampnée après mil CC.LX ans, et en mil CC.LX devoit commencier la doctrine de Jehan ; lequel livre l'aucteur appela l'Evvangile pardurable, en actribuant à ce livre toute la perfection du ceulz qui sont à sauver. Item, il estoit dit en celui livre que les sacremens de la nouvelle loy devoient, en yceli an mil CC.LX estre évacués et annullez … Il est affermé que l'aucteur de ce livre … fu un qui avoit nom Jehan de Parme, Jacobin, et fu ce livre publiquement ars». Bouquet xxi. 119-20. アレクサンデル四世は托鉢修道会士たちに対するギヨーム・ド・サンタムールの攻撃をも断罪したのだったことに注意しておこう。こうして皮肉にも、断罪された反対陣営の二冊の書物が、年代記作家たちによってしばしば一対のものとして取扱われ、また頻繁に「有害きわまりない二書 duo libri pestiferi」と書きあらわされることになる。〈永遠の福音〉はベルナール・ギイによってもジョヴァンニ・ダ・パルマの著とされている。Bernard Gui, *Catalogus Pontificum Romanorum,* Muratori, o.s. iii. 2.〔＊はじめのヨハネは聖書のヨハネを示唆したものだろう。〕

(22) ⓐ一二一五年の断罪について：Wendover, RS, i. 121-2, これはM. Paris, G. de Nangis, Bouquet xx.758 に写されている ; *Chron. Pont. et Imp. Mant., MGHS* xxiv. 218 ; Richard of St. Germano, *MGHS* xix. 338 ; Alberic Trium Fontium, *MGHS* xxiii. 879 ; J. de Columpna, *MGHS* xxiv. 281 ; Vincent of Beauvais, *Speculum Historiale, MGHS* xxiv. 166 ; J. de Deo, *MGHS* xxxi. 323 ; J. Longius St. Bertini, *MGHS* xxv. 821-2 ; *Chron. St. Martini Turonen., MGHS* xxvi. 467. ドメニコ会士ピピーニ (F. Pipini) はヨアキムの預言に関心を寄せ、ラテラノ公会議の裁定にみられる情状酌量の裁決を引いてヨアキム免罪に格別の配慮を寄せている。«In nullo tamen idem Innocentius propter haec Florentino Monasterio, cuius ipse Joachim institutor extitit, voluit derogari, quoniam et regularis institutio est, et observantia salutaris, maxime quum idem Joachim omnia scripta sua eidem Papae mandaverit, Apostolicae Sedis judicio approbanda, seu etiam corrigenda, dictans Epistolam, quam propria manu conscripsit, in qua firmiter confitetur, se illam fidem tenere, quam Romana tenet Ecclesia». Muratori, o.s. ix, col.600,【I-3 n.16】参照。

ⓑ永遠の福音の断罪について：Richard of Sens, *MGHS* xxv. 328 ; M. Paris, RS, v. 599-600, vi. 335-9 ; *Chroniques de St. Denis,* Bouquet xxi. 119 : B. Gui, *Flores Chronicorum,* Bouquet xxi. 698 ; Salimbene, p.455 ; A. Milioli, *Liber de Temporibus, MGHS* xxxi.524.

ⓒ二つの断罪について：Martinus Oppaviensis, *MGHS* xxii. 438, 440 ; *Flores Temporum, MGHS* xxiv. 248 ; Henry of Herford, *Liber de Rebus Memorabilioribus,* ed. A. Potthast, Göttingen, 1859, pp.181-3 ; copied by *Liber Cronicorum Erford., MGHS,* separated edition, Hanover, 1899, p.775 ; *Maius Chronicon Lemovicense,* Bouquet xxi. 768 ; J. Capgrave, *Chronicles of England,* RS, pp.138, 158. 十五世紀のドメニコ会年代記作者ヘルマン・コーナー Herman Corner はヨアキムに関して三つの知見を報じている。(i)一一六九年の項に、ヴァンサン・ド・ボーヴェーから写した短い記事。(ii)一一九〇年の項に、彼自身の敵意ある注記。これは『教皇預言集 *Vaticinia*』に関連したもので、「(ヨアキムの) 数々の虚偽と異端が見出される」«in pluribus [Joachim] mendax et haereticus repertus est» と記している。(iii)一二一五年の断罪に関する独特の注記。彼は永遠の福音の断罪をこの年とし、一二五五年のパリ大学教授団《マギステル》の抄出した過誤一覧を挙げてい

る。ここで彼が他の年代記作者たち同様それをアマルリクス・デ・ベーネと組み合わせているところから観て、最初の断罪について言おうとしていることに疑いはない。しかしここで彼が二つの断罪を混同しているのには驚かされる。なぜといって、彼は確かに第二の断罪にかかわる資料、おそらくハーフォードのヘンリーのものを手許に所持していたのだから。Cfr. J. G. Eccard, *Corpus Historicum Medii Aevi* … , Leipzig, 1723 ; H. Corner, *Chronica Novella,* coll. 742, 743, 848-51.

(23)　«Eodem tempore fuit Abbas Ioachim in Calabria qui spiritum prophetandi habuit, et plures libros super Ieremiam et Apocalypsim et de honoribus prophetarum conscripsit. Composuit etiam librum de Trinitate, quem misit Romam emendandum. Et licet male sensisset, tamen dampnatus non fuit, sed tantum liber per Innocentium III generali concilio est dampnatus». *MGHS* xxiv. 218.

(24)　«MCCLIV … deprehensus est Parisius quidam liber qui dicebatur Evangelium aeternum, cuius actor magis videtur ex melancolia sompniasse quam ex malitia scripsisse quod scripsit. … Dicebat enim Testamentum Novum, post annum MCCLX in proximo venturum, esse evacuandum, et quod doctrina evangelica semiplena erat, et huic Evangelio decebat aliud succedere quod futurum erat Spiritus Sancti, sicut istud specialiter fuit Filii Dei, et quod nullus tenebatur ab illo tempore ad istud Evangelium observandum ; et alia multa dicebat, graviora hiis et peiora vel aeque mala, propter quae condempnatus fuit merito liber detestabilis … atque combustus». Bouquet xxi. 768.

(25)　«Alter vero libellus continebat multas falsitates contra doctrinam abbatis Joachym quas abbas non scripserat, videlicet quod evangelium Christi et doctrina Novi Testamenti neminem ad perfectum duxerit et evacuanda erat MCCLX° anno …». *MGHS* xxxii. 455. この1節はA. Milioli, *Liber de temporibus, MGHS* xxxi. 524-5にも写されている。

(26)　Bonaventura, *Commentaria in quatuor libros sententiarum Magistri Petri Lombardi,* ed. *Omnia Opera,* Quaracchi (Ad Claras Aquas), 1882, i. 121.

(27)　«Respondeo. Dicendum quod Joachim non recte arguit et deficit sua ratio, quia res non accipitur uniformiter, quia cum dicitur res primo modo, ibi accipitur res pro re naturae ; sed cum dicitur secundo modo, accipitur pro ipsa natura divina. Praetera, deficit ab insufficienti quia non valet : si aliquid dicitur de aliquo et non dicitur de alio, quod propter hoc illa faciant numerum. Unde non valet : Petrus est individuum : homo non est individuum ; ergo Petrus et homo sunt due. Habere enim proprietatem et nonhabere non sufficit ad distinguendum. / Ad instantiam eius dicendum, quod non recte instat ; quia essentia est res una quantum ad suppositum et significatum : non enim supponit personas : sed Deus est res una quantum ad significatum, sed plures quantum ad suppositum. Et ideo ignoranter Joachim reprehendit Magistrum, et quia cum esset simplex non est reveritus Magistrum, ideo iusto Dei iudicio damnatus fuit libellus eius in Lateranensi Concilio et positio Magistri approbata».

(28)　【II-4 pp. 225 ss】参照。

(29)　Cfr. Tondelli, *Lib. Fig.* I, pp. 249-50 ; Bondatti, *Gioachinismo e Francescanesimo,* pp. 137-8.

(30)　« … non bene capiens verba Magistri praedicti, utpote in subtilibus fidei dogmatibus rudis, praedictam Magistri Petri doctrinam haereticam reputavit». Aquinas, *Opuscula Theologica,* Roma, 1954, i. 428.

(31)　«Unde cum quidam iam Christi evangelium mutare conentur in quoddam aliud evangelium quod dicunt aeternum, manifeste dicunt instare tempora antichristi. Hoc autem evangelium de quo loquuntur est quoddam introductorium in libros Ioachim compositum, quod est ab ecclesia reprobatum. Vel etiam ipsa doctrina Ioachim per quam, ut dicunt, evangelium Christi mutatur … Unde cum doctrina praedicta, quam legem antichristi dicunt, sit Parisiis exposita, signum est antichristi tempus instare : sed doctrinam Ioachim vel illius introductorii, quamvis alia reprobanda contineat, esse doctrinam quam praedicabit antichristus falsum est». Ed. cit., ii. 105.

(32) «Respondeo dicendum quod status mundi variari potest dupliciter. Uno modo, secundum diversitatem legis. Et sic huic statui novae legis nullus alius status succedet. Successit enim status novae legis statui veteris legis, tanquam perfectior imperfectiori. Nullus autem status praesentis vitae potest esse perfectior quam status novae legis ... Alio modo status hominum variari potest secundum quod homines diversimode se habent ad eandem legem vel perfectius vel minus perfecte ... Sic etiam status novae legis diversificatur, secundum diversa loca et tempora et personas, in quantum gratia Spiritus Sancti perfectius vel minus perfecte ab aliquibus habetur. Non est tamen expectandum quod sit aliquis status futurus in quo perfectius gratia Spiritus Sancti habeatur quam hactenus habita fuerit ... Ad tertium dicendum quod lex vetus non solum fuit Patris sed etiam Filii ... Similiter etiam lex nova non solum est Christi, sed etiam Spiritus Sancti ... Unde non est expectanda alia lex, quae sit Spiritus Sancti». *Summa Theologiae,* Roma, 1948, ii, 528-9.

(33) «Ego per illas res gestas in Egypto istas persectiones prophetice significatas esse non arbitror, quamvis ab eis qui hoc putant exquisite et ingeniose illa singula his singulis comparata videantur non per propheticum spiritum sed coniectura mentis humane qui aliquando ad verum pervenit : aliquando fallit. Et similiter vero est de dictis abbatis Joachim qui per tales coniecturas de futuris aliquando vera predixit et in aliquibus deceptus fuit». *Commentum in Lib. IV Sententiarum,* Dist. xliii, qu.I, art.3.

(34) Guido of Perpignan, *Summa de haeresibus,* Paris, 1528, ff. xciiii.v-ciii.v. グイドの要約を逆の意味に用い，第三〈時代《スタートゥス》〉を叫ぶことになるロラードの翻案については【IV-7 n.5】参照。

(35) N. Eymerich, *Direct. Inquis.,* p.310.

(36) Ibid., pp.252-5, 265-73, 281-6, 291-303.

(37) B. Gui, *Manuel* i, 108 ss.

(38) G. de Nangis, loc. cit., p.742 ; Pipini, loc. cit., coll.598-9 (ref.【本章 n.22】); *Vita Urbani Papae III,* Muratori, o.s. iii, pt.i, p.476.

(39) John Capgrave, ed. cit. (ref.【本章 n.1】), p.138.

第7章　ヨアキムの民衆的評判

ヨアキム断罪の一方で、賞賛もみておかねばならない。まずもって彼はほとんど、〈知性を授けられた人《ドーヌム・インテレクトゥス》〉の代名詞となる。[1] 年代記作者の幾人かは、彼を預言の霊を授けられた者、と呼ぶ。数多くの写本に記載のあるオーセールのロベルトゥスのより正確なことばは、無学であった者が「神により知性の賜を授けられた」[2]であった。ヨアキムの霊的照明の賜に関する最も明敏な註釈のひとつはフランシスコ会士ペトルス・ヨアニス・オリヴィによるものである。これが他にまして意味深いのは、ヨアキム主義者たちの展望にとって大切な尊厳を与えたのが彼であったからである。彼は、照明によって〈授けられる〉という基本原理と、人からする理由づけへのさまざまな応用との間に明瞭な区別をたてる。

> ヨアキムは符合の書および黙示録註解において、旧約と新約聖書の完璧なる符合について後に論じつつ演繹することになるところのあらゆる一般則をたちまちにして感得したと言う。ここから判断するに、たしかに知性存在をもつにいたったと演繹される。それは多く過ち得る蓋然的推論などでは決してない。それは自然本性的な知性の光のうちに、不確かな端緒の状態において、第一原理がわれわれになんの議論もなしに把握され知られ、その後必然的に諸帰結が生起するのにも似ている。この生起においてはある真はただ蓋然性によるのであって、そこでわれわれは多く過つこととなる。以上をもってするに、先の光が神よりするものでないなどということはあり得ず、それが偽りであるなどということはない。このようなことをここにわたしが銘記するのも、ヨアキムの知性存在とは悪魔であったとか人の霊からする推論に過ぎないと結論しようと欲する者たちがあるからであり、こうしたことを言う者こそ類推によりは

からずも過つのである。(3)

この僅かばかりのヨアキム弁護からは、その背景にトマスの論難のような譴責に対する論議があったものと想定される。中世後期、ヨアキムがいかにして霊的知性の賜を受けとったかについて、一連の伝承が発達した。後述するであろうように、これはおそらくフィオレに発するものである。最も初期のものとして、ギヨーム・ド・ナンジスによってオーセールのロベルトゥスのヨアキムについての記述に挿入されたものがある。「……彼が文字にも無知であった頃、書物を携えた主の天使が言った。見よ、読め、そして知解せよ、と。かくして神性は教えたまうた（神性はそこに設けられた）」(4)。意味深くもこの伝承は啓かれた書物のはなしであり、十六世紀に普及することになる魔術的な嚥下よりも寓意譚としての色彩が薄い。とはいえこうした奇跡的な突然の知識の賜という伝承もまた、ヨアキムが探す〈知性《インテレクトゥス》〉へ向かっての霊的彷徨について、なにを知らせてくれるものでもない。しかしそこではヨアキムが――〈霊的知性《スピリトゥアーリス・インテレクトゥス》〉を〈授けられた〉――ということが固執され、ヨアキムは神的知性存在を賜った者のひとりであるということが強調されている。これは彼の会派が彼を記念して唱える晩禱の交誦《アンティフォナ》の一節でもあった。「浄福なるヨアキム、預言の霊を授けられ、知性に飾られ、異端の過誤から遠く隔たり、未来を現在に呼び出す」(5)。この交誦《アンティフォナ》は、ヨアキムの声望を決定づけることになるダンテの有名な一節と響きあっている。

預言の霊を授けられた
カラブリアの大修道院長ヨアキム(6)
（『神曲』天国篇）

第二に、ヨアキムはまた二つの大いなる托鉢修道会の到来を予言した〈格別の〉預言者となる。興味深いことに、これを最初に記録したひとりにドメニコ会士ゲラルド・ド・フラケトがいる。一二五六年、彼はこの〈預言〉を目に見えるようなかたちで誇張してみせる。「フロレンセ会創設者にして大修道院長ヨアキムは多くの書物の到るところに説教修道会のことを記している。そのうえ修道会とその修道士たちの僧衣について録したが、彼の歿後、これらの修道会が興り、その信仰に勤めている。修道士たちは十字架行列をまず彼のもとに謹んで捧げることによって」[7]。そしてフランシスコ会もほぼそれに続くように、エルフルトの小さき兄弟会の年代記に記載がある。「この大修道院長ヨアキムは、説教者の修道会がはじまる前に、エレミヤ書註解にそうした諸修道会のことを記した。それらの修道会を名指し、僧衣の違いを明かし、絵描きに壁画として描かせた」[8]。ここには絵画という要素が際立つとともに、ヨアキム自身来たるべき修道会士たちの姿を絵に描いた、あるいはそれが描かれるよう指示したという伝説のはじまりが認められる。一二九二年ごろシュヴァーベンのある小さき兄弟会士によって著された『時代の精華《フローレス・テムポルム》』ではますます描写が微細になる。「自らの僧房の壁に小さき兄弟会士たちの姿を描き、こうして腰に細縄を巻き、サンダルを履いた聖にして尊い者たちがあらわれこの世に満ち、世の終わりまでつづくと語った」[9]。

十四世紀のマルムスベリーのある修道士が、自分たちの托鉢修道会との関係を離れてヨアキムの新しい霊の人々について記した絵画預言の異伝は興味深い。「まるで預言するように神の教会に後に来たる使徒的な人々の身なり、行ない、数に到るまでを絵に描いて伝えた」[10]。この伝説が、じつに不思議でまた有名なもの、つまりヨアキムがヴェネチアのサン・マルコ教会にあらわれ、将来の二つの托鉢修道会の指導者たちの姿をモザイクで描くよう指示した、という伝説へと発展するのをみるには十四世紀を待たねばならない。わたしの知る限り、それに最初に言及しているのは一三六七年の年記のある逸名のドメニコ会士の『短い伝承』である。ここには「自らの修道院に」預言を描いたという旧伝につづけて、「そしてまたヴェネチアのサン・マルコ教会の中に壁面モザイクを……制作させた」[11]と付言されている。ここで注目すべきは、この預言が聖ドメニコについてだけ主張されていることであり、続いてこの伝説は聖フランチェスコについてのみ語られるところとなる。十四世紀末、ピサのバルトロメオの『浄福なるフランチェスコの生涯の主イエスの生涯との一致について』の一節である。「じつに浄福なるフランチェスコについてはヨアキムが将来のこととして語ったところであった。そして大修道院長ヨアキムは浄福なるフランチェスコの到来をことばによって予言したのみならず、ヴェネチアのサン・マルコ教会の聖具室に聖痕とともに描かせたのであり、これは今日もはっきりと見られるところのモザイクである」[12]。

第三に、ヨアキムのメッシーナでの二人の王との面談録は想像力を刺激するものであったとみえ、数々の年代記作者たちによって抄録されることになった。これは、預言者が王に不吉なことばを告げる旧約聖書の情景と対比されることとなる。実際メッシーナでのできごとは劇的で、録されることばは皆、エルサレムの運命にかかわるものばかりであった。深刻なことば。皆ホウデンの改訂版のより楽観的でない異文《ヴァージョン》から採られている。この逸話《エピソード》はまず、オーセールのロベルトゥスの年代記に見つかり、それが後にギヨーム・ド・ナンジス、『時代の精華』の著者その他によって再録される。[13] この報せの典型的なかたちとしてメッツの年代記の一節を挙げておこう。「一一九〇年。フランス王フィリップとイングランド王リチャードは海路をとった。彼らがフロレンセ会大修道院長ヨアキムに忠言を請うと、彼はエルサレムを奪回することはできぬであろう、いまだその時ではないと予言した」。[14]

そして最後に、ヨアキムの名のもとに数々の預言や予言の書が広く流布するとともに、われわれは預言者としてのヨアキムを見出すことになる。十三世紀中頃、シュターデのアルベルトゥスはこう書いている。「一一八八年。この年、大修道院長ヨアキムはアンチキリストについて預言した。一二六〇年が満ちるとアンチキリストが誕生する、と。これは至聖なるものより感得されたところであった」。[15] そしてまた、一二五〇年の項で彼はこう記している。「ここに大修道院長ヨアキムの預言を編んだものがあるそうで、それによると、フランクは圧伏され、教皇庁は略奪され、アレマンノ（ドイツ人）の帝国が優位を誇る、とやら言うらしい」。[16] 一二六九年、エルフルトの年代記の後継著者は、「マンフレドゥスの統治」[17]にはじまる別のドイツのヨアキム主義的預言についてしるし、これはポルトの司教枢機卿からドイツに送り届けられたものだという意味のことを録している。[18] マンフレートとアンジュー家との闘争という同じ政治背景を映すようにして、ピアチェンツァのギベリン派の年代記が『エレミヤ書註解』を引いている。「神の威力によりフランクは放逐され、教会に抗するアレマンノが呼び戻され……」云々。[19] 一二八四年、アルベルト・ミリオーリはヨアキムの巫言《オラコロ》がシビュラの巫言と併されて流布していたと録している。「その死は眼前から隠され……生なくして生きつづける」[20]と。〈帝国《インペリウム》〉と〈神の国《レグヌム》〉に関するヨアキムの預言群についてのクレモナのシカルドゥスによる初期の記録はかなり関心を呼んだもののようで、その欄外には次のような後代の書き込みがある。「またこの著者は、彼がフリデリチ（フリードリヒ）の死を見、その後カロリ

（シャルル）がシチリア王国を確固と支配するのを見るまで生きた、と言っている」。[21] ヨアキムのシチリアに関する予測が現実のものとなったことが、ここにいまだ効力を示しているようにみえる。シチリアの逸名歴史家はこの預言をより明確に伝えている。

造詣深き大修道院長ヨアキムは預言の霊によって、彼の妻（つまり皇帝ハインリヒ六世の后コンスタンス）が懐妊した折、いまもってまったく悪阻を感じることもないのは、悪魔によって孕ませられたからに違いない、と言った……そして息子が生まれた時、その子は破門されて死ぬだろう、聖体を拝領することもなく、秘蹟を受けることもなく死ぬのであってみれば、悪魔の息子というのも義しかろう、と。そしてそれは時が証したところである。[22]

ボッカチオは『賢い女たち《デ・ムリエリブス・クラリス》』で、ヨアキムに対してもう一方のよく知られたかたち、〈預言の霊を授けられた人〉を使っている。[23] またバーソロミウ・コットンは、イングランドでも謎に満ちた巫言がヨアキムの名のもとに出まわっていたことを報じているが、これは注目に値するだろう。「この時期についてヨアキムの預言には次のように言われている。西の野に一角獣が豹の旗を掲げてあらわれ……」。[24] このように、ヨアキムの名は預言の多様な雑纂集成《コレクション》に付される名として用いられた。そうしたものには適宜案出されたものもあれば、特別な政治的状況を暗示してまことしやかに擬ヨアキム文書の謎にみちた一節を引くものもあった。

註

（1） Sicard of Cremona, *MGHS* xxxi. 175; *Chron. Pont. et Imp. Mant.*, loc. cit., p.218; J. de Deo, loc. cit., p.323; Milioli, loc. cit., p.452 (ref.【I-6 n. 22】); *Annales*

Polonorum, MGHS xxix. 630, 631.

（2） «divinitus acceperit intelligentiae donum». *Vita Urbani,* 476（ref.【I-6 n.38】）; Pipini, loc.cit., col.598 ; G. de Nangis, loc.cit., p.742（ref.【I-6 n.22】）. 二人の初期年代記作者がそれぞれ個別に同一表記をしている。 R. of Coggeshall, loc.cit., p.67（ref.【I-1 n.46】）; R. Niger, *MGHS* xxvii. 338.

（3） «Et hoc modo Ioachim in libro Concordie et in expositione Apocalypsis dicit se subito accepisse totam concordiam veteris et novi testamenti quantum ad quasdam generales regulas ex quibus ipse postmodum aliqua quasi argumentando deducti, et ut sibi videtur aliquando sic quod ex hoc extimat habere certam intelligentiam conclusionis sic deducte, aliquando vero nonnisi probabilem coniecturam in qua plerumque potuit falli. Et est simile in naturali lumine intellectus nobis ab initio nostre conditionis incerto per illud enim sine aliqua argumentatione apprehendimus et scimus prima principia et deinde aliquas conclusiones necessario inferimus per illa aliquas vero solum probabiliter et in hiis plerumque fallimur. Non tamen ex hoc sequitur quod lumen illud non sit a Deo aut quod in se sit falsum. Quod signanter dico quia quidam ex hoc voluerunt concludere quod tota intelligentia Ioachim fuerit a diabolo vel coniectura spiritus humani quia in quibusdam particularibus loquitur opinabiliter et forte aliquando fallibiliter». Manselli, *Lectura,* p.163 n.3 から引用。

（4） «... dicebat enim quod ei ignoranti litteras attulerat angelus Domini librum dicens : Vide, lege, et intellige : et ita divinitus fuerat instructus». Bouquet xx. 742. これは *Chron. S. Martini Turonensis,* loc.cit., p.467（ref.【I-6 n.22】）から書写されたものである。

（5） Russo, *Gioacchino da Fiore,* p.15に引かれている。〔＊原文は【I-3 n.36】を参照。〕

（6） «il Calabrese abate Gioacchino, / di spirito prophetico dotato». *Paradiso,* xii. 140-1.

（7） «Joachim eciam abbas et institutor Florensis ordinis de ipso predicatorum ordine in multis libris et locis scripsit ; et describens ordinem et habitum monuit fratres suos, ut post mortem suam, cum talis ordo exsurgeret, susciperent eum devote. Quod et fecerunt : recipiens fratres cum cruce et processione quando primo venerunt ad eos». *MOPH* i. 13

（8） «Iste idem Ioachim abbas ante inchoacionem ordinis fratrum Predicatorum super Ieremiam in exposicione tradidit de istis eisdem ordinibus. Ipsos quoque ordines nominavit et habitum distinxit et in pictura parietis per manum pictoris ostendit». *MGHS* xxiv. 207.

（9） «Item in pariete cubiculi sui depinxit ymaginem fratris Minoris, dicens tales cito esse venturos, funibus precinctos, sandaliis calciatos, sanctissimos et potentissimos, multa autem passuros ab universis, sed tamen usque in finem seculi duraturos». *MGHS* xxiv. 239.

（10） «Tradunt etiam de isto quod quasi prophetice effigiavit mores, actus, et numerum virorum Apostolicorum qui post venturi forent in ecclesia Dei». *Eulogium Historiarum sive Temporis,* RS, iii. 86.

（11） «et etiam in ecclesia S. Marci de Venetiis opere musivo ... fieri fecit». *Brevis Historia,* in Martene et Durand, *Ampl. Coll.* vi, coll.347-8.

（12） «Sic ergo apparet, quomodo beatus Franciscus fuit per ipsum Ioachim futurus declaratus, et non solum abbas Ioachim beatum Franciscum praenuntiavit venturum verbo, sed etiam opere, quia eum depingi fecit in ecclesia Sancti Marci de Venetiis super ostium sacristiae cum stigmatibus, sicut cernentibus hodierna die clarere potest, et hoc opere mosaico». Bartolomeo da Pisa, *De Conformitate Vitae Beati Francisci ad Vitam Domini Jesu, AF* iv. 56.

（13） Robert of Auxerre, loc.cit., p.255（ref.【I-1 n.13】）; Guillaume de Nangis, loc.cit., p.745 ; *Flores Temporum,* loc.cit., p.239 ; Pipini, loc.cit., col.599（ref.【I-6 n.22】）; Guy, *Manuel* i. 478 ; *Eulogium Historiarum sive Temporis,* ed. F. S. Haydon, RS, iii. 86 :「聖地《エルサレム》にはまったく到達できないであろうと予言し

た」«Praedixit etiam Terram Sanctam adeuntibus quod minime proficerent». Grundmann, *HJ* xlix. 38 はヨアキムについてかならず語られる二つのこと、⑴彼のメッシーナでの預言、⑵ペトルス・ロンバルドゥス論駁書の断罪が、アラスの記録 MS.138, f.106v に認められると特記している。

（14） «1190. Philippus rex Francie et Ricardus rex Anglie mare transeunt. Qui cum consuluissent Ioachim abbatem Florensem, predixit eis, quod in hac vice Ierusalem non recuperarent, quia nondum venerat tempus eius». *MGHS* xxiv. 519.

（15） «1188. Eodem anno abbas Joachim sic de antichristo prophetavit : Cum fuerint expleti 1260 anni, nascetur antichristus. Et hic pro sanctissimo habebatur». *MGHS* xvi. 351.

（16） Ibid., p.372. *Super Hier.,* cap.46, f.60r.からの引用。〔＊原文は【I-5 n.61】既出。〕

（17） «Regnabit Menfridus ...».

（18） *MGHS* xxiv. 207. この預言については【III-2 p.391】参照。

（19） «Potens enim est Deus Francos repellere et Alemanos contra ecclesiam revocare ...». *Annales Placentini Gibellini, MGHS* xviii. 516.

（20） «Oculos eius morte claudet abscondita ... Vivit et non vivit». Milioli, loc. cit., p.568（ref.【I-6 n.22】).

（21） «Plus dixisset hic auctor, si vixisset et vidisset depositionem Friderici et successus strenuos regis Karoli in regno Sicilie». Sicard of Cremona, loc.cit., p.175, n.2（ref.【本章 n.1】).

（22） «Abbas Joachim eruditissimus dixit per spiritum prophetiae quod uxor sua gravida erat, quae adhuc gravedinem nullam ventris sentiens, de daemone erat praegnans ... dixit quod filius suus nasciturus debebat mori excommunicatus, et ideo qui extra communionem ecclesiae est positus, et moritur sine ecclesiae sacramentis, recte dici potest daemonis filius, et sic fuit, prout experientia temporum manifestat». Muratori, o.s. viii. 778-9.

（23） «prophetico dotatus spiritu». G. Boccacio, *De mulieribus claris ...* , Ulm, 1473, ff.cx.v-cxi.v.

（24） «Eisdem temporibus quidam dixerunt subscriptam esse prophetiam Joachimi : Egredietur unicornis de plaga occidentali cum vexillo leopardorum ...». B. Cotton, *Historia Anglicana,* RS, pp.239-40. わたしにはこの預言のどの節も擬ヨアキム文書との符合を見出せない。彼はまた別のヨアキム主義的詩節 «Gallorum levitas»（【I-8 n.32 ; III-2 n.41】参照）やマーリンの預言をも引いている。

第8章　中世後期にみるヨアキム著作の伝播

中世後期、ヨアキム主義的著作はどれほど読まれ、また使われたのだろうか。年代記作者たちの記したところからみて、それはじつに限られた知識だったことが分かる。ロンバルドゥス論駁の論考を別にすると、ヨアキムの名を付されて引かれることが最も多い書は『エレミヤ書註解』である。もちろんこれは托鉢修道会の預言を含んでいるからに違いない。他の擬ヨアキム文書、『預言された災厄』や『イザヤ書註解』、あるいは曖昧に大修道院長に帰される預言に関する著作を引く年代記作者は僅かである。オーセールのロベルトゥスの記述から、すこしは『黙示録註解《エクスポジチオ》』についても知られていたことが分かる。十四世紀初頭、ボローニャのドメニコ会年代記作者フランチェスコ・ピピーニは、かなりの分量のヨアキム著作を知っていた。[1] しかし托鉢修道士の環境を外れると、『符合の書』あるいは『十玄琴《プサルテリウム》』を知る者すら僅かで、未完の『四福音書討議』その他の小著作となるとまるで記載がない。

とはいえ、写本の数々からは、真正著作に限ってもなかなか広く読まれた様子が窺える。特に擬書の場合には、欄外書きこみに読者の持続的な関心のありようが読み取れる。ヴァチカンの二写本――Lat. 4959およびRoss. 552――はどちらも十三世紀の潑剌とした書写をみせており、擬ヨアキム文書『イザヤ書註解』および、それに先立つかたちで後に『前《プラエ》置き《ミッシオーネス》』と呼ばれることになるちょっとした形象の集成《コレクション》が収められている。[2] これらの図像形象は美しく仕上げられており、二写本の様式は異なっているとはいえ、謎に満ちた図や表の表現にすでにある種の定式ができていたことが分かる。たとえば、龍のかたちとその装飾、また魚が泳ぐ紅海の図式《ダイアグラム》。[3] どちらも欄外〈注〉、指差し記号、あるいは要点の意味を明かした但書き《キャプション》によって注目すべき点を強調している。以下はその幾つかの例である。

Lat. 4959[4]：注・シトー会修道士たち
注・聖職者たちの忘恩
注・一二九〇年、世界から完全に傲慢が滅ぼされ、不信者たちユダヤ人たちが神へと改宗する。
注・鷲とその種子
注・タタール人。注・アンチキリスト
注・ローマ帝国の終焉
注・最後まで教国に鷲が撒き散らされ、帝国の苦難は決して終わらない

Ross. 552[5]：前掲のものその他写本4959から採られた但書きの繰り返し。それに加えて、
注・説教修道会と小さき兄弟会の二つの修道会
アンチキリストはイタリアにあらわれずにはいないであろう
注・シチリアの崩壊

フィレンツェのラウレンツィアーナ図書館に蔵される三冊の写本およびそれらとは別にみるべき一写本は、十四世紀の二人のヨアキム主義的修道士の関心の在り処を語っている。そのひとりはフランシスコ会士、もうひとりはドメニコ会士である。三冊の写本はその朱書《ルブリカ》（あるいはそれに類した記載）からサンタ・クローチェ修道院に由来するものであることが分かる。「本書は修道士テダルドが用いたものを自ら居住したフィレンツェの小さき兄弟会修道院架蔵に委ねたものである」[6]。一つ目の写本は『符合の書』を載せているが、そこからは筆写者が歴史世代に関する複雑きわまる計算に格別の関心を寄せていたことが知られる。彼はそれらを明らかにするため、幾つかの補記を付しているばかりか、彼独自の試みを一つ付け加えてすらいる[7]。彼がそれらをうまく果たしているとは言えないが、それに魅了されていることははっきりと看てとれる。その欄外に修道士テダルドは〈注意《ノータ・ベーネ》〉、波線、指差し記号を書きこみ、十分な注意を喚起しているが、彼の関心の

所在は以下の三つの欄外注に明らかである。八三葉裏：「注・聖なる清貧信仰」(8)、九四葉裏（ヨセフ、ソロモン、キリストに類型が求められる新たな序列《オルド》というヨアキムの説に反対して）：「浄福なるフランチェスコの謂うところを表わしたものならず」(9)、一〇六葉裏：「二つの修道会」(10)。二つ目の写本は『符合の書』の第五巻をだけ載せたもの。ところが修道士テダルドの三つ目の写本は、擬書『エレミヤ書註解』と小品ながら現在ではヨアキムの真作と判断されている二つの著作、『最新の試練の数々について』および『信仰箇条について』(11)を併せたものである。これら二著作を載せた写本はさほど多く見つかってはいないばかりか、その組み合わせも稀にみるものであり、サンタ・クローチェではこれらの著作がどのように読まれていたのか、ここにフランシスコ会聖霊派の影響を窺うことができるのではないか、と想像させずにはおかぬものである。

これらとは別にみるべき一写本は、サンタ・マリア・ノヴェッラ修道院に由来するもので、『符合の書』の十四世紀写本である(12)。この筆写者の図案描写のすばらしい腕前はわれわれになんとも驚くべき感興を残さずにはおかない。彼自身、図式《ダイアグラム》を創案している訳ではないが、世代図式をじつに美しく描出し、ヨアキムの意図したところの幾つかはここにはじめてその意味を明らかにしたようにすら思われる。ともあれ、この写本の最も好奇心を擽るところは、この筆写者が『形象の書』を見ている、という事実である。あるいはその一部分を、であったかもしれないが。『符合の書』の終わり近く、テクストがこれまでに一度も描かれたことのない形象を喚起するところで、この筆写者は別に『形象の書』からテクストを除いて描かれた〈七つの時期《エターデス》〉の図二葉《ダブル・フォリオ》を挿入している(13)。この形象はじつに丹念に明瞭に仕上げられている。これは『符合の書』のテクストと直接関係するものではないが、この筆写者の〈形象〉への嗜好を証している。なんといっても他の写本の数々は皆、この形象を描き入れることを省略しているのだから。またそれにもまして、原本ではじつに問題ある部分に、彼が描いてみせる驚くべき樹木がある(14)。これは独創的な様式《スタイル》で描かれている。もちろんより古い形象に範を採ったものであるが、その下部に彼は、上向きに広げられた猫のような悪魔の口から樹幹が伸び出る奇態な姿を描きこんでいる。これは彼の想像力からする架乗であるが、それを彼は『形象の書』の〈樹木-鷲〉に触発された、と推理したくなる態のものである。実際そこでは樹木は鷲の頭に発している(15)。しかしここでわれらの書写者は、この付加によってかえって樹木の意味を無化することになり、ヨアキムの思惟をうまく理解していなかったことを明かしている。いずれにしても、これはヨアキムの〈形象〉がいかに豊かに想像力を掻きたてるものであったかを示す圧倒的な証拠であることにかわりはない。

パドヴァのアントニアーナ図書館に架蔵される二写本が、ヨアキム著作の初期の重要なテクスト群を集めたものであることは、すでに長くにわたり承認されてきたところである。実際、これら二つの写本が載せるところの著作群には、後代のヨアキム主義者たちによる改竄の跡もなく、その真正性を強く推測させるものである。MS. 328は『符合の書』を収めている。十四世紀の筆跡と認められる欄外注はヨアキムの思惟への関心の継続を、それも特に三〈時代《スタートゥス》〉と二つの修道会への興味を示している。二三葉裏のヨアキムの註解を要約した三つの樹木に関する長い注記には目を瞠るものがある。そうしたもののなかでも最も興味深いのは三四葉裏の注で、その一節には、「じつにいまや、現今の学者たち特に聖なるトマス・デ・アクィノが数多く新たなる造詣に満ちた註解に明瞭明晰に著しているところからして、第三の時代ははじまっている」[16]と記されている。トマス・アクィナスが第三時代の先駆け、また新たな〈霊的知性〉の代表者として賞揚されているところが面白い。トマスとしてはそのような役回りはご免蒙ると言ったに違いないが。それより後の二つの注記には、この写本が読まれた折の年記が認められる。そのうちの一つ、世代計算に関するものは一三四一年に書きこまれている（六二葉表）。もう一つは、トマスに関する注よりずっと希望のない調子で次のように記されている。「注・これら二つの修道会は現時一三四二年いまだ出現しておらぬ」[17]、と。MS. 322は『十玄琴《プサルテリウム》』、未刊で稀な『四福音書討議』、それにかなりの数の小著短論を蒐めた集成《コレクション》である。小著のうちにはいまだ注意深い検討を要するものも含まれている。[18]つまり書簡、説教、預言等で、いまだ未公刊であるとともに、この写本にしか含まれぬもののことである。この集成の総体は、それがヨアキムの初期著作から最後期の著作まで原本《オリジナル》にあたることのできた人物によって成されたものであることを示唆している。これら二つの重要写本に関して、残念ながらその由来を証するしるしはなにもない。

ヨアキム著作群の重要写本の数々がパヴィアとレッジョ・エミリアにあることは、ヨアキム主義研究が北イタリアでなされたという可能性を補強するものである。それにもまして——パドヴァの場合と同様に——そこには擬ヨアキム主義的な影響の痕跡が認められない。パドヴァ写本の事例で際立っているのは、『黙示録註解《エクスポジチオ》』の欠如である。パヴィアには

『註解《エクスポジチオ》』に対する『序論《イントロドゥクトリウス》』の最も早い時期の写本がある――これは一時ミラノにあったもの――が、これは先に『黙示録叙説《エンキリディオン》』と呼んだところの初期異文《ヴァージョン》である。[19] レッジョでは司教区神学校《セミナリオ》の同一文書庫から二冊の写本が見つかった。その一方はヨアキムの小著作群――『最新の試練の数々について』、『ユダヤ人駁論』、『信仰箇条について』――と『四福音書討議』の一部を収めている。もう一方は『形象の書』のみから成っている。この文書庫にはヨアキムの他の主要著作群も蔵されていたに違いない、とトンデッリは論じている。十六世紀には、これら二つの写本のうち、後者は確実にパヴィアにあったものだが、トンデッリはどちらもエミリアで制作されたものに違いないと考えている。ただ可能性として、それらが十三世紀末のフィレンツェのものであるかもしれない、と彼も保留をつけてはいるのだが。そうだとすると、上述したサンタ・マリア・ノヴェッラ写本と関連づけることができるかもしれない。いずれにしても、これらの写本は南イタリアというよりも、北あるいは中央イタリアでの書写になるものである。[20]

パリの国立図書館には、十三世紀から十四世紀に制作された『符合の書』写本が、すくなくとも四冊蔵されている。これらはおそらくどれも北あるいは南フランスで書写されたものである。[21] そのうちでも最も初期のMS.Lat. 10453、その四七葉表の欄外注は興味ある知見を漏らしてくれる。「注・これは小さき兄弟会のことである」[22]、と。『符合の書』に寄せられた関心は、また別の早い時期のパリ写本にみる〈符合の図表〉を思い合わせるとき意味深いものとなる。[23] そしてパリには黙示録に関する小論考の初期写本が二冊ある。これは『註解《エクスポジチオ》』とは独立して回覧されたものであり、おそらくこの主著より以前に著されたものと考えられる。[24] これらの写本の一つ、Lat. 2142はパヴィア異文《ヴァージョン》に等しい『序論《イントロドゥクトリウス》』を含んでおり、これは『黙示録叙説《エンキリディオン・スーペル・アポカリプシス》』と呼ばれている。[25] それほど一般的でないこれら二著作がたちまちのうちにイタリア外に伝わったというのはなかなか重要な点である。ひょっとするとこの事実は、コゲシャルのラルフやオーセールのロベルトゥスが、かなり早い時期にヨアキムの黙示録論の要約をしていることとなにか関係があるのかもしれない。

大英博物館の収蔵書目に関してはいまだ十分研究されていない。MS.Harley 3969には、すでにパリで出会った黙示録の小論の初期の写しが収録されている。[26] フックはこのテクストを公刊した折、どの文献目録にも正確に特定されてはいなかったこの大英博物館写本を知らなかった。ダラムの聖堂付属修道院に由来するMS.Harley 3049には、ヨアキムの『序《イントロ》論《ドクトリウス》』——こちらはパヴィアの稀少なる異文《ヴァージョン》『黙示録叙説《エンキリディオン》』——からの抄録が収められている。これは紙葉の欠損のせいで不意に一三七葉表からはじまっている。その他にも大英博物館蔵になる興味深いヨアキム主義者の書冊として、MS. Add. 11439がある。これは一三七七年に書写されたもので、主に擬ヨアキム文書の数々を収めたものだが、ヨアキムの遺言書および現在では真正著作とされる二つの小著作——書簡『普遍なるキリスト教信仰について』および『ユダヤ人駁論』——をも載せている。擬書としては、『エレミヤ書註解』、『エリトレアの巫言』についての論考、『前置き《プラエミッシオーネス》』の形象集成、そして『イザヤ書註解』の第一部が含まれている。これはどうやら個人的な選択によるものであって、いわゆる選集《アンソロジー》とは一味違うものにみえる。編纂者の関心のありようは欄外余白と〈諸形象〉に識られる。実際、『エレミヤ書註解』には数多くの〈注〉および、〈二つの修道会〉、〈龍の七つの頭〉、〈天上の教皇《ケレスティヌス》〉といった見出し語の書き込みがある。彼は『前置き《プラエミッシオーネス》』の図像群を別に、独自に四形象を創案しており、じつに興味深い。[27] これらは主要主題の幾つかを図表《ダイアグラム》に変形したもので、そこにはヨアキム主義者の〈諸形象〉の純粋な〈様式〉を観てとる者もあるかもしれぬが、どこか観念の混乱がみられる。とはいえここには明らかにこうした形象をもってヨアキム主義を学び考えることを好んだ者がいる。彼は遅くとも十四世紀最後の四半世紀の人で、後代の注記からすると、彼は小さき兄弟会士だったものと思われる。

　ブルームフィールドは、十四世紀、イングランドでヨアキム主義者の著作が広範に流布し読まれていたしるしに注意を喚起している。現存する写本群を別にしても、財産目録や文書庫目録《カタログ》という証拠がある。サイオンの修道院は『註解《エクスポジチオ》』の写本を蔵していた。それはエクセター聖堂にもあった。オクスフォードのフランシスコ会は『註解《エクスポジチオ》』も『符合の書』をも蔵していた。[28] ヨークのアウグスティヌス会修道士たちの書庫にはこれら二著に加え、擬書『預言された災厄について《デ・オネリブス・プロフェタールム》』や、おそらく『形象の書』の図像のひとつと思われる〈図表《タブラ》〉もあった。これら一群の書冊は、ある時期、ジョン・エルゴームが所蔵する著しい預言書蒐集《コレクション》の一部をなしていたことが分かっている。彼はこの修道院のアウグスティヌス会士で、こうした神秘に精通していた。[29]

　またあちこちに散見される言及から、ヨアキム主義的預言の数々がかなりの流行をみたことも知られる。ある説教者、おそらくストラトフォードの大司教は、一三四〇年代の説教で『預言された災厄について《デ・オネリブス・プロフェタールム》』を引用しており、[30] トマス・ウィンブルドンは一三八八年のセイント・ポール・クロスでの有名な説教で『エレミヤ書註解』を引いている。[31] 特に前者は、イングランドでの『預言された災厄について』の評判のほどを証している。この説教は聖トマス・ベケットの祭日のものであり、擬ヨアキム文書から引かれた一節（これが一二五〇年代に著されたものであることを注しておこう）は明らかにベケット殺害の〈預言〉である。ヨアキムの名のもとに流布した論考『文字の種子について《デ・セミネ・スクリプトゥラールム》』もまた注目を浴びたものだった。これはウィクリフに帰属されたこともある著作、『教会の終焉』中に用いられ、[32] またスウィンブロークのガルフリドゥス・ル・ベイカーの『年代記』にも引かれている。[33] ノヴォカストロ（ニューカースル）のフーゴーは一三一九年の著『アンチキリストに対するキリストの勝利について』で、〈アンチキリストの到来〉の時をめぐって、その一章をまるごと『文字の種子について』の解読に充てている。彼もまた「ローマ教皇の姿を描いた小冊子」を暗示しており、これはイングランドでの『教皇預言集《ヴァティチーナ》』への最も早い時期の言及ともみなし得るものである。[34] ブルームフィールドは、ウィクリフ自身その著作でヨアキムに言及している箇所の一覧を挙げている。[35] こうした文献的証左とは別に、十四世紀から十五世紀にかけてのすくなくとも十冊の写本が、これに類したあてどない擬ヨアキム主義的巫言《オラクル》を載せている。[36] またヨアキム主義への関心を垣間見せる預言選集《アンソロジー》のようなものも幾つかある。

　とはいえ、十四世紀のある占星術師はヨアキムに帰されたこうした巫言の数々にかなり苛立ちを示している。エシェンデンのジョン。彼は一三五七年から六五年に関する大修道院長ヨアキムの予言が占星術的計算からは支持し得ないものである、と攻撃している。彼が用いているテクストはヨアキムに帰された、「彼の符合に関する大冊」に載る初期巫言《オラクル》。これは先に見たように、一二五〇年以前に遡るものであった。[37] エシェンデンはそれを引くにあたり、自らの想像力に恃み、〈不正なる知識〉を用いる類の偽りの預言についての注記をもってはじめている。そして預言の末尾部分を引き、こうした預言に対する判断を示す。「ヨアキムの予言の霊がなにゆえにこのようなことを語ったのか、わたしは知らない。しかしこれが天文学の知識によるものでも、天上のいずれかの星座にしるされた予兆に準じて地上のことがらをヨアキムが予言したのでもないことは断言できる」[38] と。

　また別の十四世紀のヨアキム批判者として、トマス・ブラッドウォーディンが挙げられる。しかしここで彼は、ヨアキムのあまり知られていない真正著作『神の予知と選ばれた人の予定についての対話』[39]について論じている。彼がこの写本を入手して読んだということには驚きを隠せない。いずれにしても彼は読みとったところを容認することができず、その著『神の原因論』に注意深くヨアキムの論述の要点を挙げつつ、厳しく批判している。[40]彼はヨアキムが偉大な学者であることを認めつつも、大きな権威のひとりとしては認めない。それはペトルス・ロンバルドゥスを論駁して著された三位一体論において彼がアリウス派異端に陥っているからであり、一方この著作では刻苦してその過ちを排そうとしつつ、かえってペラギウス主義に飲みこまれてしまっているからである、と。ここにふたたび、ヨアキムの思惟がスコラ学的観点からする論議に、たやすく損なわれ得るものであることを認めることになる。実際、ブラッドウォーディンはヨアキム自身のうちにある矛盾を批判している。とはいえその攻撃にはなにか常軌を逸したところすら感じられる。

こうした事例を別にすると、スモーリー女史が指摘するように、おそらくいずれもイングランドの小さき兄弟会士たちであろう幾人かの註解者たちから、ヨアキムは黙示録に関する権威と賞賛されたのだった。十三世紀と十四世紀の変り目に位置するジョン・ラッセルは、自著『黙示録註釈』に頻繁にヨアキムを引くなかなか慎重なヨアキム礼讃者である。[41]彼はヨアキムの最も危険な領域からも引用を試みようとする。そのアルファとオメガの三位一体的解釈のことである。そのため、彼はあからさまに一二一五年の断罪に触れつつ、棘の中にも花を摘むことはできる、と自己擁護を忘れない。

このすばらしき学殖をみせる論考は三位一体の神秘を数々のヘブル文字の統一性に汲んで広く論じたものである。

……

注目すべきは、ヨアキムがもうひとつここに開陳するところ。つまりそこでは二つの似た文字が神における位格《ペルソナ》の発出を描写するものであり得る。アルファという文字要素は二の一からの発出継起を、つまりこれは二つの位格《ペルソナ》、御子と聖霊が唯一の本源原理、つまり父から発出継起することを意味し……このようにヨアキムは言う。ファウストゥス駁論第十六巻の巻頭に言うところ、棘から花を摘まねばならぬ、葉から実を云々……まさに過ちの内にこそ真と有益はあり、ここから排されるべきは、断罪箇条一、われわれは小著《リベッルス》つまり大修道院長ヨアキムがマギステル・ペトルス・ロンバルドゥスに反論した論考を断罪し譴責する……[42]（以下教令からの引用がつづく）。

ラッセルは第三〈時代《スタートゥス》〉の預言を避けてはいるが、ヨアキムに率直な解説者の姿を認めている。フランシスコ会聖霊派の過激なヨアキム主義者たちが歯を食い縛るようにして刻苦するところ、ラッセルは彼らの熱烈な夢想からは超然と隔たり、いまや修道会を揺るがす破壊的な見方に結びついた著者の名を平然と〈安全〉な資料として使ってみせる手腕は驚くべきものである。

二人目はイングランドの小さき兄弟会士ジョン・ライドウォール。彼はオクスフォードの指導者のひとりだったが、一三三九年頃の自著『黙示録講解』[43]でヨアキムの『註解《エクスポジチオ》』を二度引用している。ひとつはなんの問題もない言及であるが、もうひとつは危険な素材である。彼はそれになんの注をも付していない。「ヨアキムは二つの時期について言っている。ひとつは御子の時、もうひとつは聖霊の時。この世は終わりに近づいており、いまやそこに突入しつつあるということに思いをいたすべきである」[44]。三人目のジョン・ラスベリーもまたオクスフォードの指導者のひとりだが、彼もまた『註《エクスポ》解《ジチオ》』から毒のない諸節を引用し、この書に危険材料が包み込まれていることには一切触れない[45]。

十四世紀のイングランドの小さき兄弟会士のうちで最もヨアキムへの傾倒をみせるのがコッシーのヘンリーである。彼の『黙示録註解』[46]はヨアキムの諸観念の危険性を排して、それと一体化しようとする魅惑的な試みとなっている。大修道院長がその最大典拠とされていることに間違いはない。彼はヨアキムを偉大な巫言者《オラクル》とみなし、すくなくとも六十回引用している。その一節でヘンリーは師の方法を拡張し、アジアの七つの教会を教会の七つの〈時期《テンポラ》〉に比定する。そこで〈サルディス〉[47]は、「カロル（シャルル・ダンジュー）の時代、ヨアキムが黙示録について著したところによれば、その時期は主の一二〇〇年にはじまるも、それがどれだけ続くかについては知ることはできない」[48]時期を意味するものとされる。こうしてヨアキムが歴史の類型《パターン》のひとつに自らを置いた場所をコッシーのヘンリーは熱心に取り出してみせる。彼は大修道院長の諸観念と一体と化す。実際、彼は幾つかの句節を除いて、ほとんど直接引用をしていない[49]。彼は『註解《エクスポジチオ》』の数頁にわたる解説を要約したり、ヨアキムの著作の順序を意図的に前後させたりする。彼の関心の中心は、旧約の七つの〈戦争〉と教会の七つの試練、龍の七つの頭、この世の七つの〈時期《エターテス》〉、そして説教者の七つの階層（七つの修道会）にある。明らかに彼は、「こうした全般秩序《オルディネ》において、最後にユダヤ人たちその他の無信仰者たちは説教によって改宗する」[50]というヨアキムの待望する第六および第七の序列秩序に、ずいぶんと魅了されている。特に彼はフィラデルフィアの教会の天使を「この序列秩序《オルド》が霊の賜を授けられる第六の時期である、あるいは、となろう」[51]とするヨアキムの解釈を借りている。また彼はヨアキムに特徴的な表現、アルファ、オメガ、神聖四文字《テトラグランマトン》に関心を寄せてもいる。[52]ヘンリーが主として用いた句節は、ヨアキムが第三〈時代《スタートゥス》〉という歴史の頂点《クライマックス》への期待として説いたところ、あるいはそうした期待を導き出したところのものである。それゆえ驚くべきは、ヘンリーがこの深甚な句節を読み、用いるにあたり、そこから劇的な情動を取り除くべく努力しているという点にこそある。彼は決して第三〈時代《スタートゥス》〉について言及せぬばかりか、彼の歴史図式には〈安息の時期〉の場所はない。それにまた彼は、ヨアキムの預言を托鉢修道会という新序列秩序《オルド》に関するものとしても採らない。こうしたヨアキム主義の中核をなす部分の排除は、かえって恣意的な読解ではないかと言われ得るほどにも顕著である。それでもコッシーのヘンリーは、ヨアキムを無害なものとなし、より型にはまった思惟において引用言及しようとする解釈者たちの範疇には入りきらない。ヘンリーは〈ハムレット〉劇の全体を欲する――ただしハムレット抜きで。

さて、スモーリーが考察するように、『ヤコブが夢にみた幻視後註』[53]の逸名の著者もまた托鉢修道会士であったとすると、ここにまた、ある意味で黙示録のヨアキムによる解釈の影響を蒙った別の修道士の姿を見出すこととなる。この著者は黙示録一一章三―四の〈二本のオリーヴ〉と〈二つの燭台〉のふたつをめぐり、直接ヨアキムを参照している。

> ヨアキムの言うところはこの点ヒエロニムスに一致符合している。ここで霊において二と言われるところは、文字通りに消尽する訳ではない。ここで二とはこの世の終わりを前にしてあらわれる二つの修道会《オルディネ》のことであり、それが二本のオリーヴまた二つの燭台と言われているのである。その油は慈悲に燃え、叡智の光輝はきらめきわたるゆえに。[54]

これはもちろんヨアキムの鍵ともいうべき解釈であり、厳密に調べてみるなら、ここに引いた一節がヨアキムの幅広い註解の大意を要約換言したものであることが分かる。それは『註解《エクスポジチオ》』印行版の一四八葉裏から一四九葉裏を占めるものに相当している。一箇所を除き、この著者は出典を録していないばかりか、短い章句を別にすると逐語的に文章を引いている訳でもない。しかしその全体の流れと個別の解説からは、典拠は一目瞭然である。検討を進めるうち、この著者はこれに類した手法ですくなくとも他に三箇所、ヨアキムの『註解《エクスポジチオ》』を用いていることが分かる。[55] ヨアキムの解釈をそれとなく用いるこうした使用法には興味深いものがある。それもヨアキムに特徴的な諸観念を、彼は拾っているのである。その他にもいろいろと、直接ヨアキムを引く訳ではないにしても、同類の考えを示してみせる。[56] 彼は黙示録の天使たちを説教者たちの諸修道会として説明するとともに、未来の二つの修道会に関するヨアキムの預言的なことばに惹かれ、また托鉢諸修道会の特別な役割を示唆してもいる。[57] こうして彼は、黙示録解釈のうちに全世界を巻き込む闘争のドラマを愉しんでいるかにみえるが、自身は歴史の神化、この世の時間のうちに第三〈時代《スタートゥス》〉あるいは安息の時期が将来するという期待はまったく抱いていない。[58] これら最後にとりあげた二人の著者は、未来の待望という罠に陥ることなしに、ヨアキムの歴史類型《パターン》の展望《ヴィジョン》を評価することもできるのだということを表わしている。

ヨアキムに対する小さき兄弟会からの関心は——たとえそれが聖霊派とは袂を分かつものであったとしても——理解できる。しかし、こうした極端な忌避あるいは熱狂を呼び覚まさずにはおかないヨアキムという名が、偉大なアウグスティヌス会士アゴスティーノ・トリオンフォのような人物の真率な聖書解釈にもあらわれるのを観る時、驚きは隠せない。十四世紀の第一・四半世紀、彼は『黙示録評釈』を著すにあたって幅広くヨアキムの『註解《エクスポジチオ》』を引用している。[59] 実際、ヨアキムは彼が最も頻繁に引用する著者であり[60]——全体で四十回ほど——ヒエロニムスやベーダにも並ぶ一般的権威とみなされている。スモーリーが論じているように、たしかにこの教皇の〈全権《プレニトゥード・ポテスターティス》〉の擁護者は彼の触れるものすべてに正統の封印を貼らずにはおかなかった。それゆえ、ヨアキムの著作に対する彼の取扱いを検討することは興味深いものがある。彼はヨアキムの数象徴の幾つかを採用しているが、それらの扱いは彼独自のものである。たとえば、彼はヨアキムの教会の七つの〈時期《テムポラ》〉を引くが、彼自身、七の〈秩序《オルド》〉に相当する類型《パターン》をつくり成し、そこに非ヨアキム主義的な図式とするためのひねりを加えている。「第六はアンチキリストとその四肢たる族。第七は邪悪の断罪と義への報償[61]」。彼はヨアキムの氏族と教会をあらわす核心的な五‐七類型《パターン》を用いるが、それも純然たる歴史解釈としてであって、隠された聖霊の時代に言及することはない。[62] また、旧約聖書の七つの〈戦争〉が、ヨアキムに特徴的な第七の時期の安息に場所を明け渡す第六の時期の闘いと重ねて採りあげられるが、その新約との対照一覧は歴史の終末にあたる安息の時期の前で寸断されている。[63] 七つの秩序《オルド》はアジアの七つの教会と同置され、ヨアキムの鍵となる形象〈新修道会の数々の図〉と緊密に符合するかたちを採っているが――文脈から外されて――第三〈時代《スタートゥス》〉との関連をみせることはない。[64] トリオンフォがヨアキムの数‐類型《パターン》に興味を寄せていることに疑いはないが、彼のその用法を検討した限りでは、彼はたしかに歴史の三位一体的解釈を排することに努めているように思われる。個別の引用には決して第三〈時代《スタートゥス》〉はあらわれないし、そうした言辞のある場所は厳密に削除されている。たとえば、フィラデルフィアの教会の天使についてヨアキムを引く時、[65] ヨアキムがこの天使に象徴される第三〈時代《スタートゥス》〉の〈霊的教会《エクレシア・スピリトゥアーリス》〉と霊の人々の新たな修道会について長々と言葉巧みに語りはじめるところで、彼は正確に引用を中断している。[66] また、〈雲に被われて《アミクトゥス・ヌーベ》〉降る人の子についても、ここにヨアキムがその象徴をみる新修道会の描写をではなく、彼はヨアキムの一番曖昧な表現を選んでいる（「いずれ説教をする者であろう」）。[67] その他、彼はヨアキムが新修道会の到来を預言した句節はみな排除している。トリオンフォはヨアキムの歴史の三位一体的解釈の危険性に十分気を配っていた、と人は言うかもしれない。たしかにそこには高度な選択がなされている。にもかかわらず、そこにはヨアキムを引用するという誘惑に抗することのできなかった高邁な聖書解釈学者の姿がある。彼はヨアキムの歴史類型《パターン》に魅了されているが、第三〈時代《スタートゥス》〉の待望に迷い込むことのないよう、それは厳密に過去に限って適用される。彼のヨアキム引用は、こうして無害安全なものと化すことになる。

　こうした著作群と著しく類を異とするのが数々の預言精華集《アンソロジー》である。ここでは〈精華集〉ということばを、短い預言の数々あるいは他の諸作群からの抄録の集成を意味して用いる。ヨアキム主義的精華集こそがヨアキム主義者の手本のようなものであったのかもしれない。これらを検討するうち、われわれはあらゆる種類の預言、巫言、謎の詩節それに〈諸形象〉に満ち溢れた森の中に踏みこむことになる。それらの選択は、時として制作者たちの憂慮と関心とがどこにあったものかをはっきり照らし出してみせる。そうした精華集の最も初期のものが、すでに見たパリMS. 11864の巻末に収められている⑱。これが十四世紀から十五世紀にかけて出まわることになるヨアキム主義的文書のより広範な集成《コレクション》の基礎となったものである。

ヨアキム主義文書の典型を十三世紀後半のヴァチカン写本Lat. 3822に見ることができる。これはおそらく南イタリアで制作されたものである⑲。その前半には三十三の預言断片が収められている。筆跡は様々、順序もばらばらで、余白は走り書きの書き込みで埋められている。後半はより整然としており、限られた書写者による長い章句の抄録あるいは著作全体の書写からなる。これには上述したパリの初期精華集も含まれており⑳、それに『形象の書』の二形象の混融からなる歴史の樹木を付加しようという錯雑した試みが見られ、また同書から龍の形象に付されたテクストやその他のヨアキムの小著が付されている㉑。この短いテクストと〈諸形象〉の小集成は、ヨアキムの長大な著作群と格闘する暇のない者たちの注目を引くためにはまたとないものであったに違いない。これと精確に同じ精華集《アンソロジー》を、次の世紀のパリ写本Lat. 3595に見つけることができる㉒。ただしこれは別の原本をもとに書写されたものである。ヴァチカン写本Lat. 3822の複数の編者たちはこれに留まらず、他にもいろいろと書き込みをしている。この小精華集の中に後から綴じ込まれた二葉は、他の龍の図像と他の預言を載せている㉓。そしてそれに『註解《エクスポジチオ》』その他真正著作からの抄録と並んで、『災厄について《デ・オネリブス》』、シビュラの巫言、それにアンチキリストに関する小詩編㉔がつづいている。『符合の書』と『十玄琴《プサルテリウム》』から採られた〈諸形象〉は注意深く写されており、その間に〈エリトレアの巫言〉からの抜粋が挟み込まれている㉕。後半には『エレミヤ書註解』全文が収められ、ヨアキムの遺言書が最後に付されている。この雑纂書は、十三世紀末、ヨアキムの名とともに出まわっていた文書の多様性を活写するものとなっている。とはいえそこには特別な観点あるいは宣伝唱導といった目的が認められる訳ではない。ともあれこうした無差別な集成こそ、当時の読者の要請を反映したものであったに違いない。

ヴァチカン図書館にあるまた別の精華集——Lat. 4860——の編者もおそらく南イタリアのフランシスコ会士だが、教説にかかわるものを集めている㉖。たしかに彼は素材の選択により注意を払い、ヨアキムの主要三著作からの抜粋を選抄しているばかりか、珍しい著作『聖ベネディクトゥス伝』、『最新の試練の数々について』、そして『信仰箇条について』の全文を収めている。彼の選択の最も興味ある点は、『形象の書』から選ばれた数々の〈諸形象〉と『符合の書』から採られた二つの図に認められる。彼が広範に写した擬ヨアキム文書は『エレミヤ書註解』のみである。(77) この編者は、じつに、『形象の書』をも含むかなりの量のヨアキムの真正著作を閲覧できる環境にあったことが看てとれる。明らかに彼は〈符合の図表〉、〈歴史という樹木〉(78)、そして〈龍〉といったヨアキムの歴史構図に関心を寄せているが、そればかりでなく、ヨアキムの典礼や修道制に関する考えにも注意を払っていることが、他に彼の選んだ二つの〈形象〉、〈神秘の教会〉および〈新修道会群の配置〉から知られる。フランシスコ会士が托鉢修道会に関する預言を載せる『エレミヤ書註解』を採ることは理解できるが、それを別にすると、この精華集《アンソロジー》に占める真正著作群の分量には目を瞠るものがある。

　これとはまったく違ったじつに興味深い選抄が、パリとロンドンにだけ見つかる。これは『造詣深く尊き人、初代フロレンセ会大修道院長ヨアキムの現世の試練とこの世の終末について……選抄』(79)と表題されており、『符合の書』、『註解《エクスポジチオ》』の『序論《リーベル・イントロドゥクトリウス》』からの抜粋につづいて短い書簡『普遍なるキリスト教信仰について』を収め、『災厄について』および『エゼキエルの預言註解』といった擬ヨアキム文書に移っている。この書冊の後半には、別人の筆跡で〈アナーニの評決〉全文が載せられている。これはデニフレによって公刊されたものだが、ソルボンヌのマギステルたちが集めた草稿であり、じつに興味深い。実際、ヨアキム主義の諸観念の危険な性質を論う評定をまでも収めてみせるとは、まさか誰も想像してもみないところである。もちろん表題はヨアキムを尊重したものであり、精華集の意図も明瞭であるように思われる。ルナンのことばを引くなら、「小冊のうちに大修道院長ヨアキムの教義を要約しようとの試み」(80)である。またルナンはこの編纂書がゲラルドのものと同一ではなく、「幾分書写者の気の向くままに」編まれた独自の集成であること、そしておそらくアルルの会議で「その妄想を注した数多の書」(81)の類に属するものでもあろう、と論じてもみせた。パリのマギステルたちがヨアキムの教義の実際のところを知ろうと欲したのであったにしても、後代のフランス語の書き込みからはこの写本に対する関心が持続していた様子が浮かび上がってくる。(82) そればかりか、十四世紀中頃、これをほぼ正確に写した写本がおそらくセイント・ポール教会の司祭長キルヴィントンのリチャードのために制作されている。これは現在大英博物館蔵。(83) デニフレはこれを知らず、またその後の研究でもこれを指摘したものはみあたらない。

　十四世紀、擬ヨアキム主義的著作が増殖していく中にあって、特徴的な預言群がさまざまな組み合わせで出まわっている。こうした精華集《アンソロジー》としてパリの二写本――MS. Lat. 3319 と MS. 3595――はローマの集成 MS. Vat., Lat. 3820 や MS. Vitt. Eman., 14 S. Pant. 31 と共通した要素をみせている。(84) その内容は完全に擬ヨアキム主義の範疇に入るもので、『災厄について』、エリトレアの巫言、『キュリロスの巫言』、そしてヨアキムがハインリヒ六世のためになしたとされるマーリンおよびシビュラの預言の註解、その他の短いテクストから成っている。また MS. Paris, Lat. 14726(85) も上述の四写本と共通した要素をもっているが、北イタリアの龍に関する預言、(86) 天使的教皇に関する預言、それに第二のシャルル・マーニュに関する預言をも含んでいる。これについては後に論じることとしたい。(87) その他にも個別の預言がいろいろな組み合わせで載せられた数々の書冊がある。(88) そして遅くとも一三八七年には新しい精華集《アンソロジー》が登場する。これはヴァチカン写本 Reg. Lat. 580 と成るものであり、そしてここからルネサンス期に美しい写本 Vat., Chig. A. VII. 220 が制作されている。(89) また一四四八年、聖堂参事会員アントニウス・デ・ペトロニウスもヨアキム主義的編纂書を編んでいるが（Vat., Lat. 3816）、これは一四六五年、サン・キプリアーノの修道士アンドレアスがヴェネチアのサン・グレゴリオ・マッジョーレで筆写した書物と関係づけられるものである。

　イングランドにおいても、切迫したことどもに対する関心の高さをケンブリッジの写本 Corpus Christi College, 404 に認めることができる。これは十四世紀、ベリー・セイント・エドマンズでカークシュテードのヘンリーが中心となって、まったく独自に制作された精華集である。シビュラ、メトディウス、ヒルデガルトといった初期の巫言につづいて、突然、『大修道院長ヨアキムの教皇預言』(90) と題されたヨアキム主義的文書がはじまる。これは『教皇預言集《ヴァティチーナ》』の最後の五つから成っている。(91) 著者はこれらの最初のものをクレメンス六世(92) に充てており、その後には四人の教皇のみが待たれている。(93) この二つの事実は、われわれにこの写本の制作時期と結論保留の意味を示唆するものとなっている。そしてそれに『文字の種子について』と、ヨアキムをも含むいろいろな著作から抜粋した「アンチキリストとこの世の終わり」についての議論がつづく。そこで編纂者はコゲシャルのラルフによるヨアキムに関する記述の全体を写した後に「以上シベコーネおよびコゲシャルによる幻視の書より」(94) と録している。この書の後半には『キュリロスの巫言』、短い『大著作符合の書のヨアキムの預言』、これはすでに幾つかの写本に見たところ、(95) そして『教皇預言集《ヴァティチーナ》』の最初の十五の預言が、はっきりとヨアキムに帰され、挿画を付されて収められている。(96) この集成はイングランド王たちその他にかかわる幻視と預言の書、いわゆる『マーリンの預言』をもって終わっている。その終わり間近の一節。

> イングランドの修道士ウィリアム・ブロフィールドが一三四九年に録した流言について下記しておく。彼はノルヴィチェンセ(ノーヴィック?)の説教修道会士《ドメニコ》で、一部ローマに関する多々の預言をなしたがそれは晦渋で、すべての未来を何年も先のことまで預言したものだった。そしてその年つまり主の受肉の一三四九年、アンチキリストは六歳にして、すべての知識に卓れた子供で、他に彼に比肩する者とてない、と予言した。(97)

この注記に対しては多言を要しない。

後期の集成を初期のものと較べると、そこに性格の違いをみることができる。最初期のものは、ほぼ真正テクストの短い抜粋および〈諸形象〉から成っている。十三世紀末の精華集《アンソロジー》、MSS. Vat., Lat. 3822や4860の編纂者たちはいまだ、一群の新しい擬ヨアキム主義的文書によりも、ヨアキムその人の思考体系に関心を寄せているとはいえ、もちろんそれらを明確に区別している訳ではない。それが十四世紀、十五世紀の編纂書の数々ともなると、真正著作が引かれることは稀にしかなく、贋テクスト、シビュラの巫言、あるいは特殊な預言に溢れることとなる。アンチキリストの切迫こそが彼らの考えを支配しているのである。

註

（1） Pipini, loc. cit., coll. 598-600, 724, 726-8, 736, 741, 747, 752（ref.【I-6 n.22】）.

（2）『前置き *Praemissiones*』については、Reeves, Hirsch-Reich, *MARS* iii. 183-99 および *Studies* を参照。

（3） 龍：MSS. Roma, Vat., Lat. 4959, f. 2v ; Ross. 552, f. 3v. / 紅海：Vat., Lat. 4959, f. 27v ; Ross. 552, f. 26v.

（4） «Nota de monachis cisterciensibus.
Nota ingratitudinem clericorum.
Nota in Anno MCCLXXXX prostari prorsus mundi superbiam. conversis ad Deum infedelibus gentibus et Judeis.
Nota de aquila et eius semine.
Nota de Tartaris. Nota de antichristo.
Nota casum Romani Imperii.
Nota quod usque ad caudam seminis aquile in Regno et Imperio afflictio non cessabit.»

（5） «Nota de duobus ordinibus predicatorum et minorum.
Videtur velle quod antichristus oriri debeat de ytalica regione.
Nota de ruina sycilie.»

（6） «Iste liber fuit ad usum fratris thedaldi de casa quem vivens assignavit armario Florentini conventus fratrum minorum». MSS. Firenze, Bibl. Laur., (i) Plut. VIII, dextr. X (*Lib. Conc.*) ; (ii) Plut. XXVIII, dextr. Xi, ff. 189r-235v (*Lib. Conc.*, V巻のみ) ; (iii) Plut. IX, dextr. Xi (*Super Hier., De Ultimis tribulationibus, De articulis fidei*). これらの写本の詳細については、Reeves, Hirsch-Reich, *Studies*, pp. 35-38 参照。

（7） ff. 20v, 21v, 26v, 75v（補足図式《ダイアグラム》）.

（8） «Nota de sancta religione pauperum». f. 83v.

（9） «Non expresse dicitur de beato francisco». f. 94v.

（10） «Duo Ordines». f. 106v.

（11） *De ultimis tribulationibus, De articulis fidei.*

（12） Firenze, Bibl. Laur., MS. Conv. Soppr. 358. この写本の詳細については、Reeves, Hirsch-Reich, *Studies*, pp. 32-38, III, 125, 264-65 を参照。〔＊蛇足だが、サンタ・マリア・ノヴェッラはドメニコ会、サンタ・クローチェはフランシスコ会である。〕

（13） ff. 92v, 93r に渡って。ff. 92r, 93v は白紙のままである。Cfr. *Lib. Fig.* II, tav. XVIII.『符合の書』から消失した形象図については、Reeves, Hirsch-Reich, *Studies* を参照。失われた原本からこの図が外されてここに挿入された、という可能性も捨てきれない。この箇所は Vat., MS. Urb. Lat. 8., ff. 131v, 132v, 133r の該当部分では形象図なし、〈七つの時期〉のテクストだけとなっている。これら二写本にみられる幾つかの細部の類似からして、どちらも同一の原本から書写されたものであると想定される。

（14） f. 13v. ここで原本の樹木と称しているものについては、Reeves, *Arbores*, pp. 127-31 を参照。Vat., MS. Lat. 4861 の最後の一葉《フォリオ》には美しくまた独特な樹木 - 形象がある。これは失われたテクストの形象図を補訂する初期の試みとみなされるだろう。

（15） *Lib. Fig.* II, tavv. V, VI.〔＊【図 A-2, 3】参照。〕

（16） «Vide verum nunc sit tercii status exordium quando moderni doctores et specialiter sanctus thomas de aquino novo genere docendi expositionem tam copiosam, apertam et lucidam tradiderunt». f. 34v.

（17） «Nota de istis duobus ordinibus qui non apparent adhuc in 1342 anno». f. 86r.

（18） これら小著の幾つかについては以下の論考に論じられている。Buonaiuti, *Quat. Evang.*, p. lxviii n. 2 ; Huck, *Joachim v. Floris*, pp. 158-86.

（19） *Enchiridion*〔ref.【I-2 n.41】〕, Pavia, Bibl. Univ., MS. Aldini 370.

（20） レッジョとパヴィアの写本の数々については、Tondelli, *Lib. Fig.* I, pp.3-27, 112, 121-2, 137-45に論じられている。またTondelli, *ASCL* xii. 1-12をも参照。

（21） MSS. Paris, Bibl. Nat., Lat. (i) 10453：十三世紀第二・四半世紀あるいは十三世紀中頃。フランス、おそらく南フランス。(ii) 16280：十三世紀後期。南フランス。(iii) 15254：一三〇〇年頃。北フランスもしくはパリ。(iv) 3320：十四世紀。このうち最初の三冊の検討、制作時期および場所の判定については、ドーヴェルニー女史に負っている。

（22） «Nota de ordine fratrum minorum». f.47r.

（23） 【I-4 n.21】参照。

（24） MSS. Paris, Bibl. Nat., Lat. 682, ff.41r-45r ; 2142, ff.96r-103v. 起句：«Apocalypsis liber ultimus est». 結句：«Et tunc revelabitur gloria civitatis superne ad quam nos perducat dominus». この著作は、Huck, *Joachim v. Floris*, pp.287-96に公刊された。これはMSS. Paris, Lat. 2142（公刊版では682と記載されている）およびVat. Reg., Lat.132に拠ったもの。彼はこれを*Enchiridion in Apocalypsim*と呼ぶ誤解をしている（【I-2 n.42】参照）。またパリ国立図書館には形象図を多々含んだ十三世紀のすばらしい『十玄琴《プサルテリウム》』および『序論《イントロドゥクトリウス》』と、公刊版と同じ『註解《エクスポジチオ》』の部分を含む次の写本がある。Paris, Bibl. Nat., MS. Lat. 427 ; *Psalt.*, ff.1r-45v, *Lib. Introd.*, ff.46r-93v, *Expos.* (fragment), ff.94r-103r.

（25） *Enchiridion super librum apocalipsis*, ff.103v-133r.

（26） ff.216r-224r.

（27） Reeves, Hirsch-Reich, *MARS* iii. 184-5 ; *Studies*, pp.288-92でこの写本の図像形象のすべてを論じた。

（28） M. Bloomfield, *Piers Plouman*, Appendix I, pp.157-60.

（29） Ibid., p.159.【II-8 pp.322-24】参照。

（30） Hereford Cathedral, MS. P. 5. XII, f.104r-v：「……われらの国とわれらの民に不幸と悲嘆が訪れた。聖トマは大修道院長ヨアキムが預言した通りとなった。カラブリアのフロレのヨアキムは預言された災厄についてなる一書を著し……その書のアラビアにおける災厄と題された章で次のように言う。ブリテンは所期の予想に反してエジプトに敗北し、フランクは自ら目を眩まされ待機も忘れて進軍する。これはまさにベラキアの息子たるトマを殺すことによってガリアをも支配しようとしてのこと。かくして〔あるいは、拝金主義がイエスを貶めたように、とも〕イングランドの民の大部分は滅びることとなろう。傭兵〔あるいは商人、cfr.【本章n.35】〕はいかに神の羊舎を持とうとも、広大なる統治を保つことはできない。神の大地といえど貪欲なる狼たち盗賊の息子たちが嚙み跡を残していくのだから。このように大修道院長は言った」(cfr. *NA* xxxiii. 148, 軽微な異文《ヴァージョン》。説教は続く)「……イングランドの民はガリアの支配のもとに痛めつけられ、そのうえベラキアの息子たるトマを殺害する、と彼は言った。わたしの観るところ、この世にトマとベラキアの息子つまりゼカリヤの照応以上のものはなく……（旧約聖書の逸話がつづく）……それゆえ、わたしは主がわれわれすべての義なる血を欲したまうようなことになるのを恐れる」«... quod contricio et infelicitas venerunt super nostrum regnum et nostram gentem pro sancto Thome probatur per prophetiam abbatis Joachim. Joachim de Flore in Calabria scripsit unum librum quem intitulavit de oneribus prophetarum ... et in illo libro in capitulo quod intitulatur onus in Arabia dicit haec verba : Onus hoc Britannos mutuo respicit quibus quanta cedes ab Egyptiis Francis immineat obtusus eorum oculus non attendit. pro eo videlicet quod Barachie filius in Thoma rursus occiditur necesse est denuo a rege Gallico tanquam iheu altero ut ex maiori parte populus Anglicus conteratur. quantos mercenarios habeat ovile domini set quia dominus amplius sustinere non poterit huius terre deos avaros lupi rapacis filii puto morsibus relinquendos. Hec ille abbas.» [cfr. *NA* xxxiii. 148] « ... dicit populum Anglicum atterendum et a rege Gallico quia filius Barachie rursus in Thoma occiditur. Et notandum ut mihi videtur quod non potuit fieri melior comparatio in mundo quam inter Thomam et filium Barachie sc. Zachariam quod sic patet ... Timendum est ergo ne dominus requirat a nobis omnem sanguinem iustum». Cfr. W. D. Macray, *Sermons for the Festival of St. Thomas Becket*, *EHR* viii (1893), p.89.

（31） K. F. Sunden, *A famous Middle English Sermon* (Bod. Lib., MS. Hatton 57), Goteborg, 1925, p.27 :「……また大修道院長ヨアキムはエレミヤ書註解の中で言う。われらが主の一二〇〇年には」« ... also abbas joachim in exposicionn of jeromye seith : fro the yeer of oure lorld a thousand and to hundryd yer». この説教者はこの世が終わりに近づいている証しを列挙する。そしてまた僅かばかりヒルデガルトを引いてみせる。cfr. *Super Hier.*, f.1r.

（32） *The Last Age of the Church*, ed. J. H. Todd, Dublin, 1840. これは歴史の終わりにあたっての教会の試練についての小論考である。一三五六年の著作。ここで著者はこの世の終わりを一四〇〇年と算定しており、つまり残された時はあと四十四年しかなかった。この計算は『文字の種子について』から採られており、ヘブル文字とラテン文字アルファベートを基にしたものである。著者はヨアキムの著作の表題の幾つかを挙げている。いわく、〈預言者たちの種子〉、〈預言者たちの行ない〉、〈利益の罪科〉、〈教皇の言葉〉。前二者は『文字の種子について *De Semine Scripturarum*』を謂ったもの、三番目は恐らく『預言された災厄について *De Oneribus Prophetarum* 』、四番目は『教皇預言集 *Vaticinia de Summis Pontificibus* 』あるいは『フロレの書 *Liber de Flore* 』を指したものであろう。しかしここには純然たるヨアキム主義的待望の痕跡はない。最後に、ヨアキム主義者の詩編 Gallorum levitas の最後の一行が引かれている。【I-7 n.24 ; III-2 n.41】参照。

（33） Galfridus Le Baker de Swynebroke, *Chronicon*, ed. E. M. Thompson, Oxford, 1889, *Chroniculum*, pp.173-4 :「いとも聖なる大修道院長ヨアキムが、この世のつづく長さについてアルファベートの文字によって、またそれらの文字に数を配して年としたことは銘記すべきことがらである。そのはじめはローマ建国から、キリストの到来にいたり……こうして彼の説とアルファベートの算定において、最後の文字Zが残る。ここにこの世は終わり、ここに二百と五十という年が与えられる」«Memorandum quod ille sanctissimus abbas Joachym, monachus, descripsit mundum per literas alphabeti duraturum, et posuit numerum super quamlibet literam c. annos. Et incipit a quando Roma primo fuit condita, usque ad adventum Christi ... Et sic, per eius oppinionem et dicti alphabeti computacionem, remanet nisi litera Z, que est ultima litera, ubi ponit finem istius seculi, hoc est CC et L annos a tempore dati huius». この『年代記』の巻頭、著者は受肉から六つの時期《アエタス》をもって終わる歴史時代について語る。*Chroniculum*, p.157 :「これはいまもこの世の終わりに向かって継続するところ、いまや一三三六年である」«que nunc agitur et durabit usque ad finem mundi et continet usque ad presentem annum exclusive M.CCC.XXXVI».

（34） Hugh of Newcastle, *Tractatus de victoria Christi contra Antichristum*, Nuremberg, 1471, s.p., cap.xxvi はアンチキリスト到来の時を憶説している。また cap.xxviii には次のような記述がある。「それにそこには別に一三一四年に亡くなった最近の教皇から教皇冠を辞退する裸の教皇に到るまでの一連のローマ教皇の姿を描いた小冊子には彼の信じるところが略述されている……そこに語られていることが真実であるかどうかわたしは知らぬし、神知のすべてについては述べずにおく方がよかろう」«Ad hoc autem inter alia in argumentum sue credulitatis assumuntque in libello in quo romanorum pontificium figure describuntur ab ultimo pontifice qui obiit a.d. MCCCXIIII usque ad nudum pontificem renuentemque coronam dignitatis pontificialis ... Quid autem verum sit in dictis istis ignoro et totum divine scientie melius indico relinquendum».〔＊クレメンス五世は一三一四年に歿している。本註を含む本文（「ノヴォカストロ……」以下四行弱）は一九九三年版では削除されている。著者は【IV-2 n.27】に

あらわれる一文との重複とみなしたものか、それともここではウィクリフを論じることに集中すべく改訂したものか。いずれにせよ『教皇《ヴァティ》預言集《チーナ》』については別に一纏めに論じようという意図でもあろうか〕。

(35) Bloomfield, *Piers Plowman*, 226. ヨアキムについて慣例から逸れた言及がみられるのが、John Gower, *Confessio Amantis*, ed. G. Macaulay, Oxford, 1901, ii, ll.3056 ss., p.212. ここでヨアキムは、この世の終わりの時にあたっての聖職者たちの〈商人としてのはたらき（神の傭人としての）〉について予言した者、として引かれている。おそらくこれはヨアキムによるバビロンの〈商人たち（強欲さ）〉の告発（*Expos.*, ff.200v ss.）を受けてのものであろう。ガウアーに関してはJ・ベネットの指摘に負う。

(36) MSS. : Brit. Mus., Harley 1280, Kings 8. D. 11, Cotton, Vespasian E. VII ; Cambridge, Univ. Lib., Ii, vi. 25, St. John's College, 239, Corpus Christi College, 138 ; Oxford, Bodleian Lib. Digby 218, Ashmole 393 ; Aberystwyth, Univ. Lib., Penarth 50 ; Dublin, Trinity College, 347.

(37) John of Eschenden : «suo maiori volumine de concordanciis». Oxford, Bod. Lib., MS. Digby 176, f.38r. またMS. Ashmole 192, pp.101-2をも参照。この預言 *De concordantiis* については【I-5 n.32】を参照。これはMS. Digby 218, f.107rおよびMS. Ashmole 393, f.80vに全文記載されている。後者はエシェンデンに拠った著作である。〔＊先の «sciencias illicitas» は蠱惑の術、とも解し得る。〕

(38) «Qualiter et quo spiritu praedictus Joachim dixit talia, nescio. Sed firmiter credo quod nec per scientiam astronomiae, nec per aliquas constellationes supercoelestes signabuntur praedicti effectus evenire praedictis temporibus prout dixit praedictus Joachim».

(39) *Dialogi de Praescientia Dei et Praedestinatione Electorum*.

(40) T. Bradwardine, *De Causa Dei ... Libri Tres*, London, 1618, lib.i, cap.47, p.436.

(41) Smalley, *John Russel O.F.M., RTAM* xxiii (1956), pp.300-2. この著作は唯一の写本Oxford, Merton College, MS. 172に伝わるもの。

(42) «Diffuse enim tractat istam materiam et pulcherrime docet qualiter istud misterium Trinitatis et unitatis potest similiter colligi et litteris hebraicis ... / Notandum est autem quod ipse Ioachim aliter hoc exponit, dicens qualiter per illas duas litteras simul potest describi emanatio personarum in divinis. Nam in hoc elemento 'a' procedunt duo ab uno, in quo signari potest processus duarum personarum, sc. Filii et Spiritus Sancti ab uno originali principio, sc. Patre ... Hec Ioachim. Docetur lib. 16 Contra Faustum in principio, quod de spinis florem debemus eligere, de herbis frugem etc. ... , sic inter erronea que vera sunt et salubria, hiis eiectis ; extra. I, Dampnamus : Dampnamus et reprobamus libellum sive tractatum quem abbas Ioachim edidit contra magistrum Petrum Lumbardum ...». in Smalley, loc.cit., p.301.

(43) John Ridewall, *Lectura in Apocalypsim*, cfr. Smalley, loc.cit., p.303.

(44) «Ioachim dicit duo tempora, unum tempus Filii, aliud tempus Spiritus sancti, quod tempus erit in fine seculi, et tunc utile erit advertere que hinc inferuntur». In Smalley, loc.cit., p.303.

(45) John Lathbury, cfr. Smalley, *Flaccianus De Visionibus Sibylle, Mélanges offerts à Étienne Gilson*, Toronto-Paris, pp.552-4. ラスベリーもまた、擬ヨアキム文書『文字の種子について』を引用している。

(46) Henry of Cossey, *Super Apocalypsim*. ここに検討するのはOxford, Bod. Lib., MS. Laud Misc. 85である。

(47) 〔＊«Sardis»、この謎のことば。〈サルデニア〉とは関係なく、おそらく〈第三 Thirdis〉を曖昧化して用いたものと思われる。サラディン Saladin にもどこか連繋していたのかもしれない。〕

(48) «a tempore karoli usque ad Joachim qui scripsit apochalipsin sed istud tempus fuit usque ad annum domini MCC et duravit amplius sed nescitur quantum». f.75rb.

(49) これが彼の参照箇所の特定を幾分困難としている。以下の一覧はそうしたもののうち重要と思われるもののみである。括弧内は『註《エクスポ》解《ジチオ》』該当箇所。ff.69v (34r-v), 71r (84r-v, 87v), 71v (87v, 88r), 72r (93 ss.), 75r (67r-v), 78r (71r-v, 75v), 81r (78r), 82v (84v-86v), 89r (114 ss.), 90r (111r), 96v (116v), 103v (127 ss.), 104r-107v (128v-132r), 108r-v (133v-134r), 110v (137r-v), 114r (148v, 146r), 116v (155r-v), 117v (10r-v), 118r (155v), 120r-121v (161v-165r), 129v (175r-176r), 130r (182v), 130v (183r), 133r (185v), 136r (190v-191r), 142r (196v).

(50) «de isto generali ordine qui in fine convertit iudeos et alios infideles per predicacionem». f.71r. 彼はまたf.71vで、神殿の円柱群を第六段《オルド》となすヨアキムの解釈に倣っている。

(51) «quidam ordo qui est vel erit sexto tempore, qui habebit donum spiritualem». f.82va.

(52) ff.69v, 71v.

(53) *Postilla Vidit Jacob in somniis*, cfr. Smalley, loc.cit. (ref.【本章 n.41】), pp.302, 308 ; F. Stegmüller, *Repertorium Biblicum Medii Aevi*, Madrid, 1940-55, No.3771. 本項では Oxford, Bod. Lib., MS. 444 (2385), ff.28r-177v を用いた。参照頁数はこれに準じる。

(54) «Ioachim dicit, cui Ieronimus concordare videtur hic, quod hic dicitur de duobus hiis in spiritu esse consummandum non in littera, et quod hii duo testes sunt duo ordines, qui ante finem mundi sunt venturi, qui et due olive et duo candelabra dicuntur, quia et oleo caritatis ardebunt, et splendore sapientie lucebunt». f.97v.

(55) ⑴彼の龍の頭についての解説(f.111v)は、『註解《エクスポジチオ》』f.10r-vに準じるものである。⑵彼は世界の歴史に諸〈対立〉を置く(f.112r)が、これはほぼ『註解《エクスポジチオ》』f.10vに同一である。⑶教会に対抗して興る諸民族の継起(ff.112v-113r)およびその性格の細部描写は『註解《エクスポジチオ》』ff.162r-163vに拠ったものである。

(56) たとえば、試練からの解放者にみられる七という類型《パターン》(f.112r)、「最後の(あるいは最新の)説教者たちの修道会(説教者としての秩序) ultimum ordinem predicatorum 」としての第三の天使(f.123v)、説教者の諸修道会(あるいは諸秩序)(ff.133r ss.)。

(57) スモーリーの研究に指摘がある。Cfr. loc.cit. (ref.【本章 n.41】), pp.308-9.

(58) 最後、悪魔の跳梁を論じつつ、どうやら彼は意図的に1000 = 10 × 10 × 10というヨアキムのものではない数 - 象徴論に遊んでいるようにみえる。これは〈婚姻の conjugatorum, 貞節の continentium, 聖職者の prelatorum〉三つの〈時代《スタートゥス》〉、〈律法の前 ante legem, 律法の下 sub lege, 恩寵の下 sub gratia〉の三つの段階を意味するという(f.162v)。

(59) Agostino Trionfo の著書に関しては、Oxford, Bod. Lib., MS. 138 (1908)を参照した。スモーリー女史がこの写本に対する注意を喚起してくれた。Cfr. loc.cit. (ref.【本章 n.41】), pp.303-4.

(60) Smalley, loc.cit., p.303.

(61) «In sexta de antichristo et membris eius. In septima de dampnacione impiorum et remuneracione iustorum». f.3r ; cfr. *Expos.*, f.16r. トリオンフォの引用のほとんどはすぐに特定できるが、そこには印行版とは違う異《ヴァー》本《ジョン》をもちいたものと思われる数々の異文《ヴァージョン》がある。テクストへの彼の付言の幾つかはなかなか興味深い。

(62) f.5v ; cfr. *Expos.*, ff.27v-28v.

(63) ff.30v, 36v. 彼は『註解《エクスポジチオ》』f.54rから七つの時期《エターテス》の類型《パターン》すべてを採っている(f.12r)が、それもヨアキムが常用する一般的な数 - 継起を選んでのことである。

(64) f.15r ; cfr. *Expos.*, ff.17r ss., *Lib. Fig.* II, tav. XII. 〔＊【図 A-4】参照。〕

(65) f.21v ; cfr. *Expos.*, f.82v.

(66) 彼は東から昇る天使を聖フランチェスコと観る小さき兄弟会の解釈ではなく、キリスト自身とする無難なヨアキムの同定を採っている。

f.40r ; cfr. *Expos.*, f.120v.

(67)　«quicunque erit iste predicator». f.53r ; cfr. *Expos.*, f.137r.

(68)　【I-4 n.21】参照。

(69)　Bignami-Odier, *MAH* liv. 214 ss., 219 ss. これについてはすでにHolder-Egger, *NA* xxxiii. 97-105に記載がある。また以下をも参照。Reeves, Hirsch-Reich, *MARS* iii. 177-9 ; *Lib. Fig.* II, Introd., pp.25, 28-30.

(70)　ff.1r-8r（f.5とf.6は後に綴じ込まれたもの）.

(71)　f.4r :『ワルド修道院院長への書簡 *Epistola … Valdonum monasterii abbati …*』。これはBignami-Odier, *MAH* liv.226-7に公刊されている。ビニャミ＝オディーユはこれの真正性に疑問を付しているが、Tondelli, *Lib. Fig.* I, p.120 ; Grundmann, *NF*, pp.25-6は真正性を認めている。

(72)　Reeves, Hirsch-Reich, *MARS* iii.180 ; *Lib. Fig.* II, Introd., pp.25, 28-30参照。ドーヴェルニー女史によれば、この写本はおそらくイタリアで制作されたものとのことである。これは一時、枢機卿マザランの所有になるものだった。

(73)　この龍の図は *Lib. Fig.* II, tav.XXVIbおよびRusso, *Bibliografia*, tav.IIに収められている。

(74)　【I-5 n.28】参照。

(75)　ff.18v-20v.

(76)　Cfr. Bignami-Odier, *MAH* liv. 214 ss.; Reeves, Hirsch-Reich, *MARS* iii. 174-7.

(77)　ヨアキム主義的文書はff.35r-58r, 72r-78r, 85v-141v, 145r-149r, 160r-192r, 198r-204v, 206r-276r, 281r-289rにも認められる。図像形象については、Reeves, Hirsch-Reich, loc.cit., pp.174-7 ; *Lib. Fig.* II, Introd., pp.16, 25, 27-8を参照。初期の目次からは、この写本がヨアキムの『信仰箇条について』をも収めるものであったことが分かる。

(78)　f.289rには、後にヴェネチア版印行本に使われることになる〈樹木－形象〉の初期異体《ヴァージョン》がある。Cfr. Reeves, *Arbores*, p.129.

(79)　*Excerptiones librorum viri eruditissimi venerabilis Ioachim primi Florencium abbatis de pressuris seculi et mundi fine …*, Paris, Bibl. Nat., MS. Lat. 16397. これについてはすでにルナンによる研究、E. Renan, *Nouvelles Études d'histoire religieuse*, Paris, 1884, pp.250-2, 270-1があり、デニフレはアナーニの評決公刊にあたりこの写本を用いている。Denifle, *ALKG* i. 97. 現在この写本は合冊雑纂とされており、ヨアキム主義的文書はf.61からはじまっている。これが本来独立した書冊であったことは新しい頁付けからも確かめられる。この点については、J. Quetif, J. Echard, *Scriptores Ordinis Praedicatorum*, Paris, 1719, p.202に記載がある。デニフレはこれに似たヨアキム主義者による選抄、Milano, Bibl. Ambros., MS. H.Q.5, inf. misc., ff.1-62vを見つけている。

(80)　Renan, op.cit., p.251.

(81)　«plurima super his phantasiis commentaria facta». Ibid., p.271.

(82)　f.123r :「ヨアキムが符合の大冊に預言したところは以下列挙する通り。一二九九年ネルボーヌの闘いで四人の王のうち三人が死ぬであろう。それにつづく年、ローマ教会は教皇を失うであろう。それにつづく年、聖職者たちは皆殺害され死ぬであろう。それにつづく年、エルサレムは王を失い、シャルルという名の王が死ぬであろう。それにつづく年、大飢饉がおこり民は飢えて路上に死ぬであろう。それにつづく十年、アンチキリストが支配するであろう」«Cest que leudit esprofecies de Joachim estrit ou grant livre de concordances an lan de grace mil et CC et XX et V IIII serunt batailles espleins de nerbone de quatre rois esqueles morront les tres. Et de rechief an lan apres sera leglise de Rome sanz pape. Et de rechief an lan apres seront tuit li clerc ocis et mort. Et an lan apres sera Jerusalem sanz roi et mora un roi que len apele charles. Et an lan apres sera si grant famine que le genz morront de faim per les voies. Et an lan apres cest asavour le X an regnera antichrist». この一節はかなり興味深い。この一節は十三世紀中頃出まわった『大著作符合の書のヨアキムの預言 *Pro-*

phecie Joachim in maiori libro de concordanciis』との関係をしるしているが、その内実は随分相違した異文《ヴァージョン》である。【I-5 n.33】参照。

(83) London, Brit. Mus., MS. Royal 8 F. XVI, pt.1. 現在では他の写本と合冊されている。一時 W. Bathon の所持したものとされるが、これはバースの司教を務めたウィリアム・ロード William Laud（一六二六—二八）のことであろう。

(84) これら精華集の詳細については【付録C】を参照。MS. Lat. 3319（ref.【付録C-6】）は一時、シャルル・ドルレアンの所有であった。Cfr. P. Champion, *La Librairie de Charles d'Orléans, Bibliothèque du XVe siècle*, xi (1910), pp.63-4. この知見はドーヴェルニー女史による。

(85) ドーヴェルニー女史によればこれは十五世紀のフランス写本で、サン・ヴィクトールに由来するものとのこと。

(86)【I-5 n.36】参照。

(87)【IV-2 p.513】参照。

(88) ここで採りあげたもの以外にも、MSS. Paris, Lat. 2599, 3455 ; Roma, Vat., Lat. 3819, 3824, 5732 ; Reg. Lat. 132 がある。それぞれの内容については【付録C】を参照。これらは将来の研究課題である。

(89) 内容については【付録C-4, 6】を参照。また別にヨアキムの巫言の小集成《コレクション》が、Firenze, Bibl. Ricc., MS. 688, ff.cxii.r-cxiii.r および f.cxxii.v にある。f.cxiii.v には次の記載がつづいている：「一三八二年教皇クレメンス七世〔対立教皇、一三九四没〕にアヴィニョンのサン・ピエトロの管財人ピエトロ・デ・カフォルが献呈したヨアキムの言辞。この言辞は一三四九年に彼のもとに齎されたものであると証言したところのもの」«Incipiunt dicta Joachim praesentata Domino Clementi Papae VII A.D.1382 per Dominum Petrum de Caffol. Thesaurarium Ecclesiae St. Petri Avenionensis qui iuravit in conscientia sua quod ista dicta fuerunt sibi praesentata sub A.D.1349». また他に、Firenze, Bibl. Laur., Plut.LXXXIX, inf.41（十三世紀のもの）も僅かにヨアキム主義的文書を載せている（ff. 104r-112r）。

(90) *Propehecie Joachim abbas de papis*, この写本の目次 f.iv の頁付けは正確さに欠ける。

(91) *Vaticinia de summis pontificibus*（cfr.【I-5 n.70】）の十五の預言からなる第二部の最後の五つ。実のところこの写本では、第一部の十五の預言はヨアキムの名とともに別に収録されており（ff.88r ss.）、第二部は別に出まわっていたものであることが分かる。実際、この点からイングランドでの流布の時期の早さが証される。

(92)〔＊教皇在位一三四二—五二。〕

(93) 最後の預言は次のようなものとなっている：「これこそ最終の恐怖の相貌であり、羊も地を這うものも逃げ去り、なにも残らない。おお、残酷なる終末、汝には地獄がまっている。この恐怖に汝は耐え得るや」«Et est fera ultima aspectu terribilis qui detrahet stellas, tunc fugient oves et reptilia, nihil tantummodo remanebit. O fera crudelis universa consumens, infernus te expectat. Terribilis es et quis resistet tibi?».

(94) «Hec in libro visionum apud Sibecone et apud Coggeshale».

(95)【I-5 n.32】参照。

(96) 起句：«Incipiunt prophetie Joachim abbatis de papis». 複数の手跡で描かれたペン画。後の書き込みで教皇の名がグレゴリウス十一世〔位一三七一—七八〕まで付加されている。後半の預言は本来、一連の天使的教皇たちを描いたものであった（【II-5 p.246】参照）が、ここでは不穏当にもアヴィニョンの教皇たちに充てられることになっている。グレゴリウスの後、もう一つ預言がなければならないが、それに代えて際立った一頁がある。奇妙な黒い獣、水搔きのある後ろ足、熊のような前脚、長く毛深い尾、海狸《ビーバー》のような頭。この獣の図以外この頁にはなにも記載されていない。ただ頂部に Urban VI の銘がある〔ウルバヌス六世はグレゴリウス十一世を後継、位一三七八—八九〕。編纂者 Henry of Kirkestede については以下を参照。R. Rouse, *Bostonus Buriensis and the*

Author of the Catalogus Scriptorum Ecclesiae, Speculum xli (1966), pp. 471-99.

(97) «Subscriptos rumores scripsit frater Willelmus de Blofield in Anglia A.D. M.CCC.XLIX cuidam fratri conventus fratrum predicatorum norwicensis, quae prophetie diverse sunt in partibus romanorum sed adhuc occulte quae omnia futura predixerunt per annos multos. Et isto anno, videlicet ab incarnatione M.CCC.XLIX predicant antichristum habere sex annos etatis et puerum esse dilectissimum et doctissimum in omni scientia in tantum quod non est aliquis iam vivens qui sibi poterit coequari». f. 102r.

第9章　十六、十七世紀にみるヨアキム評価の両面

一五一六年、テレスフォルスの『小著《リベッルス》』の印行本がヴェネチアにあらわれた[1]。その表題頁には〈大預言者大修道院長ヨアキム〉の挿図。彼は机を前に坐している。彼のまわりには沢山の書物。ペンを持ち上げ、神のことばを聴き取ろうとでもするように片手を耳にあてて、信心深くまた霊感にうたれた姿である。これがルネサンス期に普及したヨアキムの姿《イメージ》だった。彼は古代の巫女《シビュラ》たちやマーリンとともに偉大な預言者のひとりに位置づけられた。彼の名声の一部は擬ヨアキム主義的な『教皇預言集《ヴァティチーナ》』の驚くべき流行によって定まった。これは何度も印行され、ラテン語でも俗語でも版を重ねた。後述するように[2]、それは様々な解釈を受けることになった。現存する刊本の数々には、十六世紀から十七世紀にかけての夥しい書き込みがあり、それらはおおむね預言の数々を様々に付会する試みとして興味は尽きない。枢機卿ベラルミーノ[3]のような学識者の幾人かは、この謎に満ちた絵解きの数々がヨアキムによるものであるかどうかを疑っているが、人々はこの預言をじつに真剣にとり、著者について疑問が呈されることもなかった。

もう一つ、ヨアキムといえば誰もが知っていたのは、ヨアキムがヴェネチアにやって来て聖フランチェスコと聖ドメニコの姿を、それぞれはっきりそれと分かる僧衣を纏わせ、サン・マルコ教会にモザイクで描くことができるようにその詳細を教えたということであった。十四世紀、この伝説は二つの修道会で別々に唱導されていたものだが、十五世紀になるとシエナのベルナルディーノの聖フランチェスコについての説教では[4]二人一緒に語られ、またアントニーノは聖ドメニコに好意的な独自の異伝《ヴァージョン》を伝えた[5]。そしてレッチェのロベルト・カラッチョロは、おそらくピサのバルトロメオからこうした伝説を拾った。というのも、新修道会に関する預言として彼もまたバルトロメオが用いた起句「ふたりの人があるだ

ろう、一人はこちらに、また一人はあちらに」[6]を引いているから。これの各種異文《ヴァージョン》がヴェネチアの年代記の数々[7]に散見されるうち、十六世紀にはF・サンソヴィーノによって拡充増補され、『いとも高貴なる町ヴェネチア……』[8]に二章にわたって収められた。「九十七。聖ドメニコと聖フランチェスコのふたりの注目すべき絵姿《フィグーラ》について。九十八。その絵姿の案出者大修道院長ジョヴァンニ・ジョアッキーノ（ヨハネス・ヨアキム）、および彼の棲みたる場所について」。この潤色版はヨアキムが起居したという狭い場所をまで詳述している。

> これらの絵図《フィグーラ》を案出したのがかの著名なる人、ジョヴァンニ・ジョアッキーノであったことに疑いはない。彼はヴェネチアに来て……先述した狭くて遠い教会に場所を得て起居した。そこへわたしは首を曲げ膝を折って苦労して入ってみたことがあるが、教会の正面ファザード右側の隅、柱廊の円柱群の下であった。さて、彼はヴェネチアに来て、そこで聖性の誉れも高く、厳しい禁欲生活を送った。ここに彼は手ずから先の絵姿を描きあげた。その絵にはしかし先述したような聖人たちの名はなかった……その下図は彼からモザイクを制作していた職人《マエストロ》に手渡され、彼の言うとおりの容姿容貌、また着衣の色も彼が下図に示した通りに制作するよう職人に指示された……[9]
>
> （九十八章）

ヨアキムが「教会の壁や床に……未来のことがらをあらわした図像、形象その他を……いろいろと」成すに与って力あったというものがたりは、十六世紀、ヴェネチア観光の名所のひとつを成すほどにもなった。一五〇六年、ベルギー人ヤン・ルメールはこれらの預言的モザイクに随分と好奇心をそそられている[10]。それについて彼の書くところ。

> カラブリアの大修道院長イォアキンは預言の霊を授けられた人で……彼はわれわれが目のあたりにするその衰滅を二頭の翼ある獅子で予表した……彼はそれを大理石でサン・マルコ教会の舗床に描くよう指示したのだった。その獅子の一方は大きく堂々と、前脚だけを大地に掛け、あとは全身を波間に泳がせている様子。他方はからだを大地に横たえ、後脚だけを水に浸けている。それは痩せて衰えているがすばらしい[11]。
>
> （『ヴェネチアの伝説』）

伝説によると、説明を求められた大修道院長ヨアキムはそれを平易に語った。第一の獅子は〈海の主《シニョール》〉[12]ヴェネチア共和国の繁栄を表わし、第二の獅子はヴェネチアが制海権を失い「大地の簒奪に着手する」状況を示している、と。ルメールはここに、ヴェネチアが香辛料貿易を失い、内陸領土の拡張へと向かう時が満ちたことの預言をみる。彼の好奇心は掻きたてられ、未来の予表を求めて数々の書物を探索するまでになる。そして〈エリトレアの巫言〉とみなされていた神託にヴェネチアの現状をぴたりと言い当てたような一節をみつけた。[13] いずれにしても、「詮索はより賢い人に任せることとしよう」と、彼は締めくくっているのだが。

これらの謎に満ちた図像意匠をイタリアの運命に関する政治的預言として指摘してみせたのが、スペイン人大修道院長G・デ・イレスカスであった。[14]

> 当時生きていたじつに聖にして学識深き人々のうちの一人に、聖ベネディクトの修道会則に従う大修道院長ホアキムがあった。預言の霊を授けられた人といわれ、ヴェネチアのサン・マルコ教会に数々の形象や謎のできごとをあらわしたが、そのうちでも奥陣の壁面にイタリアが蒙ることになる災厄の預言や託宣をなし、それらは現実のものとなった。[15]

サンソヴィーノはこれらのモザイクがヴェネチアの驚異のひとつであり、それを見に来る訪問者の誰もが、遥か昔に正確に史実を預言し得たことに驚きの念を隠さない、と力説している。[16]『教皇預言集《ヴァティチーナ》』印行版に寄せられたP・レジセルモの序言は、ヨアキムが十六世紀末のヴェネチアで最も話題にされた預言者であったことを録すとともに、この書中に収められた諸図像の詳細を語るにあたり、当然ながらレジセルモはそれらをサン・マルコ教会の諸図像と較べ、どちらもヨアキムの図案によるものであったと論じている。[17] 好奇心旺盛な訪問者の反応は、イングランドで驚異の案出者ロジャー・ベイコンに注がれる類の他愛もない驚きであったに違いない。しかし、神秘的で想像力に溢れた魂はきっとこれらの謎に深い神秘の数々を読みとったことだろう。ギヨーム・ポステルがそうした一人であった。彼の幻視体験のひとつは、後述するように、「大修道院長ヨアキムの指示にしたがって制作されたサン・マルコの絵やモザイク」に刺激されたものだった。[18]

サン・マルコ伝説の中核は、つねに二人の托鉢修道会の聖人像に描きだされたヨアキムの預言であり、これらふたりの絵姿は、この時代、托鉢修道会士たちによる著作に限らず、ベネディクト会士、シトー会士、アウグスティヌス会士それにイエズス会士たちの数多くの著作に採りあげられている。[19] 十七世紀になると、この伝説そのものがフィレンツェのオンニサンティのフランシスコ会修道院回廊に描かれる主題と化す。そこにはヨアキムが聖フランチェスコと聖ドメニコを指さしている様子が描かれた。[20] これに似た絵がナポリのフランシスコ厳修会のサンタ・マリア・ラ・ヌォーヴァ修道院にもあり、そこで大修道院長ヨアキムは自らの会派の修道士たちに「彼がヴェネチアで描かせた聖ドメニコと聖フランチェスコの姿を描いた板絵……サン・マルコに保管されているその板絵」を示している。その下には擬ヨアキム主義的預言のことば、「ふたりの人があるだろう、一人はイタリア人、また一人はスペイン人……」。[21] これにイタリア語の詩節がつけ加えられている。[22]

ジョアキムは忘れがたき範をもって
フランチェスコが生まれる随分前に彼をあらわした、
それはいまもマルコのお宮に見られるとおり。[23]

このヴェネチアのモザイクのはなしは、いったいどこからもちあがったものだろうか。それはヨアキムがヴェローナに教皇を訪ねたことと、よく知られた彼の〈諸形象〉への性向という二つのことがらが連結されたものだろうか。[24] たしかにこのよく知られた伝説は彼の特徴的な活動のひとつ――謎の〈諸形象〉を描くこと――を誇張している。その流行は〈諸形象〉の意味がそれを広めるに強く与るものであったことを明かしているばかりか、十六、十七世紀になってもこうした謎に満ちた象徴の数々が引き起こさずにはおかなかった魅惑の程をあらわしている。預言の数々にしるされたことを信じたい、という民衆的な欲求あるいは切望。

エルサレムの運命あるいは信仰なき者たちの運命に関する巫言《オラクル》のことばが、トルコの脅威に際して意味をなしたものであったことは理解しやすい。そこで、サン・マルコの伝説につづいて人気を博したのが、エルサレム奪回に関するヨアキムのメッシーナでの預言だった。十五世紀中頃、フィレンツェのアントニーノはこのものがたりを語りつつ、その厳粛な忠告――「いまだエルサレム解放の時ならず」[25]――を録しているが、これは当時の数々の著作に広く認められるものである。[26]そうしたものの中から二つを選んでみよう。ゲルマンの人ハルトマン・シェーデルはこの預言についての判断を後代の人々に任せ、またイタリア人アンジェロ・マンリケもまた問いをそのままに残している。[27]「これは本来叡智的なもの、こうした生来的な大胆さについては諸賢の判断に任せよう」。マンリケはヨアキムの黙示録解釈からアンチキリストについての言辞にまですべて触れている――枢機卿バロニウスもまた[28]――が、当時の著述家たちの多くの心を捕らえたのはエルサレムの運命に関することばであった。この期にあたり、トルコやコンスタンチノープルの陥落に関する各種の新たな預言にもヨアキムの名が付されることとなる。ミテュレネ大司教キオスのレオナルドはその著『コンスタンチノポリスのトルコによる捕囚に関する詳論』[29]で、『教皇預言集《ヴァティチーナ》』の晦渋なことばのひとつをヨアキムによるものとしつつ、コンスタンチノープルに当て嵌めている。これがトルコによるギリシャの陥落はヨアキムによって預言されたものであったとするバリオ、ヴィオンその他、[30]後代の言及の典拠となったものであったかもしれない。そしてまたこのヴィオンこそ、トルコに対する一五七一年の栄光の勝利もまたヨアキムによって予言されたものであった、と最初に主張した者であったようにみえる。その典拠とされたのは、不信者に対する教会の勝利という『註解《エクスポジチオ》』に繰り返し語られたヨアキムの待望に過ぎなかったようである。また一五〇七年ごろ印行された面妖な小著『トルコの儀礼習俗、死と無力と増殖について』[31]は、その巻末に「以下がマホメットの教徒に関する大修道院長ヨアキムの見解である」[32]と題された〈付録《アデンドゥム》〉がある。これは『註解《エクスポジチオ》』(ヴェネチア版一六二三葉裏)からの長い引用である。これが一五二七年に印刷刊行されるヨアキムの著作に先立つものであることに、十分注目すべきであろう。

ヨアキムの盛名を支えたものとして注意を引く第三のものに、彼が授けられたという預言の霊およびそれとともにある驚くべき知性の賜の伝説がある。ネッテスハイムのアグリッパによれば、ヨアキムは預言的な知性を数に隠された意味から引き出した人の典型ということになる。[33] アルノルド・ヴィオンの『生命の木《リグヌム・ヴィタエ》』[34]によれば、彼はその第九の枝、〈預言〉の最初の果実であり、ギスベルト・ヴォエツィオ[35]にとっても、その「預言について」の章の最初の模範の一人となっている。サンブチーナで享けた知性の奇跡のものがたりには、ラオニコス・カルコンデュレスの『トルコのことどもについて』という不思議な典拠がある。この著者は不信者に関するヨアキムの預言には触れていないが、その第五巻で教皇選挙について記した後、ヨアキムの『教皇預言集《ヴァティチーナ》』について記し、そこでサンブチーナでのことをものがたる。[36]

> 彼は無知にして並の学識すらもたずイタリアのナザレ派修道会の門番であったが、その中庭入口に美しい男の姿があらわれた。この者は手に壺を持ってヨアキムに近づくと言った。これを手にして、葡萄酒を飲みたまえ、これは極上のものであるから、と。こう言われるのを聴いて、彼は壺からこころゆくまで十分に飲んだ。するとそのものは言った。ヨアキムよ、葡萄酒を飲み干せ、そうすればどんな知識も汝から逃げ去ることはないだろう。その後、彼は人々との会話にも討議にも突然才知をみせるとともに、享けた知識により神的なことも平明にあらわれるのだった……彼の予言したことはどれも証されるところとなり、イタリアの到るところに彼の奇跡がみとめられる」。[37]

この一節はダニエル・マロニウスの『釈義《エルチダチオーネス》』から、A・パラエオトの『聖骸布詳解』にいたるまで、様々な文筆家に流用されることとなった。[38] パラエオトは『十玄琴《プサルテリウム》』から幾つか信仰に関する章句を引いているばかりだが、マロニウスはこの著作に注しつつかなり長くヨアキムについて記している。彼は可能な限りの権威を引きつつ、ヨアキムの預言者としての盛名について論じている。ガブリエレ・バリオは彼のヨアキム伝で、知性の賜についてそれをヨアキムのエルサレム巡礼時の逸話として、また違ったものがたりを伝えている。

> 荒地へ入り、長い時をすごすうち、砂に包まれることへの恐怖に憔悴し、食物すら埋まり果てたその時、睡魔に襲わ

れるがごとくに聖書の知解が訪れた。そこに油の川が流れ、義人の姿が認められると、その人は言った。この流れから飲みたまえ。それをこころゆくまで飲むうちに目覚めると、聖書の神的な知性のすべては彼にあらわれた。[39]

アンジェロ・マンリケもまたこの体験を巡礼の時としているが、その幻視《ヴィジョン》は披かれた聖書の類のものとしている。[40] これの典拠は不詳だが、後述するように、おそらくカラブリアの文化背景をもとにしたものであろう。[41]

しかしながら、ヨアキムの盛名についてはなお論議の的であった。彼はトリッテンハイムのヨハネスの『教会文集』[42]やシエナのシクストゥスの『聖伝集』[43]等々数々の大伝記集成に姿をみせる一方で、ドメニコ会士ルクセンブルクのベルナルドゥスやフランシスコ会士アルフォンソ・デ・カストロその他の異端目録にもその名が挙げられている。[44] そして彼を正統のうちに配する者たちにも、しばしば曖昧な言辞が認められる。はたして彼は真の預言者であったのだろうか、と。ある著者の録した鍵となる注記は次のようにはじまる。「大修道院長ヨアキムは多様な方法で記し語った。そのあるものは讃えるべきものであり、あるものは譴責さるべきものである」。[45]

この問題はトリッテンハイムのヨハネス（ヨハネス・トリテミウス）において火花を散らす。彼はヨアキムを正統著作家に含めつつも難色を示し、ヨアキムの預言の賜についてその巻頭近くで問うている。

フロレンセ会の大修道院長ヨアキム……聖書の研究および註解に卓れた人で、それは往昔、預言者が未来を予言しそれが験されるがごとくであった。とはいえ、わたしの観るところ……彼は聖書の解釈から大いなることばをもって預言してみせたのであり、他のいろいろなことは措くとしても、たしかに皇帝フェデリチ（フリードリヒ）が教会に反目するであろう未来を夢想したが、われわれの知るごとく、その死まで平和はつづき、彼はローマ教会に服従し信仰は堅持されたのである。[46]

最後の一文は、もしもそれがフリードリヒ二世について言ったものであったとするなら、驚くべき言辞である。しかしトリッテンハイムがフリードリヒ三世について意図していたと採ることも可能であり、後にラベエもこの意味に解したのだった。(47) しかしヨアキムに帰される十三世紀の予言の数々はフリードリヒ二世に関わるもので、ヨアキムを真の預言者と主張したトマス・マルヴェンダはトリッテンハイムの言辞を冷酷に評している。

しかしトリテミウスが厚顔にも敢えて偽り、そのようなことを書こうとはなんとも信じがたい。フレデリクス（フリードリヒ）二世（ヨアキムによる預言は確かに彼を指している）がつねに静穏にしてローマ教皇庁に服従しその信仰を堅く守ったとはいったいどういう意味か。まったくの愚鈍あるいは完全なる忘却でなくしていったい誰がそのようなことを付言し得ようか。その『ヒルサウ年代記』においても、フレデリクス（フリードリヒ）はローマ教皇庁を憎悪し対立し、それにより破門され皇帝位を剥奪された、とこの世のあらゆることに通暁しているところを示すトリテミウスのような人が。(48)

もちろんヨアキムの盛名には攻撃を受けやすい二つの弱点があった。彼はほんとうに預言者であったのかどうかというばかりでなく、彼の正統性もまた疑問視され得るものだった。小さき兄弟会士アルフォンソ・デ・カストロはその著『全異端論駁』(49)で、ヨアキムの三つの〈時代《スタートゥス》〉という全体系、それに歴史の三位一体的解釈に関して完膚なきまでの攻撃を繰り広げ、ラテラノ公会議がより徹底した断罪をなさなかったことに驚きの念を表している。「……数々ある過ちのうち、公会議がそれより他になんの過ちにも触れていないのは驚きである……」(50)。彼はペルピニャンのグイド(51)に従って、ヨアキム主義の根本的な危険性を、使徒および福音の権威を根こそぎにしかねない第三〈時代《スタートゥス》〉という教説のうちに認めている。もちろん、「その無分別なる才知をあらわすかのように彼の著作のいたるところに鏤められた未来の予測予言の類も、わたしの観るところ気まぐれな功名心のなせる業である。たとえそれに予言されたことが後に起こったにしても」(52)と、贋預言者について責めたトリッテンハイムの一節をアルフォンソが無視している訳ではない。しかし彼の激しい攻撃はおそらく、彼の同輩たる小さき兄弟会士ペトルス・ヨアニス・オリヴィの逸脱に起因している。彼がオリヴィをヨアキムと繋ぐのは、オリヴィが聖フランチェスコにはじまる第三の〈時代《スタートゥス》〉が第二の〈時代《スタートゥス》〉をあらゆる面で超克するものと考えたからだった[53]。ここには過去の聖霊派に対する苦渋がいまだ生きている様子が窺える。とはいえ、フランシスコ会のなかにもそれとは立場を異にする観点があることを忘れてはならない。それは偉大なルーク・ウォディング。彼はヨアキムを真の預言者と認める。「その黙示録諸註解では托鉢諸修道会のことが数々予言されたが、その真実は現に証された[54]」。

とはいえ議論の中心はヨアキムの教義の数々をめぐるものではなく、彼がはたして真の預言者であったのか贋預言者であったのかという問いにあった。当然ながらヨアキム主義的諸著作の刊行者たちは、彼を真の預言者として宣揚した。そのひとりは次のように述べている。「人はその死にあたって未来のできごとを思い巡らしなんでも予言することができるとやら言われる。かくして誰も、晦渋なる大修道院長の言に包まれた意味をその終油の時になって知るのである[55]」。もちろん疑問を呈する著作家もいる。枢機卿ベラルミーノは次のように記している。「ヴァティチーナという名で出回る未来のローマ諸教皇に関する書は信頼をかちえる一方、批判されてもいる。なんといっても驚くべきはこのヴァティチーナはただ十五教皇を載せるものであったのだが、昨今の人々の好奇心からか増補拡張が企てられている[56]」。ドメニコ会士シエナのシクストゥスはその『聖伝集』にヨアキムを加えているにもかかわらず、蔑むように言う。

> ……生前には真実なる預言者と信じられ……イザヤ書の総体にわたり粗雑で晦渋な註解の書一巻を著した。そこには教会の七つの試練のこと、第六の時期の災厄が未来のことのように論じられており、預言に未来の諸時期の予言が数々混ざっている。成就したものもあれば、今現在満ちつつあるものもあり、その他将来を期したこともある[57]。

この贋預言者に対して厳しい批判を投げつけたのは枢機卿バロニウスであった。それに費やされたかなりの紙幅――と熱意――は、いまだ論争が切実なものであったことを証している。彼は一一九〇年のメッシーナ会見のものがたりをとりあげ、「ここに神の預言者という声が広まった[58]」と自らのヨアキムに対する判断を措いた。「もちろん彼の（リチャード一世への）益体もない応え、空疎な預言は神の預言者に出でたものではなく、贋預言者のものであった[59]」。この有名な面談で、ヨアキムは三つの偽なる預言をなし、「その予言にいろいろと反論がなされ、ヨアキムは贋預言者と成り果てた」(60)、とバロニウスは言う。後にこの『教会史《アンナーレス・エクレシアスティチ》』がパギウスによって印行された時、彼もまた議論に参加する誘惑に抗しきれず、バロニウス同様ヨアキムを難じている。彼は言う。大修道院長は「聖なる、学識ある、預言者」とも呼ばれたが、その一方で「妄言家、偽善者、贋預言者」とも称された、と。パギウスはヨアキムが預言の賜を授けられた者であったことを証すできごとの数々を挙げ、彼に好意的な証言を一覧にしてもいるのであるが(61)。

十七世紀の幾人かの著作家たちは、特に底意もなしに大修道院長ヨアキムについて論議を繰り返している。そうした者のひとりレオナルド・ニコデモは、N・トッピの『ナポリの図書館《ビブリオテカ・ナポレターナ》』に寄せた〈付言《アディツィオーネ》〉で、この物議を醸した人物へと脱線している(62)。彼はかなり詳細にわたって各種ヨアキム主義的著作の刊本について記述した後、ヨアキムに対する賛否の諸見解を列挙している。彼はマルヴェンダによるトリッテンハイムのヨアキム観に対する論難を引くとともに、ダンテをも含むヨアキム礼讃者たちを広範に総覧している。「しかし実のところ、大修道院長ヨアキムを讃えた者たちを列挙するよりも、天の星辰を算え、海の真砂を数える方がたやすいことだろう」(63)。当然ながら、学識あり聖なる人といえども敵はいるもの、そこでニコデモはヨアキムを異端総覧に載せた者たちによる断罪やその異見の数々をも付け加えている。彼は大修道院長を擁護して、ラテラノ公会議は誤りを唯ひとつ断罪しただけであり、またヨアキムがすべての著作を教皇庁の判断に委ねたことを特記している。「彼が自著のすべてをローマ教会に委ねたという事実ほど、彼を異端呼ばわりすることの不当を証すものはない……」(64)。結論して、彼は記す。「この著者については何とでも言い得る」。しかし彼は、「天から授けられるところについては誰にも知り得ないということを学者たちは銘記すべきだ、などと言って憚らぬ者たちのもとでたいへん賞賛される人物」(65)を論駁して「辛辣に」書いたバロニウスの非凡な見解を引かない訳にはいかない。

論争の的となったのはヨアキムその人についてばかりではなかった。彼の盛名はまた別の論争のうちに紛糾していく。彼の〈預言の数々〉はプロテスタントにとってローマ教会攻撃のためのまたとない武器と化すのである。後述するように、改革者たちは当初、『教皇預言集《ヴァティチーナ》』に注目し、印行版の幾つかに反‐教皇的な注記を付している。メッシーナでの面談とその折のヨアキムの有名なことば、アンチキリストは「すでにローマに生まれている」(66)、はプロテスタントの想像力をたちまち刺激することとなり、ドイツやイギリスの反‐教皇派の著作家たちに用いられた。(67) ジョン・ベイルの語るところは全文引用してみる価値がある。(68)

大修道院長ヨアキムによって語られたアンチキリスト

リチャード王はいまだパレスチナに上陸する前に、カラブリアの町の大修道院長ヨアキムへと遣いを送った。その学識と驚くべき預言について王は多々聞き及んでおられたゆえに。いろいろな問いのうち王は、アンチキリストはいつどこに出現せずにはおかぬか、と問われた。（ヨアキムは言う）アンチキリストはすでにローマの町に生まれており、それは自ら使徒の座にまで登るであろう。（王は言われた）わたしはそれがアンチオキアかバビロンに生まれるものとばかり考えていた……（ヨアキムは言う）そうではありません。……主が聖なる場所で呼ばれるように、それもまた最も聖なる父に呼ばれるのです。かくしてアンチキリストは姿をみせましょう……その一つはイングランドに、またその他の王たちの領土に認められる、と聖職者たちが論議をはじめた。ウォルター・クースタンス……それに他の……聖職者たちは……知恵を絞ってこの新説を可能な限り論難した。彼らは随分きわどい議論を尽した（とロジャー・ホウデンは言う）が、結局この日結論に到ることを得ず、以降ずっと疑問に付されたままである。(69)

また、〈永遠の福音〉の醜聞《スキャンダル》はローマ教会の腐敗の証しとして用いられることとなった。ジョン・フォクスはこの「最も忌まわしい冒瀆的な書」に托鉢修道士たちの罪を結びつけて見た。(70) スティリングフリートはこれがジョヴァンニ・ダ・パルマと関係づけられたものであったことを知っており、発見されたパリの教授《マギステル》たちの文書から自著に異文《ヴァージョン》を選んでいる。(71) そのはじめは次のようなもの。「大修道院長ヨアキム（大狂信者）の教えはキリストの教えを超え、つまり旧約および新約聖書を超えたものであるということ」。P・デュプレシス＝モルネイはこの逸話をマシュー・パリスとギヨーム・ド・サンタムールの著作の双方から引き、自著『不徳なる神秘』に用いている。(72)

ほぼ四百年を閲して、ローマ教会の有名なる不徳の書、エヴァンゲリウム・スピリトゥス・サンクティ、聖霊の福音と称する書が見つかった。それの主張するところは次のようなものである。すなわち、父なる神は往昔教会を律法のもとに治め、御子なる神は福音によって治めた。それゆえ聖霊の時が来たらねばならない。それはこの書の公表から五十年以内に来たり、この世の終わりまでつづくであろう。それゆえ、これはエヴァンゲリウム・アエテルヌム、永遠の福音と呼ばれる。この福音によれば、キリストの福音は完璧に廃され、キリストの福音に従う教会の統率力も完全に無に帰す、と称された。そのうちで説かれたところによると、かくも長きにわたり教会の名のもとに統率してきた者たちは、単に福音の文字通りの意味に専心して来たのであるが、霊的にして神秘的な意味は聖霊にとどめおかれてあり、いまや聖霊がたちあがるであろうという。それゆえ（これがこの筋書きの肝要なところであるが）、あらゆる教義、修養、経綸を修道院のうちに集めねばならない。……最初にこの書を批判したのはワルドであった。彼こそその大集団に名を与えることとなった者……教会改革を試みた者……彼こそ……それによって迫害されることとなったが、彼らは身をもって淵に立ち、自らを保塁となし、当時、洪水のごとくに世界を覆い尽す勢いであった夥しい修道士たち托鉢会士たちの激流に抗したのだった。そしてこの書がその偽りを隠しきれなくなった時……教会の統率のもと手をくだしたすべての者どもは言うに及ばず、この書、この聖霊の福音もまた停止され差し止められねばおかぬところであったが、なんの騒ぎも処罰もおこらなかった。この書もまた厳粛に公衆の面前で不名誉な焚書に処せられるべきものであったのである。こうして彼らはそのような〈啓示〉よりもずっと偉大な天国の積善を燃やし……こうして彼らは神の御子を神の聖霊との対決の場へと齎し、聖霊に御子の統治を破壊させ、玉座から引きおろし、灰燼に帰せしめたのである。[73]

そしてふたたび、十六世紀から十七世紀、ヨアキムの預言の数々はアウグスティヌス隠修士会によって、アウグスティヌス派聖堂参事会との終わりなき論争の武器となされるに到る。[74] この論争はヨアキムその人に照準を合わせることになる。というのも今回の議論で採られた学問的な方法は、彼の卓越した知性の盛名をもとに驚くべく明証を積み上げたもので、論敵もまた彼を論駁するにあたりそれに匹敵する強靭な明証をもってせねばならなかったから。こうして、一六一八年、J・マルケスは隠修士会のためにM・ロドリゲスに答えて、自らの修道会はヨアキムの預言を成就するものであると主張し、大修道院長の預言の賜の高貴なる知性を一覧にして援用したのだった。[75] 一六二四年、聖堂参事会派からの応答がG・ペンノットゥス・ノヴァリエンシスによって提起された。彼は「第五の解および大修道院長ヨアキム評価の見切り」[76]と題された章で、隠修士会会士たちが引用したヨアキムを取りだして厳しく指弾した。彼は預言された言辞を検討したが、はたしてそれをアウグスティヌス隠修士会に適用できるなどというのは、いまだそれが成就していないということの強弁、本末転倒ではないか、と極めつける。いずれにせよ、このゴリアテは多勢に向かい身を護り得るのか。この一事をとっても彼は断罪されて当然であろう。彼はここで追及の手を緩める。何度も断罪されてきた者を預言者だと言い募ることにいったい何の意味があるのか、と。マルケスが大修道院長を讃える者たちを一覧にすることでそれを損なったように、ペンノットゥスも彼を贋預言者あるいは異端者と呼んだ者たちの見解をもってはなしを切り上げる。

　マルケスは隠修の初期起源に関する議論で、ヨアキムにではなく、フラヴィウス・ルキウス・デクストロの年代記と称されるものに依拠した。それに対しペンノットゥスはこの著作の権威を難じている。つまり参事会派と隠修士会の論争を紛糾させることとなった大修道院長ヨアキムの盛名のはなしが、ここで年代記をめぐる議論に転轍されている。フランシス・ビヴァルはアウグスティヌス会士ではなくシトー会士であったが、『フラヴィウス・デクストロ弁明』を著してこの議論にかかわることとなった。しかしビヴァルの論議は脱線する。[77] それどころか、じつは彼の関心が参事会派と隠修士会の間で闘わされたヨアキムの盛名にこそあった、ということが明らかになる。ビヴァルは、尊き大修道院長がいかにカラブリアで讃えられているか、また彼を追悼する想いは一度ならず教皇庁から擁護されてきたということを、ヨアキムへの激しい攻撃を二章にもわたって繰り広げたペンノットゥスに知ってもらいたいと言うのである。ペンノットゥスがヨアキムの諸著作をあまり読んでいないことは明らかで、彼が『註解《エクスポジチオ》』からのものとして言及する二つの引用はどちらも誤っており、これはローマの幾つもの図書館で容易に参照可能なものであることからしても非難されてしかるべきことである、と。[78] ペンノットゥスが望むと望まざるとに係わらず、ヨアキムは明らかに聖アウグスティヌスの隠修士たちの預言者である。ここからヨアキムの預言の賜についての考察が導かれるとともに、ビヴァルはヨアキムを讃える多くの人々に投げかけられたペンノットゥスの僅かばかりの批判を論駁してみせるのである。すでにこの時期、その証拠の累積、知性の一覧はかなりの量にのぼり、ビヴァルは資料の数々を参照したことを誇示するかのようにおおむねそのすべてを引いている。[79]そして彼は異端の嫌疑をも拭い去るべく主張する。著作家たちが断罪したのは、彼らがそれを読まず、十分理解もしていなかったせいである、と。それを明かすため、彼は特に二つの告発を吟味する。ひとつはやはり外せない一二一五年の三位一体論について、そしてもうひとつは、使徒たちはことばの文字通りの意味によって説教したにすぎない、とヨアキムが説いたというペルピニャンのグイドの非難に関して。前者について彼は、一二一六（五？）年に断罪された三位一体論の書は論敵、それもおそらくシトー会士たちによって改竄されたものであった、というフィオレに由来する資料をもって答えている。[80]後者に関してビヴァルは、ヨアキムの三つの〈時代《スタートゥス》〉の説に正確な解釈をあたえるとともに、ヨアキム主義的な歴史の観念に深甚な興味を寄せていることを窺わせる。[81]議論の中でも最も関心を魅かれるのは、ビヴァルが預言者という盛名を受ける人の弁護をするにあたって、どこか科学的歴史主義のような方法をもって論じているところである。

初期年代記と想定されるものを擁護するにあたって、シトー会修道士が四十頁のうちの七頁をこの論述に直接関係しないヨアキム弁護に捧げねばならなかった、というのはかなり奇妙な事態である。わたしはここに、南イタリアに跡づけることのできるヨアキム崇拝の反映、特に十六位世紀末から十七世紀のフロレンセ会やシトー会における礼讃の余韻を聞きとることができるのだと考える。[82]つい最近までこれに関する知見はただ印行資料に基づくものに限られていた。つまり、グレゴリオ・デ・ラウデの稀書、一六六〇年ナポリで公刊された『神々しくも偉大なる預言者、シトー会フィオレ大修道院院長、フロレンセ会創設者、浄福なるJo・ヨアキム。教会の真実の擁護あるいは驚くべき真実の弁護』[83]と、パペブロックによって『聖人伝《アクタ・サンクトールム》』中に蒐集された資料と。トゥティーニ写本の発見は、わたしたちにこれらの背景およびその典拠に迫ることを可能とした。この写本は、サン・ジョヴァンニ・イン・フィオレ修道院上長にしてシトー会のナポリ王国代理巡視官、シトー会士コルネリウス・ペルシウスによって一五九七年に著された『訪問記《リーベル・ヴィジタチオーニス》』を巻頭に収めている。後半は『フロレンセ会修道院とその属院群、四書、一五九八年』（六四葉表）と表題されている。このうちにペルシウスが現存しないフィオレ資料群を組み込んでいることは、次のような題辞からも明らかである。「往昔、浄福なる大修道院長ヨアキムは聖地エルサレムの尊い場所を訪れたこと、そこでの奇蹟についてあちこちに僅かばかり語られている。その一連の記述をフロレンセ修道院図書館の古い手稿から忠実に写すが、その書写は困難を極めた」[84]（六八葉表）。これにつづいて初期の『伝記《ウィータ》』、これは最近グルントマンによって公刊されたもの。そしてルカ・ディ・コセンツァによる回想。二九七葉裏には、「浄福なるヨアキムの書簡」が転写され、二九九葉裏にはこの節を結んで次のような記載がある。「以上、先述したフロレンセ会図書館手稿に見られるところ、解読困難な写本であるが一語一語口授の上忠実に書写したもの……」[85]。

ここから、十六世紀にはフィオレに逸名の奇蹟についての書その他の資料がいまだ存したこと、その一部をペルシウスは自身の写本に組み込んだことが分かる。これはまた、修道士ヤコブス・グラエクス・シラネウスと称する者によって取捨選択のうえ転写され、これが『大修道院長ヨアキムとフロレンセ会年代記』[86]として一六一二年に公刊された。彼は彼の書写および奇蹟譚を選抄した未刊の一写本をフィオレに残した。わたしの観る限り、グラエクスの『年代記』は一六一二年の刊本に生かされてはいない。しかしこれの諸部分また大修道院長ヨアキム崇拝を育んだフィオレの写本群は、十七世紀の著述家たちに様々に用いられている。グレゴリオ・デ・ラウデはペルシウスをもグラエクスをも資料として使っている。また別のシトー会士アンジェロ・マンリケは、グラエクスの『奇蹟《ミラクラ》』の写本の名を挙げすらしている。「特にフロレンセ会修道院書庫に蔵されるヤコブス・グラエクスのヨアキムの奇蹟に関する論考から丹念に抄録したものを、ローマのわたしのもとに所蔵している」[87]。フェルディナンド・ウゲッリがペルシウスの写本を使ったことは明らかである。彼は、「ペルシウスの写本より造詣深きわれらが友カミッロ・トゥティーニにより抄録されたもの」[88]と注記している。パペブロックは『年代記』もグラエクスの奇蹟の書もどちらも入手し、彼はそれを『聖人伝《アクタ・サンクトールム》』の中に組み込んだ。グラエクスの著作に関するわたしたちの知見はこれに依拠している[89]。パペブロックは、フィオレで逸名の奇蹟の書の原本を見つけることができなかったが、彼はそれを一三四六年、創設者の奇蹟の数々を報ずるためにフィオレの修道会から代表団がローマへ赴いた折に編纂されたものであったと推測している[90]。彼がトゥティーニ写本を知らなかったのは明白である。これによっていまや、デ・ラウデ、マンリケ、ウゲッリ、パペブロックによって蒐集された資料にかなり纏まった分量の知見が加わることとなり、往時、大修道院長ヨアキムを擁護することに急であったカラブリアの礼讃者たちの観点を幾分かは垣間見ることができるようになった。

トゥティーニ写本からはある事実が明らかになる――フィオレの修道士たちはヨアキムの声望に極端に敏感で、一二一五年にヨアキムは間違って断罪されたのであったという伝承をいまだ大切に懐いていた。その二八八葉表 - 裏にはすでに先に述べたところ、一二一五年にある弟子がコラッツォでみた幻視《ヴィジョン》が載せられている。(91) これがふたたび(三三一葉裏)、「フィオレ大修道院図書館の古写本に録された高名なる幻視」(92) との表記とともに写されている。明らかにこれは危険文書とみなされたものであり、幻視の最初の記載はぐるりと線で囲まれ、別人の筆跡で余白に〈削除《デレンダ》〉の文字が記されている。古写本からの抄出(二九九葉裏に終わる)につづき、ヨアキムへの各種の告発に対する個別の弁護を集めた章がある(三〇〇葉表―三〇六葉裏)。その表題は次のようなもの。

浄福なる人ヨアキムが四一説を支持したといわれる過ちについて。
浄福なる人ヨアキムが信仰において精妙なれども教義において粗雑であったといわれる過ちについて。
浄福なる人ヨアキムが来たるべき最後の審判の時を推測しつつも慎重に語ることを控えたといわれる過ちについて。
浄福なる人ヨアキムが占星術的符合において未来を予言したといわれる過ちについて。(93)

最初のものは明らかに最も深刻な告発にかかわるもので、他よりも長く入念な論駁が試みられている。当然のことながら、ここにはラテラノ公会議で断罪された見解をまで弁護する試みはない。これは個別具体的に破棄されている。これによってヨアキムが異端と呼ばれることがあってはならない、とは擁護の最初に宣言されるところ。ヨアキムの遺言書により彼の著作のすべては教皇庁の裁可に委ねられたことが証され、彼に着せられた汚名が返上されることとなるラテラノ公会議教書の裁定につづき、その遺言書簡の全文が引かれる。そして、彼を記念擁護するホノリウス三世の書簡が引かれ、アントニーノの見解が付されている。つまり、ヨアキムの見解は断罪されたが、「それによって彼を異端と断ずるものではない。なんとなれば、その全著作は矯されるべく教会の裁定に委ねられたのであるから」[94]。つづいて、トマス・アクィナス[95]とドゥンス・スコトゥスの反対意見が適宜、慎重に引かれる。それらに対する論駁の試みはなく、かえってヨアキムの著作『十玄琴《プサルテリウム》』へと読者の注意を喚起している。そこから、ほとんど三頁を占めるほどのかなりの句節が引用され、ヨアキムの三位一体註解における正統性の証示が企てられる[96]。『註解《エクスポジチオ》』の句節にもまた言及され、「われはアルファにしてオメガなり」というテクストの解釈において、ヨアキムが「ほかならず正統信仰において語られる」三位一体の教えを説くものであることが示される[97]。

こうしたヨアキムの正統性の証示の後、著者は議論の核心に到る[98]。

> じつにそれは信仰と神の真実にふさわしきものにして……読者がここに編まれた浄福なるヨアキムの著作を読み、そのことばを瞑想するならば、そこには信徒が服すべきところより他のものはなにも認められない。それが命題論集の師《マギステル》を論駁するものであるとして譴責されたのであった。その書、命題論集は印行された。われわれはそれが往時まさに浄福なる人ヨアキムの手によって著された小冊を模してなされたものではなかったかどうか、敢えて難詰することはしない。はからずも原本と近しきものとなったというのであろうか。ゲルマンの人ヨハン・グーテンベルクが一四四〇年ごろ発明した印刷術が浄福なるヨアキムの時代に存したならば、印刷術によって手稿、写本、偽書を、無辜なるものを賤しく呪わしきものから選り分けることも容易であったであろうけれども[99]。

こうして十六世紀、フィオレのヨアキム擁護者たちが、ヨアキムは権謀の犠牲となったのだという十三世紀の伝説に懸恋していたことが明らかとなる。そしてこれは、著者が『エレミヤ書註解』の鍵とも言える一節を引きつつ的を絞った後続の一文に確認できる[100]。それは謎の〈預言〉の薄紗《ヴェール》に問責を秘めたものである。そしてふたたび、この一文は線で囲まれ、別の筆跡で〈削除《デレンダ》〉と記されている。

ヨアキム批判の第二項は明らかにアクィナスの言及からの遠いこだまである。これに対する擁護は、ただそのような告発のありかたへの驚きを告げるとともにヨアキム賛美を語るという域を出ない。第三項に対しては、この世の終わりについては神のみが知りたまう、というヨアキムの言明が『註解《エクスポジチオ》』および『符合の書』[101]からの引用として対置される。第四項に対しては、カルメル会のキュリロス、ダンテ、オーヴェルニュのギヨーム（グリエルムス・パリシエンシス）のことばをもって、彼が預言者であったという言質が対比される。

これらフィオレの修道士たちにとって、呻吟の核はあきらかに一二一五年の断罪にあった。これは決して擁護し尽くすことのできぬものであったから。この点に関して、彼らはいまだ『エレミヤ書註解』にある十三世紀の見解にとどまっている。十七世紀、ヨアキムを擁護するシトー会士がそうした武器糧秣[102]を調達することになったのは、まさにフィオレの資料からであった。わたしたちはすでに、フランシス・ビヴァルによる一六二七年の熱烈なヨアキム弁護について注した[103]。彼はフィオレの写本からまさにその一節を引くことによって、『エレミヤ書註解』の中でヨアキムは自ら不正なる断罪を受けるであろうことを〈預言した〉、というものがたりを受けいれる。おそらく彼はこれをヤコブス・グラエクスから採ったのだった。彼は自らヨアキムの著作群を読み込み、彼の正統性を確信するとともに、これはじつに陰謀とより他みなし得ないものとなる。「ヨアキムの著作を精読しつらつら想いみるに、彼の修道会士の慎重さを欠いた熱誠を謀るため、インノケンティウスと公会議に対して著者のこころにもない意味に歪曲された三位一体の書が告発されたのでもあったか」[104]。おそらくこうしたヨアキムへの傾倒から、彼はシトー会の偉大なる未来が予言された擬ヨアキム文書の預言をもまた引用することとなる[105]。これは欄外注で次のように強調されている。「聖ベルナルドゥスの修道会秩序は永劫につづく」[106]、と。ビヴァルのヨアキム擁護は、たしかにこの大修道院長がシトー会の偉大さを預言した者であったという信念に発している。

この時期、ヨアキムの盛名についてシトー会で活発に議論されていたことは、アンジェロ・マンリケの『シトー会年代誌』からもあきらかに読み取れるところである[107]。マンリケはカサマーリ大修道院長であった。このシトー会修道院こそ、ヨアキムが十玄琴《プサルテリウム》の幻視《ヴィジョン》を感得し、彼の主要三著作の述作に努めた場所だった。それゆえ、彼がこうした論争の渦中にあったであろうことは想像に難くない。彼はかなりの紙幅をヨアキムに費やしているが、慎重に公正な立場を堅持しつつ、最初からヨアキムについて記す者たちの過激な諸見解に釘をさしている。

……この点、著者たちは中庸を忘れみな矯激な言辞にはしる。ある者たちは聖なる、学識ある、預言者と呼び、他の者たちは妄言家、偽善者と、どちらも現今、最大級の言辞をもって競い合っている……ヨアキムの預言の賜について はたしかに事実が証するところである。その聖なる奇蹟、著述された教義、その礎を築いたフロレンセ会の権威。しかし命題論集の師《マギステル》ペトルス・ロンバルドゥスに憤り、深甚なる過ちを犯したこともまた、今日、教会の権威に照らして疑うべからざるところである。かくのごとく、礼讃者たちは善意からなしているのであり、シトー会の告発者たちはその文書の過ちを吟味するのである。われわれはそれを愛憎の念からするのであってはならない。(108)

彼のヨアキムの生涯に関する記述はおおむねグラエクスから忠実に引かれている。その全体にわたり、彼はいまだ論議が闘わされていた問題、はたしてヨアキムは真の預言者か贋預言者かという論議に注意を怠らない。シトー会士たちとの論争が、一二一五年の断罪という頂点を迎えるまで順次跡づけられる。しかしここで、彼は公正を謳いつつもビヴァルの論議をもちだし、『エレミヤ書註解』に秘匿された預言がふたたび蠢きはじめる。実際、彼は教会に関するヨアキムの見解の驚異的な多義性の虜になっており、彼の論述の最後の部分は〈礼讃者たち《ラウダトーレス》〉と〈譴責者たち《レプロバトーレス》〉の並置に焦点が合わされている。

驚くべきは教会における甚だしい見解の相違であり、大修道院長ヨアキムの正統信仰は多くの礼讃者、崇拝者をもつとともに、それを譴責する者も多く、軽視する者たちはそれが証される日も来るであろうという。それを嘲笑軽蔑する者たちはかえって異端者を生むこととなり、他の者たちは（正統信仰の敬虔なる耳をたじろがせるかのように）彼を大いなるキリストその人のごとくに礼讃しつづけるだろう。そしてそれを過ぎたる者は破廉恥にも狂気の冒瀆の言辞を吐きはじめることだろう。どちらも範を垂れ、正統信仰を分かつこと稀である。またあまりに礼讃する者は異端者どもを誉めそやすことにもなる。ここにこそ地を這う者の慣いにして蛇毒があり、これこそが敬虔なる者たちを戦慄させるもの、信仰を荒廃させるものである。ヨアキムを引く著者たちの弁明にあって、過剰な賞賛は異端的であろうが、微塵の疑いもないその聖性を冒瀆することがあってもならない。[109]

ここには彼に敵する異端的なヨアキム支持者たちの重圧が感じられる。こうして公正を標榜するマンリケではあるが、その一方でこうした論敵たちに対する好意的な裁定をもくだしてみせる。つまり、フィオレの修道士たちの聖性の欠如と言っては言語道断であり、悪しき樹木は善き果実をつけることはできない、と。

最も完璧を期された擁護論は、サジタリオのシトー会大修道院長グレゴリオ・デ・ラウデによるものである。[110] 論議は彼のヨアキム伝に付された序文からすでにはじまる。彼はそこでヨアキムを悪く言う者たちから彼を護る必要があることを強調する。とはいえ彼の擁護の中核は、その伝記の頂点をなす諸章にわたって展開される。[111] 彼は問題の核心部分を明確に述べている。「……その諸見解のうちにも矛盾対立する述作を認めることができる。一方は忠実なる正統信仰に就くもの、他方は異端的にして退けられるべきもの」。[112] 後者は有罪宣告を受けたペトルス・ロンバルドゥス論駁の書のうちにみられるもの、と彼は言う。しかし前者こそが、ヨアキムの著作群それも特に『註解《エクスポジチオ》』から『十玄琴《プサルテリウム》』を埋め尽しているものである。ラテラノ公会議が間違っているなどとあてこすりをするのは僭越である、それゆえその書は異端的であった、と彼は論じる。もしもヨアキムがそれを書いたとしても、聖なる人々が過ちに陥ることもあり得る。ヨアキムは『十玄琴《プサルテリウム》』の序言で、その意味の啓示を受けるまでそれは彼にとって理解を超えたものであったこと、いかに三位一体の教義が筆舌に尽しがたき神秘であるか、について論じている。ペトルス・ロンバルドゥスに対する論駁はそれ以前に書かれたものであったのかもしれない。この謎に対して可能な説明を長々と論じた後、デ・ラウデは、ペトルス・ロンバルドゥスの論が採用されたことこそがヨアキムを過ちとすることになった原因である、との確たる自説を締めくくりとしている。彼は『符合の書』と『註解《エクスポジチオ》』からかなりの長さの引用をして、ヨアキムの見解が「まったく正統であること」を証すとともに、これらの著作がコラッツォで着手されたのであることからして、彼は啓示を受けた後ばかりかそれ以前も三位一体に関して過ちなど犯してはいない、と論じる。これが、彼の〈慣例《コンスエトゥーディネス》〉とする典礼、三位一体の意味把握を特徴的弁別的に示したフィオレの典礼によって証される。議論はヨアキムが論敵たちの策謀の犠牲者であったという主張に極まる。特にシトー会士たちは、彼に汚名をなすりつけるためにこの書を作成した、と。ここで、デ・ラウデは『エレミヤ書註解』に隠された〈預言〉をかなりの長さにわたって引用し、説得的な説明となすための語釈を加えて十全に利用している[113]。

この全体にわたり、デ・ラウデは〈われらがヨアキム〉と呼び、この親炙はあきらかに彼のシトー会士としての自負に発しているが、それもこの預言者に対する一シトー会士の見解がそれに反する同輩を嫌忌するという奇妙な自尊心である。それはそうとして、デ・ラウデの敬慕にはカラブリア人あるいは南イタリア人としての郷土愛的な要素も認められる。これとは別に、郷土愛からするヨアキムへの信心という意味で興味深いのがマッテオ・グェッラの場合である。トレント公会議で名を成した後、一五七六年に彼はカラブリアのサン・マルコ司教管区へと移り、どうやら『浄福なるヨアキムの十玄琴小註《ノトゥリ》』[114]を著したようである。これはデ・ラウデがコセンツァのカプチン会修道院の一写本に認めたものだった。そこからデ・ラウデはグェッラがヨアキムについて語る次の一節を引用している――そして後、彼に拠ってパペブロックもまた。「わが同郷人、カェリチ(チェリコ)生まれ(コセンツァの町より四哩にあり)、シトー会修道士、フィオレ会創設者、生前、逝去にあたり、また歿後にも数々の奇蹟をあらわせり」[115]。

ヨアキムへの関心は、地方の好古家たちの探索にも刺激を受けたことに違いない。地方司祭の一人ガブリエレ・バリオは自著『カラブリアの古事と史跡』の一部としてヨアキム伝を著した[116]。これは型どおりの著作であるが、その細部からするとフィオレの諸写本を引見したものに違いない。サン・ヴィンセント・エ・サント・アタナシウス大修道院長であったフェルディナンド・ウゲッリはその著『イタリア・サクラ』で、ヨアキムに寄せる敬慕の念を披瀝した。彼はトゥティーニ写本を用いるとともに、フィオレの記録を探索し、それらからフィオレが皇帝や教皇から受けた特典を抄出している。それにまた当時のヨアキム擁護者たちに賛同しつつ、次のように記した。「フランシスクス・ラウルス(デ・ラウデ)は……数々の誣告に対して巧みに報復してみせた。われらが親しき友グレゴリウス・ビヴァリウス(ビヴァル)は……ヨアキムの著作について鋭い擁護をなした」[117]。また彼はヨアキムを讃える長い詩編をも載せている[118]。ナポリの伝記作者レオナルド・ニコデモについてはすでに述べたが[119]、注目すべきは彼がヨアキムの著作を――もちろん真作擬作とも――すべて慎重に録していることである。そしてジョヴァンニ・フィオレ。彼はその著『詳説カラブリア』でヨアキムの名声を、特に数々の修道会――ドメニコ会、フランシスコ会、カルメル会、アウグスティヌス隠修士会、テアティーノ会およびオラトリオ会の司祭たち――の預言者として讃えている。[120]

カラブリア人の歴史伝統への関心から生まれた奇天烈な副産物として、コセンツァのフェルディナンド・ストッキの手になる、かなりの量の贋作文書がある。大修道院長ヨアキムのものがたりは、このぺてんによって奇妙な錯綜を起こす。グラエクスはヨアキムの弟子としてヨアンネス・ボナティウスとヨアンネス・ド・アクィタニアの名を挙げていた。デ・ラウデはグラエクスのおよそ半世紀後に著作しつつ、ボナティウスが老境にいたって録したとやらいう著作『時代の預言についての小論』を引用している。[121]そしてパペブロックはデ・ラウデに拠りつつ、『聖人伝《アクタ・サンクトールム》』でその著に言及した。[122]こうしてボナティウスの失われた（と想定される）著作の伝承がわれわれにまでもたらされることとなった。現在、大英博物館には『皇帝ハインリヒ六世によるナポリおよびシチリア王国征服にみるスウェヴィ（ホーエンシュタウフェン）の歴史、およびこの皇帝の大将軍、浄福なるジョヴァンニ・カラの生涯』[123]と表題された一冊の稀書がある。これは、ドン・カルロ・カラによって著され、ナポリで一六六〇年に公刊されている。著者の目論見のひとつは、高名なる彼の先祖ヨアンネス・カラを賞揚することにあった。この人物はホーエンシュタウフェン家に軍人として仕えた後、カラブリアで隠修者となり、ヨアキムの伴侶となった、とされる。そして、この『歴史』第二部にカルロ・カラは尊きヨアンネス・カラに係わり、この人物の伴侶たちによって録されたとされる五つの小著を公刊したのだった。その最後のひとつがいわゆるボナティウスの『小論《オプスクルム》』で、その中で、三人の預言者、ヨアンネス・デ・アクィタニア、ヨアンネス・カラそしてヨアキムがハインリヒ六世の前で預言をする。著者はそれに伝記的注記を添え、他にはどこにも見つからない詳細を伝えている。これはドン・カルロ・カラが大枚をはたいて成し遂げた詐欺行為であった、というだけにとどまらぬ重要な発見であろう。コセンツァのフェルディナンド・ストッキは、高名なる先祖を欲するドン・カルロの希望を叶えるために、ホーエンシュタウフェン家とブリタニア王の家系に列なり、ハインリヒ六世とともに南イタリアに来たカラという名の二人の兄弟の経歴を捏造したのだった。そしてこのはなしに信憑性を与えるために写本資料をも贋作した。[124]デ・ラウデもパペブロックもカルロ・カラによって印行されたこの著作を利用していると同時に、明らかに前世紀のグラエクスがそれを識らなかったところからして、ほぼ間違いなくボナティウスの著作というのは贋作の一部であり、結局のところボナティウスがそのような著作を書いたことなどなかったようにみえる。

ストッキの贋作の影響はそれにとどまらない。ヴァチカン図書館には『カラブリアの諸事に係わるフロレンセ会大修道院長ヨアキムの預言と書簡』と表題された一冊の奇妙な写本がある。[125] これは八篇の預言と八本の書簡から成っている。その奇妙な印象は書字様式と装飾模様にも起因するもので、当然かなり後のものではあるが、古い文書からの書写あるいは模写という意図された擬古性が感じられる。この写本はカルロ・カラの著作と密接な関係にある。まず、カラはこの写本中に記載のある表題を正確に完全に引いており、[126] 書簡二、三、五を写し、幾つかの預言を解説していることから、[127] 彼がこれの写しを所有していたことが分かる。また、書簡のひとつは尊きヨアンネス・カラに言及しており、[128] さっそく疑念が芽生える。この疑惑は、グラエクスがこれらの預言や書簡にまったく言及していない、という事実からも湧き起こる。実際、グレゴリオ・デ・ラウデおよびそれに従ったパペブロックを除いて、誰もこれらを知らないのである。デ・ラウデは、「フロレンセ会大修道院長ヨアキムの書簡集より」と欄外注を付記して書簡一、二、三、五、六、八を転写している。[129] そして、パペブロックはここから書簡一、二、三、八を再録している。[130] 十七世紀の著作家で、ボナティウスの『小論《オプスクルム》』およびこの預言と書簡の両者を実見しているのは、カルロ・カラとデ・ラウデだけである。ここから、どちらもストッキの贋作で、これをデ・ラウデはカラから入手したのであったのではないかという強い疑念が起こる。そしてまたヴァチカン図書館の別写本に含まれる断章。MS.Ferraioli728（三七一葉表―三七二葉裏）は、ボナティウスの『時代の預言についての小論』の一部を転写したものであり、ストッキの活動と関連したものに違いない。どうやらヨアキムという名は贋作を呼びよせるものであった、と言いたくなる程である。こうした後期贋作群において、大修道院長は家系に尊厳を添えるとともに、カラブリアの郷土愛を培う伝説をめぐる劇的な人物像としてその姿をあらわす。

ダニエル・パペブロックの『聖人伝《アクタ・サンクトールム》』でのヨアキムの取扱いはこうした諸相に十分な省察を加えたものである。ここにヨアキムが編入されていることは、彼の好意的な評価を想像させるものではあるが、パペブロックはその評価にあたっては慎重のうえに慎重を期している。彼は、フィオレの修道院とその創設者の追憶はひとたび悪評にまみれ、ヨアキムの名が聖人として扱われるようなことがないよう削除すべきであるばかりか、正統信仰を守る修道会としては抹消されるべきであると言う者すらいた、と注記することからはじめる。しかし修道会とその創設者へのこうした攻撃に対し、教皇庁はその声望をあらためて確かなものとするため、それは誤った非難であると宣言したのだった。パペブロック自身、ヨアキムの聖性をその偉大な徳、「この世の誰もが讃える」[131]預言の霊、彼の奇蹟の数々の三つに認めている。[132]

彼が用いる諸権威およびそれらを論じる様子からは、資料博捜への熱意とそれらに対する選別的な態度が認められるが、もちろんそこには彼の得た知見の限界も看てとれる。彼はフェルディナンド・ウゲッリの所蔵になる一写本を検討している。これはグラエクスがフィオレでの奇蹟に関する古い集成《コレクション》から転写したものであった。この中から彼はルカ・ディ・コセンツァの回想、『浄福なるヨアキムの諸徳についての概観』[133]を採っている。つづいて、グラエクス自身の手になる『伝記』の大部分を抄録する。そして第三にデ・ラウデの著作を用い、そこからボナティウスのものと想定された『小論《オプスクルム》』と問題の『ヨアキム書簡集』をも含む引用をしている。この最後の二つが彼の著作における古記録探索を疑わしいものとしている。それに彼が『エレミヤ書註解』をも『教皇預言集《ヴァティチーナ》』をも真作と認めているのにも驚かされる。ここで彼の鑑定眼は、ヨアキムは実際にできごとの詳細に到るまで預言したに違いない、という熱烈な確信によって曇らされている。その一方で、彼はサン・マルコのできごとを論じるにあたって、それが年代的にみて不可能であるとし、そうしたものがたりに偉人の名が添えられるのはよくあることだと注記して捨て去る、というかなり斬新な取り扱いをみせてもいる。[134]総体として見て、パペブロックの論述は情動に引きずられるところはあるものの、主題の取り扱いに関してはボランディストの高い学問水準を保ち得ていると言えるだろう。彼が情動に引かれる理由は、最後の頁まで明らかにされない。

パペブロックが観るところ、ヨアキム擁護にあたって最も緊要な二つの論点がある。第一に、彼の信仰の正統性（彼に聖性を帰属するため）、そして第二に、彼の預言の賜の真正性。末尾の数章はこれら二つの問いをめぐる取り組みとなる。[135]そこで彼はヨアキムに関するすべての証言を取り上げて議論する。まず最初に、彼はヨアキムの諸著の著作年代を考察する。マシュー・パリスは、ヨアキムが「教皇アレクサンデルの在位時」[136]ペトルス・ロンバルドゥスを論駁して『小著《リベッルス》』を書いた、と言うが、もしもそうだとするとこれはじつに早い時期の著作ということになる。「それはいつ著され、また本当に彼によって提示されたものであったのか」、パペブロックは言明する。「……これに関してひとつはっきりとさせておきたいと思う。ヨアキムは……十玄琴ですべて（の著作）を挙げているが、実のところ小著《リベッロ》についてはなにも言っておらず、かえって書巻《ヴォルミヌム》あるいは著作《リブロールム・オペレ》（そう彼は呼んだ）三つを挙げている」(137)。ここから「三位一体の神秘について、いかに確たる正統信仰をヨアキムは十玄琴に著したか」(138)と題された断固たる擁護の章が導かれる。彼は『十玄琴《プサルテリウム》』からの引用を積み重ね、ヨアキムが各種異端を攻撃しつつ、いかに完璧に正統なる三位格《ペルソナ》の教義を説いているかを証示し、最後に『小著《リベッルス》』がじつに早い時期の著作であったか、ヨアキムの名を騙った贋作であったか、いずれにせよ大修道院長の『十《プサル》玄琴《テリウム》』に展開されるところになる教義には非のうちどころがない、と断言する。

大修道院長ヨアキムの至聖にして分かちがたき三位の神秘をめぐる教説が純粋にして正統なるものであることは以上十分に明らかである。この十玄琴が推敲されたのはすくなくとも晩年の十五、六年のことであって、決して若書きの見解ではない。ここからして、ラテラノにて断罪されるに値する異端的な異論を載せた小著《リベッルス》に関して、いろいろと疑惑を抱かざるを得ない。それは真作だったのか、それとも誰か他の著者がヨアキムの名を騙ってそれを成したものであったか……(139)。

贋作説はそのまま預言の問題と直結する。それは、ヨアキムは陰謀の犠牲となったのであり、彼はこの試練を『エレミヤ書註解』ですでに予言していた、というもっとも取り沙汰されてきた論点であった。パペブロックはこれが真の預言であったと信じ、アナトテの人々の姿のもとシトー会士たちと敵対することを預言した鍵となる一節を引く(140)。とはいえ彼はヨアキムの預言の賜について選別批評的な態度で臨むように努め、権威として不充分と判断された資料を棄てている。しかし、彼はわれわれがすでに擬書と知っている資料――つまり『書簡集』と『エレミヤ書註解』――を「不謬の明証」として採ってはいるのだが。これらは彼にとってあまりに確かな証拠なので、なぜトマス・アクィナスがヨアキムの予言したできごとは「預言の霊ならずして人心からする憶測」[141]であるなどと考えたのか分からない程となる。

尊き聖博士たちはどうやら、ヨアキムの諸著に一瞥を加えるとともにそれを懸念して、あるいは読みもせずにここに予言されたことは嘘に違いないと曖昧なことを触れ歩いたのでもあったか。あるいはいずれ時がそれを教えてくれることだろう、と。それに数々ヨアキムの名を冠した偽書やら実現の見込みもなさそうな益体もないものが出まわっていたので、ヨアキムの叡智に満ちたものあるいは霊が設けたところのものまで抑え止めてしまったのである。[142]

パペブロックの観るところ、この混乱は「有名な予言の書《ヴァティチーナ》のように彼の名をもって出まわっていた」[143]絵空事（形象、フィグメンタ）に起因するものであった。この類の主要な例はロジャー・ホウデンの伝えるメッシーナでの会見談で、それはヨアキムが贋予言者であった証拠としてバロニウスが使ったところだった。バロニウスの語るヨアキムについてパペブロックはかなり皮肉な調子で取り上げている[144]とはいえ、トリッテンハイムの酷評をも同じ様に扱っている。おそらくトリッテンハイムはヨアキムの生きた時代を知らない、おそらく彼は違うフリードリヒのことだと思い込んだのだ。フリードリヒ二世ではなくフリードリヒ三世だと。[145]パペブロックはヨアキムがホーエンシュタウフェン家について、それも特にフリードリヒ二世について真実を予言したということにまったく疑いを抱いていないし、托鉢諸修道会に関する預言も、ヴェネチアの逸話を除いて信じるに足るものだと考えている。この逸話について彼は憶測を加えている。おそらくヨアキム礼讃者の誰かが彼の著作に形象化された主題群に観じて、サン・マルコにヨアキムの預言が描かれていると言い出したものでもあったろう、と。「いずれにしても、他にいろいろ確証を認めることができるように、浄福なるヨアキムの確たる預言の霊がこのような曖昧な論を成したはずもない」[146]。そして彼は『黙示録註解《エクスポジチオ》』と『エレミヤ書註解』に戻り、霊的な人々の新しい秩序《オルド》、新修道会《オルド》について鍵となる句節を引用する。[147]

これについての議論が「浄福なる創設者がフロレンセ会に遺した新たに誕生する修道会をめぐる巫言」[148]と題された最後の章を占めることになる。遂にここに、パペブロックがなぜヨアキムをこれほど擁護するのか、という謎が明かされる。

それは、「各修道会がそこから引き出してみせたところについて、そしてわれわれのイエズス会について若干」[149]のヨアキムの預言。〈若干《ノンヌッリ》〉と慎重を期してはいるものの、ヨアキムは歴史の重大な危機を告げ、現時のさだめとして自らの修道会を予見していたのだ、というパペブロックの確信に変わりはない。教会の三大試練の三つ目が、ルターその他の異端の姿を纏って、いまや到来した。その後には第七の天使が待望される。「それは、七つの神の霊、霊的知性の蘇えり」[150]。パペブロックはヨアキムが告げるところの神の摂理《はたらき》に「この会派はイエスが謂ったところのものであったか、霊的知性によるものか、いずれにしても聖書の教えのはたらきのあらわれであり」と控えめな躊躇を示すが、彼がイエズス会こそ第七の天使となるであろうと信じていたことには一点の疑いもない。彼はここに、ヨアキムの〈複合秩序（混成修道会）〉という遠大な展望《ヴィジョン》を把えてみせる。マルタとマリアの生涯を併せ、異教徒に宣教団を送り、聖書の真の研究を通して霊的知性を蘇えらせること。「これこそがイエスによって企図された修道会（イエズス会）である」[151]。

これはパペブロックを最大の障害へと導くことになる。もしも彼が、ヨアキムは新会派の預言者であると主張するならば、彼はその三つの〈時代《スタートゥス》〉という教説をも認めねばならない。しかしこれこそ、ペルピニャンのグイドその他によって異端的であると攻撃された教説だった。パペブロックはいつもの彼の方法で真正著作群からの引用をした後、グイドがヨアキムの観点を矮小化している、と反撃する。意味を歪曲した者たちに対する彼の譴責は強烈である。

これら著作者たちはしばしば予断を以って悪しく談じており、また他の者たちは粗雑な解釈から、あるいは自らの愛着からする夢想を込めて判じているのである。

それを解するに僅かばかりを抄出し、正統ならざるよからぬ意味に歪曲して論じてみせるので、人々はその信仰を疑い、異端に歪んだものであると難じることになる。もちろんここで必要とされるのは、いまだ知られざる証言を護りとしてこれら著作者たちの引き起こした疑惑を払い清めることである[152]。

特にフラティチェッリのような異端者たちが、ヨアキムの教えを冒瀆のことばに歪曲して彼の名声を傷つけたのだった。

こうした類の危険な過ちこそ、トマス・アクィナスにヨアキムの著作の一つを取り上げさせ、そこに過ちを跡づけさせることとなった元凶だった。ここでパペブロックはトマスのヨアキムに対する嫌忌をできるだけ軽く見積もろうと努める。「……聖博士がヨアキムの聖性を十分に解そうともせず、その霊を数々の絵空事（形象）において疑いとともに眺めたとしてもなにも驚くことはない。……かえって驚くべきは、その著作の解釈が天使的博士によっても多く反証されるものではなかったということである……」。[153] このどこか疑わしい注記でパペブロックはそのヨアキム論を了えている。実際、こうしたヨアキムの新たな秩序（新たな修道会の数々）という幻視《ヴィジョン》の牽引と、三つの〈時代《スタートゥス》〉の説の夢想《ファンタジー》に泳ぐ者たちへの反撥のあいだに宙吊りとなった彼の姿は、冷静なヨアキム後継者たちの板ばさみの窮地を正確にあらわしているのである。

註

（1）【I-5 pp.70-71; II-8 p.329】参照。

（2）【IV-5 pp.570-81】参照。

（3）R. Bellarmine, *De Scriptoribus Ecclesiasticis*, Roma, 1613, *sub nom.*;【本章 p.133】参照。

（4）Bernardino of Siena, *Omnia Opera*, iv, Venezia, 1591, pt.ii, *Sermo* xvi, 88.【II-6 p.296】参照。

（5）Antonino, *Pars Historialis*, Nuremberg, 1484, Tit.XXIII, cap.I, I, f.clxxxix-v.

（6）«Erunt duo viri, unus hinc, unus inde». R. Caracciolo, *Sermones de laudibus sanctorum*, Napoli, 1489, ff.143v-179r.【II-4 n.36】参照。カラッチョロはヨアキム主義的文書に関心を寄せ、『キュリロスの巫言』にも学んでいる。Cfr. B. Zimmerman, *Tractatus de prioribus generalibus ord. Carmelitarum*, Lirinae, 1907. これはBignami-Odier, *Roquetaillade*, p.54 n.5に引証されている。

（7）F. Ongania, *Documenti per la storia dell'augusta ducale basilica di S. Marco in Venezia* . . . , Venezia, 1886, pp.6, 7, 8, 812参照。

（8）F. Sansovino, *Venetia Città Nobilissima et Singolare descritta già in XIIII Libri* . . . *ampliata dal M.R.D. Giovanni Stringa*, Venezia, 1604, ff.57v-58r. «XCVII. Delle due figure notabili di S. Domenico e di S. Francesco. XCVIII. Dell'Abbate Giovanni Gioacchino inventor di esse figure, e del luogo ou'egli habitava».

（9）«Non é dubbio alcuno, che l'inventore di esse figure non sia stato quel venerabile huomo, chiamato l'Abbate Giovanni Gioachino, il quale essendo venuto a Venetia … e ottenuto un luogo in detta chiesa molto angusto e rimoto〔romito 独居房か〕, che tuttavia si mostra, per sua habitatione, e nel quale io, con molta fatica a capochino, e a ginocchi piegati sono una volta entrato, il quale è quello, che nel cantone destro della facciata della chiesa immediate sotto le colonnelle del corritore è posto ; essendo, dico, venuto a Venetia, e haitando in detto luogo con molta astinenza, e con fama di santità di vita, formò quivi, e disegnò con le proprie mani le perdette figure nel modo, come quivi dipinte si veggono, senza però il nome de detti santi … ; il disegno e esemplare delle quali dato per lui al maestro, che lavorava di mosaico, gli ordinò, che tali di effigie, di forma, di habito, e di colore ancora di habito quali egli per l'esemplare glie appresentava, depingere … » Cap. XCVIII, f.58r.

(10) Jean Lemaire, *La Légende des Vénitiens, Œuvres*, ed. J. Stecher, Louvain, 1885, ii, 361-3.

(11) «labbé Ioachin Calabrois, lequel avoit esprit de Prophetie … leur avoit prefiguré leur decadence telle que nous la voyons, par deux Lyon volans … lesquelz il leur ordonna tires en marbre, au pavement de leglise saint Marc. Lun dieux Lyons estoit pourtrait gros et enflé, et sembloit nager de tout le corps sur les ondes, excepté que les pattes de devant estoient en terre ferme : lautre avoit toute la corpulence estendue sur la terre et les pieds de derriere seulement en leaue : mais il estoit maisgre et deffait à merveilles». *La Légende*, ii, p.362.

(12) 〔＊シニョールはヴェネチア共和国執政官の称でもあった。〕

(13) その一節は、「さらにアドリア海の同盟は切迫した孤立により（熊の絶望により）七十ピエデに縮減されそれを抑止することができない。自らの黄金を減じる（?）ため二匹の雄山羊があらわれぬ限り（二匹の雄山羊が生贄に捧げられぬ限りは）」«Porro, congregatio in aquis Adriaticis ex desolatione Ursi LXX pedum coartabitur, non frangetur : donec veniant duo hirci qui diminuant aurum eius». *La Légende*, ii. 363. これは通常の擬ヨアキム主義的文書『エリトレアの巫言』には見当たらぬ文章で、当時出まわっていた別の巫言に由来するものと思われる。

(14) G. de Illescas, *Historia Pontificalis*, Burgos, 1578, p.317. 十八世紀初頭の研究 J. Dubos, *Histoire de la League de Cambray*, Paris, 1709, i, 399 には奇態な政治預言の異文《ヴァージョン》が収められている。ヴェネチア人たちは彼らの干潟《ラグーナ》からさほど遠くまで内陸に力を及ぼすことはできぬであろう。なぜなら彼らは「サン・マルコ教会のモザイク画に」信頼を置いているから。「噂によればその謎に満ちた数々の寓意的形象は、それが制作されて以降、長きにわたっていろいろなできごとを将来させた預言的銘句《エンブレム》であるとかいう。これらモザイクの玄妙なる下絵は大修道院長ヨアキムによるものだと思いなされている……わたしに言える事は、この大修道院長がこうした寓意的形象によって預言をなした著者として世界中に名高いということ、来たるべき遠い未来のことを過去のこと同様に知る人として讃えられた十二世紀の人であったということ」«celles des peitures en Mosaïque de l'Église de Saint-Marc qui sont énigmatiques et qui contiennent, dit-on, sous différentes figures allégoriques les emblêmes prophétiques d'un grand nombre d'événements arrivez long-temps depuis qu'elles ont esté faites. On croit que c'est l'Abbé Joachim qui a fourni les desseins mystérieux de celles des Mosaïques … dont je parle. Tout le monde sçait que cet Abbé si célèbre par tant d'autres prophéties exprimées en des figures allégoriques vivoit dans le douzième siècle en réputation d'un homme à qui l'avenir le plus éloigné estoit aussi connu que le passé». そのうちでも最も有名なのが、聖フランチェスコと聖ドメニコの肖像である、と著者は言うが、また一匹の狼と二羽の鶏を描いたものがあり、それはルドヴィコ・イル・モーロの運命を予言していたという。そしてまた、できごとの四百年以上前にヴェネチア共和国の運命を描いたものがある。それはサン・マルコの二頭の翼ある獅子で、一頭は海を泳ぐ「肥って力漲った様子で描かれ」«peint en chair et plein de force»、もう一頭は「衰弱憔悴した様子」«décharné et abbatu» で大地にいる。この預言的な構図はヴェネチア人たちにとっては、「この国に関する巫言、いままでどんな国もがみてきた没落のしるし」«les oracles du pays, puisqu'il faut que chaque pays ait les siens» である、と。

(15) «Entre muchos sanctos y doctos varones, qui vivia en este tiempo, fue uno el Abbad Joachim, de la orden de S. Benito. Disze del que tuno spiritu de prophecia, y qui hizo enlosar la Inglesia de S. Marcos de Venecia, de muchas historias, debuzadas en diversas figuras y enigmas : las quales dizen aversido a la letra, pronosticos y oraculo, de las calamidades y disastres qui en Italia han acontescido hasta oy, y de las que estan por acontescer».

(16) Op.cit., f.58v.

(17) P. Regiselmo, *Vaticinia sive Prophetiae Abbatis Joachimi et Anselmi Episcopi Marsicani*, Venezia, 1589, s.p.（*Vaticinia* への註、IIII, XXVII, XXIX）.

(18) «les peintures et entaillures de St. Marc selon que les ordonna l'abbé Ioachim». Cfr. F. Secret, *Guillaume Postel et les courants prophétiques de la Renaissance*, *Studi francesi* I, p.383.

(19) T. Malvenda, *Annales Praedicatores*, Napoli, 1627, p.163 ; L. Wadding, *Annales Minorum*, i, Roma, 1731, pp.14 ss.

(20) A. Wion, *Lignum Vitae*, Venezia, 1595, ii, 791 ; G. Bucelinus, *Menelogium Benedictinum*, Feldkirch, 1655, p.388 ; C. Henriquez, *Fasciculus Sanctorum Ord. Cist.*, Cologne, 1631, p.736 ; S. Meuccio, *Super Esaiam*, Preface ; F. Bivar, *Apologeticus pro F. Dextero*, Lyon, 1624, p.483 ; J. Marquéz, *Origen de Los Frayles Eremitanos de la Orden de San Augustin*, Salamanca, 1618, p.346 ; B. Vigeas, *Commentarii Exegetici in Apocalypsim*, Evola, 1601, p.198. これには上に引用したイレスカスの言及がラテン語に訳されて用いられている。また、A. Possevino, *Apparatus Sacer*, Venezia, 1606, ii, 102 ; Cornelius Lapierre, *Commentarii in Quattuor Prophetas Maiores*, Paris, 1622, p.46. この書にあるイエズス会のヨアキム擁護については【II-9 pp.353-54】参照。その他、サン・マルコの件に言及したものに、G. Pepin, *Conciones de Sanctis*, Antwerp, 1657, p.329 ; C. de Visch, *Bibliotheca Scriptorum Sacri Ord. Cist.*, Douai, 1649, p.147 ; A. Manrique, *Annales Cistercienses*, Lyon, 1642, iii, *anno* 1200. 十八世紀のものに、G. Meschinello, *La Chiesa Ducale di S. Marco*, Venezia, 1753, ii, 45-6がある。これにはこの伝説に対する批判的態度がみられる。ヨアキムは一二〇〇年に亡くなった人であり、それは預言というより純然たる人間的判断力によるものである、と彼は論じている。

(21) Bondatti, *Gioachinismo e Francescanesimo*, p.163.

(22) «Erunt duo viri, unus italus, alter hyspanus ...». 【II-4 n.36】参照〔*【本章n.6】をも参照〕。

(23) «Vede Gioachin con memoranda esempio
Francesco al nascer suo gran tempo avante,
Come si scorge ancor di Marco al Tempio».
In G. Germano, *Vita ... del Glorioso Padre S. Malachia*, Napoli, 1670, pp.119-20.

(24) これと関連して、ヴェローナ訪問と教皇に関するまた別の有名な〈形象〉の関係について、ヴェネチア写本の記載を録しておこう。Venezia, Bibl. Marc., MS. Lat. Cl. III, 177, f.13r :「一一八五年カラブリアの大修道院長ヨアキムは自ら教皇表《パパリスタ》を携え教皇ウルバヌスを訪れた。そこには神に啓示されたローマ教会教皇の時代（あるいは肖像、スタートゥス）がこの世の終わりまでしるされていた」«A.D. M.C.LXXXV Abbas Joachim de partibus Calabrie veniens ad urbanum papa tulit secum papalistam in quo continetur status summorum pontificum ecclesie Romane revelatus sibi a Deo usque ad finem seculi». 〔*ここから『教皇預言集《ヴァティチーナ》』は『教皇表《パパリスタ》』と称されるものののことであるとされる。〕

(25) «nondum liberationis Hierusalem advenisse tempus». In St. Antonino, *Pars Historialis*, Nuremberg, 1484, ii, f.ccxxi-r.

(26) L. Alberti, *Vaticina circa Apostolicos Viros et Ecclesia Romana*, Bologna,

1515, preface ; Rolewinck, *Fasciculus Temporum*, Cologne, 1474, f.ccxlvi ; P. Aemilius, *De Rebus Gestis Francorum*, Paris, 1544, f.118r ; C. Sigonius, *Historiarum de Regno Italiae Libri Viginti*, Frankfurt, 1591, pp.346-7 ; J. Nauclerus, *Chronographia*, Cologne, 1579, p.872 ; Polydore Vergil, *Anglicae Historiae Libri*, XXVI, Basle, 1534, p.243.

（27） H. Schedelius, *Liber cronicarum*, Nuremberg, 1493, f.cciiii-b ; Manrique, op.cit.（ref.【本章 n.20】）, iii, anno 1191 : «pro data sibi coelitus sapientia, an pro innata audacia iudicent alii». W. Cave, *Scriptorum Ecclesiasticorum Historia Literaria*, London, 1688, p.700 にはアンチキリストに関する預言が記されている。

（28） C. Baronius, *Annales Ecclesiastici*, Lucca, 1746, xix. 617-19. 彼の判断は妥協の余地のない敵対的なものである。【本章 p.133】参照。

（29） Leonardo of Chios, *Historia captae a Turca Constantinopolis descripta*, Nuremberg, 1544, f.3. 『教皇表《パパリスタ》』から引用された一節は、「災いなるかな汝の七つの丘は」«Ve tibi Septicollis» にはじまるもので、本来ローマを指して用いられていた（預言XXVを参照）。

（30） G. Barrio, *De Antiquitate et Situ Calabriae, in Italia Illustrata*, Frankfurt, 1600, p.1053 ; Wion, op.cit., p.791. これにBucelinus, op.cit., p.388 ; Henriquez, *Fasciculus*, p.736 ; Visch, op.cit., p.147（ref.【本章 n.20】）は追随している。

（31） *Tractatus de Ritu, Moribus, Nequitia et Multiplicatione Turcorum*. これはサラセン人による迫害の恐怖をダニエル書の獣の姿によって雄弁に描き出した十五世紀中頃の著作。

（32） «Hic est opinio abbatis Joachimi de secta Machometi».

（33） H. C. Agrippa, *De incertitudine et vanitate scientiarum et artium …* , Paris, 1531, f.cxlvi-r ; *De Occulta Philosophia Libri Tres*, s.l. 1533, f.cl-r :「数の力能と徳能について。それらによって捜し求めることのすべてが知られ解される。それによって預言の本性に近づくことを得る。大修道院長ヨアキムは数を通してより他、その預言をなさなかった」«De numeris eorundemque potentia et virtute : Per illum habetur via ad omnia scibilia indaganda et intelligenda. Per illum habetur proximus accessus ad prophetiam naturalem ; atque ipse abbas Joachim in prophetiis suis alia via per numeros formales non processit».

（34） Wion, op. cit., ii. 791 ss.（ref.【本章 n.20】）.

（35） G. Voezio, *Disputationes theologicae*, Utrecht, 1665, ii, 1065. では、ヨアキムに関してかなり論じられている。

（36） Laonikos Chalkondyles, *De origine et rebus Turcorum libri decem*, Basle, 1556, p.94 :「教皇たちについて、すでに亡き預言者にしてイタリアの識者のひとりに算えられるヨアキムは、来たるべき個々の教皇とその事跡を予言した。そしてそこに預言された通りとなった」«De Pontificibus quidam Ioachim, vir vaticinandi peritus, inter doctos Italiae connumeratus praedixit multa quomodo singuli ad Pontificatum essent perventuri et in eo victuri. Et quemadmodum vaticinatus est, ita accidit». サンブチーナでのできごとがこのテクストにつづいている。このビザンツの著者（一四六三歿）はいったいどこでこのものがたりを仕入れたのだろうか。これを彼はフェラーラ・フィレンツェ公会議に関連して語られる教皇庁およびイタリアの逸話のうちに配している。そこに盛られた様々な知見からして、公会議へのギリシャからの参加者たちは帰国後いろいろ細かい報告をしていたものとみえる。そこからして、この知見は公会議で仕入れられたもののようであるが、フィオレに由来するものであったに違いない。

（37） «Nam cum esset idiota, nec vel modicum eruditionis haberet, ianitor in quodam Italie monasterio Nazareorum fuit, et quendam in hortum egresso apparuit vir forma pulcherrimus. Qui assistens ad Ioachim, manuque amphoram tenens, inquit : Ioachim, cape, bibe vinum hoc : est enim optimum. Qui dicto audiens, bibit ad satietatem usque amphoramque reddidit, inquiens se satis bibisse. Cui vir respondit : O Ioachim, si totum hausisses, vinum, nulla te scientia fugisset. Deinde in colloquium et disputationem veniens cum viris ea tempestate doctissimis, plane divinus quantum ad scientiam attinet, apparuit … Nam quaecumque praedixit evenisse constat, licet ubique miracula eius per Italiam obvia sint.»

(38) A. Palaeoto, *Sacrae Sindonis Explicatio*, Venezia, 1606, p.2 はヨアキムの『十玄琴《プサルテリウム》』を引いている。*Psalt.*, lib. I, dist.2, f.234v：「われわれの聖骸布を吟味してみれば……それを明らかとするに十分である」«Sufficere nobis Sudarum inspicere … explicandum constituit»；Daniel Mallonius, *Elucidatioes*, pp.11-12. また A. R. Aurelius, *Rerum Iudicatarum Libri IIII*, Paris, 1599, i, cap.5；T. Malvenda, op.cit. (ref.【本章 n.19】), p.164 をも参照。

(39) «Cumque deserta quaedam loca esset ingressus, nimia siti confectus, mori veritus sabulo se obruit, ne insepultus feris cibus foret, ac dum scripturarum intelligentiam meditatur, sopore corripitur. Et ecce olei flumen et iuxta hominem stantem cernere, sibique dicentem : bibe de hoc flumine, eique ad satietatem bibere videbatur. Cumque evigilasset totius divinae scripturae intelligentia illi patuit». Op.cit. (ref.【本章 n.30】), p.1052.

(40) Op.cit. (ref.【本章 n.20】), ii, *anno* 1165, cap.iii.

(41) こうした言及の多くがフィオレの資料をもとに十七世紀に公刊されたヨアキム伝に先行するものであることからすると、この資料は印行される以前にすでになんらかのかたちで知られていたものに違いない。カラブリアの文書群については、【本章 pp.137-146】を参照。

(42) John of Trittenheim, *Liber de ecclesiasticis scriptoribus*, Basle, 1494, *sub nom.* また同著者の *De Viris Illustribus*, Co.Agr., 1575, ii. 117 をも参照。

(43) Sixtus of Siena, *Biblioteca Sancta*, Lyon, 1575, i. 276. また C. Gesner, *Bibliotheca Universalis*, Zurich, 1545, *sub nom.* をも参照。ゲスナーが次のように記す書物についてわたしは特定できないでいる。「イタリアで印行された説教著作で、著者は聖ヨハネの感得した黙示録の驚くべき幻視について挿画とともに語っている。この書の序文には他の宗教文書の註釈としてヨアキムの著したものも添えられているが、僅かな記載にとどまっている」«Vidi librum quendam sermone Italico impressum huius authoris, qui mirabiles quasdam visiones cum figuris depictis continet, quales in Apocalypsi divi Ioannis habemus : qui praefatur in eum librum alia quoque, praesertim explicationes in aliquot libros sacros, ab hoc Ioachimo scripta asserit, quorum non amplius memini».

(44) Bernardo of Luxemburg, *Catalogus Haereticorum*, Cologne, 1522, s.p., *sub nom.*; Alphonso de Castro, *Adversus omnes haereses Libri XIIII*, Paris, 1541, ff.45v-47r；G. Prateole, *De Vitis, Sectis et Dogmatibus Omnium Haereticorum*, Cologne, 1569, p.226 (err. 224)；St. Augustine, *De Summa Trinitate*, Basle, 1515, s.p., Lib.xv, cap.xx くの F. Maro による註；D. Petau, *Opus de Theologicis Dogmatibus*, Venezia, 1757, Lib.iv, cap.xiii, 4, p.215；Lib.vi, cap.xii, 4-7, pp.40-1. ここにふたたび、ヨアキムの三位一体観がトマス・アクィナスからの引用とともに、かなり長く論じられている。

(45) «Diversi diversimode de hoc abbate Joachimo scribunt et sentiunt : dum alii eum laudant, alii autem vituperant». T. Petrejo, *Catalogus Haereticorum*, Cologne, 1629, p.97.

(46) «Joachim Abbas Florensis … vir in divinis scripturis studiosus et exercitatus, qui ut Propheta suo tempore habitus etiam futura praedicere conatus est. Sed mihi videtur … ex conjecturis scripturarum illum magis locutum quam prophetasse. Nam, ut de caeteris taceam, Fredericum Imperatorem hostem Eclesiae futurum somniavit, quem omnes novimus usque ad mortem pacificum et Romano pontifici subjectum et fidelem perseverasse». *Lib. de Eccl. Scrip.*, f.59r.

(47) P. Labbé, *De Scriptoribus Ecclesiasticis*, Paris, 1660, i. 511：「トリテミウスが録すところでは……預言者が往昔、未来を予言しそれが験されるがごとく。しかしこの著者は逸脱してことばを加えた。皇帝フリードリヒ三世が会に反目するであろう未来を夢想したが、周知のごとく、その死まで平和でローマ教皇庁への忠信を堅持した、と」«… teste Trithemio … ut Propheta suo tempore habitus etiam futura praedicere conatus est. Sed aberrasse, idem auctor asserit, ac praesertim quod Fredericum III Imperatorem somnavit hostem Ecclesiae futurum, quem omnes norunt usque ad mortem pacificum et Romano Pontifici fidelem perseverasse».

(48) «Sed vix crediderim Trithemium talia scripsisse, quis enim tam impudenter sic mentiri esset ausus, Fredericum II (nam de hoc certum est vaticinatum Ioachimum) semper pacificum et Romano Pontifici subiectum et fidelem perseverasse? Nemo enim, nisi plane stolidus et rerum omnium oblitus, istud asseruisse potuit. Cum omnes et ipse Trithemius in Chronicis Hirsaugiensibus et totus mundus apertissime sciant, Fredericum hostem infensissimum Romanorum Pontificum et ab ipsis excommunicatum et Impero privatum fuisse». Op.cit. (ref.【本章 n.19】), p.164.

(49) 【本章 n.44】参照。

(50) «… mirandum est quod nullius alterius erroris concilium illum fecerit mentionem, cum tamen plures alios errores habuerit …».

(51) 【I-6 n.34】参照。

(52) «multa scripsit in quibus meo iudicio suum leve ingenium ostendit, quoniam in omnibus ferme libris suis, ut se futurorum praescium ostenderet, consuevit miscere prognostica, quod maxime levitatis et gloriae cupiditatis indicium est : maxime cum aliter sequi posterum res habuit quam ipse praedixit».

(53) オリヴィに関しては、【II-5 pp.246-52】を参照。

(54) «Plura etiam in Commentariis in Apocalypsim praedixit de Ordinibus Mendicantibus quorum veritatem rei probavit eventus». Wadding, *Annales,* i. 16.

(55) «Hoc unum dicam hominem hunc occasionem mortalibus omnibus praebuisse cur attentiores et circumspectiores circa futura tempora fierent. Cum norint cuncti, quicquid in suis obscuris dictis Abbas involvit, eventus suos ad unguem sortitum fuisse». P. Regiselmo, *Vaticina,* Preface.

(56) «Circumferuntur quaedam vaticina sub eius nomine, de futuris Pontificibus Romanis, quae quam fidem mereantur, aliorum sit iudicium : illud mirum est quod cum ea vaticina ad solos quindecim Pontifices pertineant : tamen curiositas hominum ad nostra usque tempora extendere illa conatur». Op.cit. (ref.【本章 n.3】), *sub nom.*

(57) «… suo tempore verissimus propheta creditus, scripsit … in totum Esaiam prophetam stylo rudi et obscuro commentariorum librum unum : in quibus multa de septem temporibus ecclesiae et de oneribus sexti temporis quasi futurorum praescius disseruit, multas immiscens prophetias ac vaticina de futuris temporibus : quae an impleta, vel adhuc implenda sint, alii viderint». Op.cit. (ref.【本章 n.43】), p.276.

(58) «qui propheta Dei circumferebatur esse».

(59) «plane tam suis ipsis vanis responsis, quam inanibus prophetiis, inventus est non Dei propheta, sed pseudopropheta esse». Op.cit. (ref.【本章 n.28】), p.617.

(60) «ex eo plane longe diverso ab ipsa praedictione convicit, toto coelo Joachim pseudoprophetam fuisse». Op. cit., p.618.

(61) Op. cit., pp.617-19の注記。

(62) N. Toppi, *Biblioteca Napoletana,* Napoli, 1678, pp.112-13 ; L. Nicodemo, *Addizioni copiosi alla bib. Nap.,* Napoli, 1683, pp.91-100.

(63) «Ma vaglia il vero, che sarebbe piu facile, per dir così, l'annoverare le stelle del Cielo e l'arene del Mare, che coloro, che hanno parlato con lode dell'Abbate Gioacchino». Nicodemo, op. cit., p.96.

(64) «Che avesse egli sottomesso universalmente tutti i suoi scritti all S. Chiesa Romana, è una cose piu chiara del Sole, il perchè non si dee in alcuna maniera chiamarsi Eretico …». Ibid., p.99.

(65) «un huomo molto celebre per altro appresso coloro, i quasi studiosi son di

sapere quello, che forse a niuno di sapere è dato dal Cielo …». Ibid.

(66) «Romae iam diu fuisse natum».

(67) J. Foxe, *Rerum in Ecclesia Gestarum Commentarii,* Basle, 1563, p.57 ; M. Flacius Illyricus, *Catalogus Testium Veritatis,* Lyon, 1597, p.681 ; R. Abbott, *Antichristi Demonstratio …* , London, 1603, p.62.

(68) J. Bale, *The First two parts of the Actes or unchast examples of the English votaryes gathered out of their own legendes and Chronicles,* London, 1551, f.cviii-v ; Id., *Scriptorum Illustrium maioris Britanniae … Catalogus,* Basle, 1558, p.233 ; J. Jewel, *A Defence of the Apologee of the Churche of Englande,* London, 1567, p.434 ではヨアキムの有名な一節が次のように翻訳されている。「アンチキリストはすでにしてローマに生まれ、いよいよ教皇位に昇るであろう」«Antichriste is longe sithence borne in Rome, and yet shal be higher avaunced in the Apostolique See». この逸話《エピソード》に言及したその他のプロテスタントとして以下をも参照。P. Duplessis-Mornay, *Le Mystère d'iniquité, c'est-à-dire l'histoire de la Papauté,* Saumur, 1611, pp.325-6 ; H. Bullinger, *A Hundred Sermons on the Apocalypse,* London, 1561, preface ; J. Wolf, *Lect. mem.,* p.497 ; N. Bernard, *Certain Discourses,* London, 1659, p.122.

(69) «Antichrist detected by Ioachim abbas / Whils kynge Richarde was yet in the lande of Palestyne, he sent to the Ile of Calabria for abbas Ioachim, of whose famouse learnynge and wonderfull prophecyes he had hearde muche. Among other demandes, he axed hym of Antichrist, what tyme and in what place he shulde chefely apere. Antichrit (saith he) is already borne in the cytie of Rome and wyll set hym selfe yet hyghar in the seat Apostolyche. I thought (sayd ye king) that he shuld have bene borne in Antyoche or in Babylon … Not so (sayth Joachim) … For where as the lorde is called but holye, he is called the most holy father. Thus Antichrist shall be opened … Whan thys was ones knowne in Englande and in other quarters of the kynges dominyon, the prelates begonne to starkle. Yea Walter Coustaunce … with other … prelates … cast their heads togyther, impugnynge thys new doctryne with all power possyble. And though they brought fourth many stronge argumentes in aperaunce (saith Roger Hoveden) yet could they never to thys daye brynge their matter to a full conclusion but left it alwayes in doubt».

(70) J. Foxe, *The First Volume of the Ecclesiastical History contayning the Actes and Monumentes,* London, 1570, p.403 :「……じつに忌むべき冒瀆の書が修道士たちによって編まれ……かれらはそれを永遠の福音あるいは聖霊の福音と称した……この書には修道士たちの数々の憎むべき過ちが盛られている。いわく、イエス・キリストの福音は完璧に破棄される、この書の言うところは永遠の福音に較べられるところではない、殻が果肉に較べられることのないように、闇は光となり……」«… there was a most detestable and blasphemous booke set forth by the friers … whiche they called Evangelium aeternum or Evangelium Spiritus sancti … In whiche booke many abhominable errours of the friers were conteyned, so that the gospell of Jesus Christ was utterly defaced : which this booke sayd was not to be compared with this everlasting gospell, no more than the shell is to be compared with the carnell : then darkness to light …». この言及については、C・A・パトリデスの指摘に負った。

(71) E. Stillingfleet, *Discourse on the Idolatry of the Church of Rome,* London, 1672, pp.238-46.

(72) Duplessis-Mornay, op.cit. (ref.【本章 n.68】), pp.398-400.

(73) «About foure hundred yeares since, came out that famous infamous Booke in the Roman Church, which they called Evangelium Spiritus Sancti, The Gospel of the Holy Ghost ; in which was pretended, That as God the Father had had his time in the government of the Church, in the Law, And God the Son his time, in the Gospel, so the Holy Ghost was to have his time ; and his time was to begin within fifty years after the publishing of that Gospel, and to last to the end of the world ; and therefore it was called Evangelium aeternum,

The everlasting Gospel. By this Gospel, the Gospel of Christ was absolutely abrogated, and the power of governing the Church, according to the Gospel of Christ, utterly evacuated ; for, it was therein taught, that onely the literall sense of the Gospel had been committed to them who had thus long governed in the name of the Church, but the spirituall and mysticall sense was reserved to the Holy Ghost, and that now the Holy Ghost would set that on foot. And so (which was the principall intent in that plot) they would have brought all Doctrine and all Discipline, all Government into the Cloyster … He that first opposed this Book was Waldo, he that gave the name to that great Body … who attempted the Reformation of the Church … who were … especially persecuted for this, that they put themselves in the gap, and made themselves a Bank, against this torrent, this inundation, this impetuousness, this multiplicy of Fryars and Monks that surrounded the world in those times. And when this Book could not be dissembled … yet all that was done by them who had the government of the Church in their hand was but this, That this Book, this Gospel of the Holy Ghost should be suppressed and smothered, but without anu noyse or discredit ; and the Booke which was writ against it should be solemnly, publiquely, infamously burnt. And so they kindled a Warre in Heaven, greater than that in the Revelation … For here they brought God the Son into the field against God the Holy Ghost, and made the Holy Ghost devest, dethrone, disseise, and dispossesse the Sonne of his Government.» *The Sermons of John Donne,* ed. E. Simpson, G. Potter, Berkeley-Los Angeles, 1956, viii. 264-5. その他の参考文献としてE. Leigh, *Foelix Consortium,* London, 1663, p.115を参照（C・A・パトリデス博士のご教授による）。

(74) アウグスティヌス隠修士会へのヨアキム主義の影響については【II-8 pp.320-346】参照。

(75) Marquéz, op.cit.（ref.【本章n.20】), pp.346-7.

(76) G. Pennottus Novariensis, *Generalis Totius Sacri Ord. Clericorum Canonicorum Historia Tripartita,* Roma, 1624, pp.166-8.

(77) Bivar, op.cit.（ref.【本章n.20】), pp.481-9.

(78) Ibid., p.482：「多くの機会に聖なる人として讃えられられてきたヨアキムに、ペンノットゥスのように無頓着にもその著作を読みもせずして罪を着せるようなことがあってはならない。その著作はヴァチカンの図書館でも、ルーク・ウォディング尊師のものを収めたサン・ピエトロ・イン・モントーリオでも、アニチアーナのグレゴリオ神学校でも、高名なる政庁控訴院裁判長ヨハネス・バプティスタ・コッチーニのもとその他ローマの図書館で容易に閲覧可能なものであるのだから」«Certe in re tanti momenti, unde honor viri unius sancti pendebat, nemo erit qui Pennottum absolvat a culpa notabilis incuriae non legendi Joachimum, cum facillimum illi esset adire sive in biblioteca Vaticana sive S. Petri in Monte aureo, egregie a R.P. Lu. Waddingo instructa, sive Aniciana collegii Gregoriani, sive illustr. D. Io. Baptistae Coccini sacrae Rotae decani, in quibus et in aliis Urbis bibliotecis opera illius reperire licere».

(79) Bivar, op. cit., pp.483-5, ペンノットゥスが四つか五つを挙げるにとどまるのに対し、ビヴァルは二十以上の証しをもっていると結論に言う。

(80) Ibid., p.486：「……三位一体論の書のことばは著者の考えとは関係のない歪められた意味となされたものであり……」« … et verba libri de unitate Trinitatis in alienum a mente Auctoris sensum distorta fuere …». 彼はこの主張をグラエクスの『ヨアキム伝』c.22から採ったという。【本章p.139】参照。

(81) Bivar, op. cit., pp.488-9.

(82) この点については、Reeves, *Sophia* xix. 355-8, 370-1を参照。

(83) Gregorio de Laude, *Magni Divinique Prophetae B. Jo. Joachimi Abb. Sacri Cist. Ord. Monasterii Floris et Florensis Ord. Institutoris Hergasiarum Alethia Apologetica, sive Mirabilium Veritas Defensa,* Napoli, 1660.〔＊【I-3 n.32】参照。〕

(84) «De regressu Beati Joachimi Abbatis a Hyerusalem et terra sancta ubi visitavit loca insignia, et de miraculis ipsius paulo diffusius enarrandis, et que quidam cuncta sequentia in quodam vetustissimo Chyrographo in bibliotheca florensis monasterii conscripta fideliter sed difficulter exemplavimus». f.68r.

(85) «Hec sunt que potuimus ex illo prefato chirografo in florense bibliotheca reperto, non minus fideliter quam difficulter exemplare et de verbo ad verbum dictando exarare ...». f.299v.

(86) Jacobus Graecus Syllaneus, *Chronologia Joachimi Abbatis et Ordinis Florensis.*

(87) «Jacobus Graecus in speciali quodam tractatu de Joachimi miraculis quem ex archivio Florensis monasterii bona fide excerptum, atque ab urbe transmissum apud me habeo». Manrique, op.cit.（ref.【本章 n.20】）, iii. *anno* 1211.

(88) «Pelusii vero MS liber extat apud amicum nostrum eruditum Camillum Tutinum». F. Ughelli, *Italia Sacra,* ed. Coleti, Venezia, 1721, ix. 185.

(89) *AS,* pp.91（グラエクスについて）, 94 ss.（グラエクスの『年代記 *Chronologia*』からの抄録）。奇蹟の書についてパペブロックは次のように録している：「このものがたりはフロレンセ会修道院の書冊に拠るもので、この書冊は久しい以前に散失した古書を修道士ヤコブス・グラエクスが転写し一六一二年以降書庫に架蔵されるものである。その他複数を一六六一年、フェルディナンドゥス・ウゲッリ尊師の恵贈を受け……丹念な検討から、そこに先述したような宗教者たちによる崇拝のしるしを証することができた」«Horum narrationem ex MS. quodam Florensis monasterii libello, usuque et vetustate pene evanido transcripsit Fr. Jacobus Graecus, et paulo post annum MDCLXII in archivium reposuit : unde acceptum ecgraphum nobis, ut plura alia anno MDCLXI humanissime donavit Reverendissimus Ferdinandus Ughellus ... : quod accurate examinatum, invenimus evidentia eius quem diximus cultus religiosi indicia continere». *AS,* p.90.

(90) Ibid., p.91.

(91) 【I-3 n.21】参照。

(92) «Lector, nota visionem scriptam in codice quodam antiquo in Bibl. Mon. Flor.»

(93) «De errore eorum qui dicunt beatum virum Joachimum tenuisse quaternitatem.

De errore eorum qui dicunt beatum virum Joachim fuisse in subtilibus fidei dogmatibus rudem.

De errore eorum qui dicunt beatum virum Joachim presumpsisse et non prenunciassse cum attentaverit determinare tempus futuri iudicii universalis.

De errore eorum qui dicunt beatum virum Joachim Astrologie concordia futura prenunciasse.»

(94) «non tamen ipse hereticus iudicatur quia omnia scripta sua supponit iudicio ecclesie corrigenda». Antonino, op.cit.（ref.【本章 n.5】）, f.ccxxi-r（正確な引用ではない）.

(95) 【I-6 pp.84-86】参照。

(96) ff.303r-304v. Cfr. *Psalt.,* ff.228v-229r, 229v, 229v, 230v, 230v, 233r, 233v.

(97) «non minus diffuse quam catholice». *Expos.,* ff.33v-38v.

(98) 印刷術の発明に関する風変わりな説。

(99) «Verum enim vero adsit veritati fides et Deum et dict ... textor quum legenti mihi opera Be(a)ti Joachim et meditanti verba illius nihil occurrere visum est quod fidei esset obnossium. Reprobatum autem contra Magistrum Sentent. ipsius editum libellum. Nos ibidem reprobantes mirari oportet simulatque vereri, an libellus ille fuerit proprius et per manus Be(a)ti Viri Joachim : ne forte ei contigerit, quod et origeni : cum constet typographiam a Joanne guthimberg alemano repertam anno Domini circiter M.4.40 itaque de facili tempore Beati Joachim precedente typographiam per huiusmodi

chyrographa, exemplaria, et apochriphas scripturas poterat quispiam innocenter de aliquo maledicto sugillari». ff. 304v-305r.

(100) «Spiritualiter inquit quia idolum doctrina heretica est, posita ante templum ecclesie, quam adorant omnes et tenent vani ceterique magistri insanam doctrinam et fidelem : ut eam extinguant, et nomen doctoris, cui revelabitur sententia Danielis, evertant. Futurum est enim ut Caiaphas summus Pontifex veritatem insinuet, ut unus damnetur, idest moriatur, doctor pro populo, ut non tota gens pereat in errore. Sic Sedechias contra Hyeremiam insurgit, damnat librum, scindit Trinitatem ab unitate, scalpello sententiam scribe Doctoris. Nescio autem, Deus scit, utrum in nobis complenda sint, vel in secuturo ordine consumanda». f. 305r. 〔＊【I-3 n. 31】の軽微な異文《ヴァージョン》。訳文は当該箇所参照。〕

(101) f. 306r. cfr. *Expos.*, f. 72v ; *Lib. Conc.*, f. 11v.

(102) 〔＊ammunition, フランス語la munitionからの誤用、という語源的曖昧さを含意してもちいられたものか。〕

(103) 【本章p. 137】参照。

(104) «Caeterum quantum ex lectura operum Ioachimi coniicio, quorundam sui ordinis monachorum astu, quos zelus imprudens urebat, apud Innocentium et Concilium accusatus est verba libri de unitate Trinitatis in alienum a mente Authoris sensum distorta fuere». Op. cit., p. 486.

(105) 「だが三十五章以下は息子たちによってかえってこの修道会を予言したものであろう」«Sed nihilominus inferius ad cap. 35 perpetuitatem eiusdem Ordinis in nonnullis filiis eius praedicit». Op. cit., p. 487. (『エレミヤ書註解』f. 59r : 「ヨナダブには……いつまでも欠けることはない」«quod Jonadab … usque saeculi processura»からの引用を指して)。

(106) «Ordo S. Bernardi semper duraturus»

(107) Manrique, op. cit. (ref.【本章n. 20】), i, *anno* 1100 ; ii, *annis* 1165, 1168 ; iii, annis 1183, 1186, 1188, 1189, 1190, 1191, 1197, 1200, 1211.

(108) « … de quo, ut nihil medium ab Authoribus, sic omnia extrema dicta : quibusdam Sanctum, Doctorem, Prophetamque ; quibusdam illusorem et hypocritam ; utrisque magnum, orbique insignem usque in hodiernam diem concertaturis … Certe in Joachimo Prophetiae donum comprobavit eventus ; sanctitatem miracula ; doctrinam scripta ; auctoritatem Florensis congregatio, cui ab ipso principium ; et ni Petro Lombardo succensuisset Sententiarum Magistro, in quo gravi errori permissus est ; haud dubie hodie conferretur Ecclesiae Patribus. Caeterum, ut laudatores bonorum operum, sic perperam scriptorum delatores Cistercienses expertus, quod suo loco trademus ; nobis neque amore, neque odio dicendus erit.». *Annales,* ii, *anno* 1165.

(109) «Mirum est quantum diviserit Ecclesiam, si ita fari licet, Joachimus Abbas, qui Catholicos multos laudatores, veneratoresque, reprobatores alios, et detractores etiam usque in hanc diem experiatur. Sed et haereticos adeo partitos habet, ut quibusdam irrisui contemptuique, aliis in ea veneratione fuerit, ut (quod catholicae et piae aures abhorrent) vel ipso Christo maior, et in quibusdam eidem praeferendus, petulanti, et insania blasphemia praedicaretur. Rarum utrunque, et fere sive exemplo, sive quod Catholici ita dividantur ; sive quod hominem ab eorum multis laudatum, extollant Haeretici ; qui more suo reptilia tantum terrae, seu venenosa, et quae omnes pii exhorrent, colere solent. Satis, superque excusati sunt Authores, qui detrahunt Joachimo, si haereticorum de eo laudes obtendant, nedum blasphemias, quae sanctissimum quemque possint suspectum reddere». *Annales* ii, *anno* 1211.

(110) *Apologetica*（【文献一覧32】参照）.

(111) Ibid., capp. lxiii-lxvii, pp. 267 ss.

(112) « … duas siquidem opiniones inter se oppositas scripsisse reperio, quarum una fidelissima et catholica ; altera vero haeretica et damnata».

(113) 先の引用（【I-3 n. 32】）およびReeves, *Sophia* xix. p. 359を参照

(114) *Notuli super Psalterium B. Joachimi.*

(115) «compatriota meus, Caelici natus (locus distat a civitate Cosentina quatuor milliaribus), Monachus Cisterciensis, Institutor Ordinis Florensis, in vita, in morte et post mortem miraculis claruit». *Apologetica,* p.135 ; *AS,* p.91.

(116) 【本章 n.30】参照。この伝記はレジセルモ版の『教皇預言集《ヴァティチーナ》』(【本章 n.17】参照)の序として印行されたものと同一である。

(117) «Franciscus Bivarius … egregie eundem vindicat a multorum calumniis. Novissime amicus noster Gregorius Laurus … Joachimi scripta acriter vindicat». Ughelli, op.cit.(ref.【本章 n.88】), p.202.

(118) Ibid., pp.200-1.

(119) 【本章 p.134】参照。

(120) G. Fiore, *Calabria Illustrata,* Napoli, 1743, pp.53-61.

(121) *Opusculum de prophetis sui temporis* ; De Laude, *Apologetica,* p.106.

(122) *AS,* pp.91, 107.

(123) C. Calà, *Historia de' Suevi nel conquisto de' regni di Napoli e di Sicilia per l'imperadore Enrico Sesto, con la vita del beato Giovanni Calà, capitan generale che fu di detto imperadore,* Napoli, 1660.

(124) D. Zangari, *Anonimi, pseudonimi, eteronimi scrittori calabresi o di opere attinenti alla storia letteraria delle Calabrie,* Napoli, 1930, pp.112-14 ; *Catalogo di manoscritti della biblioteca di Camillo Minieri Riccio,* Parte IV, Torino-Firenze, 1866, pp.11-12を参照。この問題に関する詳細は、Reeves, *Sophia,* xix. pp. 369-71を参照。

(125) Roma, Bibl. Vat., MS. Rossiano 480 ; *Prophetiae et Epistolae Joachim Abbatis Florensis, pertinentes ad res Kalabras.*

(126) Op.cit.(ref.【本章 n.123】), p.97.

(127) Ibid., pp.63-4, 96-7, 178-9.

(128) *Epistola* V, f.5r.

(129) De Laude, *Apologetica,* pp.90-1, 95-6.

(130) *AS,* pp.107, 126, 135.

(131) «quo toti mundo vivus celebrabatur».

(132) *AS,* pp.89-90.

(133) *Virtutum Beati Joachimi Synopsis.*

(134) Ibid., p.141. 贋作されたボナティウスの『小論』が、〈世界皇帝〉の預言と関連して、ふたたびボランディストたちによって用いられることになるのは興味深い。*AS,* May II, pp.821-2参照。

(135) *AS,* pp.125-43.

(136) «in diebus Alexandri Papae».

(137) «Quando autem et utrum revera editus ab illo fuerit … unum dico et uti spero dilucide probabo, Ioachimum … omnia prorsus retractasse in Psalterio, non jam libello, sed justo trium ut (ipse appellat) voluminum seu librorum opere». Ibid., pp.129.

(138) «Quam solide catholiceque de mysterio Trinitatis Joachimus in Psalterio scripserit». Ibid., pp.131-4.

(139) «Ex dictis satis liquido constat quam pura et orthodoxa fuerit Joachimi Abbatis doctrina circa mysterium sanctissimae et individuae Trinitatis saltem ultimis quindecim aut sedecim vitae annis, intra quos elaboratum Psalterium fuit, quaecumque demum fuerit sententia iunioris. Ex hoc posito multiplex subnascitur quaestio circa Libellum citra controversiam haereticissimum meritoque damnatum in Lateranensi ; ipsiusne revera, an alterius Auctoris, Joachimi nomine et auctoritate abusi, ille fuerit …». *AS,* p.134.

(140) Ibid., p.137.〔＊アナトテはエレミヤの生地。たとえば、エレミヤ書11:21には「それゆえ主はアナトテの人々についてこう言われる、彼らはあなたの命を取ろうと求めて言う、〈主の名によって預言してはならない。それをするならば、あなたはわれわれの手にかかって死ぬであろう〉」云々。〕

(141) «non prophetico spiritu, sed conjectura mentis humanae».

(142) «Salva enim sancti Doctoris reverentia, persuademus nobis, libros

Joachimi levi dumtaxat oculo et mente praeoccupata lectos ei fuisse, aut ne lectos quidem, sed incerto relatu perlata ad ipsum in quibus praedicendis deceptus fuerit ; vel in genere tantum secutum esse sui seculi sensum, quo multa sub Joachimi nomine circumferebantur, fictitia prorsus atque inania, quorum nugacitas efficiebat, ut suspensi haererent sapientissimi quique, quo loco haberent Joachimum, vel quid de spiritu illius statuerent». *AS*, p.137.

(143) «quae sub nomine eiusdem circumferebantur, tamquam vaticina celeberrimi Prophetae». Ibid.

(144) ホウデンとバロニウスからの引用の後、「こうして浄福なるヨアキムを傷つけるにまでいたり、十分な報いを果たすこともない。晩年怠惰につづけられたバロニウスの教会年代記を他になんと形容しようか。ここで彼の公明正大さも失調していることに疑いはない。公会議の議定もそれを受けた教皇庁の教令も、たかだかヨアキムの名のもとに小著《リベッルス》を断罪したに過ぎなかった。彼はその著者という称号を戴いた訳である。それをおそらく、黙示録註解を読むにあたり思い出したのでもあろうか、じつに告発者たちは夥しい偽りの予断によりかかっている」«Quibus Beato Ioachimo usque adeo injuriis, nec satis cum scriberentur pensitatis, aliter non respondemus quam optando ut ad Annales ecclesiasticos prosequendos ulterius vita et otium Baronio suffecissent : vix enim dubitamus quin pro sua ingenuitate emolliisset sententiae praecipitate rigorem : ut enim, tum ex ipso Concilii Decreto, tum ex Pontificum consequentium Bullis cognovisset, unicum dumtaxat qui sub nomine Ioachimi ferebatur libellum fuisse damnatum, idque citra praetitulati Auctoris notam ; ita fortassis etiam ad ipsam Apocalypseos expositionem legendam aliquando applicuisset animum, agnovissetque, quam falsis praejudiciis plerique eius accusatores nitantur». Ibid., p.138.

(145) 「フリードリヒと言うのが二世を名指したものであることに疑いはない……それゆえいったいどうしてヨアンネス・トリテミウスが……ヨアキムを咎めることとなったか……おそらくヨアキムの歳をトリテミウスは省ることもなしにそのようなことをなしたのではなかったか。……ハインリヒにしても通常何世皇帝とは呼ばず、チューリンゲン・ヘッセン公ハインリヒにしてもフリードリヒの生前は序数を以ってすることとなく皇帝の歿後に数詞を付された。実のところ、こうした名指しを行なったのはルクセンブルク公ハインリヒ六世で、彼はヨアキムの書の〈僅かに贖い求め〉にはじまる句を信じ、ヨアキムの予言のなかにアウストリアのフリードリヒを後継する者ハインリヒを読みとったのだが、そのフリードリヒは三世と名指されることとなる人物で……それゆえ、ヨアキムの言に反してトリテミウスが判じたような明白な誤りに寄りかかってはならない……」«Nam quae praedixit in Frederico huius nominis II impleta esse nemo negaverit ... adeo ut merito admiremur, quomodo Ioanni Trithemio ... exciderit haec de Ioachimo censura ... Fortassis aetatem Ioachimi ignorans Trithemius huc impegit, et neque Henricum Aucupem ab aliis quoque in numerandis Imperatoribus praeteriri solitum, neque Henricum Thuringiae et Hassiae Lantgravium subrogatum Federico viventi et usque ad mortem se pro Imperatore gerenti, numeravit ; itaque factum fuerit ut Henricum Luxemburgium sextum huius nominis faciens, eum esse crediderit, qui Ioachimus librum scripserit hoc principio 'Pie petis aliquid' : atque adeo putaverit ea, quae legebas de Henrici successore operibus Ioachimi insparsa vaticina, ad Fredericum Austriacum, eius nominis Tertium spectate ... Ut ut est, non debet contra Ioachimum recipi tam evidenti errori innixum Trithemii de illo iudicium ...». Ibid., p.139.

(146) «Quidquid sit, non est opus istius modi tam incertis argumentis propheticum Beati Joachimi spiritum confirmari, cum alia longe certissima habeamus».

(147) サン・マルコの逸話について彼は次のように書いている。「ヨアキムの預言の成就について考えるに、ここで問題とされるモザイクには疑問がある。書物とモザイクの間に認められるというその容貌の類似についてはなおさらである。それは世俗の根も葉もない臆説によったものであり、予言のしるしを認めることはできない。おそらく誰かヨアキムの書を嘆賞する者が絵解きを想像してそのようにものがたったものでもあろう。ここに予言が成就している、と。それを〈預言者ヨアキム〉によって描かれた、と言ったのである」«Profecto cum consideramus plerorumque Ioachimi operum idem quod horum emblematum esse argumentum, cogimur suspicari, ob argumenti similitudinem visum esse non nemini, eundem librorum et marmorum fuisse compositorem ; idque a nonnullis absque ulteriori indicio receptum, eiusmodi quorumdam opinioni fundamentum dedisse apud vulgus hominum. Fortassis etiam admirator aliquis librorum Ioachimi ex ipsis desumpsit picturarum eiusmodi argumenta ea, quorum praedictio iam cernebatur ipso eventu completa ; et sic dictae sint 'Prophetiae Ioachimi' esse depictae». *AS,* p.141. ヨアキム主義的文書からの引用は、*Expositio,* ff.83v, 175v-176r ; *Super Hier.,* ff.1r, 12v-13r ; *Super Esaiam,* f.11v.

(148) «Oracula Florensi monasterio a Beato Fundatore relicta, circa religiosos Ordines noviter nascituros».

(149) «varii religiosorum Ordines varie ad se trahunt et ad nostram Iesu Societatem etiam nonnulli». *AS,* p.142.

(150) «id est, spiritus Dei septiformis, resuscitabit intelligentiam spiritualem».

(151) «hoc est ipsum Ordinem quem designat Jesus». *AS,* pp.142-3. イエズス会の宣教観念については、【II-9 pp.349-51】を参照。

(152) «Ita nempe male tractantur Auctores, de quibus formato semel undecumque praejudicio, judicant alii, secundum quae vel perfunctorie legunt vel quae alii in ipsis pro affectu suo somniant se legisse. / Quod si contingat eos, qui talia sic excerpta et in sensum minus bonum Catholicumque detorta usurpant, homines esse in fide suspectos aut haereticae pravitatis palam convictos ; tum enimvero hoc quoque necessaria consecutione sequitur, ut fidei puritatem zelantibus suspecti quoque fiant ipsi auctores, quorum illi se testimoniis armant, siquidem alias ignoti sint». *AS,* p.143.

(153) « … nemo mirari potest quod sanctus Doctor, minus cognitam habens Joachimi sanctitatem et suspectum eiusdem spiritum, ob plurima figmenta … mirari, inquam, nemo poterit quod dictum opus ita lectum non valde probaverit Doctor Angelicus …». *AS,* p.143.

第10章　正統か異端か

ヨアキムをめぐる論争の余燼はいまだ燻りつづけている。十八世紀後半、G・ティーラボスキはその大著『イタリア文学史』(1)の十頁あまりを大修道院長に捧げ、彼は真の預言者であったか贋預言者であったかという諸典拠のあいだに見られる不一致にふたたび注意を促した。彼はヨアキムの同時代人の証言としてクレモナのシカルドゥスを肯定側、ロジャー・ホウデンを否定側に引き、つづいてダンテとトマス・アクィナスをそれぞれ肯否の証言者として並置してみせる。ここで彼は「古の著述家たちがヨアキムと一緒に過ごし、あるいはそのすこし後に生きたのであったとしても、彼の性格を謂うにあたって合意することはなかったであろう。だとしたら現代人たちの間の不一致にいったいなんの驚くところがあろうか。……いまだわたしを得心させてくれる現代の著作家を知らないし、努めて追いかけてもいないが、古の人々こそより信頼できるものと思われる」(2)。こうしたことばとともに、肯否にかかわらず無批判な証言の積み上げによる論議の時代は終わり、新しい歴史学がはじまる。ヨアキムと同時代の資料にすらティーラボスキは批判的な視線を投げかけ、ヨアキムの口から出たものとされあるいはまた潤色された預言の数々を切り捨てる。ただし、それもヨアキムが真の預言者として遍く敬われてきたこととは別である。彼は〈近代人〉のうちではパペブロックを信頼しているが、ティーラボスキ自身いまだヨアキムの真正著作を特定すべく、その緒についたばかりの地点にいる。思慮ある人なら誰でもそれが贋作であることは分かる、として『教皇預言集《ヴァティチーナ》』は却下される(3)。しかし『エレミヤ書註解』は真作とされ、これによってヨアキムが両托鉢修道会および、フリードリヒ二世によってもたらされた教会の試練の真の預言者であった、と立証される。彼はいまだ預言問題に拘っている。「……大修道院長ヨアキムの著作集公刊本の元となった諸写本が、改竄や贋造を許容するおそれのないような原本《オリジナル》であったか、あるいはすくなくとも古いものであったとする限り、そこに挿入されてある予言の数々は真に神的な預言であるとみなされねばならない」。[4] この近代初頭の学者が、長いあいだ論戦に悩まされてきた主題を扱うため、批判的研究の真正基準を樹てようとしている様子を眺めるのはじつに魅惑的である。もちろんいまだ彼はヨアキムの盛名に関する問題を、ヨアキムは真の預言者であったか否か、という中世以来の語法を以って論じているのではあるけれども。

　ヨアキムの著作群を定める規範として、十九世紀後半以降、近代の歴史批判の方法が適用され、明確な根拠とともに真作と贋作が徐々に見極められていくにしたがって、彼が真の預言者であったか贋預言者であったかという問いは副次的なものとなっていく。こうして、かくも長きにわたりヨアキムの盛名のために闘ってきた者たちの情念を掻きたてずにはおかなかった主題が、ついにヨアキム主義をめぐる論争主題からとり払われることとなった。とはいえ異端問題が解決した訳ではないこと、これがいまだ熾烈な論争を招き得るものであることは最近にもまのあたりにしたばかりである。

　ヨアキムに関する異端問題は今日でも、彼の三位一体の教説とそこに由来する第三〈時代《スタートゥス》〉の教説の二つに定位される。前者に関してA・クロッコは、一二一五年に断罪された著作は「いまでもまだ多くの者にとって、ヨアキムの教説の揺るがしがたい躓きの石となっている」と言う。[5] 今世紀初頭P・フルニエは、ヨアキムが三神論の過ちに陥ったと評し、[6] 観点は異なるものの、ドイツの学者フックもイタリアのオッタヴィアーノもこれに類した判断を示した。[7] これに対する現代の擁護論には幾つかの方向性が認められる。F・フォベルティはパペブロックのように、『十玄琴《プサルテリウム》』の正統性とペトルス・ロンバルドゥス論駁の『小著《リベッルス》』のうちに断罪された諸見解の間にある断絶を認め、後者はヨアキムに汚名をなすりつけるためのシトー会士たちによる偽造であったという仮説を甦らせた。[8] が、これは支持しかねる。これにはまったく証拠がなく、初期著述家たちが『エレミヤ書註解』の中に見つけたと思い込んだ預言という〈証拠〉も、今となっては預言とも証拠ともみなし得ない。それどころか、ヨアキム擁護者たちが長きにわたって固守してきた点、『十玄琴《プサルテリウム》』の教説が正統であるのを観てみれば、『小著《リベッルス》』をヨアキムの著作に帰すことは困難である、という主張も、ヒルシュ＝ライヒの研究によって根拠の危ういものとなった。彼女は、『小著《リベッルス》』の見解を可能な限り再構築してみるに、そのどれもがすべて『十玄琴《プサルテリウム》』

のなかにある解釈である、ということを明らかにしてみせた。[9] 新たな擁護論はここに発する。それを要約するなら次のようになる。ヨアキムとペトルス・ロンバルドゥスとの間にある争点は、教会が長いあいだ裁定に躊躇してきたものであった。第三ラテラノ公会議では、かえってロンバルドゥスの見解を断罪せよとの示唆すらあった。ヨアキムはこうした反ロンバルドゥス的観点を『小著《リベッルス》』でも『十玄琴《プサルテリウム》』でも推し進めることになるが、インノケンティウス三世——パリ大学に学んだ人である——が教皇に選任されると、振子は大きく逆方向へと揺れた。そして、際どいところでヨアキムの見解が断罪されることとなった。こうして、〈異端〉は論争の渦中でヨアキムが力説するところと、正統と異端との判断がじつに微妙な点にかかわる誤解とから生じた、[10] と。こうした擁護は、第四ラテラノ公会議は誤った側に就き、正統性に劣る教義を支持した、というボナイウーティの過激な説に接近するものである。[11] これはどうやら、他のイタリア人歴史家たちには好意を得ることのできない判断であった。そうした反応のなかでも典型的なのがF・ルッソで、ヨアキムが『小著《リベッルス》』を著したこと、それが異端的なものであったことは認めつつも、彼の過ちとは「純然たる口実であり、教会の教えに叛くものでも、その誤りに固執するものでもない」と論じている。[12] こうして、断罪をものともせず、ヨアキムはイタリアの弁明者たちにとっては〈正統信仰の人〉たりつづける。とはいえおそらく、この問題に関してもっとも入念な検討を試みたのはクロッコであった。彼は一九五七年の論考でヨアキムの三位一体の神学を詳論し、そこで一体性の観念は「位格《ペルソナ》が合一した実体としてではなく、三位格《ペルソナ》的」なものとして、また諸位格《ペルソナ》の特徴は「不可分割あるいは不可分離、とはいえそれは諸位格《ペルソナ》の曖昧さを意味するのではなく、諸位格《ペルソナ》それぞれの諸性格のうちに共有されつつ弁別的に存する」、と性格づけてみせた。[13] 後の著作で彼はその判断を次のように要約している。

> ヨアキムの三‐一の位相を正確に客観的に評価するためには、彼の信仰告白と神学的‐概念的表現とを区別してみる必要がある。彼の信仰告白はまったく正統なるものである。しかし彼が教義《ドグマ》の語彙に与えようとする神学的‐概念的な解釈は彼の信仰にまったくふさわしいものという訳にはいかなかった。
> だがそうだからと言って、それは決して、ヨアキムを〈三神論〉異端と断ずることではない。[14]

ヨアキムが第三〈時代《スタートゥス》〉の観念において異端的であったかどうか、という点についてはこれとは別の位相で論議されてきた。ここでは知的な表現手段と厳密化の度合いが四一《クァテルニタ》説と三神論という剃刀の刃先をわたる危険な作業となる。しかしそこで十分検討されねばならぬのは、おそらくかえって歴史の未来にかかわる希望の性格である。そして、問いは、イタリア人たちが〈第三の経綸《オイコノミア》〉と称するところにヨアキムを巻き込むことは、はたしてそれほど楽観視できることなのかどうか、という点にある。もちろんこの教説はヨアキムに発したものである。だが、神秘的に把握された信仰《フェイス》としての第三〈時代《スタートゥス》〉という観念は、そこで行動原理という信条《フェイス》に結晶化することとなった。ここまで観てきたように、この隠然たる危険性が現実のものとなるには時間を要した。しかしひとたびそれが汲み取られるや、ヨアキム後継者の希望は危険で転覆的な行動原理を提供することとなった。それゆえ、第三〈時代《スタートゥス》〉という説は、ヨアキムの三位一体に関する表現よりもずっと激烈な攻撃の矢面に立ったのだった。もちろん今日では、ヨアキムが説いたことと、ヨアキム主義的狂信者たちの主張とのあいだの相違は十分把握されている。われわれはもはや、ヨアキムが二つの聖書の地位を簒奪する第三の聖書を待望していたのだ、というような告発を真に受けたりはしない。にもかかわらず、ヨアキムの教説の異端はここにある、というような議論がいまだ続けられている。

　こうした議論の核心は、ヨアキムが第二の時代に代わる第三〈時代《スタートゥス》〉を、キリストの啓示が完璧に棄却され、キリストが設けた教会の権威よりもより霊的な権威へと置換されることとして待望していたかどうか、という点にある。この問いに関連して現代の学者たちは皆、ヨアキムは雄弁になると時に叙情的に、他の節とは矛盾するような極端な文言をも書いてみせるから、その待望したところを正確に見極めることは困難であると言う。それゆえ見解の相違が生じるのは当然である。一方にはドイツ人学者たち、デムプ、グルントマン、ベンツそしてある意味でフックもまた、それにイタリア人ボナイウーティをも含め、ヨアキムは教会聖職者も秘蹟の数々もなしに、とはいえ〈天使的教皇〉を排除するものではない〈霊的教会《エクレシア・スピリトゥアーリス》〉を望見していた、とみなす論者たち。[15] 他方には、ヨアキムを擁護してやまないイタリアの熱烈な支持者たち。

ルッソはこう書いている。「第三の経綸――聖霊の――を認めるということは当然、旧約と新約聖書の経綸より他を認めない教会に反することである。しかしヨアキムの思惟はこの第三の経綸という意味においてより他、解釈され得ないものであり……それは御子あるいは新約聖書に置き換わるものでなければならない」[16]。しかし『形象の書』をめぐって、擁護論はきっぱりと二つに割れる。トンデッリはその真正性を主張し、ヨアキムが決して教会聖職者や秘蹟の数々のない第三時代などを想定してはいないことを証すためにそれを用いる[17]。ルッソとフォベルティはその書中に非正統的な要素を幾つも見出し、ヨアキムの正統性という仮説をもとに、かえってこの『形象の書』は贋作と極めつけられる[18]。

ヨアキムの正当なる意図に関するトンデッリの擁護は重要なもので、後にクロッコによって補強された。彼もまた『形象の書』の真正性を受け入れている[19]。二人ともこれを効果的に用いており、トンデッリはまた最近公刊されたヨアキムの論考『信仰箇条について』[20]にも注目を促し、秘蹟の数々に関するヨアキムの正統信仰を論じている。この全般的擁護から重要な点を二つ取り出してみることができるだろう。第一に、ヨアキムが三位一体の各位格《ペルソナ》をそれぞれの〈時代《スタートゥス》〉に配当するとき、その〈神秘の諸属性《プロプリエターテ・ミステリイ》〉はひとつの〈時代《スタートゥス》〉において他の二つの位格《ペルソナ》が不在であるということを意味しない[21]。第二に、ヨアキムにおいては、変容の過程においても教皇庁は継続的な意味を体現するものとしてある。「これらこそ、ヨアキムが世界の第三時代にあたり教会の内に期待する唯一特別な霊的な意味を支える基本諸要素なのである」[22]。とはいえそれでも幾人かのこころにははっきりと疑問が残りつづけるのだった。たとえば、ブルームフィールド[23]と枢機卿ド・ルバック。後者は様々に異なった見解のすべてを慎重に秤量しつつ、彼自身思いの外深くかかわった末、どうやらヨアキムの〈革新《レノヴァチオ》〉とは教皇庁も位階秩序《ヒエラルキア》もすべて消失する転覆的革命への期待であったようにみえる、と感じるに到った。遺憾の念を込めつつ、彼はこう結論している。「ヨアキムはその解釈において――意図せずして、ということは十分に観てとれるが――まったくもってイエス・キリストを危ういところにまで追いこむ」[24]、と。

この長きにわたる論争の結論に到るためには、ヨアキムのしばしば複雑で、時に明らかな矛盾をみせる諸註解の精妙なニュアンスを丹念に検討せねばならない。山なす肯否両論から、判断評価の基礎となるべき三つの要点が浮かび上がる。第一に、ヨアキムはずっと符合に二重の類型《パターン》を用いつづけた。二の類型《パターン》とともに三の類型《パターン》を。ここからして、二つの歴史的契約、二つの聖書、二つの〈教会〉（シナゴーグとキリストの教会）という信念から彼が逸脱することは決してなかった。しかしながら、彼は三の類型《パターン》を二の類型《パターン》と関連づけようと試みる。彼は〈霊的知性《スピリトゥアーリス・インテリゲンチア》〉が二つの聖書から湧き出ずるものであり〈霊的教会《エクレシア・スピリトゥアーリス》〉が二つの教会に興るものであると考えたのではあったが、二つの契約という現実は在りつづけるのであり、誰も彼の第三〈時代《スタートゥス》〉がキリストの権威に代わりそれを廃絶するものであるなどと言うことはできない。ヨアキムにとって歴史とは二つの大いなる区分のうちにありつづけている。それぞれ第一のキリスト降臨と第二のキリスト降臨によって閉じられるものとして。こうしてキリストの主権はつづき、歴史のおわりを支配しているのである。

しかし第二に、ヨアキムは様々な形象によって第二から第三〈時代《スタートゥス》〉への移行を語ってやまない。それどころか、彼は、ペテロにあらわされる〈教会〉あるいは〈生命〉からヨハネによってあらわされるところへの移行の形象をすら用いる。それはどこか、実際に第二〈時代《スタートゥス》〉が過ぎ去り、生命はヨハネのうちにのみ、この世の終わりまで生きつづける、という帰結を迫るもののようにみえる。これこそが彼の正統信仰を損なう最大の難点である。なんと言っても、聖ペテロは幾つもの句節ではっきりと教皇庁を指して用いられているのだから。ヨアキムが教皇庁に対してとった態度については後に詳述することになるが[25]、ここでは、ヨアキムの用語は特殊な並置関係において用いられる彼の文脈に沿ってのみ理解され得るものであること、に注意を払っておきたい。実際、ペテロに象徴される生命の儚さを語る彼のことばは、常にヨハネによってあらわされる生命と並置されている。ここでヨアキムは――〈教会《エクレシア》〉ということばを使おうと〈生命《ヴィタ》〉ということばで語られようと――生命の二つの在りかたについて語っているのであって、二つの別の生命について語っているのでないことは明らかである。ペテロとヨハネの組み合せはその意味を決定づけている。これらの句節に対しては、たしかに別の句節を対置してみねばならない。つまり、〈ペテロを継ぐ者〉あるいは〈ペテロの教会〉ということばは、大いなる転換を通して変容しつつも揺ぎない記念碑《モニュメント》のように、単独に用いられる。ここにヨアキムは、時を通じて唯一の教会たる偉大な制度への彼の不動の忠信を表現しているのである[26]。これが第二の〈時代《スタートゥス》〉とともに過ぎ去る霊的生命として具体化された〈ペテロの意味《シニフィカートゥム》〉であり、それはキリストによって聖ペテロの石のうえに設けられた教会制度のことではない。二の類型《パターン》はここに無傷のままに残る。

第三に、ヨアキムは本当に第三〈時代《スタートゥス》〉つまり、歴史の内に人の成就完成を期待していたのかどうか、という問題がある。霊の時の栄光に関する偉大な叙情の迸りにもかかわらず、彼はその終わりを銘記することを忘れない。第七の日が永遠性の第八の日から区別されたように、それもまた他の二つの〈時代《スタートゥス》〉同様、試練のうちに終わるだろう。たとえ明瞭ではないにしてもそれについてのしるしはいろいろある。第三の〈時代《スタートゥス》〉にも、徳の衰滅とともに終わりがなければならない。[27] ヨアキムの歴史への楽観的な期待も、この死すべき生命のうちにあっての人の成就可能性を信じるという過ちに彼を導くことはなかった。

われわれは、ヨアキムの観念のおおまかな意図と輪郭とにおいてかろうじて、彼は彼の理解したところのラテン教会の正統性に忠実であった、という結論に到る。トンデッリは、ヨアキムが神学者であったというよりは聖書解釈学者であった、という事実を強調する。[28] それゆえ彼の聖書解釈の細部は、その危険性に十分な注意を払うこともなく神学的には問題の残る表現へと彼を導くこともあり得た、と。おそらくそれにとどまらず、彼は神学者であるというよりもかえって詩人であった、と言うことすらできるかもしれない——歴史の意味を説く詩人。彼の意図はまったく教会に忠実であったが、想像力が鷲の翼をもって翔ける時、それは彼を遠くへと、時に境界の彼方へまで運んだのだ、と。

註

（1） G. Tiraboschi, *Storia della Letteratura Italiana*, Milano, 1823, iv. 170-86.
（2） Ibid., p.178.
（3） Ibid., p.184.
（4） Ibid., p.182.
（5） Crocco, *Gioacchino*, p.54.
（6） P. Fournier, *Études sur Joachim de Flore et ses doctrines*, Paris, Picard, 1909, pp.15-16.
（7） Huck, *Joachim v. Floris*, p.236 ; Ottaviano, *Lib. contra Lombardum*, pp.58-

61. しかしグルントマンは異端の疑いを退けている。Grundmann, *Studien*, p.112.

（8） Foberti, *Gioacchino* I, pp.82 ss.

（9） Reeves, Hirsch-Reich, *Studies*, pp.215-18.

（10） Ibid., pp.218-19.

（11） Buonaiuti, *Religio*, xii (1936), pp.71-4 ; *Scritti minori*, pp. xlvi ss.; *Gioacchino da Fiore*, pp.215 ss.

（12） Russo, *Gioacchino*, p.31.

（13） A. Crocco, *La teologia trinitaria di Gioacchino da Fiore*, *Sophia* xxv (1957), pp.226, 231.

（14） Crocco, *Gioacchino*, p.129.

（15） Grundmann, *Studien*, pp.112 ss.; A. Dempf, *Sacrum Imperium*, Munich-Berlin, 1929, pp.280 ss.; E. Benz, *Ricerche religiose*, viii (1932), p.238 ; Buonaiuti, *Gioacchino da Fiore*, pp.239 ss.; Huck, *Joachim v. Floris*, p.236.

（16） Russo, *Misc. Franc.*, xli. 334.

（17） Tondelli, *Lib. Fig.* I, pp.156 ss.

（18） Russo, *Misc. Franc.* xli. 334 ss.

（19） Crocco, *Gioacchino*, p.47.

（20） *De Articulis Fidei*.

（21） Tondelli, *Lib. Fig.* I, p.159 :「しかしひとつの特性が他の諸要素の排除によって換えられるのではない」。Cfr. Crocco, *Gioacchino*, 80-1 :「ヨアキムは諸位格《ペルソナ》のそれぞれに、歴史の神学の企図の特殊相を帰属するにあたり、こうした帰属の厳密な神学的基礎を指示している。つまり位《ペル》格《ソナ》的〈属性 proprietas〉。そればかりか、どんなかたちであれ神の一性を分割しようとするものではない、と言明している。三つのそれぞれの〈時代《スタートゥス》〉において、三位は〈一体に unitariamente〉はたらくのであり、各〈時代《スタートゥス》〉をそれぞれの位格《ペルソナ》に帰属するのは〈歴史および年代という相への適用 applicazione、神的な諸配当 appropriazioni〉なのである」。

（22） Tondelli, *Lib. Fig.* I, pp.164-5.

（23） Bloomfield, *Traditio* xiii, p.267.

（24） H. de Lubac, *Exégèse mediévale, les quatres sens de l'Écriture*, 2 (1), Paris, 1961, p.558. ド・ルバックは全部で百頁以上をヨアキムに捧げ（pp.437-558）、ヨアキムの偉大と魅力の意味を明快に説いている。「彼は偉大な人物であった。……彼の夢は遠大であったが、それもすべて夢想のキメラに他ならなかった。預言に震える霊が高く明らかなる真実を求めるのだが、それを見出すを得ない。ここにこそ人を魅了してやまないヨアキムの蠱惑がある……ヨアキムとともにそこに、〈憂鬱なる混沌、もっとも深刻な過ち、もっとも鋭敏な洞察〉が見出される。果たしてわたしたちはそれに耳を塞ぐなどということができるだろうか」。pp.555-7.

（25） 【IV-1 pp.501-03】参照。

（26） *Lib. Conc.*, ff.95v, 122v, 132v ; *Quat. Evang.*, p.86. cfr. Crocco, *Gioacchino*, pp.94-6.

（27） *Lib. Conc.*, ff.52r, 56r-v ; *Expos.*, ff.212r-214r ; 9r-11r, 24v, 207r ; *Vita S. Benedicti*, pp.63 ss., 67, 69 ; *Lib. Fig.* II, p.75. 第七の日から区別される第八の日については以下を参照。*Lib. Conc.*, ff.37r, 132v ; *Expos.*, ff.110v-113v ; *Vita S. Benedicti*, pp.50-1, 71 ; *Quat. Evang.*, pp.6, 29, 57, 308 ; *Lib. Fig.* II, p.75.

（28） Tondelli, *Lib. Fig.* I, pp.149 (n.2), 151.

第Ⅱ部　新しき霊の人々

第1章　観想者たちの時代

預言者は未来を予言する。彼はそれを造り出すことすらできる。歴史家にとって預言の歴史とは、ことばと行為《はたらき》の間の相互作用という微妙な問題を含んだものである。預言がかなう、とはそれらの判断予測があたるのだろうか、それともかえってそれらが実現を促すようにはたらくのか。ヨアキムの歴史的意味は、彼が唱えた鍵観念の幾つかに内包される駆動力にある。その力は以降何世紀にもわたって密かにはたらきつづけ、時にある集団あるいはある個人に新たな生命を吹き込むことになる。そうした生命力は、想像力にはたらきかけ、期待を促し、行為へと仕向ける。それゆえ、それらの影響力は知的なものであるよりも情念的なものである。たとえヨアキムの諸観念がだんだんと頽落していくにしても、そうした諸観念が発酵するようにして人々の期待を掻きたてるものである限り、これらをヨアキム主義的運動と呼ぶことは是認されるだろう。こうした意味で、十六世紀にいたる信仰の希望と将来への不安の表現の多くがヨアキム主義的な息吹きを享けたもの、と称され得るものとなる。これは〈切迫したことども〉をめぐる伝承の数々といった、ある種の歴史の主題群を跡づけることによって証することもできるだろう。ここに認められるヨアキムの鍵観念のひとつこそが、「この世の黄昏」、つまり「第六の時の終わり」[1]に遣わされる霊的な人々の新たな秩序《オルド》、新たな修道会《オルド》の待望であった。十三世紀から十六世紀にかけて、そしてそれを超えて、この未来の霊的諸秩序、修道会の数々という観念に執着し、この世における自らの使命をそこに認める者たちが現われる。この章では、この観念の現象形態《あらわれ》の幾つかを検討することにしたい。しかしその前に、まずヨアキム自身の著作のうちにある観念を解剖してみなければならない。

大修道院長の有名な三つの〈時代《スタートゥス》〉は、人々の三つの階層秩序《オルド》に特徴づけられるものだった。彼はこれを『符合の書』

のはじめで語っている。「この世の時の経過とはたらきの内に三つの時代が証される。その総体が現前するこの世において一となっていると言うこともできよう。そこに選ばれるのは三つの秩序であるとはいえ、神の民は一つにして……その第一の秩序は婚姻者たちである。第二は聖職者たち。第三は修道士たち」[2]。これらは三位一体の三つの位格《ペルソナ》を反映している。

それゆえ婚姻の秩序は父の似像をもつ。父とは御子をもつものとして父であるように、婚姻の秩序も神へと勤める（自らのうちに設ける）息子を生まないわけにはいかない……聖職者の秩序は御子つまり父のみことばなる似像をもち、これは語ることによって民に主への道を教え、義なる神に続くように示し、自らを建てるもの（共に設ける）。修道士の秩序とは聖霊の似像にして神への愛であり、それはこの世を蔑し、神への愛に呼び覚まされ、主を砂漠へ追った霊にかかわる（発する）秩序としてある。霊的といわれるのは、それが肉による遍歴ではなく、霊によるものであるということ[3]。

それらの諸特徴の描写がつづく。「第一の秩序とははじめに設けられるもの、律法の導きのもとに努める者たちが召喚される。第二はそれにつづいて設けられるもの、情熱（受苦）とともにはたらく者たちが召喚される。第三は先の両者に発し、自由な観想者たちが選ばれる。これについては、主の霊のあるところに自由がある、と聖書に記されてあるとおり」[4]。それぞれが歴史のある時期に興り、発展し、結実する。第二と第三の秩序はその初期段階がそれぞれそれに先立つものと重複している。「婚姻の秩序はアダムにはじまりアブラハムに果実を摘んだ。聖職者の秩序はウジヤにはじまり……真の王にして祭司たるキリストに結実した。修道士の秩序は……ことに明らかなる奇蹟、おこない、聖性に卓れたる浄福なるベネディクトゥスにはじまり、その結実はこの世の終わり」[5]。

『符合の書』の最初の諸章に明確に論じられるこの三つ組み類型《パターン》は、すでに観たように[6]、ヨアキムが自らの思惟体系を構築するにあたって用いた二つの基本類型《パターン》のひとつである。三つの秩序は『符合の書』において何度も論じられるが、〈二つ組み〉と〈三つ組み〉は大修道院長のこころの中ではほとんど同等の役割を果たしている[7]。『黙示録註解《エクスポジチオ》』での注意は七つの封印とそれらの開示にかかわる二重類型《パターン》に集中しており、三つの秩序については折に触れて語られているだけである。[8] ヨアキムは『十玄琴《プサルテリウム》』での三位一体の観想とともに、三つ組みの類型《パターン》に戻り、まるごと一章を三つの秩序とその特徴的なはたらきの精妙な解説に捧げている。父は創造し、御子は教え、聖霊は歓喜するゆえ、それらに属する諸秩序の第一の業は、〈はたらき《オペラチオ》〉、〈教え《ドクトリーナ》〉、〈歓呼《ユビラチオ》〉である。[9] 興味深いのは、〈二つ組み〉と〈三つ組み〉の精妙な結合から構成された『形象の書』において、三つの秩序がただ一回だけしか具体的に表現を得てはいないということ——弦琴の三つの辺そのものとして、[10] この書のうちではじつに詩的に説かれる。『四福音書討議』は三〈時代《スタートゥス》〉をより念頭に置いたもので、三つの秩序に関してより多くの象徴を提供している。あわせてレバノンの栄光となるイトスギ、マツ、ツゲ。[11] きよめに神殿に捧げられるスズメ、ハト、キジバト。[12] これらは、第一〈時代《スタートゥス》〉における老成、第二における若者の堅忍、第三の子供の誠実をあらわしている。[13] また『聖ベネディクトゥス伝および彼の教えによる神への勤め』でヨアキムはふたたび三つの〈はたらき〉について語っている。「……はたらき、読み、讃美することによって。第一がまさに平信徒、第二が聖職者、第三が修道士である」[14]。

第三〈時代《スタートゥス》〉を特徴づける秩序、修道会は大修道院長の不易の主題を成している。にもかかわらず、ヨアキムは第三の秩序について個別具体的な記述を試みることがないので、それは捉えどころのないものである。しかしその性格の概観は数々の名辞のうちにあらわれてもいる。頻繁に用いられる〈修道士の秩序《オルド・モナコールム》〉の傍らで、ヨアキムは〈観想《コンテムプランティウム》〉あるいは〈静観《クィエシェンティウム》〉の秩序あるいは教会《エクレシア》を語るが、[15] これは常に活動的な生あるいははたらきと対比される。そしてまたしばしば〈霊的教会《エクレシア・スピリトゥアーリス》〉あるいは〈霊的な民《ポプルス・イレ・スピリトゥアーリス》〉ということばが用いられる。[16] これは旧約聖書においてはヨセフによって、新約聖書においては福音史家聖ヨハネによって代表される。彼らは聖霊を、その七重の秩序をあらわしている。[17] それはまたサライとマリアの、ハガルとエリザベツとの対比のうちにも見出される。[18] それは、「男を知らず沈黙の隠棲のうちに憩う」処女教会でもある。[19] 歴史の三一構造によるならば、第三の秩序は先行する二つの秩序に発する二重の出自をもたねばならない。世代の算定により、ヨアキムはその最初の種子をエリヤ、エリシャそして預言者たちの子供たちに見出す。そして第二の出自を聖ベネディクトゥスに。彼は第三の秩序の形成、成長にとって決定的な役割を負っている。「ことに明らかなる奇蹟、おこない、聖性に卓れたる浄福なるベネディクトゥスにはじまり、その結実はこの世の終わり」。じつに第三〈時代《スタートゥス》〉と第三秩序のはじまりにあたり、ヨアキムは聖ベネディクトゥスにまるでメシア的な意味を賦与しているかのようですらある。それこそは、後に聖霊派が聖フランチェスコに認めることとなった意味である。ヨアキムにとってベネディクトゥス会則は第三の聖書ではないが、聖霊の教えであることに間違いはなく、彼の『聖ベネディクトゥス伝およびその教え』は基本的に第三〈時代《スタートゥス》〉におけるその意味を説いたものであった[20]。

第三の秩序のより細密な叙述を試みるとき、ヨアキムは詩的比喩へと運ばれる。その姿は「優美に輝く鳩」[21]のうちに、天国へと翔け昇る鳥たちのうちに[22]、太陽の輝きのうちに[23]、三つ組みの連続を語る彼の有名な句節、しばしば引用される比喩のうちに求められねばならない[24]。その特徴は自由な霊的な知解にある[25]。とはいえ、それは二つの聖書の権威から解かれてある、ということを意味するものではない。かえってそれら両者に発する霊的知性の栄光の宝に信頼することである[26]。つまり霊的な人々は歓びとともにいまだ両聖書に養われ[27]、観想の沈黙と霊的な知解の照明と頌栄のうちに[28]第三の秩序はその生命を見出すこととなろう。もちろんヨアキムはその修道会則をこころから支持するが、第三の秩序（修道会）の特徴として清貧を挙げるのはただ一回のみである[29]。

ヨアキムが決して明快な答えを与えることのない重要な問いがひとつある。つまり、二つの先行する時代の秩序は、第三〈時代《スタートゥス》〉にあって、どのような役割を果たすのだろうか。これに対する答えは、既成の階層秩序《ヒエラルキア》を転覆する危険な種子を含みもつもの、でもあり得る。大修道院長の口説の幾つかは、妥協の余地なしに転覆的なものとしてあらわれる。

> 婚姻の秩序はアダムにはじまりアブラハムに実を結んだ……そしてキリストのうちに消尽する（成就される）。……聖職者の秩序はウジヤにはじまりキリストに結実したが、主の受肉から四十二世代をもって消尽するものと考えられる。ここで消尽するとは、主がペテロに言われたことば、われに付き従え、が主の受肉から四十二世代の終わりにまで達することを謂ったものである。また修道士の秩序とは、ラテン人たちが浄福なるベネディクトゥスの時におこない始めた修道会則を謂い、その聖なる人から二十世代を経て結実する。これの消尽がこの世の終わりである[30]。

この危険な観念、聖職者の秩序は観想者たちの秩序を前にして過ぎ去るであろうという観念はペテロとヨハネの象徴論に発するものである。聖墓に最初に入ったペテロ、その死を主に予言されたペテロは〈聖職者階層《オルド・クレリコールム》〉を表わし、聖墓に先に着いたがそこに後に入ったヨハネ、主の到来を待つように言われたヨハネは、時の終わりまでつづく〈修道士階層《オルド・モナコールム》〉を表わしている。(31) 彼は何度もこれを『黙示録註解《エクスポジチオ》』の中で繰り返し言っている。たとえば、「つまりはじめに二つ(の秩序)がペテロとともに生じ……つづいてヨハネとともに王国に福音を説く者が残り……後に来て説かれるところこそヨハネの企図したところの秩序(修道会)であり、ここにペテロの意味するところの秩序は消尽する……」(32)。ここに後の書写者は驚くべき観念を見出すとともに、欄外注を付している(印行版では二度繰り返されている)。「聖職者は消尽するであろう」(33)と。

だがヨアキムの観念は、そうした転覆的狂信者の考えよりも、ずっと精妙である。「霊的にして叡智的、平和で、愛情深く観想的な第三〈時代《スタートゥス》〉の民」(34)が優勢を誇ることとなっても、ヨセフとソロモンによって表わされるローマ教皇はこの世の隅から隅までを治めるであろう。(35)〈観想的教会《エクレシア・コンテムプランティウム》〉はその聖職者たちをもつであろう。(36)〈観想的秩序《オルド・コンテムプランティウム》〉そのものは、誰かそう思うかもしれぬような、隠修者だけの世界ではない。もちろんそれはヨアキムにとって至高の生の実践ではあるが、そこにはいろいろ数多くの秩序区分がある。(37) そこには太陽、月、数々の星辰が含まれている。つまり独居する隠修者たち、修道院に共住する修道士たち、個別房に棲む修道士たち。(38) そこにはいろいろなかたちの宿りがある。(39) それは聖霊の七つの賜にしたがって七重である。(40) ヨアキムは秘教的党派について謂っているのではない。すべての人々を新しい信仰生活へともたらすものとして、〈在俗者たちの教会《エクレシア・ライコールム》〉すらも神の企図のうちにはその場所がある。(41)

第三〈時代《スタートゥス》〉の社会構造についてはなにも詳細に述べられていないが、そこにも権威のかたちは存するであろうし、信仰生活にも多様な側面があることだろう。これをもっとも驚くべく具現したのが『形象の書』の一形象――「天上のエルサレムに設けられる第三時代の新たなる諸秩序の配置」(42)である。幾何学的に描出された新たな社会の〈基本構想〉が、すでに観たところの、第三時代への移行を体現する5＋7＝12の神秘的な等式を以って築きあげられている。(43) 福音書の四聖獣、獅子、牡牛、人(天使)、鷲は、四つの伝統的な秩序、使徒たち、殉教者たち、教会博士たち、童貞たちを象徴し、その中央の〈神の座（鳩）〉とともに、[44]五つの主要な〈祈禱所《オラトリオ》〉をかたちづくり、そのそれぞれに五つの意味のいずれかを配当することができる。しかし、これらに——慎重な距離を取りつつ——預言者たちと高祖たちの祈禱所が付け加えられ、こうして五が七に変じ、そこに聖霊の七つの賜をも配当することが可能となる。この七重の形象によってヨアキムは〈新《ノウ》たなる秩序《ス・オルド》〉に七重のかたちを与えた。そのうちの五つの区分は修道生活に属し、第六は聖職者に、第七は婚姻者たちに属している。先の五つのみが町（神の国）のうちにあり、あとの二つは〈郊外〉に置かれる。とはいえ、聖職者および平信徒が第三〈時代《スタートゥス》〉における七つの神秘を補完するために必要とされる、ということに留意しておかねばならない。そしてまたこの形象の象徴するところは、先行する歴史の両秩序が最後の秩序のうちに包摂されることになる、ということを最終的に証しているようにみえる。実際、霊化された聖職者の秩序と婚姻者の秩序という二つの下位なる祈禱所に表わされたヨアキムの構想は、思いがけずこの観想者に期待もしなかった方向、同時代的な体験への共感を暗示するものである。

ここに大修道院長のじつに興味深い観点、つまりキリスト教徒の総体性にかかわる思惟がある。ここには、選ばれた集団のうちに霊的未来を鎖し、民衆の総体の滅亡を観るような秘教的神秘主義者の姿はない。時として彼は、ユダヤ人をも含む〈全〉民衆の新たな霊的知性への転換をすら視覚化してみせる。[45]それゆえ、転換期にはアンチキリストとの大いなる闘い同様に、大いなる説教伝道が不可欠とされるであろう。砂漠を越え、ヨルダン川を渡り、約束の地へと教会をもたらす者こそが、〈霊的な人々《ヴィーリ・スピリトゥアーレス》〉である。[46]これこそヨアキムが常用する呼称であり、それは時に第三〈時代《スタートゥス》〉の観想者たちの総体を意図しているが、よりしばしば世界をこの大いなる転換のうちへともたらす能動的な神のはたらき、神の使者たちをあらわすものである。ここで重視されるのが、彼らの説教者としての役割である。彼らは〈真実を説く者たち《プレディカトーレス・ヴェリターティス》〉であり、[47]霊的知性によって隠された神秘を明かすために遣わされた者たち、[48]第七の喇叭の厳粛な響きとともにこの世に神のことばを伝える者たちである。[49]ヨアキムはある時にはひとりの偉大な説教者を語り、[50]ある時には三人の偉大な説教者たちを語り、[51]またしばしば十二の族長や使徒たちによってあらわされる十二人の説教者たちを語るが、[52]どうやら彼は内心、説教者諸集団を想定していたようにみえる。

われわれはここに、ヨアキムがその生涯にわたって抱きつづけた問題を認める。彼は、至高の生を観想の沈黙のうちにのみ認める神秘家であったが、山麓を占める民の要請に決して注意を怠らない。隠修者は人々の罪の数々に苦悶せねばならない。[53] 上なる者たちと下なる者たちの間には、媒介者がなければならない。完全なる隠修生活の燃え盛る陽光に耐え得ぬ〈感性的な人々〉のためには、彼らに教える能動的秩序、はたらきかける修道会のやさしい月光がなければならない。[54] 観想生活と福音の説教の関係という大問題は、ヨアキムの生涯にわたりその著作群の中に跡づけられるものである。いったい人々の危難に配慮することなくして、どうして観想が神へと近づくことができるのか。そればかりか、孤独が群居に転じる時、なぜ幻視《ヴィジョン》は日常の些事のうちに晦まされるのか。彼はこの二つの勤めのうちにある内在的な矛盾を次のように表現する。「修道士たちの勤めは自らのうちに主なる神のことばを聴くための静穏なる観想にこそある。そして聖職者たちの勤めは民の間で神のことばを語ることにある」。[55] とはいえ、〈修道士の秩序《オルド・モナコールム》〉はそのどちらにも責任がある。それは神殿の支柱の数々のごとく、天上のことがらへと高くもちあげるとともに、平信徒たち聖職者たちを擁する神殿総体の屋根を支えるのである。[56] それゆえ、霊的な人々の双肩には媒介、仲介者としての重責がかかっている。アブラハムがソドムになしたごとく、[57] モーゼが観想の山にとどまったように、彼らは数多の魂のための執り成しをなし得るのでなければならない。アロンに民のためのことばを伝える手段を知らねばならない。[58] エリヤのごとく渇いた魂たちに慈雨を降らせたまえと請わねばならない。[59] 霊的な人々は、観想から活動的な生へと下るように召び戻されるであろう。[60] 上昇し下降する生命を保つことによって、[61] 残余の者たちをも彼らに属する者とするために。[62]

二つの新しい修道会に関するヨアキムの有名な預言もまた、この媒介、仲介者という問題に対する彼の解答とみなされねばならない。彼らは第六の時にはたらく偉大なる福音の使いであり、すでに新たなる生を体現する者たちとして想定されているが、それでも第三〈時代《スタートゥス》〉あるいは第七の時に適う全般的な観想秩序からは区別されねばならない。こうした預言は後に二つの大托鉢修道会と解きがたく結ばれるとともに、一般には並存する二つの秩序と謂われるところのものと想定されることになる。しかしヨアキムの著作からは、彼の本来の観念が、異なったはたらきを満たす人々の二つの組織体《からだ》を意図したものであったことが明らかに読み取れる。一つは、この世のために祈り、山頂に幻視《ヴィジョン》を集める隠修。もう一つは生を媒介にして、下界へと展望《ヴィジョン》をはこぶ説教活動。観想はこの世のすべてにも較べられ、活動は隠修に逆するものとしである。

彼はこれら二つの秩序が聖書の中に数々の象徴として存するのを見出す。ロトとその家族をソドムの破壊から救い出すために遣わされた二天使、ゼカリヤの時代、遺された信仰をヘブル人のシナゴーグから救い出した二人の預言者（つまり、「大いに異なっているとはいえ」[63]洗礼者ヨハネとキリスト）、最後の日々、残された選ばれた者たちは悪魔のシナゴーグから二人の預言者によって救いだされるに違いない[64]。そしてまた、ソドムへと遣わされた天使たちがモーゼとエリヤに同一視される。「どちらも……この世で説くため神に遣わされた霊的な戦士であり、一方は砂漠のなかを霊的な民を導くモーゼ、他方は衆から離れた孤独な生へと導くエリヤ」[65]。エリヤとエリシャは常に秩序の二類型をあらわしている。「エリヤの生にしたがい同衾する夜を知らぬ霊的な人々、また他の聖なるエリシャの模倣者たち、そのどちらもが義なる生を歩み聖なる則を示し、罪人たちに善行の範を示した」[66]。『註解《エクスポジチオ》』において、モーゼとエリヤによってあらわされる二つの秩序は、聖職者の秩序と修道士の秩序に区分される[67]一方、『符合の書』のある箇所ではそれは聖職者と平信徒の秩序に割り当てられ、明確に修道士たちの秩序から隔てられている[68]。また彼はそれを預言者ゼカリヤのオリーブの二本の木に[69]、そしてノアによって放たれた烏と鳩にも見出してみせる[70]。十三世紀、これはついに説教修道会（ドメニコ会）と小さき兄弟会（フランシスコ会）の有名な象徴と化す。それゆえ、「ここでは烏の貪欲あるいは鳩の素朴といった序列秩序の相違を度外視して」[71]ヨアキムが二羽の鳥によって二つの修道会秩序の相違を描き出そうとしているのではない、ということに注目しておきたい。

『註解《エクスポジチオ》』においてヨアキムは黙示録の天使たちについて瞑想するとともに、新しい秩序に関する彼の預言はあからさまになっていく。十四章への註釈には、後代もっともよく引用されることになる一節が含まれている。そしてまさに一五二七年版のこの節の欄外には夥しい注が付されている。いわく、〈二つの修道会《ドゥオ・オルディネス》〉、〈修道会秩序《オルド・モナコールム》〉、〈隠修秩序《オルド・ヘレミタールム》〉。ここでヨアキムは彼の二つの秩序をもっとも明快に類型化している――白い雲の上に坐す人の子のような者と天の聖所から降り来る天使[72]――ここで、この重要な一節の全体を観ておかねばならない。

われわれが眺めるうち、そこにあらわれるのは白き雲の上に坐す人の子に似た者の姿。それは人の子の生の完徳なるまねびを授ける義なる秩序を意味し……また知恵深きことばを以って御国の福音が説かれ、主への初穂が刈り集められる。……ここ、白き雲の上に坐したる善、その白き雲は事物の集合《からだ》であり、それは厚くも重くもなく、土ではあるが軽微にして、そこに注がれることばもまた重々しく晦渋なるものではなく、明瞭にして霊的である。……諸事物は浄化され貪らず、そこに人々は幸福に、気中に懸かるがごとく白い雲の上に憩い安らぐ。……その時、天の聖所から鋭い鎌をもつ者が出でる。……天にある聖所から。……雲のうちにある謙遜なる生は天に定められた生であり、天と地の間の中間たる気のうちにある。……観想的なる生は白き雲の上へと昇り、地上の生を振り向きそこにはたらきかける。高みなる生はそれを観て天の聖所を出でる。雲のうちにあらわされるのは、まことに自由なる宰領にして霊的なる教えであり、また神の観想たる解放されたる愛である。ここに、人の子の似姿として、キリストの生と使徒たちの知性に仕える完徳なる人々の未来の秩序がある。天なる聖所を出でる天使とは、天使の生を汲む隠修者たちの秩序に他ならない。……一方、人の子に似た者があらわすところは、天に隠しとどめられてありまた突然あらわれるところの慎ましく完徳なる神の戦士たち。彼らは選ばれた人々に有益なる洞察を与える。そこから彼らが健全なる忠言と敬虔なることばと完徳の範をとりだし得るように。ここに彼方の完徳の生が飢渇されるのは、まさしく人に向かって聖霊が示唆するところ、天の秘鑰《アルカナ》が到来すると思われるところであり、人のこころはその完徳の生あるいは新たなる悔悛の驚異に畏れ拍動する。……ここに新たにあらわれるのを目のあたりにする秩序ではあるが、それも新しいものという訳ではない。黒い衣を纏い帯を高く締めた者たちが増え、その声望は広まるであろう。彼らは信仰を説き、この世の終わりにあたりエリヤの霊を護る。これこそ天使の生から汲む隠修者たちの秩序となろう。その生は神への愛と熱誠に燃える炎。試練や茨棘を燃やし尽くし、邪に曲がった生を燃やし尽くすことだろう。……この世にあって修道士の生は嵐に浸る地の面のごとく、完徳と兄弟愛の義に浸るだろう。隠修士の生は灼熱の火のごとく……それゆえ、その秩序(修道会)は神に選ばれし者の秘密を集める静穏と甘美であり、モーゼの霊のうちにあることだろう。そしてそれはエリヤの霊のうちにあって、収穫を摘むことを切望し急くことを咎めるであろう。[73]

註

（1）«ad vesperum huius seculi … fine huius sexte etatis». *Lib. Conc.*, f.76v.

（2）«Secundum quod tres status seculi mutationes temporum operumque testantur, licet totum hoc presens seculum unum esse dicatur : ita tres esse ordines electorum, licet unus sit Dei populus … Et eorum quidem ordinum primus coniugatorum est : secundus clericorum : tertius monachorum». *Lib. Conc.*, f.8v. 〔✻ここで「総体totum」という語は「三つのtrium」の改竄あるいは改訂であるかもしれない。〕

（3）«Habet ergo coniugatorum ordo imaginem Patris : quia sicut Pater ideo Pater est quia habet Filium, ita ordo coniugatorum non nisi ad procreandos filios institutus est a Deo … Habet et clericorum ordo imaginem Filii qui Verbum Patris, quia ad hoc constitutus est ipse, ut loquatur et doceat populum viam Domini, et ostendat ei continue legitima Dei sui. Habet et monachorum ordo imaginem Spiritus Sancti qui est amor Dei, quia non posset ordo ipse despicere mundum et ea que sunt mundi nisi provocatus amore Dei et tractus ab eodem spiritu qui expulit Dominum in desertum : unde spiritualis dictus est, quia non secundum carnem ambulat sed secundum spiritum». *Lib. Conc.*, f.9v.

（4）«Et scimus quod primus ordo qui institutus est primo, vocatus est ad laborem legalium preceptorum : secundus qui institutus est secundo, vocatus est ad laborem passionis : tertius qui procedit ex utroque, electus est ad libertatem contemplationis, scriptura attestante que ait : Ubi Spiritus Domini, ibi libertas». *Lib. Conc.*, f.20r.

（5）«Coniugatorum ordo initiatus ab Adam, fructificare cepit ab Habraam. Clericorum ordo initiatus est ab Ozia. … Fructificavit autem a Christo qui verus est rex et sacerdos. Monachorum ordo … incepit a beato Benedicto, viro utique claro miraculis, opere et sanctitate, cuius fructifucatio in temporibus finis». *Lib. Conc.*, f.8v.

（6）【I-2 pp.24-26】参照。

（7）e.g. *Lib. Conc.*, ff.8v, 9v, 10r, 20r, 33r, 56v, 70v, 83r. 96v, 112r.

（8）e.g. *Expos.*, ff.18v, 37v, 141r, 147r-v.

（9）«operatio, doctrina et jubilatio». *Psalt.*, ff.224v-247v ; また以下も参照。ff.249r-v, 250r-256r, 266v, 277v-278r.

（10）*Lib. Fig.* II, tav.XIII.〔✻【図A-5】参照。〕

（11）*Quat. Evang.*, p.76. イザヤ書 60:13 :「レバノンの栄えはあなたに来、いとすぎ、すずかけ、まつは皆共に来て、わが聖所をかざる」〔✻本文中、樹木名は邦訳聖書にではなく原著表記 : «the fir tree, the pine tree, and the box tree» に従った。ちなみに伊語聖書では「イトスギ、ニレ、モミ」«cipressi, olmi e abeti insieme» となっており、有名なレバノンの糸杉以外の特定は難しい。〕

（12）*Quat. Evang.*, p.84. ルカ 2:24 参照〔✻邦訳は「山ばと一つがい、または、家ばとのひな二羽」とあった。ここにスズメはない]。ここで、スズメ sparrow は婚姻した人々を、ハト pigeon は聖職者を、キジバト turtle-dove は修道士を意図している。

（13）*Quat. Evang.*, p.92. また pp.20-5, 84-5, 91-2, 155 をも参照。*Psalt.*, f.246r では、平信徒を子供、聖職者を青年、修道士を老人とする逆順の象徴が用いられている。

（14）*Vita S. Benedicti*（ref.【I-2 n.37】), 77.

（15）*Lib. Conc.*, ff.67r, 83r, 83v, 85v, 96v ; *Expos.*, ff.53v, 141v, 156r.

（16）*Lib. Conc.*, ff.58v, 61r, 70v, 85v, 96r ; *Expos.*, ff.49r, 82v.

（17）*Expos.*, ff.22r, 48r, 93v, 204v.

（18）*Lib. Conc.*, f.61r ; *Expos.*, f.83r.

（19）«que nescit virum, que requiescit in silentio heremi». *Expos.*, f.83r.

（20）*Lib. Conc.*, ff.8v, 10r, 20r, 23r, 48r, 57v, 67r, 82r-84v ; *Expos.*, f.82v. Cfr. E.

Benz, *La messianità di San Benedetto, Ricerche religiose,* vii (1931), pp. 336-53.

(21) «illa suavissima et specioissima columba». *Expos.,* f. 95v. また *Lib. Conc.,* f. 83v：「観想的な生の甘美」«suavitas vite contemplative» をも参照。

(22) Ibid., f. 68v.

(23) Ibid., ff. 66v, 68r.

(24) Ibid., f. 112r-v.

(25) Ibid., f. 95v.

(26) Ibid., ff. 9r, 10r, 103v ; *Expos.,* ff. 86v, 99r, 128v.

(27) *Lib. Conc.,* f. 133r：「すなわち野の驢馬たちは群なして食み、われわれの上に上天から注がれる霊を悦ぶ。野の驢馬としてここにあらわされた霊的な人々が聖書を食み喜ぶほどに、かつてもたぬ霊に満たされつづけることだろう」«Gaudium ergo onagrorum sunt pascua gregum donec effundatur super nos spiritus de excelso. Quia tamdiu viri spirituales qui designantur in onagris gaudent in pascuis scripturarum, quamdiu abundantiam illam spiritus non habent». Cfr. イザ 32:14, 15

(28) *Expos.,* ff. 84r-86v.

(29) *Lib. Conc.,* f. 67r.

(30) «Sicut ordo conjugatorum initiatus ab Adam, fructificavit ab Abraam … consumatus est in Christo. … Et ordo clericorum initiatus ab Ozia, fructificavit a Christo et consumabitur ut putamus circa finem generationis 42^{e} ab incarnatione Domini. Consumabitur dico secundum id quod pertinet ad verbum Domini dicentis Petro, Sequere Me, circa finem generationis 42^{e} ab incarnatione dominica. Ita ordo monasticus accipiens ut iam dixi initium secundum regulam monasticam quam Latini utuntur a beato Benedicto tempus fructificandi generatione 20^{a} ab eodem sancto viro. Cuius consumatio in consumation seculi est». *Lib. Conc.,* f. 57r.

(31) *Expos.,* ff. 141v-143r ; 47r, 77r, 83r, 93v, 204v ; *Lib. Conc.,* f. 18r. Cfr. ヨハ 20:4-8, 21:18-21.

(32) «Primus ergo duorum (ordinum) patietur cum Petro. … Secundus relinquetur cum Joanne ad predicandum Evangelium Regni. … De hac serotina predicatione quam facturus est ordo ille quem designat Joannes, consumato iam pene illo ordine quem significat Petrus …». *Expos.,* f. 142r-v.

(33) «Clerus consumabitur».

(34) «populus tertii status qui erit spiritalis et sapiens, pacificus, amabilis, contemplativus».

(35) *Lib. Conc.,* ff. 95r-96v ; *Expos.,* ff. 48r, 93v.

(36) *Lib. Conc.,* ff. 57v ss.

(37) Ibid., f. 57v.

(38) Ibid., f. 66v-67r.

(39) Ibid., f. 71v.

(40) *Expos.,* ff. 22r-48r.

(41) *Lib. Conc.,* f. 100r.

(42) «Dispositio Novi Ordinis pertinens ad tercium statum ad instar superne Ierusalem». *Lib. Fig.* II, tav. XII.〔＊【図 A-4】参照。〕

(43) 【I-2 pp. 31-32】参照。

(44) 四聖獣 Animalia と神の座 Sedes Dei に関しては著作中に数多くの言及があるが、特に以下にこの形象との深い関係を尋ねることができる：*Lib. Conc.,* ff. 25v-26r ; Expos., ff. 50r, 107r, 111r, 189v ; *Psalt.,* ff. 247v ss.

(45) *Lib. Conc.,* f. 85v.

(46) *Lib. Conc.,* ff. 16v, 19r, 21v, 67r-68v, 76r-78v, 83v, 85v, 88v-90r, 103v, 115v, 133v ; *Expos.,* ff. 49r, 64r-v, 75r, 84r, 128v, 137r, 184v-187r, 196r, 209r, 217v, 222r.

(47) «predicatores veritatis». *Lib. Conc.,* ff. 76r, 78v, 80v, 88v, 117r ; Expos., ff. 137r, 147v.

(48) Ibid., f. 222r.

(49) Ibid., f. 152r.

(50) Ibid., f. 137r.

(51)　Ibid., f.147v.
(52)　*Lib. Conc.*, ff.21v-22r, 57v, 102r, 113v ; *Expos.*, f.103r.
(53)　Ibid., f.185v.
(54)　*Lib. Conc.*, f.68r.
(55)　«Quia et proprium est monachorum continere se per silentium in quiete contemplationis, ut audiat quid loquatur in se Dominus Deus. Et proprium clericorum loqui in medio populi verba Dei». *Lib. Conc.*, f.93r.
(56)　*Expos.*, f.85v.
(57)　*Lib. Conc.*, f.76r.
(58)　Ibid., f.93r.
(59)　Ibid., f.103v.
(60)　*Expos.*, f.137r.
(61)　*Lib. Conc.*, f.68r.
(62)　Ibid., f.83v.
(63)　«licet dissimiliter magni».
(64)　Ibid., f.24v.
(65)　«duo … genera spiritualium virorum qui mittuntur a Domino predicare in mundum, unum quod sicut Moyses populo spirituali preest simpliciter in deserto, aliud quod quasi Helias vitam solitariam seorsum a conventibus ducit». Ibid., f.76v.
(66)　«quia post viros illos spirituales qui sequentes vitam Helie noctis consortia nescierunt, dati sunt alii viri sancti imitatores Helisei, qui incedentes inter utramque vitam et iustis prebuerunt sanctitatis regulam et peccatoribus ostenderunt bone actionis exempla». *Lib. Conc.*, f.68r.
(67)　*Expos.*, ff.146r-149v.
(68)　*Lib. Conc.*, f.80r :「ここにあらわれる二人の真の息子たちはそれら（つまりレアとヤコブ）に由来する新しい二つの秩序であり、一方は平信徒を、他方は聖職者を指しており、どちらもキリスト教徒の信仰に基づき規則正しく生きる。とはいえもちろんそれは使徒のはたらきから生じるところの修道士の完徳のかたちによるのではない」«Duo vero filii qui orti sunt ex eis [i.e. Leah et Jacob] duos novissimos ordines designare puto quorum unus erit laicorum, alius clericorum qui et ambo regulariter vivent, non quidem secundum formam monache perfectionis, sed secundum institutionem fidei Christiane, imo secundum regulam illam generalem actuum apostolorum …». この一節は *Lib. Fig.* II, tav.XII〔＊【図A-4】参照〕の二つの下位秩序を想起させる。【本章pp.179-80】参照。
(69)　*Lib. Conc.*, f.124r ; *Expos.*, f.148v. ゼカリヤ4:3参照。
(70)　*Expos.*, f.81v.
(71)　«omitto differentias ordinum in quibus aut corvina rapacitas aut simplicitas columbina notatur». Ibid., f.81v.
(72)　黙示14:14, 17参照。ここで注目すべきはヨアキムのこの解釈が「最も近い将来の que futura est in novissimo tempore」教会のありさまとして説かれるところであり、彼はその解釈に彼の特異な才能を発揮している。Cfr. *Expos.*, f.175r.
(73)　«Arbitramur tamen in eo qui visus est sedere supra nubem candidam et esse similis filio hominis significari quendam ordinem iustorum cui datum sit perfecte imitari vitam filii hominis et … habere nihilominus linguam eruditam ad evangelizandum evangelium regni et colligendum in aream Domini ultimam messionem. … Qui bene etiam supra nubem candidam sedere describitur quia nubes quidem corporea res est, nec tamen gravis et ponderosa, sicut terra, sed levis, et conversatio illius non erit ponderosa et obscura, sed lucida et spiritualis. … Ita felices homines illius status quia de rebus mundanis nihil cupient, velut in aere positi, super nubem candidam requiescent. … Nunc videndum est de eo qui exivit de templo quod est in celo habens et ipse falcem acutam. … De templo quod est in celo : … quia vita illa que designatur in nube humilior est ea que designatur in celo, utique quia et aer medius est inter terram

et celum. … Quamvis ille qui ascendet super nubem candidam contemplative vite insistat respectu eorum qui terrenis implicantur negociis, altioris tamen vite videtur esse ille qui egreditur de templo quod est in celo : quia alia est libertas magisterii et doctrine spiritualis designate in nube, alia libertas amoris contemplationis divine. Quocirca, ut in eo qui erat similis filii hominis aliquis ordo futurus perfectorum virorum servantium vitam Christi et apostolorum intelligendus est, ita in angelo qui egressus est de templo quod est in celo, aliquis ordo heremitarum emulantium vitam angelorum. … Et rursum iis qui filii hominis similis esse perhibetur continue manifestus apparet, hic autem de celo in quo manebit occultus, velut repente egressus est, quia hi qui militant Deo in humiliori perfectione ad utilitatem intuentium in conspectu electorum hominum dati sunt, quatenus ab eis accipiant salutis monita et pie conversationis et perfectionis exemplum ; qui autem ut perfectius vivant remotiora petunt, si quando suggerente Spiritu egrediuntur ad homines veluti de archanis celorum advenisse putantur, adeo ut multorum corda hominum timore concutiant admirantium, seu vite perfectionem seu penitentie novitatem. … Surget enim ordo qui videtur novus et non est. Induti nigris vestibus et accincti desuper zona, hi crescent et fama eorum devulgabitur. Et predicabunt fidem quam et defendent usque ad mundi consumptionem in spiritu Helye. Qui erit ordo heremitarum emulantium vitam angelorum. Quorum vita erit quasi ignis ardens in amore et zelo Dei ad comburendum tribulos et spinas, hoc est, ad consumendum et extinguendum pernitiosam vitam pravorum. … Puto enim quod in tempore illo vitam monachorum erit quasi imber ad irrigandum superficiem terre in omni perfectione et iustitia fraterne charitatis. Vita autem heremitarum erit quasi ignis ardens. … Erit ergo ille ordo tanquam mitior et suavior ad colligendas segetes electorum Dei, velut in spiritu Moysi. Iste vero ferocior et ardentior ad colligendam vindemiam reproborum, ac si in spiritu Helye». *Expos.*, ff.175v-176r.

第2章　ヨアキムの預言の唱導者たち

説教修道会（ドメニコ会）と小さき兄弟会（フランシスコ会）は、霊的な秩序、修道会というヨアキムの期待をまさに満たすように出現した。そしてその時代の人々は皆一斉に、この大修道院長の予言の奇蹟を讃えた。いったいなぜヨアキムは次世代の進捗をこれほどよく見定めることができたのだろう。これは予測の的中であったのか、それとも結果からする演繹であったのか。幾人かの歴史家たちは、聖フランチェスコに対するヨアキムの直接影響を跡づけようと試みたが、フランチェスコが大修道院長に触発されたことを証し得なかったばかりか、彼がヨアキムを知っていたかどうかすら明らかとなってはいない。先の問いに対する答えは、予測が的中した、でなければならず、その証拠はおそらくヨアキムの思惟とその時代の宗教体験のあいだにある関係性のうちに認められることだろう。すでに観たように、彼は聖霊の時代に属する新たな生のあり方および新たな霊的知性をこの世へと媒介する人々の諸秩序、新たな諸修道会のどちらにも深くかかわった。彼が生きた時代は信仰生活の新たなかたちが模索された時期で、そこには福音宣教への召命に就きたいという気持ちも含まれていた。こうして十二世紀から十三世紀初頭という時期は――正統であれ異端であれ――宗教体験に満ちた時代であった。ヨアキムの観想への招請と説教への召喚の間にある緊張、聖職者と平信徒の諸階層秩序として体現された彼の観念は、どれも既存の信仰生活のかたちに対する不満をあらわしている(1)。

シトー会はこうした要請の一部を満たすものではあったが、それはベネディクトゥスの修道制を改革するにとどまり、すべてを満たすという訳にはいかなかった。ヨアキムの生涯およびその思想もこうした運動の一翼を担うものであった。彼は信仰生活の新しいあり方を実現すべく自らのフロレンセ会を設立し、その著作では説教者という階層秩序の必要性を説いた。しかしわれわれの判断し得る限り、ヨアキムの修道会はそれが分かれ出たシトー会同様、保守的であった。それは改革された修道制の一形態、共住修道制であり、ヨアキムの待望のうちにあっては副次的な場所（二番目の地位）をしか与えられていない。[2] 預言においてかくも大胆な大修道院長が、実修において臆病ともみえるほど慎重なのは興味深い。彼は自ら革新者を装うこともなく、自らの会派が未来を変革する新しい秩序と目されることもない。モーゼのように彼もまた〈約束の地〉を彼方に望見するばかりだった。後述するように、[3] 幾つもの謎に満ちた句節で、ヨアキムはシトー会の偉大なる未来をある特定されぬ時に予表しているようにみえるが、フィオレの会派にもその偉大な親たるシトー会にもいまだ時間が必要とされる。ヨアキムの預言はいまだ未来を眺め、新たな霊の人々を待望している。十三世紀初頭、聖ドメニコと聖フランチェスコの修道会が興ると、彼らは十二世紀の飢渇のすべてを晶結させる。特に彼らこそが、福音説教という生のかたちを決定的に体現するものとなった。こうして彼らはヨアキムの預言を纏めあげるとともに、ヨアキムの待望を媒介する秩序、伝道する修道会としてその完璧な姿をあらわす。そのうえ、フランシスコ会士たちは観想と行動的な生の間にある霊的な人々、というヨアキムの記述にまさにぴったりの神秘的な性質をすら獲得することになる。

すでに観たように、ヨアキムの観念の幾つかは十三世紀前半にはよく広まり、一二一五年の断罪にもかかわらず、預言の霊を授けられた聖なる人という彼の盛名はすでに確立していた。ドメニコ列聖の教書でグレゴリウス九世が、フィオレの会派を二つの托鉢修道会およびシトー会と合わせて教会の四本の柱と呼んでいるのは意味深い。[4] 十三世紀も中頃になると、霊的な人々の新しい秩序というヨアキムの預言は、ドメニコ会士たちにもフランシスコ会士たちにも採られることとなる。一二五五年、両会派の総長、ロマンのフムベルトとパルマのヨハネス（ジョヴァンニ・ダ・パルマ）は共同で回状を発布した。[5] これには二つの修道会が「この世の終わりも切迫した日々に」この世を救うために遣わされた、という驚くべき表現が盛られている。そこで彼らは並置される二という数によって象徴される。「二つの大いなる光、二つのモーゼの喇叭、ふたりの智天使《ケルビム》、花嫁の二つの乳房、オリーヴの輝きの二人の息子、キリストの二人の証人、それらはシビュラの巫言に謂うところの、いよいよ来たるべき日々、四つの獣の相貌をもち、敬虔に意志的清貧に向かう子羊という名の二つの輝く星辰」。[6] ここには直接ヨアキムの名への言及はないが、そこに用いられた語彙は彼に特徴的なイメージ喚起力の影響を垣間見せている。最後のひとつを除き、あとのすべては聖書の象徴の数々であり、[7]その二つ目を除いてヨアキムの用いたものである。[8]また特に際立っているのが、めったにみられない象徴――ゼカリヤの二本のオリーヴの木――で、これは『符合の書』にも『註解《エクスポジチオ》』にも姿をみせるものであるという点。最後の「二つの輝く星辰」は擬ヨアキム主義文書『エリトレアの巫言』からの直接引用である。[9]そこにはまた、ブレーメンのアレクサンデルによる黙示録註解の余韻も感じとられる。[10]そこで彼は『エレミヤ書註解』を引きつつ、二つの新しい修道会という主題が数々の変奏《ヴァリエーション》とともに何度もあらわれる。疑いもなくここで、托鉢諸修道会がヨアキムの預言を成就するものと捉えられていることが分かる。ロマンのフムベルトも同様の感懐をその『聖書物語《レゲンダ》』に披瀝している。[11]「われわれはこの世の来たるべき最後の者たち。遣わされるのはまさに聖餐の時。間近に迫った日々の新たな秩序（修道会）。新たとはまた古きに等しく」。[12]一二五六年、ゲラルド・デ・フラケトは彼が起草した公式文書『修道生活《ウィタエ・フラトルム》』[13]に、この預言をドメニコ会士たちのものとして受け入れ、フィオレの修道士がいかにして説教修道会の創設者を預言したかという周知のものがたりを録した。一方、小さき兄弟会のエルフルトの年代記は、大修道院長ヨアキムが来たるべきフランシスコ会とドメニコ会の絵姿を描かせたという有名なものがたりの最初の一文《ヴァージョン》を載せている。[14]そして『エレミヤ書註解』につづく擬書群はその証拠を挙げてみせる[15]とともに、書写者は預言の欄外に注記を施しはじめる。[16]

こうして、ヨアキムは聖書の中にあるあらゆる二の象徴のうちに、並存する二つの修道会の外観をまでも預言した、という観念が散りばめられることになった。たとえば、烏と鳩、ソドムに遣わされたふたりの天使、モーゼとアロン、カレブとヨシュア、カナンの二人の斥候、エサウとヤコブ、エリヤとエリシャ、ペテロとヨハネ、エマオへの路上の二人、マルタとマリア、パウロとバルナバ、それに黙示録の二人の証人。[17]ヨアキムの本来的な観念、つまり行動的な秩序と観想的な秩序はここに失われ、説教活動に従事する二つの修道会に置き換えられている。托鉢修道会士たちは通常、ヨアキムの歴史観の理解あるいは霊的な人々の役割の唱導とは係わることなく、彼らの欲するところは修道会創設者たちの声望という冠を宝石で飾ることにあった。とはいえ、その決定的な歴史的役割に興奮する者たちがなかった訳ではない。それに共感を寄せること少ないドメニコ会士たちのうちにもそれは伝わった。フランシスコ会には、もちろん、この世紀の中頃、ヨアキムの待望に熱烈に身を投じる聖霊派があらわれる。

托鉢修道会を別に、熱烈なヨアキムの弟子たちが居るもうひとつの場所が見つかる――カラブリア。その証拠は僅かしか見出せないが、フィオレの修道会およびそれに密接に関係した幾つかのシトー会修道院に、一群の弟子たちが居たというしるしがある。はじめに、コセンツァの大司教によって『註解《エクスポジチオ》』の筆写のためコラッツォ（のシトー会修道院）へ遣わされた書写生。彼はペトルス・ロンバルドゥスの亡霊に恐慌に陥ったが、ヨアキムその人が顕われてこころを堅固にしたのだった。[18] 二つ目として、十六世紀のトゥティーニ写本を介してわれわれの手許にまで届いた集成《コレクション》、そこに蒐められた師の回想や伝承の数々に窺われるところ。[19] ここにはヨアキムに親しいふたりの弟子、ラニエル・ディ・ポンツァとルカ・ディ・コセンツァの回想が含まれ、ヨアキムの霊性と預言の賜について熱烈に語られている。そこではヨアキムの説教や折に触れての著作もまた蒐集されたに違いない。パドヴァのMS. Antoniana 322に収められた文書群の元となったものは、そうした親密な友や弟子たちによって集成されたものに拠ったとしか考えようがない。[20] 三つ目は、『ロンバルドゥス論駁の書』。これはヨアキムの三位一体論がすくなくとも一二三四年まではおそらく彼の直接の弟子たちによって保たれていたこと、を証している。[21] そしていよいよ、ヨアキムは論敵の陰謀によって〈不当に〉断罪された、という伝説に立ち会うこととなる。先に観たように、この経緯は十三世紀中頃、『エレミヤ書註解』のうちにあらわれる。

その著者問題についてはひとまず措くとして、聖書の様々な描写にヨアキム迫害をみる、この謎に満ちた暗示を一瞥しておこう。祭司長カヤパのことば、そしてエレミヤの書を小刀で切り裂き、燃やす王ゼデキヤ。著者はそこに大修道院長に対する断罪を重ね観ている。[22] キリストが三日間墓にあったように、霊的知性もまた文字の内に埋められ、博士たち学者たちによって監視されている。[23] そしてここでふたたび、ヘロデがケレスティヌス三世を後継する未来の教皇を予表する。その下で、〈星辰〉は消え、[24] 霊的知性は悲嘆のうちに滅するうち、教会の司祭たちとパリサイ派つまりシトー会指導者たちは公会議に集まる。これらはすべて、アナトテの人々に反して言われた「薀蓄ある真実」、つまり幾人かのシトー会士たちが企てた策謀に言及するもの。「預言は主の名においてなされてはならない、汝がわれわれの手にかかり死ぬことないように」、さもなければ、われわれの諸著作と勧告により断罪を被ることとなる、と。こうしてシトー会は、エレミヤがアナトテの人々に対して告げた神の審きを受けることとなるだろう。[25] これらまたその他の句節においては、それが秘されていようと公然たるものであろうと、その特定を過つ余地はない。インノケンティウス三世はカヤパであり、ゼデキヤであり、ヘロデである。シトー会士たちはパリサイ派にしてアナトテの人々。ヨアキムはエレミヤであるとともに〈星辰〉である。また、この書が著された環境を暗示する格別重要な一節がある。[26] 修道院外での〈文字〉にかかわる学びの虚しさが、未来の霊的な人々の修養と対照される。[27] 彼らはヘロデを逃れ、エジプトに隠れ潜まねばならないだろう。ガリラヤに避難場所を見出すことができるまで。それがシトー会の信仰生活と同一視される。そこで彼らは霊の貧しさのうちに生きるだろう、「完徳成就の時が到るまで」。[28] しかし彼らは教皇や高位聖職者たちの敵意を逃れることができない。ここで著者は謎に満ちた仄めかしをする。「至高なる教皇は司たる位階秩序の頭から大いなる教えを取り去り（あるいは、修道会の上長から大学教授たちの説を排除し）、司たる務めに別の位階秩序を加える」、[29] と。彼はここで、ヘロデとピラトによるキリストの試練の姿に「未来のヘロデたる贋教皇」[30] の下での霊的な人々の迫害、地上での死、埋葬、復活、そして観想的な生への上昇を予見してみせる。ひきつづく頁には迫害の、また神の審きの暗示の数々が散りばめられている。「ユダ族の勧告つまり教会の忠言者たちの律則が滅び去る」。[31]「そうした秩序のひとつ（つまり説教修道会の真実）の多くの者が沈黙したゆえ」。[32] はじめゼデキヤはエレミヤにふたりの祭司を遣わしたが撥ねつけられたように、つづいて「聖職者にも修道会神学校の信仰者たちにも学者を」を送ることとなるだろうが、「教皇の尊大が聞き届けられることはない」。[33]

『エレミヤ書註解』の全体に、ヨアキムとその弟子たち、つまり霊的な人々に対する不当な迫害という主題が通底している。ヨアキムの死と断罪につづく世代の体験を録したこれらの所謂預言は、ヨアキムの教えに忠実な後継者集団の存在を証している。虚しい学びに対する真の霊的知解に就き、迫害を望見し、彼らの偉大な星辰のごとく自らをも蝕尽のうちに感知し、敵から離れた秘密の場所に退却しつつも、〈自らの完徳成就の時〉を確信とともに待望する者たち。たしかにこれがこのヨアキム主義者集団の気風であった。しかしそれはいったいどの集団のことだろうか。われわれはここに、『エレミヤ書註解』ばかりか、『災厄について《デ・オネリブス》』や『イザヤ書註解』をも含めた著者問題に直面しているのである。これらは『エレミヤ書註解』よりも後に書かれたものであるにせよ、よく似た論述を含みもち、[34] また『イザヤ書註解』は形象集成と併せられることになったものであり、[35] またその他ヨアキムに擬せられた書の数々も皆、十三世紀中頃の南イタリアに発するもののようにみえる。これらヨアキム模倣者たちは、彼の会派のうちに見出されるのだろうか、それとも通常想定されるようにフランシスコ会士たちのうちにだろうか。暗示の謎めかした性格はそれを正確に測ることを不可能としているが、ここに見たように、わたしはこれら迫害された霊的な人々がフランシスコ会士ではなく、ヨアキム自身の会派の弟子たちおよび彼を支持したシトー会修道院に属する者たちであったと想定している。一二一五年のヨアキム断罪について阿諛を繰り返すところはどうみてもフランシスコ会士らしくない。またここで著者が記すように、ヨアキムの沈黙が霊的な人々の混乱と内密な関係があるという感触を自らの試練と緊密に結びつける人がフランシスコ会士であるとは考えにくい。こうした観点を支える最も明白なしるしは――他にもいろいろあるにせよ[36]――ガリラヤの避難所をシトー会の信仰生活と観ているところである。[37] これはフランシスコ会士のことばとは思えない。もちろんここで著者は事実を、ヨアキム主義研究においてわれわれがあまりにも見過ごしにしてきた可能性について示唆しているのである。つまり、カラブリアの諸修道院に居たヨアキムの直弟子たち。一二一五年の断罪の後の窮地（彼らの会派は〈衰滅〉した）、しかし彼らは師の著作や形象を学び、写し、模しつつ、師の預言が証されるのを待ったのだった。この点で重要な意味をもつのは、ヨアキムの死後、『エレミヤ書註解』ではじめて明確に語られることとなる第三〈時代《スタートゥス》〉の観念である。これは二つ組みの類型《パターン》から三つ組みへと力点が移る、ヨアキム主義の新しい段階のはじまりのようにみえる。『ロンバルドゥス論駁の書』が、師の三位一体神学を擁護しようとの意図から著されたものであったとするなら、それにつづいて『エレミヤ書註解』に認められる表現、歴史の三つの〈時代《スタートゥス》〉という観念への関心が甦ったのも当然の成りゆきであった。

『エレミヤ書註解』や『イザヤ書註解』の著者をフランシスコ会士に求めようとして通常指摘される根拠は、そこに録された二つの新しい秩序という主題、まさに二つの托鉢修道会にふさわしい預言にあった。[38] しかし、新たな霊的な人々の預言が托鉢修道会士たちを指すものであるという予断なしにこれらの著作を読むなら、特定はさほど平明とは思われない。それをフランシスコ会とドメニコ会に直接当て嵌めてみせるのは、おおむね欄外注であり、おそらく後に書き加えられたものだろう。これらを別とすると、新たな霊的な人々にかかわる多くの句節はヨアキムの著作群から直接引き出されたもののように思われ、そこには二つの托鉢修道会に関する個別具体的な言及は認められない。とはいえ、僅かではあるが、説教修道会と小さき兄弟会を明白に示唆したものとみなされる箇所がある。[39] これらが後の補筆でないとすると――付加はほんの数語で十分である――著者たちは二つの新たな秩序を托鉢修道会と特定する思潮を受け入れていた、と認めざるを得ない。フィオレの修道士たちが、師によって説かれた二つの新たな秩序への期待を、説教修道会の出現とともに預言の成就として讃えるに到ったことについてはすでに記した。[40] 彼らは、ヨアキムの謂う転換期の二つの秩序をこのように特定することを受け入れるとともに、第三〈時代《スタートゥス》〉に属する全般的な霊的秩序というヨアキムの偉大な観念の成就をも望見する。『エレミヤ書註解』も『イザヤ書註解』も、二つの托鉢修道会、あるいは特にフランシスコ会を直接ヨアキムの預言に当て嵌めるような観点から書かれているというよりは、かえって霊的な人々という観念全般に注目したものである。二つの修道会に同等の権利を認めるということ自体、著者がその二つの外にいることを示唆するものである。どちらかの修道会の著者がヨアキムの預言を自らに引き寄せて用いようとしたなら、きっと他方を排除するか、それに自分たちより低い地位を与えたものに違いない。

こうして托鉢修道会士たちとの関連問題が解消されると、これらの著作の中に認められるシトー会士たちの奇妙で矛盾をさえ孕む役割に注意が集まる。この修道会はヨアキムに敵対反撥したことからして断罪者である一方で、第三〈時代《スタートゥス》〉における偉大な未来を預言的に暗示されてもいる。『エレミヤ書註解』の巻頭、ハインリヒ六世への献辞において、著者は第三〈時代《スタートゥス》〉の先駆者たちを通常の二つ組みによってではなく、三つ組みの連鎖として録している。最初の三つ組みは、キリストの墓に姿をみせるマリア、聖ペテロ、聖ヨハネの三人。「マリアはシトー会の信仰生活を、シモンは福音の説教者たちを、ヨハネはキリストを甦らせたまうた神を讃える者たちを意味している。つまりマリアは墓の入口に立つと、順次それは証され（秩序は彼によって証され）、大いなる星辰があらわれ、ついに知るべくして真実を知ることとなる」。[41] これまでの二つの秩序が三つに変じているところは重要である。そしてまた、キリストははじめにマリアにあらわれたが、彼女が墓に入るのは最後である、という点も意味深い。〈大いなる星辰《マグナ・ステッラ》〉とは、別の一節からすると、たしかにヨアキムその人である。ここでシトー会士たちは自らの救済をなかなか信じられない者たちとして描写されているものの、著者は第三〈時《スター》代《トゥス》〉の生がシトー会の内に隠されてあると信じている。それは次のことばに明瞭にあらわされている。「第三〈時代〉には皆がシトー会およびその他の未来の信仰生活に帰還し、アンチキリストの滅亡の後に栄える」[42]。これにすでに引いたところ、霊的な人々がシトー会の信仰生活たるガリラヤに避難する、という四三葉裏からの引用がつづく。その後、レカブの息子ヨナタブが聖ベルナルドゥスとして説かれ、シトー会士たちは主がヨナタブに約束をしたレカブの裔とみなされる。「〈ヨナダブの種子が見捨てられることはなく、つねに主の傍らにある〉とはシトー会の信仰生活がこの世の終わりまでずっと続くということである」[43]。そしてついに、シトー会は〈太陽の町〉となり、他の四つの教会に太陽のように光を注ぐ。「それは太陽の町、地においてはエジプト、シトー会の信仰生活とも称され、またそれはクララヴァッレ（クレルヴォー）によって名高い。それは他の四つの教会、聖職者、司教座の暗闇、また他の修道会秩序を太陽のごとくに照らし輝かす」[44]。

『イザヤ書註解』もまたこれと同じく、シトー会に対する厳しい批判[45]とともに、未来におけるその特別の地位の期待とのどちらもが観られる。ヨアキム自身の象徴的意義から直接引き出された一節で、クリュニー会とシトー会はそれぞれマナセとエフライムに等置されるとともに、それはヨアキムに従う者たちには明白であったであろう意味を隠している。そこで真の霊的後継者、偉大にしてより長くつづく遺産相続者はエフライムとされる[46]。そしてまた、有名な一句「エッサイの根株から一つの若枝が出、その元から一つの花が立昇り」[47]への注は次のようなもの。「注：イザヤの託宣の花と枝とは、キリストと教会にとってのパウロ、神の子と聖母にとってのガブリエル、シトー会の教会秩序にとってのベルナルドゥスを謂う」[48]。また「主は軽き雲とともに立昇り」[49]の一句に対する注は、「軽い雲：信仰の聖所、ベルナルドゥスは会則たる山」[50]。ここに、雲は霊的な人々である、という他の句節の意味が付加される[51]。イザヤ書二二章の幻の谷はシトー会[52]、黙示録の第五の天使は聖ベルナルドゥス[53]。そして『イザヤ書註解』の地誌の章で、コセンツァに重要な意味が帰されていることに注目せねばならない[54]。どうやらこの地はカルメル山のエズレルの谷に比定されており、この特定はたちまち、旧約聖書における新たなる霊の人々の原型たるエリヤの名を想起させる。もうひとつのベツレヘムのごとく、その地へと天使は真の息子たちを導く。新たなヘロデが王国に猛威を振るう最中、孤独の生へと。ここに突然ベツレヘムとヘロデがあらわれる背景には、〈大いなる星辰《マグナ・ステッラ》〉とヘロデの〈断罪〉によるその消滅が想起されているに違いない。この一節全体が、コセンツァに特別な意味を付与するものとなっている。[55] それがエズレルであるかベツレヘムであるか、いずれにせよ新たな霊的な人々の避難所として――『エレミヤ書註解』のガリラヤのごとくに。

『イザヤ書註解』に密接な関係にあるのが、先に『前置き《プラエミッシオーネス》』と呼んだところのヨアキムの衣鉢を継ぐ者たちによって集成された形象集である。これが『イザヤ書註解』の謎に満ちた言辞の数々を解明するために付されたものであった、ということについては別に論じた。[56] もしも〈諸形象〉がこれら二冊の主要擬書と同一の集団環境に発するものであるとするなら、『前置き《プラエミッシオーネス》』にみられる幾つかの特徴を、この集団特定に利することができるかもしれない。わたしは、『前置き』が初期の素朴なヨアキムの真正〈諸形象〉を元にしたものである、と証示することができると考えている。[57] これらが、師の考えを十分把握することのできなかったヨアキム後継者たちによって制作されたものであったこと、托鉢諸修道会をヨアキムの謂う新しい秩序として宣揚することに関心がないこと、そして最も重要なのは〈秩序《オルド》の二つの木〉の形象が明確にシトー会を表わすものとなっていること。このシトー会のための著しい主張も、実質的にヨアキム自身の待望を基にしたものである。彼は差し迫ったことどもの怒濤の中で自らの会派が指導的な立場をとることになると公言することはないが、シトー会が観想的秩序のある部分をあらわすものとなろう、ということについては幾つかの示唆がある。[58] そして彼は『形象の書』の一形象にそれを公然と明かしている。[59] ここで〈秩序《オルド》の二つの木〉は幹から片側に幾つかの分枝を出しているが、その各々は主軸に並存する〈秩序〉を表わしている。第一の木の幹では、イサク、ヤコブ、ヨセフ、エフライムと生命の樹液は登っていく。それぞれに相当する場から分かれ出る枝は、イシマエル、エサウ、ルベン、マナセ。第二の木では、真の信仰は〈ユダヤの民〉の分枝ではなく〈異邦人〉の幹を、〈ギリシャ人〉の枝ではなく〈ラテン人〉の幹を、〈教会聖職者〉の枝をではなく〈修道士〉の幹を昇って、〈クリュニー会〉の枝ではなく〈シトー会〉の幹に到る。そしてシトー会の上、幹は第三〈時代《スタートゥス》〉の葉叢と果実の繁茂へと直接している。この形象はヨアキムの直弟子たちの手になる明快な預言に違いない。一方、『前置き《プラエミッシオーネス》』における模写はよりぎこちなく、論理に欠ける形象図となっているが、その意図するところは明白である。[60] ここでも〈秩序の二つの木〉が描かれているが、ここで作画者は一歩を進め、自らを幹の最上部に置くだけでは満足せずに二つの木に冠をかぶせている。一方には旧約の〈ヨセフの子エフライムの族〉と、新約たるもう一方には〈ベルナルドゥスのクララヴァッレの集まり（クレルヴォーの教会）〉[61]と。他の族や秩序は分枝の数々に配されるが、エフライムが真に過去を相続するものとされると同時に、聖ベルナルドゥスを継ぐ者たちに未来は冠される。こうしたシトー会からする待望の表現の一方、ヨアキムの二つの木についてドレスデン写本『形象の書』[62]に観られる適用法が並存している。この写本をフランシスコ会聖霊派の写本に帰すことが正しいとするなら――木の頂上の名指されずにおかれた場所にフランシスコ会士の希望の暗黙の指示があることになる。ヨアキムの木は熱烈な切望を掻きたてるものであった。

　われわれはここまで、十三世紀中頃のヨアキム主義者による著作群をただ宗教的不安と希望という観点からのみ検討してきた。もちろん、そこには激烈な政治的主題群も含まれており、その考察はこれらが南イタリアに由来するものであることの確認の援けとなる。宗教的な側面から浮かび上がるこのヨアキム主義者集団の姿は、師の思惟と象徴的含意に忠実に従いつつ、シトー会を彼らの迫害者と観ると同時にそこに〈霊的教会《エクレシア・スピリトゥアーリス》〉が発する根幹をも認める、奇妙な二重に屈折した態度である。フィオレの会派およびそれと密接な関係をもったカラブリアのシトー会修道院の数々より他に、こうした態度の意味するところをよりよく説明する場所があるだろうか[63]。それゆえ、もしもこれらの著作群をヨアキムに直属する集団に起こった事態を明るみに出すために用いるならば、彼らが一二一五年の断罪によってどれほどの混乱に陥ったか、いかにこの試練に対する防衛手段を身につけていったか、ほとんど燃え尽きようとする霊的知性を守るためにいかに自分たちの集団のうちに自閉していったかを、われわれは跡づけることができる。彼らがどのようにヨアキムのロンバルドゥスを論駁する三位一体論を学び、師の三つの〈時代《スタートゥス》〉説の再確認へと導かれたか、擬預言の数々を生むことによっていかに自らの倫理観を補強していったか、こうした待望の時期を通じて、第三〈時代《スタートゥス》〉の秩序あるいは教会がまさに自分たちのうちから姿をあらわすであろうという確たる待望を決して失うことがなかった様子を。托鉢修道会士たちの出現も、彼ら自身の果たすべき役割に対する信頼を乱すことなく、ヨアキムの預言への確信を強めるものであった。ヨアキムの望見するところはそのどちらにも各々の役割を認めるものであった。とはいえ、彼らが成した預言や形象の数々は、彼らが自ら真の霊的な人々としてその姿をあらわすであろう時を待つ不可思議な静穏無為の集団であったことを証している。このカラブリアの土壌からは預言によって行動に駆られる狂信的な情熱は生まれることがなかった。フィオレの修道会はあえて頭角をあらわすこともなく中庸な道を進んだのであり、師への献身を続けつつもその転覆的な思惟については省みなかったものと推測することができるのみである。そこには預言的熱狂が燃え盛ることはなかった。その燧火が突然炎をあげ、カラブリアに大修道院長ヨアキムへの熱狂が起こるのは三世紀後のことである。すでに観たように、その折の主唱者の三人はシトー会士であり、そのうちの二人がヨアキム再評価に尽力したのだった。カサマーリの大修道院長マンリケが、ヨアキムは彼の修道会が過って論駁することになった真の預言者であったと温情を込めて言うときにも曖昧な態度を保留しているというのは事実だが、ヨアキムがシトー会の信仰の偉大な未来を予言した者であったという確信を彼が抱いていたことは確かである。

　より一般的な意味で、ヨアキムの観念にみられる観想的な生の端緒、展開、未来が旧来の諸修道会を刺激し、彼ら独自の役割を得心させる端緒となったと考えることもできる。たとえば十四世紀のイングランドにはヨアキムの考えによく似た修道制の観点を跡づけることができる。それはベリー・セイント・エドマンズに発し、かなり広範に広がったものである。パンタンの研究は、十四世紀初頭にベリーで見つかった修道制の起源に関する一論考[64]に注意を喚起している。これはその後、グラストンベリー、ダラム、セイント・オールバンズその他の修道院で模写あるいは模倣されたもので、そこにみられるヨアキムの観念との類似には驚くべきものがある。修道制のはじまりは旧約におけるサムエル、エリヤ、エリシャそして預言者たちの息子たちにさかのぼり、新約においては聖ベネディクトゥスがその源泉である。この論考はまた、歴史の秩序序列を三位一体的に説いており、これはまさにヨアキム主義である。〈婚姻秩序《オルド・コニウガトリウム》〉は父の似姿、〈聖職者秩序《オルド・クレリコールム》〉は御子の似姿、〈修道制秩序《オルド・チェノビタールム》〉は聖霊の似姿。このうちで隠修生活が開花し、修道院生活は終わりを告げる。これら三つの秩序の典拠として、この論考は「イアヌエンシスのアンチキリスト論」[65]を挙げている。われわれにはこのイアヌエンシスを特定する現実的手がかりがない[66]。この名はヨアキムの転訛したものであると示唆されてもいる[67]。たしかにこの修道制のはじまりにかかわる論考を載せる写本のひとつでは、修道制に関する著者一覧にヨアキムの名も挙げられている[68]。この著作はおそらく、先にみたところの二つの新修道会に関する預言を含むかなりの量の擬ヨアキム主義文書を含む、ベリー・セイント・エドマンズに由来する預言精華集《アンソロジー》と関連づけることができるものだろう[69]。またこれもパンタンの研究によれば、ベネディクト会総会説教のひとつにこの論考とほぼ一致する歴史観が認められるという。[70] ヨアキムの歴史図式における聖ベネディクトゥスのメシア的役割がベネディクト会士たちを魅了しなかった筈はなく、この黒衣僧たちの歴史的預言的役割の主張は十四世紀にあって托鉢修道会士たちその他の宣揚者たちにとっても裨益するところあるものであったに違いない。とはいえ、旧来の修道会のいずれも、ヨアキム主義的預言が要請するような未来を理解しようと努めた訳ではなかった。新しい霊的な人々というヨアキムの預言に純粋に応えることになるのは、新たな托鉢修道会士たち——説教修道会士、小さき兄弟会士、アウグスティヌス隠修士会士そして（後の）イエズス会士、その他の隠修士たち——であった。

註

（1） H. Grundmann, *Religiöse Bewegungen im Mittelalter*, Hildesheim, 1961.

（2） 〔＊【II-1 p.179】参照。〕

（3） 【本章 p.196】参照。

（4） *AS*, May, p.125.

（5） Wadding, *Annales*, iii. 380 : «novissime diebus istis in fine seculorum».

（6） «duo magna luminaria, duae tubae vere Moyses, duo Cherubim, duo ubera sponsae, duo filii olivae splendoris, duo testes Christi, illae duae stellae lucidae quae secundum Sybillinum vaticinium habent species quatuor animalium in diebus novissimis nomine Agni vociferantes in directione humilitatis et voluntarie paupertatis».

（7） 創世1:16; 出エジ19:16, 25:18; 雅歌4:5; ゼカリヤ4:3; 黙示11:3-4参照。

（8） たとえば、*Lib. Conc.*, ff.63r-v, 18r, 124r ; *Expos.*, f.148v.

（9） *NA* xv. 165.

（10） Wachtel, *Expositio*, p.437.

（11） *Legenda Humberti de Romanis, MOPH* xvi (1935), p.369. 〈修道会 ordo〉を〈新および旧 novus et antiquus〉とする記述にヨアキムの預言の直接の余韻を見出そうとする試みもある。ヨアキムの『註解 *Expositio*』【II-1 n.73】の引用を参照。

（12） «Nos autem sumus in quos fines seculorum devenerunt. Missus est igitur hora cene, i.e. novissimis diebus, ordo novus. Novus, inquam, pariter et antiquus». *MOPH* xvi. 369.

（13） *Vitae Fratrum, MOPH* i (1897), 13, 【I-7 n.7】に引用既出。

（14） *MGHS* xxiv. 207, 【I-7 n.8】に引用既出。

（15） Cfr. *Super Hier.*, ff.12v ss ; *Super Esaiam*, ff.7r, 11v ; *Sibyl Erithrea, NA* xv.165 ; *De Oneribus,* Brit. Mus., MS. Royal & Kings, 8. F. xvi, ff.39v, 42v, 43r.

(16) e.g. MSS. Roma, Vat., Ross. 522, f.6v ; Lat. 3819, f.134r ; Lat. 4860, ff.24v, 272v ; Bibl. Corsini, 41. F. 2, f.72r ; Firenze, Bibl. Laur., Plut. IX, dextr. xi, ff.14r, 17v, 31v, 34r, 46v ; Plut. VIII, dextr. x, f.94v ; Paris, Bibl. Nat., Lat.10453, f.47r ; Lat. 2599, f.ccxlv-v.

(17) ⑴烏と鳩：創世8:7, 8 ; cfr. *Super Hier.,* ff.2r, 12v-13r, 18v, 23v, 45r ; MS. *De Oneribus,* f.39v ; MS. Firenze, Ricc., f.28r ; Salimbene, p.20.

⑵ソドムのふたりの天使：創世19:1 ; cfr. *Super Hier.,* f.12v ; *Super Esaiam,* 30r ; Salimbene, p.20.

⑶エサウとヤコブ：創世27 ; cfr. *Super Hier.,* f.24r-v ; Salimbene, p.20.

⑷モーゼとアロン：出エジ4:29 ss.; cfr. *Super Hier.,* ff.12v, 27v, 38r, 40r ; *Super Esaiam,* f.5r ; MS. *De Oneribus,* f.43r ; Salimbene, p.20.

⑸カナンの二人の斥候：ヨシュア2 ; cfr. *Super Hier.,* ff.12v, 40r ; *Super Esaiam,* f.5r ; Salimbene, p.20.

⑹カレブとヨシュア：民数14:6,30,38 ; cfr. *Super Hier.,* f.12v ; *Super Esaiam,* f.5r ; Salimbene, p.20.

⑺エリヤとエリシャ：列王下2:1 ss.; cfr. *Super Hier.,* ff.12v, 13v ; Salimbene, p.20.

⑻ダニエル書のふたりの者：ダニ12:5 ; cfr. *Super Hier.,* ff.18v, 35r ; *Super Esaiam,* f.30r ; MS. Firenze, Ricc., f.28r.

⑼マルタとマリア：ヨハ11 ; cfr. *Super Hier.,* f.24r-v.

⑽ペテロとヨハネ：ヨハ20:2 ss., 使徒行伝3:1 ; cfr. *Super Hier.,* ff.1v, 2r, 12v, 13r ; MS. *De Oneribus,* f.39v ; Salimbene, p.20.

⑾エマオへの路上のふたりの弟子：ルカ24:13 ; cfr. *Super Hier.,* f.12v ; Salimbene, p.20.

⑿パウロとバルナバ：使徒行伝13:2 ; cfr. *Super Hier.,* ff.12v, 40r ; *Super Esaiam,* f.5r ; Salimbene, p.21.

⒀二人の証人：黙示11:3 ; cfr. *Super Hier.,* ff.18v, 40r, 58r ; *Super Esaiam,* ff.28v, 38v, 48r ; MS. *De Oneribus,* f.39v, 43r ; Salimbene, p.21.

(18) 【I-3 pp.42-43】参照。

(19) Napoli, Bibl. Naz., MS. Brancacciana I. F. 2.【I-4 p.50, I-9 pp.140-41】参照。

(20) この写本については、その内容全体の検討に入る前に、まだなされねばならぬことが残っている。たとえばまだ、ff.72r-80v, 136v-140v, 149r-156r の説教や論考が未公刊である。【付録A】を参照。

(21) 【I-5 p.69】参照。

(22) *Super Hier.,* ff.23r, 59r. エレ36:11-23 ; ヨハ11:50-2参照。エレミヤ書の王は実際にはエホヤキム Jehoiakim〔*ヨアキムに近い〕であることに注意。鍵となる一節は【I-3 n.32】に引用既出。

(23) *Super Hier.,* f.23r.

(24) Ibid., マタ2参照〔*「祭司長たちと民の律法学者たちとを全部集めて……」〕。

(25) *Super Hier.,* f.23v, エレ11:21-3参照。

(26) *Super Hier.,* ff.43v-44v.

(27) これはエレミヤ書19への註解の部分。ここで神罰の予言がベンヒンノムの谷に発せられるが、これがボローニャのこととされる。

(28) «quousque tempus veniat perfectionis eorum».

(29) «Summus pontifex prioris ordinis caput diminuet doctrinam magistrorum subtrahendo, et alteri ordini addet prioris officium».

(30) «pseudo papa futurus Herodes».

(31) «Dissipabo consilium Iude, scilicet decretalium generalis ecclesie consultores». *Super Hier.,* f.44r.

(32) «quia forte in uno illorum [i.e. predicatorum veritatis] ordine multi silebuntur». Ibid. また次の一節をも参照：「〈ゼデキヤの王〉つまり未来の教皇は、〈自らダヴィデの座に坐り、またその家臣たち〉つまり高位聖職者たちおよび枢機卿たち、〈そして民〉とはつまり司祭たち。〈この門〉とは教会の権威と権勢、〈正義がただしき裁きをなす〉よう主は聖書と新たなる福音を奨励したがかえってそれにより倒錯した裁きをなすこととなる」«'Rex Sedechias' summus pontifex futurus, 'sedens super solium David ipse et servi eius', sc. prelati et cardinales, 'et populus', i.e. clerus. 'Porte' dignitates sunt et potestates ecclesiastice, quas hortatur Dominus per scripturas et evangelistas novos, ut 'iudicium faciant iustum', quia perverse iudicant». f.48v ; エレ 22:2-3参照。

(33) «quosdam magistros tam in clero quam in religioso collegio monachorum. Sed quia summus pontifex superbie nititur, ab exauditione repellitur». *Super Hier.*, f.47r ; エレ 21:1参照。同様の暗示は，*Super Hier.*, f.1r（アナトテの人々）; 3v, 52v（ヘロデ）; 53r, 58r（ゼデキヤ）にもみられる。

(34) 『災厄について』は，『エレミヤ書註解』のものによく似た，ヨアキム断罪の〈不正〉に関する二つの暗示を載せている。f.43r：「第三〈時代〉は一二〇〇年教皇ケレスティヌスの下に輝くであろう」«... tercius [status] splendebit anno MCC quasi sub celestino papa»（つまり第三〈時代《スタートゥス》〉とインノケンティウス三世の結びつきの排除）; f.45r：ヘロデ〈あるいは高位聖職者の倣岸 ob arroganciam prelatorum〉のもとに消える〈真実の星辰 stella veritatis〉への言及。また『イザヤ書註解』にもゼデキヤとヘロデへの言及があり（ff.33v-34r, f.14r. 地誌的叙述），『エレミヤ書註解』と類同の扱いがなされている。

(35) Cfr. Reeves, Hirsch-Reich, *MARS* iii. 183-97.

(36) この問題の全体は，Reeves, *Sophia* xix.362-7 ; Reeves, Hirsch-Reich, *MARS* iii. 194-7で論じた。

(37) 【本章 p.192】参照。

(38) 主なる言及箇所については，【本章 n.17】参照。

(39) Cfr. *Super Hier.*, ff.12v ss.; *Super Esaiam*, ff.7r, 11v.

(40) 【本章 p.189】参照。

(41) «Maria Cisterciensium religionem, Simon predicantes de evangelio, Joannes laudantes Deum de resurgente Christo significat ; tandem Maria ingressa est sepulchrum, quia etsi in ordine illo revelata est et apparuit stella magna, tamen ultima noscet quid debeat percipere veritatis». *Super Hier.*, Prefatio.〔＊当然ながらマグダラのマリアの逸話である。ヨハ 20:11以下参照。〕

(42) «In tertio [statu] vero retorquendum est totum ad Cistercienses et alios futuros religiosos, qui post antichristi ruinam multiplicandi sunt». *Super Hier.*, f.14r.

(43) «'Non deesse de semine Jonadab, sed stare semper in conspectu Domini' videtur quod Cisterciensis religio sit usque in finem seculi processura». Ibid., f.59r ; エレ 35:14参照。十七世紀のシトー会士フランシス・ビヴァルによるこの一節の解釈については【I-9 p.142】参照。

(44) «Civitas autem solis, que est in terra Egypti, una vocabitur Cisterciensis religio, que et in Claravalle claruit, et respectu aliarum quattuor ecclesiarum, clericorum, canonicorum nigrorum et aliorum ordinum more solis refulsit». *Super Hier.*, f.60v ; イザ 19:18参照。

(45) それはパリサイ派の階層秩序と同一視される。*Super Esaiam*, f.1r-v. この著作の最も早い時期の写本（Vat., Lat. 4959, f.4v）では，この点に「注：シトー会の修道士たちのこと」«Nota de monachis ordinis cisterciensis»と朱注が付されている。

(46) *Super Esaiam*, f.8r. ヨアキムの著作におけるこの象徴的意義については，*Lib. Conc.*, ff.27r-29v ; *Expos.*, ff.32v, 49v ; *Lib. Fig.* II, tav. XXIII〔＊【図A-8】〕を参照。

(47) «Egredietur virga de radice Iesse et flos de radice eius ascendet». イザ 11:1.

(48) «Nota Esaiam oraculum texere de flore et de virga, Paulum de Christo et ecclesia, Gabrielem de Filio Dei et Matre Virgine, Bernardum de Cisterciensi ecclesia et ordine». *Super Esaiam*, f.8r.

(49) «Ascendet Dominus nubem levem». イザ 19:1.

(50) «Nubes levis : religio. Bernardus est mons moris».

(51) Ibid., ff.16v, 33v.

(52) Ibid., f.37v.

(53) Ibid., f.54v. 『エレミヤ書註解』と結び合わされた三つの〈頭 testes〉あるいは〈修道会秩序 ordines〉に関する一節もまた、おそらくシトー会を暗示している。Ibid., f.58v ; 黙示14:6-9参照。

(54) *Super Esaiam*, f.14r. ; 列王上18:46参照。またヨアキムの著作におけるエリヤの意味については、*Lib. Conc.*, ff.20r, 48r, 63r, 67r ss., 76v, 97r ss. を参照。

(55) 初期の二写本、Vat., Lat. 4959, f.16r およびVat., Ross. 552, f.15r において、コセンツァは特殊なダイヤグラムを用いて表わされている。

(56) Reeves, Hirsch-Reich, *MARS* iii.194-7.

(57) Reeves, Hirsch-Reich, *MARS* iii.185 ss. 以下の論点もまた。

(58) *Lib. Conc.*, ff.11r, 23r, 57v-60r.

(59) *Lib. Fig.* II, tav. XXIII. 〔＊【図A-8】参照。〕

(60) MSS. Vat., Ross. 552, f.1v ; Brit. Mus., Add. 11439, f.100r ; Vienna, 1400 (Theol. 71), f.21v.

(61) «Tribus Effraym in Joseph» ; «Ecclesia Claravallensis in Bernardo».

(62) *Lib. Fig.* II, tav. XXV.

(63) ここで示唆した『エレミヤ書註解』、『災厄について』、『イザヤ書註解』がフランシスコ会的環境からというよりも、フロレンセ会 - シトー会集団に発するものであったという説はテッパーによって論われている。Cfr. Töpfer, *Das kommende Reich*, pp.108-15. フランシスコ会におけるヨアキム主義の起源についてよりはっきりしたことが分からない限り、この問題は解消され得ないが、その一方で、わたしもまたこれらをフロレンセ会 - シトー会の著作であると観る方がより信憑性のあるものと考えている。

(i)テッパーの論考では『エレミヤ書註解』が一二三八—四三年に著されたものとみなされている。しかしこれは、ヨアキム主義的な意味からフランシスコ会聖霊派の試練を解釈するためには、わたしには早過ぎるように思われる（【II-4 pp.232-34】参照）。初期聖霊派に対する迫害がすでに総長エリアのもとではじまっていたというのが真実であるにしても、会則緩和に対する純粋派の抵抗がすでにヨアキムの第三〈時代《スタートゥス》〉という終末論的立場を採っていたという証拠はない。一二四〇年代後半のヨアキム後継者の筆頭たるフランシスコ会士ユーグ・ド・ディーニュは決して三つの〈時代《スタートゥス》〉にまで論題を広げることはなかったし、また彼の絶対的清貧はヨアキムの歴史観から導かれたものではなかった。ところが『エレミヤ書註解』は明確に三つの〈時代《スタートゥス》〉の教説を基としており、ゲラルド・ダ・ボルゴ・サン・ドンニーノがフランシスコ会的な意味で宣教にこの説を適用してみせたよりもすくなくとも十年先立つ。実際、『エレミヤ書註解』は、大修道院長の歿後はじめてヨアキムの三つ組み類型《パターン》を明確に打ち出したものであり、この意味でヨアキム主義運動の第二相の端緒を形成するものである。この新展開の出処はヨアキムに近い弟子たちのうちに探られるべきであろう。われわれはヨアキムの神学的思惟の継続を『ロンバルドゥス論駁の書』（一二三四年頃）に認めることができる。オッタヴィアーノはこれが直弟子によるものであると論じており（【I-5 n.57】参照）、このヨアキムの三位一体論神学の研究が三つの〈時代《スタートゥス》〉という歴史説へと自ずから注意を導くことになったのかもしれない。

(ii)いまだフランシスコ会聖霊派が彼らの会則厳守と第三〈時代《スタートゥス》〉の生とを結びつけていたという確証がないところから、『エレミヤ書註解』に〈預言〉された迫害はヨアキムおよびその後継者たちの試練であった、と観る方が信憑性がありそうである。明らかに一二一五年の断罪にかかわる試練の句節のひとつ（「断罪されたる書 : 三位を一体から切り離し……」«damnat librum : scindit Trinitatem ab unitate ...»）は、こう結語されている。「われわれのうちに成就されるのか、結局後続秩序において成就される（消尽する）ことになるのか、神のみご承知でありわたしの知るところではない」«Nescio autem, Deus scit, utrum in nobis complenda sint vel in sequturo ordine consummanda» (f.23r)。文脈からして、ここで〈われわれ nobis〉とはたしかにフロレンセ会士たちを意味している。

(iii)二つの新しい秩序あるいは修道会にかかわる数々の句節は説教修道会と小さき兄弟会を指しているようにみえるが、留意すべき点が二つある。(a)二つの修道会はすでにヨアキムの著作中に頻出する二つの秩序とは明らかな相違がある。『エレミヤ書註解』の著者がそれらに付与した聖書の諸象徴は真正著作から採られている。(b)〈説教者たち praedicatores〉および〈説教者秩序 ordo praedicatorum〉〔*つまり説教修道会を名告るドメニコ会〕ということばは直接ヨアキムから導出され得る。二つの新たな秩序という一般的預言をドメニコ会とフランシスコ会に当て嵌めるためには、後者を指すため〈小さな minor〉〔*〈秩序 ordo ＋小さい minor〉で小さき修道会となる〕という僅かな minor ことばの加筆で足りる。こうした僅かな付加と欄外注によって、本来托鉢修道会士たちを指していなかった預言テクストもたちまち彼らに都合のよいものと化す。『エレミヤ書註解』に様々な改作の手が加わっていることは確かで、最も古いテクストが特定できない限り、どの程度またどんな目的で改竄が行なわれてきたかを明かすことは不可能である。そのうえ、幾つかの句節が当初からドメニコ会士やフランシスコ会士たちを指して用いられていたとしても、それだけでフランシスコ会による著作であるとする決め手にはならない。この点については、すでにゲラルド・ド・フラケトの逸話に観たところであり、彼は師の預言が他の会派において成就されたことを讃えていた。

(iv)『エレミヤ書註解』の全般的な宗教観念は、フランシスコ会聖霊派に特徴的なものにはみえない。清貧に関する記述はじつに僅かである。もちろん、絶対的清貧という信念を踏みつけにするような記述がある訳ではないけれども。〈観想教会 ecclesia contemplantium〉、〈霊的知性 spiritualis intelligentia〉、〈霊的な人々 viri spirituales〉といった観念もヨアキムの思惟に近いものである。フランシスコ会聖霊派は自らヨアキム主義的観点を採り入れるにあたって、第三〈時代《スタートゥス》〉をも彼ら自身の語彙に代えている（【II-5 pp.261-62】参照）。フランシスコ会の著作家が彼らに親しい清貧の教えを賞揚しなかった、などと考えることは困難である。それにかえって修道生活の宣揚がみられるところからしても、著者は托鉢修道士ではなく、修道士（修道院共住僧）であったとするのが妥当であろう (f.30v)。

(v)反ホーエンシュタウフェン家、反ゲルマン的な全般的政治宣伝は、フロレンセ会のものでもフランシスコ会のものでもあり得る。たとえヨアキムがホーエンシュタウフェン家からの庇護を受けていたにしても、ハインリヒ六世との会見（【I-1 pp.13-14】参照）や、彼自身の著作からは、彼がゲルマンの国を神の罰のひとつをくだす役割において予見していたことが分かる。『エレミヤ書註解』その他この種の擬ヨアキム主義的著作群は、ハインリヒ六世への献呈を擬装している。ここには、フランシスコ会士の姿をよりも、ヨアキムがハインリヒ六世に接見したという事実を知っていたフロレンセ会士の思惑を嗅ぎとる方が賢明であろう。それにまたフロレンセ会のある修道院長は、ヨアキムに帰される著作群を抱えてフリードリヒ二世を逃れてきたようにも思われない。たとえフィオレの修道会が反ホーエンシュタウフェン的な態度を持すものとして知られていたにしても〔*サリンベーネの以下の論述参照。「老聖なるフィオレの某大修道院長はヨアキムの著作のすべてを所持して、われわれのピサの修道院に保管するよう委ねた。それは彼の修道院が皇帝フレデリクスによって破壊されることを恐れてのことだった」。ed. Scalia 1966, p.339,【II-4 n.49】参照〕。

(vi)最後に——そして最も重要な点だが——シトー会が第三〈時代《スタートゥス》〉の未来の信仰として特殊特別な役割を果たす、と仄めかしてみせるような文書をフランシスコ会の著作と認めることは非常に困難である。この修道会の取り扱いの曖昧さについてはすでに指摘した。そこからしても、これがフロレンセ会の観点であったというのが最も道理に合った説明である。

ここでは『エレミヤ書註解』の出処にばかり注目することになったが、わたしの観るところ『災厄について《デ・オネリブス》』も短い文書群もおそらく同じ時期に書かれたものであり、『イザヤ書註解』はこれら先行する著作群に依拠したものである。わたしはこれらがみな同一環境に出でるものであると信じる。それらをひと纏めにするという観点を補強する証拠。それは、これらの著作群に顕著な役割を果たす修道士ラニエルの姿。彼に帰される預言解釈への言及。残されているのはそのひとつだけであるが（【I-5 n.65】参照）。これらはラニエルに準えて著された擬書である。ヨアキムの弟子としてのラニエルの名はフロレンセ会周辺ではよく知られたものであったに違いない。それにこの時期まで下って、外部の者がその名を使ったと考えるのは困難である。これらの著作および『イザヤ書註解』に付された形象集成を、フロレンセ会における肯定的ヨアキム主義の最終相の成果であったとわたしが想定するのは以上のような観点からである。そしてこの時以降、この集団は衰滅した、と。

(64) W. Pantin, *Some Medieval English Treatises on the Origins of Monasticism*, in *Mediaeval Studies presented to Rose Graham*, Oxford, 1950, pp.189-215. また、Bloomfield, *Piers Plowman*, pp.81-9, 201-3をも参照。

(65) *Januensis in libro quaestionum de antichristo.*

(66) この問題は、Bloomfield, op.cit., p.75および*Anglia*, lxxvi (1958), p.251 n.2で論じられている。イアヌエンシスJanuensisとは、一三六〇年代バルセロナでその著『アンチキリストの到来について*De adventu Antichristi*』を断罪されたマヨルカのバルトロメオ・イアノネシスIanonesisのことであるかもしれない（cfr. Eymerich, *Direct. Inquis.* ii. 200, 226; Menéndez y Pelayo, *Heterodoxes* i. 495）。またフラティチェッリであったらしき者のなかに、ガブリエル・デ・イアヌアGabriel de Januaという名も認められる（cfr. Tocco, *Archivio storico napoletano*, xii (1887), p.40）。

(67) Hirsch-Reich, *RTAM* xxvi (1959), p.136.

(68) Oxford, Queen's College, MS. 304, f.62; cfr. Pantin, loc. cit., p.197.

(69) 【I-8 p.115】参照。

(70) W. Pantin, *A Sermon for a General Chapter*, in *Downside Review*, li (1933), pp.291-308.

第3章　ドメニコ会士たち

〈永遠の福音〉の騒ぎ《スキャンダル》の時、トマス・アクィナスはパリにいた。その後彼がヨアキム主義に断固反対の態度を持すことになったことについては、先にみた通りである。[1] 彼の伝記作者グリエルモ・ダ・トッコは、彼がこうした諸観念を完全に禁じることとなった経緯をものがたっている。

大修道院長ヨアキムの言辞に、先述した異端者たちが有害なる過誤の数々を序に付して挑発したので、先述の博士は大修道院長への序の書を自らの元へ取り寄せて精読し、見出された過誤や疑惑の箇所に有罪をしるす下線を引くとともに、読了後、禁書にすべきと断じて自らの手でこれを破棄した。[2]

ここから、ヨアキムの観念がドメニコ会士たちに好意をもって迎え入れられたと想像することは困難である――しかし、ドメニコ会修道院でも彼の書を入手し得たという点には留意しておこう。なんといっても彼らもまたヨアキムの影響を免れ得た訳ではなかったのだから。

切迫した歴史的危機という全般的な意味と、この時にあたって聖ドメニコが果たした特別な役割については広く感取されていた。ヴァンサン・ド・ボーヴェーはその『歴史鏡《スペクルム・ヒストリアエ》』に伝統的な歴史の七分を用いつつ、当時流布していたヨアキム主義者のことばを『エレミヤ書註解』から引く。それは時代の緊張をよくあらわしている。「主の一二〇〇年を過ぎると現下の時に対する懸念が兆し……」。[3] 歴史の時代区分という観念に、彼はヨアキムの思惟に近いものをひとつ採り入れている。それは、キリストの昇天以降、彼の時代に到るまで、第六の時期と第七の静穏の時期が共時的に経過している、という考え。しかしヴァンサンのヨアキムに関する考察はオーセールのロベルトゥスを経由したものであり(4)、彼には一切、ヨアキムの預言をドメニコ会に当て嵌めようとするような意図はない。それはすでに観たように、ゲラルド・デ・フラケトがたちまちにしてやってのけたところであった(5)。

ここで強調しておかねばならないのは、フロレンセ会創設者の預言の成就をフィオレの修道士たち自身に称賛させることとなったゲラルド・デ・フラケトの逸話がドメニコ会士の一集団のものであって、フランシスコ会のものではなかったということである。これはたまたまの偶然であったのかもしれぬが、この修道会の一部にヨアキム主義からする世界観のうちに自分たちの役割を観じ、期待に励まされた者があったことを覗わせるものでもある。たとえばそのような幻視《ヴィジョン》として、オリガーによって三つの写本から検討採択されたもの、エゼキエルが見た、生きものと輪の幻視《ヴィジョン》を元に、聖ドメニコと聖フランチェスコが筆舌に尽しがたい美の神秘的顕現にたちあう、というものがある(6)。高祖、預言者、使徒、教会博士等々のすべてがそこに居り、二人の聖人は彼らの業を継ぐ者とされる。二人は神秘なる顕現(神の似姿《シミリトゥード》)によって世界中を運ばれ、世界を脅かす龍や獣と闘い、うち負かす。彼らは神の似姿《シミリトゥード》に勝利を齎し、そのうちに勝利は地の果てまでその翼を広げる。この幻視《ヴィジョン》はアストゥリアスの隠者ヨハネの著とされてきたものだが、オリガーはおそらく一二九〇年から一三〇〇年の十年の間にドメニコ会士によって書かれたものであろうと論じている。ここにヨアキムの名は挙げられていないが、この幻視《ヴィジョン》はヨアキム主義的な気配を伝えるものであるばかりか、ヨアキムに親しくまた『形象の書』に際立ったイメージでもある(7)。それにまたこの幻視《ヴィジョン》は、たしかにヨアキム主義的預言を知るひとりのドメニコ会士によってたちまち採用されることになった。アポルダのディートリヒ。彼は一二九七年、自らの属す偉大な修道会にヨアキム主義的待望を付与してみせた。過去には神は人を偉大な宴に招くため数々の使いを遣わされたが、第十一時にあたり、「新たなる日の使いは……新しいとともに旧い、新たな組織であるとともに古き権威たる新たな修道会」である(8)。これが説教修道会であり、これがヨアキムによって予言され、その弟子たちによって称揚された秩序である(9)。この終末論的な役割の主張を補強するために、ディートリヒは隠者ヨハネの幻視《ヴィジョン》を挙げる(10)。ことの成り行き上、彼はここで、この役割をフランシスコ会にまで拡張する。彼はこの幻視《ヴィジョン》の註釈のため、これら二つの最新の秩序を旧約聖書の形象に探る。それはおそらくヨアキムの著作から直接引き出されたものでもあったろう。「歳老いた高祖ヤコブの二人の末子、最後に生まれ、格別愛されたその名はまた二つの修道会を予表したものである」。[11] そしてまた、彼は旧約の重大局面の切迫に新約の重大局面の待望を対置するが、これもヨアキムの余韻をともなうものである。「バビロンの破滅の切迫に、聖なるヨシヤの統治が、熱烈なる律法が、モーゼのシナゴーグが生じたように、アンチキリストの猛威の切迫に、子羊の花嫁たる教会にいと高き完徳なる二つの秩序が生じ、ここに信徒たちは蛇毒を放つ龍に抗する剛毅を得るであろう」。[12] 自覚的にか意図せずしてか、ここでディートリヒが自らの修道会の命運をヨアキム主義的な枠組みの中に配していることにほとんど疑いはない。そしてふたたび、一三三三年頃、もうひとりのドメニコ会士ガルヴァネウス・デ・ラ・フランマは隠者ヨハネの同じ幻視《ヴィジョン》について語った後に付言する。「大修道院長ヨアキムはその書物のうちに説教修道会の僧衣を描いた……」。[13] そしていつもの逸話がつづく。

それからしばらくすると、ヨアキムの預言の新版《ヴァージョン》が出まわりはじめる。そこでは擬ヨアキム主義的テクストが、ただドメニコ会だけを支持するものとして創案されている。これが最初に見つかるのは、サンタ・サビーナに蔵される一三六七年の写本に収められた逸名の『ドメニコ会簡約史』。[14]

尊き大修道院長ヨアキムはフロレンセ会創設者、彼の修道士たちの規範(あるいは、彼の謂う托鉢修道士たちの僧衣)を定め、とはマギステル・ライナルドゥスが聖母から聴いたと言うところ、預言に証されるところにして、それを彼の修道会のカラブリアの修道院に描かせた。曰く、「これは早々に実現するであろう神の教会の新たなる秩序を示しており、ここにはまず大いなる一なるものがあり、それとともにそれに属すかたちで十二の秩序が統率されることだろう」。高祖ヤコブが十二人の息子たちを率いてエジプトに入ったように、これら十二の秩序もそれによってもたらされ、この世を照らすだろう。土地(あるいは、管区)の区分は預言者たち使徒たちの数に準えられ、原因にして機会たる神は、それを惜しみたまう。[15]

なによりこの預言にあるヨアキム主義的な調子に驚かされるが、これは明らかにドメニコ会内の一集団に発したものである。十二の族長と十二人の使徒の符合が拡張され、第三の十二の待望が直接ヨアキムの思惟から導出されている。それを可能にしているのは、まさに歴史の三位一体的観念である。最後の一節はこの著者が自ら途方もないことを主張しているという自覚を証している。いずれこれはフランシスコ会聖霊派の思惟においてより特徴的に現われることになるものとほとんど違わない。

サラニアコのステパヌスは『神の説教者の修道会が教える四つのことについて』[16]と題された著作で、これと同じ逸話を彼流に語ってみせる。彼はヨアキムのことばとみなされる一節を正確に引いており、この預言がかなり出まわっていたものであることを証している。彼はゲラルド・デ・フラケトが語った逸話を加えた後、付言している。「〈かくあれかし、すべての誉れはそこに約されてあれば〉。最初の修道士たちがこのように祈ったようになり、またなった。彼らが十字架と霊的なうたによって恃み、修道士たちがあらゆるところで説き論じたごとくに」[17]。ヤコブ・スサートによって、この預言についてまた別の興味深い示唆が得られる。彼は「われわれの十二大秩序」を一二二八年に設けられた十二修道会管区と解釈しているのである[18]。

いずれかのドメニコ会士集団が説教修道会に関するヨアキムの預言を案出したものであったとするなら、サン・マルコ教会の肖像画の逸話もそれと同じ環境に発するものであったかもしれない。これについて最初に言及したものとして先にみたサンタ・サビーナ写本の『簡約年代記《ブレヴィッシマ・クロニカ》』は上に引いた『ドメニコ会簡約史』の預言を繰り返しつつ、そこに「そしてそれをヴェネチアのサン・マルコ教会のモザイクにつくり成させた……」[19]という一句を挿入している。このヴェネチア伝説を最初に語ったのはフランシスコ会士ピサのバルトロメオであるとみなされてきたのだが、このドメニコ会士の言及は明らかにそれに先立つものである。ドメニコ会士たちの間では、ヨアキム伝説はつねに彼らの僧衣を明瞭に描いたという視覚的奇蹟として強調されてきた。そしてそれはまた聖母によって奇蹟的な幻視《ヴィジョン》として修道士レギナルド（ライナルドゥス）に与えられたものである、と。こうした彼らの身なり、僧衣に対する心遣いが、かえってヨアキムの預言によってドメニコ会がサン・マルコ教会に描出されたという逸話を生み出したものであったであったのかもしれない。この初期異文《ヴァージョン》では、唯一の秩序、唯一の修道会だけしか語られていないところが意味深い。

　次の世紀、ドメニコ会士でフィレンツェ大司教となったアントニーノは、二つの托鉢修道会を称えるにあたり、幾つかのヨアキム主義的イメージを用いている。[20]「これら両者はともに喜びと敬神に油滴らす二本のオリーヴの木にして、主の前にあってこの世を教えで照らす二本の燭台の光である。執り成しによって護るふたりの十全なる叡智の智天使。それどころか熱烈に聖なるかなを唱える二人の熾天使……」。[21]ここで彼はヨアキムのゼカリヤ書一一章への註解を引用し、そこにサン・マルコの逸話の珍しい異文《ヴァージョン》を加えている。

　大修道院長ヨアキムは二本の枝杖を二つの托鉢修道会が創設される以前にすでにそれと説いている。枝の真直ぐなところは聖性を、痩せ細ったところは禁欲を、撓い打つところは権威ある教えを。その優美は説教修道会の高位聖職者のごとき衣装の身だしなみ。珠柄と称されるのは小さき兄弟会の締める細紐……いずれにせよこれを公然とあらわしたのがヴェネチアのサン・マルコ教会にある描画で、それはドメニコがこの世に生まれる前に二人の絵姿がそれと識別されるよう、一方は説教修道会の衣装を纏い百合の花を手にして、他方は通常使徒パウロを描く流儀で……その姿（聖パウロ）の足元に、彼によりてキリストに向かい赴く、の銘記。また別の図像の上には、主の聖なる者《ハギオス・ドミニクス》（あるいは、聖ドメニコ）、の文字。その下には、彼によりて歩みは容易いものとなる、と。この銘文は、パウロその他の使徒たちの教えが信仰へと導き教義を守るものであること、ドメニコの教えの忠言を守ることによってキリストへの歩みが容易とされる、ということを謂ったものである。[22]

アントニーノはヨアキム主義的預言を二つの托鉢修道会に関わるものとすることに道を開いたのではあったが、サン・マルコの〈諸形象〉に話が及ぶと、彼は聖フランチェスコに言及せぬばかりか、聖ドメニコについて今までついぞお目にかかったことのない唖然とするような主張をなしている。[23]

　ドメニコ会士たちがヨアキム主義に寄せる関心は、彼らの創設者と彼らの修道会に係わることがらを超えて、それよりも先へと進んだのだろうか。彼らはヨアキムの著作に注意を払ったのだろうか。サリンベーネは一二四八年、イエールを通りかかり、偶々ユーグ・ド・ディーニュの率いるヨアキム後継者集団と接した二人の説教修道会士について生き生きした話題を提供してくれる。[24] 夕食後、彼らのひとりナポリの修道会で読師を勤めるアプリアのペトルスに、鎌をかけるような問いが投げられる。「ペトルス修道士、あなたは大修道院長ヨアキムの教説をご覧になったことがおありかな」。彼はそれに答えて、「ヨアキムですか、荷車の替え車輪くらいには」。[25] この答えに、早速、質問者はユーグに注進して言う。「この説教修道士は彼の教えをまったく信じていません」。これにつづく懐疑的なドメニコ会士と熱心なユーグとの論議からは、前者にはヨアキムの著作について幾許かの知識があることが分かる。彼は論点を『エレミヤ書註解』のフリードリヒ二世に関する預言に絞り、ユーグは長い論議をもってヨアキム主義とその他の預言の真実を証そうと努める。説教修道会士はかなり周到に反論してみせるが、降伏を余儀なくされる前に船出の時間が迫っていることを口実に議論を切り上げる。彼は疑いを抱いたまま立ち去った、ともみなされるが、この逸話はこの時期にはドメニコ会士たちもヨアキム主義を無視して通ることができなかった様子を伝えている。

スモーリーは彼女自身、〈ヨアキム主義と戯れた〉と観る、あるドメニコ会士に注目している。彼はある箴言註釈《ポスティッラ》の著者で、一二七〇年頃パリ大学で評議員を勤めたヴァルゼイのヨハネスのことかもしれない。[26] 箴言三〇章二九—三三の解釈にあたり、〈ヨハネス〉は獅子、雄鶏、雄山羊そして王によってあらわされた四つの秩序を歴史の四つの時期に転じてみせる。現在は三番目にあたり、四番目はこの世の終わりまでつづくであろう、としつつ。このまったく独自の解釈において、著者はヨアキムに近い方法、つまり聖書の諸象徴のうちに歴史の全体を覆うとともにそれを具体的な時期に分かつことを可能とする預言を見出す方法を援用している。しかし彼がこの方法を十分に理解していたとすると——彼がそれを自覚的にヨアキムから導出したという証拠はない——彼はヨアキムおよびその弟子たちが導出することになった歴史観と拮抗することになったに違いない。彼の第四の時期にはまったく聖霊の時代という色彩はなく、それは切迫したことども、この世の終わりに直接先立つアンチキリストの時期である。歴史上の時期区分を説くにあたって、彼はどうやら困惑せざるを得ないようなヨアキム主義的観点からは離れる、という意向を明かしているようにも思われる。この点、スモーリー女史はこう論じている。「まるでこの〈ヨハネス〉はヨアキム主義者たちに彼らの方法論をもって一矢を報いようとしているようにみえる。彼は聖書の中に、未来のことがらに対する放恣な預言をではなく、現在のできごとの数々の予測を見出そうと努めているかのようである」[27]。これこそドメニコ会士に典型的な態度であるかもしれない。ヨアキムの諸著作を批判的に読みつつ、そこにある極端な待望に巻き込まれることには十分慎重であること。

しかし皆が皆こうした超然たる態度を持しつづけ得た訳ではなかった。ヨハネス・クィドールあるいはパリのヨハネスはドメニコ会のスコラ学者であったが、彼は切迫したことどもやアンチキリストの到来にかかわる考えから抜け出すことができなかった。彼の論考『アンチキリストについて』からは、彼がヨアキム主義的文書を読んでいたことがはっきりと看てとれる。『エレミヤ書註解』から、彼はその人口に膾炙した一節をかなりの長さにわたって引用する。「主の一二〇〇年（ここでは一二六〇年に改竄されている）、現下の時に対する懸念兆し」[28]。この引用は、エリの災厄に対するサムエルのように、教会の衰滅の脅威の上に勝ち誇る新しい秩序、新修道会について宣揚しようとするものである。実際、彼は第三〈時《スター》代《トゥス》〉に選ばれてある人についての預言とともに——驚くべきことには——『エレミヤ書註解』の最も危険な一節を引いている。「かつて父なる神は歳老いた預言者たちを挙げたまい、次に若き使徒たちを挙げたまうたように、いまや文字通り幼児を挙げたまい……」[29]。彼はまた一三〇〇年の年記とともに、アンチキリストに関する小詩をも引いている[30]。これは一般にヨアキムの著作に由来するものとみなされているものであるが、彼はそれをヨアキムの著作のなかに見出せない、と言っている。彼は自ら序列秩序をもって描き出した教会の諸時期の図式のうちに、〈清貧説教者の秩序《オルド・パウペルム・プラエディカトールム》〉の場所を見出すとともに、自らの修道会に特別の役割を観ることになる。クィドールの著作はかなり広範に読まれ、後にはヨアキム文書とともに一本に写されることにもなったもので、シルヴェストロ・メウッチォによるヴェネチア版刊本はそうした写本に依拠したものである。クィドールの思弁は穏健に節制の利いたものであったにしても、そのアンチキリストの切迫に関する論述はパリ大学で喧しい論争を呼ぶことになった[31]。こうした思潮の広まりこそがトマス・アクィナスの譴責を呼んだ元凶であったことは、想像に余りある。

ヨアキム主義との関係を見定めるのが難しいのはドメニコ会士ロベルト・デュゼスの謎に満ちた姿である[32]。彼の数々の幻視《ヴィジョン》は十六世紀に到るまでかなり流布したものである。それらは『キュリロスの巫言』その他の擬ヨアキム主義文書に類したもので、彼がヨアキムに言及している訳ではないにもかかわらずその怖れと希望はヨアキム主義の系列に沿ったものである。彼は教会に降りかかる試練と審判を待望していた――濃密な塵埃に蓋われたローマの幻視《ヴィジョン》(33)――もちろん、聖ペテロの巌のうえに立つ真の教会の改新への信念が揺らぐことはないのではあるが。彼は〈革新《レノヴァチオ》〉とともにアンチキリストをも待望していた(34)。彼のヨアキム後継者たちとの親近性が最も顕著に見られるのは、ケレスティヌス五世とボニファキウス八世の葛藤をあらわした幻視《ヴィジョン》である(35)。ここには隠修者教皇の到来への歓喜とその退位にあたっての恐怖という驚くべきイメージがあらわされている。これは数々のフランシスコ会聖霊派の者たちが抱いた気分を分かち合うもので、大きな期待とそれにもまして大きな憂慮のうちに、これらの予兆は数々の世界表象へと拡張していったものである。〈天使的教皇〉による改革への期待はすくなくとも彼の二つの幻視《ヴィジョン》のうちにあらわされている。しかし驚くべきはそのひとつにおいて、この未来の偉大な救い主が〈小さき兄弟会〉の相貌のもとにあらわれることである(36)。ロベルトは明らかに自らの修道会を終末論的枠組み――托鉢諸修道会の〈二羽の白い鳩〉(37)、福音的清貧を証す隠修者教皇――の中に眺めているとはいえ、自らの会派にこうした偉大な未来を録すことはない。甦りはある特権的なはたらき《エージェンシー》、同時代のものとして何度も告知される遣い《エージェンシー》、「俗に襤褸派《サッカーティ》と呼ばれる徒党」(38)によってのみ果たされる、というのが彼の確信である。ここで強調しておかねばならないのは、ロベルト・デュゼスは同時代の教会の位階制度を根本から批判するにしても、彼が繰り返しローマ教会への献身と服従を宣言しているところである。悪魔の試みに遭い懊悩するとき、彼は使徒信経を繰り返し唱え、次のように結語する。「主よ、わたしは正統信仰を信じ、聖母なるローマの正統教会に学び祈る者であることを信じるとともに告白し……聖母なるローマの正統信仰の一性から分離分裂せんとするあらゆる者を否定し譴責する」(39)。他の幻視家たち同様、彼の観点も終末論的切迫によって奥行きというものを喪い、判断は即近に、ことばはいよいよ鋭くなるが、〈永遠の相《スブ・スペキエ・アエテル》の下《ニターティス》〉、彼は最終的真実と服従が不動であることを熟知している。

十四世紀初頭、ボローニャのドメニコ会士フランチェスコ・ピピーニは自らをヨアキム主義的預言の唱導者に擬している。「大修道院長ヨアキムとその著作」と題された章では、まずオーセールのロベルトゥスに拠りつつ、それに自注を付している。そして『エレミヤ書註解』から、二つの新しい秩序についてかなりの長さの引用をし、[40]『イザヤ書註解』と『符合の書』に触れた後、最近出まわっているというヨアキムに帰される書、『文字の種子について』を概観している。彼はこの類の最新の著作群をも収集していたようにみえる。なぜなら、後に彼は「災厄のはじまり《イニツィウム・マロールム》にはじまる表題の小著」[41]と呼びつつ『教皇預言集《ヴァティチーナ》』（第一集）についての最も早い時期の証言をすることになるから。彼はニコラウス三世からクレメンス五世に到る一々の教皇について、それぞれ容易に特定できる語彙をもって詳述している。その著者については慎重に、「大修道院長ヨアキムがこの預言の霊による小著の著者であると言われるのにもいささかの理はあろうか」[42]と記している。ヨアキム主義的文書群に対するピピーニの関心は、この世紀後半のボローニャのこれまた孤立した異端的逸話と関連したものであるかもしれない。つまり、ドメニコ会士フランチェスキーノ・ダ・イモラの三位一体論その他の見解に関わる大学での論争。彼の諸見解を駁してオルヴィエートのウゴリーノは、「彼は……大修道院長ヨアキムに準拠して著したという」と言明している。[43]彼に対する審問は一三七二年グレゴリウス十一世によって招請され、一三七四年裁定が下されている。彼がいったいどこでこの危険な指針に触発されたものか分かっていないが、これはなかなか面妖なできごとである。まず、説教修道会士に関わるものであったという点、そして一二一五年に断罪されたヨアキムの三位一体説を彼が敢えてふたたび擁護したという点で。彼を刺激したのはボローニャのドメニコ会修道院にあった蔵書類であったかもしれない。しかしいずれこれは大学における神学論争であった。フランチェスキーノがヨアキムの歴史観あるいは彼の名を冠された預言の類に関心を抱いたという証拠はなにもない。

　また別の二人のドメニコ会著作家がヨアキムの教義断罪に格別の興味を示している。それはヨアキムの教義がもつ危険性について、自らの会派のうちに注意を呼びかけようとするものであったのかもしれない。ハーフォードのヘンリー、[44]そして彼につづくヘルマン・コーナーは、[45]〈永遠の福音〉からパリのマギステルたちが抄録した過誤一覧の全体を引いている。コーナーはさらに自らのヨアキム攻撃を加えている。

大修道院長……ヨアキムは彼の異端説を素朴な人々の心にばら撒いた。かくして彼は預言の霊を授けられ、六つの時期の書を著し、現在を第六の時期に置く。また未来の教皇たちについて預言し、それぞれの生涯をものがたるがごとく各々図解し絵解きしてみせる。しかしそこには数々の虚偽やら異端やらが見出され、そこに認められるのは真実の霊というよりは贋作者のそれである。(46)

より穏健なヨアキム後継者たちにとって、狂信者たちの逸脱は格別の悩みの種であったに違いない。十三世紀中葉のゲラルド・ダ・ボルゴ・サン・ドンニーノはフランシスコ会聖霊派にとって、まさしく身に刺さった棘であった。同じ時期、ゲルマンの地にヨアキム主義を政治的に利用した異端的ドメニコ会士アルノルドゥスがいた。一二四八年、彼の〈忌まわしき徒党〉がスワビア（シュヴァーベン）に興った、とシュターデのアルベルトゥスは語っている。(47) ここでもふたたび主要主題は〈革新《レノヴァチオ》〉につづく教会に対する審判の必然性としてあらわれる。しかし今回、第六の時期に教会を力ずくで改革し、第七の時期へと導く革新の遣いは〈皇帝〉であった。(48) 後述するように、(49) この考えはおそらく、ヨアキム主義からなんらかの霊感を受けたホーエンシュタウフェン家礼讃と結びつくものであろう。アルノルドゥスが彼の会派《オルド》あるいは彼に追随する集団を、神の経綸の特別の遣いと観ていたのかどうかはっきりしない。フランシスコ会聖霊派の者たちを触発した歴史における特別な役割という狂信的な信念の類に、どの程度、説教修道会士たちが染まっていたのかわれわれには分からない。ただ、一三二一年、フィレンツェでの修道総会の後、この件に関して一通の手紙が回覧されていることは意味深い。(50) そこからは、ローマ管区で「若干の修道士たちが……しばしば霊的な者たち《スピリトゥアーレス》と称した」(51) ことに対する告発があったことが分かる。つづいてそれらの者の信仰と行状について調査が行なわれ、異端の嫌疑は雪がれている。しかし醜聞《スキャンダル》を防ぐため、この赦免について公宣するとともに、「いかなる修道士も自ら醜聞あるいは過誤を引き起こすような行いを慎むべく」(52) あるいは〈霊的なる者《スピリトゥアーレス》〉というような名を唱えることを公的に禁じる必要があるとみなされたのだった。明らかにこの布告の背景にはフランシスコ会の醜聞に対して立場をはっきりさせようとの意図が認められるが、はたして彼らの会派内にも指導層がもみ消しを図ったような事件があったのではないかと推測する者もあるかもしれない。

ヴァンサン・フェレール（ヴィンケンティウス・フェレリウス）は、自らの意志とは裏腹に、預言者となったドメニコ会士という範を自らの会派に提供することになる。[53] ドメニコ会の知的伝統のうちで研鑽を積んだ彼は、教会大分裂《シスマ》の怖れから、来たるべきことどもについて宣べ伝えるべく促されてある自分を見出す。彼はこの世に切迫した危機に面して悔悛の説教に努めるよう、キリストと聖フランチェスコおよび聖ドメニコの幻視《ヴィジョン》を感得したのだった。一三九九年から一四一九年に到るまで、彼は弛むことなく説教の旅をつづけた。アンチキリストの到来に係わる彼の信念は深く、また――明証はないとはいえ――彼はアンチキリストの死とこの世の終わりの間に〈この世の革新《レノヴァチオ・ムンディ》〉を信じていた。アンチキリストの死後、第七の時期に聖職者階級は真の清貧にたち戻り、すべての国はキリストに帰還するであろう。[54] 教会の十二の〈時代《スタートゥス》〉を獣帯の十二の宮に準えて、彼はその十一番目を次のように論じている。[55]

宝瓶宮……アンチキリストの死後訪れる未来、この世の十一番目の時代をあらわすもの、宝瓶宮にあるのは義なる者のみ。ついに信仰なきすべての世代が洗礼を受けることとなろう。洗礼に導くには聖職者たちだけでは足らない。……それはエゼキエルの預言の成就となろう。われは汝らを民の中から導き出し、地のすべてから集め、汝らの土地つまり戦う人々の教会を指し示そう……。[56]

十二番目は最後の審判であるから、それに先立つこの時代がヨアキム主義者たちの謂う〈この世の終わり《コンスマチオ・ムンディ》〉の前に配された第七の時期に相当することは明らかである。それにとどまらず、ヴァンサンの終末論図式において、托鉢修道会は重大な鍵となる役割を果たす。神の初期の使いたち――ノア、モーゼ等々――のように、聖ドメニコと聖フランチェスコと彼らの会派《オルド》は〈アンチキリスト到来に先立って〉[57]遣わされた。彼らの務めは、アンチキリスト到来に備え、この世の果てから果てにまで福音を説き尽くすことにある。ヴァンサンはこうした説教者たちのひとりを黙示録の永遠の福音を携えた天使に準えたが、この象徴はたちまちヴァンサン自身と解きがたく結びつくことになった。[58] それらは三つの偉大な説教である、と彼は説く。第一は使徒たちによる、第二は聖ドメニコと聖フランチェスコおよびその衣鉢を継ぐ者たちによるもの。第三は「アンチキリストの死後、神によってこの世に驚くべく保たれた信徒たちのものであり、それによって他の者たちが改宗するとともに、そこについにこの世の終わりが来たるであろう」[59]。ヨアキムのことばを想起させるような樹木としての十字架という目を瞠るようなイメージとともに、ヴァンサンは未来の偉大な三説教者の姿を語る。

> ここ、天上の十字架の真直ぐなる幹にあらわれる三とは、この世の終わりにあたっての三人の未来の説教者であり、黙示録一四章に録された三天使である。その根幹に第一のものが、中間の果実に第二のものが、頂上の果実に第三のものが知られよう。これこそ来たるべきキリスト教徒の卓越と忠誠の至高の状態《スタートゥス》、あるいはアンチキリストの死後の時代《スタートゥス》である[60]。

ここにヨアキム主義的な歴史の聖化は完璧に迎え入れられているようにみえる。ヴァンサンは説教活動の役割を讃え、格別の称賛を惜しんではいないが、それが自らの会派に特別な役割をあてがったものであったかどうかについてははっきりしない[61]。ヨアキムからの引用あるいはその名への言及はどこにもみあたらないが、ヴァンサンの主張はしばしばヨアキム主義的な色調を帯びている。かくして『霊的な生について』[62]の終わりには、一連の三つ組みがあらわれるが、これはどうやらヨアキムの影響を垣間見せるものに違いない。

> われわれが格別熱烈に瞑想すべきは三つある。第一は十字架のキリスト……第二は使徒およびわれわれの修道士たちの時代《スタートゥス》……第三は未来の福音的な人々の時代《スタートゥス》。これを昼夜瞑想せねばならない。つまり単純素朴なる清貧、敬虔温順、熱烈なる慈愛を。イエス・キリストの十字架刑をのみ想い、雄弁を図ることなく……至高なる神と浄福なる栄光を観想し、心底から息を吐き……観想のうちに会話せねばならない。天使頌詞を歓びの弦琴にあわせて謳うことにより導かれる観想は、来たるべき時を待ちわびる気持ちの内に汝の信仰を堅くする。汝のうちにすばらしい光が導かれ……[63]。

十五世紀中葉、アントニーノの傍らに、ヨアキム主義的預言を精査し自ら編纂したヴェネチアのドメニコ会士ルスティチアヌスがいる。それは一四六九年に書写された写本に残されている。[64] その中核を占めるのは十四世紀のヨアキム主義者コセンツァのテレスフォルスで、ルスティチアヌスの献呈辞からすると、彼はこれをまた別のヴェネチア人ドメニコ・マウロチェーノから入手したもののようである。これに彼は聖女ブリギッタ、ヴァンサン・フェレール、それにアントニウス・デ・イスパニアという修道士の預言を加えている。ルスティチアヌスはテレスフォルスのテクストに挿画を加え、註解を付している。こうした付加のうちでもじつに興味深いのが、来たるべき〈皇帝フリードリヒ三世〉とその先遣部隊および鷲の図、そして天使に冠を授けられる〈天使的教皇〉の図である。[65] 後述するように、[66] 歴史の次の段階でこの編纂書はアウグスティヌス会士たちによって利用されることとなるものだが、ここでルスティチアヌスがヨアキムの歴史展望に純粋な興味を抱いているのかどうか、またこうした嗜好が当時のヴェネチア人たちの間にあったものかどうか、いささか疑問が残るところである。このすこし後、ドメニコ会士ヴィテルボのジョヴァンニ・アンニオは、彼の黙示録註釈にヨアキム主義的な幸福の時期への指向を織り込み、教皇と君主とが手を携えて浄福なる最終時代《スタートゥス》に到達すると期待している。[67] これら二人のドメニコ会士には、自らの会派に対する格別の預言的主張はみられないとはいえ、ヨアキム主義的待望に対する関心の持続を明かしている。

トマス・マルヴェンダは十七世紀のドメニコ会士であるが、彼はヴァンサン・フェレールの終末論的観念を真剣に取り上げた。歴史家として、彼はヨアキムとその声望についてかなりの紙幅を割いている。すでに観たように、[68] 彼はその名声を熱烈に擁護するとともに、ヨアキムを托鉢諸修道会の預言者と認めている。こうした擁護の理由としては、来たるべきことどもに向かって霊的な人々の諸秩序が果たすべき世界的役割に関する彼の見解を探ってみるべきかもしれない。彼はヴァンサンから三様の説教という観念を借用し、アンチキリストと最後の審判の間の〈革新《レノヴァチオ》〉の期間の長さを論じ、[69] この更新について頻繁に引かれるヨアキムのテクストの信念に立っている。「エリヤは威厳とともにすべてを修復するであろう」[70]。マルヴェンダが第三〈時代《スタートゥス》〉の観念に関心を寄せている訳ではないが、そこにはヴァンサン同様、ヨアキム主義の影響を感じさせる歴史の終わりに対する期待の調子がある。そしてこれが、世界中に説かれる福音の幻視《ヴィジョン》という、ヴァンサンには認められない興奮をともなう展望《ヴィジョン》によって補強されている。マルヴェンダにとって、新世界の発見は新たな終末論的類型《パターン》の一部をなすものと観られている。アンチキリスト到来の前に、世界中に福音が説かれねばならない。いまや、この条件は〈使徒的な人々《ヴィーリ・アポストリチ》〉によって遂に成就したのだ、と。

ついに使徒的なる人、聖ヴィンケンティウス・フェレリウスによって主唱された驚くべきであるとともに確固たる真実が完璧に抱懐されるときが来た。聖なるキリストの福音が、説教修道会、小さき兄弟会、またアウグスティヌス会、イエズス会その他の会派によって……十全に説かれ、人の住む土地の果てまで説かれるのである。大陸から島嶼に到るまで、旧域から新たに開かれ、開かれつつある領域にまで、既知なる土地から新たに知られる土地にまで……往昔見知られなかったところ、聖なる父ヴィンケンティウスはその目で見なかったとはいえ確かにその存在を予見していたところ、あらゆる地方、島、プロヴァンスからルシタニア、カスティリアまでが開かれ、帝国に服属することだろう。アフリカからアジアまた最新の広大なる大地にいたるまで、見知らぬ遠洋へと数しれぬドメニコ会士、フランシスコ会士、アウグスティヌス会士、イエズス会士その他のローマ教皇庁からの福音の遣いが福音を説き伝えることだろう……キリストの信仰は新たなる土地や島のすべてに移植され、ついに世界の果てまで広がるのではないか。(71)

われわれはこの主題にふたたび出会うこととなるだろう。想像を絶する地誌的な広がりの出現は、新たな霊的な人々の世界的役割を拡大するとともに、いよいよ歴史の意味を明かすものとなる。これこそが、世界の拡張というルネサンス的観点と歴史のうちへの神意の到来という中世的待望の、奇妙ではあるが意味深い結婚であった。

註

(1) これに先立つ言及は、ヨアキム後継者たちの教義に対するドメニコ会の激しい忌避の念を明かしている。「異端にまみれた基礎なき荒憮を基礎として、第三の新しい時代《スタートゥス》とやらを擬装し、キリストの証しもなしに新たなる霊からする聖約のもと、その時代《スタートゥス》に教会は新たな時期に転じる、などとはなんという思慮のない愚言であろうか。こうした過ちの数々を博士はその著書の各所で排している。キリストの福音と神の御子の新たなる聖書の後……他にいかなる教会の時代《スタートゥス》が後継するはずもなく、それは……この世の終わりまでつづく、ということを証示しつつ。大修道院長ヨアキムの言辞に、先述した異端者たちが有害なる過誤の数々を序に付して挑発し……」«Quorum dementia ad fundandas in ruina sine fundamento haereticas pravitates, tertium novum fingit statum et sine testatore Christo novi spiritus Testamentum, sub quo status Ecclesiae debet hoc novo tempore immutari. Quorum errores praedictus Doctor in suis scriptis in diversis locis elisit : ostendens post Christi Evangelium et filii Dei ultimum Testamentum ... nullum alium statum Ecclesiae debere succedere, sed istum ... usque ad finem seculi permanere. [Et quia ex dictis Abbatis Joachim praedicti haeretici fomentum sumunt praefati erroris pestiferi ...]». *AS*, 7 Mar., p.667.

(2) «Et quia ex dictis Abbatis Joachim praedicti haeretici fomentum sumunt praefati erroris pestiferi, praedictus Doctor in quodam monasterio petivit librum praefati Abbatis, et oblatum totum perlegit, et ubi aliquid erroneum reperit vel suspectum, cum linea subducta damnavit, quod totum legi et credi prohibuit, quod ipse sua manu docta cassavit». *AS*, 7 Mar., p.667

(3) «Ab anno domini MCC et ultra suspecta sunt mihi tempora et momenta ...». Vincent of Beauvais, *Speculum Historiale*, Venezia, 1591, f.488v. しばしば引用されるこの句節は、実のところ、真正著作『符合の書』f.41vと擬書のひとつ『エレミヤ書註解』序言からの混成物である。

(4) *Speculum Historiale*, Lib.xxx, cap.xl.

(5) 【II-2 p.190】参照。

(6) L. Oliger, *Ein pseudoprophetischer Text aus Spanien über die heiligen Franziskus u. Dominikus*, in *Kirchengeschichtliche Studien P. Michael Bihl, O.F.M.* ... , Kohner, 1941, pp.13-28. エゼ1参照。

(7) *Lib. Fig.* II, tav.XV. エゼキエルの四聖獣 animalia と四つの輪 rotae に関する言及はヨアキムの著作中に数しれない。〔*【図A-17】参照。〕

(8) Dietrich (Theodoricus) of Apolda, *Acta Ampliora*, *AS*, 1 Aug., p.562. ディートリヒはこれをロマンのフムベルトの『聖書物語 *Legenda* 』から引いている。【II-2 n.11】参照。ドメニコ会によるヨアキム主義的預言の付会については、H. Haupt, *ZKG* vii (1885), pp.401 ss. をも参照。

(9) *AS*, 1 Aug., p.574.

(10) Ibid., pp.625-7.

(11) «Hi sunt duo filii novissimi Jacob patriarchae senescentis, qui extremitate geniturae, singularitate amoris, nominumque significationibus duos Ordines praefigurant».

(12) «sicut enim, imminente eversione Babylonica, regem sanctum Josiam, zelatorem legalis iustitiae, synagoga Moysi progenuit, ita, imminente Antichristi tyrannide, generabit Ecclesia Agni Sponsa statum duorum Ordinum perfectionis altissimae, qui fideles contra draconem virulentum confortabunt». *AS*, 4 Aug., p.627.

(13) «Abbas Joachim in suis libris depinxit habitum predicatorum ...». Galvagneus de la Flamma, *Cronica*, ed. B. M. Reichert, *MOPH* ii, Fasc. i, pp.7-10.

(14) Ed. Martène et Durand, *Ampl. Coll.* vi, Paris, 1729, *Brevis Historia Ord. Fr. Praed. Auctore Anonymo*, col.335.

(15)　«Venerabilis etiam abbas Joachim, Florensis ordinis institutor, fratribus suis habitum, quem dictus magister Raynaldus a B. Virgine acceperat, prophetice demonstrans, in quodam monasterio ordinis sui depingi fecit in Calabria, dicens: 'Cito surrecturus est in ecclesia Dei ordo novus docentium, cui praeerit unus major et cum eo et sub eo erunt duodecim praefatum ordinem regentes : quia sicut patriarcha Jacob cum duodecim filiis ingressus est Aegyptum, sic ipse cum illis duodecim in illo ordine post ipsum majoribus ingredietur, et illuminabit mundum. Parcat illi Dominus, qui causam et occasionem dederit, ut per provinciarum divisionem hic propheticus et apostolicus numerus tolleretur». 〔＊「マギステル・ライナルドゥス（ラニエル？ 次頁で著者は「修道士レギナルド」と記している）が云々」という嵌入句を除けると「〈托鉢〉修道士（frateであってmonachoでない）の僧衣を……彼の修道院に描かせた。カラブリアでは次のように言われている」、とも読める。句読点は明らかに十八世紀の刊本編者のものであり、おそらく引用符の不備もそこに帰されるか。著者自身の解釈は以下につづく通り。〕

(16)　*De Quatuor in quibus Deus Praedicatorum ordinem insignavit, MOPH* xxii, Roma, 1949, pp.9-10.

(17)　«'Cum venerint, cum omni honore illos excipite.' Quod et faciunt, et fecerunt, nam quando primo fratres venerunt ad eos, exiverunt eis obviam cum crucibus et cum canticis spiritalibus et in omnibus locis suis sicut fratres proprios exhibent et pertractant». *MOPH* xxii. 10.

(18)　«duodecim illos maiores Ordinis nostri». T. Malvenda, *Annales Praedicatorum,* Napoli, 1627, p.163からの引用。

(19)　«et etiam in ecclesia S. Marci de Venetiis opere musivo, sive fieri fecit ...». Martène et Durand, *Ampl. Coll.* vi, coll. 347-8.

(20)　St. Antonino, *Pars Historialis,* Nuremberg, 1484, iii, ff. clxxxix.r-v, cxciii.v.

(21)　«Hi utique sunt due olive pinguedine dilectionis et devotionis : et duo candelabra lucentia ante dominum orbem doctrina illustrantia. Hi duo cherubin sapientia plena obumbrantia propiciatorum : necnon et duo seraphin caritate ardentia clamantia Sanctus ...». *Pars Historialis,* f. clxxxix.r.

(22)　«Exponit Abbas Joachim duas virgas esse duos ordines mendicantium qui tamen fuit ante eorum institutionem. Virgas rectas sanctitate, exiles et graciles austeritate, percutientes doctrine auctoritate. Decor est ordo predicatorum per habitum decorum quasi prelatorum. Funiculus dicitur ordo minorum quia funiculo manifesto cinguntur ... Sed apertius prenunciatus fuit et declaratus particularius in pictura quadam que reperta est in ecclesia Sancti Marci Venetie, ubi antequam Dominicus nasceretur in mundo ymagines duorum depicte cernebantur a cunctis quarum una erat ad modum religiosi in habitu ordinis predicatorum cum lilio in manu : altera similitudinem habebat apostoli Pauli prout pingi consuevit ... Sub figura vero ad pedes sic : Per istum itur ad Christum. Super figuram alteram scriptum erat Agios Dominicus. Sub ipso vero : facilius itur per istum. Nec mireris de scriptura huiusmodi, quia doctrina Pauli sicut et ceterorum apostolorum erat doctrina inducens ad fidem et observantiam preceptorum, doctrina Dominici ad observantiam consiliorum et ideo facilius per ipsum itur ad Christum». f. clxxxix-v. 〔＊ハギオスというギリシャ語の音写が気にかかる。【本章 n.36】参照。〕

(23)　この逸話はプロテスタント著作家スティリングフリートによって、その著『ローマ教会の偶像崇拝についての討議 *Discourse on the Idolatry of the Church of Rome*』（【I-9 n.71】参照）で次のように取りあげられている。「わたしはこれ以上ドメニコに固執するつもりはない。ヴェネチアのサン・マルコ教会の冒瀆的な肖像についても。そのひとつは聖パウロで、銘記には「彼とともにわれわれはキリストへと赴く」と、もう一方はドメニコで、「彼とともにわれわれはより容易くキリストへ向かう」とある」«I shall not insist on any more of Dominicus ; nor on the blasphemous Images set up in St. Mark's Church, Venice, one of which was of St. Paul with this inscription *By him we go to Christ* : the other of Dominicus with this but by him we go easier to Christ». p.137.

（24） Salimbene, pp.239 ss.

（25） «Tantum curo de Ioachym quantum de quinta rota plaustri!»〔＊「あれは四輪者に五つ目の車輪をつけようとするようなもの」マッギン『フィオーレのヨアキム』邦訳p.19.〕

（26） B. Smalley, (i) *Some Thirteenth-century Commentaries on the Sapiential Books (concluded)*, in *Dominican Studies*, iii (1950), pp.260-5 ; (ii) *The Study of the Bible in the Middle Ages*, Oxford, 1952 (2nd ed.), pp.290-1.

（27） *The Study of the Bible in the Middle Ages*, p.291.

（28） Joannes Parisiensis, *Tractatus de Antichristo*, Venezia, 1516, ff.46v-47r. この長い引用が興味深いのは、それが十六世紀のヴェネチア版とはかなり異なったテクストから引かれている点にある。それは序言と第一章からのかなりの省略を経た抄録である。明らかにクィドールはこの著作を読んでいる。しかし一二〇〇年が一二六〇年に改竄されているのが、彼の意図によるものかどうかは窮めがたい。ヨハネス・クィドールについては、M. Grabmann, *Studien zu Johann Quidort v. Paris, O.P., Sitzungsber. der Bayer. Akad. der Wiss.*, 1922, pp.1-60を参照。

（29） «Puto etiam quod sicut olim Deus patres elegit seniores prophetas : 2° apostolos iuniores : ita nunc etiam pueros ad litteram eligat ...».

（30） Op. cit., f.46v.

（31） 【III-2 p.395】参照。

（32） J. Bignami-Odier, *Les visions de Robert d'Uzès, O.P. (†1296)*, in *AFP* xxv (1955), pp.258-310.

（33） *AFP* xxv (1955), pp.274-5 : *De futuro statu ecclesie et quibusdam pontificibus. Visio III.*

（34） Ibid., pp.273, 274, 278, 282, 287.

（35） Ibid., pp.281-2, 285-7.

（36） Ibid., pp.279, 281-2.〔＊著者の意図は一般的なものかもしれないが、ここで救い主 saviour は元来ギリシャ王を指し、ローマ皇帝に付会されたものであったことを想いだす。先のハギオスということばに触発されて。【本章n.22】参照。『教皇預言集《ヴァティチーナ》』の出自に関する布石か。〕

（37） Ibid., p.275.〔＊【II-1 n.21】の鳩をも参照。〕

（38） «Secta que vulgo Saccatorum dicitur». Ibid., p.282 ; *Visio* XXI, 283 ; *Visio* XXII, 284. サッカーティとは公式には〈イエス・キリスト悔悛修道士会 Fratres de poenitentia Iesu Christi〉と称する会派で、一二五一年頃創設されたが、一二七四年に会派としては廃絶されている。Cfr. R. W. Emery, *The Friars of the Sack*, *Speculum* xviii (1943), pp.323-34. この攻撃に加え、サリンベーネの憤激（op.cit., pp.254-5）および擬ヨアキム主義的預言（起句 «Erunt duo viri, unus hinc, alius inde» ;【II-4 pp.230-31】参照〔＊この一句は【I-9 n.6】に既出〕）においても罪を着せられているところは興味深い。

（39） «Ego, Domine, fidem istam catholicam, quam docet et predicat sancta mater ecclesia catholica Romana, credo, confiteor. ... Abnego et reprobo omnes scismaticos et divisos ab unitate sancte matris ecclesie Romane catholice». *AFP* xxv. 306.

（40） Muratori, O.S. ix, coll.598-600 : «Nam ab anno MCC et ultra suspecta sunt ...» というすでに親しい起句から。この起句の典拠については、【本章n.3】参照。

（41） «Libellus qui intitulatur Incipit initium malorum».

（42） «Fertur a nonnullis Abbatem Joachimum Libelli huius spiritu prophetico fuisse auctorem». Op.cit., coll.724, 726-8, 736, 741, 747, 752.〔＊ちなみに先の教皇ニコラウス三世からクレメンス五世までとは、一二七七年から一三一四年まで、八代教皇に渡り、その間には問題のケレスティヌス五世の在位もある。〕

（43） Cfr. C. Piana, *Nuovo contributo allo studio delle correnti dottrinali nell'Università di Bologna nel sec. XIV*, *Antonianum* xxiii (1948), p.243.

(44) Henry of Herford, *Liber de Rebus Memorabilioribus,* ed. A. Potthast, Göttingen, 1859, pp.181-3.

(45) Ed. J. Eccard, *Corpus Historicum Medii Aevi ...,* Leipzig, 1723 ; H. Corner, *Chronica Novella,* coll. 849-51.

(46) «Abbas ... Joachim sparsit haeresim suam in corda hominum simplicium. Hic fertur spiritum habuisse propheticum et composuisse librum de sex aetatibus, ubi tempus praesens posuit in sexta aetate. Prophetavit de Summis Pontificibus futuris, depingens eos in diversis figuris et imaginibus iuxta conditionem vitae cujuslibet, quam acturus esset. Sed quia in pluribus mendax et haereticus repertus est, ideo non videtur habuisse spiritum veritatis sed potius falsitatis». *Chronica novella,* col. 794.

(47) *MGHS* xvi. 371.

(48) アルノルドゥスの見解は、一二四八―五〇年頃に書かれた論考*De correctione Ecclesiae,* ed. E. Winkelmann, Berlin, 1865 に載せられている。

(49) 【III-2 pp.391-93】参照。

(50) Ed. Quétif-Échard, *Scriptores Ord. Praed.,* Paris, 1719, i.534. またEhrle, *ALKG* iii, Berlin, 1887, pp.611-13 をも参照。

(51) «Fratres aliquos ... qui spirituales ab aliquibus vocabantur».

(52) «ne aliquis Frater singularitatem haberet in modo vivendi, quae de se induceret in scandalum vel errorem».

(53) H. Fages, *Notes et documents de l'histoire de Saint Vincent Ferrier,* Louvain-Paris, 1905 ; M. Gorce, *St. Vincent Ferrier (1350-1419),* Paris, 1935 ; J. M. de Garganta, V. Farcada, *Biografia y Escritos de San Vincent Ferrer,* Madrid, 1956.

(54) *Mirabile opusculum de fine mundi,* s.l., 1483 には、〈混合mixtus〉と〈純粋purus〉の二種のアンチキリストがあらわれる。前者の後、最終のアンチキリストの前に、真の教皇による使徒的清貧への帰順という〈革新renovatio〉があるだろう、と。*Sermo de Sancto Dominico, Sermones de Sanctis,* Antwerp, 1573, p.299では、教会の第七の時期は明瞭に〈アンチキリストの死後post mortem antichristi〉に置かれ、「いまやついにすべてがキリストに帰還するquia tunc omnes ad finem Christi revertuntur」〈成就perfecta〉として描かれている。

(55) *Sermones Hyemales,* Antwerp, 1572, pp.60-1.

(56) «Aquarius ... et figurat undecimum statum mundi huius futurum post mortem Antichristi, quia tunc sol iustitiae erit in aquario : nam tunc omnes generationes infidelium baptizabuntur. O qualis pressura erit ad baptismum, non sufficient clerici! ... Tunc complebitur prophetia Ezechielis : Tollam quippe vos de gentibus et congregabo vos de universis terris et adducam vos in terram vestram, scilicet ecclesiam militantem ...».〔*エゼ36:24参照。〕

(57) «ante adventum Antichristi». Fages, op. cit., p.215.

(58) Ibid., pp.210, 221 ; Gorce, op. cit., p.92. ヴァンサン列聖の教令にはこの件の記載が認められる。〔*黙示14:6参照。〕

(59) «in universo mundo post mortem Antichristi per fideles aliquos qui in unaquaque gente erunt mirabiliter conservati a Deo ad conversionem aliorum et tunc veniet ultima consummatio mundi». Fages, op.cit., p.220.

(60) «Nam tria que apparuerunt in recto stipite ipsius crucis celestis significant tres futuros Predicatores circa finem mundi significatos per tres Angelos, de quibus scribitur Apocalypse c.14. Itaque per radicem stipitis intelligitur primus, per medium pomum secundus, per supremum vero pomum tertius, qui in summo statu prosperitatis et fidelitatis Christiane veniet, scilicet post mortem Antichristi». Fages, op.cit., p.202.

(61) たとえば、*Sermo de Sancto Dominico* (ref.【本章n.54】), p.299 :「エリシャは言った。彼らは新たなうつわを得る、と。説教修道会こそこのうつわである。そこには数々の修道士たちが容れられ、新と旧とをあわせ、ここにすべてと謂われる」«Sed dixit Heliseus, Habeatur vas novum. Ecce ordo praedicatorum dicitur vas, quia continet plures fratres, dicitur novum et vetus plus quam omnes».

(62) *De Vita Spirituali,* ed., s.l., s.d.（おそらく一五〇〇年ごろの公刊）

(63) «Tria sunt a nobis singulariter et quasi assidue meditanda. Primum est Christus crucifixus … Secundum status apostolorum et fratrum preteriotorum nostri ordinis … Tertium status virorum evangelicorum futurus. Et hoc debes die noctuque meditari, sc. statum pauperrimorum simplicissimorum et mansuetorum humilium abiectorum charitate ardentissima sibi coniunctorum nihil cogitantium aut loquentium, nec saporantium, nisi solum Iesum Christum et hunc crucifixum … supernam Dei et beatorum gloriam contemplantium et ad eam medullitus suspirantium … Et per conversationes imaginari debes eo ipsos : ut cantantes canticum angelicum cum iubilo citharizantium et citharis cordis sui, hec imaginatio ducet te plus quam credi potest in quoddam impatiens desiderium adventus illorum temporum. Ducet te in quoddam admirabile lumen …».

(64) Venezia, Bibl. Marc., MS. Lat. Cl. III, 177. cfr. J. Valentinelli, *Bibliotheca manuscripta ad S. Marci Venetiarum,* Venezia, 1868, ii. 215. この写本の詳細については【III-4 pp.429-31】参照。

(65) ff.28r, 29r.

(66) 【II-8 p.329】参照。

(67) Giovanni Annio of Viterbo, *Glossa super Apocalypsim de statu ecclesie ab anno domini MCCCCLXXXI usque ad finem mundi …,* Louvain, s.d.

(68) 【I-9 p.132】参照。

(69) T. Malvenda, *De Antichristo Libri Undecim,* Roma, 1604, pp.115, 171, 177-9, 531 ss.

(70) «Elias cum venerit omnia restaurabit».

(71) «Denique toto complectimur pectore admirabilem illam ac solida veritate subnixam viri Apostolici S. Vincentii Ferrarii assertionem, sacrum Christi Evangelium per Fratres Praedicatores ac Minores, adde etiam Augustinianos, Iesuitas et alios aliorum Ordinum … praedicari, ac tandem plenarie, atque generaliter praedicandum in totius orbis humano genere culti regionibus, nimirum in cunctis terris ac insulis tam Veteris quam Novi orbis, tam apertis, quam aperiendis, tam cognitis quam cognoscendis … Atque ut interim vetustiora omittamus, quis non videat S. Patrem Vincentium certissimum extitisse vatem, cum aperte cernamus in omnibus regionibus, insulis ac Provinciis quas tum Lusitani, tum Castillii aperuerunt, atque Imperio subdiderunt, que sane tam in Africa quam in Asia et amplissimo Novo Orbe, vastissimoque Oceano sunt innumere atque plane latissimae per Dominicanos, Francescanos, Augustinianos, Iesuitas et alios Evangelii ministros a Romano Pontifice missos Evangelium praedicatum … Christianam Religionem plantatam, indiesque longius latiusque per novas terras et insulas quae aperiuntur, continenter diffundi atque propagari?» *De Antichristo,* p.171.

第4章　初期フランシスコ会士たち

とはいえ、ヨアキム主義的預言に対する激しい情動的反応が認められるのは、主としてフランシスコ会においてであり、彼らはそこに緊迫という意味作用と過激な行動への誘因とを見出すのである。近年の研究者たちのうちには、フランシスコ会内の共住派と聖霊派の論争を分析しつつ、そこに通底するヨアキム主義に力点を置く者もいる。しかし彼らも、それは聖霊派の真の行路からするならば〈絶対的清貧〉の論争に惑乱したものであり、どちらの側からみても展望を歪曲するものとして分離できる付加的要素に過ぎない、と脇に追いやっているようにみえる。どうやら、福音的清貧とヨアキム主義的な歴史への待望の間に聖霊派の情念の深い結びつきを認める者は僅かである。この結びつきはしばしば自覚されてすらいなかった。こうした特徴は聖フランチェスコの遺言《テスタメント》は聖霊が認《したた》めたものであったという信念、同時代のできごとに対する強い意味づけ、まずはじめ聖フランチェスコに向けられ、後にペトルス・ヨアニス・オリヴィに向けられた誇張された讃辞にも感知されるものである。こうしたことのすべての背景には、新しい時代が、歴史の新しい地平が闢けつつあるという信念がある。それゆえヨアキム主義者の歴史観から、過激なフランシスコ会士の三つの特徴的思惟が導き出される。歴史の恐ろしい危難が今やまさにこの世に勃発しようとしているという感情、この時にあたってまさに自らの修道会が果たさねばならぬ至上の務めに対する確信、教皇庁および教会の位階制度《ヒエラルキア》への服従のうちに修道会の未来への鍵があるのであり、それを枉げることはできないという処断。ヨアキム主義的歴史観が産み出した情調にはどこか初期マルクス主義者の気風にも似た確信と緊要さがある。フランシスコ会聖霊派は自らが正しいことを確信していた。なぜなら彼は歴史のしるしをもっているから。彼は切迫した危機を衷心から待ち望むことができた。なぜなら歴史は彼の側に即いているのだから。

　歴史は聖フランチェスコに焦点を結ぶ。歴史はまさにその時、彼に特別な務めを委ねた、そう彼らは信じた。『三人の《ヴィタ・トリ》伴侶の伝記《ウム・ソチオールム》』の中の枢機卿コロンナのことばは、まさにこの意味を具現している。この世は聖フランチェスコを待望していた。「……それゆえ主はこの世のすべての聖なる教会の信者たちの革新を望まれておるとわたしは信じる」(1)。公式な『大《レゲン》伝記《ダ・マイオーラ》』ですら、聖フランチェスコの〈霊的〉伝説を繰り返し、高い意味を付与している。彼はエリヤの霊と力をもつ者にして、じつに「日の出る方から神の印をもって昇る」黙示録の第六の天使に他ならない、と言明される(2)。このどちらの特定にもヨアキム主義的な含蓄がある。おそらく最初に聖フランチェスコを第六の天使と讃えたのは、〈偉大なヨアキム主義者〉ジョヴァンニ・ダ・パルマであったが(3)、はじめてそれに言及したのは現在に伝わらないゲラルド・ダ・ボルゴ・サン・ドンニーノの『序説《リーベル・イントロドゥクトリウス》』から、アナーニの評議会によって編まれた抄録においてであった(4)。とはいえ、このヨアキム主義的特定はボナヴェントゥラによっても承認され(5)、公式伝記のうちに組みこまれることによって、正統信仰の枠組みに収められたのだった。ここから以降二世紀にわたり、数知れぬ著作があらわれる(6)。

　フランチェスコの特別な使命にかかわるこの比類のない主張がヨアキム主義的な歴史図式に属するものである、ということについて、この帰属を用いた者たちのほとんどが気づいていない。それにもかかわらず、なぜ聖フランチェスコが第六の天使として特定されるのかという理由は、新たに待望される時期の人の生のあり方を明確に表わすものであった。聖霊派が福音的完徳あるいは福音的清貧を説く時、そこには純粋に廉直なる生というより以上のことが含意されており、〈福音的完徳の状態《スタートゥス・エヴァンゲリカエ・ペルフェクチオーニス》〉ということばの内にわれわれはヨアキムの第三〈時代《スタートゥス》〉の余韻を聴きとる。大修道院長の『符合の書』の一本を写した書写生が欄外注に「福音的完徳の下の第三時代のはじまり」と記しているのを認めたにしても、そしてまた別の書冊に、「注・聖霊の自由とは浄福なるフランチェスコが更新した使徒的生のことである」と、ヨアキムの第三〈時代《スタートゥス》〉をしるす聖霊の解放とフランチェスコの生が公然と等置されているのを見出しても、そこにはなんの不思議もない(7)。こうした意味で、聖フランチェスコの特別さはその生涯がキリストの生涯に一致並行したものと観念されることによって特殊な意味へと結晶せしめられる。こうした主張に用いられることばの法外さもまた、ヨアキム主義の文《コン》脈《テクスト》においてのみ理解され得るものである。ヨアキムの三位一体論の三つ組み類型《パターン》によってのみ、二つの聖書における周知の符合が未来へと拡張される。さもなければ聖フランチェスコについてなされるこうした主張は、ほとんど冒瀆にも等しい。聖フランチェスコは、キリストが第二〈時代《スタートゥス》〉の閾に立っていたように、第三〈時代《スタートゥス》〉の閾に立っていたのであり、ヨアキムが第一と第二の〈時代《スタートゥス》〉の間に見出した並行は、いまや第二と第三の間に索められねばならない。このような並置からは、明らかにヨアキム自身たじろぎつつ撤退している。彼にとっては、二つの聖書があり得るのみであり、両聖書に発する霊的解釈が第三のものとして具体化するなどということは決してあり得ない。しかし幾人かのフランシスコ会士たちにとって、聖フランチェスコの会則と遺言書《テスタメント》をゆるがせにできない権威、第三の聖書《テスタメント》とみなす誘惑には抗し難いものがあった。聖フランチェスコは会則厳修を命ずるとき、「この会則のことばはわたしが設けるのではなくキリストが設けたまうたものである」(8)と言ったのであり、彼自身にもその責任の一端はあった。そして実に、あるいは名ばかりであったにしても、聖霊派の者たちは〈第三の遺言=聖書《テスタメント》〉を熱烈に擁護することになる。

ここで十分留意しておかねばならないのは、聖フランチェスコと歴史におけるその会派の役割をこうした方向へと差し向けることが、必ずしも人をヨアキム主義者とする訳ではないという点である。そうした穏健なる立場はブレーメンのアレクサンデルの『黙示録註解』(9)によくあらわれている。そのはじめ、彼はヨアキムの霊的体験について自身の黙示録の意味理解と絡めて示唆するとともに、この著作には擬ヨアキム主義的文書『エレミヤ書註解』や真作『符合の書』からの引用が数々含まれている(10)。彼の解釈の幾つかには大修道院長の余韻がある。〈シルヴェステルのいとも幸福な時〉に先在した卓越、黙示録の天使たちのひとりを聖ベネディクトゥスとする同定、ペルシャ王コスロエ、皇帝ハインリヒ四世、サラディンを龍のあらわれと観るところ(11)。彼の著作はヨアキムを後継した危機と待望の雰囲気を強く反映している。ヨアキムとともに彼は、「一二〇〇年以降つねに疑念を抱きつづけている」。こうした時の要請に応え、神は二つの大いなる光、ドメニコとフランチェスコを遣わし、彼らの新会派を通して啓示の光は「第七の時期の圏域にまで」溢れかえるに違いない(12)。アレクサンデルはこの主題に関連して『エレミヤ書註解』をかなりの長さにわたって引用するとともに、これら二つの修道会が千年にわたってキリストとともに統治するであろう、と言う(13)。注目すべきは、彼が『エレミヤ書註解』から危険な含蓄をもつ三つ組みを引き出しているところであろう。「かつて父は歳老いた者たちを挙げたまい、次に若き使徒たちを挙げたまうたように、いまや幼児を挙げたまう」。[14] 彼は鳥と鳩といった形象を用いつつ、両修道会が連繋して神の使命を果たすことになると書くのだが、そこにはフランシスコ会が未来の宝を守るという暗示がみられる。こうして彼は新エルサレムが天から降り来るという幻視《ヴィジョン》を、二つの新しい修道会によって解釈してみせる。二人の聖人はその礎石。だがフランチェスコには碧玉《ジャスパー》が割当てられ、その碧緑色がキリストを意味するものとされるとともに、〈神の国〉における生が意志的清貧として称揚される。[15] そしてまた黙示録二二章に関連して、彼はフランチェスコを「地の果てまでを潤す天上の川のひとつのごとくに敬虔なる福音で浸す新たなる福音史家」[16] と讃えてみせる。アレクサンデルの註釈が正統信仰からの逸脱という疑惑の目でみられたことは一度もない。このように穏健に語られる時、二つの新修道会のヨアキム主義的役割も困難なく吸収されることとなり得た、という証左である。

聖フランチェスコとその歴史に占める位置についてボナヴェントゥラがとる立場を考察するためには、ヨアキム主義的歴史観から聖フランチェスコに付与されることとなった、特殊な終末論的位相をめぐる論議をより精細に辿ってみなければならない。ボナヴェントゥラは『命題論集註解』で、断罪されたヨアキムの三位一体説を厳格に拒絶し、[17] また後期著作『創造の六日間《ヘクサエメロン》についての講話』では、この危険な歴史観について直接言及することなしに熟慮を重ねて反論しているようにみえる。比較へと誘うように、彼はヨアキムのように創造の日々という象徴を歴史の時期に当て嵌めてみせており、『神学綱要《ブレヴィロキウム》』では七つの時期が実質的にヨアキムのことばで語られているのが認められる。[18] しかし『創造の六日間《ヘクサエメロン》』において、彼はヨアキムの三つの〈時代《スタートゥス》〉に抗するように、四つの〈時《テムポラ》〉という別の類型《パターン》を措いている。[19] これらを彼は、〈律法以前の時〉あるいは〈自然の時〉、〈律法の時〉、〈預言の時〉、そして〈恩寵の時〉と名づける。この最後の時はキリストの第一の降誕から第二の降誕までの全時期を包摂しており、これによってボナヴェントゥラの基本諸原理のひとつ、歴史におけるキリストの中心性、が証されている。彼は二つの契約に立脚しており（それによって彼の〈時《テムポラ》〉は、三‐から‐一へ、一へと収斂する三として配当される）、彼は明らかに聖書の二性を強調している。「新約聖書の後、それと別なるものが存するなどということはなく、新たな律による他なる秘蹟に置き換わるなどということもありえない。それこそが永遠の聖書なのであるから」。[20] 歴史のいかなる時にも等しく三位格《ペルソナ》がはたらくと強調することで、彼が歴史の三位一体的観念からなんとか身を引き離そうと配慮を凝らしていたことに疑問の余地はない。

とはいえいまだこの観念の魅惑から彼自身解放されたという訳ではない。彼はかなりの数にのぼる三つ組みを用いており、[21] そのうちにはヨアキムの用語に近い三位格《ペルソナ》に相当する三つの秩序のひとつも含まれている。「世俗者のあるいは活動的な人々の秩序は父に相当する、というのもそれは聖職者および修道士を産生するが、産生されるのではないから。聖職者の秩序は御子に相当し、この秩序は世俗者の秩序から産生され、修道士を産生する。修道士の秩序は聖霊に相当する、とはつまりこの秩序は産生されるのであって、産生しない」[22]。しかし最も意味深長な三つ組みの使用は、彼の四つの〈時《テムポラ》〉のそれぞれが三つの副次〈時《テムポラ》〉に区分されるところにある。そしてそのそれぞれが三位格《ペルソナ》のひとつの格別のはたらきとして表わされるところに[23]。こうしてボナヴェントゥラは結局、歴史における三位一体の特殊なあらわれという観念を自ら引き受けることになる。そして彼の歴史継起の頂点は、第四の〈啓示された恩寵の時〉が〈人の救済の時〉、〈聖寵の拡大の時〉、〈聖書の開示の時〉に下位区分されることにより[24]、ヨアキムの聖霊の時代に近しいものと化す。そして聖霊に係わる最後の時は、格別黙示録と結びつけられることになった。どうやらボナヴェントゥラは、知的にはヨアキム体系の明確な危険に対して反論したものの、情緒的には聖書が完璧に開示されることとなるであろう霊的啓示に極まる時期に対する信念を抱懐していたもののようである。数々の句節で、彼は教会の最終的開花が歴史のうちに齎されることへの期待を明確に説いており、第七の時期をアンチキリストの破滅と最後の審判の間に措き、それを第八の時期から区別するこの期待の表現は、はっきりとヨアキムの衣鉢を継ぐものである。「平和の時こそがついに訪れるだろう。教会の大いなる廃墟の後、アンチキリストがミカエルに殺され、その最大なるアンチキリストの試練の後、最後の審判の日に先だって、この世がはじまって以来かつてなかったようなじつに平和な静穏が訪れるだろう。そして人々には使徒の時のごとき聖性が齎されるだろう」[25]。

ボナヴェントゥラは二つの契約、二つの聖書に立脚しつつも、実のところヨアキムと一致和解していたなどとは思ってもみなかったであろうが、おそらくヨアキムもまた言明していたところ、つまり歴史のすべての段階に三位格《ペルソナ》のすべてがはたらく、ということを彼ほど実感しているものもなかったに違いない。彼がヨアキムの歴史観をどのように考えていたにせよ、実際彼は歴史の終わりに危難を思い描き、その段階を超えて新しい〈時代《スタートゥス》〉を望見している。(26) この点において、彼はヨアキムの後継者であった。彼はこうした文脈に聖フランチェスコを置いたのだった。たとえ彼が、人を黙示録の第六の天使あるいはエリヤの第二の到来という終末論的な場所にまで昇らせることが、歴史における新〈時代《スタートゥス》〉のはじまりを含蓄することになるなどとはっきり感受していなかったにしても。とはいえ、彼の言辞の幾つかはこの観念に漸近する。

> この時にあたり新たな秩序、つまり預言者に倣い（あるいは、衣装を纏い）、イエス・キリストの秩序にも似たものが到来することこそが、その領袖は日の出る方から上る生ける神のしるしをもつ天使、キリストにも等しいものであることこそが必定であった。(27)

> 第三の観想の秩序（〈観想秩序〉の第三にして、第九なる位階、〈熾天使の秩序〉）とは神の高みへと駆られてあるところ、ついにその境位に至った者こそが聖フランチェスコであった。……まさにこの第三の秩序こそがエルサレムであるが、それは突然眼前にあらわれるのでなければ獲得されるものでなく、キリストが自ら受難することなくしては開花することのなかった秩序である。(28)

> （ふたたび第六の天使の一節を引いた後、）六日間でこの世は創造され、第六の時期にキリストは到来する。この六つの時の後、教会はついに観想教会となるのである。(29)
> 天使（つまり、第六の天使）に相当するある時代が教会に齎されるためには、神への崇敬の最終最新の完徳が、三重に昇階する三重の光が獲得されねばならない。(30)

ボナヴェントゥラは自ら意図せぬところでヨアキムの後継者であった。絶対的清貧という現実問題に関して宥和を期した彼ではあったが、白熱する議論を呼んだ預言的待望については、それを断罪したというよりもかえって火に油を注ぐ結果となったのだった。

フランシスコ会内部における実質的なヨアキム主義者集団の起源にはなしを戻す前に、論争を惹起することなくヨアキム主義的諸範疇をもちいた十四世紀の三人のフランシスコ会士について触れておきたい。まず最初に、ピサのバルトロメオ。彼はピサのバルトロメオ・デ・リノニコとみなされ、その名がみつかる最初の記録が一三五二年、ピサの修道院に居住していたことを、最後が一三九九年、アッシジの修道総会に参加したことを伝える他、ほとんどなにも知られていない。[31] どうやら彼はその著『浄福なるフランチェスコの生涯の主イエスの生涯との一致についての書』[32]を一三八五年に書きはじめたものらしい。キリストと聖フランチェスコのあいだに彼が入念に据え置いた並行論は樹木の形象に象徴されており、それはたちまち『形象の書』のヨアキムの樹木を想起させる。彼は樹木の十二の果実あるいは〈一致〉を取りあげ、そのはじめは「イエスは預言を証し、フランチェスコは明かす」と表題されている。ここで彼はかなりの長さにわたり、いかにフランチェスコが「キリストのように謎を語り預言したか」について詳述している。[33] そこでヨアキムは最も多く引用される預言者のひとりとなっている。『エレミヤ書註解』の周知の句節、また『キュリロスの巫言』や『エリトレアの巫言』に対する註解のような擬ヨアキム文書からの引用の数々。[34]

とはいえ、最も興味深い引用はヨアキムの真作『符合の書』からのものである。そのひとつは第五巻に容易に特定できる、創造の第六日に造られた人に象徴される第六の時期にあらわれる新しい秩序に関するもの。[35] もうひとつは『符合の書』よりと明記されているものの、明らかに加筆改竄された部分からの長い引用。それは次のようにはじまる。[36]「ふたりの人があるだろう。ひとりはこちらに、またひとりはあちらに。これが二つの秩序と説かれる。こちらはイタリアあるいはトゥッシアの人、もうひとりはヒスパニアの人。ひとり目は鳩のごとく、ふたり目は烏のごとく、これら二つの秩序ののちに襤褸を纏う別の秩序が来るだろう……」。この預言の焦点は、第三の秩序に託された〈いとも短い時《ブレヴィッシムム・テムプス》〉に、〈鳩の修道会《オルド・コロンビヌス》〉に対する聖職者と〈烏の修道会《オルド・コルヴィヌス》〉の痛烈な敵対が起こり、後者の修道会が〈反抗者《コントゥマクス》にして叛乱者《レベッリス》〉として廃絶される一方、前者は〈来たるべき時《ノヴィッシマ・テムポラ》〉まで生き延びるべく約されている、というところにあるようにみえる。〈鳩の修道会〉はこの世の果てまで説教をしてまわり、数々の民を改心させ、ムスリム教徒たちをも凌駕することになるだろう。この預言がどのように生じたものか考えてみることは興味深い。これがもしも本当に『符合の書』に嵌入されていたものとするなら、その場所は第五巻一一八章（一三三葉裏）であったろう。ヨアキムはそこでダニエル書一二章五の「またふたりの人があり、ひとりは（川の）こちらに、またひとりはあちらに……」[37]を解説している。サリンベーネの言うところによれば、フリードリヒ二世の怒りを怖れてあるフロレンセ会の大修道院長がヨアキムの著作を携えていった先はピサのフランシスコ会修道院であった。[38]ここに最初のフランシスコ会内ヨアキム後継者たちが集まり、[39]改竄句もその内のひとりによって編入されたのではなかったか。そのしるしは三番目の序列として記される〈襤褸を纏った者たち《サッキス・ヴェスティートゥス》〉。これはおそらく襤褸派《サッカーティ》あるいは頭陀袋《ずたぶくろ》を纏う托鉢士たちを謂ったものであろう。すでに観たように、彼らはサリンベーネの憤激を買った者たちであり、ロベルト・デュゼスの幻視《ヴィジョン》に眩んだ者たちであった。[40]

バルトロメオはヨアキムの七つの封印あるいは旧約の七つの時期が新約の七つの時期に一致するヨアキムの体系をよく理解しており、自ら、歴史のヨアキム主義的図式を構築した。それは彼に、聖フランチェスコを新約聖書の第六の封印の天使として樹てることを可能とするものとなる。[41]彼は言う。ベルナルドゥスやドメニコといった他の聖人たちを貶めるつもりはないのだが、彼らがみな西から興るのに対して、フランチェスコは東から――「日の出る方から」[42]――昇る。「つまり彼のみがキリストとのおおいなる一致にあり……ここからしてわたしはフランチェスコのみが神によってこの時、まさにこの終局目的の換称と定められてあると言うのである」[43]。ここに彼の著作に通底する二の並立という主題はフランチェスコに特殊な意味を見出し、小さき兄弟会は神の特別のはたらきによって最後の審判の日まで永らえ、「その他の諸秩序は衰微する」[44]。この著作はそこに付された樹木の図とともに一三九〇年の修道総会で無条件に裁可されており、[45]ここでふたたび、聖フランチェスコとその修道会の歴史における役割が、異端の嫌疑を受けることもなくヨアキム主義的に解釈され得た事例に逢着する。信念が権威に対する挑発として押し出される時にのみ、問題は生じたのである。

十四世紀、「ヨアキムの範疇の内で考えた」[46]ふたり目のフランシスコ会士ペトルス・アウレオリもまた、まったく正統信仰の側に身を持している。彼の黙示録註釈がいかにヨアキム主義と酷似した思惟に浸されたものであるか、についてはすでにエルンスト・ベンツが論じている。彼にとって、〈霊的知性〉《インテリゲンチア・スピリトゥアーリス》とは歴史の理解に発するものである。彼もまた教会の七つの時という枠組みを採る。彼は黙示録の天使たちに歴史へのはたらき、歴史の作動者を観るとともに、托鉢修道会の偉大な聖人たちに高い役割を準える。とはいえ、彼をヨアキムおよびその後継者たちと分かつ観点の大きな相違がひとつある。それは、彼が第三〈時代〉《スタートゥス》を信じてはおらず、第七の時を歴史の〈内〉に待望しないところ。時の内にこれが成就されるという期待を拒否しつつ、彼は聖霊派の者たちに対峙する。われわれはこれに似た事例をイングランドの小さき兄弟会士コッシーのヘンリーに見た[47]。彼はおおよそアウレオリと同じ考えに関心を抱いていたが、ただ彼は大胆にいろいろヨアキムを引用してみせた。彼は自ら火傷することなしに怖れもみせず火と戯れたのだった[48]。こうした諸事例からすると、托鉢修道会士たちはそこから生じ得る過激な期待感に感染することなしに、こうした歴史解釈を把えることもできた、ということが分かる。

　それはさて十三世紀中葉、フランシスコ会内部に生成したヨアキム主義者集団という未解決の問題に戻ることにしよう。ヨアキム主義に最初に注目したのがナポリのフランシスコ会修道院であったらしいという示唆はあるものの、カラブリアの初期フランシスコ会修道院の数々がフロレンセ会となんらかの連繫にあったという証拠はない。それにサリンベーネのものがたるところによれば、ピサの修道院にヨアキムの著作をもたらしたのがあるフロレンセ会修道院長であったという、最も早い時期の接触のしるしがある。われわれにとっての直接証拠は、一二四〇年代のフランシスコ会ヨアキム後継者集団のもの。これはサリンベーネが、プロヴァンスのイエールでユーグ・ド・ディーニュの周囲に集まった者たちについて潑剌と語っていたところである[49]。この熱狂的な集団は――そこには「司法官や公証人それに自然学者やら他の学者たち」まで加わっていた――ユーグが大修道院長ヨアキムの教説を註解するのを聴きに彼の部屋に集まっている。船出を待つ巡歴の者たちを改宗させようとしたのは彼らだった。こうした会話において興味をそそられるのは、彼らがまったくヨアキムの謂う危難とアンチキリストの日々の預言に帰依していることであるが、結局のところ第三の〈時代〉《スタートゥス》を先触れする者としてではない。サリンベーネはいろいろなところで、もちろんこの件に関して新しい秩序、新しい修道会の数々を説く預言について語っているが、どうやらユーグ・ド・ディーニュの周辺集団は、その外観からする限り、大修道院長の三つ組み類型《パターン》に係わったり、その第三〈時代《スタートゥス》〉に自分たちが特別な役割を果たすことになるといった考えを抱いたりしてはいなかったようである。ユーグは自著において絶対的清貧の理想を後の聖霊派の者たちのように熱烈に捧戴しているが、それでも彼は、フランシスコ会だけが第三〈時代《スタートゥス》〉への鍵を持つ者だ、などと主張してはいない。[50] こうした証拠からする限り、このプロヴァンスの集団はいまだわれわれの謂うところのヨアキム主義の初期段階に属するもののようである。つまり、三つ組みの類型《パターン》や〈この世の革新《レノヴァチオ・ムンディ》〉をよりも、二つ組みの類型《パターン》と歴史の危機を言い募る者たち。[51] ユーグ・ド・ディーニュが一二五五あるいは五六年に亡くなったのはほぼ確実で、それより長生きした訳ではなかった[52]と考えられるところからしても、彼はヨアキム主義者の第一世代に入るだろう。こうしたところからすると、一二四〇年代、ヨアキム主義的議論はフランシスコ会士たちのうちで進められたが、一二六〇年代になるまで三重になった歴史という説が十分に成熟することはなかった、と結論づけてもよいだろう。

　こうした推測は、一二五〇年代のパヴィアのトマスによっても裏づけられる。[53] 彼の『区分論《ディスティンクチオーネス》』はアンチキリストに注意を集中しており、ヨアキムはその三つの〈時代《スタートゥス》〉の説によって語られることはなく、いまだアンチキリストの預言者である。トマスは『註解《エクスポジチオ》』からアンチキリストの二つのあらわれに関する重要な句節を引用している。海から来る獣と陸から来る獣、それはヨアキムがネロとシモン・マグスに準えたものである。[54] トマスは判断を留保しているが、ローマのラテラノ教会がそれによって潰され、「ああ復活したネロ、おまえこそアンチキリストなり」[55] と大声で叫びをあげるのを夢に見た「ある宗教者」の幻視《ヴィジョン》を繰り返し語らずにはおれない。すでに本書第I部に引いたトマスの一節では、四十二世代に関するヨアキムの計算についても論じられ、一二六〇年に絶頂が待望されていた。しかしすでにそこには計算の起点の移動、つまりキリスト降誕からではなく、受難からはじめるべきであるという議論もみられた。トマスは自らの中立を主張しているが、彼がすでに〈エリトレアの巫言〉についての擬ヨアキム主義的註釈を読み、『形象の書』の龍についても考察をめぐらしていることが分かる。おそらくサリンベーネがトマスについて、「わたしの真の親友で……わたしは長く彼と一緒に過ごした」[56] と語っているのはこのことを指しているのだろう。トマスは懐疑的な立場を持したが、その決着に期待を寄せてもいる。「彼（ヨアキム）の霊が言ったものか神の霊が言ったものかは判らぬが、それが真であるか偽であるか来たるべき時が明らかにしてくれるであろう」[57]。一二四〇年から一二六〇年にかけ、このことばを反芻することになる夥しい数のフランシスコ会士たちがいたに違いない。

フランシスコ会内熱狂者たちによるヨアキムの第三〈時代《スタートゥス》〉の完全な自己同化に決定的な役割を果たしたのは、おそらくジョヴァンニ・ダ・パルマであった。一二四七年、彼の修道総長就任にあたって寄せられた熱烈な喝采には深甚な意味がある。「汝の来たるはじつに喜ばしい限りなれども、いささか遅きに失した観あり」。これが彼に対する修道士アエギディウス（ジル）の預言的な歓迎のことばだった[58]。とはいえ、ここでもまた、彼のヨアキム主義と言われるところを正確に知ることは難かしい。聖霊派の歴史家、修道士アンジェロ・クラレーノが彼について記すところが現実に近いのかもしれない。

> 彼が言うところの修道士たちに約された福音的完徳の状態《スタートゥス》=時代《スタートゥス》はいとも高く、神の要請したまう信仰、慈悲、勤めの業の高みにあり……そのためには……修道士たちは遺言書を最大に尊重せねばならない。というのもそこにはまさにこの聖人の教えと祝福とがあるからというばかりでなく、それは、その驚くべき聖痕を刻印された後、彼のうちに十全に完璧に棲むところとなったキリストの霊が彼に語りたまうたところである……じつに慈悲の勤めと秘蹟のすべては律法、預言諸書、福音に懸かっており、まさに浄福なるフランチェスコの遺言書にはそのすべての完徳、会則、忠誠、霊的知性の意図が籠められている……キリストの命によりフランチェスコによって更新された福音的生の必然要請は革新の目的とするところであり、聖霊がフランチェスコを介して会則の後、最後に遺言書として建てるものに他ならない[59]。

ここにはヨアキムの名が挙げられている訳ではないが、その近しさには驚くべきものがある。福音的完徳の状態《スタートゥス》=時代はここで、新たな霊的地平を暗示した高み、修道会の守るべき使命としてある。聖フランチェスコの『遺言書』は〈霊《スピリトゥ》的知性《アーリス・インテリゲンチア》〉を体現するものであり、『聖書』と等しい水準に置かれる。数々の危難の先に、不可抗的に革新はある。

もうひとりの聖霊派ウベルティーノ・ダ・カサレの回想から、[60]実際にジョヴァンニ・ダ・パルマが聖フランチェスコと彼の修道会に歴史の第六の封印を、そして会則を遵守する者たちをバビロンの崩壊に克ちほこる聖人たちの凱旋と観ていたことが分かる。アンジェロの言うところを信じるならば、ジョヴァンニ・ダ・パルマは最終的な〈改革《レフォルマチオ》〉にたいする内心の想いをヨアキムの預言を借りて擁護したことになる。[61]そしてジョヴァンニと彼の仲間たちが大胆にも異端の嫌疑から擁護した大修道院長の教義、それに対するボナヴェントゥラの審議のかなりの部分の議論がヨアキムの歴史観によりも三位一体説に捧げられているにもかかわらず、皆の期待の底にこの革新が想定されていることが窺える。[62]

この審議において、ジョヴァンニの仲間として二人のヨアキム後継者、レオナルドとゲラルド・ダ・ボルゴ・サン・ドンニーノの名が挙がっている。ヨアキム主義的未来をフランシスコ会に最初にはっきりと当て嵌めてみせたのが後者、ゲラルドだった。[63]第三の聖書、〈永遠の福音〉を告げるにあたって、彼ははじめて第三〈時代《スタートゥス》〉の到来を唱え、ヨアキムならばまったく拒否したであろうような意味において大修道院長の三の類型《パターン》を成就させようと試みたのだった。ゲラルドの書は一二五五年のパリ大学に一石を投じるものとなり、かつてみたこともない波紋を広げることになる。しかしその内実および反撥についてはあまりよく分かっていない。アナーニの評議会の議定書によると、ゲラルドはヨアキムの主要三著作つまり『符合の書《コンコルディエ》』、『黙示録註解《エクスポジチオ》』、『十玄琴《プサルテリウム》』に自らの『序説《リーベル・イントロドゥクトリウス》』と註釈を付し、〈永遠の福音〉として公にしようとしたものらしい。ゲラルドの『序説』については、今日ではこの評議会が作成した抄録およびパリ大学の教授《マギステル》たちが編んだ過誤一覧しか知られていない。[64]おそらく後者は彼の異端説について誇張されており、前者は問題の全体を覆いつくしたものとは言いがたい。いずれにしても十三世紀のヨアキム後継者の諸観念を語るものであった筈の書物は、こうして部分的に遺されることとなった訳である。おそらく評議会がヨアキムの諸著から成した抄録には、ゲラルドの待望するところがかなりうまく把握されている。[65]そこに示唆されるゲラルドの福音に関する三つの要点。聖霊の第三〈時代《スタートゥス》〉の切迫についての揚言。それは「謎も形象もなしに」[66]あらわれるだろう。そして、一二〇〇年という年には「永遠の福音が到来し、霊的なる生は両聖書を出でた」[67]という主張。〈永遠の福音〉は聖職者たちおよび各修道会より等しく発出する跣足修道会に特に委ねられた、という信念。[68]評議委員たちはまた、ゲラルドが聖フランチェスコを黙示録の第六の封印の天使と同定している、と注記している。(69) パリ大学教授《マギステル》たちは、ゲラルドが第三〈時代《スタートゥス》〉には聖職者の階層秩序の実践的な生は成就されるとともに焉み、修道者の秩序、それも特に〈小さき修道会《オルド・パルヴロールム》〉の観想的な生にその場を譲ることを期待している、とつけ加える。(70) この点については評議委員たちもはっきりとその危険を認めており、新秩序についてのヨアキムからの長い引用の後、この秩序、この新修道会の「信じがたい称揚」について激しく論駁している。

以上のヨアキムのことばは、いずれともしれぬ来たるべき修道会秩序に対する驚くべくも信じがたい称揚の念に支えられており、これより五年もせぬうちに第二時代《スタートゥス》が終わるというのである。先述したところから明らかなように、称揚というのはそれが他のすべての修道会を凌駕するというばかりでなく、教会のすべて、この世のすべてに卓越するというところを言うのであり……先に注したところからも、それが新たな嘘の捏造であることは明瞭であり、このように他の諸秩序に卓越する信じがたき突然の修道会秩序を称揚するなどということは、恐るべき虚栄に出でるものである。(71)

そして彼らは、ヨアキムの著作群のうちに聖職者の階層秩序の沈下あるいは途絶のしるしを検証しようとする。

ゲラルドこそ、ヨアキムの歴史の三位一体的観念を完全に展開してみせた最初のヨアキム後継者であった。彼以前には、大修道院長の封印と開示の連鎖する二重の類型《パターン》にばかり注意が払われてきた。それまで二つの新秩序、新修道会の預言が、それらの密接な内的連関を十全に明かすことはなかった。それがいまや、この狂信的なフランシスコ会士は三つの〈時代《スタートゥス》〉というより転覆的な観念に注目するところとなり、以降、これがヨアキムの思惟の鍵として受容されることとなった。ゲラルドは、第六の時から第七の時への移行を実現する二つの新たなる修道会の預言をばかりか、第三〈時代《スタートゥス》〉の生を体現するとともに他のすべての秩序に卓越するべき最新最終の修道会という観念をも抉り出してみせる。そうすることによって彼はおそらく、それまで公然と語られたことのないことばをフランシスコ会士たちのために主張することとなる。ヨアキム主義的歴史観にたいする彼の確信は、十八年にわたり彼に幽閉生活を強いることとなるが、それも「形象の謎なしに」(72)

来たるであろう〈慈愛の時代《スタートゥス・カリターティス》〉にたいする彼の信念を枉げることはなかった。

ヨアキムの諸著作がそれ以降、ふたたび公然と〈永遠の福音〉と称されるようなことはなかった。しかしテッパーが論じたように、ドレスデンの一写本にはゲラルドの編纂註釈の主要部分が包含されている。惜しむらくは彼の『序説』が欠けているのではあるが。[73] そのしるしの数々。まず、〈結句《エクスプリチット》〉や〈起句《インチピット》〉の部分的削除。『符合の書』の末尾にあたる第三六葉表の「聖霊の福音の第一の書ここに了」は、「第五の書ここに了」と訂正されている。[74] つづいて、テクスト中に嵌入されたかなりの数の註釈。アナーニの評議会議定書からして、それらはゲラルドによるものであることが分かる。テッパーは、ゲラルドの『序説《リーベル・イントロドゥクトリウス》』がそこから破りとられ廃棄され——おそらく文字の削り取りをおこなった同一人物の配慮によって——『符合の書』の書き出しともども失われた、と考えている。異端の嫌疑に対する怖れがこうした毀損を行なわしめたのであり、おそらくオリジナルを写した書写者はゲラルドの見解に賛同する者であったに違いない。それは十三世紀のフランシスコ会ヨアキム後継者であって、それより後の者ではなかったように思われる。写本の特徴からもこの年代は明らかである。それがドイツ西部、フランスあるいはイタリアのどこで書写されたか専門家たちの間に一致をみないのがかえって焦燥を誘う。なんといってもこの書写者は——それが誰であるにしても——ゲラルドの危険な書を写したばかりでなく、個性的なヨアキムの三位一体の〈形象《フィグーラエ》〉、それに『形象の書』の他の部分をもその純正なかたちで描いているのだから。[75] と同時に、彼は擬ヨアキム主義的文書を〈形象〉に付すことをも躊躇せず、その集成《コレクション》に擬書のひとつ『エレミヤ書註解』をも加えている。どうやら彼はヨアキム後継者第二世代と深くかかわった人物で、真贋著作の利用に関しては慎重というよりもずっと自由奔放さを見せている。〈諸形象〉のうちには、すでに論じた〈秩序《オルド》の二つの樹木〉への暗示に富んだ付加も見られる。ヨアキムは霊の第二の樹幹をシトー会から直接、葉叢と果実の繁茂へと繋げていたが、ドレスデンの形象には樹木が冠状に開く前に幾つか成長段階が加乗され、その序列秩序の名を配すべき場所が空白のまま残されている。[76] その含蓄は書写者にとっては明らかで、ゲラルドのように明言することをあえて控えたに過ぎない。当然この余白はフランシスコ会の名が録されるべき場所として据え置かれている。

ゲラルドに後継者がいたかどうかについては、ほとんど証拠が残されていない。しかし彼の書はローマで書写され、一二七〇年代イモラのフランシスコ会修道院にもたらされている。それについてサリンベーネは――ヨアキムの著作を学ぶ者として――見解を求められているが、彼の嘲笑的な言辞（「ことばが軽率に過ぎ嘲うべきもの」）[77]は、ゲラルドの活動が灰燼に帰したことを証すものとしか言いようがない。聖霊派が現実にあらわれるとき、彼らはフランシスコ会の会則厳修とヨアキム主義的終末論の著しく精妙な混成としてその姿をみせる。歴史の三位一体的観念は背景へと押しやられ――聖フランチェスコとその会則に関する主張において暗示されるばかり――彼らの待望にかたちを与える歴史類型《パターン》は七つの封印とその開示であった。もはや決して第三の聖書（遺言）ということばが聞かれることはなく、第三〈時代《スタートゥス》〉すらも滅多に語られない。彼らの注意は第六および第七の封印の開示に集中する。これはヨアキム主義者の思惟においては、第三〈時代《スタートゥス》〉の発出に重なる含意をもつものである。こうして聖霊派のヨアキム主義はかたちの上では正統信仰における歴史類型《パターン》を踏襲し、その多くを秘すあるいは実現し得ないままにとどまることになる。

註

（1） «... per quem credo quod Dominus velit in toto mundo fideles sanctae ecclesiae reformare». *Vita Trium Sociorum*, in *ALKG* iii. 554 n.1

（2） Bonaventura, *Legenda Maiora*, *Opera Omnia*, ed. Quaracchi, viii, Prologue, 黙示7:2参照。

（3） この主張はウベルティーノ・ダ・カサレによってなされたもの。Ubertino da Casale, *Arbor*, f.ccvi-v.

（4） *ALKG* i. 101.

（5） ペトルス・ヨアニス・オリヴィは、ボナヴェントゥラがこれをある説教において言明するのを聴いた、と堂々と答えている。「……それを明らかに信仰にふさわしい啓示であるとするのが修道士ボナヴェントゥラのよくなすところ（慣習）で……パリでのわれわれの修道総会において彼が厳粛にそう説くのをわたしは聴いたことがある」«... et hoc ipsum per claram et fide dignam revelationem est habitum, prout a fratre Bonaventura ... fuit Parisius in fratrum nostrorum capitulo, me audiente, solempniter predicatum». In Manselli, *Lectura Super Apocalypsim di P. G. Olivi*, p.211 n.1. この逸話をウベルティーノ・ダ・カサレに語った〈厳粛なる博士〉とは、オリヴィのことであったように思われる。Cfr. Ubertino da Casale, op.cit., f.ccvi-v：「わたしはこの修道会の厳粛な博士から、修道士ボナヴェントゥラが修道総長であった当時、厳粛な博士がわたしに言ったところによれば、パリの修道総会において彼の前で、浄福なるフランチェスコは第六の封印の天使であるとともに文字通り福音史家ヨハネの謂うところ命じるところを知解したのは確かであり証されてあるところである、と堂々と説いたということを聞いた」«Et ego audivi a solenni doctore istius ordinis quod frater Bonaventura tunc generalis minister et doctor solennis presente prefato doctore qui mihi dixit quod in capitulo parisiensi solenniter predicavit quod ipse erat certus et certficatus quod beatus Franciscus erat angelus sexti signaculi et quod ad litteram de ipso et eius statu et ordine evangelista Ioannes intellexit».

(6) たとえば、Vat., MS. Lat. 4860, f.24r. また聖フランチェスコをこう特定するものの総覧は、S. Bihel, *S. Franciscus Fuitne Angelus Sexti Sigilli (Apoc. 7:2)?*, *Antonianum* ii (1927), pp.59-90を参照。

(7) «tertius status sub evangelica perfectione incipit»；«Nota quod libertas Spiritus est vita apostolica que in beato Francisco renovata est». これらの注はヴェネチア版『符合の書』に組み込まれることになる。Cfr. ff.11v, 21r.

(8) «ego ista verba in regula non posui sed Christus». In *ALKG* iii. 602. また『遺言書』の次のことばをも参照：「主がわたしに会則およびこのことばを単純素朴に口にし記すよう授けたまうたように、あなたがたもこれを単純素朴に知解し、最後まで聖なる業に従いたまえ」«Sed, sicut dedit mihi Dominus simpliciter et pure dicere et scribere regulam et ista verba, ita simpliciter et pure intelligatis et cum sancta operatione observetis usque in finem». *Opuscula S. Francisci Assisiensis*, Ad Claras Aquas, 1949, p.82.

(9) Wachtel, *Expositio*, pp.6-7. アレクサンデルとその著『註解』については以下の諸論をも参照。A. Wachtel, *Die weltgeschichtliche Apocalypse. Auslegung des Minoriten Alexander von Bremen*, in *Franziskanische Studien*, xxiv (1937), pp.201-59, 305-63；H. Grundmann, *Über den Apocalypsen-Kommentar des Minoriten Alexander*, in *Zentralblatt für Bibliotheksweesen*, xlv (1928), pp.713-23；J. Gilson, *Friar Alexander and his Historical Interpretation of the Apocalypse*, in *Collectanea Francescana*, ii (1922), pp.20-36.

(10) pp.351 (*Lib. Conc.*, f.41rからの引用), 429 (アンチキリストに関する擬作詩の引用), 436-7 (*Super. Hier.*, ff.10r, 12v, 13r), 493 (*Super. Hier.*, ff.1r-2r, 13r, 24v, 26r, 61v), 509 (*Super. Hier.*, f.60v). こうしたヨアキムからの引用を弁明してアレクサンデルは、「これらの書のおおかたは教皇ルキウスおよび教皇ウルバヌスの時の教皇庁に受容されたものである」«cuius paene omnes libri recepti sunt ab apostolicis, sicut fuit Lucius papa et Urbanus papa» (p.493) と言っている。アレクサンデルの『註解』が『エレミヤ書註解』の著作年代決定において重要であることについては、Grundmann, op.cit. (ref.【本章 n.9】), pp.718-20；Bondatti, *Gioachinismo e Francescanesimo*, p.16；Bloomfield, Reeves, *Speculum* xxix. 790-1を参照。

(11) Wachtel, *Expositio*, pp.412 ss., 162, 260, 409, 427-30.

(12) Ibid., p.436.

(13) Ibid., pp.437-8.

(14) «puto quod sicut olim [Deus] elegit patres seniores, secundo apostolos iuniores, ita et nunc pueros eligat». Ibid., p.493；cfr. *Super Hier.*, f.1v.〔＊【II-3 n.29】参照。〕

(15) Ibid., pp.469-81.

(16) «novus evangelista quasi unus de paradysi fluminibus in toto terrarum orbe fluenta evangelii pia irrigatione diffudit». Ibid., p.498.

(17) Bonaventura, *Omnia Opera*, ed. Quaracchi, i, *Commentaria in quatuor libros sententiarum Mag. P. Lombardi*, p.121.

(18) *Breviloquium*, ed. Quaracchi, v.203-4.

(19) *Collationes in Hexaemeron*, ed. F. Delorme, Firenze, 1934, pp.160-3.；«tempus ante legem, tempus legis, tempus prophetiae, tempus gratiae».

(20) «Post novum testamentum non erit aliud, nec aliquod sacramentum novae legis subtrahi potest, quia illud testamentum aeternum est». Ibid., p.180.

(21) Ibid., pp.242-55.

(22) «Ordo laicalis sive activorum respondet Patri, quia est producens clericalem et monachalem et non producitur ; ordo clericalis respondet Filio, qui ordo producitur ab ordine laicali et producit monachalem ; ordo monachalis respondet Spiritui Sancto, sc. quia ille ordo producitur et non producit». *Collationes,* ed. Delorme, p.255.

(23) Ibid., pp.162-3.

(24) «tempus revelatae gratiae : tempus redemptionis hominum, tempus diffusionis charismatum, tempus reserationis Scripturarum».

(25) «Sic erit etiam tempus pacis in fine. Quando enim Antichristus post maximam Ecclesiae ruinam occidetur a Michaele post illam summam Antichristi tribulationem, veniet tempus ante diem judicii tantae pacis et tranquillitatis quale non fuit ab initio mundi, et invenientur homines tantae sanctitatis sicut fuit tempore Apostolorum». *Collationes,* ed. Delorme, p.185.

(26) *Collationes in Hexaemeron,* ed. Quaracchi, v.408-9 ; ed. Delorme, pp.192-3. ヨアキムがボナヴェントゥラの思惟に及ぼした影響については、Tondelli, *Lib. Fig.* I, pp.249-50 ; Lambert, *Franciscan Poverty,* pp.115-16 ; Manselli, *Lectura,* pp.125-30 ; Bondatti, *Gioachinismo e Francescanesimo,* pp.137-9を参照。

(27) «Et necesse fuit, ut in hoc tempore veniret unus ordo, sc. habitus propheticus, similis ordini Iesu Christi, cuius caput esset Angelus ascendens ab ortu solis habens signum Dei vivi et conformis Christo». *Collationes,* ed. Quaracchi, p.405.

(28) «Tertius ordo contemplantium est eorum qui sursumaguntur in Deum : de quo videtur fuisse sanctus Franciscus qui in fine apparuit. … Isti autem de tertio hoc ordine sunt prope Ierusalem nec habent nisi evolare ; nec florebit iste ordo nisi prius Christus patiatur in suis». Ed. Delorme, p.256.

(29) «Et sicut sex diebus factus est mundus et sexta aetate venit Christus, ita post sex tempora Ecclesiae in fine generabitur Ecclesia contemplativa». Ed. Delorme, p.265.

(30) «Unde oportet quod in Ecclesia appareat aliquis status qui huic angelo respondeat habens ultimatum et perfectum Dei cultum et hanc triplicem lucem elevantem tripliciter». Ed. Delorme, p.269.

(31) Bartholomew of Pisa, *AF* iv, Preface. またEhrle, *ALKG* iii. 412も参照。

(32) *Liber de conformitate vitae beati Francisci ad vitam domini Jesu.*

(33) «Jesus prophetis cognitus : Franciscus declaratur»; «ad instar Christi fuit declaratus aenigmatibus et prophetarum eloquiis». *AF* iv. 33.

(34) Ibid., 33, 40, 43-4, 45-52, 53-6, 71, 435, 437, 563-4.

(35) *Lib. Conc.,* f.69v ; *AF* iv. 54.

(36) «Erunt duo viri, unus hinc, alius inde, qui duo ordines interpretantur, unus Italus, scilicet de Thuscia et alter Hispanus, primus columbinus, secundus corvinus, et post istos duos ordines veniet alter ordo saccis vestitus …». *AF* iv. 53-4. このテクストは、Firenze, Bibl. Riccard., MS. 414, f.28r-v ; Bibl. Laur., MS. Ashburnham, 415, f.54r-vにも見つかるもの。これはR. Caracciolo of Lecce, *Sermones de Sanctis,* Venezia, 1490, p.141にも引用されている。おそらくバルトロメオから引いたものだろう。またWadding, *Annales* v.15. にも引用されている。皆、『符合の書』に記載されるものとしているが、明らかに贋作テクストである。『符合の書』f.133vにはダニエル書のことば「ふたりの人、ひとりはこちらに、またひとりはあちら」«duo viri, unus hinc, alius inde»（ダニ12:5）への注がある。

(37) «Et ecce quasi duo viri stabant, unus hinc, alius inde …» ダニ12:5.

(38) Salimbene, p.236 ; A. Callebaut, *Le Joachimite Benoit, Abbé de Camajore et Fra Salimbene, AFH* xx (1927), pp.219-22.〔＊【I-4 p.49】参照。〕

(39) Benz, *Ecclesia Spiritualis,* p.175に指摘されるところ。

(40) 【II-3 n.38】参照。

(41)　*AF* iv. 75-8. この図式は次のようになる。

第一の封印あるいは時	アダム―ノア	（そのはじめ）：アダム
第二の　〃	ノア―アブラハム	：ノア
第三の　〃	アブラハム―モーゼ	：アブラハム
第四の　〃	出エジプト	：モーゼ
第五の　〃	ダヴィデ―エリヤ	：ダヴィデ
第六の　〃	エリヤ―バビロン捕囚	：エリヤ
第七の　〃	バビロン捕囚―キリスト	：シモン・オニアス？
第一の封印	洗礼者ヨハネ以降にはじまる	
第二の　〃	聖霊降臨	（そのはじめ）：パウロ
第三の　〃	ネロからコンスタンティヌス	：聖ラウレンティウス
第四の　〃	コンスタンティヌスから聖ベネディクトゥス	：聖アントニウス
第五の　〃	夷敵の侵入	：聖ベネディクトゥス
第六の　〃	フリードリヒ二世（一二〇六）	：聖フランチェスコ

(42)　«ab ortu solis».〔＊黙示 7:2.〕

(43)　«fuit etiam ipse solus magis conformis Christo quam ipsi … his ex causis solum Franciscum dico antonomastice a Deo destinatum tali tempore et specialiter talibus finibus et fine». Ibid., p. 82.

(44)　«aliis ordinibus deficientibus». Ibid., p. 435.

(45)　Ibid., p. xxiv.

(46)　Benz, *Ecclesia Spiritualis,* 433. 以下は主としてベンツのこの論考 pp. 432-72 および *ZKG* lii (1933), pp. 90-121 に負っている。

(47)　【I-8 p. 212】参照。フィレンツェの黙示録註解 Bibl. Laur., Ashburnham 415 の逸名著者もまたヨアキムを広範に用いている。これはコッシーのヘンリーよりもずっと聖霊派の立場に近寄っている。

(48)　もしも『ヤコブの夢について *Vidit Jacob in somniis*』の著者もまたフランシスコ会士であったとすると、彼もまた転覆的な結論を導き出すことなしにヨアキムの解釈を広く用いた者のひとりということになる。

(49)　Salimbene, p. 238 ss.〔＊【II-3 p. 210】参照〕. カラブリアの初期フランシスコ会士たちについては、F. Russo, *Misc. Franc.,* xxxviii. 431-56 ; xl. 49-71 ; Id., *Storia dell'arcidiocesi di Cosenza,* Napoli, 1956, pp. 102-6 を参照。後者でルッソは、十三世紀のカラブリアにあってはフロレンセ会もフランシスコ会も聖霊派との関係は一切なかった、と言明している。

(50)　Hugh de Digne, *De Finibus Paupertatis,* ed. C. Florovsky, *AFH* v (1912), pp. 277-90 ; *Expositio super regulam Fratrum Minorum ; Dialogus inter zelatorem paupertatis et inimicum eius,* ed. in *Firmamentum trium ordinum B. Patris Francisci,* Paris, 1512, ff. 34v-54r, 105r-108v.

(51)　Bloomfield, Reeves, *Speculum* xxix. 786-7, 792-3 を参照。

(52)　J. Albanes, *La Vie de sainte Douceline,* Marseille, 1879, pp. l-lii ; *AFH* v (1912), p. 277.

(53)　【I-5 p. 67】参照。

(54)　*AFH* xvi (1923), pp. 25-6, cfr. *Expos.,* f. 168r.

(55)　«Ecce Nero resuscitatus est et ipse est Antichristus!»

(56)　«multum fuit amicus meus quia multis annis … habitavi cum eo». Salimbene, p. 430.〔＊中略箇所は「フェラーラの修道院で」という短い章句。〕

(57)　«Sed utrum haec spiritu suo vel Spiritu divino dixerit, penitus ignoro, sed cito futurum est ut sciatur an verum vel falsum dixerit». *AFH* xvi. 28.

(58)　in Angelo Clareno, *Historia septem tribulationum, ALKG* ii. 263.〔＊«Frater vero Aegidius cum impetu spiritus, ut futurorum praescius, dicebat : Bene et opportune venisti, sed tarde venisti !»〕

(59)　«Dicebat enim, cum status evangelice perfectionis a fratribus promissus sit altissimus, altissimam fidem, caritatem et operacionem requirit ab eis Deus … Dicebat eciam ipse … quod fratres debebant in summa reverencia habere testamentum, tunc propter mandatum et benedictionem sancti, tunc quia Christi spiritus loquebatur in eo, qui post illam mirabilem sacrorum impressionem stigmatum plenis et perfectius habitavit in〔＊校訂版によると ipse とする写本もある〕eo … Et sicut in caritatis mandato et sacramento tota lex et prophete et evangelium pendet, ita in testamento beati Francisci omnis perfectio et intencio regularis et fidelis et spiritualis intelligencia clauditur … Et quia est necesse vitam evangelicam per Franciscum Christo iubente innovatam finaliter reformari, ideo Spiritus Sancti per Franciscum in fine post regulam edidit testamentum». *ALKG* ii. 271-6.〔＊蛇足であるが、文脈からして聖フランチェスコの『遺言書《テスタメントゥム》』とした語は『聖書《テスタメントゥム》』を当然想起させることばとして用いられている。【本章 p.226】の議論参照。特に最後の「聖霊の」は本書の文脈に準ずるなら、危険な意味を孕んでいることになる。〕

(60)　Ubertino da Casale, *Arbor,* f.ccvi-v：「ここにすべては完璧に委ねられ守られることとなった。わたしは賤しきわたしの耳でその聖なることばを聴いた。第六の封印はフランチェスコにあり、その姿が東に認められる。そして彼の生と会則は息子たちの侵犯により混乱に陥り、期に乗じた悪しき聖職者たちの邪は教会を消尽させる。そこに見出されるのはエルサレムでもイエスの花嫁と名づけられるものでもなく、バビロンにして恥知らずの淫婦。ここにキリストの十全なる生よりする明晰なる審きが下り、その断罪は黙示録第六の幻視に厳粛に聖なるうたをもって讃えられてあるところ。……ここにわたしは歓喜し……そこに聞いたことばはいとも聖にして、天使の相貌が見えるかのよう」«Hic autem plenissime asserebat : sicut et ego auribus meis indignis ab eius sancto ore audivi : quod sextum signaculum in Francisco et eius statu accipiat ortum et quod in confusione vite et regule sue per transgressores filios et eius faventes malos prelatos debebat iniquitas ecclesie consumari. Illius inquit que non Hierusalem et sponsa Iesu nominatur, sed Babylon et meretrix et impudica: cuius iudicium clarificationem Christi vite plenissimam reddet et pro cuius damnatione in sexta visione Apocalypsim tam solenne a sanctis cantatur alleluia. … Nam et ego tunc iuvenis … expressum verbum audivi ab eius ore sanctissimo, intuens in eius angelicam faciem».

(61)　*ALKG* ii. 283.

(62)　Ibid., pp.276-7 ; 183-4 ; Wadding, *Annales* iv. 4-6.

(63)　【I-6 pp.78-79】参照。

(64)　先に触れたドレスデン写本を別にして。【I-6 n.8】参照。

(65)　*ALKG* i. 99-142.

(66)　«sine enigmate et sine figuris»

(67)　«exivit spiritus vite de duobus testamentis ut fieret evangelium eternum».〔＊永遠の福音に浸されて二つの生証から霊的な蔓が伸びだす、とも。〕

(68)　*ALKG* i. 101：「永遠の福音は世俗の秩序と聖職者の秩序を綜合するとともにその両者から等しく発するこの修道会に特に伝えられ委ねられた、とは第一三章中ほどに、この秩序、修道会が裸足と称することは、第二六章末に認められるとおり」«Quod evangelium eternum traditum et commissum sit illi ordini specialiter qui integratur et procedit equaliter ex ordine laicorum et ordine clericorum, probatur xiii capitulo circa medium, quem ordinem appellat nudipedum xxvi capitulo in fine». また新秩序、新修道会に対する「信じがたい称揚 incredibilem exaltationem 」について、評議会の註釈（p.126）をも参照。

(69)　Ibid., p.101.

(70)　M. Paris, *Chronica Maiora,* vi, *Additamenta,* RS, p.338.

(71)　«Hactenus verba Joachim, quibus nititur mirabiliter et incredibiliter exaltare nescio qualem ordinem venturum, ut dicit, in fine secundi status, de quo iam non supersunt nisi quinque anni, sicut patet per predicta, exaltare dico non solum super omnes alios ordines, sed et super totam ecclesiam et super totum mundum. … Ex prenotatis videtur quod iste novas et falsas opiniones confingat, et hoc maxime vane glorie causa, id est, ut exaltet huiusmodi ordinem incredibiliter et intempestive super alios ordines, immo super totam ecclesiam». *ALKG* i. 112, 115.

(72) «sine enigmate figurarum».【本章 n.66】参照。

(73) B. Töpfer, *Eine Handschrift des Evangelium aeternum des Gerardino von Borgo San Donnino, Zeitschrift f. Geschichtswissenschaft,* viii (1960), pp.156-63.

(74) «Explicit primus liber evangelii spiritus sancti» が «Explicit quintus liber» に。またDresden, MS. A. 121, f.83v の解読不能の削り跡 ; f.100v（明瞭な区切りにあたらず削り落としを免れた部分）:「ここに聖霊の永遠の福音の書第二書序了。永遠の福音第二書要約はじまる」«Explicit prologus in secundum Librum Librum evangelii eterni spiritus sancti. Incipit Liber secundus evangelii eterni abreviatus» ; f.131r :「新黙示録つまり霊的なる［福音（削除）］書、ただし全文ならずその要約了」«Explicit apocalipsis nova, i.e. Liber［evangelii という語は削除］spiritualis qui non tamen est integer, sed abreviatus» をも参照。

(75) Reeves, Hirsch-Reich, *Studies,* pp.102-05 参照。

(76) MS. Dresden, f.89v, cfr. *Lib. Fig.* II, tav. XXV.

(77) «verba frivola et risu digna». Salimbene, pp.457-8. しかしいまだゲラルドを讃えている。またクラレーノの彼についての寸評も好意的なものである。「修道士ゲラルドはなかなか頑固な雄弁家であった。鋭敏な知性の持ち主で聖書への造詣も深く、討論やら聖書の権威について疲れをしらずいつまでも話し込んだ」«Erat fr. G. memorie tenacis et diserte lingue et acuti intellectus et flumen auctoritatum sanctorum egrediebatur de ore eius et non poterant eum convincere racionibus nec auctoritatibus sanctorum». *ALKG* ii. 284. ゲラルドの著作の残存に関しては、Renan, *Nouvelles Études* (ref.【I-8 n.79】), p.260 にナヴァラ大学図書館にヨアキムに帰される『永遠の福音 *Evangelium Aeternum* 』と表題された蔵書があると指摘されている。これは『永遠の福音序説 *Introductorium in Evangelium Aeternum* 』とは別のものであるとのこと。

第5章　フランシスコ会聖霊派とフラティチェッリ

われわれにとって、聖霊派運動の主要典拠はフラ・アンジェロ・クラレーノの偉大な激動の報告、『七大試練史』(1)である。クラレーノは一二七〇年までこの会派に加わってはおらず、また『試練史』はおそらく一三二〇年頃に到るまで書かれなかった。この書は過誤も含んだ党派的な著作であるが、いずれにしても聖霊派の観点からする苦難の歴史展望を教えてくれるものである。その基本構成は、ヨアキム主義的歴史類型《パターン》を体現した七つの試練のうちに極まっていく七幕の劇である。第六の封印が開かれるにあたり、教会は小世界《ミクロコスモス》のうちにこの世の歴史を象徴することになるであろう七つの試練を受けねばならない。一二四六年に迫害を受けた同胞の数がアンジェロによって七十二とされるところを偶然とみなすのは困難である。これはヨアキムにとって重要な数であった。彼は、モーゼによって荒地に呼ばわれた〈長老たち《セニオーレス》〉に七十二を、キリストによって遣わされた弟子たちに七十二を見出し、この符合を束縛から解放される教会の転移の表象として用いた。聖霊派の指導者の念頭には確かにこれと同じ象徴論がある。(2)アンジェロのものがたりのなかで、同胞たちは荒地を通り抜ける試練という定められた運命に従い、ヨルダン川を越えて約束の〈改革《レフォルマチオ》〉へと到ることを待望している。それは楽観的な発展的歴史観ではなく、激甚なる大変動《カタクリスム》である。「信仰は第七の段階まで徐々に崩壊していくだろう。……ますます悪しく滑落していくであろう。そこに偉大にして驚くべき奇蹟の復興が、創造し礎を据えたるものの手による革新が、果たされるだろう」(3)。熱烈派の心情はこのような予感と期待の混成物であった。彼らは最悪と最善のどちらをも待望することになる。しかし未来への鍵は彼らの掌中にある、という彼らの確信は彼らを解き放った。

こうした未来に賭ける信念こそが聖霊派集団の駆動力であった。建物、遺産、蔵書ということばによる修道会の所有増大に対する苦い批判、つぎはぎだらけの貧しい僧衣への偏愛、一二七四年の修道総会における大胆なる熱弁の背後にあるのはそうした信念。[4] 一二七八年から一二八九年まで、フラ・アンジェロはピエトロ・ダ・マチェラータ（フラ・リベラート）その他の者たちとともに、同胞の手によって投獄幽閉される苦汁を嘗める。その措置は新修道総長ライムンド・ガウフリーディによってやっと解かれることとなる。この新総長は彼らをアルメニアへの宣教に派遣。順調に進んだその宣教も、彼らに敵する者たちの妬み深い攻撃を受け、派遣団は一二九四年頃イタリアへの帰還を余儀なくされる。アンジェロのものがたりは、一二九四年の教皇ケレスティヌス五世選任によっていよいよ危機を深める。この隠修教皇を歓迎する熱烈派の歓喜は、おそらく新教皇のうちに〈天使的教皇〉を望見していた。[5] 彼らはいまこそ、自らの役割を放棄するのでなく、分離派としての途を究めるべき地点に到達したと確信する。そしてピエトロ・ダ・マチェラータとアンジェロ・クラレーノは教皇ケレスティヌスから、小さき兄弟会上長への服従誓願からの赦免とともに、ケレスティヌス自身の清貧隠修会のうちにあって聖フランチェスコの会則と遺言書を厳修する認可をとりつける。だが、たちまちケレスティヌスは教皇を辞任し、後継教皇ボニファキウス八世のもと、この小さな新会派は彼らを逃亡者とみなす敵対者たちの憤激によって見捨てられることになるのだった。[6]

　こうした希望のたちまちのうちの失墜とともに、ケレスティヌスは二十八年つづくであろう教会の大試練を告げる天使と化す。[7] じつにいまやこの世は最終的な危機に突入したのだった。待望する同胞に開示された幻視《ヴィジョン》。第六の封印はここに開かれた。黙示録の封印された書のひとつがここに明かされる。[8] リベラートとアンジェロを中心に集まった小集団にとって、この迫害の猛威は一二九五年、彼らをギリシャへと吹き遣ることになる。それは最終の第六、第七の試練のはじまりであった。おそらくゲラルド・ダ・ボルゴ・サン・ドンニーノの贋教皇の預言を想起したものでもあったか、第六の時の終わりにあたり忌まわしき荒廃を体現する者が、[9] 隠修教皇を降位させるとともに破門をもって彼らをギリシャへ放逐したボニファキウス八世とみなされる。この時期の彼らの待望の濃密な気配を伝えるものとして、一群の奇妙な著作がある。そのうちで最もよく知られたものが、『教皇預言集《ヴァティチーナ》』（第一集）である。[10] これらの著作に関するグルントマンの研究によると、それらはビザンチン文書に由来するものであるがイタリアで書かれたもので、一三〇四年に亡くなるベネディクトゥス十一世の在位時にアンジェロの周辺で著されたものであろうと観られる。(11) この熱烈派は教皇ボニファキウスの死後、ふたたび教皇の厚意を得ようとイタリアへ戻り、ペルージアに集まって未来を待望した。『教皇預言集《ヴァティチーナ》』第一集は十五の預言からなり、その各々がひとりずつの教皇を絵と鍵語《キー・フレーズ》と謎に満ちた文書であらわしている。連作はニコラウス三世にはじまりボニファキウス八世まではそれと特定できる、いささか聖ならざる肖像をもって描き出されている。ただ、ケレスティヌス五世の姿は劇的にそれらとは異なった修道士の姿で、詞書に「至上、服従、清貧、貞潔、節制なる偽善の破壊者」とある。(12) ボニファキウス八世につづいてベネディクトゥス十一世。それ以降は想像の系列となり、オリジナルの序列ではつづく六人は〈天使的教皇〉の聖なる肖像をあらわしている。(13) それゆえこの『教皇預言集《ヴァティチーナ》』はクレメンス五世選任以前、おそらく一三〇四年の夏、〈改革《レフォルマチオ》〉も間近と思われた時期に書かれたものに違いない。グルントマンは、この預言集からあまり時を置かずして、他に三つの類同の著作があらわれたことを論じている。それは『フロレの書』、ダンダルスという名だけしか知られない著者による『ホロスコープの書』そしてこれら両者の註解。これらは皆、一三〇四―五年、あるいは最後に記した註解だけは僅かばかり後に書かれたものである。(14)『フロレの書』には四人の〈天使的教皇〉の肖像があり、これは後の歴史において興味深い役割を果たす。また『教皇預言集《ヴァティチーナ》』には別の十五編が加えられ、先に観たように十五世紀から十六世紀にかけて驚くべき流行をみせる。しかしわれわれのここでの関心は、これらの著作が一三〇四―五年のアンジェロ・クラレーノが率いる集団の待望をあらわしたものであったというところにある。彼らの期待はいまや聖霊そのものに集中していた。新たな時に先立って、権威の中核が神秘の転覆を果たさねばならない。そしてまさにこの年、革新は手の届くところにあるようにみえた。(15) この幻視家《ヴィジョネール》たちの集団がいかに政治的現実とかけ離れていたかは、クレメンス五世の教皇在位時のできごとの数々がくっきりと描き出している。

そうこうするうちにもヨアキム主義の種子、おそらくユーグ・ド・ディーニュによって播かれた種子がプロヴァンスに芽吹くこととなったが、その主たる果実が不思議な謎に満ちたペトルス・ヨアニス・オリヴィであった。今となっては、なぜ同時代人たちが彼に情動の異様な高揚をだけしか観ることがなかったのか、その理由を正確に見積もることができないのである。友も敵も彼を差し迫ったことどもを背景にしてのみ観た。敵たちにとっては彼こそがアンチキリストのあらわれに他ならず、友たちにとっては最後の時の預言者のひとりに他ならなかった。聖霊派の者たちが彼に与えた場所は、プロヴァンスにあってもイタリアにあっても、かえって彼らが被ったヨアキムの思惟体系の影響を明らかにするものである。ヨアキムはしばしば、三連鎖の成就を第一、第二〈時代《スタートゥス》〉の指導者に比肩する偉大な指導者の到来としてあらわすべく、暗示を与えることとなった。聖霊派はすでに、とてつもないキリストの役割を、第三〈時代《スタートゥス》〉にあっては聖フランチェスコに配当していた。そしてここに、オリヴィに使徒たちの役が振られ、彼は聖パウロに比定されることになる。

> また彼こそ最大の学者にして、使徒も福音史家も彼に及ぶ者なしとやら言う。……そればかりか教会博士たちのうちでも、聖パウロおよび修道士ペトロ・ヨハンニスを除いては他に比肩する者なしと。この修道士の言辞が教会を拒むものであったなどということはなく、かえって聖パウロおよび修道士ペトロ・ヨハンニスの教えはまったく教会のものであり、決して無駄にしてはならない文書である、と。[16]

アンジェロ・クラレーノはおそらく彼（ペトルス・ヨアニス）に会ったことはなかったが、彼が預言者たちによって予言された者であったと、また特に大修道院長が聖キュリロスの預言をもって論じたのは彼のことであったと信じた。[17] アンジェロはある書簡で、彼を聖霊派の〈聖人たち〉のひとりに挙げており——「天の神はヨアネス・デ・パルマ、コッラード・ダ・オッフィダ、ペトルス・デ・ムッローネ、ペトルス・ヨアンネスといった人々に神秘を証しようと欲したまうた」[18]——彼は聖なる人であったが、列聖されざる彼の会派の父である、と語ったとも伝えられる。[19]

オリヴィの果たした指導力とはどのようなものであったのか、いまとなってはうまく理解できない。彼の著作は抑制の利いた学識を保ち、狂信的な声高な調子とは無縁なものである。マンセッリは、彼のヨアキムに対する態度が単なる追随者のものではなく、その偉大を認め讃えつつも不謬の権威とはせず、確たる批判的な選択眼をもって引用している、と論じた。[20] にもかかわらず、そこにはヨアキム主義的な含みが隠顕しており、彼に追随する者たちが擁護するヨアキム主義的な情熱と信条からして、おそらく彼の説教にはそうした調子はより強く存したに違いない。そのしるしは晩年の著作『黙《ポ》示録註釈《スティッラ》』に窺える。マンセッリは、この著作の観念の多くはすでに初期著作群の中に認められるものである、と論じているのではあるが。『註釈《ポスティッラ》』では彼の歴史観が説かれる。そこでオリヴィは自らに関係の深いことがらを論じている。切迫した決定的な時について、善と悪の宇宙的な力について、福音的完徳を擁護する者たちの至高の使命について。そこで彼は緊密にヨアキムの二重の七の類型《パターン》に則っている。いまや教会は第二の七つの時のうちの第六の時、「第一の五が高貴に卓越を示す」であろう時、旧い世が終わる、「新たな世のはじまり」。[21] マンセッリは、オリヴィがボナヴェントゥラ同様、ヨアキムの三位一体説をそれが教会から断罪されたものであるとして否定しており、彼の歴史観もまたヨアキムの三位一体説の解読とは関係を絶ったものである、と論じた。[22] わたしはこの判断が正しいとは思わない。『註釈《ポスティッラ》』では、オリヴィがその歴史の構造を直接ヨアキムの二つ組み類型《パターン》から採っているばかりか、マンセッリはそんなことはないと言うのであるが、三つ組みの類型《パターン》もまたその総体の企図に大切な位置を占めていることは明らかである。オリヴィは教会の七つの時代《スタートゥス》を、この世の三つの〈全般〉時代《スタートゥス》の第二と第三に明瞭に関連づけ、教会の第六および第七時代《スタートゥス》を〈全般の第三時代《スタートゥス》〉のうちに括り、この観念を彼ははっきりと大修道院長ヨアキムに帰している（五二葉表）。それにまた彼は、シナゴーグが十二の族長たちによって広められたように、教会は十二人の使徒たちにより異邦人たちに宣べ伝えられた、という信条を直接ヨアキムから採っている。「かくのごとく教会の目的とするところは……十二人の福音的なる者たちによって広宣される」。[23] そこに彼は付言して言う「こうしてフランチェスコは十二人の息子たち伴侶たちをもって、彼らを礎に福音の秩序、福音的修道会を創設したのだった」[24]（五六葉裏）。

オリヴィのヨアキム主義という問題は、彼がフィラデルフィアの教会に与えられた〈ダヴィデの鍵《クラヴィス・ダヴィド》〉について解説する一節をみれば一目瞭然、とわたしには思われる。彼はこの議論によって、三つの時代《スタートゥス》を三位一体なる三つの位格《ペルソナ》との直接関係において説き明かしている。ここで彼はヨアキムの名を挙げていないが、実のところ、この一節の一部は『註解《エクスポジチオ》』からの直接引用であり、また一部はその言い換えであるばかりか、その他のイメージもことばもヨアキムの思惟様式を反映したものである。以下の抄録では、『註解《エクスポジチオ》』八四葉裏から八五葉裏の文章からの直接引用の部分を太字で強調してみた。

ここで意図されているのはまさに賜そのもの、第三時代の第六の教会の時のはじまりの固有な性質にして適切に換喩された聖霊である。キリストに先立つこの世の第一の時代にあっては、この世の起源の端緒たる主の大いなる業については父の語るところであった。第二の時代はキリストのものとして、第三の時代に到るまで神秘のことがらの叡智とこの世の生成の隠された神秘の探求は御子の配慮によるところであった。かくして第三の時代には神の大いなる業を讃えその多様なる叡智を、その業の善と聖書に説かれたところのあらわれを謳い悦ぶばかり。第一の時は恐ろしくも畏怖すべき父なる神の懼れがあらわされ、第二の時は御子なる神の大いなる教えと啓示、そして父の叡智のことばがあらわされた。それゆえ第三の時には聖霊が自ら神愛の炎と熱をあらわし、その貯蔵庫に霊は酔い、酒蔵の神の芳香と霊の香油と軟膏と霊的な三歩調の踊りに欣喜雀躍する。それは単純なる知性体ばかりでなく、神のことばの受肉また父なる神の権能からする叡智の真実のすべてを味わい、触れ、まのあたりにする体験である。キリストはそうした霊的真実とともに来たり、汝らにすべての真実を教えるとともにわたしにもそれを明かすであろう[25]。

（『註釈《ポスティッラ》』三一葉裏）

これにオリヴィは三つの〈はたらき〉と〈秩序〉の系列を付加する。それは、信徒に付託される〈身体労働〉、聖職者に付託される〈聖書の知恵〉、修道士に付託される〈観想の甘美〉[26]。これらの〈はたらき〉は『註解《エクスポジチオ》』（八五葉裏）の〈労働《ラボール》、講読《レクチオ》、讃美《イウビラチオ》〉と並列関係にある。また諸秩序の方も明らかにヨアキムの周知の系列に則っている[27]。

オリヴィがアンチキリストの凱旋と〈この世の終わり《コンスマチオ・セクリ》〉の間に歴史の開花を待望していたこと、そして彼の心中では聖フランチェスコがこの最後の時期をはじめる特別な立場にあったことに疑いはない。ある一節で、かれはキリスト中心主義的歴史観を三つ組み類型《パターン》と組み合わせるにあたり、聖フランチェスコの時を特別な範疇に組み入れて称揚している。ここにはキリストの三度の降臨という観念があった。第一は受肉において。第二は福音的改革の霊において、「新たな世紀、新たな教会のために」。そして第三が最後の審判[28]。聖フランチェスコとキリストの一致はこの歴史の終末論的枠組みにおいて特別の位置を占めている。

第六の時《アエターテ》、肉身のユダヤ主義と先の古い世は棄却され、新たなる人キリストが新たなる律と生と十字架をもって来たりしごとく、第六の時代《スタートゥス》には肉の教会と先の古い世は棄却され、キリストの律と生と十字架は更新されるであろう。まさにこの端緒、フランチェスコがあらわれ、キリストの傷を受け、キリストとともに十字架につきその象りとなりしところ[29]。

こうした歴史解釈において、聖フランチェスコはアンチキリストとの戦いをはじめるキリストその人の膨大なる役割を引き受けることとなった[30]。彼は第六の時、〈福音の時代《スタートゥス・エヴァンゲリクス》〉のはじめに遣わされたエリヤ。そこではすべてが「不動にして不滅」[31]と成されずにはおかない。これについてオリヴィはすでにこう語っていた。「……聖フランチェスコの会則を小さき者の真の福音にして使徒職、他のなににも優る目的として守り識ること、ここに、このために果たされる至高なるはたらきの成就こそが残された第六および第七の日々にあたってのキリストのはたらきであるとわたしは考える」[32]。この世のすべてを改宗させるという終末論的な最終の務めこそが、聖フランチェスコとその修道会に委ねられたのだ、と[33]。オリヴィの歴史解釈において課される至上の努めとは、会則を汚すことなく守ることにある。

ここに深く吟味されねばならぬこと。教会の最終目的たるキリストの革新の途とは普遍なる教会の頌栄と讃美、筆舌に尽くしがたい聖書の開示、アンチキリストおよびそのしるしの破壊、ユダヤ人の改宗、すべての成就にあり、……現下のごとく会則を弛み悔ますことこそが悪疫であり、それには信仰のまったき悪化、アンチキリストの侵入、あらゆる最終的な誘惑、善なる者たちの散逸がつづくのみであることは明らかであり、そこにあって人はどんな報いをも期待することを得ないことは確実である[34]。

こうして全歴史の成就は聖フランチェスコの会則と密接な関係に置かれることとなる。

そして、権威という問題はオリヴィにとって、ヨアキム同様、論理の極北へと導かれる。〈裔なる民の充溢による教会〉(35)が建てられた時、シナゴーグが棄却されたように、第六の時には肉身の教会あるいは不貞なるバビロンは棄却されねばならない。「霊の教会の讃美こそがはたらき、御業であるから」(36)。ここでたしかにオリヴィは、神秘のアンチキリストを贋教皇として、顕示するアンチキリストを威力ある王に求め、新しい時は彼らによる大激変によってはじまることになるだろうと考えている(37)。だとすると、彼はそこで教会の位階の存在を否認しているのだろうか。どこにもそのようなことは記されていないし、彼は生涯、権威からの分離に反論しつづけ、それに服した(38)。第六の時には、人が動物に優越するごとくに、先立つ諸時に卓越するのであり、第七の時そして第三の〈時代《スタートゥス》〉には彼らが聖なるエルサレムをかたちづくることになる、のではあるけれども。ヨアキム同様、オリヴィの至福なる時代も制度的というよりは神秘的なものである。それは観照者たちによる霊的知性のかたち、修道士たちの福音的清貧として特徴づけられた。すでに観たように、オリヴィはヨアキムの語彙をもって霊の時代を描き出してみせたのであったが、また福音的清貧の象徴としてヨアキムから中空の〈琴《チタラ》〉のイメージを借りてもいる。「ヨアキムに従うならば、琴《チタラ》の虚洞は清貧の意志をあらわしている。この楽器に窪みがなければうまく響かないように、神を前にしての讃美は敬虔なる愛によってでなければ響かないし、空なる土地にでなければ生じない」(39)。ヨアキム同様、彼もまた歴史の大いなる第七の時を〈第八の日〉の永遠の至福とは区別している。前者の終わりに近く、人はふたたび堕落し、ゴグとマゴグが出現し、最後の審判にキリストがあらわれるだろう(40)。

オリヴィは四十歳を越えるまで——一二八二年のこと——奇妙な誤った説を表明する者として告発されることはなかった(41)。この時以前には、彼の清貧観はまったく公認されており、その時に突然騒動がもちあがったはっきりした理由が見あたらない。彼の神学的哲学的理説および彼の清貧の教えについて検討してみると、前者に関する過誤の数々はさほど深刻であったようには見えない。後者についてはオリヴィ自身が言うところによれば、ボナヴェントゥラとペッカムが彼とともに槍玉にあがっていたということである。しかし現実に攻撃の焦点がここにあったと考えるのは難しい。おそらくその原因は、プロヴァンスの彼の周囲に弟子たちが結集しつつあり、オリヴィの清貧説は抑制の利いたものであったにしても、いまやヨアキム主義的預言の枠組みがあからさまになった、という事実に求められるだろう。実際、一二八五年、彼はプロヴァンスの迷妄的な徒党の領袖として告発された。ひとたび巻き起こった喧騒は鎮めることができなかった。一二八七年、オリヴィはフィレンツェのサンタ・クローチェ修道院に読師として遣わされ、そこでウベルティーノ・ダ・カサレを含むトスカナの熱烈派集団をとりこにするほど深甚な影響を及ぼすことになる。読師としてモンペリエに戻るにあたり、彼は一二九二年、パリでの修道総会で自らの清貧観を弁明せねばならなかった。その背後にはおそらく彼の追随者たちの過激な発言があったものと思われる。彼は一二九八年に亡くなるが、その最後の歳月はナルボンヌの修道院で尊敬を集めつつ生きたと伝えられる。そして伝承によるなら、彼はその死の床で、教会に忠実な息子として自らの諸著作を母なる教会の裁定に委ねると言明したという(42)。ここで彼は、図らずして自らの著作に含まれる危険性に気づかぬヨアキムを後継している。おそらくオリヴィもまた、ヨアキムの新時代待望を採ることが、スコラで彼が論じたいかなる観念よりも暴発性のある観念であることに気づいていなかった。彼がそれに自覚的であったかどうかは別にして、オリヴィが後継者たちに残した主要な遺産はこのヨアキム主義的待望であり、これこそが彼らの不屈の信念の源泉であった。

　オリヴィの後継者たちに対する迫害はすでに彼の存命中にはじまっていた。そして一二九九年、リヨンの修道総会で彼の著作群が断罪され、それを所有する者は破門するという宣告とともに禁じられると、嵐は暴発する。これは一三〇九年、クレメンス五世の下にはじまるフランシスコ会の共住派《コンヴェントゥアーリ》と聖霊派《スピリトゥアーリ》への分裂に関する大査問に到る歴史と密接に関係している。オリヴィの後継者たちに向けられた告発は、彼らのオリヴィその人に対する崇拝、彼の諸著引渡しの拒否、彼らの絶対的清貧というしるしへの献身に集中する。ここから分かるのは、彼らの実質的な罪と称されるものがこうした論点に凝集されることによってヨアキム主義の形を纏った、ということである。この点、一三一八年マルセイユで火刑に処された四人の主張は暗示的である。彼らの慣いを辞めさせようとすることは、キリストをシナゴーグから追い払おうとするユダヤ人たちの行動にも等しかった(43)。ヨアキム主義的信条は、ベルナール・デリシューの場合に最も際立ったかたちで観られる。彼がプロヴァンスの聖霊派と関係しはじめたのは一三一〇年頃で、彼らが一三一六年にヨハネス二十二世の前に召喚されたとき、ベルナールはその指導者としてあらわれることとなる(44)。

このカルカッソンヌとアルビの民衆的英雄は一二九六年以降、反異端審問の旗手となり、民衆を集め扇動するその説教の力は世俗権力をも教会権力をも脅かすものとなった。一三〇三―四年には教会の猛威に抗し、フランス王の厚遇を得るに到るかとも思われたが、フィリップ美男王は新教皇ベネディクトゥス十一世との関係をより重視した。一三〇四年、ベネディクトゥスはベルナールの逮捕を命じたが、この時ベルナールは捕縛に抗して彼を匿うカルカッソンヌの町に逃れた。ここにわれわれははじめて、ヨアキム主義的未来への信念が彼の大胆な確信の底にあったことに気づかされる。彼はカルカッソンヌの民衆に「シビュラその他、烏と鳩の秩序に関する預言」を説いた。[45] 民衆は彼がまるで神に遣わされた天使ででもあるかのように礼讃し、彼の両手に接吻した。まさにこの時期、ヨアキムの著したものとされる『パパラリウス』が彼の手に入る。それは過去から未来にわたる教皇たちの肖像を描いたもので、[46] クラレーノの集団によって制作されたばかりの『教皇預言集《ヴァティチーナ》』だった。[47] 彼がそれを制作した者たちから直接入手したのか、友であったヴィルヌーヴのアルノオから手に入れたものかは分からないが、それは彼を力づけるとともに彼の盾ともなった。彼はアルノオに、ベネディクトゥス十一世は近々死ぬという間違いのない証拠がある、と語っている。[48] そしてまさに、その通りになった。ここから彼が教皇の死を企てたという告発がもちあがり、一三〇五年、彼はクレメンス五世にリヨンで査問されることになる。彼は一三一〇年まで南仏に戻らないが、戻ってきた時にはヨアキム主義的預言を深く学び、アンチキリストの到来についての思弁を身につけ、完璧なヨアキム追随者となっていた。[49] 彼のオリヴィ礼讃、聖霊派の主張に対する信頼が彼の口から聞かれるようになるのは、この頃のことである。一三一六年、彼は大胆にもヨハネス二十二世の前で彼ら（聖霊派）を擁護している。その後の審理にあたっても、彼の『教皇預言集《ヴァティチーナ》』への信頼――「この書には多くのできごとの性格そしてそれにかかわることがらがいろいろと書かれていた」[50]――と、オリヴィのために忍苦する決意はかわることなく、どちらも告訴状の中に記載されている。[51] ベルナールは僧衣を剥がれ、終身投獄されることとなった。彼は視界から消えても、ゲラルド・ダ・ボルゴ・サン・ドンニーノのように、ずっとヨアキム追随者であった。アヴィニョンからトゥールーズの牢獄への移送の途次にも、彼は公然とヨアキムの『教皇預言集《ヴァティチーナ》』について語った。いったいどうやって未来を読むのか、と問われて彼は「イザヤやヨアキムはどうやって未来を知ったのかな」と、答えている。しかし災難も彼のこころにあっては未来への確信にかわり、殉教への切望をもたらすこととなった。

そうしたヨアキムの教説や預言は数々証され、現実のものとなった、と彼は言った。ある者たちが言うような二百六十年にはすべてが啓示されるとやらいうことではなく、修道士ベルナルドゥス自身被った迫害、またマッシリア（マルセイユ）で火炙りになった者たちの試練および、小さき兄弟会と福音的清貧への親愛が彼に証したのは、彼自身近いうちに七十二人の神の殉教者のひとりとなるに違いないという想いであった。[52]

一三一七年以降、オリヴィの後継者たちはベギン派と呼ばれる異端的分派のうちに見出されることになる。異端審問官ベルナール・ギイは、彼らについて次のように記している。「……この清貧修道士と自称する者たちは聖フランチェスコの第三の教えを守ると自認し、昨今プロヴァンス管区やナルボンヌ管区、トゥールーズ管区各地に姿をあらわした者たち……」。[53] 一三二五年以前に録された彼らの信条に関する分析にははっきりと、彼らがヨアキム主義的な未来という枠組みの中で新たな霊的な人々の役割を僭称することになるであろう、という最終的帰結が予見されている。[54] 教会にあって最も完璧な時代《スタートゥス》とは福音的清貧の状態《スタートゥス》である。キリストと聖母の後にあっては、聖フランチェスコこそが最も福音の教えに忠実なる者であり、教会の第六の時の革新者である。聖フランチェスコの教え（会則）こそがキリストの福音である。誰も福音に変更を加えることができないように、誰もその会則を変じることはかなわない。教皇といえども、また公会議ですらそれに反する主張をすることはできない。この小分派は未来をこうした基準から判じて、現世の教会の権威に抵抗する。彼らは二つの教会を区別する――「咎められるべき者たちのローマ教会という」肉身教会と、「キリストと使徒たちに仕える霊的で福音的な人々の」霊的教会とに。[55] そして彼らはこの霊的教会を自らのものと主張する。第六の時の終わり、「われわれが今ある状態、この時代《スタートゥス》[56]、肉身教会はキリストによって否まれるであろう。そしてシナゴーグが否まれた時に彼は十字架につけられたように、ここでふたたび迫害される〈清貧者《パウペレス》〉たちにおいて十字架につけられる。アンチキリストによる試練の中で、聖フランチェスコの第三会を除いて、あらゆる信仰秩序は滅びるだろう。そこからひと握り、おそらく十二人の「霊的、福音的清貧の」選ばれた人々が「敬虔にして寛容なる教会の第七にして最後の時代《スタートゥス》たる霊的教会」(57)を建てることになるだろう。その時こそ、昔日の聖霊降臨祭のごとくに、これらの人々に聖霊が注ぐであろう。(58)アンチキリストの死後、彼らは全世界を改宗させるだろう。そしてこの世は、

善にして寛容……すべての使用は共同にして、誰も罪に促すような躓きを謀る者とてなく、すべてを愛が支配し、群はひとつ、牧者もひとり。こうした人の状態と条件は百年つづくという者もある。その後、愛が衰弱し、僅かに邪悪が浸透し、徐々にそれが増すと、その邪悪の凝集したところに、最後の審判のためキリストが到来する、と。(59)

最終的な衰微の前のこの黄金時代にあたり、聖フランチェスコが地上に身をもって帰り来たり、人々に霊を触発することになるだろう、と信じる者もあった。これこそが、ヨアキム主義的な聖霊の時代の能弁なるフランシスコ会異文《ヴァージョン》である。これが第七の時として把えられていること――歴史の内、であってそれゆえ衰滅は不可避である――時間のない第八の時としてではない、ということに留意しておかねばならない。

ベルナール・ギイの記述は、一三二二年ごろのトゥールーズの異端審問調書によっていよいよ確証され拡充される。(60)そこから明らかになる二つの事実。彼らが触発された典拠文書がオリヴィの『註釈《ポスティッラ》』であり、彼らはそれを俗語訳で読んでいたこと。そしてそこから彼らは完璧に、三位一体の三位格《ペルソナ》と結びついた三つの時代《スタートゥス》というヨアキムの教説を抽き出していること。

(ライムンドゥス・デ・アントゥ・サーノはオリヴィの教説、それも特に『黙示録註釈《ポスティッラ》』こそが真の正統信仰の教えであると信じており、)その書の俗語訳を所持し、しばしば聴衆を集めてそれを朗読した……この世の三つの時期あるいは時代と教会の七つの時代について……読み聞かせた……現在がこの世の第二時代の第六の時にあたり、この時代の終わりこそバビロンの、つまり肉身教会の審判という特別の時であり、それに清貧というキリストの真実がつづくのであり、つづくであ

ろうと、その註釈《ポスティッラ》を読みまた朗読されるのを聴いて知った。(61)

（ライムンドゥス・デ・ブクソは註釈《ポスティッラ》を読んだことを告白して、）その註釈《ポスティッラ》によれば、第一の時代の終わりにユダヤ人たちのシナゴーグが十字架につけられたキリストによって破壊されたように……第二の時代の終わりにアンチキリストに耐える教会は肉身教会とみなされ、それに霊的な人々のキリストの生がつづく。彼らはキリストの清貧を聖フランチェスコの会則にしたがって守ろうとするとともに、アンチキリストの死後、肉身教会は破壊され、霊的な人々の第三の時代の教会が建てられ……註釈《ポスティッラ》によれば、ローマ教会は肉身教会、バビロンの大淫婦とも称され、打ち倒され破壊されることになるといい……。(62)

ここに歪曲と誇張がみられることに疑いの余地はない——『註釈《ポスティッラ》』ではローマ教会がバビロンの淫婦と同一視されていた、というような言辞に——が、それ以外の部分からしてもベギン派の者たちが三つの〈時代《スタートゥス》〉という説を『註釈《ポスティッラ》』以外から汲んだとは考えられない。なんといっても、それに関連して一切ヨアキムの名が言及されていないのだから。(63)

要約しておくならば、これらの調書ではローマ教会が肉身教会と同一視され、つまりバビロンの婦女とみなされ、教皇ヨハネス二十二世は〈神秘のアンチキリスト《アンチキリスト・ミスティクス》〉の烙印を捺されている。(64) ふたりのアンチキリストによる二重の試練によって、この教会は破壊されるだろう。第一〈時代《スタートゥス》〉の終わりにシナゴーグが破壊されたように、第二〈時代《スタートゥス》〉の終わりにはローマ教会が譴責され破壊されることになろう。それも四十年以内に。これらの調書からはっきりと分かるのは、ここに尋問された者たちの狂信的な信条、第三〈時代《スタートゥス》〉の教会の先駆けとして自らが体現することになるであろう、あるいはすでに体得しているとする役割への信念である。聖フランチェスコとキリストの符合はいまや、その〈真の〉後継者たちにまで拡張され、マルセイユで殉教した四人の聖霊派はふたたびキリストの十字架刑をあらわすものとされる。「……彼らは十字架につけられたキリストの四肢あるいは頭にも類比され、キリストの生に就いたのであり、つまりキリストの霊性はふたたびそこに十字架につけられ……」。(65) しかし地獄の門すら彼ら〈真の〉聖霊派をうち負かすことはできない。彼らは迫害されたが、教会権威によっても、教皇庁によってすら彼らの秩序を破壊することはできないし、他の修道会に編入させることもかなわない。彼らの会派は特別であり、他の修道会がみな消滅することになっても、彼らの会派だけはこの世の終わりまでつづくであろう。「……それが聖フランチェスコの約したまうたところであった。この修道秩序はこの世の終わりまでつづく、と彼は存命中に言い遺された。……また、主なる教皇が他の諸修道会や他の信仰を殺ぎ廃絶することはできるかもしれぬが、主なる教皇といえども小さき兄弟会を他の信仰へと移すことはできない、と信じつづけ……」[66]。この特別な立場の秘密は、「大いなるキリストの生の真実は聖フランチェスコとその修道会に啓示されたのであって、他の聖人、他の会派にではなかった」[67]、すなわち、「聖フランチェスコの会則は完璧であり……そして……高位聖職者たちの身分（時代）ならざる……別の身分（時代）としてのキリストの生のまねび」[68]という確信のうちにある。聖フランチェスコの修道秩序が背徳的なものと化してしまったにしても、第三〈時代《スタートゥス》〉の教会の礎を据える者たちはそこに僅かに残された者たちの中からあらわれるだろう。

（アンチキリストの死後、）清貧、敬虔、寛大なる別の教会が礎を据えられ、建てられるだろう。また、すべての信仰あるいは修道秩序は、聖フランチェスコの修道会を除いて、この世の終わりを前にすべて破壊されるだろうと信じていた。ここで聖フランチェスコの修道会というのは三部分からなるという。その第一あるいは共住修道会およびフラトリセッリと呼ばれる第二の二つの部分も破壊されることとなり、第三の兄弟たちつまり聖霊派および第三会派に属すベギン派という第三の部分こそが、聖フランチェスコの約したまうた者たちで、この世の終わりまでつづき、会則の真実を守ることになると信じているのだった[69]。

また……肉身のローマ教会は廃絶され、僅かばかりの霊的な人々により第三時代の教会が設けられることとなろう、と……[70]。

また言うところによれば……神はアンチキリスト到来の前に、アンチキリストに抗するため十二人を挙げるに違いない。神の第三の教会が彼らの上に築かれ得るように。[71]

……そして肉身教会は廃絶され、霊的教会が後継するが、それを興すものの大部分は純粋に会則を厳修する清貧なる小さき兄弟会士たちであろう。[72]

このように僅かな者たちだけが救われるという信念は、そこに設けられる火の試練によっていよいよ驚くべきものとなる。

またベギン派の試練の時には聖霊が竈の中の炎のごとくに来らぬはずはなく、その聖霊は完璧なる徳能と使徒的な恩寵を授けて使徒たちを促したように勇敢な戦いにつかせるだろう、と彼らは考えているのである。この試練はじつに激しいものゆえ、驢馬のごとき愚者もその永劫の真実へともたらされることとなるだろう。[73]

繰り返し何度もあらわれる主題。聖フランチェスコへの彼らの恩頼の源はオリヴィの解釈にあった。

また、修道士ペトルス・ヨアニス・オリヴィの教えはまったく真にして正統なる信仰であり、聖霊の照明に与って福音の真実と聖フランチェスコの会則を知解したものであり、それは聖なる父の偉大なる教えであり、彼はその天使（第六の天使）……また、教会の最後の時をあらわし、切迫した未来のアンチキリストによる教会迫害と試練を予告するため、神は特別に彼らを選んだのだ、と。[74]

これらの調書から明瞭に分かることは、プロヴァンスのベギン派の待望がヨアキムの第三〈時代《スタートゥス》〉に公然と照明を当てた聖霊派による再演であった、ということである。[75]

素朴なこころをばかりか、精妙な心性をも魅了したオリヴィの思惟。それを典型的にあらわしているのが、彼の偉大なる弟子ウベルティーノ・ダ・カサレである。ウベルティーノの経歴は彼が中部イタリアにおけるヨアキム主義説教者であったことを明らかにするばかりか、聖霊派論議においてはその擁護にあたり造詣の深い討議もできる人物であったことを証している。彼の大著『十字架の生命の木』は、彼の神秘的思惟の深みをみせるものである。彼は全歴史の内的発展を〈歴史の樹木〉というヨアキムに親しいイメージのうちに見出し、象徴化している。その根幹は創造から受肉に到る初期時代、枝の数々はキリストがはたらき成した諸事跡、その果実の数々こそが選ばれた者たち。とはいえウベルティーノはヨアキムの樹木における最も独創的な観念、歴史的世代を介してこの世の終わりの時という頂点に向かって成長する樹木、という観念を採ってはいない。実際、彼はその樹木のイメージを歴史類型《パターン》の描写に十分うまく据えることができなかった。とはいえその第五巻では、[76]彼の信念と期待の鍵は、ある意味で彼の樹木の冠頂に置かれている。ここで、ヨアキムの歴史図式はオリヴィによって修正適合されたかたちで明確にあらわれている。彼はその枠組みとして、教会の七つの〈時代《スタートゥス》〉を採ることにより、ヨアキムがこの世の三つの段階に与えたことばを大修道院長が用いた〈時期《テムポラ》〉に代替する。とはいえ、ウベルティーノは三つの全般〈時代《スタートゥス》〉をも受け入れ、六番目と七番目の教会の〈時代《スタートゥス》〉をヨアキムの謂うこの世の第三〈時代《スタートゥス》〉と同一視する。先行する五つの時代は、それぞれの時に権能を授けられた使徒たち、殉教者たち、教会博士たち、隠修者たち、修道士たちまた聖職者たちに配当される。そして第六の時代は熾天使的な人フランチェスコの時にはじまる「福音的な生の革新、アンチキリスト的な（反キリスト教徒的な）徒党を征する無所有の意志的清貧の生である」[77]。第七の時代は「静穏の時、地から天上のエルサレムへと昇る未来の栄光に参与するのを待つ時」[78]となるだろう。

ここにはいまだ、第六の時代の活動と第七の時代の観照というヨアキムの区別は守られている。「第六時代の革新者の生は福音的であり、第七時代にあっては永遠の栄光が望見される」[79]。とはいえそこには微妙な観念の変更がある。ヨアキムの〈霊的知性《スピリトゥアーリス・インテレクトゥス》〉に替えて、ウベルティーノおよび聖霊派の者たちの新しい生の特質は〈福音的な生の革新《レノヴァチオ・エヴァンゲリケ・ヴィテ》〉あるいは〈キリストのかたちへの革新《レノヴァチオ・フォルメ・クリスティ》〉が据えられる。それは真の清貧と完徳の成就を礎としている。[80]ここには〈革新《レノヴァチオ》〉

ということばが使われてはいるが、その展望《ヴィジョン》は過去を振り返るものというよりは、第六の時代、新たに〈完璧なる晴朗《プレナ・クラリフィカチオ》〉に満たされることとなるであろう未来に向けられている。[81]〈静朗《クラリフィカチオ》〉ということばはヨアキムの思惟との親近を示唆するものではあるが、ここでウベルティーノが新しい生を表現するのに光と同時に熱ということばをも用いているのは興味深い。「生気はキリストの生命の熱と光によって賦活され……回復されるであろう」[82]。

　ウベルティーノはキリストの三度の降臨という観念をオリヴィから引き継いだ。すでに聖フランチェスコによってキリストの第二の降臨は現実と化した。オリヴィを想起させるこのことばによってウベルティーノは、第二の〈時《アエタス》〉に新たなる人キリスト・イエスが来たりしごとく、第六の〈時代《スタートゥス》〉に新たなる人フランチェスコが「福音の時代《スタートゥス》を」もたらしたのだと宣言する。[83]こうして第六の〈時期《アエタス》あるいは時代《スタートゥス》〉は最も重要な時となった。「まさにいまここに新しき時代、新しき教会が臨まれる」[84]時として。じつにフランチェスコにおいてキリストはあらためて体現されたのだった。「そこにキリストの生命は格別の革新を得てあらわれたのであった」[85]。ボナヴェントゥラが聖フランチェスコは黙示録の第六の天使であったという信条を最初に明かしたとき、そこに居たという人の証言を引きつつ、[86]ウベルティーノはそれに類したジョヴァンニ・ダ・パルマの証言をも加えている。[87]聖フランチェスコは試練を予見し、ウベルティーノはバビロンとの対決を待望した。聖フランチェスコは栄光のうちに起き上がる前に、象徴的に殺され埋められねばならなかったのではないか。[88]自らの生においてその会則と遺言を守る聖霊派の者たちに対する激しい攻撃は、アンチキリストとの最後の恐ろしい闘いでなくしてなんであろう。そしてまた、この攻撃に同調する教会の位階は新エルサレムを前に焉み、〈恥知らずの淫婦〉バビロンの一部をなすものであるに違いない。[89]

　ウベルティーノの書冊には正確に〈救われる僅かなる者たち〉の情調が映し出されている。彼らこそが「この新たなる現在の新たな敬虔なる人々、その敬虔さと清貧によって他のいかなる者たちとも異なった民」からなる、キリストの小集団である。[90]彼らの未来への務めは聖なる会則と遺言とを守り――「浄福なるフランチェスコがキリストから委ねられ受け容れた至上の完徳」[91]――そして待機すること。その一団はアンチキリストの失墜を待機するためアジアに引きこもった、とウベルティーノは言う。「……福音を厳修しつつバビロンの直中に生きることができずして、妥協を避けるためアジアへと。革新者たちにとって、敬虔なるイエスの教会に福音的時代の尊厳が到来するまでは。彼らの救済の時はたちまち訪れるであろうと預言されているのだから」[92]。ウベルティーノによって表現された聖霊派の待望成就に賭ける一節は、彼らの理念がいかにヨアキムの第三〈時代《スタートゥス》〉に似たものであったかを明かしている。聖ヨハネの姿をもって意図された観照的で福音的な〈時代《スタートゥス》〉、すべてを綜合する観照教会の将来的な完徳成就[93]。

聖霊派の者たちは自ら、ヨアキムの新たな霊的な人々という役割を引き受ける。彼らの歴史哲学はヨアキムのそれよりもずっとキリスト中心主義的なものであった。三位一体の第三の位格《ペルソナ》のあらわれは、自らのからだに受難のしるしを求めた聖フランチェスコにおける第二の位格《ペルソナ》による生の更新と同一視される。聖フランチェスコは第二から第三〈時代《スタートゥス》〉への遷移の閾に立っていた。まさにキリストが第一から第二への移行を跡づけたように。聖フランチェスコにこのような特別な役割を付与し、彼にキリストによって書かれたことばを付会することを可能としたのは、ここに三つ組み類型《パターン》が援用されたからに他ならない。こうしてアンジェロ・クラレーノはなんの不適切さもなしに、聖フランチェスコを新たな契約の体現者として称揚するため、その書簡文書を言い換えてみせた。「神は往昔、族長たち、使徒たち、預言者たち、殉教者たち、教会博士たち、そして聖人たちを介してわれわれに語りかけたのだったが、今日この終わりのとき、主は主の熾天使的な息子フランチェスコを介してわれわれに語りかけられる。主は彼を万物の相続者となしたまい……彼は自らを貶めてこの世に十字架を負ったキリストの姿をとり……神は彼を讃え、彼に名を賜り……」[94]。このように、〈新時代〉は霊的照明をうけた〈ことば〉がふたたび定められた時代であった。第三〈時代《スタートゥス》〉の本質はここに福音的完徳としてあらわされたのではあったが、彼らの熱烈な弛むことない目的を支えたのは、最新にして最終の時代へのヨアキム主義的待望に他ならなかった。〈霊的な人々《ヴィーリ・スピリトゥアーレス》〉は福音的な人々となり、〈霊的知性《スピリトゥアーリス・インテレクトゥス》〉は福音的清貧と化したとはいえ、両者の観念はそれほど離れたものではなかった。ヨアキムは、この世には福音的な人々の修道秩序の介在が必要であることに十分気づいていた。フランシスコ会士たちは、その一方で観想的な生に引き寄せられていった[95]。初期フランシスコ会士たちは聖書の霊的知解に夢中になり、それによって、聖書を学ぶかたちは容易にヨアキムの霊的知解の観念と結びつけられることとなる[96]。

隠修生活への指向はイタリアの聖霊派に顕著であった。なんといっても危難は間近に迫っているように思われた。一三〇五年、フラ・アンジェロ・クラレーノの集団は〈天使的教皇〉を間近に待望していた。しかし選任されたのはクレメンス五世であった。他のヨアキム主義者たち同様、クラレーノ派もおそらくその時、自らの信念を保つために事態の解釈を見直すことになったものと思われる。遂に彼らは自らの信義を主張する機会を待っていた分離派のうごきの中へと引きこまれることになった。マルカ・ダンコナでフラ・アンジェロは弟子たちとともに清貧隠修会を再結成する[97]。そして彼らは権威との関係という重大問題に直面した。実際、これは聖霊派の者たちすべてにとっての難題であり、たとえオリヴィもウベルティーノも権威への服従を保ったのであったにしても、彼らの歴史解釈の論理は一歩一歩、確実に過激なものへと近づいていった。彼らにだけ、彼らの分離においてのみ、真の教会はあらわになったのだと。フラ・アンジェロにとっては悲痛な実践であったに違いない。彼は『弁明書簡《エピストラ・エクスクザトリア》』で、分離派と譴責されることを激しく否み、ローマ教皇庁への不動の忠誠を宣言している[98]。その一方で、彼の弟子たちは贋教皇のうちにアンチキリストのあらわれと〈肉身〉教会の最終的な転覆を望見していた。それでも一三三七年、アンジェロに死が訪れるまでは彼の聖性と調停による拘束力がこの集団の中立的な立場を守った。この時期のアンジェロはスビアコに避難所を得ていた。そこで聖フランチェスコの真実の後継者たちの歴史は、彼の『七大試練史』にみられるようなヨアキム主義的なかたちを纏うことになる。アンジェロ自身そこに記しているように、その時、彼はふたたび重大な瞬間に立っていると感じている。ケレスティヌスの教皇辞任以降、第六の試練の二十八年を経、第七にして最後の時の閾に立って、彼は祈った。「第六なる試練から解放され、第七の時、われわれを悪から解放されんことを祈る。かくあれかし」[99]と。とはいえ、龍は打ち倒され、最後の闇も散らされ、信仰に忠実なる者は愛の光に満たされるであろう、という彼の信念は確たるものであった[100]。

　クラレーノ派の者たちはほとんど自ら耐えることの不可能な緊張のうちに、彼らの使命と彼らの服従の務めを和解させる道を探った。これはアンジェロの書簡の数々に著しい。一方で、彼は他のすべての服則の務めにまして会則を置く。そこではキリストが語っているのであり、地獄の門すらそれを圧伏することはできない[101]。他方、彼はキリストとその使徒たちの立場を守る聖職者たちに対する服従を命じる[102]。教会博士や聖人たちが正統信仰の完徳の絶頂たるところとして教えるところを、至高なる教皇が異端的であると宣した場合、教皇その人より他に誰もそれに異見を挟むことはできない。われわれは敬虔なこころで務めねばならない、とアンジェロは弟子たちに言う。教皇に反するようなことを言ったり書いたりしてはならない。われわれはキリストの審判を待つだけである(103)。フラ・アンジェロは同胞たちの緊張を解くことはできなかった。彼は感動的なことばをもって、ただ忍耐を説くばかりである。「それゆえ汝らは義と誠実に敬虔にあるべく、偏向を語ったり書いたりしてはならない。ただ沈黙と静穏のうちに説教とおこないに務めたまえ」(104)。

社会の下層に喘ぐ者たちにとって、このような立場を堅持することはほとんど不可能だった。フラ・アンジェロの死後、クラレーノ派の者たちそして他の聖霊派の生き残りの者たちのうちから、十四世紀中葉から後期にかけてローマ教会からの分離を喧伝し、激しく教皇庁を攻撃したフラティチェッリ諸集団が発生したことに疑いはないようにみえる。これらの集団に関する知見は、対異端の審問調書の数々、あるいは彼らが同志キリスト教徒たちに宛てた短い書簡や小論考から引き出されるところがその大半である。たとえばリエティ、トーディ、アメリアでの審問の数々は(105)、バイエルンのルートヴ《ルド》ィヒ《ヴィクス》四世の出現以降あらわれる異端的奔流に、クラレーノ派がどのように呑み込まれていくことになったかを証している。二元論、汎神論、過激な反教皇主義《ギベリニズム》がごた混ぜになって、僅かに絶対的清貧の熱烈な擁護がその聖霊派出自を識別させるばかり。リエティでの修道士フランチェスコ・ディ・ヴァンネの告白は、僅かながらも彼らの観念を明かしてくれる。

> ……清貧フラティチェッリから聴いたところによると……教皇ヨハネスは教皇ならず……教皇ヨハネスはフラティチェッリを拒絶し、キリストは私的にも公的にも所有したと教令を発することによってキリストの生を矮小化したが、それは異端であると言った。また、ローマ教会は淫婦であり山を越えて淫奔な生を送っているのだと預言されているとも聞いた……われわれが教会の小さき兄弟と呼ぶところの者たちは真の小さき兄弟ではなく、彼らフラティチェッリこそが真の小さき兄弟であるとも聴いた……また、フラ・アンゲルス(クラレーノ)が彼らフラティチェッリに手紙を書き送り……王女の兄弟、主のピリプス(フィリップ)が教皇に挙げられ、善き時代が来るであろうと、彼らを励ましたと言うのも聞いた……(106)。

フラティチェッリの文書群はヨアキム主義的期待の論理がどこに行き着くかをはっきりと示している。教会の位階《ヒエラルキア》のすべてが、僅かな者に委ねられた未来の〈時代《スタートゥス》〉の完徳に抗するのであれば、それは真の教会ならずしてアンチキリストを待望するものである、と。こうして、閉鎖的な党派的心性は、「常に多くの者たちはキリストに忠実なる僅かな者たちを迫害してきた」(107)という方向へ展開する。教会を誘惑する宿命的な使い、ヨハネス二十二世。キリストの清貧という真実に頑迷に反対するような者があったなら、それが教皇であろうと司教であろうと、それは公然たる異端であり、そうした者に服従することは、神に、魂に、会則に逆することである。(108)それゆえ教皇ヨハネスおよびその後継者たちは真の教会から離れ、分派を成す者たちと化す。それどころか、ヨハネス二十二世は〈神秘のアンチキリスト〉であり、教皇は聖フランチェスコの会則にも遺言書にも触れる権威をもたない、と言明するにいたる者すらあった。フラティチェッリから同信の者たちすべてに宛てられた手紙には、教皇はいつも新しい法を制定する権威があることには合意するも、彼とてキリストと使徒たちのことば――聖フランチェスコの会則も明らかにこの範疇に含まれている――に反する権利などないことについて議論が尽くされた、と録されている。(109)こうして自らを正統信仰、使徒教会と信じる主張に自縄自縛されたこれらフラティチェッリの集団は、会則と遺言書を信仰の正統性の準拠点、権威の源泉に据える。

フラティチェッリは自らを真の教会の繊い声に、最後の時代のノアの方舟に集まり救われた僅かな者たち、に準えた。彼らの航海を導くのは、聖フランチェスコ、ペトルス・ヨアニス・オリヴィ、そして大修道院長ヨアキム。(110)彼らの著作のひとつは、新たなる洪水に臨む新たな方舟としての彼らの役割を言明するにあたり、直接『符合の書』から引用している。

すなわち、大修道院長ジョヴァキーノの聖書の符合の書、この書はある教皇そして数々の聖職者たちの督促によって著されたものだったが、その第五巻のノアのものがたりには次のように記されている。ノアが方舟を造るまでの五百年は、キリストから大修道院長に到る教会の五つの時代を意味しており、また六百年目の初めの年に彼は方舟を造るよう命じた、つまり第六の時期のはじめにキリストがこの世にひとりの人を遣わし、彼はノアの方舟のような新たな方舟を造り、それによってキリストの教会を破壊せずにはおかぬ不信者たちの洪水からきっとふたたび選ばれた者たちの種子を守るであろう。この洪水はまたこの第六の時代に傲りはじめるとともに驕り居る贋預言者たち、つまり贋教皇たち、司教たち、宗教者たちの洪水でもあるだろう。ここに遣わされた人こそ尊き族長、聖なるフランチエスコであった……[111]。

聖フランチェスコ、黙示録の第六の天使は天上の観照的な生から下り、「福音的会則の方舟」を造るために「新たなる福音の教えを纏い」来たる。その百年の後、「たちまち異端者たち分離派たち、夥しい贋宗教者たち贋キリスト者たちの洪水がある贋教皇(ヨハネス二十二世)の時に襲い来たるであろう」。その洪水の後、真の教会の福音がふたたび十二人の福音的な人々によって説かれることだろう。十二という長い系列――族長たち、預言者たち、十二の〈イスラエルの血族〉、使徒たち、修道院、十二人のベネディクト会大修道院長たち、聖フランチェスコの十二人の伴侶たち――の最後に十二人の「教会を革新せねばならない清貧福音会派の者たち」、ここにふたたびわれわれはヨアキム主義的なものを認めることができる。ここにわれわれは、未来の宝を抱懐するため選ばれた僅かばかりの人々としてあること、という想いが直接ヨアキムの思惟そのものから導出される様をまのあたりにしているのである。

それにしても、『教皇預言集《ヴァティチーナ》』第二集にある悲観的な調子には驚かされる。この二番目の十五の預言は第一集に類したものであるが、グルントマンはこれをフィレンツェのフラティチェッリにより制作されたものと論じている[112]。しかし、これはすでに一三五六年、ジャン・ド・ロカタイヤード(ジョヴァンニ・ダ・ルペシッサ)の知るところであったことからすると、その制作時期は少々遅すぎるが、作者の帰属に関しては信憑性があるように思われる[113]。この預言書は第一集同様、ニコラウス三世にはじまり、ケレスティヌス五世とボニファキウス八世に関する聖霊派の伝統もよく保たれている。祈る聖教皇を背後から引っ張る狼の図。その表題は「狼の声は君主領を荒廃させるであろう」[114]。そして主文は「主の名において来たる者、天上のすべての事物の観照者、地の闇から引き出され昇りまた降る者こそは祝福されてあれ……」[115]にはじまっている。この図に獰猛な教皇がつづく。その背後には諦めたような悲しげな修道士がひとり。その表題は、「詐欺によって挙げられ、権勢とともに治めたが、苦悶して死ぬであろう」。[116]ヨハネス二十二世には次のような表題が添えられる。「鳩に向かってこの陋劣なる高位聖職者の姿は挑みかかるであろう」。[117]その本文はこうはじまっている。「最下の類より血塗れの獣があらわれ、まず小さく無垢な息子を貪り食らうであろう」。[118]この連作が一三五六年直前に制作されたとすると、インノケンティウス六世（一三五二年登位）に到る教皇たちについてはその肖像を、残る三教皇に関しては未来を描いたものということになる。その最後は明らかにアンチキリストである。この教皇だけが実際、獣の姿で描かれており、その表題は「恐ろしき汝、誰が汝に抗し得ようか」。[119]本文は、「これが恐ろしい相貌を曝す最後の獣である」[120]にはじまっている。この連作がフラティチェッリの誰かによってあらわされた教皇庁に対する憎悪の傾向を示すものであるとすると、これに正統派のジョヴァンニ・デッレ・チェッレが関心を寄せているところには、じつに興味をそそられる。[121]この最後の象徴の引き起こした不安な心騒ぎは、彼の『教皇預言集《ヴァティチーナ》』に対する結論的な言辞によくあらわれている。「……この獣はアンチキリストである。それがまたひとりの別の教皇の姿である、とわたしに告げた者もある。そこでその二つは一つになっている。あるいはわたしが眼前にしている書は改竄されているのか、誰かがそうした意味を付け加えたのか。それを吟味しているところ」。[122]おおむね、諸権威はこれらの集団には厳しく対処したが、彼らにとって好都合な政治的社会的状況も確かに存した。一三七〇年代から一三八〇年代のフィレンツェの反教権的な風潮は八聖人の戦いとそれへの反動としての大分裂に極まる。そうした社会的騒擾に、アンチキリストの到来という焦燥とチォンピの乱の暴発も相俟って、フラティチェッリの信念をいよいよ養わずにはおかなかった。ジョヴァンニ・デッレ・チェッレは、彼らの危険性と魅惑とのどちらをも感じ取っている。この高名なヴァロンブローザ修道会隠修士は彼らを反駁する手紙をも、彼らの側に就く手紙をも書いている。[123]巷には預言的待望の気配が漂っていた。フィレンツェの政庁がフラティチェッリに好意的であった訳ではないにしても、当初、彼らの増加に目を瞑っていたことは確かである。[124]この時期の逸名のフィレンツェ人の日記には、一三六八年のある小さき兄弟会士の預言が録されている。これは、実にジャン・ド・ロカタイヤード（ジョヴァンニ・ダ・ルペシッサ）の『必携《ヴァーデ・メクム》』の一節であり、この人物については後述することになる。[125]そこに預言されてあるのは恐ろしい試練と暴動、力ずくでもたらされる教会の福音的清貧、「この世の改修者」たる偉大な教皇とこの世を改革することとなるフランス王。

意味深長なのは、このフランスのヨアキム追随者の著作がこの時期、フィレンツェに出まわっていたという事態である。
　フィレンツェが教皇庁と和解し、チォンピの乱が潰えると、教会権威はたちまち力を盛り返した。フィレンツェにおけるフラティチェッリの最後の光芒は、小さき兄弟会士からフラティチェッリの説教者となったミケーレ・ダ・カルチの審問であった。[126] そこで彼は、「聖なる大修道院長（つまりヨアキム）とピエトロ・イオハンネ（オリヴィ）の教え」をもとに同志たちに自らの確固たる信念を、「聖なる教皇の到来」への期待を語っている。[127]
　十四世紀のイタリアにおいて、俗語の預言詩は異端と正統のきわどい分水嶺を成しているようにみえる。こうした預言はフィレンツェに集中してみられ、その多くはヨアキム的‐フランチェスコ会的環境に由来するものである。[128] フラティチェッリのひとりであったと思われる修道士フィレンツェのジョヴァンニの一三六一年の幻視《ヴィジョン》は、典型的にヨアキム主義的な深刻な試練を表現したものだが、それにつづく〈革新《レノヴァチオ》〉には、ダンテの余韻を響かせるような皇帝派の感情が綯交ぜになっている。[129] 教会という船は沈没しつつある。そこに聖フランチェスコとヨアキムがあらわれる。

……そして彼らは涙ながらに祈った
小船をたてなおしたまうようにと神に叫んだ。
危険は間近に迫っていた。
人々が群がっていた……
地には避難所もなかった。
フランチスコとカラブリアの人が、
教会のため新たな避難所を
ととのえ、叫んだ。おお、なんという悲惨、
新たな偽善者《パリサイ》たちでいっぱいだ……[130]

そして大いなる試練と戦いの後、龍と獣は千年にわたり縛められる。

そしてわたしはこの目で見た
冠をかぶった大いなる女王が
群と祖国を一にするのを。
そして静穏に輝く新たな天と
人殺しのない新たな地とを
そして血塗れの土地が
聖なる徳によりまったく浄化されるのを。(131)

また同じ環境に属し、おそらく同じ作者の手になるものと思われる「おお、さまよえるイタリアよ」にはじまる俗語詩もある。(132) これは同じギベリン派-ヨアキム後継的視点に立ったものであるばかりか、ヨアキムへの直接言及をも含んでいる。「六百と六十六を獣に指摘したジョアキン」。(133) またこの詩の最終節がダンテからの引用――「真の果実は花《フィオレ》の後に来たるであろう」(134)(天国篇第二十七歌)――で終わっているというのも意味深い。そこにヨアキムの未来への展望《ヴィジョン》に関する主張を認める者もある。(135) こうした預言詩の作者としてよく名を挙げられるのが、フラ・トマスッチォ・ダ・フォリーニョとその弟子のフラ・ストッパである。十四世紀も中頃に近づくと、「わが唇をひらきたまえ」にはじまる詩がフラ・ストッパの名のもとに広まる。(136) これはバイエルンのルートヴィヒ《ルドヴィクス》四世とヨハネス二十二世との闘争に触れ、クレメンス六世を攻撃し、最後には教会の革新を待望してみせるもの。

そしてわれわれのごとく慎ましく聖なる
司牧者たちに教会は飾られることとなろう。(137)

「わが夢想によれば」にはじまる預言詩は、トマスッチォにもストッパにも帰属されてきたものだが、一三七〇年ごろに出まわっている。フィレンツェ、ボローニャその他の写本の数々にも、大分裂期のこれに類した他の預言詩が同じ両名のものとして収められている。通常それらは、世界皇帝そして・あるいは天使的教皇を待望する晴朗な調子で終わっている。そしてしばしばヨアキムその人に帰されているものすらある。[138] そうしたもののひとつ。

新時代の聖なる説教者たちは
説いて回るだろう、
信心なき者たちを皆、改宗させるであろう、
粗い布地の僧衣を纏い
なにも所有することなく
清貧に生きるであろう。
……
地上には僅かな人々のみが残り
霊的なる人たちは皆、歓喜するであろう。
人々をこの時代へと導きたまう
神に祈ろう。[139]

そしてまた。

真に至聖なる教皇が

義によって統治することとなるだろう、
……
そして主の義なる人があらわれ
この世の皇帝にふさわしき者となるだろう。
……
そしてすべてのキリスト教徒は彼に従い
彼の事跡はすべて善きものとなるだろう、
領国を大いなるサルタンからとりあげるであろう
……
そして聖地は主に還されるであろう。
……
静穏と平和と合一が成し遂げられるであろう、
善きオクタヴィアヌスの時代のごとくに。
……
主はキリスト教徒の世界を成し遂げられ、
ローマの帝国を守りたまうであろう、
キリスト教徒たちに秩序ある平和を授けたまい
すべての戦いの記憶は亡失されるであろう。(140)

アンジェロ・クラレーノの集団に発するフラティチェッリは、地理的にはイタリアに広く散らばっていた。アンジェロは朋輩をマルカ・ダンコナ、ナポリ、そしてローマにも残していった。ウンブリア地方のトーディ、リエティ、アメリアではフラティチェッリに対する数多くの告発が起こっている。十四世紀後半の調書群からは、いまだ彼らがこれらの土地ばかりか、ペルージアやナルニ、それにトスカナ地方にまで居残っていたことが分かる。(141)聖霊派やヨアキム主義の思潮がシチリア両王国やスペイン領にどのくらい広がっていたのかははっきり知られていない。(142)おそらくそれはヴィルヌーヴのアルノオのヨアキム主義への関心に発するもので、それは彼を一三〇三年頃の聖霊派に対する審問での弁護へと導き、一三一六年頃にはマヨルカのフィリップとアンジェロ・クラレーノの初対面をも実現し、彼らに親交を結ばせてもいる。前者はおそらくシチリアのフェデリーゴ一世にも影響を与えたことだろう。この統治者の下、シチリアは逃亡聖霊派の者たちの避難所と化していた。(143)後者はアンジェロに触発されて、聖フランチェスコの会則と遺言書を基にした新会派を創設しようとの試みであった。これが成功をみた訳ではなかったが、たしかに彼（アルノオ）の影響力はマヨルカとナポリに聖霊派の影響を受容させるにあたり与って力あった。そればかりか、ナポリ王アンジュー家のロベール賢王とその后もまた彼らに厚意を寄せた。こうして十四世紀中頃までには、各地のかなりの数にのぼる聖霊派がこれらの土地に避難所を求めてやって来たものと思われる。ナポリにはクラレーノ派ばかりか〈修道士フィリップ・デ・マヨルカの修道士たち〉(144)、プロヴァンスの残留集団その他のフランシスコ会不満分子たちが集まっていた。彼らの組織と信条については、一三六二年枢機卿アルボルノスによって彼らの庇護者ルイジ・ディ・ドゥラッツォに対してなされた審問からその概要を窺い知ることができる。(145)一時期アクィノの司祭をも務めたフランシスコ会士トマス・デ・ボイアーノは、いまや〈清貧兄弟会〉あるいは〈修道士フィリップ・デ・マヨルカの後継者たち〉と称する分派の頭目になっていた。彼はこの時期、頭角をあらわすとともに、教皇ヨハネス二十二世以降ローマ教会は真の教会ではなくなったと主張して、彼の党派は断固分離派の立場をとった。

マヨルカやルシヨンでの動静は、ルシヨンの騎士にしてマヨルカのフィリップの顧問を勤めたアッデーマル・ドゥ・モッセに対する審問から僅かばかりの知見が得られる。一三三二年十二月に告発されたアッデーマルは、一三三三年アヴィニョンの異端審問官、枢機卿フルニエの前に出頭した。(146)この調書からはっきり分かることは、権威側がヨアキム主義的信念を彼の所属していた〈第三会派のベギン派〉のうちに探ろうとしていることである。各種の尋問のうちには、彼が次のような見解を聴いたことがあるか、あるいは彼自身信じているか、という問いも混ざっている。

また、キリストの死をもって旧約の律法が焉み、その教えへの勤めと福音の秘蹟が広まったように、聖霊による第三の時代にはその秘蹟と福音の教えが焉み、聖霊の律法とその秘蹟が後継することとなり、福音の教えと秘蹟を終わらせるというような議論は。

たとえば、聖霊による律法と第三の時代は聖フランチェスコの時にはじまったと……

たとえば、僅かな霊的な人々がローマ教会を離れ……溢れるほどの聖霊と使徒たちの熱誠を享けるであろう……

たとえば、第三の時代には所有をすることもそうした誘いにのることもなかった慎ましい者たちに聖霊は降るであろう……

たとえば、聖霊の第三の時代には聖フランチェスコとヘルマノス・デ・ラ・ペニテンチアの会則あるいはその第三会の会則が告げ知らせられ……この会則とこの時代はこの会則を信じ守る者たちとのみ、この世の終わりまでつづき、肉身の教会たるバビロニアは滅びるであろう……。また、説教修道会のごとくヘルマノス・デ・ラ・ペニテンチアを譴責するものもあるが……アウグスティヌス会、カルメル会はそれを擁護し、ベネディクト会、シトー会、聖堂参事会も……王、公侯、男爵や貴婦人たちも（また擁護している）……また、迫害する者たちは肉身教会の破壊とともに殲滅され、二度と蘇えることはない、と……[147]。

彼はまた、ペトルス・ヨアニス・オリヴィの教えについてどう思うかとも問われている[148]。実際、尋問のすべてがアッデマールの仲間たちとプロヴァンスの聖霊派の密接な関係を想定したものである。アッデマールがこれらの信条を否認したにもかかわらず、マヨルカのジェームス王による罷免は、かえって彼とフィリップ・デ・マヨルカの集団との関係を緊密なものとすることになる[149]。

アラゴンとカタロニアでヨアキム主義的観念を広める元となったのは、ヴィルヌーヴのアルノオの著作群であったろう。アルノオは自著『黙示録註解』で三つの〈時代《スタートゥス》〉と三つの秩序を創造の七日とともに詳述しており、この著やその他のアルノオの著作のスペインにおける影響については、ポウ・イ・マルティの研究がある。[150] 一三一七年のタラゴナ公会議の裁定からはプロヴァンスの彼の弟子たちの継続的な存在が確認されるとともに、一三四五年にはふたたびタラゴナに〈ベギン派〉によく似た集団があったことが跡づけられた。[151] またカタロニアに関連して、ポウ・イ・マルティは逸名著作『黙示録による教会の諸時代について』という一三一八年頃に著された書に注目している。これは現在では異端審問官たちによって抄録された四十二項目が残されているに過ぎない。[152] しかしこれはカタロニアのヨアキム後継者の姿を浮き彫りにするものである。第一項目は次のようにはじまっている。

第一頁は次のようにはじまる。この世の総体にわたり三つの時代が存すると考えるのは至当である。第一はこの世のはじまりからキリストまでつづいた。第二はキリスト降誕からアンチキリストの死からこの世の終わりまで。また、第一時代は父なる神に、第二は父の御子に、第三は聖霊に準えられる。……第一の時には神は恐ろしいもの、大いなる怖れとして自らをあらわしたまい……また第二の時には神の御子として溢れる慈悲および、偉大にして、知識深く、公然たる真実を示したまうた。……だが、第三の時代には聖霊としてあらわれたまい、自らを炎として神愛の竈として、霊的な葡萄酒の倉として霊的な膏薬の蔵として与えたまうであろう。そしてついに単純なる知性は、受肉したまいし神の御子の叡智の真実のすべて、父なる神の権能をまのあたりにするばかりか、キリストが約したまうたところに触れ味わうことすらできるであろう。聖霊の真実の到来とともに、汝らはすべての真実を学ぶであろう。第一の時代の身体へのはたらきは信徒たちに広がり、第二の聖書の時代は聖職者たちに広がり、第三の純粋なる観照は宗教者たちに広がる。[153]

この一節はオリヴィの一節を下敷きにしたもので、[154] 第三〈時代《スタートゥス》〉に約束された霊的自由をあらわすのに用いられたイメージの数々もその理解も、大修道院長（ヨアキム）の思惟に対する親近を示している。その他の項目も、著者がプロヴァンスのヨアキム後継者たちの信条に繋がるものであったことを証しており、「黙示録十章の天から降る力強い天使」[155] にほかならないオリヴィに帰される諸見解が絶えず引かれている。第八項目では、聖フランチェスコと聖霊派の特殊な神的使命が主張され[156]、第三十五項目では、ふたたび待望される第三〈時代《スタートゥス》〉が性格づけられる。「……歴史の総体における第三時代は聖霊に準えられ、ここに霊的知性《スピリトゥアーリス・インテリゲンチア》と観想の完徳なる生とが十全に体験され味賞されることになるという」[157]。

スペインにおけるヨアキム主義的預言の影響をみるとき、そこには異端的ベギン派あるいはフラティチェッリ諸集団との境界を引くことができない。十四世紀中葉のフランシスコ会士、アラゴン王子ペドロの幻視《ヴィジョン》はじつにわれわれの注目を引いてやまない。[158] 彼の想像力はあらゆるヨアキム主義的預言——ヨアキム自身の、ヴィルヌーヴのアルノオの、ジャン・ド・ロカタイヤード（ルペシッサ）の、「マーリン」その他の——を滋養としている。彼はよく知られた『トリポリの預言』の解釈にあたり、それをイベリア半島の政治状況に当て嵌めてみせた。[159] 彼がヨアキム主義的な三つの〈時代《スタートゥス》〉の枠組みを用いたものであったかどうか確証はないが、平和と財物が溢れ、ユダヤ人と不信者が改宗し、エルサレムが栄光に帰す勝利の時代の待望を大修道院長から導出していることに疑いはない。これらの諸見解は彼自身によって公式な検討に付され、その報告において、それらの展望《ヴィジョン》は神に由来するものとそうでないものに分けられている。

また別のヨアキム主義的なフランシスコ会神秘主義者に、エルサレム総大司教フランシスコ・エグジメニスがあった。[160] 彼の著作『この世の三つの時代について』は一三九八年に著されているが、決して公刊されなかった。第二の著作、一四〇四年ごろ著された『ジェスクリスト伝』でも歴史類型《パターン》とその未来が論じられている。ヨアキムを別にすると、エグジメニスの主要典拠はウベルティーノ・ダ・カサレであるが、ヴィルヌーヴのアルノオやジャン・ド・ロカタイヤードの著作をも用いている。三つの〈時代《スタートゥス》〉という説は彼の著作に見紛うことなく組み込まれている。第二時代はアンチキリストの死をもって終わり、第三時代はこの世の終わりまでつづく。在俗司祭たちの時代たる第二時代、エグジメニスはこの時代の教会をよくある暗色で描き出す。そして〈教会革新〉に着手する新たなる霊的な人々の到来。最終的な勝利はロカタイヤードの語彙をもって観られている。天使的教皇と善良なる皇帝がキリストの王国をエルサレムに建てるであろう。その間、フランシスコ会とドメニコ会の霊的な人々がこの世のすべてを改宗させるであろう。エグジメニスはこの世界帝国の到来の年をしるすことも、その役割を詳述することもない。彼は具体的な目的のために預言を蒐集したというよりも、真のヨアキム主義者であった。

この時期にヨアキムの著作を探しだし、当時の要請にあわせようとしていたあるスペイン人ヨアキム後継者がいる。それは『新約と旧約聖書の符合に関する要約あるいは概説』の逸名作者で、この著作は一三五一年頃から一三五四年頃にわたってカタロニアのフランシスコ会士によって著されたものと思われる。[161] この著作は、完璧にヨアキム主義的歴史構造を体現している。三つの〈時代《スタートゥス》〉、この世の七つの時期、二重の七つの封印とその開示。書中には『符合の書』からの長い抄録も数々認められるが、それは要約という意味を超えている。この書は第三〈時代《スタートゥス》〉の到来は間近であるという潑剌たる信念によって著されたものゆえに。「この世の第三の時代はたちまち到来するだろう。そして至高なるキリストがこの世のすべてを統治することとなるだろう……いまや第七の封印は栄光のうちに開かれ、この世の果てにまで光輝をあらわすだろう。大いなる歓喜と静穏なる光。偉大なる讃歌が満ちあふれ、人々はそこで、残されたすべての者を救いたまう王たるキリストの荘厳に満たされる」。[162] 序文のこの一節はヨアキムからの引用ではないが、まったくヨアキム主義的な待望を表現したものである。

この期待は完璧にフランシスコ会聖霊派の使命という意味に解されている。著者はヨアキムの三つ組みの類型《パターン》を大胆に拡大してみせる。

イサクから生まれたヤコブの肉身性が第一時代であった。そしてヨハネから受けたイエス・キリストの洗礼の秘蹟性が第二時代。そして第三時代、聖フランチェスコは浄福なるベルナルドゥスの生のかたち(修道生活)の単純性において生まれた。またアブラハムが父なる類型を、イサクが子の類型を、ヤコブが聖霊の類型を保持したように、浄福なるベネディクトゥスが父の、ベルナルドゥスが子の、そして聖なるフランチェスコが聖霊の類型を保持したのであった……ヤコブはダンを十二の族長の中に遣わした。キリストは十二の使徒の中にユダ・イスカリオテを遣わした。聖なるフランチェスコもまた十二の伴侶を実らせ、存命中に遺言を伝えるためそのひとりをその中に遣わした……。[163]

そしてまた彼は、教会の第六の時期をはじめる者として聖フランチェスコを置くオリヴィの一節を引く。

この世の第六の時期にはユダヤ教の肉身と先立つ旧世紀が棄却され、新たな秩序が新たな導き手つまりキリスト・イエスによって、新たな律と生命と十字架とともに力を得た。また教会の第六の時代にはキリストの肉身教会と先立つ世紀が棄却され、新たな修道会が新たな導き手つまり革新されたキリストの律と生命と十字架によって力を得るだろう。そのはじめにあたり、聖フランチェスコに実に真にキリストの受難の傷があらわれ、まさにキリストに貫かれキリストが体現されたように[164]。

この著者自身がつくった符合の表では、二つの托鉢修道会が重要な位置にしるされている。差し迫ったことどもについてのこのカタロニア人の観念についてはまた後ほどたち戻ることにして、ここでは彼が歴史におけるフランシスコ会の役割を、まったくヨアキムに則るかたちで彫琢したところを観ておきたい。

このスペインの資料の検討からは、かなり意味深い様相が浮かび上がってくる。第一に、かなりの量にのぼるヨアキム主義的文書の流布状況。特に、ヴィルヌーヴのアルノオ、ペトルス・ヨアニス・オリヴィ、ウベルティーノ・ダ・カサレ、それにジャン・ド・ロカタイヤード(ルペシッサ)の著作群[165]。第二に、ヨアキム主義的観念はフランシスコ会士たちのうちに根を張っていたこと。当然ながら予想されるようにベギン派やフラティチェッリといったフランシスコ会聖霊派に由来する異端的集団にばかりでなく、正統派フランシスコ会内の集団にもそれが観られるということ。第三に、アラゴンやカタロニアに生じたヨアキム主義は、歴史の未来を三つの〈時代《スタートゥス》〉の枠組みにおいて説くような、真正のヨアキム後継者を輩出していること。

ウォディングが「フラティチェッリという疫病党派」と呼んだものは、いまだヒドラのごとく十五世紀になってもイタリア各地に増殖していくのだった[166]。ウォディングは彼らが公にしたある書物について報じている。そこからすると、フラティチェッリはいまだ〈天使的教皇〉とともに〈世界皇帝〉をも待望していた。彼らはナポリ王国に身を隠しており、彼らを駁して説教する厳修会修道士たちによる報告からすると、あるナポリ貴族が〈キリスト教徒の皇帝〉となり、ある在俗司祭が教皇となるだろうとやら称していたらしい。ある使節がマヨレティで見つけた碑銘には次のように書かれていたという。「主の一四一九年、修道士ガブリエル、フィラデルフィアの司祭、世界の司牧者にして、小さき兄弟会修道総長の時。キリスト、マリア、フランチェスコ。汝らの教皇はここにフィラデルフィアの教会の司牧者と称し、汝らは世界の最後のキリストの教会と呼んだ」。[167] これはじつに興味深い一文であり、ヨアキムの〈フィラデルフィアの教会〉に関する解釈を想起させるものとなっている。[168]

　われわれはここで、十四世紀中葉のある小さき兄弟会士の跡を追ってみなければならない。熱烈なヨアキム後継者ではあったが、ベギン派ともフラティチェッリとも離れたままにあった人物、ジャン・ド・ロカタイヤードあるいはルペシッサ。[169] 彼はオーリヤック近郊に生まれたが正確な誕生年は分からない。最初の記録は一三二二年、彼が小さき兄弟会に入った時のものである。彼が語るところによると、これ以前、彼はトゥールーズの大学で哲学を学んでいる。彼をトゥールーズから離れさせた理由は自由学芸の習得と関係したものではなく、ペトルス・ヨアニス・オリヴィへの深い傾倒と、絶対的清貧を唱えて異端審問に迫害されるその後継者たちへの共感のせいであったようにみえる。彼がフランシスコ会に入った年、ジャン・ド・ロカタイヤードはアンチキリストに関する最初の幻視《ヴィジョン》を感得し、この時以来、彼は預言、幻視、巫言等々に独特の感受性を示すことになったようである。彼は修道会内で上長たちから疑惑をもってみられるようになり――当時、こうした特殊な感受性が問題とされたことに疑いはない――一三四四年、予告もなしにフィジャックの修道院の牢獄に幽閉された。この時以降、各所のフランシスコ会修道院の牢をめぐり、後にはアヴィニョンの教皇庁で幽閉生活を耐えることになるが、それは彼の諸著に生き生きと描かれている。彼は修道会管区長から小さき兄弟会総長となる修道士ギヨーム・ファリニエから残忍に迫害され、彼を修道会のくびきから解き放とうとした教区からの介入にもかかわらず、一三五六年を過ぎるまで彼が幽閉を解かれることはなかった。とはいえ、一三六五年、彼はアヴィニョンのフランシスコ会修道院の病人として教皇から慈善を賜っている。ベギン派やフラティチェッリとは異なり、彼が教皇庁と教会に服従を躊躇したことなど一度もなかった。これがますます彼を呵責させ、議論に刻苦させることとなる。なんといっても熱烈に絶対的清貧を唱える者にとって、教皇庁および教会と和解することは困難であった。しかし、教皇たちは決してキリストの絶対的清貧を否んだことはないし、これに従う者たちを拒んだこともなく――ヨハネス二十二世ですら――オリヴィの後継者たちを殉教させた罪はドメニコ会の異端審問官たちにある、と彼は自ら得心したのだった。彼らは明らかに殉教者であった、未来の真の秘密を護る神に選ばれた者たちであったのだ、と。[170]

ジャン・ド・ロカタイヤードは多作であった。現存する彼の著作がすべて獄中で書かれたものであることを想うと、困惑せざるを得ない。ビニャミ＝オディーユの論考は、これらの混沌たる著作群の錯綜に明快な道を開いてみせてくれた。まず、彼の著作のうち主要なものは、『キュリロスの巫言註解』（彼はこの巫言をヨアキムの著作と信じていた）、『秘されたできごとの書』、『顕示の書』そして『試練必携』[171]。彼の著作はどれも〈選ばれてあること〉にかかわる責任と使命という深遠な意味を巡るものであり、彼は自身をこの世の未来を解き明かす役割を委ねられた者とみなしている。こうしたことばには預言者の称号を否認したヨアキムの余韻があるが、彼は自分がそれにふさわしい者であるとも思われぬのに、キリストによって預言の知解を授けられ、そこに隠されてある秘密の数々を明かすことができるようになったのだ、と言明してもいる[172]。秘密の数々を受け取った選ばれた者に要請される資質は、彼の『キュリロス註解』巻頭に詳述されている。この書は孤独な隠修（あるいは、牢獄）生活に退き、福音的な会則を厳修し、聖書にこころを捧げその甘美に浸る者にしか明かされるべきではない、と[173]。ここにはヨアキムとフランチェスコの両者からする真正な宗教感情を認めることができる。『顕示の書』の選ばれた者が到達すべき完徳の諸段階に関する議論で[174]、ロカタイヤードはじつに神秘の高みに触れつつ、ヨアキムを背景としたオリヴィの影響を感じさせる熱誠をこめて記述を進めている。多くの句節で、選ばれた者とはフランシスコ会士のうちから僅かに救われる者たちである、と示唆している。彼らは秘密の数々を学び、しるしの数々を凝視めねばならない。彼らは堕落した者たちの共同体を逃れねばならない[175]。そればかりか――そしてこの点、ロカタイヤードはベギン派から遠ざかる――彼らはローマ教会の統一から自ら離れてはならない。〈貧しき群《パウペレス・グレジス》〉として、著しく清貧なる信仰を守るものとして、彼らは沈黙のうちに耐え、不和の種を播いてはならない。神は選ばれた者をお守り下さるであろうから[176]。

ロカタイヤードがヨアキムの真正著作群を知っていたとは思われないが、彼は大修道院長を神によって未来の鍵を啓示された偉大な預言者とみなしている。[177] そしてまた『キュリロスの巫言』の他にも偽ヨアキム著作を検討している。しかしおそらく彼のヨアキム主義は、主としてオリヴィを介したものだった。それは大いなる試練の数々とアンチキリストたちの到来の後、この世は〈祝福された時代〉に到達し、歴史は聖化されて終わるというゆるぎなき信念。すくなくとも一度、彼はヨアキムの第三〈時代《スタートゥス》〉という観念をこれに充てているが、[178] よりしばしば彼は〈千年紀〉にかかわることばで語っている。これを彼は（ヨアキムとは違って）文字通り、〈この世の終わり《コンスマチオ・セクリ》〉に先駆けてゴグとマゴグが到来するまでの千年の平和と解釈する。切迫したことどもにかかわる彼の政治的意図については後述することになろう。[179] 自らの属する修道会の役割が繰り返されるとともに、他の諸修道会は聖なる清貧という会則に逆らうことにより大いなる試練を引き起こすこととなり、みな破壊される。[180] 聖フランチェスコの修道会といえども分裂を来たし、そのうち僅かばかりの、聖フランチェスコの真の息子たちだけが洞窟に逃れることによって救われるだろう。この僅かばかりの者たちこそが、贋の小さき兄弟会が破壊された後、この世に播かれる真の種子となるだろう。種子は到るところで芽吹き、増えるだろう。[181] 小さき兄弟たちの真の種子はこの世を満たし、フランシスコ会の信仰だけがこの世の終わりまでつづくであろう、とロカタイヤードは何度も繰り返し言う。彼らの内から〈革新《レノヴァチオ》〉された教会の改革者教皇、偉大なる〈修復者《レパラトール》〉が、枢機卿たちが選ばれるだろう。[182] 彼らは教皇庁の権能そのものを相続するとともに、黙示録の麻布を纏ったふたりの預言者を遣わすだろう。[183] 教皇その人も托鉢修道会士のように歩むだろう。だがしかしこの栄光に満ちた未来も、彼らの修道会を完璧に改革する小さき兄弟会の未来の救い主に寄りすがる。さもなければ、彼らはみな他の者たち同様押し流されてしまうだろうから。しかし聖フランチェスコの祈りによって、試練の後、修道会は再興され、この世の果てまで広がることだろう。天の星辰の数多なるごとくに。[184] これが哀れなジャン・ド・ロカタイヤードの牢獄での夢であった。彼がその死にあたって、自らの想定した通り、〈千年紀〉は一四〇〇年にはじまると期待しつづけていた、と想いたい。

註

(1) Angelo Clareno, *Historia Septem Tribulationum*, ed. F. Tocco, *Le due prime tribolazioni dell'ordine dei minori, Rendiconti della Reale Accademia dei Lincei*, xvii, Roma, 1908, pp.97-131, 221-36; ed. F. Ehrle, *ALKG* ii. 125-55, 256-327.

(2) *ALKG* ii. 261; Wadding, *Annales* iii. 100. ヨアキムのこれらの数の使用については、*Lib. Conc.*, f.12r; *Vita S. Benedicti*, pp.56, 58; *Septem Sigillis*, p.240を参照。聖書の参照箇所は、民数11:16, 26; ルカ10:1. じつのところその数は70である〔＊ルカでは72〕。ヨアキムの70＋2の理由づけは、*Lib. Conc.*, f.12r.

(3) «De gradu in gradum usque ad septimum religio corruet. ... sed semper erit ad peiora prolapsus, donec miraculo grandi et stupendo reparatio per illum qui hedificavit, et reformacio per illum qui creavit et fundavit fiet». *ALKG* ii. 278.

(4) この時期を通じての彼らのものがたりについては、*ALKG* ii. 293-308を参照。

(5) Ibid., p.309.

(6) Ibid., pp.309 ss.

(7) Ibid., p.126.

(8) Ibid., pp.126-7:「そうこうするうちそこにあらわれ声を発する者は誰とも交渉することを禁じられ、誰に伝達することもなく、その二十八年が終わるとき、ボニファキウスの七年の終わりにあたり、著しくも特別な時の秩序が識別された。第六日の第六時、神の夥しい使いたちの間、その中央にたちまち主の大いなる名を戴く修道院が見えた。そこには四十人以上の宗教者たちがおり、卓布を掛けられた祭壇があった。そこに盛装した助祭があらわれ、祭壇上に七つの封印で鎖された書が置かれた。助祭は書を開くためそこに近づき、その書の第六の部分を読みあげるため第六の封印を開いた。第六部のはじめを覗き込むと、彼は身もこころも硬直し読みあげることもままならぬ態。沈黙のうちに涙を流し、語りにならぬ嘆息のうちにそれを閉じるのだった。その書のうちに明かされてあったところこそ、この世における修道会の第六の試練に関わることがらであった」«Pretera ille, qui vidit et audivit aliqua particularia, que non communicanda suscepit nec communicavit alieni, quando terminum illum XXVIII annorum didicit, circa finem VIImi anni papae Bonifacii, rem valde notabilem et specificam et temporum ordinis distinctivam. In sexta die et diei hora sexta in medio positus multorum servorum Dei vidit nam subito in medio cuiusdam ospicii monasterii magni nominis domine, ubi XL et amplius erant viri religiosi, pulpidum tobalea coopertum positum est. Et ecce dyaconus leviticis indumentis paratus apparuit et liber VII signacula habens clausus in pulpito ponitur. Et accessit dyaconus apperire librum et apperuit sextum signaculum libri que erant in sexta parte libri lecturus. Et cum inspexisset ea, que in apercione VI continebantur, totus mente et corpore immutatus legere, que lecturus venerat, non valebat, sed resolutus in lacrimas silencio et inenarabili gemitu, que continebantur in libro, videnti reseravit, quod universaliter que (ad) VIam ordinis tribulacionem pertinebant ...».

　また別の樹木の幻視《ヴィジョン》はヨアキムの樹木 - 形象を想起させるものである。修道士ヤコブスは彼らの修道会をあらわした樹木の幻視《ヴィジョン》を感得する。その最上部の枝はジョヴァンニ・ダ・パルマ。玉座のキリストは聖フランチェスコに「霊の生命に溢れた spiritu vite plenus」杯を授けている。ジョヴァンニ・ダ・パルマその他僅かの者たちがそれを飲み干す。するとジョヴァンニは「まったく太陽のように眩しく光り輝いた totus factus est luminosus sicut sol」。その他の者たちも同様に輝いた(霊的照明を受けた)。ある者が零したところは悪魔と化し、ある者は僅かに飲んだ。「樹木のうちにある者たちすべての上で修道士ヨハネス（ジョヴァンニ・ダ・パルマ）が光り輝き、その全き真なる光は無限の奈落を観想の知性へと向けるも、樹木を騒擾させる激しい嵐に抗するごとくその樹木の頂の枝から撤退し、すべての枝々を棄て、樹幹の虚洞へと身を隠した」«Pre omnibus autem, qui in arbore erant, luce splendebat fr. Johannes, qui totus ad vere lucis abissum infinitam contemplandam conversus intellexit tempestatis insurrecture contra arborem turbinem, et recedens de suprema rami illius altitudine, in quo stabat, ramis omnibus omissis in solidiori loco stipitis arboris se abscondit». そしてボナヴェントゥラが樹木を継ぎ、杯からその一部を飲み、一部を零す。するとそこに大嵐が巻き起こり、生命の杯から零した同胞たちが樹木から振り落とされ、飲んだ者たちは天に挙げられる。そして樹木は根こそぎにされる。「樹木は根こそぎにされ、嵐の竜巻によって地に倒されて破砕し、風に散らされて消えた。嵐が焉むと、黄金の根から黄金の茎が伸びだし、黄金の花、葉叢、黄金の果実をつけた。その樹木の大きさ、深さ、高さ、香り、美しさそれに徳能については語るにおよばない」«arbor radicibus evulsa in terra corruit et confracta comminuta a turbine tempestatis in omnem ventum dispersa evanuit. Turbine autem illo ac tempestate cessante de aurea radice pullulavit aurea plantacio, aurea tota, que et flores et folia et aureos fructus produxit ; de cuius arboris dillatacione, profunditate, altitudine, odore, pulchritudine tacere melius quam exprimere». *ALKG* ii. 280-1.

これと同じ幻視《ヴィジョン》が、イタリア語のほとんど同じことばで『小さき花 *I Fioretti*』ed. G. Fiore, Firenze, 1943, pp.123-5 に認められる〔＊五一章〕。

(9) *ALKG* i. 123.

(10) 【I-5 n.70】参照。

(11) Grundmann, (i) *AK* xix. 107 ; (ii) *HJ* xlix. 41.

(12) «Elatio, Obedientia, Paupertas, Castitas, Temperantia, Ypocrisorum Destructor». この十五枚シリーズでは五番目。三十枚の二重化されたシリーズでは二十番目。〔＊Elatio は傲慢、驕りというニュアンスが強いせいか、後には Elatio paupertatis, obedientia, castitas etc. と順序を変えて、「清貧の誇り」と意味を明確にしようとしたような跡が認められる。たとえば一五八九年ヴェネチア版刊本二十番。【図E-7】参照。〕

(13) オリジナル・シリーズの十番目から十五番目。二重化されたシリーズでは二十五番目から三十番目。ただしいくつかのヴァージョンでは僅かながら順序が変わっている。それらの詞書は、「恩寵により聖職売買は焉む、善き説教、善き慈愛の念、讃うべき符合があらわれるであろう、善なる機運、尊き信心」«Bona gratia Simonia cessabit, Bona oratio, Bona intentio caritas, Pro honorata concordia erit, Bona occasio, Reverentia devotio» となっている。〔＊【図E9-14】参照。〕

(14) Grundmann, op. cit., (ii), p.41. 【IV-2 p.509】参照。

(15) 〔＊この「アンジェロ・クラレーノが率いる集団」は一九九三年改訂版で「フランシスコ会聖霊派」に替えられた。〕

(16) «Item dicunt ipsum esse ita magnum doctorem quod ab apostolis et evangelistis citra non fuerit aliquis maior eo ... Item, aliqui ex eis dicunt quod non fuit aliquis doctor in ecclesia Dei, excepto S. Paulo et dicto fratre Petro Johannis, cuius dicta non fuerint in aliquo per ecclesiam refutata, sed tota doctrina S. Pauli et fratris Petri Johannis est tenenda totaliter per ecclesiam, nec est una littera dimittenda». B. Gui, *Manuel* i. 138. オリヴィのヨアキム主義に関するここでのわたしの検討は、Gordon Leff, *Heresy in the Latter Middle Ages*, Manchester, 1967 (特に pp.100-39) 以前になされたものであった。〔＊前註に付記した改訂および【本章 nn.46-48】の改訂はこの論考を考慮したものでもあろう。〕

(17) *ALKG* ii. 289.

(18) «hinc Deus celestes homines Iohannem de Parma, Corradum de Offida, Petrum de Murrone〔＊ケレスティヌス五世〕, Petrum Johannem [sic] clarificare miraculis voluit». *ALKG* i. 558.

（19） Gui, *Manuel* i. 138.

（20） Manselli, *Lectura*, pp.163-4. マンセッリはオリヴィの『イザヤ書註解 *Super Ysaiam*』を引いている。MS. Padova, 1540 ff.15-16：「ヨアキムは符合の書や黙示録註解において旧約と新約聖書の符合がたちまち把握され、そこから後の他の演繹のすべてが引き出される一般則のごとくに知られたと言う。ここで後の演繹と称されるのは、幾分かは確たる知性的帰結として推論されるところであり、幾分は過誤に陥ることも多々ありうる蓋然的憶測によるところである。それはわれわれの知性の本性的な光にも似たもので、当初不確かな状況のもと、そこに何の論拠もなく第一原理が把握理解され、そこから何らかの必然的帰結が出来する。ただしそれは蓋然的に真であるのであって、多々過つ。それは神に発する光によるのでないか、それ自体が偽りの光であるからである。それゆえ、ヨアキムの知性のすべてと称するものも、個別の諸事態について言うところでは時に過つ類の悪魔のものであったか人の霊による推測であった、とはっきり言っておくことにしよう」«Et hoc modo Ioachim in libro Concordie et in expositione Apocalipsis dicit se subito accepisse totam concordiam veteris et novi testamenti quantum ad quasdam generales regulas ex quibus ipse postmodum aliqua quasi argumentando deducti [sic] et ut sibi videtur aliquando sic quod ex hoc extimat habere certam intelligentiam conclusionis sic deducte, aliquando vero nonnisi probabilem coniecturam in qua plerumque potuit falli. Et est simile in naturali lumine intellectus nobis ab initio nostre conditionis incerto per illud enim sine aliqua argumentatione apprehendimus et scimus prima principia et deinde aliquas conclusiones necessario inferimus per illa aliquas vero solum probabiliter et in hiis plerumque fallimur. Non tamen ex hoc sequitur quod lumen illud non sit a Deo aut quod in se sit falsum. Quod signanter dico quia quidam ex hoc voluerunt concludere quod tota intelligentia Ioachim fuerit a diabolo vel coniectura spiritus humani quia in quibusdam particularibus loquitur opinabiliter et forte aliquando fallibiliter» (p.163 n.3). オリヴィが『註釈 *Postilla*』で論じたところ、ヨアキムの議論の幾つかは権威によってなされたものではなく、「知性の本性的な光によって考察されたもの opinative sicut ex naturali lumine intellectus」(Roma, Bibl. Angelica, MS. 382, f.66v) という注を参照。以下『註釈《ポスティッラ》』はこの写本に準拠する。

（21） «notabiliter preminens quinque primis»；«initium novi seculi». *Postilla*, f.1v.

（22） Manselli, *Lectura*, pp.165 ss., 186-7.

（23） «sic finaliter ecclesia ... est per xii viros evangelicos propaganda».

（24） «unde et Franciscus habuit xii filios et socios per quos et in quibus fuit fundatus et initiatus ordo evangelicus». f.56v.

（25） «Significatur etiam per hoc proprium donum et singularis proprietas tertii status mundi VI° statu ecclesie inchoandi et spiritui sancto per quandam antonomasiam appropriati. Sicut enim *in primo statu seculi ante Christum studium fuit patribus enarrare magna opera Domini inchoata ab origine mundi, in secundo vero statu a Christo usque ad tertium statum cura fuit filiis quaerere sapientiam mysticarum rerum et mysteria occulta in generationibus seculorum. Sic in tertio nil restat nisi ut psallamus et iubilemus Deo laudantes eius opera magna et eius multiformem sapientiam* et bonitatem in suis operibus et scripturarum sermonibus clare manifestatam. Sicut enim in primo tempore exhibuit se Deus pater ut *terribilem* et metuendum, unde tunc claruit eius *timor*, sic in secundo exhibuit se Deus filius ut magistrum et revelatorem et ut verbum expressimum sapientiae sui patris. Ergo in tertio tempore spiritus sanctus exhibebit se ut flammam et fornacem divini amoris et ut cellarium ebrietatis spiritualis et ut apothecam divinorum aromatum et spiritualium unctionem et unguentarum et un *tripudium* spiritualium *iubilacionum* et iocunditatum, per quam non solum simplici intelligentia, sed etiam gustativa et palpativa experientia videbitur omnis veritas sapientie verbi Dei incarnati et potentia Dei patris. Christus enim promisit quod cum venerit ille spiritus veritatis, docebit vos omnem veritatem et ille me clarificabit». *Postilla,* f.31v.

（26） «labor corporalium operum», «eruditio scripturarum», «suavitas contemplationis».

（27） 『註釈《ポスティッラ》』はいまだ未公刊のままである。わたしはローマの Bibl. Angelica, MS.382 の一部を検討したに過ぎない。その中でのヨアキムへの言及は夥しく、他に引かれる誰をも凌駕している。オリヴィは、旧約聖書と教会史の解釈の多くを『符合の書』（特に ff.1v-13v にかけて）から引いている。この黙示録の註釈においてオリヴィはヨアキムに特徴的な諸観念を用いている。つまり、部族と教会の五‐七区分（f.13r-v）、アルファとオメガの三位一体説的解釈（f.17v）、喇叭の象徴（ff.60v-62r）。黙示録一七―二〇章の解釈はオリヴィのヨアキムに対する依存関係を証している。大修道院長は四十回もその名を引かれており、これらの章に関し、オリヴィの『註釈《ポスティッラ》』をヨアキムの『註解《エクスポジチオ》』と比較するならば、逐語的ではなくまた順序が入れ替わったところがあるとはいえ、オリヴィが多くを『註解《エクスポジチオ》』に負っていることが判る。以下におおまかな照合を示す。

『註釈《ポスティッラ》』	『註解《エクスポジチオ》』
f.105v	ff.156v, 196r, 203r の余韻
f.106v	f.198v
f.107r	ff.198v-199v
f.107v	f.200r-v
f.108v	ff.201r（肉身教会の邪悪が要約される）, 202r
f.109r	f.202v
f.109v	f.204v
f.110r	f.206r に関連 ; f.203r からの付会
f.111r	f.209r-v
f.122r	ff.209v-212r
f.113v	『文字の種子について』からの要約

わたしが検討した部分には、〈大いなる第三の時代 tertius generalis status〉に関する言及が六箇所あった（ff.12r, 32v, 52v, 55r, 109r, 113r）。マンセッリ（*Lectura,* p.190）はバルーゼ Baluze による抄録〔＊【本章 n.33】参照〕が文脈を逸した誇張されたものであり、それを使うことを戒めているが、わたしのなした比較はこの事例にあたらない。引用は著作の文脈に密接にかかわるものであり、純粋に思惟の脈絡を映している。マンセッリのオリヴィおよび三つの時代《スタートゥス》に関する考察は、*Lectura,* pp.187-8 に観られる。プロヴァンスのベギン派に属するオリヴィの弟子たちが後に主張するところは、明確にオリヴィの『註釈《ポスティッラ》』の三つの時代《スタートゥス》説に依拠したものである。【本章 pp.255-56】参照。〔＊『註釈《ポスティッラ》』がいまだ公刊されていないのは、著者の論述の信憑性を裏書きするものかもしれない。〕

（28） «quoddam novum seculum seu nova ecclesia». *Postilla,* ff.7v-8r.

（29） «Sicut etiam in sexta aetate, reiecto carnali Judaismo et vetustate prioris seculi, venit novus homo Christus cum nova lege et vita et cruce, sic in sexto statu, reiecta carnali Ecclesia et vetustate prioris seculi, renovabitur Christi lex et vita et crux. Propter quod in eius primo initio Franciscus apparuit, Christi plagis characterizatus et Christo totus concrucifixus et configuratus». Ibid., f.13r.

（30） Ibid., f.52r ; Manselli, *Lectura,* p.266.

（31） «immobilis et indissolubilis». Manselli, *Lectura,* p.214 ; *ALKG* iii. 528.

（32） «... teneo et scio regulam S. Francisci statumque minorum esse vere evangelicum et apostolicum et finem omnium aliorum, in quo et per quem sollempniora suorum operum consummaturus est Christus tanquam in opere et requie sexte et septime diei». *ALKG* iii. 619 n.3.

（33） Baluze, *Miscellanea,* p.266. オリヴィは二つの秩序、先に引用した二

つの修道会に関するヨアキムの壮大なる一節（【II-1 n.73】参照）を借りている（*Postilla,* f.96r）。その『註釈《ポスティッラ》』の欄外注には、「注・ヨアキムによれば聖フランチェスコ」«Nota secundum ioachim de sancto francisco» と記されている。

（34） «Si quis autem profundius inspiceret, quomodo per viam Christi et renovationem eius circa finem ecclesiae consistat illustratio et exaltatio universalis ecclesie et ineffabilis appertio scripturarum et destructio antichristi et omnium testamentorum et introductio Judeorum et consummatio omnium, ... videret clarius, quomodo istius status et regule laxatio et obfuscatio in tantum est pestilens, quod ex ea sequatur denigratio totius fidei, introductio antichristi et omium temptationum finalium et dissipatio omnis perfecti boni, et tunc indubitabiliter certissimum esset, quod a nullo vivente dispensationem recipere potest». *ALKG* iii. 530.

（35） «ecclesia plenitudinis gentium».

（36） «opus est spiritualem ecclesiam exaltari». *Postilla,* f.109r（エステルへの好尚によって棄てられた王妃ワシテに関する言及の後）。またf.32vでは、第五時代《スタートゥス》から第六への移行にあたり、不貞なる教会からの栄光への移行が強調されるところをも参照。

（37） Baluze, *Miscellanea,* pp.261-9.

（38） Manselli, *Lectura,* pp.174-5, 219-29. そこでは、オリヴィが肉身教会を決してこの世の具体的現実のうちに特定してみせたりはしていないこと、それゆえすでに同時代人たちすらもがなしたような告発、オリヴィは肉身教会をローマ教会と同一視し、〈神秘のアンチキリスト Antichristus mysticus〉を教皇と同一視したという告発はまったくの誤りであった、と論じられている。わたしが検討した部分（【本章n.27】参照）からするに、オリヴィは正確にヨアキムの立場を採っている。新バビロンの〈商人 mercatores〉や〈金貸し negotiatore〉たちは肉身教会のいろいろな類型として説かれており、ここでオリヴィは広くヨアキムを引いている（ff.107r-108v）。新バビロンと肉身教会は明らかに同義語として用いられている。しかし――ヨアキムの『註解《エクスポジチオ》』以上には――どこにもそれをローマ教会と同一視してみせるような暗示はない。

（39） «Secundum Joachim vacuitas cithare significat voluntariam paupertatem ; sicut enim vas musicum non bene resonat nisi sit concavum, sic nec laus bene coram Deo resonat nisi amore humili et a terrenis evacuata procedat». *Postilla,* f.93v ; *Expositio,* f.172r からの引用。

（40） Manselli, *Lectura,* pp.235-6.

（41） Douie, *Fraticelli,* pp. 84 ss.; Lambert, *Franciscan Poverty,* pp.155 ss.

（42） オリヴィが信仰の忠実を誓ったこの遺言テクストは擬書の疑いがあるが、マンセッリはその『註釈《ポスティッラ》』の末尾にも、彼の服従の態度に関する疑いようのない根拠を指摘している。ここでオリヴィはヨアキムとサン・ヴィクトールのリカルドゥスの両者を引いていう。「ここに引いたヨアキムのことばもまた、われわれの意図とは別にわれわれの論ずる大洋からある港へと導くものであり、そこになんらかの過失ありといえども寛恕を請うものである。ご叱正にはわが生あるかぎり矯すことを心がけたい。主の召しだしによりそれが間に合わぬ場合には、普遍なる啓明の司たるローマ教会に委ねたい。ふさわしからざるものをも尊く見守りたまうものに、委ね服す……」«Ut autem verbis Joachim utar, referamus et nos gratias ei qui nos decursis tantis pelagis perduxit ad portum otantes ut si in aliquibus locis aliter locuti sumus quam ipse voluit prestet indulgentiam delinquenti. Quod si est qui pie corrigat, dum adhuc vivo, paratus sum suscipere correctionem. Si autem velox vocatio Domini subtraxerit et hac luce, Romana ecclesia cui datum est universale magisterium, si qua indigna esse perspexerit dignetur, obsecro emendare ...». In Manselli, *Lectura,* p.220 n.2 ; cfr. *Expositio,* ff.223v-224r.

（43） Douie, *Fraticelli,* p.20.

（44） Bernard Délicieuxについては、B. Hauréau, *Bernard Délicieux et l'Inquisition Albigeoise,* Paris, 1877 ; M. de Dmitrewski, *Fr. Bernard Délicieux, O.F.M., sa lutte contre l'Inquisition de Carcassonne et d'Albi, son porcès, 1297-1319, AFH* xvii (1924), pp.183-218, 313-37, 457-88 ; xviii (1925), pp.3-22 ; Douie, *Fraticelli,* pp.18-20を参照。

（45） *AFH* xvii. 332.

（46） Ibid., p.332 n.3.〔＊一九九三年改訂版では「まさにこの時期」が「そのしばらく後」に替えられている。〕

（47） **【本章p.245】**参照。〔＊前註同様、「クラレーノの集団によって制作されたばかりの」が「この頃に制作された」に替えられている。〕

（48） *AFH,* vol. cit., p.333.〔＊またここでも「近々死ぬ」が「まもなく死ぬ」に替えられている。〕

（49） Ibid., pp.463-4. また彼〔ベルナール・デリシュー〕はもし自分が教皇になったならば、ヨアキムの三位一体説断罪の教令を廃棄するだろうと言った、とも伝えられる。

（50） «in quodam libro in quo erant multi characteres et multae rotae et diversae scripturae in suis circumferentiis».〔＊「この書には数々の呪言、運命、それをとりまく文字がいろいろ記されてあった」とも。〕

（51） Ibid., pp.472, 473. つづく移送時の逸話はIbid., p.332 n.3.

（52） «Dixit, quod sibi erant tot et tanta revelata et se invenisse per doctrinam dicti Ioachim et per dicta prophetarum, quod non credebat quod a ducentis annis citra essent alicui viventi tot revelata, et quod inter caetera erat sibi revelata persecutio quam patitur ipse idem frater Bernardus et persecutio illorum qui fuerunt combusti in Massilia, et quod de ordine Minorum affectionis suae et evangelicae paupertatis debeant esse septuaginta duo martyres Dei et in brevi». *AFH* xvii. 466 n.1.

（53） «... qui fratres Pauperes se appellant et dicunt se tenere et profiteri tertiam regulam sancti Francisci, modernis temporibus exsurrexit in provincia Provincie et in provincia Narbonensi et in quibusdam locis provincie Tholosane ...». Gui, *Manuel* i. 108.

（54） Ibid., i. 108-74.（ラテン語とフランス語で）

（55） «quam dicunt esse ecclesiam Romanam quantum ad multitudinem reproborum» ; «quantum ad viros quos vocant spirituales et evangelicos qui vitam Christi et apostolorum servant». Ibid., p.144.

（56） «in quo statu dicunt nos esse». Ibid.

（57） «ecclesia spiritualis que erit humilis et benigna in septimo et ultimo statu Ecclesie». Ibid.

（58） Ibid., p.146 :「……またその説くところによると、第七にして最後の時代にあって霊的で善良なる教会の礎となるべき選ばれた人々の上には、イエス・キリストの弟子の使徒たちの上に原初の教会の聖霊降臨祭の日のごとくに、溢れるほど聖霊が注がれるであろう、と」«... aliqui ex eis dogmatizant quod Spiritus Sanctus effundetur in majori habundantia vel saltem in equali super illos viros electos spirituales et evangelicos per quos fundabitur ecclesia spiritualis et benigna in septimo et ultimo statu, quam fuerit effusus super apostolos discipulos Jesu Christi in die penthecostes in ecclesia primitiva» ; p.148 :「またそこには竈の火の炎が降り、魂が聖霊によって満たされるばかりでなく、からだの中に聖霊が宿ったのが感得される、とやら言う」«et dicunt quod descendet super eos tanquam flamma ignis in fornace et hoc exponunt quod non solum anima replebitur Spiritu Sancto, sed etiam Spiritum Sanctum in suo corpore sentient habitare».

（59） «bonus et benignus ... et omnia erunt communia quoad usum et non erit aliquis qui offendat alium vel sollicitet ad peccatum, quia maximus amor erit inter eos et erit tunc unum ovile et unus pastor ; et talis hominum status et conditio durabit secundum aliquos ex ipsis per centum annos ; deinde deficiente amore, paulatim subingredietur malitia et in tantum excrescet paulative quod

Christus propter excessum malitie quasi cogetur venire ad generale judicium omnium». Gui, *Manuel*, i.150-2.

(60) Limborch, *Hist. Inquis.*, pp.298 ss.

(61) «[Raymundus de antu sano ...] quam habuit et tenuit transpositam in vulgari et frequenter legit in ea etiam aliis personis audientibus ... in qua audivit legi ... de tribus temporibus seu statibus generalibus mundi et de septem statibus ecclesie ... Item in dicta postilla legit vel audivit legi quod in secundo statu generali mundi qui concurrit cum sexto statu speciali ecclesie in fine illius status fiet judicium de babilone, i.e. de ecclesia carnali, quia ipsa persequitur et persequetur veritatem Christi in pauperibus suis». Limborch, *Hist. Inquis.*, pp.311-12.

(62) «[Raymundus de buxo ...] et subdit in dicta postilla quod sicut in fine primi status ecclesie fuit factum iudicium de synagoga que Christum crucifixerat propter quod fuit destructa ... sic in fine secundi status ecclesie qui durat ad Antichristum fiet iudicium de ecclesia carnali que persequitur vitam Christi in viris spiritualibus qui volunt tenere paupertatem Christi secundum regulam sancti Francisci et destructa ecclesia carnali post mortem Antichristi, erigetur ecclesia tercii status in viris spiritualibus et ... dixit in postilla de ecclesia Romana carnali quam Babilonem meretricem magnam vocat dejiciendam et destruendam ...». Limborch, *Hist. Inquis.*, p.298.

(63) たとえば次の一節を参照。Limborch, *Hist. Inquis.*, p.308 :「また教会には三つの時があると信じていると言うのだった。つまり、アダムからキリストに到る父に帰される権能の時。第二の時はキリストにはじまりアンチキリストに到るまで、あるいは福音的生の試練の時までつづき、御子に帰される時。そして第三の時はこの世の終わりまでつづくであろう寛容の時で、聖霊に帰されるところ。またこうも言った……ユダヤ人のシナゴーグが初期教会の到来に遭って十字架のキリストに譴責され棄却されたように、第三の時代には新たなる教会の到来によりわれわれの教会が譴責され棄却されると。なぜならそれは福音的な人々のキリストの……生を……迫害したから。そして第三の教会がそれにつづくであろう、と」«Item dixit se credidisse quod tria tempora erant ecclesie, sc. ad Adam usque ad Christum, quod tempus appropriatur Patri, quia fuit tempus potencie. Secundum tempus incepit a Christo et durabit usque ad Antichristum vel usque ad persecucionem vite evangelice, quod tempus est appropriatum Filio. Et tercium tempus erit usque ad finem mundi, quod erit tempus benignitatis, et est appropriatum Spiritui Sancti. Item dixit ... quod sicut synagoga Judeorum fuit reprobata et rejecta adveniente ecclesia primitiva quia crucifixit Christum, ita adveniente nova ecclesia in tercio statu reprobabitur et rejicietur ecclesia ista nostra, quia persequetur ... vitam ... Christi in viris evangelicis et succedet tertia ecclesia». ここには明瞭にヨアキム主義的な三〈時代《スタートゥス》〉が語られているが、それはオリヴィから導出され、聖霊派のことばに替えられたものである。それは同じ調書のすこし後にある次の記述に認められるところ。「また言う。修道士P・J(ペトルス・ヨアニス)がアンチキリストは小さき兄弟会の信仰に対峙することとならざるを得ない、と言うのを聴いたと。ルチフェルは天使の位階の最上にあったが、反アンチキリストについてという書にそれは尼僧の姿をとって描かれ……」«Item dixit se audivisse quod frater P. J. dixerat quod antichristus debebat esse de altiori religione fratrum minorum, quia lucifer fuit de suppremo ordine angelorum et quod in quodam libro qui est de adventu antichristi est ymago depicta monialis ...». そしてまたこの調書(p.312)には、彼らがオリヴィの『註釈《ポスティッラ》』を読み「この世の全般にわたる三つの時期あるいは時代と教会の七つの時代」«de tribus temporibus seu statibus generalibus mundi et de septem statibus ecclesie»について知ったことが明記されている。また、L. Fumi, *Eretici e ribelli nell'Umbria*, Todi, s.d., pp.159-60を参照。

(64) 彼らは『註釈《ポスティッラ》』にローマ教会は「バビロンの大淫婦」«illam babi-

lonem meretricem magnam»（p.312）であると記されてあるのを読んだ、と言明しているが、もちろんここで彼らはオリヴィを逸脱している。

（65） «… habuerunt similitudinem quatuor parcium vel capitum crucis Christi et in eis fuit vita Christi et per consequens ipse Christus spiritualiter iterum crucifixus …». Limborch, *Hist. Inquis.,* p.299.

（66） «… fuit promissum sancto Francisco quod ordo eius duraret usque ad finem mundi, sicut legitur in vita eius … Credit tamen quod dominus papa possit omnes alios ordines et omnes religiones tollere et destruere seu cassare. Item credidit et credit quod dom. papa non possit transferre fratrem minorem ad aliam religionem …». Ibid., p.299.

（67） «… quod veritas vite Christi magis fuit revelata Sancto Francisco et ordini eius quam cuicunque alteri sancto vel cuicunque alteri ordini». Ibid., p.301.

（68） «Regula Sancti Francisci est perfectior … et alcior status et magis imitatur vitam Christi quam aliquis alter status … sive sit status prelatorum sive religiosorum …». Ibid., p.305.

（69） «… ecclesia alia erigetur et fundaretur que esset pauper, humilis et benigna. Item credidit quod omnes religiones seu ordines destruentur ante finem mundi, excepto ordine S. Francisci, cuius ordinis dixit esse tres partes unam videlicet in communitate ordinis et secundam in illis qui vocantur fratriselli et isti duo partes finaliter destruentur, et terciam in fratribus qui vocantur spirituales et in beguinis de tercio ordine eis adherentibus, et ista tercia pars, sicut S. Francisco promissum fuit, usque ad finem mundi perduraret et in ea veritas regule remaneret». Ibid., p.303.

（70） «Item … quod rejecta ecclesia carnali Romana eligerentur pauci viri spirituales in quibus fundaretur ecclesia tercii status …». Ibid., p.306.

（71） «Item dixit … quod Deus ante adventum antichristi debebat eligere XII personas que resisterent ipsi antichristo, super quas postea fundabitur ecclesia Dei tercii status». Ibid., p.308.

（72） «… et rejecta ecclesia carnali, tunc ecclesia spiritualis succedet, que pro majori parte fundabitur per fratres minores pauperes qui petunt observanciam puritatis regule». Ibid., p.316.

（73） «Opinantur etiam quod tempore persecutionis beguinorum debebat eis dari Spiritus Sanctus taliter sicut flamma est in fornace et quod illi qui sic acciperent Spiritum Sanctum erunt perfectiores virtute et gracia apostolis quia forcior pugna eis instabit quam apostolis institerit, et tam gravis debet esse eorum persecucio quod unus asinus poterit portare illos in quibus veritas permanebit …». Ibid., p.309.

（74） «Item quod tota doctrina fratris Petri Johannis Olivi est vera et catholica et habuit eam per illuminacionem Spiritus Sancti per quem cognovit veritatem evangelicam et regule St. Francisci quem vocant sanctum patrem et magnum doctorem et quod est ille angelus … Item quod Deus specialiter elegerat ipsum ad revelandum tempus finale ecclesie et ad premuniendum ecclesiam contra persecuciones antichristi et tribulaciones que in novissimo tempore ecclesie sunt future». Ibid., p.316.

（75） 〈天使的教皇 Papa Angelicus〉をアンジェロ・クラレーノあるいはマヨルカのフィリップ（フェリーペ）と観るものもあった、ということを注しておくべきか。cfr. Douie, *Fraticelli,* p.251.

（76） Ubertino da Casale, *Arbor Vitae Crucifixae,* ff. cc-ccxl.

（77） «est renovationis evangelicae vite et expugnationis secte antichristiane sub pauperibus voluntariis nihil possidentibus in hac vita».

（78） «quedam quieta et mira participatio future glorie ac si celestis ierusalem videatur ascendisse in terram». Ibid., f.cc-r.

（79） «in sexto [statu] reformatores vite evangelice, in septimo pregustatores eterne glorie». Ibid., f.cc-v.

（80） Ibid., f.ccviii-r.

（81） Ibid., f.ccii-r.〔*ウベルティーノの第六の時代は現在形で語られて

いたが。【本章n.77】参照。〕

(82) «restituetur ... sub vitali et vivifico calore et lumine vite Christi». Ibid., f.ccii-v.

(83) Ibid., f.ccv-r：「第二の時期にユダヤの先行する旧時代の肉身主義が廃され、新たな人キリストが新たな律、十字架とともに新たな生命をもたらしたように、第六時代には新たな人フランチェスコがその福音の時代とともに十字架のキリストの五つの傷を身に負ってあらわれたのである。その生と会則はまさに十字架につけられ埋められたキリストの位格《ペルソナ》そのものであったことに疑いはない」«Sicut in secunda etate reiecto carnali iudaismo et vetustate prioris seculi venit novus homo Christus cum nova vita, lege et cruce, sic in sexto statu apparuit novus homo Franciscus cum evangelico statu quinque plagis a Christo Jesu crucifixus et configuratus in carne : cuius vita et regula sicut et Christi persona tunc fuit non dubium crucifixa et sepulta».

(84) «ut videatur quoddam novum seculum seu nova ecclesia tunc formari». Ibid., f.cciii-r.

(85) «quia vite Christi renovator singulariter apparebit». Ibid., f.ccvi-v.

(86) 【II-4 n.5】参照。

(87) *Arbor*, f.ccvi-v, 【II-4 n.60】に引用済み。

(88) Ibid., f.ccv-r.

(89) «meretrix et impudica». Ibid., f.ccvi-v.

(90) «quendam populum novum et humilem in hac novissima hora, qui esset dissimilis in humilitate et paupertate ab omnibus aliis». Ibid., f.ccix-r.

(91) «illa summa perfectio quam beatus Franciscus asserit se a Christo accepisse». Ibid., f.ccxi-v.

(92) «... cum non posset in medio Babylonis in observantia evangelii vivere, ad partes Asye declinare consuluit : donec reformatores evangelici status pius Jesus ecclesie dignaretur concedere : eis prophetice predicens eos illic salvandos a facie tempestatis». Ibid., f.ccvii-r.

(93) Ibid., ff.cciii-v, cciv-v.

(94) *ALKG* i. 558〔＊本文中英訳にて引用〕（ヘブル1:1-2, ピリピ2:6-9参照）.

(95) 聖フランチェスコ自身「宗教者の隠棲所について *De Religiosa Habitatione in eremitoriis*」という表題のもと、隠修集団の生活類型《パターン》について記している。cfr. *Opuscula*, ed. Wadding, Antwerp, 1623, p.290. ウォディングはこれに次のような注を付している。「しばしば新たに隠修を欲する小さき者があらわれた。というのも奔放に振舞う者たちのせいで群集から受ける試練、民衆から囁かれる躓きの石を逃れたいからに他ならなかった。神に仕えるため人との交渉を避ける者たち、天使と親しく過ごすため友を遠ざける者たち……フランチェスコはそれゆえ伴侶たちを隠修生活に誘ない、聖母を示して母性の温かみのうちに養い保つことを促し欲したのだった」«Frequenter igitur oriebatur in primaevis illis Minoribus solitudinis desiderium, non ob aliud, nisi propter turbam tribulationum et popularium scandalorum a quibus liberari volebant. Hominum fugerunt commercium, ut Dei haberent consortium ; homines noluerunt amicos, ut Angelos haberent familiares. ... Franciscus ergo eremiticam culturis vitam socios dedit, signavit et Matres, voluit eos habere a quibus materna sollicitudine foverentur, alerentur, custodirentur ...». Ibid., p.291. 当初には孤独なる隠棲と説教活動という二つの理念の間の対立があった。トマソ・ダ・チェラーノは「人々に混じって語るべきか、人里離れて集まり住むべきか」«utrum inter homines conversari deberent, an ad loca solitaria se conferrent» (*ALKG* iii.556 n.4) という論争を録している。ボナンヴェントゥラの『大伝記 *Legenda maiora*』ed. Quaracchi, viii. 533-4をも参照。

(96) トマソ・ダ・チェラーノは聖フランチェスコの賜、聖書の隠された神秘を洞察する力について強調している（*ALKG* iii. 577 n.3 参照）。

またボナヴェントゥラはこの知解の賜を預言の霊と結びつけている(Bonaventura, Op. cit., p.535参照)。

(97) Douie, *Fraticelli,* pp.64 ss.; Wadding, *Annales* viii. 300.

(98) *Epistola Excusatoria* ; *ALKG* i. 522-3. またV. Doucet, *Angelus Clarinus ad Alvarum Pelagium. Apologia pro Vita Sua, AFH* xxxix (1946), pp.131-2をも参照。

(99) «A sex tribulacionibus liberati oremus ut in septima liberet nos a malo. Amen». *ALKG* ii. 135.

(100) Ibid., 155.

(101) *ALKG* i. 563-4.

(102) Ibid., p.555.

(103) Ibid., p.567.

(104) «Vos igitur ab humilitatis iustitia et rectitudine neque verbo neque scripto debetis declinare, sed agere in silentio et tranquillitate pacis, que agitis, et confirmare sermone et opere, que dixistis». Ibid., p.568.

(105) L. Fumi, *Eretici e ribelli nell'Umbria dal 1320-1330, Bollettino della Regia Deputazione di Storia Patria per l'Umbria,* v (1899), Perugia, pp.412 ss.; idem, *Eretici e ribelli nell'Umbria,* Todi, s.d. またN. Papini, *Notizie sicure della morte, sepultura, canonizzazione e traslazione di S. Francesco d'Assisi,* Foligno, 1824 (2ª ed.), pp.273-6特にp.275を参照。そこではフラティチェッリのフランチェスコ・ニコライFrancesco Nicolaiが、教会は「革新されねばならず、その革新において教皇位にはフラティチェッリのヤコブス・デ・コロンナが挙げられねばならない、なぜならまさに彼こそは未来の教皇のしるしとして預言されたように禿頭であるから」«debet renovari et in hac renovatione debet esse summus Pontifex Jacobus de Columna fraticellus propter calvitiam quam habet in capite, quod dicit fore signum Papae futuri»と主張している。

(106) «… quod audivit a fraticellis de paupere vita … quod dictus dom. papa Johannes non est papa, … quod dictus dom. papa Johannes amputavit capud vite Christi quia cassavit fraticellos et quia fecit decretalem quod Christus habuit in propria et comuni, quod ipse est hereticus ; et dixit quod audivit ab eisdem quod habetur una profezia quod Ecclesia Romana est facta meretrix et ad hoc ut possit melius fornicari, transivit ultra montes … audivit ab eis quod nos vocamus fratres minores ab Ecclesia non sumus fratres minores, sed ipsi fraticelli sunt vere fratres minores. … Et dixit quod dictus fr. Angelus scripsit, sicut generalis, ipsis fraticellis … in qua lictera continebatur quod confortarent se, quia cito habebunt bonum statum et quod dom. Phylippus, frater Regine, erit effectus Papa …». *Bollettino,* pp.412-14.

(107) «senpre gli molti hanno gli pochi fedeli de Christo perseguitati». in L. Oliger, *Documenta inedita ad historiam Fraticellorum spectantia, AFH* iv (1911), p.697.

(108) Oliger, *Documenta inedita …, AFH* iii (1910), *Epistola Fraticellorum ad universos Christi fideles,* p.265 ; ibid., iv. 699. ペルージアの人々に宛てられた手紙(一三七九―八二)には、「もちろんこうした教会は聖ならず正統ならずして、異端の分離派である……それはキリストの教会ならずして、悪魔のシナゴーグである」«Certamente tale chiesa non è santa e chattolica, ma heretica e scismatica. … Allora non è chiesa di Xo, ma sinagogha del diavolo» (Ibid., iv. 707)とある。

(109) Ed. Vanzolini, *Sceltà di curiosità …,* Bologna, 1865, *Lettera de' Fraticelli a tutti i cristiani,* p.22 ; Oliger, *AFH* iii. 265 ; ibid., vi (1913), p.280.

(110) Tocco, *SF,* p.515. Cfr. *Lib. Conc.,* ff.74 ss.

(111) «Dovete adunque sapere che secondo l'abate Giovachino nel libro delle Concordia della scrittura, il quale libro fece ad instantia d'uno Papa et di molti prelati, ove nel quinto libro sopra dell'istoria di Noè dice che lli cinqueciento anni di Noè innanzi che fabrichasse l'archa, significano li cinque stati della Chiesa da Christo per infino a llui, et poi nel primo anno del secentesimo egli comandò che fabrichasse l'archa, cioè nel principio del sesto istato Christo dovea

mandare un uomo nel mondo, il quale dovea fabricare un'altra archa a modo di quella di Noè, nella quale si dovea riserbare un'altra volta lo seme delli heletti dal diluvio delli infedeli, li quali debbono ancora venire a distruggiere la chiesa di Christo, et anche dal diluvio di molti falsi Christiani et falsi profeti cioè falsi papi o vescovi et religiosi, li quali si cominciarono a llevare et sono levati in questo sesto stato. E questo huomo fu il venerabile patriarcha messer sancto Franciescho …». *SF*, pp. 502-3.

(112) Grundmann, Die *Papstprophetien*, pp. 117-24.

(113) ルペシッサ Roquetaillade については【本章 pp. 277-79】参照。

(114) オリジナルの序列では五番目：«Vox vulpina perdet principatum».〔＊【図 E-2】参照。〕

(115) «Benedictus qui venit in nomine Domini celestium omnium contemplator, qui simplex eductus de terra tenebrosa ascendit et descendit …».〔＊当然ながらこれを、「主なるケレスティヌスの名において来たる者……は祝福されてあれ」、とケレスティヌス五世に充てて読んだ訳である。〕

(116) オリジナルの序列では六番目：«Fraudulenter intrasti, potenter regnasti, gemens morieris».〔＊【図 E-3】参照。〕

(117) オリジナルの序列では九番目：«Contra columbam haec ymago turpissima clericorum pugnabit».

(118) «De infimo genere ascendet cruenta bestia prima et novissima que filium minimum et innoxium crudeliter devorabit».〔＊「最小の息子」は容易に「小さき者たち《フラティチェッリ》」と解されたことだろう。〕

(119) オリジナルの序列では十五番目：«Terribilis es, quis resistet tibi?»〔＊【図 E-5】参照。〕

(120) «Haec est ultima fera aspectu terribilis».

(121) Tocco, *SF*, p. 426 所収グイド・デル・パラジオへの書簡：「あなたが知りたいとお申し越しの件、つまりこの世の終わりについて、あなたに一再ならず書き送ることができるような材料が欲しいところ。なんといってもイエス・キリストすら使徒たちにそれを明かそうとはなさらなかった。まだその時ならずと。その後もそれを明かそうとなさった様子はない。人々はそれに備え、今やわれわれは間近にあるにもかかわらず。それを最初に明かしたのは大修道院長ヨアキム、カラブリアの大修道院長で、偉大な知識の持ち主、預言の霊をもち、聖フランチェスコと聖ドメニコの到来を予言し、彼らの時にこの世は栄えるであろうと言ったのです。それは一一三八年のこと、彼は教皇表《パパーレ》と称する一書を成し、アンチキリストの到来に到るまですべての教皇を描き、彼らが成すであろうことを記したのでした……」«Io voglio aver materia di poterti scrivere più volte di quello che desideri sapere, cioè della fine del mondo ; avvegnachè Jesu Christo non la volesse rivelare a' suoi apostoli, perchè non era allora di necessità, nondimeno e' pare che poi l'abbia voluto rivelare, acciochè la gente si apparecchi, veggendo che vi siamo così presso ; e primo che il rivelasse all'abate Gioacchino, abate in Calavria e uomo di grande scienza e che ebbe spirito di profezia e predisse l'avvenimento di Santo Francesco e di Santo Domenico, e disse che ne' tempi loro il mondo fiorirebbe. Questo fu nel 1138 e fece un libro, il quale si chiama il Papale, dove egli infino all'avvenimento di Antichristo dipinse tutti i papi e scrisse loro sopra ciò che doveano fare …»（彼はつづけて図像の幾つかを最後まで語っている）。

(122) «… questa bestia è Antichristo, e di vero che alcuno m'ha detto, che dee essere un altro papa ; per la qual cosa delle due cose è l'una : o che il libro, che vidi, è corrotto, o alcuno v'ha aggiunto di suo proprio senso ; e però sto a vedere». *SF*, p. 426.

(123) これらの手紙については以下を参照。(i) A. Wesselofsky, *Il paradiso degli Alberti, Sceltà di curiosità …*, Bologna, 1867, pp. 335-67 ; (ii) Tocco, *SF*, pp. 431-94 ; (iii) P. Cividali, *Memorie della Reale Accademia dei Lincei*, xii (1907), pp. 354-477. またジョヴァンニの考えについては、【II-8 p. 322】参照。

(124) Tocco, *SF*, pp. 412 ss. はフィレンツェ市民のフラティチェッリに対する態度について論じている。

(125) *Diario d'Anonimo Fiorentino dall'anno 1358-1389,* ed. A. Gherardi in *Documenti di storia italiana,* vi, Firenze, 1876, pp.389-90. ルペシッサについては、【本章 pp.277-79】を参照。またこの預言の典拠に関しては、Bignami-Odier, *Roquetaillade,* pp.164, 165, 170, 171, 172を参照。

(126) Ed. Zambrini, *Storia di Fra Michele minorita, Sceltà di curiosità ...,* Bologna, 1864.

(127) Ibid., pp.22-3.

(128) Messini, *Misc. Franc.* xxxvii. 39-54 ; xxxix. 109-30.

(129) Ibid., xxxix. 113. この詩はE. Narducci, *Manoscritti ora posseduti da D. B. Boncompagni,* Roma, 1862 e 1892に公刊された。

(130) «... e con pianti pregavano / gridando Iddio dirizza la navicula : / Vedi ch'ella pericola. / Vedi ch'ella formicola ... / Vedi che in terra non truova ricovero! / Francisco vidi e' l' Calavro isciovero, / che dier nuovo ricovero / alla chiesa, e gridar : O sangue povero, / i nuovi farisei in te s'inzuppano ...» Narducci, op. cit., p.193.

(131) «e io che sempre coll'occhio secondolo / vidi l'alta reina con sua tria / che face uno ovile e una patria. / Vidi poi nuovo cielo queto e lucido / e terra nuova sanza nuovo mucido / e' l' luogo ch'era sucido / colle sante virtù tutto mondandolo». Ibid., p.199

(132) «O pelligrina Italia», ed. F. Trucchi, *Poesie italiane inedite di 200 autori,* Prato, 1846, ii. 82-95 ; R. Renier, *Liriche edite ed inedite degli Uberti ...,* Firenze, 1883, pp.191-210. この詩については、Messini, *Misc. Franc.* xxxix. 119-20を参照。

(133) «E Gioachin che pone la bestia per secento sesansei».

(134) «Vero frutto veranne dopo il fiore». *Par.* xxvii. 148.

(135) Cfr. Tondelli, *Lib. Fig.* I, pp.236-8.

(136) «Appri le labbra mie». ed. G. Carducci, *Rime di Cino da Pistoia ed altri del secolo XIV,* Firenze, 1862, pp.264-7. cfr. Messini, *Misc. Franc.* xxxix. 120-2. メッシーニはこの作者がフラ・ストッパではなく「あるアウグスティヌス会修道助修士」であるとし、セルカンビの『年代記』に言及している。しかしここに参照されるものは、これまたフラ・ストッパに帰属された別の預言詩である。*Le croniche di Giovanni Sercambi Lucchese,* ed. S. Bongi, in *Fonti per la storia d'Italia,* Roma, 1892, iii. 274-5, 415を参照。これは一三一五―一八年のものとされている。

(137) «Poi fie la Chiesa ornata di pastori / Umili e santi come fui gli autori». *Misc. Franc.,* xxxix. 122.

(138) «Vuol la mia fantasia». ed. F. Trucchi, op. cit., ii. 132 ; C. Frati, *I codici danteschi ...,* p.149. cfr. Messini, *Misc. Franc.* xxxvii. 48 ; xxxix. 122. また他の詩篇については、Messini, *Misc. Franc.* xxxix.124 ss.; C. Frati, *I codici danteschi della Biblioteca Universitaria di Bologna,* Firenze, 1923, Appendix iv, pp.154-74 ; Mazzatinti, *Misc. Franc.* ii (1887), pp.1-7 ; E. Filippini, *Una profezia medioevale in versi, di origine probabilmente Umbra,* in *Bollettino della R. Deputazione di Storia Patria per l'Umbria,* ix (1903), p.19 n.2を参照。これらの詩の集成としては十五世紀の写本、Firenze, Bibl. Nat. Cen., MS. II, X, 57, ff. 64 ss.がある。

(139) «Li sancti preti de novello stato / Predicheranno, / Tutti l'infedeli converteranno, Vestiti tolti d'un aspero panno / Et sempre senza proprio viveranno / In povertade. / ... / Remarrà sopra terra poca gente / Et omne spiritual sarà gaudente ; / Pregam Dio che conduca ogni gente / Ad quello stato». *Misc. Franc.* xxxix. 125-6.

(140) «E sarà un Papa vero e naturale / Santissimo, giusto e governerà piano, /.../ Da poi avranno un giusto per Signore / Che fia al mondo degno Imperadore./ ... / E fia seguito da ogni cristiano / E ogni sua fattura sarà buona, / E torrà la signoria al gran soldano / ... / E della terra santa fia Signore./ ... / E fia tranquillità, pace e unione, / Come al tempo del buon Ottaviano ; / ... / De'

cristiani universal Signore, / E manterrà l'imperio romano, / Ai cristiani darà pace ordinata / E nulla guerra sarà ricordata». *Misc. Franc.* xxxix. 127-8.

(141) Douie, *Fraticelli,* pp.210 ss.; Lambert, *Franciscan Poverty,* pp.202 ss.

(142) Douie, *Fraticelli,* pp.211-13 ; Lambert, *Franciscan Poverty,* pp.180-3.

(143) シチリアにおけるフェデリーゴの聖霊派庇護に関連した往復書簡については、H. Finke, *Acta Aragonensia,* Berlin, 1908, pp.611 ss.参照。〔＊ここではこの王がスペインのアラゴン家の出自であることを尊重してフェデリーゴとしたが、この名がホーエンシュタウフェン家フリードリヒと同じであることに留意。本文中ではどちらもFrederickであるごとく、それぞれの欧語において呼称されるとき、羅語俗語を問わず、フリードリヒ伝説において混融した名のひとつであることを忘れてはならない。それ以上の意味については、【III-2 pp.397-99】を参照。〕

(144) «fratres fratris Philippi de Maioricis».

(145) F. Tocco, *Un processo contro Luigi di Durazzo, Archivio storico per le province napoletane,* xii (1887), pp.31-40.

(146) Pou y Marti, *Visionarios,* pp.165 ss.

(147) «que así como después de la muerte de Cristo cesaron los ritos legales del Antiguo Testamento y empezó la obligación de los preceptos y Sacramentos evangélicos, así en el tercer estado, llamado del Espíritu Santo, habían de cesar los Sacramentos y preceptos evangélicos, y debía succederles la ley del Espíritu Santo y sus Sacramentos y mandatos por haber terminado los preceptos y Sacramentos evangélicos. / que la ley y el tercer estado llamado del Espíritu Santo comenzó en tiempo de San Francisco … / que los pocos varones espirituales que se habían de separar de la Iglesia Romana, … recibirían el Espíritu Santo con mayor abundancia y fervor que los Apóstoles … / que durante el tercer estado, cuando el Espíritu Santo se comunicase tan copiosamente a los hombres, éstos no habían de pecar ni tener tal propósito … / que dicho tercer estado, llamado del Espíritu Santo, sería establecido en los profesores de la regla de San Francisco y Hermanos de la Penitencia o de la Tercera Regla del mismo santo …; la cual regla y estado tenía que durar hasta la fin del mundo sólo en aquellos de dicha regla que esto creyeren y defendieren, pereciendo con Babilonia, esto es, con la Iglesia carnal … ; que las demás Ordenes, como la de Predicadores, por haber impugnado a los Hermanos de la Penitencia … ; los Agustinos y Carmelitas que defendieron lo mismo … ; los monjes Negros y Blancos y los Canónigos Regulares … ; los reyes, príncipes, barones y demás nobles … que consintieron en la persecución expresada, todos tenían que ser exterminados en la destrucción de la Iglesia carnal para no resuscitar jamás …». Pou y Marti, *Visionarios,* pp.175-7.

(148) Ibid., p.181.

(149) Ibid., pp.184-9. またVidal, *Procès d'inquisition contre Adhémar de Mosset, noble Roussillonais, inculpé de Béguinisme, Analecta Gallicana,* i. 555-89, 689-99, 711-22.

(150) Pou y Marti, *Visionarios,* pp.36 ss.

(151) Ibid., pp.100, 198-200.

(152) Ibid., pp.255-8, 483-512.

(153) «In prima pagina dicit : Oportet primo scire quod sunt tres status generales mundi. Primus fuit et duravit a principio mundi usque ad Christum. Secundus ab adventu Christi usque ad antichristum. Tertius a morte antichristi usque ad finem mundi. Et sciendum quod primus generalis status appropriatur Deo Patri, secundus Filio Dei, tercius Spiritui Sancto. … Et sicut in primo tempore Deus ostendit se tamquam terribilem et magni timoris … sic in isto secundo tempore Dei Filius ostendit se plenum pietate et magistrum, doctoremque seu manifestatorem veritatis … Sed in tertio statu ostendet se Spiritus Sanctus et dabit se sicut flammam et fornacem divini amoris et sicut cellarium vini spiritualis et sicut apotheca unguentorum spiritualium, et tunc non solum simplici intelligentia videbitur tota veritas sapientie Dei Filii

incarnati et potentie Dei Patris, imo poterit homo experimentaliter palpare et gustare, unde Christus promisit : Cum venerit Spiritus veritatis docebit vos omnem veritatem. Et primus status, qui fuit operum corporalium, magis pertinet ad laicos ; secundus vero, quia est status scripturarum, magis pertinet ad clericos ; tertius vero, in quo est pura contemplatio, magis pertinet ad religiosus». Pou y Marti, *Visionarios,* pp.483-4.

(154) 【本章n.25】に引用済み。

(155) «illum angelum fortem descendentem de celo, Apoc. X.». *Visionarios,* p.501.

(156) Ibid., p.495.

(157) «… dicit tercium statum generalem appropriari Spiritui Sancto, quia tunc erit plena experientia et degustatio spiritualis intelligentie et perfectio vite contemplatiue». Ibid., p.508.

(158) Ibid., p.369-96.

(159) *Prophetia Tripolitana,* ibid., pp.370-2. 後のアラゴン家宮廷における預言解釈者として騎士ディエゴ・ルイズDiego Ruizがいる。彼は十五世紀初頭、皇女イザベルに影響を及ぼすこととなる。

(160) Ibid., pp.397-415. その著書の原題は、*De triplici statu mundi* ; *Vida de Jesuchrist.*

(161) *Summula seu Breviloquium super concordia Novi et Veteris Testamenti.* わたしはこれをMS. Madrid, Bibl. Nat., 6972（以前の整理番号はS. 247）、およびMS. Brit. Mus., Egerton, 1150によって検討した。H・リー博士と共同でこの著作の公刊を計画中。大英博物館写本はバルセロナの商人ペドロ・フォルテスPedro Fortezのために一四五五年に書写され、その後バルセロナの教会に彼自身によって提出されたもの。リーの研究によると、バルセロナで一四八八年に制作された別写本、現Vat. MS. Lat. 11581, ff.1-65が存する。その最後に収められたヨアキムの世代表がすでに時代離れしたものになった時期に、この著作がいまだ書写するに値するものとみなされ、ヨアキム主義的図式に対する関心が継続していた、という点に注目すべきである。〔＊リーとの共同研究は次の著作に結実した。Lee, H., Reeves, M., Silano, G., *Western Mediterranean Prophecy – The School of Joachim of Fiore and the Fourteenth-Century Breviloquium,* Tronto 1989.〕

(162) «Tunc status mundi tercius intrabit a secundo. Et regnabit sublimius Christus in toto mundo … Nunc septima apercio sigilli gloriosa fiet et revelacio per orbem radiosa. Nam grandis jubilacio erit et lux serena. Et grandis proclamacio cunctorum laude plena. Tunc plenitudo gencium solempniter intrabit ab Christum qui Rex omnium reliquias salvabit». MS. Egerton, f.2v.

(163) «Et sicut Jacob fuit genitus ab Ysaach carnaliter in primo statu. Et Iesus Christus a Johanne babtista sacramentaliter in secundo statu. Ita et in tercio statu sanctus Franciscus fuit genitus a beato Bernardo simplitudinaliter quo ad formam habitus. Et sicut Abraam tenuit tipum Patris, Ysaach tipum Filii et Jacob tipum Spiritus Sancti. Sic beatus Benedictus tenuit tipum Patris et Bernardus tipum Filii et sanctus Franciscus tipum Spiritus Sancti … Et sicut Jacob in numero duodecim patriarcharum Dan emisso de medio. Et Christus in numero duodecim apostolorum Juda scariotis emisso de medio. Sicut sanctus Franciscus fructificavit in numero duodecim sociorum, uno emisso de medio ut in vita eius legitur …». Ibid., f.16r.

(164) «Sic etiam in sexta etate mundi reiecto carnali Iudaismo et vetustate prioris seculi convaluit novus ordo cum novo duce scilicet Christo Jhesu cum nova lege et vita et cruce. Sic in sexto statu ecclesie reiecta carnalium Christianorum ecclesia et vetustate prioris seculi convalescet novus ordo cum duce novo quo renovabitur Christi lex et vita et crux propter quod in eius principio sanctus Franciscus apparuit plagis Christi passionis veraciter insignitus et Christo totius confixus et configuratus». Ibid., f.34r-v.【本章p.250】参照。

(165) ある審問調書からは『預言群』の典型的な一覧が得られる。「ここに繋がる預言者たちの名として、イシドロス、大修道院長ヨアトキン、メルリ、カサンドラ、シビラ、ランポーサの隠者、修道士ヨハン・デ・ロハタッラーダ、ローマのある聖修道士、これは幻視やら啓示やらからなる一書をなした者、そして某修道士アンセルム……」«et los noms dels profetas que allegava eren Swnt Isidre, l'abat Joatxin, Merli, Casandra, Sibilla, l'eremità de la Lamposa, fra Johan de Rochatallada, un sant hom monje de Roma, lo qual dehia que havia fet un llibre de visions et revelacions, et lo dit frare Anselm ...». Pou y Marti, *Visionarios,* 439. ロカタイヤードの『秘されたできごとの書 *Liber Secretum Eventuum* 』および『試練必携 *Vade Mecum in tribulatione* 』のカタロニア語訳に関しては、Bignami-Odier, *Roquetaillade,* pp.241, 248を参照。

(166) Wadding, *Annales* x. 101.

(167) «A.D.MCCCCXIX tempore fratris Gabrielis, Episcopi Philadelphiae, Pastoris universalis, Fratrumque Minorum Ministeri generalis. Christus, Maria, Franciscus : Papa vester hoc se vocabat pastorem Philadelphiae Ecclesiae, quam vocabatis universalem et ultimam Ecclesiam Christianorum». Ibid., p.105. 〔＊引用中の年記MCCCXIXとあるが、一九九三年改訂版で矯されている方を採った。〕

(168) *Expos.,* ff.84v ss.

(169) 以下の文章はビニャミ＝オディーユの画期的な研究に多くを負っている。当該論考については文献一覧参照。また、E. Jacob, *John of Roquetaillade, Bulletin of John Rylands Library,* xxxix (1956-7), pp.75-96をも参照。〔＊一九九三年改訂版では数箇所オリヴィの名の仏語表記が羅語表記に改められている（すべてではない）のを尊重し、オリヴィの名は羅式に統一した。一方、ロカタイヤードに関しては羅語表記ルペシッサに統一しようとの配慮が見られないので元表記を尊重した。〕

(170) *Liber Ostensor,* Bignami-Odier, *Roquetaillade,* p.45.

(171) 原著の表題はそれぞれ、*Oraculum Cyrilli, Liber Secretorum Eventuum, Liber Ostensor, Vade Mecum in Tribulatione.*【本章n.165】参照。

(172) *Vade Mecum,* ibid., p.159.

(173) *Cyril,* ibid., pp.64 ; 159.

(174) *Liber Ostensor,* ibid., p.147.

(175) *Cyril,* ibid., pp.67, 70, 95.

(176) *Lib. Ostensor,* ibid., p.146.

(177) *Liber Secretorum Eventuum,* Ibid., p.125参照。ここで千年繋がれた悪《サタ》魔《ン》に言及しつつ、聖アウグスティヌスはこれを十分説明していないが、アンチキリストの後も世界はつづく〈時代《スタートゥス》〉をもつであろうと預言したヨアキムは真の解釈に近いことを言った、としている。

(178) *Vade Mecum,* ibid., p.170.

(179) 【III-3 pp.405-08】参照。

(180) *Cyril,* ibid., p.95 ; *Vade Mecum,* ibid., p.165.

(181) *Cyril,* ibid., p.83, 89.

(182) *Cyril,* ibid., p.96 ; *Lib. Ostensor,* ibid., p.146.

(183) *Lib. Ostensor,* ibid., p.146.

(184) *Vade Mecum,* ibid., p.166.

第6章　フランシスコ会厳修派

終末論的思潮に反して設けられた聖なる使命というヨアキム主義的な意味が、ベギン派とフラティチェッリ諸集団のうちへとすべて転轍されてしまった、と考えるのは早計であろう。十四世紀中葉、フラティチェッリに対する攻撃が最も熾烈さを増した頃、ジェスアティ同信会《コングレガツィオーネ》が興っている。これは一三六〇年、教会への厳格な服従のもと、聖フランチェスコの会則厳修を切望するシエナのジョヴァンニ・コロムビーニによって創設されたものだった。ジョヴァンニ・デッレ・チェッレは彼らの福音的清貧という理念に共感を寄せ激励する書簡を送っている。まだ彼らがウルバヌス五世から認可を得ようと苦闘していた時期である。彼らの外観があまりにフラティチェッリに似ていたから。(1)

それにもまして重要なのは、一三二五年フランシスコ会に入ったジョヴァンニ・デッレ・ヴァッレがアンジェロ・クラレーノの弟子であったという事実である。彼の影響を受けてジョヴァンニは、本来のかたちで会則を厳修しつつ生きるため、同輩たちとウンブリアの山の中に隠修派を創設した。ここから修道会厳修派の分枝が生じたのである。これらの新しい熱烈派たちが初期聖霊派に触発されたものであったと想像するのは自然であり、実際、最近の研究から聖霊派と厳修派の関連が確認されている。(2) 厳修派によってコンスタンツ公会議に提出された『嘆願書』《クエリモニアエ》(3)は、ウベルティーノ・ダ・カサレの「教皇様」《サンクティタス・ヴェストラ》にはじまる一文に非常に近い観点をみせるばかりか、時には字句までそっくりである。この偉大なフランシスコ会聖霊派指導者への親炙は、ここで嘆願されているのが福音的清貧への召命の擁護および教会が聖フランチェスコの純粋なる会則に帰還すべき必要の訴えである、という事実からも明らかである。ここにわれわれは、厳修派の者たちがこの世における彼らの使命を聖霊派の観念に似たことばで捉えていたという確証を得る。ここでの問いは、こうした聖霊派の遺産を継承することによって厳修派はどの程度ヨアキム主義的な待望を抱いていたのか、ということである。

シエナのベルナルディーノは、使命の聖なる意味としての聖フランチェスコ礼讃とヨアキム主義的な歴史類型《パターン》の関係を証示している。彼は聖フランチェスコを「そしてまた別の天使が昇るのを見た云々」に関連づけて説きつつ、黙示録の第六の天使が聖フランチェスコであったことを最初に証したのは大修道院長ヨアキムであった、と語った。[4] そこで彼は、この主張の礎がヨアキムによって確立された両聖書の符合にあることを明らかにしている。

> 最初〈の証人〉は大修道院長ヨアキムで、彼は黙示録を解説しつつ聖フランチェスコをそこに知解して言う。この天使こそがキリストであると符合によって知られる、と。ここに大修道院長ヨアキムは驚くべき照明をうけたのである。聖なる聖書の驚くべき符合、ここに聖フランチェスコはキリストと符合する。というのも彼は、受難と福音のまねび、平和と清貧の符合においてキリストの聖痕を受けたのであるから。[5]

それにとどまらず、彼は教会史に関するヨアキム主義的図式を聖霊派が用いた通りに用いており、聖フランチェスコ以降を教会の第六〈時代《スタートゥス》〉と呼ぶとき、そこには完璧なヨアキム主義的含意がある。この説教の典拠となったのは、彼がサン・マルコのものがたりの初期異文《ヴァージョン》を使っているところからして、ピサのバルトロメオであったかもしれない。[6] 彼は聖フランチェスコとキリストの間に高揚した調子で詳細に並行関係を編み上げ、次のように結論してみせる。

> そこでキリストは言った……汝にしるしのごときものを課そう。たしかに神の御子はしるしであり、ここに聖フランチェスコはほとんどしるしのごときものとなった。それはしるしそのものではないが、そのまねびである。彼はほとんどキリストのごとく、キリストは変容の昇天を果たされた。この傷のうちに謙遜することによって彼はほとんど変容の昇天を果たし、ほとんどキリストとなった。われは汝を挙げよう、ということばはほとんど、われは汝を第六の天使として挙げよう、と言うがごときである。[7]

彼はまた、聖フランチェスコの十二人の伴侶たちを十二使徒に準え、その内にユダをも算えてみせる。すくなくともこの説教をみる限り、ベルナルディーノの謂う使命は聖霊派を介して培われたヨアキム的待望であったと言うことができそうである。

それは結果的に、ベルナルディーノが説教の数々でウベルティーノ・ダ・カサレの『十字架の生命の木』に多くを負っていることから証されることとなった。[8] ベルナルディーノが自らの説教に援用した典拠を録している『歴程《イティネラリウム》』には、ウベルティーノからの引用が夥しくみられる。その中でも特に、『十字架の生命の木』第五書に彼の関心は集中している。ウベルティーノがヨアキムの歴史観について説いている部分である。[9] この部分はベルナルディーノの待降節の一連の説教、おそらく一四一八年にジェノヴァでなされた説教において用いられている。そこで彼は、教会の七つの時期という類型《パターン》をウベルティーノの特徴的な象徴論をまじえて完璧に援用している。しかし、われわれはここで問わない訳にはいかない。ベルナルディーノは、教会の第六の時期に寄せる待望において、いったいどの程度ウベルティーノに追随しているのだろうか、と。ジェノヴァでの一連の説教は彼の経歴の初期に属するものと思われること、それにもまして彼の説教集の最終異文《ヴァージョン》になると、公然と『十字架の生命の木』が引かれることがないのは意味深長である。果たしてベルナルディーノは、ウベルティーノの歴史における待望というヨアキム主義的含蓄を、意図して放棄したのだろうか。もしもそうであったとするなら、それは狂信者たちによって押し出された奇想のせいだったのか。これについては、別の説教、『霊感について』に示唆を得ることができる。そこでベルナルディーノは預言を餌にする狂信者たちから身を引き剥がしている。[10] 彼は、当時狂信的な裸の群集を海へと導き、それが彼らの前にひらけるのを待ったある隠者を引き合いに出している。そこで、彼はヨアキム主義的預言に猛攻を浴びせ、(アウクスブルクのダヴィトを引きつつ)もううんざりだと言う。

> 聖霊を擬したあるいは霊的な過ちに示唆された誘惑といっては数知れない。預言《ヴァティチーナ》の類も吐き気を催すほどに溢れている。アンチキリスト到来の、最後の審判の切迫のしるし、教会の試練と改革云々。こうしたことがらを信じた数多

くの信心深い人々があった。彼らはヨアキムの書物やその他の預言書を真実真正であるとみなして様々に解釈を施したのだった。神の僕には他に果実をもたらすためになすべきことが多々あるというのに……[11]。

ボナヴェントゥラ同様、ベルナルディーノもヨアキム主義に対しては曖昧な態度を示している。その魅惑と反撥の綯交ぜになった様は、彼の『黙示録註解』に認められるところである。これはじつに折衷主義的な著作であまり体系だった思惟を表わしたものではないが、ベルナルディーノは未来をも過去をも含めた教会の全歴史として黙示録を説こうとしている。これが彼をヨアキムへと導くところとなり、そこには大修道院長を想わせる数々の解釈が見られる。十二の族長たちと氏族に対する十二の使徒たちおよび教会、旧約聖書の七つの時期と新約の七つの時期、龍の七つの頭、それにほとんどヨアキムと同じ解釈を施される四〈聖獣《アニマリア》〉、外面的な〈文字〉とその〈外殻〉のうちにある内的な意味の対照[12]。ヨアキムの名は一度も引かれていないが、ベルナルディーノが彼の著作群をよく知らなかったなどとは思われない。そしてこうした印象は突然、なんの予告もなしに、あまり知られていないヨアキムの小著『七つの封印について』からの二つの引用に遭遇するとき、確証される[13]。これらの引用は、引用であるという指示もなしに本文中に挿入されており、典拠に関する言及も一切ない。これらの節がヨアキムの二つ組みの類型《パターン》を録したものであることは意味深い。旧約聖書の第一と第二の封印と新約におけるそれらの開示。明らかにベルナルディーノは、二つの契約におけるこうした時期の並列と象徴の並列という枠組みを、黙示録の知解の糸口として用いようとしている。ただし、彼がそれにつづくヨアキムのその他の封印と開示の系列を用いてはいない点には留意しておかねばならない。ベルナルディーノはその他、黙示録の天使たちを、福音を説くために遣わされた霊的な人々の諸秩序、諸修道会の象徴として観るところでも、ヨアキムに従っている。〈この世の説《プラエディカトーレス・》教者たち《ウニヴェルシ》〉あるいは〈説教者たちの秩序〉という主題も繰り返しあらわれる。アンチキリストの後には最終の秩序――最《ウル》終《ティムス・オルド・プラエディカンティウム》の説教会――がこの世の終わりを告げ知らせることとなるだろう[14]。全世界を背景に聖フランチェスコの高き役割が最大限に強調される。天国を翔ける鷲、封印された書物そのもの、生きた神のしるしをもつ天使、再来するエリヤ――すべてが唯一の意味において、聖フランチェスコとして解釈され得るものとなる[15]。それればかりか、黙示録の最後の新エルサレムも聖フランチェスコと聖ドメニコを礎石とするものとして説かれている。(16) しかしここでベルナルディーノは踵をかえす。この幻視《ヴィジョン》の牽引力は危険に過ぎた。諸修道会はどうしても無垢でなければならなかった。それゆえ、彼はこの解釈をあまりに文字通りに取ることを欲しなかった。こうしてベルナルディーノは、この最終的な役割を自らの修道会にも、二つ併せた両托鉢修道会にも帰そうとはしない。さらに彼は、聖霊の時代というヨアキム主義者の幻視《ヴィジョン》から決定的に袂を分かつ。アンチキリストの敗北と最後の審判の間には説教と改宗の時間的余裕はあるようにみえるが、第七の静穏の時期は最後の審判の彼方にある。(17) 幾つかの点で、ベルナルディーノは意図的にヨアキムの解釈を排しているようにもみえる。たとえば、永遠の福音をたずさえる天使について、それが福音そのものに他ならず、永遠と称されているのは「それになにも後続するものがないこと、地に約された律とは区別される永遠なるものであること」(18) を謂ったものである、と。この偉大なフランシスコ会の説教者の警戒と反撥が、フラティチェッリたちの夢想や主張からどれほど離れたものであったにしても、そこには確かに彼を牽引するヨアキム主義的な思惟があり、彼にとって〈説教者たち〉の使命は歴史の最後の時期における劇的な意味を負うものとなっている。(19)

　ヨアキム主義的待望に共感を示したまた別の十五世紀のフランシスコ会士に、ポルトガルのアマデウス（ヨアンネス・メネシウス・デ・シルヴァ）がいる。(20) 彼は一四三一年に生まれ、いろいろな信仰体験を積んだ後、一四五二年に小さき兄弟会士となり、イタリアに来て自らの厳格な同信会アマデウス派《アマディタ》を結成。シクストゥス四世から提供されたローマのサン・ピエトロ・イン・モントリオ教会を拠点とした。後、レオ十世の時代、この同信会はフランシスコ会厳修派《オッセルヴァンティ》に編入されることになる。アマデウスはその著『新黙示録《アポカリプシス・ノーヴァ》』で広く知られることになる幻視家で、この書も大天使ガブリエルによって隠された内的な意味を口授されたもの、と称された。彼の著作写本は数多の修道会に広まり、フランシスコ会士ピエトロ・コロンナ（あるいはガラティヌス）、イエズス会士コルネリウス・ラピエール（あるいはア・ラピデ）そして不思議な人物ギヨーム・ポステルにも影響の跡を認めることができる。ポステルはおそらくこの書物を一五四七年にローマに滞在した折に手にしたものと思われる。彼は、「そのスペイン人アマデウスの著作は枢機卿やローマの貴顕たちの後裔が多く所持しているもので、ファルネーゼの教皇が司教だった頃、そのアマデウスの預言が天使的教皇を約束したおかげをもって善き（サマリア人）シモンの外套を纏うにすくなからざる援けとなった」と録している。[21] アマデウスの言辞の核心は天使的教皇にかかわるもので、彼はそれを預言と――そして真のヨアキム後継者たちのように――図像で説明した。こうして彼のフランシスコ会改革への願いは、〈天使的教皇〉のもとの〈革新《レノヴァチオ》〉というヨアキム主義的な背景のもとに置かれることとなる。浄福なるアマデウスはたいへん尊敬され、彼の『新黙示録《アポカリプシス・ノーヴァ》』は熱心に読まれるとともに、[22] 論議もされた。その熱気はルーク・ウォディングの時代にもまだ続いていたものとみえ、彼はアマデウスに帰される教説についてかなり長く論じ、[23] 神秘的解釈に厳正な批判論駁を加えるとともに、アマデウスの天使的教皇に関する啓示の書には数々の改竄の手が加えられているとの見解を述べている。[24]

十六世紀前半のプーリアのピエトロ・コロンナあるいはペトルス・ガラティヌスは、ヨアキムとアマデウスの熱烈な弟子であった。[25] 彼は厳修派の管区長にして神学者、そして言語学に造詣の深い人文主義者《ウマニスタ》だった。彼はその生涯の多くをローマに送り、ギリシャ語とヘブル語を学び、本書で後述するエジディオ・ダ・ヴィテルボの〈カバラ学者〉集団に属した。[26] 彼の思惟と想像力に対するアマデウスの強い影響は、ヨアキムおよびヨアキム後継者たちの象徴的解釈が及ぼした影響同様に明らかである。黙示録註解者として彼はヨアキムをアルベルトゥス・マグヌスと較べ、後者が註釈において混乱している一方、ヨアキムは「卓れて優雅に霊的に黙示録を解明した」[27] とその好尚を示している。彼はまた、キュリロスの巫言、ペトルス・ヨアニス・オリヴィ、ロベルト・デュゼス、ジャン・ド・ロカタイヤード、聖カタルドゥスの預言と称されるものをも蒐集し――実のところかなりの量のヨアキム主義文書を集めている。その主著は『正統信仰の真実の鑰《デ・アルカニス・カトリカエ・ヴェリターティス》』であるが、ヴァチカン写本中に他のかなりの数の著作が残されている。『七つの教会の時期について《デ・セプテム・エクレシアエ・テムポリブス》』の内の三著、『創設された《インスティトゥータ》教会について』、『欺かれた《デスティトゥータ》教会について』、『再建された《レスティトゥータ》教会について』および黙示録註解は皆一五二三年頃に著されたもので、ガラティヌスはそこで彼の歴史観を推し進めるとともに、後の二著作『ローマ預言解説《ヴァティチーニ・ロマーニ・エクスプリカチオ》』と『天使的司牧者について《デ・アンジェリコ・パストーレ》』ではそれに未来に対する待望をも混じている。

ガラティヌスの写本に残された著作を読む者は、[28] そこにもはや独り立ちしようとするばかりの十六世紀のヨアキム後継者の姿を認めて驚きの念に撃たれることになる。彼はヨアキムを直接不断に引用する訳ではないが――幾つかの著作では大修道院長をかなり頻繁に引いているにしても――自身の思惟と見紛うほどヨアキムをよく吸収同化している。彼は三つの〈時代《スタートゥス》〉の説を完全に三位一体のかたちとして言明しており、[29] アルファとオメガを神の三位と一体として説いている。[30] また氏族と教会の五‐七の数象徴を先なるものと後なるものの表象として採用している。[31] 喇叭《トゥーバ》には〈皮相な文字〉を、笛《フラートゥス》には〈霊的知性〉を観ている。[32] ペテロによって〈教会秩序《オルド・エクレシアスティクス》〉を、ヨハネによって〈修道会あるいは観想の時代《モナスティクス・セウ・コンテムプランティウム・スタートゥス》〉を象徴させている。[33] 彼の人文主義的素養と関心にもかかわらず、歴史の取り扱いはヨアキムと同じである。旧約の一々の細部が新約を予表しており、ここで最も重要な作業は〈霊的知性《スピリトゥアーリス・インテレクトゥス》〉を介してこの象徴論を知解する途を探ることにある。ガラティヌスはヨアキムに盲従するだけではない。そこにはいろいろ興味深い異文《ヴァージョン》があり、[34] また時として、大修道院長自身にはみられないようなヨアキム主義者の手法も援用されている。[35] なんといっても驚くべきは、これらの著作にあるヨアキム主義が看破されることなく、反論されることもなかった点にある。黙示録の註解において、三つの〈時代《スタートゥス》〉の説は見紛うことなく欄外注に強調されているが、この著作ではヨアキムが直接引用されることはほとんどない。他の著作では欄外注に躊躇なく引かれたヨアキムの名が散見される。ガラティヌスの印行著作群では正統信仰という観点から防護措置が採られたのかもしれないが、こうした教説の数々がもはや危険なものとは見なされなくなっていたと言うべきだろうか。実際、ガラティヌスの取り巻きの者たちは、彼の未来に対する楽観的な期待を分かちもつことに熱心であった。

ガラティヌスはヨアキム主義的枠組みを完璧に採用している。この世の七つの時期、シナゴーグと教会における二重の七つの〈時《テムポラ》〉の並列、三つの〈時代《スタートゥス》〉。しかし彼はヨアキムの最終諸段階の予定に変更を加える。なぜなら、ヨアキムは教会の第五の〈時《テムプス》〉に生を送ったので、未来を明瞭に観ることができなかったから、と彼は言う。[36] それゆえ、ガラティヌスの信じるところによれば、第六の〈時《テムプス》〉はいま始まったばかりであり、教会にとって偉大なる〈黄金時代〉となることであろう。それは最後のアンチキリストの猛烈な試練によって終わり、その後、第七の静穏なる〈安息の時代〉が〈この世の終わり《コンスマチオ・セクリ》〉に到るまでつづくであろう。しかしこの最後の時代は短く、ガラティヌスの待望においてはどこか曖昧なままにとどまっている。聖霊の第三の〈時代《スタートゥス》〉がはじまるのは第六の時である。それゆえ、ガラティヌスの歴史の窮頂への潑剌たる待望は、この時のうちに凝集する。ヨアキムの七番目の時への賛仰は、ここで六番目、「いまやはじまっ

たわれわれの」時へと移された。(37)

この〈至福なる時《フォエリチッシムム・テムプス》〉(38)には、ユダヤ人の改宗、信仰なき者たちの屈服と改宗、この世がひとりの司牧者、つまり偉大な世界皇帝によって輔弼された天使的教皇を得て、ひとつの群に集められる、といったよくある経緯が予定される。説教者の役割も所期の重要性を負うとはいえ、その相貌はヨアキムの説くところに近接したものとなる。もちろんガラティヌスには人文主義的熱誠が欠けてはいないにしても、霊的照明こそがすべての神秘を発くものである。第六の〈時《テムプス》〉の〈霊的な人々《ヴィーリ・スピリトゥアーレス》〉、天使的教皇の弟子たちは、第三天にまで挙げられた観照者たちとなるだろう。彼らはまた説教者として民のあいだへと降り来る者たちでもある。(39)〈霊的知性〉を描写するのにガラティヌスは何度も何度も比喩や象徴を用いるが、それらはヨアキムが用いたものを想起させるとともに、(40)照明に関する彼の知解が預言や謎の形象の解釈に注意を集中する神秘的象徴的な系譜に属するものであることが分かる。(41)そればかりか思いもかけず、彼は新式のテクスト批評に精をだし、エラスムスのような人文主義的学識をもみせる。こうして、おそらく彼は十六世紀初頭の奇妙な思想潮流を代表する者となる。

ガラティヌスはもはや、自らの修道会に〈この世の革新《レフォルマチオ・ムンディ》〉をもたらす指導的役割を付与したりはしない。聖フランチェスコも聖ドメニコも第五の〈時《テムプス》〉にあって重要な神の使いであった、と彼は信じており、彼らに関するヨアキムの預言とされるものの正統性をも認めている。しかしガラティヌスは、聖フランチェスコを生きた神のしるしもつ天使と同一視することを否む。なぜなら、この天使は第六の〈時《テムプス》〉に属するものであり、それゆえ、それは天使的教皇の象徴のひとつでなければならないから。(42)天使的教皇その人を誰か特定の人物として名指したり、それを補佐する十二人の〈聖なる人々《サンクティ・ヴィーリ》〉を特定の秩序に比定するという試みを彼がしていないことは注目に値する。もちろん彼がその秩序を諸修道会に観ていたことには間違いがないのではあるが。こうして、ガラティヌスのヨアキム主義は、最後の時にあたっての自らの特権的な立場を主張しようとする欲望から解放される。彼が言明するのは〈第六の時《テムプス》〉そのもの。「教会の第六の時は……教会に卓越した完徳の時を遺贈する」。(43)観照においてそれは第四の〈時《テムプス》〉より完璧に、より「清澄」となることだろう。平和と静穏において、説教への熱誠においてフランチェスコやドメニコの〈第五の時《テムプス》〉よりもより完全なものとなるだろう。

いてそれは第七の〈時《テムプス》〉よりも長くつづくだろう。(44) ここでガラティヌスは、第三〈時代《スタートゥス》〉は他のすべてを超克するであろう、というヨアキム主義の危険地帯に近接している。ここで再び、誰もこの点に関して彼を論わなかったということに、われわれは驚きを隠せない。「いまやここにわれわれはその閾を踏んでいるのである」(45)、と彼はその著作にはっきりと緊迫した待望を繰り返しているにもかかわらず。

ガラティヌスの著作群は高名なる指導者たちに献呈されたのみならず、特にローマでは多くの人々によって読まれた。心の平衡を欠いたポステルがそれらを読んだのはアラ・チェーリのフランシスコ会修道院でのこと。そして彼は、自分こそが天使的教皇である、と信じるようになる。(46) イエズス会士コルネリウス・ラピエールはそれらを何度も引用している。(47) 後、ルーク・ウォディングはガラティヌスの著作群にかなりの興味を寄せ、その幾つかを公刊しようと欲するまでになる。しかし誰か、彼に火傷をせぬようにと警告した者があった。「すべての者が誉め讃えるとはかぎらない。そこにはタルムード学者のごとき註釈が数多く含まれ、またカバラ学の業も散見される。あちこちにみられる天使的司牧者はアマデオ・ヒスパーノによる説に、おそらく他からの転用、抄録、その他教会のことばを歪めた書冊の数々の採録を紛れこませたものである」。(48)

ルーク・ウォディングは、フランシスコ会のヨアキム主義をめぐる歴史的処断の検討に独自の結論を付している。この修道会の偉大な年代記作者として、彼は聖霊派と共住派の分裂という枢要な主題を避けて通ることができず、聖霊派の闘争に捧げられた諸節ではおおむね彼らに共感を漏らしてみせる。ジョヴァンニ・ダ・パルマ、ペトルス・ヨアニス・オリヴィといった偉大な指導者たちの擁護、そして聖霊派の二大著書、アンジェロ・クラレーノの『七大試練史』およびウベルティーノ・ダ・カサレの『十字架の生命の木』の利用の仕方にそれを窺うことができる。(49) すでに時を経て、平静に彼らの熱烈な論争を展望し、熱烈派《ゼランティ》の者たちの聖性と純真を感受することもできたのだった。(50) とはいえ彼は、正統信仰と異端の識別において曖昧さを残さない。真の熱烈派(つまりクラレーノ派)は教会の内に残り、彼らはけっして服従を放棄することはなく、厳修会の者たちと類同の立場をとる。一方、フラティチェッリやベギン派の者たちは異端派であり、ウォディングはどんなことがあっても彼らが熱烈派から興ったとは認めないだろう。(51)

ウォディングが聖霊派に寄せる共感の底には、聖フランチェスコの会則こそは神の啓示であったという信念を彼らと分かち合っているという思いがある。[52] すでに観たように、会則をそこまで高く称揚することはヨアキム主義的な歴史の内なる待望に抗することによってのみ可能となる。もちろんウォディングはこの密接な関係に気づいておらず、彼は大修道院長ヨアキムを自らの修道会の預言者として観ており、彼のヨアキムに対する論述は十七世紀初頭の歴史家が異論の多い主題を取り扱ってみせる恰好の事例として興味は尽きない。まず、ヨアキムは聖フランチェスコを預言した者というよくあるかたちで姿をみせる。[53] ここでウォディングは明らかにピサのバルトロメオとフィレンツェのアントニーノに依拠している。[54] とはいえ、ヨアキムに関する重要な論述は、ジョヴァンニ・ダ・パルマとボナヴェントゥラの一二五六年の連携に関連してもちあがる。ウォディングがものがたるところによれば、聖霊派の「忠信と誠実」はついに「最大の告発」に遭遇し、彼らは「大修道院長ヨアキムの教えをいかに考えるか」と問われることとなった。[55] ここに彼らは不撓不屈のヨアキム擁護を繰り広げる。そして、一二一五年に断罪されたヨアキムの三位一体説の異端にもかかわらず、特にゲラルド・ダ・ボルゴ・サン・ドンニーノは大修道院長の教えに不易の信奉を寄せる者という印象を与えずにはおかない。

ここからウォディングのこころに最大の難題がもちあがる。はたして彼らは義しく断罪されたのか、それとも、彼らのヨアキムへの信頼は見込み違いであったのか。ラテラノ公会議の明瞭な裁定を論難することなど不可能である。しかし、後にホノリウス三世はその教書において、ヨアキムの『小著《リベッルス》』を断罪したのは事実であり、誰も公会議がヨアキムを「正《ヴィ》統信仰の人《ールム・カトリクム》」として擁護し、彼の名誉回復を図っている。[56] それ以降、最近「親しい友にして有徳なる学識深き人」フランシス・ビヴァル[57]に到るまで、多くの人々がヨアキムを弁護している。ここでウォディングは、ヨアキムが不当に告発されたのであり、そのことについては自身予言してすらみせた、というフィオレの修道士たちの擁護論、そのビヴァルによる翻案に就いている。ヨアキムの正統信仰に関しては彼の遺言書に証されるとおりであり、そこからしても、捏造説には根拠があるに違いない。これは歴史家としてのウォディングの直観であり、より古い写本が見つかれば付加された偽作部分も露見することだろう、と彼は期待を述べる。[58] 聖霊派のヨアキム信奉についての擁護はこの示唆に停まり、ウォディングは一切、現実的な困難――悪名高き〈永遠の福音〉――に言及することはなく、三位一体説の異端に焦点を絞っている。

彼は議論の最後に、あたかも偶然のようにそれに触れてみせる。ただし、数々の証言を列挙してジョヴァンニ・ダ・パルマの聖性を支持することを彼は忘れはしない。そしてこれら多くの証言に鑑みても、ニコラス・アイメリックが〈永遠の福音〉の著者として告発した「イタリア人修道士ヨアンネス・パルメンシス」がフランシスコ会士ジョヴァンニ・ダ・パルマと同一人物であろう筈がない[59]、と注記している。そしてこの悪名高き書物からアイメリックの謂う異端説の幾つかを引き、それらがこの聖霊派の指導者の観点と相容れないものであると論じている。ここで注目すべきは、彼がこの書の著者帰属としてゲラルド・ダ・ボルゴ・サン・ドンニーノの名を挙げることもなく、ヨアキムに関連して〈永遠の福音〉の過誤を指摘することもしていない、ということである。それは単純に正気の沙汰ならざる書、ジョヴァンニ・ダ・パルマに帰されたことから聖霊派の論議に混乱を来たすことになった書物である、と。こうしてじつに巧妙にウォディングは、〈永遠の福音〉において深く傷つけられたヨアキムの歴史理論に対する攻撃のすべてをかわし、それを三位一体に関する〈語彙的〉異端へと還元する。これに関してならば、彼には弁護の余地があった。そしてこの章のいたるところに付された欄外注が議論を補強している。「大修道院長ヨアキムはラテラノ公会議で一切断罪されてはいない」、「それについてはホノリウス三世が言明するところ」、「ペンノットゥスに対するビヴァリウスの弁明」、「それは広く証されるところ」、「ヨアキムの証言」、「善き著者たちのパルマの人への讃辞」、「はなはだしき讒言からパルマの人を擁護する」[60]。

どこか直観的にウォディングは、大修道院長ヨアキムがフランシスコ会士たちの真の霊性にとって不可欠であったことに気づいている[61]。これは確かである。修道会内で燃え盛った特別な使命感は、特殊な歴史的期待によってのみ煽られ得るものだった。そしてそれこそが最も銘記すべき偉大なフランシスコ会士たちの白熱の内実であった。この使命感を霊的熱狂の歴史の悲劇的な一章にまでもたらすことになった者たちの法外な逸脱。熱烈さには常に危険がともなっているとはいえ、熱烈派《ゼランティ》が修道会を白熱させることがなかったならば、フランシスコ会はかぎりなく脆弱なものと化したことだろう。大修道院長ヨアキムが霊的な人々の二つの新たな修道会秩序について描写することがなかったならば、宗教的熱狂の歴史における激動の一章は決して書かれることもなかったに違いない。

註

（1）　Wadding, *Annales* vii. 168 ; viii. 45, 298-9 ; Tocco, *SF,* pp.423-4.

（2）　Lambert, *Franciscan Poverty,* p.246 :「……ある観点からするなら……〔厳修派は〕……十三世紀から十四世紀にかけての聖霊派の後継者たちに他ならず、また……彼らは聖霊派の著作を熱心に探し、密かに読んだのだった」。また、F. Ehrle, *Das Verhältniss der Spiritualen zu den Anhängern der Observanz, ALKG* iv. 181-90.を参照。

（3）　*Querimoniae* : L. Oliger, *De relatione inter Observantium querimonias, Constantienses (1415) et Ubertino Cesalensis quoddam scriptum, AFH* ix. (1916), pp.3-41.

（4）　Bernardino, *Omnia Opera,* iv, ii, Venezia, 1591, *Sermones Extraordinarii, Sermo XVI : De Sancto Francisco,* pp.88-91.

（5）　«Primum [testimonium] est Abbatis Ioachim qui exponendo Apocalypsim dicit intelligendo de Sancto Francisco : hic est ille Angelus, quem Christus per concordiam respicit. Et nota quod ille Abbas Ioachim fuit mirabiliter illuminatus : quia mirabiliter concordat sacras scripturas : ecce concordiam quam Sanctus Franciscus habet cum Christo, quia habuit stigmata plagarum Christi, in concordantia passionis et Evangelicae imitationis, pacis et paupertatis». *Sermo XVI,* p.88.

（6）　【I-9 p.125】参照。

（7）　«Unde dicebat ipse Christus : … ponam te quasi signaculum : nam filius Dei est signaculum et Sanctus Franciscus fuit quasi signaculum, et non signaculum, sed per imitationem, quasi Christus et fuit Christus per transformationem. Unde in rima quasi transformato per humilitatem fuit quasi Christus effectus, quoniam ego elegi te, quasi velut dicere, ego elegi te Angelum sexti sigilli». *Sermo XVI,* p.89.

（8）　E. d'Isegem, *L'influence d'Ubertin de Casale sur les écrits de S. Bernardin de Sienne, Collectanea Francescana,* v (1935), pp.5-44. 彼はまたオリヴィの『註《ポス》釈《ティッラ》』、そしてそれを介してヨアキムの『註解《エクスポジチオ》』にも負っているようにみえる。cfr. *Quadragesimale de Christiana Religione Sermones, Omnia Opera,* ed. Coll. S. Bonaventura, ii, Ad Claras Aquas, Firenze, 1950, pp.465 n.4 ; 472.

（9）　【II-5 pp.259-61】参照。

（10）　Bernardino, *Omnia Opera,* vi, Ad Claras Aquas, Firenze, 1954, *Sermo II : De Inspirationibus,* p.256.

（11）　«Plerique etiam seducuntur, putantes per Spiritum Sanctum fieri quod ipsi prius finxerunt, vel quod spiritus erroris suggessit eis. Proinde vaticiniis iam usque ad nauseam repleti sumus : ut puta de Antichristi adventu, de signis iudicii propinquantis, de Ecclesiae persecutione et reformatione et similibus, quibus etiam viri graves atque devoti plusquam oportuit creduli exstiterunt, de scripturis Ioachim et aliorum vaticinantium interpretationes varias extrahentes : quae etsi vera et aucthentica forent ; attamen servi Dei plurima alia reperirent, in quibus possent fructuosius occupari …». *Sermo III,* p.267.

（12）　*Commentaria in Apocalypsim, Omnia Opera,* ed. J. de la Haye, Paris, 1636, v.39, 46, 47, 59, 105, 145. 龍の頭については、「ヘロデ、ネロ、コンスタンティウス・アリウス、ペルシャ王コスロエ、新バビロン王すなわちゲルマニア王ヘンリクス……これがアンチキリストと名づけられる王」«Herod, Nero, Constantius arrius, Cosras rex Persarum, rex Babylonis novae, sc. Henricus rex Germanorum … , quidem [sic] rex innominatus, Antichristus» (p.110) に注目。

（13）　*De Septem Sigillis. Comm. in Apocal.,* pp.39, 77 ; cfr. Reeves, Hirsch-Reich, *RTAM* xxi. 239, 41.

（14）　*Comm. in Apocal.,* pp.47, 77, 79, 82, 84, 90-2, 98, 119-20, 127, 130, 134-5.

（15）　Ibid., pp.47, 51, 67, 96-7.

(16) Ibid., p.166.

(17) Ibid., pp.75, 98, 159-60.

(18) «vel quia non succedit aliud, vel quia permittet aeterna ad discrimen legis quae promiottebat terrena». Ibid., p.120.

(19) ベルナルディーノへのヨアキムの影響について、わたしはA. Ferrers Howell, *S. Bernardino of Siena*, London, 1913, pp.234, 307-8よりもずっと重く評価した。もちろんこの論者はベルナルディーノがヨアキムの著作のひとつを直接用いていることを知らなかった。ベルナルディーノの説教については、Wadding, *Annales* x. 33をも参照。

(20) アマデウスJohannes Menesius de Silvaに関しては以下を参照：N. Antonio Hispalensis, *Bibliotheca Hispania Vetus*, Madrid, 1788, ii. 317-18 ; Wadding, *Scriptores*, pp.30-1 ; Wadding, *Annales* xiv. 313-23. またMS. Oxford, Bod. Lib., Laud Misc. 588, ff. 4v-7vには、アマデウスの幻視《ヴィジョン》と観られるもののラテン語テクストが載せられている。

(21) F. Secret, *Guillaume Postel et les courants prophétiques de la Renaissance*, *Studi francesi* I, p.378. ［＊ファルネーゼ家の教皇とは、一四六八年生まれのアレッサンドロ・ファルネーゼ、教皇パウルス三世（在位一五三四—四九）。］

(22) N. Antonio Hispalensis, op.cit., pp.317-18には次のような記載がある。「このすばらしい書物は啓示と預言の数々から成っている」«De revelationibus et prophetiis pulcherrimum libellum composuit»が、「好奇心からあらゆる者がこの著作を繙いたものだが、なんといっても修道会［フランシスコ会］の修道総長も上長たちその他尊重すべき人々が賞賛しているのであり、それに対する私見を付することは控えることとしたい」«De quo opere iam per manus omnium curiosorum passim eunte, iudicium abstinere satius est, quam ut viri praestantissimi, totiusque ordinis sui Generalis olim Plaefecti et aliorum prius laudatorum, censurae quicquam adiungamus ...».

(23) Wadding, *Annales* xiv. 313-23.

(24) かなり長い考察の後、ウォディングは次のように結論している。「ここに長々と説いたアマデウスの教義が偽書であるとは謂わぬが、深甚なる改竄を蒙った善なる人の著作と称すべきもの……」«Haec prolixius, quam soleam, de Amadei doctrina explicanda, ne propter spurium foetum et apocryphum opus vir vere bonus gravem pateretur nominis jacturam ...». *Annales* xiv. 323. またアマデウスの同時代に、やや影に隠れるようにしてドイツのフランシスコ会士ヨハン・ヒルテンがいる。彼は後、プロテスタントたちから預言者とみなされることとなった人物で、ダニエル書と黙示録に註解書を書いた。その中で彼は、一五一六年ごろ教会の〈革新reformatio〉が行なわれ、ローマ教皇は改革者によって降位せしめられ、一六〇〇年ごろゲルマンの地はトルコに支配され、一六五一年にはこの世は終わると説いている。この〈革新〉ということばにヨアキム主義を認めることができるだろう。教会改革主義者たちはこの告知において、大いなる改革者としてのルターが預言されていたと観じたのだった。ルター宛てのミルコニウスの一五二九年の手紙（*ZKG* iii, 1879, pp.305-6）やメランヒトンのヒルテンに関する数々の言及（*Corpus Reformatorum*, Halle, 1834 ss., i, 1108 ; iv. 780 ; vii, coll. 653, 999, 1006, 1112 ; xiv, coll. 64, 225 ; xxv, coll. 14, 80 ; xxvii. 627）を参照。またヒルテンに関しては以下を参照。*Realencyclopädie für protestantische Theologie u. Kirche*, Leipzig, 1900, viii. 78-80 ; M. Flacius Illyricus, *Catalogus Testium Veritatis*, Lyon, 1597, ii, 898.

(25) Petrus Galatinusについては P. Kleinhans, *De Vita et operibus Petri Galatini, O.F.M., scientiarum biblicarum cultoris (c.1460-1540)*, *Antonianum* i. 145-79, 327-56を参照。［＊一九九三年改訂版では「ピエトロ・コロナあるいはプーリアのペトルス・ガラティヌス」に替えられている。］

(26) 【II-8 pp.333-336】参照。［＊この一節は改訂版では「おそらくエジディオ・ダ・ヴィテルボの取り巻きのひとりとなったものでもあったろう。エジディオについては後述する」と大幅に書き改められている。」
(27) «praeceteris eleganter et spiritualiter Apocalypsim elucidat». Vat, MS. Lat.5567, f.iii.v.
(28) 最も重要な写本は、MSS.Vat., Lat.5567, *In Apocalypsim... Commentaria*; 5568, *De Ecclesia destituta* (pars 1a); 5569, *De Ecclesia destituta* (pars 2a); 5575, *De Ecclesia instituta*; 5578, *De Angelico Pastore*; *Libellus de Republica Christiana pro vera eiusdem reipublicae reformatione, progressu et felici ad recuperanda Christianorum loca expeditione*; 5579, *De septem ecclesiae tum temporibus tum statibus opus*; 5580, *De sacra Scriptura recte interpretanda opus*; 5581, *Vaticinii Romani explicatio*.
(29) Vat., MS. Lat. 5567, ff.xxiii.v-xxvvvv.v.
(30) Ibid., f.xxxvi.r; また神聖四文字Tetragrammatonについては、f.cii.r-vを参照。
(31) Ibid., ff.xxxiii.r-xxxiiii.v; 五感と七徳については、f.clxxxxiii.v.
(32) Ibid., ff.lii.v-liii.r. この一節はおおむね*Expos.*, f.40vからの直接引用である。
(33) Ibid., ff.lxxxv.r-lxxxvi.r.
(34) Ibid., ff.clxxiiii.r-v, clxxxxii.v; またMS. 5579, f.ii.r-vにはヨアキムとの見解の相違も認められる。
(35) MSS. 5567, f.xxxiiii.r; また5578, ff.32v-35vにはヨアキムには認められない象徴論の適用がある。
(36) MS. 5567, f.iiii.r.
(37) «cuius initium iam tenemus». Ibid.
(38) Ibid.
(39) Ibid., f.ci.v. そこで彼はヨアキム同様、〈霊的な人々〉の二重の役割を象徴するため、神殿の柱の形象を用いている。
(40) たとえば、MS. 5567, ff.iiii.r (「その秘密はすべてここに解き明かされ」«cuncta eius mysteria ad liquidum reseratum»), xcvi.v (「おおよそ夜の闇が輝き、白昼の明澄なる光が来たるがごとく」«quasi ex noctis caligine splendescere et ad lucis meridiane claritatem venire»), cxxix.v (「外殻の下」«sub cortice»), clxxxx.r (「啓かれるのは埋められた文字と霊的知性、それは復活したキリストに等しく顕示されてある」«apertum est littere sepulchrum et spiritualis intelligentia simul cum Christo resurgens, patefacta est»).
(41) たとえば、MS. 5567, ff.lxiiii.v, cxxxxiii.v.
(42) MSS. 5567, ff.clx.r-v, clxxix.r, ccxl.v-ccxli.v; 5579, f.7r.
(43) «sextum ecclesie tempus ... reliqua eiusdem ecclesie tempora perfectionem excellit».
(44) MS. 5567, ff.xxii.r-v, xxiii.r, clxxxvii.r.
(45) «iam iam in januis esse creditur». Ibid., f.iiii.r.
(46) 【IV-7 p.601】参照。
(47) 【II-9 pp.353-54】参照。
(48) «Non omnibus omnia placebunt. Multa habet de Thalmudicis commentis, aliqua de arte Cabalistica, plurima de Pastore Angelico, ab Amadeo Hispano, cui fortassis plus aequo tribuit, excerpta, et aliquanto liberius in deformatos Ecclesiasticorum mores invehitur». *Scriptores*, p.192. 〔*ヒスパニアのアマデオは前出ポルトガルのアマデウスのこと。〕
(49) Wadding, *Annales* iv. 4-12; v. 52, 108, 211, 217, 324, 378-93, 417-18; vii. 168. またオリヴィについて長く語った後、彼は次のように述べている。「随分と冗長になったが、無垢なる人々に提示するにあたってはこれを欠くことはできなかった」«His prolixius, sed necessario productis pro asserenda hominis innocentia». v. 393.
(50) 聖霊派をも共住派をも弁明しようと努める彼の均衡のとれた処断は、すでに著作の前半の熱烈派の議論(iii. 100, 一二四四年の項)において明らかである。
(51) *Annales*, v. 390; vi. 279-82, 316-19. 彼は厳密にクラレーノ派を擁護す

る(vi. 281-2)。厳修会について論じつつ、彼らがいかに容易にフラティチェッリと混同され得るものであるかについて、ウォディングは周到な注意を払っている。ウォディングと聖霊派については、F. Casolini, *Luca Wadding, O.F.M.*, Milano, 1936, pp.170-8を参照。

(52) *Annales* ii. 69. 会則が神の霊感によるものであったという論述の後、彼は以下のような称賛のことばを引いている。「……それは生命の書、壮健への希望、栄光の資、福音の精髄、十字架の道、完徳の礎、天国への鍵、永遠の盟約……」«... librum esse vitae, spem salutis, arrham gloriae, medullam Evangelii, viam crucis, statum perfectionis, clavem paradisi, pactum foederis eterni ...».

(53) Ibid., i. 14-16.

(54) 彼は擬預言「二人の人がいた」«Erunt duo viri» を引いている。これはバルトロメオが『符合の書』に所収としたものだった(【II-4 n.36】参照)。そしてまたサン・マルコの伝承を。

(55) *Annales* iv. 4 ss.

(56) Ibid., iv. 6. ウォディングはここで教書を引用している。【I-3 n.16】参照。

(57) «amicus intimus, vir probus et doctus». ビヴァルについては【I-9 pp.137-38】を参照。

(58) Ibid., iv. 7.

(59) «Joannes Parmensis, monachus Italicus». Ibid., iv. 8-12.

(60) «Joachim Abbas nequaquam damnatus a Concilio Lateranensi», «Ita declarat Honorius III», «Bivarius in Apologia contra Pennotum», «Id amplius probatur», «Protestatio Joachimi», «Bonorum auctorum de Parmense elogia», «Defenditur Parmensis a gravi calumnia».

(61) 彼が一貫して示しつづけるクラレーノ派に対する共感に、はからずも彼の親炙の念があらわれている。たとえば、*Annales* viii. 300-1を参照。

第7章　民衆運動の数々

ヨアキム主義とは修道会の教義であった。とはいえ、すでに観たようにプロヴァンスでは俗語の諸著作をもちいる世俗集団に浸透することもあり得た。他にもヨアキム主義との関連は漠然としているものの、等しく歴史における新しい契約を待望する民衆運動があった。そうした運動を触発することになった直接の源泉を跡づけることが難しいのは、彼らが文書典拠を奉ずること少なかったからであるが、ヨアキム主義こそが十三世紀から十四世紀にかけての聖霊の時代待望の機運に広く大きな力を及ぼしたものであったことからして、おそらくそこに彼らの本源があったのでもあろう。彼らを一般的な汎神論によりもかえってヨアキム主義に結びつけている識別的特徴は、聖霊の時代に極まる歴史という枠組みであった。こうして新しい霊的な人々というヨアキムの観念は、大修道院長が彼の修道会の修道士や隠修士たちに唱導し得た以上の意味と魅惑をもつこととなった。

フランシスコ会内に聖霊派が形成されたのと同じ時期、ゲラルド・セガレッリは使徒派《アポストリチ》という集団を創始した。彼は一二六〇年というヨアキム主義者たちにとって重要な年、パルマにあらわれる。下層階級の無学な者として小さき兄弟会への入会をも拒まれた彼だったが、その説くところは北イタリアでかなりの数にのぼる人々を魅了したものだった。セガレッリがパルマに姿をみせた頃、ちょうどその町のフランシスコ会修道院にいたサリンベーネは彼に対して「文盲、無知、痴愚」(1)と辛辣な罵倒のことばを投げている。セガレッリがその発想を得た元はパルマのフランシスコ会教会で催された使徒劇からであったとサリンベーネは断言するとともに、彼がフランシスコ会の修道士たちを勧誘し、パルマの住民たちの支援を恃んで小さき兄弟会士たちをも巻き込もうとしていると言って告発している。サリンベーネによれば、この新しい運動においては十二人の使徒および七十人が選別され、伝道にあたっては少年説教者が起用された、という。セガレッリがここで〈十二〉、〈七十〉そして来たるべき〈少年たち〉に関するヨアキムの預言を援用していることについても、サリンベーネははっきり指摘している。(2) 実際、サリンベーネの〈使徒派〉《アポストリチ》に関する報告には、この新しい集団がヨアキムの新しい霊的な秩序となるであろうという難儀な主張に対する議論があちこちに散りばめられている。たしかに高祖たち、使徒たちにつづいて〈子供たち〉が選び挙げられるであろうとヨアキムが預言したことをサリンベーネは認めるが、それは小さき兄弟会と説教修道会にこそふさわしいのであって、「子供（しもべ）とは学識あり高貴にして謙遜なる人々のことであり」、これら「無知にして痴愚、粗野にして野蛮、使徒と自称すれども使徒ならざる者たち」のことではない。(3) サリンベーネは、気の済むまでそれを論じてみせる。ヨアキムの〈新たなる秩序〉《ノーヴス・オルド》(4)の諸形象には贋‐使徒派に関する預言は含まれていない。しかしあえてこの文脈で彼らを「ヨアキム後継者たちが〈聖霊の時代〉がはじまるという」(5)年と結びつけてみるならば、彼らがヨアキム後継者たちと類縁関係にある、と彼は指摘する。それゆえこれは一見したところ、使徒的清貧に帰ることを説く典型的な運動のようにも見えるが、彼らが抱懐する「福音的清貧の完徳」は教会の初期状態というよりは、未来の最終段階に属するものである。ここからしても彼らの信頼の基礎はヨアキム主義的歴史観である。

これはフラ・ドルチーノの教説の中でいよいよ明確になる。一三〇〇年にセガレッリが火刑に処せられた後、指導権を継いだ彼こそがおそらくこの集団の教説の多くの実質的な著者であった。ドルチーノは一三〇〇年、この最後の日々、神から委ねられたその指導者のもと魂の救済を説くために、神は特にこの同信会《コングレガツィオーネ》を遣わされたのである、と宣言した。(6) 彼は聖書の解釈と未来の啓示について聖霊の霊感を受けたと言い、その歴史観を打ち出してみせるが、それはどこかヨアキム主義に発するものであり、実際ヨアキム主義に結びついたものであった。(7) 彼は四つの〈時代〉《スタートゥス》があるという。第一は族長たち、預言者たちその他旧約聖書の義人たちの時代で、彼らは善き婚姻生活を送ったが、キリスト到来の前に人の霊的な徳も堕落を来たした。第二の時代はキリストと使徒たちによってはじめられ、彼らに先立つ病弊も完璧に癒され、生は新たな霊的段階へともたらされた。そして貞潔が婚姻に優越し、清貧が富に卓越した。この時期は浄福なる聖シルヴェステルとコンスタンティヌス大帝の時までつづいたが、この時から頽落がはじまった。聖シルヴェステルとともにはじまる第三の〈時代《スタートゥス》〉には異邦人の大改宗をみた。この時期、教皇たちが富裕なる土地を領有しそこに住む民を統率し、富裕なる者たちとその権勢を否んだのは善きことであった。しかしその愛情もふたたび冷め、より完璧なる生の様式が興る。その創始者は聖ベネディクトゥス、そして聖フランチェスコと聖ドメニコがあらわれた。しかしいまや、聖職者、司祭、宗教者たちは神と隣人たちへの愛に冷め、この最後の時にあたり他の生を需めるよりも真の使徒的なる生に帰還すべきである。これが第四にして最後の〈時代《スタートゥス》〉にふさわしい生である。これは清貧に熱烈に努めることにおいて聖フランチェスコや聖ドメニコからすらも隔たる。「これこそがまさにわれわれの生において最大最終の万能薬である」(8)。これのみがこの世の終わりまでつづき、最後の審判の日にその果実を明らかにするであろう。

ヨアキム式の交替的な歴史区分に従いつつ、ドルチーノは教会の歴史を四つの〈変遷《ムタチオーネス》〉に下位区分してみせた。第一に、教会は試練を受けつつコンスタンティヌス帝に到るまでその純粋と貞潔を守る。第二に、教会は富を積みつつも、司祭や宗教者たちが聖なるシルヴェステル、ベネディクトゥス、ドメニコ、フランチェスコの模範に従う限りは善きままにとどまる。第三は、「よこしまに富み讃えられ」、教会が荒廃する現下の時である(9)。しかしそれも、司祭や宗教者たちが無残に殺され、三年以内に終わるだろう。第四の時期、教会は真の教会となるだろう。「善にして清貧、そしてまさに生の様式の使徒的な改革によって試練も過ぎる」(10)。この時期はパルマのゲラルドゥスによって創められ、「彼の言うところによれば、それは神に愛され、完徳を保ち、この世の終わりまでつづき、果実を実らせるであろう」(11)。

使徒派同信会はついに教会権威を拒絶するところにまで至る。キリストによってローマ教会に委ねられた権威も、聖職者たちの邪悪によっていまや滅びた。もはやローマ教会は神の教会ならずして、「バビロンの大淫婦」(12)である。霊的な力はここに使徒派《アポストリチ》に移り、聖ペテロに託された力は彼らに降った。彼らのみが神の教会の成員であり、最初の使徒たちの完徳を有するのであってみれば、彼らは誰に服することもなく、この自由の規範あるいはこの完徳の生を放棄させようとするようないかなる権威に就くことも不可能であり、それを完遂するためには高き完徳から完徳に劣るところへと降らざるを得ない(13)。権威の移行についての期待は一三〇〇年からの数年に凝集される。それは激しい転覆によって成就されることになるだろう。教皇ボニファキウス八世、枢機卿たち、聖職者たち、司祭たちそれにすべての宗教者たちは、新たなる皇帝とその王たちの揮う神の剣によって殲滅されるだろう。この皇帝はシチリア王フェデリーゴ（フレデリクス）であろう。それを裏づけるため、ドルチーノは旧約、新約聖書から多くの句節を引用している。全燔祭《ホロコースト》の後、新たに聖なる教皇が神に選ばれ、彼のもとに使徒派は就き従うこととなろう。そして神の恩寵により剣から救われた司祭や宗教者たちも皆、使徒派に加わることとなろう。そこにふたたび、初期教会の使徒たちの上に注いだごとくに聖霊は迸り、教会は更新され、この世の終わりに到るまで果実を結びつづけるだろう。[14]

一三〇〇年の宣言の末尾に、ドルチーノは黙示録の七天使と七教会に拠る歴史図式を示している。[15] エペソの天使は聖ベネディクトゥスで、彼の教会は修道制の秩序。ペルガモの天使は教皇シルヴェステルで、彼の教会は聖職者の秩序。サルデスの天使は聖フランチェスコと彼の托鉢修道士たち。ラオディキアの天使は聖ドメニコと説教修道士たち。スミルナの天使はパルマのフラ・ゲラルド。テアテラの天使はフラ・ドルチーノであった。そしてフィラデルフィアの天使は来たるべき聖なる教皇である。これらのうち最後の三つの〈教会〉は「この日々新たに遣わされる使徒派同信会」[16]をかたちづくることとなるだろう。

しかし事態は、もと一三〇〇―〇三年のことと主張されたこの予定の改変を余儀なくした。こうして一三〇三年十二月、つまりその十月のボニファキウス八世の死につづいて、ドルチーノは第二の宣言を発することになる。[17] ここで彼は四人の教皇、その最初と最後は善く、第二と第三は悪しき教皇という構図を呈示した。第一はケレスティヌス五世、第二はボニファキウス八世。第三は最近それを後継した者。ドルチーノはそれを名指していない。彼に対して次の年、つまり一三〇四年、シチリアのフレデリクスは攻撃に出て、完膚なきまでローマの教皇庁を破壊するだろう。こうして、聖なる教皇の到来は一代繰り延べされたが、その到来は間近にして、そこで最初の宣言に概略されたのと同じ帰結を迎えることだろう。こうして改変された予定によれば、その三年は次のように経過するであろう。一三〇三年、ボニファキウス八世と〈南の王〉（シチリア王アンジュー家のシャルル）は滅びるであろう。一三〇四年、枢機卿たちとボニファキウスの後継者は滅びるであろう。一三〇五年、司祭たち宗教者たちの全燔祭がはじまるであろう。これを書いている時点で、ドルチーノは啓示によってこの一連の未来のできごとを確信していた。この時点にあって、彼は時の熟するのを待って身を隠していた。どちらの書簡にもドルチーノ自身が天使的教皇の役割を果たすことになるとは書かれていないが、これは『ドルチーノ派異端史』[18]の著者によって主張されたところであり、ベルナール・ギイもそれを繰り返している。ギイの査問によるならば、一三〇五年シチリア王フレデリクスは帝国をかちとり、教会の全位階が死滅した後、教会は使徒的清貧へと帰還し、ドルチーノがいまだその時存命しているならば「彼自身、聖教皇」となることであろう。[19]そして彼と彼の徒党は聖霊に満たされることだろう。彼らは差し迫ったアンチキリストの到来を説く。それがあらわれる時、エリヤとエノクが闘うために降り来るうち、ドルチーノとその追随者たちは天国へ移されるだろう。アンチキリストが滅ぼされると、フレデリクスが最終世界皇帝として統治するうち、彼らはすべての国の民を改宗させるためふたたび地上に降る。[20]このように、アンチキリストの危難の後、聖霊の時代が待望される。ヨアキムの第三〈時代《スタートゥス》〉は使徒派にのみ属し、彼らの教会のみが時の終わりまで栄えるであろう、[21]と。

一三〇四年、ドルチーノは彼の徒党をヴェルチェッリとノヴァラの山々の間に集め、時の成就を待った。一三〇五年が過ぎようとしても、彼らは臆することもなかった。そして一三〇六年、クレメンス五世が彼らを征討するための十字軍派遣を宣言した時も、ドルチーノとその徒党は死をもって対抗した。ドルチーノの火刑、その預言が成就しなかったことはこの徒党の終焉を告げるものであるべき筈であったが、未来の新たなる霊的役割という信念の驚くべき生命力は使徒派の残存と各地への伝播にはっきりと示されている。クラレーノによると、彼らはじわじわとフランシスコ会士たちのうちにも取り入った。[22]一三一一年、熱烈な〈使徒派〉二人がボローニャで有罪宣告を受けた。[23]また一三一五年、彼らはスペインにあらわれる。[24]この徒党の跡はトゥールーズの異端審問調書にも認められる。[25]一三一八年、ヨハネス二十二世はクラコウの司教に〈使徒派〉を排撃するよう警告している。[26]彼らに関する言及は十五世紀初頭に到るまで認められる。

ドルチーノの宣言には、この徒党が単純に使徒的清貧への帰還を説く福音的運動の範疇に属すものではなかったことがはっきりと示されている。ドルチーノ派は自らの歴史解釈に則り、彼らの勇猛は原初の貞潔へと還ることよりも、自らの会派こそが歴史の窮極点であるという展望に励まされたものであった。歴史の時代区分の使用、七つの教会という形象それも特にフィラデルフィアの教会に与えられた格別の象徴的意味、〈聖なる教皇《パーパ・サンクトゥス》〉への期待、こうしたドルチーノの歴史哲学はすべてヨアキム主義に淵源するものであったかもしれない[27]。しかし彼の歴史区分は、ヨアキムの範型からの変形《ヴァリアント》としてはヨアキム後継者たちのうちでも独特、異形のものである。三ではなく四を採るその図式は、彼がヨアキム主義における三位一体説と歴史の意味との関係に注意を払っていないことを示している。使徒派が望見しているのもまた聖霊の時代であるにしても。この事例は、たとえその歴史観から三位一体的基礎が取り外されても、歴史観の援用というヨアキム主義がどれほどの影響力をもつものであったかを証している[28]。

ドルチーノと対蹠的な立場をとるのが二人の女性異端者で、その異端は歴史の三位一体類型《パターン》を聖霊の受肉として主張する極点にまでいたる。プロウス・ボネタ[29]はモンペリエにあってプロヴァンスのベギン派に近かったが、独自の活動をみせる。一三二五年の彼女の告白はカタリ派とヨアキム主義の奇妙な歪んだ混交物であるが、その中心はいまやはじまった新たな歴史時代の主張にあった。その先触れとして聖霊は受肉し、受難し、死に、甦らねばならない。この第二の十字架刑はオリヴィの著作群の断罪とプロウス自身の試練によって成就されつつある。彼女こそが三位一体の宿りとして選ばれたのであり、この世に聖霊を授ける者である。オリヴィの著作群とプロウスのことばを信じる者はみな、聖霊によって洗礼を授けられることとなろう。イヴが人の本性を頽落させたように、プロウスもまた人の救済のための道具となるだろう。聖フランチェスコが生きた神のしるしをもつ天使であり、オリヴィが太陽の輝きを放つ天使であったように、彼女もまた深淵の鍵をもつ天使であった。その二元論的傾向にもかかわらず、プロウス・ボネタは聖霊の時代の曙を確言している。「……その聖霊の新たなる時、教会の新たな時代がその修道士ペトロ・ヨアニスとともにはじまり、彼の言うがごとくに……いまや聖霊のはたらきによると信ずべき教会の新たな時代であり……」[30]。

二人目の女性はグリエルマ。一二七一年ごろミラノにあらわれ、たちまちその地に弟子たちの集団を形成し大いなる宗教的影響をあたえ、聖性の香りに包まれて一二八二年に亡くなっている[31]。彼女はキアラヴァッレのシトー会修道院に埋葬され、その墓を詣でる崇拝が広まった。しかし一三〇〇年、異端審問官たちはそこに危険な異端を嗅ぎつけた[32]。グリエルマの遺骨は燃やされ、彼女を慕う徒党の女首魁マンフレーダと領袖アンドレアス・サラミタはもう一人の逸名の女性とともに火刑に処された。この信心集団は随分小さなものであったようである——譴責されたのは三十人ほどだった——が、この逸話で興味あるのは、そこに集まった人々がほぼ富裕で教養ある階層の者たちであったことだろう。マンフレーダはおそらくマッテオ・ヴィスコンティの姪であり、他の幾人かは権勢を誇るガルバニャーテ家の者たちだった。

その教説のどこまでがグリエルマによるもので、どこまでがサラミタの練り上げたものであったかを見定めるのは容易ではない。〈審問〉には不明なところが多いが、最後には無辜なるグリエルマから過ちを引き出したのは自分である、とサラミタは告白している。そして彼女がその党派を創設したのが一二六二年、大いなるヨアキム主義的な年のすぐ後であった、という意味深長な発言をしている。[33] マンフレーダとサラミタの中心教義には不明なところはなにもない。みことばがひとりの男のうちに受肉したように、聖霊が一人の女、グリエルマのうちに受肉した、と彼らは明言している。彼女もまた死から甦り、弟子たちの目前で昇天し、弟子たちに炎の舌のごとき聖霊を降らせる、と。ここにふたたび矯激な説が唱えられる。今ある教会の位階からすべての権威は失われた。ボニファキウス八世は真の教皇ではない、[34] と。ここにふたたび新たなる霊の役割が、今回は女たちに配当されることになる。マンフレーダが教皇となり、枢機卿たちはみな女性によって占められるだろう。彼女はユダヤ人、サラセン人その他すべての信仰なき者たちに洗礼をほどこし、教皇庁の平安が訪れるだろう。[35] 四福音書には、聖霊によって選ばれた四賢者の著した新たなものがとって代わることになるだろう。当然ながらこの新たな聖書の述作にはサラミタがおおきな役割を果たした。

キリストの弟子たちが福音書、書簡集そして預言書の数々を著したように、このアンドレアスはその称を代え福音、書簡そして預言を次のようなかたちで著した。つまり、その時、聖霊はその弟子たちに言った云々、また、シビュラのノヴァラ人たちへの書簡、また、預言者カルメイがその国人に与える預言云々。[36]

ヨハネス二十二世が後にヴィスコンティ家に課した試み[37]も、この徒党の政治綱領にたいした影響を与えたとは思えない。その教義ははじめから単純にして奔放なるものだった。最初にこの審問を仔細に検討したトッコは、この異端の源泉がヨアキム主義にあり、初期キリスト教異端――それ以前の幾人かの歴史家たちが示唆するように――に求められるものではない、という明快な結論をだしている。そのしるしは、彼らの信条に認められる歴史的性格にある。これは通常の汎神論的信念ではなく、特殊な歴史類型《パターン》、三位一体類型《パターン》を基にしたものであった。グリエルマ派の独創はその大胆な論理、転覆が絶対的なものであるためには、神の新たな受肉が起こらずには済まず、それは異性において成し遂げられねばならない、という論理にある。トッコは、グリエルマの夢想をその時代の妄想の中でもっとも美しく蠱惑的なもの、と呼んだ。(38) それは歴史の三位一体的解釈の論理の最も大胆で最も不合理な到達点をあらわにしたものであった。

註

（1） «illiteratus, ydiota, stultus». Salimbene, p.256. この集団に関する記述はpp.255-93にわたる。

（2） Ibid., pp.267, 290 ; cfr. *Lib. Conc.*, ff.57v-58r, 12r, 112r.

（3） «in quibus intrant pueri litterati, nobiles moribus et honesti», «stulti et ydiote, rudes et bestiales, qui se dicunt apostolos esse et non sunt». Salimbene, p.267.

（4） Ibid., p.293 ; cfr. *Lib. Fig.* II, tav. XII.〔＊【図A-4】参照。〕

（5） «status Spiritus Sancti». Salimbene, p.293.

（6） B. Guy, *De Secta Illorum qui se dicunt esse de ordine Apostolorum*, Muratori, N.S. ix, Pt. v, p.20. ドルチーノについては、以下をも参照。E. Anagnine, *Dolcino e il movimento ereticale all'inizio del Trecento*, Firenze, 1964.

（7） Gui, op.cit., pp.20-1.

（8） «et propter hoc vita nostra major est et ultima omnibus medicina». Gui, op.cit., p.21.

（9） Ibid. ドルチーノの歴史図式は彼の主張の根幹をなすもので、それは一二九九―一三〇三年のボローニャでの使徒派に対する審問記録にもはっきりと跡をとどめている。Cfr. Muratori, N.S. ix, Pt. v, *Acta Sancti Officii Bononie*, pp.53, 57-61.

（10） «bona et pauper, et persecutiones passa in proprio modo vivendi apostolico reformata».

（11） «quem dicit a Deo esse delectissimum, et perseverabit perfecta et durabit et fructificabit usque ad finem mundi». Gui, op.cit., p.21.

（12） «illa Babilon meretrix magna». Ibid., p.24.

（13） Ibid., p.24.

（14） Ibid., pp.21-2 : «et dicit quod tunc omnes Christiani erunt positi in pace et tunc erit unus papa sanctus a Deo missus mirabiliter et electus, et non a cardinalibus ... et sub illo papa erunt illi qui sunt de statu suo apostolico et etiam aliis de clericis et religiosis qui unientur eis ... et tunc accipient Spiritus Sancti gratiam sicut acceperunt apostoli in ecclesia primitiva, et deinde fructificabunt in aliis usque ad finem mundi».

(15)　Ibid., p.22.

(16)　«ista congregatio apostolica in istis diebus novissimis missa». Ibid., pp.22.

(17)　Ibid., p.22-3.

(18)　*Historia Fratris Dolcini Haeresiarchae,* Muratori o.s. ix. 436. 審問において使徒派の者たちは、セガレッリが教皇となる筈であったと言い、ドルチーノは「神から直接未来の教皇となるべく聖とされ啓示を受けた人」«sanctum et illuminatum immediate de Deo et futurum papam» (Muratori n.s. ix, Pt.v, pp.58, 69) であったと称した。

(19)　«ille Papa sanctus». Gui, op.cit., p.26.

(20)　Muratori, o.s. ix. 436.

(21)　Gui, op.cit., p.23 : «... et tunc ipse Dulcinus et sui de congregatione apostolica erunt liberati ubique et omnes spirituales qui sunt in omnibus ordinibus aliis tunc unientur predicte congregationi apostolice et recipient gratiam Spiritus Sancti et sic renovabitur ecclesia ; et tunc, destructis maliciosis predictis, ipsi regnabunt et fructificabunt usque ad finem mundi». ここでは、G. de Nangisの『年代記』を後続した著者がはっきりとドルチーノ派をヨアキム後継者たちとみなし、三つの時代の語彙をもって彼らの教説を記していることを銘記しておきたい (Bouquet, xx. 594-5)。

(22)　*ALKG* ii. 131 : «Nam et quidam de secta illa apostolorum nomine Bentevenga ordinem minorum intravit et spiritus libertatis dyabolice spurcissimam labem in beati Francisci provincia seminavit».

(23)　B. Girolamo, *Inquisitori ed eretici lombardi (1292-1318), Misc. di storia italiana,* 3a ser. xix (1922), pp.492-500.

(24)　ギイは彼らに警戒するようスペインの聖職者に書簡を送っている。またコンポステッラの大司教の返書は、その地で何人かが捕らえられたことを伝えている。Gui, op.cit., p.33.

(25)　Limborch, *Hist. Inquis.,* p.66. この調書で、セガレッリとドルチーノは〈使徒派〉の創設者と呼ばれ、肉身教会が激しく攻撃されている。

(26)　*DTC* i. 1632.

(27)　Cfr. F. Tocco, *Gli Apostolici e Fra Dolcino, Archivio Storico Italiano,* ser. V, tomo xix (1897), pp.272-3.

(28)　おそらく〈使徒派〉は彼らの渾名〈最小者《ミニミ》〉が証するように、小さき兄弟《ミノリタ》会の後に来たる完徳の段階を代表するものとして自らを観念していた。Cfr. Muratori, n.s. ix, Pt.v, 57 ; *Acta S. Officii Bononiae in Atti e memorie della R. Dep. di storia patria per le provincie di Romagna,* 3a ser. xiv (1896), p.259. とはいえ、彼らは托鉢修道士たち、説教会士、小さき兄弟会の精鋭が新しい霊的な人々の秩序に合することを期待していた。Muratori, vol.cit., pp.59-60.

(29)　以下、W. May, *The Confession of Prous Boneta Heretic and Heresiarch, Essays in Medieval Life and Thought Presented in honour of Austin Patterson Evans,* New York, 1955, pp.3-30に多くを負っている。

(30)　«... asserens quod tempus novum dicti Spiritus Sancti et novus status ecclesiae habuit initium in dicto fratre Petro Joannis et consequitur in ipsa quae loquitur ... et sic nunc est status ecclesiae novus in quo credere oportet in opere Sancti Spiritus ...». loc.cit., p.25.

(31)　グリエルマ《グリエルミティ》派については、*Annales Colmarienses Maiores, MGHS* xvii. 226 ; B. Corio, *L'historia di Milano,* Venezia, 1554, f.159r ; O. Raynaldus, *Annales Ecclesiastici,* Lucca, 1750, v, anno 1324 n.9, p.262 ; A. Ogniben, *I Guglielmiti del secolo XIII,* Perugia, 1867 ; C. Molinier, *Revue historique,* lxxxv (1904), pp.388-97 ; *DTC* vi. 1982-8 ;【本章n.32】参照。

(32)　F. Tocco, (a) *Il processo dei Guglielmiti,* Roma, 1899 ; (b) *Guglielma Boema e i Guglielmiti, Atti della R. Accad. dei Lincei,* ser.v, Cl. di Scienze Morali, Storiche e Filologiche, viii (1903), pp. 3-32.

（33） Tocco, (b), p. 12 の最後の註参照。

（34） Ibid., pp. 11, 14, 18, 19.

（35） Ibid., pp. 13, 20.

（36） «sicut discipuli Christi scripserunt Evangelia, epistolas et prophetias, ita et ipse Andreas, mutando titulos, scripsisset Evangelia et epistolas et prophetias sub hac forma. vid. : In illo tempore dixit Spiritus Sanctus discipulis suis, etc., et : Epistola Sibilie ad Novarienses, et : Prophetia Carmei prophete ad tales civitates et gentes, etc.». *DTC* vi. 1986.

（37） Raynaldus, vol. cit., p. 248 n. 3, pp. 262 ss. を参照。そこにはガレアッツォおよびマッテオ・ヴィスコンティのこの徒党に対する庇護を告発したヨハネス二十二世の教勅が引かれている。

（38） Tocco, (b), p. 249 n. 1, p. 26.

第8章　アウグスティヌス会修道士たち

フランシスコ会聖霊派は第三〈時代《スタートゥス》〉を霊的照明のうちによりも福音的清貧のうちに見出したのだったが、孤独な隠棲のうちでの彼らの直観的洞察にはいまだ〈観想教会《エクレシア・コンテムプランティウム》〉の観念が幾分かは保たれていた。ここに彼らはアウグスティヌス隠修士会との近親性を見出すこととなる。こうして一三六〇年、ペルージア、チッタ・ディ・カステッロ、フェルモの司教たちは某フラティチェッリたち、そして他のそれに類同の諸集団にアウグスティヌス会則を与えた。[1] その一方、アウグスティヌス会士たちのうちにも聖霊派の諸観念に引き寄せられる者たちがあらわれる。アンジェロ・クラレーノの手紙にはこの隠修士会に属する四人の弟子の名が認められる。浄福なるシモーネ・ダ・カッシア、修道士ジェンティーレ・ダ・フォリーニョ、修道士アッカマンドルス・ダ・フォリーニョ、そして修道士フィリッポ・ダ・カストロ・ミーリ。彼らのうちでは、シモーネ・ダ・カッシアに関して一番知見が残っている。[2] アンジェロ歿後に書かれた哀悼の手紙の中で、彼はアンジェロによって自らの信仰の礎を見出すとともに、自らの平穏の導きとした、と録している。[3] 彼はアンジェロの書簡集成と、[4] アンジェロを対話の相手としてピサのバルトロメオ[5]が自らの若年期にアウグスティヌス会に導かれることになった決定的な体験を語った聞き書きとを所持していたものとみえる。シモーネが聖霊派の過激な諸観念に惹かれていたことは明白だが、たとえ彼が「預言の霊を授けられていた」[6]と記されているにしても、彼自身がヨアキム主義的待望をも抱懐していたかどうか見極めることは困難である。彼は偉大な説教者で、すくなくともその一説教の中でヨアキム後継者たちとの親近性を示唆している。一三四八年のフィレンツェでの説教で彼は、キリストとその弟子たちは完璧な清貧を守ることによって完徳の道を教えたと言い、これに反する者は異端である、と公言している。サンタ・マリア・ノヴェッラの修道士たちの攻撃に対して、彼は大修道院長ヨアキムの預言を引用したという。[7] どうやらそれは福音的清貧を第三〈時代《スタートゥス》〉の生の特質とみるヨアキム主義的な説教であったようである。それはまた、聖ドメニコと聖フランチェスコを最終の革新のため神から遣わされた者とする彼の別の著作にある言及からも補強される。[8]

ジェンティーレ・ダ・フォリーニョについては、クラレーノが彼に宛てた書簡の数々を別にすると、ほとんどなにも分かっていない。その一つで[9]アンジェロは、教会の第五の時代にエリヤの炎の二輪馬車で天に昇る観想者、隠者、貞女たちについて語っている。そして彼らにつづき、フランチェスコとドメニコが完徳なる人々を準備するために来たった。フランチェスコについて、「清貧の完徳に仕える者としてキリストはこの最後の時にフランチェスコを選び、召したまうた」と、彼は言う。ここにアンジェロは、「すべてを清貧の無防備と真実の愛へと戻す」こととなるエリヤの再来をみている。この欄外には「未来の修道会がここにつづくと信ず」[10]と注されている——われわれにはそれが誰のことだかは分からない。アンジェロはここでたしかにジェンティーレに、ヨアキム主義的歴史図式の内で新たなる霊の人々の意味を説いている。[11]ジェンティーレその人については、おそらく彼がフォリーニョの司教によってアウグスティヌス隠修士会へ編入され、聖ヨアンネス・クリマコスの『天国の階段』の十四世紀イタリア語訳をした人物であったろう、と言い得るのみである。この書に付された序文には、彼のギリシャ研究におけるアンジェロとの親近性と、観想的な生への献身が示唆されている。そして十五世紀のあるフィレンツェ写本に認められる知見を加えておかねばならない。そこにはジェンティーレ・ダ・フォリーニョがヴィルヌーヴのアルノオの『この世の百年の災厄』と題された預言書の註解を成したと録されている。[12] この作者は一三〇〇年にパリに居たに違いなく、それが他のジェンティーレであった可能性もあるとはいえ、ここに採りあげているアウグスティヌス会士であるかもしれない。このフィレンツェ写本の記述が正確であるとすると、このアウグスティヌス会士はヨアキム主義を十分に知っていたことになる。アンジェロが手紙を宛てた他の二人のアウグスティヌス会士については、彼らがシモーネ・ダ・カッシアと関係した者であったということ、アンジェロが彼らに〈秘密〉を厳守し完徳に向かって励むよう語っていること以外、なにも分からない。[13]

シモーネ・ダ・カッシアもジェンティーレ・ダ・フォリーニョもジョヴァンニ・デッレ・チェッレとなんらかの関係を

もっていた。実際この高名なヴァロンブローザ会隠修者はアウグスティヌス隠修士会に数多の知友があった。そのうちには、修道士グリエルムス・デ・アングリア、修道士ヨハンネス・デ・サレルノ、シモーネ・ダ・カッシアのある弟子、修道士ルイジ・マルシリオも含まれていた。このマルシリオはフィレンツェのサント・スピリト修道院で毎日討論会を催し、そこには数々の指導的教養階層、宗教者、政治家たちが姿をみせた。彼らの会話は人文主義的関心と預言に関する討議の混交したものだった。[14] マルシリオとジョヴァンニ・デッレ・チェッレの書簡からは、彼らのヨアキム主義的な〈この世の《レノヴァチオ・》革新《ムンディ》〉への期待が窺える。ジョヴァンニは知友たちにフラティチェッリの贋教義に対する警鐘を鳴らしている。[15] とはいえもちろん彼はヨアキムを鍵なる預言者、キリストに選ばれ「この世が栄えるであろう」時を啓示された者、と見なしている。[16] グイド・デル・パラジオへの書簡では『教皇預言集《ヴァティチーナ》』(第二集)を異論の余地なくヨアキムのものと認めて詳論している。[17] また彼は、聖霊派ウベルティーノ・ダ・カサレ、アンジェロ・クラレーノ、そしてヤコポーネ・ダ・トーディを認承しつつ引用している。[18] 一三九四年の復活祭にあたって、彼は〈教会革新者《レノヴァトール・エクレシエ》〉の到来が一四〇〇年頃であろうとの幻視《ヴィジョン》を得ている。この幻視《ヴィジョン》の声は、「この世のすべてが革新され……一人の司牧者のもとに一つの群となるであろう」[19] と宣するのだった。アヴィニョンの教皇庁を非難しつつ、聖霊派は〈この世の革新《レノヴァチオ・ムンディ》〉に注意を集中していった。マルシリオはこうした期待を表明するため、ペトラルカの三つの預言的ソネットを引用している。[20] また別に、神秘的預言者スウェーデンの聖女ブリギッタ崇拝に耽る者たち、[21] シエナの聖女カタリナを黙示録の第五の天使と称える者たちもいた。[22] 〈この世の革新《レノヴァチオ・ムンディ》〉を成就することになる霊的な転覆は間近に迫ったものと思われた。

　このフィレンツェの集団から遥かに遠く、同時期に別のアウグスティヌス隠修士会士イングランドのジョン・エルゴームが独自に預言の考察をしていることは興味深い。アウグスティヌス会書誌学者たちは、そうした著作に関する彼の探求に注目している。[23] 「こうした著者たち、つまりメトディウス、大修道院長ヨアキム、カルメルのキュリロス、ヨハン・ブリドリントン、ロベルト・ユセリオ、ヨハン・ルペシッサ、ヨハン・バルシナチオ、シビュラたちその他彼が注意深く概観してみせるところは卓越した感性を啓くものであり、その探求は造詣深き再考を加えられたものである」。彼はこれらを一緒に集めて、『預言書集成《コムピラチオーネス・ヴァティチノールム》』を編み、ヘレフォード伯爵に献呈したという。[24] この私設図書館は後にヨークのアウグスティヌス会修道院に併呑されたものだが、その蔵書目録《カタログ》は音楽書、算術書、占星術書、黒魔術書、預言書を含み、なかなか尋常ならざる嗜好が認められる。[25] またこの蔵書目録の中には、上述した彼の著作の記述とぴったり一致する一書がある。[26]

預言および予言の書[27]

361 アンブロシウス、マーリンの預言
ヨアキム、文字の種子について
ヨアキム、預言されたる災厄について
ヨアキム、二つの修道会について
ヨアキム、教皇表（つまり、教皇預言集《ヴァティチーナ》）
イングランドの聖堂参事会員の詩編（つまり、ブリドリントンのジョンのこと）
イングランドの短詩集成
ロベルト・デ・ユセエの預言
キュリロスの巫言、付ヨアキムの註解
修道士ヨハニス・デ・ルペシッサの預言抄録
ヨハニス・デ・バシンゲイオの預言
キュベレその他の預言
ペトルス・アウレオリの黙示録逐語解
聖堂参事会員フレブリブスの預言（つまり、ブリドリントンのジョンのこと）

一瞥するだけで、ここには数々の擬ヨアキム文書、ヨアキム主義的文書が含まれていることが分かる。そして後、『教《ヴァ》皇預言集《ティチーナ》』の別の写しが加えられている。エルゴームはまた、大修道院長の最重要真正著作、『註解《エクスポジチオ》』と『符合の書』も目録《カタログ》に別書冊として録しており、おそらくこれらも所蔵していたものと思われる。[28]「イングランドの聖堂参事会員の詩編」および「聖堂参事会員の預言」として記されたものは、しばしば著名なアウグスティヌス派聖堂参事会員ブリドリントンのジョンに帰される興味深い預言群である。一三六二年エルゴームはこれらについて註釈を書いており、これは一写本に残されている。[29]これはヘレフォード伯爵ハンフリー・ド・ブーンに献呈されており、上述した『集成《コムピラチオーネス》』と符合する。この著作は部分的に当時の政治を諷刺したものとなっているが、その主目的はエドワード三世のフランスとの戦いに黙示録的な意味を付与することにあったようにみえる。近々この黒太子によって栄光の時代がはじまるという期待と予測には、どこかヨアキム主義的希望が仄見える。[30]どうやらエルゴームは読書を通してかなりヨアキム主義に染まったもののようである。

ここでヨアキムの『註解《エクスポジチオ》』を玩味した十四世紀の別のアウグスティヌス隠修会士を思い出さない訳にはいかない。それは先述したアゴスティーノ・トリオンフォ。しかし彼のヨアキム理解は、預言に戯れるエルゴームの理解とは鋭く対立するものである。[31]彼がヨアキムの歴史類型《パターン》に魅了されたのであったとしても、彼は未来の予測、あるいは来たるべき聖霊の時代に果たされるであろう偉大な霊的役割を跡づける、という誘惑を決定的に退けた。はたしてアウグスティヌス会士にとって、ヨアキムの〈隠修秩序《オルド・ヘレミタールム》〉という観念を穏当に自ら引きうけることのできる妥協の道はあったのだろうか。実に、その道を見出したひとりのアウグスティヌス隠修会士が十四世紀には存在した。

ヘンリクス・デ・ウリマリアという人物が一三三四年、『聖アウグスティヌス隠修修道会の発祥と発展』を著している。[32]この名の人物は四人居り、そのうち三人はエルフルトのアウグスティヌス会修道院に属する人であった。この書物の著者はこの修道士たちのうちで一番古く、また重要なフリーマールのヘンリクスと特定された。彼は一三〇一―一二年、パリで講壇に立ち、その後ゲルマンの地に帰り、一三四〇年に没している。[33]彼の著作群は三百冊にものぼる写本の数々に残されているが、『発祥』はそのうち七写本に保存されるのみである。この著はヴェネチアで一五一四年に印行されたというが、[34]刊本はみつかっておらず、最近の版の刊行者たちはその存在を否定している。[35]この点については、後に一縷の証拠を跡づけることとしたい[36]。この書で著者は自らの修道会を著しく高く掲げる。通常の宗教生活においては完徳とは獲得されるべきものとしてあるのだが、隠修生活というのは到達された完徳の状態である。それゆえこの「巧緻のきわみなる聖なる生」[37]を抱くため聖霊から特別な霊感を受けるのはすべての人という訳にはいかず、完徳の人のみである、と。ここからヘンリクスが彼の修道会に、ヨアキムが〈観想修道会《オルド・コンテムプランティウム》〉に与えた預言的役割を唱えることになるまでの道のりは僅かである。彼がヨアキムの樹木の象徴に関する一節を導入しているのは、おそらく重要な点であろう。

根の徳能が本性的に遠く高く枝を繁らせるように、いとも聖にしてわれわれの修道会を創設された父の聖なる徳能は、実のところ自らの上に御子およびそれにつづく者たちを掲げたまい、神々しき浄福なる慈悲を数多垂れたまうものと推測される。これはたしかに大修道院長ヨアキムが霊的に啓示されたところであり、それについては黙示録註解に次のように語られている。ここに新たにあらわれるのを目のあたりにする秩序ではあるが、それも新しいものという訳ではない。黒い衣を纏い高きに親しむ（註解《エクスポジチオ》：帯を締める／そこに列なる）者たちが増え、その声望は広がるだろう。彼らは信仰を説き、この世の終わりにあたりエリヤの霊を護る。これこそ天使たちの生から汲む隠修者たち（註解《エクスポジチオ》：の修道会秩序）となろう。これら選ばれた者たちは（註解《エクスポジチオ》：その生は）あたかも神への愛と熱誠に燃える炎。試練や茨棘を燃やし尽くし、邪に曲がった生を燃やし尽くすことだろう。神の忍耐を悪用する邪悪が増幅することのないように[38]。

ご覧の通り、彼の引用は先に長く引いた[39]ヨアキムの『註解《エクスポジチオ》』にある高名な預言である。それにつづけて彼は黙示録第七章の四天使に関するヨアキムの註解（『註解《エクスポジチオ》』一二二葉表—裏）に言及する。「ここで天使たちの生から汲むと言われるところについて、その修道会秩序に就く者はこれを黙示録第七章に記されたところの四天使と知らねばならない。これについては次のように付言されるところである。それゆえ自らの父を最初の隠修者パウロとする隠修者たちは随喜する、と」[40]（同三二三頁）。ヨアキムによれば、これら四天使は、第六の封印が開かれる危難の時に姿をみせる「四種の説教者たち」である。彼らは生きた神のしるしもつ第六の封印の天使につづいてあらわれる者たちである。ここで注意を引くのは、フリーマールのヘンリクスがこの象徴を何に準えることもないところである。当然ながら、広くそれが聖フランチェスコに準えられてきたことを彼が知らなかった筈はない。(41) それゆえ、ここで彼がいかに賢明にこの重大な預言を選んでいるかに留意する必要がある。ヨアキムの図式においては、それは観想修道会あるいは隠修士の秩序、つまり第六の時にあって二つの秩序のうち、より高き方を指すものであった。真正な預言にしたがって彼は、擬書群にみるようにそれを二つの並存秩序の預言としては採らず、つまり先にドメニコ会とフランシスコ会によって採られたところを排し、自らの修道会に、より高い位置を与えるのである。つづく一節で、彼は隠修士会が説教修道会や小さき兄弟会よりも創設の古いことを論じているが、(42) 彼は――後に彼の会派の者たちがなしたようには――この古い伝統を論じる援けにヨアキムを援用することはない。フリーマールのヘンリクスがヨアキムの謂う新たな霊的な人々の役割に、他の托鉢修道会士たちとの競合という意味で関心をもったものかどうかは別として、彼は〈霊的な人々《ヴィーリ・スピリトゥアーレス》〉の観念の重点を福音的清貧よりも、観想というヨアキムの本来の観念に戻したのだった。

　残念ながら、当時ヘンリクスの同輩たちが彼のこの高い指向に想到し得たかどうかを示す証拠はない。しかし百年以上後、エルフルトのアウグスティヌス隠修士会ではいまだ、ヨアキムの諸著が読まれ論じられていたということを証す興味深い逸話がある。それはヨアキム主義に関する論争の記録である。一四六五年の大学の討議にひきつづき、アウグスティヌス隠修士会のヨハン・バウエル・デ・ドルステンはヨアキム主義的異端を論駁する『討議《クァエスチオ》』を著した。(43) 彼の正統性に疑いはないが、ドルステンが攻撃した教説が大修道院長その人が展開した三位一体的歴史観そのものであったこと、そして彼がヨアキムの著作群から広範に引用することもできる環境にあった、ということは重要である。三つの〈時代《スタートゥス》〉の観念および新たなる霊的な人々の役割に関する彼の論述は異様に明快である。彼の攻撃はおそらく、エルフルトに浸透したウィルスベルガー兄弟に率いられるヨアキム主義的徒党を標的にしたものであったのだろうが、(44) ヨアキムの諸著に対する彼の注意深い註釈やその核心的教説への親炙からは、それが長く研究や討議の主題となされてきたものであったことがはっきりと窺われる。フリーマールのヘンリクスによるヨアキムの預言の取り扱いが、かえってエルフルトの隠修士会士たちをこうした方向へと導いたものであったのかもしれない。

パストールは、十五世紀のイタリアが、黙示録にあるようなアンチキリストの切迫を説くアウグスティヌス会説教者たちの活躍した時代であったことを指摘している。[45] しかしこれらの説教者たちがヨアキム主義的範疇に則って説教したという証拠はない。だが十五世紀も終わりに近づくにつれ、イタリアのアウグスティヌス隠修士会士たちのうちにはヨアキムに対する関心が甦る。彼らはそれがアウグスティヌス派聖堂参事会との論争に効果的な武器となることを悟ったのだった。二つの秩序の尽きせぬ競合は、いろいろなかたちを採ってあらわれた。[46] 以下、手短に跡づけてみようと思う討議はこの二つの秩序の間にもちあがったまた別のかたちを露わにしている。

一四七七年、ミラノの町はその大聖堂を四人の偉大な教父たちの像で讃えようと計画していた。そこにもちあがった問題。聖アウグスティヌスは隠修者の僧衣を纏うべきか、聖堂参事会派の服装であらわされるべきか。[47] 両派とも自説を主張して譲らなかったが、調停のため招請された学識者たちからなる評議会は隠修士会側に好意的な見解を出した。たちまち聖堂参事会派は、それが無学な者たちの判断に過ぎない、と論駁した。そして参事会派のティチーノのドメニコは、自らの会派をアウグスティヌス会士本来の姿として数多の証拠を挙げてみせることになる。一四七八年頃彼が小冊子を公にすると、[48] この論争はあちこちに飛び火し、一地方の論争が一気に激しい起源論争を巻き起こし、起源発祥について鋭利な論議がもちあがった。一四七九年と一四八一年に別の参事会員、ミラノのエウセビオ・コッラードの小冊子[49]がつづくことになるが、すでに一四七九年にはベルガモのパオロ・ウルメオによる返答があらわれている。[50] 十五世紀初頭パヴィアで、サン・ピエトロ・イン・チェーロ・アウレオ教会の聖アウグスティヌスの聖遺物の管理に関して同じような議論が起きている。[51] これはイタリア中の焦眉の論争となったが、この過程で刊行された小冊子群の激しい調子からするならばそれも驚くには足りない。最初の冊子作者たちは、議論を主に発祥に関する歴史的証拠に絞った。隠修士たちのために最初の論駁をしたパオロ・ウルメオは、ヨアキムを想起させる議論を用いている。観想的な生という思潮は、エリヤ、エリシャそして預言者たちの裔の時代から直接アウグスティヌス隠修士会に伝わるものである、と。[52] しかしこの小冊子の最後のほうで引用されるヨアキムは預言者としてではなく、その発祥起源の証人とされている。作者の言うところによれば、『註解《エクスポジチオ》』において彼は、隠修者たちを第四の修道会秩序としている一方、十二世紀に聖ルーフスによって設けられた聖堂参事会は第五に過ぎない。[53]

この論争は小冊子の発行や説教によって白熱し、一四八四年には教皇シクストゥス四世がキリスト教徒の寛容を説き、もはや対立的なことを説いたり書いたりしてはならぬと命じざるを得ぬまでにいたる。[54] おそらくこの直前、アウグスティヌス隠修士会総長アンブロージオ・マッサーリ・ダ・コーリは、シクストゥス四世に自らの会派の弁明書を送っている。[55] これは参事会員ドメニコとエウセビオを公然と論駁して書かれた激烈な小冊子で、そこでは聖堂参事会派の起源に関する大修道院長ヨアキムの言辞が主要な論題となっている。とはいえ、ここでもヨアキムは歴史の証人としてのみ挙げられている。アンブロージオは隠修の理念に関してすでに一四七六年、論考『高き観想の生について』を公にしていた。教皇の緘黙令が守られたらしき形跡はなく、エウセビオは隠修士会にふたたび反論を書き、[56] またベルガモのJ・P・フォレスティはそのアウグスティヌス隠修士会年代記で、隠修士会と聖堂参事会派の発祥を「大修道院長ヨアキムの証するところ」により、それぞれ三九八年と一一〇七年としている。[57] 論争の本来の焦点は議論の重みに埋没しはじめる。[58] 論議は一般化されるとともに、その一つの結果としてアウグスティヌス隠修士会の者たちのうちに大修道院長ヨアキムへの関心が高まることになった。

彼らはヨアキムの預言が隠修士会に関連づけて説かれたフリーマールのヘンリクスの未来の修道会に関する一節より以上に、それを読むこともできなかった。ここまでに引いたところの論駁書の数々が、このヘンリクスの言及に一切触れていないのは興味深いところである。わたしが検討した限りの資料において、十五世紀のアウグスティヌス会の著作のどれにも言及がない。その一方でまことに奇妙なのが、フィレンツェのアントニーノの『歴史論』[59] においてヨアキムの預言がアウグスティヌス隠修士会に当て嵌められていることである。このドメニコ会士が、アウグスティヌス隠修士会たちが他のどの修道会よりも自らの会派の発祥を古く置こうとする論争に何頁も費やして慎重な議論をなす様からは、この論議がいかに加熱し広がっていたものであるかが窺われる。アントニーノはヨアキムの預言を「修道会と称される宗教者たちについて以下のように彼は言ったものである」[60] ということばではじめており、これは明らかにフリーマールのヘンリクスから引かれている。ヘンリクスのこの特殊な著作は僅かにしか写本が伝わっておらず、[61] アントニーノはこの預言をヘンリクスの著作そのものから採ったというよりも、論争の武器として引用されたものから孫引きしたものであった、と言うほうが正確かもしれない。どうやらこの預言は十五世紀、かなり流布していたものとみえる。

しかしヨアキム主義的預言の力は、それが十六世紀初頭、ヴェネチア近郊のアウグスティヌス会小集団の掌中に入るまで十全に発揮されることはない。この小集団の領袖であったサント・クリストフォロ・デッラ・パーチェのシルヴェストロ・メウッチォは一五一六年から一五二七年にかけて、彼が入手し得た限りのヨアキム全著作の公刊に尽力した。おそらく最初、彼にこの方針を示唆することになったのは聖堂参事会派との論争であり、彼がヨアキムの預言を自らの会派に準えることを学んだのは、彼のお気に入りの歴史権威アントニーノの著作からであった。[62]ヴェネチアにはヨアキム主義文書や写本が豊富で、彼の目に最初にとまったのは、修道士ルスティチアヌスによる十五世紀中頃の選集《コンピレーション》だった。[63]彼の手になる最初の刊行書はこの選集を基にしたもので、『大預言者ヨアキムによる浄福なるキュリロスの大いなる試練および聖母なる教会の時代についての書註解』[64]と表題された。これを基点に、シルヴェストロは彼の見出し得た限りのヨアキムの著作群、擬書の数々も無批判なまま真作に混じて公刊するという偉業に着手する。ヴェネチアの印刷所では着々と彼の手になる刊行書が印行されていった。『エレミヤ書註解』（一五一六および一五二六）、『イザヤ書註解』（一五一七）、『符合の書』（一五一九）、『黙示録註解《エクスポジチオ》』（一五二七）、そして『十玄琴《プサルテリウム》』（一五二七）。[65]

シルヴェストロ・メウッチォはヴェネチア人たちには偉大な説教者として、彼の会派においては造詣深い神学者として名高く、在世中すでにヨアキムの著作集の刊行者として有名だった。[66]これら著作の序言には、彼のアウグスティヌス会士の知友のうち三人の名が認められる。ヴィチェンツァのアンセルモ・ヴォットゥリーノ（ボクトゥルヌス）はおそらくシルヴェストロの仕事の補佐役でもあったか、一五一六年のテレスフォルスの預言初版は彼に献呈されている。この書が数ヶ月後に再版された折には、パドヴァから送られた彼の返書が付加されている。[67]マントヴァのフィリッポは黙示録『夜話《ルクブラチオーネス》』を著している。[68]三人目は隠修神秘家、パドヴァのベルナルディーノ・パレンティーノである。シルヴェストロは彼のことを、たいへん尊重され敬われ、また霊感を授けられた神の法悦の僕であった、と書いている。それに応えるようにアンセルモも言う。「彼はこの激動の時にあって唯一古の父祖の足跡を追う者である。昼夜を分かたず彼はわれわれを戒め、教え、霊へと導くために闘っている」[69]（一五一六年再版テレスフォルスへの序文）。彼らは初期のヨアキム後継者たちが預言者たちに対するように、ベルナルディーノ・パレンティーノを神の諸神秘の唯一の註釈者とみなし、不即不離の関係にあった。シルヴェストロは彼について、次のように記している。「すなわちわが父ベルナルディーノ、神の法悦の人（彼が預言の霊を授けられていることに疑いはない）は、常に変わらぬ慈愛を神の足元に熱烈に祈念し、彼の忠誠にと与えられた啓示を逡巡もなしに汝にあらわしたまう」[70]（一五一六年初版序）。そうした彼のことばを高く讃えて、シルヴェストロはここに刊行することになるヨアキム的な預言群に、自らの言辞を挿入している。「わたしに数々の喜ばしき徳を問いたまうたこの聖なる高祖は、預言の霊を授けられたこの尊き隠者パレンティヌスをここにわたしとともに生きるべく報いたまうた。その慈愛の絆はじつに喜ばしきもの」[71]（同）。この探求者たちの小集団は緊密な関係を保っていた。「われわれ二人はひとつ、そしてあなたはわたしたちに最も親しい第三の人」（再版）、とアンセルモはシルヴェストロに書き送っている。[72]

ヨアキム主義的な数々の神秘の第四の探求者が「ビザンツからの異邦人」、パオロ・アンジェロである。ある時シルヴェストロは、ヴェネチアのいずれかの橋である友に出会い、『悪魔なる暴君の破滅』[73]と題された新刊書を見せられた。この書を抱えてシルヴェストロは家へ戻り、それを読みはじめると一気に最後まで読み了えた。それから三日のうちに、彼は『エレミヤ書註解』の刊本を先の著の作者に献呈し、この異邦人にぜひとも会いたいものだという切望を表明したのだった。[74]この願いはたちまち叶えられ、シルヴェストロはこのビザンツ人を霊的な相談者とするとともに、自らのヨアキム主義者集団に導き入れた。[75]一五三〇年、パオロ・アンジェロは『アンチキリストおよびこの世の数知れぬ悪に関する確実で驚くべき預言』を公刊。これは実質的にシルヴェストロの最初のヨアキム主義的著作のイタリア語訳であった。このルスティチアヌスの紛糾した構図のなかに、シルヴェストロは見紛うことなきヴェネチアへの愛国心を導き入れていた。それゆえ、パオロ・アンジェロは彼の翻訳を総督アンドレア・グリッティに献呈するにふさわしきものとするため、こうしたことがらについて最近言い募られてきた風説に大いに注意を払った。

このアウグスティヌス会集団のヨアキム主義的預言への手引きは、実際、参事会派との論争に大きな影響を与えることとなった。シルヴェストロは『註解《エクスポジチオ》』の序文で、起源問題に注意を喚起している。

そもそもこの修道会はわれらが浄福なるアウグスティヌスを父祖として設けられ、会則がかたちを取ったのであり、この点疑問の余地はない。それにまたヨアキムはこれについて讃え証して言った。隠修修道会秩序はアフリカに浄福なるアウグスティヌスにより設けられ、参事会派の秩序は西方においては浄福なるルーフスにより、これまたアウグスティヌスの会則を採って設けられた、と。(76)

(『註解《エクスポジチオ》』献呈辞)

とはいえこれにとどまらず、このアウグスティヌス隠修士会士たちは彼らの会派の発祥について、他にもいろいろヨアキムの証言を引いている。彼らは、彼らの未来についてヨアキムがなした大いなる約束をも告げている。シルヴェストロが最初にこれらを知ったのがアントニーノを介してであったかどうかは分からぬが、彼は『註解《エクスポジチオ》』序文でフリーマールのヘンリクスの著作をも引いている。(77) オッシンガーは、これが一五一四年にヴェネチアで印行されたと論じているが、(78) これまでのところその存在は最近の刊行者たちによって疑問視されている。(79) とはいえ、シルヴェストロがこの稀覯書を知っていたところからすると——その写本はフランスに二冊、ローマに二冊確認されているだけである(80)——残存しないこの刊本の発行年次と場所は、その存在を多少とも信憑性あるものとするものであるかもしれない。それはアウグスティヌス隠修士会の聖堂参事会派に対する宣伝運動《キャンペーン》の一環として公刊されたものであり、シルヴェストロはそれを端緒に、彼のヨアキム主義研究に深くかかわりはじめたのかもしれない。

『註解《エクスポジチオ》』序文で、シルヴェストロは隠修士会がヨアキムの新しき霊の人々である、と声高に宣言している。

またこれ（われわれの隠修士会）は大修道院長ヨアキムの謂うところ、敬虔なる者たちの誉め讃える声が地に広まり云々、のことに他ならない。この世の終局の時にあたり、この隠修士会の人々は神の恩寵に援けられ、神への熱烈なる愛にあたかも燃え盛る炎のごとく、そのキリストへの信仰は衰弱した教会を革新し、この世のすべてを修復することとなるだろう。(81)

(『註解《エクスポジチオ》』序文)

それにつづいて彼はヨアキムの大いなる預言、「新たにあらわれる秩序ではあるがまったく新しいものというのではない」を引く。このような未来の展望にこころ踊らせない者があろうか。――彼らは増加し、その名声は国外にも広がるだろう。彼らは信仰を説き、エリヤの霊と力のうちに、この世の終わりまでそれを守り通すであろう。彼らは天使のごとき生を送る隠修者たちの修道会であり、その生は燃える炎のごとくあらゆる毒草を燃やし尽くすだろう[82]。シルヴェストロは、同時代の修道会の多くがヨアキムの預言にある新たな秩序を自らの修道会に準えようとしていたことを、腹蔵なく認めている。それゆえ彼もまた、この著者は「われわれ隠修士の修道会」について言っているのだ、と率直に語ってみせる。ここで銘記しておくべきは、擬書群に二つの並存秩序として記され、容易に二つの大きな托鉢修道会に準えられることとなったところに、ヨアキムは隠修士と修道士という異なった秩序を識別していたことであろう[83]。シルヴェストロの手法は、〈聖アウグスティヌス隠修士会〉というような欄外注を真正著作に付すことによってすべての言及を隠修会に準えてみせる一方[84]、擬作で明らかに説教修道会や小さき兄弟会に言及された諸説をそのまま彼らに帰すことにあった[85]。実際彼はこれら二つの修道会の主張するところを回避することができず、数多くの同時代人たちとともに、彼もヨアキムが聖フランチェスコと聖ドメニコの姿をその僧衣とともにヴェネチアのサン・マルコ教会の旧聖具室に描かせ、「現在もそれが残っている」[86]と信じていた。とはいえ可能な限り彼は、修道士たちと隠修士たちという本来の区別に注意を払いつづけることとなる。それゆえ、ノアの方舟の烏と鳩は通常ドメニコ会とフランシスコ会を意味するとされてきたのだが、『エレミヤ書註解』のこの預言に注して彼は言う[87]。「烏と鳩によって二つの修道秩序が描かれた、つまり隠修士と修道士。それは著者自身『註解《エクスポジチオ》』一四章で明かした通りである」――そしてこれこそ、シルヴェストロが格別自らの会派を謂ったものと主張する預言のある章であった。

それにもまして大胆な主張が、すでにシルヴェストロ版の『キュリロスの書……註解』でなされていた。シルヴェストロの書き込みは、おおむね解説テクストつきの図版に付されている。その画面のひとつは、跪いて祈る天使的教皇を使節が前方へと引き連れようとしている。それに付された文章は、「ここに天使は黒き外衣の宗教者たちの聖なる教会の合一の特使あるいは使節に手を差し延べる。それは聖アウグスティヌス隠修会士たちである」[88]。

アウグスティヌス派聖堂参事会の者たちがこの僭越な主張に抗議したであろうことに疑いはない。この刊本の一冊では、「黒き《ニグラ》」ということばと「隠修会士たち《エレミターニ》」ということばは消され、手書きの注でそれが参事会派と書き直されている[89]。

シルヴェストロの序文は、彼が未来を深く予見する人であったことを証している。彼は書いている。健全なる人は誰でも抗することもならず押し寄せる波にも全力を尽くして戦うものだが、未知の災厄に圧倒されることになる[90]。そうだとするなら、われわれに嵐を避ける道を指し示す預言者というものは偉大である、と。シルヴェストロの周りに集まった者たちはヨアキム――「われらの神々しくも偉大にして斬新なる預言者」[91]――の眼を通してこの世を観じつつ、これまでに見たこともないような大いなる辛苦の試練が一気に押し寄せ、それにつづいて革新と平和の天使的な時代が到来することを待望している。彼らは「これら最悪の日々の数しれぬ忌まわしきこと、筆舌に尽くしがたき冒瀆」[92]に涙しつつ、比較を絶する災いを待望する。「われわれの時代はそれをまのあたりにするまで信じることもできなかったようなことを見てきた。そして未来はもっと酷薄なものとなるのではないかと恐れるのである」[93]。そしてここに、彼らは肉身教会に降りかかる三重の災厄を見出してみせる。ゲルマン皇帝、神秘のアンチキリストあるいは異端者、そして顕在するアンチキリストあるいはサラセン人[94]。こうした鮮明な怖れの深みから、彼らは大修道院長ヨアキムの幻視《ヴィジョン》に接近していく。大修道院長とともに彼らは、教会がその荒廃状態から観想的な独身者の修道生活、第三〈時代《スタートゥス》〉のうちへと復興し、それは時の終わりまでつづくであろう、と待望する[95]。シルヴェストロの欄外注その他の注記は、一方に試練を、他方に来たるべき祝福を挙げつつ、悲嘆と希望の情動を綯交ぜに表明するものとなっている[96]。

このヨアキム主義者小集団には真正の召命があった。彼らは差し迫った試練を警告し、来たるべき〈この世の革新《レノヴァチオ・ムンディ》〉に備えるようにと書き記したのだった。いったい彼らは自らの集団を越えてどの程度アウグスティヌス会士たちに影響を及ぼしたのだったろうか。彼らのヨアキム主義研究が明確な関心を引いた事例を、わたしはひとつしか見出すことができない。しかしこれはなかなか重大である。それはエジディオ・ダ・ヴィテルボ、この修道会の有名な総長の場合である。

シルヴェストロ・メウッチォは自ら公刊したヨアキムの『註解《エクスポジチオ》』をこの修道総長に献呈している。その序文で彼は、ヴェネチアで総長に接見の栄を賜り、この枢機卿がシルヴェストロに大修道院長ヨアキムの刊行書のうちに収められたある著作を問われた経緯について語っている。「それをわたしが持参すると、彼はそれを読んですくなからず喜ばれ、同著者の他の諸著をも公刊するよう激励された。特に『黙示録註解』を」(97)。シルヴェストロはエジディオのことを、修道会を大いなるヨアキム主義的未来に主導する高徳なる修道総長とみていた――彼の献呈辞が一般的な予言の数々によりも新たなる修道会の預言に言及するものである点は意味深長である――そして、彼はエジディオに『註解《エクスポジチオ》』刊本を献呈する。「なにはさておき、わたしは来たるべき日、われわれの修道会が貴殿の指導のもと改革されるであろうことを疑わぬ者ゆえに」と。

エジディオはヨアキムの歴史観に実際に影響を受けたのだったろうか。彼を「ルネサンス思潮にある洗練された高位聖職者」と観る旧来の評価(98)は、最近、その説教と著作の深い研究によって異議申し立てを受けた。おそらく、彼の説教能力がその真の情熱を隠しおおせたのだろうが、彼の改革への情熱は明らかである。一五一二年、ラテラノ公会議における彼の偉大な開幕の辞は激動の時の切迫感に満ち満ちている(99)。そこで彼は、嵐の時を鎮め、キリスト教という皇女を安心させ、マホメット教徒を改宗させ、すべての教会に平静をもたらすことこそが真の使命である、と宣言している。この演説は教会の試練と修復への期待――この組み合わせはヨアキム主義の典型――を語ったものであった。

一五一三年から一五一七年の間にエジディオは、彼の歴史哲学の大著『二十の時の歴史』(100)を著した。ここに彼は自ら最も親近を寄せるキリスト教人文主義者たちの信条を包括しようと努めた(101)――古典文化とキリスト教文化とは対立するものではなく、かえって神的な目的のうちにある調和をかたちづくるものである、と。彼は新しい知的精神を端々に見せる(102)ものの、その歴史観は基本的に中世のものであった。彼は〈諸事実〉には係わりなく、歴史のはたらきのうちに具現される神意あるいは諸理念を論じるのであり(103)、彼はそれを歴史の象徴論、それも特に数‐象徴と符合を介して読み取ることができると確信していた。彼の方法は、キリスト以前の十の歴史時期を象徴するものとして十の詩篇を採り、それがキリスト以降の十の歴史時期と並行関係をなすというもので、それにより、旧約の時代と新約の時代は完璧な一致をみることとなる。この方法がヨアキムの方法に非常に近いものであることは明白だが、エジディオの類型《パターン》はより広範で、彼は旧約と新訳聖書の符合をばかりでなく、世俗史と聖史の符合、特に古典期と聖書のそれをも確定しようと努める。人間性は必然的にキリスト教の到来という最初の頂点を迎えたように、いまやそれは第二の霊的展開へと向かっている、と彼は確信していた[104]。海を越えての宣教の広まりも含め、時のしるしのすべては人間性が来たるべき平和の時代の合一へと近づいていることを示している。エジディオはすべてを、そして特に古典文化とキリスト教文化を調和のうちにもたらしてくれるであろうと信じる教皇レオ十世に、彼の未来展望を委ねた。この教皇の名、その人となり、彼が閲してきた生涯のできごとのすべてが預言的に説かれるとともに、エジディオにとってレオは「キリストの業が成就されるためにそのはじめに樹てられ、キリスト教信仰を永遠とし、教会に平和をとりもどす」[105]者だった。

この著作『歴史』においてエジディオは聖書の知識同様に古典文化への深い造詣をみせる。一五一三年、彼はヘブル語文書、それも特にカバラのユダヤ神秘主義に浸った[106]。これが彼の出発点となったという訳ではないが、それによって彼の歴史の意味の鍵を求める探求はいよいよ深みを増すこととなる。一五一七年、彼は『ヘブル文字についての書』を著し、枢機卿ジュリオ・デ・メディチに献呈した。そして一五三〇年、いまや教皇クレメンス七世となったこの枢機卿の要請により、聖書の文字と数のより深い探求に着手し、それは彼の著作『シェキナー』[107]に結実した。歴史の枠組みとしての時代の符合はもはや彼の関心事ではなくなり、彼の注意はヘブル文字と数の内なる種子的兆候に注がれる。エジディオは「いとも幸福なる安息」[108]のうちに溢れ出す聖霊を、彼が期待する未来の特定の政治的枠組みとして尋ね求めたのだった。

エジディオにとって、運命の二つの星はメディチ——彼のもと、古典研究は栄え、詩神《ムーサイ》たちは帰還した——と、「朔日《カレンダ》」あるいは「安息《サバオト》」をもたらす者と呼ばれた偉大な皇帝カール五世であった。『シェキナー』はカール五世に献呈され、その神秘的な発露は神によって約された遣いとしての皇帝の権力という主題と綯交ぜになって、カールが負うこととなる役割が何度も強調されている[109]。そこに描かれる情景——武力侵攻されたイタリア、異端の群に掻き曇らされた月なる教会——は暗鬱だが、それにもかかわらず遥か彼方の眺望はなんと素晴らしいことか。地平線へと目をあげるなら、未来の信仰に召された世界が広がっているのが見える。特に、皇帝に就く者たちの側に。「……すべてが統治され、すべてが支配され、すべての地、すべての海がそれに服している。新たなアレクサンデルの豪胆をわれらはまのあたりにすることとなろう」[110]。

この広大な新世界こそ、エジディオが何度もたち返りつつ揚起する主題となっている。いまや〈第十の時《デチムム・セクルム》〉、それはメディチ家のレオ十世とともにはじまり、いまや〈祝福されたる朔日《カレンディス》〉の扉を開くため、第五のカールが召喚される。

教会の枢機卿、大修道会の首長、実践的で尊敬される改革者が、このようなことを書き得たこと、それにもましてエジディオが古典と神秘に関心を寄せる集団の中心人物であったこと、つまりルネサンス文芸の研究者であると同時に霊的生活の探求者でもあった、ということは意義深い。ルネサンス期における異教とキリスト教の対立という旧来の過誤に、もはやわれわれは拘泥する必要はない。かえって、古典と神秘の研究は一緒にその歩みを進めることのできるものであった、という点こそが強調されねばならない。ルネサンス期の学者たちにとってカバラ研究の魅力のひとつは、そこに観られる歴史解釈のうちにある——その歴史感受は学問的な研究というよりは、未来のしるしの探求にあった。[111] エジディオ・ダ・ヴィテルボ、そして彼のとり巻きの一人であったペトルス・ガラティヌスには、怒濤なして流れる歴史の極点への待望がある。これは古典やユダヤ文書また中世の様々な典拠によったものではあるが、その源泉のひとつは聖霊の時代、〈この世の革新《レノヴァチオ・ムンディ》〉に対するヨアキム主義的信条でもあった。そうしてみると、エジディオがシルヴェストロ・メウッチォにヨアキムの著作を問い、その公刊を励ましたのも偶然のことではなかった。彼の改革者としての疲れを知らぬ活動の背後には〈この世の革新《レノヴァチオ・ムンディ》〉に対する確信があり、この想いを養うにヨアキム主義的な思惟も一役買ったに違いない。はたしてシルヴェストロがその献呈辞に言うように、エジディオが『註解《エクスポジチオ》』にある新たな霊的な人々についての預言に注目していたものかどうかは分からない。この公刊書を受け取った時には、エジディオはすでに晩年にさしかかっていた。おそらく彼はこの預言は来たるべき者たちのもの、と感じたことだろう。

エジディオの関心を別にすると、シルヴェストロとその周囲の者たちのヨアキム主義的な希望は、たいした影響を彼らの修道会に及ぼすこともなかったようにみえる。しかし聖堂参事会派との論争において、大修道院長の預言は隠修士会にとって重要な武器でありつづけた。一五七二年、ヒエロニモ・ロマンは隠修士会史を公刊したが、彼はそこにヨアキムを歴史的証人として引くとともに、『註解《エクスポジチオ》』に収められた預言をスペイン語に翻訳して載せた。[112] この書は、一五九八年、聖堂参事会派のM・ロドリゲスの応答の書を誘い出すこととなった。[113] これに対し、J・マルケスは一六一八年、隠修士会においてヨアキムの預言は成就されるだろう、と繰り返し主張した[114]。われわれはすでに隠修士会と聖堂参事会派の間のこの〈罵りあい〉が、ヨアキムの評価をめぐってどのように白熱していったかを観た。マルケスによるヨアキムの預言の賜を証する堂々たる一覧に対し、聖堂参事会派のG・ペンノットゥス・ノヴァリエンシスは大修道院長を贋預言者あるいは異端者と呼んだ者たちの長大な一覧をもって応えた[115]。そこにシトー会士フランシス・ビヴァルのヨアキム擁護論があらわれたことについてはすでに観たところである[116]。わたしの調べた限りではそれ以降、隠修士会からも聖堂参事会派からも応答はない。

アウグスティヌス隠修士会士たちは、フランシスコ会聖霊派の者たちのように自らの理念のために闘うことはなかった。ごく一部の神秘家、説教者たちの小集団を別にすると、彼らは自らを未来の霊的な生を体現する高き使命を負った者と観じることはなかったようにみえる。彼らはヨアキムの預言を自らの名誉としたが、来たるべき霊的教会に関する彼の幻視《ヴィジョン》を公然と共有した訳ではなかった。とはいえ、十六世紀のアウグスティヌス隠修士会士たちが新大陸へと熱烈な福音宣教に赴いたこと、そしてまさにこの時期、この会派のスペイン人歴史家がスペインから広がる伝道宣教にこれらの預言を引用したことを想起してみよう。はたしてこうした宣教団は自らのことを、この世を新たな霊的知解に導くために遣わされたヨアキムの謂う福音的な人々、と観じていなかったろうか。いずれにしても、アウグスティヌス隠修士会士たちのヨアキム主義の最後の残響は、こうした宣教熱と関連したものであったに違いない。一六四三年、サント・アニェスのアタナシオは隠修士たちを讃えてヨアキムの預言を次のように言い換えている[117]。

……ここに信仰は声高に告げられ、まさにその時ユダ族の獅子があらわれ、すべてを革め幼き者らにその生を宣命し……その黒き衣装と革の帯こそがその信仰の父のしるし。それはあらゆるところに広がり、説教者の輝きと神のことばの光は世界中を照らすことだろう。この信仰はこの世の終わりまでつづき、イエスの熱誠を全力を尽くしてアンチキリストの力に抗して守る。そしてまた……この信仰は時のうちなる不正のすべてを圧倒し、この信仰はその偉大を、その継続を保証され、この信仰は審判の時と平和の充溢を喜び、この信仰はネブカデレザルの建てた像を破るであろ

う。要するに、この信仰こそがキリスト教帝国に敵するすべての国すべての王国を統率することとなるであろう。(118)

註

(1) N. Papini, *Notizie sicure della morte, sepoltura, canonizzazione e traslaione di S. Francesco d'Assisi*, Foligno, 1824, p.274 ; *AFH* vi (1913), p.269.

(2) N. Mattioli, *Il beato Simone Fidati da Cascia ... e i suoi scritti editi ed inediti, in Antologia agostiniana*, ii, Roma, 1898.

(3) Mattioli, op.cit., p.336 ; *ALKG* i (1885), pp.535-6 : «Nam in ipso post Deum iactaveram totius mee fiducie fundamentum et suis directionibus navigabam, sperans per ipsum portum quietis attingere».

(4) *ALKG* i. 535. この集成はおそらく彼の弟子ヨハンネス・デ・サレルノによって編まれたものだった。彼はアンジェロの死を悼む手紙をこの弟子宛てに書いている。

(5) Bartolomeo da Pisa, *AF* iv. 513.

(6) L. Torelli, *Secoli agostiniani*, Bologna, 1659-86, v. 472.

(7) Tocco, *SF*, p.412.

(8) Mattioli, op.cit, p.221 :「……輓近神は二つの光をこの世に送りたまうた。つまり聖ドメニコと聖フランチェスコを。彼らの時代、教会の霊と聖性に大いなる革新があった。彼らは母なる教会の知識たる各々修道会を設け、完徳なる善き時をもたらした」«... quasi all'ultimo mandò Dio due lucerne nel mondo, cioè san Domenico e san Francesco, e fu nel loro tempo una grande renovazione nella chiesa di spirito e di santità, e fecero loro ordini di scienza della madre ecclesia, i quali andarono perfettamente un buon tempo». 一三三三年ごろ書かれた『キリスト教徒の生の秩序 *L'ordine della vita christiana*』から。

(9) *ALKG* i. 559-60.

(10) «Credo sequitur ordo futurus».

(11) アンジェロがアルヴァーロ・イ・ペライオ、そしてジェンティーレとグイドに宛てた『弁明の書 *Apologia pro Vita Sua*』も存する。ここで名宛されたジェンティーレとは、ほぼ確かにジェンティーレ・ダ・フォリーニョのことである。この書簡でアンジェロは、会則の絶対性とそれに就くことによって得られる至高の完徳について説くとともに、普遍教会《カトリック》への自らの服従を強調している。Cf. *AFH* xxxix (1946), pp.63-200.

(12)「この世の百年の災厄」にはじまる預言書に註解を付したのはわたしことジェンティーレ・デ・フルジネオである。これは聖なるマギステル、アルナルド・デ・ヴィラノヴァの教会の警鐘《シンバリス・エクレシアエ》と表題された明快な論考から抄録したもので……アンチキリストの到来とそれによるこの世の迫害は一五七六年のことであろうとされ……しかしそれはわたしには尊大なる言辞と映ったので、神が授けたまい、わたしの入手し得たそれに先立つ他の神聖な預言の数々によって、粗雑な観想ではあるがわたしが感得し得た限りで解説してみたものである。この預言に関する論考は修道士ジェンティーレス・パリシウス（パリのジェンティーレ）により主の一三〇〇年に記されたものである」«Infrascriptam prophetiam que incipit Ve mundo in centum annis ego frater Gentiles de Fulgineo extraxi de quodam tractu magistri Arnaldi de Villanova sancti viri, qui tractatus intitulatur de cimbalis ecclesie, in quo tractatu clare et lucide ostendit ... quod adventus Antichristi et ipsius persecutio erit in mundo infra annos Domini 1576 ... cui ego quamvis presumptuosus videar, exponam pro consolatione rudium cum quibusdam declarationibus mihi aliquantulum perspicuis, tam ex factis rerum iam completarum, quamque ex aliis prophetiis quasi autenticis, que alias ante plura tempora ad meam notitiam, Domino concedente, pervenerunt. Et istam prophetiam scripsit dictus fr. Gentiles Parisius in anno Domino MCCC cum predicto tractatu». S. Giovanni Climaco, *La scala del paradiso*, ed. A. Ceruti, *Collectiones di opere inedite o rare*, Bologna, 1874, f. xxxviii 中の引用から採録。〔＊文中の「一五七六」は後出Finke, p.218に引かれる異文《ヴァージョン》では«M.CCC.LXXVI»つまり「一三七六」である。本書で引かれるのは本文中に「十五世紀の……写本」とあるように、リーヴスの立論に従うならこれは一三七六年を過ぎ一五七六年にはいまだ到らぬ時期に書写改竄されたものであることを暗示しているのかもしれない。〕

他の諸写本にはDe Fulgineo（フォリーニョの人）の付加なしに修道《フ》士《ラ》ジェンティーレの述作とされるこの著作について、H. Finke, *Aus den Tagen*, p.218では曖昧にパリの修道士の手になるものと帰属され、K. Burdach, *Vom Mittelalter* ii, Pt. i (1), p.28 n.2では、「この不明瞭なジェンティーレは……実際にパリに実在した人物であった」と論じられている。この見解は、Grundmann, *HJ* xlix. 39およびBignami-Odier, *Roquetaillade*, p.312でも受容されているが、「パリの修道士」という記載の出処が明確にされていない。この著者は一三〇〇年、パリに居たに違いないが、この『註解』は明らかにそれより後、おそらく一三四五年頃に著されたものである（Finke, op.cit., p.220）。他のジェンティーレの可能性も残されているが（Burdach, op.cit., p.28 n.2）、アウグスティヌス会士フォリーニョのジェンティーレと観るのが妥当かもしれない。もしもこのフィレンツェ写本の記載が正しいとすると、このアウグスティヌス隠修士会修道士にヨアキム主義的知見があったことは明らかとなる。『この世の百年の災厄 *Ve mundo in centum annis*』という預言そのものがヨアキム主義者の著作であり（ヴィルヌーヴのアルノオによるものではない）、それに対するジェンティーレの註解はヨアキム主義的な未来を望見している。フランスのバビロン捕囚その他の試練の後、最初の天使的教皇が選任され、教会を「原初の清貧と聖性の時代 statum primum paupertatis et sanctitatis」に還すこととなるだろう。そして三番目の天使的教皇は皇帝と同盟を結び、エルサレムに再入場するとともにサラセン人たちの服従を受け入れることとなろう、と（Finke, op.cit., p.220 n.1）。こうした解釈と『フロレの書 *Liber de Flore*』との関連については、【IV-3 p.529】参照。この著作のフィレンツェ写本は一四九四年に托鉢修道士〔＊改訂版では「平信徒」に改められている。【IV-4 n.41】参照〕サン・ジミニアーノのルカによって書写されたもの。彼はヨアキム、マーリン、シビュラその他の預言を収集している。彼がこれらの集成に加えた意味深長な註解については、【IV-4 p.548】参照。

(13)　*ALKG* i. 553.

(14)　A. Wesselofsky, *Il paradiso degli Alberti*, Bologna, 1868, i. 93は、こうした議論が「過去を省み、未来に期待する様々な文化的指導階層」によ

るものであったと記している。

（15） Ibid., pp.93, 336-55 ; Tocco, *Archivio Storico Italiano*, ser. V, xxxv (1905), pp.343-8 ; Tocco, *SF*, pp.411-26 ; B. Sorio, *Lettere del beato Don Giovanni delle Celle*, Roma, 1845, p.56.

（16） 【II-5 n.121】参照。「栄えるであろう fiorirebbe」ということばにみられるヨアキム主義的な調子に注目。

（17） Ibid.,『教皇預言集 *Vaticinia de summis pontificibus*』については、【II-5 pp.265-66】参照。

（18） Tocco, *SF*, p.423 ; Cividali, loc.cit., pp.101-7, 469. ジェスアティへの励ましの書簡は、福音的清貧という過激な理想に対する彼の共感をあらわしている。〔＊ヤコポネ・ダ・トーディと聖霊派の微妙な関係については慎重な注意を払う必要がある。〕

（19） «Erit in tote orbe Renovatio ... Et erit unus pastor et unum ovile». Firenze, Bibl. Laur., MS. Ashburnham 896 (827), f.19r.

（20） Tocco, op.cit. (ref.【本章 n.15】), p.349 ; ルイジ・マルシリオのグイド・デル・パラジオ宛の書簡。そこで言及されるペトラルカの三つのソネットとは、*L'avara Babilonia*（貪欲なるバビロン）, *Fiamma dal cielo*（天より来たる炎）, *Fontana di dolore*（悲嘆の泉）。

（21） アントニオ・デリ・アルベリの次の詩節を参照。

どうか、義しき主よ、恩寵を垂れたまえ
天よりこの世に革新を与えたまえ、
第二のカエサルを、
あなたを愛する者は誰もそれを期待しているのです
あなたのイタリアが侮られることありませんように。

Mercè, giusto Signor, grazia divina
Danne dal ciel per riformare il mondo,
Un Cesare secondo,
Il qual ciascun che t'ama ognora aspetta
Si che l'Italia tua non sia dispetta.　　(Wesselofsky, op.cit., p.218)

（22） 彼の聖女ブリギッタとの関係については、ibid., pp.91, 142, 195-6 参照。

（23） Cividali, loc.cit., p.89.

（24） J. Ossinger, *Bibliotheca Augustiniana*, Ingolstadt, 1768, p.316 : «Quaesitis itaque authoribus qui in similibus aperiendis sensibus excelluerunt, nempe Methodio, Joachimo Abbate, Cyrillo Carmelita, Johanne Bridlingtono, Roberto Userio, Johanne Rupescissa, Johanne Barsignacio, Sibillis, aliisque eos diligenter pervolvit, emedullavitque ac suis studiis adauxit», また、J. Pamphilius, *Chron. Ord. Fratrum Eremitarum S. Augustini*, Roma, 1581, f.92v ; P. Elssius, *Encomiasticon Augustinianum*, Brussels, 1654, f.92v を参照。

（24） Pamphilius, op.cit., f.92v ; M. R. James, *Catalogue of the Library of the Augustinian Friars at York, Fasciculus J. W. Clark dicatus*, Cambridge, 1909, p.9.

（25） James, art.cit., pp.9-14.

（26） Ibid., pp.53-4. メトディウス以下、オッシンガーによる著書リストは、ヨハンネス・バルシナキウスの稀書をも含めてまさに先述の諸著作と符合している。オッシンガーのリストは、J. Bale, *Scriptorum Illustrium Maioris Brytanniae*, Basle, 1557, p.623 から採録されたものである。ベイルは現在に伝わらぬ『預言書集成 *Compilationes Vaticiniorum*』写本を実見していたに違いない。ここに引かれた著者たちについては、以下を参照。Methodius : Sackur, *Sibyllinische Texte* ; Cyril the Carmelite : Burdach, *Vom Mittelalter* ii, Pt.iv, pp.223-327 ; John of Bridlington : T.Wright, *Political Songs and Poems*, RS, i, pp.xxviii-liv, 123-215 ; Robert of Uzès : Bignami-Odier, *AFP* xxv. 258-310 ; Johannes de Rupescissa : Bignami-Odier, *Roquetaillade* ; Sibyls : Sackur, op.cit.; Holder-Egger, *NA* xv. 143-78 ; xxx. 323-86. Johannes Barsignacius あるいは de Basyngeio とは黒死病を予言したバッシニーのジョン John of Bassigny のことである。この人物については、L. Thorndike, *History of Magic and Experimental Science*, Columbia, 1934, iii, 312 を参照。

(27) Prophecie et supersticiosa

361. Ambrosii merlin prophecie
Joachim de seminibus literarum
Joachim de oneribus prophetarum
Joachim de duobus ordinibus
Joachim de successione papali [i.e. Vaticinia de summis pontificibus]
versus cuiusdam canonici de actubus anglie
multe prophecie de anglia breves
prophecia Roberti de usecio
oraculum cirilli cum exposicione ioachim
excerpiones prophetie fr. Johannis de rupescissa
prophetia iohannis de basyngeio
prophetia cibelle cum multis aliis
compendium literale petri aureole super apoc.
prophetia canonici. frebribus

(28) James, art.cit., p.36.

(29) James, ibid., pp.9-15 および、A. Gwynn, *The English Austin Friars in the Time of Wyclif,* Oxford, 1940, pp.130-7. どちらも註釈ばかりか預言そのものもエルゴームが著したものと考えているが、これに対してはP. Meyvaert, *Speculum,* xli (1966), pp.656-64が反論を加えている。

(30) ブリドリントンのジョンの預言と称されるものは、T. Wright, *Political Songs and Poems,* RS, i. 123-215 に公刊されている。特にp.204を参照。

(31) 【I-8 pp.111-12】参照。彼の著書、*Tractatus contra divinatores et sompniatores,* ed. R. Scholz, *Unbekannte kirchenpolitische Streitschriften,* Roma, 1911/14, i. 190-7 ; ii. 481-90は、フランシスコ会聖霊派の奇想に対する直接的反論であったようにみえる。

(32) *De origine et progressu Ordinis Fr. Eremitarum S. Augustini,* ed. in *Analecta Augustiniana,* iv (1911-12), pp.279-83, 298-307, 321-8 ; ed. R. Arbesmann, *Augustiniana,* vi (1956), pp.37-145.

(33) *Analecta Augustiniana,* p.279. またOssinger, op.cit., pp.952-5 ; Pamphilius, op.cit., ff.40v-41vを参照。J. Capgrave, *De Illustribus Henricis,* RS, p.181 にも記述がある。

(34) Ossinger, op.cit., p.953.

(35) *Analecta Augustiniana,* p.279 ; *Augustiniana,* p.81 n.171.

(36) 【本章p.331】参照。

(37) «artissimam et sanctissimam vitam». *Analecta Augustiniana,* p.322 ; *Augustiniana,* p.107.

(38) «Et quia virtute radicis rami in longum et altum naturaliter producuntur, ideo virtute sanctitatis talium patrum, qui fuerunt sanctitatis eximii et nostri ordinis primarii fundatores, verisimiliter presumendum est quod super eorum filios et posteros per divinam clementiam benedictio copiosa descendat, quod utique videtur abbati Joachim in spiritu revelatum, qui loquens in Expositione super Apocalypsim sic dicit : Surget ordo qui videtur novus et non est, induti nigris vestibus et amicti [Expositio : accincti] desuper zona (hoc est cingulo) ; hi crescent et fama eorum divulgabitur et predicabunt fidem, quam etiam defendent, usque ad finem mundi in spiritu Helye, qui erit [Expositio : ordo] heremitarum emulantium vitam angelorum, quorum electio velut [Expositio : vita erit quasi] ignis ardens in amore et zelo Dei ad comburendum tribulos et spinas, hoc est ad extinguendum et consumendum pernitiosam vitam pravorum, ne mali amplius abuntantur patientia Dei». *Analecta Augustiniana,* p.323.

(39) 【II-1 n.73】参照。

(40) «Ob hoc autem dicit eos emulari vitam angelorum, quia personas illius ordinis asserit debere intelligi per illos quatuor angelos in Apocalypsi descriptos capito septimo. Et subdit : Gaudeant ergo heremite, quorum pater est Paulus

primus heremita». Ibid., p.323.

（41）【II-4 p.225】参照。

（42）*Analecta Augustiniana,* p.323 ; *Augustiniana,* pp.109-10.【本章 pp.327-28】参照。

（43）L. Meier, *Die Rolle der Theologie im Erfurter Quodlibet, RTAM* xvii (1950), pp.296-7 :「起句：大修道院長ヨアキムが想定した第三時代について、また一四七一年が完了する前に到来すると称して異端集団が正統信仰を脅かすところについて」«Inc. Quaestio utrum tertius mundi status quem Joachim Abbas imaginatur et haereticorum conventiculum minatur catholice venturus astruatur priusquam A.D. 1471 compleatur». ドルステンの『討議 *Quaestio* 』は、R. Kestenberg-Gladstein, *The 'Third Reich', Journal of the Warburg and Courtauld Institutes,* xviii (1955), pp.258-82 に公刊され論じられている。

（44）Ibid., p.259 ;【IV-7 p.601】参照。

（45）Pastor, *History of the Pope* v. 176. また *Annales Placentini,* Muratori O.S. xx. 878, 890, 905 の黙示録説教を参照。

（46）Gwynn, op.cit., pp.137-8 はアウグスティヌス隠修士会士エルゴームが聖なる参事会士ブリドリントンのジョンの声望を傷つけようとして、不面目な詩節を彼に帰したのだと言うが、この点については【本章 n.29】を参照。

（47）Torelli, op.cit., vii. 253 ; G. Tiraboschi, *Storia della letteratura italiana,* Modena, 1790, vi. 294.

（48）わたしはこの小冊子を実見していないが、Torelli, op.cit. vii. 320 ; P. Ulmeo of Bergamo, *Libellus de apologia religionis fratrum heremitarum ordinis S. Augustini contra falso impugnantes,* Roma, 1479, f.1r に言及がある。

（49）*Responsio adversus fratrem quendam … ordinis heremitarum,* Milano, 1479 ; *De dignitate canonicorum regularium …,* Roma, 1481.

（50）【本章 n.48】参照。

（51）*Codex diplomaticus Ord. Erem. S. Aug. Papiae,* ii, Pavia, 1906, p.261 n.i ; Torelli, op.cit., vii. 253.

（52）Op.cit., f.7r, cfr. *Lib. Conc.,* ff.8v-11v.

（53）Ibid., f.28v, cfr. *Expos.,* f.19v.

（54）*Bullarium Ord. Erem S. Aug.,* Roma, 1628, pp.321-4.

（55）*A. Choriolani Gen. Aug. in defensorium ord. eiusdem sc. Fratrum herem. S. Aug. responsivum ad maledicta canonicorum assertorum regularium congregationis Frisonariae,* Roma, 1484, f.20v. この著作の日付けおよび、これが教令以前に書かれたものであり、その後ではなかったことについては、Tiraboschi, op.cit., vi. 295 を参照。

（56）*Eusebius Corradus med. can. reg. congr. lat. ad sanctiss. dom. nostr. Sixtum IV Pont. Max. pro auferendo de ecclesia errore scribentium S. Aug. ecclesie doctorem fuisse heremitam,* Padua, 1484.

（57）«abbate Joachim teste». *Omnimoda historia novissime congesta Cronicarum Supplementum appellata,* Venezia, 1486, ff.174v-175r, 220v.

（58）ミラノ、パヴィア等々でつづけられた論議については、Torelli, op.cit., vii. 253-4, 320, 338-40, 444-5, 518-21, 577-8, 605-10 参照。

（59）*Pars historialis,* Nuremberg, 1484, iii, ff.ccliiii.v-cclv.r. 彼はアウグスティヌス隠修会の起源について慎重に冷静に論じ、歴史的展開を客観的に跡づけるべく議論している。ヘンリクスの論じるところも注意深くとりあげられているが、事実はそれとは違っており、アウグスティヌス隠修士会が最終的に創設されることとなったのは諸托鉢修道会の後であった、と論じている。先述したように（【II-3 p.209】参照）、アントニーノにとってヨアキムは〈格別〉聖ドメニコを預言した人であり、この称を他の修道会に譲ることはなかった。

（60）«Quidam religiosus dicti ordinis sic scribit».

（61）【本章 n.32】参照。

（62）シルヴェストロ版の『符合の書』および『註解《エクスポジチオ》』の欄外注を参

照。これは彼が言及する唯一の歴史書である。〔＊以下『註解《エクスポジチオ》』とのみ記されるのは【本章 n.64】に原題が挙げられている『大修道院長ヨアキムのキュリロスの書……註解』のこと。〕

（63） 修道士ルスティチアヌスについては、【II-3 p.217】参照。

（64） *Expositio magni prophete Joachim in librum beati Cirilli de magnis tribulationibus et statu sancto matris ecclesie*....

（65） これらの刊本は一五一六年のテレスフォルスの著作にすでに刊行予定が録されている。その f.1v. :

「本書につづきラザロ書店は以下の書冊を斯界の指導者各位にお届けする所存である。

大修道院長ヨアキムの黙示録註解

同、新約と旧約聖書の符合について

同、エレミヤ書註解

同、預言者についての書（つまりイザヤ書註解）

その他、わたしの入手可能な限りの彼の全著作」

«Opuscula autem post presens de proximo ab eodem Lazaro imprimenda atque iam correctori tradita sunt haec subiecta, videlicet:

Abbas Joachim super Apocalypsim

Eiusdem concordantiae novi et veteris testamenti

Idem super Hieremiam

Eiusdem opusculum super prophetas (i.e. Super Esaiam)

Et caetera omnia alia sua opera que ego reperiam.»

（66） シルヴェストロ・メウッチォ Silvestro Meuccio については、Pamphilius, op.cit. (ref.【本章 n.23】), f.108v. ; Elssius, op.cit. (ref.【本章 n.23】), f.108v ; Torelli, op.cit. (ref.【本章 n.6】), viii. 23-5, 197 ; Ossinger, op. cit. (ref.【本章 n.23】), pp.587-8 ; Burdach, *Vom Mittelalter* ii, Pt. iv, p.232 n.1 を参照。

（67） シルヴェストロの献呈辞（初版 ff.2-4、再版 ff.ii-iii）は三月九日の日付け。アンセルモの返書は四月十日の日付けになっている。

（68） この『夜話 *lucubrationes*』は、『註解《エクスポジチオ》』の序言にこの書とともに出刊されたように記されているところからみて、シルヴェストロが公刊したことに間違いはない。オッシンガーはその刊本としてパドヴァ一五一六年版とヴェネチア一五二七年版を挙げている（op.cit., p.542）。トレッリはヴェネチア版のみを挙げている（op.cit., viii. 145）。しかしどうも現存しないようである。

（69） «Est enim unicum priscorum patrum vestigium hac nostra tempestate. Qui nos die noctuque monet, instruit, et infestat ad spiritualia consequenda». *Libellus*, 2° ed., f.iii.

（70） «Idcirco te pater mi Bernardine vir Dei extatice (quem spiritum prophetie habere proculdubio novi) obsecro ut solitas previas, crebas, charitatisque fervore conspersas preces ad Dominum fundas, quem non ambigo tibi ea revelaturum que vera sunt proficuaque fidelibus suis». *Libellus*, 1° ed. f.4v.

（71） «De hoc autem sancto patriarcha mihi interroganti multas egregias virtutes retulit quidam venerabilis eremita Parentinus spiritum prophetie habens qui adhuc vivit meque charitatis vinculo non parum diligit». *Libellus*, f.22r. シルヴェストロが引く «quidam venerabilis eremita Parentinus» という一節については【III-7 p.478】参照。一五一六年版のテクストは四つの異なった意味相を担うことになる。

(1)カルメルのキュリロスに帰されるオリジナルの『天使巫言 *Oraculum angelicum*』、これは実際には十三世紀中頃の擬ヨアキム主義的註釈を付された著作である（ed. P. Piur, in Burdach, *Vom Mittelalter*, ii. Pt. iv, pp.220-327）。

(2)コセンツァのテレスフォルスの *Libellus* ... *de causis, statu, cognitione ac fine instantis scismatis et tribulationem futurarum* ... は一三八六年頃に著されたものであり、数々の現存写本のうち最古のものは、Paris, Bibl. Nat., Lat. 3184（一三九六年書写）である。これにはキュリロスの巫言および註解の i, iii, vi, vii, viii, ix, x, xi 章の全体が組み込まれている。

(3)修道士ルスティチアヌスによるテレスフォルスの著作の異文《ヴァージョン》は一四五六年に編まれたもので、一四六九年に書写されたヴェネチア写本（【II-3 n.64】参照）に保存されている。これは序言、聖女ブリギッタおよび修道士アントニウス・デ・イスパニアの預言、図版、付加文書が添えられたもの。

(4)シルヴェストロ・メウッチォの改訂になる一五一六年ヴェネチア版印行書。献辞、それへの返答、そして主文。そのうちでも重要なのは、ゲルマンの反対教皇と皇帝（初期にみられるフリードリヒ三世との特定は控えられている）、ヴェネチアがフランスとイングランドとの同盟のもとにゲルマン皇帝と戦う大海戦、フランス王とゲルマン皇帝の間で〈ブレシアの野 in agro Brixiano〉で戦われる大陸戦、天使的教皇に遣わされた一天使の勧告、アウグスティヌス隠修士会の衣装、ヴェネチア人たちの高祖、異教徒たちに対する最終的勝利をもたらすこととなるイングランド、フランス、ヴェネチア連合艦隊のイングランド王とヴェネチア首長の描写。

（72） 2° ed., f.iiii. Cfr. Torelli, op.cit. viii. 23-5.

（73） *In Sathanae ruinam tyrannidis.*

（74） 『エレミヤ書註解 *Super Hier.*』献呈辞。

（75） P. Angelo, *Profetie certissime, stupende et admirabili dell'Antichristo et innumerabili mali al mondo,* Venezia, 1530, 献呈辞。

（76） «Ipse enim ordo a parente nostro beato Augustino fundatus extitit : a quo regulam vivendique formam accepit : nec in dubium verti potest. Quod et idem Joachim hic in parte prohemiali testatur dicens :Ordo Eremitarum fundatus fuit a beato Augustino in Aphrica, Ordo vero Canonicorum regularium in partibus occiduis a beato Rufo, quamvis et ipsi teneant regulam ipsius Augustini». *Expos.,* 献呈辞。

（77） *Expos.* の序文にはアントニーノの名もフリーマールのヘンリクスの名も引かれている。

（78） Ossinger, op.cit., p.953.

（79） 【本章 p.324】参照。

（80） 他に一五五〇年以前に書写された二写本がミュンヘンとウィーンに存する。

（81） «Adde quod hanc (nostram Eremitarum familiam) idemmet Abbas Joachim : et piis celebret honoribus laudeque augeat prae caeteris : ita ut in extrema mundi aetate, ordinem ipsum Eremitarum viribus divinae gratiae fultum, in zelo ac dei amore veluti inardescentem ignem, Christi fidem eiusque ecclesiae collapsa reformaturum, ac universa restauraturum fore asserat». *Expos.,* Praeface.

（82） 【II-1 n.73】参照。

（83） 【II-2 p.190】参照。

（84） たとえば以下の欄外注。*Expos.,* ff.19v, 77v, 89r-v, 147r, 162r, 175v, 176r.

（85） たとえば*Super Hier.,* Praef., ff.2r, 13r, 13v, 14r, 18v, 20v, 23v, 24v, 25v, 28r, 38r, 44v, 58v.［＊ただしシルヴェストロはヨアキムの著作の真作擬作にかんする批判的校訂をしている訳ではなかったことからすると、この議論は逆説的である。］

（86） «qui usque in presentem diem manet». *Super Esaiam,* 献呈辞。

（87） f.13r. かなりの数の欄外注が〈未来の説教者たち predicatores futuri〉といった類のおおまかなことば遣いで、二つの托鉢修道会以外にその地位を主張する他の会派にも問いを未決のままに残しておこうという彼の意図が窺える。たとえば、*Super Hier.,* ff.3v. 5r, 10v, 11r, 12r-v, 13r, 15v, 60r.

（88） «Hic angelus ostendit manu legatis seu ambassatoribus sancte unionis ecclesie religiosum nigra cucula indutum ut sunt Eremitani sancti Augustini». *Libellus,* f.21r.

（89） 大英博物館蔵ヴェネチア版一五一六年再版。

(90) *Super Hier.*, 献呈辞。

(91) «noster divinus magnus modernusque propheta». Ibid.

(92) *Super Hier.*, 一五二六年版献呈辞。

(93) *Expositio ... in librum beati Cirilli*, 献呈辞。

(94) *Super Hier.*, 一五二六年版献呈辞。

(95) シルヴェストロはヨアキム主義的な期待を『エレミヤ書註解』一五二六年版献呈辞で、ヨアキムの『十玄琴《プサルテリウム》』に言及しつつ次のように語っている。「……この観想的な独身生活から引き出される生の形式は、新たなバビロンが終わり、教会が改革されるこの世の第三時代に最大の繁栄を迎えるであろう」«... in quo contemplantium ac coelibem vitam ducentium describitur forma, quae quidem vita post nove Babylonis casum et ecclesiae reformationem in tertio videlicet mundi statu maxime vigebit». また一五二七年版『註解《エクスポジチオ》』の扉頁に記された次の一節をも参照。「いとも高名なるキリスト教徒の普遍の共和国……に関する著。ここに肉身教会は改革され、近々その原初の時に戻るが、その前に三つの鞭に撃たれ……」«Opus illud celebre ... de statu universali reipublice Christiane : deque ecclesia carnali in proximo reformanda atque in primevam sui etatem redigenda : triplici prius tamen percutienda flagello ...».

(96) たとえば、*Expos.*, ff.131r, 134r-v, 147v, 163r, 164v, 165r, 167v, 168r, 170r, 186v, 194v, 207r, 210v ; *Lib. Conc.*, ff.21v, 25r, 103v.

(97) *Expos.*, 献呈辞。

(98) F. Martin, *The Problem of Giles of Viterbo*, Louvain, 1960, p.5.

(99) J. Hardouin, *Acta conciliorum*, Paris, 1714, ix, coll.1576-81. また、Martène et Durand, *Ampl. Coll.* iii, *Aegidii Viterbiensis Epistolae selectae*, col. 1247を参照。

(100) *De Historia Viginti Saeculorum.* これは未公刊である。[写本はRoma, Bibl. Angelicaの二本が知られるのみ。その概要はL. Pélissier, *De 'Historia Viginti Saeculorum' Aegidii Viterbensis*, Montpellier, 1896に要約されている。] [＊角括弧を付したこの一文は一九九三年改訂版では別写本Napoli, Bibl. Naz., MS. Lat. IX B14の指示に替えられている。これは初版刊行後の次の研究を念頭に置いた改訂。Martin, F. X. OSA, *The Writings of Giles of Viterbo, Augustiana*, 29, 1-2 (1979), pp.141-8.] 最近、E. Massa, *Egidio da Viterbo e la metodologia del sapere nel Cinquecento*, in *Pensée humaniste et tradition chrétienne aux XVe et XVIe siècles*, ed. H. Bédarida, Paris, 1950, pp.185-239で考察された。特にp.199 :「エジディオによって要請され前提される神学は、本質的に歴史神学であろう。歴史こそが叡智の本質要素であり、それは形而上学的な価値と意味をもっている」。

(101) 彼はマルシリオ・フィチーノに追随するプラトン主義者の一人であり、フィチーノのことを「われわれの聖なる教えと一致する神秘神学を明かすために遣わされた神の摂理の使徒にしてその先駆け」(H. Jedin, *Papal Legate at the Council of Trent, Cardinal Seripando*, tr. F. C. Eckhoff, London, 1947, pp.56-60から引用)と呼んでいる。

(102) たとえば彼は七十人訳《セプトゥアギンタ》聖書のテクストを批判するとともに、ヘブル語からの新たなる良訳の公刊を望んでいる。Cfr. Pélissier, op.cit., p.5.

(103) Massa, loc.cit., p.206 :「……歴史哲学は諸事実を収集するのではなく、そうした諸事実をうごかす諸観念を取り扱うものでなければならない。歴史をうごかすのが理念の数々でないとしたら、歴史の哲学は不可能である……〈数〉とは神の思惟を証する諸関係である。神の思惟は抽象ではなく、具体的であり、愛情溢れ、自由である……思惟とは運動とはたらきの原理である……エジディオの〈存在〉概念は歴史の形而上学を証するようなものとしてある。つまりそれは歴史の知解であり、それを構成するところの諸事実の自然物(物理的有)のうちに在る(静態的考察)のではなく、諸事実を構成し秩序づけ目的へと指向させる理念性のうちに在る(動態的考察)」。彼の符合という方法はヨアキムのそれによく似ているが、彼は旧約と新訳聖書の間の符合ばかりか、聖史と世俗史の間それも特に聖書と古典の間の符合をも追及するものである。たとえば彼は、十二の族長と十二のエトルリア王の間に、モーゼとイアソンの間に、バビロン捕囚とトロイ戦争の間に並行関係をみる (Pélissier, op.cit., pp.4-5)。「異教、ユダヤ教、キリスト教の神秘の間の隠された調和」を見出そうとする彼の指向については、E. Wind, *The Revival of Origen, Studies in Art and Litterature for Bella da Costa Greene*, ed. D. Miner, Princeton, 1954, pp.416-18を参照。Massa, loc.cit., p.208には、エジディオの歴史の統一性の意味が「〈聖史〉あるいは〈世俗史〉というにとどまらず……〈永遠の相のもとに sub specie aeternitatis〉観られた人間性の〈絶対史〉」として説かれている。

(104) Massa, loc.cit., p.209 :「まずはじめにキリスト教が、つづいて人文主義が、霊性と〈調和 harmoniae〉の歴史の充足である。第二の霊的完成は新たに第一の完徳をも成就するものである」。

(105) «ab initio orbis electus est ut Christi mandata atque opera perficeret, Christianorum fidem in aeternum confirmaret, pacemque Ecclesiae reduceret». Pélissier, op.cit., p.37.〔＊キリスト誕生の時、上昇点《アシェンダント》にあった宮、という占星術的含意を読み取るべきかもしれない。〕

(106) Martin, op.cit., p.9.

(107) Egidio da Viterbo, *Scechina e Libellus de litteris Hebraicis*, ed. F. Secret, Roma, 1959.

(108) «foelicissimo illo sabbato». *Scechina*, p.68.

(109) Ibid., pp.69, 77, 80, 81, 99, 106, 133, 140, 145, 160-1, 219, 220, 222, 224, 225, 228, 231, 233.

(110) «... tot regna ; tot imperia : tot terras : tot maria illi subdit : ut novum iam Alexandrinum nostris inminentem cervicibus videamus». *Lib. de Litteris Hebraicis*, p.30.

(111) cfr. G. Signorelli, *Il Cardinale Egidio da Viterbo*, Firenze, 1929, pp.112-116.

(112) H. Roman, *Primera parte de la historia de la orden de los frayles hermitanos de San Augustin ...* , Alcala, 1572, Preface, ff.227v-228v.

(113) M. Rodoríguez, *Quaestiones regulares et canonicae ...*, Salamanca, 1598, p.19.

(114) J. Marquéz, *Origen de los Frayles Ermitaños de la orden de San Augustin ...* , Salamanca, 1618, pp.346-7.

(115) G. Pennottus, *Generalis totius Sacri Ordinis Clericorum Canonicorum historia tripartita*, Roma, 1624, pp.166-8, 235-7, 485.

(116) 【I-9 pp.137-38】参照。

(117) Athanase of St. Agnès, *Le Chandelier d'or du Temple de Salomon*, Lyon, 1643, pp.151-2. 彼が引用と言い換えとを混じて用いているのはヨアキムの預言、*Expos.*, ff.175v-176r (【II-1 n.73】に引用) およびf.77vの一節である。

(118) «... qui parle hautement de cette religion, lors qu'il la compare au Lionceau de Juda, qui ravit tout et par son rugissement donne la vie a son faon. ... L'habit noir et la ceinture de cuir est la marque des Pères de cette religion, laquelle s'estendra par tout et respandra par l'Univers les plus brillans rayons de la Predicator et les plus claires lumières de la parole de Dieu ; c'est cette religion laquelle subsistera usque a la consommation du siècle et desployera tous ses efforts pour deffendre la Foy de Jesus contre la puissance de l'Anté-Christ. Ailleurs il dit ... c'est cette Religion laquelle n'a point éclipse parmy toutes les iniures du tempus ; c'est cette religion laquelle est assurée de sa grandeur et de sa durée : c'est cette religion laquelle jouyra du tempus de la justice et de l'abondance de la paix : c'est cette Religion qui brisera la statue que fut montrée a Nabuchonazare : Bref, c'est cette Religion qui régnera sur toutes les Nations et les Royaumes, qui s'opposent a l'Empire Chrestien».

第9章　イエズス会士たち、結語

しかし十六世紀には、ヨアキムが預言した〈修道会〉あるいは観想的秩序という特徴を著しくあらわす新たな修道会の誕生をみる。このイエズス会のうちには、ヨアキムの謂う霊的な人々として自らの召命を観る人々が輩出する。小さき兄弟会と説教修道会はヨアキム擬書に説かれたところの二者並存の預言成就を主張した。アウグスティヌス隠修士会は自らを大修道院長の真正著作に描き出された〈隠修秩序《オルド・ヘレミタールム》〉に準えた。しかし、いまだ『註解《エクスポジチオ》』に説かれた〈修道会秩序《オルド・モナコールム》〉に関する興味深い観念が残っていた。それは観想的な生とこの世とを結ぶべく、この世への福音宣教と魂の稔りの収穫に努めるため、活動と観想の半ばする生を送りつつ、天と地の間、雲の上に坐すというもの。こうした人の構図秩序のなかで人の子の生をまねび、イエスの名において指し示された者として自らの召命を思い描くイエズス会士がかなり存した。[1]

初期のイエズス会士たちは時代の激動と緊迫に敏感であったが、その内にはおそらくそれをヨアキムが歴史に付した劇的な意味観念において受けとった者たちもあったろう。彼らはこの世を、善と悪の二つの旗印のもとにすべての人が野営する〈対立する力〉の戦場と観ていた。神の兵士イグナチウスは不可避的に大悪魔マルティン・ルターと繋がれ、イグナチウスの同志たちは異端者たちに対する激しい戦いに従事するのだった。この主題はF・モンタヌスによってその著『イエズス会擁護論』で展開され、〈諸対立〉の章ではいかに善と悪が常にお互いに反立するかたちで興り、ヤコブ対エサウ、ロヨラ対ルターと、いつも同じ関係のうちに再生することが論じられている。[2]これと同じ観念がフロリムンド・デ・ラエモンドによってイエズス会士たちに応用されることとなる。[3]神は常に悪に善を拮抗させる。かくして旧世界の異端の災厄には〈新たなるキリスト教〉の驚異が対置されねばならない。その使者たちは遙かな土地の夥しい数にのぼる民を改宗させ、高貴なる集団はイグナチウス・ロヨラの指揮のもと異端排撃の歩みを進めるのだ、と。

この戦いの最終段階がいまや到来しようとしており、イエズス会士たちにとっても切迫した劇的な事態がはじまりを告げようとしている。イエズス会士たちに適用されることとなった最初の預言は、ヴァンサン・フェレールのものだった。一五三八年、イエズス会歴史家N・オルランディーノは注記している。[4]「この時にあたり多くの者たちは父の設けたまうた生の外見をのみ観て、おそらく福音的な人々たることに躊躇することとなる、とは先に浄福なるヴィンケンティウス・フェレリウスが神的直観を得て予言したところであった。なぜならこの予言に多くの者たちは悪徳や死が混じているのを観てとったから」。[5]聖ヴァンサンの説教の民衆版には、フランシスコ会士たちドメニコ会士たちが彼らの罪によって喪失した地位を継ぐ新たなる福音的な人々が、真の福音的質朴に生き、キリストの第二の降臨に先立ってこの世の端々まで福音を説くであろう、という預言が含まれていた。[6]オルランディーノは問うている。この預言はイエズス会において成就されたと認める者たちがあったというが、はたして彼らは清貧への情熱とこの世の果てにまでいたる宣教への召命においてより単純素朴な者たちであったのだろうか。彼らはそれを問われたならば、「それにふさわしい者も多かったと思われるけれども」、[7]平静にそのような役割を主張することを否んだにちがいない、と彼は付言している。

差し迫ったことどもという主題は、この世の果てに到るまでの福音宣教が突然、新たな意味を獲得することによって先触れされることになったものに違いない。つまり、地上の広範なる探検とそれにつづいた世界宣教に、人々は預言の驚くべき成就をみたのである。つづく段階は、自身の会派に特別の終末論的な役割を付すことであった。こうしてP・リバデネイラによる聖イグナチウスの公式伝記[8]は、新たな発見の驚異を詳細に説きつつ、次のようにつづく。「この時、まさに当然ながら、驚くべくも明白にして神々しき勧めにより、われらが神はイグナチオを選びたまい、勝利の十字架を遠隔の土地また属領に運び、粗野なる異邦の数限りない人々の無知と無信仰の闇を払い、福音の明澄なる光で息子たちを輝かせたまうた……」。[9]そしてまた、J・F・ルムニウスはその著『最後の審判とインディオ宣教』[10]で、イエズス会士たちによって正義へと導かれるインディオの栄光の未来をイザヤ書の卓越した象徴をもって説いたのだった。「雲のように鳩がその翼で翔けるように飛ぶものは誰か」。[11]彼はインディオたちのもとへと翔けるこれら選ばれた天使たちについて詳述する。

オルムティウスから遣ってきたベルギー人イエズス会士フラ・ガスパールの書簡をもとに、彼は預言がすでに成就しつつあることを[12]、著作を通じて驚くべきできごとが始まろうとしているその意味を説いている。

聖フランチェスコが黙示録の第六の天使と同一視され、聖ヴァンサンが永遠の福音の天使に準えられたように、イエズス会士たちも聖イグナチウスの生にふさわしい諸象徴を黙示録に求めた。一五九五年、J・オソリウスは彼の死について説きつつ、彼を喇叭の響きで天の大いなる星辰を落とす黙示録の第五の天使と呼んだ[13]。この星辰はルターであり、彼のために戦う蝗の軍団はプロテスタント異端の邪悪な徒党である。この特定は一六〇二年のタトラでの会議で公式に認証され、そこでロヨラはふたたび黙示録の第五の天使として言及されることとなった[14]。一六二二年にラテン語とドイツ語で公刊されたイエズス会の宗教劇では、すべてが劇的に描出されている[15]。第一幕で喇叭を構える天使、墜ちる星辰、蝗を吐き出すように開く奈落があらわされた後、聖イグナチウスの生涯が演じられる。一六五一年にもまたドイツのある俗語説教で、この聖人はおなじ称をもって呼ばれている[16]。一六一一年のP・デザによる説教では、「天から降る屈強な天使」という別の特定がなされてもいる[17]。

イエズス会とその創設者の召命は、このようにしばしばヨアキム主義に親しい観点を含むものであった。それゆえ誰かそれをヨアキムその人に戻って論じる者がいたとしても不思議はない。ルムニウスが先に引いた著書で、偉大なる日々への閾に立つことの意味を説こうとして引くのは、ヨアキムであった。

これはわれらこの最後の時にあたり、聖書の知性を汲み、われわれも真実の知見の開示に与るということに他ならない。終わりに近づくにつれ、日々の体験には隠されていたところも、明瞭に明かされるのを見ることとなろう。これについては大修道院長ヨアキムも言うところ(『黙示録註解』第四部七節)。「遙か遠くに御国を望み見るものもある。またその扉にいたるもの、そのうちへと入るものもある。そしてわれわれはいまや扉にあり、ここでは隠されていたことのすべてあるいはその一部を語ることができる。しかし中へ入り実際に目で見るまではそれもたしかではない」と。われわれはいまやこうした時にあるのであるということをどうして否むことができようか[18]。

彼はこうして〈霊的知性《スピリトゥアーリス・インテレクトゥス》〉の成就は第三〈時代《スタートゥス》〉に到達されることとなろう、という大修道院長の待望の最深部へと入り込む。目的地へ近づきつつあるという興奮とともに。彼が引用するヨアキムの『註解《エクスポジチオ》』の一節が、〈修道会《オルド・モナ》秩序《コールム》〉の預言[19]に直接先立つものであったことは意味深い。彼はそれを公然とイエズス会に当て嵌めようと試みることはしていないのだが。

それを公然となしたのは、先に引いたオソリウスの一五九五年の説教であった。彼は『註解《エクスポジチオ》』から主要な節のほとんどを引いて、修道士の新たな秩序、イエズス会に当て嵌めている。預言の驚くべき符合は、オソリウスがヨアキムを引用する部分を総覧してみれば明らかである。

……黙示録註解第二〇書、八三葉に言う。この秩序こそイエスによって明瞭に教会の第六の時に配されたところのもの、つまりこの世の終わりにあたり神に愛され霊性をあらわすものであろう。また第九八葉に言う。神はその最後の修道会秩序を、高祖ヤコブが高齢に到って得たその息子ベニヤミンを愛したように愛したまう。また第一七五葉にはヨハネのことば、そして……人の子を見た、が次のように説かれている。かの人が白き雲の上に坐したまうのが見えるというのは、そこに与えられた義しき秩序が人の子の生を完璧にまねぶものであり、福音を宣べ伝える造詣あることばを得て、あらゆる地に神の最終的宣教を果たすものであることを意味していると考えられる。ここに雲の上に坐すとは観想を指して言われるのであり、ここにこの修道会秩序はキリストと使徒たちの完徳なる生に仕えるものとなろう。また大修道院長ヨアキムはエレミヤ書註解第一章において言う。地上の肉身なるこころの一々の傷が大いなる沈黙の修養のうちにいよいよ貫かれ、腫れ膨らむということは、教会の博士たち説教者たちの信仰において明らかである。[20]

擬書『エレミヤ書註解』からの引用において、オソリウスがフランシスコ会士たちドメニコ会士たちを明瞭に〈預言〉

した一節を避け、より概括的に博士たち説教者たちについて言った節を引いていることに留意したい。[21]
　ヨアキムの謂う途上の秩序がイエズス会において体現されたのだという観念はかなり広範に認められる。こうしたかたちでのヨアキムの預言の成就は様々な議論を呼ぶこととなった。ブラシウス・ヴィエガスは一六〇一年頃、これについては多くの者が論じたと語っている。[22] この主張を支持した二人の司教。レカナーティの司教ルティリウス・ベンゾニウスは、イエズス会がヨアキムと聖ヴァンサンの預言のどちらをも成就したものであると認めた。[23] ペティーナの司教アントニウス・ザーラは、『註解《エクスポジチオ》』、『符合の書』そして『エレミヤ書註解』からこれを証するための論拠を引用している。[24] そしてまた、T・ステイプルトンはイエズス会を讃えるため、ヨアキムの『符合の書』の次のようなことばを引いた。「新しい至聖なる信仰が興るだろう。解放された霊的なこの信仰はローマの教皇たちのもとに……とどまるだろう。この信仰の秩序は、神により他のすべてに卓越して導かれ、その完徳は他のあらゆる秩序をうちまかすこととなるだろう」。[25] またドイツの俗語説教には、より激越なヨアキムの預言の句節が、たしかにイエズス会を指し示したものとして翻案され引用されていた。[26] スペイン語では、J・ニーレムベルクが『偉大なる祖、聖イグナチオ・デ・ロヨラの誉れ』[27] にいたるところからその象徴や預言を集めている。聖イグナチウスは異端と闘う新たなドメニコであった。彼は黙示録の天使のひとりをも凌駕するものであった。この著者はふたたび『註解《エクスポジチオ》』の預言を俗語に訳している。[28] この一節の採用がすでに常習化していたことについては、バイユがその修道総会史の中でヨアキムの声望に関して、そうした主張をすることはイエズス会としては謙遜から、それを禁じることが全体合意されていたにもかかわらず、それをイエズス会を預言したものと観る者もあった、と録しているところからも窺い知ることができる。[29]
　バイユはおそらくここでイエズス会の全般的な態度を謂っているのであろう。この種の〈謙遜〉の例は、ヴィエガスの黙示録註釈に認められるところである。ここにはヨアキムを自らの会派の預言者として説き、その重要性を強調してみせるかなり不釣合いな逸脱が含まれている。この章は「大修道院長ヨアキムのフィラデルフィアの天使の預言」と題され、大修道院長と彼を称賛した著作にかなり好意的な論述ではじまっている。[30] ヴィエガスは、一二一五年の断罪、教皇たちのヨアキム擁護、アルフォンソ・デ・カストロによる驚くべくも不当な弾劾を注している。彼はこれらの誣告を払いのけつつ、順々にこの高名な人の名誉回復に努めている。そして『註解《エクスポジチオ》』の預言、特にフィラデルフィアの教会の天使に関連した預言に戻る。[31] そこで彼は、聖ドメニコと聖フランチェスコについての預言が成就されたことを録すとともに、ここに説かれる考察が托鉢修道会に関係したものとは明確に区別されること、ヨアキムのことばがいかにその細部までイエズス会に適応され得るものであるかを論じている。とはいえこの預言について、また聖ヴァンサン・フェレールの預言について、その肝要な点を引きつつも彼は一切の判断を控えている。「これらはすべてすばらしくも驚くべきことばであり、誰もそのほんの僅かの部分であっても引きうけることなどできないほどの力に満ちている。それをイエズス会士に準えようとする者たちの聖性がいかに大きくとも、またイエズス会がいたるところに福音の教えを説き広めるのを目にしてその確信をいよいよ強めるにしても、すべて教皇に従い、完璧なる清貧に努めるべきである」云々。その他の証拠を集めつつも、「ついに、いかに短期間の内にいかにわれわれの小さき会派がこの世を改宗させることを得るかを観たとき、すべての不信仰なる者たちにそれが明らかとなったときにこそ、これらの人々がヴァンサンやヨアキムがすばらしいことばで勧告した者たちであったと信じずには居れなくなることであろう。これこそが数々の銘記すべき人々の説いてきたところである」。そしてヴィエガスは結論する。「これらのことのすべてはすでに他の修道会において語られてきたところであり、われわれはそうしたものの末席に僅かに加わるほとんど役にもたたぬ僕である、と信じるものである」。それゆえに、預言はさておき、彼は兄弟たちに自らの務めの成就に全力を傾けるよう勧告するのであった。

この一節にみられる謙遜を、誤解する者たちも確かに存在した。先に見た説教[32]でデザは、リベイラ[33]やヴィエガスがかくも慎重に黙示録を解釈してみせ、その預言がいかに彼らに対する厚意をあらわしたものであるかを見ないことに驚きを表明していた。黙示録の数々の天使たちは歴史における神の使いとして解釈されねばならない。そしてそれの頂点が、この神の使いの最後のあらわれにおいて極まるのだ、と。ヘブル人への手紙のことばを言い換えつつ、デザは言明する。「ここに語られてある新たなる日々とはわれわれの（神の）息子イグナチオがこの世のすべての遺産となった日々である」[34]。ここでデザは、知らず知らずのうちにフランシスコ会聖霊派のアンジェロ・クラレーノのことばを甦らせている。[35] フランシスコ会聖霊派の者たちが聖フランチェスコについて驚くべきことを言った時、彼らはこの目的のために、大胆にもキリストについて新約聖書で用いられたことばを、ヨアキム主義的な暗示をもとに援用したのだった。すでに論じたように、唯一それを可能としたのは歴史の三つ組み類型《パターン》であった。このイエズス会士がそれに類した考えに導かれた時、なんらかの思惟をそこに汲み取っていたには違いないが、おそらく彼はこの含蓄に無意識であった。彼の大胆な新約聖書のことばの援用は神学者たちのこころみからも遠く乖離し、デザはついに、聖パウロのことばを恥知らずにも、過って、冒瀆的に誤用したとしてパリ大学神学部の検閲に遭うこととなった。[36]

こうした預言の解釈の妥当性に関し、イエズス会内でも明らかに考えは二派に分かれていた。これは十六世紀後半から十七世紀初頭にかけて黙示録註解をなしたイエズス会士たちに関する研究から明らかになる。それを〈学問〉的に観る者たちは、預言を歴史のうちに配し、その文字通りの意味に主眼を置く。彼らは、黙示録というものは教会の最初の時期のできごとを別に、いかなる具体的なできごとを記述したものでもない、と考える。ある者はそれをまったく過去の歴史として説いたが、それでも他に、そのほとんどが初期時代に関連したものであるということを認めつつも、それを教会の最後の時代のこととして解釈したいという気持ちに抗することのできぬ者もいた。リベイラもまた、黙示録の五つの封印はトラヤヌス帝に到るまでの教会の歴史の記述であり、第六と第七はこの世の終わりにかかわるものであると信じたのだった。それゆえ彼は黙示録解釈を現在からは遠い過去と未来のできごととして、なんの差し支えもなしに説くことができた。[37]一五九一年に公刊されたリベイラの大註解は黙示録研究を歴史の経緯のうちに穏健に配するものであった[38]が、ヨアキムの預言に対する関心を示すヴィエガスは、そんな彼の方法を卑屈に文字に就くものだといって非難した。[39]先に観たように、ヴィエガス自身、預言の力に魅了されそれを他の誰よりも怖れつつ、しかしそれを自らの時代説に応用する誘惑に抗しきれなかったのだった。

これとはまた別の考察法が、コルネリウス・ラピエールの黙示録および四大預言者の書註解において試みられた。[40]彼はヨアキムを祖型《プロトタイプ》として、大修道院長を歴史並列法の創案者と呼び、ウベルティーノ・ダ・カサレや他のより最近の思索家たちと結びつけてみせる。[41]コルネリウスはヨアキムの著作の大半を知っており、その方法に関する彼の分析は明晰である。その基本原理とは、旧約聖書とは新約と並列され、それが未来において成就されることとなるであろうと解されぬ限り、なんとも解釈しようのないものである、というものである。[42] 旧約も新約聖書も未来の象徴として論じられねばならない。コルネリウス自身は慎重にこうした解釈流派に就くことを避けるとはいえ、黙示録が教会の全歴史を最後の審判に到るまで予見したものと信じる解釈者たちに共感を寄せる。実質的に彼が歴史の最終的危難の数々を扱ったヨアキムの偉大な黙示録解釈を引用することはない——おそらく大修道院長のこの論議があまりにも疑惑の目をもって見られてきたからでもあったろう——が、ヨアキムからかなりの節を、主に教会の諸秩序とその霊的なはたらきに関する箇所を選び出している。疑いもなく彼は最後の日々の霊的なる人々の新たな修道秩序というヨアキムの観念に魅了されており、そのフランシスコ会、ドメニコ会、アウグスティヌス隠修士会に関する〈預言〉を引くとともに、[43] フィラデルフィアの教会の天使に象徴される未来の修道秩序を説いた一節を自らの会派のこととして主張している。ここで彼は、この預言に描き出されてあるのがイエズス会のことであると信ずべき三つの理拠をヴィエガスから引いている。[44] その後、アンチキリストと戦う二つの修道秩序に関するヨアキムの二つの証言を引き、彼はいわくありげにヨアキムを聖女テレジアと結びつけてみせる。彼女もまた二つの修道会——つまりドメニコ会とわれらがイエズス会——をアンチキリストの軍勢と戦う者として預言したのだった、と。[45] コルネリウスが慎重を期して、イエズス会に関するヨアキムの預言については文字通りの解釈を施すことなく、晦渋に曖昧に、神秘的に語っている、というのは本当である。[46] それどころか、彼はヨアキムの方法について二度、疑念を表明してもいる。[47] とはいえ、最後の日々の新たなる霊的な人々というヨアキム主義的展望《ヴィジョン》はたしかに彼を捉えて離さず、彼らの果たす役割は一度ならず彼を新たな問いへと振り向けることとなっている。教会の最終的平安の時とはアンチキリストの前であるのか後に来たるのか、と。千年にわたり繋がれた悪魔《サタン》という象徴を論じるところで、[48] コルネリウスは来たるべき教会の大いなる平安と幸福の時代への希望に魅了されつくしている。ヨアキム、ウベルティーノ、セラフィーノその他はこの時代をアンチキリストの後に置いた。コルネリウスはこうした観念に就かないが、その千年はキリストの最初の降臨にはじまるという正統観念を受け入れつつも、来たるべき天使的教皇のもと未来の輝かしく大いなる時代に平安は極まるという希望を抱きつづけることになる。そこで新たなる霊的な人々は決定的な役割を果たすこととなるだろう。こうして、ヨアキムの歴史哲学の問題の多い適用を避けつつも、このイエズス会士はヨアキム主義的な〈革新《レノヴァチオ》〉の諸象徴から離れることができない。教会革新はイエズス会の定めでもあった。

　イエズス会の思索家たちのヨアキム主義的解釈法への親炙は、スペイン人イエズス会士アルカサルの『黙示録の玄義討究』[49]によってふたたび激しい攻撃の的となる。黙示録の真の意味は深い晦冥のうちに蔽われており、いろいろなできごとに関連づけて周縁的に解釈されてきたところよりもずっと深くに埋められている、と確信を込めて彼は書いている。彼の論述はかなりの長さにわたって擬ヨアキム主義的な『教皇預言集《ヴァティチーナ》』へと脱線する[50]。彼の言うところによれば、ある種の思慮深いぺてんによってどんなできごとも適合させることができるような謎《エニグマ》の類と、ふさわしい方策によって与えられる答えと完璧な符合をみせることになる真の預言的神秘の間には深い断絶がある。こうした差異を測る尺度となるのが、ヨアキムが教皇たちに帰した愚かしい判じ物《パズル》と黙示録の深い預言の間にある相違である。「大修道院長ヨアキムを神の預言者と想う者もあるだろうが、わたしはそうは考えない」[51]。そしてまた、「黙示録の慎重な解釈から隔絶して大修道院長ヨアキムの歩みに追従する者、彼を導きとして黙示録の総体を彼の解釈に従って観る者は、わたしにとってはかえって虚しい過誤と妄想の虜となった者に見える」[52]。

　会派の良識がヨアキム主義的な空想の一切を排したとしても、新たな霊的な人々に関する大修道院長の思惟の最も価値あるところを汲むならば、それは幾人かのイエズス会士たちに実質的な影響を与えたものであった、とわたしは考える。彼らはこころを希望で満たす大いなるできごとが成就される閾に立っているのだ、と実感していた。すくなくともイエズス会の黙示録註解者の一人、ベニート・ペレイラはヨアキムの思惟をかなり受け継いでいる。ペレイラは他の註解者たち同様、ヨアキムの特殊な方法を承認している[53]。彼は教会史を七つの時期に分けるヨアキムの区分を援用する。そして数多くのヨアキム後継者たち同様、自らを第五の時期の終わりに位置づける[54]。また、ヨアキムから各時期に異なった使いを配当する考えを採用している。使徒たち、殉教者たち、教会博士たち、隠修者および修道士たち、童貞たち、司牧者と高位聖職者たち、そして第七の時期は霊的な人々に。彼らについてペレイラは独自の見解を付している。「第七は信仰深き人々であり、模範的な生を送り聖なる対話をなすとともに、神のみことばを改革され革新された信徒たちに頻繁に熱烈に説く……聖なる托鉢修道会士たち（のなしたところ）また現下、最新のまた極小なるわれわれの会派のなすところである」[55]。ペレイラがイエズス会の役割について直接言及しているのはここだけであるが、彼が自らの会派を第七の時期の真に霊的な生を体現する者と観じていることは明らかである。七つの災厄と七つの繁栄という観念を展開しつつ、彼は第七の繁栄を彼の時代の新世界の発見、特に数知れぬ人々のキリスト教への改宗に具現されるものとして説いている[56]。時の終わりの前に〈霊的な人々〉は地上のあらゆる人種に教会を移植せねばならない、と彼は情熱的に語る[57]。彼はアンチキリストの後の地上の千年王国待望に陥ることなしに、沈黙のうちに第七の封印が開く平安と静穏の時期をアンチキリストの死と、すべての人の教会への改心と諸聖人による教化がなしとげられることとなるキリストの第二の降臨の間に観ている[58]。

とはいえ、ペレイラのヨアキムの思惟に対する主要な関心は、観想的な生と福音宣教という活動的な生の間の関連という問題に集中している。彼はヨアキムの著作からかなり長い引用を数々なしているが、それらはほとんど例外なくヨアキムの歴史解釈からではなく、霊的な生の二つの観点の間に巡らされた省察から採られている。そうしたもののうち最も興味深いものの一つが『註解《エクスポジチオ》』の特徴的な一節[59]。そこでヨアキムは民の真の司牧者たちを、激しい騒擾の渦中にあってもより高みにあるものを切望しつづけるような神殿の円柱群に喩えて語っている。そこで彼の想念は、エリシャがエリヤに求めた霊の二重の賜[60]へと移る。ヨアキムはこの二重の賜を得ること、活動的な生と甘美なる観想の悦びとを兄弟たちと分かちあうことは稀であるばかりか非常に困難でもあることを省察している。そのすぐ後で、ペレイラは魂の霊的な癒しを得た者たちの召命について同じ節から引くとともに[61]、後にまた、逡巡のうちにとどまり、杞憂の生から決して愛の解放へと到ることのない信仰者たちの悲劇を明かした一節を引く[62]。真の観想的なる生について、ペレイラは黙示録第一章の黄金の帯に関するヨアキムの解釈を採用している[63]。

(洗礼者)ヨハネにおける帯と糧は旧約聖書の義をあらわしたものである。キリストにとって真の帯あるいは糧とは天より降る新約の義を意味している。これらのものは教会がわれわれに授ける活動的な生と観想的な生の二つの生……それゆえ衰弱し不完全なるものは腰に革帯を締め……完徳なるもの、偉大なる修道者は胸に金の帯を締める。それは幾分かは彼らの清浄なるからだの役に立つ。とはいえそれは清潔なるこころをもたぬ者にとってはなんの役にもたた

> ない。……これらの帯には大いなる相違がある。革帯と金の帯の間の相違は、貞潔なるからだところの間の相違に当たる。前者は人の外観であり、後者は内面に相当する……胸に締められた金の帯は、天上の観想と愛から引き出されそれに養われる叡智の輝きであり、それは自らの知解の不浄を棄て清める王権のごとくである。また革帯を締めることは必然的要請に出でる貞潔あるいは呵責に対する怖れを意味している。金の帯を締めることは義の愛そして霊の徳能の永遠の栄光を、完璧なる知的修養を獲得し保持する（身に巻いた）人をあらわすものである。(64)

これがベニート・ペレイラによって幾つかのヨアキムの特徴的な句節から抽出された〈霊的な人々《ヴィーリ・スピリトゥアーレス》〉の生である。

しかしおそらく、ヨアキムの預言に魅了されたイエズス会士の最も驚くべき事例はダニエル・パペブロックの場合であろう。彼がその『聖人伝《アクタ・サンクトールム》』で心酔の様子を覗わせつつ大修道院長を語ったところについてはすでに観た。(65) 新たなる霊的な人々についてのヨアキムの待望を扱った章で、彼はそれを自らの会派に付会することには慎重を期しているが、ヨアキムの展望《ヴィジョン》に彼が心動かされていることははっきりと分かる。サン・マルコ教会のものがたりのような〈虚構〉を否みつつ、(66) 彼は直接『註解《エクスポジチオ》』に赴く。「浄福なるヨアキムの預言の霊が語るところはそのような曖昧な論議をなしたものではなく、それとは別に遙かに確かなものであることはわれわれのよく知るところ。われわれは各修道会がいろいろとそこから引き出してみせたところについて、そしてわれわれのイエズス会について若干概観してみることとしよう……」。(67) そして彼は『註解《エクスポジチオ》』から、イエスによって企図された仲介秩序に関するヨアキムの預言について、鍵となる二つの句節を引く。そしてふたたび托鉢修道会士たちが自らに準えた一節を避けつつ、『エレミヤ書註解』からの引用を加える。(68) これらの句節に対する彼の解釈は、いかに深く彼がヨアキムの観念を理解していたかを明かしている。

> かくしてここに教会は修道秩序の開花をみる。そのあるものは創設より観想に専念し、また他にヨアキムがその誕生を予見したところのものは実り多きマルタの活動とマリアの静穏を結びあわせた聖職者の階級である。この両者の混合はただに自らのためならず、隣人の壮健と完徳をも促すものであり、蛮族や不信仰者たちへの伝道は実を結び、悪

徳、異端を圧伏し、アンチキリストとの闘いとして数知れず語られてきたように、夥しい業を積むこととなるだろう。その長きにわたる数々の羨望すべき業は個人から個人へと広がり、ヨアキム生誕の後には、彼こそが他の誰にも優るとも劣らぬ大いなる義と評されることとなった(69)。

そして彼は『註解《エクスポジチオ》』から、「イエスが企図した修道秩序」について別の一節（八五葉裏）を引き、それにつづけて次のように語る。

> ここに予告された修道秩序は聖書の研究によって甦るであろう。それは長く純然たる弁証の戯れと形而上学的抽象の不毛の論議、煩瑣な語彙の増殖のうちに葬り去られることとなったものであるが、ヨアキムがその生前に予見した教会の三重の試練の後、ついにその生命を取り戻し、神的なことがらと聖書の知解とは自ら先導して他の諸学を導くこととなった。スコラ学の教える影から出で、太陽のもとに養われ学ぶことによって正統信仰に反する者、異端の徒を論駁し、粗野で野蛮な偶像崇拝者たちを教化し改宗させ……（ここに『エレミヤ書註解』から三重の試練についての引用が挿入される）……第三にルターその他の異端者たちの試練が西の帝国の大部分に切迫している……北の地方の大部分はキリストの死をもって表わされることとなろう。その後、この世は必然的に第七の天使つまり七重の神の霊によって霊的知性に蘇り、盲人も見、キリスト教徒のすべては三位一体の神秘を知解することとなるだろう。
> この誉れ高くも高名なる、先に〈イエスによって企図された〉と称された修道秩序、あるいは霊的知性つまり聖書の教えにうごかされはたらく修道秩序は教会を修復し……ここにわれわれの生きる時を満たしはじめ、残余を審くこととなろう(70)。

長い引用となったが、この一節は試練の後に〈霊的知性〉がその墓から蘇えるであろうというヨアキムに特徴的な展望《ヴィジョン》を生き生きと伝えるとともに、自らの会派をその宣教という役割においてヨアキムの幻視《ヴィジョン》と同置し、会派の占めるべき高き立場を情動に突き動かされて主張するようなことのないイエズス会士に特有の態度をあかすものである。

イエズス会におけるヨアキム主義的観念の探求を了えるにあたり、少々悲愴な〈付言〉を置くこととしよう。ギョーム・ポステルは一五三五年以前にパリで、将来イエズス会士となる幾人かの者たちにはじめて出会っている。そして彼らの目的とするところに、たちまち終末論的類型《パターン》を観てとった。(71) 世界皇帝と天使的教皇による〈この世の革新《レノヴァチオ・ムンディ》〉に関する大いなる予定の全体像については、後に章をあらためて論じることとなろう。ここではただ、彼がいかにこの新しいイエズス会を革新のための使いとして把握したか、について触れるだけにしよう。ポステルは彼らを追うようにローマに赴き、一五四三年、イグナチウスその人によって会派の修練士となっている。彼の熱意と未来へ賭ける大いなる期待は皆の琴線に触れ、彼は大いなる希望とともに迎え入れられた。彼が不信者たちの改宗に向けての計画をたてると、最初は皆が彼を讃えた。しかし一五四五年、彼の途方もない夢想について疑念が表明される。彼の見解と著作が詳細に検討され、彼は戒告処分とされる。彼はそれに服従するが、自らの妄想を抑制することができない。イエズス会は遺憾ながら——彼らはポステルの熱烈さを讃嘆してもいた——彼を除名しない訳にはいかなかった。(72) この会派が来たるべき〈この世の革新《レノヴァチオ・ムンディ》〉の大いなる媒介手段となることを信じて疑わなかったポステルにとって、この事態は大きな衝撃だった。彼は会派について激烈な調子で書いている。「この世の王と認められる者の名を借り、すでにすべてのインディオを福音の光で満たす僥倖によって名高く、またこの世に普遍の教皇国を準備し、その実現の暁にはもう一つの名を明らかとすることだろう」(73)、そして一五六二年、ライネス宛て嘆願書を書くに到るまで、彼は再加入の希望を持しつづけていた。この後にも、彼はイエズス会士たちに受けいれられるべく、一五六四年の『訂正録《レトラクタチオーネス》』に記している。

……わたしはそのイエズス会士たちとともにローマに赴き、先述の預言をすでに一年以上にわたり依然としてこころに秘めていた。イニゴ・デ・L（ロヨラ）師に服従しつつ……わたしが祈禱しているとその預言の想念がわたしにあらわれ……それを追い払おうとするとかえってそれは肥大した……それというのもわたしは、いまだこの祝福された者たち（つまりイエズス会士たち）とともにとどまりたいと欲していたので……ほかならず彼らの計画遂行に従うことによって……かつてこの世で使徒たちが果たした完徳につづき、われわれのこの世の改革に到ることができると考え判じたからだった。[74]

後述することとなるが、ポステルの未来待望はたしかにヨアキム主義的なものであった。イエズス会士たちに服することに努めつつも、ポステルが期待のすべてを賭けた〈福音的な人々《ヴィーリ・エヴァンゲリチ》〉の約束の地から排除されざるを得なかったことは、悲劇としか言いようがない。だがそれは不可避であった。会派は否応なく別の語彙をもって自らの役割を説き、ポステルはより放縦な夢想に耽るとともに、自ら不条理な主張をはじめたのだから。イエズス会がこうした蠱惑的な諸観念を早々に放逐したのは正しかった。ポステルとはすぐさま袂を分かったとはいえ、彼の観念が会派にいささかの感化をおよぼさずにはおかなかったのも確かであったから。

一五五五年、オーヴェルニュの神学校創設が進むうち、この新しい神学校の組織にあたるべく選ばれたジェローム・ル・バが、ポステルの未来への夢想の一部を迎え入れるべく同輩のイエズス会士ジャン・アルノオとともに謀っているのが発覚した。一五五三年、ポステルはクレルモンの司教に一著を献呈し、その中で司教をフランスで最初にイエズス会を庇護した人物と讃えるとともに、この会派は神の定めによりこの世のすべての人々を至高なる教皇のもと、フランス王の世界帝国の支援を得て、栄光の未来へと導くこととなるであろう、と言明していた。[75] 二人のイエズス会士はこの展望《ヴィジョン》に躍らされたのだった。しかしこれを嗅ぎつけた上長たちは、すぐさま二人を査問するためローマに召喚し、そのような奇怪な待望を矯すことに努めた。ジェローム・ル・バは、ポステルの奇想を否定し、無条件で上長たちに服従することを誓うまで、神学校創設事業へと復帰することを許されなかった。

イエズス会にとってポステルのような性格の人物と連携することには、また別の危険が伴った。つまり、そこには反イエズス会宣伝《プロパガンダ》の道具とされる危険があった。敵対者たちは手を拱《こまね》いてなどいなかった。[76] マステル・パスキエによる一五六四年のイエズス会士への攻撃は、ポステルの不敬に関連して彼らを譴責したものだった。[77] また後のイエズス会を論難した著作では、一章をまるごと「イエズス会士ギヨーム・ポステルの不敬について」に充ててもいる。

こうした危険性にもかかわらず、歴史のうちにおける黄金時代の預言的待望は幾人かのイエズス会士たちを捉えつづけた。十七世紀と十八世紀におけるその顕著な事例が、ポルトガル人アントニオ・ヴィエイラ（一六〇八―九七）[78]と有名なマヌエル・デ・ラクンサ・イ・ディアス（一七三一―一八〇一）[79]である。両者ともある種の千年王国論を展開している。ヴィエイラの『未来の歴史』[80]はその一部が一七一八年にリスボンで印行されている。この書にはヨアキム主義文書の明瞭な痕跡はなにもない。彼の主著『この世の終末にあたってのキリストの王国の預言の鍵』[81]は、『現世の第五帝国』[82]同様、写本のかたちで残るのみである。こうした表題そのものが、明白にヴィエイラの考えの方向性を指示している。彼はこうした待望の支持に、千年王国待望の信念が決して教会の内で消えることはなかったと論じるとともに、その証拠のひとつとしてウベルティーノ・ダ・カサレを引いている。ラクンサの偉大な著作『栄光と荘厳の救い主の到来』[83]は一七九〇年に完成している。彼はヨアキムから幾つかの観念を受け継いでいるように見えるが、おそらくことばの厳密な意味ではヴィエイラほどヨアキムを後継する者ではない。ペトルス・ヨアニス・オリヴィとヨアンネス・デ・ルペシッサも彼の先行者として指摘されてきたが、直接的影響を跡づけることはできない。とはいえ全般的に観て、ラクンサはヨアキム主義的な思惟を受けついだ者のように見える。彼が強調するところは、キリストの第二の降臨とこの世の終わりの間に置かれた未来の地上における千年王国。彼はイエズス会のうちから時に溢れ出すこうした待望の潮流を明かしてみせるのである。

イエズス会のような会派のうちにフランシスコ会聖霊派に較べ得るようなヨアキム主義集団を見出そうとすることは理に適っていないようにみえるかもしれない。大修道院長ヨアキムを自らの会派の預言者として受けいれることと、彼の歴史観を受け入れ、自らを未来の秩序、第三〈時代《スタートゥス》〉の生の秘密を知り、教会をそこへ導く神の使いたる者たちの修道秩序に属する者と観じること、とはまったく別のことである。他の会派の者たちに比して、ヨアキムとヴァンサンの預言を自らの修道会とその創設者のことであると主張したイエズス会士は僅かであったかもしれない。それでも彼らの歴史における役割の劇的な解釈には、ヨアキム主義的解釈の誘惑に傾斜するところが看取される。新世界が征服されつつあった時、人は歴史の新たな段階の閾に立っているのだと信じることは容易かったろう。会派の良識がヨアキム主義的な空想のすべてを否認したにしても、自らの召命を大修道院長の新たな修道秩序という観念にたち戻って観じる者もあったであろうし、ヨアキムの諸著をより深く読み、そこから自分たちを〈霊的な人々《ヴィーリ・スピリトゥアーレス》〉と呼ぶ感興を得た者もあったであろう、とわたしは考える。

新たな霊的な人々の可能性はイエズス会とともに完全に消尽した訳ではなかった。十六世紀後半、テオドルス・グラミナエウスはいまだヨアキムの〈新たな秩序《ノーヴス・オルド》〉を待望している。[84] ローマ教会の〈革新《レフォルマチオ》〉はバビロンの荒廃の後に、〈聖な《サンクタ・》る国《キヴィタス》〉の再建は「修道秩序すなわち隠修士たちにより、この世の時の終局」に待望されることがらである、と彼は書いている。「……この秩序は大修道院長ヨアキムがおおよそ四百年前に明快なる預言の霊によって予言したところ……それは新しいとともに新しいものならず……」[85]。グラミナエウスは隠修士秩序に関するヨアキムの鍵となる句節のすべて、そして『エレミヤ書註解』の〈新たなる説教者秩序〉に関する一節を引いている。しかし、彼はこの役割を果たすであろう者たちの候補に、いかなる名をも挙げてはいない。

結語

〈霊的な人々《ヴィーリ・スピリトゥアーレス》〉の理想を追求してきた者たちの多くは、実のところ原初の使徒たちの純潔に帰還する途を探していたのだ、と思われるかもしれない。こうした過去を省みる熱望という主題はもちろん、中世の宗教運動の歴史において重要な場所を占めている。しかし、本稿で採りあげてきた集団の識別的な特徴とは、〈未来の神話〉から湧き出た彼らの信念にあるのであって、過去を振り返るものではない。過去の歴史の解読は彼らに、差し迫った最後の時に到来するできごとの類型《パターン》を補完し、この類型《パターン》によって自らのこの世における役割を見出させる。彼らの範例が過去から導き出されることもあり得るにしても、彼らの信念は未来の生が過去の生よりもずっと充溢したものとなるだろうというところにある。彼らの期待するところは、最初の使徒たちの生を取り戻すことというよりも、新たなる使徒たちの生を創出することにあった。この主張はたちまち容易に倣岸と化し、正統信仰を大いに脅かし損なうものとなった。異端審問で何度も出会うことになる、キリストや使徒たちよりも大いなる完徳という主張こそ、彼らに対する最大の告発理由であった。つまりヨアキム主義的な観点のうちでも最も忌避されたのは、未来は過去を超越し得るという主張であった。この立場から退却するなどということはヨアキム後継者にとってはほとんど不可能なことであった。これこそが、未来に到達されるところは過去の成し遂げたところを超克せねばやまないという〈神話〉の本性だった。フランシスコ会聖霊派が未来への信念をキリストの人性《ペルソナ》についての格別の信仰と結び合わせ、この連結の焦点に聖フランチェスコの生を見出すことになったのは、そうした論理的帰結を直観的に忌避するためであったのではないだろうか。未来へ向かっての跳躍は、聖霊が溢れわたる第三時代というヨアキム説によって可能とされた。フランシスコ会聖霊派のうちにも格別、キリストの生との合一を強調する者たちがあった。こうした集団の信条はヨアキムよりもずっとキリスト中心的であったようにみえる。しかしフランチェスコの役割はキリストの地上での生を可能な限りまねぶものというにとどまらず、フランチェスコが第三の時代のはじまりに立つのは、あたかもキリストが第一の時代が第二の時代と交錯する地点に立つがごとくに、キリストと符合するものでなければならなかった。彼らにおけるキリストの称揚とヨアキムの聖霊に関する主張の融合は、キリストの三度の降臨という彼らの観念によくあらわれている。それはフランチェスコを第二の実現と観て、正統信仰の第二の降臨を歴史の終わりにおける第三の到来とするもの。

新たな時代が第二の降臨ということばで理解されていたにせよ、聖霊の時代ということばで解釈されていたにせよ、この観念の力動的な性質は、人々に降り注ぐであろう新たな霊的知解というヨアキムから引き継がれた信念のうちにあった。こうした弟子たちは高き山へと導かれ、そこから約束の地とまず果たさねばならぬヨルダン川渡河とを望見したのだった。そして彼らは自分たちが召命されていることを知った。一方で自らが未来の真の霊的な生を体現するものとして、もう一方で巡礼たちを聖霊の時代へと導く者として。この大いなる霊的なできごとはこの世の福音宣教という外観をそなえたものであったが、その本質は歴史の成就たるべき完璧なる観想の沈黙へとそれを導くものであった。

ヨアキムの〈霊的な人々《ヴィーリ・スピリトゥアーレス》〉という観念およびその何世紀にもわたる影響を取り扱ってきた本論は、人々を霊的な冒険へと招請するヨアキムの雄弁な一節をもって閉じられねばならない。

> こころの目から地の埃を払い、群集の騒擾、論争の喧騒を去り、霊の天使に従い砂漠へと赴き、その天使とともに大いなる高き山に昇りたまえ。そこで汝は、時のはじまりからずっと世代を通じて隠されてきた高き真実を見ることとなろう……この最終最新の時に呼ばれたわれわれ、文字にではなく霊に従い、服すことによって、次々と光に照らされ、第一の天から第二へ、第二から第三へ、漆黒の場所から月の光のうちへ、そしてついにわれわれは月明かりから白日の太陽の栄光のうちへと到ることとなろう。
>
> （『符合の書』五葉裏―六葉表）

註

（1） Cfr. *Expos.*, ff.175r-176v（ref.【II-1 n.73】), f.83v.

（2） F. Montanus, *Apologia pro Societate Jesu*, Ingolstadt, 1596, p.259.

（3） F. de Raemond, *L'Histoire de la Naissance, Progrez et Decadence de l'Heresie de ce siècle* ..., Paris, 1620, 教皇パウルス五世への献呈辞、および pp.520-5.

（4） N. Orlandino, *Historia Societatis Jesu*, Antwerp, 1620, p.39.

（5） «Hoc porro tempore multi ex externis cum Patrum vitas et instituta perpenderunt, vehementer addubitarunt an ii forsitan essent Evangelici illi viri, de quibus tanto ante B. Vincentius Ferrerius divino instinctu praedixerat. Multa quippe videbantur ex eo praedictionis oraculo cum eorum vitis moribusque congruere».

（6） 一五〇〇年ごろに刊行された『霊的な生 *De vita spirituali* 』を参照。そこで彼は「福音的な人々の未来の時代 status virorum evangelicorum futurus」の終わりを語っている。また、*De tempore Antichristi et fine mundi*, ed. Fages, op.cit.（ref.【II-3 n.53】), pp.219-20を参照。

（7） «cum tamen, si verum quaerimus, in eos multa quadrarent». Orlandino, op.cit., p.39. 聖ヴァンサンの預言はヴァンサン・ド・ポールの会派によっても採りあげられたが、創設者自身によって否まれた。H. Brémond, *Histoire littéraire du sentiment religieux en France*, Paris, 1921, iii. 242-3参照。

（8） *AS*, 31 July, vii. 694-6.

（9） «Hoc igitur tempore tam opportuno, tam necessario, admirabili ac plane divino consilio, Deus nostrum elegit Ignatium, ut crucis trophaeum in disjunctissimas terras atque provincias inferret, et gentes infinitas, agrestes ac barbaros, depulsis ignorantiae atque infidelitatis tenebris, Evangelii clarissima luce, per filios suos collustraret ...». *AS*, 31 July, p.696.

（10） J. F. Lumnius, *De extremo iudicio Dei et Indorum vocatione*, Antwerp, 1567, cap. vi.:「イエズス会の務めおよびインディオ宣教が天使的召命であることについて」«De commendatione Ord. Soc. Jesu et quare qui ad Indos missi sunt angeli vocentur».

（11） イザ 60:8.

（12） Loc.cit.; また Gasparus, *Epistolae Indicarum*, Louvain, 1566.

（13） J. Osorius, *Tomus Quartus Concionum de Sanctis*, Venezia, 1595, p.153 ; cfr. 黙示9:1-3.

（14） J. Nieremberg, *Honor del Gran Patriarcha San Ignacio de Loyola*, Madrid, 1645, pp.1-4による。

（15） *Sanctitas Ignatii Loyolae*, Ingolstadt, 1622.

（16） *Catholische Lobpredig von dem Glorwürdigen Patriarchen u. Heiligen Vatters Ignatii Loyolae* ..., Langingen, 1651, p.40.

（17） «Angelum fortem descendentem de caelo». P. Deza, *Trois tres-excellents predications prononcées au jour et feste de la beatification du glorieux patriarche ... Ignace fondateur de la Compagnie de Jesus*, Poitiers, 1611, pp.110-11 ; 黙示10:1参照。

（18） «Non igitur miretur quisquam si et nos postremis hisce temporibus quod ad quarundam attinet scripturarum intelligentiam, apertiorem veritatis notitiam ascribamus, quando iam et propinquius ad finem accedimus et per quotidianam veri experientiam quae hactenus ex parte latuerunt, lucidius revelari videmus. 'Aliter videtur civitas', sicut Abbas Joachim (*Apoc.* par. 4. dist.7), 'cum adhuc per diaetam longius distat ; aliter cum venitur ad ianuam, aliter cum pergitur intus. Nos igitur qui ad ianuam sumus, multa quidem loqui possumus quae aliquando ex toto vel ex parte latebant ; sed non sicut hii qui erunt intus et oculo ad oculum videbunt.' Quod de nostris dictum quis neget temporibus?» Op.cit.（ref.【本章 n.10】), cap. xiiii.

（19） Cfr. *Expos.*, f.175r-v.

(20) «... in li. 20 expositione super Apocalypsim, f.83 sic ait : Erit quidam ordo designatus in Jesu qui clarebit sexto tempore Ecclesiae, id est, in fine mundi, qui erit prae caeteris spiritualis, praeclarus et Deo amabilis. Et in f.98 ait : Deus diliget istum ultimum ordinem quemadmodum Jacob Patriarcha Beniamin filium suum, eo quod in senectute genuerit eum. Et in f.175 exponens illa verba Johannis Et vidi ... filio hominis, ait : Arbitramur tamen in eo quod visus est sedere super nubem candidam significari quendam ordinem iustorum cui datum sit perfecte imitari vitam filii hominis et habere linguam eruditam ad evangelizandum et colligendum in aream Domini ultimam messionem. Qui dicuntur sedere super nubem propter contemplationem, et hic erit ordo perfectorum virorum servantium vitam Christi et Apostolorum. Et idem Abbas Joachim super Hieremiam I cap. sic ait : Revelandi sunt in Ecclesia doctores praedicatoresque fideles, qui terrena ac carnalia corda omniplaga percutiant ac erectis et tumidis magisteriis silentium studiis suis imponant». Op.cit.(ref.【本章n.13】), p.166.

(21) Cfr. *Super Hier.*, f.1v. この節は、しばしば〈説教修道会および小さき兄弟会 Ordo Praedicatorum et Minorum〉と欄外注され誇張される、二つの托鉢修道会にかかわる預言の真っ直中にあらわれるものである。

(22) B. Viegas, *Commentarii Exegetici in Apocalypsim*, Evora, 1601, p.198.

(23) Nieremberg, op.cit., p.2に引かれている。

(24) A. Zara, *Anatomia ingeniorum et scientiarum*, Venezia, 1915, p.185. 彼が引用するのは、*Expos.*, f.83v(ここから二節を引いているが、彼は後者を誤ってf.98からと記している); *Lib. Conc.*, f.95r(これも誤記されている); *Super Hier.*, f.1v.

(25) «Insurget una nova religio sanctissima, quae erit libera et spiritualis, in qua Romani Pontifices ... se continebunt. Quam religionem et ordinem Deus super omnes alios diliget quia perfectio illius vincet omnes alias aliorum ordinum». T. Stapleton, *Promptuarium morale super Evangelia Dominicalia*, Paris, 1617, p.105にはザーラが引いたのと同じ一節が引用されている。ただし、その引用は『符合の書』のどの刊本とも正確には一致しない。多くの句節はcap. 65 (f. 95) から引かれているが、最後の一節はcap. 64の末尾を基にしつつ、一歩を進めたものである。ステイプルトンの預言の適用法については、De Lauro, *Apologetica*, pp.202-6で注目されている。

(26) Op. cit.(ref.【本章n.16】), pp.32, 40.

(27) J. Nieremberg, *Honor del Gran Patriarcha San Ignacio de Loyola* ; op.cit., pp.1-5

(28) 彼が引くのは*Expos.*, f.175v.

(29) L. Bail, *Summa Conciliorum omnium ...* , Paris, 1675, i. 438.

(30) 【I-9 p.131】参照。

(31) Cfr. *Expos.*, f.83v. ヴィエガスの黙示録註解にはフィラデルフィアの教会に宛てられた手紙(黙示3:7-13)の全文が引かれている。

(32) 【本章n.17】参照。

(33) Cfr. F. Ribeira, *Commentarius in Apocalypsim*, Salamanca, 1591.

(34) «Novissime autem diebus istis loquutus est nobis (Deus) in filio suo Ignatio quem constituit haeredem universorum». Op.cit., p.112 ; 〈ブル1:1-2参照。

(35) 【II-5 p.261】参照。

(36) *Censure de la Sacrée Faculté de Théologie de Paris sur trois sermons prétendus, faicts en l'honneur de P. Ignace ...*, s.l., 1611, pp.5, 9-10.

(37) 各種の解釈流派の相違については、E. Allo, *St. Jean. L'Apocalypse*, Paris, 1921, pp.ccxxviii-ccxxxをも参照。

(38) Ibid., p.ccxxxv.

(39) Ibid., p.ccxxxvi.

(40) Cornelius Lapierre (Cornelius Cornelissen van den Steen), *Commentarius in Apocalypsim*, Lyon, 1627 ; *Commentaria in Quatuor Prophetas Maiores*, Antwerp, 1622.

(41) *Com. in Apoc.*, p.6 ; *Com. in Quat. Proph.*, p.51. 特に彼はセラフィーノ・

ダ・フェルモ（【IV-6 p.590】参照）とP・ガラティヌス（【II-6 pp.300-03】参照）について語っている。

（42） *Com. in Quat. Proph.*, p.51.

（43） *Com. in Apoc.*, pp.10, 238 ; *Com. in Quat. Proph.*, pp.50-1.

（44） *Com. in Apoc.*, p.58.

（45） Ibid., p.186.

（46） Ibid., p.58.

（47） Ibid., p.6 ; *Com. in Quat. Proph.*, p.51.

（48） *Com. in Apoc.*, p.289.

（49） Alcazar, *Vestigatio arcani sensus in Apocalypsi*, s.l., 1614. ここでもウベルティーノ・ダ・カサレとセラフィーノ・ダ・フェルモがヨアキムとともに語られているが、今回は危険な方法論を代表する者とみなされている。

（50） Ibid., p.45 ;【I-3 p.70 ; II-5 pp.246, 265】参照。

（51） Ibid., p.76.

（52） Ibid., p.76.

（53） Benito Pereyra, *Disputationes super libro Apocalipsis*, Lyon, 1606（ここでは *Opera Theologica*, i, Cologne, 1620を用いた), pp.763, 769, 830.

（54） Ibid., p.875.

（55） «septimus est religiosorum virorum, exemplo vitae et sanctitate conversationis, et frequenti, ardentique praedicatione divini verbi populum fidelem reformantium atque renovantium ...» ; «Religiosi et sancti ordines Fratrum Mendicantium et in hoc saeculo nostra Societas, ut novissima, sic etiam minima». Ibid., pp.769, 766.

（56） Ibid., p.767.

（57） Ibid., p.904-5.

（58） Ibid., p.912 ; 黙示8:1参照。

（59） Pereyra, op.cit., p.815 ; cfr. *Expos.*, f.89r-v.

（60） 列王下2:9参照。

（61） Pereyra, op.cit., p.816.

（62） Ibid., p.821 ; cfr. *Expos.*, f.97v.

（63） Ibid., p.784 ; cfr. Expos., ff.42r-43r. ペレイラの引用は印行版とは幾分の相違がある。『註解《エクスポジチオ》』から引かれた句節は以下の通り。pp.785, 786, 788, 803, 807, 808-9, 816, 822, 823, 832, 837-8, 848-9, 857, 875.

（64） «In Ioannis [Baptistae] ergo zona et esca veteris testmenti iustitia designata est : per Christi vero zonam sive escam novi testamenti iustitiam que de celo descendit significata est : quamvis in eisdem rebus duas vitas ecclesiae assignare possimus activam scilicet et contemplativam. ... Infirmorum ergo et imperfectorum est habere zonam circa lumbos pelliceam : ... perfectorum autem, maxime vero monachorum, est habere zonas aureas ad mamillas : quia illis aliquid est, si corpus impollutum servent : istis est, pene nihil autem hoc nisi habeant et munditiam cordis. ... In zonis quoque maxima est distantia : quod enim inter zonas pelliceas atque aureas inter est, hoc differt inter corporis castitatem et mentis : illic enim exterior homo, hic interior ... qui zonis aureis circa pectora constringuntur, id est qui fulgore sapientiae qua pascuntur, ad coelestia contemplanda et amanda trahuntur, et quasi potestate regia, immundas a se ipsis cogitationes abiiciunt. Praeterea, cinctum esse zona pellicea, significat castum esse ex necessitate, vel timore poenae ; cinctum vero esse zona aurea denotat amore iustitiae atque aeternae gloriae virtutem spiritualis munditiae toto studio, totisque viribus complecti et tenere».

（65） 【I-9 pp.146-52】参照。

（66） *AS*, p.141.

（67） «Quidquid sit, non est opus istiusmodi tam incertis argumentis propheticum B. Joachimi spiritum confirmari, cum alia longe certissima habeamus. Quapropter libenter praeterimus quaecumque ex eiusdem operibus varii Religiosorum Ordines varie ad se trahunt et ad nostram Iesu Societatem etiam nonnulli …». *AS*, p.142.〔＊【I-9 n.149】参照。〕

(68) *Expos.*, ff.83v, 175v-176r ; *Super Hier.*, ff.1v, 15r.

(69) «Haec aliaque eiusmodi sunt, ut praeter eos, qui tum in Ecclesia vigebant florebantque Ordines Monachorum, uni fere contemplationi ex instituto deditorum, alios nascituros praeviderit Joachim, qui in gradu Clericali operosam Marthae actionem conjungerent cum quiete Mariae : et ex utroque mixti genere, non tantum suae sed proximorum etiam saluti perfectionique promovendae vacarent : de quorum ad barbaros et infideles missionibus fructuosis, egregiisque contra vitia, haereses, ipsumque Antichristum certaminibus cum multa dicat, operosum foret omnia congerere : multo autem operosius et longe invidiosissimum foret, singula velle applicare singulis, post Joachimum natis, ad exclusionem aliorum, qui eadem de se pari vel majori jure aestimarent intelligi potuisse». *AS*, p.142.

(70) «Ad Ordinis istius sic praedicti tempora existimamus pertinere sacrorum studiorum resuscitationem, quorum multo tempore tractatio sterilis atque intra meras Dialecticorum argutias, et Metaphysicorum abstractiones, implicatissimorumque terminorum farraginem multiplicem, velut in sepulchro concludenda esset ; ac demum, post triplicem Ecclesiae tribulationem, a Ioachimo praevisam, in vitam quodammodo revocanda per eos, qui Divinarum rerum et Scripturarum cognitionem ita sectarentur ipsi, et aliis traderent ; ut extra Scholasticae exercitationis umbram, in solem pulveremque educti, eadem uti scirent atque docerent, ad redarguendos Catholicae fidei adversarios, haereticos confutandos reducendosque, convertendos idolatras rudes ac barbaros instruendos … tertia denique, ab haereticis imminens sub Luthero aliisque haeresiarchis, et in magna Ocidentalis Imperii parte … maxime in regionibus Borealibus, repraesentatur in Christi morte. Postquam, velit nolit mundus, septimus Angelus, i.e. spiritus Dei septiformis, resuscitabit intelligentiam spiritualem, qua caeci videant et intelligant mysteria Trinitatis totiusque fides Christianae.

Illa autem tam praeclara atque illustria, sive de Ordine praedicto 'quem designat Jesus', sive de spirituali intelligentia, i.e. operosa efficacique doctrina Scripturarum qua esset Ecclesiae restituenda … ; an hoc quo vivimus seculo impleri coeperint, aliis relinquimus judicandum ; …». *AS*, p.142.

(71) ギヨーム・ポステルについては、Bernard-Maître, (i) *Le Passage* ; (ii) *RSR* xxxviii ; Secret, *Studi francesi* I ; Bouwsma, *Concordia Mundi* を参照。〔＊イエズス会が教皇から正式公認を受けたのは一五四〇年九月のことだった。〕

(72) イエズス会士たちのポステルに対する審きは、J. de Polanco, *Vita Ignatii Loiolae et Rerum Societatis Jesu Historia, Monumenta Historica Societatis Jesu*, i, Madrid, 1894, pp.148-9 からその全文を引いておく価値がある。「……ガリアの人ギヨーム・ポステルは学識深く（殊に算術と数々の言語に秀で）、明敏であったが、修練士として入会した。しかし彼の預言的な霊について、イグナチオおよび会派の者たちはその語りまた著すところに多くの過ちを認め、それが真ならずまた建設的なものでも会派の合一にもふさわしからざるものであるところから、いろいろと手を尽くしたが、結局彼は脱会することとなった。とはいえ、彼は敬虔なる人物で、善きことをいろいろ予言し、謙遜にして卓れた知識をもち、信仰に勤め、服従に務めた」«… quidam Guilielmus Postellus, natione gallus, et eruditione (praesertim Mathematicis et linguarum multarum) satis clarus, est ad probationem admissus. Sed cum spiritu, ut ipsi videbatur, prophetiae, ut autem Ignatius et alii de Societate judicabant, erroris multa sentiret, dicere ac scriberet, quae nec vera, nec ad aedificationem et unionem cum Societate fovendam, facere viderentur, frustra remediis multis tentatis, dimissus est. Vir alioqui pius et moribus bonis praedictus, si humilius et ad sobrietatem sapere et suum judicium in obsequium fidei ac obedientiae captivare didicisset». その経緯については Bernard-Maître, *Le Passage* を参照。

(73) «décorée du nom même de celui qui doit être reconnu pour le Roi de l'univers et déjà célèbre par le bonheur qu'elle a de remplir toutes les Indes de la lumière de l'Évangile et de préparer ainsi les voies de la Légation universelle qui se manifestera sous un autre nom». In Bernard-Maître, *Le Passage*, p.238.

(74) «... ie me allay a Rome avec les dicts Iesuites, la ou ie maintins tousiours ladicte profecie, combien que par plus d'un an, continuellement quasi, par l'obedience de M. Ignigo de L. ... ie priasse Dieu qui m'ostast de la fantaisie ceste profecie ... de sorte que la ou ie la vouloys chasser elle croissoit maulgre moy. ... Car a la verite j'eusse aultrement desire a tousiours vivre avec eulx ... a cause qu'aultrement leur maniere de procedere ... est la plus parfaiete apres les Apostres qui onc feust au monde, comme ie le pense et iuge, et qui avec nous reformeroit le monde». In Bernard-Maître, *Le Passage*, p.241.

(75) H. Forquerary, *Histoire de la Compagnie de Jésus en France*, i, Paris, 1910, pp.182-3.

(76) わたしはパスキエの小冊子を次の英語訳でしか参照できなかった。*The Jesuite displayed ... openly discoursed in an oration against them made in the Parliament house at Paris, by one Master Pasquier ... translated out of French by E. A.*, London, 1594. ポステルのパリ出現に関する記述の後、彼は次のように結論している。「貴顕らの会派がこのような怪物と共謀しているなどというのが本当であるなら、われわれにとってはまことに危険な事態となろうし、神はイエズス会にわれわれが従うようなことを決して許したまわないであろう」«Now truly if youre societye hatcheth such monsters : if it engendereth us so damnable effects, God forbid that ever we should follow such a societie of Jesus». s.p.

(77) *Le catechisme des Iesuites : ou Examen de leur doctrines*, Villefranche, 1602, cap.X : *Impietez de Guillaume Postel Iesuite*, pp.42r-45v.

(78) A. F. Vaucher, *Une célébrité oubliée : Le P. Manual de Lacunza y Diaz ...*, Collonges-sous-Salève, 1941, p.68 にはヴィエイラ Antonio Vieyra とその著書に関する注および参考文献が載せられている。〔＊生没年は改訂版での訂正に則して改めた。〕

(79) ラクンサについては上註 Vaucher の書および、Id., *Lacunziana*, Collonges-sous-Salève, 1949 を参照。

(80) Vieyra, *Historia do Futuro*.

(81) Id., *Clavis prophetarum de Regno Christi in Terris consummato*.

(82) Id., *Quinto Imperio do Mundo*.

(83) Lacunza, *La Venida del Mesias en gloria y majestad*.

(84) T. Graminaeus, *Mysticus Aquilo, sive Declaratio Vaticinii Ieremie Prophetae ...*, Cologne, 1576, pp.25-6.

(85) «per ordinem videlicet Eremitarum, in extrema mundi aetate. ... Surget enim ordo, ut Abbas Ioachim ante quadringentos fere annos prophetico spiritu clarus praedixit ... qui videtur novus et non est ...».

第Ⅲ部　アンチキリストと最終世界皇帝

第1章　歴史の終わり

キリスト教的思惟はその誕生以来、歴史について悲観的な待望と楽観的な期待の間に展開されてきた。つまり歴史の終わりとは邪悪なものたちの増殖として、あるいは千年王国、黄金の救世主の時代として観念されるものだった。たとえばマタイによる福音書二四章の句節をもととした前者がより慎重な正統信仰の立場であった。この世は老化と堕落を運命づけられており、不正が増し、愛は冷め、そこに突然最後の試練が訪れ、その直後、人類を審き、この世に終わりをもたらすために人の子が姿をあらわすだろう。未来の黄金時代への希望は、ユダヤ教のメシアの時代という観念に淵源するもので、それは聖なる民がパレスチナを統治する平和と正義の時代、前代未聞の豊穣がこの世を満たすこととなるだろう時代として待望された。この勝利の使いは、最初、神に選ばれた地上の王として期待されたが、後にはそこに黙示録的な要素が加わることによってメシアは神的なあらわれとしての超人的な姿を纏うこととなる。[1]とはいえそこではメシアの時代は歴史のうちに観念されており、歴史の彼方にではない。これは時間の円環というよりも、直線的な進展としての歴史観念の窮極の聖化である。それは無垢なる時代への帰還といった循環的な現象ではなく、歴史のすべてがそこへと向かっていく窮極の頂点である。キリスト教における歴史の希望的な側面は、ユダヤ教のメシア時代の待望から導出される。

キリスト教の初期の思惟において、至福の未来の時代という理念を支えることになる三つの観念が発展した。その第一は千年王国説。これは黙示録二〇章一―三の、悪魔《サタン》は千年にわたり繋がれた、という神秘的なことばを基にしたものである。[2]第二は安息の時代という観念。それは神が業を休める創造の七日目に象徴される。第三は、すくなくとも初期の思索家モンタノスの信じたところ、聖霊による未聞の照明の待望。[3]黙示録に記されたように、千年王国には以下のような特徴がある。それは歴史への神の直接介入によってはじまるだろう。それはある一定の時間的間隔をもつであろう。つまりそれは歴史のうちにあるのであって、永遠性からは区別される。その間、悪魔《サタン》は縛められてあるだろうが、それも完璧にではない。それは選ばれた者たちの集団に与えられた特権としてあり、人類全般の享受するところではない。それにも終わりがあり、悪との最終的な闘争、神の介入を経て、歴史は終わるであろう。この後、ついに聖なるエルサレムは降ることになろう。新たなる天と地は歴史を超えたものであって、歴史の実現ではない。この径庭の解釈において、たちまち曖昧な表現が広がることとなった。時の終わりに地上の黄金時代を観ることとなるであろう。こうして初期キリスト教徒パピアス（六〇—一三〇年頃）は地上の豊穣なる成果としてそれを期待した一方、殉教者ユスティノスによって千年王国とは、千年にわたり聖人たちが住むべく再建され、飾られ、拡張されたエルサレムとして待望されることとなった。[4] しかし千年王国説は危険を孕んだ期待であるとして、オリゲネスによって攻撃された。三世紀、彼はそれを純粋に霊的な千年王国として論じ、実現されるべき夢想としては激しくそれを論駁した。[5] 五世紀初頭、アウグスティヌスは千年王国がキリストの誕生とともにはじまり、すでに教会において完全に実現されている、と教えた。[6]

そこにはまた、安息の時代という観念に固有の曖昧さがある。創造の七日目は永遠なる第八日とははっきりと区別され、それは歴史のうち、時間のうちに待望されるとはいえ、それが神の直接介入によってはじまるとするならば、それどころかそれが最後の審判の後に置かれるとするならば、それは歴史を超えたものではないのか。この困難はこの観念について解釈してみせるラクタンティウスのうちにすでに明確にあらわれている。

神は六日のうちに数々の事物を造りたまうた。それは信仰と真実のうちに六千年のはたらきを要したところ、そこに邪悪が支配することとなる。それはふたたび完徳の業が七日目に要請されたごとく、ここ六千年の終わりに邪悪がすべてを堕落させるゆえに、地を千年にわたって正義が統治するため、祝別を要するところである。かくしてこの世はすでにして平安と安息にもたらされあるのである。[7]

ここに千年王国と安息の時代は合一するようにみえる。ラクタンティウスはまず、邪悪なる危難の増大を望見する。「そこに正義は希薄と化し、無慈悲と貪欲と放縦なる色欲が増大するだろう」。[8] ローマ帝国は老化して崩壊せずにはおかない。ラクタンティウスは邪悪なる王による戦争の勃発、悪疫、忌まわしいことども、「人々の死」、贋預言者といった主題を語り継ぐ。そしてついに正義は山なすアンチキリストに包囲される。神への嘆願に、彼は支援のため解放者——「天の大いなる支配者」[9]——を遣わしたまう。このすこし後、キリストその人が審きのために天使の軍団を率いて姿をあらわし、最後の戦闘でアンチキリストを滅ぼすと、たちまち死者の復活と最後の審判がそれにつづき、安息の時代が公宣される。

不義が一掃され、大いに正義が果たされ、先に義を果たした人々に生命が還され、千年にわたり人々は正義の統治のうちに住むこととなろう……その時にあたって生命を得たからだは死ぬことがないだろう……そればかりかその千年には数限りない者たちが生じ、それらの者たちも聖にして神に親しい裔となるだろう……その時、悪鬼《ダイモン》の首領は……鎖に繋がれ、天の支配は千年にわたって護られ、世の果てまで正義が支配するであろう。……このできごとの後、各地から義人たちが集まり、審判を果たして地上に聖なる国を築き、神の導きのもと義しく過ごすであろう。[10]

ここでは安息の時代が最後の審判と総復活の後に置かれているとはいえ、その黄金時代は、星が光を増し、地に花と果実が満ち溢れ等々、明らかに地上に展開されている。それが自然を超えた神的な使いによって成就されるとはいえ、それは創造の時代であり、時を限られた期間である。地上での最終的繁栄は、五世紀の人、コムモディアヌスの待望にもよくあらわれている。[11]

そして、アウグスティヌスの七つの時代という類型《パターン》は中世の歴史観の基本型と化していくが、安息の時代の本性については彼の見解も曖昧である。彼は、創造の七番目の〈日〉が八番目の〈日〉からは明快に区別されるものであることを認めている。「……その第七はわれわれの安息となろう。この終局目的とするところは黄昏ならず、主の日つまり第八の永遠である」。[12] そればかりか彼は、安息を第二のキリスト降臨と最後の審判の後に置き、人としての不完全な静穏と、そこで得られることとなる祝福された神的、超自然的な状態とを対比している。

しかしここに共通のものであれ、特殊われわれのものとしてであれ、存する平安は、喜ばしい祝福というよりも悲惨に対する慰めではないのか。われわれの義は……罪業を赦し、完璧なる徳能としてあることのできるほどにもこの生のうちに多々あるとはいえども……その最終目的たる平安は……不滅にして不壊なる本性のものにして悪徳なきものであり……理拠が悪徳にはたらく業ではなく、神が人を、魂がからだを支配するところ、それこそが甘美にして容易なる服従であるとともに、幸福なる生の統治であろう。そしてそこですべてのものも個別のものも永遠であり、永遠存在としてあるに違いない。それが祝福された平安あるいは浄福なる平和であり、それこそが至高なる善であろう。[13]

（『神の国』十九巻二十七章）

聖霊によるいやまさる照明という観念は、実のところ歴史の窮極的聖化に向かう最も明確な指標であるが、ここでもその歴史状態は曖昧なままにとどまっている。モンタノスは第三の時代を切迫したキリストの第二の降臨と結びつけるとともに、新エルサレムはフリギアに降り、そこが聖人たちの住まいとなるであろうと信じた。[14] テルトゥリアヌスもまた新たな照明を天より降る新エルサレムという語彙で語った。そして聖霊の時代の完璧な照明は、キリストの第二の降臨の後にのみ実現されるであろう、と。とはいえそれは歴史の終わりの後のこと、とは感得されてはいなかった。第三の時代は歴史時代であり、〈この〉地、という要素はエイレナイオスが次のように記すところにも強調されている。「……彼らがそこに仕える創造において、彼らはまた統率することとなる……それゆえ、その原初の状態を復する創造そのものが、義人たちの統治のもと、なんの制限をも受けないものとなろう」。[15]

こうして中世の思惟は、歴史の〈終わり〉に関して曖昧さを孕んだままにはじまり、（ことば遣いは違うものの）現在もそのままにある。楽観的な要素と悲観的な要素は密接に並置され、物質的な夢想と霊的な夢想は混交され、人と神のはたらき（神の使い）は競合する。これらの対それぞれの後者を強調するほどに、正統キリスト教の伝統と中世初期の思惟に近接することになる。千年王国はしばしば、来たるべき特別の時代としてよりも、第一と第二のキリスト降臨の間の全期間を覆うものとして説かれてきた。安息の時代は、セヴィリアのイシドルスやベーダのような影響力ある指導者たちによって、完璧にとはいかぬにせよ、ほぼ安全に歴史を超えた場所へと結ばれることとなった。歴史のうちにおける最終特別な人間性の開花に対する大いなる期待は、歴史の第三の時代の第三の照明という可能性が把握されることになるまで展開され得ないものであった。ヨアキムが練り上げたような歴史の三一構造だけが、それに必要な枠組みを与えることができた。これによってのみ千年王国と安息の時代という二つの観念は、はっきりと歴史の最後を飾る時代を象徴するものとなる。いまだ獲得されざる未来、それは過つことなく時間経過のうちに配され、キリストの第二の到来と最後の審判に極まる歴史に先立つものとされる。

　とはいえヨアキムに先立つ時代にすでに、楽観あるいは悲観的に歴史を枉げるような未解決の問いが残されていた。あるいはすくなくとも、実質的な黄金時代への待望と、邪悪は神の直接介入によって殺がれることとなるまで増えつづけるだろうという想いとが結びつくことは可能だった。こうした希望は、シビュラの巫言の数々を介して西欧中世へと流入した擬古的思潮に滋養を汲んだものだった。黄金時代の循環的回帰という考えはもちろん、ヨアキムの三位一体的歴史観とは正反対のものであったが、それは長い歴史的巡礼の後に得られる人の生の最終的繁栄という観念をばかりか、安逸の時代への周期的還帰は決して人を洗練させるものでなく、ただ邪悪に対する懲罰に終わるだけであるという想念を抱かせるものでもあった。そうはいっても、歴史の堕落趨勢という悲観的な暗闇に抗すべく、期待はかえって激烈なものとなる。シビュラの預言の数々の普及には、人の内なる邪悪を克服することができるのはただ神の介入だけであるという想いを転覆しようとする、歴史における人の勝利の凱旋への切望を観てとることができる。こうした観念の衝突から、邪悪なるものの最終的な襲来と神の最終的介入を前に、部分的な勝利を成し遂げるものとしての人の救い主、〈最終皇帝〉の姿が浮かび上がってくる。

　中世ヨーロッパに知られたこうした巫言のうちで最も古いものが〈ティブルティーナ〉で、これは四世紀中頃にあらわれた[16]。これは、すばらしい肢体と輝かしい容貌をもつ全能のギリシャ皇帝コンスタンスの、一一二年（あるいは一二九年）

にわたる統治への待望をかたるものだった。それはキリスト教の大いなる勝利が成就される平安と繁栄の時代となるだろう。異教徒たちは改宗するか滅ぼされ、ユダヤ人たちは改宗し、ついにゴグとマゴグの増殖も殲滅せられるだろう。皇帝はその務めを完了すると、エルサレムに赴き、ゴルゴタに彼の冠と外套を捧げ、キリスト教世界の法と保護を神に委ねる。その時ついにアンチキリストが邪悪なる憤激によってエルサレムの神殿を支配するべく姿をあらわす。これに対しては人のはたらきはなんの役にも立たないだろう。それを滅ぼすため大天使ミカエルがあらわれるが、それも束の間、キリストの第二の降臨によって歴史は終了するだろう。こうして〈最終世界皇帝〉の栄光は正統信仰の悲観的な歴史的結末と結び合わされ、これが差し迫ったことどもの全般的予定として人心に広がることとなる。皇帝の勝利を強調するか、その最終的な委譲に力点を置くかによって、楽観と悲観の度合いは様々となり得る。

〈最終世界皇帝〉の姿は、よく知られた論考『擬メトディウス』によって大いに普及した。これは東ローマ帝国で七世紀終わり頃に著されたもので、八世紀にはシャルル・マーニュの宮廷でラテン語訳され、広がることとなったものである。(17) そこでは、邪悪の危難の到来がアラビア人《イスマイリティ》によるキリスト教世界の征服によって極まるであろう、と誇張されていた。その邪悪の極点で、「グレゴリウスあるいはローマの王が激しい猛威のうちに」(18)微睡から覚めるだろう。そして、彼はアラビア人を制圧し、幸福の王国を創建することとなるだろう。

> ここに地に平安がもたらされ、地上のすべては彼のもとに統一されることだろう。……そして人は地に満ち、荒廃した土地にも蝗のごとくに増えるであろう。……地を平和が領し、地を満たす大いなる平安と静穏はいまだかつて成し遂げられたことのないものというばかりか、この世の終わりに到るまで決して凌駕されることのないものとなろう。……こうした平安のうちにあって、地上の人々は悦びと楽しみに耽り、婚姻者たちそして花嫁を授ける者たち……彼らのこころには怖れも不安もなくなるだろう。(19)

しかしこの祝福の時期も荒々しく幕を閉じ、北の門は破られ、人々は皆アレクサンデルの猛威により一挙に燃やされ殺される。荒廃と恐怖の時がやってくるだろう。ついに皇帝はアンチキリストの襲撃に備えるため、エルサレムに赴き、破壊の息子が姿をあらわすと、通説されるところの権力委譲を果たし、敗退する（あるいは、霊にすべてを委ねる）。「そして破壊の息子が姿をあらわすと、ローマの王はゴルゴタの高みに昇り……この場所で……その頭から王冠を脱ぎ、それを十字架の上に冠し、その両手を天に広げてキリスト教の王国を神に委ねるであろう……」。[20] そして真のキリストが栄光の雲のうちに姿をあらわし、その最後の敵を滅ぼし、最後の審判に就くことになるまで、アンチキリストは統治するだろう。〈ティブルティーナの巫言〉に観たように、ここにふたたび、人の力によってはどうしようもない邪悪な宇宙的な力に対する悲観的な得心に混交した黄金時代への希求が認められる。ここにあって平和の統治は、千年王国あるいはキリストとともにある聖人たちの王国ではない。実際、飲食、婚姻、花嫁の贈与といった記述は、洪水の前の現世の物質的安逸を示唆しており、義人の勝利や聖人の祝別を含意したものではない。それゆえゴグとマゴグの襲撃から救うことができるのは、神だけである。アンチキリストを前に、皇帝はゴルゴタに登り、彼の務めを委譲することができるに過ぎない。最終的な世界戦、最終的な祝福の役割を果たし得るのはキリストのみである。

　十世紀になると、この差し迫ったことどもの類型《パターン》にアンチキリストの生と閲歴の詳細が加えられる。ブルグントの大修道院長アドソの著『アンチキリストの出現とその時代について』[21]は、こうしたことがらについての典拠と化した。こうして〈最終世界皇帝〉への期待は広く中世の伝統のうちに組み込まれ、大きく受容されることとなったが、この皇帝にはじつに限られた役割が付与されただけで、そこにはほとんど地上の千年王国への希望を容れる余地はなかった。そして歴史の安息は、断然、歴史の最終的なできごとの数々を超えたところに配されることとなった。それにもかかわらず、最終皇帝という約束は深い熱望を呼び覚ますこととなり、まずフランスに第二のシャルル・マーニュの伝説が、つづいてゲルマンに〈最終皇帝〉の伝説が広まることとなった。

　ノーマン・コーンは、第一回十字軍の時期に最終世界皇帝の預言に対する関心の高まりが見られること、その一方で十字軍が具体的な期待感を醸成することになったことを論じてみせた。[22] アウラのエッケハルトは一〇九五年、キリスト教徒をふたたび勝利へと導き、平和と繁栄の時代をもたらすであろうシャルル・マーニュの復活にかかわる『つくりばなし《ファブロースム・コンフィクトゥム》』

が広く出まわったことを録している。[23] また、第一回十字軍のすこし前、アルバのベンツォは一編の詩を皇帝ハインリヒ四世に献じているが、その詩はこの皇帝をすべての偉大な皇帝たち――テオドシウス、ユスティニアヌス、シャルル・マーニュ――の後継者と観るとともに、彼に〈最終世界皇帝〉の役割、つまりビザンツおよび不信仰の徒の征服と、エルサレムにこの世の終わりまでつづくであろう世界帝国の創設、を預言するものだった。[24] ここには邪悪の圧伏について、稀にみる肯定的な姿勢があることに気づかされる。ベンツォはハインリヒが実際にエルサレムでアンチキリストと出会い、それにうち克つであろうと期待していた。第一回十字軍の年代記の数々には、救世主‐皇帝への期待の跡が数多認められる。つまりその期待は、貧しい者や無学な者たちだけのものではなかった。ライニンゲン伯エンメリヒのように、ラインラントに蝟集する民衆十字軍の群集に対し、自らを最終世界皇帝に準えてみせる者もあった。[25]

十二世紀になると、シビュラの巫言の数々はティブルティーナあるいはクマエの巫女《シビュラ》の名のもとに改作され、〈世界最終皇帝〉の待望を「蘇ったシャルル《カロルス・レディヴィヴス》」あるいは「ローマの王《レクス・ロマノールム》」として普及させることとなった。この主題に関して十二世紀のすべての資料を概観することはせず、ここではフライジングのオットーとヴィテルボのゴドフロワをシビュラの約言を真率に採りあげた事例として観てみることにしたい。フライジングのオットーはその著『皇帝フリードリヒ事跡録』[26]を預言的な序文で飾っている。そこで彼は、シビュラの書のうちに見つかったという神秘的な文字C（コンスタンス）で表された最後の偉大な皇帝を待望した、あるフランスの巫言について注している。[27] ヴィテルボのゴドフロワは一一八六―八七年頃に、「コンスタンスという名にしてその気概をもつローマの王」[28]が最終皇帝の企図をすべて実現することになるだろう、という期待を録している。シビュラの巫言の数々は、彼こそが王の王となり、十字軍を率いて不信仰な者たちを破り、エルサレムから世界の統治を宣言するであろうことを予言している。彼は栄光のうちに一二二年を領するであろう。しかし、他の数々のシビュラの巫言異文《ヴァージョン》が言うように、その事跡も皇帝冠をゴルゴタに置くことによって終わりを告げない訳にはいかない。「ここにローマ帝国は終わり、ついにアンチキリストがその姿をあらわすこととなろう」[29]。

　こうして、正統信仰からする警告にもかかわらず、〈最終世界皇帝〉のもと、最終的な人々の栄光がもたらされるであろうという夢想は、人々が決して手放すことのない希望となった。それは狂信者たちによって育まれただけではなく、沈着な歴史家や政治家たちが抱懐したものでもあった。もちろん、希望とはいえ、それも悲観的な最終的降服によって通常は抑制されていたのではあるが。歴史の三位一体的構造というヨアキムの説明は、実質的に否定されたようにみえるところの或る観念を甦らせることとなった。そしてこれが、未来に対する期待をまったく新たな基礎の上に据えることとなる。何度でも繰り返し言っておかねばならぬのは、決してヨアキムが正統信仰の悲観的観点を失うことがなかった、ということである。彼は、人の歴史時代が歴史の彼方にある完徳を決して成就し得ぬであろうことを観てとっていた。それゆえ彼は、邪悪の最終的な再燃を仮説要請したのだった。彼自身、終末における劣悪な状況を預言したマタイのテクストを引いている。しかし彼は、アンチキリストに対する大いなる勝利は歴史の窮極、終末以前にかちとられるに違いないと信じていた。彼がこれを信じたのは、第三の「神のはたらき」が霊的な照明の第三段階として実現することを信じていたからだった。こうしてヨアキムの至福の時代は、アンチキリストの後、キリストの第二の降臨と最後の審判の前に置かれることとなった。これは厳密に、歴史の総体的構造に関する彼の信念に由来している。この三位一体的枠組みのうちで、彼は千年王国と安息の時代という二つの観念に新たな力を付与したのだった。それゆえ、ヨアキムの教えは差し迫ったことどもに関する中世の思惟の転機を画している。ひきつづく世紀、彼の第三時代の説が完璧に把握されることは稀であるが、それは預言的期待が中世後期にかたちを成す上で深い影響を及ぼすとともに、じつに十七世紀初頭まで続くこととなるのである。

　ヨアキムの著作においては、当然ながら第三〈時代《スタートゥス》〉を告げる使いたち、その時代が開示されるはたらきについては、その時代の姿、制度そのものよりもはっきりしている。霊的な人々の新たな諸秩序については数々の記述が残されている。第三〈時代《スタートゥス》〉の教会権威および国家権威については、ほとんどなにも残されていない。その理由はヨアキムの二つ組みと三つ組みの二重類型《パターン》のうちにある。「歴史的制度」と呼び得るものは二つ組みにおいて観られている。〈ユダヤ人：異邦人〉、ヘブル人の王：ローマの皇帝、〈シナゴーグ：ローマ教会〉。この最後の対は〈霊的教会《エクレシア・スピリトゥアーリス》〉を加えて三つ組みとすることができるとはいえ、ヨアキムの著作にはこれがローマ教会に置き換わるべき新たな制度であるという観念を明瞭に支持してみせるようなところはない。歴史のうちなる第三〈時代《スタートゥス》〉ではあるが、それは第三の制度として設えられてはいない。それはかえって、以前の諸制度を変容させるような生の新しいあり方である。おそらくこれこそヨアキムが、歴史の最終諸世代の位置づけに関してはっきりしない理由である。それが先立つ二つの〈時代《スタートゥス》〉に発するものであるという意味で、第三〈時代《スタートゥス》〉は旧約聖書のエリヤの日々にひとつのはじまりをもつ。[30] 七日の形象のもと、ヨアキムは時として第六と第七が並走するかのように語る。[31] 彼の世代計算において、キリスト以降、四十二世代を越えて世代が存するのかどうかはっきりしない。[32] 第三〈時代《スタートゥス》〉は世代をもって語ることができない、ということである。

ローマ教会は時の終わりまでつづく、とヨアキムがじつに平明に説いた期待にこそ、天使的教皇という観念の端緒が見出されねばならない。これについては章をあらためて検討することになるだろう。世俗権威については、ヨアキムには〈最終世界皇帝〉の伝説に就くような試みは一切ない。これは注目に値する。彼が、善行を施す支配者という観念をダヴィデによって象徴してみせた、というのは事実である。ユダヤの民はこの王のもと、平和と至福の頂点に到達した。これが異邦人たちがコンスタンティヌス帝のもとで享受した状態と並置された。[33] しかしこれを彼が『形象の書』において二つの図式《ダイアグラム》にあらわしてみせる時、[34] そこには注目すべき三つの点がある。第一は、これが二つ組みの類型《パターン》であり、そこには第三の偉大な平和の帝国に関する暗示が一切ないこと。第二に、これら二つの図式の〈運動〉は循環式のもので、偉大から捕囚への転落が描きだされていること。第三に、ここでダヴィデは皇帝コンスタンティヌスと並べられているのではなく、教皇シルヴェステルと並置されているということ。ここからダヴィデには祭司的性格が与えられ、歴史の窮極的聖化は国家というよりも教会において観られていることが分かる。

ヨアキムは、ローマ帝国がこの世の民を予定された限度のうちで保護すべく定められている、という一般的な観念を共有している。しかしそれが民を不正に征服しようと望むとき、この役割も焉み、その上に審判がくだることになるだろう。それは新バビロンと化し、黙示録に語られているように破壊されることとなるだろう。これは教会の第六の時期に起こるだろう。ヨアキムは、ローマ帝国を第六の天使が小瓶から注ぐものによって涸れたエウフラテ河と観ている。それは東の王たちによって転覆せられ、新バビロンは崩壊するだろう。[35]

つまり、ヨアキムの期待には〈最終世界皇帝〉の占めるべき場所はない。ユダヤ史における偉大な統率者たち――ヨセフ、ダヴィデ、ソロモン、ゾロバベル――は、皇帝としてよりも祭司という意味において解釈されており、ヨアキムがゾロバベルに準えて未来の偉大な〈指導者《ドゥクス》〉を預言する時、その姿は宗教的な指導者として感得されている。[36]と同時に、ヨアキムはローマ帝国に激しい反撥を示しているのでもない。それを教会に対立するものとして非難するにもかかわらず、通常、彼はそこに邪悪の極端な象徴を認めてはいない。龍の第五の頭に関する彼の解釈のひとつでそれがハインリヒ四世とされているにしても、それは〈メセモトゥス〉[37]と互換的であり、第六の頭はサラディンであって、ヨアキムには第七の頭がローマ皇帝の姿を纏ってあらわれるだろうという後の民衆的な信条に根拠を与えるところはない。かえって最悪の暴君たるアンチキリストは、不信者として外部からやって来るだろう。それは海から来る獣。そして陸から来る獣とは贋教皇である。[38]そしてまた、〈罪の根源《ラディクス・ペッカーティ》〉アンティオコスとして描かれる最終的な暴君の暴君は、ゴグとマゴグの徒輩とともにコーカサスを越えてやって来る。[39]どうやらヨアキムは、ローマの支配者に最悪の役割を振ることはなかったようにみえる。とはいえ彼は、第三〈時代《スタートゥス》〉に世俗皇帝を想定してもいなかった。ユダヤ人や不信者たちを改宗させ、ギリシャ教会を真の服従へと導く使いは、新たなる霊的な人々の修道秩序であった。これを超えて彼は、ただ霊に解放された生がそのうちに最終的な悪化をみるまでつづくであろうことを望見するのみである。

　ヨアキムの著作には、人は第七の時期から第八へと激烈な試練なしに移行することができない、とはっきり記されている。これが旧約の終わりに暴君アンティオコス・エピファネスがあらわれたごとくに、時の終わりにあたりゴグとマゴグが出現することとの意味である。しかしこの最終的な悲観的譲歩にもかかわらず、ヨアキムの伝言の核心は――たとえ不完全なものであるにせよ――歴史のうちにおける平安と至福の現実的成就に関する言明としてありつづける。これはたちまち、世界帝国という夢想に翻案されることとなった。こうした後代の夢想をヨアキム以前の夢想と分かつのは、大いなるアンチキリストとの最終戦争が歴史の極まる〈前に〉勝利をかちえることとなる、歴史のうちなる事実とされる点である。この意味でヨアキム主義は政治預言に決定的な影響を果たすこととなった。それどころか、〈この世の革新《レノヴァチオ・ムンディ》〉という観念は、純然たる政治的夢想から真正の霊的帝国への期待へと変容した。もちろん〈革新《レノヴァチオ》〉は過去の黄金時代への帰還といった含意をもっていたが、ヨアキム主義的な観念に後押しされて、それは復興というよりも歴史のうちにおける最終的成就へ向けての待望を表現するものとなったのだった。

註

(1) N. Cohn, *The Pursuit of the Millennium,* London, 1957, pp.1-6 にはユダヤ的黙示録の観念が概観されている。〔＊ノーマン・コーン『千年王国の追求』(江河徹訳、紀伊國屋書店、一九七八年)。〕

(2) 創世 2:2-3.

(3) Cohn, op.cit., pp.8-9.

(4) Ibid., p.10.

(5) Ibid., p.13.

(6) Augustine, *De Civ. Dei,* xx, capp.vi-xvii, ed. J. Welldon, London, 1924, ii. 458-84.

(7) «Et sicut Deus sex illos dies in tantis rebus fabricandis laboravit : ita et religio et veritas in his sex millibus annorum laboret necesse est, malitia praevalent ac dominante. Et rursus, quoniam perfectis operibus requievit die septimo, eumque benedixit, necesse est, ut in fine sexti millesimi anni malitia omnis aboleatur e terra, et regnet per annos mille iustitia ; sitque tranquillitas, et requies a laboribus, quos mundus iamdiu perfert». Lactantius, *Divinarum Institutionum Liber Septimus, PL* vi, coll.782-3.

(8) «ita iustitia rarescet, ita impietas et avaritia et cupiditas et libido crebrescent». Ibid., 以下のラクタンティウスの論述の概要については、coll.786-808 参照。

(9) «regem magnum de coelo».

(10) «Verum ille, cum deleverit iniustitiam, iudiciumque maximum fecerit, ac iustos qui a principio fuerunt ad vitam restauraverit, mille annis inter homines versabitur, eosque iustissimo imperio reget. … Tum qui erunt in corporibus vivi non morientur : sed per eosdem mille annos infinitam multitudinem generabunt, et erit soboles eorum sancta et Deo cara. … Sub idem tempus etiam princeps daemonum … catenis vincietur ; et erit in custodia mille annis coelestis imperii, quo iustitia in orbe regnabit. … Post cuius adventum congregabuntur iusti ex omni terra ; peractoque iudicio, civitas sancta constituetur in medio terre in qua ipse conditor Deus cum iustis dominantibus commoretur». *PL* vi, coll.808-9.

(11) Cohn, op.cit., pp.12-3.

(12) «… haec tamen septima erit sabbatum nostrum, cuius finis non erit vespera, sed dominicus dies velut octavus aeternus». Augustine, op.cit., xxii, cap.xxx, ed.cit. ii. 646.

(13) «Sed hic sive illa communis sive nostra propria talis est pax, ut solacium miseriae sit potius quam beatitudinis gaudium. Ipsa quoque nostra iustitia … tanta est in hac vita, ut potius remissione peccatorum constet quam perfectione virtutum. … In illa vero pace finali … quoniam sanata inmortalitate adque incorruptione natura vitia non habebit … non opus erit ut ratio vitiis, quae nulla erunt, imperet ; sed imperabit Deus homini, animus corpori, tantaque ibi erit oboediendi suavitas et facilitas, quanta vivendi regnandique felicitas. Et hoc illic in omnibus adque in singulis aeternum erit aeternumque esse certum erit ; et ideo pax beatitudinis huius vel beatitudo paci cuius summum bonum erit». Ibid., xix, cap.xxvii, ed.cit., ii. 446-7.

(14) Cohn, op.cit., p.9.

(15) Ibid., p.9.

(16) E. Sackur, *Sibyllinische Texte,* pp.177-87.

(17) Ibid., pp.53 ss.

(18) «rex Gregorum sive Romanorum in furore magna».〔＊グレゴールムはギリシャあるいはジョルジャーヌム(【III-3 n.31】参照)のことかもしれない。〕

(19) «Et tunc pacificabitur terra, que ab eis fuerat destituta et rediet unusquis-

que in terram suam … et multiplicabuntur homines super terra, que desolata fuerat, sicut locustae in multitudinem … et sedebit terra in pace et erit pax et tranquillitas magna super terra qualis nondum esset facta, sed neque fiet similis illa eo quod novissima est et in fine saeculorum. … In hac igitur pace sedebunt homines super terra cum gaudio et laetitia comedentes et sese potantes, nubentes et dntes ad nuptias … et non erit in corde eorum timor vel solicitudo». Sackur, *Sibyllinische Texte,* pp.90-1.

(20) «Et cum apparuerit filius perditionis, ascendit rex Romanorum sursum in Golgotha. … In quo loco … tollit rex coronam de capite suo et ponet eam super crucem et expandit manus suas in caelum et tradit regnum Christianorum Deo …». Ibid., p.93.

(21) *Libellus de ortu et tempore Antichristi* ; Sackur, op.cit., pp.99-113.

(22) N. Cohn, op.cit., pp.40 ss.

(23) Ekkehard v. Aura, *Hierosolymita,* ed. H. Hagenmayer, Tübingen, 1877, p.120 ; *Chronicon Universale, MGHS* vi. 215.

(24) Benzo, *Ad Heinricum IV Imperatorem Libri VII, MGHS* xi. 605, 617, 623, 668-9.

(25) Ekkehard, *Hierosolymita,* p.126.

(26) Otto of Freising, Rahewin, *Gesta Friderici Imperatoris,* ed. G. Waitz, Hanover, 1884.

(27) Ibid., p.8.

(28) «Rex Romanorum nomine et animo Constans». *MGHS* xxii. 146-7. またゴドフロワの著作の巻末p.376に印刷された『シビュラ預言集 *Vaticinium Sibillae*』をも参照。

(29) «Et cum cessaverit imperium Romanum, tunc revelabitur manifeste Antichristus».

(30) *Lib. Conc.,* ff.16v-17r.

(31) *Expos.,* f.9r.

(32) *Lib. Conc.,* ff.12v, 134r.

(33) *Lib. Conc.,* ff.17v,38v-39v, 66v, 92v, 134v ; *Expos.,* ff.62r-63r.

(34) *Lib. Fig.* II, tavv.V, VI ; cfr. Reeves, Hirsch-Reich, *Studies,* pp.186-91.〔*ここで指示されている*Lib. Fig.* IIの参照番号は本文論述に符合せず、また*Studies,* pp.186-91の付記は「バビロン－ローマの対形象」としてtavv. XVI, XVIIを論じているので数字の誤記と思われる。【図A-14, 15】参照。あるいはシルヴェステルの名はダヴィデと対応してtavv. III, IVにも認められる。【図A-12, 13】参照。〕

(35) *Expos.,* ff.190r-192r ; またf.134r-vでヨアキムは、赤髭帝《バルバロッサ》フリードリヒとその軍隊による征服と荒廃をこの審判のはじまりと観ている。「これが、日の昇る方の王たちに道を準備するエウフラテ河の枯渇である。まったく嘆きなくしては語り得ない。その恐怖は既にしてはじまっており、それは最近起こったことである。それは大いなる権勢を誇る皇帝フレデリクスその他の軍勢がキリスト教徒になしたところ、これらの民は限りない海に溺れ、わずかばかり残された力も元に復することを得なかった」«Dictum est autem quod siccande essent aque Eufratis, ut preparetur via Regibus ab ortu solis : quod sine gemitu dicendum non est : initiatio quedam terribilis iam precessit : super eo sc. quod nuper accidit : super inclyto illo exercitu Frederici magni et potentissimi Imperatoris et aliis exercitibus populi Christiani, qui transeuntes mare in infinita multitudine, vix in paucis reliquiis pene sine effectu remearunt ad propria». f.134v.

(36) *Lib. Conc.,* ff.55v-56r.

(37) «Mesemothus», *Expos.,* f.196v ; cfr. *Lib. Fig.* II, tav. XIV〔【図A-14】〕、また*Expos.,* f.10rをも参照。

(38) *Expos.,* ff.162r ss., 166v.

(39) *Lib. Conc.,* f.56v ; Expos., ff.9r, 10v-11r, 212v ss.; *Lib. Fig.* II, tav. VIII.

第2章　最悪のアンチキリストと最終皇帝

政治的希望と敵対はたちまち終末論的歴史に踏み込むこととなる。最悪の暴君と栄光に満ち溢れた皇帝という役割を現実に振りあててみたいという誘惑には抗し難いものがある。十三世紀中頃、ヨアキム後継者たちはヨアキムの第三〈時代《スタートゥス》〉を現実に応用しようとして、たちまちこれを政治的に援用する途を探ることとなった。大修道院長の著作群に比して、擬ヨアキム文書群は完全に政治預言である。すでに『エレミヤ書註解』において、著者はもちろんアンチキリストによる大災害に十分な注意を払いつつも、それを越えて第三時代を構想しはじめている。試練はいまだ大きく立ちはだかっている。第三時代の〈観想教会《エクレシア・コンテムプラティヴァ》〉はアンチキリストの迫害と歴史の終わりにあたってのゴグによる迫害との間に、あるいはより一般的な比喩を用いるならば龍の第七の頭とその尾の間に置かれる。そこに到達するためには（比喩を変えて）、危難に満ちた第一の淵が乗り越えられねばならない。聖櫃（あるいは方舟）はヨルダン川を越えて運ばれ、「未来の教会全般の受難あるいは試練」[1]が忍苦されねばならない。アンチキリストによる試練は短いだろうけれども「残忍にして厳しいもの」[2]となろう。それは教会にとっては〈帝国〉による、不信仰者たちによる、異端者たちによる試嘗として三重にあらわれるだろう。教会という方舟はローマ帝国という嵐の海にほとんど沈みそうになるが、最終的にその波濤を乗りきることだろう。[3]この災厄をもたらす全世界の邪悪は、「北風とともにすべての悪を広め」、「恐るべく驚くべく存しつづけるアレマンノの帝王」、ゲルマンの皇帝である。[4]この役割はヨアキムによって皇帝ハインリヒ六世に帰され、ホーエンシュタウフェンの家系には「蛇より出でたる怪蛇皇子にして毒蛾の種《たね》より出でる毛虫」、「地を大いに迫害する……雌獅子と雄獅子から出でし毒蛇にして空飛ぶ怪蛇皇子」という預言のことばが援用された。[5]この預言は常に最悪の人物を、〈未来〉に推定されるフリードリヒ二世を指し示すために用いられた。フリードリヒ二世は「北風に猛り狂う獅子」、「怪蛇」、レヴィアタン、恐ろしい〈鷲〉、龍の第六あるいは第七の頭とされてきた人物だった。(6) そしてまた、ローマ〈皇帝〉とサラセン人の、異端者（パタリア派）と不信仰者の恐るべき連携、つまり陸から来る獣と海から来る獣の同盟が起こり、贋教皇と〈猥らな容貌の王〉とが権力の座に就くだろう。(7) こうして『エレミヤ書註解』においては邪悪な性格が加わっていく。

すでに観たように、(8) この著作は疑いなくイタリアの集団に発するものであった。それゆえそこで、第三〈時代《スタートゥス》〉の主要人物が皇帝ではなく、〈善なる司牧者《パストール・ボーヌス》〉(9) であることは十分に予想し得ることである。〈天使的教皇〉の姿は、まさにここに浮かび上がることになる。第三〈時代《スタートゥス》〉という未来は、主として若返ったローマ教会のものである。第七の喇叭の響きとともに業の神秘は成就され、実践行動という部分的な生は過ぎ去り、観想の完璧な生が七重の霊的知性の蘇りとともに露わとなるだろう。(10) ギリシャ教会が真の信仰に戻り、ユダヤ人たちが改宗する教会にとっての解放の日は近づいている。(11) 第三〈時代《スタートゥス》〉の夜明け——「まさにわれわれの戸口にあるところ」(12)——にあたり、唯一残る権威は〈観想教会《エクレシア・コンテムプランティウム》〉であろう。

> 読者よ、ローマ帝国は教会を建てたごとく、この新たなる日々にあってもそれに献身することだろう。エゼキエルは言う。終わりが来る、終わりが来る、と。老いた教会の聖職者たちの終わり、新たなるカルデアの帝国のごとき傲慢の終わり。とはいえそれはこの世の終わりではない。そこには依然として神の民の安息が残されており、観想教会は幕屋の信頼のうちに住み、豊穣を享けることとなろうから。(13)

ここに観られる政治的見地と聖書イメージの利用法は、『エレミヤ書註解』以降二十年の間にあらわれる擬ヨアキム主義的文書群に広く認められるところであり、イタリアのヨアキム主義の特徴をかたちづくっている。一方、『エリトレアの巫言』、『災厄について《デ・オネリブス》』それに『イザヤ書註解』はこうした観点を後継する発展段階を示している。エリトレアの巫言の擬ヨアキム主義的語釈は、現在ではフリードリヒ二世の死の前の時期のものとされる。このできごとは預言を論じる者たちの信念を大きく揺さぶるものだった。そして実際にこれがイタリアのヨアキム主義後継者たちの過ちを発くものとなったことに疑いはない。サリンベーネは、イエールに居た時期、ヨアキムの預言にかかわる議論の中心が皇帝フリードリヒをめぐるものであった、と後に録すことになる。[14] ホーエンシュタウフェン家のこの皇帝がもはや騒擾を残さず、病の床に息をひきとった時、サリンベーネはかなり取り乱している。「たったいままで皇帝だったフリデリクスが死んだ後、一二六〇年がこともなく過ぎ、わたしはそうした教えを完全に捨て、実際にこの目でみるまではなにも信じないようになったのだった」[15]。とはいえ、サリンベーネもその他の者たちも、きっぱりとヨアキム主義を捨て去ることができた訳ではなかった。彼らには、ホーエンシュタウフェン家のこの皇帝が最悪を成したとは信じられなかった。それゆえ、彼は蘇るか自らの血族のうちに生まれかわらねばならない。『エリトレアの巫言』にはすでにこうした流言が先取りされていた。「その死は眼前から隠され、生きつづけた。民は言ったものだ、彼は生なくして生きつづける、と」[16]。

『災厄について《デ・オネリブス》』において、いまだ来たらぬ邪悪という疑惑はすでに第三のフリードリヒの預言というかたちに結晶している。この書はおそらく一二六〇年以前に著されたものであってみれば、いまだホーエンシュタウフェン家の血筋が絶えていないうちに、すでにフリードリヒの名がたてられているところはなかなか興味を誘う。いずれにしても、ホーエンシュタウフェン家がいまだ邪悪の中心、〈教会にとっての鉄槌《マレウス・エクレシエ》〉と見なされていたことには疑いはない。ここにふたたび大蛇、獅子、毒蛇、空飛ぶ蛇といった象徴の数々が宛てがわれる。[17]『イザヤ書註解』はこれより十年ほど後に著されたものだが、時間経過のうちでまた別の変更をみせている。いまや一二六〇年は過ぎ去り、世代計算をキリストの誕生からではなくその受難から算えることによって、危機的な年は一二九〇年に移されねばならなかった。ゲルマンの皇帝たちはいまだ邪悪の根源として描かれつづけているが、そこに新たな姿が必要とされた。しかしここで彼は、第三のフリードリヒと名づけられてはいない。ある箇所でフリードリヒ二世は公然と龍の第七の頭に名指されているが、[18] 彼の邪悪な子孫に関する言及は頻繁で、名なしのまま第八の頭とされてすらいる。[19] この預言やその他の謎に満ちた預言の対象とするところはおそらくマンフレートであり、この著は彼のシャルル・ダンジューとの最後の対決の直前に書かれたものであった。第三のフリードリヒが最悪の暴君として再登場するのは、マンフレートの死によってホーエンシュタウフェン家直系の血筋が断絶した後、ということになる。

ゲベノンの孤立した事例[20]を別に、ゲルマンの地に届いたヨアキム主義の最初の流言が政治的なものであったことは意味深い。シュターデのアルベルトゥスが一二五〇年に録している預言は『エレミヤ書註解』から採られたもので、明らかにイタリア人の観点をあらわしたものだが、賢明にも最終的な敗北の前の皇帝の勝利という主題を選んでいる。「フランクを凌駕し、教皇を襲い、アルマンノの皇帝は卓越するであろう」[21]。『エレミヤ書註解』がどのような経路からゲルマンの地に渡ったか、という問いには答えようがない。枢機卿ポルトのヨハネスが預言詩の幾つかを伝えたらしいことが示唆されてはいる[22]。あるいはそれを伝えたのは、たとえばジョヴァンニ・ダ・パルマやサリンベーネと一二四九年に会ってもいるラティスボーナ（レーゲンスブルク）のベルトルトのようなフランシスコ会説教師、それともサリンベーネのヨアキム主義を後継したサクソニアのルドルフのような人々であったかもしれない[23]。またそれ以上に、ゲルマンにおける政治的ヨアキム主義とでも呼び得るような活動のはじまりは闇に包まれたままである。イタリアからの政治宣伝に対してゲルマン側の反撃が生起したであろうことは想像に難くないが、最初に措かれるべき問いは、はたして皇帝フリードリヒ二世自身、どの程度自らの政治宣伝にヨアキム主義的な帝国論から刺激を受けたか、という点である。

フリードリヒとその廷臣たちが歴史における皇帝の役割をしるすことばは実に高尚なものである。しかしわれわれにとって最も重要なのは、そうした表現のうちに認められる聖書の諸象徴の使用にある。フリードリヒはその生誕の地イェージを第二のエルサレムと讃え、預言者ミカのことばを採ってみせる。「汝ベツレヘムよ、マルカの小さからざる国、汝はわれわれの皇子。汝の民を治めるローマ人たちが創めた帝国を治める者は汝から出る……」[24]。ウォルムスの町へ宛てた手紙（一二四一）で、神は彼のうちにふたたびエリヤの霊をたてたまうた、と彼は言う。ヨアキム後継者たちの文書群の鍵のひとつは、「エリヤはすべてを修復するために来たるであろう」[25]であり、ここに終末論的な含みが見失われることはない。フリードリヒの廷臣たち讃美者たちは、メシア的文書群をいよいよ皇帝に準えて語る。ピエール・デッラ・ヴィーニャもまたメシア的文書をヨアキム的な意味で援用し、皇帝をエゼキエル書一七章三の〈大いなる鷲《アクィラ・グランディス》〉[26]と観たばかりか、エレミヤ書の預言「汝を葡萄の房のように人々で満たそう」[27]をも彼に準えてみせた。聖書の預言はピエール《ピエトロ》によって拡張解釈されて適用されている。また公証人ニコラス・デ・ロッカも大胆に、彼を新たに創建される教会の隅石とみなしている。はじめのペテロ《ピエトロ》は三度、師を否んだが、新たなペテロは一度たりと否むことはないであろう、と。[28] ニコラスは声高に言う。「おお、幸いなる葡萄樹よ……大いなる鷲によってレバノンから商業の地に移植され、根を張った葡萄樹」[29] と。他の胞輩たちも同じ主題をもって、皇帝に「わが愛するペテロよ、わが羊たちを導け」[30] というキリストのことばを捧げ、自らフリードリヒとの関係を最後の晩餐におけるペテロとキリストの関係に準えている。[31] ユヤール＝ブレオールは、これらの言辞を真面目に取るべきかどうか自問し、おそらく真面目に取られるべきものであろうと論じている。それはつまり、フリードリヒその人がなんと考えていたにせよ、彼の取り巻きのうちには、このメシア的なことばにこそ彼らの実際の期待が表明されているのを見出した者たちがいた、というような意味であろう。すでに論じたように、[32] 聖書の預言と象徴のこうした大胆な適用はヨアキム主義思潮の影響を明かしている。旧約聖書のできごとや人物を新約の予表と観て、その両者の並行をふたたび新たな時代に対応させてみることを可能とするためには、三つ組みの連鎖の応用が必要である。こうした思惟様式の根底にあるヨアキム主義は通常見過ごしにされがちであるにしても、これらの政治宣伝的な著作群の情調は終末論的なものであった。フリードリヒの支援者たちにとって、彼は最後の〈この世の革新者《レノヴァトール・ムンディ》〉であり、彼のうちに聖書の約束はついに成就されたのだった。

　皇帝の政治宣伝に刺激されたものであったかどうかは分からぬが、シュヴァーベンには〈この世の革新《レノヴァチオ・ムンディ》〉がホーエンシュタウフェン家によって実現されるという期待を表明する一集団があった。一二四八年、シュターデのアルベルトゥスは、教皇は異端であり教皇庁の権威は無効であると説く忌まわしい一派がシュヴァーベンにあらわれたことを録している。[33] 一二四八年から一二五〇年頃、その指導者のひとり、ドメニコ会士フラ・アルノルドゥスはその宣言の書『教会の矯正について』をフリードリヒ二世に宛てて公にした。[34] いまや第六の時代は到来し、教会は矯され、そしてその後、平安と正義と革新の第七の時代が来るであろう、と彼は信じている。この霊的革新を果たすのは、ドメニコ会士たち、皇帝その人とその息子コンラートであろう。「慈愛に努めたまう貴帝とともに、すべての怖れを破るため一緒に革新を企図計画いたしましょう」。[35] この著者の希望のすべてが、この試練とアンチキリストの死の後、教会の平和として実現されるであろう、という信念に集中していることは明らかである。ここにはじめてわれわれは、ヨアキムの第三〈時代《スタートゥス》〉がついに政治的な語象に鋳直されるところを観ているのである。ここについに、革新の業を果たすため教皇庁に代わる遣いのはたらきが求められ、この世を導く第二の光としてゲルマンが呼び出される。ここに二つの思潮——ヨアキム主義と旧来の世界皇帝の伝説——が、更新された第七の時代をもたらすべく、ついに政治的企図において合流する。ここに到り、ヨアキムの霊的な改革という展望《ヴィジョン》は一気にその意味を変え、偉大な世界皇帝というイメージは堕落した教会を懲罰し革新する者へと化すことになる。これ以降、最終皇帝の肖像にはしばしば霊的革新を果たす者という姿が被せられ、敵陣の〈猥らな相貌の王〉に立ち向かう〈貞潔なる相貌の王〉と称されることになるだろう[36]。

次の段階は、小さき兄弟会のエルフルト年代記の一二六八年の項にヨアキムの名とともにしるされた預言に認められる[37]。これはポルトの枢機卿司教によってゲルマンの地に送られたものと伝えられてきたが、われわれが確実に言い得ることはそれが皇帝派《ギベリン》文書に発するものに違いないということだけである[38]。それはマンフレートとコンラートの行く末に関する〈予言〉にはじまり、新たなる第三のフリードリヒの未来に対する希望に焦点が移される。彼はほぼ確実にチューリンゲン方伯のフリードリヒ、つまりフリードリヒ二世の孫のことだった。

> 庶子マンフリドゥスはその統治の終わりまで適度の威厳をもって治めるだろう。それに対し山の向こうから王、フランクの獅子がまさに尊大に峻厳な姿をあらわし、彼を圧倒するとともにその頭の王冠を奪い取る。その時、鷲のごときその息子があらわれ、空を翔けつつ獅子の力を殺ぎ、二十一日にわたる決闘の末、鷲の息子は獅子の口腔に墜ち、その後、獅子は平穏に統治するだろう。その王国の根からフリデリクスという名の枝が東に生え出で、獅子を征服し、地上からその記憶を消し去るだろう。そしてその権能はこの世の終わりまで領すであろう。彼は帝国を支配し、その下に教皇は捕えられるだろう。その後テウトン人とヒスパノ人は同盟を結び、フランクの統治は無に帰すだろう[39]。

ホーエンシュタウフェン家の転落の時期、こうした預言は随分と普及したものであった。ヨアキムのものとされる以下の皇帝派《ギベリン》の預言は広く出まわった[40]。その第一行は反フランス感情を明かしている。「ガリアは機敏にゲルマンを占拠するであろうが、ゲルマンに繋がる者から大いなる鷲があらわれるだろう」(41)。また帝国の勝利は次のように表現されている。「教皇はたちまち死に、カエサルがあらゆるところを支配するであろう」(42)。こうした預言の文脈背景の両義性が、次の詩節から明らかに浮かび上がる。これはホルダー＝エッガーによって一二六八年以降の作とされたものだが、ここには反ホーエンシュタウフェン派の闘士がフリードリヒの血筋を破滅させ、教皇を擁護して世界をひとつにする様が予見されている(43)。

新たな王があらわれ、この世のすべてを壊滅させるだろう……
シチリアの邪悪な血統にフレデリクスあらわれ
時を空費するが、ついに彼の名も虚しくなるだろう。
総ては改革され、残虐なフレデリクスと彼に
つづく末裔も滅ぼされるだろう。
ここにローマ教皇庁は窮地に立ち
武力にローマは災厄を嘗めることとなろう。
その後、キリスト教にマホメットの軍勢を帰順させることを得よう。
かくして群はひとつ、司牧もひとつとなるだろう(44)。

どうやらホーエンシュタウフェン家の劇的な事件と政治的ヨアキム主義に端を発する政治的情熱は、〈アンチキリスト‐暴君〉と〈救世主‐皇帝〉の並列という歴史舞台において、二つのまったく逆立する異文《ヴァージョン》を生み出すこととなったもののようにみえる。これらの預言のどちら側を支持するにしても、試練を越えて最終的決定的な政治的勝利と平安の時期へと導かれるだろう危難の構図には、すくなくともヨアキムの第三〈時代《スタートゥス》〉の余韻が聞き取れる。

ホーエンシュタウフェン家の消滅の後、ゲルマンの帝権論者を襲った幻滅の情調をアレクサンデル・フォン・レースの著作に垣間見ることができる。一二八八年に著された『この世のできごと《ノティティア・セクリ》』(45)で、彼は歴史の構造を奇妙な著作『文字の種《デ・セミネ・》

子について《スクリプトゥラールム》』に依拠して論じている。この書はしばしばヨアキムに帰されてきたものだが、実のところその出処は別にある。[46] アレクサンデルはこの書から、この世の終わりは一五〇〇年に到来するであろう、つまり創造の〈六日間〉が完了し、この世が設けられてから六千年にあたり到来するであろう、という計算を採用している。ここからすると、アレクサンデルにとって安息の時代は歴史の彼方に置かれることとなり、彼がヨアキムの第三〈時代《スタートゥス》〉待望に発する影響を蒙っていないことは明らかである。とはいいながら、『種子について』から、彼はローマの〈帝権《インペリウム》〉と平和と繁栄の時期に関して、より限定された儚い期待を引き出している。聖地が奪回されることにより、不可避的な堕落とアンチキリストの襲撃によるローマ〈帝国〉の崩壊に到るまで、人々はこの世の富を享受することになろう、と。つまり彼は、〈教権《サケルドティウム》〉との対抗のうちに沈下した帝国の定めが、早々に改善されるであろうことを期待していたのである。

　自らの期待を跡づけようと、アレクサンデルは一二八一年頃に著された『帝権の移植について』[47]で、預言の数々に立ち戻っている。ホーエンシュタウフェン家に関する風説としては、アレクサンデルはこの家系に敵する預言をしか知らなかったようにみえる。彼は第三のフリードリヒを最悪の暴君とする伝説をだけ引いている。彼の言うところによると、ゲルマンの地には長いこと「フレデリクスという名の罪の根から生じるこのフレデリクスはゲルマンの聖職者たちもまたローマ教会の聖職者たちを驚くべく辱しめ迫害するであろう」[48]という預言が出まわっていた。これが、栄光の指導者について、彼をまったく異なった方向へと導くことになる。ここで彼が持ち出すのは旧いシャルル・マーニュ伝説である。「これに関して他に巷説される預言に言う。カルリンギつまりカロル王の血族にしてフランクを統治する者にカロルという名の皇帝があらわれ、全ヨーロッパの専制君主となり、教会と帝国を改革することとなろうが、それを後継する者は決して出ないであろう」[49]と。当然ながら彼の主張においては、このカロル（シャルル）はチュートン人とされ、帝国はゲルマンの専制国家へと移される。このアレクサンデル・フォン・レースの著作によって、第三のフリードリヒを暴君とし、第二のシャルル・マーニュを救世主とする劇的な並列に、われわれははじめて遭遇する。これ以降この並置には何度も出会うことになる。〈迫害〉の使いと〈革新〉の使いのどちらもが皇帝であり、後にみるように、ここで邪悪な圧制者と公正な懲罰者の識別は容易ではなくなる。またここで、善悪どちらの指導者にも、古い根もしくは幹から芽吹く新しい枝という象徴が用いられていることに留意せねばならない。おそらく人はここで、「エッサイの株から出た枝」と、もうひとつアンティオコス・エピファネスの邪悪な樹を想起することだろう。(50)

この世紀のうちに二度もパリ大学でヨアキム的な思惟が物議を醸すこととなったというのは異様でさえある。一二九七年にはヴィルヌーヴのアルノオという謎に満ちた人物が『アンチキリスト到来の時について』を著し、彼の見解をめぐって一三〇〇年、パリ大学に騒動がもちあがった。(51) ゲラルド・ダ・ボルゴ・サン・ドンニーノの場合とは違い、アルノオは切迫した最終最悪のアンチキリスト到来が、第三〈時代《スタートゥス》〉に先立つものとして、これについて直接触れることはなかった。とはいえ彼に対する反論の嵐は、旧来のアンチキリストでなく、彼の見解のうちにあるヨアキム主義的文脈に集中した。実際彼は、邪悪な災厄を超えたところに霊的な時代を想定するヨアキム主義的歴史構造を主張していた。

アンチキリストの時の後には、予言されたところに認められるように、この世が百年つづくという訳ではない……また浄福なる者たちは一三三五年にそれが到来することを期待して……これについて真に浄福なる者たちは言う。その時は長くつづき……この世の静穏と教会の平和の時が来たり、ここに世の果てまで真実は知れわたり、キリストを讃え、「唯一の司牧と唯一の群となるだろう」。こうして第七の封印は開かれ……「ここに第七の開示とともに天に静謐が満ちる」。つまり教会の平和と静穏、「おおよそ半刻の」。この表現が証するように、しばし教会の平安が保たれることだろう。それが半年であるか半世紀であるか、あるいは予言のいうところを正しい原理と観るべきか。いまやこの世にはなんの試練も危難もなく、ただし突然の試練のごとく最後の審判が来たるのは必定である。(52)

ここには疑いもなくヨアキム主義的なできごとの配列が認められる。まず、アンチキリストのもとの邪悪なる災厄。そして、第七の封印の開示によって齎されるこの世の安息。そしてついに、最後の審判という「突然の試練」。後段で彼は、平安の時を「人々の充溢の時」と呼びつつ、それを拡張してみせる。

……教会に入り来たる人々の充溢が果たされる時、それはキリスト生誕から第百第四第十の時である。第百のはじまる時、現下の年は完了するだろう。それは教会の算える主の一三〇〇年、まさにこれはエリテアがはっきりと、マホメットの徒党ばかりかその領袖もまたつづく百年期のうちに消散するであろうと予言したところであった。そこには、全世界に司牧はひとり、群はひとつ、と予言されている。それゆえいまやわれわれはこの人々の充溢の時の生じるところにいるのである……信仰の民のため確とエルサレムの地を領せよ……とはいえ、それを領有するばかりでなく……それ以上に平和を確保することに努め備えなければならない。[53]

パリまたオクスフォードの大学教授たちの反応は尖鋭なものだった。それは「符合、数象徴、黙示録解釈とは現実世界の完成にほかならない」と観る神秘家たちと「形而上学ばかりか聖書解釈も歴史批評もいよいよ余剰である」とするスコラ学者たちの間の対決でもあった。[54] ペルステルによると、アルノオに敵するスコラ学者の立役者はオクスフォード大学総長ハークレイのヘンリクス、二つの立場の中間的な立場を採ったのはドメニコ会士ジャン・クィドールあるいはパリのヨハネスだった。ジャン・クィドールのアンチキリスト論はこの主題に関する純粋な関心をあらわしているが、アルノオが熱心に論じるところとは論点がひどくずれている。彼はヨアキム主義的預言の数々を引いてはいるが、そこに語られる切迫の意味に注目している。スコラ学者の側にはパリ大学教授《マギステル》オーヴェルニュのピエール・ド・クロワ。彼はアンチキリストに関して四つの〈提題《クァエスチオーネス》〉を著し、そこで弛むことなくあらゆる思弁に反論し、アンチキリストはすでに神秘のかたちを採ってあらわれていると断言した。[55] カラブリアのカルメル会士グイド・デ・テッレーナもまたアルノオ論駁を書いている。[56] この論争が一三一〇年になってもまだ続いていたことは、ニコラウス・デ・リラが三つの〈自由討議《クォドリベタ》〉の第一を「われわれはアンチキリストがすでに生まれたかあるいはいまだ生まれていないかを知ることができるか」[57] という問いに捧げているところからも分かる。ここで意味深いのは、アンチキリストについて過った見解として彼が攻撃しているのが、アルノオというよりはヨアキムのものであることであろう。

ハークレイのヘンリクスはオクスフォードを代表して語った。彼の〈提題《クァエスチオ》〉――「占星術師あるいは暦算家たちはキリストの第二の降臨を証することができるかどうか」[58]――は突如その重要性をあらわした問題に関する重厚慎重な論考である。彼もまた、ヴィルヌーヴのアルノオと同じくらいヨアキムを扱っており、彼が真作擬作とり混ぜたヨアキム主義的著作群を細心な関心とともに読んでいることは明らかである。彼は、もはやすぐさまアンチキリストが来るであろうというアルノオの算定を論い、それをユダヤ教的偏向として告発するとともに頭ごなしに切って捨てる。「そのような見解は異端であり、これはまた別言するなら、キリストの降臨の時を知ろうと努めるものにほかならない」[59]。そして彼は嘲弄的に記している。「この学匠が受肉を予言する一三五六年まで生き、それが成就せぬのをまのあたりにするなら、きっとその時、彼はふたたび新たに年を算定してみせるに違いない」[60]。そして彼はヨアキムに戻り、ヨアキムが『文字の種子について』で用いたと想定される差し迫ったことどもに関する算定法ばかりか、ヨアキムの真作『符合の書』の世代の符合に関する算定法をも慎重に検討してみせる[61]。彼はまた、第七の封印の開示について『黙示録註解《エクスポジチオ》』を、また『十玄琴《プサルテリウム》』や擬ヨアキム主義的著作『預言された災厄について《デ・オネリブス》』をも引用している[62]。彼の論じ方を観るに、アルノオよりもずっとヨアキムを尊重しているのが分かる。この尊重は二つのことがらに基づいている。第一に、ヨアキムは真に二つの托鉢修道会の出現を予言した、と彼が信じていること。第二に、ヨアキムはその弟子たちよりも予測に関してずっと慎重であった、というじつに深い考察。

> ヨアキムが、彼の時代の後の二つの修道会のこと、皇帝フレデリクスとその死その他数々の真の預言を成した、ということは確かである。とはいえ、この世の終わりについてその時を定めようと欲した者は、誰もが過った。それは意図して知られるものではない。これについてはまた、『十玄琴《プサルテリウム》』という書の第二巻の終わり近くに、審きのため主がふたたび来臨される時は定かならず、と明記されているところである……その書の後段にはさらに、この世の終わりにあたる世代について次のように記されている。「この来たるべき世代の日月歳が何時であるか、その年、月は未来にある彼ら個々人の知るところである」と。このように、その世代の終わりの時を確と定めることはできないのである[63]。

他所でヨアキムに対する反駁を加え、ヨアキムを認めないにもかかわらず、ここにヨアキム主義文書群を耽読し、その影響力に無関心ではなかった者の姿を窺うことができる。

パリの騒動は大学《アカデミック》での論争であり、政治的なものではなかった。そこには〈最終世界皇帝〉について、また〈この世の《レノヴァチオ・》革新《ムンディ》〉についての論議がなされた模様はない。とはいえ、アルノオは自身の思弁をもって深く現実にかかわった人であった。彼は切迫した危難についてボニファキウス八世に進言しつづけ、一三〇四年にはベネディクトゥス十一世に「大いなるアンチキリストの試練」に教会は備えるとともに、「革新された福音的完徳の真実」を授けられた者たち、つまりフランシスコ会聖霊派を支援すべきであると勧言している[64]。彼の思念はアンチキリストのことで一杯であったようにもみえるが、その終末論的展望の溌剌とした部分は〈革新《レノヴァチオ》〉にあった。教皇庁が彼の嘆願に十分応えてくれないのを看てとると、彼は世俗権力へと翻心する。彼が向かったのはトリナクリア（シチリア）王となったアラゴン家のフェデリーゴであった。彼らはすでに知己であり、アルノオはフェデリーゴが〈この世の革新《レノヴァチオ・ムンディ》〉のための神の遣いとなることを夢想したのだった[65]。教会も国家も浄化されねばならない。サラセン人は改宗し、総ての人が真の福音的な生に導かれねばならない。情熱を込めてアルノオは彼の夢想を王に語って聞かせた。王とともにこの世の総てをひとつとするため、神は〈天使的教皇〉を立てたまうであろう、と。フェデリーゴは決して心うごかされなかった訳ではない。おそらく彼は〈最終世界皇帝〉の役割を果たすべき候補者たちのひとりとしては、自らの信仰召命を最も真率に採ったのであった。こうしてわれわれは、十四世紀初頭のシチリアの宮廷に、〈この世の革新《レノヴァチオ・ムンディ》〉という終末論的夢想の政治的実践について、独創的な試みを見出すこととなる。

他の者たちもまた、トリナクリア王フェデリーゴこそが第三のフリードリヒであり、ホーエンシュタウフェン家に繋がる者であることを看てとっていた。彼はフラティチェッリの預言的想像力に感じ、その多くを匿った。また、フラ・ドルチーノも、彼に使徒派《アポストリチ》の企図するところの成就を期待したのだった[66]。この時期のカタロニアの年代記は、彼を第三のフレデリクスと讃え、彼が「帝国とこの世の大いなる領土の君主」[67]となることを期待している。

未来の構想に粉骨砕身し、皇帝預言にたち戻るのは主として政治的夢想家たちであった。そうした政治的預言者の旗手がコーラ・ディ・リエンツォだった。ブルダッハによって公刊された彼の雄弁な書簡の数々は、彼にとって期待の焦点がアンチキリストの試練にあったというよりは、聖霊の新たなる発露にあったことを明かしている。[68] ここでコーラはじつに深くヨアキムを後継している。繰り返し何度も彼は、「われわれを導き熱くする」[69] 聖霊に触発され導かれている、と主張している。繰り返し何度も彼は、来たるべき〈革新《レノヴァチオ》〉への期待をあらわす。「他の新たな聖霊」が到来するのではなく、それは「聖霊の増強であり、すべての肉身に来たり、この世のすべてを照らし革新することが約束され……聖霊の息はすべてを満たし、偶像は破壊され、キリスト信仰は高く称えられ、そして群はひとつ……司牧者もひとりとなるだろう」[70]と彼は言明する。彼のヨアキム主義については、彼がしばしその身を隠して滞在したマイエッラのフラティチェッリ集団に跡づけることができるだろう。[71] その指導者、隠修士アンゲルス・デ・モンテは、コーラに待望するだけでなくそれを実現すべく努めねばならぬこの世の革新の秘密を明かしたのだった。リエンツォの師匠がフランシスコ会聖霊派に由来する者たちであったことは、彼が聖フランチェスコに付与してみせる卓越からして明らかである。マイエッラで、彼は擬ヨアキム文書『キュリロスの巫言』を見つけ、その謎のことばの数々を学ぶとともに、プラハの大司教宛の書簡にそれを用いたことに疑いはない。[72] そうした想いが虚しい想像であると告発された時、彼はこうした預言に対する信念を衷心から弁護している。「なんといっても旧約にも新約聖書にも、また教会文書のいたるところに、顕現、幻視、夢告に神の啓示が数知れず溢れているのだから」[73]と。

とはいえ、リエンツォの聖霊の時代はヨアキム主義の政治的な形態であり、それ以降われわれが到るところに見出すことになるものである。まず第一に、ローマの町が花嫁のように飾りたてられ、ふたたびローマ教皇を花婿として迎えることによって新たな生命に甦らねばならない、と彼は信じる。リエンツォは彼自身が「正義と自由と平静の再興と革新をローマの町と全世界に予告するため」[74]に呼ばれているのを感じていた。ローマは本来の栄光を取り戻すだろう。「聖霊の恩寵により平和を享受し、かつてこの世の到るところに咲いたどの花よりも甘美に花咲くことだろう」[75]。リエンツォのこころのなかで、この大いなる回帰の主役が〈天使的司牧者《パストール・アンゲリクス》〉であることに易りはなかったが、アペニン山中に引き籠り、隠修預言者の導きのもと、ローマを解放し〈改革《レフォルマチオ》〉をもたらす大いなる業を果たすであろう者という彼自身の想いは、皇帝カール四世へと向かっていった。カール宛の彼の二通の書簡[76]からは、コーラが皇帝‐救世主にどのような政治構想を抱懐していたかが明らかになる。一年半もしないうちに、彼は変動のはじまりとなるできごとを待望していた。そして一三五七年には「信仰が、すなわちサラセン人たちのもとにキリストへの信仰が興るだろう……これについては、主の皇帝がたてられ、未来の教皇とともに神への忠誠の道を守り幸福をもたらすことだろう、と言われてきたところである」[77]。カールがこの預言を信じ、イタリアへと派兵するならば、幸運と帝国とを手にいれることとなるだろう。こう言って、リエンツォはキュリロスの巫言「黒き翼の大いなる鷲」[78]の成就を彼に約した。イタリアは七か月のうちに制圧され、新エルサレムたるローマはこの世の首府となるだろう。これがゲルマンの皇帝に賭けた一イタリア人の夢だった。ここで皇帝は教皇庁を懲罰する者であるよりは、その盟友として想い描かれている。しかしながら、皇帝派《ギベリン》によるこの預言の改訂構想にとって、ボヘミアのカール四世は、ダンテがルクセンブルク家のハインリヒ七世に付与した役割にもまして、ふさわしいものではなかった。カールはリエンツォの勧めをも、マイエッラからやってきた使節団の声をも聞き入れることはない。この使節団は、『エステ家年代記《クロニコン・エステンセ》』によると、聖霊の時代の到来を彼が告げるようにと慫慂するために訪問したものであったらしい[79]。

註

（1） «passio vel tribulatio futura ecclesie generalis». *Super Hier.*, f.18v.

（2） «ferox et dura». Ibid., f.24r.

（3） Ibid, ff.2r, 3v, 19v, 38r, 46v, 47v, 58v.

（4） «ab aquilone pandetur omne malum», «Alemanorum imperium semper extitit nostris durum, dirum et mirum». Ibid, ff.3v, 4r, 12r, 46r.

（5） «de radice colubri egredietur regulus et semen eius absorbens volucrem», «in terra tribulationis et augustie ... leena et leo et ex eis vipera et regulus volans». Ibid, ff.14r, 45v（イザ 14 : 29 参照）; f.46r（イザ 30 : 6 参照）.

(6) *Super Hier.*, ff.11v, 14r, 15v, 18v, 45v-46v, 58v, 62r.

(7) «rex impudicus facie». Ibid., ff.10r, 18v, 20v, 45v.

(8) 【II-2 pp.192-97】参照。

(9) *Super Hier.*, f.53r.

(10) Ibid., f.23r.

(11) Ibid., ff.57v-58v.

(12) «quem et in ianuis iam tenemus». Ibid., f.35r.

(13) «Videsne lector quod sicut Romanum imperium fuit erectio ecclesie, sic et modo diebus istis novissimis sit iactura. Unde Ezechiel : Finis venit : venit finis. Finis utique senescentis ecclesie clericorum et finis superbientis similiter novorum imperii caldeorum. Neque proinde finis mundi : quia relinquetur adhuc sabbatismus populo Dei : ut ecclesia contemplantium habitet in fiducie tabernaculis et requie opulenta». Ibid., f.58v.〔＊エゼ7：5参照〕

(14) 【II-3 p.210】参照。

(15) «Sed postquam mortuus est Fridericus, qui imperator iam fuit, et annus MCCLX est elapsus, dimisi totaliter istam doctrinam et dispono non credere nisi que videro». Salimbene, pp.302-3.

(16) «Oculos eius morte claudet abscondita, supervivetque ; sonabit et in populos 'Vivit, non vivit'». *NA* xv. 168.

(17) *De Oneribus*, ff.38v, 39r, 39v, 40v, 41r, 42r, 42v, 43r, 43v, 44r.

(18) *Super Esaiam*, f.59r. また『イザヤ書註解』に先だつように付された『前置き *Praemissiones*』の龍の形象の幾つかの異本を参照。

(19) Ibid., ff.3r, 15r, 19r, 20r, 27r, 29v, 35r, 37r, 38r, 39v, 40v, 42v, 46v, 47r, 47v, 49v, 59r.

(20) 【I-4 p.51】参照。

(21) «Superabitur Francus, capietur pontifex summus, praevalebit imperans Alemannus». cfr. *Super Hier.*, f.60v : «Superatur Francus : capitur summus pontifex : dominabit alemanus Imperator».

(22) この点についてはBloomfield, Reeves, *Speculum* xxix. 790-1を参照。

(23) Ibid., p.791 ; cfr. Salimbene, pp.559-63.

(24) «Unde tu, Bethleem, civitas Marchie non minima, es in generis nostri principibus. Ex te enim dux exiit, Romani princeps imperii qui populum tuum reget ...». J. Huillard-Bréholles, *Historia Diplomatica Friderici Secundi*, Paris, 1857, v (i). 378 ; ミカ5：2参照。〔＊「マルカの小さからざる国」は「エフラタ、ユダ族のうち小なるもの」の改竄。〕

(25) «Helias cum veniet restituet omnia»; J. Huillard-Bréholles, op.cit., v (ii), 1859, p.1131 ; マタ17：11参照。『形象の書 *Lib. Fig.*』II, tavv. II, IV, VII, X では、エリヤは卓れて歴史の終わりにその姿をあらわす〔＊【図A-11, 13, 16】参照〕。ヨアキムの著作には数しれぬ言及があるが、特に、*Lib. Conc.*, ff.32v, 97 ss.; *Expos.*, f.10v, 137r-v, 140r, 146 ss., 166v ; *Quat. Evang.*, pp.6, 24 ss., 95 ss., 141 ss., 191 ss.を参照。

(26) J. Huillard-Bréholles, *Vie et Corréspondance de Pierre de la Vigna*, Paris, 1865, pp.222, 425. エゼキエル書の鷲のヨアキムによる解釈については、Reeves, *Arbores*, pp.128, 133を参照。

(27) «Replebo te hominibus quasi botro». Huillard-Bréholles, *Vie*, p.425 ; エレ51:14参照。〔＊エレミヤ書当該箇所では「(葡萄の) 房」でなく「蝗《いなご》」になっている。〕

(28) Huillard-Bréholles, *Vie*, pp.290-1. ニコラスはまた、彼を「新たなる律法家モーゼ novus legifer Moyses」にして「もう一人のヨセフ alter Joseph」とも呼んでいる。

(29) «O felix vinea ... Haec est vinea cujus radices grandis aquila in terra negociationis de Libano ... transplantavit». Ibid., p.291 ; エゼ17:3, 4参照。ニコラスはピエールと同じ文書を用いている。

(30) «Petre, amas me, rege oves meas».

(31) Huillard-Bréholles, *Vie*, pp.431, 433.

(32) 【II-4 p.226 ; II-5 p.262】参照。フリードリヒ二世におけるヨアキム主義の影響については、E. Kantorowicz, *Frederick the Second, 1194-1250,* tr, E. Lorimer, New York, 1931, pp.395-6, 506-7を参照。

（33） *MGHS* xvi. 371.

（34） *De Correctione Ecclesiae,* ed. E. Winkelmann, Berlin, 1865.

（35） «Unde Karissimi vestram in domino obsecro Karitatem, ut omnem timorem abicientes restauracioni uniformiter studeamus». Op.cit., p.18.

（36） 〈猥らな相貌の王 Rex impudicus facie〉の典拠については、ダニ8:23参照。これの肯定異文《ヴァージョン》は大胆な逆襲見解となる。

（37） *MGHS* xxiv. 207.

（38） この点については、Bloomfield, Reeves, *Speculum* xxix. 790を参照。

（39） «Regnabit Manfridus bastardus a flatu mezani usque ad finem regni. Contra quem veniet rex ultramontanus, leo Francie propter audaciam et severitatem, qui debellabit eum et auferet dyadema de capite suo. Tunc surget filius aquile, et in volatu suo debilitabitur leo, et XXI die post conflictum filius aquile incidet in os leonis et post hec leo modico tempore regnabit. Orietur enim ramus de radice regni Fridericus nomine orientalis, qui debellabit leonem et ad nichilium rediget, ita ut memoria sua non sit amplius super terram. Cuius potencie brachia extendentur usque ad finem mundi. Ipse enim imperans imperabit, et sub eo summus pontifex capietur. Post hec Theutonici et Hyspani confederabuntur et regnum Francie redigent in nichilum». *MGHS* xxiv, 207.

（40） Ed. Holder-Egger, *NA* xxxiii.125-6, これはMS. Vat., Lat. 3822, f.6vに拠るもの。他の写本としては以下のものがある。Vat., Lat. 3816, f.62r ; Ottobon. 1106, f.24r ; Reg. Lat. 132, f.201v. 僅かに異なった散文異文《ヴァージョン》がMS. Yale Univ. Lib., T. E. Marston 225, f.41rに見られる。これは以下の論考に引用されている。B. Cotton, *Historia Anglicana,* RS, p.239 ; Walter of Coventry, *Memoriale,* RS, i. 26 ; Appendix to Peter of Langtoft, *Chronicle,* RS, ii. 450 ; *Annales Monastici,* RS, iv. 514 ; *Last Age of the Church,* ed. J. Todd, Dublin, 1840, p.xxxiii. この一節についての十六世紀の言及は、【III-7 p.465】参照。

（41） «Gallorum levitas Germanos justificabit, Et tribus adiunctis consurget aquila grandis».

（42） «Papa cito moritur, Caesar regnabit ubique».

（43） Holder-Egger, *NA* xxx. 380-4. これは、MS. Vat., Lat. 3822, f.100v ; MS. Firenze, Bibl. Ricc., 688, f.cxii-rに載せられるもの。

（44） «Rex novus adveniet totum ruiturus in orbem / ... / Hic Siculos pravamque tribum sevi Frederici / Conteret, ulterius nec sibi nomen erit. / Cuncta reformabit que trux Fredericus et eius / Subvertit soboles seva suusque sequax. / Hic sub Apostolico Romanos ponet in artum / Vim dantes Rome sic patientur onus. / Post trahet ad Christum Machometi Marte sequaces : / Sic et ovile unum, pastor et unus erit». *NA* xxx. 383-4.

（45） *Notitia Seculi, MGH, Staatschriften des Späteren Mittelalters,* i, Stuttgart, 1958, pp.149-71.

（46） *De Semine Scripturarum* については、【I-5 n.73】参照。

（47） Ed. H. Grundmann, *Alexander v. Roes, De translatione Imperii u. Jordanus v. Osnabrück, De Prerogativa Romani Imperii,* Leipzig, 1930.

（48） «De huius Frederici germine radix peccatrix erumpet Fredericus nomine, qui clerum in Germania et etiam ipsam Romanam ecclesiam valde humiliabit et tribulabit vehementer». Op.cit., p.31.

（49） «Dicunt praeterea aliud ibidem esse vulgare propheticum, quod de Karlingis, id est de stirpe regis Karoli et de domo regum Francie, imperator suscitabitur Karolus nomine, qui erit princeps et monarcha totius Europe et reformabit ecclesiam et imperium sed post illum nunquam alius imperabit». Op.cit., p.30.

（50） イザ11:1および前マカ1:10を参照。「罪の根 radix peccatrix」は『イザヤ書註解 *Super Esaiam* 』ff.19r, 27rではじめてホーエンシュタウフェン家に当て嵌め用いられている。

（51） *De Tempore Adventus Antichristi.* ヴィルヌーヴのアルノオについては

以下を参照。H. Finke, *Aus den Tagen,* ii. 210 ss. cxvii-ccxi ; P. Diepgen, *Arnald v. Villanova als Politiker u. Laientheologe,* Berlin-Leipzig, 1909 ; Douie, *Fraticelli,* pp.32-5 ; Lambert, *Franciscan Poverty,* pp.179-80 ; Pou y Marti, *Visionarios,* pp.36 ss.; F. Pelster, *Die Quaestio Heinrichs v. Harclay ueber die Zweite Ankunft Christi u. die Erwartung des Baldigen Weltendes zu Anfang des XIV. Jahrhunderts,* in *Archivio italiano per la storia della pietà,* i. 33-5 ; R. Manselli, *La Religiosità d'Arnaldo da Villanova,* Roma, 1951.

(52) «Quod autem post tempus Antichristi non sit seculum uno centenario duraturum, ex predictis patet acceptis … Et beatus qui expectat et pervenit ad MCCCXXXV annum … Ideo vero beatus dicitur, qui pertinget illud tempus … quia veniet ad tempus universalis tranquillitatis et pacis ecclesie, in quo per universum orbem cognoscetur veritas et adorabitur Christus et 'erit unus pastor et unum ovile'. Hoc est tempus apertionis septimi sigilli … 'Et cum aperuisset septimum factum est silentium in celo', id est, pax et tranquillitas in ecclesia, 'quasi dimidia hora'. Per quod expresse testatur, quod modicum in illa tranquillitate permanebit ecclesia, ut quasi dimidio anno aut medio centenario vel circiter iuxta principia huius considerationis predicta. Et cum tunc nulla tribulatio sit ventura quantum ad seculum presens, necesse est ut veniat tribulatio repentina generalis iudicii». Finke, *Aus den Tagen,* p.cxxxiii.

(53) «… quod illud tempus in quo plenitudo gentium ingredietur ecclesiam, est tempus centenarii quarti decimi a Christi nativitate. Quod centenarium inchoabit quando finietur computatio presentis anni, quo ecclesia numerat annos domini mille trecentos, quod idcirco fuit appositum, quoniam Erithea prenuntiat evidenter quod infra sequens centenarium dissipabitur secta Machometi non solum in membris, set in suo capite. Prenuntiat etiam quod in eo unus erit pastor et unum ovile in orbe toto. Cum igitur iam nobis emergat tempus plenitudinis gentium in quo … tenebit secure populus fidelis possessionem terrene Jerusalem, patet quod … nunc tamen … confidenter accingi possunt non solum ad adquirendam illius possessionem … set insuper ad secure amodo vel pacifice retinendam». Ibid., p.cli.

(54) Pelster, op.cit., p.28.

(55) Ibid., pp.41-3.

(56) Ibid., p.45.

(57) «Utrum possimus scire an Antichristus sit natus vel non natus adhuc». Ibid., p.44.

(58) «Utrum Astrologi vel Quicumque Calculatores possint probare Secundum Adventum Christi». Ibid., pp.53-82.

(59) «Ista opinio est heretica, sicut et omnis alia, que conatur asserere certum tempus adventus Christi». Ibid., p.59.

(60) «Ego credo quod si iste magister viveret in anno predicto 1356 ab incarnacione et videret quod istud non esset impletum, ipse adhuc fingeret novam calculacionem annorum». Ibid., p.68.

(61) Ibid., pp.73-4.

(62) Ibid., pp.75-6.

(63) «Verum est autem quod idem Joachim verum prophetavit de multis sicud de duobus ordinibus post tempus suum venientibus, de Frederico imperatore et eius deposicione et de multis aliis. Tamen de fine mundi omnino erravit, si certum tempus determinare voluit. Nescio tamen si voluit vel non voluit. Nam alibi in libro De Psalterio decacordo versus finem libri secundi dicit expresse tempus esse incertum secundi adventus Domini ad iudicium … Item inferius in eodem libro, [dicit] loquendo de istis generacionibus in quibus finietur mundis, sic : 'Utrum autem generaciones iste future sint dierum an mensium an annorum, quot annos et menses per singulas scient illi qui ibi futuri sunt.' Ecce ergo quod non determinat aliquod tempus certum finis illarum generacionum». Ibid., pp.75-6.

(64) Finke, op.cit., pp.clxxvii-cxcv.

(65) アルノオの改革構想についてはManselli, op.cit., pp.20-3を参照。マンセッリはアルノオの思惟にヨアキム主義の影響を僅かにしか観てとっていないようにみえるが、アルノオは確かにヨアキムの主要三著作も擬ヨアキム主義的文書群も知っていた。私見によれば、アルノオのヨアキム主義は、アンチキリストに関する主張と〈革新《レノヴァチオ》〉待望の連結に認められる。彼の改革構想は終末論的に展望されている。幾つかの言明において、彼が改革をアンチキリスト到来の時に備えての浄化と観ているのは確かだが、『アンチキリスト到来の時について *De Tempore Adventus Antichristi*』からの引用句をみるかぎり、アンチキリストの〈後〉に至福の時が措定されていることには疑いはないように思われる。

(66) 【II-7 pp.313-15】参照。

(67) «senyor del imperi e de la major part del món». Ed. K. Lanz, *Chronik des edlen En Ramon Muntaner*, Stuttgart, 1844, p.331.

(68) Burdach, *Vom Mittelalter* ii, Pt. iii.

(69) «per quem dirigimur et fovemur». Ibid., p.55.

(70) «sed amplificacionem Spiritus Sancti, super omnem eciam carnem venire promissam, illuminaturam et renovaturam orbis faciem universam ... Nam flante Spiritu Sancto suo, omnia ubilibet, simulachra corruent, fides christiana exaltabitur et fiet ovile unum ... eciam pastor unus». Ibid., pp.313-4.

(71) Ibid., ii, Pt. V, pp.292 ss. ; Muratori, *Antiquitates Italicae Medii Aevi* ... , iii, Milano, 1740, col.509.

(72) Burdach, op.cit., ii, Pt.iii, p.267.

(73) «nam totum Testamentum vetus et novum, totumque Scripturarum corpus Ecclesie plenum iacet, quod per apparíciones, visiones et sompnia multis multa Dominus revelavit». Ibid., p.211.

(74) «ad reformacionem et renovacionem iusticie, libertatis et securitatis statusque pacifici prefate Romane Urbis ac tocius provincie». Ibid., p.22.

(75) «ut pacis gustata dulcedini floreat per gratiam Spiritus Sancti melius quam unquam floruit inter ceteras mundi partes». Ibid., p.22.

(76) Ibid., pp.191-213.

(77) «erit una fides, videlicet fides Christi apud sarracenos ... Item dixit, dominum imperatorem electum una cum summo pontifice futuro feliciter prosperari, si modo observent fideliter viam Dei». Ibid., p.197.

(78) «Grandis aquila, nigra pennis». Ibid., p.297.

(79) Ibid., Pt. v, p.295.

第3章　第二のシャルル・マーニュ

ダンテやリエンツォの期待にもかかわらず、十四世紀ともなるとゲルマンの星はその光芒を失った。新たな星はフランスの君主国家。預言の数々はそこに捧げられ、新たな希望を集めることになる。イタリアに発する擬ヨアキム主義文書群においては、フランスは通常、イザヤ書三六章六の折れかけの葦の枝エジプトに象徴される端役を演じただけであった(1)。だが、フランスの政治的展望において、旧来の第二のシャルル・マーニュの預言とヨアキム主義的な〈この世の革新《レノヴァチオ・ムンディ》〉を結び合わせるには、熱烈なヨアキム後継者がひとり現われればそれで十分だった。すでに十三世紀のカルメル会士アンゲルスは、聖地の解放者を待望する幻視《ヴィジョン》に信頼を寄せていた。「……聖にして権勢を誇る大いなる王がフランスを統治しまたキリスト教諸国のすべてを愛し……わが代理人と多くのキリスト教徒とを橋渡しする者を得ることとなろう……」(2)。この預言の異文《ヴァージョン》には次のようにある。「いよいよフランク族の旧い家系から王があらわれ……陸、海に遍く権勢を誇り……ローマ教皇庁と結び、キリスト教世界の過ちを浄化し、教会と国家に好ましき善を再興するとともにそれを広く伝播させ……ここに行政機構はたしかに移転し、教会の損失を補填し、エルサレムを開放するだろう……」(3)。十四世紀初頭、ピエール・デュボワはその著『聖地奪回』でフランスの王権に世界的な役割を主唱し、この主張を巧みにシャルル・マーニュの末裔に繋げている(4)。これを基とするだけで、皆が望む世界の平和がもたらされるだろう、と彼は信じていた。それゆえ、皇帝の称号はフランス王家に委譲されねばならず、そして聖地は奪回され、フランス皇帝はエルサレムから諸国の同盟を指揮するであろう。これは預言的な飛躍というよりは、冷徹なローマ法研究を基にした政治的熱望であったようにみえる。とはいえ、預言がその補助手段とされることもあり得た。フランスのヨアキム主義の最初の徴候は『フロレの書』に認められる。そこにはじめて、〈天使的教皇〉がピピンの血族から出る〈寛容なる王《レクス・ゲネロースス》〉の盟友として待望されている。[5] しかしフランスの王権にとっての政治的ヨアキム主義構想の全体像が獲得されるためには、ジャン・ド・ロカタイヤードの著作をまたねばならない。彼の諸著がおよぼした影響力。おそらくその秘密の一半は、民族的な待望にヨアキム主義的夢想を融合してみせたところにあった。彼の預言の支配力は、単純に白黒を分けてみせるところに説得力があった。

一三四五年から一三四九年の間に著されたロカタイヤードの『キュリロスの巫言註解』はこの類型《パターン》を明快に提示している。[6] そこで政治的邪悪のすべての源泉はいまだ、〈旧い蛇《セルペンス・アンティクウス》〉フリードリヒ二世の忌まわしい種胤、有毒なる一族、異端者、皇帝派《ギベリン》、悪魔《ルチフェリアン》の徒党のうちにある。フリードリヒ《フレデリクス》からトリナクリアのフェデリーゴ《フレデリクス》が出でたが、彼から未来の〈大いなるアンチキリスト〉、シチリアのルドヴィーコ《ルドヴィクス》が生まれるだろう。バイエルンのルートヴィヒ《ルドヴィクス》四世は〈神秘のアンチキリスト〉として彼を予表した者であったが、最終のアンチキリストはホーエンシュタウフェン家と天蠍宮において合に入るアラゴン家との結びつきから生じるに違いない。アラゴン家はアンチキリストの道具であり、常にフランスの王権に敵対してきた。邪悪を生む者としてフリードリヒ二世と結びつけられるのが聖フランチェスコの悪しき息子、修道士エリア。彼は尊大で富裕な高位聖職者たちとともにアンチキリストを支援する者に他ならない。一三六〇年から一三六五年の間に教皇庁はアヴィニョンからローマへ戻るだろう、とロカタイヤードは言う。これが起こった時こそ、よく目を瞠かねばならない。それこそが序奏なのだ。一三六五年頃、アンチキリストはローマで皇帝に選ばれ、彼と反教皇、つまり陸から来たる獣が同盟することとなろうから。

善の力は、これに対峙すべく明快に配される。はじめロカタイヤードは、この獣に勝利する太陽を、教皇庁の敵であるフリードリヒ二世の末裔と闘うシャルル・ダンジューとして説く。それゆえアンチキリスト出現にあたり、フランスの王がそれと共謀することはない。アンチキリストの族とフランスのカトリック王は常に反感をもって対峙しており、したがって教皇庁とフランスとは緊密な同盟関係にある。真の教皇が頼みとすることができるのはフランスだけである。ロカタイヤードは〈矯正者にして修復者《コレクトール・エト・レパラトール》〉たる聖教皇を〈驚異の雄熊《ウルスス・アドミラビリス》〉の姿で描き、期待を寄せる。しばしの間、この善の力すらも圧倒されることだろう。真の教皇もしばし逃避し、フランシスコ会の生き残りも洞窟に隠れ、多くの義人たちが殉教死するだろう。しかしアンチキリストに対する最終戦において〈雄熊《ウルスス》〉は、政治的にはフランスの王の支援により、信仰においては聖フランチェスコの真の子供たちの援助により、勝利を収めるだろう。そこに新たに聖霊が注ぎ、アンチキリストは滅ぼされ、この世のすべては平和のうちにキリストの代理人に服することとなるだろう。分離派、ユダヤ人、サラセン人その他の不信仰者たちも改宗し、群はひとつ、司牧もひとりとなるだろう。この至福の時期は、アンチキリストの死から第二のキリスト降臨の先駆けたるゴグの出現に到る千年王国となるだろう。アンチキリストの試練を経て生き残るのは、天使的な首長を戴く教皇庁、フランシスコ会の真の部分、そしてフランスの王権という三つの組織だけであろう。

一三四九年に著された次の著作『秘されたできごとの書』[7]でも、ロカタイヤードは同じ構想を述べているが、幾つかの点はいよいよ鮮明となっている。彼はアンチキリストを一連の邪悪な暴君たちに観ている。まずフリードリヒ二世の時、つづいてバイエルンのルートヴィヒ《ルドヴィクス》四世の時、そして皇帝カール四世に敵対してあらわれる恐ろしい僭主たちの同盟の時、そして最終的にシチリアのルドヴィーコ《ルドヴィクス》、彼の贋預言者、そして東の暴君の三人の結びつきの時に。とはいえ、いまだ最も重大なのは、呪われたホーエンシュタウフェン家の種胤から生まれるルドヴィクスである。アンチキリストに先駆ける恐怖のうちに、ロカタイヤードは飢饉と悪疫を告知する——一三四九年の不吉な注記。フランスの王子たち、あらたなマカベアたちの神聖な役割は教会を護ることにあるが、アンチキリストの支援により悪魔《サタン》はイングランドを彼らに敵対させることになるだろう。つまり、この世は二つの軍勢に配列されることになる。アンチキリストとその同盟者たち、イタリアの皇帝派《ギベリン》、スペイン王、ゲルマンの暴君たち、そしてイングランド王が、真の教皇、フランスの王そしてボヘミアのカール四世に敵対する。この日々、フランスの王はアンチキリストの支配に屈するべきか、アンチキリストの同盟軍が彼の王国を襲撃するに任せるかの選択を迫られるが、忍苦して後者を選ぶこととなるだろう。ロカタイヤードによれば、アンチキリストは一三七〇年頃、キリストその人によって打ち負かされることになるだろうけれども、闘いそのものは一四一五年に千年王国がはじまるまで続く。「人にとってのこの新たな段階、新たな時代」についてはヨアキムがじつに精細に預言している、とロカタイヤードは言う。聖霊の充溢は人々に天国が降ってきたごとくに思われることであろう。すべての人が観想の生に向かうであろう云々。

アヴィニョンでの幽閉時代に著され、一三五六年に完成をみた『顕示の書』は、同時代の歴史に関する数々の暗示を含んだ複雑長大な著作である。[8] そこでも彼の信条は、真のフランシスコ会集団に対する支持とフランスの王権にかける信念という二つの極をめぐって開陳される。百年戦争によるフランスの災厄はアンチキリストの業とみなされるばかりか、いまだ勝機はあると説かれる。これまでの諸著ではロカタイヤードは、天使的教皇を補佐する役割をフランスの王権に独占的に授けてきたが、いまや彼はそれを超えて、最後の至福の時期には俗権はすべてピピンの血族に出でる王によって治められ、彼がエルサレムをも統治するであろう、と言う。ここには、フランスの命運がどん底にある時に、あえて呼び覚まされた第二のシャルル・マーニュの余韻が響いている。

ロカタイヤードの著作のうちでも最も知られたもの、『試練必携』[9]は一三五六年の末に著されたもので、彼の待望する未来の最終的な要約となっている。ここには明確に二人のアンチキリストが描き出されている。〈東の〉アンチキリストはエルサレムで説教し、ユダヤ人たちを勧誘するだろう。〈西の〉それは一三六二年から一三七〇年の間にあらわれる異端の皇帝であり、新たなるネロとなろう。天使的教皇の登場もまた、いまや、それがこの世の第三〈時代《スタートゥス》〉のはじまりをしるしづけるものとして言明されることとなる。慣例に反して、フランスの王がローマ皇帝に選ばれ、全世界は彼に服することとなるであろう。この皇帝と教皇は一丸となって革新の構想を完成させるであろう。

> 彼(つまり、修復者たる教皇)こそはキリストの後、この世の第三時代の端緒にあって、手ずから力を加えずして山を割る石であり、バビロンの偶像を打ち滅ぼし……キリストの石(礎)を殖やし、いまだゴグの残り居るところをキリストに改宗させつつ、その律を全地に広めるであろう。……天使のごとき明澄のうちに生まれるフランクの王は、アレマンノの風習に逆してローマ皇帝に選ばれる。皇帝とは神が西、東、南の果てまでをすべてその支配のもとに置かせたまうたところのものであり、この皇帝あるいは王はこの世の起源以降いまだあらわれたことのないほどの聖性をあらわすことだろう。……この皇帝はイエス・キリストの茨棘の冠の誉れの前に黄金の冠を戴くことを拒むだろう。かくしてこの至聖なる皇帝は先述した修復者の命じるところをすべて果たすこととなろう。彼ら二人がこの世のすべて

を修復し、この世からマホメットの法と横暴な権力とを滅ぼし去るであろう。教皇と皇帝は、二人してグレキア（ギリシャ）とアジアを訪れ、教会分離を終わらせ、グレキアをトルコから解放し、タタールを征し、アジア諸国を復興するだろう。……またイタリアの教皇派《グエルフ》と皇帝派《ギベリン》の分裂を収め、教皇とその教会が永劫にわたり攻囲されたりすることのないよう、教皇領を解放するだろう。あらゆる貪欲と傲慢は根絶され、異端的聖職者は滅ぼされることだろう……。(10)

こうした親フランス的な預言が急速に伝播した様子は、『あるフィレンツェ人の日記』(11)に描き出されている。そこには、「一三六八年に小さき兄弟会の某修道士によって」創られたこうした預言のひとつに、「この世の修復者」たる天使的教皇が一三七八年以降に出現し、「フランクの王にしてローマの皇帝」とともにこの世を革新すると言われていた、と録されている。実のところこれは『必携』から採られたものであった。ロカタイヤードの諸著はフランスやイタリアの地に普及したばかりか、驚くべきことに、明らかにその預言構想が不愉快なものと映じたに違いない諸国――イングランド、ゲルマン、それにカタロニアにも見出される。(12)その理由の一端は、そこになされた予測がかちえた幸運にもあった。当然ながら、十四世紀中頃にあって、フランスの地の災厄、悪疫、教会大分裂を予言することには深謀遠慮があった。しかしそれを越えて、彼の諸著が浴した流行は、アンチキリストおよびヨアキム主義的〈革新《レノヴァチオ》〉という主題がいまだ人々を魅きつけて離さないものであった、ということを証している。親フランス感情に加え、フランスの最終世界皇帝が天使的教皇とともにヨアキム主義的第三〈時代《スタートゥス》〉を統治するという予言は、僅かばかり旧い擬メトディウス伝説に認められる切望を満たすものであったばかりか、それに教皇庁の改革と福音的教会に対する渇望が結び合わさったものだった。〈世界皇帝〉に注目した興味深い事例が十四世紀のフランス写本に見つかる。これは現在イェール大学図書館に蔵されるもので、『巫言《シビュラ》。皇帝について』と表題されている。各種のシビュラの預言に混じて写されたこの文書（二二葉表―二九葉表）の著者をいまだわたしは特定できずにいるが、その文体《スタイル》および聖なる皇帝と教皇への待望には、あきらかにロカタイヤードの著作群に近しいものがある。(13)

ロカタイヤードの著作群は、神秘に包まれたコセンツァのテレスフォルスを触発することになる。(14)テレスフォルスが実際にカラブリア出身の隠修者であったかどうかは別にして、確かに彼は親フランス的ヨアキム主義者であり、『キュリロスの巫言』およびそのロカタイヤードによる註釈に影響を受けていた。序に付された書簡で、テレスフォルスは一三八六年の復活祭の日曜日に、天使たちの幻視《ヴィジョン》を感得した、と語っている。天使たちはキュリロス、ヨアキムその他によって語られた、教会分裂とその帰結そしてそれにつづいて到来する「未来の聖霊に統率される教会」に関する巫言を探すように彼を導いた、と。[15] この指示に従ってこれらの書物を探すため、彼はヴェルチェッリのエウセビウスという名の友とともにカラブリアへと旅に出た。そこ、つまりコセンツァその他の土地で、彼らは『キュリロスの巫言』ばかりか、次のような数々の書物を見出したのだった。

ヨアキムの偉大な預言のすべてを蒐めた書物ばかりか彼がスウェヴィアの皇帝ヘンリクス六世に献じた個々の大冊。その他、教皇たちのフロレの書と表題された書物もあった……また、オラストポの啓示という起句にはじまる書も見つけた……またメルリンの啓示と表題された薄い書冊も見つけた……その他夥しい預言や聖なる幻視の書物を手に入れた……。[16]

テレスフォルスはこれらを皆、他の年代記の類とともに熱心に読み、「こうした書物から、先述した聖なる人々が論じ明かしたところから、たちまち教会大分裂の原因についても明快に理解された」[17] と言う。

彼が幻視《ヴィジョン》を感得したという年次と、それに続くカラブリアでの探索の時期の特定には問題がある。というのも、彼はその小著の端緒が一三五六年にあると記しているばかりだから。[18] ドンケルはその精細な検討の結果、そこに載せられた預言の数々は一三五六―六五年につくりなされたものであり、『小著《リベッルス》』がその現存最終形態を採ったのは一三七八年から一三九〇年の間のことであろう、としている。[19] こうすることによって、テレスフォルスはこれらの預言をまさにロカタイヤードがその最後の予測を著していた時期のものに戻してみせたのだろう。ロカタイヤードが予見した天使的教皇と贋教皇の間に生じる教会分裂こそ、まずテレスフォルスが憂慮してみせるところであり、彼が数々のしるしに読みとってみせたとところが、たちまち一三七八年の〈教会大分裂《シスマ》〉に当て嵌められることとなったのでもあろうか。

テレスフォルスが擬ヨアキム主義的著作群とともに、ヨアキムの真正著作のうちすくなくとも『符合の書』を一緒に纏めて読むことができる環境にあったのは明らかである。彼は南イタリアのヨアキム主義的伝統とフランスの民族主義的預言とを綜合してみせる。彼は『キュリロスの巫言』の擬ヨアキム主義的註釈からはじめるが、実のところ彼の著作の全体がこの書物の語釈と観ることもできるようなものである。彼は入手し得た各種文書から、この最終的な最もおぞましい教会大分裂が、すでに聖霊によって長く予言されてきたものであることを証してみせる。その原因は、聖職者たちの犯す罪の数々に対する神の怒りにある。聖職者たちの富や驕り同様、托鉢修道会士たちの罪の数々もまた、彼らに懊悩と破滅をもたらすものである。この破壊の使いは「アレマンノの王、最後のアレマンノの皇帝」[20]、そして「この邪悪な皇帝を選ぶ」[21]、出身地を同じくする贋教皇であろう。テレスフォルスの本来の〈序言《エクソルディウム》〉——ヴェネチア印行版にはないもの——は、ゲルマンの暴君に具体的にフリードリヒ三世という名を与えている。

司祭にして隠修修道士テロフォルスの小著ここにはじまる。これは先に著された預言および真の年代記の権威に従い、現下の教会分裂、来たるべき試練、大いなる鷲の王と呼ばれる皇帝フレデリクス三世が権勢を誇る時、また天使的司牧者と呼ばれる未来の教皇および、上述のフレデリクス三世の後に来たる未来の皇帝フランス王カロルの由来、時代状況、顚末について述べるものである。[22]

暴君をフリードリヒ三世と名指すにあたり、テレスフォルスはもちろん擬ヨアキム主義的著作群から旧来のホーエンシュタウフェン伝説を呼び出すとともに、邪悪な力の解釈にあたって彼は特に、フリードリヒ二世の死の直前に書かれた〈エリトレアの巫言〉を採用している。ゲルマンの対立教皇が悪魔的なフリードリヒ三世を戴冠し、時代は天使的教皇のはたらきが焦眉の的となるヨアキムの第三〈時代《スタートゥス》〉、アンチキリストの勢力と〈新たなる至聖なる信仰者〉[23]の勢力との間の大いなる闘争の時と化すであろう。[24]

フランスの王――「カロルという名」の「ピピンの後裔たる高潔なる王」[25]――があらわれるのは、この善と悪の最終衝突の時である。ここでテレスフォルスは『フロレの書』[26]の預言を援用する。当然ながら、フランスの王の役割はゲルマンの〈鷲〉と贋教皇に抗して、真の教皇を援けることにある。ゲルマンの〈鷲〉も贋教皇もついには滅ぼされ、天使的教皇はフランスの王に皇帝冠を授け、かくしてゲルマンの選帝者たちの権利は剥奪されることとなる。そして、皇帝と教皇の聖なる協力により教会は改革され、第七次にして最後の十字軍が聖地に派遣される。「ここに皇帝は、彼に冠を授けた天使的司牧者とともに教会を清貧の時代へと革新し……皇帝は教会の司牧者とともに第七にして最後の聖地への派遣をなし、それを奪回するであろう」[27]。主の天使は悪魔《サタン》を縛め獄舎に繋ぎ、ここに千年王国の時期がつづく。

ところがここに到り、意味深い類型《パターン》の変更が認められる。テレスフォルスはヨアキムの第二〈時代《スタートゥス》〉が、フリードリヒ二世による教会迫害が焉んだ一二六〇年に、もはや終わっているものと信じている。彼は自身をすでに第三〈時代《スタートゥス》〉に生きているものと見なしている。とはいえ、この時代もいまだ試練と邪悪から解放されきってはいない。そこで、彼は彼の生きる時代を歴史の第七の時期としてではなく、第六の時期と観じることになる。千年王国の平安と歓喜がいかに大いなるものであるにせよ、その終わりにはふたたび悪魔《サタン》がしばしの間、縛めを解かれない訳にはいかない。そこからすると、〈最後のアンチキリスト〉あるいは観想者たちの教会《エクレシア・コンテムプランティウム》の迫害者、ゴグが来たるのは、第三〈時代《スタートゥス》〉の終わりということになる。アレクサンデルによってひとたびは閉じ込められた族輩が突然溢れだし、この最後のアンチキリストの猛攻にフランスの皇帝はその冠を聖墓に降すと、〈ティブルティーナの巫言〉に観られる旧預言が実現されるだろう[28]。その第三〈時《スター》代《トゥス》〉に対するヨアキム主義的信条にもかかわらず、テレスフォルスはここで、ついには人というものが陥らざるを得ない事態、制度的崩壊という旧来の悲観的伝承に戻る。とはいえ、歴史はいまだ完結してはいない。いまだ第七の安息の時代が残されている。アンチキリストの死の後、この世の終わりが突然一気に到来するのではないことを説いた典拠として、彼はヨアキムを引く。そこにはいまだ「平安と悦楽の第七の時」[29]が残されている、と。ここに唯一残存する制度は、この世のすべてが服すであろう教皇庁およびヨアキムの展望《ヴィジョン》にみる〈観想教会《エクレシア・コンテムプラティヴァ》〉だけである。それはさて、政治的関心からする者たちがこれに注目したのは、それがフランスの世界皇帝がゲルマンの〈鷲〉にとって代わる至福の第一の時代を描き出していた、ということに尽きる。テレスフォルスはここについに、第二のシャルル・マーニュ伝説をヨアキム主義的構想と接合することとなった。

テレスフォルスの『小著《リベッルス》』が大いなる人気を博したことに疑いはない。十五世紀から十七世紀にかけての夥しい写本群が、イタリア、フランス、ドイツ、オーストリアの図書館に見出されるばかりでなく、大英博物館にも写本の断片が存する。[30] それらの多くは、差し迫ったことどもについて描いた挿絵で飾られている。フランスには翻訳写本が二冊、ドイツにも翻訳写本が二冊、現存している。十六世紀初頭、アウグスティヌス会士シルヴェストロ・メウッチォが公刊した一連のヨアキム著作集の最初の一冊が、テレスフォルスの『小著』だった。彼はそれがヨアキムの著作と信じていたのである。それは一五一六年のうちに再版されているが、それに加えてイタリア語版が存したかもしれない。フランスではパリ版の他、一五七二年のリヨン版、およびルーアンで一五六五年に『驚異の書《リーヴル・メルヴェイユ》』の表題のもと公刊されたその仏訳がある。

ヴァチカン図書館には預言を集めた一写本――MS. Reg. Lat. 580――があるが、これは一三八七年に書写されたものであり、それゆえそこに収められたテレスフォルスの『小著』はごく早い時期の書写のひとつということになる。特にその挿絵は四人の天使的教皇と最終皇帝に付されており、〈第二のシャルル・マーニュ〉の戴冠も含まれている。この挿絵には独立した預言が直接後続しているが、これこそひきつづく二世紀にわたり最も普及することとなる巫言であるとともに、この写本の他の部分とともに〈第二のシャルル・マーニュの預言〉として言及されることになるものである。

カロル（シャルル）の息子カロルは高名なるリリ（リールそれとも百合）に生まれ、広い額、長い眉毛、犀利な眼、鷲鼻の容貌をもち、十三歳にしてすでに戴冠、十四歳にして大隊を率い、その領国の暴君たちを滅ぼすであろう。花嫁を迎える花婿のごとくに彼自ら正義を併せ持つこととなるだろう。そして二十四歳にいたるまで戦陣に立ちつづけ、イングランド、ヒスパニア、アラゴン、ブルガレス（ブルグント）、ルンゴバルド（ロンバルド）、イタリカの民を征するであろう。ローマもフロレンチアも破壊され灰燼に帰すだろう。ふたたび冠を戴いた後、大隊とともに海を越えグレキアに侵攻するだろう。そしてグレキアの王に名指されることとだろう。カルデア（シリア）、トゥケノス（トルコ）、イスパノス、バルバロス、パレスティノス、ジオルジアノスを征すると、十字架を礼拝せぬ者たちに死を宣し、誰も彼に抗するを得ぬであろう。彼のあるところ常に神の庇護があり、彼はこの世のすべてを統治することとなるだろう。かくして彼は聖人の中の聖人と称されることとなるだろう。彼は聖地エルサレムに到ると、オリヴェト山に登り、父に祈りつつ頭の冠を降ろす。すると神の恩寵のはたらきにより大いに地は鳴動し、驚異のしるしはその統治の三十一年、彼の霊に溢れる。ここに彼は天使的司牧者より冠を受け、現下の教会大分裂およびそのフレデリクスに関する贋預言による数々の試練迫害の後に来るフレデリクス以降、はじめての皇帝となるだろう。[31]

この写本の中ではこの預言がはっきりとテレスフォルスのものとされている訳ではない。一四六七年に書写されたヴェネチアの写本[32]においても、この預言はテレスフォルスの『小著』に直接続いて、まったく同じ場所に配されている。それにもまして、これは彼の預言の数々と親密な近似をみせており、その最後の一節の表現はテレスフォルスの未来総体の要約となってもいる。実際このテクストはずっとテレスフォルスの名とともに伝承されつづけることとなる。

　にもかかわらず、現実に彼がそれを書いたのかどうかは疑わしい。M・ショームはこれとは別の異文《ヴァージョン》を見つけて公刊した。彼はそれが一三八一年十月二十七日から一三八二年六月二十九日の間にコート・ドールで書写されたものであることを証するとともに、本来それが一三八〇年九月十六日から十一月四日の間にシャルル六世を讃えて創られたものであったと論じている。[33]このテクストは上掲のものよりも僅かに増補されたもので、末尾にいたるまでたいした相違はないが、最後の幾つかの文章を載せず中絶している。しかしこの僅かの削除がテクストをまったく別のものとしているのである。この預言は最後の文章なしには、たとえば長くにわたり『甦ったカロル《カロルス・レディヴィヴス》』に援用されてきたように、ほとんど最終皇帝に関する古いビザンツ神話の再演に過ぎない。容姿の記述には特有なところがあるとはいえ、おそらくそれも〈ティブルティーナの巫言〉を基にしたものだろう。[34]征服の順序も地誌的に更新されているにしても、同じ伝統に従ったものである。その結論が旧来の伝統であった深い憂愁を湛えたものとはなっていない、というのは事実である。つまり旧来、人の歴史は最終皇帝がその冠をゴルゴタに降ろし、アンチキリストの力に屈服することによって終わりを告げるのだったが、ここでは第二のシャルル・マーニュは神の好尚を得て、彼はその〈帝権《インペリウム》〉を栄光と聖性の雲のうち——オリーヴ山《オリヴェト》上にであってゴルゴタにではないことに留意されたい——に置くのだから。しかし、彼がアンチキリストと闘うとはどこにも記されていないし、彼が差し迫ったことどもという終末論的な場所に立っているのかどうかについても述べられてはいない。ヴァチカンとヴェネチアの写本における付属文章は完全に順接せず、拙い付加であるが、明らかにこの預言に新たな見地を与えるものとなっている。第二のシャルル・マーニュを贋預言者たちおよび第三のフリードリヒ（つまりアンチキリストの示現）の後に置き、天使的教皇（ヨアキムの第三〈時代《スタートゥス》〉を表象）から戴冠されることによって、この一文を付加した著者は人の歴史におけるこの勝利を終末論的枠組みのうちに配し、それ自体ヨアキム主義の具現であるとは言えぬにしても、すくなくともヨアキム主義に由来する待望にかたちを与えることに成功している。M・ショームの言うように、フランスの異《ヴァー》文《ジョン》が本来の形であるとするなら、[35]このテクストはテレスフォルスかその追随者のいずれかによって簒奪され、最後の一文を付加されて、テレスフォルスの預言群とともに広められたものであったというのが妥当なところかもしれない。

この預言書が見つかった地域の広範さからみて、〈第二のシャルル・マーニュ〉のテクストは十五世紀から十六世紀にかけて、他のいかなる政治的預言よりも大きな流行をみたようである。当初からこの預言書は、政治状況の相違に応じていろいろと異文《ヴァージョン》がつくられたもののようで、末尾あるいはテレスフォルスの歴史構想にしても取り扱いは様々だが、最終皇帝の容貌は常にかわりなく、彼の勲功もおおむね同一である。たとえば、先述したテクストを載せる同じヴェネチア写本には、別に『フランク王カロルの預言』[36]と表題された拡張異文《ヴァージョン》も収められている（四九葉裏）。これにはヨアキム主義的な最後の一文は欠けているが、この皇帝と協力しあう〈敬虔な司牧者《ピウス・パストール》〉には天使的教皇の面影を見ることができるかもしれない。またパリの一写本[37]では、この預言は『修道士ヨアニス・デ・ルペシッサの幻視』[38]につづいているが、ここでもまた最終の一文は載せられていない。その一方、テレスフォルスの『小著』を含むヴァチカンのルネサンス期の写本[39]には、テレスフォルスのこの預言に対する結語が、十字架を戴く司教冠‐王冠を被り、左手に杓杖をもち、右手を祝福のために持ち上げる王の美しい挿絵とともに収められている。これらとは別にまた独特な二事例がある。一四六八年頃、ボローニャのヨハンネス・ペレグリヌスはヴェネチアのサント・アントニオ修道院で、ある雑纂に第二のシャルル・マーニュの預言とテレスフォルスの末尾を書写している。その出典記載は次のようになっている。「……わたしの手許にあるじつに古い書冊による。この古い書は主の一四一三年ブラシウム・マテイにより五月十七日に書写を終えられたものであり、それは大修道院長ヨアキムの第三書十三章の預言第九である」。[40] これは二つの写本に見つかるもので、ひとつはフィレンツェ、もうひとつはベツォルトによればミュンヘンにあるという。どちらも帰属はまったく同じ。未解決の謎は、ペレグリヌスが、あるいはかえって彼が筆写した元版に書写した者は、いったいいかなる未知の擬ヨアキム文書にこのテクストを見つけたのだったろうか、という問題である。[41] この預言はまた、十五世紀から十六世紀にかけてのかなりの数の写本にも見出される。これらは〈付録B〉に示してある。これらはじつに広範な普及をみており、そこには英語訳も含まれている。それにまた、ジル・ル・ベルの年代記の末尾にも〈第二のシャルル・マーニュの預言〉の余韻を聴くことができる。[42] 彼は十四―十五世紀の歴史を総括するにあたって預言群に二頁を捧げ、そこでシャルルという名のフランスの王の事跡について、明らかにここで取りあげた預言の語彙をもって語っている。それはシャルル六世が手の施しようのないまでに正気を失ったばかり、じつに不幸にも時宜を失したものだった。

註

（1） たとえば、*Super Hier.*, ff.7v-8v, 43v, 60r ; *Super Esaiam*, ff.6v, 10r, 16v, 44r-45v ; *De Oneribus*, *NA* xxxiii, pp.140-1, 174-6を参照。

（2） «... unus sanctus et potens Rex de domo Franciae et iste amabitur ab omnibus Regibus Christianorum ... et habebit Passagium cum meo Vicario et cum multis Christianis ...». *AS*, 2 May, p.821.

（3） «Surget tandem Rex antiqua de gente et stirpe Francigena ... et terra et mari crescit potentia eius ... et Pontifici Romano iunctus, purgatis Christianorum erroribus, et Ecclesia ad statum bonis optatum restituta, copias transmittet ... Ipse vero instructa classe fretus transfretabit et perditas restituet ecclesias et liberabit Ierusalem ...». *AS*, loc. cit.

(4) Pierre Dubois, *De recuperatione Terre Sancte,* ed. C. Langlois, Paris, 1891, pp.98-9.

(5) Grundmann, *HJ* xlix. 71. 彼はギリシャ教会の分離に終止符を打ち、シチリア王となり、エルサレムを征し、その生の最後にフランシスコ会士となるだろう。また、この預言のコセンツァのテレスフォルスによる流用に関しては、【本章 p.411】参照。この預言を抄録して載せるフランス写本群については【IV-2 pp.512-13】を参照。

(6) 以下、ロカタイヤードの主要著書に関する概説は、Bignami-Odier, *Roquetaillade* に多くを負っている。『キュリロスの巫言註解』についてはその pp.53-109を参照。

(7) *Liber Secretorum eventuum,* Bignami-Odier, op.cit., pp.113-29.

(8) *Liber Ostensor,* Bignami-Odier, op.cit., pp.140-8.

(9) *Vade mecum in tribulatione,* ed. in *Fasciculus rerum expetendarum et fugiendarum, prout ab Orthuino Gratio … editus est Coloniae … 1535 … una cum appendice … scriptorum veterum … qui Ecclesiae romanae errores et abusus detegunt et damnant … opera et studio Edwardi Brown,* London, 1690, ii. 496-507. これについてはBignami-Odier, op.cit., pp.157-72を参照。

(10) «Ipse est post Christum pro principio tertii status generalis orbis, lapis abscissus de monte sine manibus, qui Babylonicam statuam percutiet … et implebit lapide Christo, et eius lege universam terram, ubi Gog remanebat, convertendo ad Christum … Regem Francorum, qui veniet in principio suae creationis ad videndam angelicam claritatem eiusdem, assumet, contra morem Alamanicae electionis, in Imperatorem Romanum, cui Deus generaliter subjiciet totum orbem occidentem et orientem et meridiem ; qui tantae sanctitatis existet, quod ei Imperator aut Rex similis in sanctitate non fuit ab origine mundi … Hic Imperator renuet coronari corona aurea, ad honorem spinarum Coronae Jesu Christi : hic Imperator sanctissimus erit executor omnium mandatorum reparatoris praedicti : per illos duos totus orbis reparabitur et ab eis destruetur tota lex et tyrannica potentia Mahometi : ambo, tam Papa, quam Imperator, Graeciam et Asiam personaliter visitabunt, destruent schisma, Graecos liberabunt a Turcis, Tartaros fidei subjugabunt, regna Asiae reparabunt ; hic destruet Italiae schisma Guelphorum et Ghibellinorum ; et terras Ecclesiae sic disponet, ut Papa eas Ecclesias in aeternum non impugnet : avaritiam omnem et superbiam extirpabit, a clero haereses annullabit ; …». *Vade Mecum,* pp.501-2.〔＊「石を割るlapis abscissus」に著者本人の名が隠されていることに注意を要するだろうか。〕

(11) *Diario d'Anonimo Fiorentino dall'anno 1358 al 1389,* ed. A. Gherardi in *Documenti di storia italiana,* vi, Firenze, 1876, pp.389-90. 引用節については、【IV-3 n.17】参照。

(12) Bignami-Odier, *Roquetaillade,* pp.235-54の写本一覧を参照。彼の著作の翻訳は、英語、独語、カタロニア語にまで及んでいる。

(13) *Sibylla. De Imperatore,* in MS. Yale, Univ. Lib., T. E. Marston 225 (cfr. W. Bond, *Supplement to the Census of Mediaeval and Renaissance MSS. in the United States and Canada,* New York, 1962, p.90). また、次の論考を参照。J. Leclercq, *Textes et manuscrits cisterciens dans les bibliothèques des États-Unis, Traditio* xxii (1961), pp.166-9.

(14) この人物およびその著作の各種編纂過程および写本群に関する目下最良の研究は、E. Donckel, *AFH* xxvi. 29-104である。

(15) *Libellus,* f.8v.

(16) «libros omnes prefati magni prophete Joachimi et maxime ipsius singulares libros missos Henrico de Suevia Imperatore VI. Et alium singularem librum ipsius intitulatum Liber de Flore de summis pontificibus … Item invenimus unum singularem librum qui incipit Revelatio que de Orastopo intitulatur … Item invenumus quendam parvum librum intitulatum Hec revelatio Merlini … Item invenimus multas alias prophetias et visiones sanctorum …». *Libellus,* f.8v.

(17) «per quos libros clare cognovi instans scisma eiusque causas predictis viris sanctis fuisse monstrata et revelata». Ibid., f.9r.

(18) MS. Paris, Bibl. Nat., Lat. 3814, f.124r：「本書は主の生誕一三五六年に着手された」«inceptus est hic liber anno nativitatis Domini 1356».

(19) Donckel, *AFH* xxvi.74 ss.

(20) «Rex alemanus qui ultimus alemanorum imperator erit». *Libellus,* f.14v.

(21) «eligendus malitia dicti imperatoris». Ibid.

(22) «Incipit libellus fratris Thelofori presbyteri ac heremite secundum auctoritates prescriptorum prophetarum et verarum cronicarum de causis, statu, cognitione ac fine instantis scismatis et tribulationum futurarum, maxime tempore futuri regis aquilonis vocantis se Fredericum imperatorem III usque ad tempora futuri pape vocati angelici pastoris et Karoli regis Francie, futuri imperatoris post Fredericum III supradictum». Paris, Bibl. Nat., MS. Lat. 3184, ff.106r-107v.

(23) «nova religio sanctissima». この語があらわれる句節については【IV-3 n.36】参照。

(24) *Libellus,* ff.11r-14r.〔＊フリードリヒ三世の戴冠については別写本ながら【図C-2】も参照。〕

(25) «nomine Karolum», «generosus rex de posteritate Pipini». MS. Venezia, Bibl. Marc., Lat. Cl.III, 177, ff.26v, 28v. カロルという名は印行版からは削除されている。

(26) 『フロレの書 *Liber de Flore*』への言及については、【本章 pp.404-05】を参照。

(27) «Qui imperator cum pastore angelico qui ipsum coronabit reformabit ecclesiam in statu paupertatis … Et ipse imperator cum pastore ecclesie faciet septimum et ultumum passagium pro terra sancta quam recuperabunt». *Libellus,* f.20v.

(28) Ibid., f.30v.

(29) «tempus septimum pacis et letitie». Ibid., ff.19v, 34r.

(30) MS. Brit. Mus., Arundel 117, f.112r-v.

(31) «Karolus filius Karoli ex natione illustrissimi Lilli habens frontem longam, supercilia alta, oculos longos, nasum aquilinum, circa sue etatis annum XIII coronabitur et in anno XIIII magnum exercitum congregabit omnesque tirampnos sui regni destruet. Nam ut sponsa cum sponso sic erit justicia sociata cum eo ; usque ad XXIIII annum suum deducet bella, subiugans Anglicos, Hyspanos, Aragones, Burgales, Lungobardos, Ytalicos ; Romam cum Florentia destruet et igne comburet ; duplicem coronam obtinebit, postmodum mare transiens cum exercitu magno intrabit Greciam. Et Rex Grecorum nominabitur. Caldeos, Thucenos, Yspanos*, Barbaros, Palestinos, Giorgianos subiugabit, faciens, edictum ut quicunque Crucifixum non adoraverit morte moriatur et non erit qui possit ei resistere, quia divinum brachium semper cum ipso erit et fere dominium universe terre possidebit. His factis sanctus sanctorum vocabitur, veniens ad sanctam Jerusalem et accedens ad montem Oliveti, orans ad Patrem deponensque coronam de capite, Deo gratias agens cum magno terremotu, signis et mirabilibus, emittet spiritum suum anno regni XXXI. Hic coronatus erit ab Angelico pastore et primus Imperator post Federicum tercium, post presens scisma et tribulationes et persecutiones pseudo-prophetarum et dicti Federici». Vat., MS. Reg. Lat. 580, f.52r.〔＊後出するショームはYspanosをYpsicosと解している。またヒスパニとは十字軍物語の幾つかではムスリムを指すことばとして用いられているという。Cfr. McGinn, *Visions of the End,* New York, 1988, p.340. なお本写本については【図C1-8】を参照。〕

(32) MS. Venezia（ref.【本章 n.25 ; II-3 n.64 ; III-4 pp.429-31 ; IV-4 p.545】), f.35v. ; J. Valentinelli, *Bibliotheca Manuscripta ad S. Marci Venetiarum,* Venezia, 1868, ii. 215 はこの預言がジャン・クィドールの『アンチキリスト論 *Tractatus de Antichristo*』の起句とされたものであったと論じている。

(33) M. Chaume, *Une prophétie relative à Charles VI*, in *Revue du Moyen Âge latin*, iii (1947), pp.27-42.

(34) 第二のシャルル・マーニュの典拠群に関する分析は、Chaume, loc.cit., pp.37-42を参照。容姿の記述は、*Interpretatio sibyllinorum librorum*, *PL* cx.1181-6やGodfrey of Viterbo, *Pantheon*, *MGHS* xxii. 146-7にも観られる。また次の論考をも参照。R. Folz, *Le Souvenir et la légende de Charlemagne*, Paris, 1950, pp.138-9.

(35) この推論は最も妥当なものと思われるが、ヴァチカンとヴェネチアの写本の異文《ヴァージョン》には、ひとつだけより正確な細部描写がある。それらにはシャルル六世の戴冠の歳が十四歳でなく、より正確に十三歳とされている。M・ショームはこの十四歳という歳の錯誤をかえって、シャルルが一三八〇年十一月四日に戴冠する以前にこの預言が著されたとする論拠に用いている。おそらく彼が正しいのであろう。その場合、イタリアの写本の異文《ヴァージョン》はその後に矯されたものということになる。あるいは、原本《オリジナル》には十三歳となっていたものが過って十四歳と転写されたか。そうだとすると、この預言がショームの想定するほど早い時期に書かれたものとみなす必然性はなくなる。

(36) *Prophezia Karoli Regis Francorum*, ed. by A. Graf, *Roma nella memoria e nelle immaginazioni del medio evo*, Torino, 1883, ii. 489 n.37. これは容姿についての記述に改変が認められる唯一の異文《ヴァージョン》である。その拡張についても、他のテクスト群とは関連が認められない。この預言の終わりに付された注に関しては、【III-4 p.431】を参照。

(37) MS. Paris, Bibl. Nat., Lat. 3598, f.45

(38) *Visiones fratris Joannis de Rupescissa.*

(39) Vat, MS. Chigiano A. VII 220.

(40) «... ex quodam antiquissimo libro quem apud me habeo, qui liber antiquus scriptus fuit anno domini M.CCCC.XIII per quendam Blasium Mathei die XVII Maii et ista est prophetia IX illius Abbatis Joachim Libro tertio regum Capitulo XIII».

(41) MS. Firenze, Bibl. Naz. Cen., II. xi. 18, f.8r ; Bezold, *Kaisersage*, p.600. ペレグリヌスの典拠としたのが、MS. Venezia, Bibl. Marc., Lat. Cl. III. 177. の基となったサン・グレゴリオ・マッジョーレ修道院の書冊であったと想定されるかもしれないが、結局のところ、彼の言及の詳細はそれとうまく一致しない。

(42) K. de Lettenhove, *Les chroniques inédites de Gilles le Bel*, in *Bulletins de l'Académie Royale des Sciences, des Lettres et des Beaux-Arts de Belgique*, 2nd series, ii (1857), pp.442-3. そこに一三九五年パリで書かれた別の預言(現在Newberry Library, Chicago, Case MS. 31. 2, f.15v)の余韻を聴きとることも可能かもしれない。この示唆はルクレール師に負うもの。

第4章　第三のフリードリヒ

教会大分裂と数々の公会議の時期、ふたたびチュートンからフランスに反撃が生じるのは不可避であった。教皇ボニファキウス九世に関連して評判をとったガマレオンの預言が十五世紀初頭には広く出まわっていた。[1] 彼の最初の幻視《ヴィジョン》、七つの惑星に飾られ、四本の剣を携える少年は、戦争と試練の数々の予測をもたらす。[2] つづいて彼は、赤い衣を纏い紅玉《ルビー》の冠を戴いた人を観る。先の少年はこの人のことを「百合《リール》の野の南から来た大いなる王」[3] と呼ぶ。彼こそ皇帝の称をゲルマンの民から簒奪したフランスの暴君であり、教会と民に荒廃と破壊をもたらす者である。この暴君については、「汝、恐ろしき者よ、いったい誰が汝に抗し得よう」[4] と、録されている。しかし、ラインラントにゲルマンの民がカエサルに選ぶことになる君主が現われるだろう。彼はアーヘンに宗教会議を召集し、そこでマインツの大司教が教皇に挙げられることとなろう。その後、ゲルマンの皇帝はフランスの皇帝を滅ぼし、すべての民を征し、ユダヤ人を殺戮し、聖職者たちを使徒的清貧へと戻すだろう。もはやローマが教皇の座として想起されることもなく、マインツの大司教区が教会の中心となるだろう。「いまやゲルマンは敬虔にキリストの教えに生き、その誉れはいや増すであろう」[5]。W・ラツィウスが載せる異文《ヴァージョン》は次のように結ばれている。「このゲルマンの皇帝《カエサル》の下、諸国諸領は赫々たる声望を得るであろう。そしてユダヤ人たちはあらゆる地から滅ぼされるであろう。その後、ゲルマンのキリスト信徒たちは新たな未来の司牧者とともに生き、ついに彼は聖地を解放することとなるだろう」[6]。ここに民族的希望は霊的〈革新《レノヴァチオ》〉への期待にはっきりと結びつけられる。

フリードリヒという名はいまだ呪力の籠ったことばであった。蘇ったフリードリヒもしくはフリードリヒ三世の伝説は、これに先立つ二世紀の間、民間伝承にまた狂信的な扇動者たちのうちに生きつづけていた。[7] 彼は常に、来たるべき差し迫ったことどものうちにあって、キリスト教王国の懲罰者にして革新者という誇張された姿であらわれる。十五世紀のミュンヘン写本[8]では、ガマレオンの幻視《ヴィジョン》に第三のフリードリヒに関する預言がつづいている。そして十五世紀中頃には、フリードリヒ三世という神秘の称号は血肉を得て、いよいよ預言を煽るものと化していった。トマス・エベンドルファーはその著『ローマ帝国年代記』[9]の末尾に、この時点における将来への展望をも録している。このフリードリヒはいったいなにを証すことになるのであろうか――善をか悪をか。エベンドルファーはこうした疑義に対して、自らの歴史を〈作為なきよう〉[10]に慎重にそれらと区別しつつ、人口に膾炙していた預言を引いている。これはあきらかに、時流にあわせて政治的に改変された親ホーエンシュタウフェン的な第三のフリードリヒに関する巫言である。[11]

　鷲が翔け来たり獅子を打ち負かし、鷲の雛を獅子の巣のうちで養うだろう。するうち蓄えられた食糧も涸れるだろう。するとそこに王の誉れをあらわすこともない某が姿をみせるだろう。そしてついに、アレマンノの領主たちと謀りボヘミアの地の君公を調伏すると、豹がそれを貪り食らうだろう。ここに鷲の根から東のフレデリクスという名の者があらわれ、領地を統括し、帝国を統帥し、地の果てに至るまでその枝を伸ばし、その頂点に到った時、彼は教皇を襲い、聖職者たちを石で撃つだろう。[12]

　しかし彼は、悪を体現する者としてのフリードリヒ三世という伝説をも熟知していた。それは「隠者テオロフォルスによって捏造されたところ……そこでフレデリクスは根拠もなしに唾棄されて」[13]、広められたものであった、と。ここで彼がなんの注記もなしに、アレクサンデル・フォン・レースからフリードリヒを〈罪の根《ラディクス・ペッカトリクス》〉とし、また未来のカロリングの皇帝について語った一節を引いていることが分かる。[14] 彼はフランスの勝利を書き記すつもりなどさらさらなかったが、あえて――どこか嘲弄するような具合に――上掲した第二のシャルル・マーニュに関する預言の全文を付加している。[15] 彼はそれをテレスフォルスの示したかたちで、戴冠の歳も正確に、最後のヨアキム主義的一文も欠かさずに引いてみせる。これはもちろん、フリードリヒ三世が〈最終世界皇帝〉に先駆けてあらわれる悪役として姿をみせる、ということを意味している。つまりここでは預言が、善なるフリードリヒ、悪なるフリードリヒ、そして善なるシャルル、という三重の意味を一時に体現していることになる。しかしここで注意すべきは、ローマおよび聖職者たちの懲罰者という彼らに共通する役割であろう。エベンドルファーは未来をまったく覚束ないものと観ている。彼はフリードリヒ三世に偉業を期待しつつ、次のように記す。「そこに神に愛される皇帝があらわれる……帝国への期待を甦らせ、静穏にあなたの栄光をあらわすために」[16]、と。とはいえ、このフリードリヒがどのような姿をあらわすか、彼にはまったく不明であった。

こうした局面についてまた別に、フリードリヒ三世に対するイタリアからの面白い報せがある。それはエネア・シルヴィオ・ピッコローミニの所見。[17] 一四五二年フリードリヒが戴冠のためローマに近づくのを観て、巫言によれば彼こそは将来、武力をもってローマを攻め、聖職者たちにとって耐えがたい災厄となる者である、とニコラウス五世に説く者があったことをエネアは教えてくれる。ニコラウスは心惑っていた。「恐れる一方で渇望は湧き起こる。支配することによって恐れを排そうとする一方で、カエサルに冠を授けつつ自らの栄光を飢渇して」。これに大修道院長トリテミウスが報ずる、教皇と皇帝の会話を付け加えておくべきだろうか。

食事の間に教皇は皇帝に言った。栄光に満ち満ちる息子よ、あなたについていろいろと悪しき予言がなされている。あなたが教会に対して成すであろうことについて、そうした予言の類を信じなくてはならぬとするならいかがなものか。それに皇帝が答えた。わたしは神の教会に善く義しく従います。神がわたしになんらか別のことをお望みになるのも、わたしのためにお命じになるのもそのご意志のまま、それこそが神の権能です。それによってのみすべては革められ、その義しきご意志によってのみそれは叶うことでしょう。[18]

フリードリヒその人ですら、自らに課された役割を回避することなどできなかった。時だけが、彼が真に預言にある第三のフリードリヒであったかどうか、を明かすことができるだろう。

差し迫ったことどもの立役者の候補のひとりとしては、歴史上のどんな人物にもまして皇帝フリードリヒ三世は期待はずれだった。彼に預言された役割について、同時代の二人の詩人が信頼の念を抱いているようにみえる。[19] しかしゲルマン的観点から彼の統治について著されたある論考は、この皇帝が預言的期待のうちで蒙ることになる混乱した状況を活写するものとなっている。一四七四年に編まれた『トルコ論考』[20]は、トルコの脅威に対して人心を激励すべくドメニコ会士たちによって編まれた預言群の雑纂だった。これは不信仰者の最終的敗北に関する有名な擬メトディウスの預言[21]を基に、ヨアキム、キュリロス、ヒルデガルト、マーリン、シビュラたち、聖女ブリギッタの預言を加えたものだった。また教会の数々の罪に対するトルコの業罰に関して、『キュリロスの巫言』に関する擬ヨアキム主義的註釈も引かれているが、[22]〈革新《レノヴァチオ》〉の使いに関する通有の巫言は一切用いられていない。これはヨアキムのような評判に疑わしいところのある名と結びついた預言の数々を、ドメニコ会の編者たちが用いることをおそれたためではなかった。

もちろんそこに預言の霊があること、特にそのエレミヤ書註解においては、各所で来たるべきこの世の終わりの時の二つの修道秩序つまり説教修道会と小さき兄弟会について語られていることは周知の通りである。浄福なるトマスによるならば、こうしたことがらは誤ることもあり得るものであり、その場合は教会による訂正に委ねるべきであり、卓越した本性をあらわしたところについては、そのことばの意義は承認されるべきである。[23]

どうやら彼らの困惑は、フランスの第二のシャルル・マーニュがトルコを征する勝利者となるだろうという期待に対する逡巡、この役割を果たすにフリードリヒ三世では役不足であると観ずることに対する躊躇にあったようにみえる。実際、ある者たちは彼を邪悪の象徴と観ており、またその他の者たちは俗説されるシビュラの巫言に就いて(「そうしたシビュラの巫言の類は俗語の書冊に載せられるものばかりで、ラテン語の権威ある著作ではない」)[24]、彼こそがキリスト教世界の救世主となるであろうと信じていた。しかしこの著書の編者たちは、〈フレデリクス三世《フレデリクス・テルツィウス》〉というかくも巨大な象徴が通常の人の身の長けに縮尺され、現実の肉身を採り得る、などとは考えていない。[25] トルコの絶滅は現在の皇帝によっても、また現在の皇帝のごとき者と想定される未来のキリスト教王によっても成就することはないだろう。それゆえ通有の伝承から離れ、彼らは「弱小キリスト教諸国からなる」[26]キリスト教王国の救世主を探し求め、ついにウンゲリア《ハンガリー》のマティアス・コルヴィヌスに白羽の矢をたてようする。実のところ、この論考の目的はマティアスをローマの王の候補に挙げることにあったのかもしれない。しかし編者たちは、彼らが探し求めている人物が彼であるかどうかについても懐疑的である。[27]唯一確かなのは、歴史の窮極の終焉は偉大なるキリスト教王によってもたらされるであろう、ということだけだった。「そしてその統治はキリスト教王国を世界のすべてに偉大に輝かせることであろう」[28]。この論考の総体はヨアキム主義的な未来への信条と第三のフリードリヒについての幻滅とを綯交ぜに映し出すことになっている。実際、フリードリヒ三世の死は第三のフレデリクスの死そのものと想われた。その碑銘はステファノ・インフェッスーラの『ローマ日記』のうちに、みごとに表わされている。「一四九三年。皇帝フェデリクス逝去。これをもってあらゆる預言は消滅した」[29]。

しかしそれと同時にイタリアにはふたたび預言詩の数々が出回ることとなった。そのひとつ[30]、その様式《スタイル》からトマスッチォあるいはストッパに帰されるものは、まさに自らに課された役割を果たすこととなる偉大なゲルマンの皇帝を期待するものとなっている。

この人物は全世界の君主となろう
広く遍く正義をなして、
イタリアの花婿たることを隠すこともなき、
皇帝に。
……………
この人物は世界の隅々まで平和を保つだろう
この世のあらゆる罪を修繕しつつ、
彼に征せられぬ場所といってはその近傍に

一切なしに。

サラセン人を信仰に改めさせ
タタール人を征して進み、
そしてこの神々しき土地に入るだろう
聖地に。

ローマがその膝下に戻る時こそ
この世のすべては安息に憩い
その地でこの世の聖なる司祭たちは皆
説くことだろう。

不信仰者はみな改宗するだろう
みな粗い布を纏い
私的所有なしに永遠に生きることだろう
清貧のうちに。

…………

この世にはもはや戦いもなく、
鎧や鎖帷子は譴責されることとなるだろう、
悪徳が人に添うことはもはやない

決して。

地には僅かの人々のみが残るだろう、
そこで霊はみな悦ぶことだろう
神に祈ろうではないか。すべての人々を
善へと導く神に。

犬は熊とともに平静にあり
狼は羊に同道し
蛇は掘割にとどまるだろう
餌を分け合って。(31)

また、皇帝 - 救世主を扱った別のイタリア語詩が、十五世紀後半にペッリグリーノ・アッレグリの名のもとに広まっている。(32) この主題は十六世紀初頭まで、イタリア語預言詩においてはかなり普及したものであった。王 - 懲罰者の姿は、聖女ブリギッタの名と結びつけられた預言群の普及とともに、いまや重要な預言的役割を演じることとなる。その存命中に、彼女の啓示の数々は七巻の書『天上の啓示の書』(33)に集成された。後にこれらから『大いなる書《リーベル・マグヌス》』(34)が抄録され、また一四三三年頃ライプチヒのJ・トルッによって全啓示のうちから簡約版『この世の艱難《オヌス・ムンディ》』が編まれた。聖女ブリギッタはおそらく、聖霊の時代、ヨアキムの〈第三時代〉の到来を信じていたが、(35) この時代にはキリストの審きという恐ろしい懲罰が先立たない訳にはいかないのだった。その執行者は、〈来たる君主《ドゥクス・ヴェントゥーリス》〉、(36)〈地を耕すもの《アラトール》〉、(37)〈狩《ヴェナ》人《トール》〉(38)と、様々に記されている。聖女ブリギッタの真正啓示においては、この懲罰者がキリスト教徒であるのか、異端者であるのか、異教徒であるのか定かではないようにみえるが、確かにそれは自ずからの意図ならずして神の審きを果たす者、神慮を果たす悪の手先である。十五世紀にブリギッタの名のもとに普及することになる民衆的託宣の数々において、この懲罰者の役割はいよいよ大きなものとなってゆく。そうしたもののひとつ、「大いなる鷲のもと」[39]にはじまる一編には、まさにゲルマン人たちにより教会が蹂躙される様が描かれている。また別の預言詩にはローマの破壊が[40]。

しかしながらその他、巷説されるブリギッタの託宣においては、懲罰者の役割は逆転している。ダニエルの書に預言された〈猥らな（貞潔ならざる）相貌の王〉を〈貞潔なる相貌の王〉に変ずることによって[41]、邪悪な暴君は善なる懲罰者と化す。彼は懲罰者であるのみならず、教会の改革もする。彼は到るところを統治する。彼はゲルマンの人に違いない。ブリギッタの託宣と称されるものの三つ目の事例は百合（つまりフランス）にかかわるもので、百合と鷲の平和のうちでの合一、前者の後者への服従に終わっている[42]。一般的預言の潮流のうちに早々に定着していったこれらの擬ブリギッタ預言群はゲルマン側に好意を寄せるものばかりであるとともに、ヨアキム主義的待望を支持するものでもあった。ブリギッタの託宣は、先の十五世紀末の論考においてもこうした文脈で用いられている[43]。

> その王国はキリスト教王国としてこの世のすべての王国に卓越を誇るだろう。……第五に讃えるべきは、新たな福音説教による不信仰者の改宗である。……第六に讃えるべきは、不信仰者の改宗によりその王国において教会が革新されるであろうこと。これが聖女ブリギッタの啓示において、新たな福音的説教師たち、不信仰者の改宗、新たな花嫁たちの選出、そこに先述の王たちすべてが誠実に協力するであろうことについて縷説されるところ。……第七に称賛すべきは、いまだかつて閲したこともないような地上の平和と調和である[44]。

ブリギッタに仮託される預言群は、ここで〈最終世界皇帝〉の伝統的予測にヨアキム主義的〈革新《レノヴァチオ》〉を加えていることが分かる。

ガマレオンとブリギッタとともに、時として不詳の人物、修道士ラインハルトがあらわれる。おそらく十五世紀初頭に跡づけることができる彼の預言は、後代の集成《コレクション》の数々に収められている[45]。そうした抄録のひとつには、旧約聖書の最後

の時代と新たな契約のもとに来たるべき危難の間に、符合というヨアキム主義的方法がくっきりと映じている。(46)

こうした未来の試練は過ぎ去った試練に類比でき、マカベア家の者たちの時にあったできごとが、われわれを襲うところのすべてを描き出している。つまりアンティオコス王により、エルサレムの神殿が冒瀆され祭司たちが壊乱せしめられ、その後神殿が復興され、神の民が解放されたごとく、先述した暴君によって教会と司祭たち、また罪深き民は壊乱せしめられるのである。ここにこの暴君は放蕩なる教皇の教会に侵入し、それを民のためなる唯一のキリスト教国となす善なる君主として改革し、マホメットの徒を破壊するであろう。(47)

ここにふたたび邪悪な暴君と改革者‐君主が並存することになる。

チュートン的待望の焦点として、フリードリヒ三世の先任者ジギスムントに対する期待が集まっていたようにみえる。『この世の光。ダヴィデによる』および『シャルルマーニュ』という表題で、彼の姿を誇大に吹聴してみせた彼の同時代の預言がある。(48) ヒルデガルトの預言もまた彼のことを謂ったものとみなされた。(49) しかしジギスムントと預言的待望の関係が最もはっきりと認められるのは、一四三九年頃に俗語で著された『皇帝シギスムントの改革』である。(50) これは本来バーゼル公会議に向けて準備されたラテン語による改革構想を基にしたものであったが、独語論考は預言的未来に照準を合わせることにより、社会的政治的期待観を煽るに与って力あった。そこにある、〈第三と第九の時〉に姿をあらわす〈聖なる《サケル》卑しき者《プシッルス》〉について聖書の人物エステルによって語られるラテン語の託宣には、ヨアキム主義的預言の響きが強く重なっている。「海から海までを治め、怒濤の渦をその脚下に踏み……民は歓喜し正義を享受する」。(51) 未来の幻視《ヴィジョン》の終わりは、物故したばかりの皇帝ジギスムントの口から、預言を概括するかたちで語られている。(52) 彼は、司祭‐王の到来を予言し、そこで成し遂げられることになる霊的幸福と社会正義のありさまを語る。司祭‐王がラントナウのフリードリヒと名指されているという事実（論考の著者によるものだろうか、そこに引かれた預言を著したものによるものだろうか）(53)も、ゲルマンの〈革新《レノヴァチオ》〉というこの展望が次の世紀にかけて広く普及することを妨げるものとはならなかった。(54)

どうやら預言というものは毀ち難いもののようにみえる。第三のフリードリヒ伝説が現実のフリードリヒの閲歴から汲まれたものでもあったことについては後述したい。また第二のシャルル・マーニュはシャルル六世の狂気の後にも生きつづけた。十五世紀中頃のフランスには奇妙な集団が存在した。彼らは、対立教皇ベネディクトゥス十三世の総代理を務めたジャン・カリエールに触発された者たちだった。彼の死後、その集団に鍛冶屋の某ジャン・トライニエールが加わった。[55]この集団は、ジャン・カリエールがいまだ生きており、彼こそが真の教皇ベネディクトゥス十四世であると信じるとともに、フランス王、「シャルルの息子たるシャルル」が隠れている正統なる教皇を見出し、彼をキリスト教王国の首長に挙げることを待望していた。ここにはテレスフォルスへの感傷が垣間見える。より深刻なのが謎の人物ジャン・ド・ボアによって一四四五年、栄光の頂点にあったシャルル七世に呈された『勧言と予測』である。[56]彼は自ら見出し得たシビュラ、ヒルデガルト、ヨアキム、バッシニーのジョン(ヨハンネス・バルシナチオ)、ブリドリントンのジョン、テレスフォルス等々の預言群にどっぷりと漬かっている。その探求の成果を彼はこの著によって王とその宮廷に具申したのだった。フランスがその罪を悔い、神との和解の道を求めるならば、大いなる未来はその前に啓くであろう、と。彼は第二のシャルル・マーニュの預言を引用し、シャルルがアラスの王冠を戴き十三年にわたって統治をつづけてきたという事実はその預言を実現するものである、[57]と論じてみせる。彼が告げる構想はおおむねテレスフォルスから抽き出されたもので、そこには第三のフリードリヒによる試練、天使的教皇、そして「フランクの王統のいとも高貴なる血筋を継ぐ」[58]至高なる皇帝も含まれている。試練の後、平和と幸福の大いなる七年がフランスにもたらされるだろう。一四五一年には、「平和の充溢」が認められ、その年の復活祭の日には聖霊に導かれ、王は他の十三人のキリスト王たちをパリに集めるだろう。そこで、王たちと民の眼前に天使が降り、フランスの王に光り輝く剣と紅玉《ルビー》の指輪を献呈するだろう。[59]第二のシャルル・マーニュの勝利の凱旋の後には、すでに見慣れた構想がつづく。[60]シャルルはイタリアへ進軍し、ローマおよびもうひとつ咎められるべきある名指されない町を破壊し、天使的教皇によって、フランスばかりでなくゲルマン、ローマ、グレキアそしてエルサレムの皇帝として冠を授けられるであろう。彼はその統治のもとに東と西を結び、聖地を奪回し、世界帝国を実現するだろう。そして三十七年の統治の後、彼が自らの王冠を聖墓に降ろすと、それをまのあたりにした多くの異教徒たちは改宗するだろう。シャルル七世の前に広がるこうした壮麗な未来について述べつつも、ジャン・ド・ボアはそれに完璧な信を表明せぬばかりか、その報償としてすべての税の減免を求めている。この預言あるいはその要求に対するシャルルの対応については何の記録も残されていない。

　政治的預言にみられるすべての人物――邪悪な暴君と贋教皇、第二のシャルル・マーニュと天使的教皇――が登場するのがヴェネチアの際立った集成で、そこにはひきつづきヨアキム主義的な政治的未来への関心が露わに認められる。(61)まず十五世紀中葉、一四五四年ごろ、ヴェネチア人ドメニコ・マウロチェーノが預言選抄を編んでいる。すでに観たように、(62)ドメニコ会士ルスティチアヌスはマウロチェーノの要請に応じて大部の預言書を編んだ折の献呈辞を、彼宛にしたためている。テレスフォルスその他から選抄された文書の混乱を整序し、選出要略するように「貴殿が以前仰ったように」(63)なした、と。彼のこの著作の中核はテレスフォルスの『小著《リベッルス》』だった。それに彼自身の献呈序と、聖女ブリギッタおよび一三八三年に著されたイスパニアの聖アントニウスの預言が添えられた。(64)テレスフォルスのテクストに対する彼の主要な付加は挿絵の選択にあり、各々の挿絵に付された見出し語あるいは短いテクストがそれらを導入する役割を果たしている。その多くは聖書に負うもの（つまり喇叭を吹いたり小瓶から注いだりする黙示録の天使たち）だが、その幾つかはヨアキム主義的な未来を説くもので、これらはじつに興味深い。(65)献呈辞にみられる彼の政治的構想は、テレスフォルス風のものである。〈複合アンチキリスト《アンチキリスト・ミクストゥス》〉(66)はすぐ近くまで来ている、「それをゲルマン出身の贋教皇は欺瞞によって皇帝となすだろう」(67)。彼は贋のゲルマン皇帝、衆望のフリードリヒ三世として戴冠するだろう。そして彼らはともにフランクを転覆し、イタリアを略奪し、高位聖職者たちを迫害し、サン・ピエトロ教会を冒瀆するだろう。それに三人の贋教皇がつづくだろう。しかし邪悪の使いたちは神佑を享けた〈天使的教皇〉と「ピピンの後裔たる寛容な王」(68)の協力により打倒され、平静なる時代がもたらされるだろう。慈愛と権力の体現者であるフランスの皇帝は天使的教皇の光輝のため、エルサレム征討に赴いてその地を奪回するだろう。

　テレスフォルスの『小著《リベッルス》』にルスティチアヌスによって付された挿絵の幾つかはこうした構想を生き生きと描き出している。三人の贋教皇たちは悪魔たちから冠を受け、フリードリヒ三世の軍隊は王を戴き、海――二艘の船――と陸から驚の旗印を振りかざして押し寄せる。聖なる修道士が、彼を畏れ跪いて天使的教皇と讃え宣する代理人を迎えるため、牢獄の外に坐している。そして戴冠した天使的教皇は、玉座のフランス王に冠を授ける。(69) つづく天使的教皇たちは謎に満ちた姿で描かれ、最後の挿絵は神が〈聖なる民〉を祝福するとともに、堕落者が奇妙なうつわで火炙りになっている。(70)

この十五世紀中頃のヴェネチア人は、あきらかにゲルマンの皇帝とフランスの王の預言的役割を認めているが、それにしても彼はそれを本当に同時代のフリードリヒ三世とシャルル七世に期待していたのだろうか。もちろん名の一致は、テレスフォルスの預言にとって格別好都合であった。しかしすでに教会大分裂が終わって久しいにもかかわらず、ルスティチアヌスはテレスフォルスの「現下の教会大分裂」ということばをそのまま使っており、またそこにあらわれるいろいろな年代もほとんど適切さを失っている。(71)

現在見ることのできるこのヴェネチア写本はルスティチアヌスの原本ではなく、一四六九年にサン・キプリアーノ修道院の修道士アンドレアスによって、ヴェネチアのサン・グレゴリオ・マッジョーレ修道院所蔵の写本から書写されたものである。ルスティチアヌスの献呈序は十五葉表に到るまであらわれず、そこまでの前置きはこの別の書写者の手になるものである。そのうちにはパヴィアのラザルスという名の司祭の手になる、生々しくはっとするような挿絵が幾つか含まれている。そのひとつは、教皇と皇帝フリードリヒ三世が肉弾戦をしており、どうやらフリードリヒの形勢が悪い。教皇は左手にフランクの王国の象徴紋やらローマをあらわした天秤を持っている。教皇と皇帝は獅子(ブルグント公《ドゥクス・ブルグンディエ》)、車輪(ローマ教皇《パトリアルコ》)、船の帆柱(帝国の民《キヴィターテス・インペラトーリス》)の上に立ち、彼らの周囲にはヨーロッパの他の政治権力が様々に描き出されている。左側の木の幹(エルサレム)には紋章が懸かっている。(72) 二つ目の挿絵には巨牛の姿が描かれ、尾や各種垂れ飾りがアンチキリストをあらわしている。(73) この前置きのその他の頁は『教皇預言集《ヴァティチーナ》』から採られた挿絵と文言からなっている。(74) ピウス二世とパウルス二世の名の記載があり、あと二人――天使的教皇――が到来するだろう。この点については本稿第Ⅳ部で振り返ってみることにしたい。

テレスフォルスの『小著《リベッルス》』に直接して、すでに観た第二のシャルル・マーニュの預言がつづいている。(75) これがテレスフォルスの著作に密接に繋ぎ合わされているところからすると、どうやらこれはルスティチアヌスの編纂書の原型を保ったもののようである。そしてまたパリのヨハンネスの『アンチキリスト論』が同じ筆跡で直接つづいている。[76] ここでアンドレアスの書は終わるが、おそらくルスティチアヌスの編著もここで終わっていたものであろう。もちろん、サン・グレゴリオの写本がここで終わっていたかどうかは分からない。アンドレアスの書では、ここに一四九五年にサン・キプリアーノの大修道院長の指示によって注が付されており、彼の慎重さと声望が強調されるとともに、この書の観点の幾つかについて弁護が必要とみなされたらしきことが看てとれる。しかし写本はそれで終わっている訳ではなく、サン・キプリアーノ写本には他の興味深い預言が付されている。四三葉表には一四七六年の別の筆跡で短い預言選集がつづいている。そこにはメストリの住民、修道士バルデッリーノ・デ・バルデッリーニの預言、それに古い鷲の託宣のひとつが含まれている。[77] それにまた別の筆跡で一連の教皇預言がつづいているが、順序に少々混乱がみられる。そして所謂聖マラキの預言。これは十七世紀に挿入されたものに違いないが、その最後の数頁は十五世紀も末に近く書写されたものである。[78] そしてここに先述した第二のシャルル・マーニュの預言の珍しい拡張異文《ヴァージョン》があらわれる。[79] その末尾にはこの預言の典拠およびその述作年代が想定できる注が付されている。「以上転記した預言はイオハン・マルチェッロ・デ・サンクト・ヴィタリの所持にかかるいとも古き写本から、そのラテン語には拙劣なところがあるにもかかわらず、そのまま逐語的に書写したものである。主の一四一五年三月五日」。[80] このようにヴェネチアでは、十五世紀を通じてこうした預言的な姿への関心がつづいた。おそらくそれはサン・キプリアーノの写本の最後のテクストが書写された頃、つまりシャルル八世がイタリア遠征に出立する直前まで続いたものと観られる。一四九五年、ヴェネチア人のカマルドリ会総長ペトルス・デルフィーノは天使的教皇に関する預言についてフィレンツェからある修道士に宛て、ドメニコ・マウロチェーノから『教皇表《パパリスタ》』を借りうけてくれるように依頼する手紙を送っている。彼のことをデルフィーノはこうした預言書の研究者としてよく知っていたに違いない。[81] その次世代に、一五一六年にテレスフォルスの預言を印行したシルヴェストロ・メウッチォがいる。この印行版はこうした写本と密接な関係にあったに違いない。また後に別のヴェネチア人パスクァリーノ・レジセルモは、『教皇《ヴァティ》預言集《チーナ》』の著者と解釈を求めて探索をつづけるうち、ドメニコ・マウロチェーノの原写本――彼が謂うところによれば百三十年前に書写されたもの――に出会うこととなる。[82]

註

（1） この預言の主たる典拠としては、W. Lazius, *Fragmentum*, f.Hii-v およびJ. Wolf, *Lect. mem.* i. 720-1に長い抄録がある。またその異文《ヴァージョン》が、F. v. Bezold, *Kaisersage*, pp.604-6に公刊されている。ヴォルフはその p.728に、一四〇九年ハンブルクでヨハン・ヴュンシェルベルクJohann Wünschelburgによって説かれた説教形式の短い異文《ヴァージョン》を載せている。ベツォルトの異文《ヴァージョン》ではそれは一四三九年のこととされている。初期揺籃本異文《ヴァージョン》は、A. Reifferscheid, *Neun Texte zur Geschichte der religiöesen Aufklärung in Deutschland*, Greifswald, 1905, Document 9に再録印行されている。またF. Kampers, *Die deutsche Kaiseridee*, Munich, 1896, p.127をも参照。

（2） Wolf, *Lect. mem.*, p.720.

（3） «magnus ille rex de campo Liliorum ex Meridie». Ibid.

（4） «Tu es horribilis et quis tibi resistet?» Lazius, *Fragmentum*, f.Hii-v. 〔＊この一句は、『教皇預言集《ヴァティチーナ》』の第十五預言、龍の図に付されたことばとほぼ同じである。【図E-5】参照。〕

（5） «Germania nunc pie et Christiane vivet et honoribus adaugebitur». Wolf, *Lect. mem.*, p.721.

（6） «Et sub isto Caesare Germanicae regiones ac nationes exaltabuntur et honorabuntur et Iudaei in omnibus terris affligentur, postea Germani Christiane vivent cum novo futuro pastore et erit tunc magna et ultima in terram sanctam expeditio». Lazius, *Fragmentum*, f.Hii-v. ラツィウスの異文《ヴァージョン》はヴォルフのものとかなり細部に違いが認められるとはいえ、同一主題を扱った異文《ヴァージョン》である。

（7） Cohn, op.cit., pp.107 ss. 参照〔＊N・コーン『千年王国の追求』邦訳pp.104 ss.〕; G. Schultheiss, *Die deutsche Volkssage vom Fortleben u. der Wiederkehr Kaiser Friedrichs II*, in *Histor. Studien* 94, Berlin, 1911, pp.1-133. 十四世紀から十五世紀にかけてのこうした信条について論じたものとして、特に以下を参照。J. Rothe, *Dürin-gische Chronik*, ed. R. v. Liliencron, *Thüringische Geschichtsgellen*, iii, Jena, 1859, pp.426, 446 ; John of Winterthur, *Chronik*, *MGHS*, n.s., iii. 280 ; Theodric Engelhus, *Chronicon*, ed. G. Leibniz, *Scriptores rerum Brunsviciensium* ..., Hanover, 1707-11, ii. 1115 ; Oswald der Schreiber, ed. Zarncke, *Abh. Ges. Wissensch. Leipzig*, vii, 1879, pp.1004 ss.; Peter v. Zittau, *Chronicon*, ed. J. Loserth, *Fontes Rerum Austriacarum*, viii. 424 ss.; *Die Detmar Chronik v. Lübeck*, *Chroniken der deutschen Städte*, xix, 1884, pp.333, 367 ; Ottokar, *Oesterreichishe Reimchronik*, *MGH*, *Deutsche Chroniken*, v, i, pp.423 ss. ケルンの人々は、シギスムントが戴冠にともない新たな名フリードリヒを名告ると信じていた（Bezold, op. cit., p.584）。

（8） F. Lauchert, *Materialen zur Geschichte der Kaiserprophetie im Mittelalter*, *HJ* xix (1898), p.846.

（9） Thomas Ebendorfer, *Cronica Regum Romanorum*, ed. A. Pibram, *Mittheilungen des Instituts für oesterreichische Geschichtsforschung*, Ergänzungsband III, Innsbruck, 1890, pp.38-222.

（10） «sine fictione». Ibid., p.143. エベンドルファーはこの預言を次のように紹介する。「作為も嫉視反感もなしにすべてを明示するため、この歴史ものがたりの欄外に注しておきたいことは、ライン諸領に関して古い書物に載せられる記述はその本来の姿の僅かな部分に過ぎないのではないか、というわたしの憂慮である。それゆえ、備忘のため次のようなかたちのものも付しておくこととしたい」«Unum tamen in calce huius hystorie, quam sine fictione didici et sine invidia communicare ac exarare disposui, addicere volui, quod quidam timoratus michi in partibus Reni ab antiquissimo libro se professus est excerpsisse [et] sua manu scriptum obtulit, eciam presentibus annectere pro memoriali in hac forma ...».

（11） Ibid.,【III-2 n.39】参照。この預言の本来のかたち、起句にRegnabit

Manfredusをもつ異文《ヴァージョン》が十五世紀のゲルマンの歴史家テオドリクス・パウルスによってその著『歴史鑑 *Speculum historiae* 』(ed. W. Focke, Halle, 1892, p.78) に引かれている。この預言に関するその他の言及については、【III-6 pp.457-58】参照。

(12) «Veniet aquila, cuius volatu debellabitur leo et veniet pullus aquile et nidificabit in domo leonis, cuius fructus alimento paterno carebit. Et illic eligetur unus, cui honor regis non exhibetur. Tandem conspirabunt principes Alemanie et magnates terre Bohemie opprimentur et leopardus devorabit eos. Et exurget radix de radice aquile, nomine Fredericus orientalis, hic regnans regnabit, imperans imperabit et extendet ramos usque ad ultimos fines terre, tempore illius summus capietur pontifex et clerus dilapidabitur».

(13) «istius Theolophori heremite figmenta, … qui de tercio Friderico evomuit sine fundamento». Ebendorfer, op.cit., p.144.

(14) 【III-2 pp.392-93】参照。これと同じアレクサンデル・フォン・レースの句節がMS. Vindob. 3402の *Chronicon pontificium et imperatorum Ratisponense* に付加された十五世紀の注にも引かれている (cfr. *MGHS* xxiv. 285 n.2)。F. Lot, *Origine et signification du mot 'carolingien', Revue historique,* xlvi (1891), p.69には、あるバイエルンの年代記に引用された別の事例が引かれている。

(15) Ebendorfer, op.cit., p.149,【III-3 n.31】参照。

(16) «Assurge ergo Deo amabilis imperator … ut revivescat spes imperii et tua serenior appareat gloria». Ibid.

(17) Aeneas Sylvius Piccolomini, *Historia rerum Friderici III imperatoris,* ed. J. Schilter, *Scriptores rerum Germanicarum,* Strasbourg, 1687, p.45. またMS. Vat., Lat. 3816には一四四八年にあるイタリア人によって編まれた預言集成が含まれている。この編者は第三のフレデリクスを悪の最終的顕現と観る (ff.59v-62v) とともに、第二のシャルル・マーニュ (f.63r) と天使的教皇 (f.64v) を待望している。

(18) «Inter prandendum fertur Papa dixisse ad Caesarem : Multa de te, gloriosissime fili, praenuntiata sunt mala, quae sis facturus Ecclesiae, si fidem adhibere praedictionibus huiusmodi debeamus. Cui Imperator respondit : Mea intentio pro Ecclesia Dei bona et recta est ; si Deus aliud de me aut per me ordinare voluerit, in ipsius potestate est, qui solus omnia novit, potest et disponit secundum suam rectissimam voluntatem». J. Trithemius, *Chronicon Hirsaugiense,* St.Gall. 1690, ii. 423. 著者は次のように続けている。「そうした預言の多くを支える無分別な臆説には皇帝フレデリクス三世について数々悪しき未来が予言されていた。すなわち、彼は将来ローマ教会を、ローマ教皇を迫害する者であり、この世のすべての教会の高位聖職者たちの敵にして破壊者であり、司祭たち貧しき者たちの抑圧者、無慈悲で残虐で呪われた不信心な暴君にしてキリスト教信仰の敵、破壊者、憎悪者であると。これらはすべてやくたいもないつくりごとであり、偽りの嘘ばかりであった。ここに語られてあることをすべて秤量するに、彼は帝国をその全歳月にわたり、五十一歳までキリストの信仰においてまったく正統にもじつにキリスト教的に治め、決して教会を苛むこともなく、暴君でも残酷な者としてでもなく……要するに彼について悪しくなされた予言はすべて虚偽であった」«Et notandum quod multi spiritum sibi Prophetiae temeraria praesumptione usurpantes multa de Friderico Imperatore III mala praedixerunt esse futura, quod videlicet esset futurus Ecclesiae Romanae persecutor, Romanorum Pontificum, Praelatorum Ecclesiae Universalis inimicus et destructor, Cleri et pauperum oppressor, tyrannus impius, crudelis, maleficus, infidelis et fidei Christianae hostis, desertor et osor, quae omnia, frivola, ficta, falsa et mentita fuerunt. Constat enim omnibus qui noverunt eum, quod cunctis diebus regni sui simul et Imperii per annos 53 in fide Christi semper princeps fuit Catholicus et Christianissimus, nunquam Ecclesiae molestus, nunquam tyrannus, nunquam crudelis. … Manifestum est ergo praedictiones de illo malas omnes extitisse mendaces».

(19) Rudolf Montigel, ed. R. v. Liliencron, *Die historischen Volkslieder der Deutschen vom 13. bis 16. Jahrh.*, Leipzig,1866, ii. 26 ; Hermann v. Sachsenheim, *Die Moerin*, ed. E. Martin, *Bibliothek des Historischen Vereins in Stuttgart*, cxxxvii, Tübingen, 1878, pp. 209-10.

(20) *Tractatus de Turcis*, その全表題を挙げるなら、『現今聖なる教会を呻吟させるトルコに関し、説教修道会士たちの議論を概括したる論考ここにはじまる *Incipit Tractatus quidam de Turcis prout ad presens ecclesia sancta ab eis affligitur collectus diligenti discussione scripturarum a quibusdam fratribis praedicatorum ordinis …*』。

(21) Cfr. Sackur, *Sibyllinische Texte*, pp. 53 ss.

(22) *Tractatus*, f. 6r. ローマが破壊されざるを得ない証拠として著者は次のように記している。「マーリンの託言およびアラゴン家の古い書冊に見つかる大修道院長ヨアキムの弟子によることばには、トルコによるイタリア破壊強奪がはっきりと語られており、またこれらの預言はイタリアの各地に伝えられるものである」«quedam dicta Merlini et quedam alia dicta cuiusdam discipuli abbatis Joachim que eciam in quadam antiqua biblia regis Aragonum reperiuntur, que expressissime videntur loqui de quadam devastacione Ytalie fienda per Turcos et hec prophetie communiter habentur in Ytalia in plerisque civitatibus». f. 4v.

(23) «Nam constat ipsum spiritum habuisse propheticum presertim in illa postilla super Hieremiam in qua inter cetera de duobus ordinibus in fine seculi futuris, fratum scilicet praedicatorum et minorum locutus est. Unde secundum beatum Thomam, licet in quibusdam erraverit, quia tamen correctioni ecclesie se submisit et excellentissimum ingenium habebat, ideo eius dicta merito admittuntur». f. 7r.

(24) «dicta etiam sibille solum habentur in libris vulgaribus et non latinis vel autenticis».

(25) *Tractatus*, ff. 20v-21v :「……第二に、ローマ帝国のその王はかくも著しく多血質なる者ではあり得ず、また現下フリードリヒ三世が統治する小帝国ような公民による統治のことでもない。第三に、その未来の王はキリスト教世界の僅かなる部分をではなくそのすべてを統治するものでなければならない。……殊にここに言明すべきは、トルコを殲滅することによって獲得される未来の勝利が現下のフリードリヒ三世によって果たされるはずもなく、そのためには別のキリスト教王が必要とされ……」«… Secundo quod de imperio Romanorum erit idem rex non quo ad sanguinis notabilitatem aut rei publice gubernacionem prout ipse presens Fridericus tercius gubernacula imperii tenens existit. Tertio, quod de exiguis et non de maioribus Christianorum regibus idem rex futurus regnabit … Hec particula sic declaratur quia futura victoria obtinenda in exterminium Turcorum non fiet per presentem imperatorem Fridericum tercium sed per aliquem de exiguis Christianorum regibus …». そしてフリードリヒについてその廉潔をも含め検討されるが、それも捨てられる。「以上からこの皇帝が廉潔なる生を送る者であることは認められるも、それは彼に（統治者としての）人格が欠如しているということに他ならない。実際、統治と教会庇護のために要請される一般的人格というものが存するのであり、そこにいろいろ欠陥が付随していようが、それは群を不信仰から守るために粉骨することを厭わず、教会全体を援けるものとしてある。カリンツィアおよびカルニオールの地の荒廃を観ればこれは明らかである……」«Ex quibus concluditur quod licet in imperatore videatur probitas vite, hoc est tamen quo ad privatam suam personam. Quantum vero existit communis persona quo ad regimen et tuitionem ecclesie, ibi plurimum asseritur defectuosus utpote qui nec proprias oves ab incursibus infidelium defendit, qui tamen totius ecclesiae advocatus existit et hoc patuit in depopulatione Karinthie et Carniole provinciis …».

(26) «de exiguis Christianorum regibus».

(27) Ibid., ff. 21v-22r :「……フノロスのあるいはウンガロスのあるいはその他に述べ記されている王であるか、これらの文書が書かれた時、現下の誰かを謂ったものかそれとも未来の誰かを指したものか分からない。……現下のウンガロスの王のことを、多くの者たちが昨今の艱難を終わらせる者と評している。しかしすべては神の思召ししだいである」«... Licet de rege hunorum sive ungarorum alique scripture faciant mentionem, in dubium tamen vertitur an de presenti vel alio aliquo futuro tales scripture fuissent locute ... Unde per presentem regem ungarorum plures estimant terminari presentem afflictionem. Sed hec omnia manent in divina dispositione».

(28) «Et per ipsum regem magnificabitur regnum Christianorum super omnia regna mundi». *Tractatus,* f.22v. この1節のつづきについては、【本章n.44】を参照。

(29) «A.D.1493. Mortuus fuit imperator Federicus et cum eo perierunt omnes prophetiae ...». S. Infessura, *Diario della Città di Roma,* ed. O. Tommassini, Roma, 1890, pp.292-3.

(30) A. Hilka, *Über einige italianische Prophezeiungen des 14. u. 15. Jahrh. Vornehmlich über einen deutschen Friedenskaiser, Sonderabdruck aus dem 94. Jahresbericht der Schlesischen Gesellschaft für vaterl. Cultur,* Breslau, 1917, pp.1-11.

(31) «Costù sarà signor di tuto il mondo / Faziendo iusticia a quadro e a tondo, / Sposo de l'Italia, questo non ascondo, / E Imperatore. // ... / Costù mantegnerà pace in ogni lato / Deschezando dal mondo ogni peccato, / Non se trovarà che sia superchiato / Dal so vicino. // Convertirasse a la fede el Saracino / E Tartaria con tuto el so camino, / Poy intrarà in quello loco divino / Sanctificato. // E quando Roma tornarà in so stato / E tuto quanto el mondo sarà ripossato / Li santi preyti del mondo stato / Tuti predicarano. // Tuti li infedeli se convertirano / Vestiti tuti d'uno aspro panno / E senza proprio sempre viverano / In la povertade. // ... / Al mondo may non sarà più bataglia, / Sarà in obprobrio ogni ferro e maglia, / Ne may più cara sarà la vitualia / Certamente. // Remarrà sopra la terra poche gente, / E ogni spirituale sarà alora gaudente / Per ho pregamo Dio che conducha ogni gente / A bon stato. / El can con l'orso sarà pacificato / El lupo con l'agnello acompagnato / El serpente starà nel fossato / A manducare.». Loc. cit., pp.10-11.

(32) Messini, *Misc. Franc.* xxxix. 129-30. これに類した預言詩については、【IV-3 pp.529-31】を参照。

(33) St. Bridget, *Liber coelestis revelationum.*

(34) 聖女ブリギッタの預言の各種集成については、J. Jørgensen, *St. Bridget of Sweden,* tr. I. Lund, London, 1954, i. 300 ss.を参照。

(35) これはヨルゲンセン (op.cit., ii.78, 223) の見解を採ったものだが、『天上の啓示の書』に厳密にそれを跡づけることは難しい。

(36) «Dux venturus». In *Libellus qui intitulatur Onus mundi,* ed. s.d., s.l., cap.8 : *De Duce venturo qui erit future tribulationis executor.*

(37) «Arator». In *Liber celestis Imperatoris ad Reges,* ed. s.d., s.l., lib. IV, cap. xxii.

(38) «Venator». Ibid., Lib. VIII, cap. xviii.

(39) «Sub aquila grandi». これについてはリヒテンベルガーの『予言の書』を参照。Lichtenberger, *Prognosticatio,* i. cap.3 :「ブリギッタの啓示の書に曰く：胸に火を抱く大いなる鷲のもと、教会は蹂躙され劫略されるだろう。すなわち神の権能は、神が授けたまうた人の大いなる力能である教会に逆して、アレマンノを高く掲げたまうのである。義の審きはペテロの小船に敵しそれを襲うとともに司祭たちは混乱に陥るだろう。ペテロはその公なる奉仕において生じた汚穢を去るべく備えねばならない。この時、西なる教会はガリアの葦の杖に寄りかかるも、その手を貫かれることとなる。つまりこれは、アレマンノとフランスの王との蛇蠍のごとき盟約に、教会はまさに十字架につけられ肋の傷を証することとなる、という意味である」«Unde Brigida in Libro Revelationum : Sub aquila grandi que ignem fovebit in pectore conculcabitur ecclesia et vastabitur. Nam potens est Deus alemanos altos provocare contra ecclesiam

que magis de humana potentia quam Dei confidunt [*sic*]. Iusto iuditio hostilibus incursibus conculcabitur navicula Petri et clerus turbabitur. Et necesse est ut Petrus succinctus effugiat ne squalorem publice servitutis incurrat. Et sic videat ipsa ecclesia occidentalis ne sit sibi baculus harundinis ponata [*sic*] gallicana in qua confidit cui siquis innitur perforat manus eius. Datur intelligi quod Alemani scorpioniste confederationem inibunt cum rege Francie sub quo ecclesia crucem lamentationis humeris propriis probabit». また、*Milabilis liber*, Paris, 1522, f.xii-r および Lazius, *Fragmentum*, f.Kii-r の異文《ヴァージョン》をも参照。このテクストの著者がブリギッタであるかどうかは別にして、ここに擬ヨアキム文書群の以下の節が引かれていることは、ほぼ確かである。«que ignem fovebit in pectore», *Vat. Sibillae Erithreae*, p.168 ; «necesse est ut Petrus succinctus effugiat», *Super Hier.*, f.3v ; «ne sit sibi baculus harundinis ponata gallicana in qua confidit cui siquis innitur perforat manus eius», ibid., f.7v.

(40) W. Aytinger, *Tractatus de revelatione beati Methodi, Basle*, 1498, cap.2 による。また「おお、なんと荒廃した国よ O desolata civitas 」にはじまるブリギッタに仮託された預言がテレスフォルスの『小著 *libellus* 』と一緒にされた事例として、MS. Vat., Lat. 3816, f.62r および MS. Venezia, Bibl. Marc., Lat. Cl.III. 177, f.16r がある。これは一五一六年印行のヴェネチア版 f.5v にも観られるところ。

(41) ダニ 8:23 参照〔*【III-2 n.36】〕。この託宣の核心は以下のようなものである。「ここに貞潔なる相貌の王あらわれ、教会の衰弱を改革しつつ聖職者たちが呻吟するあらゆる土地を治め……最後のフランクの王が屈服すると、貞潔な相貌の王はすべてを治め、旧き鷲の巣に入ると、東から西までを唯一の帝国となすであろう」«Exsurget tunc Rex pudicus facie qui regnabit ubique sub quo Ecclesiae collapsae status reformabitur et clerici plurimum molestabuntur … ultimo Franciae Rex succumbet et Rex pudicus facie regnabit ubique et ingredietur nidos veterum Aquilarum et imperium solus obtinebit ab Oriente ad Occidentem». これは以下の書においても引用されるか言及されている。*Tractatus de Turcis*, 1474 著, 印行 Nuremberg, 1481, ff.18r-v, 22v ; Lichtenberger, *Prognosticatio* ii, capp.3, 17 ; Aytinger, op.cit., cap.2 ; Maister Alofresant, *Alle alten Prophecien v. Keyserlichen Maiestat*, Strasbourg, s.d., f.9r（独語で）; P. Gengenbach, *Der Nollhart*, Basel, 1517 ; *Mirabilis liber*, f.xii-r ; Lazius, *Fragmentum*, f.Kii-r ; *Prophetia de santa Brigida*, Venezia, 1525（イタリア語異文）. リヒテンベルガーとアロフレザントはまたこの預言と聖フランチェスコを結びつけている。

(42) その中核部分は以下の通りである。「すなわち古き善良なるガリアの預言は以下の通り。大鷲は百合に親しみ、獅子に抗して西から東へと行動を起こすだろう。獅子には支援も欠け、百合を欺くだろう。百合はアレマンノの地に薫り、ついに鷲のもとへと翔けるだろう」«Nam de bono gallo antiquum propheticum invenietur ita : aquilae grandi sociabitur lilium et movebitur ab occidente in orientem contra leonem, leo carebit auxilio et decipietur a lilio. Fragrabit lilium in Alemania, unde laus sua ultima volabit sub aquila». また以下を参照。Lichtenberger, *Prognosticatio*, ii, cap.17 ; *Mirabilis liber*, f.xxviii ; A. Torquatus, *Prognosticon*, Antwerp, 1544, f.9v（最後の一文のみ引用している）.

(43) *Tractatus de Turcis*, f.22v. また【III-5 n.27】に引用した Aytinger, op.cit., cap.5 の一節をも参照。

(44) 〔*本章 n.28 からつづく〕«Et per ipsum regem magnificabitur regnum Christianorum super omnia regna mundi … Quintum, commendabile est conversio infidelium per novam praedicationem evangelii. … Sextum, commendabile quod per eundem regem cum conversione infidelium erit ecclesie innovatio. Hec materia ad longum tractatur in revelationibus Sancte Brigitte in quibus tractatur de novis praedicatoribus evangelii et conversione infidelium et nove sponse electione, ad que omnia prefatus rex diligentissime

cooperabitur. … Septimum commendabile est pax et concordia super terram qualis antea non fuit».

(45) 「ロルハルドの修道士レインハルトの啓示」«de revelationibus fratris Reynhardi lolhardi» として以下の諸著に抄録されている。Lichtenberger, *Prognosticatio,* ii, capp.3, 5, 13, 26 ; Aytinger, op.cit., cap.7 ; Alofresant, op.cit., f.9 ; Lazius, *Fragmentum,* f.Kiii-r (cfr. Lichtenberger, ii, 3) ; Wolf, *Lect. mem,* i.748. アロフレザントは彼を「ノルハルトの修道士ラインハルト」«bruder Rainhards des Nolhards» と呼んでおり、Gengenbach, *Der Nolhart* (【III-6 n.8】参照) と関連づけることができるかもしれない。Regiselmo, *Vaticinia* XXVI は、鷲に関して彼から四行の詩節を引用している。ヴォルフはこの預言を一四一三年のものと論じている。

(46) Wolf, *Lect. mem.* i.748 ; cfr. *Lib. Conc.,* ff.56r, 127r.

(47) «Ista futura tribulatio assimilatur praeteritae tribulationi, quae fuit tempore Machabaeorum, quia omnia in figuris contingebant illis ad nostram correptionem. Sicut ergo per regem Antiochum templum in Hierusalem fuit profanatum et sacerdotium turbatum, deinde iterum templum restitutum, ac populus Dei liberatus, sic a simili per dictum tyrannum Ecclesia et clerus ob sua et populi peccata turbabitur. Qui quidem tyrannus nequam Papam intrudet in Ecclesiam, cuius tandem status una cum Christiana republica per quendam bonum principem reformabitur, sectaque Mahumetica destruetur».

(48) A. Altmann, *Eberhart Windeches Denkwürdigkeiten zur Geschichte des Kaisers Sigmund,* Berlin, 1893, p.1 ; Theodoricus de Monasterio, *Panegyricus in Concilio Constantiensi dictus,* ed. C. Walch, *Monumenta Medii Aevi,* Göttingen, 1757, i.2, 96 ; D. Schilling, *Schweizerchronik,* Lucerne, 1862, p.42.

(49) Altmann, op.cit., p.350.

(50) Ed. W. Boehm, *Friedrich Reiser's Reformation des Kaisers Sigmund,* Leipzig, 1876 ; K. Beer, *Die Reformation Kaiser Sigmunds,* Stuttgart, 1933 ; H. Koller, *MGH, Staatsschriften des Späteren Mittelalters,* vi.

(51) «dominabitur a mare usque ad mare, pes suus calcabit turbines, … plebs exultet, gaudet iusticia». Boehm, op.cit., pp.238-9. cfr. *Lib. Conc.,* f.69v :「未来には秩序はひとつとなされヨセフやソロモンの時のごとくに癒されるであろう……そして海から海まで、川から地の果てまでが統治されるだろう」«Futurus est enim ut ordo unus convalescat in terra similis ioseph et salomonis … et dominabitur a mari usque ad mare et a flumine usque ad terminos orbis terram …». これは詩篇72:8の一般的引用とも採れるところだが、「第三と第九の時 tempore terno et novo」ということばは著者がこれをヨアキムの語彙によって解していることを示唆するものとなっている。ヨアキムにおいて、エステルは第三時代を象徴する姿であった。Cfr. *Lib. Conc.,* f.119 ss, 特に122vでは教皇庁の純化がモルデカイの頌詠のことばにおいて予言されている。

(52) Boehm, op.cit., pp.242 ss.; Beer, op.cit., pp.138-43 ; Koller, op.cit., pp.332 ss.

(53) Boehm, op.cit., pp.242, 246 ; Beer, op.cit., p.72 ; Koller, op.cit., pp.332, 343.

(54) Bezold, *Kaisersage,* pp.591-2.

(55) N. Valois, *La France et le Grand Schisme d'Occident,* Paris, 1902, iv. 475-7.

(56) N. Valois, *Conseils et prédictions adressés à Charles VII en 1445 par un certain Jean du Bois, Annuaire Bulletin de la Société de l'Histoire de France,* xlvi (1909), pp.201-38. この文献については、ピーター・ルイス氏の示唆に負った。〔*この一文の年記誤植は改訂版に従って正した。〕

(57) Ibid., p.226.

(58) «de nobilissimo sanguine et semine Francorum regum». Ibid., pp.225, 231.

(59) Ibid., p.232.

(60) 【III-3 pp.412-13】参照。

(61) 【II-8 n.71】参照。

(62) 【II-3 p.217】参照。

(63) «a te mihi nuper adlatas».
(64) MS. Venezia, Bibl. Marc., Lat. III, 177, ff.15v-17v. この写本は内容的に一四四八年に書写されたMS. Vat., Lat. 3816と関連が認められる。
(65) Ibid., ff. 27v, 28r, 29r, 29v, 30r, 31r, 33v, 34v, 35r.
(66) «Antichristus mixtus».〔＊このアンチキリストとAntichrisutus misticusの関係、つまりはたして神秘《ミスティクス》のアンチキリストが転写誤記によって複合《ミクストウス》と化したのではないか、あるいはその逆か、という疑義についてはいまだ結論が出ていない。〕
(67) «quidam pseudopapa germanus origine quem imperator vi ac fraude creabit».
(68) «generosus rex de posteritate Pepini».
(69) Ibid., ff. 27v-28r.
(70) Ibid., f. 29r. 天使的な図像については、【IV-4 p.545】参照。
(71) ある一節で彼は試練が一三六四年から一四九〇年までつづくとしているが、到るところで〈最後のアンチキリスト ultimus Antichristus〉は一四三三年にあらわれるとしている。Cfr. ibid., 30r, 31r, 35r.
(72) Ibid., f. 10v, この挿絵の別の例については、【IV-5 n.44】参照。
(73) Ibid., f. 11r.
(74) Ibid., ff. 13r-15r. これらは『教皇預言集 *Vaticinia*』XXVII-XXXの改竄異文《ヴァージョン》で、f. 13rにはヨアキムが『教皇表 *Papalista*』を携え、教皇ウルバヌスを訪ねたとの推測が録されている。またff. 13v, 14r, 14vには各預言の興味深い拡張解釈がみられる。〔＊ピウス、パウルスについては【IV-2 n.36】参照。〕
(75) Ibid., f. 35v.
(76) Ibid., ff. 35v-42r.
(77) Ibid., f. 43r-v.
(78) Ibid., ff. 44r-46r.
(79) Ibid., ff. 49v-50v ;【III-3 pp. 413-14】参照。
(80) «Haec prophetia superius transcripta fuit ex exemplari antiquissimo quod havitum fuit a domino Iohanne Marcello de Sancto Vitali de verbo ad verbum, sicut ibidem erat, non obstante inconcina latinitate que in ea est. A.D. MCCCCXV quinto martii». MS. Lat. Cl. III, 177, f. 50r.
(81) Martène et Durand, *Ampl. Coll.* iii, coll. 1152-3. 十六世紀の第1・四半世紀、リヒテンベルガーの『予言の書 *Prognosticatio*』が多々ヴェネチア版としてあらわれるのも、おそらく偶然のことではない。
(82) Regiselmo, *Vaticinia,* Preface.

第5章　鷲と百合

フリードリヒ三世が亡くなる前、ゲルマンの星空にはすでに新たな星が昇っていた。これは一四八八年に公刊された有名なヨハン・リヒテンベルガーの『予言の書《プログノスティカチオ》』にはじめて迎え入れられることとなったところである。(1) リヒテンベルガーはフリードリヒ三世の占星術師――「神聖帝国占星審問官」――であり、その初期著作群は当時の者たち同様、諸預言の成就をこの皇帝に期待していた。しかし一四八八年、彼は第三のフリードリヒに幻滅して、たちまちベストセラーとなったその主著においては、預言の成就をあらゆるところに探し求めている。この『予言の書《プログノスティカチオ》』は内容的に首尾一貫した書物ではなく、歴史哲学を語る訳でも預言的展望を示すものでもない。これは二つの異質な要素――占星術と預言――からなっている。占星術的記述の大部分はミッデルブルクのパウルスからの剽窃で、(2) それが預言とうまく嚙み合っていない。一四九二年、パウルスは早速その著『占星術の迷妄にかかわる……罵詈』でリヒテンベルガーを難詰している。(3) 預言や巫言の数々はあらゆるところから蒐められており、時に相互に矛盾をみせてもいる。しかし直接引かれたものにせよ孫引きにせよ擬ヨアキム文書からの引用の夥しさからして、リヒテンベルガーはヨアキム主義的第三〈時代《スタートゥス》〉を政治的意味に翻案する途を探った政治的ヨアキム後継者であったと言えよう。彼が用いる資料の折衷主義にもかかわらず、その『予言の書《プログノスティカチオ》』には格別ひとつの方向づけがなされているようにみえる。

リヒテンベルガーは彼の預言のことばを、教皇、皇帝、そして民衆に宛てて三分する。その第二部には未来に関する彼の類型《パターン》が最も明確に示されている。すでに触れたように、彼は到るところから資料をかき集めてみせるが、そのうちでも主要なものはヨアキムの真正著作(『符合の書』)、擬ヨアキム文書(主に『エレミヤ書註解』、『キュリロスの巫言』、『エリトレアの巫言』）、テレスフォルス、ラインハルト、聖女ブリギッタである。(4) 明らかに彼は当時流行の〈擬メトディウス〉に大きな影響を受けており、教会とキリスト教徒の最終的な試練が差し迫っていることを信じている。(5) この伝承とともに、彼は救世主たる皇帝がトルコを征討するであろうと期待しているが、(6) この時点を以てそれ以降は、『トルコ論考』の著者たちのように彼もまた、メトディウスの預言よりもヨアキム主義的な期待に就いている。つまり彼の注意はアンチキリストの到来から皇帝の統治の終焉に向けられるのではなく、トルコの征服によってはじまる〈新たな改革《ノーヴァ・レフォルマチオ》〉へと集中する。(7)

彼が〈革新《レノヴァチオ》〉の使いに想いをめぐらす時、そこには克服せねばならぬ二つの難題が待っている。第一に、預言における彼のカトリック指向は二つの対立する伝統――反ゲルマンおよび親ゲルマン――の慣用に巻き込まれざるを得ない。すでに観たように、反ゲルマン的伝承においては、邪悪なゲルマンの暴君が教会を迫害し、教会大分裂を引き起こす。その一方で天使的教皇の手によって〈革新《レノヴァチオ》〉が果たされる。ここに第二のシャルル・マーニュの伝説が付会されたのだった。親ゲルマン的伝承においては、大いなる〈鷲〉が教会を迫害するとともにそれを革新し、至福の時代を啓く。リヒテンベルガーはこの二つの役割をひとりの皇帝‐懲罰者のうちに結び合わせてみせるが、彼は反ゲルマン的託宣の威力をそのままに、改変することもなく数多く引用するので、(8) その役割が善であるのか悪であるのか時として判然としない。しかしこうした矛盾も、彼にとってはゲルマンの国をその恐ろしい使命のために率いるばかりか、ついに神の善の使いとなる「貞潔なる相貌の王」に関するブリギッタの託宣によって解消されるものだった。(9) 彼にとっての第二の難題は、この役割を果たすにふさわしい候補、百合と鷲の預言を和解させ得るような人物をどこに見出すかにあった。リヒテンベルガーはフリードリヒ三世を除外し、(10)『トルコ論考』に示唆されるところを意図的に改竄してウンゲリアのマティアスを候補から慎重に排した。(11) 引用される矛盾を抱えた預言の数々によってしばしば晦渋になっているとはいえ、『予言の書《プログノスティカチオ》』は実のところマクシミリアン一世を「貞潔な相貌の王」とし、彼の家系を預言を成就するものとして称揚することにあるようにみえる。(12) 預言的に観るなら、マクシミリアンは絶好の立場にある。彼はブルグントのマリアと婚姻することにより、はじめて預言的矛盾を解消し、自ら百合と鷲の託宣の両者をひとつに結びあわせることを可能としたのだった。リヒテンベルガーが第二のシャルル・マーニュに待望したのは、第一のシャルル・マーニュがひとたび首府とした土地に〈ブルグントの世界皇帝〉を再興することであった。これが誰のこととなるかについて彼が暗示するところはじつに明快である。「フランク王の書に曰く。カロリングつまりフランクのカロル《シャルル》王の一族からあらたにP.という名で皇帝となり、全ヨーロッパを専制統治し、教会と聖職者を革新し、その後もはや誰も彼以上に統治する者はないだろう」[13]。ここにはじめて、ブルグントのマリアとマクシミリアンの息子フィリップ(P.)の名が預言のうちにあらわれることになる。

これを著している時、リヒテンベルガー自身、歴史の大いなる危難の淵に立つことになると予感していた。擬ヨアキム文書『エレミヤ書註解』のことばを援用しつつ、彼は書いている。「つまり一四八八年から一四九九年の間にその時が到来するのではないかとわたしは自問するのである」[14]。彼の未来への確信は、歴史の成就がゲルマンとフランスの合一への熱望の達成によって果たされるという信条のうちにある。ブリギッタの預言を引きつつ、彼は未来の政治構想を次のように要約してみせる[15]。「すなわち古き善良なるガリアの預言は以下の通り。大鷲は百合に親しみ、獅子に抗して西から東へと行動を起こすだろう。獅子には支援も欠け、百合を欺くだろう。百合はアレマンノの地に薫り、ついに鷲のもとへと翔けるだろう」(『予言の書』第十七章)。こうした政治的待望のうちにあって、天使的教皇という姿はどこかおざなりのままに導き入れられることになる。ヨアキムの真正著作『符合の書』からリヒテンベルガーが引く一節が、最後の偉大な教皇についてヨアキム自身予表してみせた僅かな句節のひとつであったのは興味深い[16]。彼はまた、一連の天使的教皇たちに関する新式の擬ヨアキム主義的伝統をも引いているが[17]、皇帝‐改革者と彼らとの関係について明示することはない[18]。彼の主たる関心がゲルマンの〈帝権《インペリウム》〉の政治的未来にあることは明らかだろう。

ここにマクシミリアンとその息子フィリップが期待の焦点となることによって、二つの要素が結び合わされた。まず第一に擬メトディウスの預言。すでに指摘したように、ここにはヨアキムの第三時代は認められない。ローマ帝国は遂にはアンチキリストを前に屈服する定めではあるが、その前にローマ世界の最後の王は不信仰者たちに完璧な勝利を収めるだろう[19]。マクシミリアンをめぐる預言的期待は彼の幼児期から徐々に増大していったものだったが[20]、メトディウスの期待の焦点もそこにあった。一四九五年、ゼバスティアン・ブラントは自著『善なる統治の起源に関する対話およびエルサレム国奪回の督促とその国への讃辞』[21]にエルサレム城外のローマの王マクシミリアンを扉頁に載せ、その序を次の末尾句《エピローグ》で結んでいる。

その聖なる王つづけて曰く。汝、トルコの非情なる
雷よ。汝は神よりも偉大なる者たることを欲した。
ここに汝の領国は安定を得た。王権を授けられ
その足元に現世のすべてを踏みしめて。擱筆。[22]

一四九八年、彼は『メトディウスの啓示』を公刊した。これはW・アイティンガーの監修により解説を付されたもので、[23]ブラントの序にはマクシミリアンに対する類同の言辞が付されている。ここに第二のヨアキム主義的要素があらわれる。不信仰者たちに対する勝利の傍ら、ブラントの序もアイティンガーの黙示録に関する後続論考も、教会の革新を強調している。ブラントの疑いもなく楽観的な調子は印象的である。それはこの世の終わりの時の計算を許すものではないが、

しかしこれにはまったく疑いはない。それ以前には決して終わりは来たらず、教会の繁栄の前にも、海から海まで全世界の全ての民を使徒のことばで満たすより前にも、それは訪れない。かくしていかに学問ある者も正統教会の勝利の栄光を否むことなどはできない……　全　善《オプティムス・マクシムス》なる神の至聖なる名の充溢を信じるとともに、特に不屈のキリスト教王、われらがマクシミリアヌスの幸福なる導きと吉兆のもと、王国の生と神的なる幸が慈悲深き庇護をいや増しにするように。[24]

教会はまずゲルマンの皇帝に懲罰されねばならず、懲罰者にしてローマの破壊者という彼の役割を描写しつつ、アイティンガーは擬ヨアキム文書群、ブリギッタの託宣、シビュラ、ラインハルト、それに最新の預言者リヒテンベルガーを援用する。[25]ここでついにローマ人たちの王は、メトディウスのエルサレムの救世主とヨアキム主義者たちの教会革新者とい

う二重の役割を引き受けることとなる。この擬メトディウス論考の末尾には悲観的伝承と楽観的伝承の際立った対照が描き出されている。その後にアイティンガーの論考がつづく。まず、トルコの屈服とエルサレム奪回の後、キリスト教世界はゴグとマゴグそしてアンチキリストによって転覆せられ、ローマの王はオリーヴ山《オリヴェト》で息を引き取るだろう。つづいて、アイティンガーは注意を〈革新《レノヴァチオ》〉と永遠の平和へと移行する大いなる平安に集中する。ここで彼はリヒテンベルガーの預言を繰り返し、マクシミリアンの息子の二重の務めについて論じる(26)。

> フランクの王カロル・マグヌスの伝説を読むに、彼の血族から新たにヨーロッパ全土を専制統治するP.という名の者があらわれることになるだろうという。そして約束の地を奪回し、教会と聖職者を革新するであろう、と。その後もはや誰も彼以上に統治する者はないだろう……メトディウスの謂うところによれば、ローマ人たちの王は教会を改革し、散り散りになった聖職者たちを苦境から解放し、キリスト教を否む者を懲罰し、不信仰者たちの土地を征し、新たな福音説教者たちを設け、新たに教会改革をなしとげるだろう。彼についてはまた、聖女ブリジダの啓示やヒルデガルトにも録されている。それによれば、彼はキリストの援けによりローマの統治を全世界に敷き、神の荘厳を讃えるであろう。世界を新たな平安が満たし、この平安が永遠へともたらされることだろう(27)。

偉大な王があらわれ、これら二つのはたらきを成就するであろうという期待はまた、この時期ひとりのイタリア人の筆を動かした。ただし彼は特定の候補を挙げてはいないが。シクストゥス四世の教皇在位時、ドメニコ会士ヴィテルボのジョヴァンニ・アンニオは『来たるべきキリスト教国のサラセン人に対する勝利』あるいは『一四八一年からこの世の終わりに到る教会体制に関する黙示録註解』を著した(28)。彼はこの著作を教皇、フランスとスペインの王、そしてジェノヴァの議会に献呈した。彼の絶大なる信念は、ついに教皇と未来の君主がその完璧な協調関係によって、教会の至福という最終状態をもたらすであろうというところにあった(29)。この勝利には、サラセン人たちの壊滅と諸教会の合一が含まれることだろう。著者は、この幸福の時代が最後の審判に先立ってキリストが統率する時、つまり悪魔《サタン》が繋がれてある歴史の内なる千年王国であって、歴史を超えた永遠の平安ではない、ということに固執する。[30] そのはたらきを果たすのは人々であろう。悪魔《サタン》は天から降る黙示録の天使——この著者はそれを教会を意味するものと解釈する——に象徴される偉大な君主によって鎖に繋がれるだろう。[31] 平和が敷かれると、十二に分かれたこの世の各々の部分がそれぞれ教皇、王、守護天使によって導かれることだろう。[32] 黙示録最終章のことばもまた、この地上の至福状態として唱導される。「新たな天を見た、とはつまり新たな教会体制および新たな地あるいは新たな世俗国家状態」のことである、[33] と。また彼は次のようなヨアキム主義者に典型的な語彙を用いている。「すなわち教会革新の第三時代がつづく」[34] と。

一四八五年、シャルルという魔術的な名がフランス王国に還ってきた。第二のシャルル・マーニュの外套がシャルル八世の肩に懸かったとしても不思議はないし、実際、彼の空想的な野心は預言によって培われることになるだろう。[35] 彼には大層な期待が寄せられた。詩人アンドレ・ド・ラ・ヴィーニュは、キリスト教国が女性の姿であらわれ、シャルルに不信仰から救ってくれるよう嘆願する夢を語った。[36] コンスタンチノープルのミカエル・タルキアノータ・マルッルスはその『警句と讃歌』[37] で、シャルルにすでに定められている役割を果たすように勧言した。シャルルの侍医ジャン・ミシェルは預言的幻視《ヴィジョン》を得て、それを論考『彼に定められたこの世の新たな革新およびエルサレム奪回について』[38] に録してシャルルに献じた。また、ボルドーの詩人ギロシュはじつに往昔シャルル六世のために書かれた第二のシャルル・マーニュの預言を発掘し、俗語詩に彫琢してみせたのだった。[39]

それは驚くべき符合で、実際にシャルル八世は十四歳で戴冠し、彼の歩みは当初からすでに預言的構想にぴったりと一致しているように見えた。

シャルル八世という名の、
いとも高貴なる国の息子
いとも高名なる百合の花、
長い眉に、

広い額をもち、
切れ長の目に、
鋭い鼻梁……[40]

こうして若き王は、預言にある「広い額、長い眉、犀利な眼、鷲鼻」[41]という第二のシャルル・マーニュの容姿を纏うことになる。

……戴冠は
御歳十四にして執り行われ
…………
御歳十七にして、かつて
いかなるフランスの偉大な君主も
果たし得なかった王国をなし、
彼に敵して挙兵するとも
もはや彼に比肩する者とてなく
彼に敵して勝利することを得ないだろう。[42]

ここで詩人は原テクストに「またあらゆる暴君たちの領国を破壊するだろう」[43]と約されてあるところを拡張して、この成就を礎に未来への確信を語ってみせる。

御歳三十三にして軍勢を率い、

大いなる戦闘をなし
イタリアを征し、
イスパニアを、アラゴンを、
ロンバルドを、またイルランドを、
その他の民を征し、
ひきつづき勇敢にも
ローマの町を制圧し
二重の冠を得るだろう、
ローマ人たちの王という称号は
ゲルマン人たちにばかりでなく、
アルマンノ人たちも認知するところとなるだろう。
そしてひきつづき
火と血をもって
また別の町を破壊するだろう。
罪業の町と称される町を。(44)

この町はフィレンツェと注されている。これ以降、詩編は第二のシャルル・マーニュのテクストの全体構想を踏襲している。彼はギリシャを征服し、ギリシャの王と称されることになるだろう。彼はトルコそしてすべての蛮族を征服するだろう。すべてのキリスト教王たちは彼に服するだろう。彼は十字架の誉れを拒む者を死罪とすべく法令を発するだろう。誰も彼に敵することなどできぬであろう。

彼はその生において
この世のすべての地を
いとも気高く領有するだろう。[45]

彼の閲歴は原テクストの頂点において終わっており、テレスフォルスの末尾を欠いている。

そしてエルサレムに入り
オリヴェト山に登り、
父にして御子にして
至福の聖霊たる神に祈り、
その三重の冠を降ろすだろう。
…………
神に自らの霊を委ねると、
その時、驚くべきしるしの数々があらわれ、
大地はいたるところ鳴動するだろう、
これがこのフランスの王の統治、
御歳五十三歳の時のことであろう。[46]

いったいどの程度シャルル八世が預言的構想の影響を受けたものであったか、確かなところは分からない。ロレオー・ド・フォンスマーニュは十八世紀に、王のイタリア遠征について記しつつ、すべてを通じて最も重大な要素が十字軍という動機と不信仰者に対する勝利を提供する祈願と進軍への呼びかけにあった、と結論している。[47] シャルルの構想は預言の

二重の役割をはっきりと示している。ヨアキム主義的な教会の懲罰者にして革新者として、彼はフィレンツェとローマを制圧せねばならない。メトディウスの救世主として、彼は十字軍を導かねばならない。フィレンツェ攻略が含まれているところからは、第二のシャルル・マーニュの預言を想起せぬ訳にはいかない。[48] そしておそらくここに、シャルルのイタリア南下の予期せぬ独特な征路選択の手がかりを求めることができるのだろう。[49] われわれは彼の預言に対する信頼の余韻を、「幸先を告げるこの預言を信頼すると彼はその心中を告白している」と録すアレッサンドロ・ベネディクトの『美しきカロリーノ日誌』に聴き取ることもできるだろう。この一節につづいて、第二のシャルル・マーニュの預言の要約がなされている。[50] われわれはまたグイッチャルディーニの報ずるところをも知っている。彼はシャルルを悦ばせようと、「貴殿のものたる栄光赫々たるカルロ《シャルル》という名」と讃辞を重ねた。[51]

シャルル自身の心情がどうであったにせよ、彼の同時代人たちが預言の数々の成就となる歴史の諸危難を想定していたことに疑いはない。かなりの数の資料に、この時期〈聖カタルドゥス〉の名で出まわっていた預言への言及がみられ、それがターラントで発見され、災厄の到来について警告するためフェルナンド王に送られた畏怖の状況が伝えられている。[52] ティツィオの『シエナ史《ヒストリア・セネンシウム》』にも数々の前兆、幻影、恐ろしい意味を含みもつ占星術的な合が語られている。[53] 一四九〇年のローマの災厄を告げる預言もあり、[54] またヴァロンブローザのベネディクト会修道士アンジェロ・フォンディはシャルルを最終皇帝として歓迎し、フィレンツェと教皇庁に対して預言の数々を信じて彼を支援するよう勧告している。[55] そしてなにより、サヴォナローラの出現を当時の世情を伝えるものとして観ることができるだろう。[56] 不思議な一致というべきか、当時のあるユダヤ人文筆家もシャルル八世をメシア待望の文脈に配し、フランスの王のナポリ到着とともにメシアの時代がはじまると信じている。[57]

最初期、シャルルのイタリアでの勲功の類型《パターン》は、驚くべく預言の数々に符合しているようにみえた。フィレンツェとローマの迅速な制圧、邪悪な王の役回りとしてのマクシミリアンとスペインのフェルナンド、サヴォナローラの登場は〈天使的教皇〉を告知する者として——すべて奇跡のようにうまくあてはまった。しかし邪悪を操る者たちは預言の役回り以上の力を発揮し、シャルルはヨアキム主義的な未来が到来する前に自国に撤退したのだった。

註

（1） 最近の研究としては、D. Kurze, *Johannes Lichtenberger*, Lübeck-Hamburg, 1960を参照。リヒテンベルガーの著作は何度も版を重ね、ドイツ語、フランス語、オランダ語、イタリア語、英語に訳された。また、特記されることなしに、*Mirabilis liber* と *La Prophétie merveilleuse de madame saincte Brigide* にフランス語で再録されている（これらの書については、【III-7 p.479】参照）。D. Fava, *La fortuna del pronostico di Giovanni Lichtenberger*, in *Italia nel Quattrocento e nel Cinquecento*, *Gutenberg Jahrbuch*, v (1930), pp.126-48は、おそらくゲルマン人の学生たちがこれをイタリアに持ち来たり、一四九〇―二年頃モデナではじめて印行されたことを跡づけている。ファーヴァによると、モデナ、ヴェネチア、ミラノで一四九〇年から一五三二年の間に公刊されたラテン語およびイタリア語版刊本は十三種を算えるという。クルツェは、イタリアでのリヒテンベルガーの流行が占星術の魅惑とヨアキム主義的預言の混交にあった、と論じている。〔＊【図D1-4】参照（一四九二年刊のモデナ版）。〕

（2） Paulus Almanus de Middelburgo Zelandie, ... *Prognosticatio* ..., s.l., s.d., cfr. Kurze, op.cit., pp.16 ss., 34-5 ; A. Chastel, *L'Antéchrist à la Renaissance*, *Cristianesimo e ragion di Stato, Atti del II congresso internazionale di studi umanistici*, ed. E. Castelli, Roma, 1952, pp.180-1.

（3） *Invectiva... in superticiosum quendam astrologum*, cfr. Chastel, loc.cit., p.181.

（4） ヨアキム主義的文献からのリヒテンベルガーの引用は以下の通り。⑴Pt.i, cap.2. *Joachim Super Hier.* : «Est et alia ficus ...» : *Super Hier.*, f.3r-vからの要約。⑵cap.3. «Unde Brigida in libro Revelationum : Sub Aquila grandi ...» : *Super Hier.*, ff.3v, 7vに組み入れられているブリギッタの託宣からの引用。⑶Pt.ii, cap.3. «Unde in libro multarum tribulationum dicitur Moab et Amon duo filii Loth ...» : ヨアキムの短い著作からの引用、MS. Reggio, ff.1v-2v参照。⑷cap.5. «Unde in libro multarum tribulationum Joachim dicit ad ruinam ihericho ...» : 同上。⑸cap.6. «Joachim abbas super Jheremiam dicit in ulciscendo principes doctores sacri imperii sunt isti septem angeli ...» : *Super Hier.*, f.3vからの1節に未詳の引用がつづくもの（ただし、*Lib.Conc.*, f.98rの1節に似ている）。⑹cap.7. «Nam ab anno M.CCCCLXXXVIII (ad) M.CCCCXCIX mihi suspecta sunt tempora et momenta in quo novo ordine Samuelis exorto ...» : *Super Hier.* 序言から年記だけを変更したもの。⑺cap.13. «ut habetur 5° et 6° c. libri Cyrilli : In quo tempore tribulatio magna erit et resurget novus ordo et nova restauratio ...» : おそらくテレスフォルスの『小著 *libellus*』からの概括。⑻cap.13. «Unde Sibilla Erithrea ...» : «Post hec veniet altera Aquila ...» : *NA* xv. 168-9, Telesphorus, ff.15v, 20v. ⑼cap.14. «Erit in insidiis sponse agni, depauperans cultum eius et erunt sponsi tres adulteri, unusque legitimus ...» : *NA* xv.169, Telesphorus, f.20v. ⑽cap.15. «Unde in libro lamentationum Jheremie ... dicit Joachim Certe vita contemplativa olim in veteri lege viguit sub helia et heliseo ...» : この引用句は *Super Hier.* には見つからない。この表題の散逸著作からのものか。⑾cap.35. «Unde quidam servus nomine theophilus pro presbitero in libro prophetiarum ...» : Telesphorus, ff.10v-15rへの全般的言及。⑿cap.35. «Continetur insuper in eodem libro Cirilli quod antequam ecclesia renovetur deus permittet vacante papatu oriri maxima scismata ...» : Telesphorus, f.11rの概括。⒀cap.36. «Sicut Joachim in libri concordie dicit Vir magna sanctitate in Romana sede sublimatus ...» : *Lib. Conc.* の直接引用ではないが、おそらくff.89r, 122vを基にしたものであろう。リヒテンベルガーの〈引用〉はしばしばそこに採られた僅かな句節によって特定可能となる類のものである。

（5） Lichtenberger, *Prognosticatio*, i, capp. 2, 3 ; ii. capp. 2, 7, 9, 13, 15, 19, 35 ; iii, capp. 1-8.

（6） Ibid., ii, capp. 21, 22, 25, 26. 彼はまた「聖なる帝国が終息してこの世

が終わる（聖なる帝国が終息する時、当然ながらこの世は終焉する）」«cessante enim sacro Impero, necesse est saeculum consumari» (ii, 7) という伝統的な見解をも抱いている。

（7） たとえば以下の句節を参照。ii, cap.13 (*Oraculum Cyrilli* からの引用)：「この時にあたり大いなる試練となり、教会に新たな修道秩序と新たな修復が起こるだろうが、その改革に先立って多くの贋教皇たちが興るだろう」«In quo tempore tribulatio magna erit et resurget novus ordo et nova restauratio in ecclesia et multi pseudo-pontifices erunt ante reformationem ...» ; ii, cap.35：「これについては僕たるテオフィルス（つまりテレスフォルス）が司教宛てに預言の書を著し……この書には将来、教会の体制と体質は革新されずには済まないことが、往昔、神がその僕たる大修道院長ヨアキムおよび聖キュリロスに啓示したごとくに霊的に語られている」«Unde quidam servus nomine theophilus [i.e. Telesphorus] pro presbitero in libro prophetiarum ... in quo libro spiritualiter continentur omnia que futura sunt de regimine ecclesie et qualiter debeat renovari, sicut Deus longo tempore revelavit servo suo Joachim abbati et sancto Cyrillo ...» ; iii, cap.14：「統治を委ねると（毛皮〔冠？〕を降ろすと）、教皇（教会の人）は大いなる平和の杖で不和を放逐し、新たな改革、新たな律、新たな王国を樹てるだろう」«Depost stabit renus [*sic*] et ecclesiastica persona in bona pace et sceptrum discordie auferetur ab eis eritque nova reformatio, nova lex, novum regnum».

（8） Ibid., ii, cap.4 (cap. Decimum と表題されている)：「クマエの巫言に預言の霊を以て語られるところ。その後、つまり平穏なる時の後、ゲルマンの断崖の鷲はグリフォンたちを集めて姿をあらわすだろう」«Unde Sibilla Chumaea prophetico spiritu loquitur in vaticino suo : Post hec, i.e. post modicum temporis, egredietur aquila de Germaniae rupibus multis associata griffonibus ...» (典拠不明。【本章 n.25】参照) ; ii, cap.9：「悲惨なる民よ……新たな則が汝の内に生じた。それは信者を統治するものならず荒廃させるもの、霊の慰安者ならず略奪者、孤児の庇護者ならず抑圧者、高アレマンノのいたるところに認められる、新たなる破壊者、蛇蠍のごとき罪の根は最悪のアンティオコスを生み……」«O plebs miseria ... quia regulus novus surrexit in te, non gubernator sed desolator fidelium, non consolator sed depredator spiritualium, non protector sed depressor orphanorum et viduarum in tota alta Alemania. Novus destructor ... radix peccati a scorpionistis esurget peior Anthiocho ...» (regulus および radix peccati の十三世紀の典拠については【III-2 pp.386, 393】参照) ; ii, cap.13：「エリトレアの巫言に曰く……その後、火を抱く別の鷲がキリストの花嫁の胎のうちに来たり、三人の不義なるものたちを生じるだろう。ひとりの正嫡者が他のものたちを貪るだろう……」«Unde Sibilla Erithrea: ... Post hec veniet altera Aquila que ignem fovebit in gremio sponse Christi et erunt tres adulteri, unusque legitimus qui alios vorabit ...» (十三世紀の資料については【III-2 p.388】参照) ; ii, cap.35：「またこのキュリロスの書に載るところによれば、革新された先の教会も神慮により教皇空位となるとアレマンノの帝国内に教会大分裂が起こり、その権勢を教皇庁の指揮と再興に及ぼそうとするが、ローマそしてイタリアが大いなる鷲の企てに抗すると、激昂した鷲はアレマンノを扇動するばかりでなく劣悪なるすべての民を糾合してローマに攻め入り……」«Continetur insuper in eodem libro Cirilli quod antequam ecclesia renovetur Deus permittet vacante papatu oriri maxima scismata inter imperatorem alemanum, qui de sua confisus potentia intendet ordinare ac constituere papam et romanos ac ytalos qui resistere conabuntur aquile grandi, que aquila furore incensa non solum alemanos sed et de omni genere gentes pessimas quas poterit associabit ad suum exercitum et armata manu intrabit Romam ...» (テレスフォルスの『小著 *libellus*』を基にしたもの)。この一節は次のような但書きのある挿絵につづいて記されたもの。「ここにローマに入る皇帝は冷徹にふるまい、それを恐れたローマの聖職者たちまた住民たちは

岩陰やら森やらに逃れるが、多くの者は斬首される」«Hic Imperator ingreditur Romam cum sevitia et eius timore fugiunt Romani clerici et laici ad petras et silvas et multi detruncabuntur».

（9） Ibid., i, cap.3 : «Unde Brigida in libro Revelationum : Sub aquila grandi que ignem fovebit in pectore conculcabitur ecclesia et vastabitur. Nam potens est Deus alemanos altos provocare contra ecclesiam qui magis de humana potentia quam Dei confidunt …»（【III-4 n.39】に既出）; ii, cap.3 :「フランチェスコとブリギッタは貞潔なる相貌の王があらわれると詠じた。多くの者たちはこの王こそフリードリヒ三世であると言った。わたしはそれがマクシミリアヌスのことであると思う。彼のもと、教会と聖職者たちは蹂躙され、到るところで苦汁を嘗めるであろう……そしてついにガリアは屈し、貞潔なる相貌の王が到るところを統治するだろう」«Unde Franciscus et Brigida canunt : Surget rex pudicus facie. Multi dicunt hunc regem esse Fridericum tercium. Ego volo quod sit Maximilianus quia sub eo conculcabitur ecclesia clerusque turbabitur ubique … demum gallus succumbet et pudicus facie regnabit ubique».

（10） 【本章 n.5】参照。

（11） Lichtenberger, *Prognosticatio,* ii, cap.21 :「汝はただ円い盾とキリストの十字架によってトルコに対抗する……しかし汝の後に汝より偉大なる者あらわれ、長期にわたりまことに不信仰なる犬どもを鞭打つであろう……彼はプラハの教会をコンスタンチノポリスの聖ソフィアを改革するだろう。険阻なる正統信仰のうちを登攀するとはいえ、血気盛んなマティアスのごとくにではなく、彼はアレマンノの断崖に姿をあらわし誠実このうえなき王となるであろう」«Tu solus clipeum crucis Christi adversus Thurcum erexisti … Sed post te exurget maior te, flagellum longiturniter percutiens canes infidelissimos. … Ipseque reformabit ecclesiam Pragensem et sancte Zophie templum Constantino [*sic*]. Scandetque ad ardua inter catholicos sed non de sanguine Mathie sed de rupibus alemanie orietur et exiet rex sincerissimus»、またii, cap.20をも参照。

（12） 【本章 n.9】参照。また以下の各句節をも参照。ii, cap.4（cap. Decimumと表題されている）:「マクシミリアヌスよ、汝の二人の廷臣は汝に不忠実にして、汝の貞潔なる相貌を詐欺と悪意で汚し、汝の忠臣たちと汝を殺めるもの」«O Maximiliane, isti duo eunuchi sunt infideles subditi tui, qui fraudis et malicie venenum gestantes contra pudicam faciem tuam, ut fideles tuos et te interficiant» ; cap.5 :「ある書物でヨアキムはエリコの荒廃に関連して数々の試練を語っている……イスラエルたるアレマンノに敵する王たちがあらわれるが、マクシミリアヌスはそれを奪回するだろう。彼は至高の円い盾を掲げ、人にも主なる神にも援けられて、峻厳なる地を翔け昇るであろう」«unde in libro multarum tribulationum Joachim dicit ad ruinam Ihericho … reges multi contra Israhelitas Alemanos advenient sed expugnabuntur propter Maximilianum quia sublime clipeum elevabit expectando auxilium non solum ab hominibus sed a Domino et resurget volando ad ardua». リヒテンベルガーは格別ラインハルトによるマクシミリアンの預言の数々に与しているようにみえる（これはおそらくラインハルトの著作年代をJ. Wolf, op.cit.（ref.【III-4 n.45】）でなされたよりも後にずらすものである）が、いったい何時リヒテンベルガーがラインハルトの託宣を改竄引用したものか正確を期すことは難しい。この点特に、ii, cap.26 :「……マクシミリアヌスあるいはカロリングの長子の専制のもと、平穏で幸福なる時が来たるであろう」«… Sub monarcha Maximiliano vel primogenito Acharlingis [*sic*] purum ac nitidum felicitatis tempus accidet»を参照。

（13） «Et dicitur in libro regum Francorum quod de Karlingis, i.e. de stirpe regis Karoli Franci suscitabitur Imperator in novissimis nomine P. qui erit princeps et monarcha tocius Europe, reformabit ecclesias et clerum et post illum nullus amplius imperabit». *Prognosticatio,* ii, cap.16.

（14） «Nam ab anno MCCCCLXXXVIII (ad) MCCCCXCIX mihi suspecta sunt tempora et momenta».

（15）【III-4 n.42】に既出。

（16） Lichtenberger, *Prognosticatio,* ii, cap.36 :「この隠棲者の大いなる聖性については ヨアキムの符合の書に次のように記されている。至高なるローマの使徒の座の大いなる聖性に満たされた人のため、神は数知れぬ奇蹟をなしたまい、人々は彼の行為気質について悪意を以て囁かれるところとは逆に、彼を尊ぶだろう。」«Depost esurget quidam vir solitarius magna sanctitate perspicuus sicut Joachim in libro concordie dicit : Vir magna sanctitate in Romana sede sublimatus ut apostolicus per illum faciet Deus tanta miracula quod omnis homo reverebitur illum nec quisquam audebit contraire suis constitutionibus». この引用の典拠については【本章n.4】参照。

（17） Lichtenberger, *Prognosticatio,* ii, cap.37 :「時を置かずして神は、その他に三人の聖なる人をその権能と奇蹟によって次々に生ぜしめたまう。その言行についてはすでに先人たちによって言明されているとおり。彼らの統率のもと、教会はふたたび繁栄するだろう。ここからして彼らは天使的司牧者たちと呼ばれることとなろう」«Subsequenter confestim Deus suscitabit alios tres viros sanctissimos unum post alium, in virtutibus et miraculis consimiles, qui facta et dicta antecessoris confirmant. Sub quorum regimine status ecclesie recrescet. Et hi appellabuntur pastores angelici».

（18） 唯一具体的な言及は、ii, cap.35 :「ついに〔ゲルマンの鷲によって〕毒蛇も邪悪な棘も根絶せられ、聖なる人が来たり、その鷲は教会と和解することとなるだろう」«Tandem extirpatis et eradicatis vepribus et spinis malorum hominum, veniet vir sanctus, pacabit ipsam aquilam cum ecclesia».

（19） メトディウスの預言の啓示については、十五世紀末の数多くの刊本に証されるところである。ここに挙げたものの他に、一四七五年ケルン版、一四九七年メミンゲン版が公刊されている。また、『皇帝ジギスムントの改革 *Reformation Kaiser Sigmunds* 』は一四七六年初版以降、一四八〇、一四八四、一四九〇、一四九四年に版を重ねている。

（20） 擬メトディウスの最終皇帝の名コンスタンティヌスが彼に授けられたことについては、H. Ulmann, *Kaiser Maximilian I,* Stuttgart, 1884, i. 205を、マクシミリアンを巡る民衆的期待の数々については、E. Gothein, *Politische u. religiöse Volksbewegungen vor der Reformation,* Breslau, 1878, p.97を、人文主義者からの期待については、J. Knepper, *Jakob Wim-pfeling,* Freiburg im Breisgau, 1902, pp.156-7を参照。

（21） Sebastian Brandt, *De origine et conversatione bonorum Regum et laude civitatis Hierosolymae cum exhortatione eiusdem recuperande,* Basle, 1495, s.p.

（22） «Perge igitur rex sancte cito : te fulmen acerbum / Thurcorum : voluit maximus esse deus. / Qui stabile efficiat regnum tibi : sceptra beando / Sub pede dum teneas secula cuncta. Vale.»

（23） この書については【III-4 n.40】ですでに言及した。アイティンガーの著作はすでに一四九六年アウクスブルクで公刊済みのもの。ブラントは一五一五年に第二版を印行している。彼はまたマクシミリアンにその高き定めを告げ励ますドイツ語詩をも書いている。R. v. Liliencron, op.cit. (ref.【III-4 n.19】), ii. 307-8. マクシミリアンへの熱烈な勧告は一五一八年頃の別の詩 (Ibid., iii. 215) にも繰り返されている。同時期の他の預言集成については、H. Haupt, *Ein oberrheinischer Revolutionär aus dem Zeitalter Kaiser Maximilianus I, Westdeutsche Zeitschrift für Geschichte u. Kunst,* Ergänzungsheft viii, Trier, 1893, pp.196-7参照。

（24） «Dubitare tamen utique non debemus : antea non esse venturum finem nisi prius fructificante ecclesia, universus a mari usque ad mare impleatur orbis et gentium prius ut apostolus ait intret plenitudo. Nemo igitur doctus negare ausit gloriosum hunc ecclesie catholice triumphum … Maturet Deus optimus maximus hanc sanctissimi sui nominis credentium plenitudinem, presertim invictissimi Christianissimique regis nostri Maximiliani ductu et auspitio felicissimo, cuius regnum et imperium vitamque et fortunam divina adaugeat tueaturque clementia». Op.cit., Preface.

(25) ここで謂うのはメトディウスの預言につづく彼の『メトディウスについての論考 *Tractatus super Methodium*』での言及。彼の知るヨアキムは主として、フリードリヒ一世の十字軍失敗に関する有名な預言である（1・4章）。2章のヨアキム主義的文書からの二つの引用は、リヒテンベルガーの『予言の書 *Prognosticatio*』ii, capp.15, 35から採られている。【本章n.4】参照。5章の一節は直接『エレミヤ書註解』から引かれたもののようにみえるが、実のところcap.49, ff.60-61rをもとにしたものに過ぎない。シビュラ、ブリギッタ、ラインハルトからの他の引用句も主としてリヒテンベルガーから採られている。2章でアイティンガーは«Egredietur aquila de Alemanie rupibus multis associata griffonibus»にはじまる預言を引いている。これはリヒテンベルガー(ii, cap.4,【本章n.8】参照)がクマエの巫言として引用しているものだが、わたしの探索したかぎりでは、これについてリヒテンベルガー以前に遡ることができなかった。アイティンガーはそれの序として、«Postquam I. octavus et F. Tertius delati fuerint et A. Sextus nascetur ...»にはじまるまた別のシビュラの預言を引いている。これは明らかにアレクサンデル六世教皇選任〔一四九二年選任、一五〇三年まで在位〕以降に書かれたものであり、つまりリヒテンベルガーの著作から採られたものではない。ひょっとするとアイティンガー自身の創作かもしれない。これはつづく預言と混合して二つは一つと化し、一五二二年の俗語預言(【III-6 n.8】参照)ではエリトレアの巫言として引用されることになる。Cfr. Purstinger, *Onus Ecclesiae*, cap.41; Lazius, *Fragmentum*, f.Kr; T. Graminaeus, *Mysticus Aquilo*, Cologne, 1576, p.154 (ここではクマエの巫言からとされている)。

(26) 一五一五年版でブラントはこの預言の「P.という名 nomine P.」を「ペトルスという名 nomine Petrus」に替えている。一四九六年、歴史家にしてマクシミリアンの秘書を務めたヨゼフ・グリュンペックは彼の『予言の書 *Prognosticon*』を公刊した。これはリヒテンベルガーの著作を直接写したものだった。彼の著書『キリスト教徒と教会の改革について *Buch u. der Reformation der Christenheyt u. der Kirchen*』では、Rex pudicus facieの預言を採りあげている。Cfr. D. Kurze, *Prophecy and History*, *Journal of the Warburg and Courtauld Institutes*, xxi (1958), p.65.

(27) «Quia legitur in legenda Karoli magni regis Francie quod de stirpe eius suscitabitur quidam in novissimis temporibus nomine P. qui erit princeps et monarcha totius Europe, qui terram promissionis recuperabit et ecclesiam atque clerum reformabit. Post illum nullus amplius imperabit. ... Qui rex Romanorum, de quo dicit Methodius, reformabit ecclesiam et clerum dispersum liberabit de suis necessitatibus, renegatos Christianos castiget, terram infidelium sibi subiiciet, novos predicatores evangelii eliget et novam reformationem ecclesie faciet. Et de illis reperitur in revelationibus Sancte Brigite et Hildegardis. Item per eundem magnificabitur cum auxilio Christi regnum Romanorum super omnia regna mundi. Ultimo universalem pacem in mundo et maximam faciet ut per presentem pacem mereamur pervenire ad eternam». Cap.5.

(28) Giovanni Annio da Viterbo, *Tractatus de futuris Christianorum triumphis in Saracenis, Glosa super Apocalypsim de statu ecclesiae ab anno MCCCCLXXXI usque ad finem mundi*, Louvain, s.d. この救世主はフランスの王であろうという広く流布した期待は、ピウス二世〔教皇在位一四五八―六四〕によってすでにルイ十一世に対して十字軍派遣を慫慂する際に用いられたものだった。「トルコを撃ち負かし、聖地を奪回するのはフランス王に他ならず」«nam pugnare cum Turcis et vincere et Terram Sanctam recuperare Francorum regum proprium est». Cfr. Chaume, op.cit. (ref.【III-3 n.33】参照), p.36.〔＊ちなみにシクストゥス四世在位は一四七一―八四。〕

(29) *Commentary on Apoc.*, capp. xviii, xix.

(30) 【IV-6 p.582】参照。

(31) *Commentary on Apoc.,* capp. xviii, xix, xx. 黙示録20:1：「別の天使が天から降り来たるのが見えた云々」«Vidi alium angelum descendentem de celo, etc.»は、ヨアキムによって第三〈時代〉《スタートゥス》を導くものとして解釈されたところである（*Expos.,* ff. 210r-211v）。

(32) *Commentary on Apoc.,* cap. xxi.

(33) «Vidi novum celum, i.e. novum statum ecclesie et terram novam sive novum statum laicorum». Ibid.

(34) «sequitur ergo tercius status in reformatione ecclesie». Ibid.

(35) シャルル八世の遠征に関する預言的背景については以下を参照。C. de Cherrier, *Histoire de Charles VIII,* Paris, 1868, i. 394 ; H. Delaborde, *L'Expédition de Charles VIII en Italie,* Paris, 1888, p. 314 ; H. Hauser, *Les Sources de l'histoire de France : XVIe siècle,* i, Paris, 1906, pp. 107-8, 243-5, 264.

(36) *Vergier d'Honneur* の序。これは *Archives curieuses de l'Histoire de France,* Paris, 1834, i. 316 に概要が記されている。また以下の書を参照。Marquis de la Grange, *La Prophécie du Roy Charles VIII de Maître Guilloche Bourdelois,* Paris, 1869, p. xxvi ; de Cherrier, op. cit., i. 394.

(37) *Epigrammata et hymni,* Strasbourg, 1509, s.p. この詩は「フランス王カロルに」«ad Carolum Regem Franciae» 献じられている。

(38) *De la nouvelle réformation du siècle et de la récupération de Jérusalem à lui destinée,* ed. J. de la Pilorgerie, *Campagne et Bulletins de la Grande Armée d'Italie commandée par Charles VIII,* Nantes-Paris, 1866, pp. 431-3. その表題は以下のように続く。*et qu'il sera de tous les roys de terre le souverain et dominateur sur tous les dominions et unique monarche du monde.* 彼の勝利の頂点は以下のような終末論的なことばで録されている。「あなたは幸福の絶頂、王の中の王、領主の中の領主、君公の中の君公、それはなにもただフランスの王シャルルという名によるものと言うにとどまらず、熱烈なる改革者……この世の正義と慈悲……民の期待、皆の希望……霊的なるものも現世的なるものにも寛容なる者……」«Et tu seras très plein de felicité, roy des roys et seigneur des seigneurs et prince des princes de la terre, et non pas tout seulement seras nommé Charles roy de France ; mais le fervent et integerrime reformateur … juste et misericors du monde … l'expectation des gens, le désir de tous … et benoist de choses spirituelles et temporelles …». p. 432.

(39) その全篇は de Cherrier, op. cit., i. 487-90 ; de la Grange, op. cit., pp. 1-9 (pp. 10-50 に註釈つき) ; Chaume, op. cit., pp. 32-4 に公刊されている。ギロシュ Guilloche は王が十四歳で戴冠するとしており、またテレスフォルスの末尾が欠けているところから観て、フランスの原異文《ヴァージョン》を用いているようにみえる。【III-3 n. 31】参照。

(40) «Charles huitiesme de ce nom, / Filz de très noble nacion / Et très illustres fleur de lis, / En soy aura haultes sourcis, / Semblablement aura long front, / Les yeulx longuetz comme seront / Le nez agu …». Chaume, 32.

(41) «frons longa, supercilia alta, oculi longi, nasus aquilinus»〔＊【III-3 p. 412】参照。〕

(42) «… sera couronné / L'an quatorze, quant il sera né / … / L'an dixe septiesme, autre foys / Aucuns des grans princes françoys / Hors du royaume s'en yront, / Et contre luy se leveront ; / Mais tout ce rien ne leur vauldra / Car victoire contr' eulx aura». Chaume, 32.

(43) «Omnesque tyrannos sui regni destruet».

(44) «L'an trente troys, celles parties, / Il fera de si grant batailles / Qu'il subiuguera les Ytailles, / Espaigneulz et Aragonnoys, / Lombards, aussi bien Yrlandoys, / Et d'autres gens subiuguera, / Et puis après conquestera / Vaillamment la cité de Romme / Et obtiendra double couronne, / Nommé sera roy des Rommains / Oultre le vouloir des Germains, / C'est assavoir des Alemans ; / Et puis après incessammens / Par feu et par sang destruyra / Un'autre cité qui sera / Nommée la cité de pechié». Chaume, 33.

(45) «Il possédera, en sa vie, / La très-haultaine seigneurie / De ceste terre

universelle». Ibid., 34.

(46)　«En Jhérusalem entrera / Et mont Olivet montera, / Priant Dieu le père et le filz / Et le benoist sainct Esperis ; / Dépositant ces troys couronnes, / ... / A Dieu rendra son esperit, / Lors seront signes merveilleux, / La terre mouvant en tous lieulx, / Du règne dudit Roy Françoys, / L'an qui sera cinquante troys». Ibid., 34.

(47)　Marquis de la Grange, op. cit., p. xxiv に引用されているところ。シャルルがダヴィデとゴリアテの神秘的な闘いを、自らのトルコ人たちとの闘いとして解釈したことが報じられている。

(48)　わたしの知るかぎり、第二のシャルル・マーニュの預言があらわれるまで、フィレンツェが王-懲罰者によって破壊される対象としてローマと組み合わされる事例は認められない。

(49)　つまり彼は、多くのフランスの王たちがナポリへ侵攻するために採ったようにジェノヴァから海路をとることもなく、教皇庁-ナポリ人たちが想定したようにエミリア街道を通ってロマーニャに入るのでもなく、アペニン山脈を越えてイタリアの西側を南下したのだった。

(50)　Alessandro Benedicto, *Diaria de Bello Carolino*, ?Venezia, 1496, s.p., 第一書巻頭近く：«et quaedam vaticinia de se ipso augurari confidentius professus est». 第二のシャルル・マーニュの預言からの引用がつづく：「ヒスパニア、ゲルマニアそしてイタリアの幸先よい統率の後、グレキア、アジア、シリア、エジプトは容易にして、彼は神を讃える。そしてエルサレムに到着して地に冠を降ろすとキリストの墓を讃え、至高の勝利の日、天に挙げられる」«Ita ut eius auspiciis Hispania, Germania et Italia perdomita facile Graecia, Asia, Syria, ac Egyptus illum tanquam Deum venerarentur. Et adepta Hierosolyma deposita humi corona sepulchrum Christi veneraretur, victor triumphans suprema die in coelum raperetur». メトディウスの謂う衰滅の代わりに歴史の聖化勝利が措かれていることに留意。

(51)　«quello gloriosissimo Carlo, il cui nome voi ottenete». F. Guicciardini, *La storia d'Itaria*, ed. A. Gherardi, Firenze, 1919, i. 22-3. グイッチャルディーニの報ずるところによれば、預言および天の予兆の数々についての議論は、イタリアの前代未聞の天災とシャルルの比肩する者とてない栄光の役割について予測するために用いられたものだという。Ibid., pp. 22-3, 52-3.

(52)　*Prophetia S. Cataldi ... reperta A.D. 1492 in ecclesia tarentina vivente adhuc et regnante Ferdinando Alphonsi primi filio, nuper autem ... in lucem edita per fratres S. Marie Montis Oliveti, a quibus inventa fuit in Sicilia in biblioteca regis Alphonsi secundi* ....　この託宣の発見に関しては以下を参照。Infessura, op. cit., p. 1240 ; Alexander ab Alexandro, *Genialium diariorum libri sex*, Paris, 1539, ff. 67v-68r ; B. Moroni, ... *Cataldiados ... libri sex*, Napoli, 1614, pp. 173 ss.; *Cronica di Napoli di Notaro Giacomo*, ed. P. Grazilli, Napoli, 1845, p. 173 ; Petrus Galatinus, *De ecclesia destituta*, MS. Vat. Lat. 5569, f. cxliii-v. その本文テクストあるいはその部分は以下の書に観ることができる。S. Tizio, *Historia Senensium* (in Delaborde, op. cit., p. 317) ; *Mirabilis liber*, Paris, 1522, f. xl-r ; Galatinus, MS. cit., ff. cxliii-v ss. また後代の預言集成写本 MS. Bodleian Library, Laud Misc. 588, f. 2v にもこの預言に関する言及がある。

(53)　Delaborde, op. cit., p. 317 に引用あり。

(54)　Infessura, op. cit. (ref.【III-4 n. 29】), pp. 264-5 ;【IV-4 p. 544】参照。

(55)　Hauser, op. cit., p. 264 に引用あり。

(56)　サヴォナローラとヨアキム主義に関しては、【IV-4 pp. 550-52】参照。

(57)　S. Krauss, *Le Roi de France, Charles VIII, et les espérances messianiques, Revue des études juives*, li (1906), pp. 87-95.

第6章　預言群の配座：カール五世

フランスの王シャルル八世の歿後、ゲルマンの家系がこの預言を賭しての対決において圧倒的優位に踊り出る。(1) ハプスブルク家のカール《カロル》はこの魔術的な名を継ぐとともに、ブルグントの血筋が彼を両伝承の継承者となしたのだった。現在ケンブリッジ大学蔵になる一写本(2)の末尾に記された十五世紀末の筆跡の第二のシャルル・マーニュの預言は、「大修道院長ヨアキムの一一八〇年の預言」と題辞されている。そして、これは「高名なる百合の国のフィリップの息子カロル」(3)ということばではじまっている。こうしてこの預言は、「P.なる名」から「フィリップの息子カロル」へと改竄されることによって、新たにブルグント‐ハプスブルク家に付会されることになり、その第二段階を録す。

スペインからする期待もまた、カールの預言的役割の補強に貢献した。十字軍に賭ける期待はグラナダ陥落によって消尽することもなく、かえって十五世紀末のスペイン王国の前に立ちはだかる運命に新たな注意が向けられることとなった。新世界はキリストによって克ちとられ、トルコは遂には打ち負かされるだろう。そしてすべての民は、正統信仰《カトリック》の王たちの勲として預言されてあるように、〈唯一の群《ウヌム・オヴィレ》〉へともたらされるだろう、と。枢機卿シメネス・デ・シズネロはこうした期待の高まる世情に捕えられている。(4) 一五〇九年、シャルル・ド・ブイーユ（ボヴェルス）はこの枢機卿に宛てて、こうした預言的未来の到来が間近に迫っている、と熱狂的な手紙を書いている。また一五一二年には、修道士メルキオールが類同の報せを告げている。一五二三年にはフランシスコ会士フランシスコ・デ・オカーニャが、カール五世の最終改革への使命を預言した。とはいえ、こうしたスペイン中心的な預言者の中でも最も衝撃的な事例はクリストフォロ・コロンブスその人であった。彼は一五〇一—〇二年『預言の書』(5)を著し、そこで預言的未来について検討を加えている。彼の典拠のひとつには、「カラブリアの大修道院長ヨアキン、彼はシオンの山に家を再建するであろう者がエスパニアにあらわれるであろうと言った」[6]と録されている。彼の預言集成は、差し迫ったことどもに関して幾分混乱があるが、その全体を通して黄金時代への待望とそこにおけるスペイン王国の役割が織り成されている。他にもまた彼が引く、或る不詳のジェノヴァの大使が一四九二年にスペイン王国に宛てた手紙には、「シオンの聖櫃を修復する」[7]スペイン王に対する期待がふたたびヨアキムの名のもとに録されている。

一五一九年の皇帝選挙の時期をめぐって数多くの預言があらわれる。一五一七年、スイスの詩人パンフィリウス・ゲンゲンバッハによって興味深いドイツ語小冊子が著されている。そこには数々の預言的言辞が、隠者ノルハルト、ブリギッタ、シビュラの数々、メトディウス、ヨアキム、ラインハルトから蒐集されている。[8]このドイツ語韻文詩の要点は、これら預言者たちが皇帝とフランスの王に接見し、後者が最終皇帝候補から外される、という結構にあるようにみえる。フランスとゲルマンの伝統の婚姻という主題は、ロードスのマイスター・アロフレザントの小冊子『荘厳なる皇帝についての古預言』にあらわれる。これは一五一九年ミュンヘンとシュトラスブルクで公刊されたもので、その綺羅星のごとき預言証言の数々はじつに印象的である。シビュラの数々、キュリロス、ヒルデガルト、ブリギッタ、ヨハンネス・デ・ルペシッサ、ガマレオン、ラインハルトそしてリヒテンベルガー、皆カールへの好尚を託宣してみせる。一方、カールがブルグント家系を継承する者であることが強調される。彼がブルグント公ヨハン無畏王の後裔であるという歴史背景が素描され、百合の預言の数々が語るその四代目の嫡男に焦点が当てられる。他方、ホーエンシュタウフェンの預言が復活し、まずもって栄光の第三のフリードリヒの姿が浮かび上がる。これが十五世紀、トマス・エベンドルファーによって改訂されて用いられたことについてはすでに観たところである。それがふたたび改竄され、先に内証された名は削除され、カール五世に充てられることとなった。[9]

鷲が天翔け、翔けつつ獅子を打ち負かし、イエルサレムを七年にわたって統治するだろう。そしてアレマンノの君主と共謀し、ボヘミアの重鎮を征するたろう。すると豹がそれを貪るだろう。ここに東の鷲の根から王があらわれ、鷲の雛を獅子の宿に養ううち、遺贈された糧秣も涸れるだろう。そこに王の誉れを示すこともない王が立つだろう。かくして帝国を統治し、その枝を地の果てまでも伸ばすだろう。その頂点に到った時、彼は教皇を捕え、信仰を枉げた聖職者たちを石で撃つだろう。いかにも最悪なる聖職者たちの生を。[10]

第二のシャルル・マーニュの預言テクストがこの時期、カール五世に対する好尚とともに出まわっていたことは明らかである。一五〇五年、それはイタリアで「古い書物」のうちに見出され、[11]その後ルーヴァンにあらわれる。[12]「フィリップの息子カロル」[13]にはじまるゲルマンの俗語異文《ヴァージョン》ももはやこの時期には普及していた。一五一九年、ヴェネチアの大使サヌートはイングランドから郷里ヴェネチアに、第二のシャルル・マーニュの預言のまったく別の英語異文《ヴァージョン》を送付している。[14]ここでその初めと終わりの文章から、いかに本来のフランス－ヨアキム主義的な文脈が喪失されることとなっているかを観るのは興味深い。「フィリップの息子チャールズ（カール）、高名なるカエサルの一族」[15]——ここに帝国皇帝の出自をもって、百合紋の後裔に替えられている。最後の一節ではテレスフォルスの異文《ヴァージョン》を採りつつ、皇帝を第三のフリードリヒと天使的教皇というヨアキム主義的なまた別の二つの象徴と関連づけてみせる。とはいえここで第三のフリードリヒにはいっさい超人的な徴候が示されない。サヌートの異文《ヴァージョン》においては、ゲルマンの俗語異文《ヴァージョン》同様、テレスフォルスの最後の一文は残されているものの、どちらの象徴もその含蓄ある意味を失っている。「彼は数々のしるしや奇跡によって、その王国の最後の三十五年を統治し、天使に冠を授けられるだろう。フリードリヒ三世以降はじめて戴冠する皇帝として」。[16]

第二のシャルル・マーニュの預言はベルトルト・プルスティンガーも知っていた。彼は改革推進派のキームゼーの司教で、一五一九年『教会の災厄』を著している。[17]この著作はヨアキム主義的な歴史の全体図式のうちに旧来の最終皇帝の伝統がうまく当て嵌められた興味深い事例となっている。その枠組みは、ヨアキムとそのフランシスコ会の弟子ウベルティーノ・ダ・カサレによって構想された三つの〈時代《スタートゥス》〉と七つの時期である。[18]その第六の時期、「現下のわれわれの時」[19]は改修の時であり、聖フランチェスコと聖ドメニコによってはじまり、大いなるアンチキリストがあらわれるまでつづく。これは黙示録のフィラデルフィアの教会に予表されるところであり、暴君と贋教皇による教会分裂と試練を観ることになるだろう。ここでプルスティンガーは反ゲルマン的なヨアキム主義的託宣の数々を援用することをも辞さない。[20] もちろん、彼がテレスフォルスの言うゲルマンの民の不吉な役割を信じている訳ではない。北から遣ってくる暴君がゲルマンの人である必然性などなにもない。いずにせよ彼は、神によって立てられる善なる皇帝がカール五世であると信じており、ここに彼は第二のシャルル・マーニュの預言を引いている。彼の言うところによれば、これは一五〇五年以降流布していたものであった。[21] とはいえ、この改革推進派の司教にとって、第六の時期を終わらせることになる〈革新《レノヴァチオ》〉を進める者は天使的教皇たちであって、皇帝たちではない。彼らはこの世を第七の時期あるいは第三〈時代《スタートゥス》〉へともたらし、悪魔《サタン》は縛められるであろう。この静穏の安息《サバト》は最後の審判までつづき、この世はあたらな教皇とあらたな王の協調のもとに治められるだろう。[22] このようにカール五世の預言を受け入れつつも、プルスティンガーはその預言を最後の至福の時代という文脈に置いてみることはない。その時代はずっと先のことである。

一五一九年の皇帝選定会議もまたかなり預言に浸されていたもののようにみえる。討議での発言者の幾人かはこの選定の行方に大いなる意味を付与して、ヨーロッパの救いはこの選挙に懸かっており、この務めを果たし得る者は英雄的剛毅をもち、アレクサンダー大帝にも較べられる者でなければならない、と言明する。[23] シャルル・マーニュという魔術的な名も援用されているが、〈帝権《インペリウム》〉はゲルマンに帰属されねばならないことが強調される。[24] トリーアの司教は、マクシミリアンの皇帝選定にあたり彼が最終のゲルマン皇帝となるだろうと預言する者のあったことを想起しているが、この時期についてはブランデンブルク選帝侯の方がより賢明な預言をなしている。「往昔より、皇帝とは最大の卓越した権勢をもつ優越者である。そしてまたその大いなる寛仁を讃えられる者。いかなる王をも超えた善と寛容の未来がかつてカロルより他の者に預言されたことはない。彼こそ神が委ねたまうた皇帝、彼こそがこの世の全土から讃えられるべく統治するにふさわしい者と推挙する所存」。[25] ここに第二のシャルル・マーニュの預言の余韻を十分に聴き取ることができるだろう。また同じ大いなる待望が、H・ゲープヴィーラーの『ゲルマンの解放』の新皇帝を歓呼してみせる高調のうちに認められる。[26] こうしてカール五世の閲歴に、二つの伝統――百合と鷲の――からする預言的期待が集まることとなった。[27]

イタリアの占星術師トルクァトゥスの『予言《プログノスティコン》』は表向きには一四八〇年ウンゲリアのマティアスに献じられたこと

になっているが、おそらく一五二七年になって著されたもので、[28] カール五世の治世の数々のできごとの預言的意味を強調している。贋預言者たちの興隆、あらたな教会大分裂、そして大異端[29]がルターのゲルマンを指すことばによって〈預言され〉ている。トルコとの衝突、パヴィアの戦闘、ローマの略奪もまた録されている。大英博物館蔵になる一五四四年版の余白には、所々彼の〈予測〉を十六世紀のできごとに当て嵌めて観た注が付されている。こうした預言の〈成就〉は「い《ノン》まだ果たされぬ《ドゥム・イムプレトゥム》」希望が書き加えられるべく人々の期待を煽るものであったのだろう。トルクァトゥスは教会の改新と帝国の勝利を待望していた。トルコは征服され改宗するだろう。そしてその時にこそブリギッタの預言に「ガリアはついに鷲のもとへと翔けるだろう」[30]と謂われたところの合一が達成されるだろう、と。「いまだ教会の革新は果たされていない」[31]という写本の注意書きは、こうした預言がいかなる希望とともに読まれたかを要約している。

十六世紀後半、あきらかにカール五世は預言の好主題であった。アリオストは古の帝国への夢想を響かせることばで彼に呼びかけている[32]。

この皇帝のもとでのこと
唯一の群、唯一の司牧者が望まれるのは。
（『狂乱のオルランド』）

ジャンジョルジョ・トレッソーノもまたこの永遠の帝国に同じような挨拶をなしている[33]。こうした社交辞令とは異なり、ずっと意味深長なのがエジディオ・ダ・ヴィテルボにみられるカール五世への親炙である。彼の夢想の黄金時代とは、すでに観たように、人文主義的なものであると同時に神秘的、政治的、宗教的なものであった。歴史の大いなる展開、「永遠の相のもとに観られた人間性の絶対史」[34]は、彼の時代にふたたび大きな注目の的となったものだった。すべてのできごとはそのためにあるのであり――ここにはもはや歴史の聖俗の区別はない――過去のすべては現行の歴史の方向を指し示すものとしてある。エジディオはその著『二十の時の歴史』[35]において、キリスト前後のふたつの十の世紀を細大漏らさず並行対照することによって、不可抗的に二十番目の世紀に大いなる頂点を迎えるという類型《パターン》を描出している。クレメンス七世の慫慂を受けてカール五世宛てに著された『シェキナー』(36)で、エジディオは歴史の神学から、ユダヤ神秘主義の研究と同時代の大いなるしるしの数々に触発された期待へと溢れ出していく。いまこそまさに好機、カールはそれにふさわしい数を持っている。それゆえ、彼は聖霊のはたらきをなすために招請されたのである。「わが王は第五と称す。類は友を呼ぶのであり、われは第十、十番目の世紀なれば第五なるカロルより他呼ぶべきものはない。一を呼ぶものは十を招く。いまや天の王は地を治める君主の君主、王の王、第五の第五。……第五の権能、カロル五世……」(37)。カールは人類を解放へともたらす新たなモーゼ、蛮族の暴君たちを征服するあらたな皇帝(カエサル)、ダヴィデのごとくすべての羊をひとつに纏める司牧者であった。それにとどまらず、彼は使徒たちにすら較べられる。「……彼らは周知の地を、汝は未知の地を獲得し、彼らは一部を、汝はすべてを包摂し……」(38)。彼の名は島嶼(ブリテンおよびヒベルニア《アイルランド》をも含む)にも広く告げられ、彼は現下瞠目すべき驚異の姿をあらわしつつある新世界をも啓かねばならない。「……ガデスの西にあらわれる大いなる土地、そして逃れる太陽を追って対蹠地へ、聖ヨハニスの半島、回帰線の巨蟹宮に向かうヒスパニアのクーバ、南極へと向かうあらたな極寒の地が啓かれ、あらたな人々が、あらたな民が驚くべくその姿をあらわす」(39)。カールは驚くべきことばをもって呼びかけられている。

皇帝《カエサル》よ、使徒たちの跡をうけて神の業を果たす者よ、誉れと威厳と栄光をもって、われわれの侮りを、われわれの放棄を、われわれの忘却を赦し、寛仁をほどこしたまえ。隠された世界の地をあらわしたまえ。天をも地をも貪ることなしに、聖書の隠された部分を示したまえ。ヌマの書でもピタゴラスの書でもなく、死すべき者たちの書ならぬ、神の贈りたまうた秘鑰の書を自らの前に披きたまえ。神がシナイでモーゼに啓いてみせたところの書を……(40)。

そして彼の広大無辺なる業が次のように要約される。「皇帝《カエサル》よ、あなたは皇帝として寛大に努められよ。この世をあらわし、矯し、樹てたまえ。教会を援け、それを温かく抱き、高く掲げ、広く栄えしめたまえ」(41)。この役割が果たされるならば、約束の未来は限りのないものとなるだろう。「あなたは新しい土地を見、新しい天を、新しいアジアを、新しいアフリカを、新しいヨーロッパを、新しい海を、新しい島嶼を見る。それらは皆あなたを唯一の模範と仰ぎ……」[42]。

　エジディオは預言や託宣の単なる宣伝者ではなかった。彼の期待は歴史の意味の深い探求をもとにしたものであった。そこでは歴史それ自体および文字と数‐象徴に関するユダヤ神秘主義的な精査が綯交ぜになっていた。こうした彼の心情と希望は多くの者たちと共有された。同時代のできごとの大いなる意味に関する鋭敏な感覚はそれらの説明を高揚させ、歴史がカール五世という姿を戴いて提示される時、彼が歴史の最後の巨人として誇張されたとしてもなにも驚くには足りない。

　エジディオと同じ時期、ローマにはおそらく彼とも知遇のあった人物、フランシスコ会士ペトルス・ガラティヌスがいた[43]。一五二四年、彼は『黙示録註釈』[44]をカール五世に献呈し、カールを歴史の最終的革新において天使的教皇を援けるため神に選ばれた剛毅の者と讃えた。彼はその教皇の名を挙げてはいないが、不信仰者たちに対してカールがその教皇のすばらしい協力者となることを期待している。「天使的司牧者とローマ皇帝カロル五世のもと（サラセン人たちが）辱められ衰弱し、死滅することになる（ようにと願う）……」[45]。彼は到るところで〈偉大なる王《マグヌス・レクス》〉について語っている。王はまずアフリカの、つづいてヨーロッパの不信仰者を征討するだろう[46]。ここにアマデウスの一節が引かれる。「三重の偉大、偉大なる教皇、偉大なる王そして偉大なる主があらわされるであろう」[47]。彼の皇帝の役割に対する肯定的な意味づけは、ゾロバベルを帝国の主権を改革する偉大な君主の典型とする――ヨアキムの謂うような偉大な教皇としてでなく――方向へと彼を導くこととなった[48]。ガラティヌスのこの世の合一の展望《ヴィジョン》は宗教的なものであるとともに政治的な夢想であった。「その時にはたしかに神がこの世に営みたまう真の統一、唯一の司牧者と唯一の群とならずにはおかず……すべての民が従う唯一の法、神への畏れをもってこの世を統治するための唯一の権能ある君主に……」[49]。彼はまた、教皇と皇帝の間に待望される協力関係についての〈予言詩《カルメン》〉をも書いている。

　　貧しき者、たちまちここに姿をあらわし、この律の世を
　　聖となす。その時こそ彼はすべてを率いる唯一の

司牧者そして唯一の広大極まりなき世を統治する
王となろう。民と地とを従えるキリストのごとくに。[50]

こうした理想的な協力構想を眼前に描きつつ、ガラティヌスはいったい一五二七年のできごとにどのような反応を示したのだろう、と人は問うかも知れない。それについてわたしたちはなにも知らない。

一五二七年、カール五世の軍隊によるローマの略奪は、じつに大いなる預言的できごとだった。ローマを破壊する王―懲罰者の預言の劇的な実現。このできごとをこうした文脈において見ない訳にはいかない。もちろん善と悪の懲罰者という二重の伝承は、まったく逆の意味の解釈を許すものだった。略奪に先立つ数か月、教会の罪への懲罰が切迫していることを告げつつ、災厄、災厄、と路上で叫びつづけた数多のイタリアの預言は、この事態をアンチキリストの出現という恐ろしいできごととして観るべく教皇や聖職者たちの心情を醸成していた。[51]大いなる異端者ルターとその〈蝗たち《ロクストゥス》〉が底なしの淵から沸きだし、教会大分裂、ローマの略奪が起こる――これらはすべて長い間待たれたアンチキリストの危難の一部であり、伝統的にゲルマンの皇帝とその国はその使いであった。とはいえ、ローマの破壊と教会の義の懲罰は、第二のシャルル・マーニュやブリギッタの〈貞潔なる相貌の王〉の果たすべき役割でもあった。こうしてゲルマンの正統信仰《カトリック》からするこれらのできごとの解釈は、プロテスタント教徒たちとトルコ人たちに代表されるアンチキリストの力と、最終皇帝に属する懲罰と改新の業を分離し、ローマの略奪はカールにこの最終皇帝の役割を確認する機会となった。[52]この危難に関するイタリアの解釈もゲルマンの解釈も、この試練につづいて〈革新《レノヴァチオ》〉が速やかに到来するであろうと信じていたところに意味がある。[53]

数年後、カール五世に好意的な預言宣伝が復活する。一五三二年、ベルトルト・プルスティンガーは自著『教会の災厄』を再刊した。それと同時に、第二のシャルル・マーニュの預言がふたたびスペインに関するゲルマンの預言小冊子の末尾に付された。[54]この年、カールは兵を率いて北アフリカの不信仰者たちの征討に赴いたが、これを預言的意味に解する者もあらわれた。ベネデット・アッコルティは一五三二年『蛮族との戦い』を印行したが、この刊行者は時は差し迫っているとみなして、それにいろいろな託宣を付している。そのひとつは、ダニエル書、古典的な黄金時代、ヨアキム主義的な天使的教皇と神々しき皇帝《カエサル》の奇妙な寄せ集めである。[55] これは当時、歴史の大いなる邪悪といとも高き至福の境界に立っていると信じていた人々の心情をうまく捕えるものだった。一五三五年こそが鍵となるべき重大な年。一五三二年、ヨハン・エックは小冊子『対トルコ戦役の早期勝利を期待して』[56]を公刊、そこで彼はカール五世とその兄弟フェルディナンドが早々にトルコを征服するであろう、とその確たる期待を開陳している。慎重を期しているとはいえ、彼もまた自らの待望を支持するためにメトディウス、ヒルデガルト、マーリン、キュリロス、ヨアキムそれにブリギッタといった一連の預言群を援用する。また、ヨハンネス・カリオンは彼の帝国年代記を一五三二年で閉じるとともに、カールの遠征を預言的に省察している。コンスタンチノープル陥落から八十年後、それが奪回されるであろうというグレキア《ギリシャ》の期待を記しつつ、彼はリヒテンベルガーの預言、大修道院長ヨアキム、聖女ブリギッタその他の預言を想起している。諸天はその予兆をあらわし、預言者たちはみな偉大な皇帝を待望していた。[57] つまりカリオンもまた、自らの著した歴史が〈革新《レノヴァチオ》〉の前夜に終わるものと信じていたのだった。

　マルタン・デュ・ベレーは当時の政治に対する預言の実際的な影響力について証している。一五三六年、彼は「大いなる驚異のできごとが預言され予測され居り、そのいずれもが皇帝の僥倖と偉業と大いなる幸運とを約してみせる」[58]と注記している。彼はこうした噂の影響力に注目している。いかにカールは信服を得、「誓ってみせるほどに公的な評判をかちえることとなったか」。いかにサルッツォの侯爵《マルキ》は軽率に立場を変え、フランスの友人たちに慈悲を示し、「預言者たちが告げた神の託宣に反することができずして彼らを赦してみせたか」[59]。いかにフランス人たちは恐慌をきたしたか。しかしフランソワ一世はいかにこうした迷妄に豪胆に抗し、臆することなく自らの企図を遂行したのであったか。

　一五四七年になってもまだ、ある学識者はカールに預言された定めを信じていた。ヴォルフガング・ラツィウスはウィーン大学教授でフェルディナンド一世の歴史家だった。彼はウィーン史四巻、ローマ帝国史十二巻、アウストリア皇統譜二巻[60]を著し、またその著『メトディウスの預言断章』[61]において未来についての探索をも試みた。この書は巫言託宣の選抄で、皇帝を讃える典拠資料を網羅したものであった。彼はここで、できごとと預言の間に説得的な協和関係を観ている。

ヨアキム主義的待望における邪悪なる最終的危難の展望が、不信仰者と異端、海から来たる獣と陸から来たる獣という二重構造を採る[62]ことを彼は知っていた。不信仰者の脅威は明らかであり、いまや教会大分裂と贋預言者たちに関する預言もルター派によって現実のものとなった。大異端者の到来をはっきりさせるため、ラツィウスは豊富な例証を集めるとともに、ルターに関するトルクァトゥスの預言的言辞の全体を引証している。「北から大異端が来るであろう。ローマ教皇座への信仰に敵し、民を破壊しつつ……」[63]。ここでルターは明らかにテレスフォルスの構図にみえる〈ゲルマンの贋教皇〉と同一視されているが、この親フランス的典拠を用いることの困難さは、それがゲルマンの〈鷲〉を邪悪な使いの首魁としていることにあった。ラツィウスはこの贋教皇をフリードリヒという名の曖昧なある邪悪な王と観、鷲への言及を削除することによって、テレスフォルスを巧妙に用いる。つまり「その時数多のアンチキリストたちがフリデリクス王の先駆けとして姿をあらわし、数々の教皇のもと全世界を壊乱させ、ゲルマンの地に数々の過ちを撒き散らすだろう」[64]。ここで著者の意図は欄外注に明示されている。このフリードリヒとはルターの庇護者、サクソニアのフリードリヒ公である、と[65]。

邪悪の使いはさておき、ラツィウスはその所期の目的に戻り、善き預言の数々からカール五世が引くふたつの血筋について証してみせる。まず、カールは百合の後裔である[66]。そして第二のシャルル・マーニュの預言を援用しつつ、ラツィウスは言う。「……われらが皇帝カロルはその名とその血筋にもまして（シャルル・マーニュとピピンに出でるフランクあるいは百合のフランス王国第一等の古くも高貴なる血筋にして、父方はハプスブルクの家系を、母方からはブルグントの家系を継ぐ）かつて描かれたいかなる容姿をも越えて優美である」[67]と。

ラツィウスはこの第二のシャルル・マーニュの預言のテクストをいろいろな典拠に見出し[68]、それを〈フランスの百合のカロル王〉が選定され、〈天使的教皇〉によって戴冠し、この世を征し改革するよう召喚されるというテレスフォルスの全体構図と関連づけている[69]。また彼は、「大いなる鷲が来たりすべてに勝利する」[70]にはじまる、本来はホーエンシュタウフェンの預言であったもの、その他数多くの鷲に関する託宣を引いている。「われらのカロルの名は大いなる鷲としてあらゆる預言に語られている」[71]。彼はこれらの託宣を数々の資料から引いている。ボヘミアのピルゼンからは十三世紀の一詩節「ガリアは機敏に」[72]を、マクデブルクからは「彼らは全ヨーロッパを統治するだろう」を、またサクソニアの著作から、[73]ボヘミアのプラスの修道院の蔵書から、ルペシッサの預言から。[74]綺羅星のごとき預言者たち。ラバヌス、メトディウス、シビュラたち、カタルドゥス、キュリロス、マーリン、ヨアキム、ルペシッサ、テレスフォルス、ガマレオン、ブリギッタ、聖ヴァンサン・フェレール、ラインハルト、リヒテンベルガー、トルクァトゥス、カリオンそしてパラケルスス——皆一様にこの最後の偉大な指導者を讃えている。[75]ここにふたたび教会の懲罰者という役割が解釈の要点となる。ラツィウスはそれを二つに分ける。その邪悪はサクソニアのフリードリヒに肩代わりされる一方、皇帝は懲罰者‐革新者という典型的なゲルマンの役割を果たす、という風に。彼は、エレミヤ書五〇章の〈北の王《レクス・アクィローニス》〉[76]が制圧者ではなく、解放者であったことを証し、皇帝が〈猥らな《インプディクス》相貌の王〉ではなく、〈貞潔な《プディクス》相貌の王〉であることを示す[77]とともに、教会を使徒的清貧へと還すという皇帝の特別の務めを示唆する預言の数々を引いてみせる。[78]これらの預言の真実はローマの略奪において示されており、ラツィウスは皇帝が革新の一部たる懲罰を完遂するものと期待を寄せていた。

一五四七年のヴォルフガング・ラツィウスにとって、この世の希望はカール五世に懸かっていた。彼の生涯の事跡がそれを証していた。彼は百合を征服し幽閉した。彼はローマとフィレンツェを打ち倒した。彼は海を越えてアフリカに赴き不信仰者たちと戦い、また異端と闘った。百合は逃げ去り、ローマの略奪は不幸な反動に遭い、不信仰者たちは圧伏されず、異端は増大しているというのが事実であるにせよ、構想はいまだ道半ばなのである。未来がこの皇帝の掌中にあることに、このゲルマンの預言蒐集家はなんら疑いを抱いていない。彼の〈革新《レノヴァチオ》〉観念にあっては、天使的教皇は脇役にとどまっている。彼はルペシッサとテレスフォルスのよくある記述を引くばかりだが、すくなくとも一度は次のように付言している。「教皇にいかなる務めが委ねられているか、われらが皇帝カロルがそれを知っていることについては、十分預言に窺われるところである」[79]。教会改革に対する彼の信念は皇帝とトレント公会議に懸かっており、教皇庁にではなかった。預言の数々が彼の考えを支持していた。「神の不滅につづくわれわれの希望のすべては、われらが至聖なる皇帝カロルと不可侵のトリエント公会議に懸かっている」[80]。一五四七年、彼は歴史の終焉と預言の終わりが差し迫っていることを信じていた。「一五四八年までにこの世のすべては唯一の群に集まり……唯一の群と唯一の司牧者となるだろう」[81]。

こうしたラツィウスの解釈に対するプロテスタントからの返答は、サクソニアのフリードリヒが善き第三のフリードリヒの役割を果たすという主張に見ることができるだろう。これはルターその人が一五二一年に著したところであった。

わたしが子供の頃よく唱えられた、主の墓は皇帝フリードリヒによって修復される、という有名な預言がある。預言の慣いとしてそれは成就されるまでは晦渋であるが、世俗の人々の夢想とともに遙かに眺め遣るうち、それがここにわれらのフリードリヒにおいて成就されるのをわたしは実見しているのである。主の墓とは聖書のことであり、キリストの真実は教皇派によって殺され墓に投げ入れられ、弟子の誰かに奪われぬよう、墓は衛兵たちつまり托鉢修道会士と邪悪な異端審問官たちに護られているのではないか。いまや墓の聖骸布はサラセン人の手中にあり、神への勤めは十分に果たされていない。牛がそれに勤める、とはパウロの謂うところ。フリードリヒに従う汝らのもとに聖書の生きた真実が甦ったことは否定できない事実である。[82]

サクソニアのフリードリヒが聖書を〈聖墓〉から開放する第三のフリードリヒの古い預言を成就したというこの観念は、後にJ・ヴォルフのプロテスタント大選集《アンソロジー》に採択されることになる。[83] 彼はこの預言がサクソニアのフリードリヒの皇帝選定によって成就され得たかもしれぬと言いつつも、カール五世を支持してそれを否んでいる。この時期ふたたび出まわった『ジギスムントの改革』もまた、そこに予言された司祭－王フリードリヒはじつにサクソニアのフリードリヒであるという声とともに、プロテスタントの武器と化した。[84] タルクィニウス・シュネレンベルクの『ドイツ予言暦《プラクティカ・ドイチュ》』[85]には、このルターやメランヒトンの友がいまだ大いなる皇帝《カイザー》の預言群に心惹かれて、擬ヨアキム、ブリギッタ、リヒテンベルガーその他の預言を寄せ集めている様が窺えるが、そこで彼はもはやカール五世を皇帝として名指さず、かえって鷲の役割の革新的な様相を誇張している。

こうしたプロテスタントからの預言的主張に対するカトリック側の防御に、この世紀後半にあらわれたテオドルス・グラミナエウスの二著作がある。それは『イザヤ書および創造の六日の預言講話』と、『神秘の鷲、あるいは預言者エレミヤの預言「北からあらゆる地の住人たちに悪が広まる」詳解』[86]。この著者はゲルマンの人としての矜持とともに、後者を皇帝マクシミリアン二世に献呈している。彼の論述の要旨は、北の民が教会に試練をもたらすというものであったけれども。この書の終わりに彼は広範に擬ヨアキム文書群、それも特に『エレミヤ書註解』そしてテレスフォルスの『小著《リベルルス》』を用いている。初期著作で彼は預言の要点を厳密にサクソニアに結びつけていた。「この北《アクィローネム》のということばについて、大修道院長ヨアキムとドメニコ会士ヴィンケンティウスは……それがサクソニアを母胎とするアレマンノの民のことであるという。それはまた黙示録一六章にルターについて録されるところ……それはあきらかにルターの龍と獣を謂ったものであり、その贋預言者の口から蛙のような三つの汚れた霊があらわれるだろう、と解される」(87)。当然ながら著者は教会大分裂と異端についてルター派を譴責するが、彼らの罪を言明する時、すでにこの著者には、彼らがゲルマンの最終世界皇帝にかける期待とともにすべての親ゲルマン的託宣を棄却するべく心算ができていた。

註

（1）　とはいえ、Giovanni Baptista Spagnuoli あるいは Mantuanus はフランスの救世主に対する期待を詩編にして讃えつづける。*Fastorum libri duodecim*, Lyon, 1516, p.5 : «De sancto angelo Carmelita» および «Exhortatio ad insubres» を参照。どちらもルイ十二世に対する讃辞である。

（2）　MS. Cambridge, Univ. Libr., Kk. VI. 16, f.185v. : *Prophetia abbatis Joachimi A.D. 1180.*

（3）　«Carolus philippi filius ex natione illustra lilii». Ibid.

（4）　本節は以下の各論考に資料を仰いでいる。M. Bataillon, *Érasme et l'Espagne*, Paris, 1937, pp.55-70, 199-200 ; *Raccolta di documenti e studi pubblicati dalla R. Commissione Colombiana pel quarto centenario dalla scoperta dell'America*, Roma, 1894, Pt. I, vol. ii, *Scritti di Cristoforo Colombo*, ed. C. de Lollis, *Libro de las profecías*, pp.76-160, 202, 434-5. メルキオールおよびオカーニャについては、【IV-4 p.558】参照。

（5）　*Libro de las profecías.*

（6）　«El abad Johachín, calabrés, diso, que había de salir de España quien havía de redificar la Casa del monte Sion». Op. cit., p.83.

（7）　«qui arcem Syon sit reparaturus».

（8）　Pamphilius Gengenbach, *Ditz sind die prophetien sancti Metodii u.*

Nollhardi, Basle, 1517. これをKurze, loc. cit. (ref.【III-5 n.26】), p.67は謝肉祭劇と呼んでおり、その一部はリヒテンベルガーからの抄録異文《ヴァージョン》とともに韻文朗誦されたものとしている。これの異文《ヴァージョン》である *Von ainem Waldbrüder wie er underricht gibt Babst Kaiser König u. allen ständen*, s.l., 1522では、教皇、フランス王、皇帝、そしてまた〈ワルド兄弟団《ヴァルドブリューダー》〉にかかわる問題、未来に関してブリギッタ、シビュラが同じように挙げられ、未来の〈帝権〉はゲルマンの皇帝のものとされる。ここにもリヒテンベルガーの余韻とともに、【III-5 n.25】に論じた«Postquam I. octavus ...»にはじまる預言がシビュラの預言として俗語異文《ヴァージョン》で載せられている。

(9) Alofresant, *Alle alten Prophecien* (ref.【III-4 n.41】), f.9v. 彼はこれを一四九八年にシュパイアーのマテルヌス・ハッテン Maternus Hatten of Spire の古い書物から採ったと言う。この預言の初期異文《ヴァージョン》については【III-2 pp.390-92 ; III-4 p.420】を参照。Wolf, *Lect. mem.* i. 722はこれをアロフレザントから引いている。また一六三〇年、コルネリウス・クルツル Cornelius Crull はおそらくヴォルフからこれを引き、ファルツ選帝侯フリードリヒに当て嵌めている。Cfr. J. Praetorius, *Alectryomantia seu divinatio magica*, Frankfurt-Leipzig, 1680, pp.70-1. アロフレザントはまた十三世紀の別の親皇帝派の詩編 «Gallorum levitas»をも用いている。【III-2 n.41】参照。

(10) «Volabit Aquila, cuius volatu debellatur Leo, qui regnabit Ierosolymis septem annis. Tandem conspirabunt principes Alemaniae, et magnates Bohemiae opprimentur. Et Leopardus devorabit eum. Tunc surget Rex de radice Aquilae Orientalis, et veniet pullus Aquilae, et nidificabit in domo Leonis et fructu alimentoque paterno carebit. Et eligetur Rex, cui honor regis non exhibetur. Hic regnabit, ac imperans imperabit, extendetque ramos suos usque ad ultimos fines terrae. Tempore illius summus capietur pontifex. Et clerus dilapidabitur, nam depravat fidem. Heu pessima vita cleri». 〔*【III-4 n.12】参照。〕

(11) 一五三二年に公刊された小冊子 *Erzelung der Künigreich in Hispanien ... Mer ein alte Prophecy Kay. Carl betreffend* はこの預言を導入する序の末尾に次のように記している。「この預言はイタリアのヴェローナの古い書物のうちに発見されたものである」«Dise Prophecey ist gefunden worden in Italien, in der stadt Verona in einem fast alten buch». また一五〇五年という年記のあるLazius, *Fragmentum*, Kiv-r そして B. Purstinger, *Onus Ecclesiae*, cap.48をも参照。

(12) Lazius, *Fragmentum* f.Niv-v.

(13) «Karolus ein sun Philippi».【本章 n.11】を参照。

(14) *Calendar of State Papers* : Venice II, 1509-1527, London, 1867, No.1301, p.566.

(15) «Charles the son of Philip, of the illustrious Caesarean race».

(16) «He will, with signs and miracles, breathe his last in the thirty-five year of his reign, and be crowned by the angel, being the first crowned Emperor since Frederick III».【本章 n.11】に引いた小冊子中のゲルマンの俗語異文《ヴァージョン》：「彼の王国統治の三十五年の間、数多くの驚くべき警告のしるしがあらわれ、彼は天使によって冠を授けられ、皇帝フリードリヒ三世以降はじめて戴冠する皇帝となるだろう」«und mut wunderparlichen zaychen seinen geyst auffgeben im fünff und dreyssigsten jar seines Reichs, und wirt dasselbst gekrönt werden von dem Engel, und wirt werden der erst gekrönt Keiser nach Keyser Friderich dem dritten» を参照。

(17) Purstinger, *Onus Ecclesiae*, 1524. 匿名で公刊後、一五三一年自らの名を冠して刊行された。印刷年、印刷場所の記載また頁付けなし。

(18) プルスティンガーのヨアキム主義については、【IV-6 pp.587-89】参照。

(19) «in quo nunc sumus». Purstinger, op. cit, cap.2.

(20) Ibid., capp.16, 38, 39, 41.

(21) Ibid., cap.48.

(22) Ibid., capp. 60, 61, 66, 69.

(23) *G. Sabinus, Erudit et Elegans Descriptio Electionis et Coronationis Caroli V Imperatoris* ..., Helmstadt, 1612, pp. 25-6, 37.

(24) R. Folz, op. cit. (ref.【III-3 n. 34】), p. 561.

(25) «Fata etiam his temporibus promittunt Imperatorem, qui majores, magnitudine potentiae, superaturus sit. Et addunt alteram laudem, multo gratiorem : futurum ut bonitate et clementia praeter caeteros reges excellat, nec alium nisi Carolum vaticinor. Quare opto Deus Imperium ipsi committat, eumque gubernet, ad salutem orbis terrarum». Sabinus, op. cit., p. 26.

(26) H. Gebviler, *Libertas Germaniae* ..., Strasbourg, 1519, s.p., cap. x :「彼〔カール五世〕はキリスト教全土を平定し、醜怪なるローマ教会をより善く革新し、残虐なるトルコ人たちの圧迫を征し、キリスト教の甘美に容易に従わせることとなるであろうことに疑いはない。……大カ《シャルル・》ロル《マーニュ》の預言に拠るなら、その時全世界は叫ぶだろう。神に冠を授けられた皇帝《アウグストゥス》カロル、偉大な平和の皇帝万歳、と」«Quem toto Christiano orbe pacato, et Romane ecclesie monstroso statu in melius reformato, ferocissimam immanium Turcarum gentem oppressurum, ac Christiane religionis suavissimo iugo facile subditurum, dubitamus minime ... Cui proculdubio Caroli magni vestigiis innixuro, totus orbis olim acclamabit : Carolo Augusto, a Deo coronato, magno et pacifico Imperatori vita, victoria». また次の同時代の小冊子をも参照。Franz von Sickingen, *Eyn Sendbrieff* ..., Württemberg, 1521. これはカールをアンチキリストを迎え撃つ偉大な闘士として讃えるもの ; G. Sauromanus, *Hispaniae consolatio*, ? Louvain, 1520 ; *Hypotheses sive argumenta spectaculorum* ..., Antwerp, 1520 :「いまやあらたな光が地を照らし、平和が取り戻された／武具は降ろされ黄金の時代がはじまる。／ヨーロッパを導くカロルはリビアを、アジアを／併呑し到るところに帝国の勝利をもたらす。／いまや賢明なる古き託宣は成就されるだろう。群は地上にひとつ、司牧者もただひとりとなるだろう」«Iam nova lux terris oritur, Pax alma redibit / Et positis armis aurea soecla fluent. / Carolus Europae Rector Lybiamque Asiamque / Asseret imperio victor ubique suo. / Nunc implebuntur prudentum oracula vatum, / Grex unus terris, Pastor et unus erit.» この詩節を解説して Folz, op. cit., p. 561 には「この企図……マクシミリアヌスの小さき息子の選帝はフッガー家の投機策の勝利ではなく、かえってアレマンノのカールの大いなる凱歌となった」と注している。

(27)『ジギスムントの改革』はカール五世への言及を加えて、一五二〇、一五二一、一五二二年に再刊された。一五一九年アウクスブルクとランツフートで公刊された *Volksbuch vom Kaiser Friedrich*, ed. M. Haupt, *Zeitschrift für Deutsches Altertum*, v (1845), pp. 250-68 の二つの版によってゲルマンの伝承が広められた。また一五二一年、ヘルマンヌス・ア・ヌエナーレはアインハルト Einhard の *Vita et gesta Karoli Magni* を刊行し、それをカール五世に献呈した。その序文の末尾には次の一節がある。「じつに貴公こそ神聖なるまねび、まさに至高のカロルス《シャルル》・マクシムス《マーニュ》と讃えられるであろう」«Tu vero huius viri sanctimoniam imitatus, iure optimo Karolus Maximus appellaberis».

(28) 一五三四、一五三五、一五四四年にラテン語版が、一五三五年にドイツ語版が刊行されている。ここでは一五四四年のアントワープ版を用いた。Cantimori, *Eretici*, pp. 18-20 はこの著作がローマの略奪〔一五二七年〕以降に著されたものとしているが、D. Kurze, loc. cit., p. 68 は、カンティモリが口頭でそれが一四九二年には著されたものであるとの見解を示した、と示唆している。この書には〈事後預言〉の厳密なしるしはないが、一五二七年までの一連のできごとの記述は純正預言というよりはより歴史書に近いもののようにみえる。

(29) ルターについての記述は、【IV-4 p. 558】参照。

(30) «Gallorum laus sub aquila volabit». Torquatus, op. cit., f. 9v.〔*【III-4 n. 42 ; III-5 n. 15】参照。〕

（31） «nondum impletum renovatio in Ecclesia».

（32） Ariosto, *Orlando Furioso,* xv.26 ; F. Yates, *Charles Quint et l'Idée d'Empire,* Paris, s.d., p.81より引用：«E vuol che sotto a questo imperatore / Solo un ovile sia, solo un pastore».

（33） Giangiorgio Tressono, *L'Italia liberata dai Goti* ; Yates, op.cit., p.94に拠る。

（34） «storia assoluta della umanità sub specie aeternitatis». cfr. E. Massa, *Egidio da Viterbo e la metodologia del sapere,* in *Pensée humaniste et tradition chrétienne aux XVᵉ e XVIᵉ siècles,* Paris, 1950, p.208.

（35） Egidio da Viterbo, *Historia Viginti Saeculorum.* この書はいまだ未公刊である。［ローマのアンジェリカ図書館の二写本を採る必要がある。］わたしはL. Pélissier, *De 'Historia Viginti Saeculorum',* Montpellier, 1896に拠った。〔＊文中に角括弧を付した部分は、【II-8 n.100】同様、次の一文に替えられている。「その原型はMS. Napoli, Bibl. Naz. Lat. IX B14である」。〕

（36） *Scechina,* ed. F. Secret, Roma, 1959.

（37） «Audi quem appellet Rex meus a gradu quinto : si simile haeret simili : non alium appellare potuit nisi Carolum quintum ut ego decima : decimo saeculo : primum vocavi decimum vocavi. Sic nunc Rex caeli : terrarum regem : princeps principem : regem rex : quintus quintum : ... Audi quintas vires, Carole quinte ...». Ibid., p.99.

（38） «... per illos orbem notum : per te incognitum : acquisivere : per illos partem : per te totum circuiere ...». Ibid. p.161.

（39） «... partem orbis maioribus ignotam adinvenire a Gadibus occidentem et ad antipodas fere fugientem solem sequi : sancti Johannis insulam : Hispaniolam Cubam ad Cancri tropicum : novi orbis terras ad antarticum mortalibus patefacere : novos homines : novas gentes : admirantium oculis ostentare». Ibid., p.145.

（40） «Tu Caesar : quem post apostolos ad tam divinum opus accersimus : cui tantum honoris, dignitatis, gloriae reservavimus contemni nos : abiici nos : oblivioni nos dari patieris? Qui ostendisti partes orbis terrarum occultas : ne sis caelo quam terris avarior, ostende occultas partes Scripturarum. Latuere ante te libri archanorum non Numae : non Pythagorae : non mortalium : sed eorum divinorum munerum quae ego in Sinai Mosi aperui ...». Ibid., p.161.

（41） «Quaere magnanime Caesar tu ad quem qua imperator : orbem invenire, emendare, componere : qua advocatus Ecclesiae illam fovere, erigere, propagare pertinet». Ibid., p.219.

（42） «Vides hic terram novam : ac caelum novum : novam Asiam : novam Africam : novam Europam : maria item nova : novas insulas : quae tibi uni cognoscenda ut exemplaria sunt : ...». Ibid., p.224.

（43） ペトルス・ガラティヌスについては、【II-6 pp.300-03 ; IV-4 pp.554-57】をも参照。

（44） MS. Vat., Lat. 5567, f.1v.

（45） «ita sub angelico Pastore et Carolo quinto Romanorum Imperatore (ut speramus) humiliata defectura sit ut quasi et mortua appareat ...». Ibid., f.ccvi.v.

（46） MS. Vat., Lat. 5578, ff.18v-19r.

（47） «erit ter maximus : maximus videlicet Potifex, maximus Rex et maximus Dominus». Ibid., f.24r.

（48） Ibid., f.29r ; ヨアキムによる解釈については、【III-1 pp.382-83】を参照。

（49） «Tunc enim non unus tantum pastor erit et unum ovile, verum unus quoque Deus coletur in orbe ... una lex a cunctis gentibus observabitur : unus princeps potentissimus, ac Deum timens orbi imperabit». Ibid., f.30r.

（50） «Pauper et hinc subito surget, qui legibus orbem / Formabit sanctis : nam regnans unus ubique / Pastor erit : rexque unus mundi vasta tenebit / Climata, iam Christo populis terrisque subiactis.». MS. Vat., Lat. 5579, f.10r.

（51） Wolf, *Lect. mem.* ii. 295 ; L. Guicciardini, *Il Sacco di Roma,* Paris, 1664,

p. 174 ; G. Pecci, *Memorie storico-critiche della Città di Siena,* Siena, 1755, iii. 248 ; Pecci, *Notizie storico-critiche sulla vita di Bartolomeo da Petrojo chiamato Brandano,* Lucca, 1763, p. 20 ; D. Bernino, *Historia di tutte l'heresie,* iv, Roma, 1709, pp. 368, 375 ; O. Raynaldus, *Annales ecclesiastici,* xiii, Lucca, 1755, pp. 1, 10 ; Pastor, *History of the Popes* ix. 379-81.

(52) Lazius, *Fragmentum,* ff. Hiii.r, Kii.v, Kiii.v, Kiiii.v.

(53) Ibid., f. Hiii.v ; Guicciardini, op. cit., p. 174.

(54) 【本章 n. 11】参照。

(55) *De bello contra Barbaros,* Venezia, 1532, appendix :「古きアポロンの神託に曰く、……第七の光輝の時のこのうえなき幸福が訪れる一五三〇年。しかし一五三五年にはそれをも超える至福が訪れるだろう。まことにその時至聖なる教会は革新され、浄福なる教皇と神々しくも寛容なる皇帝のもと黄金時代が長い歳月にわたり栄えるであろう。それに先立つ革新において、多くの人が飢餓、剣、悪疫によって死ぬが、恐れを越えてこの世のすべての人の半分あるいは三分の一がこの時期を耐えて生き残ることだろう」«Apolinei Vatis Oraculum : … Foelix igitur ac nimium foelix cui septima fulserit aetas, annus scilicet 1530. Sed mage beatus qui superaverit Annum 1535. Siquidem tunc sacrosancta ecclesia reformabitur et aetas aurea passim per multos vigebit annos sub quodam pontifice beatissimo et Divo Caesare clementissimo, et antequam talis reformatio fiet, interim maior pars hominum morietur fame, gladio, peste, ac timendum erit quod vix media aut tertia pars hominum totius orbis supervivet tunc temporis». 一五六四年ベネデット・アッコルティ（同名異人）が、「ローマの民から天使的教皇と讃えられていた」«quel pontifice che ordinariamente dal populo Romano è chiamato pontifice angelico» 教皇ピウス四世廃位の陰謀に巻き込まれているのは興味深い。【IV-4 p. 561】参照。

(56) Johann Eck, *Sperandam esse in brevi victoriam adversus Turcam,* Augsburg, 1532. 献呈辞および「第二話 Sermo Secundus」を参照。どうやらトルコの統治の終わりを預言するトルコの託宣が出回っており、それがキリスト教徒たちが容易に早々にトルコを征し、「唯一の司牧者のもとの唯一の群 unum ovile sub uno pastore」へともたらすこととなるだろうという信条を支えるために用いられたものらしい（*Aulae Turcicae Othomannicique Imperii Descriptio,* Basle, 1577, pp. 305-14）。

(57) J. Carion, *Chronica,* Lat. ed., Paris, 1551, pp. 577-9. これの初版は一五三二年に公刊されている。彼は『エレミヤ書註解』から «Veniet Aquila grandis quae vincet omnes»（大いなる鷲が来たりすべてに勝利する）にはじまるテクストを引いている。この字句は印行版にはないものであるが、その反ゲルマン的な意味づけは ff. 58v 以下から導出されたものに違いない。彼はナポリの占星術師ロレンツォ・ミニアーティおよび百年前の預言をマグデブルクから引いている。「皇帝カロルとガリアの王の血族からカロルという名の皇帝があらわれ、ヨーロッパ全土を統治し、その地と腐敗した教会とを革新し、旧来の帝国の栄光を復興するであろう」«Ex sanguine Caroli Caesaris et regum Galliae imperator orietur Carolus dictus, dominabitur is in tota Europa, per quem et ecclesiae collapsus status reformabitur et vetus imperii gloria restituetur». カリオンについては、F. v. Wegele, *Gesch. des Deutschen Historiographie seit dem Auftreten des Humanismus,* München-Leipzig, 1885, pp. 190-1 を参照。

(58) «un grand et merveilleux cours de prophetes et prognostications qui toutes promettoient à l'Empereur heureux et grand succes et accroissement de fortune». Martin du Bellay, *Mémoires,* Paris, 1569, v, f. 142v ; vi, f. 167r. サルッツォの侯爵については、M. de Montaigne, *Essais,* Paris, 1598, Livre I, chap. II : *Des Prognostications,* p. 34 および P. Massé, *De l'Imposture et Tromperie des Diables, Devins …,* Paris, 1579, ff. 165v-170r をも参照。

(59) «qui perdroient leurs biens, parce qu'on ne pouvoit aller contre les oracles de Dieu, dont les prophetes estoient denontiateurs».

(60) A. Mire, *Bibliotheca ecclesiastica,* Antwerp, 1639-49, *sub nom.*

(61) W. Lazius, *Fragmentum vaticinii cuiusdam Methodii.*【文献一覧34】参照。

(62) *Expos.*, ff.8v, 162r-168r, 190v ; *Super Hier.*, ff.20v, 45v ; Telesphorus, ff.15r-v, 29v.

(63) «Veniet a septentrione heresiarcha magnus subvertendo populos contra vota Romanae sedis ...». Lazius, *Fragmentum*, ff.Liii.v-iv.r,【本章pp.459-60】参照。〔＊【IV-4 n.120】参照。〕

(64) «et exurgent ab eo tempore multi Antichristi, praecipue sub Friderico Rege, sub quo multi Papae, qui universum orbem turbabunt, et Germaniae terram in errores collocabunt». Ibid., f.Hiii.r.

(65) Ibid., f.Hiiii-v:「このゲルマンの教皇とは異端と結ぶフレデリクス王のことであると〔テレスフォルスは〕付言している。(欄外注) おそらく預言者が暗示したのはサクソニア公のことであろう」«Itemque Papae Germanici haeresiarchae, ac cuiusdam Regis Friderici factionum haeresiumque [Telesphorus] mentionem addit. [欄外注:] Forte Saxoniae ducem sic insinuavit propheta». 彼はまたラインハルトの預言をシュマルカルデン同盟について謂ったものと解釈している。

(66) Ibid., f.Hiiii.r. また以下の一節をも参照。f.Hv: «Porro Caesares nostros processisse de Burgundiae et Habspurgensi stirpibus, quarum utraque a Carolo Magno et veteribus Franciae Regibus defluxit, inconfesso est et a nobis in commentariis rerum Austriacarum ostensum». ラツィウスは «In veteri Caroli magni historia» (古きカロル・マーニュのものがたりに) にはじまる一節を引いているが、これもまた同じくリヒテンベルガーの預言«Et dicitur in libro regum Francorum» (【III-5 n.13】参照) から引かれたものに違いない。また ff.Hiii.r, L.rをも参照。

(67) «... et Caesaris nostri Caroli praeter nomen et stirpem (quam a Carolo magno et Pipino, nobili ac vetusta Francorum sive Franciae Regum Lilifera primum omnium prosapia, tam quo ad paternum gens Habspurgen, quam maternum Burgundiae trahit) affabre omnia corporis etiam liniamenta depingunt». Ibid., f.Hiiii.r.

(68) Ibid., f.Hiiii-r (テレスフォルスに帰されている); f.Kiiii-r (ヴェローナで見つかり、キームゼーの司教も引用しているもの); f.Liii-r (ヴェローナおよびルーヴァンに見られるもの)。

(69) Ibid., ff.Hiii.r-iiii.r. テレスフォルスの『小著 *libellus*』の印行版ff.20r-25vにみられるところと同一文書をラツィウスは長く引用した後、直接第二のシャルル・マーニュ預言のテクストの巻頭「このカロルは天使的教皇から冠を、棘だらけの木製の冠を受けるカロル・マーニュの息子、平穏なる百合のフランクの、額の広い……」«Carolus autem coronatus ab isto angelico Papa, spinosa et lignea corona, filius Caroli magni erit, serenissimi lilii Francorum, habebit longam frontem ...» へと移っている。これはラツィウス自身f.Kiiii.rに挙げる通常の巻頭文 (【III-3 n.31】参照) とは異なっており、すでに観たように、第二のシャルル・マーニュの預言は通常のテレスフォルスの著作テクストの内には見出されないものである。【III-3 p.413】参照。はたしてラツィウスはこの異文《ヴァージョン》を『小著 *libellus*』のいずれかの写本に見つけたのだろうか。いずれにせよ、彼はこの預言がまさにカール五世に符合するものであることを執拗に語っている (f.Kiiii.r)。

(70) «Veniet aquila grandis quae vincet omnes». Ibid., f.Kii.v. カリオン同様ラツィウスもこの預言をヨアキムの『エレミヤ書註解』巻末に付されたものとしているが、その一節のみが反ゲルマン的な〈エリトレアの巫言〉テクストによるものと特定できるだけである。【本章n.57】をも参照。

(71) «Hoc nomine Carolus noster ab omnibus vatibus nuncupatur, videlicet Aquila grandis». Ibid., f.Kii.v. ラツィウスはその他にも鷲の預言を引いている。ボヘミアのピルゼンの預言 (f.Hvi.v)、彼は〈エリトレアの巫言〉に帰しているが、十五世紀末のものに他ならない«Egredietur Aquila postquam I. octavus ...» にはじまるもの (f.K.r,【III-5 n.25】参照)、

ラインハルトから採られた〈大いなる鷲 grandis aquila〉に関する預言でマクシミリアンとカール五世を二羽の鷲と説くもの（f.Kiii.r.v,【III-4 n.45】参照）、キュリロスの巫言：«Impero grandis Aquila, rige pennis, ocyus expergiscere ...»（大いなる鷲たる帝国は、羽を逆立て、目を瞠いて）, f.Kiii.v. この巫言の原型（起句 «Imperio grandis aquila, nigra pennas»（大いなる鷲たる帝国、黒い翼））については『キュリロスの巫言 *Oraculum Cyrilli*』p.308 およびテレスフォルスの『小著 *libellus*』f.16r 参照。この最後の預言は Purstinger, *Onus Ecclesiae*, cap.38 に正確に引用されている。

（72） «Gallorum levitas». Lazius, *Fragmentum*, f.M.v ;【III-2 n.41】参照。この託宣は Wolf, *Lect. mem.* i. 722 にも収められている。

（73） Lazius, *Fragmentum*, ff. Kiv.v-L.r.

（74） Ibid., f.M.v.

（75） 引用される預言のうちでも晦渋なものは、聖シゲボルト St. Sigebold（ff.H.r ss.）; 聖カルシアヌス St.Carsianus（f.Hiiii.v）; トルコの預言（ff.Lii.r-iii.v）; ロレンツォ・ミニアーティ Lorenzo Miniati（f.Liii.v）; カタネウス P. Cataneus（f.Liii.v）。この最後のものの結句は、「その時この唯一の群に唯一の司牧者、唯一の主、全世界がその統治のもとに入り、黄金時代が宣言されるであろう」«Tunc fiet unum ovile et unus pastor, et unus dominus, qui mundum omnem suo imperio obtinebit, et aurea etas declarabitur».

（76） «Rex aquilonis». Ibid., f.Miii.r.〔＊先の預言ではこの「北の王《アクィローニス》」が「大いなる鷲《アクィラ・グランデ》の王」と化していた、と解される。〕

（77） Lazius, *Fragmentum*, f.Kii.v. 彼はブリギッタの預言テクスト「その時貞潔なる相貌の王があらわれ」«Exsurget tunc Rex pudicus facie» を引いて、「貞潔なる相貌の王が、われらが皇帝カロルより他を名指すものでないことは明らかである」«per Regem pudicum facie Carolum Caesarem nostrum citra omne dubium figuravit» という一句を付している。

Zimmerische Chronik, ed. K. Barack, Freiburg-Tübingen, 1881, iii. 241 の趣ある小逸話は、若い娘が誘拐されカールのもとへと連れて行かれたが、状況を察知したカールは志操正しい侍者を付き添いに、この娘を家に送り届けさせたと讃えつつ、この年代記作者はここにリヒテンベルガーの予言（つまりブリギッタの託宣）、「貞潔なる相貌の王があらゆる地を統治するであろう」«rex pudicus facie regnabit ubique» を援用し、リヒテンベルガーの書の普及と〈貞潔なる相貌の王〉のイメージの広がりを伝えている。

（78） Lazius, *Fragmentum*, ff. Hii.v, Hiiii.r, Hv.r-v.

（79） «Quae etsi ad Pontificem etiam quendam possint accomodari, tamen de Carolo nostro etiam Caesare esse intelligenda, docent caetera vaticinia». Ibid., f. Kiii.v.

（80） «Quae satis ostendunt omnem nostram spem, post Deum immortalem, in Carolum sanctissimum Imperatorem nostrum, et sacrosanctum Tridentinum Concilium ponendam esse». Ibid., f. Hiii.v.

（81） «infra tempus 1548 annorum totum saeculum congregabitur in unum ovile ... et fiet unum ovile et unus pastor». Ibid., f. Hv.r.【本章 n.75】参照。

（82） «Celebris est in terris istis me puero saepe cantata prophetia, Esse redimendum sepulchrum dominicum per Fridricum imperatorem. Et, ut mos est prophetiarum, quae pro obscuritate ante implentur, quam intelliguntur, tum longe in aliud spectant, quam vulgo sonant, videtur mihi et ista in hoc Fridrico nostro impleta. Quod enim sepulchrum domini rectius intelligas quam divinam scripturam, in qua veritas Christi per Papistas occisa sepulta iacuit, custodientibus militibus, id est, mendicantium ordinibus et pravitatis haereticae inquisitoribus, ne discipulorum quisquam eam raperet? Nam sepulchrum illud corporale, quod Saraceni tenent, non magis est curae Deo, quam boves illi esse curae Paulus dicit. Negari autem non potest, apud vos sub Fridrico isto scripturae vivam veritatem refloruisse». M. Luther, *De abroganda missa privata*

… *sententia*, in *Werke : Kritische Gesammtausgabe*, viii, Weimar, 1889, pp.475-6 ;（独訳）*Vom Miszbrauch der Messe*, pp.561-2.

（83） Wolf, *Lect. mem.* ii. 114. ルターのことばは（ヴォルフを介して）一六三〇年、ふたたびコルネリウス・クルッルの説教に引かれた。cfr. Praetorius, op. cit.（ref.【本章 n.9】）, p.70.

（84） Wolf, *Lect. mem.* i. 809.

（85） これはF. Tetzer, *Tarquinius Schnellenberg u. sein Werk Practica deutsch*, in *Zeitschrift f. Bücherfreunde*, N.F. iii (1911), pp.173-6に公刊された。シュネレンベルクはナポリの占星術師ロレンツォ・ミニアーティの預言詩、ヨアキム（カリオンも用いた『エレミヤ書註解』末尾の «Veniet Aquila grandis» にはじまる擬文）、リヒテンベルガー、某大修道院長エギディウス（一四六〇）、ブリギッタを引用している。〔＊【本章 n.57】参照〕。

（86） Theodorus Graminaeus, *Oratio in Esaiam et Prophetiam sex Dierum Geneseos*, Cologne, 1571; *Mysticus Aquilo, sive Declaratio vaticinii Ieremie Prophetae: Ab Aquilone pandetur malum super omnes habitatores terrae*, Cologne, 1576.

（87） «Si vero inquiratur quid per aquilonem intelligatur, respondet Abbas Joachim et Vincentius Dominicanus … esse gentem Alemanorum, cuius mater sit Saxonia. Hoc loco egregie deducto, alterum Apocalypsios cap.16 scriptum de Luthero … luculenter interpretatur Lutherum Draconem et bestiam affirmans, de cuius ore pseudoprophete et spiritus tres immundi in modum ranarum exierint». *Oratio*, 17.

第7章　フランスからの反駁

フランスの王たちの名が預言されていないという妨げはあったが、フランスからの反撃にも事欠かない。シルヴェストロ・メウッチォが親フランス的構想を強く折り込んで、テレスフォルスの『小著《リベッルス》』を公刊したのは一五一六年のことだった。この刊本の典拠は、すでに観た(1)サン・チプリアーノのアンドレアスの編になるヴェネチア写本の内容に近接したものだった。しかし細かなテクストの異同の数々からみると、メウッチォが実際にこの写本を使った訳ではなかったことが分かる。五四葉裏の注——「ヴェネチアのサン・ジョルジョ・マッジョーレの図書館にて抄録」——からすると、彼の刊本のここまでの部分はすべてアンドレアスその他によって写された原本から採られたもののようにみえる。(2)シルヴェストロは同時代の状況に合わせるため、省略、改訂、付加を加えた。彼による主要な省略箇所は巻頭に置かれた挿絵の数々、一連の教皇預言、第二のシャルル・マーニュの預言のオリジナルと増補された長い異文《ヴァージョン》。これらが削除されたのは、おそらくシャルル（カール）という名がこの時期の親フランス派にとって厄介なものであったからに違いない。改訂は主として、フリードリヒ三世が名指されている句節を「未来の北の王」、「アレマンノの皇帝」に替えること、(3)具体的年代を削除するか曖昧な句に変更すること、(4)「カロル」というフランスの王の名を削除すること(5)からなっている。付加は一連の挿絵により広範に認められるが、ルスティチアヌスによって付加されたもの以外にも数々の新機軸が導入されている。これらの挿絵のうちには、サン・チプリアーノ写本から写されたものはひとつもない。

これら短い銘句を付された挿絵の数々は、テレスフォルスのオリジナル・テクストをばらばらに混乱せしめたものであり、付加された資料に関する指示が一切ない。とはいえ、それには十六世紀初頭のヴェネチアの政治預言を証するうえで魅力的なところがいろいろとあるばかりか、愉快なところすらある。第一の系列（九葉裏―一〇葉裏）は主として黙示録を題材としており、特別の註釈を要するようなものではない。第二の系列（一五葉裏―一六葉裏）は真の教皇の戴冠、三人の反対教皇それぞれの図、ゲルマンの対立教皇と皇帝、そして皇帝の艦隊からなっている。配置が違うとはいえ、これらはおおむねサン・チプリアーノ写本の挿絵（二七葉裏―二八葉表）と符合している。ただ、艦隊の図に興味深い注が付加されている。

この不信仰者の強大な艦船あるいは海軍はアレマンノの皇帝のものであり、教会の統一艦隊つまりヴェネト《ヴェネチア》、フランス、アングリア《イングランド》を襲い、これらはすべて不信仰者たちにうち負かされるだろう。つまり最初に冠を授けられるのはゲルマンの反対教皇とその皇帝であろうことを知らねばならない。たちまち思いもかけず真の教皇とそれに従う者たちに対する迫害が陸から船から襲いかかり、ことにイタリアには逃れる場所も僅か……[6]。

これにつづくじつに興味深い改竄は一八葉表から一九葉表にかけての挿絵部である。この一節は次のようにはじまる。「われらの著者はこれに注して言う。フランスの王の軍隊がブリクシア《ブレシア》の野で図らずもアレマンノの皇帝と反対教皇と大いなる決戦となり……王は捕えられ幽閉されるが、遂には奇蹟的に解放され、全教会の皇帝に挙げられ、天使的教皇によって冠を授けられるだろう……」[7]。これに添えられた挿絵はフランスの王が解放され、天使的教皇から冠を戴いているところを描いている。そして反対教皇が一天使によって殺害される。短いオリジナル・テクストにまた別の挿絵のある章がつづく（二一葉表―二五葉表）。ここにはこれに先立つ章にすでに過って配された数々の主題が再現されており、まず天使的教皇の発見にたちもどることになる。天使は使節たちに教皇がいる場所を指差している。ここでシルヴェストロは、この天使的教皇はアウグスティヌス隠修士会士であろう、という自らの意向を挿し挟んでいる[8]。使節たちは悪魔によって閉じこめられた牢獄から彼を解放すると、彼は天使によって戴冠する。そしてフランスの王の捕縛、投獄、そして奇蹟的な解放という主題がふたたび繰り返される。シルヴェストロはつづいて、天使的教皇の時にあたり彼の民を徳へともたらすヴェネチアの総大司教を登場させる。そして次のような彼自身による預言のことばに期待を込めてみせる。「この聖大司教はわたしの大いなる徳の誉れについて問われる。つまり尊い隠者パレンティヌス、預言の霊を授けられた人、ここにわたしとともに親しく慈愛の念に結ばれて生きる人について」。[9] そしてついにイングランドとヴェネチアが一緒に、天使たちとともに姿をみせる。シルヴェストロは、善良なるイングランド王への期待をマーリンの預言から採っているが、このふたつの海の民――「善き海のつわものたち《ボーニ・マリナイイ》」――を「キリスト教の共和のため」[10]の偉大にして聖なる海事に結びつけてみせたのは明らかに彼の独創である。イングランド王は彼の民の生を革新するであろう聖なる君主であるが、彼は「屈強な人」であり、強壮剛健なるからだをもつ新たなるサムソンでもある。[11] 彼は彼の民を「海の向こう側」にまで導き、教会の指示により邪悪なるゲルマンの皇帝を捕え、奴隷の身に貶めるであろう。ヴェネチア人たちは、はじめイングランドへの使節を務めて同盟調印という大役を果たすとともに、その帰途「ヴェネチアおよび教会神聖連盟海軍総督」に任じられることになる偉大なる司令官に導かれるだろう。[12] イングランド王とヴェネチアの総督が一丸となって不信仰者との大海戦に勝利を収めると、役者は揃い、天使的教皇、新たなフランスの皇帝、イングランド王、ヴェネチアの総督が政治世界を革新するであろう。

> 贋教皇が退き……アルマンノの皇帝が死ぬと天使的司牧者と新たな皇帝によってイタリアおよび西方教会の司教座からすべての悪と戦いは鎮圧され、不信仰者たちを征討し聖なるヒエルサレムを奪回するため、前者は公会議を召集するだろう。そして艦隊と軍隊が陸から海から、教会の聖なる大同盟……すなわち新たなる皇帝たるフランスの王、アングリアの王そしてヴェネチア……指揮をとるのは……ヴェネチアとなろう。[13]

この構想の全体が一連の小さな挿絵に活写され、こうした政治的夢想に期待が膨らむとともに、ついに大いなる歓喜の場景に極まる。「かくして到来する大いなる悦び」[14]。ここに湧き起こる答えようのない問い。いったいこれは一五一六年頃のヴェネチアの政治状況のなにを謂おうとしたものであるのか。新たなるサムソンをヘンリー八世の肖像と採るべきだろうか。実際にヴェネチアには総指揮官となるべき候補者がいたのか。はたしてフランスとの同盟こそが緊要とみなされていたのだろうか。

シルヴェストロの書における政治の昇華終焉は、フランスの王が偉大な最終皇帝としてあらわれるところに極まる。彼はエルサレムを奪回し、東と西の帝国の再統合を永遠とするだろう。武力はすべて禁じられ、旅行者にとって海路にはもはや危険はなく、「至高の平和と静穏が……この世のすべてを」[15]包むことになるだろう。この最初の静穏は〈最後のアンチキリスト〉の猛攻がはじまり、フランスの皇帝がその魂を神に捧げるまで続くだろう。シルヴェストロの書の巻末[16]はテレスフォルスのテクストに挿絵を散りばめたもので、天使的教皇たち、黙示録からの場景、最後の試練、そして政治権力が完全に宗教権能に委譲される最終的平静をものがたっている。ここに刊行者は旧来の悲観的伝承にヨアキム主義を結びつけ、皇帝がアンチキリストに屈服しても、アンチキリストを超えて、いまだ歴史のうちに、安息の時代が、教会の勝利がもたらされることとなる様子を巧みに描き出している。

テレスフォルスの預言のフランス語訳が『驚異の書《リーヴル・メルヴェイユ》』という表題のもと、一五六五年にリヨンで公刊されているのは興味深い。これはまさに十六世紀に唯一シャルルという名をもったフランスの王、シャルル九世の統治時代にあたる。[17]そしてまた一五七〇年、ブレシアのJ・バプティスタ・ナザーリはふたたびテレスフォルスの構想をもちだし、そこに第二のシャルル・マーニュの預言を引用してみせる。[18]そして「リヨンの貴顕」[19]フランソワ・ド・シュヴリエが、テレスフォルスの『小著《リベッルス》』のラテン語写本とその十六世紀のフランス語訳を所蔵していたことが分かっている。この写本こそ、『驚異《リーヴル・》の書《メルヴェイユ》』刊行者ブノワ・リゴーが用いたものであったかもしれない。彼は一五四五年、すでに『聖女ブリギッタの驚異の預言および一四八四年から一五四五年現在までに証された真実』[20]を公刊している。特記されていないが、実のところこれはリヒテンベルガーの『予言の書《プログノスティカチオ》』の全訳に他ならず、ラテン語版『驚異の書《ミラビリス・リーベル》』と密接な関係にあるものである。[21]一六〇三年、リゴーはシャヴィニーの『昴星《ル・プレイアード》』を公刊。これについては後述する。どうやらリヨンにはこうした預言の数々をフランスに援用してみようとする小集団があったようである。

十六世紀フランスの預言精華集《アンソロジー》のうちで最も重要なものが『驚異の書《ミラビリス・リーベル》』で、一五一四年に匿名でヴェネチアで公刊され、つづいて一五二二年と一五三〇年にパリで再刊された。その序文によれば、所期の目的は天使的教皇とフランスの王国の最後の偉大な皇帝に関する預言群を検証することにあった[22]。時代を問わず蒐められた託宣の数々が、ヨアキム主義的構想発展の様々な段階を明らかにしている[23]。ヨアキムに帰される『教皇預言集《ヴァティチーナ》』もその全体が再録されているが[24]、挿絵を欠いている。ヨアキム、ルペシッサ、テレスフォルス、シエナのカタリナ、ヴァンサン・フェレール、ブリギッタが引用され、リヒテンベルガーの『予言の書《プログノスティカチオ》』がそれと特記されることなく再現され、サヴォナローラの『啓示《レヴェラチオーネス》』[25]が最新の預言として収められている。託宣の多くはフランス各所の修道院図書館に蔵される写本群から採録されたもので、その全体は諸伝承の興味の尽きない蒐集となっている。前ヨアキム主義的なメトディウスの、アンチキリストに屈する最終世界皇帝という観念が表明される一方で、十四世紀初頭の天使的教皇に関するヨアキム主義的預言に加え〈革新《レノヴァチオ》〉において天使的教皇とともにはたらくであろう「ピピンを後継する王」がテレスフォルスから援用される[26]。ルペシッサとテレスフォルスがこの意図に最も適ったものとして引用されるが、その一方でリヒテンベルガーの『予言の書』が容易に敵手に用いられ得るものとなっていることは興味深い。なんといってもこの書は反ゲルマン的なヨアキム主義伝承を数々載せるばかりか、百合の預言をブリギッタのものとしているのだった。第二のシャルル・マーニュの預言はその名あるいは頭文字なしに、いまだ特定できていない資料、「詳細目録あるいはカタルドの終末の書の第十一章イタリア」[27]から引かれている。この書は誰を名指してもおらず、年記もなく、その勲功も預言と組み合わせて説かれていない。しかしこれが最終世界皇帝についてのフランス側からする主張を纏めた精華集《アンソロジー》であることは明らかである。

また、フランソワ一世の治下、フランスの王国に預言を添わせようと務めた著者にシンフォリアン・シャンピエール（あるいはシムフォリアーノ・カムペッジョ）がいる。一五三七年に公刊された彼の著書『ガリアの王国について』[28]で、彼はアンチキリストはローマ帝国がつづく限りあらわれることはないだろうという古い預言を復活させ、現世のゲルマンの専制がフランスに移るであろうという期待を述べた。ゲルマンの帝国はいまや崩壊しつつあり、トルコの脅威を前に壊滅状態にあることは見ての通り、と彼は論じる。彼はニコラウス・クザーヌスの警告の一節に〈ゲルマンの帝国〉の致命的な病患を指摘するとともに、人々は〈帝国〉をゲルマンに探し求めるが、誰もそれを見出さないだろう、と預言してみせる。そしてシンフォリアンはカール五世とゲルマンの君公たちに、アンチキリストが切迫しているかどうかあるいは自らの救済を求めて、時のしるしを確と読みたまえ、と勧告する。そうすれば当然ながら、そこにフランスの王国が見出されるであろう。ゲルマンの指導者たちは常に教皇庁と諍いつづけてきたが、フランスの王国が易ることなく教会に忠誠を誓ってきたものであることは、歴史が証している。ガリアの王たちは神の塗油によって清められ讃えられてきた。ガリアの王国は、イザヤの預言に謂うところの神によって植えられた〈選ばれた葡萄樹〉である。[29] それは聖ヨハネの黙示録十三章に観られる白い雲である。また黙示録二十一章の天上から降る聖なる国でもある。[30] そしてシンフォリアンは古い預言を置いてみせる。「唯一なるガリアのローマ帝国がすべてを統治するであろう。いまや時は革められ、彼が統治するその大いにして全てなる最後の王国を幸福が領すであろう。そしてついに彼はエルサレムに赴きオリヴェト山に王杖と冠をおろすだろう。こうしてローマ帝国は目的を成就し了るであろう」。[31] この十六世紀中葉の時のしるしを読む者にとって、ゲルマンの帝国はその破滅の元凶たる運命的な異端者たちとともに間断なく崩壊へと向かっている一方、フランスの王国は純粋な信仰を保ちつづけており、あらゆる預言が謂うとおり、この王国が神によって最後の〈帝国〉と定められているということははっきりしていた。

『驚異の書《リーヴル・メルヴェイユ》』は、ほぼたしかに奇妙な人ギヨーム・ポステルに結びついた著作である。ひょっとすると実際に彼の著作であるかもしれない。あるいは彼の弟子の手になったものか。F・セクレは、『驚異の書《リーヴル・メルヴェイユ》』についてポステル自身の言及を挙げている。[32] ポステルの想像力を養うことになった著作が数々存したことは確かであるが、彼が当時の言語学研究の専門家であり、聖書のテクスト批判にも関心を示していたことを忘れてはならない。彼の人文主義と中世神秘主義的方法の連結のうちには、〈この世の符合《コンコルディア・ムンディ》〉の可能性に賭ける彼の情熱的な展望《ヴィジョン》同様、エジディオ・ダ・ヴィテルボと較べられるようなところもある。もちろんポステルの性格はずっと不安定であるけれども。すでにみたように、[33] ポステルは当初イエズス会を、彼の世界構想の展望を実現すべく神に選ばれた使いと確信していた。だがそれ以前、すでに彼の目はフランスの王国の神権政治という観念に向けられていた。彼自身イエズス会士たちと合流するためローマへ赴く前に、フランソワ一世との会見においてヘブル流儀で王に選択を迫ったことを述懐している。王が教会と国家を革新するならば、王は世界王国の主となるであろう、さもなければかつてなかったような邪悪が彼に降りかかるであろう、と。とはいえ、一五四八年に公刊された著書『モーゼの幕屋のうちなる燭台……その釈義』[34]以前には、フランスの王と民に神から託された使命に対する彼の信念が表明されることはなかった。その自伝的な一節で、彼はこれが神の照明によって授けられたものであった、と語っている。

……それをわたしは神によって天から授けられたのであり、わたしにとってそれはじつに確かな照明であった。つまりかならず王国はゴールに発し世界を征するであろう。ゴールの王は血筋によってではなくその徳能と真率なるキリスト教信仰によって王国を樹て、教会と全世界を改革し、この王は御一人者となるであろう。もしも彼がこうした召命を悟るのであれば……[35]。

この信念はこのフランス王の死によってすら揺らぐことはなかった。イグナチウス・ロヨラ宛ての手紙から引いてみよう。

……そうした預言が成就される時が到来するでしょう。そしてフランスの王が亡くなりました。彼は現世に世界王国を樹てようとする人であろうと目された王でしたが、残念ながらそれは嘘でした。このフランスの王は不信心から神の定めたまうたところを妨げたのです。その息子がそれを成就することでしょう。ヨシュアがモーゼに代わって成したごとく……[36]。

イエズス会追放につづく時期、彼はフランスの王と民に向かって大いなる使命を実現すべく矢継ぎ早に主張をつづけたが、アンリ二世もフランソワ二世も聞く耳もたぬことを悟ると、彼はモーゼとサウルの運命をもって彼らを威嚇しはじめた。[37]同じ時期、彼は言語学とカバラ学の研究に耽溺するとともに、エチオピア、アラビア、ユダヤその他の人々との接触を通じて彼の世界宗教の探索に没頭した。一五五〇年代、彼は数々の論考を著し、権力者たちに手紙を書き送り、間断なく旅に出た。運命の年は一五五六年である、とあらゆる兆しを挙げ叫びつつ。フランスでの無関心に絶望した彼は、その言語学と宣教構想に関心を寄せ、ウィーン大学に講座を持たせた皇帝フェルディナンドに、一時傾倒したこともあった。(38)ポステルは帝国の未来構想を次のように素描している。ローマは現世における世界の首府、エルサレムは霊的な首府とされるだろう。そこに総革新がおこなわれ、地上の楽園が再興され、そこにこの世の目的とするところが成就されるだろう。とはいえ実のところ彼のこころはガリア人の情熱に満たされており、遅くとも一五七九年には千年王国の差し迫った到来を唱導し、フランスの王に必要とされる革新を主導するよう勧言しつつ、彼はそこに戻ることになる。(39)

フランス王国がこの世に果たすべき使命についてのポステルの信条の源泉は、ほぼたしかにヨアキム主義的著作群であった。彼はヨアキムその人から、第三〈時代《スタートゥス》〉を象徴する百合の意味を引き出すことができたであろうし、彼が用いる一連の神秘的な樹木群も、もちろんそこに触発されたものであった。(40)しかしフランス王国の役割については、あきらかにロカタイヤードとテレスフォルスに拠っている。大いなる〈革新《レノヴァチオ》〉においては、ローマの教皇庁の腐敗ゆえに、フランス王が主導権を執らねばならない。教会公会議の援けを借りて、彼こそが世界帝国と普遍教会を確立するのでなければならない。ポステルはフランス王と民について、あらゆる象徴論議を尽くしてみせる。(41)その主張は、ノアがこの世の王国を与えたヤペテに、そしてもちろんシャルル・マーニュに還る。旧約聖書やヨアキムの著作群にあらわれる百合の象徴はフランス王国をしるすものとして。フランスの民による知的指導権の帰属は彼らの運命を明らかにする。ゲルマンの皇帝が真の皇帝となるためには、彼はまずフランス王とならねばならない——つまり皇帝となることができるのはフランス王に他ならない。ポステルの実践構想は平和路線と軍事路線の両者に渡るもので、彼には不信仰者をキリスト教信仰へと改宗させたいという切望とそれを征討すべきであるという思いが綯交ぜになっている。そしてついには地上のすべての民が真の神を知り、現世の機序《オルド》における人の体験すべての目的たるべき照明に到達するであろう、というのが彼の信念であった。ポステルが凝視する最終世界‐機序は、ヨアキム主義的な数‐象徴を後継するものである。そこには三つの首長——至高なる王、至高なる教皇、そして至高なる審判者——があり、彼らは三位一体を体現するとともに、この三重の権威のもとこの世は十二の族と十二人の使徒に相当する十二の管区において統治されるだろう。この構想における教皇の役割については章をあらためて述べることにしたい。

このように常軌を逸したポステルではあったが、彼は同時代人たちの注目を浴び、熱心に読まれ、嘆称された。彼は十六世紀の情調のうちにあって、まさにその懸念と歓喜というふたつの音調を和して奏でてみせたのだった。彼の警告はまったく予感に過ぎなかったが、その展望が啓くとてつもない地平は人心を高揚するものだった。それにもまして、逆説的ではあるが、民族主義的気風の高まりの中、彼の教会統一《エキュメニズム》論が人気を博すことになった。当時の思潮の面妖さではあるが、彼は民族的な期待に全人類の兄弟愛を切望する普遍主義を結びつけることとなった。そしてこれまたその時代の典型思潮として、彼は神の摂理を〈人〉の完成と発見に観ていた。

> 今日、われわれは卒然とギリシャ、ラテン、ヘブルそれぞれの文字の学びを介して神と人について明快に観る。この五十年の進歩はそれに先立つ千年にも優り、また今日のイスマエル人《アラビア人》は昔日の智慧をも知識をももはやもたない。かくして真実の優位はわれわれの元へと戻り、われわれは彼らの力と教義に対し、権威と理拠をもって抗することができる。それにまたこの十年、船乗りと商人たちの尽力を通して、われわれの世界よりも広い新世界が発見され征服されたばかりでなく、キリスト教信仰に改宗するという大いなる変化と驚異を目の当たりにしている。これはスペインの権力とポルトガルの航海力に端を発するもので……火薬術や印刷術がラテン・キリスト教徒たちによって発見されたことについては言うまでもなく、この世の知の成就その他の力は神の摂理によりキリスト教徒たちに授けられたものである。神だけが生殺与奪するものであることを知らしめるために。(42)

ポステルにも弟子たちがいなかった訳ではない。そのひとりヴァンサン・コッサールは一五八七年、『ガリアに課された重責。この世に課された災厄について、V・コッサルド架蔵大修道院長ヨアキム著作選抄』(43)と題された書を公刊した。また『驚異の書《リーヴル・メルヴェイユ》』は一五七七年および一五七八年に再刊されている。ジョルダーノ・ブルーノがフランスを訪れた一五八〇年は、アンリ三世がイングランドと政治‐宗教的同盟を結ぼうと画策している時だった。この状況はどうやらブルーノに、フランクの平安な世界帝国という古い観念を甦らせるものであった。一五八五年、『傲れる野獣の追放』[44]でブルーノはふたたびこの世の改革構想を打ちだすとともに、アンリ三世をそれにふさわしい主唱者に挙げてみせた。

この聖にして敬虔、純粋なるキリスト教王はたしかに〈第三天にとどまりある〉と言い得るだろう。なぜなら次のように記されてあることを熟知しているから。平安なる者たちは幸いである……平和を愛し、静穏に敬虔にその民の歓びを護り、この世の心さだまらぬ暴君や君主たちが盲従する武力の騒乱、喧騒、轟音を好まず、永遠の王国へとまっすぐに向かうその正義と神聖。[45]

しかしフランス王国はアンリ・ド・ナヴァールの登場まで、実質的にこの偉大な平和の指導者候補を持たなかった。アンリがカトリックに改宗した時、ブルーノはイタリアへ戻り、教皇とフランス王の聖なる同盟によって政治と宗教の諸問題を一気に解決する構想を熱心に描きはじめる。彼の夢想とそのイタリアにおける反響について、アグリッパ・ドービニェは次のように皮肉った。[46]

……ローマでは皆、スペイン王と彼（アンリ四世）を較べるような議論が日々なされているとやらいう。キリスト教皇帝を殺め、帝国を位階秩序に改宗せしむるであろう君主を、玉座を、期待の鍵を、土占、託宣の予想見、ブルボン家という宿命的な名をもちだして占って。ヴェネチア人たちはフランスの貴顕が彼らの町を通るのを見て彼に冠を授け、旭日の方を讃え……帝国またポローニァの宮廷からは、諸宗教の合一、寛容を論じつつ、彼らに近しい者を皇帝に、とやらいう声が聞こえる。イタリアはイタリアで、ローマ皇帝という称号を授けるからには無益にそれを与えることなきようにと言い募り……。[47]

しかし預言者たちは決して挫けなかった。一五九二年、アンリは『甦ったシャルル・マーニュ』[48]という表題の小冊子で讃仰された。ふたたび古い託宣が皆、フランス王アンリ四世をめぐって集められることになるのも必定だった。パリでは有名なノストラダムスが、託宣と星辰に未来を訊ねる集団の中心となった。そこに参集したひとり、シャヴィニーは、ヨアキム主義的預言の数々を最初にアンリ四世に援用したのがノストラダムスであったと教えてくれる。彼は一六〇三年、自著『昴星《ル・プレイアード》』をアンリに献呈している。[49] シャヴィニーもまたこうした期待をあらわしている。七つの〈昴星〉が置かれるが、その第一はすでに観たところの第二のシャルル・マーニュのテクストのフランス語訳に他ならない。これは元、シャルル六世のために著され、つづいてシャルル八世に、皇帝カール五世に準えられたものだが、ここでふたたびアンリ四世に援用される。これを『驚異の書《ミラビリス・リーベル》』[50]と同じ典拠から引くシャヴィニーは、これがシャルル八世に準えられたものであったことを知っているが、その名もしくは頭文字を削除することによって、それをうまくアンリ四世に充てることに成功している。この異文《ヴァージョン》には悪辣なる第三のフリードリヒも天使的教皇もあらわれず、ただ最終世界皇帝が同じ容姿、同じ閲歴をもってあらわれる。つづく『昴星』では、すでに周知の預言的未来が語られる。大いなる戦いと試練、諸王座の征服、異端の増殖、「これまでに到来したこともないような最良の王国と甘美なる季」[51]。ここにヨアキム主義的な革新の希望がふたたび甦るのだが、それはプロテスタントの黄金時代としてである。「人にとってこれ以上の甘美はない……自由とともに生きること……。今日の新たなる福音主義者たちすべてが予見するごとくに」[52]。

　中世の政治的預言におけるふたつの大いなる姿、〈ローマの王《レクス・ロマノールム》〉と〈いとも敬虔なるキリスト教王《レクス・クリスティアニッシムス》〉、鷲と百合は十六世紀も末になってもいまだお互いに比較される存在であった。世界王国の探求はいまだ滅びてはいない。平和と正義に結ばれた世界という夢想はいまだ、そのすべてを歴史の最後の時代に建設されるものと観るヨアキム主義的な歴史の神学と融合したままであった。この時期に至っても、いまだ歴史的待望は終末論的文脈において在り、いまだ希望は民族国家的な目標を志向するのではなく、国際的関係に焦点を合わせることができた。次にみるようなこの時代最新の事例は、中世が十七世紀にまで繋がるものであることを証している。

　トマーゾ・カンパネッラはカラブリアの人ではなかったし[53]、ヨアキムは彼にとっては著作の中で名を挙げる数多くの権威のうちのひとりに過ぎなかった。しかしここでふたたび、彼の新世界の秩序に賭ける激しい期待はヨアキム主義的な歴史構造に基礎づけられる。ここまで検討してきた数々の政治的預言者たちとは異なり、彼は一五九九年の南イタリアの奇妙な叛乱に一役買うことで、不可抗的な歴史の昇華終焉を促すべく試みたのだった。[54] この廉により彼は何年も異端審問を耐え忍ぶことになるのだが、彼は決してその理想の秩序の探求を辞めることはなかった。『太陽の都』[55]に表現されているように、それは政治からかけ離れたもののようにみえる。理想の町の首長は太陽、君主にして司祭という抽象的な形象である。『救世主の王国』[56]においては、唯一の世界国家、唯一の宗教が救世主キリストとその代理人たる教皇のもとに成し遂げられる。にもかかわらず、カンパネッラは太陽の都の建設にも政治的なはたらきの必要を認め、世界の王の務めを果たすべき真の相続人を探すのだった。『ヒスパニア王国について』[57]で、彼はこの役割がいろいろな世界帝国からスペインに委譲された、と論じている。ヨアキムのように、彼も教会の歴史はヘブル人の歴史に予表されていると観ており、ペルシャ王クロスのうちに象徴を探っている。

つまり彼はここに教会を悪から解放し、世界王国を成し遂げた。クロスは神に促されてキリスト教徒のはたらきをなしたとは、イザヤも言うように、全世界を征し、エルサレムを修復し、捕囚を解き、神殿を建てたということであり……すなわちクロスのはたらきこそ、いまや教皇から世界王《レクス・カトリクス》と名指されるヒスパニアの王に期待されるところ、たしかに彼こそはこの世の君主となるであろう。[58]

しかし一六三四年、カンパネッラはフランスへ移ると、自らの預言的忠節をスペインからフランスへと枉げる。彼は『警句集《アフォリスムス》』[59]で、歴史のしるしと星辰のしるしのすべてがスペイン王国の衰滅とフランスの勃興をあらわしている、と論じてみせた。いまやスペインはダニエルの謂う、アンチキリストの前に崩壊する〈第四帝国〉の終わりをあらわしていた。しかしここに第五帝国が興隆しつつあり、そのいとも敬虔なるキリスト教王の定めは、教皇を援けて唯一の群、唯一の司牧者という古い約束を果たすことにある。カンパネッラはあらゆる証しをもって、十七世紀におけるフランスの最終世界皇帝という像を築きあげたが、これは十三世紀にピエール・デュボワが論じたところとほとんどかわらない、とイエーツ女史は指摘する。[60] しかしこのこと自体はさほど驚くべきことではない。われわれはこうした古の世界に生きる後代の夢想家たちの事例をいろいろ観てきたところである。重要なのは、カンパネッラが王とその宮廷からばかりでなく当時の学識者たちからも好意をもって受け入れられたというところである。ポステル同様、彼も教養階級のうちに読者を獲得し注目を浴びたのだった。カンパネッラは後期著作群にルイ十三世への讃辞を書き、イタリアにおけるフランス王国の政治宣伝をなすとともに、リシュリューに〈太陽の都〉の建設を具申する。[61] 彼の最終的な想いは、ルイ十四世の誕生を祝い、彼こそ黄金時代をもたらす者となるだろうと讃える詩編にあらわされた。

ガリア（鶏）はうたうだろう。ペテロが自らを矯すべく。
ペテロはうたい、ガリア（鶏）はこの世の上を翔け、
従え、そしてペテロ、ペテロは御者を得る。
……
ここに骨折りも楽しみとなり、諸部分は和合する。
一とはすなわち神、すなわちすべての部分と識るゆえに。
兄弟愛の知のうちにすべては和合するだろう。
……
王たちも民も隊列をなして、皆の知る英雄が造営した
（〈太陽の〉《ヘリアカム》と称する）都に集まり来たる。
神殿の中央には天上の形姿、
その前庭には至高なる長老、
キリストの王国の王杖を祭壇に降ろし、
……

民は声を和して「父の栄光」を謳い
平和と至福のうちにハレルヤが永劫に響く(62)。

ここにフランスの鶏《コク》がゲルマンの鷲《アクィラ》に置き換えられた。

いまや最終世界皇帝の役どころとしての競争者《ライバル》はその地歩を失った。それにはカール五世が努めたスペインとアウストリアのハプスブルク家の調停の破綻も一役買うことになった。十七世紀のあるゲルマンの著作では、賢明にもその偉大な統率者は名指されていない。バルトロメウス・ホルツハウザーはその『黙示録註釈』(63)で、歴史の類型《パターン》を教会の七つの時期という枠組みのうちに描いてみせた。彼は教会の第五の時代――〈苦難の時代《スタートゥス・アフリクチオーニス》〉――はレオ十世とカール五世とともにはじまり、「教皇庁とその強健なる帝国はわれわれの時代に、神のご加護により世界を修復する」(64)に到るであろう、と信じていた。そしてこれがフィラデルフィアの教会に遣わされた天使に類型化される第六の時代――〈慰安の時代《スタートゥス・コンソラチオーニス》〉――のはじまりを告げることとなろう(65)。この時代にはすべての国が正統カトリック信仰に合一し、あらゆる異端が絶滅され、「聖職者と司祭職が大いに繁栄するであろう」(66)。この時代は、人が創造され、すべてが彼に服することとなった創造の第六日、そしてまたヘブル人たちにエルサレムと神殿が返され、捕囚を解かれることとなった旧約聖書の第六時代に予表されるところである。教会の第六時代には第六の霊的賜――〈叡智の霊《スピリトゥス・サピエンチアエ》〉――がすべての人の上に注がれるだろう。つまり、いかなる異端もなしに、「聖書の公明正大なる意味」(67)が開かれ、多様な知が広がり栄えるであろう。「第六の時代には至高にして栄光に満ち荘厳に輝くカトリック教会は海から海へと広がり、そこには真の教会とは何であるかというような論争も討議もなくなるであろう」(68)。

ホルツハウザーはこうした展望《ヴィジョン》を、戦争や天災、帝国を脅かす武力、悪疫のごとき異端者たちによって叩きのめされるカトリック教会という、まさに進行中の艱難を背景に、それに抗するようにして描いている(69)。いまやイエズス会は勝利し、カトリック信仰はアジアやアメリカへと拡張し、新たな統治がはじまったにもかかわらず(70)。それを成就させる務めは旧来の一対《ペア》――天使的教皇と世界皇帝――にあるが、ホルツハウザーにとっての主要な関心が〈屈強なる君主《モナルカ・フォルティス》〉にあることは明白である。彼は諸々の共和国を壊滅させ、トルコ帝国を破り、東から西まで等しく統治し、この世のすべてに平和と正義をもたらすだろう。[71] これこそ悪魔《サタン》が縛められる千年王国となるだろう。彼の思い描くこの王国の霊的な役割はじつに強力で、ヨアキムが黙示録の天使たちに聖霊の時代を告げる新たな宗教秩序の数々を観たところ、[72] ホルツハウザーはたちまち、「もうひとりの屈強なる天使が雲に包まれて天から降りてくるのを見た。その頭には虹を戴いて」[73] および「雲の上に人の子のようなものが坐し、その頭には金の冠を戴いて」[74] の両者に帝国の類型を認めている。彼は偉大な教皇が他の天使たちに象徴されているのを観るとともに、〈司祭の時代相《スタートゥス・サケルドターリス》〉を永遠の福音を手にする天使に観るばかりでなく、[75] 屈強なる君主をあらわす象徴群をじつに細かく論じてみせる。〈屈強なる天使《アンゲルム・フォルテム》〉は戦争における勇猛を、〈天から降る《デシェンデンテム・デ・チェーロ》〉は教会の懐から生まれることを、〈雲に包まれて《アミクトゥム・ヌーベ》〉はあらゆることに謙遜であることを、〈その頭に虹を戴き《イリス・イン・カピテ・エイウス》〉は神の平和をこの世のすべてにもたらすことを、〈太陽のごとき相貌《ファキエス・エイウス・シクト・ソル》〉は帝国の光輝、聖性、栄光と彼を飾る高き叡智を、〈火の柱のご《ペデス・タンクアム・コル》とき脚《ムナエ・イグニス》〉は彼の帝国がカトリック教会を支える寛容と権威を、〈抜かれた書物をその手に《イン・マヌ・スア・リベッルム・アペルトゥム》〉は彼が主宰することになる未来の公会議とそこで宣せられる聖書の明快な意味とをあらわしているのだ、と。[76]

この霊的な〈時代《スタートゥス》〉とヨアキム主義的な第三時代が密接な関係にあることは明らかであろう。しかしホルツハウザーは驚くべくも、ここまで本書第Ⅲ部で通覧してきたところ、つまり旧来の悲観的な伝承と〈革新《レノヴァチオ》〉という観念の和解を求める思潮傾向を明示してみせているのである。それゆえ彼は、正統な観念をもってするなら歴史はアンチキリストを前に凋落しない訳にはいかない、と認める。彼の第六の大いなる時代の後、アンチキリストの誕生とともに第七の時代——〈荒廃の時代《スタートゥス・デソラチオニス》〉——がはじまり、第二のキリスト降臨に到るまでそれがつづくであろう。[77] ここに彼は、ヨアキムの歴史における安息の時代という大いなる観念とは截然と分かれ離れることになる。実のところ、彼が大修道院長の著作を直接知っていたという証拠はなにもない。彼の〈革新《レノヴァチオ》〉という観念は、おそらくベルトルト・プルスティンガーのような著述家を介して採られたものであった。とはいえアンチキリストの到来に極まる彼の歴史の霊的な成就は、彼をヨアキム後継者たちとはまったく関係のない場所に運び去るものであるようにみえる。

十七世紀初頭のイングランドにも、最終世界皇帝という奇想《キメラ》を放棄することのない一プロテスタント教徒の事例があった。ジェームズ・マクスウェルの『すばらしくも注目に値する預言群』[78]は、主に教会の怠慢、試練、革新にかかわるものであったが、こうした枠組みのうちに彼は鷲と百合の預言をも含む数多くの政治的預言を蒐集している。彼は特に候補者を想い描いてはおらず、鷲から第二のシャルル・マーニュに到るまでどこか混乱しているようにみえる。彼は第二のシャルル・マーニュの預言が、フランス王シャルル八世にも皇帝カール五世にも援用されたものであったことを知っていた。彼はまた『昴星』がフランスのアンリ四世の預言として採られたことをも知っている[79]。しかし彼は〈百合‐王〉がいまだ出現してはいないと確信していた。この王が到来する時、王は「パレスチナの処女地を奪回し、汚れた国々を水で濡らし、この世の隅々をキリスト教信仰の生きた水で浸し……」[80]。彼は正義と公正の施与者としてレバノンの糸杉のように他のすべての上に聳えるだろう。彼は帝国領を掌中にすると、「王、国、宗教あるいは法……はすばらしい変容をあらわすだろう」[81]。巻末近く、マクスウェルは躊躇いがちに、〈革新《レノヴァチオ》〉の使いはイングランドからあらわれるであろう、と暗示してみせる[82]。そしてこれを補強するため、鷲と百合の預言を去り、擬ヨアキム主義的預言「紅の花は香る水を滴らせるだろう」[83]を引く。彼はこの一節に、薔薇（つまりイングランド）から〈紅顔の君主《ロージィ・プリンス》〉があらわれ、その甘美な水で教会を清めるだろう、というパラケルススの預言を対置してみせる[84]。とはいえ、彼は候補者の名を示唆することはない。

　第二のシャルル・マーニュの預言の最後の残響は、ハイデルベルクのプロテスタント神学者、ダヴィット・パレウスの黙示録註釈に認められるものである。来たるべきローマの崩壊を強調しようとして、彼は第二のシャルル・マーニュのテクストを「ザレツィアヌスの修道院で見出され、後にわたしのもとに送らせた」古い写本から取り出してくる[85]。ここに第二のシャルル・マーニュは、ローマ破壊のための神の具と化し、その閲歴に終止符を打つ。パレウスの著作の英訳として一六四四年に公刊されたこの預言の最終形態をオリジナル・テクストと較べてみるなら、いかに付随的な細部――特に容姿について――がよく保存されているか、いかに完璧にヨアキム主義的な希望を含蓄した句節が消失しているかを確かめることができるだろう。

　いとも高名なる百合の国から、額の広い、眉毛の長い、瞳の大きい、鷲鼻の王があらわれるであろう。彼は大軍隊を集め、彼の王国の暴君たちを滅ぼすであろう。そして空飛ぶものどもすべてを殺め、彼らは彼の面前から山や洞窟へと身を隠すであろう。正義が彼に合するであろう、花婿が花嫁に和するように。彼らに酬いるため四十歳になるまで彼は闘い、アイルランド人、スペイン人、イタリア人を征服し、ローマとフィレンツェは破壊され焼き払われるだろう。地に塩が撒かれるために。ペテロの座を侵略した大いなる聖職者を彼は死に追いやり、同じ年、二重の冠を受けるだろう。そして遂に大軍を率いて海を越え、ギリシャに入り、ギリシャ人の王を称するだろう。トルコおよび蛮族たちも彼に服し、十字架に架けられたひとを礼拝せぬ者はだれもその死を死ぬべく法令を発する。彼に抗することを得る者は誰もないであろう。主の授けたまうた聖なる武力は常に彼とともにあるであろうから。彼は地を支配するであろう。こうしたことがらが成し遂げられた後、彼は他の聖なるキリスト教徒たちに召喚されるであろう。これが預言されているところである。

註

（1） MS. Venezia, Bibl. Marc., Lat. III, 177,【III-4 pp.429-31】参照。

（2） f.42vにはアンドレアスの死（【III-4 pp.430】参照）に関する注記がある。それに続いていろいろ異なる筆跡で様々な預言が集められているが、そのうちの幾つかは十五世紀末以前に写されたものである。この一群（ff.43r-v, 49v）は、シルヴェストロの刊本のff.51v-54vに符合するものだが、かなりの異同が認められる。ここからするに、サン・チプリアーノの修道士たちは後にシルヴェストロが用いたのと同じ写本をサン・ジョルジョ・マッジョーレへ書写しに出かけたものであったことが分かる。おそらくどちらもそれぞれに改訂を加えたのだろう。

（3） «futurus rex aquilonis», «imperator alemanie». たとえば、ff.8v (MS. f.18r), 14v (23v), 15r (24r), 20r (26r), 20v (27r), 21r (27r), 25r-v (28r-v), 28r (31v).

（4） たとえば、ff.9r (MS. f.19r), 20r-v (26r-v, 27r).

（5） «Karolus». たとえば、ff.20v (MS. f.26v), 25v (28v), 29r (32v)；また(MS. f.29r)「フランスの王カロルを戴冠する……天使的教皇」«Angelicus pastor ... qui coronat Karolum regem francie» という一節は印行版からは削除されている。

（6）　«Hac classis seu armata in mari infidelium cum insignis etiam imperatoris alemani : aggreditur classem unionis ecclesie, sc. Venetorum, regis Francie, et Anglie, qui omnibus ab infidelibus superantur. Unde sciendum quod quia primo coronati fuerint antipapa germanus et suus imperator : statim quasi ex insperato superveniet eorum flagellum contra verum papam et sequaces, terrestre videlicet et navale : ita ut paucis detur spacium fugiendi et precipue in italia …». f.16v.

（7）　«Notandum ut dicit iste noster auctor quod rex Francie in uno magno conflictu qui forte secundum aliquos erit in agro Brixiano inter suum exercitum et imperatoris alemani et antipape … capietur et incarcerabitur et tandem miraculose liberabitur, et eligetur imperator ab universali ecclesia, et coronabitur a papa angelico …». f.18r.

（8）　【II-8 pp.332-33】参照。

（9）　«De hoc autem sancto patriarcha mihi interroganti multas egregias virtutes retulit quidam venerabilis eremita Parentinus, spiritum prophetie habens, qui adhuc vivit, meque charitatis vinculo non parum diligit». f.22r.

（10）　«pro republica Christiana». f.22v.

（11）　Ibid.：「アングリアの王は屈強な人で、イタリアと海の向こうでキリスト教の共和のための偉業を成し遂げ、ヴェネチアと協同しておおいに不信仰者たちを滅ぼし、勝利をもたらすであろう」«Hic est rex Anglie qui erit vir strenuissimus qui in Italia et in partibus transmarinis pro republica christiana magnalia facturus est et maximam contra infideles simul cum Venetis inde victoriam reportaturus».

（12）　Ibid. : «Hic est generalis Capitaneus totius classis marittime Venetorum et unionis sancte ecclesie, qui post legationem suam in Anglia, in qua ita prudenter omnia sibi commissa perficiet, post annum sue reversionis ex Anglia eligetur generalis Capitaneus magne armate».

（13）　«Facta cede pseudopontificis … mortuoque imperatore alemano et mediantibus angelico pastore ac novo imperatore : omnibus malis ac bellis in Italia et occidentali ecclesia sedatis : a predictis convocabitur generale concilium pro passagio contra infideles et ad recuperandam sanctam Hierusalem. Et fiet classis seu armata atque exercitus terrestris et maritimus magnus valde totius sancte unionis ecclesie … sc. Regis Francie novi imperatoris, Regis Anglie, et Venetorum … Capitaneus … erit Venetus». Ibid., f.22v.

（14）　«Hic est magnum gaudium». f.24v.

（15）　«pax summa et tranquillitas … in toto orbe». f.21v.

（16）　f.25r.

（17）　この書の総題は、*Livre Merveilleux Contenant en Bref La Fleur et Substance de Plusieurs traittez, tant des Propheties et revelations, qu'anciennes Croniques, faisant mention de tous les faictz de l'Église universelle, comme des schismes, discords et tribulations advenir en l'Église de Rome, et d'un temps auquel on ostera et tollira aux gens d'Église et Clergé leurs biens temporelz, tellement qu'on ne leur laissera que leur vivre en habit necessaire. Item aussi est faicte mention des souverains Evesques et Papes, qui apres regneront et gouverneront l'Église. Et speciallement d'un Pape qui sera appellé Pasteur Angelique. Et d'un Roy de France, nommé Charles sainct homme.* この表題は直接の翻訳ではないが、オリジナル・テクストの起句《インチピット》に由来するものである。一五一六年のヴェネチア版では〈カロル Karolus〉の名は削除されているが、その書き出しは原文のまま復元されている。

（18）　わたしはこの著作を実見していない。これはWolf, *Lect. mem.* ii. 884-97にかなり長く引用されている。«Exurget Rex Lilii qui frontem habebit longam …»にはじまる第二のシャルル・マーニュのテクストについては、そのp.893を参照。またBezold, *Kaisersage*, p.600には、この預言は実際にシャルル九世に援用されたものであると記されている。〔＊ナザーリの書、*Discorso della futura et sperata vittoria contra il Turco ; Estratto da i Sacri Profeti, et da altre Profetie, Prodigij, & Pronostici : & di nuovo dato in luce* ; per Gio. Battista Nazari Bresciano, Venezia, 1570のこと。Cfr. G. B. Nazari da Sajano, *Della Tramutatione metallica sogni tre,* Milano 1967.〕

（19） «gentilhomme Lyonnois». A. de Landine, *Manuscrits de la Bibliothèque de Lyon,* Paris-Lyon, 1812, i. 181 ; *L'Amateur d'autographes,* ed. E. Charavay, x, 1872, pp. 63-5.

（20） *La Prophétie Merveilleuse de madame sainct Brigide et iusques à presente trouvée veritable depuis lan Mil. CCCC. LXXXIIII iusques à cette presente année Mil. CCCCCXLV.*

（21） 【III-5 n.1 ; IV-4 p.547】参照。

（22） 表題頁の著者序文参照：「これら預言および啓示の数々の吟味省察から容易に以下のことが知られる。教皇の光輝く聖性、信仰深いフランス王による近い将来の統治、大いなる神の庇護によりキリスト教国の全体にもたらされる平和、また人の……現世における不正が矯されること、革新への配慮がなされるであろうこと、パレスチナ……グレキア、トルコその他キリスト教の信仰に敵対する者たちへの数々の派兵、こうした真実の数々が証されるであろう」«Ex his prophetiis et revelationibus intimis ocullis perlustratis facile cognosci poterit : pontificem maximum vite sanctitate prefulgentem : brevi ex religiosissimo Francorum regno futurum : qui Deo optimo maximo duce pacem inter Christicolas omnes componere : statusque hominum … iniuria fortasse temporum deformatos : diligentissime reformare curabit : terras Palestinorum … Grecorum, Turcorum et alias quam plurimas expediet : omnesque a Christiana fide abhorrentes : veritatis lumine illustrabit». f.1vにはフランス王への献呈辞および王について予言された大いなる未来に関する預言の七つの証しが録されている。〔＊この段落はじめの一文は一九九三年改訂版で「一五一四年にヴェネチアで公刊されたものと思われる。現在残っているのは一五二二年パリ版以降の版だけである」と断定を避けるように改稿されている。〕

（23） 前ヨアキム主義的あるいは擬メトディウス伝承をみせる初期預言群については、f. ii.r, *Liber Bemecholi Episcopi* ; f. iiii.r, *Prophetia Siiblle* [*sic*] ; f. vii.v, *Prophetia Sancti Severi* を参照。

（24） *Vaticinia de summis pontificibus,* in *Mirabilis liber,* ff. xxx.v-xxxiii.v.

（25） Savonarola, *Revelationes,*【IV-4 pp.548-49】参照。

（26） «Rex de posteritate Pipini».【IV-2 p.511 ; IV-3 pp.533-34】参照。

（27） «ex libro catalogi finis seu cataldi finii [*sic*] undecimi capitis de Italia». *Mirabilis liber,* f. xl.r. この一節は *Prophetia Sancti Cataldi*（ref.【III-5 n.52】に見つからないばかりか、Lazius, f. 38r-v に引かれた一節と似ているとはいえこれとも符合しない。そこには百合の君主に関する言及を含む（「その時百合のうちにじつに美しい皇子が誕生し、新たにすべての王の名を採るだろう」«tunc nascetur inter lilia princeps pulcher-rimus cui nomen novum inter regis erit»）長い一節、そしてまた別の一節には «Surget rex ex natione illustrissimi lilii habens frontem longam …» にはじまる第二のシャルル・マーニュの預言が含まれている。〔＊この cataldi ということばは catasti かもしれない。すると直接書名を録している訳ではないことになる。あるいは逆に、先の語 catalogi こそが calamita の誤記であったのかもしれない。【本章 n.50】参照。〕

（28） Symphorien Champier, *De Monarchia Gallorum Campi Aurei : Ac Triplici Imperio, vid. Romano Gallico, Germanico : una cum gestis heroum ac omnium Imperatorum,* Lyon, 1537, s.p.

（29） Ibid., Lib. iii, cap. vi, イザ 5:2 参照。

（30） Ibid., 黙示 14:14 ; 21:2 参照。

（31） «quod unus de regibus Gallorum Romanum imperium ex integro tenebit : qui in novissimo tempore erit et ipse maximus et omnium regum ultimus qui postquam regnum suum feliciter gubernaverit, ad ultimum Ierosolymam veniet et in monte Oliveti sceptrum et coronam deponet. Et is erit finis et consummatio Romani imperii». Ibid., lib. iv, cap. iiii.

(32) Secret, *Studi francesi* I, p.389.

(33) 【II-9 p.359】参照。

(34) *Candelabri typici in Mosis tabernaculo ... interpretatio,* in Bouwsma, *Concordia Mundi,* pp.216 ss.

(35) «... Que combien que j'eusse receu du Ciel par Divine et a moi tres certaine lumière que la Monarchie qui, necessairement, sera en ce bas monde, partira de la Gaule et y prendra origine, et que le Roy de la Gaule par vertu et non par sang esleu et tres chretien de faict sera le Monarche reformateur de l'Eglise et du monde universel, et ledict Roy debvoir estre le premier quiconque vouldra entendre a tele vocation ...». In Bernard-Maître, *RSR* xxxviii. 214.

(36) «... il a attendu qu'arrivât le moment qu'il avait défini pour l'accomplissement de ses prophéties. Et le roi de France est mort, lui qu'il voulait être monarque universel pour le temporel, et malgré cela il s'est appliqué à justifier de mensonge, ses prophéties, en disant que, par son incrédulité, le Roi François avait empêché ce que Dieu avait décidé et que son fils l'accomplirait, comme Josué au lieu de Moïse ...». In Bernard-Maître, *Le Passage,* p.237.

(37) Bouwsma, *Concordia Mundi,* pp.216 ss.

(38) Ibid., pp.20, 227.

(39) Ibid., p.27.

(40) ヨアキムの樹に関する高名な一節（*Lib. Conc.,* f.112r）にあって、百合は第三〈時代《スタートゥス》〉をあらわしている。また*Lib. Fig.* II, tav. VIでは第三〈時代《スタートゥス》〉を含意する鷲が百合で飾られている。〔＊【図A-3】参照。〕

(41) Bouwsma, *Concordia Mundi,* pp.219-26. この論者は「彼の論議のすべては、おそらく十六世紀におけるフランスの覇権を最も包括的に正当化してみせたものであった」と注している。

(42) Ibid., p.271の英訳から。

(43) Vincent Cossard, *Totius Galliae onus prodeat ex Ioachimi abatis opere selectum, donec totius universi onus prodeat ex Bibliotheca V. Cossardi.* In Secret, *Studi francesi* I, p.388. わたしはこの書を実見できなかった。

(44) Giordano Bruno, *Spaccio della Bestia Trionfante,* ed. G. Gentile, *Opere Italiane,* ii, Bari, 1927. cfr. F. Yates, *Considérations de Bruno et de Campanella sur la monarchie française, L'Art et la pensée de Léonard de Vinci, Actes du Congrès Léonard de Vinci,* Paris, 1954, pp.6-7.

(45) «Questo Re cristianissimo, santo, religioso e puro può securamente dire : *Tertia coelo manet,* perchè sa molto bene che è scritto : Beati li pacifici ... Ama la pace, conserva quanto si può in tranquillitade e devozione il suo popolo diletto ; non gli piaceno gli rumori, strepiti e fragori d'instrumenti marziali che administrano al cieco acquisto d'instabili tirannie e prencipati de la terra ; ma tutte le giustizie e santitadi che mostrano il diritto camino al regno eterno». Bruno, op. cit., pp.225-6.

(46) Agrippa d'Aubigné, *Œuvres complètes,* ed. E. Réaume et F. de Caussade, ii, Paris, 1877, p.327. cfr. Yates, loc. cit., pp.7-8.

(47) «... J'avois appris qu'à Rome les disputes publiques avoient pour thèses ordinaires la comparaison du Roi d'Espagne et de lui. Les devineurs de là trouvoyent par figure de Geomance, par oracles, par le nom fatal de Bourbon, que ce prince doit convertir les hiérarchies à l'Empire, la chaire en throsne, et les clefs en espées, qu'il doit mourir Empereur des Chrestiens. Les Venitiens adoroient ce Soleil levant avec telle dévotion, que quand il passoit par leur ville un Gentilhomme François, ils couroient à lui ... A la cour de l'Empereur et en Pologne, on oyoit vœux publics, pour mettre l'Empire en ses heureuses mains, avec disputes pour la réunion des religions, ou la tolérance de toutes, force discours d'amener l'Italie à cette raison, et de rendre les tiltres d'Empereur de Rome efficatieux, et non ponit tiltres vains ...». Yates, loc. cit., p.8.

(48) J. Stuckius, *Carolus Magnus Redivivus ...,* Tigurinus, 1592. その序詩は次のようなものであった。「汝、カロルは蘇った。正確を期すならば／アンリ、カロルに先駆けて」«Carolus ecce tibi redivivus : pellege : dices /

Henricus nunc est, Carolus ante fuit».

(49) Sire de Chavigny, *Les Pléiades, Ou en l'explication des antiques Propheties conférées avec les Oracles du célèbre et célébré Nostradamus est traicté du renouvellement des siècles, changement des Empires et avancement du nom Chrestien. Avec les prouesses, victoires et couronnes promises à nostre magnanime Prince, Henri IV Roy de France et de Navarre,* Lyon, 1603.

(50) Ibid., p.1. 彼はそれを「聖カタルドの預言、往昔のトレントのものにして、イタリアの災厄という表題の書から採録した」«une vaticination de S. Cathalde, iadis Evesque de Trente, retirée d'une livre intitulé, Des calamitez de l'Italie» と記している。彼の採った異文《ヴァージョン》は次のようにはじまっている。«Un Roy sortira de l'extraction et tige du lis tres-illustre, ayant le fronte eslevé, les sourcils hauts, les yeux longuets, le nez aquilin ...».

(51) «mais après cela viendra un regne meilleur et une saison plus douce». Ibid., p.56.〈この世の革新 renovatio mundi〉ということばは «renouvellement des siècles» と表題にも見える。【本章 n.49】参照。

(52) «il n'y a rien plus doux à l'homme ... que de vivre avec liberté ... ; telle que preschent par tout les nouveaux Evangelistes du iourd'hui». Ibid., p.96. ロレンツォ・ミニアーティの託宣に付された注。その託宣は次のように翻訳されている。「最良の時代には多くの者たちがわれわれの信仰に戻り、それは長く護られるだろう。そして聖なる者たちの職掌濫用と豪奢が矯されるだろう。そして寛容にして正義の王がまったく公明正大に世を治めるであろう。この王は徳高く民を導き、その帝国のもとに叛逆者悪逆者を服させ、全世界を統治するであろう」«L'age meilleur qui bien tost suivra, cestuy-cy, retranchera beaucoup de choses de nostre religion, dures par trop et aspres à supporter : et corrigera toutes sortes d'abus et les pompes sacrées. Et donnera un Roy clement et benin, qui avec toute equité et droiture gouvernera le monde. Cestuy regira vertueusement les peuples et soubsmettra à son empire la gent rebelle et fière. Et dominera sur tout l'univers». p.95. Lazius, op.cit., f. Liii にもロレンツォ・ミニアーティの預言の引用が見られる。【III-6 n.75】参照。

(53) カンパネッラについては、L. Blanchet, *Campanella,* Paris, 1920 ; R. de Mattei, *La politica di Campanella,* Roma, 1927 を参照。

(54) Yates, loc.cit., p.8.

(55) T. Campanella, *Città del Sole,* ed. E. Solmi, Modena, 1904.

(56) *Monarchia Messiae,* Jesi, 1633, pp.11-21.

(57) *De Monarchia Hispanica,* Amsterdam, 1640, pp.25-33. エジディオ・ダ・ヴィテルボとガラティヌスとともに、彼の期待はスペインの世界帝国への想いに極まる。「じつにヒスパニアはブラジル、マガラニカ海、フィリピン、日本、中国、ラザリ群島、カルクッタ、ゴア、ベンガル、オルムス、喜望峰、アフリカ諸国、フォルトゥナタ半島の円環をなす。このヒスパニアにおいて世界はひとつに結ばれ……驚くべくも明らかなる広大なる王国であり、ここに教会と王国を礎づける祈りは絶えることなく……」«Hispania namque circuit per Brasiliam, fretum Magalanicum, Philippinas, Iapponem, Chinam, Archipelagus Lazari, Calecuttam, Goam, Bengalam, Ormum, Caput bonae spei, Civitatem Africae, insulas fortunatas : in eadem Hispania mundus cum sole circumagitur ... Res stupenda sane et signum evidentissimum, regnum in immensum diffusum est, in quo continuo preces pro Ecclesia et Rege funduntur ...». pp.32-3. 彼は大修道院長ヨアキムを含む数々の預言者たちに言及することで、自らの見解を補強している（p.23）。

(58) «Ille igitur qui Ecclesiam hisce malis liberabit, evadet universalis Monarcha, quia fungetur officio Cyri Christiani, quem suscitabit Deus, sicut Esaias dicit, ad subiugandum totum mundum, restaurandam Hierosolymam, solvendam captivitatem et aedificandum templum Dei ... Igitur officium Cyri spectat ad regem Hispaniarum qui postquam jam a Papa Rex Catholicus appellatus est, facile ad principatum mundi poterit eniti». *De Monarchia*

Hispanica, pp.28-31.

(59) *Aphorismes,* これは一六三五年に公刊されたもので，L. Amabile, *Fra Tommaso Campanella ne'castelli di Napoli, in Roma, ed in Parigi,* Napoli, 1887, ii. 291 ss.に採録されている。

(60) Yates, loc.cit., p.11.

(61) T. Campanella, *Poésie,* ed. G. Gentile, Bari, 1915, pp.201-2. この指摘はイエーツ女史に負っている。

(62) «Cantabit Gallus, sua Petrus corriget ultro : / Cantabit Petrus, Gallus super evolat orbem, / Subiicit et Petro, et Petri aurigatur habenis. / … / Nam labor est iocus, in multos partitus amice, / Quippe unum agnoscent omnes patrumque Deumque. / Conciliabit amor fraternus cognitus omnes ; / … / Conveniunt reges, populorumque agmina in urbem / ('Heliacam' dicent) quam construet inclytus heros. / Et templum in medio statuet coelestis ad instar : / Praesulis aulam summi, regificumque senatum, / Sceptraque regnorum Christi deponet ad aras, / … / Unanimes populi cantantes 'Gloria Patri' / Perpetuum alleluia sonent pacemque beatam».

(63) Bartholomew Holzhauser (1613-58), *Interpretatio in Apocalypsin.* この人物については，Wetzer u. Welter, *Kirchenlexicon,* vi, 1889, pp.183-96, *sub nom.* を参照。〔*ホルツハウザーの名が改訂版でBertholdからBartholomewに替えられているのに従って改めた。〕

(64) «usque ad Pontificem Sanctum et Monarcham illum fortem qui venturus est nostro saeculo et vocabitur auxilium Dei, hic est restituens universa». *Interpretatio in Apocalypsin,* Venezia, 1850, p.53.

(65) Ibid., pp.69-70.

(66) «et florebit maxime status clericalis et sacerdotium».

(67) «sensum clarum et apertum Sanctae Scripturae». Ibid., pp.70-2.

(68) «In sexto enim statu erit Ecclesia Catholica sublimis et gloriosa et magnificabitur a mari usque ad mare et non erit controversia aut quaestio amplius quae sit vera Ecclesia». Ibid., p.75.

(69) Ibid., pp.53-65.

(70) Ibid., pp.185-6.

(71) Ibid., pp.69-70, 186.

(72) Cfr. *Expos.,* ff.88v, 89v, 175v-176v.

(73) «[vidi] angelum fortem descendentem de coelo amictum nube, et iris in capite eius». Holzhauser, op.cit., pp.185-6 ; 黙示10:1参照。

(74) «super nubem sedentem similem filio hominis, habentem in capite suo coronam auream». Holzhauser, op.cit., pp.264-5 ; 黙示14:14参照。

(75) Holzhauser, op.cit., pp.256, 261, 265.

(76) Ibid., pp.185-8.

(77) Ibid., pp.78, 200

(78) James Maxwell, *Admirable and notable Prophesies,*【IV-7 pp.620-21】参照。

(79) Ibid., pp.32-5, 47.

(80) Ibid., p.45.

(81) Ibid., p.47.

(82) Ibid., p.84.

(83) «Flores rubei aquam odoriferam distillabunt». Ibid., p.86. これは『教皇《ヴァ》預言集《ティチーナ》』の通常序列XIVの表題である。〔*【図E-4】参照。〕

(84) Ibid., p.86.

(85) D. Pareus, *Commentary upon the Divine Revelation,* tr. E. Arnold, Amsterdam, 1644, p.440. 〔*パレウスについて，初版「アムステルダムのプロテスタント神学者」が一九九三年版で「ハイデルベルクの」に改訂されているのに従った。〕

第Ⅳ部　天使的教皇と世界革新

第1章　〈ローマ教会〉と〈観想教会〉

第三〈時代《スタートゥス》〉の教会についてヨアキムの言うところにはかなりの曖昧さがあるとはいえ、組織制度としてそこに彼が思い描いているのがローマ教会に他ならない、という点は明言しておかねばならない。彼は〈勤労教会《エクレシア・ラボランティウム》〉を〈観想教会《エクレシア・コンテムプラティウム》〉と対比してみせることがある。ペテロの教会とヨハネの教会ということばによってそれらを語ることで、第三〈時代《スタートゥス》〉には後者が前者にとって替わることになる、という危険な意味合いを招き寄せることにもなった。しかし、すでに指摘した通り、こうした対比は質的なものであって、制度的なものではない。ペテロは説教し勤労する教会あるいは最初に成就されねばならない秩序を象徴しているのであって、これは完全にペテロの礎の上に建てられた教会、この世の終わりまでつづく〈唯一の正統教会《ウナ・エクレシア・カトリカ》〉という文脈に立脚したものである。ペテロとヨハネを〈活動的な生《ヴィタ・アクティヴァ》〉と〈観想的な生《ヴィタ・コンテムプラティヴァ》〉として語るとき、ヨアキムは自らの思弁をじつに細微に表現している。ゆるぎない制度〈母なる教会《マーテル・エクレシア》〉という呼称は不断にヨアキムが繰り返すところである。〈ローマ教会《エクレシア・ロマーナ》、あたかももうひとつのエルサレム〉[1]、〈霊的エルサレム《スピリトゥアーリス・ヒエルサレム》〉、あるいは〈新たなるエルサレム〉[2]である。それはまた、「……ペテロの小舟たる新たなエルサレム」[3]とも記されている。ダヴィデがサウルから王国をかちとったように、ペテロの教会つまりローマ教会はエペソの教会から権威をかちとったのだった。[4]『形象の書』においては、教皇シルヴェステルがダヴィデと較べられており、[5]この〈王国〉がローマ教会に属するものであること、ギリシャ教会はそこに戻り、服すべきものとみなされていることに、疑問の余地はない。黙示録の教会をシオン山と観る偉大な幻視《ヴィジョン》を省みつつ、ヨアキムは言明する。「偉大なるペテロは使徒およびすべての教会聖職者の長、一方幸いなるヨハネは……彼は大いなる栄光のうちにあり、愛のうちに幸わう」[6]。ここにヨアキムの信仰への忠実と彼が情熱を傾ける核が要約されているようにみえる。

ローマ教会の権威が不動であるとはいえ、そこにはある生の様態からより高い生への転移がなければならない。それは教皇庁そのものの転換をも果たすもの。ヨアキムの類比に従うならば、まずヘブロンを、そしてエルサレムを統率するダヴィデに、教皇庁もまた準えられる。「ダヴィデははじめヘブロンにて治め、後にエルサレムにて治めた。ローマ教皇もまた勤労実践する教会として在るところから、後に静穏に休息する教会となるであろう。はじめ活動的な生に汗を流し、後に観想的な生に歓喜するというがごとくに」[7]。これより以上に第三〈時代《スタートゥス》〉の教皇庁の在り方を問うても、その答えは数々の象徴をもってもたらされるのみである。ヤコブの四十二世代後、祭司ゾロバベルはバビロンから戻り、エルサレムに登り、神殿を再建した。新約におけるこれに相当する世代もまた同じであろう。「この世代は大いなる試練を耐え過ごし、この世のあらゆる所に生える毒麦から入念に小麦を分け清め、大いなるバビロンの新たなる君主のごとくに姿をあらわすだろう。つまり新たなるエルサレム、聖にして母なる教会の指導者として」[8]。そしてまた、ヨセフによる兄弟たちおよびエジプト人たちの最終的な統治が、教皇庁の最終的な地位をあらわすものとされる。「……民と異邦人とはひとつとなり、民はヨセフにおいて描き出された聖なる企図において治められるだろう。ローマ教会は海から海まで、地の果てにまで流れる川のごとくにつづくだろう」[9]。そして旧約聖書の歴史の終わりにあたり、モルデカイとユダ族のマカベアによる大いなる試練の克服という英雄譚のうちに、そしてすべての終わりにあたり、神の民のために姿をあらわす〈大いなる君主ミカエル〉のうちにローマ教皇が範型化されているのを認めることができる[10]。エステルのものがたりにおいて、彼女は他のいずれの教会にも優って好尚されるものとしての〈観想教会〉およびローマ教会のどちらをも体現している。「アハシュエロスがエステルを最も愛したように、キリストはなににもましてローマ教会を好尚したまう」[11]。モルデカイはすべての敵に打ち克つペテロの後継者である。

モルデカイがかくも讃えられるのはその統率力とハマンに対する栄光にある。それは来たるべき時、ペテロの後継者がキリスト・イエスの忠実なる代理人としていとも高く挙げられるであろうところにも等しい。それは預言者イザヤの書に録されている次のようなことばによって補完される。来たるべき日、主の宮居なる山は山巓に調えられ、あらゆる丘陵を越えて聳え、そこにすべての民また多くの人々が蝟集し、言うだろう。来たれ、主の山に登ろう……。(12)

こうして最後の日々、ローマ教皇は試練における大いなる闘士であるばかりか、あらゆる民が集まり注目する者となるだろう。ここで強調しておくべきは、ヨアキムの第三〈時代《スタートゥス》〉が霊的知解と聖なる自由においてばかりでなく、教会一致運動においても特徴づけられているところである。歴史の最後の時代にはギリシャ教会が真の服従へと還り、ユダヤ人たちが改宗する、とは彼が何度も繰り返し強調するところ。この主張は彼の最後の著作である『四福音書討議』において特に激越である。このような展望《ヴィジョン》は、ヨアキムが疑いもなくローマ教会を制度的権威の頂点においていたことを前提とするものであり、その転移と不動は次のように要約されている。「つまりそれは……キリストの玉座たるペテロの教会に背くものならず……最も大いなる栄光を永遠に保つために変じるのである」。(13)

どこで生まれたのであったにせよ、最初の擬ヨアキム主義的著作群はローマ教皇に対してこれとは異なった態度をみせている。『エレミヤ書註解』の著者は一二一五年の〈不正なる〉断罪とこれに係わる教皇庁の責任を忘れることができなかった。(14)これに類した感情が『災厄について《デ・オネリブス》』や『イザヤ書註解』にも認められる。(15)つまりある意味ではすでにローマの位階制度は攻撃の対象となっている。『エレミヤ書註解』は、エリとその息子たちの失墜に予表された、教会が蒙らざるを得ぬ災厄の待望にはじまる。(16)ローマ教会の富、俗臭、自尊に対する攻撃が展開され、いよいよ第二から第三の〈時代《スタートゥス》〉への転移という転覆的な見解が溢れ出す。そして教皇庁自身あるいはそれに敵対する権勢の暴力的示威が予測のうちにあらわれはじめる。ペテロはその外套を脱ぎ棄て、裸で波間に投げ込まれる、(17)あるいは教会はエルサレムからエリコへ向かう途上、「盗賊たちの手中に落ちる」に違いない。(18)方舟(聖櫃)はいまだ波間に漂っているとはいえ、もはや沈みそうである。「人の洪水のうち、はかりしれぬ試練のうちをペトルスの教会は裸で泳ぎわたることだろう。実にこの洪水から方舟が解かれることはないだろう。この世が投げ込まれた災厄から解かれ、試練の斧に削られる材木がかたちを変えることはないだろうから」。(19)ここに贋教皇、もうひとりのヘロデ、という謎の暗示があるとはいえ、いまだローマ教会は自らの胎から霊的な人々のふたつの新たな秩序を生む、[20] あるいは新たに人を漁る者を遣わす[21]唯一の真の教会であり、ローマはシオンのごとくにギリシャ教会が〈来たるべき日々《ノヴィッシミス・ディエブス》〉に帰還せずにはおかぬ場所[22]である。すくなくとも一箇所、ローマ教皇はふたたび受難するキリストとして描かれている。「それゆえペトルスたる教皇は十字架に架けられ殺害され、共住修道会に寄る博士たちは四散するだろう。……善なる司牧者、イスラエルの宿りの導主が甦るのが三日後か三年後のことであるのかは知らない」。[23] これは『エレミヤ書註解』における最も天使的教皇に近い観念である。

『エレミヤ書註解』に繋がるふたつの著作、『災厄について』と『イザヤ書註解』もまた、ローマ教会については類同の観点をあらわしており、実際同じ外観を呈しているが、新しい時代における教皇庁の役割の転移について示唆することはない。それは教会という船が試練の波に難破するという強迫観念にとり憑かれており、海で戦う裸のペテロというイメージがほとんど凡庸に堕しかねないほどに多用される。[24] しかしローマ教会はいまだ〈教会の母《マーテル・エクレシアエ》〉、〈もうひとつのエルサレム《アルテラ・イエルサレム》〉、シオン山、ユダ、〈完徳の教会《エクレシア・ペルフェクタ》〉である。[25] それゆえローマ教会は不断にローマ帝国から迫害されつづけるのであり、モルデカイとハマンにもまして和解不能なのである。これらイタリアのヨアキム主義者たちにとって、試練と迫害は不吉に迫りつつあった。彼らは第三〈時代《スタートゥス》〉の閾に立っているのだが、なんとしてもそこに入ることができないのだ、と言いつづける。[26] 贋教皇たち偽りの高位聖職者たちが、迫害者たる皇帝たちとともにまずあらわれずにはおかないが、ローマ教会はどうにか――転覆的な暴力を遣り過ごして――新たな時代にも生き残るだろう。

このように最初の擬ヨアキム主義的著作群には、天使的教皇および確かな希望は僅かに見出されるばかりであり、希望があらわれる時にはほとんどいつも霊的な人々のふたつの新たな秩序に焦点があてられている。ジョヴァンニ・ダ・パルマ、ユーグ・デ・ディーニュ、その他初期の聖霊派の僅かばかりの記録にもそうした希望は欠落している。サリンベーネが伝えるイエールでの会話は未来の教皇庁の地位に触れることなく、議論は〈鷲〉とアンチキリストに集中する。ゲラルド・ダ・ボルゴ・サン・ドンニーノによるヨアキムの著作群の解説は、贋教皇と教会分裂に関する予見に言及したものに過ぎない。[27] まず、第三〈時代《スタートゥス》〉への転移の転覆的な様相について検討される必要があった。ペテロの座は悪魔的な勢力によって奪われねば済まないという観念が確たるものとなることによってこそ、天使的教皇によるその奪回が神の終末論的返答としてあらわれるであろう。とはいえすでに十三世紀中葉、天使的教皇についての明確な言及がひとつある。興味深いのはそれが確信的なヨアキム後継者によるものでなく、ロジャー・ベイコンのものであったこと。この言及についてはすでに全文を引証したところである。[28] 彼の言及がほとんど孤立した事例であるにしても、その背景にはヨアキムの時代に遡る預言的伝統があったことに疑いはなく、また彼が単に善き教皇を言っているのではなく、歴史の最終構想を成就するため神に名指された遣いについて語っているということは明らかである。この構想にはギリシャ教会の帰還、タタール人の改宗、そしてサラセン人の壊滅——ヨアキムの教会統一という主題の異文《ヴァージョン》——も含まれており、それは世界皇帝と天使的教皇に関する数々の預言の主要動機をなすヨハネ一〇章一六の有名なことば、「そしてついにひとつの群、ひとりの司牧者となるであろう」[29] に極まる。つまりベイコンは彼独自の考えを述べたというよりも、一二六七年にはすでに出まわっていたヨアキム主義的預言に触発されたもの、と言わねばならない。そうした預言の普及を跡づけることは難しいが、サリンベーネの年代記には、一二七六年の教皇グレゴリウス十世逝去を録するにあたり説教修道会士《ドメニコ》たちのうちに出まわっていたという詩句が記されている。そこには明らかに、〈天使的な生《アンゲリケ・ヴィテ》〉を送る〈聖なる教皇《パーパ・サケル》〉が革新構想を推進するべき者として尋ね求められている。

ここに神は（この世を）飾り、驚くべく明かし、
聖化し、荘厳し、栄光に輝かせるだろう。
この世は鎮まり、エルサレムは更新され、
実りを地に与え、神はこの世を歓喜させるであろう……。[30]

この黄金時代に先立って恐ろしいものが出現するだろう。サリンベーネはこの預言に関する論述のうちに実際にヨアキムを引き、大いなる悪と大いなる善の並置のうちにこの詩句のヨアキム主義的な由来を指摘してみせる。おそらく天使的教皇という観念は、世界皇帝という制度的な対照の造形に刺激されて発展したものであろう。〈帝権《インペリウム》〉

が恐ろしいゲルマンの鷲を意味する限り、イタリアのヨアキム後継者たちには和解の道は探りようがなかったが、教皇が政治的指導者として候補に挙げられた時、預言は二つの力を最終的な同盟のうちに合一することを得た。かくして、すでに観たところの「新たな王があらわれ」にはじまり、改革と信仰統一構想に極まる反ホーエンシュタウフェン的な詩句のうちに、最後の統治者と天使的教皇の聖なる同盟の端緒が見出される。十三世紀末の擬ヨアキム主義的著作『キュリロスの巫言』において、教皇庁の預言的未来はいよいよ明確にそのかたちをあらわすこととなる。ここでは、真の王レハベアムと贋王ヤラベアムに象徴される最終的な宗教分離が強調されている。[31] テレスフォルスが百年後と言ったのはこのことであった。つづいて〈真の教皇《ヴェールス・ポンティフェクス》〉の主張が承認されると、未来の教皇庁は霊的な転覆を暗示する数々の象徴によって表現されることとなる。ある一節では、待望される教皇は〈驚異の熊《ウルスス・ミラビリス》〉[32]、別の一節では新たなる花として。「ここから未来の教皇の香りたかい生あるいはいよいよ高まりゆく未来の声望を知ることができる。無垢にして新たな香りもつ花。ここに実現される新しさはいや増しに、ローマ教会の聖務と威厳をいよいよ大きく転じ革新することだろう」[33](『キュリロスの巫言』)。

註

（1） «Ecclesia Romana, quasi altera Hierusalem». *Expos.*, f.17v.

（2） «nova Hierusalem». *Lib. Conc.*, ff.125r, 134v ; *Expos.*, ff.7v, 24r, 142v, 145v ; *Psalt.*, f.276v ; *Quat. Evang.*, p.105 ; *Enchir.* ed. Huck, p.298.

（3） «... novam Hierusalem que est Petri navicula». *Vita S. Benedicti*, pp.83-4.

（4） *Lib. Conc.*, f.92v ; cfr. *Expos.*, f.61v.

（5） *Lib. Fig.* II, tavv. XVI, XVII〔*【図A-14, 15】参照〕. Cfr. *Lib. Conc.*, ff.17v, 38v, 92r ; *Expos.*, ff.62r-63r.

（6） «Magnus Petrus apostolorum princeps et totius prelatus ecclesie : sed o quam felix Joannes est ... Ille maior in gloria : iste felicior in amore». *Expos.*, f.170v.

（7） «Prius ergo regnavit David in Hebron et postea in Hierusalem. Quia occurrit pontificibus romanis preesse ecclesie laborantium : postea ecclesie quiescentium : prius desudantium in vita activa : postea exultantium in vita contemplativa». *Lib. Conc.*, f.92v.

（8） «In qua vero generatione peracta prius tribulatione generali et purgato diligenter tritico ab universis zizaniis, ascendet quasi novus dux de Babylone universalis scilicet pontifex nove Hierusalem, hoc est sancte matris ecclesie». *Lib. Conc.*, f.56r.

（9） «... ut fiat unus populus cum gentili : et erit dominatio populi sanctorum designati in Joseph. In ipso enim erit tunc successio romani pontificis a mari usque ad mare et a flumine usque ad terminos orbis terram …». *Lib. Conc.*, f.89r. 〔＊ヨアキムにおいて populus cum gentili は「ユダヤ人と非ユダヤ人信徒」と解され、通常、「異教徒」つまりイスラム教徒は「不信仰者 infedeli」とされるが、後代そこになにが読み取られるかは別の問題である。〕

（10） *Lib. Conc.*, f.132v. また f.95v でヨアキムが表明する次のような期待をも参照。「新たな信仰……そこにおいては誰もが自由にして霊的であり、ローマ教皇庁は教会を平和のうちに包みこむであろう」«nova religio … que omnino erit libera et spiritualis, in qua romani pontifices potiti pace ecclesie continebunt [*sic*]».

（11） «Placuit itaque Assuero sublimare Hester : placuit et Christo preferre omnibus Romanam ecclesiam». Ibid., f.121r.

（12） «Porro Mardocheus exaltatus est nimis et data est ei a rege potestas et gloria Aman : quia successor Petri qui erit in tempore illo, quasi fidelissimus vicarius Christi Iesu elevabitur in sublime. Ut compleatur illud quod scriptum est in Isaia propheta : Erit in novissimis diebus preparatus mons domus domini in vertice montium et elevabitur super colles et fluent ad eum omnes gentes et ibunt populi multi et dicent : Venite ascendamus ad montem domini …». *Lib. Conc.*, f.122v. 〔＊イザ 2:2 参照。〕

（13） «Non igitur … deficiet ecclesia Petri que est thronus Christi … sed commutata in maiorem gloriam manebit stabilis in eternum». *Lib. Conc.*, f.95v.

（14） 【II-2 pp.191-92】参照。

（15） 【II-2 pp.192-93】参照。

（16） *Super Hier.*, preface. 〔＊サム上 4:4 参照。〕

（17） Ibid., f.3v.

（18） Ibid., f.10r.

（19） «In aquis enim gentium et tribulationis immense natabit Petrus ecclesie, sed nudus : quia revera non liberabitur in aquis diluvii archa sive onera mundi reiiciet, sive reformetur de lignis in tribulationis ascia levigans». Ibid., f.38r.

（20） Ibid., f.35r.

（21） Ibid., f.37v.

（22） Ibid., f.10v.

（23） «Et iccirco crucifigetur Petrus, summus pontifex occidetur sc. doctores, dispergentur oves conventuales … Nescio tamen si post tres dies vel annos resurgat pastor bonus et dux domus Israel». Ibid., f.53r.

（24） *Super Esaiam*, ff.15r, 20v, 28v, 58v ; *De Oneribus*, ff.38r, 39r, 39v.

（25） *Super Esaiam*, ff.2v, 15r ; *De Oneribus*, ff.38v, 42v.

（26） ヨルダン渡河と第三〈時代《スタートゥス》〉のはじまりについては、何度も言及されている。*Super Esaiam*, ff.27r, 29v, 30r, 33v, 34v, 58v ; *De Oneribus*, f.42v ; *Super Hier.*, ff.1v, 12r.

（27） *ALKG* i. 122-3.

（28） R. Bacon, *Opus Tertium*, ed. J. Brewer, *Opera Inedita*, RS, p.86. 引用は【I-5 n.14】参照。

（29） «et fiet unum ovile et unus pastor».

（30） «Hunc Deus ornabit et mire clarificabit, / Sanctificabit, magnificabit, glorificabit. / Mundum pacabit et Ierusalem renovabit, / Fructus terra dabit, Deus orbem letificabit …». Salimbene, pp.492-3.

（31） *Oraculum Cyrilli*, pp.288-90. 詩句 «Rex novus adveniet» については、【III-2 n.44】を参照。

（32） *Oraculum Cyrilli*, p.292.

（33） «Ex hoc intelligo futurum pontificem odorifere vite aut fame futurum ac novitates magnas facturum. Flos quidem habet odorem in tactu et novitatem in ortu. Hec autem novitas, quam committet, poterit contingere multipliciter et maxime in officiis et dignitatibus Romane Ecclesie conmutandis et renovandis». *Oraculum Cyrilli*, p.295.

第2章　天使的教皇という観念の出現

天使的教皇のものがたりにとって驚くべきことがらのひとつは、その夢想が現実のものとなる以前、すでにその夢想そのものが完璧に文字化され表現されているようにみえる、という事態である。隠修者教皇ケレスティヌス五世が一二九四年に選任された時、そこに合した様々な情動、期待感、政治的策動のすべてを正確に評価することは、いまやほとんど不可能である。ひとたび教皇に選任されると、彼は救世主を礼讃するがごときことばをもって迎えられた——たとえばアクィラの民衆からは——荒地から質朴に驢馬に乗ってその聖務につくために遣って来た、と[1]。しかしこの年以前、どれほど天使的教皇に対する期待が広まっていたかを証する資料が欠けているので、現実にこの選任にあたりヨアキム主義的な見解がどの程度の影響力をもったか、については疑いが残る。明らかなのは、ひとたびこの啞然とするようなできごとが出来すると、天使的教皇というイメージが〈たちまち〉著しく明確なかたちを採った、ということである。ケレスティヌス五世は来たるべき〈天使‐教皇〉の原型と化したのだった。それどころか彼の運命の悲劇は、ヨアキム主義的構想を特徴づける善と悪の正真正銘の並置をしるしづけることとなった。アンチキリストの威力は高位を簒奪し、贋教皇の姿を纏ってみせる、とみなされてきたのであってみれば、ケレスティヌス五世とボニファキウス八世の事跡をこうした文脈に置いてみる試みがなされたのも必定であった。このできごとに対する直接的な反応として、一二九六年以前に書かれたロベルト・デュゼスの幻視《ヴィジョン》がある。彼はまさかボニファキウス八世をアンチキリストと等置してみせる訳ではないが、聖なる教皇の到来讃仰とその辞任の恐怖のどちらをも激しく表現している[2]。ここで重要なのは、この劇的な事件が彼にとって最も畏怖すべきできごとを象徴するものと化したところにある。彼は教会に対する迫害と審判を予感しつつも、〈革新《レノヴァチオ》〉を果たすであろう天使的教皇を切望し、ここに福音的清貧を説く隠修者教皇として思い描かれることとなる。彼はドメニコ会士であったにもかかわらず、不思議なことにある幻視《ヴィジョン》においてこの未来の救世主を小さき兄弟会士として観ている(3)。

ついにここに結晶化した天使的教皇のイメージは、ケレスティヌス五世とボニファキウス八世の経緯と、フランシスコ会聖霊派が蒙りつづけていた迫害体験の双方からかたち造られたものだった。すでに観たように(4)、『教皇預言集《ヴァティチーナ》』の最初の十五枚一組、『フロレの書』、そしてそれに付された小論考群は、フラ・リベラートとフラ・アンジェロ・クラレーノの集団に発するものであった。彼らの命運は教皇が代わる度に激しい浮沈をみた。ケレスティヌス五世によって彼らの期待は頂点にまで高まり、その後継者のもと奈落に突き落とされた。彼らにとって、善と悪の並置隣接はほとんど現実のことであった。歴史の最後のできごとがそうしたことば——忌わしい荒廃にたちまちとって代わる天使的な〈革新《レノヴァチオ》〉——をもって語られるのも観易いところである。つまり、第三〈時代《スタートゥス》〉への移行は激しい転覆、突然の救済、と化す。この転覆は教皇庁そのもののうちで起こるであろう。いまだローマの教皇庁に対する不信は兆していないとはいえ、ここで、聖ならざる一連の司牧者たちに聖なる司牧者がとって代わる大いなる瞬間への期待から、突然、教皇の人格が重大な問題となる。フランシスコ会聖霊派の期待と希望のすべてが、この『教皇預言集《ヴァティチーナ》』に表現されているようにみえる。これが一部、歴史上の、一部、預言的な肖像の連続というかたちを採っているのも偶然ではない。

これらの一群の著作の制作年代は、それが歴史から預言に転じる境界点を見極めることによって精確に定めることができるだろう。『教皇預言集《ヴァティチーナ》』は、オルシーニ家出身の教皇ニコラウス三世にはじまっている。彼の肖像は小熊たちとともに描かれ、「放蕩なる家門の雌熊が小熊たちを養い」(5)にはじまる文書が添えられている。見出し語《キャプション》、図、説文《テクスト》は、以下、ケレスティヌス五世、ボニファキウス八世をも含め、歴史的な性格描写とともにベネディクトゥス十一世まで続く。ここで歴史は停まり、預言系列がはじまるように見える。つまりこの著作は、おそらくクレメンス五世の選定に先立つ歳月に著述されたものとみることができるだろう。同じ理由づけにより、『フロレの書』および、これに対する占星術的付論である『ホロスコープの書』も同じ時期に属するものとみなされるが、〈ラバヌス〉に帰される『フロレの書註釈』はボニファキウス八世と来たるべき預言系列の間に二人の教皇を算えていることからして、クレメンスの教皇選任以降のものに違いない。(6) つまり、一三〇三—〇五年、大いなる時はいまや間近に迫っていると観じられていた。この待機のうちで、ヨアキム後継者たちは『教皇預言集《ヴァティチーナ》』にその期待を生き生きと描き出したのだった。こうして現世の政治に腐心した〈聖ならざる〉教皇系列は、鎌と薔薇を手にした修道士の出現によって劇的に途絶する。ケレスティヌス五世である。その見出し語《キャプション》は、「至上、服従、清貧、貞潔、節制なる偽善の破壊者」(7)。これに教皇冠を戴き、祈禱しているようにみえるボニファキウス八世が直接つづく。その見出し語は、「偽善の刻印は忌わしきものとなるだろう」(8)。それに新たにオルシーニ家の人がつづき、ローマに対する審き（「災いあれ、災いあれ、悲惨な町よ」）(9)と、見出し語「隠修の威信」(10)による修道生活の称揚ともに預言の系列がはじまる。それにふたたびローマに対する審きがつづく（「災いあれ、汝の七つの丘の町に」）(11)が、その見出し語は「権威はひとつに結ばれるであろう」(12)となっている。これにつづいて真の天使的教皇の系列がはじまる。みな信心深く謙遜な姿で描かれ、聖職売買《シモニア》や政治的な象徴はまったく不在である。その系列にあって教皇冠を戴く最初の者に付された見出し語は、「恩寵により聖職売買は焉むだろう」(13)。つづいて、ほとんど裸体の隠修者が、献身的な修道士に見守られるうち、岩場で瞑想している。その見出し語は「善き祈り」(14)。つづいて、光暈ある修道士教皇が羊の群を守るようにその上に教皇冠をかざしている。見出し語は「善なる意志に慈悲が溢れるであろう」(15)。つづく二図において、教皇はまず天使によって冠を授けられ、次に教皇冠を戴き玉座に就いたところにふたりの天使が脇侍している。見出し語はそれぞれ、「称賛とともに和するであろう」、「善き機運」(16)。そしてついに、聖なる修道士は、冠を戴く温和しい角ある獣に教皇冠を捧げる。この獣は、おそらく当初の意図としては〈帝権《インペリウム》〉を表わすものであった(17)。こうして最終的には、天使的教皇は世俗世界をも霊的諸天をも統治する者と想定されている。グルントマンが論じてみせたように(18)、この謎に満ちた一連の図と文書がビザンツの〈レオの神託〉に淵源するものであったとしても、それをヨアキム後継者たちは自分たちの信条を盛りつつ驚くべく自らのものとしてみせたものであり、そこから彼らの期待するところ、つまり一連の神の統御という観念を読みとることができる。

『フロレの書』には挿絵がなく、これはビザンツ文献に拠るというよりは、初期の擬ヨアキム主義的著作群と関連の深いものである。これは『教皇預言集《ヴァティチーナ》』より早いグレゴリウス九世にはじまっているが、その理由はグルントマンによると、この教皇がフランシスコ会会則の改変に手を貸したはじめての教皇であったことによる(19)。主要な差異は、政治諸権力への大きな関心にあり、その最も特徴的な天使的肖像の数々は――じつに意味深くも――フランスの王族からの教皇への政治的支援に対する期待をあらわしている。これこそフランスのヨアキム主義の類型を示す最初の徴候であり、本書の第Ⅲ部で論じたところである。先に連作の頂点とされていた四人の天使的教皇からは、その神秘的な性格が失われ、歴史的な語彙によって列挙されている。[20] その第一は、出身に関する記載もないが、おそらくイタリア人を意識したものと思われる。彼は清貧隠者で、「貧しい裸の」[21] 姿で見出され、ひとりの天使によって冠を授けられることだろう。そしてこの「栄光に輝く司牧者」[22] のもとを訪れる「ピピンの後裔たる寛容なる王」[23] と同盟するだろう。教皇は彼に「双頭《ビセファルス》」[24] という称号とともに、西と東の二つの帝国を贈るだろう。こうした第二のシャルル・マーニュに類型的な構想の後、天使的教皇は彼とともに勲を果たすだろう。ギリシャ教会はその真の服従に帰順し、フランスの王はエルサレムを征した後、フランシスコ会士となるため王国を後継者に譲るだろう。この教皇のもと、ローマ教皇庁は現世の財をすべて放棄し、聖職者はただ必要なるもののみによって生きるべきことを公会議は規定するだろう。次の天使的教皇はフランス人で、ゲルマンの数々の悪弊を改めるためその地を訪ね、その後、自らの民を祝福するためフランスを訪れるだろう。つづく天使的教皇はイタリアのフランシスコ会士、そして最後の天使的教皇はガスコーニュの人であろう。彼は偉大で賢明な説教者で、この世のすべてをめぐる長い巡礼をなすであろう。そしてパレスチナで野蛮な二つの民、ゴグとマゴグが棕櫚と歌で彼を出迎えると、彼はこの世のすべてをキリスト教王国として統治するだろう。ついにアンチキリストが姿をあらわすまで。この構想のうちには明らかに、古い悲観的伝承をヨアキム主義的楽観主義に接近させる改変が加えられている。第二のシャルル・マーニュは悲観の身振りとともに消え去るのではなく、フランシスコ会士となり、ゴグとマゴグ――最終的な災厄――が調伏され、勝利の凱歌が挙げられる。とはいえ、まさに最後に類型的なアンチキリストが導入されることによって、伝統的なかたちに復している。

『教皇預言集《ヴァティチーナ》』の最初の十五の預言のひと組みは、十四世紀また十五世紀の写本群に独立で見つかることもあるが、通常、時代をくだると第二の十五預言を先に付され、謎の名マルシコの司教アンセルムスがヨアキムの名とともに録されてあらわれる。すでに一三一四年以前、ドメニコ会士フランチェスコ・ピピーニはこれらの預言集が大修道院長ヨアキムに帰されるものであると述べており、[25] またフランシスコ会士ベルナール・デリシューもヨアキムの『パパラリウス』が著されてすぐに実見している。[26] 一三一九年、ノヴォカストロのフーゴーもまた、「ローマ教皇の姿を描いた小冊子」[27] について、おそらく英国最初の証言を残している。ベンヴェヌート・ダ・イモラはダンテが〈天国〉に置いた「カラブリアの大修道院長」とは誰であるかをはっきりさせようとして、「教皇たちの事跡を語り、ひとりひとり異なった形姿をもって驚くべくその肖像を描きだし、その幾つかに注を付した」[28] 書を挙げている。これの写本は夥しく、広く普及していた。

これらの写本群の驚くべきところは、その図像群描画の様式と職人芸の多様さと、預言された教皇を特定しようと欄外になされた後代読者の手による熱心な書き込みにある。僅かに事例を挙げてみよう。ヴァチカンの MS. Reg. Lat. 580 では、三十図すべてが美しく丹念に描かれており、これもまたヴァチカンに蔵されるルネサンス期の MS. Chigiano A. VII. 220 にも細密な彩飾が見つかる。ヴァチカン蔵の MS. Lat. 3816 はインクによるペン画、同 MS. Lat. 3819 には幾つか独特な潑剌とした図像が見られる。英国の MS. Cambridge, Corpus Christi College, 404, ff. 88r-95r には第一系列の預言が明晰なペン画で描かれており、後代の筆跡でウルバヌス六世までの教皇が特定されている。また同写本の前の葉(f. 41r)には第二系列の最後の五人が載せられている。大英博物館蔵の MS. Arundel 117 の挿絵はおおまかなもので、名の特定も走り書きである一方、MS. Additional 15691[29] の挿絵はペン描画に泥絵具で繊細に装飾されている。MS. Harley 1340 は豪華なルネサンス期の細密画で装われ、サン・ミニアートの主祭壇画の師匠《マエストロ》の手になるものであるとの見解が出されたこともある。[30] 印行諸版については後の章で検討することにしよう。[31] イタリア語訳、ドイツ語訳、フランス語訳を含め、二十五種ほどの印行版が存在する。両系列は『驚異の書《ミラビリス・リーベル》』[32] のうちにも収められ、いろいろな註解者たちの注目を惹くこととなった。十七世紀には、一六二五年版の公刊書から書写された写本異文《ヴァージョン》もあり(MS. Firenze, Bibl. Laur., Ashburnham 933)、また一六四六年および一六七〇年には新たな序文を付されふたたび公刊されている。

『フロレの書』は『教皇預言集《ヴァティチーナ》』のような流行をみることはなく、十六世紀に公刊された形跡もない。『教皇預言集《ヴァティチーナ》』の謎に満ちた託宣は、特に第二の十五の預言系列が付加されることによって、歴史の進展とともに限りなく応用可能なものとなった。一方、『フロレの書』は、そこに新たな解釈を見出し曲解してみせるためには、あまりに過去の歴史に厳正であるとともに、その未来への展望が明快すぎた。その一方で、そこに表明された政治的忠義——親フランス的な——は、自らの政治的忠義の指針を欲する者たちにとって、この文書を貴重なものとした。これがコセンツァのテレスフォルスが自らに利した立場であった。またフランスのアラスの写本にもそれは認められる。[33] パリにある十五世紀初頭の一写本には、天使的教皇および来たるべきフランス王に関する抄録集が含まれている。[34] 後者に関する抄録は、「天使的司牧者により黄金の冠ならず荊の冠を授けられ皇帝となるフランスの王カロルの預言」[35] と表題されている。修道士ルスティチアヌスによって編まれた雑纂を含むヴェネチア写本は興味深い独自の挿絵の数々を巻頭に収めているが、そのうちの四図は教皇預言である。[36] これら四図に付された短いテクストは『教皇預言集《ヴァティチーナ》』の二七、二八、二九、三〇から採られたものであり、それらの肖像は天使的教皇たちということになる。最初の二人はピウス二世とパウルス二世とされているが、最後の一枚は明らかに天使的なものを意図しており、あちこちに『フロレの書』からの長い抄録が散りばめられている。付加された注記には、一一八五年「カラブリアの」大修道院長ヨアキムはこの『教皇表《パパリスタ》』を教皇ウルバヌスに献じ、そこで神から彼に啓示されたこの世の終わりに到るまでの諸教皇について明らかにした、[37] と録されている。

天使的教皇という矯激な観念は、フランシスコ会聖霊派が二つの相容れない原理という冷徹な論理の解きがたい難題《ジレンマ》に悩まされた時に展開されたものであった。それはペトルス・ヨアニス・オリヴィの弁明諸論考に余すところなく表現されている。そのひとつで彼は、真の教皇は不謬であるという彼の信念を無条件に言明している。「……ローマの教皇庁は真の教皇座であり不謬である。さらに、教皇は真の教皇として、真の教会の首長として過ち得ないのであり……そこからして、教皇もローマ教皇庁もなんとしても信仰を過つことなどできないことは明らかであり……過つ教皇が真の教皇にして真の教会の首長であるなどということは不可能である」。[38] しかし同時に、彼は同じ力と情熱を込めて、会則を改定するなどということはアンチキリストの仕業であり、未来の生を裏切ることである、と断言してみせる。

> 福音の時代にあっては各々は不動不滅でありまた、そうでなければならない……そこからして、先述したように教皇は報償を与えることも赦免することもない、ということは明らかである……それは完徳が不完全なものに降る純粋状

態であるのだから……この点について省察を加えるならば、キリストの生と教会の最終目的へと向かっての革新はこの世のあらゆる教会の照明と称揚にあり、ことばに尽くせぬ聖書の開示とアンチキリストの破壊に……ユダヤ人の改宗とすべての成就にあるのであり……弛緩し韜晦された会則は信徒のすべてを損なう悪疫であり、アンチキリストを、最終試練を呼び覚まし、完徳なる善の一々を消尽させるものであることは明白にして、生あるものが何の報償も受け取ることを得ぬということには疑問の余地もない。[39]

彼はケレスティヌス五世の教皇辞任に関する非正統的諸見解を否認し、フランシスコ会聖霊派の逸脱を厳しく弾劾しつつ、一二一五年のヨアキム断罪の正否を問うこともしなかった。[40] しかし上掲した一節の論理は、議論を別の方向へと押し遣ることとなる。真の教皇は不謬である。会則は改変され得ない。それゆえ、それをなすことによって明らかに過った教皇は、預言にあるところのバビロンの肉身教会を宰領する贋教皇に違いない。オリヴィにとって、聖フランチェスコと肉身教会の間の総決戦は避け得ぬものであり、彼が『黙示録註釈《ポスティッラ》』で肉身教会をあらわすために用いた諸形象――バビロンの淫婦、贋祭司カヤパ、〈神秘のアンチキリスト《アンチキリスト・ミスティクス》〉、陸から来る獣[41]――は、たやすくローマ教会と同定される具体的な意味作用をもつものと化した。マンセッリは、オリヴィの晩年のローマ教会への服従を擁護しつつも、オリヴィにとって善と悪の力がお互いいかに鋭い対照をなして想定されることとなったか、を論じている。一方に、信仰に忠実なフランシスコ会士たちに支えられる真の教皇のもとの真の教会、他方に、肉身教会と贋教皇を配することによって。[42] ほとんどの聖職者たちと民は真の教皇のもとを去ることとなり、この対決は暴力的な転覆なくしては解消されないであろう。ここでオリヴィは危険な含意をもつ〈符合〉を用いる。〈新たなる人〉キリストが彼の新たなる律をたてた時にユダヤ人のシナゴーグが退けられたように、第六の時期、〈新たなる人〉フランチェスコが彼の会則をたてた時に肉身教会は退けられるであろう、と。[43] 新たなるバビロンの崩壊は、旧バビロンの崩壊にあたってのユダヤ人たちの勝利にも比されるべき、真の教会の祝祭《ユビレオ》によって祝われることとなろう。[44] 明らかにオリヴィには、天使的教皇という展望《ヴィジョン》はない。しかし彼の『註釈《ポスティッラ》』には、おそらくその含意のすべてが顕示してはいないにしても、教会の転覆を指し示すその他のあらゆる要素があった。

別の二人の聖霊派指導者、アンジェロ・クラレーノとウベルティーノ・ダ・カサレは、おそらくより転覆的革命に近接していた。アンジェロとその仲間たちはケレスティヌス五世と密接に連携して過激な一歩――オリヴィが譴責したところ――を踏み出した。彼らはフランシスコ会を離脱し、ケレスティヌス五世によって認可された新たな集団をかたちづくった。ケレスティヌスの教皇辞任はアンジェロにとって終末論的できごとと化した。その年から二十八年間、第六の試練がつづくであろう。(45)とはいえ、いまだアンジェロの立場もウベルティーノの立場も曖昧なままにとどまっている。教皇による証人尋問に答えて、ウベルティーノは教皇への服従を明言しつつ、自らの離脱を会則の否認に対する反論のことばとして弁護し、(46)アンジェロは、自ら決して聖フランチェスコの会則を破ったことはないと繰り返し、自身を教皇の手に委ねると言った。(47)アンジェロの言行に転覆革命的なものを権威が認めていたことは、彼が『弁明書簡』においてその告発をはっきりと否認しているところからも明らかである。

しかし教皇庁の諸権威など存しないとか、主なる教皇ボニファキウスが教皇ではないとか、すでに長らく教会権威は失墜しており、教会改革はわれわれの抱懐するところであるとか、われわれおよびわれわれの霊のみが真の司祭となり、権威が成し教皇その他の司教たちの命じる司祭職は真の叙階ならずとか……東の教会は西の教会より善きものであるとかいうことは、天使も使徒たちもわたしにそう信じるべく奇跡をもって知らせることもなかったし、わたしはそれほど無分別でも愚かでもなかった……たとえ誰かがそのようなことを主張するのを耳にすることがあったとしても……。わたしがローマ教会に忠実なる者であること、またかつて常にそうであったことは確かであり、まったくそれに疑いはない……。(48)

とはいえ、彼は危ない橋を渡りつづけた。それは次の手紙の一節から窺われる通りである。

……義、真、忠誠、聖性にかけて答える。教会と教皇への服従と忠信と十全なる誓約とともに、服従せんと欲する者であることを……もちろん、教会と教皇は聖なる神が約束したまいしところを十分に贖うことを禁じることなどなく、……それは主（キリスト）に反することも、福音に反することをもなす能わず、かえって新たな宗教をなし、新たな慣習を受け取るのである。……教会と秘蹟、権威と信仰は、権威に就く高位聖職者に悪しきを感じ、遠ざかり、裁くのである。……信仰と教会の統一を破棄し……傲慢なこころを肥らせ……引き受け、キリストに反する有害なる獣は霊と信仰を破壊し、躓きの石を避け、至上の契約を侮り……かくして神と教会は憎み……。いつでも王に対してであれ教皇に対してであれなんらかの者を遣わしたまい、信仰に反するところに公然たる信仰と慈悲をもたらし、神は多くの人を服させたまうのである。(49)

こうした背景には常に聖霊派が予期したところの贋教皇と迫害のイメージが存する。アンジェロは、聖フランチェスコが「キリストの生と規律を悪しく観じる正統《カトリック》ならざる者から選ばれる教皇」(50)について具体的に預言した、と主張する。たとえ教皇が異端者と化すようなことがあっても、われわれは彼を断罪することができない、とアンジェロは言う。『弁明書簡』(51)の末尾において、彼はふたたびすべての議論を述懐し、会則と〈唯一なる教会《ウナ・エクレシア》〉の双方への忠誠を繰り返す。もちろんケレスティヌスによって認可された修道会離脱を正当化し、霊は教会を「そこにあってはもはや慣習も名も重要ではないような……原初の完徳へそして最終の天上の礎へと」(52)導くため、至高なる教皇たちを立てることができるという彼の確信を告げつつ。こうしてアンジェロは、後に数多くのフラティチェッリに難題を課すことになる矯激な預言から身を引いた。

おそらくウベルティーノは、オリヴィやアンジェロよりも先へと一歩を踏み出した。彼はケレスティヌスの教皇辞任をより極端な観点からとらえてみせた――「教皇ケレスティヌスの放棄とその後継者による教会濫用という恐ろしい新たな事態」(53)、と。そればかりか、彼はオリヴィがローマ教会を〈大淫婦《メレトリクス・マグナ》〉と呼んだという告発に対して弁護してもいる。(54)しかしどうやらアヴィニョンに長く滞在し苦闘するうち、彼のこころにアヴィニョンの教皇庁はバビロンの肉身教会と化したとの想いが湧き起こったもののようである。これら三人の指導者たちの誰も、肉身教会の贋教皇に対比するように天使的教皇という観念を発展させることはなかった、というのは興味深い点である。彼らが提供したのは、後代他の者たちが採用することとなる転覆革命的な論理であった。会則はゆるぎない福音であり、真の教皇はそれを否定し得ない。教皇がそれを否認するようなことがあるなら、彼は真の教皇ならず、アンチキリストの使いである。肉身教会と真の教会の間の大いなる対決については、聖フランチェスコをも含む預言者たちによって予言されてきたところである。そこに示唆されてきたできごとがいまや惹起した。こうした観点からするならば、ケレスティヌスの教皇辞任（あるいは後のヨハネス二十二世の教皇選任）にローマ教会の変節を跡づけ、その時以降ローマ教会はもはや真の教会ならず、バビロンの教会と化した、との主張までにはほんの僅かの距離しかない。

南フランスのオリヴィの後継者たちこそ、この論理を一気に推し進めた者たちだった。異端審問調書の数々には、ライムンド・デ・ブクソの告白にみられるように、〈大淫婦《マグナ・メレトリクス》〉についてオリヴィの『黙示録註釈《ポスティッラ》』で読んだ、という記録が繰り返し認められる。

> ……その大淫婦とはローマ教会の信仰と選びについてではなく、教会を譴責するために謂われたものと解されたと言う……先述の註釈《ポスティッラ》には、第一の時代の終わりにあたり、まさに十字架のキリストによってシナゴーグは破壊され、その審きのうえに教会が成されたごとく、第二の時代の終わりにあたり、聖フランチェスコの会則にしたがってキリストの清貧を守ろうと欲する霊的な人々のキリストの生を迫害し、アンチキリストの到来までつづく教会は肉身教会として審かれ、アンチキリストの死の後、肉身教会は破壊され、霊的な人々の第三時代の教会が建てられるであろう。(55)

ヨハネス二十二世は贋教皇あるいは〈神秘のアンチキリスト《アンチクリストゥス・ミスティクス》〉である、と多くの者たちが公然と主張した。(56) 彼らは〈第三の教会〉を〈霊的な人々《ヴィーリ・スピリトゥアーリス》〉、それを清貧、謙遜、寛容において他の諸教会の廃墟のうえに建てるであろうフランチェスコの真の息子たち、に結びつけて観ていた。ここにふたたび、〈天使的教皇〉の兆候があらわれる。

イタリアにおけるフラティチェッリ告発のうちにも、同じような観念の発展が認められる。アンジェロ・クラレーノの集団を告発した一三三四年の調書には次のようなことばがある。

……清貧フラティチェッリたちがいろいろな所でこのようなことを語り合っているのを聴いた。教皇ヨハネスは教皇ならずして、単にカトゥルコ（カオール）のヤコブスに過ぎない、そしてまた……教皇ヨハネスはキリストの生を殺がんとして、フラティチェッリを断罪するとともに、キリストは私財をも共有財をも持っていたなどと宣言し……。また、こんなことも言っていた。ある預言にローマ教会は淫婦であり、いよいよ放蕩をきわめんと山を越えてやってきたのだ、と……。(57)

一三六二年の調書では次のような言明にであう。「教皇ヨハネスは異端者であり、彼以降一切、真なる教皇が置かれることはないであろう、というのが皆の一致した見解であった」(58)と。いまや、ローマ教会の悪の端緒はコンスタンティヌス帝の寄進による富の獲得にまで遡るものである、という見解があらわれるに到る。(59)真の教会、〈霊的教会《エクレシア・スピリトゥアーリス》〉がここに、霊的権威を失ったローマ教会から分離したとするなら、次の段階として、真の司牧者が見出されねばならない。彼がどこに隠されているのであっても。すくなくともフラティチェッリの一集団は、それがマヨルカのフィリップであろうと考えたのだったが、(60)実のところ〈天使的教皇〉には清貧の宗教者というイメージが必要だった。ある調書によると、「教皇は清貧にして、裸足で歩みこの世のすべての群れを訪れ……まさに神の教会として不都合なる生活様式のすべてに反するのでなければならない」(61)。これは、最後の世界教会たるフィラデルフィアの教会の教皇に召された修道士ガブリエルについて語った、一四一九年の年記のあるマヨレティの碑銘を想い起こさせる。(62)このフラティチェッリ集団は明らかに自らの天使的教皇を立てていた。それが誰かは特定されていないが、天使的教皇はいまだ迫害を忍ばせ、希望を支え得るものとしてあった。「来たるべき聖なる教皇」に服す、と悲愴な宣言を残した殉教者ミケーレ・カルチのように。(63)

後期フラティチェッリの持した態度について、地理的には離れた場所で著された二つの著作が、幾分それを明らかにしてくれる。一つ目は、『教皇預言集《ヴァティチーナ》』の第二系列の十五の預言。これにはマルシコの司教アンセルムスの名が擬され、後に第一系列の十五の預言の前に置かれて、全三十の預言連作として十五世紀から十六世紀に流布することになったものであるおそらくこの連作は、トスカナ地方のフラティチェッリによって一三五六年直前に制作されたものである。[64] はじめの系列同様、これもニコラウス三世にはじまり、類同な挿絵、見出し語《キャプション》、説文《テクスト》からなっている。しかし明らかに一三〇四年という期待の時ははや過ぎ去っており、この連作はより直接的な政治的肖像を提供している。フラティチェッリの観点は、財産、政治的陰謀、閥族主義に対する苛烈な告発に、またケレスティヌスとボニファキウスに割り振られた劇的な役割に際立っている。ケレスティヌスは教皇冠を戴いた聖なる教皇として描かれ、説文《テクスト》は「主の御名において来たるものに祝福あれ」[65]とはじまっている。しかし狐が背後からその外套を引っ張っている。次の「詐欺によりておまえは入り……」[66]という見出し語にはじまる図は極悪のボニファキウスをあらわしている。彼は平和の鳩を突き刺し、鶏と鷲を反目させており、彼の背後には退けられた聖なる修道士が侘しく坐している。[67] アヴィニョンの教皇庁に対する憤りはそれにつづく肖像群に激しくあらわれている。先に挙げた制作年代が正しいとすると、最後の三人つまりインノケンティウス六世以降は、預言ということになる。そのうちの二図は何を意図したものか理解困難であるが、最後の一枚は明らかにアンチキリストをあらわしている。教皇が獣の姿で描かれた唯一の図である。その見出し語は、「おまえは恐ろしい、いったい誰がおまえに抗し得ようか」[68]。これはアンチキリストが教皇の座にあらわれるであろう、教皇庁の運命はそのようなものとして定まっているのだという確固たる主張である。ここでの注意は絶対的な告発に集中しており、司牧者の天使的系列を望見する余地はまったくない。

二つ目の著作もまた部分的に挿絵が施された、『新約と旧約聖書の符合に関する要約あるいは概説』で、すでに観たように一三五一—五四年頃にカタロニアで著されたものである。[69] ここでふたたび、肉身教会や来たるべき贋教皇への言及に数々出会うことになる。[70] 現下の体制の劇的な終わりが、ヨアキムの符合の図表を拡張解釈することによって描出される。このオリジナルの図表において、ヨアキムは旧約聖書の諸王の系譜を新たなる契約のもとの教皇たちの系列と並置していた。これがいまや、一三五〇年以降の危難（主の年における四十五世代）にまで拡張改訂される。[71] そしてここに、バビロン捕囚によって予表された劇的な運命がローマ教皇を襲う。

未来が現下の時と符合してあるというのは、つまり新たなバビロンの王が興り、カルデアの大軍勢を引連れエルサレムに来たり、ユダ王国のイエコニアを、あるいは教皇を多くの民、つまり清貧なる者たちを除いた聖職者たちとともに捕え、主の宿りの宝のすべてをバビロンに神秘を移し満たすため、バビロンに捕囚として引きたてるであろう、ということである。[72]

これに教皇冠や激しく投げ捨てられる鍵といった象徴が添えられている。そして忌わしい荒廃がやって来る。しかしその後、ヨアキムが言うところに従い、新たなるゾロバベルが新たなる教皇の姿をとってエルサレムに戻り来る。[73] この『要約』の前半にはすでに「聖なる司牧者《サンクトゥム・パストーレム》」に関する言及があり、彼はバビロン陥落の後、「王たちとともに聖墓へ赴き、他の不信仰者の驕慢を砕き、神の信仰に服せしめるであろう」[74]という。巻末に到っても著者は、新たなゾロバベルの後、第三〈時代《スタートゥス》〉に何人の教皇があらわれるかについては定かに語ってはいないが、教会が司牧者なしに放置されることはないということについては確信している。[75]

これら後の二つの挿絵や図表の系列を、一三〇四年という初期の『教皇預言集《ヴァティチーナ》』と較べてみるのは興味深い。当時は天使的な体制が最後の八枚の肖像にはっきりと待望されていた。それがいまや、トスカナのフラティチェッリたちにとってはなによりも、アンチキリストがローマにあらわれたことこそが確かであり、またこのカタロニアの著者は、ヨアキムの言う新たなゾロバベルを受け入れているにしても、彼の観る歴史の最終段階はその最終局面に到るまで〈革新《レノヴァチオ》〉よりも崩落転覆こそが必至である。彼の新しい契約の図表の終わりはじつに謎に満ちている。[76] 彼はゾロバベルを越えて旧約聖書の系譜を援用しつつ、ヨセフを五十七世代に算える。その後、彼はジャレスから始めへと辿りなおす。エノクに到り最後の大変動、教皇庁の二度目の激しい転覆が起こり、〈顕わにして最後のアンチキリスト《アンチクリストゥス・アペルトゥス・エト・ウルティムス》〉があらわれ、第二のキリスト降臨とともに最後の審判となる。これは六十二世代に起こることとされるが、図表は空白で名が記されていない。とはいえ、この最後の世代の後にもセツとアダムが配され、どちらも鍵と十字をもつ修道士としてあらわされている。これは最後の〈観想教会《エクレシア・コンテムプラティーヴァ》〉を、最後の大変動の後に来たる第二のアダムの誕生を意図したものであろうか。

最も過激な転覆革命家たちは、フラ・ドルチーノの一派であった。彼は現存する教会のすべて、〈淫婦《イラ・メレトリクス》〉は暴力的に転覆され、教皇や高位聖職者たちはみな殺害されるであろう、と考えて疑わなかった。その後、「枢機卿たちによってではなく、神に選ばれ遣わされた唯一の聖なる教皇」(77)が来たるであろう、とドルチーノは待望していた。ドルチーノによる教会の系譜においては、天使的教皇がフィラデルフィアの最後の教会によって象徴されていたことを想起しておこう。一三〇三年、アナーニを発ってから書かれた第二の手紙で、ドルチーノは教皇の系列類型《パターン》を、善、悪、悪、善として挙げている。(78)これはケレスティヌス五世、ボニファキウス八世、第三の後継者には名がなく、第四が〈聖教皇《パーパ・サンクトゥス》〉である。ドルチーノ派を告発した文書の数々には、いまや霊的な力のすべては〈使徒派《アポストリ》〉のうちに転じ、彼自身が〈聖教皇〉としてペテロの座に就くであろう、とドルチーノは称したとの矯激な証言すら認められる。(79)ドルチーノ自身の信条がどこにあったにせよ、彼が実在する教会位階を拒絶するものであったことは明らかである。その後継者たちは、ドルチーノの構想を放棄すべく強いられたとはいえ、ローマ教会の堕落がコンスタンティヌス帝と教皇シルヴェステルの時代にはじまり、いよいよ悪化しているものと考え、教会は力ずくで清貧に戻されねば済まず、それは「ドルチーノの謂うところを信じそれに忠実な」(80)ある聖なる教皇の時に起こるであろうと信じつづけたのだった。

註

（1） Messini, *Misc. Franc.* xxxvii. 51.

（2） *AFP* xxv. 281-2, 285-7.

（3） Ibid., pp.279, 281-2.

（4） Grundmann, (i) *AK* xix ; (ii) *HJ* xlix.〔＊以下の一文は一九九三年改訂版で、「『教皇預言集』の最初の十五枚一組、『フロレの書』、そしてそれに付された諸論考はフランシスコ会聖霊派のある集団に発するものであった」と、制作集団の言明を避けるように改められている。【II-5 nn.14, 46-48】の改訂に準じたもの。〕

（5） «Genus nequam ursa catulos pascens». 初期印行版においてはXVI図。〔＊【図E-6】参照。蛇足ながら、オルシーニとは熊の意。ニコラウス三

世の在位は一二七七—八〇年。また逆説的だが前章末の ursus mirabilis をも想起されたい。〕

(6) Grundmann (ii), pp. 40-1.〔＊ケレスティヌス五世（在位一二九四—九四）、ボニファキウス八世（同一二九四—一三〇三）、ベネディクトゥス十一世（同一三〇三—〇四）、クレメンス五世（同一三〇五—一四）〕

(7) «Elatio, Obedientia, Paupertas, Castitas, Temperantia, Ypocrisorum Destructor». 〔＊【図E-7】、また【II-5 n.12】参照。〕

(8) «Incisio hypocrisis in abominatione erit». この図の序列は印行諸版では原版《オリジナル》の序列が常に保たれる訳ではなく、それぞれに異なっている。

(9) «Heu, heu miser civitas !»

(10) «Potestas cenobia».

(11) «Veh tibi civitas septem collis».

(12) «Potestas unitas erit».

(13) «Bona gratia Simonia cessabit».

(14) «Bona oratio».

(15) «Bona intentio caritas abondabit».

(16) «Pro honorate concordia erit», «Bona occasio».

(17) 一連の天使的教皇たちは、印行諸版では通常XXV-XXXの数を付されている。この最後の図の獣は、後にはアンチキリストとも七本の角ある小羊ともさまざまに解釈されることになる〔＊【図E9-14】参照〕。

(18) Grundmann (i), pp. 83-90.

(19) Grundmann (ii), p. 47. 〔＊グレゴリウス九世（位一二二七—四一）〕

(20) Ibid., p. 70-4にはこの四教皇に付されたテクストが要約されている。『フロレの書』およびその註釈も『ホロスコープの書』も、いまだその全体は公刊されていない。写本一覧は【付録AII-12】を参照。

(21) «pauper et nudus».

(22) «claritatem gloriosi pastoris». 〔＊charitatem かもしれない。〕

(23) «generosus rex de posteritate Pipini».

(24) «Bicephalus». 〔＊ここでは「鷲」をではなく、「双角」あるいは「二角」と呼ばれたアレクサンデル大帝を喚起しているのかもしれない。〕

(25) Muratori, o.s. ix, coll. 724, 726, 727, 728, 736, 741, 747, 751は八番目までの預言をニコラウス三世からクレメンス五世に到る教皇と特定している。

(26) *AFH* xvii (1924), pp. 332-3 n. 3.

(27) «libellus in quo romanorum pontificum figure describuntur». In *Tractatus de victoria Christi contra antichristum*, Nuremberg, 1471, s.p., cap. xxviii. 〔＊一九九三年改訂版では「おそらく英国最初の証言」が「早い時期の証言」に緩められている。〕

(28) «quem dicitur fecisse de pontificibus, in quo effigiavit mirabiliter unumquemque in diversa forma et figura, ut saepe notavi». Benvenuto de Rambaldis de Imora, *Comentum super Divinam Comediam*, ed. J. Lacaita, Firenze, 1887, v. 90. 写本の数々については、Russo, *Bibliografia*, pp. 44-8を参照。すべてを網羅した訳ではないとはいいながら、五十写本が挙げられている。Yale Univ. Lib.には初期の十五預言のみからなる『教皇預言集《ヴァティチーナ》』が蔵されている。写本彩飾（ff. 16r-23r）は繊細で、いろいろな熊たちが子犬と化すという独特な図像が認められる。*Sibylla De Imperatore* と表題された写本は十四世紀にフランスで書写されたものである。【III-3 n.13】参照。

(29) 教皇たちはエウゲニウス四世〔位一四三一—四七〕まで特定されている。そして後代の手跡で、次の二人が付加されている。「サヴォイア公アマデウス、教皇フェリクス五世」«D. Amadeus dux sabaudie Felix V papa»〔バーゼルで一四四〇年に選任。彼は史上最後の対立教皇となる。一四四九年ニコラウス五世のもとに服す〕および「サルザーナのトマス、ボローニャの枢機卿、のちのニコラウス五世〔位一四四七—五五〕」«D. tomas de sazzana cardinalis bononiensis deinde Nicolaus quintus papa».

(30) Cfr. B. Berenson, *Miniatures probably by the Master of the San Miniato altarpiece, Essays in honor of George Swarzenski*, Chicago, 1951, pp. 96-102. 教皇たちはエウゲニウス四世まで特定されている。

(31)　【IV-5 pp.570-82】参照。

(32)　【III-7 p.479】参照。

(33)　【付録 AII-12】参照。

(34)　MS. Paris, Bibl. Nat., Lat. 14726, ff. 98r-103v.

(35)　«Prophecia Karoli regis Francie coronati in imperatorem per angelicum pastorem corona spinea nolentis coronari corona aurea».

(36)　MS. Venezia, Bibl. Marc., Lat. III, 177, ff.13r-14v. ここで最後の図の角ある獣はアンチキリストとされている。【IV-5 pp.572, 574-75】参照。〔＊ピウス二世（位一四五八—六四）、パウルス二世（位一四六四—七一）〕

(37)　f. 13r.

(38)　«... quod sedes romana existens sedes vera non potest errare ; aut quod papa existens verus papa et verum caput ecclesie non potest errare ... de hac clarum est quod nec papa nec sedes romana potest in fide pertinaciter errare ... impossibile est quod papa sic errans sit verus papa et verum caput ecclesie». *ALKG* iii. 524.

(39)　«... quod status evangelicus est et esse debuit omnino immobilis et indissolubilis ... Ex hiis autem patet quod papa in predictis non potest dispensare nec absolvere ... ut de statu simpliciter perfectiori descendat ad statum imperfectiorem ... Si quis autem profundius inspiceret, quomodo per vitam Christi et renovationem eius circa finem ecclesie consistat illustratio et exaltatio universalis ecclesie et ineffabilis appertio scripturarum et destructio antichristi ... et introductio Judeorum et consummatio omnium ... videret clarius quomodo istius status et regule laxatio et obfuscatio in tantum est pestilens quod ex ea sequatur denigratio totius fidei, introductio antichristi et omnium temptationum finalium et dissipatio omnis perfecti boni, et tunc indubitabiliter certissimum esset, quod a nullo vivente dispensationem recipere potest». *ALKG* iii. 528-30.

(40)　*AFH* xi (1918), pp. 340 ss., 370 ; ibid., xxvii (1934), p. 431 ; ibid., xxviii (1935-6), pp. 146-7.

(41)　【II-5 p. 251】参照。

(42)　Manselli, *Lectura,* pp. 174-5, 183-5, 219-28.

(43)　【II-5 p. 250】参照。

(44)　Baluze, *Miscellanea* ii. 269.

(45)　*ALKG* ii. 126.

(46)　一三一〇年、教皇クレメンス五世に対するウベルティーノの弁明その他自らを擁護した言辞については、*ALKG* iii. 51-89, 162-95を参照。

(47)　『弁明書簡 *Epistola Excusatoria*』については、*ALKG* i. 521-33を、その他の自己弁護の書簡の数々については、Ibid., 558-69を参照。

(48)　«Quod autem auctoritas papalis non esset, et dominus papa Bonifatius non esset papa, et quod iamdiu ab ecclesia auctoritas defecisset et in nobis resideret, quamdiu reformaretur ecclesia, et quod nos soli et similem nobis spiritum habentes erant veri sacerdotes et scerdotes facti auctoritate et ordinatione papali et aliorum episcoporum non vere [essent] ordinati ... et quod ecclesia Orientalis esset melior quam Occidentalis, nec angelis nec apostolis ista mihi cum miraculis asserentibus credidissem ; et nunquam fui tam levis vel stultus ... quod ista ab aliquo audire supportassem ... Unde certus sum et semper certus fui de fide romane ecclesie et nunquam dubitavi de ea ...». *ALKG* i. 522-3.

(49)　«... Responsio recta, vera, fidelis, sancta : quia et obedire ecclesie et summo pontifici, et fideliter et plena promissa, si volumus, servare valemus ... Nam et ecclesia et summus pontifex non prohibent bene facere nec Deo sancte promissa persolvere ; ... non enim est potestas contra [Christum] dominum et contra evangelium sed novam religionem facere et novum habitum assumere ; ... de ecclesia et sacramentis et auctoritate et fide male sentire, spernere et iudicare ... prelatorum auctoritatem ; frangere et rescindere fidei et ecclesie unitatem ... ; curam animarum arroganter ... assumere ; animaliter et damnose contra Christi spiritum et fidelium subversionem et scandalum segregari et superiorum regimen contemnere … : hec Deus et ecclesia odit … Quod si quando a quocunque sive rege sive pontifice aliquid sibi mandaretur, quod esset contra fidem eius et fidei confessionem et caritatem et fructus eius, tunc obediet Deo magis quam hominibus …». *ALKG* i. 560-1.

(50) «pontifex non catholice electus qui male sentiet de Christi vita et regula». Ibid., p. 566.

(51) V. Doucet, *Angelus Clarinus ad Alvarum Pelagium. Apologia pro Vita Sua*, *AFH* xxxix (1946), pp. 63-200.

(52) «ad perfectionis prime et novissime celestia fundamenta. Sub quo habitu vel quo nomine non est ponderandum …». *AFH* xxxix (1946), p. 109. 〔*これを読んだ者は「天上の礎」に「教皇ケレスティヌスの据えた基礎」を観たかもしれない。〕

(53) «illa horrenda novitas reiectionis Celestini pape et usurpationis successoris super ecclesiam». *Arbor*, f. ccxxv.v. また次の一節をも参照。f. ccxxvi.v : 「……存命中のケレスティヌスは教会法の適用範囲外である。その棄権は誘惑者と彼の共犯者たちの悪意と詐欺をもって謀られたものであり、無効である。いかなることがあっても彼は教皇を辞任することはできずして……」«… quod canonice non intravit vivente Celestino : cuius resignatio cum tanta malitia et fraude procurata per hunc seductorem et alios complices suos non valuit : qui nullo modo potuit resignare …» ; f. ccxxvii.v : 「……教会の首長たるイエスがさまよう教会を率いることを否むなどということが不可能であるように、その代理人にして花婿たる教皇が教会を率いる聖務から離れることができるなどということはなんとしても不可能であり、大いなる欺瞞、詐術である。特にケレスティヌスの場合、そうであった。キリスト・イエスとの神的合一を分かとうと努めるのは公然たるアンチキリストであってみれば、教皇を教会から分かつことができると主張する者はいったいなんであろう。それはアンチキリスト的な（反キリスト教的な）過ちであり、そのような過誤を案出してみせたのは教会の大いなる迫害者、神秘のアンチキリストに他ならない」«… sic etiam impossibile est quod Jesus caput ecclesie renunciet regimen ecclesie peregrine. Sic impossibile multi reputant quod eius vicarius et universalis sponsus summus pontifex possit separari ab officio regiminis ecclesie et maxime modo fraudulento et fallaci : sicut fuit utique celestinus. Et quia antichristus apertus illam unionem divinam Christi Iesu separare nitetur : ad quid disponit assertio possibilitatis separationis summi pontificis ab ecclesia? Idcirco dixerim quod hic est error antichristianus et quod inventor huius erroris est misticus antichristus illius magni precursor».

(54) Baluze, *Miscellanea* ii. 275.

(55) «… exponit quod per dictum meretricem magnam intelligitur Romana ecclesia non quantum ad fideles et electos sed quantum ad reprobos … et subdit in dicta postilla quod sicut in fine primi status ecclesie fuit factum judicium de synagoga que Christum crucifixerat propter quod fuit destructa et dejecta, sic in fine secundi status ecclesie qui durat usque ad Antichristum fiet judicium de ecclesia carnali que persequitur vitam Christi in viris spiritualibus qui volunt tenere paupertatem Christi secundum regulam sancti Francisci, et destructa ecclesia carnali post mortem Antichristi erigetur ecclesia tercii status in viris spiritualibus». Limborch, *Hist. Inquis.*, p. 298.

(56) たとえば、Limborch, op. cit., pp. 304, 315, 316を参照。

(57) «… audivit de fraticellis de paupere vita in pluribus locis conversando cum eis, quod dictus papa Johannes non est papa, sed nominat eum Jacobum de Caturcho et dicunt … quod dictus dominus papa Johannes amputavit capud vite Christi, quia cassavit fraticellos, et quia fecit decretalem, quod Christus habuit in proprio et communi … Et dixit quod habetur una profecia quod ecclesia Romana facta est meretrix et ad hoc, ut possit melius fornicari, transivit ultra montes …». *ALKG* iv. 9.

(58) «Omnes tamen concordabant quod papa Johannes fuit hereticus et quod

nullus post eum fuit verus papa». *ALKG* iv. 100. またこれに類した調書の数々、pp.11, 12, 113-14, 120, 122を参照。

（59） L. Fumi, *Eretici e ribelli nell'Umbria,* Todi, s.d., pp.158-9.

（60） Ibid., p.164.

（61） «summus pontifex debet esse pauper et incedere excalceatus visitando oves suas per mundum et … propter oppositum modum vivendi multa incommoda facit Ecclesia Dei». N. Papini, *Notizie sicure della morte, sepoltura, canonizzazione e traslazione di San Francesco d'Assisi,* Foligno, 1824, p.275.

（62） 【II-5 p.277】参照。〔＊年記誤植を改訂版に準じて改めた。〕

（63） Ed. Zambrini, F., *Storia di Fra Michele Minorita, Scelta di curiosità letterarie …,* Bologna, 1864, p.22.

（64） Grundmann, *AK* xix. 120-4. しかしグルントマンの特定年代（一三七七／八）は晩過ぎる。なぜなら、この『教皇預言集 *Vaticinia*』第二集についてはすでに、ロカタイヤードの一三五六年の著作、『試練必携 *Vade Mecum*』p.501に、「〈禿頭よ登れ〉にはじまる教皇に関する預言集に付したわたしの註釈に……」«… ac in commentario meo libri prophetici de summis pontificibus qui incipit Ascende calve» の言及があるから。

（65） «Benedictus qui venit in nomine Domini».

（66） «Fraudulenter intrasti …»

（67） これら二図は本来の序列ではV, VIであったに違いないものである。

（68） «Terribilis es, quis resistet tibi?» n. XV.

（69） 【II-5 p.275】参照。

（70） Cfr. MS. Egerton 1150, ff.29v-30r, 34v-35r, 88v.

（71） Ibid., f.88r-v.

（72） «Futurum quidem est per concordiam modernis temporibus ut novus Rex Babilonis insurgat et cum magno exercitu Caldeorum veniet Jerusalem et capto Ieconia Rege Iuda seu summo pontifice cum magna parte populi sc. eccelsiastici exceptis pauperibus et cum omnibus thesauris domus Domini ducatur in Babilonem captivus ut transmigracio Babilonica misterialiter impleatur». Ibid., f.88r.〔＊イエコニアはリコニア Liconiaの町イコニオムのことか。使徒行伝13:51-14:1参照。また、「バビロニアの神秘を満たすため」は「バビロニアの悲惨を埋めるため」かもしれない。〕

（73） Ibid., f.89r-v.

（74） «cum ceteris regibus ad sanctum sepulchrum transibit et alias infidelium partes ad conterendum eorum superbiam et divino culti subjugandum». Ibid., f.26r.

（75） Ibid., f.90r-v.

（76） MS. Egerton 1150, ff.90r-92r.

（77） «unus papa sanctus a Deo missus mirabiliter et electus, et non a cardinalibus». Muratori n.s. ix, Pt.v, p.21.

（78） 【II-7 pp.313-15】参照。

（79） Muratori, vol.cit., p.26. またibid., pp.57, 69の証言も参照。

（80） «qui debet esse de fide et credencia dicti Dolcino». Muratori, vol.cit., p.61.

第3章　バビロン捕囚の時期と教会大分裂《シスマ》の預言

バビロンの教会、教会大分裂《シスマ》、贋教皇あるいは〈神秘のアンチキリスト《アンチクリストゥス・ミスティクス》〉、天使的教皇——これらはみな十四世紀中葉の預言のうちにすでに確立した諸要素であった。アヴィニョンの教皇庁という歴史背景に抗するように、ジャン・ド・ロカタイヤードはこれらを預言的予定のうちに編みこみ、黄金時代をもたらす天使的教皇と理想の政治権力との協力関係を構想した。当然ながらこの預言的協力関係は親フランス的なものとして思い描かれた。ここでロカタイヤードは『フロレの書』に暗示を求めているとはいえ、[1]その全体構想は彼の著作によって人口に膾炙することになったものである。

フランシスコ会聖霊派の諸原理は、彼の転覆的な観点のうちに認められる。世界を覆う教会の位階制度は真の福音的な教会とは逆立するものであり、つまりそれはアンチキリストのあらわれに他ならない、と。それゆえひとりあるいはそれ以上の贋教皇があらわれるのは不可避であり、それにアンチキリストの贋教会と真の教会の分裂がつづかない訳にはいかない。真の教皇は裸にされ、迫害され、砂漠に追いやられるだろう。おそらくフランスの王国に身を隠すことになろう。『秘されたことがらについての書』では、欺きをもって選ばれた教皇と真の〈天使的教皇〉の間の教会分裂が、偽りの枢機卿たちが真の教皇に対して冒瀆的で暴力的な挙に出るという激越な調子で語られる。[2]しかしロカタイヤードの全著作を通じ、アンチキリストの贋教会は真の教会をほとんど圧倒するところまで行くものの、真の教皇とその永遠の僕《しもべ》たるフランスの王によって表わされる正義の力の勝利が疑われることは決してない。

そこで〈天使的教皇〉は数々の形象のもとにあらわれる。彼は〈矯正者《コレクトール》〉、〈修復者《レパラトール》〉、〈改革者《レフォルマトール》〉である。[3]彼はヤラベアムに敵するレハベアムである。[4]それにもまして、彼は『キュリロスの巫言』に由来する姿、〈驚異の熊《ウルスス・アドミラビリス》〉であり、ロカタイヤードの註釈においてはこの姿において広く解釈がほどこされる。[5] 彼は聖フランチェスコにもケレスティヌス五世にも似ているに違いない。そして後者同様、ペルージアで教皇に選任されるだろう。[6] 彼は岩場から呼び戻される隠修者であろう。[7] 彼はまた聖霊の鳩とも呼ばれ、七つの賜を授けられることだろう。[8] ある一節でロカタイヤードは、彼が小さき兄弟会士たちのうちから選ばれ、自ら枢機卿たちを清貧の福音的な人々のうちから選ぶであろうことを期待している。[9] フランスの王とともに彼は偉大な構想を実現し、ギリシャとアジアを訪れ、トルコやタタールをも含め、全土を自らの統率のもとに治めるだろう。イタリアに平和がもたらされ、あらゆる教会分裂が終わり、聖職者は劇的に改革されるだろう。[10] そこで彼が政治的役割を「ピピンの末裔」たるフランスの王に委ねると、王は全世界の〈改革者〉《レフォルマトール》としての使命を果たすことになるだろう。[11] 教皇自身はすべてを霊的な努めに捧げるだろう。ユダヤ人たちの改宗の後、彼は教皇庁をローマからエルサレムに移すだろう。[12] 彼は全世界の改宗に関し、七度、公会議を催すだろう。新たなるエルサレムが建設されるが、聖職者が汚れることを虞れ、世俗の指導者がその内に入ることは一切許されないだろう。[13] そこには聖霊が満ち、ふたたび天国が降ったかのように見えることだろう。誰もが観想的な生を願い、聖フランチェスコの会則に従って生きるだろう。アンチキリストの死の四十五年後、全土を包摂する唯一の帝国となり、もはや不信仰は存せず、唯一の群と唯一の司牧者となるだろう。[14]

すでに観たように、こうしたロカタイヤードの合一の展望《ヴィジョン》はおおいに流行した。ビニャミ＝オディーユ女史の研究は、彼の著作の幾つかの広範な流布状況を証している。アヴィニョン流亡、悪疫や戦争による窮乏と先行きの不安が、人々をそうした省察に注目させたのだった。一三六八年には出まわっていたロカタイヤードの『試練必携』について報じた、あるフィレンツェ人の日記についてはすでに観たところである。[15] そこに抄録された一節は、アヴィニョンの教皇と枢機卿たちに関する災厄の預言および、東から迫り来るアンチキリストの告知にはじまっている。きっと恐ろしい試練が、嵐が、洪水がやって来るだろう。教会はその現世の財物をすべて剥奪されるだろう。だが、一三七八年には「先述したこの世の修復者たる教皇」[16]が、悪の軍勢と対決するために出現するだろう。

……この人は神によって奇蹟のごとくに解放され……教会から悪魔を、淫蕩で貪欲な司祭たちを放逐するだろう……聖職者たちの傲慢を矯し、狼を聖なる民から分けるだろう。そしてフランスの王をローマの皇帝に挙げるだろう。彼は全世界に君臨し、イタリアの教皇党《グエルフィ》と皇帝党《ギベリーニ》の諍いを解消し、エルサレム王国を獲得するだろう。……そしてまさに神のご加護によって……先述の修復者は、他の諸修道会同様壊敗していた小さき兄弟会を新たに改革するだろう……そして一三七八年の到来に先立ち、ほぼすべての不信仰者たちがキリストの信仰に改宗するだろう、そして……教皇、枢機卿たち、司教たちはその叙階とともに完璧なるキリストの生に戻るだろう。さもなければ不信仰者たちが改宗することなどあり得ないであろう。(17)

これはおそらく、三十年ほど前（一三四五年頃）に『この世の百年の災厄』註解を著していた修道士ジェンティーレが、その当時蒐集した預言の数々のうちに観てとった教皇庁の現況に関する省察でもあった。彼が甦らせてみせた託宣のうちには次のようなものもあった。

かつてパリで、高名にして高齢なる信仰の人そして神学教授《マギステル》でもあった教皇ボニファキウスの在世、ローマ教会はガリアに移らねばならない、そしてそれは四十年つづくであろう、と言われるのを聴いたことがある。そしてその預言には、その地でそれは迫害を受けずには済まない、と言われていた。また別の預言には次のように録されていた。おそらくそれは三十年、この教会迫害に僅かに残った枢機卿たちは密かにローマに向かうであろう……そのしばらく後、彼らは自らの教皇を立てようと欲して集まると、その時、聖所から声が聞こえるだろう。七つの丘の西へ行き、貧しく裸のまま経帷子に包まれた浄福なるヨハニスを嘆け、と。そしてそこに教皇が立てられ、彼は最初の教会改革者となり、原初の清貧と聖性の時代をあらわすだろう。しかし彼は高齢にして、それほど長くを生きないであろう。とはいえこれが一旦はじまると、他の教皇がそれを継ぐであろう。そして三番目の教皇もまた。この三番目の教皇は、彼の息子にして従臣たる皇帝とともに、平和と十字架を携えエルサレムに入るだろう。そして祝福とともにサラセン人たちを迎え入れるだろう……[18]。

これはおそらく『フロレの書』に拠りつつ練られた、天使的教皇預言の興味深い独創的な異文《ヴァージョン》である。これはこのジェンティーレをアンジェロ・クラレーノのフランシスコ会聖霊派集団にいよいよ近接させるものであり、彼がアンジェロのアウグスティヌス会士の友、ジェンティーレ・ダ・フォリーニョであった可能性を示唆するものとなるかもしれない[19]。教会大分裂《シスマ》の時期あるいはその直後にイタリアに出まわった預言詩の数々には未来の救世主への期待が表わされている[20]が、その姿はしばしば教皇と皇帝の姿が混交したものとなっている。たとえば、

優しき星々の
静穏のうちに
ひとりの人がこの世を新たなかたちに
更新するために来たるであろう……
全世界に平和が
天より地へと降るだろう。
そして狂乱と戦闘は
鎮められるだろう[21]。

トマスッチォ・ダ・フォリーニョに帰されているが、実のところ一四二〇年頃に書かれた後代の詩には、〈世界の修復者《レスタウラトーレ・ウニヴェルサーレ》〉が天使的教皇と皇帝の混じた者として描かれている。

そしてひとりのキリスト者が来たるであろう

そして真にして本然の、至聖にして義なる
教皇となり、静穏に統治するだろう……
その後、ひとりの義人があらわれるだろう
主に遣えるにふさわしきこの世の皇帝として

…………

彼はこの群の首となり
皇帝冠を受けるだろう。
彼はあらゆるキリスト教徒に慕われ
彼の成すすべての業は善にして、
大スルタンからその領国をとりあげるだろう……
そして聖地を治め
真率なる聖なる真の皇帝となるだろう。
彼は貧しき生まれの者であろうが、
神より大いなる領地を享けるだろう……
そして静穏、平安、合一を成し遂げるだろう、
善なるオクタヴィアヌスの時のごとくに。
彼こそは唯一、理拠のよりどころ
彼は思慮深く健全な人であり、
キリスト教徒たちすべての君主となろう。
そしてローマ帝国を保ち、
キリスト教徒たちに秩序ある平和を与え、

もはや戦争の記憶も失われることだろう。(22)

教皇と皇帝の協力はまた別の十五世紀の詩編にもあらわれる。「ダヴィデの家の皇帝」について語った後、それは次のようにつづいている。

> ローマの司牧者として
> 教会の聖なる首が
> あらわれ、この世の
> 至高なる合一者となろう。(23)

こうした預言詩はどうやらフラティチェッリ集団に発するもののように思われるにしても、その普及はかなり広範で、イタリアの数多くの写本に載せられた、教会の試練、分裂、〈革新《レノヴァチオ》〉、それに教皇と皇帝の天使的な協力に関する預言詩の数々は、アヴィニョンの教皇庁の末期から教会大分裂の時期の一般的情調に光を投げかけるものである。(24)
教皇のローマへの帰還を呼びかける声に響く終末論的なことばのうちには、コーラ・ディ・リエンツォのものもあった。(25) 彼の大いなる夢は、一三五〇年の聖年《ジュビレオ》にあたり、教皇はローマとイタリアを改新し清めるため、ローマへ戻り、そこに聖霊が降り注ぐであろう、というものだった。一三四三年、彼はアヴィニョンからローマの政庁《セナート》と民衆に向け、間近に迫った花婿と新たな時代の到来に備えるように、と書き送った。

> この慈悲深き神の子羊を見よ、罪の混じた者よ。このいとも聖なるローマの教皇、首府《ウルビス》の父、その花嫁の花婿にして主人を。喧騒、論争、衝突によってひきおこされた災厄、禍根、荒廃からこの首府を革新し、その民に栄光を、この世のすべてを歓びと健全へともたらすのを。聖霊は慈悲深き恩寵をあらわし、慈悲をもってあなたがたを祝い、恩寵

がこの世に約された贖いを果たし、人々の罪を赦すのを(26)。

そのためには、ローマそのものが準備を整えねばならない。「……あなた方の町、ローマ教皇の花嫁から悪徳の棘を浄め、革新された甘美なる有徳がその香油の薫りのうちにその花婿を若返らせるように……」(27)。

一三四七年、リエンツォの手紙は別の宛先へと向けられた。アヴィニョンへ。彼はクレメンス六世に、聖霊の力のもとにローマの大いなる〈革新《レノヴァチオ》〉を進めるべく呈言し、また繰り返し、ローマの真の主人の帰還への信念を言明している。「聖霊の助力により希望はわたしを温めてくれます。主の聖年に聖下が皇帝とともにローマにお戻りになり、聖霊の恩寵により、群はひとつにして司牧者はひとりとなりますように」(28)。一三五〇年は幻滅とともに過ぎ、リエンツォは皇帝カール四世へと方向転換する。いまだ皇帝と教皇の協力が一三五七年に黄金時代を現出するであろうという預言に期待しつつ、彼は言う。

……近々大いなるできごとが、それも特に教会の原初の聖なる状態への修復が、キリスト教徒にばかりか、キリスト教徒とサラセン人のすべてが来たるべきひとりの司牧者のもと聖霊の恩寵により清められ、大いなる平安がもたらされるだろう……かくして聖霊のはたらきはひきつづき神による聖なる人の選び、すべての者に対する神的な知の啓示をもたらし……さらにまたこの天使的司牧者は、フランチェスコのごとくに崩れかけた神の教会を援け、教会のすべてを改革するだろう……(29)。

このすこし後、スウェーデンの聖女ブリギッタもまた、教皇にローマに戻り、歴史の定めを成就されよと勧請している。教会に迫る大いなる試練についての預言者として彼女が引くもののうちには、『エレミヤ書註解』の大修道院長ヨアキムの姿もある(30)。彼女の『啓示の書』ではふたたび、大いなる悪と大いなる善が並置されることとなる。彼女はキリストが新時代の到来を告げる声を聞く。「いまやわが友たちはわたしに新たなる花嫁を連れ来たり、わたしは彼女を真直ぐに凝視め、悦びとともに抱擁し、その行ないを讃える」。[31] この花嫁たる教会の成就完成のため、聖女ブリギッタは後継教皇たちにローマへの帰還を求めた。それも特に、教皇グレゴリウス十一世に嘆願している。「……ローマのあなたの座にお戻りください、あなたにとっては容易いこと……ですから今すぐおいでください……わたしの教会の改革に着手してください……その改革により霊をその原初の聖なる状態にお戻しください」。[32] シエナの聖女カタリナの勧請もまた同じことばをもって表わされている。こうした幻視家たちにとって、ローマへの帰還は政治的あるいは倫理的な要請としてよりも、差し迫ったことどもの予測のうちに存するより本質的な要素だった。新たなる最後の時代が明けるためには、まず試練のヨルダン川が越えられねばならない。これが重要な画期とみなされ、ローマへの帰還そのものが転覆的な行為として待望される。聖女ブリギッタの幻視《ヴィジョン》において、キリストが迎えることとなるのは〈新たなる〉花嫁である。アヴィニョンとローマの地理的距離が、歴史における第六と第七の時代の間にある深き断絶の象徴と見定められる。

　教会大分裂は、ここまで跡づけてきた預言伝承の多種多様な要素に鋭く焦点を当てるものとなった。教会を分裂させ迫害を引き起こすアンチキリストの軍勢、恐ろしい試練と審判の到来、〈教会革新《レノヴァチオ・エクレシエ》〉を成就させるためローマへの帰還を要請される教皇。とはいえ結局のところ、教会大分裂という事態こそが、ヨアキムから聖フランチェスコそしてジャン・ド・ロカタイヤードに到る預言者たちに秘された真実を発いてみせたのである。ピエール・ダイイですら、はたして「この大分裂は、聖女ヒルデガルディスや尊い大修道院長ヨアキムが多くを録したアンチキリストの到来の先駆けに違いない」[33]のかどうか、と訝しんでいる。彼は一四一四年、コンスタンツ公会議の前夜にこう記したのだった。教会大分裂を実質的に終わらすべく交渉に尽力されているその時に、ダイイは、教会がこの世の様々な力に拘束されており、確かな導きとなるのは預言者たちのみであるかもしれない、という疑念のうちに生きていた。

　こうした不吉な前兆の数々については、コセンツァのテレスフォルスが解説してみせることになる。ヨアキムによって何度も予測されてきた恐ろしい教会大分裂、贋教皇、〈神秘のアンチキリスト《アンチクリストゥス・ミスティクス》〉はいまや目の前にある。いまこそ、肉身教会の滅びの時、贋宗教者たち、托鉢修道士たちの懲罰の時。ヨアキムの〈新たな至聖なる信仰《ノーヴァ・レリギオ・サンクティッシマ》〉が到来するとするなら、それはローマ教会を滅ぼし、激しい転覆をもたらすものに違いない。贋教皇、〈アレマンノの諸国〉、〈最後の迫害〉はかつてないほど非人道的で酷薄なるものだろう。[34] しかし新たなる契約の到来には疑いはない。テレスフォルスはそれを『符合の書』のことばによって性格づけてみせる。彼はそのことばを『符合の書』に帰しているが、直接引証は最初の一文だけである。[35]「これについて符合の書にはいろいろはっきりと記されている。新たな至聖なる信仰が起こるだろう、ローマ教皇庁が平和のうちに教会を抱擁する自由で霊的な信仰が。神はこの信仰と秩序をなににもまして導きたまい、その完徳は他のあらゆる秩序を打ち負かすであろう」。[36] ここにおそらく、テレスフォルスが托鉢修道会士ではなかっただろうというしるしを見ることができる。つまり彼はここでどんな擬ヨアキム主義的預言をも用いておらず、「新たな秩序」の意味するところを未決のままに残している。天使的教皇たちについては、『フロレの書』から四つの肖像を引いている。聖なる協力のもと、天使的教皇たちと新たなる霊的な人々は教会を浄化し、教会を〈清貧の時代へ《イン・スタートゥム・パウペルターティス》〉ともたらすだろう。公会議は聖職者たちに清貧なる生を指示し、〈新たなる信仰者《ノーヴァ・レリギオ》〉の中からこの世のすべてに福音を説く十二人が選ばれるだろう。[37] テレスフォルスの絡み縺れた予測における最後の安息においては、霊的な力のみがこの世を統率することになるだろう。これについて彼はヨアキムからの引用として、特定しかねる一節を引きつつ録している。[38]

> そしてローマ教皇は霊たちを海から地の果てまで統率し、教会を改革するだろう……そして使徒の時代にも似たこの教会の時代には、ただ教皇とローマ教会においてばかりでなく、他のすべての高位聖職者たちも諸宗団も、王たちも君主たちも、ローマ教皇庁を真のキリストの代理人として讃えるであろうという……ヨアキムの符合の書による。[39]

十五世紀から十六世紀にかけて、ロカタイヤードとテレスフォルスの著作またヨアキム主義的なかたちで流布した第二のシャルル・マーニュの預言は、フランス王と天使的教皇の協力という観念を保ち生きつづけた。しかしゲルマン側においては、教皇とゲルマンの鷲の敵対という伝統がじつに根強かったことからしても、現世の権力と霊的な力の〈協調〉を期待することはなかなか困難だった。すでに観たように、この困難はただ皇帝だけを〈復興者《レパラトール》〉とし、ローマを完全に排除することによってのみ解消され得た。ゲルマン伝承の中では懲罰者の役割が誇張され、それは十五世紀に出まわったブリギッタの預言群によって補強されることになった。これらの預言は時に、ゲルマンの国を神の怒りを知らずのうちに果たす使い、教会を蹂躙し、ローマを破壊する使いとなしていた。しかしここで最も興味深いのは、旧約の終わりにあたってのマカベウスのごとく、教会を懲罰するばかりかそれを革新修復しもするであろう力強く神々しい王、〈貞潔なる相貌の王〉(40)という観念である。こうして、フランスの未来における黄金の同盟という構図と並行して、ローマが生むことのできぬ天使的教皇にかわってその業をなす懲罰者‐革新者という純粋イメージが発展することになった。霊的な役割と現世の統率の両方を、唯一の司祭‐王のうちに望見するに到る径庭は短かった。実際、こうした待望は『皇帝ジギスムントの改革』のうちに姿をあらわしたもので、ゲルマンの地でのこの論考のかなりの普及および十六世紀になってからの流行の再燃には侮りがたいものがある。(41)すでに観たように政治預言の理想主義は決して死滅した訳ではなく、霊的指導者と現世の統率者の協同については、世界の平和を導くことのできそうな様々な組み合わせを探り、熱心な検討がなされたのだった。〈天使的教皇《パパ・アンゲリクス》〉のあらわれるところには、かならずそれが歴史の内で果たされるに違いないという楽観的な期待がある。彼は神の直接的介入によって証され選ばれることになろうが、実質的に彼は人であり、歴史におけるペテロの座に就き、この世が終わる前に教会の大いなる完成を成し遂げるであろう、と。こうした預言群は、そのような信仰の黄金時代は歴史の内に待望され得ないものであると考える者たちの攻撃の的となり、歴史の観方に関する楽観論と悲観論の論戦はこうした預言的希望をめぐって激越なものと化した。十五世紀には、安易な〈革新《レノヴァチオ》〉への期待を論駁するヤコブス・デ・パラディソの深刻な悲観論があらわれる。(42)徳は衰微しつつあり、ローマ教皇庁は自らを改革することはできないし、公会議もそれを果たすことを得ない、と。

それではなにが(それを果たし得るのか)。教会は総改革を果たしうるとわれわれは考えることができるのか……それは人的な手段によるだけでは不可能である、とわたしは判ずる。……それをわれわれの時代のうちに見ることも、将来そうなることもないであろう。……つまりこの世の日々は邪悪なる死のうちに衰微しつつあるのであり、破壊の息子が来たり、深き罪へと堕そうとするまでに、神のご加護を別にして公会議がなにかを革新することなどできる筈もないと想われる。[43]

ヒルシュ＝ライヒ女史が、ランゲンシュタインのヘンリクス（デ・ハッシア）について論じた魔術的蠱惑とその妄念からの解放に関する興味深い研究がある。[44] 彼は十四世紀後半のゲルマンの高名な学者で、まずパリで神学教授を務め、後にウィーン大学副総長となった人物である。一三八三年、友人でヴォルムスの司教であったデアスのエックハルト宛ての手紙[45]で、彼は〈新しいシビュラの巫言〉やヒルデガルトからアンチキリストに関する報せを熱心に蒐めていたことを明かしている。彼はこの探求の過程で「預言の霊を授けられた」ヨアキムに、特に彼の著作と想定されていた『文字の種子について』に遭遇し、後に同じ友宛ての手紙にそれを引用してもいる。[46] アンチキリスト到来のしるしも〈革新《レノヴァチオ》〉への希望もどちらも、彼のこころのうちでは疑いもなく、教会大分裂の試練と結びついていた。「文字の神秘」に憑かれた彼は一三八八年、『ヘブル語語彙論』を著し、その第二部でこの神秘について論じた。[47] そして一三九〇年のキリスト昇天祭の説教で、この大学副総長は全学を前に、多くの人を煩わせていた問い、果たして来たるべき差し迫ったことどもを予言することは可能か、を取り上げた。[48] 彼は探求にとって有効な種々の方法を検討し、ヨアキムに合意しつつ彼を聖書から来たるべきことがらを読み取ろうと努めた偉大な人のひとりと讃えている。[49] 占星術について彼はなにも論じていないが、ヨアキムの方法の数々、つまり神の啓示や文字の神秘については信頼を置いている。常々みられるところの懐疑主義からする侮りをもってこれらの方法を取り扱ってはならない、と彼は特に注を付して擁護する。しかしその二年後、彼は完全な方向転換をしてみせたようである。彼は『テオロフォルスという名の隠修者の来たるべきことがらに関する預言を駁す……論考』[50]で、コセンツァのテレスフォルスにばかりか、ヨアキムにもキュリロスにもその他あらゆる同時代の預言者たちに激しい攻撃を浴びせた。このヨアキムとは誰のことだ、彼がパリ大学で声望をかちえたことがあったか、と彼は侮蔑するように問う。「なんの権威もなしに人為をもって未来を占ってみせた疑わしい占い師ではないか」。[51] 彼が真の霊をもっていたのであれば、なぜ彼は三位一体に関して過ったのか。「いったいどれほど多くの者たちが妄想にとり憑かれ、キリストの律の後には聖霊の律が来たり、キリストの律がモーゼの律を置き換えたようにそのかたちはあらわとなり、光が闇に替わるごとくにキリストの律に替わるなどと信じたことか」[52]。これらの預言者たちすべて——ヨアキム、キュリロス、マーリン、ダンダルスその他——が聖なる人にして神の真の預言者であったとするなら、「これまで長きにわたる教会の聖博士たちをいったいどこへかたづけようというのか」[53]。こうした辛辣な攻撃は、自らの希望と信念が粉微塵となされた人の極限的な幻滅を想わせる。ヒルシュ＝ライヒ女史は、大学の同僚たちからの敵意と侮蔑をこの変節のひとつの理由に、またテレスフォルスの親フランス的な政治的観点の容認し難さをもうひとつの理由に挙げている。しかしどちらの理由よりも深刻であったのは、未来に対する苦い気鬱ではなかろうか。教会大分裂はテレスフォルスやヨアキムが謂う〈革新《レノヴァチオ》〉に発した、などということがあり得るだろうか。テレスフォルスを拒否して、ランゲンシュタインのヘンリクスはいまや断固悲観的に言う。

……キリストの教会がこれまでずっとそうであったように、いよいよ悪化を深めているというのはどうやら本当らしい。午睡のうちにその完徳を忘れ、悲しいかな、霊のようにはいかず、現世の各個人の信心は先立つ平信徒や宗教者よりも衰微するのだ。この世はたしかに老化しており、ひきつづき衰滅へと向かって進みつづけている。この世の終わりにはキリスト教徒は慈愛をも信仰をも欠くこととなるだろう……それゆえ将来、われらが主イエス・キリストによりアンチキリストが殺害されるに到るまで、なんらかの教会改革があるなどとも望まれない。その時にやっとユダヤ人その他の不信仰者が……神に改宗し……かくして教会はアンチキリストの試練の後、あらゆる民すべての人に信仰と慈愛と希望を広め、あらゆる徳と聖性が達成されるのをまのあたりにすることだろう[54]。

この一節からしても、楽観主義者たちと悲観主義者たちの論議は決して明瞭ではない。ランゲンシュタインのヘンリクスはまさに最後、キリストの介入によりアンチキリストが滅ぼされた後に、ユダヤ人その他の改宗を措いている。その一方で、〈革新《レノヴァチオ》〉を強調する者たちは通常、堕落とアンチキリストの出現を最後に措く。来たるべき差し迫ったことどもについては様々に想定されてきた。ニコラウス・デ・リラは第七の封印の開示の時の沈黙は、アンチキリストの後の教会の静穏の時期を意味するものと信じたのだったが、彼はそれを黄金時代として誇張することもなく、かえってその短さを強調している。(55) クレマンジュのニコラウスは〈神の大いなる審き〉はすぐそこに迫っていると信じていたが、この審きと〈最後の審判《エクストレムム・イウディチウム》〉の間には、「戦闘の恐怖と混乱の鳴動から離れてある、静穏そのもの」(56)、真に安息と呼ぶことのできる間隔があるだろうと言う。(57) 十五世紀にはニコラウス・クザーヌスが、アンチキリストの後に来たる教会の真の再興への期待を著している。

……聖なる人々が蘇り、勇気が甦るだろう。というのも、聖なる殺害の後、短時日のうちに栄光に輝きつつ教会が甦るのが観られるだろうから。そしてまたアンチキリストの不信仰を教会は凌駕し、それを打ち負かし、勝利はキリストのものとなり、すべての国々が教会に帰順するだろう。キリストに全世界を委譲し、ひとつの群、ひとりの司牧者と成すために……そしてアンチキリストの抑圧から教会は栄光の復活を果たし……永遠の平和の静穏なる教会がはじまる……とはいえそれが終わりという訳ではなく……。(58)

こうした諸見解は、思惟がしばしば最後の平和な時代の可能性を探ることに向けられたのであったにしても、なかなかヨアキムの〈天使的教皇〉肯定にまで到るものではなかったことを証している。

註

（1）【III-3 pp.404-05】参照。
（2）Bignami-Odier, *Roquetaillade*, p.119.
（3）Ibid., p.70.
（4）Ibid., p.80.
（5）Ibid., p.82；【IV-1 pp.505-06】参照。彼はまたアンチキリストに敵する〈恐ろしい熊 ursus terribilis〉でもある。Ibid., p.82.
（6）Ibid., pp.82, 88.
（7）Ibid., p.82.
（8）Ibid., p.82. 彼はここで〈驚異の教皇 papa mirabilis〉とも呼ばれている。

(9) Ibid., p.96.
(10) Ibid., pp.171-2. また【III-3 n.10】に引いた一節をも参照。
(11) Ibid., p.171.
(12) Ibid., p.125.
(13) Ibid., p.125.
(14) Ibid., pp.103, 125.
(15) 【IV-3 p.408】参照。
(16) «el detto sommo Pontifice riperatore del mondo». *Diario d'Anonimo Fiorentino dall'anno 1358 al 1389,* ed. A. Gherardi, *Documenti di storia italiana,* vi, Firenze, 1876, p.390.
(17) «... il quale sarà da Dio mirabilemente liberato ... discaccierà della Santa Chiesa tutti sacierdoti lussoriosi e avari ..., gastigando la superbia de' chierici, e dividerà e' lupo dal popolo santo ; ed eleggierà lo Re di Francia imperadore di Roma, il quale signoreggierà tutto el mondo e annullerà in Italia la setta ch'è tra guelfi e ghibellini, e acquisterà i Reame di Gierusalem ... E se non fosse che Iddio provvedrà ... col predetto Riparatore, el qualle nuovamente ne riformerà l'Ordine de' Frati Minori, rimarrebbono distrutti come gli altri. ... E pone che innanzi al 1378 anni, quasi tutti gl'Infedeli si convertiranno alla fede di Cristo, e ... el Papa e Cardinali e Vescovi con tal ordine chericato saranno ridotti a stato perfettissimo di vita di Cristo, però ch' altrimenti o l'Infedeli non si convertirebbono». Op. cit., p.390.
(18) «Audivi tamen Parisius tempore pape Bonifatii a quodam illustri viro, qui erat antiquus religiosus et magister in theologia, quod ecclesia Romana debebat transferri in Galliam et ibi morari XL annis. Et in ista prophecia dicitur quod ibi debet ipsam persecucionem recipere. Legi in alia prophecia, iam sunt anni forte xxx, quod tempore istius persecucionis ecclesie pauci cardinales, qui remanserint, venient Romam latenter ... Et cum aliquo tempore erunt simul congregati ad eligendum papam volentes unum eligere de se ipsis, tunc, exibit vox sanctuario dicens : Ite ad occidentem septicollis et querite in syndone beati Johannis pauperum nudum meum. Et illum eligent papam. Et ille erit primus reformator ecclesie ad statum primum paupertatis et sanctitatis. Set quia erit multum antiquus, modico tempore vivit. Verumptamen illud, quod ipse inceperit, alius papa subsequens persequitur. Et tercius papa similiter. Qui tercius papa simul cum imperatore, qui erit sibi filius et subditus, cum pace et crucibus intrabit in Jherusalem et recipientur gratanter a Sarracenis ...». *Ve mundo in centum annis,* in Finke, *Aus den Tagen,* p.220.
(19) 〔*ジェンティーレ・ダ・フォリーニョについては、【II-8 p.321】を参照。〕
(20) よく知られた〈わが口を開きたまえ Apri le labbra mie〉は次の句に終わっている。「そして教会はその創始者たちのごとく、敬虔にして聖なる司牧者たちによって飾られることだろう」«Poi fie la Chiesa ornata di pastori / Umili e santi come fur gli autori». cfr. G. Carducci, *Rime di M. Cino da Pistoia e d'altri del secolo XIV,* Firenze, 1862, p.267. 一三六一年の年記のある修道士ヨハンネス・デ・フィレンツェの幻視《ヴィジョン》は、「唯一の群と唯一の郷国となる」«che face uno ovile e una patria»〔*通常、司牧者 pastore である語がここでは郷国 patria になっている〕教会統一の幻視《ヴィジョン》に終わっている。Cfr. E. Narducci, *Catalogo di manoscritti ora posseduti da B. Boncompagni,* Roma, 1862, pp.191-200.
(21) «Verrà nel sereno / Delle benigne stelle / Un'huom che rinnovelle / Il mondo in altra forma ... / Per l'universo, pace / Sarà dal cielo in terra, / E follia e guerra / Sarà in fondo messa». *Misc. Franc.* xxxvii. 48 n.1.
(22) «Et a ben fare verrà un cristiano / E sarà un Papa vero e naturale / Santissimo, giusto e governarà piano ... / Da poi avranno un giusto per Signore / Che fia al mondo degno Imperadore / ... / Sarà di questo stuolo capitano / Un che terrà l'imperial corona, / E fia seguito da ogni cristiano / E ogni sua fattura sarà buona, / E torrà la signoria al gran soldano ... / E della terra santa fia

Signore / Il franco santo vero imperatore*. / Costui sarà di povera natura, / Avrà da Dio grande signoria … / E fia tranquillità, pace e unione, / Come al tempo del buon Ottaviano ; / E per un solo si terrà ragione / Che sarà uom prudentissimo e sano, / De' cristiani universal Signore, / E manterrà l'imperio Romano, / Ai cristiani darà pace ordinata, / E nulla guerra sarà ricordata». *Misc. Franc.* xxxix. 127-8.〔＊「真率なる (franco) 聖なる真の皇帝」は「フランスの皇帝」を隠顕させる。〕

(23) «Vedrai el pastor romano / Della Chiesa capitano / Sancto sarà et soprano / Del mondo unitore». *Misc. Franc.* xxxix. 129.

(24) 一三八七年に書写されたVatican MS. Reg. Lat. 580は美しく装飾された預言集成で、『教皇預言集 *Vaticinia de summis pontificibus*』全三十預言、『修道士テロフォルスの小著 *libellus fratris Thelofori*』を挿絵とともに載せているが、そこには他に四人の天使的教皇、第二のシャルル・マーニュの預言も含まれている。十五世紀のMS. Ottoboniani 1106はテレスフォルスの著作を載せ、またヨアキムに帰される預言詩や託宣の数々を選抄している。MS. Chigiano A. VII. 220は美しいルネサンス期の写本で、内容的にはReg. Lat. 580を踏襲するもの。MS. Vat., Lat. 3816は十五世紀の紙本で、『教皇預言集《ヴァティチーナ》』とテレスフォルスの著作には巧みなペン画の挿絵が付されている。MS. Vat., Lat. 3817もこれとよく似ている。Firenze, MS. Bibl. Ricc. 688は、一三八二年に教皇クレメンスに送られた預言詩を含んでいる〔＊【I-8 n.89】参照〕。またフィレンツェの国立図書館蔵の写本には、『教皇預言集 *Vaticinia*』とテレスフォルスの『小著 *libellus*』を載せるもの (Firenze, MS. Bibl. Naz., Magl. XXII, 22) 以外にも、〈浄福なるヨアキムの預言 Profetia del Beato Gioachino〉にはじまる詩編を含むもの (MS. Magl. A. XXV, 612)、大修道院長ヨアキムのものと称する預言を載せた、ボローニャの修道士ヨハネス・ペレグリヌスが編纂したもの (MS. II, xi, 18) がある。これら、特にヨアキム主義的な写本群に加え、HilkaとMessiniは上掲した類の預言詩を含むかなりの数の写本群を挙げている。

(25) この一節の記述資料は、Burdach, *Vom Mittelalter*, ii, pt.1, 2, 3, 5に負っている。

(26) «Ecce quidem clementissimus agnus Dei peccata confundens, sanctissimus videlicet Romanus pontifex, pater Urbis, sponsus et dominus sue sponse, clamoribus, querelis et luctibus excitatus compaciensque suis cladibus, calamitatibus et ruinis, ad renovacionem ipsius Urbis, gloriam plebis sue ac tocius mundi leticiam et salutem, inspiracione Sancti Spiritus sinum clemencie sue graciosus aperiens, misericordiam vobis propinavit et graciam, ac universo mundo redempcionem promittit et remissionem gentibus peccatorum». Burdach, loc.cit., pt.3, p.6.

(27) «… ut civitas vestra, sponsa Romani pontificis, expurgata viciorum vepribus, suavibus renovata virtutibus, in odorem unguentorum suorum vernarum suscipiat sponsum suum …». Ibid., p.7.

(28) «Et cum auxilio Spiritus Sancti spes certa me confovet, quod in anno Domini iubileo vestra Sanctitas erit Rome ac imperator vobiscum, quod unum erit ovile et unus pastor, per gracie eiusdem Spiritus Sancti unionem». Ibid., p.113.

(29) «… quod in brevi erunt magne novitates, presertim pro reformacione Ecclesie ad statum pristine sanctitatis, cum magna pace non solum inter Christicolas sed inter Christianos et eciam Sarracenos, quos sub uno proxime futuro pastore Spiritus Sancti gracia perlustrabit … ; item quod ad huiusmodi spiritualis negocii prosecucionem electus sit a Deo vir sanctus, revelacione divina ab omnibus cognoscendus … et quod deinde idem pastor angelicus Ecclesie Dei quasi ruenti succurret, non minus eciam quam Franciscus, et totum statum Ecclesie reformabit …». Ibid., pp.194-5.

(30) *Libellus qui intitulatur Onus Mundi* …（ref.【III-4 n.36】), cap. xxvi. 聖女ブリギッタの勧請については、J. Jørgensen, *St. Bridget of Sweden*, trans. I.

Lund, London, 1954, ii. 78 ss.を参照。

(31) Ibid., p.79.

(32) «... ut venies Romam ad sedem tuam quam citius poteris ... Veni igitur et noli tardare ... Incipe renovare ecclesiam meam ... et renovetur et spiritualiter reducatur ad pristinum statum suum sanctum». *Liber coelestis revelationum* (ref.【III-4 n.34】), Lib. IV, cap. cxlii.

(33) «illud magnum scisma quod esse debet preambulum adventus Antichristi : de quo multa scripserunt sancta Hildegardis et venerabilis abbas Joachim». Petrus de Aliaco, *Concordantia astronomie cum theologia ...*, Venezia, 1490, s.p., cap. lix. また以下の彼の著作をも参照。*Tractatus de materia*, ed. F. Oakley, *The Political Thought of Pierre d'Ailly*, New Haven, 1964, pp.315-16 :「こうした微妙な知の予見をなす疑わしい心性、特に教会に対する迫害やら恐ろしくも醜怪なる教会分裂、ローマ教会への服従の控除その他いろいろと恥ずべきことがらが予言されてきたが、それらはたしかに大修道院長ヨアキムやヒルデガルディスの書物にあきらかなところであり、彼らは教会権威から偉大な学識者と認められるところであってみれば決して侮ることのできないものである」«Propterea ex tunc quidam spirituales mala haec subtilioris intelligentiae oculo praevidentes, praesertim Ecclesiae persecutionem et huius schismatis horrendam monstruosamque divisionem, subtractionem quoque oboedientiae ad Ecclesia Romana, et alia plura scandalosa inde secutura praedixerunt, sicut patet in libris Abbatis Joachim et Hildegardis, quos non esse contemnendos, quorundam magnorum doctorum probat auctoritas» (この一節の脚註で、監修者はテレスフォルスの『小著 *libellus*』に言及し、誤解からこれが現存しないと記している)。こうしたことは皆妄想であり幻滅であると語る同時代の反論については、J. Gerson, *Omnia Opera*, Antwerp, 1706, *De Distinctione verarum visionum a falsis*, col. 44を参照。

(34) Telesphorus, *Libellus*, ff. 9r-14v.

(35) *Lib. Conc.*, f. 95v. また ff. 56r, 89r, 92v-93r, 122v をも参照。

(36) «Item in libro concordie pluries et expresse tenet et clare quod insurget una nova religio sanctissima que erit libera et spiritualis in qua Romani pontifices potiti pace ecclesie se continebunt. Quam religionem et ordinem Deus super omnes alias diliget, quia perfectio illius vincet omnes alias aliorum ordinum». Telesphorus, *Libellus*, f. 14r.〔＊「秩序《オルディネ》」はここでは神への信仰と「勤め」あるいは「使命」くらいの意に採っておくべきかもしれない。〕

(37) Ibid., ff. 20v, 25r-27r.

(38) テレスフォルスはこの一節を、「ヨアキムの符合の書 *Joachim in Concordie*」に拠るとしている。これはヨアキムがその f. 89r でヨセフの姿のもとに教皇庁を讃える一節の余韻を伝えているとは言え、直接の引用ではない。テレスフォルスの込み入った構想については、【III-3 pp. 409-11】を参照。

(39) «Et Romanus pontifex in spiritualibus dominabitur a mari usque ad terminos orbis terrarum et erit reformatio status ecclesie ... Et dictus status ecclesie et similitudo apostolorum erit non solum in summo pontifice et in ecclesia romana sed in omnibus aliis prelatis et collegiis, ac omnes reges et principes populi Romanum pontificem ut verum vicarium Christi honorabunt ... secundum Joachim in libro concordie». Ibid., f. 39r.

(40) «Rex pudicus facie».【III-3 n.27 ; III-4 n.41 ; III-6 n.77】参照。

(41)【III-4 n.48 ; III-6 n.27】参照。

(42) Jacobus de Paradiso, *De Septem Statibus Ecclesie in Apocalipsi mystice descriptis ...*, ed. in *Antilogia Papae*, Basle, 1555. ここでは、ed. in E. Brown, *Appendix ad fasciculum Rerum Expetendarum et Fugiendarum*, London, 1690, ii. 102-12を用いた。

(43) «Quid ergo? Putamusne Ecclesiam posse recipere reformationem generalem? ... Ego iudico impossibile humano modo : ... Persuaderi mihi

videor, quod nec aetas nostra, nec futura haec patietur : … Aestimo igitur mundum dietim decrescere in pravis moribus, salva divina dispositione cuius consilium nemo novit, usque ad profundum delictorum, quousque veniat filius perditionis». Op. cit., pp.110-11.

(44) 以下の一節はヒルシュ=ライヒ女史からの情報に多くを負っている。

(45) Ed. G. Sommerfeldt, *Epistola de ecclesie periculis, HJ* xxx (1909), pp.43-61.

(46) Ibid., pp.297-307.

(47) *De Idiomate hebraico,* cfr. B. Walde, *Christliche Hebraisten Deutschlands am Ausgang des Mittelalters,* Münster, 1916, pp.28 ss.

(48) この説教の内容と写本の数々については、O. Hartwig, *Henricus de Langenstein dictus de Hassia,* Marburg, 1859, pp.21 ss.; Sommerfeldt, loc.cit., pp.45 ss.を参照。ヒルシュ=ライヒ女史はウィーン国立図書館蔵になる十五世紀の四種の写本を用いている。

(49) 「聖書各書から来たるべき時について確証を得るため骨折った者たちの内にあってその第一人者は大修道院長ヨアキムで、彼は預言の霊を授けられていたと言われる。それについて彼は黙示録註解その他の論考群において多くを論じている」«Nam primo ex scripturis variis multi laboraverunt in determinatione ultimorum temporum, de quibus unus et magnus fuit abbas Joachim qui secundum aliquem modum spiritum prophetie habuisse dicitur. Hic in re illa multa laboravit super apocalypsim et in aliis opusculis suis»（ヒルシュ=ライヒ女史の書写による）。

(50) *Tractatus … contra quendam Eremitam de ultimis temporibus vaticinantem nomine Theolophorum,* ed. B. Pez, *Thesaurus Anecdotorum Novissimus,* Augsburg, 1721, i, Pt.II, coll.507-64.

(51) «Ibi enim nullius auctoritatis, sed habetur pro quodam suspecto conjecturatore de futuris ex industria humana», Ibid., col.521.

(52) «Quomodo tantum deliravit, ut putaret, post legem Christi, adhuc legem Spiritus Sancti venturam esse, in quam trnsferenda esset lex Christi, sicut in illam transivit lex Moysi tanquam figura in figuratum, et umbra in lucem?» Ibid., col.522.

(53) «quomodo latuit hoc tam diu Ecclesiam et sanctos doctores?» Ibid., col.524. ヨアキムに対する攻撃はcoll.521-9に渡っている。

(54) «… verisimile videtur, quod sub illis Ecclesia Christi continuo sit decensura in deterius, quemadmodum iam diu est. Declinare incepit a meridie suae perfectionis, sicut heu! manifestum est nimis comparando quo ad spiritualia, status singulos fidelium huius temporis ad status similes praecedentium laicorum et clericorum. Unde sicut mundus vadit senescendo, vergens continuo ad interitum praesentis dispositionis : ita et populus Christianus in fine seculorum constitutus tendit ad defectionem charitatis et fidei … Non videtur ergo quod futura sit aliqua notabilis Ecclesiae reformatio usque post interfectionem manifestam Antichristi per Jesus Christum Dominum nostrum. Tunc enim Judaei et ceteri infideles … convertentur ad Deum … Hoc ergo modo videtur Ecclesia post tribulationem per Antichristum valde in omni populo et gente dilatanda ac in fide, charitate, spe, in omni virtute et sanctitate perficienda». Ibid., col.532.

(55) Nicholaus de Lyra, *Liber apocalipsis … cum glosis …,* s.l., s.d., s.p., cap.vii.

(56) «propter tranquillitatem a fremitu bellorum strepituque turbinum». Nicholas de Clémanges, *Opera omnia,* Lyon, 1613, pp.357-8.

(57) Nicholas de Cusa, *Coniectura de Novissimis Diebus,* Padova, 1514, f.1v.

(58) «… resument sancti vires et redibunt ad cor, quia videbunt ecclesiam post sanctorum interemptionem gloriosiori fulgore resurgere post paucos dies. Et videntes infideles Antichristi praevaluisse ecclesiam et se victos, victori Christo cedent et ad ipsum revertentur omnes nationes, ut sit Christi haereditas in universo orbe, unum ovile unius pastoris … Et reddet se ecclesia gloriosa resurrectione a pressura Antichristi … Et incipiet ecclesia in tranquillitate de aeterna pace meditari … Sed nondum statim finis …».

第4章　〈世界革新〉とルネサンス

サヴォナローラとフィレンツェのプラトン主義者たちの時代、そこには絶望と高揚が奇妙な具合に混交していた。[1] サヴォナローラは切迫した災難と審判を説きつつも、その後に〈天使的司牧者《パストーレ・アンジェリコ》〉を待望していた。プラトン主義者たちは〈この世の充溢《プレニトゥード・テムポルム》〉が到来したという感覚的高揚に溺れると同時に、アンチキリストの到来という懸念に捕われてもいた。一四九二年、マルシリオ・フィチーノは黄金時代の到来を告げ、諸学芸、人文主義著作、印刷術等々をその実現として列挙してみせた有名な書簡を、占星術師ミッデルブルクのパウルスに送っている。

つまりわれわれの時代こそが黄金時代であることにはなんの疑いもない。到るところにあらわとなった黄金の才知。それこそがわれわれの時代であることは、卓越した発明の数々を想起してみるならばまったく疑いはない。この黄金時代、じつにほとんど光そのものにまで還された自由諸学芸。文法学、詩学、弁論術、絵画、彫刻、建築、音楽。古、オルフェウスの竪琴によりて奏でられし歌。それがこのフィレンツェ（ここに花開き）……殊にウルビーノ公フェデリコによる勲……わがパウルスよ、あなたが星辰の動きのうちに完璧に読みとってみせたごとく、ここフィレンツェではプラトン研究が闇を光へともたらすこととなった。ゲルマニアにおいては現下、新たなる印刷術により書物が刷られつづけている。[2]

エジディオ・ダ・ヴィテルボもフィチーノへの手紙で、この黄金時代の賞揚を繰り返してみせた。[3] この人文主義者集団のうちにあって、文芸（学芸と教養）は決して信仰と分離するものではなかった。プレトンは「真の信仰において、こころはひとつ、想いはひとつ、説かれるところはひとつ、僅か数年のうちに全世界がそのようになるだろう」(4)と預言したと伝えられる。シャステルは彼が唱導したところを注して、「プラトン主義とは、人間の歴史において偉大な段階を画す神学的思弁と道徳慣習の総革新の具であった」と論じている。(5)

しかし同じイタリアにあって、全般的な不安感は一四八〇年代から九〇年代にかけてその頂点に達する。ルカ・ランドゥッチは自らのフィレンツェ日記に、みなが神の大いなるしるしを待ち望んでいる様をみて、ある種の奇蹟と報じている。(6)一四七二年のシエナには、「災いなるかな」と叫びを挙げる預言者たちが徘徊していた。一四九二年、フラ・ジュリアーノはミラノで「貪欲なるバビロン《アヴァラ・バビロニア》」を罵った。(7)ローマの街路にも奇妙な予兆を告げてまわる預言者たちがあらわれた。一四八四年には、人文主義者、占星術師、カバラ学者をひとりで引き受ける者が、全世界の激変が切迫していることを主張した。(8)一四九〇年、ステファノ・インフェッスーラは、ある「出自も知れぬ貧しく陰鬱な托鉢修道士の衣装を纏った者」があらわれ、イタリア中に蔓延することになる大いなる災厄を告げつつ「この年」ローマ人たちを脅えさせた、と録している。(9)この事例には、その方法論においても――「旧約聖書を新約との符合に導き」(10)――最終的な待望においても――「第三の年、一四九三年には一時的に聖職者たちの統率が取り戻され、その時、天使的司牧者は生を励まし、霊に配慮するだろう……」(11)――、ヨアキム主義の跡を認めることができる。この時期、シエナの年代記作者ティツィオはこの世の終わりについての書物を著し、またフィレンツェの聖堂参事会員プロスペーロ・ピッティは教会の革新と天使的教皇の到来を預言している。(12)同じ頃、聖カタルドゥスのものとされる奇妙で厳粛な預言が弔鐘のように人々の耳を打ち、ミッデルブルクのパウルスの占星術的予言がイタリアを席捲した。(13)ここにふたたび災厄とアンチキリストが吹聴されるとともに、一四八四年の惑星の合が聖なる改革者の到来のしるしとみなされた。その数年後、占星術と預言の世俗的混交物たるリヒテンベルガーの『予言の書《プログノスティカチオ》』はイタリアで、それも特に北イタリアで大評判となる。(14)こうした状況において重要なのは、そこに二つの対立的な観点がある訳ではない、という点である。そこには人文主義者たちの黄金時代の称揚と、「災いなるかな」と叫ぶ中世の預言者たち占星術師たちの態度の間に存した対立は認められない。マルシリオはミッデルブルクのパウルスの計算を学び、ピコ・デッラ・ミランドラそして後にエジディオ・ダ・ヴィテルボはカバラを学び、フィレンツェのプラトン主義者たちはなによりもまずサヴォナローラを歓迎した。予言と大いなる希望は人々のうちで手をつないで息づいていた。最大の試練と最大の地上の至福の並置が、すでにヨアキム主義的な歴史類型《パターン》のうちに存したことは、ここまでに観てきたとおりである。災厄と称賛のヨアキム主義的婚姻は、まさに、黄金時代という人文主義的観念にアンチキリスト到来の懸念が深く染みこんだ十五世紀末のイタリアの心情を捉えるものだった。

ヴェネチアにおけるアンチキリストと〈革新《レノヴァチオ》〉への関心は、ドメニコ・マウロチェーノ、ルスティチアヌス、アンドレアスそして後のサン・チプリアーノ写本の書写者たちが『教皇預言集《ヴァティチーナ》』、『フロレの書』そしてなににもましてコセンツァのテレスフォルスの『小著《リベッルス》』から教皇たちに関する預言を蒐めていた十五世紀中葉に遡る。彼らは挿絵によって天使的教皇たちをより詳細に配列してみようと試みたのだった。サン・チプリアーノ写本は、『教皇預言集《ヴァティチーナ》』から採用された最後の四人の教皇の生硬な描画によってはじまり、テレスフォルスのテクストには四人の天使的教皇の挿画が添えられた[15]。そのひとつは葉の生い茂った樹木からの収穫（三〇葉表）、別の画面は群集への説教（三一葉表）。謎に満ちた「教皇となるべき新たなる宗教者たちの図」[16]では、剃髪したひとりの修道士が奇妙な具合に鎌をもち、庭のようなところに立っている（二九葉裏）。「新たなる信仰《ノーヴァ・レリギオ》」は、天使から神のことばを受ける敬虔なる修道士たちの一団としても描き出されている（二九葉裏）。テレスフォルスの預言の最後の部分の挿絵群は、政治的救世主たちは〈最後のアンチキリスト〉の後に、ただ〈聖にして選ばれた民〉のみが天使的司牧者のもとに留まる時期を残して去るであろうことを強調するものとなっている。父なる神が雲間にあらわれ、跪く民を祝福する図の下に付された注には、「ここに聖なる民は修道士の新たな信仰の衣装を纏う。ここに最後のアンチキリストの後のすべての教皇が含まれている」[17]と説明されている。これに教皇冠を被り光背のある教皇の図がつづく（三五葉表）。サン・チプリアーノ写本の後代の加筆部分では教皇の数が増やされ、この写本には一六一六年までには書き込まれた聖マラキに帰される預言が含まれている[18]。

この類の預言に対する関心は、シルヴェストロ・メウッチォのヨアキム主義的著作群の刊行にまで繋がっている。天使的教皇という主題は、彼が一五一六年に刊行したテレスフォルスの『小著《リベッルス》』に著しい。シルヴェストロの献呈辞は試練の危難接近を言い募り、他の序の数々もそれを強調しているが、シルヴェストロが印刷公刊した修道士ルスティチアヌスの書簡では、ローマの荒廃から天使的教皇による改新また〈革新《レノヴァチオ》〉の構想が明確に打ち出されている。そして刊行者はこの文書に幾つかの図版をも付したのだった。このアウグスティヌス隠修士会士は、天使的教皇の選任を、彼の探索、天使による戴冠、そしてあらゆる邪悪な力が鎮められ〈新たな信仰《ノーヴァ・レリギオ》〉[19]の勝利となる経緯として、図版と称賛のことばによってあらわした。[20]天使的教皇はあらゆる国に平和をもたらすため、全世界を巡幸するだろう。唯一の司牧者のもと、唯一の群への最終的合一とは、最終的な静穏に必要とされる唯一の組織形態である。

シルヴェストロ・メウッチォは十四世紀の著作に手を加え、強く同時代的な意味を纏わせるとともに、そうした意図はパオロ・アンジェロによって表明された関心によって補強されることになった。この人物については、ただメウッチォとの知己関係と、彼が著した二編の論考によって知られるのみである。その著書の中でビザンツ皇帝の末裔とやら称しているが、[21]彼の見解に最も影響を与えたのは、福者アマデウスと「大修道院長ヨアキムのほとんどすべての著作を白日の下にもたらした、わが告解聴聞師、隠修師会士シルヴェストロ」[22]であった。一五二四年、彼は『聖なる教皇……クレメンス……教皇七世に送る……悪魔の暴君の破滅について……の書簡』[23]を公刊した。これは彼がアマデウスの預言群の長い句節を翻案したものであった。ヴェネチア総督アンドレア・グリッティに献呈された、彼の一五三〇年の第二論考はテレスフォルスの著作をイタリア語で要約したものだった。[24]シルヴェストロ同様、彼は二つのことがらに配慮を凝らしている。一つ目は、教会分裂における〈複合アンチキリスト《アンチキリスト・ミスト》〉[25]と、それにつづく災いのすべて。二つ目は、「長く待望された天使的司牧者およびそれを後継する真に至聖なる者たち」によって成就される〈革新《レノヴァチオ》〉について。[26]パオロ・アンジェロはシルヴェストロのテレスフォルス刊本に密接に従いつつ、当然のごとく『小著《リベッルス》』に新たに著しくヴェネチア的な要素を加えている。彼が東方の出身であることは、おそらく、ギリシャ教会とラテン教会の永遠の合一の強調と、ヨーロッパとアジアの間に設けられるであろう三つの架け橋によって足を濡らすことなく人々が行き来できるようになる〈天使的教皇〉の樹立する国際関係の理想化のうちに垣間見える。[27]結論部で、彼は「革新の時」に関する信念をヨアキムの諸著作を基に語り、アンチキリストの死を多くの者たちが考えるようにこの世の終わりに措くのではなく、刻苦勤労の時の終わりとし、悪魔《サタン》が縛められる時、至福の時代が来るであろうと言う。[28]

これにもました預言への関心は『驚異の書《ミラビリス・リーベル》』に認められるところである。これはヴェネチアで一五一四年に公刊されたと言われるものだが、一五二二年のパリ版以降のフランス版しか知られていない。すでに観たように、[29] これは預言精華集《アンソロジー》で、すべての預言をフランスの最終世界皇帝への待望とともに配列してみせたものだった。ここには『教皇預言集《ヴァティチーナ》』の三十すべての見出し語が収められ（挿絵なし）、[30] これに「数々の試練の後にあらわれるであろう天使的司牧者とその善および徳と聖なる業、その高徳なる特質とはたらきについての敬虔なる預言」[31] の一章が付されている。この章は直接『フロレの書』に依拠したもので、典拠とされたのはパリのサン・ヴィクトール図書館蔵「大修道院長ヨアキムの書」[32] だった。この預言およびそれにつづく預言の数々は、どれもガリアの王と天使的教皇が最後の時代に輝かしくも聖なる同盟を成し遂げるというものばかりである。こうした文書を求め、フランスとイタリアの図書館が徹底的に探索された。[33]

ドメニコ・マウロチェーノが書簡をやりとりした相手のひとりに、ヴェネチア人のカマルドリ会総長ピエトロ・デルフィーノがいた。[34] ヒエロニムスという修道士宛ての手紙で、デルフィーノはゼノビウス・アッチャイウォーリ（「言語に造詣深く、類稀なる弁論家」）[35] が数々の預言書を持参して訪れたことを報せている。そのうちには「はじめ誘《おび》き出されて死ぬが、後には勝ち誇ることとなる天使のごとき未来の教皇に関する預言《ヴァティチーナ》もあった。そこから解されるところによれば、彼の名は将来Mによって表わされることになるだろう」[36] とも記されていた。これを読んでデルフィーノは、彼に天使的教皇について録した『教皇表《パパリスタ》』を読むようにと勧めたことのある学識深い友人マウロチェーノを想いだした。そこでこのカマルドリ会総長は、ヒエロニムスにこの書物を探し出し、彼のために書写する許可を取ってくれるようにと要請する。

この手紙は一四九五年にフィレンツェで書かれている。当時デルフィーノはその地でサヴォナローラ論議に巻き込まれるとともに、熱烈に預言の研究に没頭していた。アッチャイウォーリは高名なる人文主義者で、後にレオ十世の司書となる人物だった。この短い逸話から、当時のフィレンツェの知識人たちの間で預言がどのように回覧されたものであったかを窺い知ることができる。

イタリア国外にもこうした預言に対する神秘的な熱狂は、サヴォナローラの言辞とともに遍く響き渡ることとなった。

ヴェローナのアレッサンドロ・ベネディクトは、シャルル八世の出征譚のはじめ、それを占星術的前兆と組み合せて語っている。[37]

その時はかりしれぬ災厄がイタリアに降りかかるであろう、とは星辰の観察から予言されていた……土星《サトゥルヌス》の支配に火星《マルス》が相対し、年頭にあたり太陽と星辰の蝕が予想されていた。こうした要素は吉兆に満ちたもので、一五〇〇年に到る七年前の十月、全イタリアをおそるべく震撼させ……これを耐え忍んだ宗教者たちもつづく年を断食の空腹のうちに過ごし、ここにあらためて（あるいは、ノヴァラの人々とともに）滅びるだろうと説かれた。その他の民にもはかりしれぬ災いが迫っている。ヒスパニア、ガリア、ヘルベチア、スワビア、チュートン、ダルマチア、マケドニア、グレキア、トルコその他数知れぬ国の巷間、こうした予測が囁かれるのが聴かれた。[38]

ヴァロンブローザ会のある隠修者は、フィレンツェ人たちと教皇にシャルルを神の使いとして迎え入れるよう嘆願している。[39] ここにふたたび、シャルル八世の到来がメシア的なかたちをとりはじめるユダヤの預言と期待と並行する奇妙な現象に出会うことになる。[40] 平信徒サン・ジミニアーノのルカがヨアキム、マーリン、シビュラその他の預言を蒐集したのは一四九四年のことだった。彼はその集成に次のように注記している。「私儀、ルカス・ゲミニアネンシスはこれを主の一四九四年五月十日書写し了った。現下、フランスの王カロルは多くの軍勢を率いてローマにあり、ナポリ王国攻略に向かわんとしているところ」。[41]

こうした情勢の中、懲罰と〈革新《レノヴァチオ》〉というサヴォナローラの二重の所信は一気に広がる。彼の想いはいったいどの程度、ヨアキム主義的な待望から引き出されたものであったのだろうか。サヴォナローラの考えとヨアキム主義の関係性という問いは、いまだ十分に解かれてはいない。最近も対立する諸見解が呈されているが、いまのところ十五世紀末におけるヨアキム主義伝承の展開を十全に解き明かした者は誰もいない。D・ヴァインシュタインの「サヴォナローラとフィレンツェ。ルネサンス期における預言と愛国心」はその方途を示唆するものではあるが。[42] 最初にサヴォナローラが一四九〇年にフィレンツェでの説教でその想いのすべてを告げた時、彼は大修道院長ヨアキムと聖ヴァンサン・フェレールをその権威として引いている。[43] 六日の後、人々は現世の苦役から逃れ、太陽は世界を照らし、人々は観照の山へともたらされ、そこで旧約と新約聖書の真の知解を受けるであろう、というこの時の彼の説教は、著しくヨアキム的な霊感を響かせている。その一方で、後にサヴォナローラがブリギッタとヨアキムにはなにも負うところがない、と言明したことはよく知られている。[44] とはいえ、その叙述形式――誘惑者との対話で、誘惑者にこれらの預言書を所持していることを咎められ、サヴォナローラはブリギッタを一切読んだことがなく、ヨアキムも僅かばかり読んだに過ぎないと返答する――は、彼がこうした未来予言の方策に魅了されていたという事実を示唆するものである。彼の説教テクストは、ここに宣言された態度よりも預言者たちのものに近い。彼のフィレンツェとローマ、全イタリアそして特に教会に向けられた激しい告発、切迫した災厄の告知、絶滅の威嚇には、旧約聖書の預言者たちの伝承ばかりか中世の預言者たちのことばも数多く注ぎ込まれている。しかし彼が一旦、〈革新《レノヴァチオ》〉を語りはじめると、はたして彼の希望がヨアキム主義的なものによって涵養されたのでなかったと考えることは困難である。彼はエルサレムの復活をローマに据え、トルコ人たちの改宗と信仰の全世界への拡大を告げる。最初に改新される町はフィレンツェであろう。それは特別に神が選びたまうた場所であり、そしてどうやら徐々に、フィレンツェこそが神の新たなエルサレムと化していく。こうしたフィレンツェの使命に関連して、サヴォナローラは旧約聖書の誘惑を寄せつけない婦人の姿を用いている。これはヨアキムの『符合の書』を強く想起させるものである。[45] そればかりか、バルトロメオ・レッディティによるサヴォナローラの説教の要約からは、また別に、『符合の書』からの驚くべき余韻を聴きとることができる。神が旧約において、試練から幸福へとモーゼに導かれるようイスラエルの民を選びたまうたごとく、いまや「ひとりの預言者」、新たなモーゼによって導かれるようフィレンツェ市民はこれと同じ役割を果たすために召されたのである。[46] この世の第五の時代にはアンチキリストの迫害を耐えねばならないが、それにつづく〈革新《レノヴァチオ》〉は第七の安息の時代を樹立し、人々は〈更新された教会《キエサ・ヌオヴァータ》〉のうちに歓び、群はひとつ、司牧者はひとりとなるであろう。サヴォナローラがこの説教をなすことになった驚くべき政治状況が、彼に第二のシャルル・マーニュという政治的な使いを誇張させたものでもあったろう。フィレンツェとフランスの伝統的な協調関係がそれを助長したのかもしれないが、彼の待望の頂点は神によって遣わされることになる〈聖なる教皇《バーパ・サント》〉にあった(47)。これらはみな、天使的教皇と最終皇帝に関するヨアキム主義的構想の一端である。もちろんここで、これらの観念がしばしばその本源を亡失されるほど広範に普及したものであった、と言うこともできよう。サヴォナローラを触発した千年王国主義のある特殊なかたちがヨアキム主義的な預言構想であったとしても、そのまま彼をヨアキム後継者と呼び得る訳ではない。

サヴォナローラがフィレンツェの人文主義者や画家の幾人かと個人的な接触をもっていたことはよく知られている。もしも人文主義者の言う黄金時代と宗教的な〈この世の革新《レノヴァチオ・ムンディ》〉をきっぱり二分することを否むなら、われわれはあらゆる場所にサヴォナローラの主張を聞き届けることになるだろう。そのひとつはサンドロ・ボッティチェッリの有名な終末論的絵画である「降誕図」。そこで受肉は、天使たちが人々を抱擁し、悪魔が打ち倒される時という未来の新たなできごとの象徴とみなされている。この絵は長い間サヴォナローラの霊感と結びつけられてきたものだが、画中に付されたダニエル書と黙示録にある「三年半」に言及した銘記がたしかに終末論的な文脈背景をなしていることに注目すべきだろう。ヨアキム――そして当然ながら数多くの者たち――はこの神秘的な時間間隔を、アンチキリストの試練を耐えねばならぬ期間の含意に用いている。ヨアキムにとってはそれを越えたところに第三〈時代《スタートゥス》〉が想定され、またボッティチェッリの絵の法悦とそこに付された銘記からすると、それは試練の後にほぼ直接して期待される至福、新たな誕生の描写に違いない(48)。一四九六年、フィチーノの弟子で、その周辺の人文主義者たちにはよく知られた人物であったジョヴァンニ・ネーシが『新時代の託宣《オラクルム・デ・ノーヴォ・セクロ》』を公刊したが、そこでもあらためて大変動と改新の告知が並置されている。この詩編は「千年王国主義的ピアニョーネ（サヴォナローラ派）に典型的な讃嘆あるいは旧来のヨアキム主義における来たるべき聖霊の時代への恩顧の念の再現」に窮まる(49)。

サヴォナローラの影響ということで興味深いのは、フランチェスコ・ダ・メレトの場合である。彼は一四七三年コンスタンチノープルでユダヤ人たちとの接触を試み、偉大なラビから「大いなる秘密……一四八四年……のうちに彼らが待ち望むメシアが到来せぬなら、ユダヤ人はみなキリスト教信仰に改宗するのをわたしは目のあたりにすることになるだろう」(50)ことを学んだ。後にフィレンツェで、彼はサヴォナローラの預言した〈教会革新《レノヴァチオ・エクレシエ》〉に夢中となり、それがはじまる時期の探求に没頭した。そして、聖霊の援けにより一五一七年に改新がはじまるだろう、と彼は主張する。彼の二冊の著作のうち、最初の『聖書の秘密の数々の饗宴』(51)はおそらく一五〇八年に著されたもので、ランドゥッチはこの年、フィレンツェにふたたび「大いなる試練と教会の革新」を叫ぶ説教師たちがあらわれたことを録している。(52)二冊目の『預言された時の交錯点』(53)はラテン語で著され、レオ十世に献呈された。この書で彼は「主の一五三〇年、神の教会の総改革が起こり、異端と過誤のすべてが滅ぼされ、この世のすべてはひとつの群とひとりの司牧者となるだろう」(54)ことを論じてみせた。メレトには、教皇との接見を準備し、この書の出版を請け合う人文主義者の友人たちがあった。その書には、ユダヤ人とイスラム教徒の改宗を含んだ、類型的な試練と勝利の構図が看てとれる。明らかに教皇庁はそれに好意を示さず、書物は公刊されたものの、後にフィレンツェの教会管区会議で両書とも有害と断罪されている。これはおそらくP・オルランディーニによるメレト攻撃の帰結でもあったろう。彼はメレトを直接の標的に「無益なる預言者たちを駁して」著作した詩人神学者で、『ミレト人攻略』(55)を残している。

サヴォナローラの説教の反響は、ひきつづきフィレンツェの小預言の数々に認められる。一五〇〇年、下層階級出身のサヴォナローラの二十人の弟子たちが自らの〈天使的教皇《パーパ・アンゲリクス》〉ピエトロ・ベルナルディーノを奉じて結社を成し、聖霊の新たな降下を説いた。(56)フィレンツェを追放された彼らが、熱烈なサヴォナローラ支持者であったミランドラ伯の元に身を寄せているのは興味深い。一五〇八年には別の隠修者がフィレンツェで「イタリアに災いあれ」と説いた。(57)一五一六年にはフランチェスコ・デ・モンテプルチャーノが試練と革新とを説いている。(58)同年、フラ・ボナヴェントゥラはローマで自らを天使的教皇であると告げ、「ボナヴェントゥラ、神によりジオンの教会の司牧者に選ばれ、天使たちの手から冠を授けられ、この世の救い主たるべき使命を受けたる者、キリストを信ずる者すべてに挨拶とともに使徒の祝福を送る」にはじまる手紙をヴェネチア総督に書き送っている。(59)そこで彼が、教会を改革し、トルコ人たちを改宗させるべく神に定められたフランスの王国を支援するようヴェネチアに呼びかけているところからすると、その構想は同年ヴェネチアで公刊されたテレスフォルスの『小著《リベッルス》』と密接に関連したものであったに違いない。(60)またほぼ同じ時期、フィレンツェでは「北《アクィ》風《ローネ》の座にあえて自ら天使的教皇の名を濫用した」(61)某テオドーレに関する訴訟が進行中だった。彼の異端は具体的にサヴォナローラに遡るものである。カマルドリ会総長デルフィーノが自ら天使的教皇の預言群に興味を寄せたことについては先に観たところだが、(62) この総長は彼のことを背教者のギリシャ人修道士と記し、彼に対して「要するに、修道士ヒエロニムスが近々到来するであろうと予言した天使的教皇が自らことであると信じ……」(63) と類同の反論をなしている。彼はサン・ミニアートに終身禁固された。

一五一七年のフィレンツェ宗教会議でのメレトの著作に対する禁令やそれに類した説教や予言の禁止令(64)にもかかわらず、サヴォナローラが告げたところが焚殺根絶されることはなかった。一五三〇年、ジロラモ・ベニヴィエーニは教皇クレメンス七世に書簡を送り、(65) サヴォナローラの預言の核心の不動の本質たる四点に注意を喚起している。(1)「イタリアそれも特にローマへの懲罰」、(2)「教会の革新」、(3)「トルコ人およびムーア人の改宗」、(4)「フィレンツェの幸福」。彼はいかにサヴォナローラの予言の数々が実現し、また現実のものとなりつつあるかを論じ、フィレンツェの果たすべき役割に大いなる期待を表明するとともに、教皇がフィレンツェの解放を支援することによって、こうした預言群がついに成就されるよう熱烈に要請したのだった。数年の後、フィレンツェのドメニコ会士ルカ・ベッティーニは『教会改革についての託宣』(66)を公刊した。彼はそれがサヴォナローラの教えの要旨を纏めたものであると言っている。彼の言辞の核心はベニヴィエーニが語ったところと同じであり、ふたたび〈革新《レノヴァチオ》〉とフィレンツェの最終的な役割が強調されている。(67) 神は〈ひとりの聖《ウン・パーパ》なる教皇《サント》〉を遣わすであろう。邪悪なる司祭たちは遠ざけられ、聖なる人々が教会に送りこまれるだろう。全世界はキリストに帰依するだろう。エルサレムはふたたび世界の中心となるだろう。「そして天国かと見紛うほどにも霊が満ち溢れるであろう」(68)。これは決してフィレンツェの占めるべき聖なる地位を減ずるものではない。フィレンツェは苦難を越えて、神に選ばれたものとしてイタリアを照らすものとなるだろう。このように、サヴォナローラの教えのうちでも大いなる衝撃力を持ったのは、〈この世の革新《レノヴァチオ・ムンディ》〉で、それは一五三六年、ベッティーニによって次のような詩的なことばであらわされた。

かくしてこの世のすべてはかつて慈愛と歓喜に満たされありしごとく……その時には友が友を教会に誘う大いなる静穏と平安に満たされるであろう……そして各々がお互いを霊的なことがらへと導き、この世を甘美で満たすであろう。

甘美なる文書、悦びの観照、説教はみな優しく……教会は大いなる愛に、平和に、静穏に満たされるだろう。天使たちは勇敢なる教会にあらゆる快美を滴らせ……天使たちは会話するために来たり、人々とともに過ごすために来たるであろう……。[69]

天使的教皇と〈教会革新《レノヴァチオ・エクレシエ》〉に関するサヴォナローラの揚言は、当然ながらその宿命と彼の狂信的追随者たちのせいで異端の嫌疑に塗れることとなる。彼を善意に解する人文主義者たちもその支持から手を引いたばかりか、かえって彼をアンチキリストと告発する者すらあった[70]。神学者たち人文主義者たちにとってこれほど劇的な衝撃力があった訳ではないにせよ、かなりの普及をみたのが福者アマデウスあるいはヨアンネス・メネシウス・デ・シルヴァだった。すでに観たように[71]、彼はシクストゥス四世によってローマに招請され、自らの同信会《コングレガツィオーネ》の創設を許された。彼は『新黙示録《アポカリプス・ノーヴァ》』を遺したが、伝説によるとこれは彼が天使ガブリエルから口授されたものであったという。彼は特にローマにおいてたいへんな声望に恵まれ、ポステルが語るところによると、その著作は枢機卿たちをはじめ数々の館に所蔵されていたという[72]。こうした関心の焦点に、彼がことばでばかりか図説もしてみせた天使的教皇があったことに疑いはない。彼が自身を天使的教皇と信じていた可能性もあるが、定かな証拠はない。彼の著作のひとつには次のように録されている[73]。「啓示や預言の数々からなるいとも美しい小著。ローマ教会、天使的教皇について、その統治、支配、また信仰の変移について」[74]。彼の言辞の幾つかのイタリア語訳がビザンツの人パオロ・アンジェロによってなされている。明らかに彼はアマデウス礼讃者のひとりだった[75]。彼の録すラテン語の表題は次のようなもの。「小さき兄弟会改革厳修派修道士アマデウスの預言。全能なる神に選ばれた人が至高なる創造者の援けによって神の教会を革新する様について」[76]。イタリア語異文《ヴァージョン》では、アマデウスがガブリエルに「新たなる司牧者についてまた主の再臨の時について……」[77]問うている。神はすでに未来の司牧者を選びたまいしこと、「彼はすでにローマに貧しく、人知れず、若者として居り……だんだんと成長している……老成した暁には神の力能の徳をあらわし、彼は地より貧困を取り去るであろう」[78]。天使はその時、いろいろな政治的できごとを引き起こすイタリアへのより酷い劫罰を預言する。その幾つかは、明らかに〈事後預言〉である。「そして百合の王は一瞬の閃光のように来たり、勝利し、また二度目には勝利なく、たちまち逃散するだろう……」。[79] こうした暗鬱な予測に阻まれることもなく、アマデウスはその幻視《ヴィジョン》のうちに展望される天使的教皇を歓び、彼にまみえることを切望する。「ああ、この貧しく人知れずある者に会ってみたいものだ」[80]、と。それに天使が答える。「おまえはすでに彼に会っているのだ。ただその荘厳なる姿においてではなく……」[81]。

〈事後預言〉の数々はアマデウス自身が書いたものではなく、彼の文書が出まわった後に流布したかたちであることは明らかである。これらの預言の検討から、十六世紀の第一・四半世紀には、おそらくローマを中心にかなりの数の人々が歴史の最終予測に熱中し、アンチキリストばかりか世界皇帝や天使的教皇を待ち望んでいた様子が窺われる。それは学者、人文主義者、神学者たちで、そのうちには先の世代のフィレンツェのプラトン主義者の弟子たちも居た。彼らは託宣や預言を書き改め、自分たちの観念を未来の歴史というかたちで録したのだった。

こうした者たちの内でも最も影響力のあったエジディオ・ダ・ヴィテルボが、ヴェネチアでヨアキムの著作群をシルヴェストロ・メウッチォに訊ねたことは、すでに述べた[82]。エジディオは『シェキナー』で、カール五世に皇帝という大いなる務めを果たすべく懇請しているとはいえ、このアウグスティヌス会総長はそれを常に教皇庁の大いなる役割との関係の下に観ている。一五一二年、ラテラノ公会議開幕にあたりなされた有名な説教で、彼は教皇庁の最終的な定めを成就させる者をユリウス二世に求めている[83]。彼の大著『二十の時の歴史』は、「キリストの遣いとして完徳の業とともにキリスト教の信仰を永遠なるものとし、教会を平和に還すためこの世に樹てられた人」[84]、レオ十世への讃辞とともに終わっている。『シェキナー』はクレメンス七世の要請によって著されたもので[85]、教皇と皇帝の預言的役割についても論じられている[86]。エジディオはヨアキム主義的な預言群をカバラの諸玄義とともに蒐めたばかりか、ギリシャ、ヘブルその他東方の言語をもって預言と言語を研究する人文主義学者たちを自らの周りに集めた。

こうした思潮に最も深くかかわったのがペトルス・ガラティヌスで、彼はおそらくエジディオの取り巻きのひとりであった。彼もまた皇帝と教皇の協力関係を探るとともに、自著をマクシミリアン一世とカール五世に献呈しているが、その関心の中心は天使的教皇による未来の教会修復にあり、彼の著書の幾つかは教皇や枢機卿たちに宛てられている[87]。ガラティヌスは預言の熱心な蒐集家で、それらの多くは十六世紀中葉、おそらく彼の著書を介して流布したものであった。彼はかなりの量のヨアキムの真擬作、それにペトルス・ヨアニス・オリヴィ、ロベルト・デュゼス、ロカタイヤード、聖ヴァンサン、聖女ヒルデガルト、聖女ブリギッタの著作の数々を用いている。彼はローマで評判となっていた「鉛の書物に著された」聖カタルドゥスの有名な預言を自ら手にとっている。(88) また『ガルガーノ山の預言』、『ローマの預言』(90) その他、聖セヴェリウスのものとされる預言、(89) ピサのバルトロメオの伝える聖フランチェスコの預言をも蒐集している。そしてなにより彼はアマデウスの幻視《ヴィジョン》に、特にそこに記された天使的教皇の間近な到来に感銘を受けている。(91) これらの素材のすべてが数々の彼の著作に流用された。そこでは主として教会の歴史と定めに焦点が当てられており、彼の中心類型《パターン》はそのうちの三著作、『創設された教会について』、『欺かれた教会について』、『再建された教会について』(92) という表題に簡潔に示されている。彼は教会の腐敗と欠陥をルターの疫害という同時代の状況のうちに見出すとともに、彼の時代を試練の第六の時期と考えた。しかし〈復興〉の時は間近である、と彼は信じていた。彼の初期著作のひとつ、レオ十世に捧げられた小著は『キリスト教徒の共和する国、真に民のためなる改革、進展、そしてキリスト教徒の土地として遠征奪還される幸福について』(93) と表題されている。後には彼はパウルス三世が改革を達成するよう期待しているが、(94) いずれにしても彼は天使的教皇について、「聖なる司牧者がその一々の御業をなしたまうところをわれわれに迅くお見せくださいますように」(95) と熱心に祈念をつづけている。

ヨアキムは黙示録の天使たちを霊的な人々の象徴と観たのだった。ガラティヌスは天使的教皇とその弟子たちが、フィラデルフィアの教会の天使によってあらわされているものとみなした。第六の時《テムプス》にあたり神がその扉を開けたまうところの天使。そして披かれた書物を手に「雲に包まれて」降り来る天使に。生きた神のしるしをもって東から昇る天使に。(96) もちろん彼は、この最後の天使が聖フランチェスコと同一視されてきたことを知っていたが、断固としてこの解釈を採らない。聖フランチェスコは第五の時期《テムプス》に生きた人であり、第六の時《テムプス》にではなかったから。(97) そしてついにガラティヌスは、永遠の福音をもちきたる天使を来たるべき天使的教皇と主張するに到る。(98) 彼はここで一切ヨアキムに触れる危険を冒してはいないが、永遠の福音を聖書の〈霊的知性《スピリトゥアーリス・インテレクトゥス》〉と解釈し、数々の句節で〈天使的司牧者《パストール・アンゲリクス》〉の主要な性格を聖なることばの神秘の数々を貫き露わにする神秘の力とみなしている。ヨアキムを想わせることばで彼は記している。「天使的司牧者のもと、聖書の真実は夜闇が輝き、白昼の光が降り注ぐがごとくあらわれるに違いない」[99]と。また他の著作でガラティヌスは、天使的教皇を五つの具体的な務めを果たし教会を統括するために、観想状態から降る者としてあらわしている。五つの務めとは、聖職者たちを始源の完璧な清貧に還すこと、信仰を邪悪な力による迫害から解放すること、平信徒の改革と君主たちの和解を果たすこと、不信仰者たちをキリストに改宗させること、善き司祭たちを教会指導者の立場に挙げること[100]。キリストのまねびにおいて、彼は神殿を清め、悪徳商人たちを追い払うだろう。述作のすべてをこの主題に向け、ガラティヌスは小論考『天使的教皇について、旧約新約聖書から抜粋した小著』[101]に彼の考えを纏めることになる。彼はここで自身の黙示録註釈で指摘した諸点を繰り返すとともに、数々の期待の補強にヨアキム、キュリロス、ラバヌスの句節を、偏愛するアマデウスの句節とともに援用した。大いなる希望の象徴としてヨアキムに親しい旧約聖書の諸形象を、彼も用いている。エジプトからイスラエルの民を導くモーゼ[102]、はじめ石胎であったが後にはサムエルを産んだハンナ[103]、エステルとモルデカイのワシテとハマンに対する勝利[104]、ゾロバベルの大いなる帰還と祭司ザカリヤの捕囚からエルサレムへの帰還[105]、ペルシャ王クロスの偉業[106]。アマデウスはガラティヌスのこころに天使的教皇の霊的相貌を刷り込んでおり、実際、天使の導きによってアマデウスが描いてみせた画幅をガラティウスはまのあたりにしている。

> その肖像は天使の啓示するところにしたがって亜麻布に描かれたものであった。その足元には次のように書かれていた。汝は第二のペテロにして、この石の上にわが教会を再建しよう、と。その第二のペテロの像の傍らに黄金の山なす町が護られあった。それをわたしはこの目で見た……そしてペテロはこの世の第二時代の教会の礎となり、まず異邦人を改宗させた……かくのごとくにこの天使的司牧者はまず不信仰者を改宗させ、この世の第三時代を成すだろう[107]。

第二のペテロはすぐにも到来するものとみなされている。ガルガーノ山の預言の写本には一連の教皇を載せ、欄外にパウルス二世からクレメンス七世までの名が録されている。彼につづいて〈天使的司牧者《アンゲリクス・パストール》〉が置かれる[108]。ガラティヌスはこの年代表を改訂し、著作をパウルス三世に献呈することができるまで長生きしたが、この切迫感は強く残っている。「たちまち近々に姿をあらわし、（ローマの預言に謂われるように）この世に新たに聖なる法、慣習、体制を改革するであろう。それは本当であり（福者アマデウスに天使が啓示したように）この世はすべての過誤から浄化されるであろう」[109]。

これらの預言に関心を寄せた十六世紀初頭の学者たちの集団を跡づけることもできる。一五二五年、ガラティヌスはローマに関する預言に彼自身の「解説《エクスプリカチオ》」を付して、マントヴァのアレッサンドロ・スパヌオーリに送り、アレッサンドロは〈銅板画家《カルコグラフォ》〉フランチェスコ・カルヴォに送った手紙で、ガラティヌスによって解釈を付された他の三つの預言、メトディウス、カタルドゥス、それにキュリロスの預言を印刷に回すため彼に送る手筈になっていると伝えている[110]。一四九二年に劇的な状況下、タレントゥムで発見された聖カタルドゥスの預言のことは誰もが知っていた。すでに観たように、ガラティヌスはこれを写して解釈を施したのだった。また一五二二年ローマで初版が刊行された、ナポリの法律家アレクサンデル・アプ・アレクサンドロの『婚姻の日々六書』[111]の中にもそれは見つかる。おそらくガラティヌスは彼を知っており、この預言について彼とやりとりしている[112]。ギヨーム・ポステルは後にこの集団と接触する。ポステルがガラティヌスと個人的に会ったことはなかっただろうが、たしかにガラティヌスの著作群をアラ・チェーリ修道院で読み、この集団の他の人々と知り合っている。ヴェネチアのパオロ・アンジェロがこれらの人々の誰かを知っていた可能性もある。彼はアマデウスの預言を用いているし、自著を教皇レオ十世やクレメンス七世にばかりか枢機卿ベルナルディーノ・ダ・カルヴァヤルに宛ててもいる[113]。シルヴェストロ・メウッチォを通じて、彼はエジディオ・ダ・ヴィテルボと接触をもつこともできたろう。そしてまた、ガラティヌスもかかわることになったパレルモでのできごとに触れておこう。大天使たちの神秘の七つの名がその地のモザイクに「発見され」、それがなぜかアマデウスの啓示に結びつけられた。ガラティヌスはこれに興味を寄せ、『七つの星辰の秘蹟』と題された文書でパウルス・デ・ヘレディアの『秘密の数々に関する書簡』について証言している[114]。

初期ヨアキム主義者たちの避難所、また福者アマデウスの郷里であったイベリア半島もこうした影響を蒙らなかった訳ではないことを思い出しておくべきだろう。枢機卿シメネス・デ・シズネロ自身、スペインによる最終十字軍によって

「唯一の群と唯一の司牧者」が実現され、彼自ら聖墓の前でミサを捧げることとなる〈この世の革新《レノヴァチオ・ムンディ》〉を夢想したのだった。[115] シャルル・ド・ブイーユ（ボヴェルス）が一五〇九年、偉大な改革者教皇登場の近いことを狂喜して書き送った相手がシメネスだった。もちろんその預言的期待は慎重に取り扱われたにせよ、歓心を買うものであった。[116] ブルゴスの〈改宗者《コンヴェルソス》〉の家族に生まれた修道士メルキオールは一五一二年、近未来に起こるであろう恐ろしいできごとを預言した。[117] 十二年のうちに教会は変容するだろう。そのうちの七年はすでに過ぎ、後五年のうちにローマ帝国、諸王国、教皇庁は転覆せしめられるだろう。聖職者たちは〈革新《レノヴァチオ》〉の業を完遂するために選ばれた者たちを除いてすべて殺害されるであろう。そしてついに、教会はエルサレムへ移され、人々は徳と幸福のうちに生きることとなるだろう。こうした記述はカサーリャから枢機卿シメネスに送られた書簡中にあるもので、その調子にはこの預言者、またカサーリャがメルキオールの典拠として録す聖女ブリギッタ、カタリナ、そしてヴァンサンの伝承への密かな嘆賞の念が仄見える。[118] 一五二三年頃、バタイヨンが「メシア的な霊《エスプリ・メシアニク》」[119] と呼ぶところのものが、エスカローナのフランシスコ会士たちのうちに甦る。それも特に修道士フランシスコ・デ・オカーニャは、カール五世の勝利とスペイン人が聖ペテロの座に就くことになる大いなる改革の使命について預言したのだった。

十六世紀前半の現実の歴史は、どれ程までに〈革新《レノヴァチオ》〉に先立つ教会分裂と転覆の予感を促すものであったのだろうか。ルターその他の異端者たちの登場はたしかに、地獄の深みから湧き出す蝗たちのごとき有害な異端者たちによる教会の分裂という予測に大きな比重をなすことになった。占星術師トルクァトゥスは一五〇〇年より以前に、来たるべき大いなる異端について次のようなことばで記すことさえできた。

> 北から大いなる異端が民を滅ぼしつつローマの教皇座の信仰に反して来たり、北の大いなる君主の援助により、大言壮語を吐くであろう。そしてその時、夥しい偽善者たちがあらわれ、教会にあってその栄誉と尊厳をほめそやし、大いなる混乱となり、神の教会最大の試練と化すだろう。[120]

トルコの脅威もまた具体的なかたちをあらわすに到る。結局のところ、大いなる王-懲罰者の預言は——善か悪か、〈貞潔なる相貌〉か〈猥らな相貌〉か、まったく曖昧なまま——皇帝カール五世のうちに実現されることになるだろう。エジディオ・ダ・ヴィテルボ、ペトルス・ガラティヌス、ポステルその他皆、教皇と皇帝の理想の協力を夢見ていたのではあるが、時代の全般的な風潮のうちには、神が定めたまうた使者によって教皇庁が劇的な罰を受けるであろうという予感が満ちていた。第二のシャルル・マーニュの預言は、ローマは破壊されない訳にはいかない、とはっきりと告げていた。また聖女ブリギッタ、聖ヴァンサンその他の名のもとに出まわっていた預言群も同じことを主張していた。教会会議による度重なる禁令にもかかわらず、十六世紀の十年代、二十年代にはイタリア各地に威嚇的な説教の叫びがつづいた。ミラノでは一五一六年、ジロラモ・ダ・シエナの反教権的な告発の声が、一五二二年から二三年にはサン・マルコの修道士の預言が、一五二九年には修道士トマソ・ニエティの説教の声が響いた。[121] フィレンツェの騒擾についてはすでに観た。一五一七年、ボローニャでシエナ人隠修者が説教したというが、これもジロラモ・ダ・シエナのことであったかもしれない。ローマにも、教皇庁に向かって「災いなるかな」と叫んだ預言者たちについて、いろいろな記録が残されている。[122] そのうちには一五一六年、修道士ボナヴェントゥラが自ら天使的教皇と名告り、レオ十世とその教皇庁を破門し、ローマ教会から離れるように警告したものまであった。また隠修者ジョヴァンニ・バプティスタは一五二五年、自らを真の洗礼者ヨハネに準え、審きの日を告知して廻った。通称ブランダーノもまたローマの略奪の時にあたり同様なことばを告げ、後にはシエナで預言していたことが知られている。[123] これらの声は皆ローマへの最終の審判を告げており、一五二七年のローマの略奪は同時代のイタリアの人々にとって全世界的な意味をもつできごとの先駆けと映じたのだった。恐ろしいできごとが懲罰として起こるだろうという想いは当時のローマ教皇庁の過半が信じていたところであり、教皇は枢機卿たち高位聖職者たちに改革の必要性を告げてもいた。[124] こうした情調は、略奪に関するルイジ・グイッチャルディーニの報告にも反映されている。ローマ教皇庁の虚飾、豪壮、華美こそがこの審きをもたらしたのであり、カール五世はただ神の使いに過ぎない、と。[125]

後代から展望してみるならば、ローマの略奪はそれにとどまらぬ大いなるできごと、真の予兆であった。プロテスタントにとって、それはローマ教会がバビロンの淫婦であることの証。たとえばJ・ヴォルフは、この懲罰を予言した古い予言を数多く見出している。[126] カトリックにとって、それは不信仰者たち、異端者たちの荒波に取り巻かれ、いまにも沈没しようとしている聖ペテロの帆船を襲う転覆的な危難と懲罰の絶頂。ヴォルフガング・ラツィウスは、テレスフォルス、ガマレオン、リヒテンベルガー、トルクァトゥス、ブリギッタ、ラバヌス、ラインハルト等々からこうした観方を確証する数多くの古い託宣を発掘してみせた。[127] 彼はカール五世の統治のすべてを教会の試練と革新という文脈に配してみせたある託宣をボヘミアから取り寄せることすらできた。

一五二〇年から一五四七年、人々に大いなる懲罰がくだり、この世のすべてのキリスト教信仰において群はひとつ司牧者もひとりとなるだろう。……主の一五二三年にはペテロの小舟とカトリックの信仰は大波に震え、ほとんど沈没するだろう。主の一五二〇年から一五四〇年、前代未聞の論争がもちあがり、大洪水、悪疫、飢餓、天の災いが教会を破壊するだろう。贋預言者があらわれ、炎のように激しいことばや文字を吐き、特にアレマンノで多くの者たちを誘惑するだろう。フランチアの王に放逐された不信仰者たちはイタリアを荒らすが、ヒスパニア王はそれに打ち勝つだろう。トルコはフンガリア、ポローニア、それにゲルマニアの一部を占領し、全世界は聖職者に抗してたち上がり猛威を揮い、大いなる教会の迫害者があらわれ、教会にかつてない酷い迫害をはたらくだろう。空位の教皇座に小さき兄弟会の襤褸を纏う司祭が選ばれ、襤褸を纏う彼の同輩たちの厳しい生を枢機卿に課して彼らの生を革新するとともに、選帝の慣例に反してアレマンノの皇帝を迎え入れ、コンスタンチノポリスを奪還するだろう……。[128]

この予測は一五四七になっても、いまだラツィウスには注目すべきものたり得た。

この世紀後半、テオドルス・グラミナエウスは同時代史を、「北《アクイローネ》からあらゆる悪が広まる」[129]という古い擬ヨアキム主義的預言の観点から論じている。ローマ教会つまり真のエルサレムはバビロンとの闘いに身動きできない。ルター派異端および「ローマ教会に敵意を抱くヨーロッパの北の民」の破壊的な力は、オスマントルコその他の不信仰者たちに勝るとも劣らないものである。[130] 彼はチュートン人たちによる教会の圧迫について、また教会に対する神の審きにおいて重要な要素である現世の富の剥奪について、擬ヨアキム主義的著作『エレミヤ書註解』と『イザヤ書註解』から重要な句節を引用している。[131] エゼキエルの北からの風とはルターとその教説にみられる傲慢な気風であり、[132] ヨアキムが執拗に北から来る邪悪について説いたのはルター派を予見したものであった、とグラミナエウスは疑わない。[133] また、この北からの悪疫についてはトルクァトゥス、リヒテンベルガー、グルンペックといった彼の時代に近い預言者たちによっても予言されていた。[134] 試練は段々積み重なっていく。トルコの侵略、異端の蔓延、ゲルマンの攻撃、教会分離、そして贋教皇。しかしグラミナエウスは、バビロンの廃墟の後にローマ教会は再興されるという信念において、真のヨアキム後継者だった。彼はまたヨアキムの象徴[135]をいろいろと用いている。レアの苦節がラケルの休息に代わること、ユダ族（ローマ）がエフライム（ギリシャ教会）に代わって選ばれるであろうこと。また、「霊的知性は小さき者をラテン教会へと発し、人が肉身によってではなく霊によって生きるべく、神を観る民を統治する」[136] 者がベツレヘムに生まれるだろう、とエルサレムを慰めるミカの預言。グラミナエウスは特定を避けているが、彼は『黙示録註解《エクスポジチオ》』から鍵となる一節——「ここにその秩序が興るであろう云々」[137]——を引きつつ、新たな隠修者秩序、隠修修道会を〈革新《レノヴァチオ》〉の使いとするヨアキムの本来の預言に立ち戻っている。ここには、当時の政治諸権力がほとんど完璧に悪と観念された世界観があり、災厄の後の教会革新はただ霊的なことばをもってのみ語られている。グラミナエウスが天使的教皇に関する預言群を引かず、その代わりに最終改革の使いを霊的な人々の新たなる秩序と観る初期のヨアキム主義的な観念に戻っているのは不思議なところである。

とはいえ、いまだ奇蹟的な〈革新《レノヴァチオ》〉への期待は、教皇庁の転覆的な変化に求められ得るものとしてあった。一五六四年、某枢機卿の庶子であったベネデット・アッコルティは仲間たちと教皇ピウス四世殺害を共謀した。[138] この陰謀は恐慌に捕われた移り気な首謀者のせいで水泡に帰することになった。アッコルティの告白は彼の夢想の礎を明らかにしている。彼は、教皇ピウス四世を廃し、来るべき者のためにその座を準備することが神の嘉したまう行動となるに違いない、と確信していた。「神の教皇たるべきあらゆる要請に応える人、ローマの民によって天使的教皇と呼ばれる教皇が、すでに整えられてあるものと信じる」[139]、と。アッコルティは彼が「古の聖なる教皇たちのひとりのごとく威厳を示すことのできるように神の霊を授けられ、いとも聖なる生を送る老年の人」[140]であることを期待していた。この夢想は前世紀のポルカーロが説いたところとルターの書物の読書に影響されたものであった、と彼は告白している。しかしそこには、この世の君主にして教会の革新者となるべき「新たな、敬虔にして聖なる天使的な教皇」[141]を求める彼を導いた、より一般的な天使的教皇の伝承があった。

転覆的なものたり得たと同時に一定しないのが、トマーゾ・カンパネッラだった。彼の初期の理想世界の秩序という観念は、政治的であるというよりも宗教的なものだった。マキャベリ主義者たちの無神論に抗して、詩人たち哲学者たちが讃えた黄金時代へと駆られた彼の夢想が赴いた先は、アンチキリストの没落の後に来たるべき教会による共和の世界だった。[142]『救世主の専制』[143]において彼が展開したのは、全世界を統べる唯一の指導者と唯一の信仰という観念だった。そこで彼は司祭‐王について数々の議論を尽くし、至高なる教皇は現世の剣と霊的な剣のどちらをも持たねばならぬと語る。彼の夢想は「幸福なる黄金時代について。そこでは至高なる司祭君主により世界がただひとつに統一され、唯一の神の唯一なる真の信仰となる……」[144]という章題に要約されているだろう。つづく頁で彼はこの時期に典型的な論題、ルネサンス期の黄金時代と中世の宗教統一運動を混交しつつ議論を展開する。〈黄金時代《サエクルム・アウレウム》〉には、戦争も悪疫も、飢饉も教会分裂も異端も起こることはないだろう。人は新たな医薬の業によって長命を誇るだろう。「また豊かな平安のうちに人の叡智は溢れるだろう……また全世界は唯一に統一され、航海、巡歴、交易、伝達手段といった知識は増幅され……」[145]。この世界の統一のうちには蛮族はもはや存せず、〈教皇《ポンティフェクス》〉、〈唯一なるこの世の首《ソール・ムンディ・カプト》〉がすべての国々の指導者を定め送るだろう。「……全世界が統一された暁にはこの専制のもと、君主国、領主封土は廃絶され、誰も服属関係を強いられることはない……信仰の党派的差異も揚棄され、黄金時代があらわれるだろう……」[146]。カンパネッラが『フロレの書』やテレスフォルスの預言を直接暗示してみせることはないが、どうやらカラブリア人の仲間たちに影響されたものか、時としてヨアキムの名を挙げている。[147]彼の哲学はもちろん、単純な天使的教皇の予測とは較べものにならぬほど凝ったものであるが、その根底にある観念は同じである。すでに観たように、[148]カンパネッラは後にこうした教皇至上権論的な立場を取り下げ、預言的未来への夢想を現世の政治的なことばに鋳直す途を探ることとなる。

註

(1) Cfr. A. Chastel, (i) *L'Antéchrist à la Renaissance,* in *Cristianesimo e ragion di Stato, Atti del II Congresso Internazionale di Studi umanistici,* ed. E. Castelli, Roma, 1952, pp.177-86 ; (ii) *Art et religion dans la Renaissance, Bibliothèque d'Humanisme et Renaissance,* vii (1945), pp.20-37.

(2) «Si quod igitur seculum appellandum nobis est aureum, illud est proculdubio tale, quod aurea passim ingenia profert. Id autem esse nostrum hoc seculum minime dubitabit, qui praeclara seculi huius inventa considerare voluerit. Hoc enim seculum tanquam aureum, liberales disciplinas ferme iam extinctas reduxit in lucem, grammaticam, poesim, oratoriam, picturam, sculpturam, architecturam, musicam, antiquum ad Orphicam Lyram carminum cantum. Idque Florentiae ... Idque potissimum in Federico Urbinate duci ... In te quoque mi Paule perfecisse videtur astronomiam, Florentiae quin etiam Platonicam disciplinam in lucem e tenebris revocavit. In Germania temporibus nostris imprimendorum librorum inventa sunt instrumenta». M. Ficino, *Opera,* Basle, 1576, i. 944. ミッデルブルクのパウルスについては、【III-5 n.2】参照。

(3) P. Kristeller, *Supplementum Ficinianum,* Florence, 1937, pp.315-16.

(4) «veram eamdemque religionem uno animo, una mente, una praedicatione, universum orbem paucis post annis esse suscepturum». in Chastel, loc.cit., (i), p.177 n.2.

(5) cfr. Chastel, loc.cit., (i), pp.177-8.

(6) Ibid., p.178.

(7) A. Allegretti, *Diarium,* Muratori o.s. xxiii. 775, 780 ; F. Chabod, *Per la storia religiosa dello Stato di Milano durante il dominio di Carlo V,* in *Annuario del R. Istituto storico italiano per l'età moderna e contemporanea,* ii (1936), p.83.

(8) E. Garin, *Filosofi italiani del Quattrocento,* Firenze, 1942, p.501.

(9) «natione incognitus, indutus veste vili more mendicantium». S. Infessura, op.cit.(ref.【III-4 n.29】), pp.264-5.

(10) «reducebat ad concordiam Testamentum Vetus usque ad Novum».

(11) «tertio anno MCCCCLXXXXIII clericus absque temporali dominatione reperietur ; eritque tunc Angelicus Pastor, qui solum vitam animarum et spiritualia curabit ...».

(12) J. Schnitzer, *Savonarola,* Munich, 1924, ii.634-5.

(13) 【III-5 p.439】参照。

(14) 【III-5 n.1】参照。

(15) MS. Venezia (ref.【II-3 n.64】), ff.13r, 13v, 14r, 14v (cfr. Vaticinia, XXVII-XXX) ; ff.29r, 30r, 31r. この写本中のその他の挿画については、【II-3 p.217 ; III-4 pp.429-31】参照。

(16) «figura nove religionis in qua summi pontifices erunt».

(17) «Hic est populus sanctus habens habitum monachorum et nove religionis. In quibus se continebunt omnes summi pontidices post ultimum antichristum». ［*ここに「新たな信仰」としたことばは、「九人の信仰者」であるかもしれない。たとえば、ヴェネチア版『テレスフォルスの預言』(一五一六) f.25r (f.33v にも同じ図が再度用いられている) には教皇を含め九人の信仰者がミサに預かっている挿図がある。ただし他の図は特に九人に拘っているようには見えない。］

(18) MS. Venezia, ff.43v-46r, 53r-54v.

(19) 〈新たな信仰〉に関する1節は、【IV-3 p.533-34】を参照。

(20) Ed. 1516, ff.24v-27r, 32r-34r.

(21) わたしの知る限り、パオロ・アンジェロに関する唯一の研究はセクレ(【文献一覧 103】参照) によるもの。

(22) «il confessor mio maestro Sylvestro eremita, che quasi tutte le opere

dell'abbate Ioachino fece venir a luce». *Profetie certissime*（ref.【II-8 n.75】）, f.2v.

（23） *Epistola ... ad sanctissimum ... patrem ... Clementem ... Papam septimum ... In Sathan ruinam tyrannidis ...* . わたしはこれを実見していない。その内容については、Secret, *Rinascimento* XIII, pp.211 ss.に負っている。

（24） P. Angero, op.cit.（ref.【II-8 n.75】）, pp.24-32.

（25） «Anticristo misto».〔＊misticos, mixtus については【III-4 n.66】参照。〕

（26） «angelico tanto espettato pastore con li successori veramente santissimi». *Profetie certissime*, f.4r.

（27） Ibid., f.29v.

（28） Ibid., ff.29-30.

（29） 【III-7 pp.479-80】参照。

（30） Ed. Paris, 1522, ff. xxx.v-xxxiii.v.

（31） «De angelico pastore et eius bonitate et virtute et operibus sanctis qui apparebit finitis tribulationibus pie prophetatis in sua proprietate et operibus virtuosis».

（32） «in libro abbatis Joachim». Ibid., f. xxxv.r.

（33） たとえば、ff. xxxv.r, xxxvii.v, xxxix.r の文書資料に関する注を参照。

（34） Martène et Durand, *Ampl. Coll.* iii, coll.1107, 1152.

（35） «utraque lingua eruditissimus et eloquii nitore insignis».

（36） «vaticinium quoddam de Angelico futuro pontifice, quo elicitur et moriturum illum prius, et postea revicturum. Et quantum ex illo apparet, ipsius nomen per M futurum describitur».

（37） 【III-5 n.50】参照。

（38） «Eo tempore calamitatem ingentem in Italiam venturam astrorum periti praedixerunt ... Saturno oeconomo, Marte adverso, Sole horoscopo incipientis anni, siderumque defectibus praeteritis augurantes. Elementa quoque non sine praesagio fuere, auctis supra modum in tota Italia fluminibus anno MVIID Octobri mense ... Religiosus praeterea quidam pari modo jejuniorum tempore sequenti anno cum Novariae pro more praedicaret, civibus ingentem cladem imminere : Hispanos, Gallos, Elvetios, Svevos, Teutones, Dalmatas, Macedones, Graecos, Turcas innumerasque alias nationes prope moenia audituros praedixit verissima quidem praedivinatione». Op.cit., p.1579.

（39） 【III-5 n.55】参照。

（40） 【III-5 p.448】参照。

（41） «Ego vero Lucas geminianensis ab ea copiavi in anno Domini 1494 die 10 maji, cum Carolus Francorum rex versaretur circa Romam cum multis militibus armatorum eundi causa expugnatum regnum neapolitanum, ut agebant».【II-8 n.12】参照。〔＊ルカは「托鉢修道士」とされているが、改訂版で「平信徒」に改められているのに従った。〕

（42） D. Weinstein, *Savonarola and Florence : Prophecy and Patriotism in the Renaissance, Church History,* xxvii (1958), pp.3-17.〔＊この論考の表題もまた改訂版で正されたものを採った。〕

（43） Ibid., pp.5-6 ; P. Villari, *La storia di Girolamo Savonarola e de' suoi tempi,* Firenze, 1882, ii, XI（サヴォナローラの未公刊文書『黙示録講義 *Lezioni sull'Apocalisse*』の抄録）.

（44） *Trattato delle revelatione della reformatione della Chiesa ...,* Venezia, 1536, f.17r :〔誘惑者曰く〕「おまえは聖女ブリギッタや大修道院長ヨアキムその他多くの者たちの啓示からおまえの言う未来の予言の数々を引き出したのだろうと言っているのだ。答えて曰く。そのようなものを読むことはわたしを愉しませるものではない、と誓って申し上げましょう。わたしは聖女ブリギッタの啓示など読んだことはないし、大修道院長ヨアキムに関してはほんの僅か読んだばかりです」«Io ho inteso che tu hai le revelationi di santa Brigida e de lo abbate Joachino e di molti altri con lequali tu vai prenunciando queste cose future. Rispuosi : Io vi prometto padre che di queste tali lettioni io non mi diletto : ne ho letto mai le revelationi di santa Brigida : e poco de lo abbate Joachino».

(45) *Prediche italiane ai Fiorentini*, ed. F. Cognasso (R. Palmarocchi), Perugia-Venezia, 1930, i. 170-1. cfr. *Lib. Conc.*, f.34r-v.

(46) J. Schnitzer, *Quellen u. Forschungen z. Geschichte Savonarolas*, Munich, 1902, i. 37-40, 出エジプト記および荒野の彷徨という象徴について、cfr. *Lib. Conc., passim.*

(47) *Profezie politiche e religiose di Fra Hieronymo Savonarola ricavate dalle sue prediche da Messer Francesco de' Guicciardini l'historico*, Firenze, 1863, f.vii-r, 一四九五年になされた預言 «Manderà Dio uno Papa santo ...» に関連して。

(48) この絵の解釈については、H. Ulmann, *Sandro Botticelli*, Munich, 1893, pp.148-9. またF. Saxl, *Journal of the Warburg and Courtauld Institutes*, v (1942), p.84はそれをヨアキム主義的思惟の偉大な記録のひとつと呼んでいる。

(49) Chastel, loc. cit., (i), p.183.

(50) «in gran segreto ... che io chiaramente vedrei tutti i giudei convertirsi alla fede christiana, se il messia da loro aspettato non veniva per tucto l'anno ... mille quattrocento ottantaquattro». S. Bongi, *Francesco da Meleto*, *Archivio Storico Italiano* iii (1889), p.63 n.2. また、Chastel, loc. cit., (i), pp.179, 184をも参照。

(51) *Convivio de' segreti della Scriptura Santa.*

(52) «grande tribolazione e la novazione della chiesa». In Bongi, art. cit., p.65.

(53) *Quadrivium temporum prophetarum.*

(54) «A.D. MDXXX reformationem universalem fore in Ecclesia Dei ita nempe ut destructis heresibus et erroribis universis in toto terrarum orbe fieret unum ovile et unus pastor».

(55) *Expugnatio Miletana.* 〔＊メレトとミレト人を掛けたものか。ミレトについては使徒行伝20:15 ; IIテモテ4:20参照〕 In Bongi, art. cit., pp.69-70; *Paolo Orlandini, poeta e teologo*, *Rinascimento* i (1950), pp.175-8 (E. G. の署名ある注).

(56) Pastor, *History of the Popes* v. 214-16.

(57) Ibid., p.217.

(58) Ibid., p.219 ; Schnitzer, op. cit. (ref.【本章n.12】), pp.863-4.

(59) Pastor, op. cit., p.224-5.

(60) 【II-8 p.329】参照。

(61) «qui audiens sedem ad Aquilonem ponere sibi Angelici Pastoris nomen usurpabat». B. Moreni, *Memorie istriche dell'Ambrosiana R. Basilica di S. Lorenzo*, Firenze, 1704, ii. 208 n.1.

(62) 【本章pp.547-48】参照。

(63) «Denique credi se fecit esse se illum papam Angelicum, quem idem fr. Hieronymus praedixit paulopost esse venturum ...». J. Schnitzer, *Peter Delphin. General des Camaldulenserorden, 1444-1525*, Munich, 1926, p.364. 〔＊ここで「修道士ヒエロニムス」とはサヴォナローラのこと。〕

(64) Mansi, xxxv, Paris, 1902, coll.273, 274.

(65) B. Varchi, *Storia fiorentina*, Firenze, 1858, pp.307-28に採録されている。

(66) Luca Bettini, *Oracolo della renovatione della Chiesa secondo la dottrina del Riverendo Padre Frate Hieronimo Savonarola da Ferrara*, Venezia, 1536.

(67) ベッティーニは大修道院長ヨアキムの名を引き (f.81v)、それにつづいて世界の歴史の後継諸段階について風変わりな分析をしている。そこに用いられる樹木の比喩は『形象の書』を想起させるものであるが、その歴史類型《パターン》は違ったものとなっている (ff.81v-85v)。これがどこまでサヴォナローラに依拠したものであったか見極めるのは難しい。

(68) «e sarà tanto spirito che parrà un paradiso». Ibid., ff.154r-158r.

(69) «Et così era tutto il mondo in una charità et Giubilatione ... Sarà allhora tanta quiete et tanta pace che l'uno amico chiamerà l'altro alla chiesa ... Et ogn'uno guiderà l'un l'altro alle cose spirituali et empierasse il mondo di dolcezza. Dolci saranno le scriture, gioconde le contemplationi, le predicationi tutte soavi ... Sarà la chiesa in grande amore, pace et tranquillità. Et gli angeli stilleranno tutta dolcezza nella chiesa militante ... Verranno gli angeli a

conversare, a parlare et habitare, con gli huomini …». Ibid., ff.160r-161v.

(70) Chastel, loc.cit., (i), pp.182-3.

(71) 【II-6 p.299】参照。

(72) 【II-6 n.21】参照。

(73) N. Antonio Hispalensis, *Bibliotheca Hispania Vetus,* Madrid, 1788, ii. 317.

(74) «De revelationibus et prophetiis pulcherrimum libellum composuit : Romanae Ecclesiae statum, angelicum quendam Pontificem, regnorum, dominiorum, atque religionis mutationem concernentibus».

(75) F. Secret, *Rinascimento* XIII, pp.211-20.

(76) «Prophetia fratris Amadei ordinis Minorum de observantia reformatorisque, qui vidit iam illum hominem ab omnipotente Deo electum, quo mediante opifex summus renovabit ecclesiam suam». Secret, loc.cit., p.216.

(77) «del novo Pastore et del tempo et del advento expressamente del signore …».

(78) «lui è adesso in Roma giovenotto, poverino, incognito … et a poco a poco lo acresce … et quando gia serà vechio monstrarà in esso la virtù della potentia sua esso Dio, el quale fa levare da terra el povero».

(79) «Et Re deli gigli passarà como un fulgure, vincerà, ritornerà senza victoria et apena fugerà …».

(80) «O si fusse digno de vedere questo poverino et incognito».

(81) «Gia lo hai visto ma non in quella maiestate …». Ibid., pp.217-20.

(82) 【II-8 pp.333-34】参照。

(83) J. Hardouin, *Acta conciliorum,* Paris, 1714, ix, coll.1576-81. またこの公会議のなかでトルコに関する預言をキリスト教徒に関するものとともに引きつつ、教会の世界的勝利がレオ十世の下近々果たされるであろうと説いた枢機卿バルダッサーレ・デル・リオの説教にも留意(ibid., coll.1702-5)。

(84) «ab initio orbis electus est ut Christi mandata atque opera perficeret, Christianorum fidem in aeternum confirmaret, pacemque Ecclesiae reduceret». In L. Pélissier, *De 'Historia Viginti Saeculorum',* Montpelier, 1896, p.37.

(85) *Scechina,* ed. F. Secret, Roma, 1959, p.10.

(86) Ibid., pp.98, 219-20, 233.

(87) MS. Vat., Lat. 5578, ff.86r-106v の『小著 *libellus* 』はレオ十世に、またMS. Vat., Lat. 5575, *Opus de Ecclesia instituta* はパウルス三世に献呈されている。

(88) «in libro plumbeo scripta». MS. Vat., Lat. 5569, f.cxliii-v.

(89) *Vaticinium Montis Gargani, Vaticinium Romanum.* これら二つの預言については、MS. Vat., Lat. 5569, ff. xii.r, xxiii.r, xxxiiii.r, cxxxi.r ; MS. Vat., Lat. 5578, ff.24r, 27r, 39r, 54v, 58r, 63r, 70r ; MS. Vat., Lat. 5579, f.27vを参照。またマントヴァのアレッサンドロ・スパニョーリに宛てられたMS. Vat., Lat. 5581にはこれら二つの預言が載せられ、解釈を付されている。どちらも天使的教皇に関連したもので、サン・ガルガーノ山の預言はクレメンス七世に到るまで一連の教皇を挙げ、その後、天使的教皇が録されている(f.73r-v)。これら二つの預言はガラティヌスの時代以前には跡づけられず、ガラティヌスの周辺で著された預言的期待であったようにみえる。

(90) MS. Vat., Lat. 5569, ff. ccix.v, ccxix.v, cclv.v.

(91) 彼の著作の各所に夥しく言及されている。

(92) *De Ecclesia instituta, De Ecclesia destituta, De Ecclesia restituta.*

(93) *De Republica Christiana pro vera eiusdem reipublicae reformatione, progressu et felici ad recuperanda Christianorum loca expeditione,* MS. Vat., Lat. 5578, ff.86r-106v. 献呈辞中の「レオ十世に Leonem X」という語は線を引いて消され、「ハドリアヌス六世に Hadrianum VI」という速写文字に代えられている。〔＊レオ十世(在位一五一三―二一)、ハドリアヌス六世(同一五二二―二三)〕

(94) MS. Vat., Lat. 5575の献呈辞を参照。「神の御意志とともに聖下の御業により改革がおおいに進捗することを祈ります」«Quia igitur hanc

pro Dei voluntate reformationem Tuae Sanctitatis opera, maxime factum iri speramus».

(95) «ut hunc sanctissimum Pastorem per quem haec omnia facturus est, nos cito videre faciat». MS. Vat., Lat. 5581, f.68v（ガラティヌスのローマ預言の末尾から）.

(96) MS. Vat., Lat. 5567, ff. xxi.v, xxvi.r, xcv.r - xcvii.r, clviii.v-clxi.v.

(97) Ibid., ff. clx.r-clxi.r.

(98) Ibid., f. ccxxxii.r-v.

(99) «oportebit sub angelico Pastore sacrarum scripturarum veritatem quasi ex noctis caligine splendescere et ad lucis meridiane claritatem venire». Ibid., f. xcvi.v, cfr. *Lib. Conc.,* f.96v.

(100) MS. Vat., Lat. 5569. *Secunda pars operis de ecclesia destituta,* f. xxiii.r-v.

(101) *De Angelico Pastore opusculum ex sacra veteris et novi testamenti scriptura excerptum.* MS. Vat., Lat. 5578. この小論は彼の待望の最終的な要約と考えられる（f.1r）とはいえ、彼の黙示録註釈中に認められる参照言及からすると、これを同時に著していたようにみえる。それゆえ、Kleinhans, *Antonianum* i. 327-8に与えられた彼の著作年代に関する考察には変更を要する。

(102) MS. Vat., Lat. 5578, f.54r-v. 彼はまた、驚くべきヨアキム主義者の流儀をもって、黙示録の海と地を踏む天使（黙示10:2）をマナセとエフライムの祝福（創世48:14）に結びつけ、天使的教皇の姿としている。「その天使的教皇は両聖書にあって、文字においては天使として描き出され、霊的な意味における真実を告げられている。海の上に右足を、左足を地の上にしっかりと据えて。ここに窺われるのは、弟エフライムはヤコブの右手をとり、兄マナセは祖父の左手をとったことであり、あたかも新約聖書は後代のものであるにもかかわらず、先に成されたものよりも尊いと言うがごとくである」«Pastor ille angelicus per angelum hunc designatus ex utriusque testamenti littera, sensus spiritualis proferet veritatem. *Et bene dextrum super mare et sinistrum super terram posuit pedem. Ex hoc enim innuitur quod sicut Epphraim qui iunior erat tactus dextera Jacob quamvis Manasse seniori sinistra tacto praelatus est, ita novum testamentum tamquam si tempore posterius esset, dignitate tamen primum factum est*». f.10v. 斜体部分は実質的にヨアキムの註解*Expos.,* f.138rの引用であるが、ガラティヌスはそれを天使的教皇に結びつけている。

(103) MS. Vat., Lat. 5578, ff.32r-38r. ハンナは、第二のサムエルのごとき天使的教皇が到来するまで迫害される〈霊的教会spiritualis ecclesia〉を象徴している。「その時、神ははじめ石胎であった霊的教会に数知れず夥しく産ませたまう」«Tunc Deus ista faciet, quum spiritualis ecclesia quae sterilis prius erat pariet plurimos hoc est innumerabiles» (f.38r). 後に子を授けられることになる石胎の女という象徴は〈霊的教会ecclesia spiritualis〉をあらわすためにヨアキムが好んで用いた形象である。Cfr. *Lib. Conc.,* ff.18r-v, 32r-v, 42r, 116r-v ; *Expos.,* ff.11v-12v ; *Lib. Fig.* II, tavv. XX, XXI.

(104) MS. Vat., Lat. 5578, f.56r-v, cfr. *Lib.Conc.,* ff.119r-122v.

(105) MS. Vat., Lat. 5578, ff.26r, 29r-30v, cfr. *Lib. Conc.,* f.56r-v.

(106) MS. Vat., Lat. 5578, f.53r, cfr. *Lib.Conc.,* f.104v.

(107) «Quum eius imaginem prout ei angelus revelaverat in pano lineo depingi fecisset : sub eius pedibus ita scripsit : Tu es secundus Petrus et super hac petra reaedificabo ecclesiam meam. Quae imago apud sanctum Petrum montis aurei de urbe servatur : quam ego oculis vidi … Et sicut Petrus tanquam ecclesiae fundamentum in secundi status mundi exordio fuit primae conversionis gentilium minister … Ita ipse Pastor angelicus erit primae notabilis infidelium conversionis minister quae fiet in tertio mundi statu …». MS. 5578, f.75v.

(108) 【本章n.89】参照。

(109) «quoniam cito cito appariturus est, qui non solum (ut in Romano vaticino praedicitur) orbem universum novis sanctisque legibus moribus et institutis reformabit ; verum etiam (ut beato Amadeo angelus revelavit) et mundum

ipsum a cunctis purgabit erroribus».

(110) 【本章n.89】参照。

(111) Alexander ab Alexandro, *Libri Sex Genialium Dierum,* ed. Paris. 1539, s.p., iii, cap.xv. この預言についてはまた別のナポリの公証人ジャコモも触れている。Giacomo, *Cronica di Napoli,* ed. P. Garzilli, Napoli, 1845, p.173.

(112) Cfr. Secret, *Studi francesi* I, p.379. またB. Moroni, *Cataldiados … libri sex …,* s.l., 1614, pp.173 ss. はこの預言について説きつつ、ローマの某修道士がアラ・チェリ修道院の図書館で、ガラティヌスの『欺かれた教会について *De ecclesia destituta*』lib. viii, cap.1 にこれを見つけたと語っている。

(113) Secret, *Rinascimento* XIII, p.213. パオロ・アンジェロについては【本章p.546】を参照。

(114) *Sacramentum Septem Stellae,* MS. Vat., Ottobon. 2366, ff.300r-302r ; cfr. Secret, *Rinascimento* XIII, pp.221-4.

(115) M. Bataillon, *Érasme et l'Espagne,* Paris, 1937, pp.55 ss.

(116) Ibid., pp.58-60. ブイーユ（ボヴィルス）がトリッテンハイムのヨハネスを訪れていることは興味深い。ヨハネスはヨアキムについて慎重であった（【I-9 p.131】参照）にせよ、自身、天使的教皇に関する預言を数々蒐集していた。

(117) M. Bataillon, *Érasme et l'Espagne,* pp.66-70.

(118) Ibid., p.70 :「……これはブリギッタ、シエナのカタリナ、ヴィンケンティウスその他多くの預言的霊もつ著者たちが語るところ」«… de quibus loquebatur Brigida, Catherina de Senis, Vincentius et plerique alii scriptores prophetico spiritu».

(119) Ibid., pp.199-200. cfr. J. Phelan, *The Millennial Kingdom of the Franciscans in the New World,* Berkeley-Los Angeles, 1956.

(120) «Veniet a septentrione heresiarcha magnus subvertendo populos contra vota Romanae sedis, cum magnorum principum septentrionalium auxilio, qui faciet ingentia et magna loquetur. Et apparebunt tunc temporis hypocriti multi quaerentes sibi exaltationes et honores atque dignitates ecclesiasticas ambient. Et erit confusio magna et persecutio in Dei ecclesia maxima». A. Torquatus, *Prognosticon*（ref.【III-4 n.42】）, f.7v.

(121) Pastor, *History of the Popes,* v.223 ; Chabod, loc.cit.（ref.【本章n.7】）, p.83. ニエティは試練と同時に〈革新《レノヴァチオーネ》〉をも説いている。

(122) Pastor, *History of the Popes,* v.224 ; O. Raynaldus, *Annales Ecclesiastici,* Lucca, 1755, xiii. I, 10 ; Bernino, *Historia di tutte l'heresie,* iv, Roma, 1709, pp.368, 375.

(123) 【III-6 n.51】参照。

(124) Pastor, *History of the Popes,* x. 16.

(125) L. Guicciardini, *Il sacco di Roma,* Paris, 1664, pp.4 ss.

(126) Wolf, *Lect. mem.* ii. 295 ss.

(127) Lazius, *Fragmentum,* ff. Hii.v, Hv.v, Hvi.v, K.r-Kiiii.v, Miv.v.

(128) «Ab anno 1520 usque ad 1547, cum multis castigationibus hominum, fiet unum ovile et unus pastor fidei Christianae in toto mundo … Ab A.D. 1523 navicula Petri et fides Catholica multis undis quassabitur, ita ut pene submergitur. Inauditae novitates et controversiae erunt ab A.D. 1520 usque ad 1540 proditiones, Ecclesiae destruentur, diluvium maximum particulare, pestis, fames, clades coelo. Exurget pseudoprpheta, qui ardentia et flammantia verba scriptaque evomet et multos cum suis discipulis seducet et hoc maxime in Alemania. Rex Franciae penitus eiicietur, infideles vastabunt Italiam et Rex Hispaniarum contra eos triumphabit, Turciae Hungariam et Poloniam et partem Germaniae occupabunt, totus mundus insurget contra Clerum et pugnabit, maximus persecutor Ecclesiae exurget et faciet tantam persecutionem in Ecclesia qualis non fuit. Vacante sede Apostolica, eligetur in Papam Canonice frater minor, sacco indutus, qui adsumet socium suum etiam sacco indutum arctissimae vitae in Cardinalem, et isti reformabunt et idem Papa contra morem electionis suae, Alemaniae adsumet Imperatorem qui recuperabit Constantinopolim …». Lazius, *Fragmentum,* f.M.v.

(129) «ab Aquilone pandetur omne malum». *Mysticus Aquilo* (ref.【II-9 n.84】), passim.

(130) «populum Aquilonarem Europicum qui Romanam Ecclesiam infestet». Ibid., pp.7, 16-17, 64-6, 99-102, 128-36.

(131) Ibid., pp.37, 61-5, 81, 139-40, 148. 彼はまた『教皇預言集*Vaticinia*』、キュリロス、テレスフォルスそして預言『この世の百年の災厄 *Ve mundo in centum annis*』をも引いている。

(132) Ibid., p.64 ; p.66をも参照。

(133) Ibid., pp.37-8.『イザヤ書註解』を引いた後グラミナエウスは次のように記している。「厚顔と無分別からタッデウスがわたしに帰したところのこの預言は、おおよそ主の一二〇〇年頃その大修道院長が記したものである」«Haec Prophetia cum circa annum Domini millesimum ducentesimum ab ipso Abbate scripta sit, impudenter et temerarie mihi a Thaddaeo imputatur» (欄外「注、三五〇年以上前にルターの郷国が予言されている」«Nota patriam Lutheri ante 350 et amplius annos praedictam»). タッデウスはこの著作で名指される論敵。

(134) Ibid., pp.99-102, 156.

(135) Ibid., pp.14, 82-3.

(136) «spiritualem intellectum processurum de parvulis in Latina Ecclesia, qui regnaturus sit in populo videnti Deum, ut iam non vivant homines secundum carnem sed secundum spiritum». Ibid., p.23.

(137) «Surget enim ordo, etc». Ibid., p.25 :「……新たなるバビロンの廃墟にかつて存したごとき(ローマ教会が)再興され……この世の最後の時代の秩序つまり隠修会によって、神の恩寵と燃え盛る炎のごとき熱烈な神への愛により、教会は浄化される。ここにその秩序が興るであろう、とは大修道院長ヨアキムが四百年前に明快なる預言的な霊によって予言したところ……」«… post ruinam novae Babylonis reformari oportet [i.e. Ecclesiam Romanam] in gradum pristinum … per ordinem videlicet Eremitarum, in extrema mundi aetate, divina gratia, in zelo ac Dei amore, veluti igne exardescenti, iam repurgata Ecclesia. Surget enim ordo, ut Abbas Ioachim ante quadringentos fere annos prophetico spiritu clarus praedixit …» (*Expos.*, f.176rからの引用).

(138) Pastor, *History of the Popes*, xvi. 383-9 ; appendix, pp.485-97.〔*【III-6 n.55】参照。〕

(139) «credo che sia aparechiato un home che in ogni evento che bisogni sia per essere il pontefice de Dio, e quel pontefice che ordinariamente dal popolo Romano è chiamato pontefice angelico». ibid., p.486.

(140) «homo de santissima vita, di età senile che havesse spirito de Dio da poter mostrare la authorita sua come l'abbia havuto uno de quelli santi pontefici antiqui». Ibid.

(141) «un papa novo, onto, santo et angelico». Ibid., p.489.

(142) *Atheismus Triumphatus* …, Roma, 1631, pp.72 ss.

(143) *Monarchia Messiae*, Jesi, 1633.

(144) «Foelicitatem Soeculi aurei existere, si totius mundi unus sit modo Princepes [*sic*] Sacerdotalis, absque Superiori : et unica Religio vera erga unum Deum …». Ibid., p.14.

(145) «Item afflueret sapientia hominum ex abundantia pacis … Item si totus mundus regeretur ab uno, multiplicaretur scientia, ob tutas navigationes, et itinera, et mercanturas, et communicationes rerum, quae sciuntur …». Ibid., p.15.

(146) «… quando mundus totus unitus fuerit sub hac monarchia et evacuati fuerint Principatus et potestates eidem non subditae in omnibus … et diversitas Religionum sectarumque sublata fuerit, tunc apparebit soeculum aureum». Ibid., p.21.

(147) *Atheismus Triumphatus*, p.83 ; *De Monarchia Hispanica*, Amsterdam, 1640, p.23.

(148)【III-7 pp.486-88】参照。

第5章　『教皇預言集《ヴァティチーナ》』

テレスフォルスの『小著《リベッルス》』がそれを観る者の目を天使的教皇に釘づけにしたとするなら、教皇庁の預言的未来に関する思惟を掻きたてつづけた別の擬ヨアキム主義的著作が『教皇預言集《ヴァティチーナ》』の数々の印行本であり、その註釈群であった。(1)すでに観たように、第二の、後の十五預言の系列は〈革新《レノヴァチオ》〉への期待をあらわすものというよりも、かえってアンチキリストの予測に終わっていた。しかし十六世紀、二つの系列は後者を前に置いて一体となされ、最も威嚇的な予言──「おまえは恐ろしい、いったい誰がおまえに抗し得ようか」──はその毒を抜かれるように三十の預言の連続の中間に配され、ふたたび本来第一の十五預言を閉じていた天使的な肖像群によって終わることとなった。これは一五一五年および二七年のレアンドロ・アルベルティによるラテン語‐イタリア語版にはじまる多くの印行版のかたちである。しかし、これらを含む数々の印行版には、〈革新《レノヴァチオ》〉あるいは天使的教皇待望はほとんど認められない。(2)アルベルティはその序文で、数々の写本に書きこまれたぞんざいな注記の判読を試みる人々の好奇心がもはや尽き果てたと言い、『教皇預言集《ヴァティチーナ》』の主要な魅力は過去の教皇たちを特定することと、歴史が預言と化す時点を見極めることにあると述べている。

最初に『教皇預言集《ヴァティチーナ》』を託宣としてよりも、教皇庁に関する一般予測の補助に用いたのはプロテスタント教徒たちだった。ニュルンベルクのザンクト・ローレンツ教会のルター派司祭アンドレアス・オシアンデルは市図書館《ラーツビブリオテーク》とカルトゥジオ会修道院の図書館でこの著作の写本を見つけ、一五二七年ドイツ語註解と各図版にハンス・ザックスによる詩句を付した版を刊行した。(3)これらの挿絵のうちに教皇の俗臭、聖職売買《シモニア》、政治的姦計等々に対する告発を認めるのは容易い。オシアンデルは教皇庁に対するプロテスタント側からの論駁にこの素材を十全に用いてみせた。実際彼は、薔薇をもつ修道士として描かれた元版のケレスティヌス五世の肖像に聖なるものを認め（XX図）、これをそのままマルティン・ルターの肖像となしたが、結局のところXXIII図以降の天使的系列には注意を払っていない。一五二八年、ヨハン・アドラステルはラテン語版を公刊したが、これがオシアンデルと関連したものであることに間違いはない。これは実質的に先のものの翻訳であり、オシアンデル同様、アドラステルもケレスティヌス五世の肖像をルターに比定している。(4)

こうしたプロテスタント側からする『教皇預言集《ヴァティチーナ》』の利用への応答として、パラケルススがニュルンベルクで一五三〇年頃公刊した『以前ニュルンベルクで見つかった図像に関する註釈……』(5)がある。この解釈もまた、預言の数々を個別の教皇にあてはめる試みをするのではなく、それらを教皇庁の全般的な時代状況として取り扱っている。パラケルススの観点は厳密に教皇庁批判と親皇帝的共感にある。それゆえ、槍に囲繞された市壁を描いたXXIII図（三八葉表）は「カロル五世の指揮のもとゲルマン人によって果たされた首府ローマ攻略」(6)として説かれている。幾つかの図に反教皇的な舌鋒がみられるとはいえ、いまだそれはプロテスタント論議というよりもカトリックの革新転覆的な立場の再論であり、教皇庁の罪の数々の弾劾を、天使的教皇をもたらさずにはおかない必然的転覆への期待と結び合わせたものである。天使的肖像群に到ると、パラケルススはすくなくとも最後の四人の意味するところを、明らかにプロテスタント教徒たちとは対照的な意味に解している。XXVII図（四三葉表）について彼は「こうしたことがらのすべてが過ぎ去り、他なる教皇つまり純粋、清浄にしてペテロとパウロの樹てた途に則る教皇が来たるだろう……」(7)と記している。XXVIII図（四四葉表）でパラケルススは、新たなる体制のもと教皇は神によって選ばれ、人からではなく天使から冠を授けられるであろう、と力説している。XXIX図においてもまた、彼は教皇庁の新たな、改革的な立場を強調している。「……重要なのはこの教皇の座と権能は神によるものであって、人に選ばれるものではないということ、そして人によってではなく天使によって就けられるということ」(8)（四五葉裏）。謎に満ちたXXX図を彼は、多くの者がなすように七角のアンチキリストとしてではなく、教皇庁の天使的体制の成就として説いている。

つづく預言の最後の図ではキリストを含意した七角の羊によって時の終わりが示されている。教皇はその上に冠を置き、それをキリスト教皇となす。それは人の悲惨をあらわすものではなく、その権能はキリストによるものであって人によるものではない。この教皇の人となりは神より人に授けられる使徒の完徳にほかならず、その群にキリストの道を顕わすであろう。こうした権能のもとすべての群はひとつの群に還され、人の七世代にわたり唯一の司牧者を得るであろう。この司牧者は贖い主と呼ばれ、この権能のもとにわれわれはとどまることとなろう……歓びと至福のうちに永遠に生きよう……(9)。

こうして至福の体制の到来が待望されることとなる——しかし、ここに到達することはじつに困難であり、神自身がバビロンの淫婦とすべての異端者たちを滅ぼしたまわぬ限りそれは不可能である、とパラケルススは強調する。

パラケルススの関心には奇妙な混交がある。それはすでにイタリアの人文主義者のある者のうちに観たところであり、それは預言、占星術予測、カバラ学に、古典また彼の名とともに想起される擬自然学的研究が渾然一体となったものであった。彼の擬科学的著作群は深甚な流行をみた。それも特に『教皇預言集《ヴァティチーナ》』に付された彼の註釈は何度も公刊されることになる(10)。彼はリヒテンベルガーの『予言の書《プログノスティカチオ》』を検討し(11)、『預言および予測された奇瑞の数々について』(12)を著し、そこで超自然的な知見の諸類型を概観している。一五四九年、預言選抄を含む彼の論考『預言と予知……パラケルスス、ヨハン・リヒテンベルガー、ヨーゼフ・グルンペック、ヨアンニス・カリオニス、シビュラたちその他』(13)があらわれ、以降数々の版が刊行されることとなる。彼の教会および未来に関する態度は、その『教皇預言集《ヴァティチーナ》』に対する結論に付された幾つかの注記および一五三六年に公刊された彼自身の奇妙な『予言《プログノスティカチオ》』(14)の諸節から推論してみることができる。前著において彼は、邪悪の根が教皇の世俗権力獲得のうちにあるという考えをあらわし、悪しき旧体制と新たなものの間には鋭い隔絶がなければならないと説いている。

……これら数々の預言は教皇が現世の主権をはじめて掌中にした時からそれを辞めるに到るまでのものである。その時、あらゆる党派、害悪、欺瞞等々は焉むであろう。それどころか、教会人たちは真なる群も偽なる群も、疥癬病みの群も皆、教皇とともに滅亡するだろう。これが邪悪なる帆柱の予表に終わるこの預言の前半である。後半は真に浄化された数々の群がひとつに纏められ、唯一の司牧者とともに神の幸福のうちに生き……[15]。

『予言《プログノスティカチオ》』は、『教皇預言集《ヴァティチーナ》』を範に採りつつパラケルススが自らつくりなした預言に関する論評である。三十二の図像のそれぞれに謎の文書が付されている。これはローマ人たちの王フェルディナントに捧げられ、XXVI番目ではシビュラの預言群が彼に係わるものとなされている。最後の二図は、来たるべき黄金時代に関するパラケルススの展望《ヴィジョン》を、教会用語によってというよりは人文主義的なことばによってあらわしたものである。XXXI図は踊る裸の子供たちを描いており、次のような注記が付されている。「かくのごとく未来にはすべてが革新され変容する。あきらかに黄金時代とは帰還であり、そこでは輝く子供たちが素朴にすべてを治め、あらゆる詭計、姦策、陰謀を廃するだろう……」[16]。XXXII図は、陽光のもと樹下に横たわる男の図。これは未来の安息の時代である。「多くの汗と骨折りがこの世を改革し、現世を包みこむ大いなる秩序が生まれることになる。将来の静穏で幸福なるはたらきこそはそれに酬いるところであり、ここにある静穏と微睡みはそれを描き出している。そこに悪は見当たらない。その時すべては穫り入れのうちに鎮められる。あなたの聖なる労苦をもってしてもそれを阻むことはできないだろう……」[17]。

しかしパラケルススの『教皇預言集《ヴァティチーナ》』解釈は、たとえそれがカトリック信仰によるものであったにしても、問題にせず放置しておくにはあまりに危険なものだった。デ・ラ・スカラ公あるいはスカリゲルもしくはスカリッヒのパウルス[18]の書中で、パラケルススは別のカトリック的見地から反論されることとなった。この書は一五七〇年、ケルンのテオドルス・グラミナエウスによってマクシミリアン二世への献辞を付して公刊されたもので、その長い表題の末尾は次のようなものである。『……カラブリアのフロレンセ会大修道院長ヨアキムによる預言と肖像……テオフラストゥス・パラケルススと渾名される贋魔術師により著された贋魔術的解釈の欺瞞と悪意と虚栄と捏造と軋轢を駁す真にして確実、疑いなき説明』[19]。この危険な転覆的解釈から数々の預言を奪回するため、パラケルススが偽って成したような教皇庁の一般的な状況を説くのではなく、スカリゲルはそれぞれの託宣を個々の教皇にあてはめた元来の解釈に立ち戻る[20]。彼は両系列を順々に、インノケンティウス八世まで採りあげる。ここでスカリゲルは自らの解釈を限り、それらを無害なものとするために巧妙な才覚をみせる。ここで天使的教皇の肖像のひとつとして説かれるシクストゥス四世に対する彼の称賛はじつに傑作である。(21)もちろんこうした方法によって、彼はそれぞれの肖像から厳密に歴史的な意味を引き出しているのである。スカリゲルにとって、ヨアキムは実際の教皇たちとその勲を予見したがゆえに真の預言者なのであって、ヨアキムが来たるべき歴史の姿を予知したからではない。天使的な教皇たちの系譜による〈革新《レノヴァチオ》〉への期待は、ここにふたたび完璧に消失した。

パラケルススが天使的な系列のうちに配して七角の神の子羊と説いた獣について、スカリゲルは舌鋒を浴びせる。(22)「預言にも呼応せず、古い写本にも対応せぬごとくに」(23)この恐ろしい獣を子羊と解するなど言語道断である、とスカリゲルは言う。この獣は実のところゲルマンの民なのであり、この点、スカリゲルは彼の著書の刊行者グラミナエウスと同じ観点を採っている。(24)『教皇預言集《ヴァティチーナ》』に対する彼の防腐処理的解釈ではあるが、その彼とて、末尾に到り、預言を当時の現実にあてはめてみようとする根強い病患を免れてはいない。彼はヨアキムの『イザヤ書註解』から教会に北方から降りかかる邪悪について引用し、(25)いかにはっきりとルターの災厄が預言されているかを論じてみせる。

> ……この北風の母はサクソニアに他ならぬ……これ以上にはっきりとルターを名指してみせることができようか……この預言は新しいものならず、主の一一七八年にヨアキムが告げ、われわれの知るところ、後にヴェネチアのラザリウス・ソアルディが一五一六年に印行したもので、われわれの手元にあるのはこれであり、ルターが狂乱し始めたのは一五一七年のこと。このルターについて、ヨハネス・リヒテンベルグイスは一四八八年四月朔日、次のごとくに予言した。頭巾を被り悪魔を背負った修道士……(彼はここにリヒテンベルガーを引き、悪魔を背負った修道士の肖像を詳述している)……これはまさにルターの肖像に他ならない。彼は聖アウグスティヌス隠修士会の僧服を纏っていたのだった。(26)

神の審きは過ちを犯した教会に下らない訳にはいかない。しかし最終的な論議においてローマ教会はユダ族であり、ヨアキムも次のように言明するところである。「ローマ教会の権能と首位は常に変わることなく満たされあり、永劫にして、その信仰の純潔についてはヨアキムが、たとえ義のはたらきから逸脱することがあるにせよ、それは戦う教会であり、勝利を得ぬところは失墜しふたたび甦る……と謂うところである」[27]。

『教皇預言集《ヴァティチーナ》』に対するまた別のカトリック的な見解が、パスクァリーノ・レジセルモによる一五八九年のヴェネチア版に表明されている[28]。トレヴィゾの司教への献呈辞で、レジセルモは人間の性癖が確実で有益な知識の追跡に向かうよりも、奇妙なことがらの探求に引き寄せられるものである、と語っている。とはいえ、ある種の幻視《ヴィジョン》や神秘の業は探求に値するものであり、大修道院長ヨアキムの『教皇預言集《ヴァティチーナ》』もそうしたもののひとつである、と。しかしこれは多くの者を誘惑するため、ある異端者によって改竄され歪曲されている。それゆえ、この著者はこうした偽りの肖像を打破すべく奮起したのであった。異端者あるいは〈贋魔術師〉と彼が到るところで呼ぶのは、もちろんパラケルススのことである。十六世紀に特徴的な軽信と知識のこうした混交に対し、レジセルモは学者的な討究に基づく真の解釈をほどこすのだと言い、その序文で彼はテクストの改竄と偽りの解釈を廃するために八種の写本と七種の印行版を検討した、と読者に告げている。そうした写本の中には彼の観るところ、「星辰に関する知識に秀でた人」パドヴァのアントニオ・マジノの蔵書であった三百年以上前の写本、また百三十年前にドメニコ・マウロチェーノによって著された雑纂原本もあった。レジセルモは三種の解釈について述べている。すでにすべての預言は成就した、とするもの。いまだすべて完遂された訳ではないとするもの、そしてこれらの系譜の意味するところが円環的なものであると信じるもの。また彼は著者に関しても三つの説を伝えている。ヨアキムとマルシコの司教アンセルムスによるという説、ヨアキム単独説、そしてマウロチェーノが名指す某ラバヌス説。それに、これらの図像のすべてがコンスタンチノープルのレオの名のもとに見出されたオリジナルに拠るものである、というギリシャの同時代人たちの見解をも付け加えている。この付説のうちに真実があることは最近の研究によって立証されたところだが[29]、残念ながらレジセルモにとってはあまりに突飛なものであり、彼はこの説を愚かな風説として退け、他の証明を採ったのだった。「……わたしがコンスタンチノポリスに居たことのある学識ある人々に尋ねたところであり、これを笑殺すべき謂われとてないが、その説に拠るべき確証もない……」[30]。

レジセルモがテクストに付した諸注には、写本間の異同《ヴァリエーション》を調べ、預言群の正確な序列を究めようとしたものと、偽りの解釈を排除しようとしたものとがある。彼はスカリゲル同様、〈贋魔術師〉パラケルススを攻撃してみせるが、スカリゲルの解釈を批判してもいる。そのため、彼は古い写本に大層な信頼を置いている。「パウルス・スカリゲルが古い写本を観たかどうか、贋魔術師がどの程度の捏造をなしたか、わたしには分からない……。ここにそれが書写されてから三百年を閲した古い一写本をわたしは知っている（そのうちに書写者の手でそのように注記されている）……」。(31) レジセルモの時代の『教皇預言集《ヴァティチーナ》』註解者たちは、この預言集に概括的な解釈を与えることによってプロテスタントの立場に近づく危険に直面していた。しかしそれに伝統的なニコラウス三世にはじまる個別の解釈を与えることは、三十の預言系列をいまや完結したものとして、つまりもはや預言としてではなく歴史として観ることを意味した。後者はスカリゲルの採った手法だったが、レジセルモは預言という観念を捨て去ることができなかった。彼はこの矛盾を無邪気にきり抜けてみせる。この預言は教皇たちを個別にあらわしているのだが、連続的な系譜としてではない。そこには空隙があり、算術的な秘密の原理を導入することによって、それを未来にまで拡張することができる、と。ここで彼は面白い視点を導入する。つまりヨアキムはこうした原理を東方《オリエント》から学んだのだ、と。ヨアキムは今でもギリシャ語が話されている〈マグナ・グラエキア〉に生まれ、東へと巡礼行を試みたのだった。(32) かくしてレジセルモはスカリゲルの図像とテクストを、また諸預言の援用帰属を批判することができるようになる。その援用において、レジセルモはXXIをユリウス三世に、XXIVをピウス五世に帰属してみせる。彼はXXVを名指すことを否む。そしてXXVIによって明確に未来を意図している。彼がこれらの教皇について誇張することはないとはいえ、そこには天使的な系譜が待望されており、レジセルモにとっての預言的未来はXXVI番目に関して大いなることがらを予見した預言者たちに言及してみせるところに認められる。(33) XXVIIIで、彼はルターかカルヴァンかどちらがアンチキリストをあらわすものかと問いつつ、しかしこれは未来のことであって過去のことではないと結論し、彼の注意は教会を修復し、散り散りになったキリストの群をひとつに集めるであろう未来の聖なる教皇たちに集中する。それはXXVIIIの教皇の時であるかそのすこし後のこと、イスラエルは真の群に戻りはじめ、真の救い主《メシア》のうちに救済を求めるであろう。ここでレジセルモの古い写本は結末部分が破損されていた（おそらく子供によって、と彼は言う）。(34) しかし彼は『教皇預言集《ヴァティチーナ》』の最後の二預言を、すでに何度も触れた(35)サン・マルコの図像をも載せた別の典拠群から採りだすことができた。

XXXはついにアンチキリストがあらわれる時の最後の教皇をあらわしている。彼はこれが一七〇〇年直後のことであろうと算えている。この計算はピコ・デッラ・ミランドラに依拠したもので、それは「ものに依拠した算術ではなく純粋に形式的な算術によったものであり、自然本性的な預言に最適の方途であり」[36]、ヨアキムも「またその預言にあたりまさにそれより外を採らなかった純粋に形式的な数による方途であった」[37]。

　この謎に満ちた教皇預言の系列が惹起した驚くべき魅惑を、十六世紀の模倣系列の増殖のうちに認めることができる。レジセルモは彼の書の最後に三つの預言を付加している。一つ目は「大修道院長ヨアキムの書に観るマルティヌスからアンチキリストに到るペトロ後継者の予言」[38]と題され、マルティヌス五世からグレゴリウス十四世まで教皇の名を挙げたもの。二つ目は「修道士エギディウス・ポローヌスの古い書による」[39]十二の要旨のひと組みで、ピウス二世からグレゴリウス十四世に到る教皇たちに関する預言。浄福なるイオドクス・パルメリウスの『環《ロータ》』[40]はパウルス四世からグレゴリウス十四世に到る系譜からなっている。こうした系譜の模倣のうちでも最も有名なのが聖マラキアの名で流布したもので、たいへんな評判をとった。こうした類の預言の流行は、十六世紀後半の預言精華集《アンソロジー》であるボドレー写本 Laud 588 に目を瞠るばかりに蒐集されている。ここにはあらゆる教皇預言の系列が集められており、その多くは素朴な線描によって図説されている。それらの多くはシクストゥス五世あるいはその前後の教皇たちまでを名指し、それに謎に満ちたいまだ成就せぬ預言群が付加されて終わっている。ここに、こうした預言の二重の目的が垣間見える。預言の覆いのもとに現実の教皇たちを詳説すること、それも時として毀損的なことばによって。そして未来に関する期待と懼れを、託宣というかたちであらわすこと。これらはじつにしばしば混沌とした謎の観を呈しているが、このロード集成にはじつに驚くべき特徴が露見している。そこではほとんどの系列が、天使的教皇の形姿をもって閉じられている。そのうちでもトレドのニコラスという名の下に伝えられるある系列では、シクストゥス五世に直接後続して次のような記述がある。「天使的司牧者が後継し、ここに神の教会は大いに称賛され、この世は光に満たされることだろう」[41]。エギディウス・ポローヌスに帰される系列もまた、天使的教皇の肖像に窮まる。「この司牧者は修道士の秩序の者である。彼は全世界に福音を説くだろう。この司牧者は天使のごとく、善なる人にして、神の教会に甘美なる香りを与え、多くの者たちが受洗のために来たるであろう……」[42]。

このロード写本のうちでも最も興味深いのは天使ガブリエルと匿名の著者の間に交わされる長い幻視的な対話で、その論議は天使的教皇待望に集中している（四葉裏—七葉裏）。そのうちにある章句はパオロ・アンジェロとペトルス・ガラティヌスによるアマデウスの啓示からの引用に符合しており、これはどうやらアマデウスの預言の異文《ヴァージョン》のひとつのようである。(43) おそらくこのアマデウスの幻視《ヴィジョン》の異文《ヴァージョン》はどこかに存するものであろうが、わたしはいまだ他の写本例を手にしたことがない。それゆえ、このロード写本のテクストは格別興味深い。そこには十五世紀、アマデウスによって説かれた大いなる切望と期待が、理想化された天使的な肖像が、教会一致の展望《ヴィジョン》が雄弁にものがたられている。それは十四世紀、『教皇預言集《ヴァティチーナ》』元版の著者たちが成したところであり、このロード写本が書写された十六世紀末においてもひきつづき抱懐され得た観念であった。(44)

註

（1） モンテーニュは書いている。「わたしはなんとかして二つの驚きをまのあたりにしたいものだと想っている。ひとつは未来の諸教皇をその名も姿もすべて予言したというカラブリアの大修道院長ヨアキムの書。そしてもうひとつはギリシャの皇帝と総大司教たちを予言したという皇帝レオの書……」。そして彼は、同輩たちがそうした預言の数々の曖昧さに欺かれ、彼らの欲するままにそれらを解釈する戯れに陥っていたことを、かなり長くにわたって語っている。Montaigne, *Essais*, Paris, 1598, Livre i, ch.11, *Des Prognostications*, p.36.

（2） この一文は改訂版で次のように改められている。「印行初版はイエズス会士たちによるもので、一五〇一年から一五年（あるいは〇五年）の間に刊行されている。それにつづいてレアンドロ・アルベルティのラテン語-イタリア語対訳版（一五一五年）、そしてイエズス会第二版（一五二七年）が出た。これらには〈革新《レノヴァチオ》〉の教説あるいは天使的教皇たちに対する期待は認められない」。

（3） *Eyn wunderliche Weyssagung von dem Babstumb, wie es ihm biz an das endt der welt gehen sol, in figuren oder, gemal begriffen, gefunden zu Nürmberg im Cartheuser Closter, und ist seher alt,* Nuremberg, 1527. この刊本については、R. Bainton, *The Joachimite Prophecy : Osiander and Sachs, Studies on the Reformation*, London, 1964, pp.62-6を参照。ただし、ベイントンはK. Sudhoff, *Bibliographia Paracelsica*, Berlin, 1894, pp.38-9同様、『教皇預言集 *Vaticinia*』の年代特定について過誤に陥っている(p.64)。

（4） Sudhoff, op.cit., p.39は一五二八年版に準じている。わたしは以下、

Prophetia Anglicana et Romana … Addita sunt Vaticinia et praedictiones Joachimi Abbatis Calabri … una cum annotationibus et explicatione Johannis Adrasder Frankfurt, 1608を用いた。〔✱本文は一九九三年改訂版で「ヴォルフの『読書録……一六世紀』には、オシアンデルの教皇預言集《ヴァティチーナ》註解のラテン語訳がイオアンネス・アドラステルの名で収められている。これはアンドレアス・オシアンデルの転綴《アナグラム》である」と大幅に書き変えられている。〕

(5) Paracelsus, *Expositio Vera Harum Imaginum olim Nurenbergae repertarum* … . この刊本については、Sudhoff, op. cit., pp. 38-9を参照。ドイツ語版は一五三二年に出版されている。ここで用いたのは一五七〇年版（s.l.）であり、付した葉数はこの版によるもの。

(6) «expugnatio urbis Romae sub Carolo quinto per Germanos facta».

(7) «Transactis omnibus que dicta sunt, Papa veniet alius, sc. purus, mundus, et in linea Petri et Pauli constitutus …». f.43r.

(8) «… significatur hic Papam istum a Deo, non ab hominibus, sedem et suam potestatem habiturum, et ista non humano sed angelico modo fieri». f. 45v.

(9) «Postrema pictura vaticiniorum finem horum concludit in agno septicorni, qui Christum denotat. Papa coronam superponens ei, fatetur hoc ipso Christum Papam, et non miserum hominem talem fore, potestatemque hanc esse Christi, non hominum, item Papam humanum, ut Apostolum et perfectum ex Deo hominem fore debere, qui suis ovibus ad Christum viam ostendat : et sub tali potestate reducentur oves omnes in unum ovile, pastorem habebunt unum supra septem generationes hominum. Pastor iste vocatur redemptor, sub cuius potestate sic manebimus … laete beateque vivemus in aeternum …». f. 46r-v.

(10) わたしの知る限りでも、一五三〇頃、一五三二（ドイツ）、一五六九（ドイツ）、一五七〇、一五七七、一六〇〇、一六二〇年版がある。Wolf, *Lect. mem,* i. 374-90には*In imagines Joachimi Abbatis annotationes Theophrasti Paracelsi*が収められている。

(11) Sudhoff, op. cit., p. 12.

(12) *De Presagiis Vaticiniis Atque Divinationibus,* Frankfurt, 1584. この書中で彼はリヒテンベルガーの「魔術的な図像 figuras magicas」と「カルトゥジオ会士たちによって案出された図 figurae penes Charthusianos inventae」を取り上げている（pp. 34-61）。

(13) *Propheceien und Weissagungen … Doctoris Paracelsi, Johan Liechtenbergers, Joseph Grunpeck, Joannis Carionis, Die Sibyllen und anderer.* cfr. Sudhoff, op. cit., p. 42.

(14) *Prognosticatio eximii doctoris Theophrasti Paracelsi …,* s.l., s.d.（一五三六年著）。また、W. Peuckert, *Die Rosenkreutzer. Zur Geschichte einer Reformation,* Jena, 1928, p. 25をも参照。

(15) «… prophetiam hanc numerare debeatis ab eo tempore quo Papa dominari coepit in temporalibus, ad eamque primum assumptus fuit, in finem usque depositionis eius : quo quidem tempore, cessabunt omnes sectae, nequitiae, fraudes etc. nedum Ecclesiasticorum, verum etiam falsarum ovium, et scabiosarum, quae simul omnes cum Papa cadent in interitum. Haec omnia prior pars huius prophetiae continet, quae finem arboris malitiae, dolique praefiguravit : altera vero mundas complectitur oves sub uno ovili, pastore pariter unico feliciter Deoque viventes …». *Vaticinia,* f. 47r.

(16) «Tanta et talis futura est omnium rerum renovatio et mutatio : ut plane aurea saecula redisse videantur, ubi plane puerilis candor, simplicitas ac integritas regnabit, explosis omnibus versutiis, astutiis et insidiis hominum …».

(17) «Multo sudore, et labore conatus es reformare mundum, magnus ut ab integro nascatur saeculorum ordo, merito itaque exacto labore quiesces, foelix is futurus, qui sub hac quiete et somno proditurus est, malum enim non videbit : omnia tunc erant pacata, restituta, ac in integrum redacta. Nemo potuit tuos sanctissimos conatus impedire …».

(18) スカリゲルP. Scaligerについては、G. Krabbel, *Paul Skalich : ein Lebens-*

bild aus dem 16. Jahrhunderts, Münster, 1915を参照。またSecret, *Studi francesi* I, p.384は彼を「北に甦ったピコ Picus Redivivus du Nord」と呼んでいる。

(19) … *vaticinorum et imaginum Joachimi Abbatis Florensis Calabriae … contra falsam, iniquam, vanam, confictam et seditiosam cuiusdam Pseudomagi, quae super nomine Theophrasti Paracelsi in lucem prodiit, pseudomagicam expositionem, vera, certa et indubia explanatio.*

(20) スカリゲルのパラケルスス攻撃は第一図の注記に十分浮き彫りになっている。「パラケルススがいかなる贋魔術師であるにせよ、大修道院長ヨアキムと司教アンセルムスの預言に載せられた図像を以前ニュルンベルクで見つかったものであると称し、たとえ真の魔術によって預言が演繹され解釈されたものであったとしても、それは唖然とするような虚偽に過ぎない。そこではじめの図像は二匹の熊の口に金貨を噛ませるローマ教皇と解されている。これについてはヨアキム自身、それを金貨とはせず、小麦と解釈するところである。この贋魔術師は著者が包み隠さず述べたところを、単に自らの想念によって韜晦し、そこに自らの恣意的な解釈をほどこし歪曲したのである。そこに認められる曲解はなかなか見事な魔術による邪と詐欺であり、執着、放恣、冒瀆、常軌を逸脱した魔術というのではないし、贋魔術論考に観られる酷薄さでもない……いずれにせよ、不健全なる者たちの諸見解を顧みず、ヨアキムとアンセルムスが義しくも解釈をほどこしたところに就き、そこに歴史的にして象徴的な真実を認めるべく努めよう」«Paracelsus, sive quisquis ille sit Pseudomagus, qui imagines ex Joachimi Abbatis et Anselmi Episcopi vaticiniis confectas, et ut ille ait, olim Nurenbergae repertas, se ex fundatissimo verae Magiae vaticinio deduxisse et exposuisse profitetur, splendidissime mentitur. Nam primam hanc imaginem dicit esse Rhomani Pontificis cum duobus ursus, alteri per os monetam ingerentis. Caeterum Joachimus ipsemet interpretatur non monetam sed grana esse. Ita istum pseudomagum aut solas imagines sine autoris adumbratione habuisse, consentaneum est, atque pro sua libidine et interpretatum esse et depravasse : aut si adumbrationes illas vidit, exquisita quadam malitia et impostura magica : non tam magice quam affectate, libidinose, nefarie et mera vesania, atque crudelitate Pseudomagice tractasse et consultasse … Neglectis igitur insani hominis opinionibus, ad rem veniamus, et quidnam voluerint Joachimus et Anselmus iuxta propriam illorum interpretationem, et historicam atque symbolicam veritatem dignoscamus» (pp.3-4).

(21) Ibid., p.134-5 :「この人は諸学芸に卓れ、才知に優れていた……神的にして人的な諸学芸に驚くべく努め、その絶頂を究めた……［彼の神学的著作群が列挙される］。教皇位に登る前、慈悲深く敬虔、いかなることにも従順にして、教皇庁の大いなる指導者としてあらゆる徳行に務め……［彼の成した勲功が列挙される。つまりビザンツからの逃亡者たちの保護、ローマの再建、聖年の祝賀］。また多くを所有することを拒むことのできる人（まさに聖なる人である）、じつに最高の教皇であった。この人はじつに溌剌とした気魂を保ち、放恣を抑え、怒りを押さえ、邪を断ったのだった」«Hic vir certe non minus arte, quam ingenio clarus fuit, … labore incredibili ad divinarum humanarumque artium apicem consendit … Et ut ante pontificatum adeptum, clemens, pius et in omnes mansuetus extitit, ita magistratu pontificio insignitus, omni virtute coepit caeteros praecellere … Et licet hic multos habuerit detractores [id quod viris sanctis proprium est] optimus tamen Pontifex fuit. Summa enim alacritate et animarum custos extitit et cupiditatem a se resecavit, et iras compressit et malitias extirpavit»（そして彼は天使の預言のことばを仔細にあてはめる。そこにはイタリアの平和を成し遂げるシクストゥスの役割の強調も含まれる）。［＊ちなみに教皇在位は、シクストゥス四世：一四七一―八四、インノケンティウス八世：一四八四―九二。］

(22) 【本章p.572】参照。

(23) «cui tamen nec vaticinium respondet, nec vetustissimum exemplar». Scali-

ger, p.151.

（24）【III-6 pp.467-68】参照。

（25）Scaliger, p.146, cfr. *Super Esaiam,* ff.10v, 19r. 彼はまたテレスフォルスの『小著 *libellus*』の一五一六年版ff.21r, 26rからも引用している（p.138）。

（26）«... Huius Aquilonis mater est Saxonia : ... Quid obsecro clarius dici poterat de Luthero? ... Haec prophetia nova non est, sed A.D. 1178 Ioachimo tradita et postremo, quod sciam, typis Lazari Soardi Venetiis A.D. 1516 excusa, cuius exemplar penes nos est : cum tamen Lutherus coeperit insanire A.D. 1517. De hoc Luthero Ioannes Liechtenberguis A.D. 1488 Calend. Aprilis haec praedixit : Monachus ... in cuculla et diabolus in scapulis eius retro ... Recte hic Lutherus depingitur. Fuit enim Monachus sub instituto Eremitarum beati Augustini». Scaliger, pp.147-9.

（27）«Unde abunde satis constat quid de potestate et principatu Rhomanae Ecclesiae, atque perpetuitate, et puritate fidei illius Joachim sentiat : quamvis a iustitiae operibus deflectat aliquando : quia militans est, non triumphans, quae et cadit et resurgit ...». Scaliger, p.151.

（28）*Vaticina sive Prophetiae Abbatis Ioachimi et Anselmi Episcopi Marsicani,* Venezia, 1589, s.p. これはラテン語-イタリア語版にガブリエレ・バリオによるヨアキム伝を付したもの。ここで彼は誤ってフランシスコ会士とされている。【I-9 n.116】参照。〔＊【図E1-15】参照。〕

（29）【II-5 n.11】参照。

（30）«... percontatus sum peritissimos viros et clarissimos qui Constantinopoli diu fuere, ipsi haec non modo risere sed etiam asseruere nihil extare ...». Regiselmo, *Vaticina,* prefatio.

（31）«Nescio quodnam vetustissimum exemplar Paulus Scaliger viderit et quid ille Pseudomagus confinxerit ... : hoc unum scio meum illud manuscriptum ab hinc trecentis annis (ut in eo adnotatum scriptoris manu videre licet) exscriptum ...». Ibid., Tav. XXへの注記。

（32）Tav. XVへの注記。

（33）Tavv. XXVI, XXVIIに関し、彼はイオドクス・パルメリウス、ヨハンネス・ヘレミタ、ヨハンネス・カピストラヌス、説教修道会教授《マギステル》ラインハルトを引き、またラインハルトの詩編を添えている。彼はまたキュリロスの預言«Grandis Aquila infra surget»（【III-2 n.78】参照）をも引用している。

（34）Tav. XXVIIIへの注。

（35）Tavv. IV, VI, XXVII, XXIXへの注。

（36）«per l'Arithmetica non materiale ma formale, s'ha buonissima strada alla Profetia naturale».

（37）«[Joachim] non caminò per altra strada nelle sue Profetie che per i numeri formali».

（38）*Prognostica de Successoribus Petri a Martino usque ad Antichristum, ex libro Ioachimi Abbatis.*〔＊ちなみにマルティヌス五世：在位一四一七―三一、グレゴリウス十四世：一五九〇―九一。〕

（39）«ex libro antiquissimo Fratris Egidii Poloni».〔＊ピウス二世：一四五八―六四。〕

（40）*Rota*あるいは『聖庁法院』。〔＊パウルス四世：一五五五―五九。〕

（41）«Succedet Angelicus pastor, hinc ecclesia Dei exaltabitur, lux orbi constituetur». f.12v.〔＊シクストゥス五世：一五八五―九〇。〕

（42）«Hic pastor est ordinis monachorum. Praedicabit evangelium in toto mundo. Iste pastor est Angelicus, vir bonus, et dabit suavem odorem in ecclesia Dei, et multi venient ad baptismum ...». f.34r.

（43）【III-6 pp.462-63 ; IV-4 p.546】参照。

（44）このロード写本は詳細な研究に値するものであろう。これは他にも数多く存するであろう類の集成で、旧フィリップス・コレクションNo.17267, 現在ボドレー図書館所蔵になるMS. Ital. C.73という美しい写本と確かな関連が認められるもの。この写本のf.19vには印行本から切りとられた版画が貼りつけられているが、これは船の上で皇帝と教皇が取っ組み合いをしているその周囲をいろいろな紋章が取り囲んだ、なかなか複雑な図である。わたしにはこの図を載せた印行本が何であったのか分からないが、これはおおむねMS. Venezia, Bibl. Marc., Lat. III. 177, f.10vの挿絵を再現したものである。また別に、ルネサンス期のもので『巷説大修道院長ヨアキムに帰される預言集 *Les propheties qui sont vulgairement attribuées a l'abbé Joachim*』と表題された写本が、Bibl. Inguimbertine, Carpentras, MS.340として存する。この知見はジョン・フレミング氏に負っている。

第6章 〈世界革新〉とカトリックの聖書解釈

教会の転覆と革新を待望していた者の多くは、政治的救世主を探し求める者たちがほとんど政治的現実に触れ得なかったごとくに、同時代の主要な思潮からは外れたところにあった者たちだったと言えるだろう。『教皇預言集《ヴァティチーナ》』の解釈に携わった者たち——たとえ彼らが決して浅薄でなかったにせよ——は、あまり深くそうした心情に耽っていた訳でもなかったろう。声望ある神学者たち聖書学者たちの歴史に対する〈楽観的〉な考えの伝統の持続こそが、預言的期待の議論により堅固な基礎を与えるものであり、この時期の思潮に現実的な重要性をもった要因である。

ヴィテルボのジョヴァンニ・アンニオは『黙示録註解、一四八一年よりこの世の終わりに到る……教会の時代状況に関連して……』[1]を著した時、〈この世の革新《レノヴァチオ・ムンディ》〉を肯定的に受けとめることにじつに自覚的であった。彼は地上の至福の時代という観念に異を唱える者たちがいることを知っており、そうした者たちに正面から応えている。「わが王国はこの世のことならず」ということばを引く者たちに対して、彼は言う。

> さらにまた、それは未来のことなどではなく、現在すでにただキリストのみが義なる専制王国をもつのであると確言しよう。すなわちキリストの専制こそが普遍であり、それは天的なものならず、かえって現世的なものである……そしてこの現世のキリストの王国が他のすべての王国を滅ぼし……すなわちキリストとその代理人こそが、天的なものならず現世的なる専制王国である。[2]

黙示録に描かれたキリストの勝利は天上的なことばによって考えられねばならず、現世的な語彙をもってしてはならないという論駁に対して、彼は断固答える。ここで謂う勝利とは現世の教会による専制に援用されねばならない、と。第一に、「聖書は文字通りまったく地上の戦う教会の状態について謂うものであり、天上の勝利を謂うものではない」[3]。第二に、この勝利の後、悪魔はそこに述べられてある期間縛められるであろうが、その後解き放たれる。「それゆえこの王国は最後の審判以前のことであると解さねばならない」[4]。こうした議論によって彼は自ら、地上の勝利の時代こそが待望されるべきであると得心するとともに、教会の二重の復活という観念を展開してみせる。「第一の復活はすべての教会が唯一の司牧者のもとに普遍的合一を果たすことであり……第二の復活とはからだを伴なった（組織的な）復活となろう」[5]。この普遍的勝利を成し遂げる遣いとは教会によって設けられる偉大な君主であろうが、この至福と幸福の時代の現実の普遍なる専制主とはローマ教皇に他ならないであろう。アンニオは天使的教皇の肖像を描いてみせはしないが、世界の統治が十二の領国によって成され、その各々がひとりの総大司教とひとりの王そして「ひとりの守護天使」[6]によって治められる、と素描してみせた。この十二分割とはもちろん新エルサレムの十二の門に由来するもので、実際、新エルサレムは天から降り、「地上の改革は天より来たることとだろう」[7]と説かれた。彼はこれを強調して言う。「新たなる天を見た、とはつまり、新たなる教会の時代と新たなる現世、あるいは新たなる平信徒の時代」[8]と。彼はヨアキムを――あるいは擬ヨアキム主義的な『エレミヤ書註解』を――一度引用するのみであるとはいえ、実際そこでヨアキム主義的な語句を用いている。「かくして教会改革のうちに第三時代がつづく」[9]。アンニオの構想した歴史の最終段階は、疑いもなくヨアキム主義的な第三時代だった。

同じ思潮に就くのが若き同時代人、アヴィニョンのフランシス・ランベールで、彼もまた黙示録に註釈を書いている[10]。彼も、バビロンの崩壊から、第六の時代の終わり、最後の審判の前のアンチキリストの敗北に到る歴史の第七時代についておおいに論じている。ヨアキムのごとく彼も、第七の封印が開かれる時の半刻の沈黙のうちに、その象徴の精髄を見出している。この間隙を平和が領し、真実が広まり、聖人たちは解放されることとなるだろう。これを約言するなら、あたかも死から甦るかのごとくにこの世は更新されるであろう[11]。開いた書物を手にする天使とは全世界への福音宣教を意味しており、これは「多くの協力を得た唯一至上なる福音宣教者の」[12]はたらきであろう。ランベールはこれを黙示録の各種の天使たちの範型のうちに認めたのだった。[13] 彼はヨアキムを引いてはいないが、彼の聖書解釈はじつに大修道院長に近く、また類似した数‐象徴を用いてもいる。[14] これらのできごとはいまや間近に迫っている。「たしかに戸口にまで大いなるアンチキリストは迫り来ていると思われる」。[15] 第七の時期がどれくらい続くのか、あえて彼は語ることはしない。それはおそらく短いだろう。「栄光に満ち讃嘆すべき平安がこの悲惨な谷間に長く続くことはできないであろうし、聖性がかくも壊れやすい肉身に宿ることはできないであろうから」。[16] このようにランベールはこの黄金時代をはっきりと歴史のうちに観つつも、生身の肉体という本源的な限界を鋭く指摘している。それでもなお、彼は結論して言う。「これが最大の原因であるとはいえ、そうした霊の統治は豪壮にして至福なるものゆえ、たとえそれが短くともほとんど恒久とかわりないことだろう……」。[17]

次の世代に属するダミアン・ホルトラは、こうした思潮を受け継いだ興味深い例である。一四九三年ペルピニャンに生まれた彼は、ヴィーユ・ベルトランの大修道院長となり、フェリーペ二世によってトレント公会議に派遣された。彼が未来についての見解を表明した著作は、ソロモンの雅歌の註解である。[18] 彼はいまだシナゴーグの歴史と教会の歴史の符合という中世の類型《パターン》を援用し、第六の時期に到るまで両者の経ねばならない試練を並置してみせる。アンチキリストの邪悪の極みはいまや眼前にある。往昔ユダ族に襲いかかった敵の大波が、いまや教会の上に怒濤のごとく渦を巻いている。

> 信じがたきことに、この三四〇年の間に驚くべくマホメット教徒は増殖し、アンチキリストはアフリカを統治し、アジアではスルタンを超えて地歩を固めた。そしてギリシャからエウロパへと溢れ来たり、すべての東方教会また東方のローマ帝国の名残りたるビザンチウムを怒濤のごとくに滅ぼし……最近では西帝国を侵し、栄華を誇るウンガリア帝国の保塁のすべてを奪取し……そのうえこれらの領土を越えてゲルマニアを征服すべく迫り……まさに神はこれを許したまい、教会分離派や……ゲルマニアの叛逆者たちを鼓舞し、強暴なる暴君に権勢を譲りたまう……。[19]

同時代のできごとをアンチキリストの猛襲として説くにあたり、ホルトラは直接ヨアキムを引用することはないが、擬ヨアキム主義的な『キュリロスの巫言』をメトディウス、聖女ブリギッタ、聖ヴァンサンに帰される預言群とともに用いている。[20] ソロモンの雅歌に対する彼の註釈に通底する主題は第七の時期における教会の美と栄光であるとはいえ、第六の時期にあって迫り来る災厄や転覆のしるしは極めて明らかである。ここに周知の至福の遣いたちが一時にあらわれる。〈天使的教皇〉、敬虔なる皇帝、世界中に宣教する天使的修道秩序、〈完徳なる人々の〉二つの修道秩序、十二人の使徒的な人々——これらがすべて雅歌と黙示録の象徴群のうちに検証され、ヨアキムに似た様式のうちに援用される。[21] 天使的教皇は、〈革新《レノヴァチオ》〉の一部を成す聖職者の生の転覆を示唆することばをもって論じられている。

……ここに遂に至聖なる教皇が生まれる。まさに称賛に値する慣習と純潔なる生によって彼は天使的なるものと言われる。彼はさらに教会の修練を復興し、この世の人々すべての道義をかつて使徒たちが……設けたところへと還すであろう。いかなる聖職者も過食を禁じられ外套を纏うことを許されない。さらに現世の財物に拘泥し蓄財することを禁じられる。キリストの福音をエルサレムから遠隔の地に到るまで汚れなく伝え広めるため、十二人の伴侶が選ばれる。彼らのはたらきにより神のことばは遍く播かれ、世界中にキリストは浸透していくであろう。ここに聖性と公正において優るとも劣らぬ三人の教皇が彼を後継し、使徒の幸福を……完徳を成し遂げ……。[22]

「妹よ、わが花嫁よ、わが園に来たれ等々」[23] という章句について、ホルトラはかなり長くにわたり雄弁に語る。それはユダヤ人たちがキリストの真の園へと帰還すること、そして全世界への宣教につづき、すべての国がこの園へと合一することを言ったものである、と。これこそが古今の数々の預言に予言されてきたところである、と彼は主張する。これに較べられる過去の事例は唯一、この世の平和のために教皇シルヴェステルとコンスタンティヌスが協力しあった時のみであるが、ここで第七の時期の到来は円環的回帰としてではなく、歴史の窮極として観られている。[24] ホルトラは新たなる天と地と、地上に降る新たなるエルサレムという象徴を、歴史のこの最後の時期をあらわすために大胆に用いている。

ここに遂にヨハネは新たな天と新たな地を見た。（すなわち）人の下位なる部分も上位なる部分もともに革新されるのを。それは教会を飲みこまんばかりに高まる怒濤なす海ではない。彼は天から新たなるエルサレムの聖なる国が降るのを見た……これは讃嘆すべきキリスト教徒の国の幻像である。ヨハネはその荘厳を聖霊によって啓かれたのである。これこそ第六の封印および第七の封印の大部分が開かれるところの時の終わりであり、ヨハネはわれわれに教会の時代の未来を描出してみせたのである……これこそじつにこの地上における教会の第七の統治時代にして、かくのごとくに実現されることであろう。これが黙示録の当該箇所の意味するところである。[25]

肝要なる問題に戻り、預言者たちが予言したこの至福なる〈革新〉が永遠に属するものであって、歴史のうちに成就されるものではないと主張する悲観論者たちに対し、彼は断固異議申したてする。

教会の至福の時代に関する預言者たちまた使徒たちの言が未来の最後の審判の後について言ったものである、と多くの者たちが言うのをわたしはみてきたし、そうした人々はわたしにはこの話題を回避しているようにみえた。自ら邪悪なる審判者たちがそのような幸福なるキリスト教徒の国をこの地上に成し得るはずもなく、そのようなことを信じることは適わないと……。[26]

ホルトラと同時代人ではあるが、じつに異なった背景のもとに立っているのがベルトルト・プルスティンガーである。彼はザルツブルクに生まれ、一五〇八年キームゼーの司教となった。そしてザルツブルク司教区の教会改革運動に加わり、その『教会の災厄』は一五一九年に著され、一五二四年に匿名で出版された。[27] プルスティンガーはホルトラよりもずっと公然たるヨアキム後継者であった。彼の著作は具体的に教会の七つの時期に専心しており、その類型《パターン》を彼はウベルティーノ・ダ・カサレから直接借りている。彼はその観念のかなりの部分をヨアキム自身から得ており、またマーリン、キュリロス、ラニエル、ダンダルス、ラバヌス、テレスフォルスの名のもとに数々の擬ヨアキム主義的文書を引くとともに、フランチェスコ、ヴァンサン、ヒルデガルト、ブリギッタそれにシエナのカタリナといった聖人たちに擬される預言の数々をも用いている。彼のヨアキムに対する親近は、以下の〈霊的知性《スピリトゥアーリス・インテレクトゥス》〉に関する一節にみるように、各所に認められる。

かつて神に遣わされた聖なる博士たちは、あたかも燈火に照らされたごとくに神秘の光によって聖書を知解し、以前には晦渋であったところを逐字的に解釈した……いまや聖書を知解せしめるところの知性の光は、神からする超自然的な光として発する。この光は、霊的なる目を盲目とする花嫁の愛に抗してその尊大と不面目とを滅ぼす。聖なる書物の逐字的な知解には外皮が付着しており、文書の内的な精髄を味読することができない。これこそ今日ルター派その他の者たちが軽率にも邪に論議してみせるところであり、その大胆さは聖なる文字を歪曲するものである……[28]。

プルスティンガーはしばしば自らを教会の第五の〈時代《スタートゥス》〉の終わりあるいは第六の〈時代《スタートゥス》〉の初めに置き、その第五はフリードリヒ三世時代のコンスタンチノープル陥落によって終わりを遂げたとみる[29]。最後のできごとについて、彼はテレスフォルスの予測を援用する。教会分裂と対立教皇、北から来たる暴君と〈複合アンチキリスト《アンチクリストゥス・ミクストゥス》〉、そして教会の勝利と大いなるアンチキリスト到来までつづく平安の時、ついに静穏の安息もゴグとマゴグによって終わり、最後の審判となる[30]。最初の〈革新《レノヴァチオ》〉においては第二のシャルル・マーニュ[31]と天使的教皇およびその後継者たちが、『フロレの書』やテレスフォルスに並べられたとおりに見出され、教会による現世の財物の放棄、ギリシャ教会とラテン教会の合一、全世界への宣教が認められる[32]。最終的な静穏こそが教会の第七の時期であり、歴史における安息である[33]。プルスティンガーはこれらを彼の時代と関連づけることに努めている。第六の天使の喇叭の音によって呼び出される蝗たちは、すでにルター派の者たちとして姿をあらわした[34]。コンスタンチノープルの陥落も、昔日のエルサレムの陥落のごとくに現実のものとなってしまった[35]。キュリロスの預言の数々は一五一〇年にイタリアではじまった耐えがたい戦役の数々によってその真実を露わにしはじめている。[36] そして巻末で彼は、世界の歴史の三つの〈時代《スタートゥス》〉という真にヨアキム主義的な枠組みを採用する。これについて彼は、「全世界の三つの時代」[37] という章でヨアキムを引きつつ、自らを第二から第三の〈時代《スタートゥス》〉への閾に立つ者として、第一と第二の間にあったゼカリヤに較べている。第三の〈時代《スタートゥス》〉の窮極は、ヨアキム主義的な語彙をもって次のようにあらわされた。「おそらくこれがこの世の第三の時代に関する知性的展望である。その時こそこの真実があからさまに開示されることとなろう……その時こそ神の統治がはじまり、聖書の知解が輝きわたることとなろう……」[38]。

十六世紀も末の二人の黙示録註解者は、どちらも黄金時代をアンチキリストの死と〈この世の終わり《コンスマチオ・セクリ》〉の間に配される教会の第七の〈時代《スタートゥス》〉に待望している。ケリウス・パンノニウス（あるいはフランチェスコ・グレゴリオ）は直接ヨアキムに依拠している訳ではないが、黙示録の諸形象をヨアキム主義的な意味に解している。[39] 天使たちは福音説教の諸類型であるとともに、特に黙示録一四章の三天使はこの世のすべてを改宗させ、アンチキリストの死後、大いなる歓びの時をもたらすことになる最後の三つの説教者たちの修道秩序の範型である。[40] 最後の黄金時代とその時体験されるであろう全世界の歓喜という主題に、パンノニウスは叙情的な情熱を込めてしばしば立ち戻っている。[41] またその序文においてすでに彼は、第七の安息の時代、〈黄金時代《アウレア・エタス》〉がアンチキリストの死とゴグとマゴグの短期間の出現の間にあたるであろうことを、明言している。それが長いか短いかなどということは、その歓喜の激しさに較べればなにほどのものでもない、と。

> この平安がしばらくつづくであろう。それは神の善の賜として善それ自体の熱望から溢れ出る……ここでわれわれはたしかにそれをのみ抱くのであり、その未来の至福こそが教会の統治であり、たとえそれが束の間であるにせよ、その卓越はじつに長大遼遠と算えることのできるものであろう。その時、敬虔なる者たちは歓喜し名状しがたき悦楽に浸り、アンチキリストは滅び、その平安、ことにキリストの栄光は、まさに最後に獲得される至福とも言うべく……かくして美しくも静穏なる沈黙が宇宙を満たすであろう。それは歓喜の日々。太陽は光の穂矢を戯れに投げかけつつ輝くだろう。もはや恐ろしい雷鳴の轟くこともなく、神の怒りの雷光が投じられることもない。朝露と雨が降り、地を肥沃となし、星辰が微笑みながら昇る……それ以上にいったいなにか加えることがあろうか。かくして黄金時代は

戻り来るであろう……。[42]

この後、最後の審判がやってくる。そして第八日、久遠の安息が。[43]

二人目の註解者はセラフィーノ・ダ・フェルモ。彼は聖堂参事会員で、黙示録についてイタリア語でもラテン語でも著作している。[44] プルスティンガー同様、彼もヨアキムとウベルティーノ・ダ・カサレに直接依拠しつつ、後者から教会の七つの〈時代《スタートゥス》〉を援用している。しかし彼にとって大いなる歓喜は遙か彼方に押し遣られる。彼は自らを第六でなく、第五の〈時代《スタートゥス》〉に置き、[45] すでにその姿をあらわしたアンチキリスト、特にルターとその追随者たちの禍々しい事態に深く呻吟する。天から降る大きな星辰とはルターのことであり、その他の流星群はツヴィングリ、メランヒトン、そして再洗礼派《アナバプティスト》の者たちだった。また、ルターは陸から来る獣でもあった。[46] 黙示録のいろいろな天使たちは神に定められた遣いたる人々――「これらの天使たちは常に天使的にして高名なる人々を謂うものである」[47]――であり、彼は最後に三つの説教者たちの修道秩序を想定している。[48] 天使的教皇を具体的に名指すことはしていないが、黙示録一〇章の天から降る天使を「この世の深き闇にあらわれる神の大いなる遣い」にして、異教徒を改宗させ、教会を復興する者と観ている。[49] エジディオ・ダ・ヴィテルボその他の者たち同様、彼もすべての試練を通じて神の大いなる企図は黄金時代へと向かって動き出しており、ことにそれは新世界、特にアメリカの発見にその証拠が見出されるという。[50] 神のことばはこの地上の四隅にまで広められねばならず、いまその四番目の隅が見出されたのだ、と。[51] 最後の時代が到来するまですべての民が神の国に帰一することはないだろうけれども、おそらくすでにしてそのしるしは新大陸への福音宣教のうちにあらわれている。「そしていまやおそらく、西方あるいは南方の新しい土地や島嶼に新たな宣教がはじまっている……」。[52] 教会が地上の至福を迎え、異端の毒がすべて消え、大いなる歓喜が世界を満たす時、その時こそが歴史の終焉する時であることは確かである。

そして最後に、ふたたび十七世紀初頭のゲルマン人黙示録註解者バルトロメウス・ホルツハウザー[53]に戻ってみなければならない。彼は教会の七〈時代《スタートゥス》〉の解釈にあたり独自の路線をうちだすのだが、それは楽観的な思潮に則ったものに他ならなかった。ホルツハウザーはセラフィーノ同様、自らを第五時代――〈苦難の時代《スタートゥス・アフリクチオーニス》〉[54]――に置き、第六時代――

〈慰安の時代《スタートゥス・コンソラチオーニス》〉——が幸福の時代となるであろうと期待する。[55] しかし第七時代は通常の類型《パターン》とは異なり、それはアンチキリストの誕生とともにはじまり、〈この世の終わり《コンスマチオ・セクリ》〉までつづく〈荒廃の時代《スタートゥス・デソラチオーニス》〉となるだろう。[56] 第五時代はレオ十世とカール五世とともにはじまり、すでにひとつの戦争、数々の異端や災厄を閲してきたが、それはすべてを修復し幸福の時代をもたらすため、神に遣わされた「聖なる教皇と強大なる専制君主」の登場によって頂点に達するであろう。[57]

ホルツハウザーの〈革新《レノヴァチオ》〉観はなんといってもじつにゲルマン的である。すでに観たように、[58] 彼は最後の偉大な君主にかなりの紙幅を費やし、実際、この君主の皇帝としての役割を叙述するためにあらゆる象徴を用いつつ、黙示録一〇章の「もうひとりの強い天使がその頭に虹を戴き、雲に包まれて降ってくる」[59] その天使と同一視している。三十年戦争前夜、ゲルマンの武力行使をともなう覇権への飢渇は激しいものであったに違いなく、偉大なる君主がたち上がるであろうというホルツハウザーの執拗な言及には悲愴な響きがこもっている。にもかかわらず、彼がそこに期待しているのは基本的にカトリックの黄金時代という正統な想いであり、すべての異端的な声はそこに永劫に沈黙するであろうと言う。「すべての民は普遍信仰《カトリック》に帰一し、正統信仰に合一し、聖職者と司祭の大いなる時代が花開き、人々は神の国とその義を盛んに求める」[60]。第六〈時代《スタートゥス》〉は創世六日目の人の創造を範とし、君主は「粗野な人々、叛逆の民、異端者たち、邪悪の念に支配される人々」[61]といったすべての獣性を統治することであろう。これは六つの霊的賜——その時、豊かに溢れることとなる〈叡智の霊《スピリトゥス・サピエンティアエ》〉——として特徴づけられた。「それは現世の多様にして完璧なる知であり、異端の過誤もなく異論なしにすべてが一致した聖書の知解であり、人々は自然的なことがらにも天上の知にも照らされることだろう」[62]。ここにふたたび第六〈時代《スタートゥス》〉はフィラデルフィアの教会に象徴されることとなり、それに対して約束の扉が開かれることは二様に解釈される。

……未来の第六時代の幸福は以下のごとくに録されよう。(i)真に明晰に一致して聖書の意味するところにおいて、第六の教会の時代は……異端の……闇を免れ明快晴朗となるだろう……〈誰にも閉じられることなく〉とはつまり、第六の時代にあっては全世界に和解がもたらされるゆえ、いかなる異端もそれを転覆することができない、という意味である……(ii)この幸福は夥しい信徒たちの群からなり、その時すべての人々、民、国は唯一の群をなし、唯一真なる普遍にして正統な信仰の扉に入るであろう……〈かくして唯一の司牧者と唯一の群となるであろう〉……[63]。

しかし現下、異端者たち（恐ろしい獣《ベスティア・ホレンダ》）による災厄と簒奪、そして戦争という悪疫が生まれない訳にはいかない。神はその善性において、常に慰めを送り届けたまうものであったが、この時代にあってそれは四つ。イエズス会、トレント公会議、カトリック信仰の新世界への伝播、そしてフェルディナント二世のうちに認められるカトリック皇帝の派遣[64]。だが真の〈革新《レノヴァチオ》〉のためには、「雲に包まれて」天使が降り来るのを、偉大な君主と聖なる教皇が来たるのを待たねばならない[65]。その時にこそ、数多くの者たちが夢想する普遍《カトリック》キリスト教の合一が達成されるであろう。「その第六の時代、至高にして栄光なる普遍《カトリック》教会が海から海までを荘厳し、ついに真の教会に関する数々の問いにもなんの不和もなくなるであろう[66]」。

註

（1） Giovanni Annio da Viterbo, *Glosa super Apocalypsim de statu ecclesie ab anno... MCCCCLXXXI usque ad finem mundi*..., Louvain, s.d., s.p.

（2） «Ad hoc firmissime tenentes respondemus quod nedum in futuro seculo sed etiam in presenti Christus solus habet monarchiam iuridicam. Ergo monarchia Christi universalis est, nedum celestis, sed temporalis ... Et ita regnum temporale Christi dissipabit omnia alia regna ... Ergo Christo et vicario eius data est monarchia nedum celestis sed etiam terrestris». Op. cit., cap. xvii.

（3） «quia totus iste liber ad litteram est de statibus ecclesie militantis in terra, non triumphantis in celo». Ibid., cap. xix.

（4） «ergo intelligitur de monarchia que erit ante iudicium». Ibid.

（5） «prima resurrectio est totius ecclesie ad universalem unionem sub uno pastore ... secunda autem resurrectio erit corporum». Ibid., cap. xx.

（6） «unus custos angelus». Ibid.

（7） «quia tanta reformatio terrestris a celo veniet». Ibid., cap. xxi.

（8） «Vidi novum celum, i.e. novum statum ecclesie et terram novam, sive novum statum laicorum». Ibid.

（9） «sequitur ergo tercius status in reformatione ecclesie». Ibid.

（10） F. Lambert, *Exegeseos in sanctam divi Joannis Apocalypsim Libri VII*, Basle, 1539. 彼の生没年は一四八七—一五三〇。〔＊この本文の「若い同時代人」という形容は、改訂版で「カトリックではないが」に改められている。〕

（11） Ibid., pp.306-7 : «... mundus renovatus et quasi a mortuis suscitatus videbitur».

（12） «unum summum Evangelistam, multos habentem cooperarios».

（13） Ibid., pp.353-8.

（14） たとえば、Ibid., pp.403-5, 478-9（七つの時期etatesおよび六あるいは七という数に関して）を参照。

（15） «puto omnino in ianuis esse magni Antichristi adventum». Ibid., p.480.

（16） «quia tam gloriosa et admirabile pax non potest diu esse in hac valle miseriarum, sanctis adhuc in fragili carne viventibus». Ibid., p.581.

（17） «Summa autem causa est, ut magnificetur, foelicissimum illud spiritus regnum in quo vel brevissimum tempus pro longissimo erit ...». Ibid., p.582.

（18） Damián Hortolá, *In Canticum Canticorum Salomonis ... Explanatio*, Venezia, 1585. ホルトラについては、Glaire, *Dictionnaire Universel des Sciences Ecclésiastiques*, Paris, 1868, *sub nom.* を参照。

（19） «Incredibile est, quam stupendis incrementis a trecentis quadraginta annis Mahumetis, et Antichristi Regnum in Affrica, et Asia superato Sultano, confirmavit : et inde in Graeciam atque Europam se effundens, omnem orientalem ecclesiam, et quicquid in Oriente reliquum fuerat Romani Imperii, expugnata Bizantio, inundarit ... et nuper aggressa Occidentale Imperium, florentissimum Ungarie Regnum totius Imperii propugnaculum, expugnarit ... Reliquum tandem quod eius Regni susperest, atque adeo Germaniam ... occupatura, Deo sic permittente et propter schismaticos et ... rebelles Germanorum animos, in saevissimi Tyranni potestatem tradente ...». *In Canticum*, p.319.

（20） Ibid., pp.320-1.

（21） Ibid., pp.336, 337 (Angelicus ille ordo praedicatorum), 338, 349, 351, 353 (Sub pio ... Imperatore et sub Angelico Pontifice summo, ut olim Romae sub Constantino et Sylvestro ...), 364 (duos illos ordines perfectorum), 375 (duodecim Apostolicis viris), 386-7.

（22） «... ac tunc demum creandum sanctissimum quendam pontificem, qui propter admirandam morum, et vitae integritatem ac puritatem Angelicus dicendus sit. Atque hunc revocaturum fore ecclesiasticam disciplinam, et universam vivendi rationem ab Apostolis olim ... institutam : nec quicquam clericis praeter alimenta et quibus tegantur permissurum : atque omni cura et administratione rerum temporalium clero interdicturum, Evangelium Christi per orbem Ierosolymam usque peregrando sancte, et sine sordibus ullis praedicaturum in hoc ipsum delectis duodecim sociis, quorum opera longe lateque disseminando verbum Dei universum orbem Christo subjicere aggredientur : cui tres continenter alius post alium succedentes Pontifices pari sanctitate et integritate, pari etiam felicitate Apostolico munere defungentes ... perficient ...». Ibid., p.336.

（23） «Veni in hortum meum soror mea sponsa, etc». Ibid., pp.353 ss.

（24） Ibid., p.358, cfr. *Lib. Conc.*, ff.52r, 92v ; *Expos.*, f.62r-v ; *Lib. Fig.* II, tav. XVII. 〔＊【図A-15】参照。〕

（25） «Ac tunc demum Ioannes novum celum videt et terram novam, (h.e.) genus hominum utraque sui parte tam inferiore, quam superiore renovatum. Nec mare usquam est, quia omnis turbulentia et fluctuatio de ecclesia tunc erit sublata. Videt civitatem sanctam Hierusalem novam descendentem de caelo ... Ac talis quidem est species, et admiranda civitatis Christianae, quae Ioanni per Spiritum Sanctum ostensa est, magnificentia. Talis sub finem temporum quae sexto sigillo et magna parte septimi revelantur, nobis a Ioanne depingitur futurus ecclesiae status … Id vero regnum septimo ecclesiae statu in hoc mundo constabiliendum, et confirmandum fore, ille locus Apocalypsis indicare videtur». *In Canticum,* pp.377-80.

(26)　«Quae omnia, et multa alia a prophetis et Apostolis dicta de ecclesia ad statum beatorum, qui post universale iudicium futurus est, referre, ut per multos referre video, hominum mihi videtur esse refugium, qui dum nimis iniqui iudices in seipsos sunt tam foelicem Reipublicae Christianae statum in terris unquam fore ut credant, in animum suum inducere nequeunt …». Ibid., p.381.

(27)　B. Purstinger, *Onus Ecclesiae.*【文献一覧 36】参照。

(28)　«Quod olim sancti doctores, a Deo missi, tanquam lucernae fuerunt illuminati lumine mystice intelligendi sacram scripturam, quae antea obscura fuit et literaliter exposita … Nam lumen intellectus, quo sacra scriptura intelligitur, procedit a lumine supernaturali a Deo pendente, quo lumine superbi et flagitiosi carent ob amoris propriis [*sic*] nubem : quae excaecat spirituales oculos. Ideo isti intelligunt sacram paginam literaliter iuxta corticem exteriorem, non gustantes interiorem medullam scripturae. Sic hodie Luterani et alii quidam temeraria et ambitiosa disputatione altercantes pro sua audacia sacras literas torquent …». Op. cit., cap. xii.

(29)　Ibid., capp. ii, vi, vii.

(30)　Ibid., cap. xxxix ss.

(31)　【III-3 pp.411-12】参照。

(32)　*Onus Ecclesiae,* cap. lx.

(33)　Ibid., cap. lxvi.

(34)　Ibid., capp. xli, xlii.〔＊黙示9:3では蝗を出だすのは「第五の天使」だが、原文のままとした。〕

(35)　Ibid., cap. lxv.

(36)　Ibid., cap. xxxix. またcap. xlixでは、キリスト教徒間の内乱によるローマの破壊に関して、ブリギッタの預言が引用されている。

(37)　«De triplici status totius mundi», Ibid., cap. lxvii. 彼はまた、キリストの三度にわたる到来という擬ヨアキム主義的な観念をも採用している。その第二は「改革の霊として、教会の救い主は……総改革を行なうだろう」«in spiritu reformationis, quo salvator ecclesiam … generaliter reformabit». cap. lxii.

(38)　«Talis forsitan intellectualis visio apprehendetur in tertio mundo statu : quia tunc clarius quam nunc aperietur veritas … Tunc enim incipiet regnum Dei et clare splendescet intelligentia sacrarum scripturarum …». Ibid., cap. lxvii.

(39)　Coelius Pannonius (alias Francesco Gregorio), *Collectanea in sacram Apocalypsin,* Paris, 1571.

(40)　Ibid., pp.375, 394-8, 402, 408, 412, 432, 488, 658-60, 667-71.

(41)　Ibid., pp.372-3, 520, 843-5, 854, 887-8, 899.

(42)　«Durabit tamen pax illa aliquanto utique tempore eo quod in donis suis bonus Deus cupiat se suamque bonitatem suis effundere … In qua re hoc solum pro certo habemus, quia foelicissimum illud futurum est ecclesiae regnum, cuius vel brevissimum tempus pro longissimo merito sui computabitur, quando pii exultabunt et inenarrabili laetitia iucundabuntur, et de Antichristi interitu et de eorum pace, praesertim vero de Christi gloria, quasi quodammodo foelicitatem ultimam forent assequuti … Quod dum fiet, pulchra admodum tranquillitate conticescent universa. Tunc laetiores in suo cursu dies erunt, sol blandior spiculis ludentibus irradiabit, non mugiet horrendo tonitruo caelum, nec fulmina irati Dei iacientur. Tum ros et hymber complutu tellurem amplius foecundabunt, ridebunt exortu astra … Quid plura? Tunc redibunt aurea saecula …». Ibid., p.888.

(43)　Ibid., p.918.

(44)　Serafino da Fermo, *Sopra l'Apocalisse,* Piacenza, 1569 ; *Opuscula : In Apocalipsim,* Piacenza, 1570.

(45)　*In Apocalipsim,* pp.624, 647.

(46) Ibid., pp.639, 647, 655, 675-6.

(47) «hic enim per Angelos semper viri intelliguntur angelici et illustres». Ibid., p.641.

(48) Ibid., pp.679-80.

(49) Ibid., p.661.

(50) Ibid., pp.664, 698.

(51) Ibid., p.665.

(52) «Et iam fortasse caepit in nova predicatione ad novam regionem et insulas, tum ad Occidentalem plagam, tum et ad Meridionalem …». Ibid., p.698.

(53) Bartholomew Holzhauser, *Interpretatio in Apocalypsin,* Vienna, 1850.

(54) Ibid., p.53 : «… Status afflictionis incipiens a Leone X et Carolo V usque ad Pontificem Sanctum et Monarcham fortem … qui venturus est nostro saeculo et vocabitur auxilium Dei h.e. restituens universa».〔＊【III-7 n.64】参照。〕

(55) Ibid., pp.69-75, 185-8.

(56) Ibid., pp.78 ss., 200.

(57) «pontificem sanctum et monarcham fortem».【III-7 p.489】参照。

(58) 【III-7 p.490】参照。

(59) «angelum fortem descendentem de coelo amictum nube, et iris in capite eius …». Ibid.

(60) «Reducentur enim omnes gentes ad fidei catholicae et orthodoxae unitatem et florebit maxime status clericalis et sacerdotium et homines omni sollicitudine requirent Regnum Dei et justitiam eius». Ibid., p.69.

(61) «super efferas gentes, populos rebelles, respublicas haereticas, et dominabuntur homines passionibus suis malis». Ibid., p.70.

(62) «erunt quoque scientiae multiplices et perfectae super terram, et sacra scriptura intelligetur unanimiter sine controversia et errore haeresum, et erunt homines illuminati tam in naturalibus quam in coelestibus scientiis». Ibid.

(63) «… describitur futura huius sexti status felicitas, quae consistit (i) in vero, claro et unanimi sensu Sanctae Scripturae quo sextus Ecclesiae status fugatis et dissipatis tenebris … haereticorum … clarificabitur … Quod nemo potest claudere, h.e., quem sensum nemo haereticorum potest pervertere, quia in sexto statu celebrabitur maximum totius mundi concilium generale … (ii) Consistit haec felicitas in copiosissimo grege fidelium ; confluent enim in tempore illo omnes gentes et populi et nationes ad ovile unum et intrabunt per januam unam quae est sola et vera fides catholica et orthodoxa … Et erit unus Pastor et unum ovile …». Ibid., pp.71-2.

(64) Ibid., p.185. 特にラテン教会の第三の慰めに留意。「……新たなる夥しい後裔たちがアメリカに豊かに開花している。その様子は、ヨーロッパにおいてカトリック信仰が四散すればするほどに、インド、日本、中国その他数々の島や土地に真のカトリック信仰が増殖したというがごとくである」«… per novam et copiosam sobolem, qua iam floret et foecunda est America, quantum enim in Europa a fide Catholica discessum, tantum in Indiis, Japonia, China et aliis plurimis insulis et terris, imo plus incrementi vera Catholica fide sumpsit».

(65) Ibid., pp.185-8. そこで彼はこの黙示録の一節にあらわれる形姿を、第六時代《スタートゥス》の教会の歓喜の証しとして説いている。【III-7 p.490】参照。

(66) «In sexto enim statu erit Ecclesia Catholica sublimis et gloriosa et magnificabitur a mari usque ad mare et non erit controversia aut quaestio amplius quae sit vera Ecclesia». Ibid., p.75.

第7章 〈世界革新〉の過激な観念

いろいろな陰影をみせる普遍信仰《カトリック》の変革者たちと並んで、後期中世を通し、より過激な転覆家たちが存した。彼らについては、主として教会からの断罪資料によって知るより他に手だてがない。十六世紀になると、こうした抗弁は過激なプロテスタント諸集団のいずれかに流入することになる。そうした様々な初期形態において、われわれの問題はヨアキム主義をその他の一般的諸性格から識別することにある。ここに、自由心霊派という範疇に類別される諸集団の記録がある。彼らは聖霊による新たなる霊的照明を主唱したが、これはヨアキム主義に近接したものであったようにみえる。彼らがア《ア》マルリクス派《マルリチャーニ》の教えに抗したらしい、ということはいまだ未決の問題である。アマルリクス・デ・ベーネはヨアキムに著しく似た歴史の三つの〈時代《スタートゥス》〉について説いており、この二人の間になんらかの関係があったかどうか、いまだその意味を解き明かすこともできてはいない。しかし、後の諸集団《セクト》が全般的に汎神論的な性格を示すものであったことからすると、彼らの考えはヨアキム主義に起因するものとは区別され得るかもしれない。その試金石は、彼らの霊に関する教説が歴史の哲学と関係しているかどうか、に求められる。ヨアキム後継者たちにとって、霊的照明という新たな時代－段階の主張と待望は、過去の歴史との符合によって証示される歴史の三一類型《パターン》への確信にあった。歴史の新たなる段階、新たなる体制はすべての人が与るところであり、〈照明された者たち《イルミナーティ》〉の集団内に限定されるものではなかった。その帰結として彼らヨアキム後継者たちは、霊の宣揚をさほど熱心に社会にあって新たに照明されたある集団秩序の確立といった個別の啓明に求めることはない。ここではヨアキム主義のしるしを過激な諸集団に認め得るかどうかの試金石として、この指標を用いてみることにしたい。

所謂ベガルド派の一三八一年の審問記録に、この派の人々が新たな社会が確立されるであろう歴史の新たな段階を求めていたことを示唆する一項がある。この首謀者は訊問にあたり、彼自身、全世界に福音を説くため神からその力とともに遣わされた第二のアダムとなるであろう、そして「人の第三の世代」を啓くものとなるであろうと信じていたことを告白している。[1] 一四一一年、〈知性の人々《ホミネス・インテリゲンチアエ》〉という一派《セクト》の成員たちがピエール・ダイイによって尋問されている。[2] ここには歴史の三段階と霊の新たな律への期待が明言されている。

> 十八　また、旧い律の時代は父の時代にして、新たな律の時代は御子の時代であり、いまや聖霊の時代である、と彼らは言う。それは聖書に記されてあるところが復興されるエリヤの時代であると。それは当初真実として在ったところであるが、いまや否まれてあるところの正統なる教えであり……
>
> ……古の聖なる学識ある説教や教義は焉み、新たなものがそれに替わり、かつて知らされてあった聖書のことばが明快に啓示され、かつて使徒たちに成されたように聖霊は人の知性を明瞭に照明し、もはや外皮もなしに聖霊の律と霊的自由が明かされ、その時、現下の律は焉むこととなろう……。[3]

彼らはユダヤ人も異教徒たちも、悪魔ですら救われ、最終的にすべてが唯一の司牧者の元、ひとつの群に集まって、総てが救済されることを待望していた。これらの事例はラインラントとネーデルラントに属するものだが、一三八八年にパリでその著書が断罪されたアプリアのトマスにおいても、われわれは聖霊の時代の福音宣教者に出会うことになる。彼は南イタリアに残存していたヨアキム主義者の教えから、より直接的な影響を受けていた。[4] またその他の孤立した証拠はロラード派とヨアキム主義者たちの関連をも証している。『キリストの尊き殉教者ジョン《ヨハン》・オールドカースル《オルデカステル》殿の死に関する……簡約調査録』の付録には、『大修道院長ヨアキムの預言』からの抄録が英訳されて収められている。[5] ここには三つの〈時代《スタートゥス》〉という説が、転覆的な異端者たちの要請としてうまく援用されているのが認められる。

最後の日々には自由の律が顕わとなるだろう。キリストの王国の福音が説かれ、教会は麦が籾殻や毒麦から分かたれるごとくに清められるだろう。人々は学識を積んだ者よりも明晰となるだろう。肉身の王国は潰え、この世の終わりに向かってこうしたことがらのすべてが成就されるだろう。聖霊はいよいよその支配を広め、この最後の時にあたり説教によって、使徒たちによったよりも多くの民を改宗させるだろう……ユダヤ人たちのシナゴーグが第二の時代に破壊されたごとく、ローマ教会は第三の時代に破壊されるだろう。そしてその時以降この世の終わりに到るまで、霊的な教会がそれを後継するであろう……。[6]

これらは皆、散発的な孤立した事例であるが、歴史の三一説が継続的に果たした力をはっきりと証している。ケステンベルク＝グラドシュタイン[7]はボヘミアにおけるヨアキム主義の影響を指摘し、一四二二年、ボヘミアの所謂ピカール派（つまりタボル派）によってふたたび説かれることとなる、聖霊の湧出と歴史の最後の時代に関する予測について指摘している。[8] 彼らは、いまこの時こそが、時の終わり、そのすべての邪悪な力の絶滅という意味での〈この世の終わり《コンスマチオ・セクリ》〉と想いなした。「その後には別の世、つまりその時には人の糧なる福音が、上述した散り散りに斑なす領国にだけこの世の終わりまで輝きわたる……」。[9] これは別の箇所で「人の糧が復興される領国」と呼ばれ、[10] すでにタボル派の指揮下にある五つの逃れの町に兆している。しかしそれが完璧に成就されるためにはキリストの第二の降臨あるいは復活を待たねばならない。これはキリストの第三の最後の降臨のずっと前に起こるに違いない。[11] この〈領国《レグヌム》〉においては邪悪が善に混じることは一切不可能であるので、邪悪な町、城、住居等々はすべて破壊されることになろう。[12]〈復興された領国《レグヌム・レパラートゥム》〉の栄光は最初期の教会の栄光よりも大きく、[13] 霊の照明はこの贖われた社会の上に溢れるだろう。

……この復興された領国にあって、闘う教会は人々の知性を照らすだけではない。つまりその隣人を教えるだけではなく、万人が神の教えを受けるのである。書かれた神の律は復興された闘う教会においては消滅し、聖書は毀たれるであろう。律は万人のこころに録され、それは学者の業ではなくなるであろう。[14]

こうした個別照明の誇張にもかかわらず、タボル派の教説は明確に歴史のうちなる新たな体制、闘う教会そのものの最終段階を措いており、それは歴史を超えた楽園でも、個人の至福状態でもない。この意味において、そこにヨアキム主義のしるしを認めることができる。

このボヘミアの異端とゲルマンにおける逆りの間には関連が認められるように思われるが、そこに確証はない。一四四六年、ブルデルスドルフのニコラスがふたたびそのヨアキム主義的な歴史の哲学的見解において、バーゼル公会議で断罪された。[15] 彼の待望は、歴史の七つの時期と三つの神慮からなっていた。彼の所持していた書物で、彼はそれを次のように説いている。この世の第六の時期は過ぎ去ろうとしており、第七の時期がはじまろうとしている。そこでは新たな秩序の指導者たる天使的司牧者が人々を第三の神慮へともたらすだろう。ここにおいて彼は、聖書に関する問いにすら躊躇することはない。ニコラスは、三つの聖書が存するに違いないと言明する。父と御子に属する旧約と新約、そして第三に聖霊の永遠の福音。

ケステンベルグ＝グラドシュタインは、ブルデルスドルフのニコラスとその二十年後にラティスボーナ（レーゲンスブルク）教区にボヘミア集団とともに姿をあらわしたヴィルスベルガー兄弟を結びつけている。[16] しかしヴィルスベルガー兄弟の場合には、エゲル（エイガ）のフランシスコ会厳修派修道院のヨアキム主義者の影響という別の源泉を挙げることも可能である。二人の兄弟指導者はその修道院の修道士から彼らの教説を学んだと告白している。[17] しかしその一方で彼らはボヘミアとの連携をも明かしている。リヴィンはある箇所でゲオルク・ポディエブラドを「不信心なボヘミア人」と名指している。[18] ヤンコとリヴィン・ヴィルスベルガーの見解についてわれわれの知るところは、主としてラティスボーナの司教への手紙と一四六七年ラティスボーナでの教会からの召喚を前にしての調書箇条書に由来している。彼らは自分たちの教説を載せた数多くの書冊を所持しており、聖書を自分たちの目的にあわせて用いたと言われている。彼らの主張の核心は、彼らが「油注がれた救い主《ウンクトゥス・サルヴァトーリス》」と呼ぶ者の到来の切迫にあり、それは黙示録一二章一の「太陽を纏う女」から神秘的に生まれる者であるという。[19]

その到来は現下の教会のすべての廃絶と、第三〈時代《スタートゥス》〉への直接移行のうちにしるされることになるだろう。彼は「第三にして最後の聖書」をもたらし、「彼こそはキリストが唯一の司牧者と唯一の群と言いたまうところの司牧者となろう。彼のもと、すべての信者たちは特別の内的な光によって照らされ、それにより聖三位一体を識ることとなろう」[20]。ここには明瞭に神秘の内的な光という主題と、歴史の最後の大いなる時代という観念の結合が認められる。ヴィルスベルガー兄弟は、この〈油注がれた救い主《ウンクトゥス・サルヴァトーリス》〉にすべての民が追随し、彼こそが全世界を「皇帝カエサルおよび神のごとくに」[21]統率することとなろう、と言明した。彼らは諸聖書について、その大いなる約束はキリストの〈肉身《コルポラリテール》〉において果たされた以上に、〈油注がれた救い主《ウンクトゥス・サルヴァトーリス》〉により〈霊的《スピリトゥアリテール》〉に果たされるであろう、と主張するまでに到る[22]。キリストのごとく、この新たな救い主はその先駆けをもつ。彼は「東より来たるヨハネス」と呼ばれ、ヤンコその人のこととみなされた[23]。

　この二人の兄弟とその徒党は、ゲルマンに数多くの支援者を見出すこともできたであろうにもかかわらず、たちまちのうちに消滅した。しかしエルフルトで一四六六年に噴出したヨアキムの第三時代《スタートゥス》に関する議論には、たしかにヴィルスベルガー兄弟の影響が認められる。その危険な教説がヨアキム主義に発したものであったことが跡づけられる。すでに観たように[24]、アウグスティヌス会士ヨハン・ドルステンはその『討議《クァエスチオ》』、〈大修道院長ヨアキムが想定した第三時代について、また一四七一年が完了する前に到来すると称して異端集団が正統信仰を脅かすところについて〉[25]を公にすることとなる。ここでドルステンがヴィルスベルガー兄弟を名指している訳ではないが、本文への序にはこれが学者の議論ではなく、突然の宗教的興奮の波及によってもたらされた火急の問題であり、民が常軌を逸することのないよう確たる知的指導がなされるべきであると論じられている[26]。第三〈時代《スタートゥス》〉に関して論じられたところの熱意からは、それがどれほど蠱惑的で、それゆえそれがどれほどの脅威であったかが看て取れる。すでに示唆したように、ドルステン自身の論議の進め方からして、彼がこの教説に十分魅了されており、それゆえその危険性に極端に鋭敏になっていたことが分かる。ヨアキム自身の見解を慎重に説きつつも、第三〈時代《スタートゥス》〉に関する説を否認することによって、彼はこの危険なことがらを蘇らせた「恥知らずな異端者たち」の教説を取り扱ってみせる[27]。ここで彼は宗教的異端についてというよりも、社会的政治的な諸帰結について論っているのである。ヨアキムの第三〈時代《スタートゥス》〉が、ここで貧困な寄る辺ない者たちによって、転覆的な呪文として援用されていることを、彼はよく理解している。こうした異端者たちによって待望されたものとしての最後の時代という観念は、第二〈時代《スタートゥス》〉の幕引きとともに起こる教会の失墜を意味していたのであり、ドルステンはこの点を把えて悪魔の所業との烙印を押したのだった。ここにおいて、正統信仰《カトリック》の期待する天使的教皇は突然、〈油注がれた救い主《ウンクトゥス・サルヴァトーリス》〉という生のままなかたちのもとに観られ、現行の秩序を完膚なきまでに転覆し、第三の新たな〈時代《スタートゥス》〉をもたらすものとして待望されることとなったのだった。エルフルトの人々は、そうした期待を打ち砕こうとしたドルステンによる堂々たる試みの後も、火中の栗を拾おうとすることを止めはしなかった。それは二十年後、数多くの修道士や平信徒たちの要請によって行なわれた、最後の時代に関するまた別の『討議《クァエスチオ》』に看て取ることができる。この度の議論は、具体的にヴィルスベルガー兄弟の教説に関連していた。[28] ボヘミアやゲルマンの地での転覆的なヨアキム主義のこうした散発的な発現の端緒は、たしかにその社会的な状況のうちに求められる。ノーマン・コーンが十全に論じたように、[29] こうした諸集団にとって来たるべき黄金時代とは、その時点において彼らに満たされていない生のあり方そのものを意味していた。

これとは極めて異なった背景のもとに展開したまた別の転覆的なヨアキム主義類型が、ポステルの驚くべき生涯の最後の時期に露わになされた。すでに観たように、[30] 彼は既存の組織をもって革新的なはたらきを成させようと試み、自らの信念をイエズス会とフランス王国に賭けたのだった。しかしこれらに失望すると、彼は徐々に神秘的傾向へと漂泊していった。そこにおいては、来たるべき時代の鍵は彼自らの掌中にあった。これは彼のヴェネチアでの体験と切り離せない。彼はそこで不思議な婦人、「世界母《マーテル・ムンディ》」もしくは「新たなエヴァ」に出会い、またその地で彼は所謂大修道院長ヨアキムのモザイク、彼が「ヴェネチアの処女」と呼んでヨアキムに縁るものとした婦人の肖像の表情に魅了された。[31] これらの影響は、アマデウスやガラティヌスの預言と相俟って、彼の注意をいよいよ神秘の〈天使的教皇《パーパ・アンゲリクス》〉に集中させることとなった。それこそが彼の待望する革新者であった。そしてついに一五五一年頃、彼はヴェネチアの処女を介して、彼自身が未来のための大いなる具であり、彼は〈シェキナー〉つまり聖霊として生まれ変わったのである、という幻視《ヴィジョン》を感得するに到る。新時代に最初に生まれた者として〈この世の革新《レノヴァチオ・ムンディ》〉を成し遂げることが彼の使命となり、彼は自らを〈低きなる救世主《メシア》〉と観じることとなる。ポステルの二人の救世主という観念は、男性原理と女性原理からなるこの世の二重構造という彼の理論に符合したものである。キリストは知性の王国を救済する高き救世主であるが、ポステルは低き王国、女性的な圏域にかかわるものとなるであろう、と。[32]

この大いなる幻視《ヴィジョン》につづく時期は、彼の熱狂的な活動の時期であり、数多の著書を公刊しつづけ、ヨーロッパ中に影響力を揮う人物となり、不断に講演旅行を行なっている。自らの目する盟友を変えるたびに彼の構想は流動した——時にフランス王国へと還り、また皇帝フェルディナントへと、それかあらぬかプロテスタントの極左翼へと転じることすらあった。[33] 彼は自らの構想を教皇庁に訴えることは決してなく、時に教皇庁をアンチキリストと同一視してさえいる。とはいえポステルは革命的であったにせよ、本質的に正統信仰《カトリック》の徒であった。彼は自分がヨーリスと結びつけられるのに怖気をふるった。[34] 彼のかわらぬ夢は、普遍なるキリスト教の秩序と権威による教会一致の夢想であった。しかしそこには——彼自身を別にして——大いなる君主、民、教会公会議といった媒介手段の転覆がなければならず、革新を推し進める教皇が自らの座をエルサレムに移すのはキリストの意思に他ならない、[35] と彼は確信していた。すべての民をひとつの信仰にもたらし、創造のすべてを本来の栄光に還すため、彼が最も情熱的に語ることがらは〈世界の和合《コンコルディア・ムンディ》〉と〈すべての復興《レスティトゥチオ・オムニウム》〉の二つの鍵語に集約される。この二点は一五六〇年、皇帝フェルディナントに宛てられた彼の主張に等しく開陳されている。

> 正義なる〈母なる世界《マーテル・ムンディ》〉に導かれるまま、わたしはキリスト教民の国が損なわれることなく乱されることなしに護られる手段を提起いたしました。これはキリストの信仰の教えを広め、正義を確立することになる世界皇帝によって成就されることでしょう。こうしてキリストは、悪魔が破壊したところを等しく修復し、あたかもアダムが原罪を犯すことがなかったかのごとくに再興されることでしょう。[36]

この実現のためには世界宣教に向かって、とてつもない努力が必要となるだろう。そこにはキリスト信仰の合理的説明、数々の言語の習得の試みも含まれる。しかしそればかりでなく、全世界を唯一の支配の下にもたらすためには大いなる戦役も避けて通るわけにはいかない。[37] 彼の世界の合一という観念は、通常の夢想を深く超えて進んでいく。ポステルはその最終形態を、十二の教区への分割として構想する。そのそれぞれの統率者は、至高なる教皇、至上なる王、そして至上なる司法官の三一の責任を引き受ける者となる。そこでは世界を綜合する唯一の宗教による宗教的合一と、私財の廃絶による社会的合一、そして諸言語の放棄による文化的合一が実現するであろう[38]。

ポステルの〈世界の和合〉《コンコルディア・ムンディ》という終末論的な夢想は、極端な悲観論が極端な楽観論と並置された歴史観の極限的なかたちを体現している。彼は歴史の全類型《パターン》が、彼の時代、この最終頂点に向かって徐々に構築されてきたものと信じていた。どうやら彼はその世界を、キリスト到来以来かつてなかった大いなる闇のごとくに観じている。とはいえ、あらゆるヨアキム後継者たちと同じく、彼はその時代を新しい夜明けの奇蹟的なしるしによって描き出してみせる。本書第三部に引用した一節[39]において、彼はそのうち四つを敷衍してみせていた。知識の新たなる進歩、地理的な新発見、火薬術の発明、そして印刷術の発明。ついに地上のすべての人が自ら神の真実を理解することを得る方策と状況が手に入った。それゆえ、全人類の改宗は歴史を一気にその頂点へともたらし、全創造の原初の秩序が取り戻されることだろう。「そこにすべての地は唯一の群と唯一の司牧者となる」[40]。もちろんここで、その頂点は大いなる〈復興《レスティトゥチオ》〉、悪魔が破壊したもののすべての再興と復活であるにしても、ポステルの歴史類型《パターン》は円環的なものではなく、歴史の総体は安息の時代へと向かって前進して行くものとされる。この奇想の夢幻を彼の同時代に配してみるにあたり、忘れてならないのはギョーム・ポステルがパリ大学の教授であったという事実であり、彼の言辞がフランス王にも皇帝フェルディナントにも届き、彼の諸著が時のしるしを読み解くためにはそうした解釈が必要であると考えた数多くの読者を獲得したという事実である。

人文主義的な期待、福音の再生、そしてヨアキム主義的な歴史の哲学の複合が、十六世紀中葉のイタリア人たちのうちに尋常ならざる転覆的革命家を生み出すことになった。カンティモリが論じてみせたように[41]、彼らはバーゼルやジュネーヴのプロテスタントたちと様々な関係をもつ、ひとつの集団をかたちづくる。キリストのうちに再生する真実の再発見は、特に社会の転覆を目指すようなものとしてでなく、素朴に個人的な福音的情熱を惹起し得るものであった。しかし、〈新しい人〉という信念と歴史における新たな時代への待望が結びつく時、想いもかけぬ遠大な帰結が導かれた。バーゼルを訪れた者たちのうちには、人文主義者クリオネもいた。彼は自らの歴史観のうちに、現在の人の立場に関する大いなる悲観と、到達さるべきキリスト教徒の完徳の未来に関する大いなる楽観を対置してみせた。[42] われわれはいまだバビロン捕囚のうちにあるが、解放は間近である、と彼は論じる。マイナルディとの議論のなかで、彼はキリストの最初の降臨と最後の降臨の間にキリストの降臨を媒介するもの、中間の降臨がある、という見解を述べている。[43] これは彼の著書『浄福なる神の国の広大さ』において展開されることとなる。〈中間の降臨〉とは、キュリロスとヨアキムによって預言された教会の改革と革新のこととなるだろう。[44] クリオネは彼の時代がまさにその曙を見ているのだと確信している。新たに発見されたアメリカの民をも含め、それはすべての民をひとつの信仰にもたらすこととなるだろう。そしてそれは格別、ユダヤ人たちの改宗によってしるしづけられることとなるだろう。なによりもそれは、地上の闇に射す光によって識られることだろう。それゆえ彼はそれを「神的にして明透なる光の……到来」[45]と呼ぶ。クリオネにとって〈光〉とは人文主義的理解と福音的真実の混交を意味するものであった。神は世界を創造するのに六日を要した。真なる信仰の完徳に到るには六千年を要した。とはいえ、第七の時代の曙はかならずやって来る。人は創造の第六日の冠であり、それこそが〈真の人《ヴェールス・ホモ》〉、つまり〈聖なる民《サンクトゥス・ポプルス》〉であった。その出現こそが第六の時代の冠であり、第七の時代を築くものとなろう。[46] クリオネが旧い中世的な歴史の枠組みのうちに配した完徳の人こそ、人文主義者の夢想であった。最後にはこうした楽観がすべての悲観にうち克つこととなる。「人の子が来たる時、彼は地上に徳を見出すであろうか」とキリストは問うた。しかしこの疑いも、「この世のすべてに福音が説かれ、信徒の数といっては限りない」[47]最後の時代に対して問われることは不可能である。キリストが最後の審判のために来たるであろうことは確かであるが、それと同じ確かさをもってクリオネは言明する。「だが黄金時代が到来する前に、すべての民と国が唯一の信仰に結ばれ、この世のまたとない平安と静穏を享受することだろう」[48]と。

バーゼルでクリオネはダヴィト・ヨーリスともサヴォワ公国の聖書学者セバスティアン・カステリオーネとも語り合っている。カンティモリはこれを、当時の雰囲気を伝える典型的な事例として挙げている。そこでカステリオーネは『シビュラの巫言』をラテン語に訳し、また数々の預言に註解を付した人物とみなされている。彼の翻訳になる聖書の序言で、彼は聖書中に告げられている黄金時代はいまだ到来しておらず、期待とともに待たれねばならない、と言明している。[49] バーゼルの集まりには、シエナのベルナルディーノ・オキーノも居た。彼は元フランシスコ会厳修派、そしてカプチン会の総長となったが、アウクスブルク、イングランド、バーゼル、チューリヒを放浪することになる逃亡説教者だった。(50)彼もまた歴史の教義に深い興味をもっていた。カンティモリは、彼の歴史の三つの時期区分——モーゼの自然法、キリストの成文法、キリストのもとなる聖霊あるいは恩寵の法——にヨアキム主義の余韻を聴きとっている。(51)注目すべきは、彼が三一類型《パターン》に従ってはいないところにある。実のところクリオネ同様、彼もまた第三時代のはじまりを告げる受肉を、いま立ち昇りつつあるキリストの霊的なあらわれ、福音信仰が全世界に広まり、すべての人がキリスト教の愛の律のもとに解放されて生きることとなる今、この時、ほどに強調することはない。彼が生きたシエナの修道院の蔵書目録に、ヨアキムの『符合の書』写本二冊、ペトルス・ヨアニス・オリヴィの三著作、そしてウベルティーノ・ダ・カサレの著作ひとつが含まれていることは特記しておくべきであろう。彼の出発点として、フランシスコ会聖霊派の影響を認めることができるかもしれない。(52)

その一世代後、人文主義とヨアキム主義からする期待は、フィレンツェの人フランチェスコ・プッチによって更新されることとなった。彼は一五四〇年頃の生まれで、メレトやクリオネの著作から影響を受けている。(53)一五七七年の彗星にまつわる占星術的思弁の数々に、プッチは差し迫った危機の前兆そしてシクストゥス五世選任に至る時期の不吉な雰囲気を看て取っている。彼の未来への展望《ヴィジョン》は人文主義的な教育とキリスト教世界における知性と倫理の再興への期待に発するものであった。彼は人の完徳化を信じるものであったから、それは教育を通じて達成されると考えられている。しかし彼の観念はより黙示録的なものと化していった。クリオネから彼はキリスト教世界の更新のため、すべての異教徒を改宗させ、平和と幸福の統治を確立することになるキリストの降臨を媒介するもの（中間の降臨）という観念を採りあげる。そして彼は聖書の預言の解釈に没頭する。特に黙示録、自然啓示の数々と異教の預言群の解釈に。プッチは決して教皇庁の権威を否定することはなかったが、ローマ教皇庁の罪の数々に対する審きがすでにヨアキムやブリギッタの預言のうちに告げられていたことを見出した。彼は、啓示と理性に照らされ、改革の時代をもたらすとともに、キリスト教の愛と合一のうちに政治的な病患を癒す完璧な社会を樹立することとなるような公会議を待望する。ここにローマ教皇庁は廃絶されることとなるだろう。最終的に残る二つの体制として彼が挙げるところ——〈ひとつの新しい修道秩序〉と〈ひとりの至高なる司牧者〉[54]——は、じつにヨアキム主義的伝統に則ったものである。

　こうした諸集団においては、三位一体論が大層重んじられた。それはおそらく、まずペトルス・ロンバルドゥスの敵対者としてのヨアキムに出遭ったこれらの思索者たちによる、この主題に関する反スコラ学的反応であった。極端に知的な教義《ドグマ》からの彼らの断絶と、歴史における聖霊のはたらきに対するより想像力豊かな展望《ヴィジョン》にとって、ヨアキムはこの新たな思惟の預言者と映じた。ビアンドラータは三位一体の教義の歴史を跡づけるにあたり、[55]ヨアキムを神学者たちそれも特にペトルス・ロンバルドゥスの掩蔽主義にはじめて抗議した者として讃えている。

> その専横なるロンゴバルドゥスの命題以降、聖なる学識深き人々から大いなる抗議が寄せられ、この詭弁的なる教義に反論がはじまった。そうしたもののうちでもロンゴバルドゥスに対して最初に反論したのが当時絶大なる預言者であった大修道院長ヨアキムで、彼こそ未来のローマ教会の（つまり現下の）肥満した荒廃を預言した人である。彼はグレゴリウス九世の主宰した公会議において四一論を以てロンゴバルドゥスを難詰した者と曲解され、われわれに残されるべき卓れた遺産たるその小冊はこの教皇によってはじめて禁じられることとなり、老ヨアキムの編んだところのものとともに断罪された。つまりその三位一体論と普遍信仰論に観られるところをわれわれも有罪とする。また黙示録について、時について（ここに公然と四一なる世が説かれている）次のように預言して言われたところ、〈ここに混乱は焉み、四一があらわれる〉とを。[56]

　歴史をその結実へともたらす聖霊のはたらきを跡づけた幻視《ヴィジョン》、これこそこれら改革派の者たちが探し求め、ヨアキムのうちに見出したものであった。その顕著な例がセルヴェトゥスである。三位一体の形而上学的な見解に反対する論争で、彼は二度ヨアキムに言及している。[57]しかし彼の歴史の哲学のすべて、歴史経過に持続的にはたらきつづける神性という観念において、彼はヨアキム主義的な思惟に近接する。「そこにはキリスト教の歴史に関するヨアキム主義的観念の余韻が、スコラ学的思惟と対決する改革的情熱と合している……」。[58] 福音の真実の新たな解放においてはじまるキリストの統治とは、じつに歴史の第三の契約、聖霊の時代、人文主義的な黄金時代のことであり、ヨアキム主義的観念はこの展望《ヴィジョン》に、新たな生に関する内的確信が供し得るところ以上に、より本質的で普遍的な枠組みを与えることになった。

歴史の枠組みはセルヴェトゥスの『復興されたキリスト教信仰』[59] のうちに明瞭に認められる。彼は旧約と新約の間の符合を二つ組み類型《パターン》によって解き、[60] 龍の七頭を迫害する七つの王国と解釈し、[61] 六つの封印と第七という数 - 象徴に労苦と試練の六つの時代と残された第七の安息を観る。[62] しかしセルヴェトゥスが歴史の真の展望《ヴィジョン》を認めるのは、歴史における三つ組みの意味の解釈にある。[63] 歴史におけるキリストの臨在は三重であり――「闇の中への受肉以前」、「無力な肉身のうちへの受肉」、「栄光と権能のうちへの復活以降」[64]――これはこの世のすべての神秘において類比的である。そこで彼は、一連の三つ組み系列を展開してみせる。ラケルの三つの嘆き、エリヤの三度にわたる出現、キリストに反する三人の統治者（アブサロム、カヤパ、教皇庁）、主の三度の死と埋葬、神の御子を呼ぶエジプトからの三つの呼び声。その各々が、「闇、肉身性、霊性」[65] の連鎖である。荒野で呼ぶ者の声もまた三重である。第一はクロスの時、第二は洗礼者ヨハネ、「第三はいまここに響く、バビロンとアンチキリストの捕囚の恐ろしい荒廃から解放する声。いかなる荒廃もわれわれを導くこの狭き道を阻むことはできず、教皇派の山もバビロンの丘もその前に平伏することだろう」[66]。そしてセルヴェトゥスは、ノアによって方舟から放たれた鳩のうちに三重に象徴された聖霊の三重の〈遣い《ミッシオ》〉において、その頂点に到達する。はじめ聖霊は創造において遣わされた。第二は聖霊降臨祭《ペンテコステ》に。とはいえこの第二の時においても、聖霊はその常在の場所を見出すことができず、天へ、聖櫃（方舟）へと帰還する。

第三に、キリストの新たな七日の神秘の後、もう一度聖霊たる鳩が遣わされ、われわれのもとに永劫にとどまり、われわれにすべてを教えることだろう。その第一は闇の内への霊の遣い。第二は肉身の遣い。その時、肉身性が天を啓き、聖霊が肉身をとって降り来るのがまのあたりにされるであろう。第三はまさに霊的な必然的なる遣いとなろう。必然というのはそれがふたたびキリストの統治をもたらすからであり……その必然として、聖霊は新たな荒廃の後の新たな慰めである。アンチキリストの後、必然的に栄光のキリストが新たに頌栄されるのである。[67]

このようにセルヴェトゥスはキリスト中心的福音主義に、歴史の内にはたらく聖霊の教説を結び合わせたのだった。それは新たにキリストの内に生きることへの願望であり、またアンチキリストの力（通常ローマと同一視される）から解き放たれることへの切望であった。彼はそれを、キリストは第三の契約のもとに新たに到来しない筈がない、と言明したのだった。ここに、最大のアンチキリストとの闘いは聖霊の時代が到来する前になされ、それはうち負かされねばならないというヨアキムの原理は、ローマ教皇庁にあるいはローマ教会の全体にアンチキリストの体現を観るとともに、それが近々打倒されるであろうと期待する十六世紀の改革者たちの待望に正確に適うものとなる。ヨアキムの一二六〇日をもとにした一種の計算から、セルヴェトゥスは一五六五年あるいは一五八五年をその決定的な時期と見なした。[68]彼はそれをより以上に厳密化してみせることはないが、アンチキリストの支配が終わり、聖霊としてのキリストの新たな統治がはじまる日は間近であると信じていた。

この時期、カトリックとプロテスタントの革新者たちを画する境界線は、これまで想定されてきたほど明確なものではなかった。たとえば、ポステルはメランヒトンやブリンガーといったプロテスタントの指導者たちを支援者に恃み、また彼の著作群は再洗礼派《アナバプティスト》の間に普及したのだった。[69]彼はその指導者のひとり、おそらくカスパー・シュヴェンクフェルトと〈復興《レスティトゥチオ》〉の間近さについて書簡をとりかわしている。[70]ダヴィト・ヨーリスとの関係を告発されたポステルはそれを否定したが、バーゼルのヨーリス文書にはポステルの諸著や書簡群からの抄録が含まれており、彼らの間には一時期交渉があったことを窺わせる。[71]またイタリア人クリオネはバーゼル滞在中、ヨーリスの説教に通っている。彼らに共通しているのは新たな時代への待望であり、それは最終的により過激なプロテスタント集団の幾つかにも見出されるヨアキムの歴史の哲学の痕跡である。しかしより保守的な改革派指導者たちにとって、大修道院長ヨアキムは別様に流用された。それについて手短に観ておくことにしよう。彼らはローマ教会に対抗するために用いることのできる歴史的な武器なら何にでも関心を寄せた。それゆえ彼らは、ヨアキムとその弟子たちをバビロンの罪を告発する預言的な声とみなしたのだった。特に彼らは、ヨアキムの誤解を招きやすい有名なことば、アンチキリストはすでにローマに生まれている、という言辞に固執したのだった。[72] その一方で彼らはまた、〈永遠の福音〉という不名誉な醜聞《スキャンダル》が、じつに彼らに近しい驚くべきできごとであることを見出した。[73] マティアス・フラキウス・イリリクスとヨハネス・ヴォルフによって改革的な主張を支持するために編まれた歴史資料の大集成の中で、ヨアキム後継者たちは卓越した地位を与えられている。フラキウスはヨアキムのものとされた教皇庁を毀損する預言群を採りあげ、ヨアキムに仮託しつつ自らの教皇庁に対する苛烈な判断といまや成就しつつある改革への期待を誇張して語っている。[74]「またこの小著はそれを予言して、キリストの教会はふたたび清められるであろうと言うが、これは明らかに現下の改革の道理に協和するものである」。[75] 彼は『教皇預言集《ヴァティチーナ》』をも知っており、『エレミヤ書註解』からラテン教会の世俗臭批判をばかりか、最後の時代の新たな解放についても引用している。[76]「……主の一二〇〇年から最後の日々に到る来たるべき危難の時期に、(引用はじめ)解放の律があらわれるであろう。その時キリストの国の福音が説かれ、教会は小麦から藁と毒麦を分けるようにしてふたたび清められるであろう」。[77] 彼はフォクスの著書からホウデンの伝えるメッシーナでの会見を採りあげ、ヨアキムの七つの頭に関する解釈をアンチキリストが「すでにローマの町に生まれている」[78] ということばとともに引用している。ヨアキム後継者としてフラキウスはジャン・ド・ロカタイヤード、[79] ヴィルヌーヴのアルノオ、[80] 異端者セガレッリとドルチーノ、[81] そしてペトルス・ヨアニス・オリヴィ[82] を挙げている。それにヨアキムの名と結びつけられた詩句の幾つか、『教皇預言集《ヴァティチーナ》』のオシアンデル版にも言及している。[83] たしかにフラキウスはヨアキムの第三〈時代《スタートゥス》〉を宗教改革に適用して観ているが、それに対する彼の関心は過剰なものではなく、ヨアキム主義の援用は彼においては概して否定的である。

ヨハネス・ヴォルフの膨大な集成《コレクション》にも、各種のヨアキム主義的資料が蒐集されている。[84] 彼はヨアキムの真作のうち、『符合の書』から一連の興味深い抄録を成している。[85] 聖霊の卓越、高位聖職者たちの罪、バビロンの女の意味、教会の第四の秩序、隠修者たちおよび処女たちの欠陥について。擬ヨアキム主義的著作としては、『エレミヤ書註解』、[86]『イザヤ書註解』[87] そして『フロレの書』[88] を引用している。また彼は『教皇預言集《ヴァティチーナ》』の全三十の預言を各種の刊本と注記の数々を概観しつつ採録している。[89] G・バリオによるヨアキム伝、ホウデンからアンチキリストに関するよくある言及、それにヨアキムを称賛した者たちの長い一覧表。[90] それらを別に、彼の書冊のあちこちにヴィルヌーヴのアルノオ、ウベルティーノ・ダ・カサレ、オリヴィ、ロカタイヤードといったヨアキム後継者たちへの言及は夥しく、また各種のヨアキム主義的詩節や託宣も採録されている。[91] テレスフォルスの『小著《リベッルス》』からの長い抄録は、メウッチォの刊本に拠ったものに違いない。そこで彼はアウグスティヌス隠修士会の僧衣を纏った〈天使的教皇〉の挿図に執着し、それをルターのこととして観念している。「この卓越した秘鑰なる人物こそルターであると識らねばならない」。[92] 彼の資料の大半は否定的なもので、彼はローマ教会をバビロンと同一視した三十人の著者たちを挙げているが、ヨアキムはその十九番目に名指されている。[93] とはいえ彼の長大な著作も終わりに近づくにつれて、ブリギッタ、テレスフォルス、ルスティチアヌスその他の預言が綯交ぜにされ、教会分離と暴君の予測から天使的教皇のもとでの〈この世の革新《レノヴァチオ・ムンディ》〉へと論議は展開する。[94]

ここに、自らヨアキムを耽読したイングランド人神学者という興味深い事例がある。それはウィリアム・パーキンズで、彼の著『晩近の偶像崇拝』は一六〇五年に刊行された彼の著作集のうちに収められた。[95] パーキンズはヨアキムをバビロンとその成員の解釈において、まったく否定的な意味で用いている。いずれにしても、彼は第三〈時代《スタートゥス》〉あるいは新たな時代の転覆的な性格に関心を寄せることはなかった。とはいえ、『註解《エクスポジチオ》』からの彼の引用は、それを本来のテクストの傍らに並べてみるならば、十六世紀のプロテスタント教徒がいかに容易に自らの望みのままにヨアキムの著作を流用することができたかの証左として貴重なものである。

> 黙示録に関する大修道院長ヨアキムの註解には次のような記述がある。神の座つまりカトリック教会は獣の座からなっており、それは教会のはじめからずっとアンチキリストの四肢をなすものによって統治される王国であると言う者がある、と。また、われわれの師父からの伝承によれば、ローマはその霊においてバビロンである、と。また、現世の商人たちとは説教とミサとを金銭で売り、説教の家を商売の場所とする司祭たちそのものである、と。また、司教や司祭ばかりが自らを富裕となすべくバビロンの業に拘泥している訳ではなく、修道院長や修道士たちの或る者、信心深く見える人々もまた実はそうではないのである、と。[96]
>
> （『偶像崇拝』）

……ある意味で神の座というものはどこか獣の座でもあり、それは教会のはじめからずっとアンチキリストの四肢をなすものによって支配されてきたところであり……(97)　『註解《エクスポジチオ》』

……師父たちより現下のわれわれに伝えられるところによれば、ローマはその霊においてバビロンであり……(98)　(同)

この世の商人たちとはそれにとどまらない。それは神を知らぬ獣の司祭たちである。ここに言う獣の司祭たちとはその家の外にありて……説教やミサを金銭で売り、祈禱の家を商売の倉となす者たちである。(99)　(同)

すなわち富裕を成そうとバビロンの商売をなすのは司教や司祭たちばかりではない、ということを知らねばならない。修道院長たち修道士たちまたその他の信仰者たちも、信心深く見えはしても決してそうではない。(100)　(同)

このように保守的プロテスタントのうちにあって、ヨアキムは〈この世の革新《レノヴァチオ・ムンディ》〉を説く者としてよりも、バビロンを弾劾する預言者として、より頻繁に援用されることとなった。実際、ルターはメウッチォのテレスフォルスの預言刊本に描かれた〈天使的教皇《パーパ・アンゲリクス》〉や、『教皇預言集《ヴァティチーナ》』の中では本来ケレスティヌス五世の肖像であった薔薇を手にした修道士と同一視されることになった。すでに観たように、(101) ルター自身、〈善き〉第三のフリードリヒに関する旧い預言を、贋の教皇表《パパリスタ》が埋められた墓から聖書の真実を救い出し、(102) サクソニアのフリードリヒを予言したものと解釈したのだった。ルターによるこうした援用は後にJ・ヴォルフによって、またコルネリウス・クルッルの一六三〇年の説教『サクソニア選帝侯の福音信仰における英雄的剛毅』(103)に採用されることとなった。ヴォルフ自身は〈革新《レノヴァチオ》〉に関する預言に十分な関心を寄せていた。しかし散見されるこれらの援用も、改革派主流の伝統に則ったものである。ルターもメランヒトンもその書簡のやりとりにおいて、『教皇預言集《ヴァティチーナ》』の肖像の特定について記しているが、(104) 両者とも真剣にルターを預言の〈天使的教皇《パーパ・アンゲリクス》〉とみなしているようには思われない。ヨアキム主義的な〈この世の革新《レノヴァチオ・ムンディ》〉という形象も象徴も、保守的な革新派の者たちによって具体的に表現されることはなかった。

プロテスタント信徒たちの中にあって本当のヨアキム後継者とは、彼らの新たな信仰体験を歴史における新たな時代として説く必要を感じていた者たちのことである。彼らにとって、ヨアキム主義的な歴史の哲学はいまだ信仰への革命的で転覆的な影響力をもつものだった。トマス・ミュンツァーは自ら『エレミヤ書註解』の精読を通じてヨアキムに多くを負うものであることを、公然と認めている。「わたしの見解は大修道院長ヨアキムの証言に多くを負っている。彼についてはただエレミヤ書註解を読んだだけであるが」[105]、と。ミュンツァーは、啓示の第三段階において、選ばれた者は七つの封印をされた書物を開くためにダヴィデの鍵を手にすることとなると信じ、また彼自身この霊的知解の新時代をもたらすために選ばれた者であると信じていた。彼のプラハ宣言には、選ばれた者たちが直接聖霊の七重の溢出を享け、それ以前のすべての宗教的権威にとって代わることとなる新たなる霊の教会の予定が開陳されている[106]。

歴史類型《パターン》の様々な揚言は過激な革新者たちの集団に共通の待望をあらわすものであり、彼らは――静寂主義者《キエティスタ》の傾向とは截然と袂を分かち――新たな時代とはたしかにまったく新たな歴史の時代であろう、と言明した。彼らは自らそのはじまりを証言することとなるであろうと信じ、また自らその必然的勝利のためにはたらく遣いとして召喚されるであろうと信じていた。こうした歴史観の帰結として、その焦点は史上のキリストから逸れていく。G・ウィリアムズのことばを借りるなら、「新たな時代の幕開けに生きているのだという過剰な思い込みにより、彼ら過激な革新者たちはキリストの救済にかかわる役割の観念において逸脱しはじめた」。こうして改革派の終末論の数々において、「ことにフィオレのヨアキムの三一図式は歪曲されることになった」[107]。

メルヒオール・ホフマン[108]は教会の歴史を三つ組み類型《パターン》によって論じた者のひとりだった。(i)使徒時代から教皇たちの統治まで、(ii)教皇たちの限りのない力の時期、そして(iii)すでにフスによって準備され、いまやはじまろうとしている聖霊の時期。そこでは教皇庁はすべての力を剥奪され、文字は霊と化す。ホフマンは旧約と新約聖書の符合をヨアキム主義者の流儀で用いている。彼は自身とその追随者たちを、旧約聖書において荒野へと送られたイスラエル人たち、キリストの花嫁として荒野へ逃れる黙示録の太陽を着た女、とみなした。(109) ホフマンはことのほか黙示録の二人の証人の役割に注目し、いよいよ自身を最後の時代におけるエリヤあるいはエノクのいずれかと考えるようになる。ローマがバビロンの霊であったように、彼はシュトラスブルクがエルサレムの霊となり、そこから十四万四千のこの世の先駆けが甦ることを待望した。(110) 彼の考えは、おそらくヨアキム主義の混乱した余韻を伝えてもいる次の抄録に十分表現されている。

いまやふたたび、主のみことばの宣揚があらゆる民に証されるその時が到来した。それは誰をも残すことなく、すべての部族、異教徒、言語、国家へともたらされる福音の啓示となろう。かくして全世界は明晰なる啓示のうちにもたらされることとなるだろう……そしていまや、この最後の時代、主イエス・キリストの真実の使徒的使者たちは選ばれた者の一群として集まり……主の花嫁を霊の荒野へと導くこととなろう……新たな契約のうちなる第三の日、つまり第三の歓喜の祝祭すなわち幕屋《タベルナコロ》の霊的な饗宴が霊的な荒野において催されることだろう。すべてのものの最後にあらわれるのが歓喜である。(111)

ヨアキム主義のまた別の余韻を、旧約を昨日、新約を今日、そして未来を明日と呼んだ高ゲルマンの再洗礼派《アナバプティスト》に見出すことができる。(112)

すでに観たように、(113) ポステルの著作群は再洗礼派《アナバプティスト》の間で回覧され、またベイントンによるヨーリス文書の研究は、ダヴィト・ヨーリスがポステルの諸著作からの抜粋に翻訳をほどこすとともに、ポステルの見解について対話や書簡を通じて論じ合った事実を証してみせた。ヨーリスがヨアキム主義的な感化を受けたのがこの経路を通してであった、というのはかなりありそうなことである。(114) 彼の思惟の特徴はその歴史における三つ組み類型《パターン》にある。彼は自らを第三のダヴィデと呼んだ。第一の史上のダヴィデ、そして第二のダヴィデつまりキリストを継ぐ者として。彼はキリストこそが最も偉大であると認めるものの、自らは第三の時代にあたり聖書の「死した文字」の信仰という暴君を破り、その霊的な秘密を明かすため、あるいは——旧約聖書の形象において——ゴリアテの首を切り落とし、イスラエルを解放するために、聖霊によって選ばれた遣いであると信じていた。三人のダヴィデはヨーリスの歴史における三つの時代の核心だった。彼はそれを自身の著書のうちでも最も重要な書、一五四二年に刊行された『驚異の書《ト・ヴォンデルブーク》』で解説している。ここで彼は諸時代を第三の時代に極まるものとして、驚くほどヨアキムの本来の思惟に近いことばで性格づけている。第一の旧約聖書の時代は複婚の時代。第二の新約聖書の時代は一夫一婦制の時代。いまや聖霊の時代の夜明け、それは独身者の時代となるだろう[115]。

そして、最も杳かなヨアキムの三つの時代の余韻が一六四六年、イングランドにあらわれた。その背景は一切分かっていないが、その年、ロンドンでアトミーもしくはアタウェーという婦人が異端を説いたと報じられている。エドワーズの『壊疽《ガングラエナ》』に列挙された過誤のうちには、次のようなものがある[116]。

> 過誤一六六。父なる神は律法によって治め、御子なる神は福音によって治めた、そしていまや父なる神と御子なる神は王国を聖霊なる神に委ねる。そして聖霊が統治し、すべての肉身の上に溢れることだろう。すべての人が神と和解し救われることとなるような総復興がおこるだろう……[117]。

彼女はその説教でふたたび荒地という象徴を用い、聴衆に向かって「彼女は荒地にあり、聖霊が溢れるのを待っている」[118]と語っている。

〈革新《レノヴァチオ》〉あるいは〈この世の復興《レスティトゥチオ・ムンディ》〉という観念は、幾人かの過激な革新者たちによってより概括的なことばで語られた。ベルンハルト・ロートマンの『現世の復興』はこの観点の際立った解説となっている[119]。人は旧約のもとに失寵し、キリストによって元に戻された。しかし二世紀以降、新約のもと新たな失寵がつづいている。いまこそ第二の復興の時、ルターとホフマンによってはじまった復興がすべてに広められねばならない。これは学者による学者のためのものならず、一般の人々のためのものとなるだろう。ディートリヒ・フィリップスは教会の歴史を〈起源〉、〈原初の失寵〉、〈修復〉ということばで説き、その最後の時代はすでに天から地へと降った新エルサレムに今やはじまった、と信じていた[120]。修復された神の教会は上天に生まれ、地上のすべての王国に優って讃美されることとなるだろう。そこでは聖人たちが霊的な権威をもち、全世界を征するものとなるだろう。しかし、この霊的な統治が時のうちに観念されているのか、永遠性のもとに想像されているのかは明瞭ではない。そしてここに、歴史のうち、最後の審判以前に神的照明の最終的なあらわれが起こるであろうという信念が、キリストの最終的な降臨により歴史が終結した後の聖人たちによる統治への期待という、より概括的な千年至福説へと移行するのが認められる。こうしてゼバスティアン・フランクは、神の不可視の教会をキリストの勝利によりすべての国がついにひとつに集まり、旧来の千年至福説的な千年の間の統治の成就として夢想した。[121] ハンス・フートもまた、キリストは聖人たちとともに統治するため近々再臨するであろうと説いた。トルコによる試練は差し迫ったことどものしるしである。悔い改めのための三年半が留めおかれるだろう。そこに最後の審判が来たり、その後は救われた者が地を治めるであろう。[122]

こうした極左改革派の千年至福説的夢想の背後にある影響力のひとつとして、しばしばかなり雑駁にヨアキム主義が挙げられてきた。しかしより厳密な範疇分けを用いるなら、彼らをヨアキム主義者と呼ぶことはできない。かえって彼らは一般的な千年王国説の伝統に就くものであり、それは第二のキリスト降臨を歴史の最後のできごととし、千年王国を歴史を超えた状態とみなすものである。プロテスタント・ヨアキム主義の真の指標は、第三の歴史的契約を第一と第二の契約たる旧約と新約聖書の歴史的役割と組み合わせて説くところに求められねばならない。この第三の契約は、キリストの中間のあるいは第二の〈降臨〉によって先触れされるだろう。しかしそれは新たに聖霊が溢れることによって実現されるだろう。それゆえこれは、歴史の最後の時代の終わりにあたっての〈最後のキリスト降臨〉とは明確に区別されるものとなろう。

自らの時代にあってヨアキム主義が意味するところを十全に把握したプロテスタント神学者として、十六世紀末に黙示録註解を著したジャコポ・ブロカルドがいる。[123] 彼はここで人の三つの〈時代《スタートゥス》〉を語り、聖霊に属するその第三の〈時代《スタートゥス》〉は「預言の啓かれる」安息の時となるだろうと説かれる。[124] ここにはこの世の七つの時期もみられ、その第六は新たなる預言者たちの時、第七はキリストの第二の降臨の時とみなされている。そして、彼は御子の〈時代《スタートゥス》〉をも七区分してみせる——そのうち第七は、ルターが福音の説教を一新してみせた「旭日の輝きとともにはじまる」[125]——そして聖霊の〈時代《スタートゥス》〉

を七つの季に。この季の第一はルターの説教からスイスでの説教まで、第二と第三はイングランドやデンマークといったあらゆる場所での説教を包摂し、第四は「フランスでの難事とともに来たる」(126)。これら四季は、四人の天使的教皇に相当する四人の新たなる預言者たちによってしるしづけられた。第五は「福音宣教者たちの大虐殺まで」(127)つづく。そして第六は「厚い雲に覆われた天にキリストが教皇派に対する審判のためにあらわれる大いなる対決の時」(128)までつづくだろう。つまりブロカルドは自身すでに第三〈時代《スタートゥス》〉にして第七の時期に生きており、そこに第二のキリストの降臨（彼はこれを第三の降臨と明確に区別している）によってアンチキリストの敗北がしるされるものと観じている。

ブロカルドはこうした歴史観の典拠をじつにはっきりと録している。(129)第六の時期にはその準備がはじめられた、と彼は言う。「キリストは大修道院長ヨアキムその他テレアスフォルスが録している多くの者たちを遣わしたまうた。彼が言うところ、そこでは主の降臨が待ち望まれたが、その福音を待つには革新あるいは復興が必要とされる」(130)。もちろんこの新たな預言者たちがすべてを知っていた訳ではない。彼らは或る真実を語り、その他は語らなかった。彼らは神の書物の神秘のすべてを啓くことはできなかった。とはいえ、「大修道院長ヨアキムの著作や予言の数々、修道士ロベルト、聖ヴァンサン、ヤン・フス……の声は強勒であった」(131)。

ヨアキムは第六の時期の鍵となる預言者であり、ブロカルドにとって中世的思惟の主たる典拠であった。これは彼の夥しい言及(132)によってばかりか、彼がヨアキムに特徴的な象徴群を自己流に援用しているその用法からも了解される。そのひとつがエゼキエルの「輪の中の輪」。ブロカルドは、第七の時期がいかに七つの季を含みもつこととなるかを説くために、これを用いている。「季とは時のうちに配されるもの。輪の内側にもうひとつの輪が置かれるように」(133)。また彼はヨアキムがなしたように、三つの〈時代《スタートゥス》〉すべてにおける三位一体の三位格《ペルソナ》の共在に関して、幾つもの句節で固執してみせる。そしてこの神秘において第二の位格《ペルソナ》の中心性を示すために、輪の象徴を用いている。

この秩序において、神の御子はご自身のうちに第一、第二、第三の時代を導き入れる。あたかも輪の中に輪を容れるがごとくに。あたかもそこにあっては父の第一の時代が聖霊の第三の時代へと転じ、エゼキエル書第一章に語られている通り、両者がひとつの広大な輪のうちに出会うようなものである。そして……その時、深甚なる知解がおこる。キリストこそがすべての時あるいは季を自ら導き、この世のすべてを引き出したまうのではないか、と[134]。

二つ目の象徴は喇叭。これはすべての時代にわたっての福音の説教であり、ブロカルドはこれをヨアキムから[135]援用しつつ、三位一体と結びつけている。

この喇叭はじつに長大なものである。それゆえわれわれは創世記の第一章のはじめにすでに、われわれの背後彼方から神のことばを聴くのであり、それ以来ずっとモーゼの喇叭のうちなる神のことばは預言者たちもまた使徒たちにまで伝えられ、父に、御子に、そして聖霊に属することがらがいつの時代にもすべての教会に……この世の終わりまで響き渡るのである……[136]。

彼は『符合の書』からヨアキムに親しいもうひとつの象徴——カルメル山上でのエリヤの犠牲[137]——を導き出している。とはいえブロカルドがヨアキムの思考法の影響を一番よく表しているのはその文字の蠱惑である。ヨアキムは『十玄琴《プサルテリウム》』で、三位一体の神秘を証すために文字のかたち（つまりアルファとオメガ）を用いた[138]、とブロカルドは言う。だがここで彼、ブロカルドはこの同じ神秘を、ヘブル文字は父のはたらきを、ギリシャ文字は御子のはたらきを、そしてラテン文字は聖霊のはたらきをあらわすものとして、三つのアルファベート系列の比較のうちに見出す。彼はここに、ヨアキムが見たなら狂喜したかもしれぬような、三位一体の一性と多性のどちらをも一時にあらわしてみせる形象を見出す。「これらのアルファベートは疑いもなく個別のものである。それは神性の三つの位格が個別であるのにも等しい。しかしこれら三つの言語のうちには唯一の意味作用があるのである。われわれが父なる、御子なる、聖霊なる神を唯一の本質のうちに理解するがごとくに……」[139]。幾つかのアルファベートの序列秩序の検討から諸位格《ペルソナ》の関係を証示しようと、彼は長々と論じてみせる。

> ここにヘブル文字とギリシャ文字が逆順に書かれる大いなる原因があるように思われる。それは御子が父とともにあってこそそれと知られ、また父は御子とともにあってこそそうであるがごとくであり、神の御子はAがAに合することを通じて時の中央に来たるがごとく……父は御子のうちに知られる、とも言うべくして……またギリシャのアルファベートが中央から端に向かって左側から右側へと綴られるがごとく、われわれは御子がその最初の降臨から時の終わりまではたらきつづけることを知るのであり、ヘブルのアルファベートにおいてはその逆に、はじめとしてのAが終わりとなり、そこに御子の到来の時から時のはじめへと父のはたらきが辿られるのである。しかしAとAは一緒に結び合うゆえに、ヘブルのアルファベートのすべてはギリシャのアルファベートのすべてのうちに流入し、またギリシャのアルファベートのすべてはふたたびヘブルのアルファベートのすべてのうちへと流入する。……ラテンのアルファベートは……ヘブルとギリシャのふたつのアルファベートに属することがらをひとつの尺度において一時に理解せしめる。それは聖霊がそのはたらきのうちに父と御子のはたらきを含みもつがごとく、ラテンのアルファベートはヘブルとギリシャのアルファベートによって評られるということである……しかしこれら三つの尺度はひとつに合し、唯一の尺度となされる。三つのアルファベートはひとつとなり、これにより汝は諸位格《ペルソナ》の区別と神の本質の一性の、父と御子と聖霊の各種のはたらきと相互のはたらきの類型あるいは範例を得ることができるであろう……[140]。

長い論議ではあるが、以上のような抄出からブロカルドがいかにヨアキムの三位一体に関する思惟を親しく共有し、同類の形象による解釈をいかに容易く援用しているかが看て取れる。しかし彼のその取り扱いには、ひとつ著しい差異がある。つまりこの一節においては、先に引いた〈輪〉に関する一節同様、御子のはたらきを諸位格《ペルソナ》の神秘の中心に据えるべく力説されているところが目を引く。これこそ、ヨアキムの三位一体論を福音的キリスト論と結び合わせたプロテスタントの新たな方向づけであった[141]。

このプロテスタントのヨアキム後継者による黙示録の微細な解釈を読み解くことはじつに魅惑的である。アジアの七つの教会の形象のもと、彼はヨーロッパ各地のプロテスタント運動に関する興味深い叙述を提供する。[142] 教皇は、当然ながら、アンチキリストであり、ローマ教会はバビロンの女である。底なしの淵とは異端審問であり、そこから涌き出る蝗たちとはイエズス会士たちのことである。[143] 喇叭をもった七天使とは、ヨアキム、サヴォナローラそしてルターといった新たな預言者たちによって語られたことをあらわしている。[144] 永遠の福音を手にする天使とは、ヨアキムによって予言された主の第二の降臨についての説教を謂ったものである。「大修道院長の諸著またその他の者たちが証すごとく、その予言はすべてのキリスト教徒にもたらされ、そこには永遠の福音はあらゆる国々に啓かれるであろうと記されていた」[145]。それにつづく二天使はまた同じことを説き、「テオロスフォルスの書にすべての人が認めるであろうような新しい生へとあらゆる人を導く」[146] また別の者たちである。第七の封印の開示の沈黙のうちに安息の時代の至福の象徴を認めることは、このプロテスタント教徒を満足させるものではなかった。そこで彼はこの沈黙を、サヴォナローラからルターに到る時期と解釈し——いまや説教者たちの声は到るところに響き渡る、と歓喜とともに記している。[147] ブロカルドは彼の理想の時代を、観想の沈黙のうちにではなく、「水のせせらぎ」のうちに観る。「現下、ゲルマン、フランス、イタリアその他の国々で夥しい数にのぼる人々が語っている、まさに神のことばそのもの」[148] のうちに。第三〈時代《スタートゥス》〉をついに拓くものとして、人々を預言の開示へと導き、すべてのキリスト教徒の教会を建てる「真の普遍信仰《カトリック》の徒たちおよび福音宣教者たち」[149] の公会議が開かれねばならない。この公会議はヴェネチアで催されることになるだろう、とブロカルドは言う。[150] もとの天と地つまり教皇による教会の時代は過ぎ去り、新たなる天と地が新たなる〈時代《スタートゥス》〉をあらわすこととなろう。そこでは悪魔は放逐され、その国には教会の位階秩序としての太陽も月も必要とはされず、聖霊がまったき啓示を授けることになろう。全世界への福音の広まりはキリストの輝く衣装のうちに認められ、それがアロンの衣装の鈴と柘榴《ざくろ》に較べられる。

> (これらは)この世の最後の時代を意味しており、そこでキリストの衣装はいよいよ展げられ、全世界を覆う。その時、到るところに小さな鈴と柘榴、つまり教会が生じ、福音の説教は全世界に広がるだろう。その時にはもはや福音より他、どんな宗教も、どんな法も規則も耳に聞こえない[151]。

その時、神の王国は聖霊の時代を迎え、それはこの世の安息が終わるまでつづくだろう。そして彼はわれわれをその第三の天国の到来へと導く。[152]

最後に、十七世紀初頭のイングランドの事例から、プロテスタント運動とヨアキム主義の固有の混交を観てみることにしよう。一六一五年、『すばらしくも注目に値する預言群』[153]を公刊したジェームズ・マクスウェルは、この書で言及される預言のほとんどを蒐集していた。こうした類の文書に対する彼の探求解読の幅広さには目を瞠るものがある。預言者たちのうちでもヨアキムには卓越した位置が与えられており、マクスウェルは彼を「驚くべき霊感を受けた人」と称し、[154]実際、彼はこの大修道院長の預言や著作に特別の一章を捧げてもいる。[155]マクスウェルの目的は、ローマ教会の怠慢、試練、そして改革について論じることにあった。彼は、見紛うことなくローマ教会を懲罰することばによって弾劾した預言の数々を用いるのだが、彼の改革範疇は驚くべく中世的なままである——ブロカルドよりもずっと。彼は、世界皇帝と天使的教皇の旧来の協調関係を探り、ヨアキム主義的な預言やテレスフォルスの預言を総動員する。偉大な統率者に関する彼の記述はすでに観たところである。[156]彼の描く天使的教皇の肖像は、各種の典拠文書に彼自身の見解を付加した混交物となっている。

バプティスタ・ナザーリによる未来の記述にはトルコに対する勝利への期待が語られ、古の予言にいかにリヨンと教皇冠を戴いた子羊と王冠を被った鶏が龍あるいは蛇に抗するため神聖なる同盟を結ぶこととなるかについてしるされているかを語っている。〈蛇を襲う聖なる合一〉を。そこで教皇冠を戴いた子羊とは、天使的司牧者あるいはローマの改革され改革する司祭のことと解される。それとも聖キュリルスや聖テレスフォルスが予言した第一の教皇のこと……それはまた大修道院長ヨアキム、メルリヌス《マーリン》、イオアンニス・デ・ルペシッサ《ロカタイヤード》等々が予言したところでもある。大修道院長ヨアキムはその著書、両聖書の符合についてにおいて、教会を改革し、神礼拝に原初の純潔を復興することになる教皇あるいはローマの司教たちが、どのようにして神によって立てられることとなるかを予言してみせた。そこには偉大な聖性によって新たにされた人が生まれるに違いない（と彼は言う）。その人は使徒の座に坐ると、僅かの期間のうちに驚くべく教会のすべてを改革し、聖職者が寄進と十分の一税によってのみ生きるべく定めるだろう。彼は衣装の華美豪壮を、またその他あらゆる不誠実を猥らな歌舞音曲とともに禁じるだろう。彼は女たちに、黄金や宝石を身につけることなしに、あらゆるところに福音を説くべく正直に謙遜に働くようにと指示するだろう。この聖なる人は教皇の座にあるも、四年と経たぬ短時日のうちに主に祝福されて逝去するだろう。彼の後、神はひきつづき他の三人のいとも聖なる人を立てたまい、彼らは先任者の言行を確固としたものとなし、教会のすべてを革新し、彼らの主宰のもと教会の時代は旧に復し、彼らは天使的司牧者たちと呼ばれることとなるだろう。[157]

マクスウェルにとって〈革新《レノヴァチオ》〉とはいまだ来たるべきもの——それは教会の諸改革を通じてすでに到達されたものではなく——であるが、どうやら彼は、旧体制を改変するための遣いは別の新たな方角から現われる、と考えていたもののようである。〈天使的《アンゲリクス》〉が〈アングルの《アングリクス》〉に翻案された時、〈革新《レノヴァチオ》〉とは旧と新の断絶を癒すことを意味していたのかもしれない。こうしてマクスウェルは預言の数々を、なによりもまず、イングランドからあらわれる天使的遣いへの待望として据えることになる。

善き司教あるいは教皇とは、教会を改革する者としては通常、天使的司牧者、天使的教皇と呼ばれる者であり、ひょっとするとこの天使的教皇、司牧者あるいは司教とはイングランドから遣わされる者であるかもしれない。イングランドは他のいかなる土地よりも諸国をキリスト教の信仰へと教化する者を数多生んできた。それゆえ、神が腐敗した諸教会、特にローマの教会を改革する者を、他のいずれの土地からよりもこの国から挙げたまうということもなきにしもあらずである。これほど学識あり雄弁なるばかりか判断、才覚、節制においてもまったく神々しき説教者たちを数多く見出し得る国は他になく、教会の平和に最もふさわしいのはイングランドにおけるその平和に他ならない。それゆえ、神はこの島嶼にローマ教会その他の教会の改革の栄誉を与えたまうことであろう。諸教会をその濫用から奪還するため、その地から神々しく、義しく熱烈、また節制の人を遣わしたまうことによって……。[158]

プロテスタントの最後のヨアキム後継者たちには、どこかフランシスコ会聖霊派を想わせるところがある。どちらの場合も、生き生きとした信仰体験の内的真実をキリストの新たな到来として確信するものであった。どちらの場合も、この新たな体験を歴史のうちへの新たな天啓として樹立した。この第三の契約施与はたちまち、ヨアキムの三一類型《パターン》における聖霊の時代と同一視されることとなった。とはいえどちらの場合も、その観念は確固としてキリスト中心主義的なものでありつづけた。フランシスコ会聖霊派は、新たな時代は聖フランチェスコとともにはじまったと信じていた。なぜなら、彼こそが神秘的な方途によってキリストの生をあらためて示してみせたから。われわれが取り上げてきたプロテスタント教徒たちの多くは、キリストが第三の最後の来臨とは別の、まさに彼らの時代の第二の来臨において姿をあらわすだろう、あるいはすでにあらわしたものと信じていた。三度にわたるキリスト来臨という観念は、十三世紀のフランシスコ会士たちにも十六世紀のプロテスタント教徒たちにも共通したものである。ヨアキムの三位一体論的枠組みは、異なった方途、異なった時期にあって、このように歴史に対する希望を表現するために用いられてきた。それはなににもまして、まず内的な信仰体験に支えられたものであったのである。[159]

ヨアキム主義的な思惟は、より一般的に、プロテスタント教徒たちが歴史を肯定的に見るようになるために一役買ったと言えるかもしれない。E・L・タヴスンは、プロテスタント改革者たちの歴史に対する典型的な態度は、すべては衰亡せねばおかない、衰滅とは歴史の基本的事実である、という悲観主義の一種であったと論じている。[160]とはいえ彼は、どうしてもそこに発しない訳にはいかないある種の楽観をも看て取っている。神は今日に到るまで偉大な業を数多く成し遂げたまうたのであってみれば、これより後に期待するなという方が無理である。彼はシェルトー・ア・ジヴランから、こうした歓喜の迸る一節を引いている。

神はこの最新の時代、その格別の驚くべき善意を人に示したまうた。特に……ヴァッラ、アグリコラ、エラスムス、メランヒトンその他はその刻苦勉励により諸言語の純正なる知識をもたらし、われわれにそれらの完璧なる知識により容易く到達できる方途を与えたまい、それによってほとんどヨーロッパの全土が野蛮から解放された。(161)

ここには新しい姿勢の萌芽があるが、「進歩という観念は、プロテスタントによる歴史解釈そのものが再編を蒙るまで発展することはなかった」とタヴスンは注している。(162) 彼はこの新たな視点を、不可抗的な衰滅をよりもなにか大いなる変容を望見してみせる黙示録と終末論的類型《パターン》の新たな解釈に観ている。そこから彼は興味深い結論に到達する。進歩という近代の観念の数々は十七世紀の黙示録註釈者たちのうちにその祖を見出すに違いない(163)、と。しかしそうした黙示録解釈が新しいものであった訳ではない。本章に集めてみた痕跡は、歴史の頂点が最終的な栄光の達成にあると主張したヨアキム主義を淵源とする解釈の持続的な流れを証している。十六、十七世紀の黙示録論者たちの研究は、彼らをその中世の祖の眺望のもとにおいてみることなしには果たし得ない。タヴスンが突き止めたプロテスタント教徒たちの歴史観の悲観主義から楽観主義への揺れが正鵠を射たものであるとするなら、もちろんこれは、すくなくともその一部はヨアキム主義的典拠群のうちに跡づけられるものでもあるに違いない。当然ながら、この遺産は近代の必然的進歩という観念とはかけ離れたものである。これは黙示録的なできごとを、神的なできごとを望見したものであったが、それにもかかわらず、それは人の歴史を最終的な結実へともたらすものであった。この肯定的な言明は、円環的な観点とも不可避的な衰滅という観点とも格闘しつつ、おそらく近代の進歩という観念を形成するにあたってかなり重要な要素となった。

〈この世の革新《レノヴァチオ・ムンディ》〉への期待がひきつづき十七世紀になっても焉むことがなかったということには多言を要しない。それは自らの特別な預言者あるいは指導者を奉る熱烈な集団のあるところならどこにでも醸成された。それは歴史のいろいろな時期の託宣や預言によって培われた。それは印刷物によってふたたび活気づいた。そこにはたしかに過去の黄金時代を、使徒教会の始源の栄光を振り返るという要素があった。とはいえ、この最後の時代が実際に復興として理解されたのではなく、歴史の最終到達点として想像されたのだったということは明瞭である。それは歴史の円環的な見地においてではなく、人々の熱望を歴史のうちなる肯定的な終端に向けて直線的漸進的に観るところに発するものだった。その淵源をヨアキムの哲学に跡づけることもできよう。あるいはかえって歴史の神学というべきかもしれない。〈革新《レノヴァチオ》〉として表現された希望にはいろいろなかたちがあるにせよ、その基礎は新しい時代には神の霊があらわれるに違いないという信念にあった。そしてこの基礎の淵源するところはしばしば秘められたままにあったとはいえ、ヨアキムの三位一体的な歴史観に由来するものであった。帰還であるよりも、未知の新しさという観念は、この時代の新たなできごと――新大陸、新しい学問、新たな書物、新しい宣教――に関する熱烈な言辞に窺われるところ。大いなる善のしるしの数々に大いなる邪悪の警告が並置されるにしても、それら両者の激突は反復し得ない劇の最終幕の大団円に窮まる。アンチキリストに対する勝利、そして歴史の昇華。

　天使的教皇という中世に生まれた象徴が、これほど長いあいだ〈革新《レノヴァチオ》〉への期待の中軸にありつづけたことは驚きであるとともに啓明的でもある。もちろんそれにはいろいろな解釈が可能であろう。〈天使的〉ということばは本質的に転覆革命を含蓄していた。しかしこれも、神の天使が隠された〈天使的教皇《パーパ・アンゲリクス》〉を指し示すときすべては正しくなるだろう、という期待として、正統信仰において解釈され得るものである。それはより転覆革命的な正統信仰《カトリック》の徒たちを導出することにもなった。彼らは、現行の権威が完璧に破棄され、まったく新たな体制が確立される序奏として、教皇庁への激烈な審きを期待することになる。それは狂信的な不安分子が自らその役割を引き受け、あるいはまたその候補者を持ち上げてみせるところに窺われる。プロテスタントの転覆革命家たちは、それを〈この世の革新《レノヴァチオ・ムンディ》〉がバビロンの教会から真の教会への権威の暴力的な移行とともにすでにはじまったことの証しとして用いることもできた。とはいえ、特殊な諸事例を除き、天使的教皇という観念はプロテスタント信徒にとってはさほど重要なものではなかった。その一方でそれはかなりのカトリック信徒たちの生命線となる。それは諸悪に対する彼らの恐怖と激越な変化への待望を極限的なことばで表明させるとともに、天使的教皇という不謬のカトリックの姿を彼らの来たるべき千年王国への夢想とともに讃えさせることとなる。結局のところ彼らが期待していたのは、他のすべての宗教すべての信仰党派に対するラテン教会の勝利であり、これが彼らの正統信仰を確証するものであった。霊の沸騰と懊悩の時期、〈天使的教皇〉という観念は、焦燥するこころが過激に走ることなく集中することのできる象徴としてたいへん貴重なものであった。天使的教皇への期待は、すべてを、とは言わぬにせよ、数多くの転覆的な傾向を鎮めてきた。アマデウス、エジディオ・ダ・ヴィテルボ、ペトルス・ガラティヌスといった人々は彼らにもたらされた啓示を信じ、苦もなく彼らの見解を保ちつづけることができた。それは彼らの夢想が未来に投影された普遍信仰《カトリック》の観念であり、天使的な遣いによってもたらされることとなる筈のものだったからである。

〈革新《レノヴァチオ》〉への待望の二つ目の特徴は、「唯一の司牧者のもとの唯一の群」という繰り返しあらわれる主題にある。これはじつに多くの預言的切望の通奏低音となっている。キリスト教国だけにとどまらない全世界の合一。これは後期ヨアキム後継者たちの情熱的願望であり、既知世界の限界が目を瞠るばかりに拡張した時にあたっての熱烈な祈願であった。しかし地理的世界の眺望が啓けていくうち、政治的世界の展望は狭隘化していった。教会および国家における教会一致の夢想、唯一の信仰のもとでの合一と唯一の統治のもとでの平和の夢想は、まさに政治的現実がそれとは反対の方向へと動きはじめる時にこそ広範に認められる。宗教および民族国家の分裂がとりかえしのつかないほど堅固なものとなったその時、人はじつにしばしば「唯一の群《ウヌム・オヴィレ》」というあきらかに見当違いの理想を顧みた、というのはいかんともしがたい事実である。銘記しておきたいのはこのことである。人々の夢想は彼らがなした行為とともに、歴史の一部をなすものであるのだから。

註

（1） H. Haupt, *Ein Beghardprozess in Eichstädt vom Jahre 1381*, ZKG v. 487-98, 特にp.497.

（2） P. Fredericq, *Corpus Documentorum Inquisitionis Haereticae Pravitatis Neerlandicae*, i (1889), pp.269-79 ; D'Argentré, *Collectio Judiciorum de Novis Erroribus*, i, Paris, 1728, ii. 201-14 ; Baluze, *Miscellanea*, pp.288-91.

（3） «18. Item dicunt tempus veteris legis fuisse tempus Patris et tempus novae legis tempus Filii, et pro nunc esse tempus Spiritus Sancti, quod dicunt esse tempus Heliae, quo reconciliabuntur scripturae ; ut quae prius tamquam vera habebantur, jam refutentur, etiam et catholica doctrina ... / ... quod praedicationes et doctrinae antiquorum sanctorum et doctorum cessabunt et supervenient novae et quod scriptura clarius revelabitur quam hucusque notificata sit, et quod Spiritus Sanctus clarius illuminabit intellectum humanum quam hucusque fecerit, etiam in apostolis, quia non habuerunt nisi corticem, et quod instabit tempus quo revelanda erit illa lex Spiritus Sancti et libertatis spiritualis et tunc praesens lex cessabit ...». Fredericq, op.cit., i. 272-4.

(4) D'Argentré, op.cit., p.151:「じつにその教会修道秩序についての書には、聖母、教会や高位聖職者たちに対する論駁が記され、またこの世は父や御子によるばかりか聖霊によって統率されるという異端の言が録されていた……」«Liber vero ab eo scriptus de Ecclesiastici Ordinis statu, in quo multa continebantur adversus B. Virginem, Ecclesiam et Ecclesiasticos proceres, multa vero pro haereticis, ut quod mundus non amplius a Patre vel Filio, sed a Spiritu Sancto regeretur ...». また以下をも参照。*Chronique du Religieux de S. Denys*, ed. M. Bellaguet, *Collection des documents inédits sur l'histoire de France*, Paris, 1839, i. 574:「……ここには聖霊の派遣に関する過誤とその徳能の称賛が縺れ合い混同されている……たしかにこの書は聖霊の教えを教え啓き、書し明かしたものである……この世は父なる神あるいは御子によるばかりか聖霊によってもまたそれが終わるまで統治されねばならぬのであり、その律は素朴なる人の愛にあり、教会の秘蹟は必要とされない、と……」«... qui se a Spiritu Sancto missum ad confundendum errores et virtutes exaltandum firmiter asserebat ... Quemdam nempe librum quem docente Spiritu Sancto ut docebat, didiscerat et scripserat, ostendebat ... Mundum eciam non amplius a Deo patre vel Filio sed a Spiritu Sancto regi debere astruebat usque ad finem ipsius; et cum eius lex sit simpliciter amoris mortales ecclesiasticis sacramentis dicebat non indigere ...».

(5) *A Brefe Chronycle concernynge the Examynacyon and death of the blessed martyr of Christ, Syr Johan Oldecastell* ... これは一五四四年、ジョン・ベイル John Bale によって蒐集され公刊された書。注記にこの預言 *Prophecyes of Joachim Abbas* は、一三四二年頃に著されたペルピニャンのグイドの『異端大全 *Summa de haeresibus*』から採られたものと録されている。そしてこれは事実である。ヨアキムの預言とロラード派の殉教者の関係づけが、このロラード派の人物によるものであったのか、ベイルがそう成したのかははっきりとしない。わたしは前者であると想像する。それにしてもヨアキムの見解の概要が、新たなる聖霊の時代ということばによってロラード派の期待として、これほど巧妙にそれに敵対する者の手で描出されているのには驚かされる。

(6) «In the latter dayes shall apere a lawe of lyberte. The Gospell of the kyngedome of Christ shall be taught, and the church shall be pourged as wheate is from chaff and tares. More clerelye shall menne than be lerned. The Kyngedome of the fleshe shall be done awaye, and these thynges shall be fulfylled towarde the ende of the worlde. The holye ghost shall more perfyghtlye exercyse his domynyon in convertynge peoples by the preachers of the latter tyme, than by the Apostles ... The churche of Rome shall be destroyed in the thyrde state, as the synagoge of the Jewes was destroyed in the second state. And a spirituall churche shall from thens forth succede to the ende of the worlde ...».

(7) Kestenberg-Gladstein, loc. cit. (ref.【II-8 n.43】), pp.254-6.

(8) これらはヴェネチア写本から、I. v. Döllinger, *Beiträge 2. Sektengeschichte des Mittelalters*, ii, Munich, 1890, pp.691-700に公刊されている。また、Kestenberg-Gladstein, loc.cit., p.255を参照。

(9) «post quod erit aliud seculum, i.e. tempus et evangelium hominum viantium et fulgentium ut sol ab omni prorsus macula in regno patris supradicto usque ad finem mundi duraturo ...». Döllinger, op.cit., p.697, また p.694をも参照。

(10) «regnum reparatum hominum viantium». Ibid., p.695.

(11) Ibid., p.694-5.

(12) Ibid., p.695.

(13) Ibid., p.698.

(14) «… quod in regno reparato ecclesiae militantis sol humanae intelligentiae non lucebit hominibus, hoc est, quod non docebit unusquisque proximum suum, sed omnes erunt docibiles Dei. quod lex Dei scripta in regno reparato ecclesiae militantis cessabit et bibliae scriptae destruentur, quia lex omnibus superscribetur in cordibus et non opus erit doctore». Ibid., p.698.

(15) Nicholas of Buldersdorfに関する主要資料としては、*Bassler Chronick*, ed. C. Wurstisen, Basle, 1580, p.405に彼の教説が要約されている。

(16) JankoおよびLevin Wirsbergerに関する主要資料としては以下のものがある。N. Glassberger, *Cronica, AF* ii, Ad Claras Aquas, 1887, pp.422-6 ; *Annales Mellicenses, Continuatio, MGHS* ix. 521 ; L. Hochwart, *Catalogus Episcoporum Ratisponensium*, ed. A. Oefele, *Rerum Boicarum Scriptores*, i, Augsburg, 1763, p.223 ; Jobst v. Einsiedelの書簡、ed. F. Kurschner, *Archiv f. österreichische Geschichte*, xxxix, Pt.1 (1868), pp.280-2 ; 1467年の箇条書、ed, G. Ritter, *Zur Geschichte des häretischen Pantheismus in Deutschland im 15. Jahrhunderts, ZKG* xliii (1924), pp.158-9. また以下をも参照。Döllinger, op.cit., pp.625-6 ; O. Schiff, *Die Wirsberger …, Hist. Vierteljahrsschrift*, xxvi (1931), pp.776-86 ; H. Haupt, *Zur Geschichte des Ioachimismus, ZKG* vii (1885), pp.423-5.

(17) Glassberger, p.425 ; *Annales Mellicenses*, p.521.

(18) Schiff, p.781.

(19) Glassberger, p.423 ; *ZKG* xliii. 158 ; Döllinger, p.625.

(20) «tertium et finale testamentum», «ille pastor de quo Christus dicit quod erit unus pastor et unum ovile, per quem omnes in eum credentes debent illuminari speciali et interiori luce etiam ad cognoscendam sanctam Trinitatem». Glassberger, p.423 ; Döllinger, p.625.

(21) «sicut Caesar imperator et Deus». Glassberger, p.423.

(22) Ibid., p.424 ; *ZKG* xliii. 158.

(23) Glassberger, p.425 ; Döllinger, p.625.

(24) 【II-8 p.326】参照。

(25) «Utrum tertius mundi status quem Joachim abbas ymaginatur et hereticorum conventiculum minatur Catholice venturus astruatur postquam annus dom. millesimus CCCCLXXI compleatur».

(26) Kestenberg-Gladstein, loc.cit., p.267 :「昨今つまり一四六五年頃、危険で有害なる逃げ道が異端的な過誤とともに出来し、神の教会の多くの人々ですらそれを排除し得なかった。そこでは譫妄のうちに一四七一年には第三の時代が到来し、新たな聖書が先立つ聖書を取り除けその効を毀つであろうと語られ……」«Quia diebus istis videlicet circa annum domini MCCCCLXV quidam periculosi ac venenosi de latebris suis exeuntes heretici erroris sui multipliciter virus in ecclesiam Dei nequiter evomentes, inter cetera sue delirationis commenta tertium quendam statum, novum testamentum removentes, et destructionem confixerant quem ante annum domini MCCCCLXXI asserunt venturum …».

(27) «quidam scandalosi heretici». Ibid., pp.274 ss.

(28) Ibid., p.264. ケステンベルグ＝グラドシュタインは、ヨアキム主義的諸観念に対する彼の持続的関心を証するため、MS. Giessen 696の欄外余白の注に注意を喚起している。

(29) Cohn, op.cit. (ref.【III-1 n.1】), pp.217 ss.〔＊邦訳書pp.231 ss.〕

(30) 【II-9 pp.359-61 ; III-7 pp.481-82】参照。

(31) Bouwsma, *Concordia Mundi*, pp.15-17 ; Secret, *Studi francesi* I, pp.381-3, 393 (Postel, *Thrésor ou Receuil des Prophécies* からの引用)。

(32) Bouwsma, *Concordia Mundi*, pp.17, 153, 161-3.

(33) R. Bainton, *Wylliam Postell and the Netherlands, Nederlandisch Archief voor Kirkgeschiedenis*, N.S. xxiv (1931), pp.161-7. バーゼルのヨーリス文書はしばしばポステルに言及しており、そこには彼の著書からの抄録も含まれている。ポステルの著作群は再洗礼派《アナバプティスト》の間ではエリアス・パンドキウスElias Pandochiusの名の下に出まわっていた。また、Bouwsma, *Concordia Mundi*, pp.19-20, 276をも参照。

(34) Bainton, loc. cit., p. 161.
(35) Bouwsma, *Concordia Mundi,* pp. 177-81, 277 ss.
(36) Ibid., pp. 115-16. の英訳による。
(37) Ibid., pp. 231-40, 273-4.
(38) Ibid., pp. 277-80.
(39) 【III-7 p. 484】参照。
(40) «in ea fiat ex toto orbe terrarum unum ovile et unus pastor». Bouwsma, *Concordia Mundi,* p. 79.
(41) D. Cantimori, *Eretici* (【文献一覧 51】参照).
(42) Ibid., pp. 88 ss.
(43) Ibid., pp. 187-9.
(44) Coelius Secundus Curio, *De Amplitudine Beati Regni Dei Dialogi sive Libri Duo,* s.l., 1554, pp. 42-61（ヨアキムに関する言及は p. 52).
(45) «adventus … divinae claritatis et lucis». Ibid., p. 42.
(46) Ibid., pp. 63-70.
(47) «praedicato per totum terrarum orbem Evangelio, infinita erit credentium multitudo». Ibid., p. 46.
(48) «sed ventura prius aurea secula, in quibus omnes gentes et nationes, in unam sint coagmentandae religionem, atque altissima in terris pace, quieteque fruiturae». Ibid., p. 60.
(49) Ibid., pp. 115-19.
(50) オキーノについては、Cantimori, *Eretici,* pp. 120-6, 255-6 ; K. Benrath, *Bernardino Ochino of Siena,* trans. H. Zimmern, London, 1876 ; R. Bainton, *Bernardino Ochino,* Firenze, 1940 を参照。
(51) Cantimori, op. cit., p. 121.
(52) Bainton, op. cit., p. 14 n. 2.
(53) Cantimori, op. cit., pp. 380-6.
(54) «uno nuovo ordine», «uno supremo pastore». Cfr. Cantimori, *Eretici,* pp. 381-2. また以下をも参照。F. Pucci, *Omnibus veritatis studiosis divinam lucem charitatemque precatur,* ed. D. Cantimori - E. Feist, *Per la storia degli eretici italiani del secolo XVI in Europa, R. Accad. d'Italia. Studi e documenti* 7, Roma, 1937, p. 155 :「この見解は預言者たち使徒たちの数々の託宣によって確認されるところである。未来の主の再臨にあたってのものごとの革新、そこにおける神の教会の幸福についてまったく疑う余地はない」«In qua sententia me confirmant multa oracula, per Prophetas et Apostolos edita, quae nil magis spectant, quam renovationem rerum adventante Domino futuram, et felicissimum illum Ecclesiae Dei statum …».
(55) Biandrata, *De Falsa et Vera Unius Dei Patris Filii et Spiritus Sancti Cognitione Libri Duo,* ed. Cantimori - Feist, op. cit., pp. 104 ss.
(56) «Post decreta illa tyrannica Longobardi, sancti et eruditi homines magis ac magis reclamare, et sese huic quoque Sophisticae doctrinae opponere coeperant. Inter ceteros primus fuit qui in Longobardum surrexit Ioachymus Abbas sui temporis Propheta insignis, et qui de futura Romanae Ecclesiae (quam nunc videmus) vastatione ad unguem vaticinatus est. Is in concilio sub Gregorio Nono coacto, palam Quaternitatis Longobardum convicit, et libellum de eadem egregium nobis reliquit, quem Papa tum primum prohibuit, cum Ioachymum Senis relegasset damnatum. Vide de summa Trinitate, et fide Catholica, capite Damnamus. Hic in Apocalypsim scribens, de tempore (quo isthaec Quaternitas palam mundo fieri deberet) prophetavit dicens : cum missantium turba cessabit, quaternitas detegetur». Op. cit., p. 107. 〔＊最後の quaternitas は quietatus あるいは quietationis の誤伝でもあろうか。〕
(57) R. Bainton, *Michel Servet,* Geneva, 1953, pp. 18 ss., (i) 三位一体論の過誤について *De Trinitatis Erroribus,* pp. 33a, 39a ; (ii) キリスト教信仰の復興について *Christianismi Restitutio,* pp. 39, 40.
(58) Cantimori, *Eretici.,* p. 45.
(59) *Christianismi Restituito,* s.l.(ma Vienne-en-Dauphiné), 1553.

(60) Ibid., pp. 399-401.
(61) Ibid., p. 404.
(62) Ibid., p. 408.
(63) Ibid., pp. 457-62.
(64) «ante incarnationem in umbra», «per incarnationem in corporis infirmitate», «post resurrectionem in gloria et potentia». Ibid., p. 457.
(65) «sub umbra, corporaliter, spiritualiter».
(66) «tertia erit nunc vox liberatorum ab horribili et vasta hac Babylonis et Antichristi captivitate, ut nulla deserti vastitas impedire possit, quo minus viae nostrae dirigantur, et Papistici illi montes, ac Babylonici colles humilientur». Ibid., p. 460.
(67) «Tertio nunc repetito post Christum novae hebdomadae mysterio, denuo mittitur columba, et spiritus paracletus, qui nobiscum perpetuo manebit, et nos docebit omnia. Prima fuit missio spiritus in umbra. Secunda fuit corporalis missio, quando corporaliter visi sunt aperiri caeli et corporali specie descendere spiritus sanctus. Tertia erit nunc spiritualis et interna missio admodum necessaria. Necessarium est Christum denuo regnum assumere … Necessaria est per Paracletum nova consolatio, post novam desolationem. Post Antichiristi glorificationem necessaria est nova Christi glorificatio». Ibid., p. 460-1.
(68) Bainton, op. cit., p. 86.
(69) 【本章 n. 33】参照。
(70) Bouwsma, *Concordia Mundi,* p. 20.
(71) 【本章 n. 33】参照。
(72) 【I-1 n. 19】参照。
(73) 【I-9 pp. 135-36】参照。
(74) *Catalogus Testium Veritatis qui ante nostram aetatem Pontifici Romano atque Papismi erroribus reclamarunt,* Lyon, 1597, ii. 680-1.（この増補版では，ヨアキムに関して Basle, 1566 版よりも僅かながら拡充されている。）
(75) «In alio quodam libello predicit etiam fore, ut Christus Ecclesiam suam repurget : et ratio reformationis praesentium temporum rebus pulchre consonat».
(76) ラテン教会批判の一節とは，しばしば引用される「それは別の無花果の樹にして……」«Est et alia ficus …» のことである。Cfr. *Super Hier.,* f. 3r-v.
(77) «… tempus aestimat esse periculosum futurum ab A.D. 1200 usque ad ultimos dies, in quibus apparebit (inquit) lex libertatis : evangelium regni Christi tunc predicabitur, et Ecclesia purgabitur, ut a palea et zizaniis triticum». *Catalogus,* ii. 681.
(78) «quod is iam in urbe Roma prognatus esset».〔＊【I-9 p. 135】参照。〕
(79) Ibid., pp. 788-91.
(80) Ibid., pp. 667-8.
(81) Ibid., p. 770.
(82) Ibid., p. 775.
(83) Ibid., pp. 135, 136, 675.〔＊【IV-5 n. 4】参照。〕
(84) 【文献一覧 43】参照。
(85) Wolf, *Lect. mem.* i. 489-91 ; ii. 891. わたしはこれらの句節が *Lib. Conc.,* ff. 27r, 27v, 41r, 41v, 66v に相当するものであることを特定できたが，それらは印行版から抄録されたものではない。
(86) *Lect. mem.* i. 491 ; ii. 839, 843.
(87) Ibid., i. 488.
(88) Ibid., i. 490.
(89) Ibid., i. 443-87. 特にレジセルモ，パラケルスス，アドラスデル〔＊【IV-5 p. 572】参照〕の注記。
(90) Ibid., i. 497-502.
(91) Ibid., i. 443, 602, 623 ss., 662-9, 721-2, 728, 748 ; ii. 104-11, 886-95.
(92) «Quidam arcanorum periti viri hoc de Luthero intelligendum esse

putant». Ibid., i. 668-9. またpp.662-9の全体はテレスフォルスの『小著 *libellus*』から挿図とともに採られたものである。彼がその一五一六年版を用いたことは、この印行版通りメストリで発見された預言につづいてパリのヨハネスの『アンチキリスト論 *De Antichristo*』が引用されているところからも知られる(i. 602)。

(93) Ibid., ii. 839 ss. ヨアキムの名はp.842.

(94) Ibid., ii. 889 ss.はノストラダムスのような彼の同時代の預言者たちをもって終わる。ヴォルフの預言集成《コレクション》はじつに膨大で、この種の題材研究のための貴重な資料となっている。彼が引く主要な預言者たちはここに列挙しておく価値があるだろう（大多数の逸名の託宣や詩句については除く）。ヒルデガルト、ヨアキム、パリのヨハネス、ヴィルヌーヴのアルノオ、ウベルティーノ・ダ・カサレ、ペトルス・ヨアニス・オリヴィ、ラバヌス、ダンテ、オッカム、ニコラス・デ・リラ、ジャン・ド・ロカタイヤード、コセンツァのテレスフォルス、ペトラルカ、ブリギッタ、シエナのカタリナ、クラコウのマチアス、ガマレオン、メヒトヒルト、ルスティチアヌス、ラインハルト、ヴァンサン・フェレール、ヤコブス・デ・パラディソ、ニコラス・デ・クレマンジュ、ニコラウス・クザーヌス、ヨハネス・カピストラヌス、アロフレザント、アドラスデル、パラケルスス、レジセルモ、P・スカリゲル、シュパイアーのマテルヌス・ハッテン、ジギスムント、リヒテンベルガー、イオアンネス・カリオン、ロレンツォ・ミニアーティ、トルクァトゥス、プルスティンガー、シエナのヨハンネス・バプティスタ、グルンペック、テオドルス・グラミナエウス、聖セヴェルス、聖カタルドゥス、ノストラダムス、イアコブス・プロカルドゥス、イオアンネス・ラーシュ、イオアンネス・ロシヌス。この一覧はほとんどどこの書の索引とも言える。

(95) *Idolatrie of the last times,* in William Perkins, *Works,* Cambridge, 1605. この書の知見はコンラート・ラッセル博士の示唆による。

(96) «Abbat Ioachim in his commentarie upon the Revelation hath these words : Some that carry a shew of the seat of God, that is, Catholike Church, are made the seat of the beast, which is the kingdome of Antichrist, raigning everywhere in his members, from the beginning of the Church. Againe, We have, by Tradition from our fathers, that Rome is spiritually Babylon. Againe, the Marchants of the earth are Priests themselves who sell prayers and Masses for pence [*note* : pro denariis], making the house of prayer a place of marchandise. Againe, We know that not onely Bishops and Priests are intangled in the affaires of Babylon that they may grow rich : but also some Abbats, Monkes and religious persons or rather which seeme to be so and are not». *Works,* p.841.

(97) «... et tamen nonnulli sub specie eiusdem sedis Dei facti sunt sedes bestie que est regnum antichristi regnantis ubique a principio ecclesie in membris suis ...». *Expos.,* f.189v.

(98) «... et ex presenti loco traditum est nobis a patribus quod Roma sit in spiritu Babylon». Ibid., f.198r.

(99) «Negotiatores terre qui sicut superius dictum est. Ipsi sunt sacerdotes bruti qui nesciunt que Dei sunt : sacerdotes animales qui dati sunt in atrium exterius ... qui vendunt orationes et missas pro denariis facientes domum orationis apothecam negotiationis». Ibid., f.200v.

(100) «Scimus autem quod non solum nonnulli episcopi et sacerdotes implicantur negotiis babylonis ut divites fiant : verumetiam nonnulli abbates et monachi et alii atque alii religiosi : immo non qui sint, sed qui esse videntur». Ibid., f.202r.

(101) 【III-6 p.467】参照。

(102) Wolf, *Lect. mem.* ii. 114.

(103) Cornelius Crull, *de heroica constantia Elect. Sax. in religione Evangelica.* これはJ. Praetorius, *Alectryomantia seu Divinatio Magica,* Frankfurt-Leipzig, 1680, p.70に引かれている。

(104) E. Enders, *Dr. Martin Luthers Briefwechsel,* vi. 43, 52 ; *Corpus Reformatorum,*

ed. C. Bretschneider, i（メランヒトン書簡集）, p.565. また、ルターが預言や占星術にかなりの関心を示し、リヒテンベルガーの『予言の書 *Prognosticatio*』に自ら序言を寄せて公刊していること、メランヒトンは一四八四年（大いなる改革者の先駆けとなる惑星大交会の年）がルターの生年に違いないと信じていたこと、を銘記しておかねばならない。実のところ、ルターの生年は一四八三年であったのだが（cfr. Kurze, op.cit. (ref.【III-5 n.1】), pp.71-2）。ルターもトルコとの戦闘を終末論的な観点から観ているが、それを歴史の内なる黄金時代の観念と結びつけていたようにはみえない。Cfr. H. Buchanan, *Luther and the Turks, Archiv f. Reformationsgeschichte*, xlvii (1956), pp.157-8.

（105） «Bei mir ist das Zeugnis Abbatis Joachim gross. Ich hab ihn allein über Jeremiam gelesen». in G. Williams, *The Radical Reformation*, Philadelphia, 1962, p.51.

（106） ミュンツァーについては、Williams, op.cit., pp.45-55 ; *Mennonite Encyclopedia*, Pennsylvania-Kansas, 1956 (=*ME*), ii. 785-9を参照。

（107） Williams, op.cit., pp.858, 861.

（108） Melchior Hoffmanについては、Williams, op.cit., pp. 259-308 ; G. Williams - A. Mergal, *Spiritual and Anabaptist Writers*, Library of Christian Classics, xxv, London, 1957, pp.186-9 ; *ME* ii. 778-85を参照。

（109） Williams-Mergal, op.cit., pp.187-8 ; Williams, op.cit., pp.307-8.

（110） Williams, op.cit., p.263.

（111） «And now again such a time has come that the proclamation of God's Word shall go out to all peoples as a witness and absolutely none shall be excepted. But rather to all tribes, pagans, tongues and nations the gospel shall be revealed to their enlightenment, yea the whole world shall be brought into a clarity of enlightenment ... And now in this final age the true apostolic emissaries of the Lord Jesus Christ will gather the elect flock ... and lead the Bride of the Lord into the spiritual wilderness. ... For in the New Covenant the Third Day, that third lunar festival, i.e. the spiritual Feast of Tabernacles, will be in the spiritual wilderness ; and the last appearance of all that is lunar». Williams - Mergal, op.cit., pp.186-9. に載せられた論者たちによる英訳。［＊lunarはなんらかの象徴として用いられた〈月〉であるかもしれない。］

（112） *ME* iii, *sub nom.* Joachim of Fiore.

（113） 【本章 n.33】参照。

（114） David Jorisについては以下を参照。R. Bainton, *David Joris, Wiedertäufer u. Kämpfer f. Toleranz im 16. Jahrhundert, Archiv f. Reformationsgeschichte*, vi, Leipzig (1937), pp.11-82 ; Cantimori, *Eretici*, pp.108 ss. ; Williams, op.cit., pp.382 ss.

（115） Bainton, loc.cit., pp.30-6 ; Williams, op.cit., pp.382-3.

（116） T. Edwards, *Gangraena*, London, 1646, pp.35, 87. また R. Jones, *Studies in Mystical Religion*, London, 1909, pp.419-20を参照。そこには彼女の同時代の記述として、「コールマン街の彼女の説教に集う者たちの女主人」«the mistress of all she-preachers in Coleman Street» という引用がある。

（117） «Error 166. That God the Father did reign under the Law, God the Son under the Gospel, and now God the Father and God the Son are making over the kingdom to God the Holy Ghost, and he shall reign and be poured out upon all flesh. / That there shall be a general restauration wherein all men shall be reconciled to God and saved ...». *Gangraena*, p.35.

（118） «for her part she was in the Wildernes, waiting for the powring out of the Spirit». Ibid., p.87.

（119） Bernard Rothmann, *Restitutio mundi*. ロートマンについては、Bainton, op.cit., pp.21-4 ; *ME* iv. 367-70を参照。

（120） Dietrich Philips, *The Church of God*, ed. Williams-Mergal, op.cit., pp.255-60.

（121） Sebastian Franck, *Letter to John Campanus*, Strasbourg, 1531, ed. Williams

- Mergal, op.cit., pp.149-60. また *ME* ii. 363-7 をも参照。

(122) *ME* ii. 846-50. フッタライト派の徒がペトルス・ヨアニス・オリヴィの思惟に導かれた者たちであったことに留意されるべきであろう。フッタライト年代記のはじめの方にペトルス・ヨアニスへの言及があるとともに、彼らはその黙示録『註釈 *Postilla*』を所有していた。これはおそらく一五三〇年頃彼らが入手したものであり、フッタライト派の一五九三年の写本のうちに留められた。Cfr. *ME* iv. 1113.

(123) Brocardo はおそらく Iacobus Procardus のことである。Wolf, *Lect. mem.* ii. 937 によれば、彼は一五八一年「聖書の預言から後のものまであらゆる預言の全体あるいはその多くを明かす預言の書を公刊した……」«edidit librum de prophetia in quo inter alia multa monstrat, in omnibus sacris libris inesse prophetiam usque ad postrema tempora ...». ヴォルフは別の箇所 (ibid., p.752) で彼を Iacobus Brocardus と記している。彼の著書には、*De Prophetia Libri Duo*, Lyon, 1581 ; *The Revelation of St. John reveled ... Englished by J. Sanford*, London, 1582 ; *Mystica et Prophetica Libri Levitici Interpretatio*, Lyon, 1580 ; *Mystica et prophetica libri Geneseos interpretatio ...*, Bremen, 1585 等があり、どれも貴重な資料である。この最後の書の序文からは、それが新たな福音の説教の渦中、ブレーメンで著されたものであること、ブロカルドがフランス、イングランド、オランダのプロテスタントばかりかハイデルベルクのプロテスタントとも接触があったことが分かる。*The Revelation* に認められる自伝的な記述の幾つかからは、彼が若い頃、ヴェネチアの異端審問を逃れてシュトラスブルクへ、そしてバーゼルへと赴いたことが知られる (f.45v.)。また f.98r をも参照。J. Moltmann, *ZKG* lxxi (1960), pp.100-29 に挙げられた知見を参照。わたしがこれを入手したのは本稿稿了後であった。

(124) *The Revelation*, f.5r.

(125) «began to shyne as the mornynge doth».

(126) «commeth to the French troubles».

(127) «even unto the universall slaughter of the Gospellers».

(128) «the conflicte of hostes, when in thicke cloudes of the sky Chryst shalbe present to turne his Judgement agaynst ye Papistes». Ibid., f.5v.

(129) Ibid., f.17v :「そこにはすでに述べたように三つの時代がある……これは創世記のはじめその他でしばしば語られたところであり、大修道院長ヨアキムその他はそれが父のはたらき、御子のはたらき、そして聖霊のはたらきによるものであるとみなした」«And that there are three states as we sayd ... it is spoken of in ye beginning of Genesis and elsewhere oftentimes : and the Abbot Joachimus and others have allowed them by the work of the Father, by the work of the Son, and by the work of the Holy Ghoste».

(130) «Chryst sendeth the Abbot Ioachim and many others whom Theleasphorus recordeth, who sayth that the Lordes comming is to be looked for, and that there must needes be an innovation or renewing, to weete of the Gospell». Ibid., f.7r.

(131) «stronge was the Voyce of the Abbot Ioachimus wrytinge and foretellinge many thinges, of Frear Robert, of Saynte Vincente, of John Hus ...». Ibid., f.71v.

(132) わたしが調べた限りでの言及箇所は、*The Revelation*, ff.7r, 17v, 55v, 71v, 85v, 131r, 131v, 132v, 167f ; *Mystica ... Levitici Interpretatio*, pp.77, 99, 100, 159, 165, 203 ; *Libri Duo*, pp.76, 81, 84, 102 にのぼる。ブロカルドはウベルティーノ、テレスフォルスの書とともに、ヨアキムの三大著作のいずれをも用いている。

(133) «that a season may be brought within a time, as a wheele in the middle of a wheele». *The Revelation*, f.5v ; エゼ 1:16 参照。ヨアキムの著作において、この象徴は数えきれないほど言及されている。彼は特にこれを旧約と新約聖書の関係をあらわすために用いている (cfr. *Lib. Fig.* II, tav. XV [＊【図 A-17】参照])。この解釈をブロカルドは使っていないが、これらの輪に関する第二の言及（後述）にはそれに近いものがある。

(134) «In this order, then, the Sonne of God draweth into Himselfe the firste seconde and thirde state, as a wheele amiddest a wheele : which turneth aboute it the first state of the Father into the thirde of the Holy Ghoste, both meeting together upon one very large wheele, whereof it is spoken in ye first Chapter of Ezechiell : and … then there ariseth a deeper cogitation, that Christe may drawe together all times or seasons into Himselfe and all the bodily worlde». *The Revelation,* f.10r.

(135) Cfr. *Expos.,* f.40v ; *Lib. Fig.* II. tav. XVIIIa, b.

(136) «This Trumpet is stretched very far in length : therefore farre behinde us we are to heare the voices of God's word even untill the first beginning unto the first chapter of Genesis and that even from thence the worde of God in Moyses Trumpet stretched out to the Prophetes and Apostles doth sownde the thinges which belong to the Father, and to the Sonne, and to the Holy Ghost in all ages and Churches even until … the ende of this worlde …». *The Revelation,* f.29v.

(137) Cfr. *Lib. Conc.,* ff.101r ss.

(138) Cfr. *Psalt.,* ff.256v-257r. また*Expos.,* ff.34r ss. ; *Lib. Fig.* II, tav. XIa, b〔＊【図A-1】〕をも参照。

(139) «The Alphabets are doubtlesse dystinct, as there is a distinction of the three persons in Divinity : but because there is one meaning in there tongues, we understand God the Father, ye Son and ye holy Ghoste in one essence …». *The Revelation,* f.167r.

(140) «And here it seemeth to be done for a great cause, that the Hebrew and Greeke letters are writen in a contrary order, that the Sonne is knowne to be one with the Father and the Father with the Son, that the Son of God which commeth in ye middle of tymes through the conjunction of A with A … may bee knowne, I say, as the Father in ye Sonne … And as the Greeke Alphabet stretcheth out from ye middle unto the ende, in running from ye left hand to ye right, we have knowne the continued worke of ye Sonne from the time of his first coming unto ye ende of times : so contrariwise in Hebrewe Alphabet, while A which was the beginning, is made the ende, there is made a recourse in the worke of the Father from the time of the Sonnes coming to the beginning of times. But because A and A are joyned together, all the Hebrew Alphabet runneth into all the Greeke Alphabet, and contrarywise all the Greeke Alphabet runneth agayne into all the Hebrew Alphabet. … The Latin Alphabet … comprehendeth at once and bryngeth together in one measure the things which belong to the Hebrew and Greeke Alphabets : the Holy Ghoste contayneth in his worke the worke of the Father and the Sonne, whilest the Latine Alphabet is measured with the Hebrew and Greeke … But whilest the three measures are matched in one and are brought to one measure, the three Alphabets come to one, that by these thou mayest have a patterne or example of the distinction of the Persons and of the unity of God's essence, of the severall worke and mutuall worke of the Father, the Sonne and the Holy Ghoste …». Ibid., ff.167v-168r.

(141) ブロカルドは、中央なるキリストのはたらきが未来の聖霊の啓示に対する確信と調和し得るものであることを示す一例として、キリストの三度の降臨という観念を誤ってヨアキムその人のものに帰している。Cfr. *The Revelation,* f.131r ; *Libri Duo,* p.81.

(142) *The Revelation,* ff.40r ss.

(143) Ibid., ff.97r ss.

(144) Ibid., ff.92v ss.

(145) «as the wrytings of that Abbot and others doe testifie, which foretellyng was reported through all the Chrystian people, wherein was contayned the everlasting Gosple to be opened unto all Nations». Ibid., f.132v.

(146) «and drewe all men to a newnesse of life as every man may perceave by the Booke of Theolosphorus». Ibid., f.133r.

(147) Ibid., f.92v.

(148) «as wee now see in Germany, Fraunce, Italy and in many other Countryes that an innumerable number of People doth speake the selfe-same worde of God». Ibid., f.36r. また、大いなる雷鳴の響き、つまり世界中にもたらされる福音宣教 (f.131v)。

(149) «true catholicks and gospellers». Ibid., f.60v (公会議は「天国の扉を開く」«door opened in heaven»), f.153r.

(150) Ibid., ff.152r-153r.

(151) «[These] signifie the last age of the worlde, wherein Christes Garment is more inlarged and comprehendeth the whole world, when everywhere there shal be little Belles and Pomegarnates, that is, Churches, and the preaching of the Gosple shalbe in the whole worlde. No other religion, no other lawe, and rule to heare then that of the Gosple shall be heard». Ibid., f.32v. 〔*アロンの金の鈴と柘榴については、出エジ28:34参照。〕

(152) «Then shall be the kyngdom of God in the state of the Holy Ghost untyll that when the Saboth is fynished in this worlde, hee bryngeth us in his thyrde comming to Heaven». Ibid., f.153r.

(153) J. Maxwell, *Admirable and notable Prophesies, uttered in former times by 24 famous Romain Catholickes, concerning the Church of Romes defection, tribulation and reformation,* London, 1615.

(154) «extraordinarily inspired». Ibid., p.17.

(155) Ibid., pp.132-44.

(156) 【III-7 p.491】参照。

(157) «Baptista Nazarus writing of the future and expected victory against the Turk, telleth how that ancient Predictions do promise that there shall be a holie league between the Lyon and the mitred Lamb and the crowned Cock against the dragon or serpent. Unio conspirat sancta incursura colubrum. Where by the mytred Lambe is to be understood the Angelicall Pastour, or the reformed and reforming Bishop of Rome, or first Patriarch promised by S. Cyrillus and S. Telesphorus … as also by Joachimus Abbas, Merlinus, Ioannis de Rupescissa etc. As for Abbot Joachim in his Booke Of the agreement of the two Testaments he doth foretell how that God shall raise up certaine Popes or Romaine Bishops which shall reform the Church and restore the primitive puritie of God's worship. There shall arise (saith he) a man renowned for his great holinesse, preferred to sit in the Apostolicall See, who within a short while shall mervailously reforme the whole Church and ordaine the Clergie to live of the oblations and tithes. He shall likewise forbid the pompe and excesse of apparell and all dishonest things, as also all lascivious daunces and songs. He shall ordaine women to walke honestly and modestlie without gold and pretious stones, and make the Gospell to bee preached everywhere. This holie man shall continue in the Popedome but a short while, even foure yeares, the which being passed, hee shall depart blessedly to the Lord. After him God shall raise up successively other three most holie men which shall confirme the sayings and doings of their Antecessour, and reforme the whole Church, so that under their government the state of the Church shall be renued and these are called Angelicall Pastors». Ibid., pp.67-8.

(158) «The Good Bishop or Pope that should thus reforme the Church is commonly called Pastor Angelicus, Angelicall Pope, and who knoweth but he may even be a Pastor Anglicus, a Pastor or Bishop sent from the Countrie of England. England hath been more fertile of converters of Nations and Countries to the Christian faith then any other Land else ; so is it not unlikely but that God will have the same Countrie to be more fertile of reformers of other corrupt Churches, especially that of Rome, then any other Land whatsoever. And that as there is in no other Countrie or Nation of the world to be found so many learned and eloquent Preachers, nor so many complet Devines, for Iudiciousnes, Ingenuousnes and Moderation, and for fitnesse to deserve well of the peace of the Church, as there is in England ; so it may well

bee that God will honour this same Island with the reforming of Church of Rome and her daughters by sending foorth from thence such godly, iudicious, zealous and moderate men as shall reclame them from their abuses ...». Ibid., p.84.

(159) 本書で検討することはできなかったが、また別に薔薇十字会会員たちの事例がある。彼らのヨアキム主義的待望に関しては、J. Peuckert, *Die Rosenkreutzer*, Jena, 1928, pp.38 ss., 77 ss.を参照。

(160) E.L. Tuveson, *Millennium and Utopia*, Berkeley-Los Angeles, 1949, pp.45 ss.

(161) «For God in this last age hath shewed his singular and marveylous good wyll towards mankynd : especially ... by raysing up some, Valla, Agricola, Erasmus, Melancthon and others, which, with great study and payne, have brought all sciences and knowledge of the tongues to their puritie and delivered unto us a more easie way to the attaynyng the perfect knowledge of them all by which almost all Europe is set free from barbarousnes». Ibid., p.46.

(162) Ibid., p.59.

(163) Ibid., pp.75 ss.

結語

　何年にもわたり、こうした一風変わった思惟を追いかけるうち、人の現在とその過去と未来のかかわりについていろいろな想いや問いが沸きあがって来た。どうやら、キリスト教時代のはじまりからかなりの世紀を経るに到るまで、西欧人は歴史の意味に憑かれていた、と言い得るようだ。彼らはユダヤ-キリスト教の歴史という大いなる過去との関連のうちに鮮やかに生きていた。たとえそれがしばしば素朴なものであったとしても。それは、彼らの生にとって過去がじつに身近なものであるとともに、未来とは彼らもまた与る筈の現実として彼らに差し迫り来るものであったからに他ならない。しばしば、歴史とはやっとルネサンス以降の世界において発見されたものであり、近代文明の識別的特徴はその歴史意識にある、と言われる。これは歴史の本性に関する哲学的自覚、という意味では正しいのだろう――この種の研究の魅力から本書も免れてはおらず、この本性というものをめぐる諸問題に繋縛されていることは明らかである――しかし、できごとの継起のうちにいかんともしがたく巻き込まれていた中世の思索家たちは、どうやらわたしには、過去や未来により深くかかわっていたように思われる。彼らの過去と未来に関する観念が、わたしたちの思考法からすると神話的なものに見えるにしても。彼らが、自らを歴史の傍観者であると考える、などということはめったにないことである。

　本書には〈類型《パターン》〉ということばが頻出する。できごとの数々のうちにかたちを見出そうという強迫観念は、たしかに人が歴史を観るときに顕著な特徴である。中世の歴史解釈にはじつに広範に類型《パターン》とかたちの神話学がある。ヨアキムの教説が普及した根本的な理由は、おそらく彼の巧みな類型《パターン》の象徴論と、歴史を〈諸形象《フィグーラエ》〉に翻案してみせる視覚的想像力にあった。歴史の神話学の多くは二つの異質なかたち、つまり円環的なるものと直線的なるもの、のいずれかをその基礎としている。中世の諸類型《パターン》にはしばしばその両者がともに含まれており、その相互作用の探求はじつに魅惑的である。当然ながら、円環的なものは本質的に悲観的である。あらゆるものはそれが来たところへと戻る。すべては衰亡し死滅せねばならない、と。キリスト教の思惟にあって、これはしばしば引かれるマタイのテクストに遠く響きあっている。「また不法がはびこるので、多くの人の愛は冷めるであろう」（マタ二四：一二）。その一方で、そこには〈革新《レノヴァチオ》〉への大きな期待が含まれている。原初の栄光への帰還という観念。これはルネサンス期、〈革新《レノヴァチオ》〉というキリスト教の理念を黄金時代への帰還という観念と結ばせることを可能にするに到る。とはいえ、直線的な類型《パターン》こそが、歴史に関するキリスト教的思惟にとって最も本性的なものである。ここに歴史の〈終わり〉が想定されることにおいて直線的な見方は楽観的である——キリスト教的思惟において、この〈終わり〉は神の意思の勝利に窮まるのでなければならない。

しかしながら、すでに観たように、いかにこの〈終わり〉が成就されるのかという点について、キリスト教的思惟のうちには深刻な曖昧さがある。善と悪とのあいだの壮大な闘いがあり、それはアンチキリストの支配のもとに絶頂を迎え、歴史は衰弱し、そこに超自然的な正義の諸力の勝利がもたらされるのだろうか。これは歴史の運命に関する悲観主義に、歴史を超えたところにある目的の成就という信念が結びついて広く受けいれられることとなった考えだった。ところが、ヨアキム主義を検討してみると、歴史の意味そのものに関するより肯定的な言明をなすための基礎がいかに執拗に求められたかが分かる。継起する諸段階という直線的な類型《パターン》は、歴史そのもののうちに成就される最終段階を導き出さずにはおかない。ヨアキムの三位一体的な類型《パターン》は、これに神学的な基礎を提供するものであった。彼の歴史における三位一体という教説がしばしば見失われるにもかかわらず、彼の楽観的な期待は驚くべく広範に受け入れられた。アンチキリストのリアリティーは体験と不安のうちに残存しつづけたが、歴史のうちに並置された大いなる試練といとも高き勝利は、悲観主義と楽観主義のあいだに揺れる人々に平衡をもたらすものだった。アンチキリストやゴグとマゴグに関する古い伝承群は、最後の時代における歴史の昇華への期待と結び合うこととなった。

だが、この最後の時代への移行の本性を考える時、より深刻な曖昧さが見出されることとなる。この移行はいったいどれほど激越で転覆的なものとなることだろうか。そこには制度や権威の連続があるのだろうか、それとも断絶があるのだろうか。この問いはヨアキムその人にまで遡るものであり、われわれはこれについて様々な解答を跡づけることができる。

その移行の激しさは、正統《カトリック》信仰神学者の改革への希望から異端派の過激主義に到るまで、あらゆるかたちをとることになる。現行の罪に対する厳しい懲罰こそがその移行の第一段階となるに違いない、と誰もが感じていた。最後の時代における生の質的な差異こそがその断絶をもたらすのだ、と皆が信じていた。ヨアキムによって用いられた形象にあっては、ペテロの名によって示された生はヨハネの名によって示される生にその場を譲らねばならない。しかしこれが歴史を超えてではなく、歴史のうちに成就されるのであるとするなら、これは歴史上の諸制度の勝利、すでに過去に知られていたことがらの最終的成就への到達となるに違いない。聖霊の時代とは諸天から降り来る千年王国のことではなく、既存の歴史の啓明に他ならなかった。こうして、すでに論じたように、ヨアキムの第三〈時代《スタートゥス》〉には聖ペテロの教会（〈生〉とは区別されたものとして）があり、二つの聖書が棄却されるなどということはなく、〈新たな秩序《ノーヴス・オルド》〉はそのうちに存する修道会の数々ということになる。こうしたヨアキム主義的見解はある種の歴史の継続性を要請するものである。もちろんここに謂う第六と第七の時期（あるいは第二と第三の〈時代《スタートゥス》〉）のあいだに当然あるべき断絶の本性や程度は、それを考える人によっておおいに異なった。この問題の取り扱いに関する最も興味深い幾つかの事例は、天使的教皇という観念と関連してあらわれたものである。〈天使的〉ということばがじつにしばしば〈最も聖なるもの〉より以上の意味をもつことになるにしても、この理念そのものは継続性を含蓄している。『教皇預言集《ヴァティチーナ》』の天使的肖像の数々のように、そこには天使を通しどこか神秘的な方途によって、いまだ人である遣いが選ばれ挙げられるために神が直接介入することが期待される。教皇選任の伝統的方法はこの歴史の特別な時にあって神の導きに十分ふさわしいものではない、というのは驚くべきとは言わぬにしてもじつに重大な結論である。ましてこうした期待感が、疑いの余地なく正統な信仰諸集団にまでいかに広く瀰漫していたかを思い出すならば。

　こうした検討においていまだ未解決のままといった印象が残るのは、歴史に対する楽観ということばの意味である。これは中世とルネサンス期とを想いもかけない方途で結びつける。ルネサンスの人々は歴史に対する類型《パターン》をも期待をも変えることはなかった。人文主義者の希望は黄金時代という中世の象徴の上に熱烈に繋ぎとめられ、じつに驚くべく、新たな発見、新たな学問、新たな印刷術、新たな修道会は旧来の待望の数々の成就、新たな時代の夜明けの予兆とみなされるに到った。こうした歴史観より以上に中世と人文主義者の思惟を密接に繫いでみせるものはない。ここに分かちあわれている希望の普遍性――わたしたちにとってもおそらく最も痛切な――は「唯一の司牧者のもとの唯一の群」としてあらわされた。この一句が本書の後半の反復主題となっていることはすでにお気づきの通りである。あらゆる預言的待望のことばがこの一句に極まる、ということに人は思い至る。これこそが最も頻繁に用いられた預言テクストである。政治的にも宗教的にも合一した教会一致への希望こそ、未来の歴史が現在に鋭く切り結ぶ場を明かす。とはいえ、十三世紀と十六世紀では教会一致の観念が変わってしまっている、ということも見逃されてはならない。当初、ギリシャ人および時としてユダヤ人がひとつの群へともたらされることが期待されていたにせよ、合一は主要な敵つまりすべての不信仰者たちの絶滅を通じて成就されるものと想われていた。しかし十六世紀になると、これは唯一の世界宗教の夢想にその場所を譲った。合一とはすべての民族のキリスト教への自らの意思による改宗をまって成就されるであろう、と。ここで謂う世界宗教は単に一度の総改宗であるというよりも、一連の綜合の過程となるだろうという示唆すら時々見受けられる。

このように、預言とは中世とルネサンスの思惟の絆のひとつであった。それはそこに歴史の体験が共有されていたからである。しかしいまや預言は近代文明の周縁へと押しやられ、その重要性を失った。いったいこの変化はいつ起こったのだろう。もちろん、学者たちが自らの学問に近代的な、所謂科学的な方法をもちこみはじめた時に、ではない。なぜといって、すでに観たように、十六世紀の思索家たちは知識の新しい諸観念をも、古い託宣群の効験に対する信憑をもともに抱懐し得たのだから。いったいこれら二つはいつ、お互い親しくはあり得ないことを暴露しはじめたのだったろう。この問いに対する答えを探し求めるうち、わたしたちは中世から近代世界への移行という問題の全体にとって大切な様相を明かすことができるかもしれない。十七世紀末、ボランディストのダニエル・パペブロックは自らの学問においてどうやら、いまだヨアキムの預言群を真率にとらえることができた。その理由は疑問の余地なく、中世の伝統から受け継がれた歴史の神的意思に巻き込まれている、という彼の感覚にあった。おそらく、知性と教養ある人々が預言を真面目に受け取らなくなった時にやっと、真に中世は終わったのである。つまり、この変化はわれわれの歴史に対する態度全体の変化と歴史へのわれわれの参与の仕方に懸かっている、ということである。

フィオレの大修道院長ヨアキムとともに歩んだ六十年の巡礼（一九九四年）

ここに紹介するのは1994年9月、著者がカラブリア州サン・ジョヴァンニ・イン・フィオレの名誉市民に挙げられた折に配布された小冊子の全文である。ヨアキムの町の市民たちへのリーヴス女史の自己紹介という体裁が、本書成立の背景をかたってくれる。訳出には上記小冊子のイタリア語訳を用いたが、ヨアキム国際研究所の紀要 *Florensia,* vi (1992), pp.7-32には、詳細な註記とともに英語原文が掲げられている。なお訳出掲載にあたっては、ヨアキム国際研究所のオリヴィエーロ所長、アレッシオ事務局長のご高配を得た。記して感謝する。　（訳者）

MARJORIE REEVES
Sessant'anni di pellegrinaggio con l'Abate Gioacchino da Fiore.

A cura dell'ufficio stampa del Centro Internazionale di Studi Gioachimiti.
Supplemento omaggio al n° 24 de La Città di Gioacchino del 30/08/94

一九二九年、オクスフォード大学の現代史学科という誤解されそうな名の学科を卒業するにあたり、わたしは中世のある主題を追いかけていました。〈ダンテの時代〉を基本素材としつつも、わたしは無意識のうちにプロテスタントのイギリス人にはまったく関わりのない諸観念に情熱を燃やしていたのです。研究の端緒を求めあぐねるうち、わたしはエミール・ジェバールの『イタリア・ミスティカ――中世における宗教復興の歴史』に出会いました。この本には〈ヨアキム・ド・フローリス〉と題された一章があって、まったくの偶然ながら、わたしは一目惚れ、思わず「これだわ、これがわたしの道しるべなのよ」と独語していたのです。

大修道院長ヨアキムは、一九二九年に英国学生が選択するにはすこしばかり時流からかけ離れていました。ほんのひと握りの英国歴史家ですら、その名以上のことを知ってはいなかったのです。それにしてもどうして一九二九年、わたしは大修道院長ヨアキムと関わることになったのでしょう。歴史家の友人のひとりがわたしの家系の非英国国教会的出自について、ヨアキム主義的ラディカリズムの方へとわたしの注意を促したとはいえ、もうすこし一般的に言えば、その当時の雰囲気が歴史家たちの選択におおいに影響したのだと思います。一九二九年から三〇年のヨーロッパは危機に瀕していました。進歩の必然性という安易な理論はすでに疑問に付されていましたし、歴史の進む方向とその最終的な〈意味〉は、もはや当時皆の知るところでした。そんな状況の中で、わたしの想像力は突然の衝撃を受けたのです。わたしがヨアキムの思惟の複雑な経緯に関する探求をはじめたのはそんな時でした。それはまた、同世代の多くが政治に関与し、多くの人々が諸々の社会悪と迫り来る新たな国際的危機のなかで絶望的にその解決をもとめていた時期でもあったのです。

わたしは一九二九年から三一年にかけて、ロンドン大学のウェストフィールド・カレッジの研究員として給費を受けることとなりました。大英博物館の目録《カタログ》でヨアキムの著作を調べはじめて、彼の主要著作が十六世紀はじめのヴェネチアで印刷刊行されたという事実に驚かされました。わたしにとっては、十六世紀のヴェネチアの誰某が聖書解釈に興味をもち得たなどとは到底信じられないことだったからです。真っ先にやってきた疑問は、「なぜこの十二世紀の大修道院長が十六世紀になって読まれることになったのか」ということでした。この問いこそが、ヨアキムの影響をその思惟の神学的表現としてよりも、預言者のはたらきとしてとらえるようにと、わたしを動かした中心主題となったのです。

「大修道院長ヨアキム、特にその十六世紀における影響に関する論究」というわたしの論文は、二人の著名な中世研究家、サー・モーリス・ポウィックとキャノン・クロード・ジェンキンズの諮問を受けました。その討議では論文の主張の弱点の幾つかについてとりざたされただけで、特に熱のこもったものではありませんでした。後々得心のいったことですが、彼らが十分に親切を尽してくれたのであったにしても、おそらく彼らにはその主題全体が周縁的なものに過ぎなかったのでしょう。いずれにしても、その時彼らはわたしが後々気づくことになった幾つかの重大な過ちをすら見落としていたのです。

この逸話の後には長い中断がありました。一九三八年の第一学期《マイケルマス》から、後にセイント・アン・カレッジに編入されることになる中世史講座の講師として、わたしはオクスフォードへ戻りました。当時、大修道院長ヨアキムはいまだ〈英国立憲史概説〉からは追い出されたまま、初級の学生のための講義で僅かに触れただけでした。戦争はすでにそこまで迫っており、オクスフォードにあっても戦時特有の職分組織へと変じていきました。給費制度もすでに過去のものとなってしまっていましたが、そうした混沌のなかでですら、遙か遠くの地から希望のかすかな火が灯されました。ヴァールブルク・インスティトゥートのロンドンへの移転が大英帝国に数々の学者を集めることとなったのです。オクスフォードではオットー・ペヒトが、彼独自の流儀でボドレー図書館の挿画入り中世写本群を体系的に調査していました。彼はヴァールブルクの主幹ザクスルに、単に〈黙示録註解〉として目録化されているだけのコーパス・クリスティ・カレッジ蔵の一写本が、ヨアキム主義的な著作であるように思われる、と告げました。〈ヴァールブルク・アンド・コートールド・ジャーナル〉に一九四二年に載せられた小論でザクスルはこの写本に寄せる関心を述べています。

終戦が近づいたその日々、わたしはその写本MS. CCC 255Aを見ようとボドレー図書館に出向いてみました。ヨアキムの失われた一連の〈形象《フィグーラエ》〉は、ヴェネチア版刊本にあった奇妙な図解の数々を見たり、フランシスコ会士サリンベーネが言及している『形象の書《リーベル・フィグラールム》』という記載を見つけたりした後、わたしにとり憑いて離れなくなっていたのです。頁を捲ると、その写本の風変わりな図と豊かな装飾的イメージの数々に圧倒されてしまいました。開架の書棚に向かい、MGHS版のサリンベーネ『年代記』を探しました。彼が〈形象〉に言及している三つの箇所を見つけるのに五分とかかりませんでした。そしてサリンベーネが参照しているテクストと図像群に正確に対応するものを、その写本中に見つけるまでにも五分とかからなかったのです。わたしはなんの疑いもなく、これこそサリンベーネが『形象の書』と呼んだところの失われた著作であると確信していました。

　ハンフリー公爵家図書室に坐りこみ、なぜヨアキム主義的写本がこんなところに長く秘匿され忘却されていたのか、またそれをヨーロッパ大陸から亡命してきた学者が見つけ出し、なぜ英国にいるわたしが見つけられなかったのか、それにしてもいったいどうやってオクスフォードにまでこれが伝えられたのか、と呆然とした思いに囚われていたことでした。その頃にはすでに、ベアトリス・ヒルシュ＝ライヒとは知己の間柄でしたが、わたしたちの共同作業はまさにこの時はじまったと言えるでしょう。わたしたちはこれを刊行する企画を立てました。しかしその企画は戦争の末期にできあがった国際的障壁によって根本的な変更を余儀なくされるのです。後々、トンデッリ師がレッジョ・エミリアで別の『形象の書』の堂々たる写本を発見され、一九三九年に印刷刊行されたことを知りました。その時期まで忘却の彼方にあった二冊の写本が、遠く隔たった場所で同じ時期にまったく別々に発見されたというのはほんとうに不思議な偶然です。イタリアで刊行されたトンデッリ版は論争の的となり、大きな関心を呼びましたが、わたしたち英国人にはそれもまったく知る由もない出来事だったのです。トンデッリのすばらしい二巻本をやっと入手してみると、二つの写本の照応には驚くべきものがありましたが、またそこには意味深長な相違もみつかりました。オクスフォードの異本には、レッジョの写本に欠ける四つの重要な〈形象〉がありました。また、様式的、古文書学的にみて、オクスフォード写本はレッジョのものより半世紀かそれより少々さかのぼるものであるようにも思われました。ジャンヌ・ビニャミ＝オディーユによってなされたヴァチカンの二つの写本に関する研究は、ヨアキム主義的形象の収集について新たなイメージを抱かせてくれるものでした。そして当時、やっと注目を浴びることとなった幾つかの図版を載せるドレスデン写本の発見は、『形象の書』の決定版異本《ヴァージョン》をわたしたちに教えてくれるものでした。トンデッリによるこの最新発見の後、『形象の書』第二版刊行の必要性を提案したわたしたちに、トンデッリは快く同意を寄せてくれ、彼はわたしたちを親しみを込めて「オクスフォードの二人の有能な女学者たち」と呼んで、新しい校訂版の共同準備に参加させてくれたのです。これはトリノの〈ソシエタ・エディトリーチェ・インテルナツィオナーレ〉から一九五二年にすばらしいかたちで刊行されました。

この『形象の書』の真正性に関しては、すぐに新たな議論となりました。幾人かの著名な学者たちは、このヨアキム主義的図像群の真正性を否定しました。しかしわたしとヒルシュ＝ライヒ博士が図像の一々の細部とヨアキムに帰される著作群との関連を跡づけると、徐々に『形象の書』の真正性は受け入れられていきました。つまりここでいう真正性とは、ヨアキム自身がそのオリジナルの数々を描いたか、彼の口授によってその弟子たちが制作した、という意味です。

数々の観念と描画の細部の符合には驚くべきものがありました。わたしたちが〈形象図〉と呼んでいたものはヨアキムの観念に完璧に符合していたのです。それはわたしたちを次のような結論に導くこととなりました。わたしたちの手許にあるのは偶然に並べられた図像の寄せ集めなどではなく、歴史の意味を明かす鍵となるヨアキムの諸観念を蒐集する意図で制作された真正の書写本なのだ、と。これを誤解された方々もいましたが、オクスフォード写本が原本《オリジナル》だというのではなく、それに非常に近い異本《ヴァージョン》の一つであるということも明らかにされました。

『形象の書』に関する研究は、わたしにとってまたとない体験でした。それは謎を解くため、またひとつひとつの形象図がどのような〈はたらき〉をもっているのかを知るためのパズルの一齣一齣を組み合わせるような知的興奮でした。ヨアキムは卓越した枠組みをつくりあげてみせる聖書解釈の偉大な調合者でした。それらの形象やテクストは、聖書に触発されて多様なイメージの中から歴史の全体像を表現してみせる諸観念を生む万華鏡のように変幻自在でした。その一方で、そうした〈想像力の眼〉（彼自身〈精神《メンテ》〉を指して謂うところ）は、歴史のはたらきにおける霊的な諸力の深みを覗き見ることのできる預言者のものであることにも気づかされたのです。ヨアキムはその記述の中で、しばしばことばの壁に阻まれているように見えます。彼の文体《スタイル》は錯綜し、解読不能ですらあるのです。ところが図像表現において、彼は自由を取り戻します。死に対する勝利を認めさせるものとなった復活祭の大いなる体験が、〈内的意味〉を〈形象《フィグーラ》〉によって表現する想像力を開放することになったのだ、と心理学的に解釈してみることも可能かもしれません。語彙に関しても啓示的な彼の文章では、たとえば『旧約と新約聖書の符合の書』第五巻の叙情的な文章のように、詩的なイメージの数々に触れることもできます。『形象の書』は緊密な内的論理によって知的に観念された構造に、幾何学的図形にすら叙情を融合させるある種の詩的霊感を授けられた固有の境地にあります。その叙情の質とは、ダンテすらもがその三位一体の圏域を表現するにあたってヨアキムの形象に認めたものだったのです。

ここですこし時間を戻さねばなりません。一九四六年、大学研究者にとっての障害が取り払われると、わたしには忘れることのできない感動的な出会いがありました。ヘルベルト・グルントマンがドイツからの代表団の一員としてオクスフォードにやって来たのです。わたしは彼を自宅に招くまでに懸命になっていました。我が家で熱烈な挨拶を交わし、大修道院長ヨアキムに対するわたしたちに共通な傾向を認めるや、すっかり寛いだ気分になりました。長く啓明的な会話のうちに、戦争は彼方へと遠のき、学者間の政治的不通も去りました。グルントマンは偉大で高潔な学者でしたが、あまりにもはやくに逝きました。一九二七年の彼の先駆《パイオニア》的な最初の研究論考にばかりでなく、わたしはその友情、忠告、そしてまたひきつづき著された諸研究に感謝を惜しみません。

一九五〇年、わたしは一時休暇を得ました。当然、この休暇はイタリアで過ごさない訳にはいきません。遠隔の地で研究をつづけ、他国の図書館についての知識もなく、外国の研究者たちとの接触もすくないわたしのような者にとって、それは感動的な旅でした。ヴァチカン図書館では、フランチェスコ・ルッソやビニャミ＝オディーユにも会いました。二人ともヨアキム研究の仲間として快くわたしを迎えてくれ、原稿の類をまで見せてくれました。メルカーティ枢機卿からは研究報告書を提出するようにとの励ましと厚意を受けました。ヴァチカン図書館は、まさに世界の四隅から中世史研究家たちを集める大きく温かな蜘蛛の巣のようにすら感じられたものです。写本室の崇高な沈黙の中、この幸福な仲間に加えられたという思いをうまく言い表わすのはなかなか困難です。この絡み結ぶ研究環境で、アメリカの若いヨアキム研究者がローマに滞在中であることを知りました。そこでスコラ・アメリカーナのモートン・ブルームフィールドに助言を求めることになったのです。グルントマンとの出会いのごとく、また突然の親交が生まれ、共同でひとつの論考を書く企画がまとまりました。ひきつづく歳月、モートンはその深甚な文学的知識でわたしを援助してくれ、その友誼は彼が亡くなるまで続きました。

一九五〇年、カラブリアを訪れた時、それは現在とは違って、アングロサクソン民族にとっては別世界でした。新世界がそこに展がっているのだということを思い知らされ、わたしが探していたものについてすっかり困惑してしまいました。コセンツァの図書館は郷土史関係の興味深い資料を所蔵していましたが、当然ながらヨアキムの写本の数々はすでに長いこと散逸したままでした。カテドラルの柱頭群が〈形象の書〉の樹木状装飾にどこか似ていたことにはとても感激した覚えがあります。ギャラリーや博物館の監督局は援助惜しみなく、特にサン・ジョヴァンニ・イン・フィオレへの調査旅行の手配までしてくれました。これはわたしにとって特別の体験でなければなりませんでしたが、じつのところ当惑と狼狽の経験に変わってしまいました。それは山の急勾配の斜面にある忙しない町でした。一方、ヨアキムの修道院はといえば、唯一のアーチを残すのみ。その廃墟は路上にうち捨てられていました。大修道院長その人が今ここへ遣って来て山の高みから見下ろしたならば、いったいなんと言うことだろうかと思いました。一九五〇年代のサン・ジョヴァンニはまったく彼の存在を忘れ果て、町の創始者にまったく興味を示していないかのようでした。実際、調査に同行してくれたカラブリア人たちは、道中、農業改革を進める村々の方にこそ関心を寄せていたように思われます。一九九〇年現在、なんと状況は変わったことでしょうか。

サン・ジョヴァンニから漏れでたフロレンセの伝統の意味は、ウゲッリの『聖なるイタリア《イタリア・サクラ》』によってその跡を追うことのできる、ナポリの国立図書館のある写本に掬いとられました。サン・ジョヴァンニ・イン・フィオレの修道院に由来するこの文書集成《コレクション》は、十八世紀にカミッロ・トゥティーニによって好古家から購われ、ブランカッチァーナ図書館に寄贈されたものでした。この写本はヨアキムの弟子たちが、師に対する一二一五年の断罪に直面してなした対応をも明かすものだったのです。一九五〇年、イタリアの図書館に通い詰めた情熱を今もよく覚えています。どの図書館にもそれぞれ固有の気配がありました。フィレンツェでは二冊の『旧約と新約聖書の符合の書』の著しい特徴に衝撃を受けました。ひとつはサンタ・クローチェの、もうひとつはサンタ・マリア・ノヴェッラの写本で、ダンテがヨアキムの著作群にいつどうやって巡り合ったのか、などと想像をめぐらしはじめたのはその折でした。パドヴァのアントニアーナ図書館は巡礼の格別の目的地でした。なんといってもそこには最も古い真正テキスト群の集成《コレクション》があったのですから。その修道院のような雰囲気の中で、未刊のヨアキムの『説教集《セルモニ》』を読みはじめました。ヴェネチアの図書館では預言精華集の一写本が、十五世紀から十六世紀はじめの宗教者たちに広まった預言の数々の絶えることない流通と、それに対する論議について、わたしの蒙を啓いてくれました。それを読むうち、彼らが執拗に対論してみせる未来のしるしの数々をどのように聴きとるべきなのか、得心がいったのです。パヴィア大学は、その賛嘆すべき回廊とともに、わたしにすばらしい宝を授けてくれました。それはヨアキムの『序論《イントロドゥクトリウス》』の写本で、黙示録註解の書でした。一瞥、それは一五二七年の刊本とは著しい異文《ヴァージョン》を含むものでした。わたしはその時はじめて、ヨアキムの黙示録序論にはいろいろ異本が存在するのだという事態に身構えることとなったのです。いずれにしても、訪れた図書館はどこでも何らかの宝を見せてくれ、ほとんど我知らずのうちに、辿るべき道を辿らされている自分に気づかされたようなことでした。

研究者として最初の海外旅行で、このような混乱の中に身を置く者はそう多くはないでしょう。わたしの〈錯乱〉した状況には、それでも肯定的な面もありました。実際、世界各地からやってきた学者たちの新しい世界を知り、図書館司書たちの親切を受け、また同時に研究者たちの寛大さを身をもって知ったのですから。そうした場での意見交換が、わたしの研究に大いなる援けとなったことは言うまでもありません。それは中世の漂泊学者たちの親愛もかくや、と思われる態のものでした。レッジョ・エミリアへトンデッリを訪ね得たことは、まことに大きな喜びでした。彼の歓待は高潔で、そこで『形象の書』のレッジョ写本の写しを見せてもらいました。同じ写本中にある別の短い著作の複製の編集刊行をわたしに勧めたりもしました。そして、当時準備中であった『形象の書』の新版についても論じ合ったものです。トンデッリは司祭にして、賢明で高雅な学者でした。過去を思い返すと、同じ分野の入り口に立ったばかりの英国の一研究者に過ぎないわたしに示された彼の厚意はたいへんなものでした。ヨアキム主義のさまざまな様相について、山のような覚書を抱えてオクスフォードに帰りつきました。それは選択に心乱れるほどのものでした。夥しい数の典拠の探求に息切れして、わたしは自分の数々の誤りと、他の研究者たちの誤解の訂正に着手しました。実のところ、わたしたちの前には広大な文化史の領域が展かれていましたが、五〇年代のはじめ、この領野の研究に携わっていた学者は多くはありませんでした。わたしは手許にある資料を公刊しなくては、と考えました。最初の論考ではコーパス・クリスティ・カレッジ写本を紹介するとともに、『形象の書』の真正性の性質について注意を喚起しました。モートン・ブルームフィールドと一緒に書いた論考では、パリの国立図書館蔵のヨアキム主義写本群の対照から見出された興味深い点を浮き彫りにすることができました。こうした意味では、わたしは恵まれていました。ピエトロ・ド・ブロワに関する論考でR・W・サザンはピエトロの書簡に注しつつ、この著者が一二一三年以前に〈符合〉についての図表《タヴォラ》の幾つかを見たに違いない、と論じていました。それはパリでのこと、十三世紀はじめそこには、真正の写本があったという訳です。

旧約聖書の預言者たちの手法をもって、ヨアキムは彼の時代のしるしの数々を解読しました。彼の〈霊的な人々《ヴィーリ・スピリトゥアーリス》〉に関する観念は、たしかに同時代の新しい宗教的要請に対するひとつの解答であったのです。十三世紀、預言の成就は諸修道会の誕生によって喧伝されました。十四世紀もまた十三世紀に似て、これら新しい霊的な人々、悔悛者たちの宣教はつねに拡張しゆく〈新たな時代〉という意味では十三世紀の托鉢修道士たちに類比できるかもしれません。十六世紀のイエズス会士たちのうちにあって、ヨアキム主義の伝統を受け取った一群のボランディストたち、おそらくスペイン系終末論の影響圏にあった人々の試みの軌跡をたどってみましょう。それはつまりわたしにイグナチオ・デ・ロヨラとその修道会を、アンチキリストに対する最後の闘いへと送りだし、最終の時代の成就へと向かう戦士たちのように思わせたものでした。彼らの主張の幾つかは、彼らに先行するフランチェスコ会聖霊派のものをよく反映していますが、今回は一修道会の亀裂にとどまるものではありませんでした。そこにヨアキム主義の成就を見出しうるものと考えた神秘主義者ギヨーム・ポステルは修道会から追放されることとなり、より合目的的（理性的）な解釈が終末論の奇抜な主張にとって代わることとなったのです。たとえそうした夢想が十七世紀末まで残存したのであったにしても。

ヨアキム主義の歴史においてもっとも不可解な現象の一つは『教皇預言集《ヴァティチーナ》』系列のもの、一般には〈諸教皇に関する預言〉として知られるものです。グルントマンの重要な鍵となる二つの論考は、『フロレの書』とともにこれに関する研究の端緒をなしたものです。彼はそれをビザンツ起源のものであるとし、わたしもまたその仮説を容れて、それが東方への亡命の後、イタリアへ帰還したフランシスコ会聖霊派による〈レオの神託〉の西欧への伝播であったのではないかと論じました。いまでもわたしは、彼らこそがこれらのテクストの堂々たる図像形象群の作者であった、とするのがもっとも妥当だと考えています。最近になって、〈教皇預言集〉の作者の問題、それの孕む問題についてロバート・ラーナーが新たにその全体像を問題としています。謎に包まれた性格をもつそれら預言群とのわたしの出会いの後、テクストや図像群が経てきた数々の変容や解釈の変更は、はかりしれない意味をもつ研究主題と化しました。それをまったくの奇想による戯れとみなして無視することなど、もはやできません。一三〇〇年から一七〇〇年の間、その後の反響は措くとしても、それらは教会関係者の多くの人々を魅了しつづけてきたのです。この風変わりな象徴群の研究によって、わたしたちは想像力の深淵の暗渠を探ることが可能となり、そこに合理精神のうちに埋め込まれた希望と恐怖の根源をみる思いがします。

わたしのヨアキム主義に関する研究の多くは『中世の預言とその影響』(一九六九)に纏められています。この論考はヨアキムの神学そのものというよりは、彼の神学が与えた衝撃について述べたものでした。つまり当時、民衆的千年王国主義からヨアキム主義を区別する必要があったのです。たとえしばしばヨアキムの名を冠せられることがあったにせよ、ヨアキムは語の正確な意味で千年王国主義者であったことは一度もなかったのです。ヨアキムの聖霊の時代は、多くの千年王国主義者たちが夢想したような上天からの突然の祝福による超自然的状態のことではなく、歴史の内的な論理の成熟、つまり時間的経過の全体にわたって神のはたらきが領する光輝の最高の瞬間の実現なのです。今世紀においてもヨアキムが果たした影響の歴史的意味は、この歴史を観るダイナミズムと神的に編奏される変化として説かれた集団および個人に対する彼の信仰にあったのです。こうした主張の特色もいまや時代遅れともいえますが、この観念は無限の応用が利き、実際ひきつづく世代の想像力を刺激してやまなかったのです。

そうこうするうちにも『形象の書』の註釈はベアトリス・ヒルシュ=ライヒと共同で徐々に進んでいました。『フィオレのヨアキムの形象』はベアトリスの洞察に負うところの多い著作で、彼女が一九六七年に没するまでその完璧主義による推敲はつづいたのです。ゴンブリッチ教授の助力によって、この書は一九七二年ヴァールブルク－オクスフォード叢書の一冊としてやっと公刊されました。この時以降、ヨアキム主義研究は急展開をみせることになります。グルントマン、ブルームフィールド、トンデッリ、マッギン、ルッソ、マンセッリまたその他のイタリア人研究者たちによって、大修道院長ヨアキムとその弟子たちは長い眠りから醒めたのです。その結果、多くの研究者たちのヨアキム主義的インスピレーションに関する広範な探求がはじまるのです。それは図像学的なものから文献学的なものまで様々でした。そうした成果から、ヨアキムによって齎された影響全般、また彼の思惟の準拠枠について得心いくまで論じられるようになったのです。

　ヨアキムによってひきおこされた影響に関する問いは、ますます議論を呼ぶものでした。どこにもかしこにも大修道院長ヨアキムの影響の跡をみようという気配が広がり、この問題はド・ルバック枢機卿の『フィオレのヨアキムの裔、一ヨアキムからシェリングまで／二サン・シモンから現在まで』（一九七八／八〇）という大冊の刊行によって総決算されたのです。この書に先立って、遍く知れ渡った論考『聖書における四つの意味』で、ド・ルバックはヨアキムの聖書解釈の方法にあまり共感を寄せてはいませんでした。しかし、歴史の意味についてのヨアキム主義的観念はこの最新作では彼をも魅了したようで、ヨアキムの展望《パースペクティヴ》の衣鉢を継ぐと想像される者たちを、現代に至るまですべて併せ論じてみせたのです。しかし彼がヨアキムの遺産を継いだ者とみなした思想家たちの多くをヨアキムと結びつけることに、わたしは困難を覚えるのですが。彼らの多くが大修道院長ヨアキムについて直接知識をもっていたか、あるいは彼の著作を読んだことがあったかどうかすら、論証は難しいでしょう。なんといっても唯一の類似は、歴史における三つの時代《スタートゥス》というあまりに一般的な観念の援用に過ぎないのですから。ジョセフ・ド・メーストルが強調したように、三状態《スタートゥス》の理論による思惟というのは普遍的な人間的思惟の特徴に過ぎません。十九世紀はヘーゲルとマルクスという二人の偉大な思想家を生みましたが、彼らがヨアキムの影響を蒙っていた訳ではありません。もちろんそれが論証されているという訳ではありませんけれども。ド・ルバックの著書に魅了されつつも、留保つきで、ヨアキムが後代に与えた影響を評価するには厳密な基準を採る必要がある、と結論せねばなりません。歴史に適用された三状態という論理だけでは十分な証明とは言えないのです。

　一九七八年、英国学士院のお祝いの席という偶然の機会に、十九世紀の時代潮流において奇妙な熾火がふたたび燃え盛ったのだったということに気づかされます。ノーマン・コーン教授は「ジョルジュ・サンドがヨアキムのことについて書いていたことをご存知ですか」とわたしに問われたのです。この驚くべき情報は、わたしに十九世紀ロマン主義者たちを、そのヨアキム主義的な閃きにおいて探らせることとなりました。そしてわたしは、ジョルジュ・サンドとの共著『十九世紀におけるフィオレのヨアキムと永遠の福音の神話』として結実しました。当時のようにアカデミックな話題は限られた場所で語り合われるだけ、という時代にあって、それはいろいろな分野の同僚たちとの会話の機会をつくってくれたということも、わたしにとってはまことに幸運でした。こうしてノーマン・コーンによって開かれた扉は、わたしをレッシングからコント主義へと、はたまたエリオットへと、あるいはW・B・イエーツへ、D・H・ロレンスへと導いたのです。そうしたうちでももっとも驚くべき偶然の知見は、音楽学者イアン・ホースバークの示唆でした。彼によれば、十九世紀後半、チェコの詩人ヴルフリツキーがヨアキムに関する詩を発表し、その「永遠の福音」はカンタータ形式でヤナーチェクによって作曲されたといいます。

この仕事は共著者がヨアキムにいれあげて、マシュー・アーノルドからオスカー・ワイルドにいたる英文学資料を熱心に捜し出してくれるようになってから、わたしにとっても新鮮な刺激に満ちた作業となりました。また、この十二世紀の預言者に対する十九世紀のパースペクティヴが、中世やルネサンスが彼に与えたイメージとはまったくかけ離れたものであったことが、この仕事にいっそう夢中にさせたのでしょう。十九世紀のラジカルな思想家たちの多くは、国家宗教との闘いに発しつつ、彼らの未来の理想社会の姿を宗教的基盤の上に探求していました。〈約束の地〉を垣間見た先行する預言者たちの観念は、これら十九世紀の夢想家たちによって摘まれ、彼らの革命的な主張は過去の地平を排除超越しつつ、未来の約束へと向ける必要に迫られたのでした。彼らはそうした傾向を、中世のヨアキム主義的な幾つかの異端派運動に見出したという訳です。こうした少数派異端の環境についての歴史的研究は、奇妙なことに月並みな夢想や政治行動と混同していきます。フランスでの一八四八年のピエール・ルルーの場合、イタリアではマッツィーニの場合などがそれにあたるでしょう。マッツィーニは、もしも革命運動に忙殺されることがなかったならば、ヨアキムの思想を研究したかった、とまで書いています。

　さて、エルネスト・ルナンとともに、十九世紀のロマン的ヨアキム主義から純歴史的研究への転換が起こります。ルナンはほとんどはじめて、入手可能な典拠資料のすべてに歴史批評の精密な検討を加えました。もちろん彼がヨアキムの魔力に眩惑されなかった、という訳ではありませんでしたが。いそいでつけ加えておくなら、十九世紀とともにロマン主義的ヴィジョンが死滅した訳ではありませんでした。イェーツは『律法の板《ザ・テーブル・オブ・ザ・ロウ》』においてヨアキム主義を芸術家のアナーキーなヴィジョンとして表現していますが、この見解は魅力的であるにしても危険です。このイメージは一時期のジェイムズ・ジョイスをも魅了しました。実際、彼はヨアキムの預言を求めてダブリンのマーシュ図書館にまで出かけます。しかし皮肉にも、彼が見出したのは遙か昔の奇妙な図像群に包まれた『教皇預言集』で、それが彼に深い印象を刻むことになりました。このようにいろいろな変幻をこうむりつつもヨアキム主義は延命し、ユングをして、それらの強烈なイメージ群は無意識の識域に強く訴えかけるものでありつづける、と言わしめた程でした。

　ヨアキム主義の研究に携わっている間、つねにダンテが大きな未踏の山塊のように眼前にありました。それは、真のダンテ研究者でなければ、誰にも登攀不能のごとくに聳えていたのです。後の研究者たちは、詩人ダンテが『天国篇』の恩寵にかがやく預言者にヨアキムを選んだのは、ヨアキムの第三の時代の幻視《ヴィジョン》に触れたからではなかったか、と問うています。この点に関しては、わたしはほんのすこし、それも高みに到るための基礎のまた基礎に触れることを得ただけです。トンデッリ師は、ヨアキムの〈形象〉とダンテによって比喩的に表現された言語との間に固有の並行関係を指摘しました。〈三羽の鷲〉と〈三位一体の円環〉の場合については、借用関係は確かであるように思われます。

　昔、わたしの研究について問われるたびに、「わたしはフィオレのヨアキムという名のカラブリアの大修道院長について研究しているのですが、あなたがたはきっとその名をご存じありませんよね」と答えるばかりでしたが、いまではヨアキムの名とともに周知の幾つかの文脈にあわせて説明を試みることもできるようになりました。こうした新しい関心の波とともに、サン・ジョヴァンニ・イン・フィオレの〈ヨアキム国際研究所〉も設立された訳です。この研究所は調査促進のためばかりでなく、各種の研究実現のための機関として設立されたのですが、特に研究者たちにとっては四年に一度の会議で有名です。一九七九年の会議では、外国からの参加はわたしとジュネーヴのアンリ・モットゥの二人だけでした。各国の国旗はためく会議場ではありましたが、それは基本的にはイタリア人の会議の場所でした。その時のわたしの第一印象は、「われらが大修道院長」と彼のメッセージとがあらためて聴き入れられる、という自負でした。その会議では、教会関係者とジャーナリストのあいだで白熱した議論が交わされたのを今でもよく覚えています。ジャーナリストたちは、ヨアキムの第三時代はマルクス主義政体によって実現されたのではないかと言い、教会関係者たちはそのような解釈を熱をこめて否定しました。英国であったならば、単なるアカデミックな会合に終わるところなのに、町の全体が熱気を帯びて会議を盛り上げていたのは感動的ですらありました。ヨアキムはふたたび人々の記憶に刻みつけられたのです。わたしが一九五〇年にはじめてこの町を訪れ、ヨアキムの修道院がばらばらの廃墟と化して放置されているのを無念の思いとともに見た時からすると隔世の感があります。すべてが変わりました。

一九八九年の先の会議ももちろんイタリア的精神に溢れたものでしたが、数多の外国人研究者たちが招かれました。六、七か国からやってきたヨアキム主義研究者たちが、サン・ジョヴァンニ・イン・フィオレに結集したのです。わたしにとっては特に、ヨアキムとの出会いから六十年にあたり、奇跡の修復を終え、ヨアキムの聖遺物も地下礼拝堂に納められたこの大修道院に居ることに、感動をおさえきれませんでした。ローマからの使節の枢機卿に導かれ、司祭たちが興奮に沸き返る町を行列しました。ひとたびは異端者たちのひとりにさえ挙げられたカラブリアの大修道院長ヨアキムの名誉は回復され、円環は無事に閉じたのです。人々の熱狂は、研究者たちの報告の場である会議と好対照を成していました。この会議こそ、ヨアキム研究所の真の任務であり課題です。もうひとつの重要な責務は、ヨアキムの著作の現代版の刊行促進です。この変容の過程にあって、研究者たちの持続的探求を阻むことなく、ヨアキムのオリジナルな姿に近づくことで、ヨアキムは現代の新たな神話の代表者ともいえる存在になることでしょう。

ヨアキム研究者は、探求心に溢れたこのサン・ジョヴァンニ・イン・フィオレの集まりにおいて、純粋な信頼のもとに探求に励むことができるのです。聖書の図像形象による解釈に基礎をおくヨアキムの思惟のかたちは明らかに旧式なものではありますが、彼のヴィジョンの詩情は知性の枠組みを超え出たものです。何世紀にもわたり、数多くの研究者たちはそれぞれにこの詩的感興にとらえられてきたのです。ヨアキムが後の者たちにおよぼした最近の影響として、一八九六年にチェコの詩人が、カラブリアの山上に坐ったヨアキムが永遠の福音の光り輝く天使を中空に眺める詩をつくり、ヤナーチェクがその詩を背景に合唱曲「永遠の愛の国」を作曲した例を挙げました。いまだにその影響は息づいているのです。大いなる変容の時代には、神の配慮と人間の選択によって未来を描いてみせた過去の預言者たちは身近な存在となります。彼らはわたしたちの運命についての省察を豊かなものとしてくれます。フィオレのヨアキムはこうした偉大な伝統を超えてその彼方を、わたしたちに語ってやまないのです。

訳者あとがき

夜汽車に揺られて夢うつつのうちにまだ暗いコセンツァに降り立ったのは十二年前のこと。そして一輌だけの電車に乗り換えて、濃い朝靄の海のなかをサン・ジョヴァンニ・イン・フィオレへ。丘上の新市街から道を尋ねつつ急坂を下る。二人称複数形《ヴォイ》で語りかけられるのに戸惑いつつ、それがしらぬまに茫洋たる疎外感にかわっていく。会場と言われたテアトロ・イタリアは町唯一の映画館だった。すでに予定時刻を過ぎていたが、人影はまばら。手渡された小冊子をロビーで読みはじめる。その表題が『ヨアキムとともに歩んだ六十年の巡礼』だった。そうこうするうちぼつぼつ人が集まってきた。それがいつのまにやら映画館をほぼ埋めるほどにもなる。

市長その他の挨拶がつづくうち、壇上にひとりの女性が登った。拒食症の少女のようにかぼそいひと。町の彫金師が入念に仕上げた珊瑚と紅玉からなる七頭の龍のブローチを受け取って、そのひとはサン・ジョヴァンニ・イン・フィオレの名誉市民に挙げられた。それが本書の著者、マージョリ・リーヴス女史だった。

マンセッリが所長になってはじまったヨアキム国際学会、四年に一度の集まりの第四回。その午後からは場所を移して、フィオレ修道院《アバツィア》の図書室に隣接する広間での発表会となる。開幕の儀式の場とは違い、この水曜日午後から土曜日までつづいた発表の聴衆は多くて三十人、少ない時は十数人だったろうか(1)。

その折、ここに訳出した『中世後期の預言の影響』が四半世紀を経て再刊されたことを知った。この書の表題にある〈中世後期 later middle ages〉ということばは、さまざまな預言の書に付された〈最新の〉であるとともに〈最後の〉という意味をもあらわすultimissimaを想いあわせるなら、〈遂にやってきたこの時〉でもあり〈今ここにある時代のすぐ先〉でもあり、〈預言の影響〉は〈預言の伝染力〉でもある。十七世紀までもがこの表題のもとに論じられるところにはかえってそうした意図のほうが窺われもする。そして〈さまざまな時代〉と、時代は複数形になっている。ところが〈預言〉は単数。時代は変われど、預言の威力はひとつ、ということだろうか。〈中世後期〉の頭文字L, M, Aを転綴する戯れのうちに、〈こころalma〉までもが浮かび上がり、この書名は『それぞれの人のこころのうちに染み込んでいくあらかじめ語られてあることば』にすら変じてみせる。本訳書の表題とした『中世の預言とその影響』はこうしたさまざまな意味をすべて「その」に込め、未決の問いを呈するかたちとなった。

四半世紀。この書の喚起力は衰えることもなく、新たに時代を映してみせる。しばらく後にあらわれたルスコーニの評言[2]で再版がリプリント版《リスタンパ・アナスタティカ》と呼ばれていたせいもあり、本文に改訂の手がはいっているとは思ってもみなかった。その改訂箇所は僅かであったが、今回それを確かめるうち、二十世紀最後の四半世紀という時代が揺曳するのだった。

たとえば。本書を通底する二と三の主題。二は閉じ、三は開く、それも過激に。それゆえフロレンセ修道会は新たな時代に閉じ、托鉢修道僧たちは新たな時代を開く。しかし、危険な。清貧の栄光あるいは至福、とはたちまち襤褸を纏う悲惨とも化しかねない矯激な思想であった（と、過去形で書いておこう）。最近ではこの区分を、保つ者と逸脱する者、と読み替えて、リーヴスよりもよりはっきりとヨアキム後継者とヨアキム主義者を区分けする試みもある[3]。二の間にある類比あるいは符合という緊張を引きうけるものこそが主体である、というヨアキム的思惟。それが社会的な第三の客体として形象化されるとき（あるいはそれを客体化する他者の視点が）、ヨアキム主義的なものとなる。それゆえにこそそれは歴史の〈かくあれかし《アーメン》の幻視〉として空中に懸けられねばならない。預言とはそうした供儀の証しなのかもしれない。

それはさて。本書で唯一、遺憾の念が漏らされているように思われるのは、第Ⅱ部5章の註16、改訂においてもその箇所はそのままに残されている。著者が別にこの点に触れているものはないかと論考を探したが、あいにくその註に録されたレフの名はあらわれない。するうち、エディス・パストゥール女史の一文[4]が目にとまる。そう、先のマンセッリの『西欧中世の民衆信仰』の刊行者。「聖ボナヴェントゥラと聖霊派の者たちの対照」と題されたこの一文を読みながら、想像を逞しくしてみようか。レフの『中世後期の異端』[5]の功罪を女史は次のように要約してくれる。

「フランシスコ会聖霊派の者たちが活動しつつ自らの活動に様々な意味づけを与えることに汲々としていた時代の複雑な

現実に大きな注意を払っている点は首肯されるものであり、これは――エアレやオリガーに比して――クラレーノ中心主義を脱し、各個個別の立場の陰影を明かそうとしたものである。一方、すでに公表されている明快な諸判断に就き過ぎる点は首肯しがたい」(6)。

過激な清貧運動としての聖霊派。ただしそれはアンジェロ・クラレーノを首魁とした運動に一元化できるものではなく、もっと無定形《アモルフ》なものであったというレフ。

しかしここに一九七二年、十三世紀にあって聖霊派の運動といったようなものは存在しなかった、というフラッドの論考(7)が出現することとなる。清貧をいうなら、フランシスコ会総長ボナヴェントゥラこそが清貧の理論家であり、オリヴィはその実践家であったのだ、と。

それに。レフの論考が出た年とは、じつにクラーゼンの『フランチェスコ古伝記』(8)が公刊された年であった、というパストゥールの啓明的な指摘。つまり、初期フランシスコ会のありかたからあらためて論じなおさねばならない、という事態(9)。逸脱した聖霊派という像も、いまや胎動期の小さき兄弟たちの苦難のうちに回収されなければならない。そうした機運の端緒にあって公刊された本書。パストゥールはこの書には二つの意味があるという。まず、ヨアキム後継者たちが体現する意味を妄執や夢想から切り離し、資料に則って幅広く論じてみせたこと。もうひとつはヨアキム主義のフランシスコ会聖霊派への伝播の歴史とその終末論的思潮について一貫した解釈を示してみせたこと(10)。

なるほど。初版にあるアンジェロ・クラレーノという固有名のいくつかが聖霊派に改められているのはそういうことであったか。とすると、この改訂で〈スピリトゥアーリ〉ということばは大きく意味を変え、聖霊派はふたたび霊的な人々という預言的な意味を獲得することになった、のかもしれない。つまり預言とはつねに現存在へと未来をひき受けることであり、予言のように現在を未来へと擲つことではない。

サリンベーネが言うように、一二六〇年は〈こともなく〉過ぎた。しかし二つ目の千年紀をすぎても第三の〈時代《スタートゥス》〉の閾が越えられた訳ではない。いや、もうはや「聖霊の時代」であるなどと安穏を語ることなく、この緊迫を保つこと、これこそがヨアキムを後継することであるのだろう。

それにしても。わたしたちは「正統信仰《カトリック》」という語を「デモクラシー」に替えて叫ぶだけのプロパガンダの危うさに気づきはじめている。煙をはく煙突は進歩の象徴から環境汚染の代名詞に頽落した。煙草のたしなみは隣人を思いやらぬ中毒患者のあつかいとなった。わたしたちの明日への糧とはなにか。いよいよ損なうものをアンチキリストと名指す。問題は単純であるだけに解きがたい。

たとえば。偽書ということについて。本訳では慣例に背いて偽書にあたることばをすべて擬書とした。嘘の偽の書、でなく、ある人物に付託して著された書物、という意味で。どうやらわたしは贋作と称される偽書=擬書にたまらない愛着を感じる者のようである。

ジョヴァンニ・カラの逸話はどうだろう。自らの家系に要人を配してみようとする戯れ。それは政治予言をなして世を震撼させる（贋）預言者たちよりも罪深いのだろうか。それはサン・ジョヴァンニ・イン・カラブリアという地名から付会された素朴な稚戯であったのかもしれない。それを歴史家を陥れる罠であったなどと論わずに、曖昧な預言のことばこそが咎められるべきではないのか。しかし人の想像力とはそこにこそ詩的真実を求めてやまない。そしてたちまち明日への不安と希望のうちに解き放たれる予測、予言。

ともあれ、本書はスコラ学盛期の理念史の裏側、否、夥しい資料を通してみる中世末期の怒濤の情念の歴史である。実際、ヨアキム的な一二六〇年を包み込む一二一五年から一二七七年という時期は中世哲学史においてはアリストテレス自然学批判、つまりラテン・アヴェロエス主義の隆盛と断罪の時代でもあった。これは二十世紀初頭、トマス・アクィナスの専一的卓越を語る思潮のうちに問題の所在が見失われたが、神学に仕えるべき個々の自由学芸が十三世紀、ついに独立運動をはじめたという学問論と社会制度の問題だった。ここに、聖霊の降る理想の修道院という垣根は破られ、神学者ならぬ自由学芸教授《マギステル》がそれ自体、学問と制度において特立する。その渦中に起こった〈永遠の福音〉事件はその制度を確立するための発端であり、パリ司教タンピエによる長大で難解な断罪箇条の公表とともにパリ大学教授《マギステル》ブラバンのシゲルスが断罪されることにおいて、暫定的な平衡としての大学制度は成立する。ひょっとすると、これに先立つアマルリクス派問題とはこうしたアリストテレス自然学の紆余曲折の端緒に顔を見せる、新プラトン的自然観あるいはエリウゲナの区分論の帰趨として観ることのできるものかもしれない。

その後、同時代の道連れとして聖霊派の一翼を担うこととなったヴィルヌーヴのアルノオのような医師という職掌は後々のリベルタンたちにまで引き継がれる急進的な変革への夢想の場所となる。もちろん、医学が大学に採り込まれる一方で、自然学的技術あるいは業が魔術錬金術と名指されて排除されることになる、その萌芽もここにあるのだろう。

様々な要素の確執のなかで預言的言辞は醗酵していく。わたしたちはそこに闇をみるのではなく、おそるべき中世の成熟をみることとなる。本邦におけるヨアキムとヨアキム主義研究のさきがけ、今野國雄著『西欧中世の社会と教会』(岩波書店、一九七三年)および樺山紘一著『ゴシック世界の思想像』(岩波書店、一九七六年)、そして不思議なポステル研究、彌永信美著『幻想の東洋』(青土社、一九八七年)とともに、ふたたび本書がさまざまに解読されることを待望して。

今回も挿絵のない本書に彩りを添えるべく図版を調え、また改訂版の異同にあたるばかりか、原稿を丁寧に矯してくださった編集部の八尾睦巳氏の細心の心配りにこころから感謝し、美しい書物に仕上げてくださった八坂書房社主八坂立人氏にお礼申し上げる。

付記。訳稿があがってリーヴス女史の消息をたずねたところ、二〇〇三年に亡くなったという訃報に接することとなった。その折に女史は一九〇五年生まれであることを知った。するとわたしがお目にかかったとき八十九歳だったことになる。わたしには七十歳くらいにみえたのだったが。『六十年の巡礼』とは、それが大学時代からの六十年、であることはすこしばかり気をつけてみれば分かることだが、迂闊にもわたしはそこから生年を想像してみようとも思わなかった。アダムがヨアキムに会った折、「六十歳くらいにみえた」というところからヨアキムの生年が想定されていることを、ふと訝しんでみる夜ではある。著者のご冥福を祈りつつ。

大橋喜之

二〇〇六年九月十一日
ローマの陋屋にて

(1) その折の発表は *Storia e figure dell'Apocalisse fra '500 e '600, Atti del IV Congresso internazionale di studi gioachimiti, San Giovanni in Fiore 14-17 settembre 1994*, a cura di R. Rusconi, Roma 1996として公刊されている。

(2) Rusconi, R., *"Cinque pezzi facili": a proposito di Gioacchino da Fiore e del "Gioachimismo" in alcuni libri recenti, Florensia* X (1996), pp.173-79.

(3) Troncarelli, F., *Il sole della Giustizia. Gioacchino da Fiore e l'Età nuova dell'Europa*, in *La città degli Angeli. Profezia e speranza del futuro tra Medioevo e Rinascimento*, Roma 2003.

(4) Pásztor, E., *Gli spirituali di fronte a San Bonaventura*, in *S. Bonaventura Francescano. Convegni del Centro di Studi sulla Spiritualità Medievale*, Todi 1974, pp.161-179.

(5) Leff, G., *Heresy in the Later Middle Ages. The Relation of Heterodoxy to Dissent c.1250-c.1450*, I, New York 1967.

(6) ここで公平を欠かないように記しておくなら、リーヴスの本書もまた、たとえばオリヴィを例にとるなら、黙示録註釈《ポスティッラ》の一部をしかとりあげてはいない、と指摘されている。これはリーヴス自身、【II-5 n.27】で述べているとおり。

(7) Flood, R., *Petrus Iohannis Olivi, der angebliche Führer der Spiritualen*, in *Wissenschaft und Weisheit*, 34 (1972), pp.130-41.

(8) Clasen, S., *Legenda Antiqua S. Francisci. Untersuchung über die nachbonaventurianischen Franziskusquellen. Legenda Trium Sociorum, Speculum Perfectionis, Actus b. Francisci et sociorum eius und verwandtes Schriftum*, Leiden 1967.

(9) 迂闊なわたしにも坂口昂吉著『中世の人間観と歴史』（創文社、一九九九年）の構成の現代的な問題性がやっと理解される。

(10) このパストゥールの一文は表題が示すとおりフランシスコ会総長ボナヴェントゥラと聖霊派について論じたものである。リーヴスの問いもまた清貧をめぐるものであり、「おそらく意図せぬうちに、それを十三世紀にまで前倒しにしてクラレーノの極端な立場を指向したものである」。もちろんリーヴスはそれをヨアキム〈主義〉者の〈逸脱〉として説く訳ではあるが。

[著者略歴]

マージョリ・リーヴス　Marjorie Reeves（1905-2003）

イギリスの中世史家。1905年、ウィルトシャー州ブラットン生まれ。1938年よりオックスフォード大学で教鞭を執り、1951-67年にかけセイント・アン・カレッジの副学寮長を務める。ヨアキム主義研究の第一人者として知られ、本書以降に刊行されたこの分野に関する著書には *The Figurae of Joachim of Fiore*（B. Hirsch-Reichと共著，1972），本書の縮約版とも言うべき *Joachim of Fiore and the Prophetic Future*（1976），*Joachim of Fiore and the Myth of the Eternal Evangel in the Nineteenth Century*（W. Gouldと共著,1987），*Proohetic Rome in the High Renaissance Period*（編, 1992）などがある。また他にその博識を生かして中世史全般に関わる啓蒙書も数多く執筆している。2003年オックスフォードにて歿。

[訳者略歴]

大橋喜之（おおはし・よしゆき）

1955年岐阜生まれ。1989年以降ローマ在。訳書にC. H. フィオレ『最新ガイド・ボルゲーゼ美術館』(Gebhart s.r.l., Roma,1988), F. ゼーリ『イメージの裏側』(八坂書房, 2000), R. マンセッリ『西欧中世の民衆信仰』(八坂書房, 2002), 『踊るサテュロス』(Leonardo International s.r.l., Roma, 2005)。

中世の預言とその影響 ―ヨアキム主義の研究

2006年 10月25日　初版第1刷発行

訳　者　大　橋　喜　之
発行者　八　坂　立　人
印刷・製本　モリモト印刷（株）

発行所　（株）八　坂　書　房
〒101-0064　東京都千代田区猿楽町1-4-11
TEL.03-3293-7975　FAX.03-3293-7977
URL.: http://www.yasakashobo.co.jp

ISBN 4-89694-881-5

索 引

（人名・作品名）

【ヒ】

【フ】

【へ】

【ラ】

【リ】

【ル】

【レ】

【ロ】

【ワ】

引用略号一覧

略号の後の数字は文献一覧の通し番号に符合

AF iv	31
AFH xxvi	81
AFP xxv	77
AK xix	83
ALKG	18
Ampl. Coll.	24
Annales	40
Antonianum	91
Apologetica	32
Arbor	39
Arbores	98
AS	17
ASCL xii	104
ASCL xx	101
AST xxvi	71
Aus den Tagen	54
Bibliografia	65
Bouquet	20
Concordia Mundi	48
DA xvi	86
Das kommende Reich	69
DDJ xiv	85
De Oneribus	12
Direct. Inquis.	21
DTC = *Dictionnaire de théologie catholique*	
Ecclesia Spiritualis	44
EHR = *English Historical Review*	
Enchir.	6
Eretici	51
Expos.	2
Expositio	42
Fragmentum	34
Franciscan Poverty	60
Fraticelli	53
Gioacchino [Crocco]	52
Gioacchino I	55
Gioacchino II	56
Gioacchino [Russo]	66
Gioacchino da Fiore	49
Gioachinismo e Francescanesimo	47
Heterodoxes	62
Hist. Inquis.	22
History of the Popes	63
HJ xlix	84
Joachim v. Floris	59
Kaisersage	75
Lect. mem.	43
Lectura	61
Le Passage	73
Lib. Conc.	1
Lib. contra Lombardum	9
Libellus	16
Lib. Fig. I	68
Lib. Fig. II	8
MAH liv	76
Mansi	23
Manuel	33
MARS ii	96
MARS iii	95
MGHS	25
Misc. Franc. xxxvii, xxxix	92
Misc.Franc. xli	99
Misc.Franc. xlvi	100
Miscellanea	19
MOPH	26
Muratori	27
NA xv, xxx, xxxiii	90
NF	58
Onus Ecclesiae	36
Oraculum Cyrilli	14
Piers Plowman	46
PL	28
Prognosticatio	35
Psalt.	3
QFIAB	29
Quat. Evang.	4
Rinascimento XIII	103
Roquetaillade	45
RS	30
RSR xxxviii	74
RTAM xxi	94
RTAM xxiv	89
Salimbene	38
Scriptores	41
Septem Sigillis	7
SF	67
Sibyl Erithrea	13
Sibyllinische Texte	70
Sophia iii	93
Sophia xix	97
Sophia xxiii	80
Speculum xxix	79
Studi francesi I	102
Studien	57
Studies	64A
Super Esaiam	11
Super Hier.	15
Traditio XIII	78
Vade Mecum	37
Vaticinia	15
Visionarios	64
Vita S. Benedicti	5
Vom Mittelalter	50
ZKG v	87
ZKG vii	88
ZKG xlviii	82
ZKG l, li, liii	72

文献一覧*

［　］内は本文註に付した引用略号

ヨアキム著作（付録Aの写本一覧を参照）

1. *Liber Concordie Novi ac Veteris Testamenti,* Venezia, 1519. [*Lib.Conc.*]
2. *Expositio in Apocalypsim,* Venezia, 1527. [*Expos.*]
3. *Psalterium Decem Chordarum,* Venezia, 1527 [*Psalt.*]（2と合冊）
4. *Tractatus super Quatuor Evangelia,* ed. E. Buonaiuti, Roma, 1930. [*Quat.Evang.*]
5. *De Vita Sancti Benedicti et de Officio Divino secundum eius doctrinam,* ed. C. Baraut, *Analecta Sacra Tarraconensia,* xxiv (1951), pp.42-118. [*Vita S. Benedicti*]
6. *Enchiridion in Apocalypsim* (i) 未公刊, 付録Aを参照；(ii) ed. J. Huck, *Joachim von Floris und die joachitische Literatur,* Freiburg im Breisgau, 1938, pp.287-305. [*Enchir.*]
7. *De Septem Sigillis,* ed. M. Reeves, B. Hirsch-Reich, *Recerches de Théologie ancienne et médiévale,* xxi (1954), pp.239-47. [*Septem Sigillis*]
8. *Liber Figurarum,* ed. L. Tondelli, M. Reeves, B. Hirsch-Reich, *Il Libro delle Figure dell'Abate Gioacchino da Fiore,* vol.II (2 ed., Torino, 1953). [*Lib.Fig.*II]

擬ヨアキム的著作

9. *Joachimi Abbatis Liber contra Lombardum,* ed. C. Ottaviano, Roma, 1934. [*Lib.contra Lombardum*]
10. *Super Hieremiam Prophetam,* Venezia, 1516. [*Super Hier.*]（本文中では1526年版をもちいた）
11. *Super Esaiam Prophetam,* Venezia, 1517. [*Super Esaiam*]
12. *De Oneribus Prophetarum,* ed. O. Holder-Egger, *Neues Archiv der Gesellschaft für ältere deutsche Geschichitskunde,* xxxiii (1907), pp.139-87（異文《ヴァージョン》のひとつ), この *NA* 異文と特記せぬ限り, 引用はMS. Brit. Mus., Royal and Kings, 8. F. XVI, ff.38r-44vに拠った[*De Oneribus*]
13. *Vaticinium Sibillae Erithreae,* ed. Holder-Egger, *NA* xv (1889), pp.155-73. [*Sibyl Erithrea*]
14. *Oraculum Cyrilli,* ed. P. Puir, in Burdach, *Vom Mittelalter*（本文献一覧50参照), ii, Pt. iv, Appendix, pp.220-327. [*Oraculum Cyrilli*]
15. *Vaticinia de Summis Pontificibus*（刊行書多数, 本書では刊行者名とともに引いた)[*Vaticinia*]
16. *Expositio magni prophete Joachim in librum beati Cyrilli …*（あるいは）*Liber de magnis tribulationibus … compilatus a … Theolosphoro … Incipit libellus fratris Theolosphori de Cusentia …,* Venezia, 1516. [*Libellus*]

＊ 1993年改訂版ではこの文献一覧をＩとし、1968年以降の文献一覧II（改訂版pp.549-564）を増補している。本書以降の文献については改訂版の当該増補にあたられるか、ヨアキム国際研究所の紀要 *Florensia,* II, nn.1-2 (1988), pp.7-59 に掲載されたValeria de Fraja, *Gioacchino da Fiore : Bibliografia 1969-1988* を参照されたい。

初期文献

I 資料集成

17. *Acta Sanctorum,* 特にMay, vol. vii, Day 29, *Joachimus Abbas,* [*AS*]. この集からのその他の引証には*AS*に月日を補足した。

18. *Archiv für Literatur und Kirchengeschichte des Mittelalters.* [*ALKG*] I (1885), H. Denifle, *Das Evangelium aeternum und die Commission zu Anagni,* pp. 49-142 ; F. Ehrle, *Die Spiritualen, ihr Verhältnis zum franziscanerorden und zu den Fraticellen,* pp. 509-69.
II (1886), F. Ehrle, *Die Spiritualen, ihr Verhältnis zum Franziscanerorden und zu den Fraticellen* (cont.), *Angelo Clareno, Historia septem tribulationum ordinis minorum,* pp. 106-164, 249-336.
III (1887), F. Ehrle, *Zur Vorgeschichte des Concils v. Vienne,* pp. 1-195 ; *Petrus Johannis Olivi, sein Leben u. seine Schriften,* pp. 409-552 ; *Die Spiritualen, ihr Verhältnis zum Franziscanerorden und zu den Fraticellen* (cont.), pp. 553-623.
IV (1888), F. Ehrle, *Die Spiritualen, ihr Verhältnis zum Franziscanerorden und zu den Fraticellen* (concl.), pp. 1-190.

19. S. Baluze, *Miscellanea,* ed. Mansi, Lucca, 1761. [*Miscellanea*]

20. M. Bouquet, *Recueil des historiens des Gaules et de la France.* [Bouquet]

21. N. Eymerich, *Directorium Inquisitorum,* Venezia, 1607. [*Direct. Inquis.*]

22. P. a Limborch, *Historia Inquisitionis, cui subjungitur Liber Sententiarum Inquisitionis Tholosanae 1307-1323,* Amsterdam, 1692. [*Hist. Inqis.*]

23. G. Mansi, *Sacrorum Conciliorum nova et amplissima Collectio.* [Mansi]

24. E. Martène et V. Durand, *Veterum Scriptorum et Monumentorum … Amplissima Collectio …,* Paris, 1724-33. [*Ampl. Coll.*]

25. *Monumenta Germaniae Historica. Scriptores.* [*MGHS*]

26. *Monumenta Ordinis Fratrum Praedicatorum Historica.* [*MOPH*]

27. L. Muratori, *Rerum Italicarum Scriptores,* (i) old series, (ii) new series. [Muratori o.s./n.s.]

28. *Patrologia Latina.* [*PL*]

29. *Quellen und Forschungen aus italienischen Archiven und Bibliotheken.* [*QFIAB*]

30. *Chronicles and memorials of Great Britain and Ireland during the Middle Ages.* [RS]

II その他の資料

31. Bartholomew of Pisa, *De Conformitate Vitae Beatae Francisci ad Vitam Dom. Jesu. Analecta Franciscana,* iv (1906), [*AF* iv]

32. Gregorio de Laude (Lauro), *Magni Divinique Prophetae B. Jo. Joachim Abb. Sacri Cist. Ord. Monasterii Floris, et Florensis Ord. Institutoris Hergasiarum Alethia Apologetica, sive Mirabilium Veritas Defensa,* Napoli, 1660. [*Apologetica*]

33. B. Gui, *Manuel de l'Inquisiteur,* ed. G. Mollat, Paris, 1926. [*Manuel*]

34. W. Lazius, *Fragmentum vaticinii cuiusdam … Methodii …,* Vienna, 1527, s.p. [*Fragmentum*]

35. J. Lichtenberger, *Prognosticatio,* Strasbourg, 1488, s.p. [*Prognosticatio*]

36. B. Purstinger, *Onus Ecclesiae temporibus hisce deplorandis Apocalypseos suis aeque conveniens Turcarumque incursui iam grassanti accomodatum, non tam lectu quam contemplatu dignissimum* ... , s.l., 1532, s.p. [*Onus Ecclesiae*]
37. Johannes de Rupescissa (Jean de Roquetaillade), *Vade Mecum,* ed. E. Brown, *Appendix ad Fasciculum Rerum Expetendarum et Fugiendarum ab Orthuino Gratio editum Coloniae MDXXXV,* II, London, 1690, pp. 496-507. [*Vade Mecum*]
38. Fra Salimbene, *Cronica, MGHS* xxxii. [Salimbene]
39. Ubertino da Casale, *Arbor Vitae Crucifixae,* Venezia, 1485, [*Arbor*]
40. L. Wadding, *Annales Minorum,* Roma, 1731. [*Annales*]
41. L. Wadding, *Scriptores Ord. Minorum Supplementum,* H. Sbaralea, Roma, 1806. [*Scriptores*]
42. A. Wachtel (ed.), *Alexander Minorita Expositio in Apocalypsim, MGH,* Weimar, 1955. [*Expositio*]
43. J. Wolf, *Lectionum memorabilium et reconditarum centenarii XVI,* Laving, 1600. [*Lect.mem.*]

参考文献

I 著作

44. E. Benz, *Ecclesia Spiritualis,* Stuttgart, 1934. [*Ecclesia Spiritualis*]
45. J. Bignami-Odier, *Études sur Jean de Roquetaillade* [Joannes de Rupescissa], Paris, 1952. [*Roquetaillade*]
46. M. Bloomfield, *Piers Plowman as a fourteenth-century apocalypse,* New Brunswick, 1961. [*Pier Plowman*]
47. G. Bondatti, *Gioachinismo e Francescanesimo nel Dugento,* S. Maria degli Angeli, Porziuncola, 1924. [*Gioachinismo e Francescanesimo*]
48. W. Bouwsma, *Concordia Mundi. The career and thought of Guillaume Postel (1510 - 1581),* Cambridge, 1957. [*Concordia Mundi*]
49. E. Buonaiuti, *Gioacchino da Fiore, i tempi, la vita, il messaggio,* Roma, 1931. [*Gioacchino da Fiore*]
50. K. Burdach, *Vom Mittelalter Zur Reformation* : I, Berlin, 1913 ; II, pt. i, Berlin, 1913 ; pt. ii, Berlin, 1928 ; pt. iii, Berlin, 1912 ; pt. iv, Berlin, 1912 ; pt. v, Berlin, 1929. [*Vom Mittelalter*]
51. D. Cantimori, *Eretici italiani del Cinquecento,* Firenze, 1939. [*Eretici*]
52. A. Crocco, *Gioacchino da Fiore,* Napoli, 1960. [*Gioacchino*]
53. D. Douie, *The Nature and Effect of the Heresy of the Fraticelli,* Manchester, 1932. [*Fraticelli*]
54. H. Finke, *Aus den Tagen Bonifaz VIII,* Münster, 1902. [*Aus den Tagen*]
55. F. Foberti, *Gioacchino da Fiore, Nuovi studi critici sulla mistica e la religione in Calabria,* Firenze, 1934. [*Gioacchino* I]
56. F. Foberti, *Gioacchino da Fiore e il Gioacchinismo antico e moderno,* Padova, 1942. [*Gioacchino* II]
57. H. Grundmann, *Studien über Joachim von Floris,* Leipzig, 1927. [*Studien*]
58. H. Grundmann, *Neue Forschungen über Joachim von Floris,* Marburg, 1950. [*NF*]

59. J. Huck, *Joachim von Floris und die joachitische Literatur,* Freiburg im Breisgau, 1938. [*Joachim v. Floris*]

60. M. Lambert, *Franciscan poverty,* London, 1961. [*Franciscan poverty*]

61. R. Manselli, *La 'Lectura Super Apocalipsim' di Pietro di Giovanni Olivi,* Roma, 1955. [*Lectura*]

62. M. Menéndez y Pelayo, *Historia de los Heterodoxes españoles,* Madrid, 1880. [*Heterodoxes*]

63. L. Pastor, *History of the Popes,* trans. and ed. E. Antrobus, London, 1891-98, voll. i-vi ; trans. and ed. R. Kerr, London, 1908-33, voll. vii-xxiv. [*History of the Popes*]

64. Pou y Marti, *Visionarios, Beguinos y Fraticelos Catalanes (Siglos XIII - XV),* Vich, 1930. [*Visionarios*]

64A. M. Reeves, B. Hirsh-Reich, *Studies in the Figurae of Joachim of Fiore,* Oxford, 1972.*

65. F. Russo, *Bibliografia gioachimita,* Firenze, 1954. [*Bibliografia*]

66. F. Russo, *Gioacchino da Fiore e le fondazione florensi in Calabria,* Napoli, 1958. [*Gioacchino*]

67. F. Tocco, *Studii Francescani.* Nuova biblioteca di letteratura, storia ed arte, vol. iii, Napoli, 1909. [*SF*]

68. L. Tondelli, *Il libro delle Figure dell'Abate Gioacchino,* vol. i, 2ª ed., Torino, 1953. [*Lib. Fig.* I]

69. B. Töpfer, *Das kommende Reich des Friedens,* Berlin, 1964. [*Das kommende Reich*]

70. E. Sackur, *Sibyllinische Texte u. Forschungen. Pseudo-Methodius, Adso u. die tiburtinische Sibylle,* Halle, 1898. [*Sibyllinische Texte*]

II 論文

71. C. Baraut, *Las Antiguas Biografias de Joaquin de Fiore y sus Fuentes, Analecta Sacra Tarraconensia,* xxvi (1953), pp. 195-232. [*AST* xxvi]

72. E. Benz, *Joachim-Studien I. Die Kategorien der religiösen Geschichtsdeutung Joachims, Zeitschrift für Kirchengeschichte,* l (1931), pp. 24-111 ; *Joachim-Studien II. Die Exzerptsätze der Pariser Professoren aus dem Evangelium Aeternum,* ibid. li (1932), pp. 415-55 ; *Joachim-Studien III. Thomas von Aquin und Joachim de Fiore,* ibid. liii (1934), pp. 52-116. [*ZKG* l / li / liii]

73. H. Bernard-Maître, *Le Passage de Guillaume Postel chez les Jésuites, Mélange offerts à Henri Chamard,* Paris, 1951, pp. 227-43. [*Le Passage*]

74. H. Bernard-Maître, *Aux origines francaises de la Compagnie de Jésus. L'Apologie de Guillaume Postel, Recherches de Science Religieuse,* xxxviii (1952), pp. 209-33. [*RSR* xxxviii]

75. F. von Bezold, *Zur deutschen Kaisersage, Sitzungsberichte der philosoph.-philologisch. u. historisch. Classe der K. bayer. Akademie der Wissenschaften zu München,* xiv (1884), pp. 560-606. [*Kaisersage*]

76. J. Bignami-Odier, *Notes sur deux manuscrits de la Bibliothèque du Vatican contenant des traités inédits de Joachim de Fiore, Mélanges d'Archéologie et d'Histoire,* liv (1937), pp. 211-41. [*MAH* liv]

＊本書初版で「刊行準備中」とあったものを改訂版の公刊データに替えた。

77. J. Bignami-Odier, *Les Visions de Robert d'Uzès, O. P., Archivum Fratrum Praedicatorum,* xxv (1955), pp. 258-310. [*AFP* xxv]
78. M. Bloomfield, *Joachim of Flora, Traditio,* XIII (1957), pp. 249-311. [*Traditio* XIII]
79. M. Bloomfield, M. Reeves, *The Penetration of Joachism into Northern Europe, Speculum,* xxix (1954), pp. 772-93. [*Speculum* xxix]
80. A. Crocco, *La formazione dottrinale di Gioacchino da Fiore e le fonti della sua teologia trinitaria, Sophia,* xxiii (1955), pp. 192-6. [*Sophia* xxiii]
81. E. Donckel, *Die Prophezeiung des Telesforus, Archivum Franciscanum Historicum,* xxvi (1933), pp. 29-104. [*AFH* xxvi]
82. H. Grundmann, *Kleine Beiträge über Joachim von Fiore, Zeitschrift für Kirchengeschichte,* xlviii (1929), pp. 137-65. [*ZKG* xlviii]
83. H. Grundmann, *Die Papstprophetien des Mittelalters, Archiv für Kulturgeschichte,* xix (1929), pp. 77-159. [*AK* xix]
84. H. Grundmann, *Die Liber de Flore, Historisches Jahrbuch,* xlix (1929), pp. 33-91. [*HJ* xlix]
85. H. Grundmann, *Dante u. Joachim v. Fiore, zu Paradiso X-XII, Deutsches Dante-Jahrbuch,* xiv (1932), pp. 210-56. [*DDJ* xiv]
86. H. Grundmann, *Joachim von Floris und Rainer von Ponza, Deutsches Archiv für Erforschung des Mitttelalters,* xvi (1960), pp. 437-546. [*DA* xvi]
87. H. Haupt, *Ein Beghardenprozess in Eichstadt vom Jahre 1381, Zeitschrift für Kirchengeschichte,* v (1882), pp. 487-98. [*ZKG* v]
88. H. Haupt, *Zur Geschichte des Joachimismus, Zeitschrift für Kirchengeschichte,* vii (1885), pp. 372-425. [*ZKG* vii]
89. B. Hirsch-Reich, *Eine Bibliographie über Joachim v. Fiore u. dessen Nachwirkung, Recherches de Théologie ancienne et médiévale,* xxiv (1957), pp. 27-44. [*RTAM* xxiv]
90. O. Holder-Egger, *Italienische Prophetien des 13. Jahrhunderts, Neues Archiv der Gesellschaft für ältere deutsche Geschichtskunde,* xv (1889), pp. 143-78 ; xxx (1904-5), pp. 323-86 ; xxxiii (1907-8), pp. 97-187. [*NA* xv / xxx / xxxiii]
91. P. Kleinhaus, *De vita et operibus Petri Galatini O. F. M., scientiarum biblicarum cultoris (c.1460-1540), Antonianum,* i (1926), pp. 145-79, 327-56. [*Antonianum* i]
92. A. Messini, *Profetismo e profezie ritmiche italiana d'ispirazione Gioachimito-Francescana nei secoli XII, XIV e XV, Miscellanea Francescana,* xxxvii (1937), pp. 39-54 ; xxxix (1939), pp. 109-30. [*Misc.Franc.* xxxvii / xxxix]
93. C. Ottaviano, *Un nuovo documento intorno alla condanna di Gioacchino da Fiore nel 1215, Sophia,* iii (1935), pp. 476-82. [*Sophia* iii]
94. M. Reeves, B. Hirsch-Reich, *The Seven Seals in the Writings of Joachim Fiore, Recherches de Théologie ancienne et médiévale,* xxi (1954), pp. 211-47. [*RTAM* xxi]
95. M. Reeves, B. Hirsch-Reich, *The Figurae of Joachim of Fiore : Genuine and Spurious Collections, Mediaeval and Renaissance Studies,* iii (1954), pp. 170-99. [*MARS* iii]
96. M. Reeves, *The Liber Figurarum of Joachim of Fiore, Mediaeval and Renaissance Studies,* ii

(1950), pp. 57-81. [*MARS* ii]
97. M. Reeves, *The Abbot Joachim's Disciples and the Cistercian Order, Sophia,* xix (1951), pp. 355-71. [*Sophia* xix]
98. M. Reeves, *The Arbores of Joachim of Fiore, Studies in Italian Medieval History presented to Miss E. M. Jamison, being Papers of the Britisch School at Rome,* xxiv (1956), pp. 124-36. [*Arbores*]
99. F. Russo, *Il libro delle Figure attributed a Gioacchino da Fiore, Miscellanea Francescana,* xl (1941), pp. 326-44. [*Misc. Franc.* xl]
100. F. Russo, *S. Francesco ed i Francescani nella letteratura profetica gioachimita, Miscellanea Francescana,* xlvi (1946), pp. 232-42. [*Misc. Franc.* xlvi]
101. F. Russo, *Un documento sulla condanna di Gioacchino da Fiore nel 1215, Archivio Storico per la Calabria e la Lucania,* xx (1951), pp. 69-73. [*ASCL* xx]
102. F. Secret, *Guillaume Postel et les courants prophétiques de la Renaissance, Studi francesi,* Anno I (1957), pp. 375-95. [*Studi francesi* I]
103. F. Secret, *Paulus Angelus, Descendant des Empereurs de Byzance et la Prophétie du Pape Angélique, Rinascimento,* Anno XIII (1962), pp. 211-24. [*Rinascimento* XIII]
104. L. Tondelli, *Gli Inediti dell'Abate Gioacchino da Fiore, Archivio Storico per la Calabria e la Lucania,* xii (1942), pp. 1-12. [*ASCL* xii]

［付録A］

ヨアキムの真正著作と擬作*

ブルームフィールド教授が言うように[1]、ヨアキムの真正著作の数々を明確に規定することが急務である。F. ルッソはその『ヨアキム的文書文献一覧*Bibliografia Gioachimita*』で著作群を〈真正著作〉、〈疑問のある著作〉、〈擬作〉に分類しようと試みている。しかしこの著作には不可解な過ち、省略、混乱が認められる[2]。E. ドンケルは*AFH* xxvi. 51-2で〈真正著作〉と〈真正ならざる著作〉の二項目に分類しているが、ここでも真正著作の範疇はいまだ不充分で、混乱も幾つか観られる。以下に、著作群を真正および擬作に分けて提示したが、これが決定的なものであると言うのではない。ヨアキムが著した主著の数々については全般的合意があるが、いまだ小論の幾つかに関しては見解の一致をみるに到っていないし、また他の幾つかは最近特定されたばかりのものである。主たる疑義が寄せられているのは、一覧I. 真正著作の13から18。13に関しては、Reeves, Hirsch-Reich, *RTAM* xxi. 226-31を参照されたい。15および16の真正性については、(a)それが最も信頼性の高い初期のヨアキム著作集成であるMS. Padua 322にも収められたものであること、(b)記述に時代的錯誤がないこと、擬作預言によくあるような特別な意図が認められないこと、(c)すでにヨアキムの真正著作と承認されているものとの連携が認められることが論

---

1) *Traditio* XIII, p.251 n.3 :「ヨアキム後継者たちおよび擬ヨアキム主義者たちに関する文献学的な規範となるべき著作が必要である。また長く待望される彼の著作の校訂版の公刊が緊要である。」

2) B. Hirsch-Reich, *RTAM* xxiv. 27-44を参照。

＊ 付録Aは研究の進捗を鑑み、本書の1993年改訂版に準拠して改めた。ただしこの前書きは改訂版でも改稿されずそのまま載せられているので、参照番号がずれることになっている。本訳書では適宜改めた。

改訂においては、まず大枠として真性著作が15（＋1）から17項目に整序されている。これは黙示録註解諸著の区分に纏わるもので、

初版3. Enchiridion super Apocalypsim

初版4. Short Tract on the Apocalypse [called by Huck : Enchiridion in Apocalypsim]

初版4a. Apocalypsis nova [an indipendent, short commentary on the Apocalypse]

が、それぞれ改定において4, 6, 3に配当され、初版3にして改訂版4とは別の起句をもつEnchiridion super Apocalypsimが新たに5として項目別けされた。これによって同一書名の異本があらわれるという難儀な事態になっているが、一方、初版4. Enchiridion in Apocalypsimは改版6. Praefatio super Apocalypsimと改題され、区別されている。ただしここでも改版5と改版6の起句が同じという困難がある。主著Expositioを含め、いずれこれらの校訂版が刊行されぬ限り、この難題は解き得ない【I-2 p.32 ; I-2 nn.41, 42】参照。

その他の改訂はいくつか紙葉《フォリオ》数が改められ、刊行本が増補されるにとどまっている。この改訂以降に公刊されたヨアキム著作についてもいくつか註記を加えた。

拠とされている。ただしどれも格別の確証とはなっていない。(d)16に関しては【I-1 n.6】を参照されたい。ただしTondelli, *Lib. Fig.* I, pp.119-20はこれを否定している。17の『形象の書』の真正性に関しては激しい議論が交わされてきた。しかしそこには、その諸形象とヨアキムの主要三著作のテクストとの密接な関係という内証が認められる。これについては、Reeves, Hirsch-Reich, *Studies*で広範に論じられている。その他、概括的な論究として以下を参照。Denifle, *ALKG* i. 91-6 ; Huck, *Joachim v. Floris,* pp.127-227 ; Buonaiuti, *Quat. Evang.,* introd., pp.lxiv-lxxi ; *De Articulis Fidei,* introd., pp.lviii-lix ; Donckel, *AFH* xxvi. 50-1 ; Tondelli, *Lib. Fig.* I, pp.116-22 ; Grundmann, *NF,* pp.15-31 ; Bloomfield, *Traditio* XIII, pp.251-60 ; Tondelli, *Gli Inediti dell'Abate Gioacchino da Fiore, ASCL* xii. 1-12.

写本一覧はすべてを網羅している訳ではない。ここでは初期の最も興味深いものをのみ挙げた。

I. 真正著作

1.『新約と旧約聖書の符合』LIBER CONCORDIE NOVI ET VETERIS TESTAMENTI
（通常ヨアキムの遺言書が巻頭に付される）
Inc. Quia labentis et perituri saeculi perurgere ruinam

写本*

Roma, Vatican, Lat. 4861, ff.1-199	13世紀
Roma, Bibl. Corsin., 41. F.2, ff.2-115（サン・ジョヴァンニ・イン・フィオレに由来するものとして知られる）	13世紀初頭
Paris, Bibl. Nat., Lat. 16280, ff.1-262	13世紀
Paris, Bibl. Nat., Lat. 10453, ff.1-91	13世紀
Paris, Bibl. Nat., Lat. 15254, ff.233-334	13世紀
Roma, Vatican, Borgh.190, ff.5-181	13世紀
Troyes, Bibl. Munic., 249, ff.1-36（Lib.I-IVのみ）[(3)]	13世紀
Dresden, Sächs. Landesbibl., A.121, ff.2-56（未完）	13世紀末
Bamberg, Staats-Bibl., Misc. Bibl. 152, ff.1-101	13世紀後半
Padova, Bibl. Anton., 328, ff.1-139	14世紀前半
Firenze, Bibl. Laur., Conv. Soppr. 358, ff.1-116	14世紀初頭
Firenze, Bibl. Laur., Plut. VIII, dextr. x, ff.1-168	14世紀初頭

3) この写本の『符合の書』および『黙示録註解』は中間で途切れている。『符合』はヴェネチア刊本f.67rで。『黙示録註解』は同f.151rで。上に示した頁付け（葉数）はヨアキム文書がはじまる紙葉のはじめからわたしが仮に付したものである。
＊ 初版リストに採られていた「MS. Roma, Vatican, Lat., 3821, ff.1-128. 14世紀」が省かれている。

Paris, Bibl. Nat., Lat.3320, ff.1-101（未完） 14世紀
Chalons-s-Marne, Bibl. Munic., 68, ff.64-162 14世紀
Roma, Bibl. Casanaten., 1412, ff.1-103 14/15世紀
Roma, Vatican, Urb. Lat., 8, ff.1, 10-164 15世紀
Leipzig, Universitäts. Bibl., 194, ff.141-232（Lib.I-IVのみ） 15世紀

印行本

Venezia 1519, 遺言書、クレメンス三世のヨアキム宛書簡、およびヨアキムの『黙示録註解』からの短い抄録が巻頭に付されている。

リプリント版Frankfurt-a-M., 1964, 1983.

D. R. Daniel, ed., Abbot Joachim of Fiore. *Liber de Concordia Novi ac Veteris Testamenti. Trans. of the American Philosophical Society,* 73, Pt. 8 (1983).（Lib.I-IVのみ）

2.『黙示録註解』Expositio in Apocalypsim

Inc. Quam propensioribus studiis a viris catholicis

写本*

Troyes, Bibl. Munic., 249, ff.38-107(3) 13世紀
Milano, Bibl. Ambros., H.15, inf. misc., ff.65-160 13/14世紀
Roma, Vatican, Chig. A. VIII, 231, ff.1-104 14世紀
Roma, Bibl. Casanaten., 1411, ff.1-191 14世紀
Nuremberg, Staedtbibl., Cent. II, 51, ff.127-373
London, Brit., Mus., Harley 3049, ff.137(135)-220(218) 15世紀
Rouen, Bibl. Munic., A. 450, ff.1-131 16世紀

印行本

Venezia, 1527, 遺言書およびクレメンス三世のヨアキム宛書簡が巻頭に付されている。

リプリント版Frankfurt-a-M., 1964.

3.『新黙示録』Apocalypsis Nova（独立の黙示録短註解）

Inc. Apocalypsis ihesu christi quam dedit illi deus

写本

Dresden, Sächs. Landesbibl., A. 121, ff.100-31 13/14世紀
Roma, Vatican, Lat. 4860, ff.55-8, 85-141 13世紀

未公刊

4.『黙示録叙説』Enchiridion super Apocalypsim

Inc. Quam propensioribus studiis a viris catholicis

---

* 初版リストの「MS. Todi, Bibl. Comun., 43, ff.1-120」が省かれ、6番目のLondon写本が加えられている。

これは『黙示録註解*Expositio*』巻頭の「序論 *Liber Introductorius*」の長い異文《ヴァージョン》。しばしば独立して見られるもので、ヨアキム著作の最も初期のものであるパヴィア写本にも別個に載せられている。

写本

Pavia, Bibl. Univ., Aldini 370, ff.1-78	13世紀初頭
Paris, Bibl. Nat., Lat. 2142, ff.103-33	13世紀
Paris, Bibl. Nat., Lat. 427, ff.46-94	13世紀
Roma, Vatican, Reg. Lat. 132, ff.58-95	14世紀
London, Brit. Mus., Harley 3049（断片）, ff..137(135)-140(138)	14世紀

この論考は長い異文《ヴァージョン》としては未公刊。

5.『黙示録叙説』Enchiridion super Apocalypsim

Inc. Apocalypsis liber ultimus est

写本

Roma, Vatican, Lat. 3822, ff.104-8（断片）	13世紀後半
Wroclaw, Bibl. univ., Rediger 280, ff.47-53	14世紀

刊行本

E. K. Burger, *Joachim of Fiore, Enchiridion super Apocalypsim, Pontifical Institute of Mediaeval Studies, Studies and Texts,* 78, Tronto, 1986, pp.1-6.

6.『黙示録序』Praephatio super Apocalypsim

Inc. Apocalypsis liber ultimus est librorum omnium

写本

Roma, Vatican, Lat. 3822, ff.100-8（断片）	13世紀末
Paris, Bibl. Nat., Lat., 2142, ff.96-103	13世紀
Paris, Bibl. Nat., Lat., 682, ff.41-5	13世紀
London, Brit. Mus., Harley 3969, ff.216-24（断片）	13世紀
Dresden, Sächs. Landesbibl., A 121, ff.97-100	13/14世紀
Roma, Vatican, Reg. Lat.132, ff.49-53	14世紀

刊行本

Huck, *Joachim v. Floris,* pp.287-305.

Selge, K-V., *DA* (1990), pp.85-101.

〔Selge, *Gioacchino da Fiore Introduzione all'Apocalisse,* [*Opera di Gioacchino da Fiore : testi e strumenti* 6], Roma, 1995.〕

7.『十玄琴』Psalterium Decem Chordarum

Inc. Antiqua Patrum traditione perlatum est

写本

Padova, Bibl. Anton., 322, ff.1-42	13世紀前半

Paris, Bibl. Nat., Lat. 427, ff. 1-45 13世紀
Roma, Vatican, Lat. 4860, ff. 145-9, 160-92 13世紀
Roma, Vatican, Lat. 5732, ff. 1-36 14/15世紀
Dresden, Sächs. Landesbibl., A. 121, ff. 56-83 13/14世紀
Nuremberg, Städtbibl., Cent. II 51, ff. 2-92 16世紀

印行本

Venezia 1527 (*Expositio* と合冊で), ff. 225-79[4]
リプリント版Frankfurt-a-M., 1965, 1983.

8.『四福音書討議』Tractatus super Quatuor Evangelia

Inc. Liber generationis Jesu Christi. In exordio sacrae huius lectionis

写本

Padova, Bibl. Anton., 322, ff. 81-136 13世紀前半
Reggio Emilia, Bibl. Semin., R2, ff. 21-6 (断片)[5] 13/14世紀
Dresden, Sächs. Landesbibl., A. 121, ff. 179-221 13/14世紀

刊行本

Buonaiuti, Roma, 1930.

9.『信仰箇条について』De Articulis Fidei

Inc. Rogasti me, attentius, fili Johannes

写本

Padova, Bibl. Anton., 322, ff. 156-62 13世紀前半
Firenze, Bibl. Laur., Plut. IX, dextr. xi, ff. 58-66 14世紀
Reggio Emilia, Bibl. Semin., R2, ff. 20-5 13/14世紀
Nuremberg, Städtbibl., Cent. II 51, ff. 92-8 16世紀

刊行本

Bonaiuti, *De Articlis Fidei di Gioacchino da Fiore, Fonti per la Storia d'Italia,* 78, Roma, 1936.

10.『神の予知と選ばれた人の予定についての対話』

Dialogi de Praescientia Dei et Praedestinatione Electorum

Inc. Volo, si possum, frater carissime Benedicte, vetustissimae illi quaestioni

写本

Padova, Bibl. Anton., 322, ff. 43-56 13世紀前半

---

4) La Piana, *Joachim of Flora, Speculum* vii (1932), p. 267 n. 2には、同時に印刷されたもので分冊のものがハーヴァード図書館にあるという。

5) レッジョ・エミリアの写本には整理番号がないので、ここでは仮にR1、R2とした。Cfr. Tondelli, *Lib. Fig.* I, pp. 3 ss.

Roma, Vatican, Urb. Lat. 8. ff.165-99　15世紀
Reggio Emilia, Bibl. Semin., R2, ff.12-20　13/14世紀

刊行本

Huck, *Joachim v. Floris,* pp.278-87.

Leo, P. De, *Gioacchino da Fiore,* Cosenza, 1988, pp.65-123.

〔Potestà, G.L., *Gioacchino da Fiore, Dialoghi sulla prescienza divina e la predestinazione degli eletti,* [*Opere di Gioacchino da Fiore : testi e strumenti* 14], Roma, 2001.〕

11.『聖ベネディクトゥス伝および彼の教えによる神への勤め』
Tractatus de Vita S. Benedicti et de Officio Divino secundum eius Doctorinam
Inc. Legimus in libro Genesis, qui primus est

写本

Padova, Bibl. Anton., 322, ff.141-9　13世紀前半
Roma, Vatican, Lat. 4860, ff.35-44　13世紀

刊行本

Baraut, *Analecta Sacra Tarraconensia,* xxiv (1951), pp.42-118.

〔Arani, M., *Gioacchino Da Fiore, De vita Sancti Benedicti et de Officio divino secundum eius doctrinam,* Cosenza, 1994にBaraut版リプリント収録。〕

12.『ユダヤ人駁論』Adversus（あるいはContra）Judaeos
Inc. Contra vetustam duritiam Judaeorum

写本

Padova, Bibl. Anton., 322, ff.57-71　13世紀前半
Reggio Emilia, Bibl. Semin., R2, ff.2-11　13/14世紀
Dresden, Sächs. Landesbibl., A. 121, ff.223-35　13/14世紀
London, Brit. Mus., Add. 11439, ff.78-98(6)　1377年
Prague, Bibl. Cap. Metrop. ad S. Vitum, C.XCV, ff.1-13　13世紀

刊行本

Frugoni, A., *Fonti per la Storia d'Italia,* 95, Roma, 1957.

〔Iritano, M., *Gioacchino da Fiore, Agli Ebrei,* Catanzaro, 1998.〕

13.『第七の封印について』De Septem Sigillis
Inc. Sub hoc tempore continetur de Abraham, Ysaac et Jacob

写本

Paris, Bibl. Nat., Lat. 11864, f.152　13世紀初頭
Paris, Bibl. Nat., Lat. 3595, ff.25-28　14世紀
Oxford, Corpus Christi College, 255 A, f.4　13世紀初頭

---

6) Frugoniはこの写本の存在を知らなかった。

Padova, Bibl. Anton., 322, f.166	13世紀前半
Dresden, Sächs. Landesbibl., A. 121, ff.221-2	13/14世紀
Roma, Vatican, Lat. 3822, ff.1-2	13/14世紀
New York, Pierpont Morgan Lib., 631, ff.47-8	14世紀
Milano, Bibl. Ambros., H. 15, inf. misc. f.64	13/14世紀
Wroclaw, Bibl. universytecka, Rediger 280, ff.11-13	14世紀

刊行本

Reeves, Hirsch-Reich, *RTAM* xxi. 239-47.

Bloomfield, M., Lee, H., *RTAM* xxxviii (1971), pp.137-142.

14.『最新の試練の数々について』De Ultimis Tribulationibus

Inc. De ultimis tribulationibus disputantes in opusculis nostris

写本

Padova, Bibl. Anton., 322, ff.151-3	13世紀前半
Roma, Vatican, Lat. 4860, ff.47-50	13世紀
Roma, Vatican, Lat. 3822, ff.15-17	13/14世紀
Firenze, Bibl. Laur., Plut. IX, dextr. xi, ff.54-57	14世紀
Reggio Emilia, Bibl. Semin., R2, ff.1-2	13/14世紀
Dresden, Sächs. Landebibl., A. 121, ff.235-7	14世紀
Wroclaw, Bibl. universytecka, Rediger 280, ff.39-42	14世紀

刊行本

Daniel, E. R., *Prophecy and Millenarianism,* ed. A Williams, London 1980, pp.173-89.

〔Selge, in *Florensia,* VII (1993), pp.21-35〕

15.『普遍なるキリスト信仰についての書簡』Epistola Universis Christi Fidelibus

Inc. Universis Christi fidelibus ad quos littere iste prevenerint … Loquens Dominus Iezechieli

写本

Padova, Bibl. Anton., 322, f.166（断片）	13世紀前半
Roma, Vatican, Lat. 3822, f.1r-v	13/14世紀
Roma, Vatican, Lat. 2034, ff.195-7	15世紀
Roma, Vatican, Borgh. 190, ff.2-4	13世紀
Firenze, Bibl. Laur., Plut. LXXXIX, inf. xli, ff.109-12	14世紀
Paris, Bibl. Nat., Lat. 11864, f.152v	13世紀初頭
Paris, Bibl. Nat., Lat. 3595, f.19v-21v	14世紀
Paris, Bibl. Nat., 16397, ff.119-23	14世紀
London, Brit. Mus., Royal and Kings 8. F. xvi, ff.35-7	14世紀
London, Brit. Mus., Add. 11439, ff.76-7	1377年
Milano, Bibl. Ambros., H. 15, inf. misc., ff.47-8	13世紀
Wroclaw, Bibl. universytecka, Rediger 280, ff.10-11	14世紀

刊行本

Bignami-Odier, *MAH* liv. 220-3.

16. その他の書簡および説教

(a) *Epistola Domino Valdonensi*

Inc. Domino Valdonensi Dei gratia monasterii abbati

写本

Roma, Vatican, Lat. 3822, f.4 13/14世紀

Paris, Bibl. Nat., Lat. 3595, f.34 14世紀

Wroclaw, Bibl. universytecka, Rediger 280, f.13 14世紀

刊行本

Bignami-Odier, *MAH* liv. 226-7.

(b) *Super flumina Babilonis*

Inc. Sollempne est et notorium, fratres charissimi

写本

Padova, Bibl. Anton., 322, ff.71-4 13世紀前半

刊行本

Tondelli, *Lib. Fig.* I. pp.100-7（抄録）

Antoni, G. *De, Il sermo in septuagesima "Super flumina Babilonis"*. Thesis, Univ. di Padova, 1989/90.

(c) *Intelligentia super calathis ad Abbatem Gaufridum*

Inc. De spiritualibus autem visum est

写本

Padova, Bibl. Anton., 322, ff.136-9 13世紀前半

刊行本

Leo, P. De, *Gioacchino da Fiore. Aspetti inediti della vita e delle opere,* Cosenza, 1988, pp.135-48.

(d) *Expositio de prophetia ignota*

Inc. Beatus Augustinus quasdam peregrinas prophetias

写本

Padova, Bibl. Anton., 322, ff.149-51 13世紀前半

刊行本

McGinn, B., *Joachim and the Sibyl, Citeau. Commentariis Cisterciensis,* 24 (1973), pp.129-38.

〔Kaup, M., *Gioacchino da Fiore, Commento a una profezia ignota,* [*Opere di Gioacchino da Fiore : testi e strumenti* 10], Roma, 1999.〕

(e) 説教

Inc. Sumam ego de medulla cedri

写本

Padova, Bibl. Anton., 322, ff.162r-v 13世紀前半

刊行本

Buonaiuti, *De Articulis Fidei*【ref.上掲9】, Appendix, pp.81-93.

(f) 小説教集

写本

Padova, Bibl. Anton., 322, ff.164r-165v　13世紀前半

刊行本

Buonaiuti, op. cit., pp.94-108.

(g) 説教

Inc. Usitatem inter plurimos questionem

写本

Padova, Bibl. Anton., 322, ff.139-40　13世紀前半

刊行本

Leo, P. De, *Gioacchino da Fiore,* op. cit., pp.157-63.

17.『形象の書』Liber Figurarum

写本

Oxford, Corpus Christi College, 255 A, ff.4-14　13世紀

Reggio Emilia, Bibl. Semin., R1, ff.1-20　13/14世紀

Dresden, Sächs. Landesbibl. A. 121, ff.87-96　13/14世紀

Roma, Vatican, Lat. 4860, ff.198-204（6図テクスト付き）　13世紀

Roma, Vatican, Lat. 3822, ff.2-3, 4v, 7r-8r（3図分テクストのみ）　13/14世紀

Paris, Bibl. Nat., Lat. 11864, f.151（1図テクスト付き）　13世紀初頭

Paris, Bibl. Nat., Lat. 3595, ff.22-5, 29-34（3図分テクストのみ）　14世紀

Milano, Bibl. Ambros., H.15, inf. misc., f.63（1図分テクストのみ）　13/14世紀

Firenze, Bibl. Laur., Conv. Soppr. 358, ff.92-3（1図テクストなし）　14世紀

Roma, Vatican, Urb. Lat. 8, ff.132-3（1図分テクストのみ）　15世紀

刊行本

Tondelli, Reeves, Hirsch-Reich, *Il libro delle Figure di Gioacchino da Fiore,* II, Torino, 1953.〔*Lib. Fig.* IIのみ1990再版。〕

18. 詩二編

(a) *Hymnus de Patria Coelesti et de Gloria Sanctorum*

(b) *Visio Admiranda de Gloria Paradisi*

Inc. (a) O felix regnum Patriae supernae

(b) Visionem admirandae ordiar historiae

写本

Padova, Bibl. Anton., 322, ff.165-6　13世紀初頭

Firenze, Bibl. Laur., Plut. IX, dextr. xi, f.66　14世紀

刊行本

Psalterium Decem Chordarum, Venezia, 1527, ff.279-80.
G. Falcone, *Poeti e Rimatori Calabri,* Napoli, 1899, i. 48-53.
Huck, *Joachim v. Floris,* pp.186-9, (b)のみ.
Reeves, M., Fleming, J., *Two Poems attributed to Joachim of Fiore,* Princeton, 1978.

II. 擬書

1. 『諸形象につづく書簡』 Epistola Subsequentium Figurarum

Inc. Genealogia sanctorum antiquorum

おそらくヨアキムの没後すぐの第一世代によるもの（【I-4 p.54】参照）。

写本

Roma, Vatican, Lat. 3822, ff.3-4	13/14世紀
Paris, Bibl. Nat., Lat. 11864, ff.151-2	13世紀初頭
Paris, Bibl. Nat., Lat. 3595, ff.28-9	14世紀

刊行本

Bignami-Odier, *MAH* liv. 224-6.
Tondelli, *Lib. Fig.* I, pp.41-3.

2. 『ロンバルドゥス論駁の書』 Liber contra Lombardum

Inc. Cum a pluribus dubitetur de confessione fidei

1234年直後の著作。

写本

Oxford, Balliol College, CCXCVI, ff.219-49	14世紀

刊行本

Ottaviano, *Joachimi Abbatis Liber contra Lombardum,* Roma, 1934.

3. 『エレミヤ書註解』 Super Hieremiam Prophetam

Inc. Verba Hieremiae filii Elchiae

通常、皇帝ハインリヒ六世宛の仮想書簡が巻頭に付されている。

Inc. Henrico sexto inclito Romanorum augusto

1248年以前、あるいはおそらく1243年以前の著作。

写本

Roma, Vatican, Lat. 4860, ff.206-74（抄録）	13世紀
Roma, Vatican, Lat. 3822, ff.21-4, 39-100（抄録）	13/14世紀
Firenze, Bibl. Laur., Plut. IX, dextr. xi, ff.1-55	14世紀
Firenze, Bibl. Laur., Plut. XX, xix, ff.1-85	14世紀
Perugia, Bibl. S. Pietro, 15, ff.70-115	13/14世紀

Paris, Bibl. Nat., Lat. 13428, ff.1-43	15世紀
Paris, Bibl. Nat., Lat. 15637, ff.203-42	13世紀
Dresden, Sächs. Landesbibl., A.121, ff.132-75	14世紀
Brussels, Bibl. Roy., Lat. 11956-66, ff.1-71	13世紀
London, Brit. Mus., Add. 11439, ff.2-73	1377年
Wolfenbüttel, Herzog August. Bibl., Lat. Helmst. 1064, ff.1-140	13世紀

刊行本

Venezia, 1516.

Venezia, 1525.

Cologne, 1577.

4.『エリトレアの巫言』VATICINIUM SIBILLAE ERITHREAE

Inc. Exquiritis me o illustrissima turba Danaum

1249年(?)、おそらくそれ以前*。

これには二種があり、Aはオリジナルの長文、Bは短い異文《ヴァージョン》。

写本:A

Brussels, Bibl. Roy., 11956-66, ff.89-92	13世紀
Roma, Vatican, Reg. Lat. 132, ff.97-101	14世紀
Firenze, Bibl. Ricc., 881, ff.1-4	14世紀
Paris, Bibl. Nat., Lat. 3595, ff.15-17 (断片), 37-53	14世紀
Paris, Bibl. Nat., Lat. 6362, ff.64-8	15世紀
Paris, Bibl. Nat., Lat. 14726, ff.82-95	15世紀
Paris, Bibl. Nat., Lat. 3455, ff.37-45	15世紀

B

Roma, Vatican, Lat. 3822, ff.19-20, 24-5	13/14世紀
Roma, Vatican, Lat. 3820, ff.37-8	15世紀
Roma, Vatican, Lat. 2034, ff.201-2	15世紀
Roma, Bibl. Vitt. Eman., 14. S. Pant. 31, ff.49-51	13/14世紀
Firenze, Bibl. Laur., Plut. LXXXIX, inf. xli, ff.105-8	14世紀
Paris, Bibl. Nat., Lat. 3319, ff.1-5	14/15世紀
London, Brit. Mus., Add. 11439, ff.73, 75 (断片)	1377年
Cambridge, Univ. Lib., Mm. 1. 16, ff.24-46	14世紀
Cambridge, Corpus Christi Coll., 138, pp.179-82	14世紀
Hague, Bibl. Reg., 71. E. 44, ff.104-12	1500年

* 初版では「1251-4年」とされていたもの。これはAlexander, P., *The Diffusion of Byzantine Apocalypses in the Medieval West and the Beginning of Joachimism,* in *Prophecy and Millenarism,* ed. Williams, A., London 1980, pp.55-106に拠った改訂とみられる。【I-5 n.62】参照。以下の諸著作の年代特定についてもこれに準じる。

Nuremberg, Städtbibl., Cent. IV, 32, ff. 29-34　13世紀
Wroclaw, Bibl. universytecka, Rediger 280, ff. 9-10　14世紀

刊行本

Holder-Egger, *NA* xv. 155-73 (A) ; xxx. 328-35 (B).[7]

5.『預言された災厄について』De Oneribus Prophetarum

Inc. Henrico sexto inclito … Pie petis

おそらく1255-56年の著作*。

写本

Roma, Vatican, Borgh. 190, ff. 183-91	13世紀
Roma, Vatican, Lat. 3822, ff. 28-33	13/14世紀
Roma, Vatican, Lat. 5732, ff. 57-71	14/15世紀
Roma, Vatican, Lat. 3820, ff. 14-26	15世紀
Roma, Bibl. Vitt. Eman., 14. S. Pant. 31, ff. 3-47	14世紀
Perugia, Bibl. S. Pietro, 15, ff. 115-26	13/14世紀
Milano, Bibl. Ambros., H. 15, inf. misc., ff. 52-62	13/14世紀
Paris, Bibl. Nat., Lat. 3595, ff. 1-15	14世紀
Paris, Bibl. Nat., Lat. 13428, ff. 44-56	15世紀
Paris, Bibl. Nat., Lat. 14726, ff. 77-81	15世紀
Paris, Bibl. Nat., Lat. 16397, ff. 125-36	14世紀
London, Brit. Mus., Royal and Kings 8. F. xvi, ff. 38-44	14世紀
Brussels, Bibl. Roy., 11956-66, ff. 82-7	13世紀
Hague, Bibl. Reg., 71. E. 44, ff. 101-3, 143-5（抄録）	1500年
Wroclaw, Bibl. universytecka, Rediger 280, ff. 21-9	14世紀

刊行本

Holder-Egger, *NA* xxxiii. 139-87.（ただし大英博物館の写本の異文には順序が異なり、省略および他の文書からの纂入が認められる。）

6.『シビュラたちおよびマーリンに関する大修道院長ヨアキムの註解』

Expositio Abbtis Joachim super Sibillis et Merlino

Inc. Interpretari tua serenitas imperat Merlinum

おそらく1250年以前の著作**。

写本

Brussels, Bibl. Roy., 11956-66, ff. 72-82　13世紀

---

7) C. Alexandre, *Oracula Sibyllina,* ii, excursus, Paris, 1856, p. 291には、Lodovicus de Tovat (? Toval) による1508年スペインでの公刊本があると記されているが、彼自身それを実見してはいないと述べている。

＊ 初版では「1251-4年」とされていたもの。

＊＊ 初版では「1254年あるいはその直後」とされていたもの。

Roma, Vatican, Lat. 5732, ff. 51-7	14/15世紀
Roma, Vatican, Lat. 3820, ff. 1-14, 27-36	15世紀
Roma, Bibl. Vitt. Eman., 14. S. Pant. 31, ff. 29-39, 51-8	14世紀
Paris, Bibl. Nat., Lat. 3319, ff. 9-25, 28-38	14世紀
Paris, Bibl. Nat., Lat. 14726, ff. 50-1	15世紀
Nuremberg, Städtbibl. Cent, IV, 32, ff. 23-9, 39-45	13世紀
Hague, Bibl. Reg. 71. E. 44, ff. 99-100	1500年

未公刊

7.『聖なる教会の三つの時代について、シトー派大修道院長ヨアキムがアルマンノの皇帝ヘンリクスに伝えた預言』Prophetia Abbatis Joachim Ordinis Cisterciensis Transmissa Henrico Imperatori Alemannie de Tribus Statibus Sancte Ecclesie

Inc. Tres sunt status in ecclesia

おそらく1250-60年の著作。

写本

Paris, Bibl. Nat., Lat. 2599, ff. ccxliv-ccxlix	14世紀

注：これは上掲3に近似したもので、短い句節はそこから採られている。とはいえこの長い著作の単なる選抄ではない。引用はいささか異なった理念図式のもとに用いられており、語彙にも変更が認められる。オリジナルな部分もあるが、『エレミヤ書註解』の重要な章が用いられていなかったりもする。Bignami-Odier, *Roquetaillade,* pp. 235-6を参照。

『エレミヤ書註解』(*S.H.*) から引かれている句節は以下の通り：f. ccxliv-v : *S.H. Prefatio,* f. 23r ; f. ccxlv-r : *S.H.* ff. 23r, 14r ; f. ccxlv-v : *S.H.* ff. 1v, 18v, 13r, 51v ; f. ccxlvi-r : *S.H.* ff. 53r, 46v ; f. ccxlvii : *S.H.* 46r ; f. ccxlvii-v : *S.H.* f. 49v.

未公刊

8.『イザヤ書註解』Super Esaiam Prophetam

Inc. Joachim ad fratrem Raynerium de Pontio super prophetas

通常テクストの前に図像小集成が付されており、それを本書では『前置き *Praemissiones*』として下記した（本項9参照）。

おそらく1260-66年頃の著作*。

写本

Roma, Vatican, Lat. 4959, ff. 5-61	13世紀
Roma, Vatican, Lat. Ross. 552, ff. 6-65	13世紀末
Perugia, Bibl. S. Pietro, 15, ff. 6-69	13/14世紀
Venezia, Bibl. Marc., Lat. I, 74, ff. 5-65	14世紀
Vienna, Staatsbibl., 1400 (Theol.71), ff. 91-156	14世紀

＊ 初版では「1260-7年」とされていたもの。

London, Brit. Mus., Add., 11439, ff.103-23（抄録）	1377年
London, Brit. Mus., Cotton, Tib. B.V, Part II, ff.92-143	14世紀
Prague, Mus. Nat. XIV B. 17, ff.7-72 (*olim* Roudnice, Bibl. Lobkowicz, VI. Fc. 25)	14世紀前半

印行本

Venezia, 1517.

9.『前置き』Praemissiones

図像小集成、通常8に添えられるもの。

本来はおそらく1260-66年頃に作成されたもの*。

写本

Roma, Vatican, Lat. 4959, ff.1-4（9図）	13世紀
Roma, Vatican, Lat. Ross. 552, ff.1-5（11図）	13世紀末
Perugia, Bibl. S. Pietro, 15, ff.1-5（11図）	13/14世紀
London, Brit. Mus., Add. 11439. ff.99-103（11図）	1377年
Vienna, Staatsbibl., 1400 (Theol.71), ff.21-5（11図）	14世紀
Prague, Mus. Nat., XIV B, 17, ff.2-6（11図） (*olim* Roudnice, Bibl. Lobkowicz, VI. Fc. 25)	14世紀前半
Venezia, Bibl. Marc., Lat. I, 74, ff.2-4（8図）	14世紀
London, Brit. Mus., Cotton Tib. B. V., Part II, ff.89-91（8図）	14世紀

印行本

Super Esaiam, Venezia, 1517に付載。

Super Hier., 2° ed., Venezia, 1525に付載。

Expos. et *Psalt.,* Venezia, 1527に付載。

10.『キュリロスの巫言、大修道院長ヨアキムの註解付き』

Oraculum Cyrilli cum Expositione Abbatis Joachim

これは次の部分からなっている。(a)修道士ギルベルトゥス・アングリクスによる序（しばしば後代の註釈がつく）; (b)キュリロスがヨアキムに宛てたとされる書簡 ; (c)ヨアキムがキュリロスに宛てたとされる書簡 ; (d)キュリロスの巫言 ; (e)ヨアキムの註解と称されるもの。

Inc. (a) Frater Gilbertus anglicus ille magnus theologus, qui et ipse hunc librum

(b) Domui totius divine sapientie, septiformi columpna

(c) Stelle manenti in ordine sanctitatis

(d) Tempore annorum Christi millesimo ducentesimo quinquagesimo quarto

(e) Millesimo ducentesimo quinquagesimo quarto : puto hoc tempus hic prescriptum

おそらく1280-90年頃の著作（序(a)の付加は14世紀）。

＊ 初版では「1260-7年」とされていたもの。

写本

Roma, Vatican, Lat. 3819, ff.131-4	14世紀
Roma, Vatican, Lat. 3816, ff.i-xi	15世紀
Roma, Vatican, Lat. 3820, ff.46-62	15世紀
Roma, Bibl. Vitt. Eman., 30, ff.1-51	14世紀
Roma, Bibl. Vallicel., J. 32, ff.1-54	17世紀
Paris, Bibl. Nat., Lat. 4126, ff.282-94	14世紀
Paris, Bibl. Nat., Lat. 2599, ff.1-244 （ジャン・ド・ロカタイヤードの註解つき）	14世紀
Paris, Bibl. Nat., Lat. 14726, ff.51-76	15世紀
Paris, Bibl. Nat., Lat. 2598, ff.1-19	14/15世紀
Paris, Bibl. Nat., Lat. 3184, ff.90-108	15世紀
Berlin, Staatsbibl., Lat. qu. 54, ff.50-9(8)	14/15世紀
Cambridge, Corpus Chriti Coll., 404. ff.67-88	14世紀
Cambridge, Gonville and Caius Coll., 388/608, ff.103-25	14/15世紀
Hague, Bibl. Reg., 71. E. 44, ff.70-99	1500年
Nuremberg, Städtbibl., Cent, IV, 32, ff.1-16	13世紀
Wroclaw, Bibl. universytecka, Rediger 280, ff.54-60	14世紀

刊行本

Divinum Oraculum S. Cyrilli Carmelitae ... Cui adiungitur Commentarius B. P. F. Philippi a Sanctissima Trinitate Carmelitae discalceati, Lyon, 1663.

P. Puir in Burdach, *Vom Mittelalter,* II, iv, Appendix, pp.241-327.

11.『教皇預言集』Vaticinia de Summis Pontificibus（第一集十五預言）

Inc. Principium malorum ... Genus nequam

1300-1305年頃か*。

写本

Roma, Vatican, Lat. 3822, f.6r-v（未完）	14世紀初頭
Cambrdge, Corpus Christi College, 404, ff.88r-95r	14世紀初頭
Oxford, Bodl. Libr., Douce 88, ff.240r-47r	14世紀初頭
Firenze, Bibl. Ricc., 1222B, ff.1r-8v	14世紀
Lunel, Bibl. de Louis Médard à Bibl. Munic., 7, ff.4r-22v	14世紀初頭
Yale, Univ. Libr., T. E. Marston 225, ff.15-22	14世紀
Paris, Archiv. Nat., JJ. 28, ff.285r-91v	14世紀
Monreale, Bibl. Comun., XXV, F. 17, ff.1r-17r	14世紀

8) この写本の現在の架蔵番号は不詳。1945年以降はTübingen, Universitäts Bibliothek蔵だったもの。

＊ 初版では「1304年夏」と特定されていたもの。また続くリストでは、Oxf., Fir., Lunel, Paris, Monreale写本が増補されている。

Roma, Vatican, Lat. 3819, ff.147r-50r　14世紀

マルシコ司教アンセルムスに帰される『教皇預言集』の後の系列が組み合わされ、全30預言の16-30に置かれることになる。この増補著作は14世紀項半以降の写本に数多くあらわれる。ここにはこの増補を蒙っていない初期写本をのみ挙げた。

刊行本（後半増補したもの）は数多い。これらについてはRusso, *Bibliografia,* pp.44-8を参照。

12.『フロレの書』Liber de Flore

Inc. Tempore colubri leaenae filit [filii]

1303-1305年頃の著作*。

写本

Arras, Bibl. Munic., 138, ff.85-106　14世紀

Roma, Bibl. Vallicel., J. 32, ff.2-18　17世紀

Roma, Bibl. Vallicel., J. 33, ff.106-48　17世紀

刊行本

Grundmann, *HJ* xlix, 80-4.（抄録）

これに同じく1303-5頃に著作*された以下の二つの小論がある。

(a)通常ラバヌスRabanusに帰される『フロレの書』の註解。

(b)ダンダルスDandalusによって著された『ホロスコープの書 *Horoscopus*』。

13.『新約および旧約聖書の符合要約』

Summula Seu Breviloquium super Concordia Novi et Veteris Testamenti

*Inc. Prologus. Exposita sunt tempora per dicta ** prophetarum*

Breviloquium. Cum non sit nostrum nisi divina revelatione

1351-54年頃の著作***。

写本

Madrid, Bibl. Nat., 6972（旧カタログではS. 247）, ff.1-50　1368-70年頃

Tarragona, Bibl. Civil., R. 79. S. XV. R. 232, ff.1-65　15世紀

London, Brit. Mus., Egerton 1150, ff.1-92　1455年

Roma, Vatican, Lat. 11581, ff.1-65　1488年

その他抄録を載せた5写本がある。

刊行本

Lee, H., Reeves, M., Silano, G., *Western Mediterranean Prophecy,* Torino 1989, pp.164-322.

＊ 初版ではどちらも「1304-5年」とあったもの。

＊＊ 初版では*predicta*とされていたもの。

＊＊＊ 初版では「1367年」と特定されていたもの。

14.『カラブリアに関する大修道院長ヨアキムの預言と書簡』

Prophetiae et Epistolae Joachimi Abbatis Florensis Pertinentes ad Res Kalabras

Inc. Quibus accesserunt expositiones tum literales tum allegoricae

17世紀の著作。

写本

Roma, Vatican, Rossiano 480, ff.1-5 17世紀

刊行本

Tondelli, *Sophia* xix, 374-7.(抄録)

注：MS. Vatican Ferraioli 728, ff.371r-372vには「大修道院長ヨアキムの預言 *Vaticinium B. Joachim Abbas, inc. Audite Reges Iudicium Domini*」が収められている。これはヨハンネス・デ・アクィタニアJohannes de AquitaniaおよびヨハンネスㇲカラJohannes Kalàに帰される他の預言群とともに*Opusculum D. Ioannis de Bonatio De Prophetis Sui Temporis,* Napoli 1660に収められている。これらは同じ偽作に由来する預言であり、それらの間には関係が認められる(【I-9 pp.146-47】の贋作者ストッキ参照)。これらの預言が16世紀後半のフェライオーリFerraioli写本に載っていることは、その偽作時期が幾分遡るものであることを示しているように思われる。

あと二つ著作を付加しておかねばならない。

1.『文字の種子について』*De Semine Scripturarum*

1204年ごろに著されたこれを擬ヨアキム的著作と呼ぶことはできない。しかし中世後期、この著作は執拗にヨアキムに帰属されつづけた。この著作についてはB. Hirsch-Reich, *Zur 'Noticia saeculi' u. zum 'Pavo', Mitteilungen des Instituts f. östrreichische Geschichtsforschung,* xxxviii, 571-610 ; Id., *Alexander v. Roes Stellung zu den Prophetien,* ibid. lxvii (1959), pp.306-16を参照。

2.『大預言者ヨアキムによる浄福なるキュリロスの書註解』あるいは『テロスフォロ・デ・クセンティア(テレスフォルス)編、大いなる試練の書』

*Expositio magni prophete Joachim in librum beati Cyrilli*あるいは*Liber de magnis tribulationibus ... compilatus a Theolosphoro de Cusentia.*

これはヨアキム自身に帰されたことのないものゆえ、厳密には擬ヨアキム的著作ではない。しかし上掲諸著作のいくつか、特に10および12と緊密な関係にある。これを載せる写本群および刊本群についてはDonckel, *AFH* xxvi. 33-49を参照。

［付録B］

ヨアキムに帰される、あるいは ヨアキム主義的預言群と結びつけられてきた 短い預言群

1. アンチキリストに関する詩編

Inc. Cum fuerint expleti anni mille ducenti

1250年以前

テクスト：【I-5 nn.23, 26】参照

本文言及：【pp.63-64】

2. 符合の大著作中のヨアキムの預言

Inc. Anno Incarnacionis MCCL（あるいはそれより後の年記）*corruent nobiles*

1250年以前

テクスト：【I-5 n.33】参照

本文言及：【pp.64, 107, 115-16】

3. フリードリヒ二世とインノケンティウス四世の間に交わされたと想定されてきた預言詩編

Inc. (1) *Roma diu titubans* ; (2) *Fata monent, stelleque docent*

1254年以前

テクスト：Holder-Egger, *NA* xxx. 336-7.

言及：Holder-Egger, pp.335-69記載の写本、年代記等々の写本一覧参照

4. *Inc. Oculus eius morte claudet abscondita*

（擬ヨアキム文書エリトレアの巫言の一部だが、別に流布したもの。時として、'Sonabit in populis : *Vivit et non vivit*' の一節のみが引かれる）

1249年あるいはそれ以前

テクスト：Holder-Egger, *NA* xv. 168 ; xxx. 334.

言及：*De Oneribus,* f.40v.

Salimbene, p.243.

A. Miliori, *Liber de Temporibus, MGHS* xxxi. 568-9.

5. *Inc. In die illa elevabitur draco repletus furore*

1260-4年、Tondelli, *Studi e documenti,* iv. 7-9による

テクスト：Tondelli, loc. cit., pp.5-6.

言及：写本Padova, Bibl. Anton., 90. Misc. 2a, f.44r.
Reggio Emilia, Bibl. Munic., Tutti D. 2, f.131v.
Paris, Bibl. Nat., Lat. 14726, ff.76-7.
Nuremberg, Städtbibl., Cent. IV, 32, ff.45-6.
Firenze, Bibl. Laur., Plut. XVIII, sin. v, 裏表紙内断片, *inc. Post celestinum.*

6. *Inc. Regnabit Manfridus bastardus* ; (later) *Inc. Veniet aquila cuius volatu debellabitur*
1268年頃
テクスト：【III-2 n.39 ; III-4 n.12 ; III-6 n.10】
言及：【pp.97, 391, 420, 457-58】参照

7. *Inc. Gallorum levitas*
1268年頃
テクスト：Holder-Egger, *NA* xxxiii. 125-6.
言及：【III-2 n.41 ; III-6 n.72】
（またHolder-Egger, *NA* xxxiii. 119-24をも参照）

8. *Inc. Rex novus advenit*
1268年以降
テクスト：【III-2 n.44】; Holder-Egger, *NA* xxx. 383 (line 41)-384.
言及：【p.392】
（またHolder-Egger, *NA* xxx. 380-4をも参照）

9. *Inc. Hic Siculos pravamque tribum sevi Frederici*（8の部分）
1268年以降
テクスト：Holder-Egger, *NA* xxx. 384 (line 47).
言及：写本Firenze, Bibl. Ricc., 688, f.cxii.

10. *Inc. De huius Frederici germine radix peccatrix erumpet*
1268年以降
テクスト：【III-2 n.48】
言及：Alexander v. Roes, *De Tranlatione Imperii ...,* Leipzig, 1930, p.31.
T. Ebendorfer, *Cronica Regum Romanorum*（cfr.【III-4 n.9】）, p.143.
MGHS xxiv. 285 n.2, 15世紀になっての言及は写本Vindob. 3402に観られる。
F. Lot, *Revue historique,* xlvi (1891), p.69, バイエルン年代記中の言及。

11. *Inc. Erunt duo viri, unus hinc, alius inde*
1251年から1274年の間
テクスト：Bartolomeo da Pisa, *De Conformitate,* pp.53-4,『符合の書 *Lib. Conc.*』か

らの引用として。おそらくこれは『符合の書』V, cap.118, f.113v.の改竄である。〔Arcelus Ulibarrena, J-M., *El Cod. 9.29 de la Biblioteca del Cabildo de la Catedral de Toledo : Abbas Joachim, in Concordia maiori de novem ordinibus, sic scribit de Sancto Francesco, Florensia* VI (1992), pp.45-54.〕
言及：【I-7 n.12 ; I-9 p.128 ; II-4 n.36, II-6 n.54】

12. ヨアキムによる小さき兄弟会と説教修道会の預言
Prophecia Jochim de Ordine Fratrum Minorum et Praedicatorum
Inc. Dixit idem ioachim quod primus status seculi terminavit in dispersione
13世紀中頃のものか
テクスト：未公刊
言及：写本Dublin, Trinity College, 347, f.35r-v.
注：三つの時代《スタートゥス》に言及した後、テクストはふたつの修道会の預言に集中する。そのうちには『エレミヤ書註解』ff.20v, 25v, 26rの一節も短縮されたかたちで語彙に変更を加えて含まれている。トリニティー・カレッジの図書館司書の見解によるとこの写本は13世紀のものと思われる。

13. 未来のふたつの修道会に関する別の預言
Inc. Sed et circa finem seculi
おそらく13世紀中頃のもの
テクスト：未公刊
言及：写本Padova, Bibl. Univ., 2063, ff.81r-82v.
注：これはヨアキムの真作擬作にみつかる聖書の形象を数多く用いている。キリスト以降、四十世代目つまり1200年に著されたと言われており、文体様式には『エレミヤ書註解』や『イザヤ書註解』の非政治的な部分が反映されている。

14. 修道士ライネリウス・ヨアキモ　Frater Raynerius Joachimo
Inc. Decem plagas quibus affligetur Egyptus
付録A-IIの4-7と同類と類別できるように思われる。おそらく1250-60年頃のもの
テクスト：未公刊
言及：写本Roma, Vatican, Lat. 3820, ff.26r-27v.
Roma, Bibl. Vitt. Eman., 14. S. Pant. 31. 8, f.48r.
Paris, Bibl. Nat., Lat. 3319, ff.26v-28r.
注：この短いテクストは旧約のエジプトの十の災厄と、新約の七つの災厄を意味する黙示録の七天使たちによって注がれる小瓶の間の符合から導出されたもの。ヨアキム主義的な特徴は、第六の時期の二重の試練、四つの修道秩序の指名、はじめの五つの時期を〈神の座 sedes Dei〉とするところ、

現時点を第六の時期に置き、安息の時を待望するところにみられる。エリトレアの巫言への言及がこれの制作時期を特定するのに役立つ。

15. 大修道院長ヨアキムの黙示録の獣の数についての論考

Tractatus Abbatis Joachim Super Illo Passu Apocalipsis De Numero Bestie

Inc. Quia semper in stipendariis propriis

1252-60年頃

テクスト：未公刊

言及：写本 Roma, Vatican, Lat. 3822, f. 14r-v.
Roma, Vatican, Lat. 5732, f. 62 (*inc. Tenebre erant*).
Roma, Bibl. Vitt. Eman., 14. S. Pant. 31.8, f. 47r (*inc. Tenebre erant*).
Paris, Bibl. Nat., Lat. 3319, ff. 25v-26v.
Paris, Bibl. Nat., Lat. 3595, ff. 15r-17r.
Brussels. Bibl. Roy., 11956-66, ff. 87-9 (*inc. Tenebre erant*).

注：この掌編は獣の数666を解読したもの。それが6つの〈この世の時期 etates mundi〉、六つの〈教会の時 tempora ecclesiae〉、そして〈三番目の数は短くも深甚なる迫害をあらわしている tercius numerus ceteris brevior sex in quibus persecutio gravis erit〉。エリトレアの巫言とフリードリヒ二世の預言への言及から、14と同じ類のものとみられる。またより短い異文《ヴァージョン》、*inc. Tenebre erant super faciem abyssi* も見つかる。

16. シチリア王国についてのヨアキムの予言 Joachim de Regno Siculo

Inc. Cum ad me ruine miseriam predixerit frater Raynerius

1252-60年頃

テクスト：未公刊

言及：写本 Roma, Vatican, Lat. 3820, f. 45v.
Paris, Bibl. Nat., Lat. 3319, f. 40r-v.

注：シチリアに関する政治預言。修道士ライネリウスへの言及からみて、おそらく14、15と同じ類の著作とみなされる。

17. ボヘミアに関する大修道院長ヨアキムの預言

Prophecia Abbatis Joachim De Regno Boemie

Inc. In etate sexta huius seculi

1271-3年

テクスト：R. Kestenberg-Gladstein, *A Joachimite Prophecy concerning Bohemia, The Slavonic and East European Review*, xxxiv (1955), pp. 35-9.

言及：写本 Prague, Bibl. Univ., XII E. 13, f. 122v.
Prague, Bibl. Metrop. Capit., G. XXIV, f. 528v.
Vienna, Staatsbibl., 1291, f. 1v.

Vienna, Staatsachiv., 22, f. 20r.
Munich, Staatsbibl., Clm. 14, 3134, f. 26v.
Wolfenbüttel, Herzog August. Bibl., 42. 3. Aug., f. 304v.
注：この一覧はDr. Kesenberg-Gladsteinの前掲論文p. 34 n. 2に拠った。

18. サミアの巫言　SIBILLA SAMIA
Inc. Excitabitur Romanus contra Romanum
付録A-I, 16(d)の真正性に関する議論が正しいとすると、それに引かれるこの預言は12世紀のものでなければならない。
テクスト：Holder-Egger, *NA* xv.178.
言及：写本 Padova, Bibl. Anton. 322, ff. 149-51.（ヨアキムの註釈つき）
Roma, Vatican, Lat. 3822, ff. 17r, 100r.（デルフィカの巫言と呼ばれている）
Roma, Bibl. Vitt. Eman., 14. S. Pant. 31. 8, f. 49v.
Paris, Bibl. Nat., Lat. 3319, f. 3v.

19. *Inc. Imperio grandis aquila nigra pennas ocius expergiscere*
付録A-IIの10の一節が崩れたかたちで独立に流布したもの。
1280-90年
テクスト：下記言及を参照
言及：引用書　Purstinger, *Onus Ecclesiae,* cap. xxxviii.
Lazius, *Fragmentum,* f. Kiii-v.
P. Regiselmo, *Vaticinia,* Venezia, 1589, no. XXVIII.
写本 Oxford, Bod. Lib., Laud 588, f. 22v.

20. *Inc. In illo tempore aquila veniens a septentrione*
制作時期不祥
テクスト：未公刊
言及：写本 Roma, Vatican, Lat. 3816, f. 62v.
Roma, Vatican, Ottobon. 1106, f. 24v.
Venezia, Bibl. Marc., Lat. Cl. III. 177, f. 43r.
Paris, Bibl. Nat., Lat. 3455, f. 34v.

21. *Inc. Veh mundo in centum annis*
ヴィルヌーヴのアルノオによって、1301年の彼の著作『教会の警鐘 *De cymbalis ecclesie*』に収められた。
テクスト：Pou y Marti, *Visionarios,* pp. 54-5.
Finke, *Aus den Tagen,* pp. 218-22.（脚註への抄録）
言及：写本 Roma, Vatican, Lat.3824, ff. 95-6.
Paris, Bibl. Nat., Lat. 15033, ff. 236-7.

Paris, Bibl. Nat., Lat. 14669, f.133.
Tours, Bibl. Munic., 520, ff.18-32（ロカタイヤードの註釈つき）
Rouen, Bibl. Munic., 1355, f.97v.
Vienna, Staatsbibl., 545, ff.107r-111v.
印行書 Purstinger, *Onus Ecclesiae,* cap.XLI.

22. 天使的司牧者とその善性、徳能、聖なる業について De Angelico Pastore Et Eius Bonitate Et Virtute Et Operibus Sanctis Qui Apparebit Finitis Tribulationibus
Inc. Viso et prenotato per quos et qualiter
14世紀末
テクスト：これは1516年ヴェネチアで印行されたコセンツァのテレスフォルスの『小著 *libellus*』の選抄である（付録A-I, p.16［2］参照）。
言及：写本 Paris, Bibl. Nat., Lat. 14726, ff.98r-115r.
Hague, Bibl. Reg., 71. E. 44, ff.118r-122r.
注：ヴェネチア版印行本f.25rから選抄がはじまっているが、逸脱が著しい。上掲写本はVenezia, Bibl. Marc., Lat. III, 177, ff.28r-35rの初期選抄に従っている。パリ写本のキャプションおよび幾つかの余白は挿絵入り原本から選抄されたものであることを示している。印行版にはより多くの挿絵が加えられており、テクストの照合を困難にしている。このテクストに選抄されているのは主に天使的教皇とその三人の後継者に関わる部分である。

23. 第二のシャルル・マーニュの預言
Inc. Karolus filius Karoli ex natione illustrissimi Lilii habens frontem longam
1380年
テクスト：本文中【III-3 n.31】
M. Chaume, *Une prophétie relative à Charles VI, Revue du Moyen Âge latin,* iii (1947), p.29.
言及：写本 Roma, Vatican, Reg. Lat. 580, f.52r.
Roma, Vatican, Lat. 4872, ff.167v-168v.
Roma, Vatican, Chig. A. VII. 220, f.50v.
Venezia, Bibl. Marc., Lat. Cl. III, 177, f.35v（異文がf.49vに載る）
Modena, Bibl. Estense, M. 5. 27, f.42v
Paris, Bibl. Nat., Lat. 3598, f.45r.
Rouen, Bibl. Munic., 1355, ff.87v, 97v.
Munich, Staatsbibl., Clm. 313, f.40r.
London, British Mus., Add. 24663, f.10v（英語訳）
Cambridge, Univ. Lib., Kk. VI. 16, f.185v.
Firenze, Bibl. Nat., Cent. Cod. II. xi. 18, f.8rにはこの預言が次の序とともに収められている：«Hec prophetia compillata est per me fratum Ioannem peregrinum

de Bononia monasterii sancti Antonii de Venetiis ... et ista est prophetia IX illius Abbatis Joachim Libro tertio regum Capitulo XIII». Bezold, *Kaisersage,* p.600にはミュンヘンCod. lat. Monac. 14. 668, ff.43-4のこれに似た預言が引用されている。〔＊【III-3 p.415】参照。〕

刊行書：K. de Lettenhove, *Les chroniques inédites de Gilles le Bel, Bulletins de l'Académie Royale des Sciences, des Lettres et des Beaux-Arts de Belgique,* 2 ser., ii (1857), pp.442-3.

N. Valois, *Conseils et prédictions adressés à Charles VII en 1445 par un certain Jean du Bois, Annuaire-Bulletin de la Société de l'Histoire de France,* xlvi (1909), p.226.

T. Ebendorfer, *Cronica Regum Romanorum,* ed. A. Pibram, *Mittheilungen des Instituts für oesterreichische Geschichtsforschung,* iii, Innsbruck, 1890, p.149.

Guilloche de Bordeaux, *La Prophécie du roy Charles VIII*（オリジナル預言の拡充仏訳版）. このテクスト全文を載せたもの：C. de Cherrier, *Histoire de Charles VIII,* Paris, 1868, i. 487-90 ; Marquis de la Grange, *La Prophécie du Roy Charles VIII de Maître Guilloche Bourdelois,* Paris, 1869, pp.1-9 ; Chaume, op. cit., pp.32-4.

A. Benedictus, *Diaria de Bello Carolino,* s.l., s.d. ? Venice, ? 1496, Lib. Iのはじめ（頁付けなし）.

Calendar of State Papers, Venice II, 1509-27, London, 1867, No.1301, p.566（1519年にサヌートによってヴェネチアに送り返された英語異文）.

Purstinger, *Onus Ecclesiae,* cap. XLVIII.

Erzelung der Kunigreich in Hispanien ... Mer ein alte Prophecy Kay. Carl betreffend, s.l., 1532, s.p. 巻末（独語訳）.

Lazius, *Fragmentum,* Hiiii-r, Kiv-r.

Mirabilis Liber, Paris, 1522, f. xl-r.

J. Baptista Nazarius, in Wolf, *Lect. Mem.* ii. 893.

Sire de Chavigny, *Les Pléiades,* Lyon, 1603, p.1.

J. Maxwell, *Admirable and notable Prophesies, uttered in former times by 24 famous Romain Catholickes ...,* London, 1615, p.44.

D. Pareus, *Commentary upon the Divine Revelation,* trans. E. Arnold, Heidelberg, 1644, p.440.

24. *Inc. Veniet Aquila grandis quae vincet omnes*

『エレミヤ書註解』からの引用であるが、私見によれば最初の事例は1532年のもの。これは直接引用ではないが、おそらく『エレミヤ書註解』ff.58v以下に拠ったもの。

テクスト：下記言及項参照

言及：J. Carion, *Chronica,* Halle, 1537 (2a ed.), f.301v.

Lazius, *Fragmentum,* f. Kii-v.

T. Schnellenberg, *Practica deutsch,* ed. T. Tetzer, *Tarquinius Schnellenberg u. sein*

Werk Practica deutsch, Zeitschrift f. Bücherfreunde, N.F. iii. (1911), p.174.

25. *Inc. Post haec ... egredietur Aquila de Germaniae rupibus multis associata griffonibus*

クマエの巫言から1488年、リヒテンベルガーによって引用されたのがはじめ

テクスト：下記言及項参照

言及：Lichtenberger, *Prognosticatio,* ii, cap.4.

W. Aytinger, *De revelatione beati Methodii,* Basle, 1498, cap.2. これには新しい起語が付されている。*inc. Egredietur Aquila postquam I. octavum.*

Lazius, *Fragmentum,* f.K-r. これはAytinger異文。

また俗語預言、P. Gengenbach, *Der Nollhart,* Basle, 1517にもその余韻を聞くことができる。これは再刊時、表題を*Von ainen Waldbrüder,* 1522と変えている。

［付録C］

預言精華集《アンソロジー》諸写本

注：ここで『精華集』というのは掌編選集のことである。5を例外にそこに含まれる長編あるいはその選抄は除いた。幾つかの事例では（たとえば2、3）『精華集』そのものがより大きな著作選集の一単元を成している。

1. 写本 Paris, Bibl. Nat., Lat. 11864, ff.151v-152v
13世紀最初の10年、北ヨーロッパでの書写。
内容：1. f.151v　符合の表（『形象の書 *Lib. Fig.*』から）
2. f.152r　*De septem sigillis*
3. ff.151v-152r　*Epistola subsequentium figurarum*（2頁にわたり頁下に短い4列に分けて書かれている）
4. f.152v　*Universis Christi fidelibus*　（以上、2, 4を参照）
言及：Tondelli, Reeves, Hirsch-Reich, *Lib. Fig.* II, p.34.

2. 写本 Roma, Vatican, Lat. 3822
13世紀末、おそらく南イタリアでの書写。
内容：1. f.1r　*Universis Christi fidelibus*
2. f.1v　*De septem temporibus (sigillis)*
3. ff.2v, 3r　符合の表
4. f.3v　*Epistola subsequentium figurarum*　（以上1を参照）
5. f.4r　*Epistola Domino Valdonensi*
6. ff.7r, 4v　三つの図
7. ff.7v, 8r　龍の図（テクストは『形象の書』から）
（以上1-7項については、4の5-11項を参照）
8. f.5r　別の龍の図と別のテクスト
言及：Holder-Egger, *NA* xxxiii. 97-105.
Bignami-Odier, *MAH* liv. 219-34.
Reeves, Hirsch-Reich, *MARS* iii. 177-9.

3. 写本 Roma, Vatican, Lat. 4860
13世紀後半、おそらく南イタリアでの書写
内容：1. ff.198v-200r　符合の表
2. f.201r　龍の図
3. ff.201v-203r　*Mysterium Ecclesie*（図）
4. ff.203v-204r　*Dispositio novi ordinis*（図）

5. f.204v 三つの時代（図）

言及：Bignami-Odier, *MAH* liv. 235-41.

4. 写本Paris, Bibl. Nat., Lat. 3595

14世紀、おそらくイタリアでの書写

内容：1. f.1r *De Oneribus*

2. f.15r *Quia semper in stipendariis*

3. f.15r *Commentatio in prophetiam Sybille Erythreae*（断片）

4. f.17r *De ultimo antichristo*

5. f.19v *Universis Christi fidelibus*

6. f.22r 符合の表

7. f.25v *De septem sigillis*

8. f.28r *Epistola subsequentium figurarum*

9. f.29v 三つの図（テクスト）

10. f.31r 龍の図（テクスト）

11. f.34r *Epistola Domino Valdonensi*

（5-11項については1および2の1-7項を参照。ただしこれは古い1260年以前の異文から採られている）

12. f.35v *Prophetia ... quedam virgo ... de teutonicis imperatoribus*

13. f.37r *Exquiritis me o illustrissima turba danaum*

言及：Reeves, Hirsch-Reich, *MARS* iii.180-2.

5. 写本Paris, Bibl. Nat., Lat. 16397

14世紀、フランス写本。4項を除き、14世紀に写本British Mus., Royal 8, F. xviおよびMilan, Bibl., Ambros., H. 15, inf. misc.から写されたもの。

内容：1. f.61r *Liber Concordie*

2. f.98v *Liber Introductorius in Apocalypsim*

3. f.108r *Psalterium decem chordarum*（抄録）

4. f.109r *Super Hieremiam*（抄録）

5. f.119r *Unversis Christi fidelibus*

6. f.125v *De Oneribus*

6. 写本Paris, Bibl. Nat., Lat. 3319

14世紀後半

内容：1. f.1r *Vaticinium Sibille Erithre. Inc. Exquiritis me*

2. f.3v *Sibilla Samia. Inc. Excitabitur Romanus*

3. f.4r *Inc. Nascetur aquila sine plumis*

4. f.5r *Vaticinium Merlini Britannici*

5. f.9v *Expos. Ab. Joachimi super Sibillis et Merlino. Inc. Interpretari tua serenitas*

imperat

6. f.25v *Inc. Quia semper in stipendariis*
7. f.26v *Inc. Frater Raynerius Joachimi ... decem plagas quibus affligetur egyptus*
8. f.28r *Interpretari tua serenitas imperat*
9. f.38v *Versus Joachim Ab. Inc. Cum fuerint anni completi*
10. f.40r *Inc. Cum ad me ruine miseriam predixerit Fr. Raynerius*
11. f.41r Gebenonの序、ヒルデガルトの*Speculum futurorum temporum*がつづく　(2, 3, 4, 6, 11項を除き8を参照、また3, 4, 10, 11項を除き7を参照)

7. 写本Roma, Bibl. Vitt. Eman., 14. S. Pant. 31

14世紀後半

内容：1. f.29r *Inc. Interpretari tua serenitas imperat*

2. f.39r *De Oneribus*
3. f.47r *Inc. Tenebre erunt super faciem abyssi*（＝6, 6項に同じ）
4. f.48r *Inc. Fr. Raynerius Joachimi … decem plagas quibus egyptus affligetur*
5. f.49v *Inc. Excitabit Romanus contra Romanum*
6. f.49v *Inc. Exquiritis me o illustrissima turba danaum*
7. f.50r *Verba Sibille*
8. f.51v *Inc. Interpretari tua serenitas imperat*
9. f.57v *Inc. Cum fuerint anni completi*

(2項を除き6を参照、また3, 5, 7項を除き8を参照)

言及：Holder-Egger, *NA,* xx. 174-5.

8. 写本Roma, Vatican, Lat. 3820

15世紀

内容：1. f.1r *Inc. Interpretari tua serenitas imperat*

2. f.14v *De Oneribus*
3. f.26r *Inc. Frater Raynerius Joachim decem plagas*
4. f.27v *Inc. Interpretari tua serenitas imperat*
5. f.37r *Versus Joachimi Ab. Inc. Cum fuerint completi*
6. f.37r *Inc. Exquiritis a me illustrissima turba danaum*
7. f.45v *Inc. Cum ad me ruine miseriam pedixerit Fr. Raynerius*
8. f.46r *Oraculum Cyrilli*
9. f.62r *De Oneribus Provinciarum*（『イザヤ書註解』抄）

(2, 8項を除き6を、7, 8項を除き7を、3, 7項を除き9を参照)

9. 写本Paris, Bibl. Nat., Lat. 14726

15世紀初頭フランス（サン・ヴィクトール）

内容：1. f.50r *Inc. Interpretari tua serenitas imperat*

2. f.51r *Oraculum Cyrilli*
3. f.76v *Inc. In die illa elevabitur dracho repletus furore*
4. f.77r *Versus. Inc. Cum fuerint completi anni*
5. f.77v *De Oneribus*
6. f.82r *Inc. Requiritis me o illustrissima turba danaum*
(3項を除き8および17を参照)
7. f.95v ロカタイヤードによるマーリンの預言註解
8. f.98r *De angelico pastore*
9. f.125r ヒルデガルトの預言

10. 写本Roma, Vatican, Lat. Reg. 132
14世紀
内容：1. f.49r *Prephacio Joachimi Ab. super Apoc. Inc. Apocalipsis liber ultimus est*
2. f.58v. *Enchiridion super liber Apocalipsis*（『黙示録註解《エクスポジチオ》』の序論、【AI-4】参照）
3. f.95v *Inc. visio et prophecia Norsei viri Dei*
4. f.97r *Inc. Exquiritis me o illustrissima turba danaum*
5. f.101v *Inc. Gallorum levitas*
6. f.202r その他の雑多な預言群

11. 写本Roma, Vatican, Lat. 3819
14世紀
内容：1. f.1r *De semine scripturarum*
2. f.19r *Joachim super Apocalipsim*（これはブレーメンのアレクサンデルの著作）
3. f.131r *Oraculum Cyrilli*
4. f.147r *Vaticinia de summis pontificibus*（第一集）; *Inc. Genus nequam*
f.151r *Expl.*
5. f.223r *De provincialibus presagiis*（『イザヤ書註解』抄）

12. 写本Roma, Vatican, Reg. Lat. 580
1387年。写本Vatican, Chig. A. VII. 220の書写原本
内容：1. f.1r *Vaticinia de summis pontificibus*（第二集）; *Inc. Ascende calve*
2. f.17r *Inc. Epistola fratris Thelofori*
3. f.18v *Inc. Libellus fratris Thelofori*
4. f.52r 第二のシャルル・マーニュの預言
5. f.53r *Inc. Visio quam vidit monachus … monasterii sancti Ambrosii*

13. 写本Roma, Vatican, Lat. 3816
1448年
内容：1. f.1r *Oraculum Cyrilli*

2. f.15r *Vaticinia de summis pontificibus*（第二集）; *Inc. Ascende calve*
3. f.33r *Libellus Thelesfori*
4. f.56r アウグスティヌスその他からのアンチキリストに関する注記
5. f.59v 最後の審判の十五のしるし
6. f.60v 第三のフリードリヒの預言
7. f.62r 以下を含む各種の預言
O desolata civitas（ブリギッタに帰されている）
Gallorum levitas（マーリンに帰されている）
8. f.62v *Inc. Aquila ... descendet in Liguriam*
9. f.63 ヨアキム主義的預言群の概括
10. f.63v *Egredietur Aquila* を含む預言雑纂
11. f.64r テレスフォルスの献呈序書簡
12. f.64v ヨアキム主義的文書群から作成された天使的教皇の預言

14. 写本 Roma, Vatican, Ottobon. 1106
15 世紀
内容：1. f.2v *Libellus fratris Thelofori*
f.18v *Expl.*
2. f.24r *Veniet dracho contra ... imperium*
3. f.24r *Gallorum levitas*
4. f.24v *Prophecia Joachim ... Inc. In illa die Aquila veniens a septentrione descendet in Ligurias*

15. 写本 Venezia, Bibl. Marc., Lat. Cl. III, 177
15 世紀ヴェネチア
内容：1. f.10v 教皇と皇帝の戦闘図
f.11r 雄牛の図
2. f.13r *Vaticinia de summis pontificibus*, XXVII - XXX の粗略な図
3. f.15r *Inc. Frater rusticianus suo ķarissimo dominico*
4. f.16r *Prophetia beate Brigide. Inc. O desolata civitas*
5. f.16v イタリア諸国に関する預言等
6. f.18r *Inc. Libellus fratris theoloffori de cusencia*
f.35v. *Expl. Liber fratris theolophori*
7. f.35v 第二のシャルル・マーニュの預言；*Inc. Karolus filius Karoli ex natione illustrissimi lilii*（皇帝の図）
8. f.35v パリのヨハネス；*Tractatus de Antichristo*
f.42v *Expl. tractatus*
9. f.43r *Inc. In illo tempore aquila veniens a septentrione*
注：本書冊の編纂者の書写はここに終わっている。巻末には預言雑纂が付さ

れている（付録Bの20［f.43r］；23［f.49v］の長文ヴァージョン、教皇に関する聖マラキアに帰される預言［ff.44r ss.］を含む）。

16. 写本Cambridge, Corpus Christi College, 404
14世紀、ベリー・セイント・エドマンズに由来する
内容：1. f.1r シビュラ、メトディウス、エウセビウス等々に帰される預言群
2. f.9r ヒルデガルト；*Speculum temporum futurum*
3. f.38v シビュラ、ヨアキム等々に帰される預言群
4. f.41r *Vaticinia de summis pontificibus,* 後半15預言のうち最後の5つ。つまり印行版のXI - XV
5. f.42v 後代の筆跡による16世紀C. ゲスナーの文書からのヨアキムへの注
6. f.44r 擬ヨアキム文書；*De seminibus literarum*
7. f.65r *De Antichristo et fine mundi*
8. f.66r 七つの封印と迫害に関するヨアキムの註解梗概；*libro visionum apud Sibecone et apud Coggeshale*から採られたもの（f.66v）
9. f.67v *Oraculum Cyrilli* : (a)修道士ギルベルトゥス・アングリクスの序
f.68r (b)キュリロスのヨアキム宛て書簡
f.68v (c)ヨアキムのキュリロス宛て書簡
f.70r (d) *Inc. oraculum*
10. f.88r 15世紀初頭の教皇預言集；*Vaticinia de summis pontificibus. Inc. Genus nequam*
11. f.96r *Inc. prophetiis de regibus anglorum*（政治預言集）
12. f.100r *Prophetie ioachim in maiori libro de concordanciis*（付録B, 2参照）
13. f.100v *Visio mirabilis in civitate tripolis. Inc. Cedrus alta libani succidetur*
14. f.102r 各種預言集
15. f.103v ジャン・ド・ロカタイヤードの書簡（Bignami-Odier, *Roquetaillade,* pp.174-5参照）
（ff.39-42は白紙。これに関しては頁付けが飛んでいる。この頁以降の数字については記された数字を用いた。つまり上記の頁付けは現実の紙葉数には符合していない。）

17. 写本Hague, Bibl. Reg., 71. E. 44
1500年
内容：1. f.2r 収録作品の著者たちに関する学識者の判断（1662年以降）
2. f.6r Gebenon序、ヒルデガルト；*Speculum temporum futurorum (Pentachronon)* がつづく
3. f.70r *Oraculum Cyrilli*（全5部）
4. f.99r *Inc. Interpretari tua serenitas imperat*
5. f.101r *Versus. Inc. Cum fuerint anni completi*

6. f.101r *De Oneribus* の梗概および抄録

7. f.104r *Inc. sibila erithrea babilonis*
Inc. Excerpta libro qui dicitur Basilographus
Inc. Requiritis me o illustrissima turba danaum

8. f.112r *Sibilla tiburtina. Inc. Sibille generaliter omnes dicuntur femine*

9. f.116r マーリンの預言抄録およびロカタイヤードによる語釈

10. f.118r-22r *De angelico pastore et eius bonitate*
f.123r-31v テレスフォルスの小著抄録

11. f.122r *Ex prophecia sidrac de papis*（教皇に関する巫言。その最初に掲げられた2篇は、教皇預言集のXIV, XVに相当）

12. f.131v *Determinationes profunde de fine seculi*

13. f.142v ヒルデガルトの預言抄録

14. f.143v *De Oneribus* 抄録

15. f.145r *Invectiva ezechielis contra pseudo pastores*

（2, 3, 4, 5, 6, 7, 9, 10, 13, 14項でほぼ9の全体に相当する）